합격을 앞당기는
해커스 한국사능력검정시험 심화(1·2·3급) 시대별 기출문제집
추가자료

한능검 기출문제 무료 해설특강 수강권

0842 E2C5 5F7D 2000

이용방법 해커스한국사 사이트(history.Hackers.com) 접속 후 로그인 ▶
사이트 메인 우측 상단의 [나의 정보] 클릭 ▶ [나의 쿠폰] 클릭 ▶ [쿠폰/수강권 등록] 클릭 ▶
위 쿠폰번호 등록 후 [마이클래스]에서 수강

* 쿠폰 유효기간: 2026년 12월 31일까지
* 쿠폰 등록 직후 강의가 지급되며, 지급일로부터 30일간 수강 가능합니다.
* 본 쿠폰은 한 ID당 1회에 한해 등록 및 사용 가능합니다.

무료 수강권
바로가기 ▶

| 한국사 기출 사료 모음집 (PDF) | **3SOP T716 STD5 KWN7** |
| 폰 안에 쏙! 혼동 포인트 30 (PDF) | **7QAN AP15 FFRC FS76** |

이용방법 해커스한국사 사이트(history.Hackers.com) 접속 후 로그인 ▶
사이트 메인 상단의 [교재/자료] 클릭 ▶
[교재 자료 다운로드] 페이지에서 본 교재 우측의 해당자료 [다운로드] 클릭 ▶
위 쿠폰번호 입력 후 이용

* 이 외 쿠폰 관련 문의는 해커스 고객센터 02-537-5000으로 문의 바랍니다.

한국사 단기합격의 모든 것, 해커스한국사   history.Hackers.com

 언제 어디서든 기출문제를 마음껏 풀어보세요!

추가 기출문제 및 성적 분석 서비스

· 풀고 싶은 회차를 골라, 폰으로 QR 코드를 찍은 후 문제를 풀어보세요!
· 쉬운 회차를 풀고 싶으면 💧표시된 회차를, 어려운 회차를 풀고 싶으면 🔥표시된 회차를 선택하세요!

*59~30회의 평균 합격률은 57.4%예요.

난이도 하(최고 합격률) 2회분

51회
2021년 2월 6일 시행

합격률 74.4%

한줄평
역대급으로 쉬웠던 시험이니,
고득점을 노려보세요!

36회
2017년 8월 12일 시행

합격률 72.1%

한줄평
쉬웠던 회차였으니,
부담 없이 풀면서
자신감을 길러보세요!

난이도 중(평균 합격률) 2회분

53회
2021년 6월 5일 시행

합격률 56.7%

한줄평
평균 난이도의 시험이니,
실력을 점검해보세요!

49회
2020년 9월 19일 시행

합격률 57.9%

한줄평
평균 난이도이지만, 생소한
선택지가 많이 등장했어요!

난이도 상(최저 합격률) 2회분

44회
2019년 8월 10일 시행

합격률 38.8%

한줄평
제일 어려운 시험이었어요.
점수가 낮아도
실망하지 마세요!

33회
2016년 10월 22일 시행

합격률 41.4%

한줄평
합격률이 매우 낮은
회차였어요.
준비되었다면 도전해보세요!

해커스
한국사
능력
검정시험 심화 [1·2·3급]

시대별 기출문제집

기출문제로 개념과 흐름 잡는
이 책의 구성

1 흐름 잡는 시대별 기출문제와 개념 잡는 만능 해설!

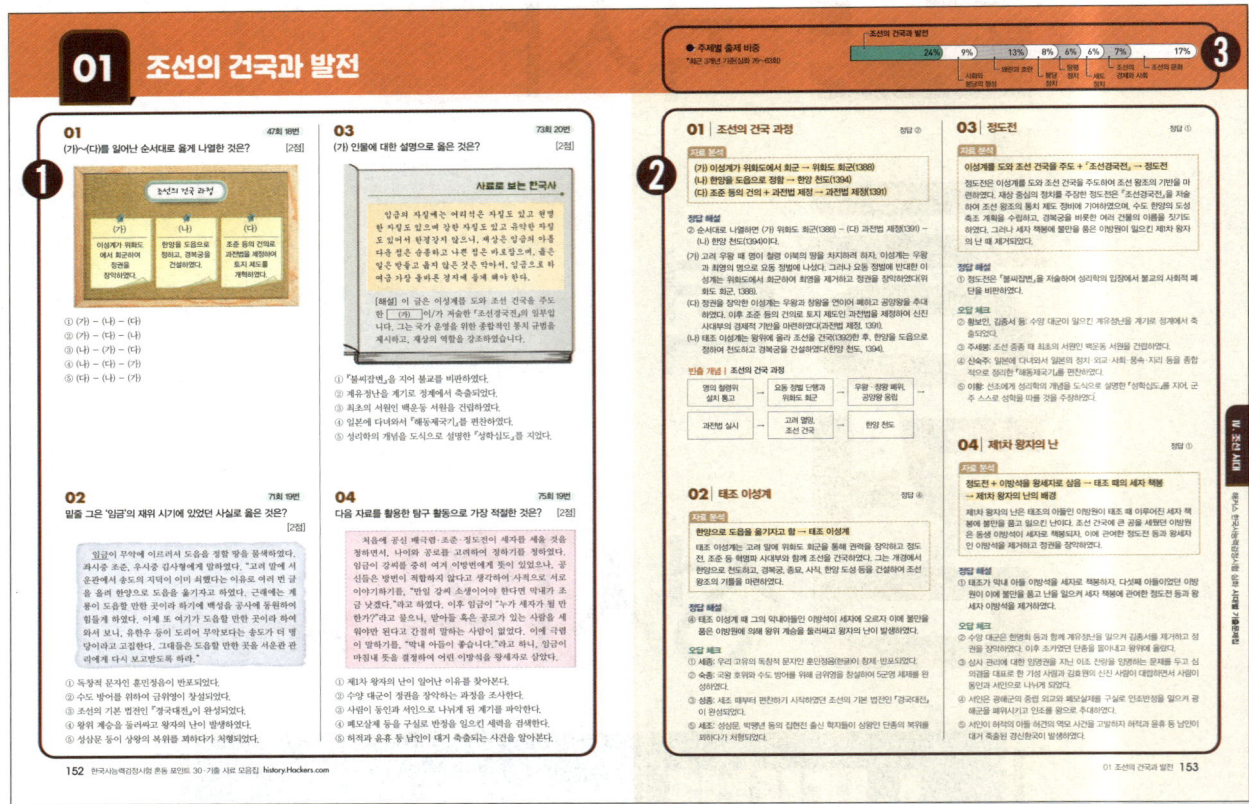

① 합격에 필요한 문제만 풀며 흐름까지 잡는 시대별 기출문제!
최근 7개년 기출문제 중 합격을 위해 꼭 필요한 문제만 선정하여 한국사의 흐름에 따라 시대별로 재구성하였어요. 시대별 필수 기출문제를 풀며 자연스럽게 한국사의 흐름을 잡을 수 있답니다.

② 정답 개념과 오답 개념까지 모두 잡을 수 있는 상세한 해설!
자료의 핵심 키워드로 정답 찾는 과정을 익히고, 쉽게 풀어 쓴 해설을 읽으며 개념을 정리할 수 있어요. 꼼꼼히 정리된 정답·오답 개념과 빈출 개념까지 학습한다면 합격 점수까지 끌어올릴 수 있답니다.

③ 최신 기출 트렌드를 파악하는 주제별 출제 비중!
각 시대별 수록 주제의 출제 비중을 정리한 그래프를 통해 시대 내에서 집중적으로 학습해야 할 주제를 한눈에 파악할 수 있어요.

해커스 한국사능력검정시험 심화 **시대별 기출문제집**

2 시대별 빈출 개념만 모은 기출 자료&선택지 퀴즈로 마무리!

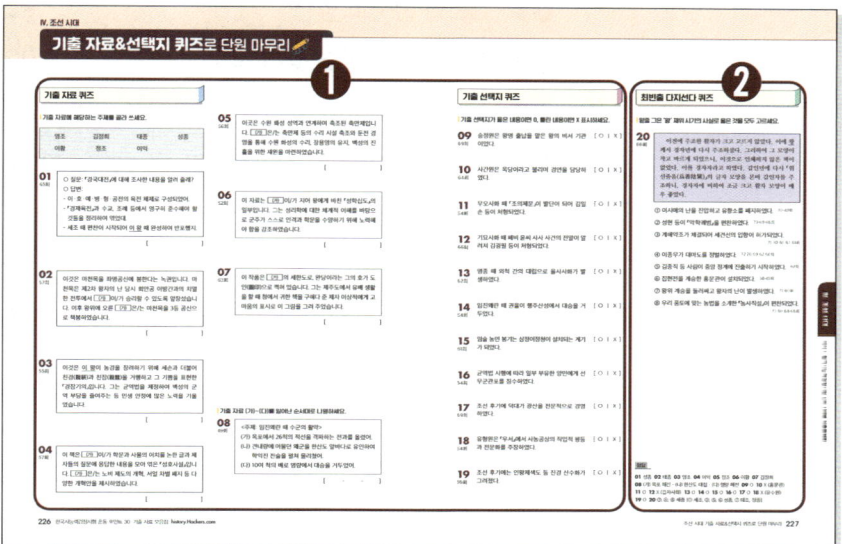

① 정답 키워드 찾기 연습을 위한 기출 자료&선택지 퀴즈!
시대별로 또나올 기출 자료와 선택지를 퀴즈로 구성했어요. 퀴즈를 풀면서 빈출 자료와 선택지를 익히고 정답 키워드를 찾는 연습을 해보세요!

② 최빈출 개념 암기를 위한 다지선다 퀴즈!
최빈출 선택지를 모아 구성한 다지선다 퀴즈를 풀어보며 암기한 개념을 최종 점검해보세요!

3 최신 회차로 실전 감각 쌓는 FINAL 실력 점검 기출문제!

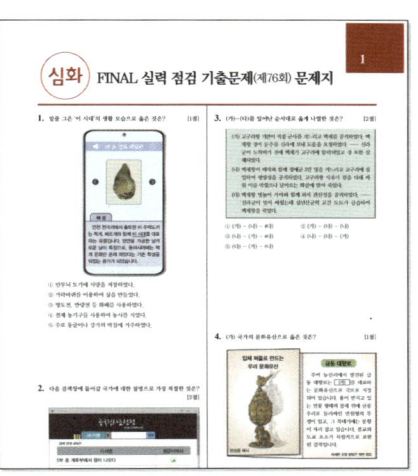 

실력 점검을 위한 최신 1회분의 기출문제!
실제 시험지 형태로 만든 최신 1회분의 기출문제를 풀어보며 자신의 실력을 점검하고, 실전 감각을 끌어올릴 수 있어요.

정답 포인트만 콕 짚어주는 빠른 해설!
문제지 뒷면의 빠른 해설을 통해 정답 포인트만 빠르게 짚고 넘어가세요.

기출문제로 개념과 흐름 잡는 이 책의 구성

합격 필수 기출만 담은 이 책의 차례

기출문제로 개념과 흐름 잡는 **이 책의 구성** 2
한국사능력검정시험 합격을 위한 **맞춤 학습 플랜** 6
해커스가 알려주는 **한국사능력검정시험 A to Z** 8

I. 선사 시대

- **01** 구석기·신석기 시대 12
- **02** 청동기·철기 시대 18
- **03** 고조선 20
- **04** 여러 나라의 성장 24
- 선사 시대 기출 자료&선택지 퀴즈로 단원 마무리 30

II. 고대

- **01** 삼국의 발전 34
- **02** 가야 44
- **03** 신라의 삼국 통일 과정 48
- **04** 통일 신라와 발해 56
- **05** 통일 신라 말의 혼란과 후삼국 시대 62
- **06** 고대의 경제와 사회 70
- **07** 고대의 문화 76
- 고대 기출 자료&선택지 퀴즈로 단원 마무리 88

III. 고려 시대

- **01** 고려의 건국과 발전 92
- **02** 문벌 귀족 사회와 무신 정권 102
- **03** 고려의 대외 관계 110
- **04** 원 간섭기와 고려 후기의 정치 118
- **05** 고려의 경제와 사회 124
- **06** 고려의 문화 132
- 고려 시대 기출 자료&선택지 퀴즈로 단원 마무리 148

IV. 조선 시대

- **01** 조선의 건국과 발전 152
- **02** 사화와 붕당의 형성 166
- **03** 왜란과 호란 170
- **04** 붕당 정치 180
- **05** 탕평 정치 184
- **06** 세도 정치 190
- **07** 조선의 경제와 사회 196
- **08** 조선의 문화 206
- 조선 시대 기출 자료&선택지 퀴즈로 단원 마무리 226

V. 근대

- **01** 흥선 대원군의 개혁과 개항 이후의 정책 230
- **02** 임오군란과 갑신정변 242
- **03** 동학 농민 운동과 갑오·을미개혁 246
- **04** 독립 협회와 대한 제국 254
- **05** 국권 피탈 과정 260
- **06** 근대의 경제와 문화 270
- 근대 기출 자료&선택지 퀴즈로 단원 마무리 280

VI. 일제 강점기

- **01** 1910년대 일제의 통치와 민족 운동 284
- **02** 3·1 운동과 대한민국 임시 정부 294
- **03** 1920년대 일제의 통치와 민족 운동 300
- **04** 1930~1940년대 일제의 통치 316
- **05** 1930~1940년대의 민족 운동 322
- **06** 일제 강점기의 문화 330
- 일제 강점기 기출 자료&선택지로 단원 마무리 338

VII. 현대

- **01** 대한민국 정부 수립 과정 342
- **02** 이승만 정부~장면 내각 348
- **03** 박정희 정부 356
- **04** 전두환 정부~노무현 정부 364
- **05** 남북의 통일 논의 372
- 현대 기출 자료&선택지 퀴즈로 단원 마무리 380

VIII. 통합 주제

- **01** 지역사 384
- **02** 문화유산 390
- **03** 시대 통합 유형 398
- **04** 세시 풍속 414
- 통합 주제 기출 자료&선택지 퀴즈로 단원 마무리 418

해커스만의 합격 부스터!

권말 부록
FINAL 실력 점검 기출문제
(제76회, 2025년 10월 시행)

추가 기출문제 및 성적 분석 서비스
QR 코드를 통한 6회분의 회차별 기출문제 추가 제공

한국사능력검정시험 합격을 위한
맞춤 학습 플랜

📝 14일 학습 플랜

- 이론 학습으로 배운 개념을 확실하게 다지면서 시대 흐름까지 완벽히 잡고 싶은 분들을 위한 학습 플랜입니다.
- 기출문제를 풀면서 개념이 부족한 부분이 있다면, 〈해커스 한국사능력검정시험 2주 합격〉의 기출주제로 개념을 보충하세요.

	☐ 1일차	☐ 2일차	☐ 3일차	☐ 4일차	☐ 5일차
학습 날짜	월 일	월 일	월 일	월 일	월 일
학습 내용	Ⅰ. 선사 시대 - 01～04	Ⅱ. 고대 - 01～03	Ⅱ. 고대 - 04～07	Ⅲ. 고려 시대 - 01～06	Ⅳ. 조선 시대 - 01～04
2주 합격	기출주제 01～02	기출주제 03～05	기출주제 06～09	기출주제 10～16	기출주제 17～21

	☐ 6일차	☐ 7일차	☐ 8일차	☐ 9일차	☐ 10일차
학습 날짜	월 일	월 일	월 일	월 일	월 일
학습 내용	Ⅳ. 조선 시대 - 05～08	Ⅴ. 근대 - 01～06	Ⅵ. 일제 강점기 - 01～06	Ⅶ. 현대 - 01～05 Ⅷ. 통합 주제 - 01～04	Ⅰ. 선사 시대 ～ Ⅲ. 고려 시대 틀린 문제 복습
2주 합격	기출주제 21～28	기출주제 29～36	기출주제 37～43	기출주제 44～50	

	☐ 11일차	☐ 12일차	☐ 13일차	☐ 14일차	☐ 시험일
학습 날짜	월 일	월 일	월 일	월 일	월 일
학습 내용	Ⅳ. 조선 시대 ～ Ⅴ. 근대 틀린 문제 복습	Ⅵ. 일제 강점기 ～ Ⅷ. 통합 주제 틀린 문제 복습	FINAL 실력 점검 기출문제 및 추가 기출문제 3회분 풀이	추가 기출문제 3회분 풀이 및 PDF 자료* 학습	PDF 자료 복습하기

* PDF 자료(혼동 포인트 30, 기출 사료 모음집)는 해커스한국사 사이트에서 다운받으실 수 있습니다.
** 학습 플랜은 '대단원(Ⅰ, Ⅱ, Ⅲ) - 중단원(01, 02, 03)'의 순서로 표시하였습니다.

📝 7일 학습 플랜

- 시대 흐름을 빠르게 정리하고 자신의 취약 시대를 집중적으로 보완하고 싶은 분들을 위한 학습 플랜입니다.
- 기출문제를 풀면서 개념이 부족한 부분이 있다면, 〈해커스 한국사능력검정시험 2주 합격〉의 기출주제로 개념을 보충하세요.

	☐ 1일차	☐ 2일차	☐ 3일차	☐ 4일차
학습 날짜	월 일	월 일	월 일	월 일
학습 내용	Ⅰ. 선사 시대 ~ Ⅲ. 고려 시대	Ⅳ. 조선 시대 ~ Ⅴ. 근대	Ⅵ. 일제 강점기 ~ Ⅷ. 통합 주제	Ⅰ. 선사 시대 ~ Ⅳ. 조선 시대 틀린 문제 복습
2주 합격	기출주제 01 ~ 16	기출주제 17 ~ 36	기출주제 37 ~ 50	

	☐ 5일차	☐ 6일차	☐ 7일차	☐ 시험일
학습 날짜	월 일	월 일	월 일	월 일
학습 내용	Ⅴ. 근대 ~ Ⅷ. 통합 주제 틀린 문제 복습	FINAL 실력 점검 기출문제 풀이 및 추가 기출 문제 3회분 풀이	추가 기출문제 3회분 풀이 및 PDF 자료* 학습	PDF 자료 복습하기

* PDF 자료(혼동 포인트 30, 기출 사료 모음집)는 해커스한국사 사이트에서 다운받으실 수 있습니다.

해커스가 알려주는
한국사능력검정시험 A to Z

한국사능력검정시험이란?

한국사능력검정시험은 한국사와 관련된 유일한 국가 자격 시험으로 국사편찬위원회에서 주관합니다. 한국사에 대한 전국민적 공감대를 형성하고 역사에 대한 관심을 확산·심화시키기 위한 목적으로 시행되는 시험이며, 선발 시험(상대 평가)이 아닌 일정 수준의 점수를 취득하면 인증서가 주어지는 인증 시험입니다.

한국사능력검정시험의 평가 등급 및 문항 수

시험 종류	인증 등급	합격 점수	문항 수(객관식)
심화	1급	80점 이상	50문항(5지 택1)
심화	2급	79점 ~ 70점	50문항(5지 택1)
심화	3급	69점 ~ 60점	50문항(5지 택1)
기본	4급	80점 이상	50문항(4지 택1)
기본	5급	79점 ~ 70점	50문항(4지 택1)
기본	6급	69점 ~ 60점	50문항(4지 택1)

2026년 한국사능력검정시험 심화 일정

구분		제77회	제78회	제79회	제80회	제81회
시행일		2월 7일(토)	5월 23일(토)	8월 9일(일)	10월 17일(토)	11월 28일(토)
원서 접수 기간	접수	1월 6일(화)~ 1월 13일(화)	4월 21일(화)~ 4월 28일(화)	7월 7일(화)~ 7월 14일(화)	9월 15일(화)~ 9월 22일(화)	11월 3일(화)~ 11월 10일(화)
원서 접수 기간	추가 접수	1월 20일(화)~ 1월 23일(금)	5월 5일(화)~ 5월 8일(금)	7월 21일(화)~ 7월 24일(금)	9월 29일(화)~ 10월 2일(금)	11월 11일(수)~ 11월 13일(금)
합격자 발표		2월 20일(금)	6월 5일(금)	8월 21일(금)	10월 30일(금)	12월 11일(금)

* 한국사능력검정시험은 시도별 원서 접수 가능 일자가 다르니, 홈페이지를 참고하세요.
* 한국사능력검정시험은 시험장이 한정되어 있으므로, 특별히 원하는 지역이나 시험장이 있는 응시자는 서둘러 접수하는 것을 추천합니다.
* 원서 접수 기간 종료 후 잔여 좌석에 대하여 추가 접수를 할 수 있습니다. 추가 접수는 원서 접수 기간 취소 등의 사유로 인한 잔여 좌석에 한해 신청하는 것으로, 잔여 좌석이 없을 경우 시험에 응시할 수 없습니다.

한국사능력검정시험의 활용 및 특전 (2025년 10월 기준)

1. 각종 공무원 시험의 응시자격 부여
- 국가·지방공무원 7급 공개경쟁채용시험(2급 이상)
- 5급 국가공무원 공개경쟁채용시험(2급 이상)
- 외교관 후보자 선발시험(2급 이상)
- 교원임용시험(3급 이상)
- 지역인재 7급 수습직원 선발시험 추천자격 요건
- 국가·지방공무원 9급 공개경쟁채용 시험(3급 이상)
  ※ 2027년도부터 시행 예정

2. 한국사 시험 대체
- 군무원 공개경쟁채용시험의 한국사 시험
- 국비 유학생, 해외파견 공무원 선발시험의 한국사 시험
- 이공계 전문연구요원(병역) 선발 시 한국사 시험
- 경찰청 및 해양경찰청 순경 공개경쟁채용시험의 한국사 시험
- 소방 및 소방 간부후보생 공개경쟁채용시험의 한국사 시험
- 우정 9급(계리) 공개채용 필기시험의 한국사 시험
- 국회 8급 공개채용 필기시험의 한국사 시험

3. 일부 공기업 및 민간 기업 채용·승진
- 한국공항공사 5급(1급)
- 한국전력공사(3급 이상)
- 한국무역보험공사(2급 이상)
- 국민체육진흥공단(1~3급)
- 한국 콜마(2급 이상)외 다수

4. 가산점 부여
- 4대 사관학교(공군·육군·해군·국군간호사관학교) 입시
  ※ 학교별 가산점 부여 방식이 상이함
- 공무원 경력경쟁채용시험

*한국사능력검정시험은 자체적인 유효 기간이 없습니다. 그러나 인증서를 요구하는 기관·기업마다 인정 기간·가산점 부여 방법 등이 다르므로, 반드시 지원하는 시험·기관·기업을 통해 인정 기간 및 가산점 부여 방법을 확인하시기 바랍니다.

한국사능력검정시험 To Do 리스트

시험 D-DAY
✓ 시험장 준비물 챙기기
① 수험표
② 신분증
③ 컴퓨터 수성사인펜, 수정 테이프

시험 응시 후
✓ 바로 채점하기
- 해커스 한국사능력검정시험 실시간 풀서비스! 해커스한국사 홈페이지(history.Hackers.com)에서 오늘 본 시험의 정답을 확인하고 합격 여부를 예측해보세요.
- 보다 자세한 해설이 필요하시다면 해커스한국사 홈페이지에서 무료 동영상 해설 서비스를 만나보실 수 있습니다.

합격자 발표일
✓ 합격 여부 확인하기
- 한국사능력검정시험 홈페이지(http://www.historyexam.go.kr/)에서 성적 통지서와 인증서를 출력할 수 있어요.
- 별도로 성적 통지서와 인증서를 발급해주지 않으니 필요할 때마다 직접 출력해야 합니다.

선사 시대 최신 기출 트렌드

 시대별 출제 비중 *최근 3개년 기준(심화 76~63회)

- 선사 시대는 최근 3개년간 매 회 50문제 중 평균 2문제(약 4%)가 출제되었습니다.
- 구석기·신석기·청동기 시대의 생활 모습을 묻는 문제 또는 여러 나라의 특징을 묻는 문제가 반드시 1문제씩 출제됩니다.

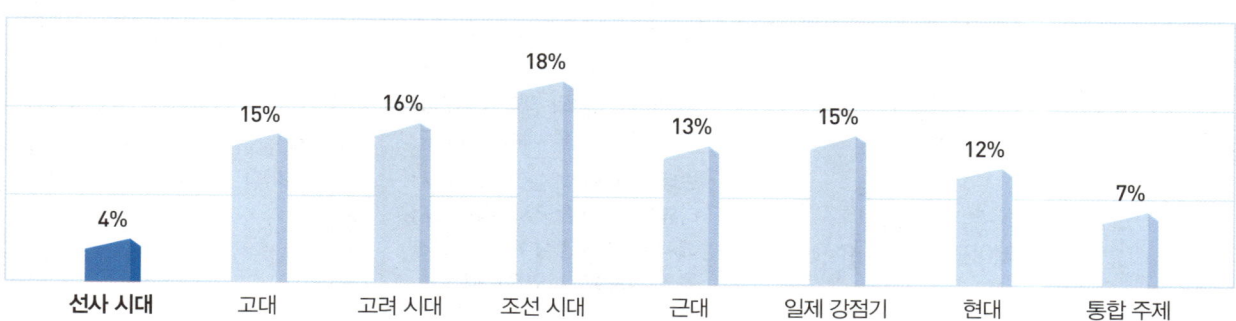

I. 선사 시대

01 구석기·신석기 시대
02 청동기·철기 시대
03 고조선
04 여러 나라의 성장

주제별 기출 트렌드

01 구석기 · 신석기 시대
구석기 시대의 동굴과 막집, 신석기 시대의 가락바퀴가 정답 키워드로 빈출되니 꼭 암기하세요!
빈출 구석기 시대(1번), 신석기 시대(7번)

02 청동기 · 철기 시대
청동기 시대의 고인돌과 비파형동검이 자료의 힌트로 빈출되니 꼭 알아두세요!
빈출 청동기 시대(1번)

03 고조선
범금 8조(8조법)가 최빈출 키워드예요!
빈출 고조선(6번)

04 여러 나라의 성장
부여의 사출도가 정답 키워드로 가장 많이 출제되니 반드시 암기해두세요!
빈출 부여(1번)

01 구석기·신석기 시대

01 빈출
(가) 시대의 생활 모습으로 옳은 것은? [1점] 71회 01번

① 주로 동굴이나 바위 그늘에서 살았다.
② 청동 방울 등을 의례 도구로 사용하였다.
③ 따비와 괭이로 땅을 갈아 농사를 지었다.
④ 거푸집을 이용하여 세형동검을 제작하였다.
⑤ 빗살무늬 토기를 만들어 식량을 저장하였다.

02
(가) 시대의 생활 모습으로 옳은 것은? [1점] 66회 01번

① 반달 돌칼로 벼를 수확하였다.
② 주로 동굴이나 막집에서 살았다.
③ 반량전, 명도전 등 화폐를 사용하였다.
④ 빗살무늬 토기를 만들어 식량을 저장하였다.
⑤ 가락바퀴와 뼈바늘을 이용하여 옷을 만들었다.

03
밑줄 그은 '이 시대'의 생활 모습으로 옳은 것은? [1점] 63회 01번

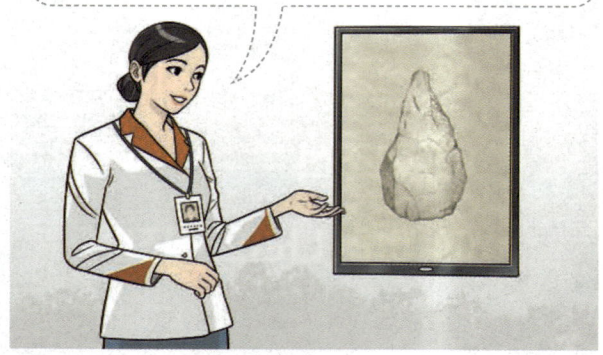

① 소를 이용하여 깊이갈이를 하였다.
② 빗살무늬 토기에 식량을 저장하였다.
③ 지배층의 무덤으로 고인돌을 만들었다.
④ 거푸집을 사용하여 세형동검을 제작하였다.
⑤ 주로 동굴이나 강가의 막집에서 거주하였다.

04
밑줄 그은 '이 시대'의 생활 모습으로 옳은 것은? [1점] 59회 01번

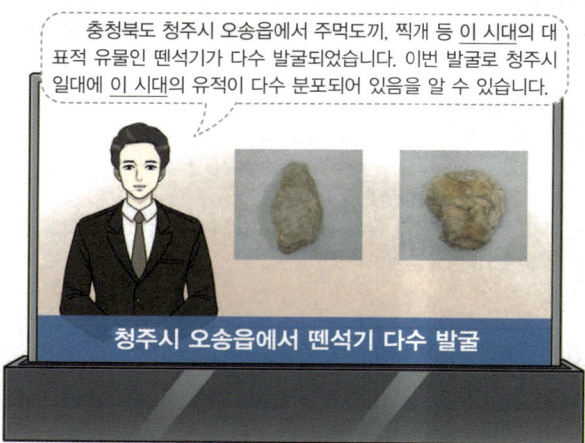

① 철제 무기로 정복 활동을 벌였다.
② 주로 동굴이나 막집에서 거주하였다.
③ 명도전을 이용하여 중국과 교역하였다.
④ 반달 돌칼을 사용하여 벼를 수확하였다.
⑤ 빗살무늬 토기를 제작하여 식량을 저장하였다.

● 주제별 출제 비중
*최근 3개년 기준(심화 76~63회)

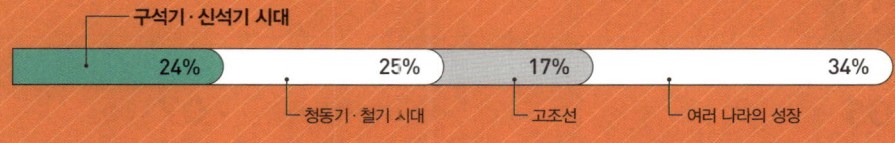

01 | 구석기 시대
정답 ①

자료 분석

뗀석기 + 주먹도끼 + 연천 전곡리 → 구석기 시대

구석기 시대는 돌을 깨뜨려서 날을 만든 도구인 뗀석기를 사용하던 시대로, 대표적인 뗀석기로는 찍개, 찌르개, 주먹도끼 등이 있다. 또한 구석기 시대 사람들은 열매를 채집하고 사냥을 하며 식량을 찾아 다니는 이동 생활을 하였기 때문에 주로 동굴이나 바위 그늘에서 살거나 강가의 막집에서 거주하였다. 이러한 구석기 시대의 대표적인 유적지로는 연천 전곡리, 공주 석장리 등이 있다.

정답 해설
① 구석기 시대에는 주로 동굴, 바위 그늘에서 살거나 강가의 막집에서 거주하였다.

오답 체크
② 청동기 시대: 청동을 사용하여 청동 방울 등을 의례 도구로 사용하였다.
③ 청동기 시대: 농기구인 따비와 괭이로 땅을 갈아 농사를 지었다.
④ 철기 시대: 금속 제품을 제작하는 틀인 거푸집을 이용하여 세형동검을 제작하였다.
⑤ 신석기 시대: 빗살무늬 토기를 만들어 식량을 저장하는 데 사용하였다.

02 | 구석기 시대
정답 ②

자료 분석

공주 석장리 + 주먹도끼 + 뗀석기 → 구석기 시대

구석기 시대는 돌을 깨뜨려서 날을 만든 도구인 뗀석기를 사용하던 시대이다. 이 시대 사람들은 동물을 사냥하거나 가죽을 벗기고 고기를 자르는 등의 용도로 주먹도끼를 사용하였다. 또한 무리를 이루어 사냥과 물고기잡이, 채집을 하며 이동 생활을 하였기 때문에 주로 동굴에서 살거나 강가에 막집을 짓고 살았다. 한편, 구석기 시대의 대표적인 유적지로는 공주 석장리, 연천 전곡리 등이 있다.

정답 해설
② 구석기 시대에는 주로 동굴이나 강가의 막집에서 살면서 주먹도끼, 찍개 등을 사용하여 사냥과 채집을 하였다.

오답 체크
① 청동기 시대: 벼의 이삭을 자르는 도구인 반달 돌칼을 사용하여 벼를 수확하였다.
③ 철기 시대: 중국 화폐인 반량전, 명도전 등을 사용하였다.
④ 신석기 시대: 빗살무늬 토기를 만들어 식량을 저장하고 조리하는 데 사용하였다.
⑤ 신석기 시대: 가락바퀴를 이용하여 실을 뽑고 뼈바늘로 옷과 그물을 만들었다.

03 | 구석기 시대
정답 ⑤

자료 분석

경기도 연천군 전곡리 + 주먹도끼 → 구석기 시대

구석기 시대는 뗀석기를 사용하던 시대로, 이 시대 사람들은 주먹도끼, 찍개 등을 이용하여 사냥을 하였다. 한편 연천 전곡리에서 발견된 주먹도끼는 서양의 주먹도끼 문화권과 동아시아의 찍개 문화권으로 구분한 기존의 모비우스 학설을 뒤집는 중요한 근거가 되었다.

정답 해설
⑤ 구석기 시대에는 주로 동굴이나 강가의 막집에서 살면서 주먹도끼, 찍개 등을 사용하여 사냥과 채집을 하였다.

오답 체크
① 철기 시대: 소를 이용하여 밭을 가는 깊이갈이(우경)는 철기 시대에 시작된 것으로 추측된다.
② 신석기 시대: 빗살무늬 토기를 만들어 식량을 저장하고 조리하는 데 사용하였다.
③ 청동기 시대: 계급이 발생하면서 지배자인 군장이 등장하였고, 많은 인력을 동원하여 지배층의 무덤으로 고인돌을 만들었다.
④ 철기 시대: 청동 제품을 제작하는 일종의 틀인 거푸집을 이용하여 세형동검을 제작하였다.

빈출 개념 | 구석기 시대

시기	약 70만년 전부터 시작
도구	뗀석기(주먹도끼, 찍개 등), 뼈도구
경제	사냥, 채집, 어로(물고기잡이)
사회	평등 생활, 무리 생활, 이동 생활
주거	동굴, 바위 그늘, 막집
주요 유적지	공주 석장리, 연천 전곡리, 단양 수양개 유적 등

04 | 구석기 시대
정답 ②

자료 분석

주먹도끼, 찍개 + 뗀석기 → 구석기 시대

구석기 시대에는 뗀석기를 사용하였으며, 이 시대의 대표적 유물인 주먹도끼와 찍개 등의 뗀석기는 충청북도 청주시 오송읍에서 발견되었다.

정답 해설
② 구석기 시대에는 무리를 이루어 사냥과 물고기잡이, 채집을 하는 이동 생활을 하였기 때문에 주로 동굴에서 살거나 강가에 막집을 짓고 살았다.

오답 체크
① 철기 시대: 철제 무기를 사용하여 정복 활동을 전개하였다.
③ 철기 시대: 중국의 화폐인 명도전을 이용하여 중국과 교역하였다.
④ 청동기 시대: 반달 모양의 간석기인 반달 돌칼을 이용하여 벼를 수확하였다.
⑤ 신석기 시대: 빗살무늬 토기를 만들어 식량을 저장하는 데 사용하였다.

01 구석기·신석기 시대

05
55회 01번

(가) 시대의 생활 모습으로 옳은 것은? [1점]

① 명도전, 반량전 등의 화폐가 유통되었다.
② 반달 돌칼을 이용하여 곡식을 수확하였다.
③ 거푸집을 이용하여 세형동검을 만들었다.
④ 주로 동굴이나 강가의 막집에 거주하였다.
⑤ 빗살무늬 토기를 만들어 식량을 저장하였다.

07 빈출
69회 01번

(가) 시대의 생활 모습으로 가장 적절한 것은? [1점]

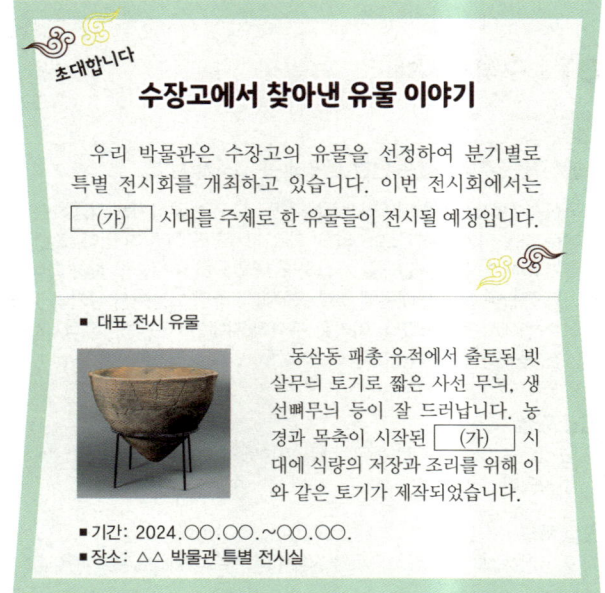

① 반달 돌칼을 이용하여 벼를 수확하였다.
② 주로 동굴이나 강가의 막집에 거주하였다.
③ 가락바퀴와 뼈바늘로 옷을 만들어 입었다.
④ 많은 인력을 동원하여 고인돌을 축조하였다.
⑤ 주먹도끼, 찍개 등의 뗀석기를 처음 제작하였다.

06
74회 01번

(가) 시대의 생활 모습으로 가장 적절한 것은? [1점]

① 목책과 환호 등 방어 시설을 갖추었다.
② 소를 이용한 깊이갈이가 일반화되었다.
③ 농경과 목축을 통해 식량을 생산하였다.
④ 지배층의 무덤으로 고인돌을 축조하였다.
⑤ 거푸집을 이용하여 세형 동검을 제작하였다.

08
61회 01번

(가) 시대의 생활 모습으로 옳은 것은? [1점]

① 주로 동굴이나 막집에 거주하였다.
② 고인돌, 돌널무덤 등을 축조하였다.
③ 명도전을 이용하여 중국과 교역하였다.
④ 농경과 목축을 통하여 식량을 생산하였다.
⑤ 비파형동검과 거친무늬 거울 등을 제작하였다.

05 | 구석기 시대 정답 ④

자료 분석

> 공주 석장리 유적 + 주먹도끼, 찍개 → 구석기 시대
>
> 구석기 시대는 돌을 깨뜨려 날을 만든 도구인 뗀석기를 사용하던 시대로, 이 시대 사람들은 주먹도끼, 찍개 등을 사용하여 사냥을 하였다. 한편 공주 석장리 유적은 주먹도끼, 찍개 등 구석기 시대 유물이 최초로 출토된 곳으로 알려져 있다.

정답 해설

④ 구석기 시대에는 이동 생활을 하였기 때문에 주로 동굴이나 강가의 막집에 거주하였다.

오답 체크

① 철기 시대: 중국의 화폐인 명도전, 반량전 등이 유통되었다.
② 청동기 시대: 반달 모양의 간석기인 반달 돌칼을 이용하여 곡식을 수확하였다.
③ 철기 시대: 금속 제품을 제작하는 틀인 거푸집을 이용하여 세형동검을 만들었다.
⑤ 신석기 시대: 빗살무늬 토기를 만들어 식량을 저장하거나 조리하는 데 사용하였다.

06 | 신석기 시대 정답 ③

자료 분석

> 서울 암사동 유적 + 빗살무늬 토기와 갈돌, 갈판 → 신석기 시대
>
> 신석기 시대는 돌을 갈아서 만든 간석기를 사용한 시대로, 기후가 온난해지면서 밭농사 중심의 농경과 목축이 시작되어 식량을 생산하였다. 남은 식량을 저장하기 위해 빗살무늬 토기와 같은 토기를 제작하였고, 나무 열매나 곡물의 껍질을 벗겨 가루로 만드는 갈돌과 갈판 등의 도구를 사용하였다. 이러한 신석기 시대의 대표적인 유적지로는 서울 암사동 유적, 부산 동삼동 패총 유적 등이 있다.

정답 해설

③ 신석기 시대에는 농경과 목축을 시작하였으며, 이를 통하여 식량을 생산하였다.

오답 체크

① 청동기 시대: 부족 간의 전쟁이 빈번해지면서, 마을 주변에 목책(울타리), 환호(마을을 둘러싼 도랑) 등의 방어 시설을 갖추었다.
② 고려 시대: 소를 이용한 깊이갈이(우경)는 철기 시대에 시작된 것으로 추정되며, 고려 시대에 일반화되었다.
④ 청동기 시대: 계급이 발생하면서 지배자인 군장이 등장하였고, 많은 인력을 동원하여 지배층의 무덤으로 고인돌을 축조하였다.
⑤ 철기 시대: 금속 제품을 제작하는 틀인 거푸집을 이용하여 세형동검을 제작하였다.

07 | 신석기 시대 정답 ③

자료 분석

> 빗살무늬 토기 + 농경과 목축이 시작 → 신석기 시대
>
> 신석기 시대는 기후가 온난해지면서 밭농사 중심의 농경과 목축을 시작하여 식량을 생산하였고, 남은 식량을 저장하기 위해 빗살무늬 토기와 같은 토기를 제작하였다.

정답 해설

③ 신석기 시대에는 가락바퀴를 이용하여 실을 뽑고 뼈바늘로 옷을 만들어 입었다.

오답 체크

① 청동기 시대: 반달 모양의 돌칼인 반달 돌칼을 이용하여 벼를 수확하였다.
② 구석기 시대: 이동 생활을 하여 주로 동굴이나 강가의 막집에 거주하였다.
④ 청동기 시대: 계급이 발생하면서 지배자인 군장이 등장하였고, 많은 인력을 동원하여 지배층의 무덤으로 고인돌을 축조하였다.
⑤ 구석기 시대: 주먹도끼, 찍개 등 돌을 깨뜨려 날을 만든 도구인 뗀석기를 처음 제작하였다.

빈출 개념 | 신석기 시대

도구	• 간석기: 돌보습, 돌괭이, 갈돌과 갈판 • 수공업 도구: 가락바퀴, 뼈바늘 • 토기: 빗살무늬 토기, 이른 민무늬 토기 등
경제	농경(밭농사 중심)과 목축, 채집, 어로(물고기잡이)
사회	씨족 사회, 평등 사회
주거	움집(정착 생활)
주요 유적지	서울 암사동, 제주 한경 고산리, 부산 동삼동 등

08 | 신석기 시대 정답 ④

자료 분석

> 강원도 양양근 오산리 + 빗살무늬 토기 → 신석기 시대
>
> 신석기 시대는 농경과 목축의 시작으로 정착 생활을 하면서 강가나 바닷가에 움집을 짓고 거주하였다. 움집은 중앙에 화덕이 있는 원형·방형(모서리가 둥근 네모꼴)의 반지하 집으로, 4~5명의 가족이 거주할 수 있는 크기로 제작되었다. 또한 남은 식량을 저장하기 위해 빗살무늬 토기와 덧무늬 토기 등과 같은 토기가 제작되었다. 한편 대표적인 신석기 시대의 유적지로는 제주 한경 고산리, 강원도 양양 오산리 유적 등이 있다.

정답 해설

④ 신석기 시대에는 농경과 목축을 시작하였으며, 이를 통하여 식량을 생산하였다.

오답 체크

① 구석기 시대: 주로 동굴, 바위 그늘이나 강가의 막집에서 거주하였다.
② 청동기 시대: 지배자의 무덤으로 고인돌, 돌널무덤 등을 축조하였다.
③ 철기 시대: 중국의 화폐인 명도전을 이용하여 중국과 교역하였다.
⑤ 청동기 시대: 비파형동검과 거친무늬 거울, 청동 방울 등의 청동기를 제작하였다.

01 구석기·신석기 시대

09
밑줄 그은 '이 시대'의 생활 모습으로 옳은 것은? [1점]   64회 01번

화면 속 갈돌과 갈판, 빗살무늬 토기는 이 시대의 대표적인 유물로 알려져 있습니다.

농경과 정착 생활이 시작된 이 시대의 사람들은 토기를 만들어 곡식을 저장하고 음식을 조리하기도 하였습니다.

① 소를 이용하여 깊이갈이를 하였다.
② 반량전, 명도전 등의 화폐를 사용하였다.
③ 청동 방울 등을 의례 도구로 이용하였다.
④ 거푸집을 이용하여 세형동검을 제작하였다.
⑤ 가락바퀴와 뼈바늘을 이용하여 옷을 만들었다.

11
(가) 시대의 생활 모습으로 옳은 것은? [1점]   54회 01번

경기도 김포시 신안리 유적 발굴 조사에서 총 23기의 집터가 확인되었습니다. 이 집터 내부에서 출토된 빗살무늬 토기, 갈돌, 갈판 등의 유물을 통해 정착 생활과 농경이 시작된 (가) 시대의 생활 모습을 살펴볼 수 있을 것으로 기대됩니다.

김포 신안리 집터 유적에서 빗살무늬 토기 등 출토

① 가락바퀴를 이용하여 실을 뽑았다.
② 명도전을 사용하여 중국과 교류하였다.
③ 의례 도구로 청동 방울 등을 사용하였다.
④ 거푸집을 이용하여 세형동검을 제작하였다.
⑤ 많은 인력을 동원하여 고인돌을 축조하였다.

10
(가) 시대의 생활 모습으로 옳은 것은? [1점]   58회 01번

부산 동삼동 유적에서 출토된 빗살무늬 토기는 농경과 정착 생활이 시작된 (가) 시대의 대표적 유물 중 하나입니다. 이 유적에서는 곡물 등을 가공하는 데 사용한 갈돌과 갈판도 출토되었습니다.

① 가락바퀴를 이용하여 실을 뽑았다.
② 주로 동굴이나 막집에서 거주하였다.
③ 명도전, 반량전 등의 화폐가 유통되었다.
④ 거푸집을 이용하여 세형동검을 만들었다.
⑤ 쟁기, 쇠스랑 등의 철제 농기구를 사용하였다.

12
(가) 시대의 생활 모습으로 옳은 것은? [1점]   48회 01번

특별 기획전

(가) 시대, 새로운 도구를 사용하다

우리 박물관에서는 농경과 정착 생활이 시작된 (가) 시대 특별전을 마련하였습니다. 당시 사람들이 사용하였던 도구를 통해 그들의 생활 모습을 살펴보는 기회가 되길 바랍니다.

- 기간: 2020.○○.○○. ~ ○○.○○.
- 장소: △△ 박물관 기획 전시실
- 주요 전시 유물

① 주로 동굴이나 강가의 막집에서 살았다.
② 지배층의 무덤으로 고인돌을 축조하였다.
③ 거푸집을 이용하여 세형동검을 제작하였다.
④ 빗살무늬 토기를 만들어 식량을 저장하였다.
⑤ 쟁기, 쇠스랑 등의 철제 농기구를 사용하였다.

09 | 신석기 시대   정답 ⑤

자료 분석

> 갈돌과 갈판 + 농경과 정착 생활이 시작됨 → 신석기 시대
>
> 신석기 시대에는 기후가 온난해지면서 농경과 목축을 시작하여 식량을 생산하였다. 또한 이 시대 사람들은 나무 열매나 곡물 껍질을 벗기는 갈돌과 갈판 등의 도구와 실을 뽑는 도구인 가락바퀴를 사용하였다.

정답 해설

⑤ 신석기 시대에는 가락바퀴와 뼈바늘을 이용하여 옷을 만들었다.

오답 체크

① 철기 시대: 소를 이용해 밭을 가는 깊이갈이(우경)는 철기 시대에 시작된 것으로 추측된다.
② 철기 시대: 반량전, 명도전 등의 중국 화폐를 사용하였다.
③ 청동기 시대: 청동을 사용하여 만든 청동 방울 등을 의례 도구로 이용하였다.
④ 철기 시대: 금속 제품을 제작하는 틀인 거푸집을 이용하여 세형동검을 제작하였다.

10 | 신석기 시대   정답 ①

자료 분석

> 부산 동삼동 유적 + 빗살무늬 토기 + 농경과 정착 생활이 시작 → 신석기 시대
>
> 신석기 시대에는 농경과 정착 생활이 시작되어 사람들이 바닷가나 강가에 움집을 짓고 거주하였다. 또한 이 시대에는 남은 식량을 저장하기 위해 이른 민무늬 토기, 빗살무늬 토기와 같은 토기를 제작하기도 하였다. 이러한 신석기의 대표적인 유적지로는 서울 암사동 유적, 강원도 양양 오산리 유적, 부산 동삼동 유적 등이 있다.

정답 해설

① 신석기 시대에는 가락바퀴를 이용하여 실을 뽑고 뼈바늘로 옷과 그물을 만들었다.

오답 체크

② 구석기 시대: 이동 생활을 하여 주로 동굴이나 강가의 막집에서 거주하였다.
③ 철기 시대: 중국의 화폐인 명도전, 반량전 등이 유통되었다.
④ 철기 시대: 금속 제품을 제작하는 틀인 거푸집을 이용하여 세형동검을 만들었다.
⑤ 철기 시대: 쟁기, 쇠스랑 등의 철제 농기구를 사용하여 농업 생산력이 증가하였다.

11 | 신석기 시대   정답 ①

자료 분석

> 빗살무늬 토기, 갈돌, 갈판 + 정착 생활과 농경이 시작 → 신석기 시대
>
> 신석기 시대는 돌을 갈아 날을 만든 간석기를 사용한 시대이다. 이 시대에는 기후가 온난해지면서 조, 피 등 밭농사 중심의 농경이 시작되었으며, 남는 식량을 저장하기 위해 빗살무늬 토기와 같은 토기가 제작되었다. 또한 농경과 목축의 시작으로 사람들이 정착 생활을 하게 되어 강가나 바닷가에 움집을 짓고 살았다.

정답 해설

① 신석기 시대에는 가락바퀴를 이용하여 실을 뽑고 뼈바늘로 옷과 그물을 만들었다.

오답 체크

② 철기 시대: 중국 연·제나라의 화폐인 명도전을 이용하여 중국과 교역하였다.
③ 청동기 시대: 청동을 사용하여 의례 도구인 청동 방울을 제작하였다.
④ 철기 시대: 청동 제품을 제작하는 일종의 틀인 거푸집을 이용하여 세형동검을 제작하였다.
⑤ 청동기 시대: 계급이 발생하면서 지배자인 군장이 등장하였고, 많은 인력을 동원하여 지배층의 무덤으로 고인돌을 축조하였다.

12 | 신석기 시대   정답 ④

자료 분석

> 농경과 정착 생활이 시작 + 갈돌과 갈판(사진) → 신석기 시대
>
> 신석기 시대는 기후가 온난해지면서 농경과 목축을 시작하여 식량을 생산하였다. 또한 이 시대 사람들은 나무 열매나 곡물 껍질을 벗기는 갈돌과 갈판 등의 도구와 실을 뽑는 도구인 가락바퀴를 사용하였다.

정답 해설

④ 신석기 시대에는 빗살무늬 토기를 만들어 식량을 조리하거나 저장하는 데 사용하였다.

오답 체크

① 구석기 시대: 이동 생활을 하여 주로 동굴이나 강가의 막집에서 살았다.
② 청동기 시대: 계급이 발생하면서 지배자인 군장이 등장하였고, 지배층의 무덤으로 고인돌을 축조하였다.
③ 철기 시대: 청동 제품을 제작하는 틀인 거푸집을 이용하여 세형동검을 제작하였다.
⑤ 철기 시대: 쟁기, 쇠스랑 등의 철제 농기구를 사용하여 농업 생산력이 증대되었다.

02 청동기·철기 시대

01 빈출   75회 01번
(가) 시대의 생활 모습으로 가장 적절한 것은? [1점]

① 주먹도끼 등 뗀석기를 처음 제작하였다.
② 소를 이용한 깊이갈이가 널리 보급되었다.
③ 주로 강가의 동굴이나 막집에 거주하였다.
④ 많은 인력을 동원하여 고인돌을 축조하였다.
⑤ 가락바퀴를 이용하여 실을 뽑기 시작하였다.

02   72회 01번
(가) 시대의 생활 모습으로 옳은 것은? [1점]

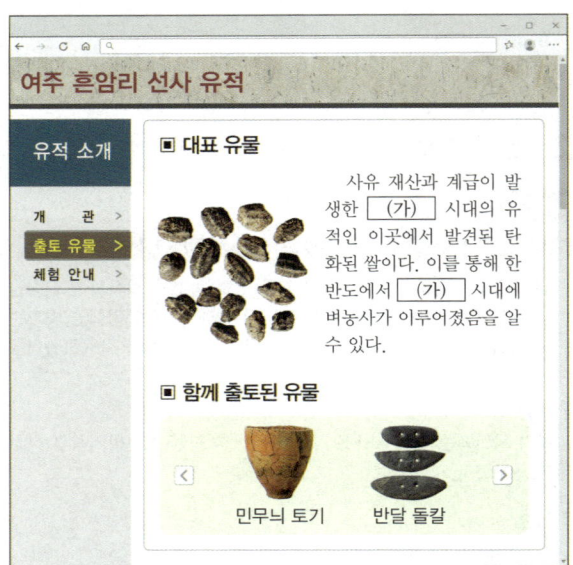

① 주로 동굴이나 강가의 막집에서 살았다.
② 지배층의 무덤으로 고인돌을 축조하였다.
③ 농경과 목축을 시작하여 식량을 생산하였다.
④ 호미, 쇠스랑 등의 철제 농기구를 제작하였다.
⑤ 주먹도끼, 찍개 등의 뗀석기를 처음 제작하였다.

03   73회 01번
(가) 시대의 생활 모습으로 옳은 것은? [1점]

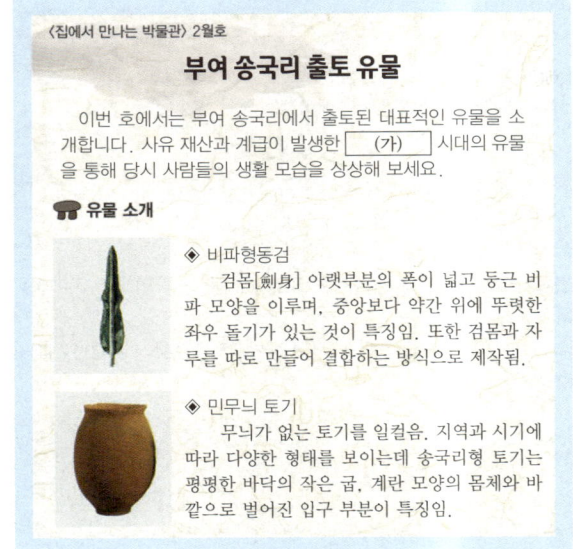

① 소를 이용한 깊이갈이가 일반화되었다.
② 반달 돌칼을 사용하여 벼를 수확하였다.
③ 주로 동굴이나 강가의 막집에서 살았다.
④ 주먹도끼, 찍개 등의 뗀석기를 처음 제작하였다.
⑤ 가락바퀴와 뼈바늘을 이용하여 옷을 만들기 시작하였다.

04   67회 01번
(가) 시대의 생활 모습으로 옳은 것은? [1점]

① 철제 무기로 정복 활동을 벌였다.
② 주로 동굴이나 막집에서 거주하였다.
③ 소를 이용한 깊이갈이가 일반화되었다.
④ 비파형동검과 청동 거울 등을 제작하였다.
⑤ 빗살무늬 토기에 음식을 저장하기 시작하였다.

● 주제별 출제 비중
*최근 3개년 기준(심화 76~63회)

구석기·신석기 시대	청동기·철기 시대	고조선	여러 나라의 성장
24%	25%	17%	34%

01 | 청동기 시대　　　　　　　　　　정답 ④

자료 분석

사유 재산과 계급 발생 + 부여 송국리 유적 + 비파형동검
→ 청동기 시대

청동기 시대는 청동으로 도구를 만들어 사용하던 시대이다. 이 시대에는 벼농사가 시작되었으며, 농업 생산력의 증가로 발생한 잉여 생산물을 힘이 강한 사람이 더 많이 차지하면서 사유 재산과 계급이 발생하였다. 이러한 청동기 시대의 대표적인 유적으로 부여 송국리 유적이 있으며, 이곳에서 송국리형 토기와 비파형동검 등의 유물이 출토되었다.

정답 해설
④ 청동기 시대에는 계급이 발생하면서 많은 인력을 동원하여 지배층의 무덤인 고인돌을 축조하였다.

오답 체크
① 구석기 시대: 주먹도끼, 찍개, 찌르개 등 돌을 깨뜨려 날을 만든 도구인 뗀석기를 처음 제작하였다.
② 고려 시대: 소를 이용한 깊이갈이는 철기 시대부터 시작된 것으로 추정되며, 이후 고려 시대에 널리 보급되었다.
③ 구석기 시대: 이동 생활을 주로 하여 주로 강가의 동굴이나 막집에 거주하였다.
⑤ 신석기 시대: 가락바퀴를 이용하여 실을 뽑기 시작하였으며, 뼈바늘을 이용하여 옷이나 그물을 제작하였다.

02 | 청동기 시대　　　　　　　　　　정답 ②

자료 분석

사유 재산과 계급이 발생 + 민무늬 토기 + 반달 돌칼
→ 청동기 시대

청동기 시대에는 벼농사가 시작되었으며, 곡식을 수확할 때 반달 돌칼과 같은 농경용 석기를 사용하였고, 무늬가 없는 적갈색 토기인 민무늬 토기 등을 제작하기도 하였다. 또한 사유 재산과 계급이 발생하였으며, 지배자의 무덤으로 고인돌을 만들기도 하였다.

정답 해설
② 청동기 시대에는 계급이 발생하면서 지배자인 군장이 등장하였고, 지배층의 무덤으로 고인돌을 축조하였다.

오답 체크
① 구석기 시대: 이동 생활을 하여 주로 동굴이나 강가의 막집에서 살았다.
③ 신석기 시대: 밭농사 중심의 농경과 목축을 시작하여 식량을 생산하였다.
④ 철기 시대: 호미, 쇠스랑 등의 철제 농기구를 제작하여 사용함으로써 농업 생산력이 증가하였다.
⑤ 구석기 시대: 주먹도끼, 찍개 등 돌을 깨뜨려 날을 만든 도구인 뗀석기를 처음 제작하였다.

03 | 청동기 시대　　　　　　　　　　정답 ②

자료 분석

부여 송국리 + 사유 재산과 계급 발생 + 비파형동검 → 청동기 시대

청동기 시대에는 청동을 사용하여 비파(악기) 모양과 유사하여 이름 붙여진 비파형동검이 제작되었으며, 사유 재산과 계급이 발생하였다. 청동기 시대의 대표적인 유적지로는 부여 송국리 유적이 있다.

정답 해설
② 청동기 시대에는 반달 모양의 간석기인 반달 돌칼을 사용하여 벼를 수확하였다.

오답 체크
① 고려 시대: 소를 이용한 깊이갈이(우경)는 철기 시대에 시작된 것으로 추정되며, 고려 시대에 일반화되었다.
③ 구석기 시대: 이동 생활을 하여 주로 동굴이나 강가의 막집에서 살았다.
④ 구석기 시대: 주먹도끼, 찍개 등 돌을 깨뜨려 날을 만든 도구인 뗀석기를 처음 제작하였다.
⑤ 신석기 시대: 가락바퀴를 이용하여 실을 뽑고 뼈바늘로 옷과 그물을 만들기 시작하였다.

04 | 청동기 시대　　　　　　　　　　정답 ④

자료 분석

계급이 출현함 + 환호, 고인돌 → 청동기 시대

청동기 시대에는 계급이 출현하였으며, 지배자의 무덤으로 고인돌을 만들었다. 또한 이 시기에는 부족 간의 전쟁이 빈번해져, 마을 주변에 목책(울타리), 환호(마을을 둘러싼 도랑) 등의 방어 시설을 설치하였다.

정답 해설
④ 청동기 시대에는 비파형동검과 청동 거울 등을 제작하였다.

오답 체크
① 철기 시대: 철제 무기를 사용하여 정복 활동을 벌였다.
② 구석기 시대: 이동 생활을 하여 주로 동굴이나 강가의 막집에서 거주하였다.
③ 고려 시대: 소를 이용한 깊이갈이(우경)는 철기 시대에 시작된 것으로 추정되며, 고려 시대에 일반화되었다.
⑤ 신석기 시대: 빗살무늬 토기를 만들어 음식을 조리하고 음식을 저장하기 시작하였다.

빈출 개념 | 청동기 시대

도구	• 농기구: 돌도끼, 홈자귀, 반달 돌칼 • 의례 도구: 거친무늬 거울, 청동 방울 • 토기: 민무늬 토기, 송국리식 토기 등
경제	벼농사 시작, 사유 재산 제도 발생
사회	계급 사회, 군장 등장

03 고조선

01
74회 02번
밑줄 그은 '이 나라'에 대한 설명으로 옳은 것은? [2점]

이곳 강화 참성단은 단군왕검이 하늘에 제사를 올리던 제단이라고 전합니다. 우리 역사상 최초의 국가인 이 나라를 세운 것을 기념하는 개천절 행사가 매년 열리며, 전국체육대회 성화 채화식도 이곳에서 거행됩니다.

① 여러 가(加)들이 사출도를 다스렸다.
② 동맹이라는 제천 행사를 개최하였다.
③ 민며느리제라는 혼인 풍습이 있었다.
④ 읍락 간의 경계를 중시하는 책화가 있었다.
⑤ 왕 아래 상, 대부, 장군 등의 관직을 두었다.

02
59회 02번
(가) 나라에 대한 설명으로 옳은 것은? [2점]

모시는 글
우리 역사상 최초의 국가인 (가) 을/를 건국한 단군왕검의 이야기가 뮤지컬로 탄생하였습니다.

- 순서 -
1막 환웅이 신단수에 내려오다
2막 웅녀, 환웅과 혼인하다
3막 단군왕검이 나라를 세우다

• 일시: 2022년 ○○월 ○○일 오후 3시 / 오후 7시
• 장소: △△아트홀

① 무천이라는 제천 행사를 열었다.
② 신성 지역인 소도가 존재하였다.
③ 남의 물건을 훔쳤을 때는 12배로 갚게 하였다.
④ 왕 아래 상가, 대로, 패자 등의 관직이 있었다.
⑤ 전국 7웅 중 하나인 연과 대립할 만큼 강성하였다.

03
68회 02번
(가)에 들어갈 내용으로 가장 적절한 것은? [2점]

#8. 궁궐 안
손자와 대화하며 과거를 회상하는 장면
손자: 할아버지, 어떻게 왕이 되셨나요?
왕: 이 땅에 들어와서 처음에는 국경 수비를 맡았다가 준왕을 몰아내고 왕이 되었지.
손자: 또 무슨 일을 하셨어요?
왕: 왕검성을 중심으로 기반을 정비하고 백성을 받아들여 나라의 내실을 다졌단다.
그리고 (가)

① 율령을 반포하여 체제를 정비하였단다.
② 화랑도를 국가적인 조직으로 개편하였단다.
③ 내신좌평 등 여섯 명의 좌평을 거느렸단다.
④ 진번과 임둔을 복속하여 영토를 확대하였단다.
⑤ 지방의 여러 성에 욕살, 처려근지 등을 두었단다.

04
42회 02번
(가)에 들어갈 내용으로 옳은 것은? [2점]

기원전 2세기경에 위만이 준왕을 몰아내고 왕이 된 이후 고조선의 상황에 대해 이야기해 볼까요?

(가)

우거왕이 왕검성을 침략한 한 무제의 군대에 맞서 저항했습니다.

① 지방의 여러 성에 욕살, 처려근지 등을 두었습니다.
② 제가 회의에서 나라의 중요한 일을 결정하였습니다.
③ 한(漢)과 진국(辰國) 사이에서 중계 무역을 하였습니다.
④ 전국 7웅 중 하나인 연과 대적할 만큼 성장하였습니다.
⑤ 부왕(否王) 등 강력한 왕이 등장하여 왕위를 세습하였습니다.

● 주제별 출제 비중
*최근 3개년 기준(심화 76~63회)

01 | 고조선 정답 ⑤

자료 분석

> 단군왕검 + 우리 역사상 최초의 국가 → 고조선
>
> 고조선은 단군왕검이 건국한 우리나라 최초의 국가로, 살인, 상해, 절도 등의 죄를 다스리는 범금 8조를 두어 사회 질서를 유지하였다. 대한민국 정부는 양력 10월 3일을 개천절이라 이름 짓고 국경일로 제정하였으며, 매년 10월 3일에 강화 참성단에서 고조선의 건국을 기념하는 행사를 열고 있다.

정답 해설

⑤ 고조선은 왕 아래 상, 대부, 장군 등의 관직을 두어 정치적 기틀을 다졌다.

오답 체크

① 부여: 왕 아래에 마가·우가·저가·구가의 여러 가(加)들이 별도로 행정 구역인 사출도를 다스렸다.
② 고구려: 동맹이라는 제천 행사를 개최하여 매년 10월 하늘에 제사를 지냈다.
③ 옥저: 여자가 어렸을 때 남자 집에 가서 살다가 성장한 후에 남자가 여자 집에 예물을 치르고 혼인하는 민며느리제라는 혼인 풍습이 있었다.
④ 동예: 읍락 간의 경계를 중시하여 다른 부족의 영역을 침범하면 노비나 소·말 등으로 변상하게 하는 책화가 있었다.

02 | 고조선 정답 ⑤

자료 분석

> 우리 역사상 최초의 국가 + 단군왕검 → 고조선
>
> 고조선은 우리 역사상 최초의 국가로, 기원전 4세기경에는 스스로 왕을 칭하고 중국의 전국 7웅 중 하나인 연과 대립할 만큼 강성하였다. 그러나 기원전 3세기 초 연나라 장수 진개의 침입으로 세력이 약화되었다. 이후 고조선은 국력을 회복하였고, 기원전 3세기경에는 부왕과 같은 강력한 왕이 등장하여 준왕에게 왕위를 세습하였다.

정답 해설

⑤ 고조선은 기원전 4세기경에 스스로 왕을 칭하였으며, 중국의 전국 7웅 중 하나인 연과 대립할 만큼 강성하였다.

오답 체크

① 동예: 매년 10월에 무천이라는 제천 행사를 열어 하늘에 제사를 지냈다.
② 삼한: 제사장인 천군이 다스리는 신성 지역인 소도가 존재하였다.
③ 부여, 고구려: 남의 물건을 훔쳤을 때 12배로 갚게 하는 1책 12법이 있었다.
④ 고구려: 왕 아래 상가, 대로, 패자 등의 관직이 있었으며, 이들은 각기 사자, 조의, 선인 등의 관리를 거느렸다.

03 | 위만 조선 정답 ④

자료 분석

> 국경 수비를 맡았다가 준왕을 몰아내고 왕이 됨 → 위만 조선
>
> 위만은 중국의 진·한 교체기에 고조선으로 망명한 연나라 출신 인물로, 고조선으로 망명할 때 상투와 같은 고조선 사람의 복장을 했다고 한다. 준왕의 신임을 받아 서쪽 변경의 국경 수비를 맡게 된 위만은 세력을 키운 후 준왕을 공격하여 몰아내고 스스로 왕위에 올랐다(기원전 2세기경).

정답 해설

④ 위만 조선은 철제 무기를 바탕으로 진번과 임둔 지역을 복속시키고 영토를 확대하였다.

오답 체크

① 고구려, 백제, 신라: 소수림왕, 고이왕, 법흥왕 때 국가 통치의 기본법인 율령을 반포하여 체제를 정비하였다.
② 신라: 진흥왕 때 인재를 양성하기 위하여 청소년 집단인 화랑도를 국가적인 조직으로 개편하였다.
③ 백제: 고이왕 때 관등제를 정비하여 내신좌평 등 여섯 명의 좌평을 거느렸다.
⑤ 고구려: 지방의 여러 성에 지방관인 욕살, 처려근지 등을 두었다.

04 | 위만 조선 시기의 상황 정답 ③

자료 분석

> 위만이 준왕을 몰아내고 왕이 된 이후 고조선 → 위만 조선
>
> 기원전 2세기경 중국의 진·한 교체기에 고조선으로 망명한 유이민 출신의 위만이 세력을 키운 뒤 고조선의 준왕을 축출하고 왕위에 올랐다. 그러나 고조선은 위만의 손자인 우거왕 때 한 무제의 공격을 받아 수도 왕검성이 함락되면서 멸망하였다(기원전 108).

정답 해설

③ 위만 조선은 지리적 이점을 이용하여 중국의 한(漢)과 한반도 남부의 진국(辰國) 사이에서 중계 무역으로 이익을 독점하였다.

오답 체크

① 고구려: 지방의 여러 성에 지방관인 욕살, 처려근지 등을 두었다.
② 고구려: 대가들이 제가 회의에서 나라의 중요한 일을 결정하였다.
④ 중국의 전국 7웅 중 하나인 연과 대적할 만큼 성장하였던 것은 기원전 4세기경의 고조선으로 위만 즉위 이전의 일이다.
⑤ 부왕(否王) 등 강력한 왕이 등장하여 왕위를 세습하였던 것은 기원전 3세기경의 고조선으로 위만 즉위 이전의 일이다.

03 고조선

05　75회 02번
(가), (나) 사이의 시기에 있었던 사실로 옳은 것은? [2점]

> (가) 진승과 항우가 군사를 일으켜 천하가 혼란해지자, 연(燕)·제(齊)·조(趙)의 백성이 괴로움을 견디다 못해 점차 준왕에게 망명해 왔다. 준왕은 이들을 서쪽 지역에 거주하게 하였다.
> (나) 좌장군이 패수상군을 격파하고 왕검성에 이르러 그 성의 서북 방면을 포위하였다. 누선장군도 좌장군과 합세하여 성의 남쪽에 주둔하였다. 우거왕이 끝까지 성을 굳게 지키니, 수개월이 지나도 함락시킬 수 없었다.

① 위만이 왕위를 찬탈하였다.
② 이사부가 우산국을 복속시켰다.
③ 온조가 위례성에 도읍을 정하였다.
④ 관구검이 환도성을 침략하여 함락하였다.
⑤ 미천왕이 서안평을 공격하여 영토를 넓혔다.

07　50회 02번
(가) 나라에 대한 설명으로 옳은 것을 〈보기〉에서 고른 것은? [2점]

> 아들을 거쳐 손자 우거 때 이르러서는 …… 주변의 여러 나라들이 글을 올려 천자를 알현하고자 하였으나, 또한 가로막고 통하지 못하게 하였다. …… 좌장군이 두 군대를 합하여 맹렬히 [(가)] 을/를 공격하였다. 상 노인, 상 한음, 니계상 참, 장군 왕협 등이 서로 [항복을] 모의하였다. …… [우거]왕이 항복하려 하지 않았다. 한음, 왕협, 노인이 모두 도망하여 한에 항복하였는데, 노인은 도중에 죽었다.
> – 「사기」

〈보기〉
ㄱ. 22담로에 왕족을 파견하였다.
ㄴ. 빈민을 구제하기 위해 진대법을 실시하였다.
ㄷ. 진번과 임둔을 복속시켜 세력을 확장하였다.
ㄹ. 살인, 절도 등의 죄를 다스리는 범금 8조가 있었다.

① ㄱ, ㄴ　② ㄱ, ㄷ　③ ㄴ, ㄷ　④ ㄴ, ㄹ　⑤ ㄷ, ㄹ

06 빈출　65회 02번
(가) 국가에 대한 설명으로 옳은 것은? [2점]

> 니계상 참이 사람을 시켜 [(가)] 의 왕 우거를 죽이고 와서 항복하였다. 그러나 왕검성은 끝내 함락되지 않았기에 우거왕의 대신(大臣) 성기가 한(漢)에 반기를 들고 공격하였다. 좌장군은 우거왕의 아들 장과 항복한 상 노인의 아들 최로 하여금 그 백성을 달래고 성기를 주살하도록 하였다. 드디어 [(가)] 을/를 평정하고 진번·임둔·낙랑·현도군을 설치하였다.
> – 「한서」

① 동맹이라는 제천 행사를 열었다.
② 신성 지역인 소도가 존재하였다.
③ 읍락 간의 경계를 중시하는 책화가 있었다.
④ 여러 가(加)들이 별도로 사출도를 다스렸다.
⑤ 사회 질서를 유지하기 위해 범금 8조를 두었다.

08　58회 02번
(가) 나라에 대한 설명으로 옳은 것은? [2점]

> ○ 좌장군은 [(가)] 의 패수 서쪽에 있는 군사를 쳤으나 이를 격파해서 나가지는 못했다. …… 누선장군도 가서 합세하여 왕검성의 남쪽에 주둔했지만, 우거왕이 성을 굳게 지키므로 몇 달이 되어도 함락시킬 수 없었다.
> ○ 마침내 한 무제는 동쪽으로는 [(가)] 을/를 정벌하고 현도군과 낙랑군을 설치했으며, 서쪽으로는 대완과 36국 등을 병합하여 흉노 좌우의 후원 세력을 꺾었다.

① 동맹이라는 제천 행사를 열었다.
② 신지, 읍차라 불린 지배자가 있었다.
③ 도둑질한 자에게 12배로 배상하게 하였다.
④ 읍락 간의 경계를 중시하는 책화가 있었다.
⑤ 왕 아래 상, 대부, 장군 등의 관직을 두었다.

05 | 위만의 망명과 한 무제의 공격 사이의 사실 정답 ①

자료 분석
(가) 연·제·조의 백성이 준왕에게 망명해 옴 + 서쪽 지역에 거주하게 함 → 위만의 망명(기원전 195년)
(나) 왕검성 + 우거왕이 끝까지 성을 굳게 지킴 → 한 무제의 공격(기원전 109년)

(가) 중국의 진·한 교체기에 연나라 출신의 위만이 백성들을 이끌고 고조선의 준왕에게 망명하였다(기원전 195년). 준왕은 위만에게 서쪽 지역을 수비하는 임무를 맡기고, 유이민들이 그곳에 거주하게 하였다.
(나) 위만 집권 이후 고조선은 지리적 이점을 이용하여 한반도 남부의 진과 중국의 한 사이에서 중계 무역으로 경제적 이익을 독점하였다. 이에 우거왕 때 중국의 한 무제가 고조선을 공격(기원전 109년)하자, 고조선은 약 1년간 항전하였으나 수도 왕검성이 함락되며 멸망하였다.

정답 해설
① 위만의 망명(기원전 195년) 이후인 기원전 194년에 위만이 세력을 키운 후 준왕을 공격하여 왕위를 찬탈하였다.

오답 체크
모두 한 무제의 고조선 공격(기원전 109년) 이후의 사실이다.
② 6세기에 이사부가 신라 지증왕의 명을 받고 우산국(울릉도)을 공격하여 복속시켰다.
③ 기원전 1세기에 온조가 고구려에서 남하하여 하남 위례성에 도읍을 정하고 백제를 건국하였다.
④ 3세기에 유주자사 관구검이 당시 고구려의 도읍이었던 환도성을 침략하여 함락하였다.
⑤ 4세기에 고구려 미천왕이 서안평을 공격하여 영토를 넓히는 등 활발한 정복 활동을 전개하였다.

06 | 고조선 정답 ⑤

자료 분석
왕 우거(우거왕) + 왕검성 → 고조선
위만 집권 이후인 기원전 2세기경에는 지리적 이점을 이용하여 한반도 남부의 진과 중국의 한 사이에서 중계 무역으로 경제적 이익을 독점하였다. 이에 우거왕 때 중국의 한 무제가 고조선을 침공하였고, 고조선은 약 1년간 항전하였으나 수도 왕검성이 함락되며 멸망하였다.

정답 해설
⑤ 고조선은 사회 질서를 유지하기 위해 살인, 절도 등의 죄를 다스리는 범금 8조를 두었다.

오답 체크
① 고구려: 매년 10월에 동맹이라는 제천 행사를 열어 하늘에 제사를 지냈다.
② 삼한: 제사장인 천군과 천군이 다스리는 신성 지역인 소도가 존재하였다.
③ 동예: 읍락 간의 경계를 중시하여 다른 부족을 침범하면 노비·소·말 등으로 배상하게 하는 책화라는 풍습이 있었다.
④ 부여: 왕 아래에 마가·우가·저가·구가의 여러 가(加)들이 행정 구역인 사출도를 별도로 다스렸다.

07 | 고조선 정답 ⑤

자료 분석
우거(왕) + 한에 항복함 → 고조선
고조선은 우거왕 때에 이르러 중국 한 무제의 공격을 받았고, 약 1년간 항전하였으나 결국 왕검성이 함락되면서 멸망하게 되었다.

정답 해설
⑤ ㄷ. 고조선은 위만 조선 시기에 진번과 임둔 지역을 복속시켜 영토를 확장하였다.
ㄹ. 고조선에는 사회 질서를 유지하기 위해 살인, 상해, 절도 등의 죄를 다스리는 범금 8조가 있었다.

오답 체크
ㄱ. 백제: 무령왕 때 지방에 22담로라는 행정 구역을 설치하고 왕족을 파견하였다.
ㄴ. 고구려: 고국천왕 때 빈민을 구제하기 위해 진대법을 실시하였다. 진대법은 춘궁기에 곡식을 빌려 주었다가 추수기에 갚도록 한 제도이다.

08 | 고조선 정답 ⑤

자료 분석
왕검성 + 우거왕 + 한 무제 → 고조선
고조선은 위만 집권 이후인 기원전 2세기경부터 한반도 남부의 진과 중국의 한 사이에서 중계 무역으로 경제적 이익을 독점하였다. 이에 우거왕 때 중국의 한 무제가 고조선을 침공하자, 고조선은 약 1년간 한에 맞서 항전하였으나 수도 왕검성이 함락되며 멸망하였다. 이후 한나라는 고조선의 영역이었던 곳에 4군현(진번·임둔·낙랑·현도군)을 설치하였다.

정답 해설
⑤ 고조선은 왕 아래 상, 대부, 장군 등을 두어 관직을 정비하였다.

오답 체크
① 고구려: 매년 10월에 동맹이라는 제천 행사를 열어 하늘에 제사를 지냈다.
② 삼한: 신지, 읍차 등의 군장이 다스리는 군장 국가였다.
③ 부여, 고구려: 남의 물건을 훔쳤을 때 12배로 갚게 하는 1책 12법이 있었다.
④ 동예: 읍락 간의 경계를 중시하여 다른 부족을 침범하면 노비·소·말 등으로 배상하게 하는 책화라는 풍습이 있었다.

04 여러 나라의 성장

01 빈출   71회 02번
다음 검색창에 들어갈 나라에 대한 설명으로 옳은 것은? [2점]

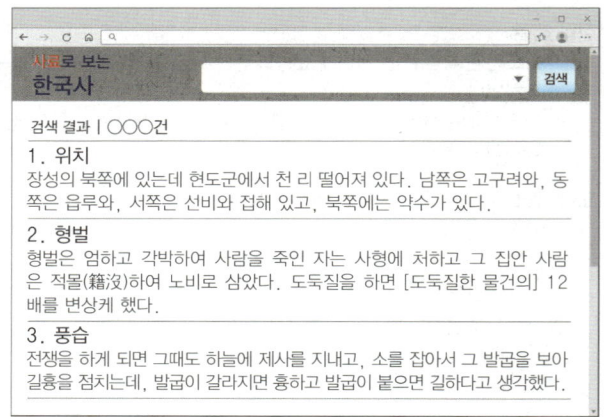

① 신성 지역인 소도가 있었다.
② 혼인 풍습으로 민며느리제가 있었다.
③ 읍락 간의 경계를 중시하는 책화가 있었다.
④ 여러 가(加)들이 각각 사출도를 주관하였다.
⑤ 사회 질서를 유지하기 위해 범금 8조를 만들었다.

02   64회 02번
(가) 나라에 대한 설명으로 옳은 것은? [2점]

> ○ (가) 의 풍속에는 가뭄이나 장마가 계속되어 오곡이 영글지 않으면, 그 허물을 왕에게 돌려 "왕을 마땅히 바꾸어야 한다."고 하거나 "죽여야 한다."라고 하였다.
>   - 『삼국지』 동이전
>
> ○ (가) 사람들은 …… 활·화살·칼·창으로 무기를 삼았다. 가축의 이름으로 관직명을 지으니 마가·우가·구가 등이 있었다. 그 나라의 읍락은 모두 여러 가(加)에 소속되었다.
>   - 『후한서』 동이열전

① 영고라는 제천 행사를 열었다.
② 한 무제의 공격으로 멸망하였다.
③ 정사암에 모여 재상을 선출하였다.
④ 읍락 간의 경계를 중시하는 책화가 있었다.
⑤ 제사장인 천군과 신성 지역인 소도가 존재하였다.

03   48회 02번
밑줄 그은 '이 나라'에 대한 설명으로 옳은 것은? [2점]

> 이 나라에는 왕이 있고 벼슬로는 상가·대로·패자·고추가·주부·우태·승·사자·조의·선인이 있으며, 존비(尊卑)에 따라 각각 등급을 두었다. 모든 대가들도 스스로 사자·조의·선인을 두었는데, 그 명단은 모두 왕에게 보고하여야 한다. …… 범죄자가 있으면 제가들이 모여 회의하여 즉시 사형에 처하고, 그 처자는 노비로 삼는다.
>   - 『삼국지』 「동이전」

① 집집마다 부경이라는 창고가 있었다.
② 12월에 영고라는 제천 행사를 열었다.
③ 혼인 풍습으로 민며느리제가 있었다.
④ 읍락 간의 경계를 중시하는 책화가 있었다.
⑤ 제사장인 천군과 신성 지역인 소도가 존재하였다.

04   66회 02번
다음 자료에 해당하는 나라에 대한 설명으로 옳은 것은? [2점]

> 호의 수는 5천인데 대군왕은 없으며 읍락에는 각각 대를 잇는 우두머리가 있다. …… 여러 읍락의 거수(渠帥)들은 스스로를 삼로라 일컬었다. …… 장사를 지낼 때에는 큰 나무 곽을 만든다. 길이가 10여 장이나 되며 한쪽을 열어 놓아 문을 만든다. 사람이 죽으면 임시로 매장한다. 겨우 시체가 덮일 만큼 묻었다가 가죽과 살이 다 썩은 다음에 뼈만 추려 곽 속에 넣는다. 온 집 식구를 하나의 곽 속에 넣어 두는데, 죽은 사람의 숫자만큼 나무를 깎아 생전의 모습과 같이 만들었다.
>   - 『삼국지』 「동이전」

① 신성 지역인 소도가 존재하였다.
② 혼인 풍습으로 민며느리제가 있었다.
③ 범금 8조를 통해 사회 질서를 유지하였다.
④ 여러 가(加)들이 각각 사출도를 주관하였다.
⑤ 정사암에 모여 국가의 중대사를 논의하였다.

● 주제별 출제 비중
*최근 3개년 기준(심화 76~63회)

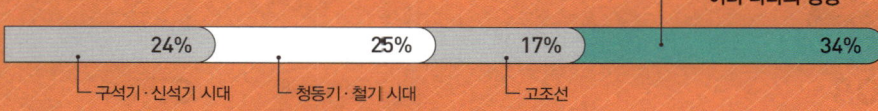

01 | 부여   정답 ④

자료 분석
남쪽은 고구려 + 도둑질을 하면 12배를 변상케 함 → 부여

부여는 만주 쑹화강 유역의 평탄하고 넓은 지대에서 성장하였으며 남쪽으로는 고구려와 접해 있었다. 부여에는 1책 12법의 조항이 있어 남의 물건을 훔치면 12배로 배상하게 하였고, 이 밖에도 소를 죽여 그 발굽의 모양으로 길흉을 점치는 우제점법이 있었다.

정답 해설
④ 부여에는 왕 아래에 마가·우가·저가·구가의 여러 가(加)들이 별도로 행정 구역인 사출도를 다스렸다.

오답 체크
① 삼한: 제사장인 천군이 다스리는 신성 지역인 소도가 있었다.
② 옥저: 혼인 풍습으로 여자가 어렸을 때 남자 집에서 살다가 성장한 후 남자가 여자 집에 예물을 치르고 혼인을 하는 민며느리제가 있었다.
③ 동예: 읍락 간의 경계를 중시하여 다른 부족의 영역을 침범하면 노비나 소·말 등으로 변상하게 하는 책화라는 풍습이 있었다.
⑤ 고조선: 사회 질서를 유지하기 위해 살인, 상해, 절도 등의 죄를 다스리는 범금 8조를 만들었다.

02 | 부여   정답 ①

자료 분석
마가·우가·구가 → 부여

부여는 철기 문화를 바탕으로 등장한 여러 나라 중 하나로, 만주 쑹화강 유역에서 성장하였다. 부여에는 왕 아래에 가축의 이름을 딴 마가·우가·구가·저가의 여러 가(加)들이 있었는데, 이들은 별도로 사출도라는 행정 구역을 다스렸으며, 왕을 추대하기도 하고, 가뭄이나 장마 등의 이유로 흉년이 들면 책임을 물어 폐위하기도 하였다.

정답 해설
① 부여는 매년 12월에 영고라는 제천 행사를 열었다.

오답 체크
② 고조선: 한 무제의 공격으로 수도인 왕검성이 함락되며 멸망하였다.
③ 백제: 귀족들이 정사암이라는 바위에 모여 재상을 선출하고 국가의 중대사를 논의하였다.
④ 동예: 읍락 간의 경계를 중시하여 다른 부족의 영역을 침범하면 노비나 소·말 등으로 변상하게 하는 책화라는 풍습이 있었다.
⑤ 삼한: 제사장인 천군과 천군이 다스리는 신성 지역인 소도가 존재하였다.

03 | 고구려   정답 ①

자료 분석
사자·조의·선인 + 제가들이 모여 회의함 → 고구려

고구려는 만주 졸본 지역에서 성장한 나라로, 왕 아래에 상가, 고추가 등의 대가들이 있었고, 이들은 각각 사자, 조의, 선인 등의 관리를 거느렸다. 대가들은 제가 회의를 통해 국가의 중대사를 논의하고 결정하였으며, 범죄자에 대한 처벌을 의논하기도 하였다.

정답 해설
① 고구려의 지배층은 집집마다 부경이라는 창고를 두고 곡식을 저장하였다.

오답 체크
② 부여: 12월에 영고라는 제천 행사를 열어 하늘에 제사를 지냈다.
③ 옥저: 혼인 풍습으로 어린 여자 아이를 남자 집에서 데려다 키운 후, 남자가 여자 집에 예물을 치르고 혼인하는 민며느리제가 있었다.
④ 동예: 읍락 간의 경계를 중시하여 다른 부족의 영역을 침범하면 노비·소·말 등으로 변상하도록 하는 책화의 풍습이 있었다.
⑤ 삼한: 제사장인 천군과 천군이 다스리는 신성 지역인 소도가 존재하였다.

04 | 옥저   정답 ②

자료 분석
사람이 죽으면 임시로 매장함 + 온 집 식구를 하나의 곽 속에 넣어 둠 → 골장제 → 옥저

옥저는 함경도 해안 지역에 위치한 군장 국가로, 사람이 죽으면 가매장하였다가 가족의 유골을 한 목곽에 안치하는 가족 공동 무덤(골장제)의 풍습이 있었다.

정답 해설
② 옥저에는 여자가 어렸을 때 남자 집에서 살다가 성장한 후 남자가 여자 집에 예물을 치르고 혼인을 하는 풍습인 민며느리제가 있었다.

오답 체크
① 삼한: 제사장인 천군과 천군이 다스리는 신성 지역인 소도가 존재하였다.
③ 고조선: 사회 질서를 유지하기 위해 살인, 상해, 절도 등의 죄를 다스리는 범금 8조를 두었다.
④ 부여: 왕 아래에 마가·우가·저가·구가의 여러 가(加)들이 별도의 행정 구역인 사출도를 주관하였다.
⑤ 백제: 귀족들이 정사암에 모여 재상 선출 및 국가의 중대사를 논의하였다.

04 여러 나라의 성장

05
46회 02번
(가), (나) 나라에 대한 설명으로 옳은 것은? [2점]

> 철기 시대에 등장한 나라들의 혼인 풍속에 대해 말해 볼까요?
>
> (가) 에는 혼인을 약속한 여자 아이를 데려다 키워서 며느리로 삼는 민며느리제가 있었어요.
>
> (나) 에는 혼인 후 신랑이 신부의 집 뒤편에 지어진 서옥에 살다가 자식이 장성하면 신랑 집으로 함께 돌아가는 풍속이 있었어요.

① (가) - 여러 가(加)들이 별도로 사출도를 주관하였다.
② (가) - 가족의 유골을 한 목곽에 안치하는 풍습이 있었다.
③ (나) - 읍락 간의 경계를 중시하는 책화가 있었다.
④ (나) - 철이 많이 생산되어 낙랑과 왜에 수출하였다.
⑤ (가), (나) - 제사장인 천군과 신성 지역인 소도가 있었다.

06
54회 02번
다음 자료에 해당하는 나라에 대한 설명으로 옳은 것은? [2점]

> 대군장이 없고 관직으로는 후·읍군·삼로가 있다. …… 해마다 10월이면 하늘에 제사를 지내는데, 밤낮으로 술 마시고 노래 부르며 춤추니 이를 무천이라 한다. …… 낙랑의 단궁이 그 지방에서 산출되고 무늬 있는 표범이 많다. 과하마가 있으며 바다에서는 반어가 난다.
> - 『후한서』

① 신성 지역인 소도가 존재하였다.
② 혼인 풍습으로 민며느리제가 있었다.
③ 읍락 간의 경계를 중시하는 책화가 있었다.
④ 제가 회의에서 나라의 중대사를 결정하였다.
⑤ 여러 가(加)들이 별도로 사출도를 주관하였다.

07
70회 02번
(가) 나라에 대한 설명으로 옳은 것은? [2점]

학습 내용 정리

<철기 문화를 바탕으로 성장한 여러 나라>

Ⅰ. 경제 활동

나라	사료에 나타난 특징
부여	관직명에 가축 이름 사용, 명마·담비 가죽 생산
(가)	삼베·명주 생산, 특산물: 단궁·과하마·반어피
삼한	벼농사 발달, 철이 많아 낙랑·왜에 수출

① 신지, 읍차 등의 지배자가 있었다.
② 혼인 풍습으로 민며느리제가 있었다.
③ 10월에 무천이라는 제천 행사를 열었다.
④ 여러 가(加)들이 각각 사출도를 주관하였다.
⑤ 제가 회의에서 나라의 중대사를 결정하였다.

08
57회 03번
(가), (나) 나라에 대한 설명으로 옳은 것은? [2점]

> (가) 그 나라에는 왕이 있고, 벼슬로는 상가·대로·패자·고추가·주부·우태·승·사자·조의·선인이 있으며, 신분의 높고 낮음에 따라 각각 등급을 두었다. …… 10월에 지내는 제천 행사는 국중대회로 이름하여 동맹이라 한다.
> - 『삼국지』 동이전
>
> (나) 그 나라의 풍속은 산천을 중요시하여 산과 내마다 각기 구분이 있어 함부로 들어가지 않는다. …… 해마다 10월이면 하늘에 제사를 지내는데, 주야로 술을 마시고 노래를 부르며 춤추니 이를 무천이라 한다. 또 호랑이를 신으로 여겨 제사를 지낸다.
> - 『삼국지』 동이전

① (가) - 낙랑과 왜에 철을 수출하였다.
② (가) - 서옥제라는 혼인 풍습이 있었다.
③ (나) - 연의 장수 진개의 공격을 받았다.
④ (나) - 가(加)들이 별도로 사출도를 다스렸다.
⑤ (가), (나) - 골품에 따라 관등 승진에 제한이 있었다.

05 | 옥저와 고구려 정답 ②

자료 분석

> (가) 민며느리제 → 옥저
> (나) 서옥 → 서옥제 → 고구려
> - (가) 옥저에는 혼인 풍습으로 혼인을 약속한 여자 아이를 신랑 집에서 데려다 키운 후 며느리로 삼는 민며느리제가 있었다.
> - (나) 고구려에는 혼인 풍습으로 남자가 여자 집 본채 뒤에 작은 집(서옥)을 짓고 살다가, 자식이 크면 남자 집으로 돌아오는 서옥제가 있었다.

정답 해설

② 옥저에는 가족의 유골을 한 목곽에 안치하는 가족 공동 무덤의 풍습이 있었다.

오답 체크

① **부여**: 왕 아래에 마가, 우가, 저가, 구가의 여러 가(加)들이 사출도라는 별도의 행정 구역을 주관하였다.
③ **동예**: 읍락 간의 경계를 중시하여 다른 부족의 영역을 함부로 침범하였을 때 노비·소·말 등으로 변상하도록 하는 책화의 풍습이 있었다.
④ **변한, 금관가야**: 철이 많이 생산되어 낙랑과 왜에 수출하였다.
⑤ **삼한**: 제사장인 천군과 천군이 다스리는 신성 지역인 소도가 있었다.

06 | 동예 정답 ③

자료 분석

> 후·읍군·삼로 + 10월 + 무천 → 동예
> 동예는 후·읍군·삼로라는 지배자가 자기 부족을 통치한 군장 국가로, 매년 10월에 무천이라는 제천 행사를 열어 하늘에 제사를 지냈다. 동예의 대표적인 특산물로는 단궁(활), 반어피(바다표범 가죽), 과하마(작은 말) 등이 있었다.

정답 해설

③ 동예는 산과 내(강)로 구분된 읍락 간의 경계를 중시하여, 다른 부족의 영역을 침범하면 노비·소·말 등으로 변상하게 하는 책화의 풍습이 있었다.

오답 체크

① **삼한**: 제사장인 천군이 다스리는 신성 지역으로 소도가 존재하였다.
② **옥저**: 여자가 어렸을 때 남자 집에서 살다가 성장한 후 남자가 여자 집에 예물을 치르고 혼인하는 풍습인 민며느리제가 있었다.
④ **고구려**: 대가들이 제가 회의에서 국가의 중대사를 논의하고 결정하였다.
⑤ **부여**: 왕 아래에 있는 마가, 우가, 저가, 구가의 여러 가(加)들이 별도로 행정 구역인 사출도를 주관하였다.

빈출 개념 | 동예

위치	강원도 동해안 지역
정치	읍군, 삼로가 다스리는 군장 국가
경제	특산물: 단궁, 과하마, 반어피
사회	• 제천 행사: 무천(10월) • 풍습: 족외혼, 책화

07 | 동예 정답 ③

자료 분석

> 단궁·과하마·반어피 → 동예
> 동예는 철기 문화를 바탕으로 성장한 여러 나라 중 하나로, 산과 내(강)로 구분된 읍락 간의 경계를 중시하여 다른 부족이 경계를 침범하면 노비나 소, 말 등으로 변상하게 하는 책화의 풍습이 있었다. 한편 동예의 대표적인 특산물로 단궁(활), 반어피(바다표범 가죽), 과하마(작은 말) 등이 있었다.

정답 해설

③ 동예는 매년 10월에 무천이라는 제천 행사를 열어 하늘에 제사를 지냈다.

오답 체크

① **삼한**: 신지, 읍차 등의 지배자가 각각의 소국을 다스렸다.
② **옥저**: 여자가 어렸을 때 남자 집에서 살다가 성장한 후 남자가 여자 집에 예물을 치르고 혼인을 하는 풍습인 민며느리제가 있었다.
④ **부여**: 왕 아래에 있는 마가, 우가, 저가, 구가라는 여러 가(加)들이 별도로 행정 구역인 사출도를 주관하였다.
⑤ **고구려**: 귀족들이 제가 회의에서 국가의 중대사를 논의하고 결정하였다.

08 | 고구려와 동예 정답 ②

자료 분석

> (가) 사자·조의·선인 + 동맹 → 고구려
> (나) 무천 → 동예
> - (가) 고구려는 만주 졸본 지역에서 성장한 나라로, 왕 아래에 상가·고추가 등의 대가들이 있었고, 이들은 각각 사자·조의·선인 등의 관리를 거느렸다. 또한 매년 10월에 동맹이라는 제천 행사를 열어 하늘에 제사를 지냈다.
> - (나) 동예는 읍군·삼로라고 불리는 군장이 자기 부족을 통치한 군장 국가이다. 동예는 매년 10월에 무천이라는 제천 행사를 지냈으며, 이 때 하늘에 제사를 지내고 춤과 노래를 부르며 즐겼다.

정답 해설

② 고구려에는 혼인 후 남자가 여자 집 뒤에 작은 집(서옥)을 짓고 살다가 자식이 크면 남자 집으로 돌아가는 서옥제라는 혼인 풍습이 있었다.

오답 체크

① **변한, 금관가야**: 철이 많이 생산되어 낙랑과 왜에 철을 수출하였다.
③ **고조선**: 기원전 3세기 초에 중국 연나라 장수 진개의 공격을 받아 영토를 빼앗겼다.
④ **부여**: 왕 아래에 마가·우가·저가·구가의 여러 가(加)들이 행정 구역인 사출도를 별도로 다스렸다.
⑤ **신라**: 골품에 따라 관등 승진에 제한을 둔 신분 제도인 골품제가 있었다.

04 여러 나라의 성장

09 73회 04번
(가), (나) 나라에 대한 설명으로 옳은 것은? [2점]

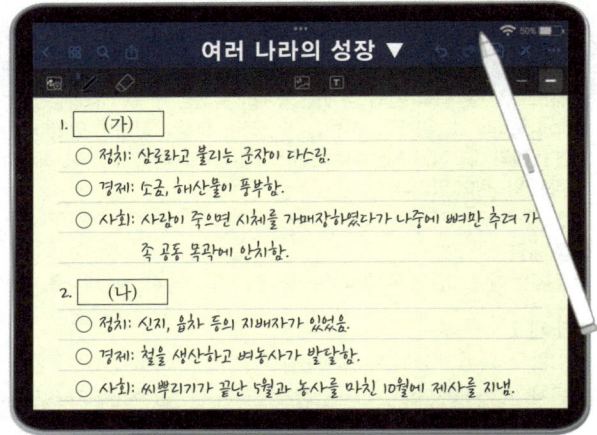

① (가) - 영고라는 제천 행사를 열었다.
② (가) - 사회 질서를 유지하기 위해 범금 8조를 만들었다.
③ (나) - 신성 지역인 소도가 존재하였다.
④ (나) - 제가 회의에서 나라의 중대사를 결정하였다.
⑤ (가), (나) - 도둑질한 자에게 12배로 배상하게 하였다.

10 49회 03번
(가)에 들어갈 내용으로 옳은 것은? [1점]

① 혼인 풍습으로 민며느리제가 있었습니다.
② 대가들이 사자, 조의, 선인을 거느렸습니다.
③ 제사장인 천군과 신성 지역인 소도가 있었습니다.
④ 남의 물건을 훔쳤을 때는 12배로 갚게 하였습니다.
⑤ 단궁, 과하마, 반어피 등이 특산물로 유명하였습니다.

11 53회 02번
밑줄 그은 '이 나라'에 대한 설명으로 옳은 것은? [2점]

① 신지, 읍차 등의 지배자가 있었다.
② 혼인 풍습으로 서옥제가 존재하였다.
③ 여러 가(加)들이 별도로 사출도를 주관하였다.
④ 남의 물건을 훔쳤을 때에는 12배로 갚게 하였다.
⑤ 부족 간의 경계를 중시하는 책화라는 풍속이 있었다.

12 67회 02번
(가)~(라)에 들어갈 내용으로 옳은 것을 <보기>에서 고른 것은? [2점]

<여러 나라의 제천 행사>

나라	내용
부여	(가)
고구려	(나)
동예	(다)
삼한	(라)

―<보기>―
ㄱ. (가) - 무천이라는 제천 행사에서 밤낮으로 음주 가무를 즐겼다.
ㄴ. (나) - 10월에 지내는 제천 행사는 국중 대회로 동맹이라 하였다.
ㄷ. (다) - 영고라는 제천 행사를 열고 죄수를 풀어주기도 하였다.
ㄹ. (라) - 씨뿌리기가 끝난 5월과 농사를 마친 10월에 제사를 지냈다.

① ㄱ, ㄴ   ② ㄱ, ㄷ   ③ ㄴ, ㄷ   ④ ㄴ, ㄹ   ⑤ ㄷ, ㄹ

09 | 옥저와 삼한 정답 ③

자료 분석

(가) 사람이 죽으면 시체를 가매장하였다가 나중에 뼈만 추려 가족 공동 목곽에 안치함 → 골장제 → 옥저
(나) 신지, 읍차 + 5월과 10월에 제사를 지냄 → 삼한

- (가) 옥저는 읍군·삼로라 불린 우두머리가 통치하는 군장 국가였다. 또한 사람이 죽으면 시체를 가매장하였다가 나중에 그 뼈를 추려 가족 공동 무덤에 안치하는 골장제의 풍습이 있었다.
- (나) 삼한은 마한·진한·변한으로 구성된 연맹 국가로, 신지·읍차 등으로 불리는 지배자가 있었다. 삼한은 해마다 씨를 뿌리고 난 뒤인 5월(수릿날)과 가을 곡식을 거두어 들이는 10월(계절제)에 제천 행사를 열어 하늘에 제사를 지냈다.

정답 해설

③ 삼한에는 제사장인 천군과 천군이 다스리는 신성 지역인 소도가 존재하였다.

오답 체크

① 부여: 매년 12월에 영고라는 제천 행사를 열었다.
② 고조선: 사회 질서를 유지하기 위해 살인, 상해, 절도 등의 죄를 다스리는 범금 8조를 만들었다.
④ 고구려: 귀족 회의인 제가 회의에서 국가의 중대사를 결정하였다.
⑤ 부여·고구려: 남의 물건을 훔치면 12배로 배상하게 하는 1책 12법의 법 조항이 있었다.

10 | 삼한 정답 ③

자료 분석

신지, 읍차 + 벼농사가 발달 + 5월 + 10월에 제천 행사 → 삼한

삼한은 마한, 진한, 변한의 연맹체로, 신지·읍차 등의 군장이 있었던 군장 국가이다. 삼한은 한반도 남부의 비옥한 토지를 바탕으로 벼농사가 발달하였으며, 매년 5월에는 수릿날, 10월에는 계절제를 거행하였다.

정답 해설

③ 삼한에는 제사장인 천군과 천군이 다스리는 신성 지역인 소도가 있었다.

오답 체크

① 옥저: 여자가 어렸을 때 남자 집에서 살다가 성장한 후 남자가 여자 집에 예물을 치르고 혼인을 하는 풍습인 민며느리제가 있었다.
② 고구려: 왕 아래 상가, 고추가 등의 대가들이 사자, 조의, 선인 등의 관리를 거느렸다.
④ 부여·고구려: 남의 물건을 훔쳤을 때 12배로 갚게 하는 1책 12법이 있었다.
⑤ 동예: 단궁(활), 과하마(작은 말), 반어피(바다표범 가죽) 등이 특산물로 유명하였다.

빈출 개념 | 삼한

정치	• 마한, 진한, 변한으로 구성 • 제정 분리 - 군장: 정치적 지배자(신지, 읍차) - 천군: 제사장, 군장의 세력이 미치지 못하는 소도를 주관
경제	• 벼농사 발달 • 변한: 낙랑과 왜에 철 수출, 철을 화폐처럼 사용
사회	제천 행사: 수릿날(5월), 계절제(10월)

11 | 삼한 정답 ①

자료 분석

천군 + 소도 + 5월과 10월에 하늘에 제사 → 삼한

삼한에는 정치를 주관하는 군장이 있었으며, 이와 별도로 종교를 주관하는 제사장인 천군과 천군이 다스리는 신성 지역인 소도가 존재하는 제정 분리 사회였다. 또한 해마다 씨를 뿌리고 난 뒤인 5월과 가을 곡식을 거두어들이는 10월에 제천 행사를 열어 하늘에 제사를 지냈다.

정답 해설

① 삼한은 신지·읍차 등의 지배자가 각 소국을 다스렸던 군장 국가이다.

오답 체크

② 고구려: 혼인을 한 뒤 신붓집 뒤꼍에 조그만 집(서옥)을 지어 살다가 자식이 장성하면 신부를 데리고 신랑 집으로 돌아가는 혼인 풍습인 서옥제가 있었다.
③ 부여: 왕 아래에 마가, 우가, 구가, 저가의 여러 가(加)들이 별도로 사출도라는 행정 구역을 주관하였다.
④ 부여, 고구려: 남의 물건을 훔치면 12배로 배상하는 1책 12법이 있었다.
⑤ 동예: 부족 간의 경계를 중시하여 다른 부족의 영역을 침범하면 노비나 소·말 등으로 변상하는 책화의 풍속이 있었다.

12 | 여러 나라의 제천 행사 정답 ④

자료 분석

여러 나라의 제천 행사

제천 행사는 하늘을 숭배하고 소원을 빌기 위해 제사를 지내는 행사로, 우리나라에는 고대 이전부터 농사의 풍년을 기원하고 한 해의 수확을 감사하는 행사이자 온 나라 사람들이 참여하는 축제로 치러졌다. 대표적으로 부여에서는 12월이 되면 영고라는 제사를 지내고 죄수를 풀어 주기도 했으며, 고구려에서는 10월에 동맹을, 동예에서도 매년 10월에 무천이라는 제천 행사를 열어 밤낮으로 음주 가무를 즐겼다. 또한 삼한에서는 씨뿌리기가 끝난 5월과 추수가 끝난 10월에 제사를 지냈다.

정답 해설

④ ㄴ. 고구려는 매년 10월에 동맹이라는 제천 행사를 열어 하늘에 제사를 지냈다.
ㄹ. 삼한은 매년 5월에는 수릿날, 10월에는 계절제를 열어 곡식의 파종과 추수가 끝날 때마다 제천 행사를 거행하였다.

오답 체크

ㄱ. 동예: 10월에 무천이라는 제천 행사를 열어 하늘에 제사를 지내고 밤낮으로 술 마시며 노래 부르고 춤을 추었다.
ㄷ. 부여: 사냥철이 시작되는 12월에 영고라는 제천 행사를 열었는데, 이때 노래와 춤을 즐겼으며, 죄수를 석방하기도 하였다.

I. 선사 시대

기출 자료&선택지 퀴즈로 단원 마무리

기출 자료 퀴즈

기출 자료에 해당하는 주제를 골라 쓰세요.

청동기 시대	옥저	삼한	신석기 시대
민무늬 토기	부여	구석기 시대	고조선
동예	주먹도끼		

01 55회
공주 석장리에서 남한 최초로 이 시대의 유물인 찍개, 주먹도끼 등의 뗀석기가 출토되었습니다. 이번 발굴로 우리나라에서도 이 시대가 존재했다는 사실이 입증되었습니다.
[   ]

02 72회
- 정치
  왕 아래에 상, 대부, 장군 등의 관직을 두었어요.
- 경제
  중국과 한반도 남부의 진국 사이에서 중계 무역을 하였어요.
- 사회
  사회 질서를 유지하기 위한 범금 8조가 있었어요.
[   ]

03 63회
- 읍군, 삼로라고 불린 지배자가 있었어요.
- 단궁, 과하마, 반어피 등이 특산물로 유명하였어요.
- 다른 읍락을 침범하면 소, 말 등으로 변상하게 하는 책화라는 풍습이 있었어요.
[   ]

04 68회
- 산릉과 넓은 못[澤]이 많아서 동이 지역에서는 가장 넓고 평탄한 곳이다. …… 사람들은 체격이 크고 성품은 굳세고 용감하며, 근엄·후덕하여 다른 나라를 쳐들어가거나 노략질하지 않는다.
- 은력(殷曆) 정월에 지내는 제천 행사는 국중 대회로 날마다 마시고 먹고 노래하고 춤추는데, 그 이름을 영고라 했다.
　　　　　　　　　　　　　　　　－『삼국지』 위서 동이전
[   ]

05 56회
이것은 제주 고산리 유적에서 발굴된 이른 민무늬 토기입니다. 이 토기의 출토로 우리나라의 (가) 시대가 기원전 8000년경부터 시작되었음을 알게 되었습니다. 고산리 유적에서는 화살촉, 갈돌, 갈판 등의 석기도 나왔습니다.
[   ]

06 66회
여러 읍락의 거수(渠帥)들은 스스로를 삼로라 일컬었다. …… 장사를 지낼 때에는 큰 나무 곽을 만든다. 길이가 10여 장이나 되며 한쪽을 열어 놓아 문을 만든다. 사람이 죽으면 임시로 매장한다.
[   ]

07 65회
사유 재산과 계급이 출현한 이 시대의 대표적 유적지인 부여 송국리 유적에서 축제를 개최합니다. 다양한 행사에 참여하여 당시 생활을 체험해 보시기 바랍니다.
[   ]

08 69회
해마다 5월이면 씨뿌리기를 마치고 귀신에게 제사를 지낸다. …… 국읍에 각각 한 사람씩을 세워서 천신의 제사를 주관하게 하는데, 이를 천군이라 부른다.
　　　　　　　　　　　　　　　　－『삼국지』 위서 동이전
[   ]

09 52회
청동기 시대의 대표적 유물인 (가) 와 비파형동검 등을 통해 당시의 생활 모습을 살펴보시기 바랍니다.
[   ]

10 53회

우리 박물관에서는 찍개, 찌르개 등 뗀석기를 처음 사용한 구석기 시대 특별전을 마련하였습니다. 동아시아에 찍개 문화만 존재했다는 기존 학설을 뒤집은 연천 전곡리 출토 (가) 도 전시하오니 많은 관람 바랍니다.
[   ]

기출 선택지 퀴즈

기출 선택지가 옳은 내용이면 O, 틀린 내용이면 X 표시하세요.

11 69회 구석기 시대에는 주로 동굴이나 강가의 막집에 거주하였다. [O | X]

12 74회 신석기 시대에는 농경과 목축을 통해 식량을 생산하였다. [O | X]

13 65회 청동기 시대에는 쟁기, 쇠스랑 등의 철제 농기구가 이용되었다. [O | X]

14 67회 철기 시대에는 비파형동검과 청동 거울 등을 제작하였다. [O | X]

15 68회 고조선에는 왕 아래 상가, 대로, 패자 등의 관직이 있었다. [O | X]

16 71회 부여에는 혼인 풍습으로 민며느리제가 있었다. [O | X]

17 67회 고구려에서 10월에 지내는 제천 행사는 국중 대회로 동맹이라 하였다. [O | X]

18 74회 옥저에는 제사장인 천군과 신성 지역인 소도가 존재하였다. [O | X]

19 74회 동예에는 읍락 간의 경계를 중시하는 책화가 있었다. [O | X]

최빈출 다지선다 퀴즈

밑줄 그은 '이 나라'에 대한 설명으로 옳은 것을 모두 고르세요.

20 60회

이것은 쑹화강 유역에 위치했던 이 나라의 유물로 고대인의 얼굴을 추정해 볼 수 있는 귀중한 자료입니다. 이 나라에는 영고라는 제천 행사와 형사취수제라는 풍속이 있었다고 전해집니다.

① 혼인 풍습으로 서옥제가 있었다. 71회

② 여러 가(加)들이 각각 사출도를 주관하였다. 74·73·72·71·70회

③ 집집마다 부경이라는 창고가 있었다. 75·72·68·65·64회

④ 도둑질한 자에게 12배로 배상하게 하였다. 73회

⑤ 특산물로 단궁, 과하마, 반어피 등이 있었다. 74·68·61·60회

⑥ 신지, 읍차 등의 지배자가 있었다. 70·69회

⑦ 낙랑과 왜에 철을 수출하였다. 68·63회

⑧ 사회 질서를 유지하기 위해 범금 8조를 두었다. 74·73·71·66·65회

정답
01 구석기 시대 02 고조선 03 동예 04 부여 05 신석기 시대 06 옥저
07 청동기 시대 08 삼한 09 민무늬 토기 10 주먹도끼 11 O 12 O
13 X (철기 시대) 14 X (청동기 시대) 15 X (고구려) 16 X (옥저) 17 O
18 X (삼한) 19 O
20 ②, ④ 부여 [①, ③ 고구려, ⑤ 동예, ⑥ 삼한, ⑦ 변한, 금관가야, ⑧ 고조선]

고대 최신 기출 트렌드

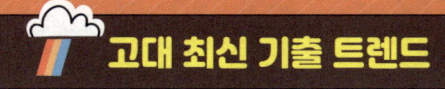 시대별 출제 비중 *최근 3개년 기준(심화 76~63회)

- 고대는 최근 3개년 간 매 회 50문제 중 평균 7~8문제(약 15%)가 출제되었습니다.
- 삼국의 주요 왕의 업적을 묻는 문제와 통일 신라와 발해를 구분하는 문제, 신라 하대의 상황을 묻는 문제가 가장 자주 출제됩니다.

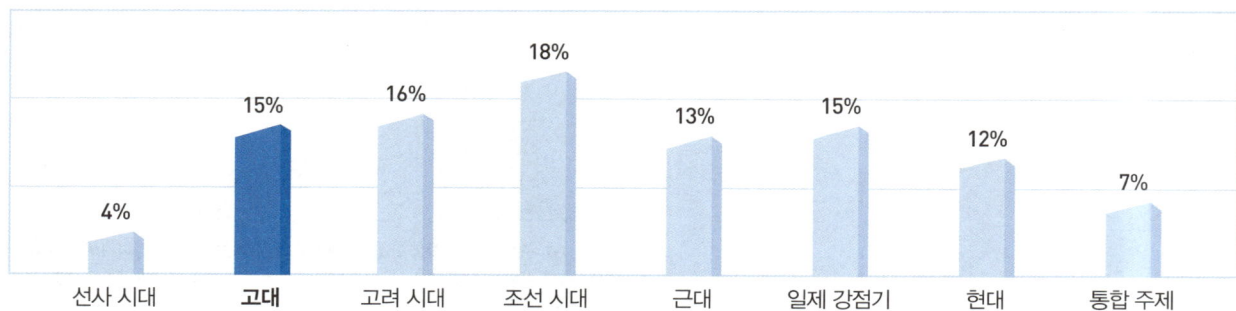

해커스 한국사능력검정시험 심화 시대별 기출문제집

II. 고대

01 삼국의 발전
02 가야
03 신라의 삼국 통일 과정
04 통일 신라와 발해
05 통일 신라 말의 혼란과 후삼국 시대
06 고대의 경제와 사회
07 고대의 문화

주제별 기출 트렌드

01 삼국의 발전
고구려의 태학과 경당이 최빈출 포인트예요!
빈출 고구려(1번) 킬러 관산성 전투와 대야성 전투 사이의 사실(20번)

02 가야
금관가야는 김해, 대가야는 고령에 위치했음을 알아두세요!
빈출 금관가야(2번), 대가야(5번)

03 신라의 삼국 통일 과정
고구려의 대외 항쟁부터 신라의 삼국 통일에 이르기까지의 전개 과정을 알아야 해요!
빈출 나·당 동맹 체결(5번)

04 통일 신라와 발해
통일 신라 신문왕의 업적과 발해의 중앙 정치 기구를 알아두세요!
빈출 신문왕(3번), 발해(7번)

05 통일 신라 말의 혼란과 후삼국 시대
신라 하대에 있었던 봉기 및 주요 호족들의 활동을 반드시 알아두세요!
빈출 견훤(9번), 궁예(13번) 킬러 원성왕 즉위(3번)

06 고대의 경제와 사회
민정 문서(신라 촌락 문서)가 자주 출제됩니다!
빈출 통일 신라의 경제 상황(3번)

07 고대의 문화
천마총 금관, 천마도, 호우총 청동 그릇 등 신라의 문화유산에 대해 알아두세요!
빈출 신라의 문화유산(12번) 킬러 고구려의 문화유산(5번)

01 삼국의 발전

01 빈출 72회 05번
(가) 국가에 대한 설명으로 옳은 것은? [2점]

> 이것은 (가) 의 쌍영총 벽화의 개마 무사 부분 모사도입니다. 안악 3호분 등 (가) 의 다른 고분 벽화에서도 개마 무사가 그려져 있어 이 국가의 군사, 무기 등의 모습을 알 수 있습니다.

① 태학과 경당을 두어 인재를 양성하였다.
② 골품에 따라 관등 승진에 제한이 있었다.
③ 국경 지역인 양계에 병마사를 파견하였다.
④ 정사암에서 국가의 중대한 일을 결정하였다.
⑤ 여러 가(加)들이 별도로 사출도를 주관하였다.

02 65회 05번
다음 상황 이후에 있었던 사실로 옳은 것은? [2점]

> 10월에 백제왕이 병력 3만 명을 거느리고 평양성을 공격해 왔다. 왕이 군대를 출정시켜 백제군을 막다가 날아온 화살에 맞아 이달 23일에 세상을 떠났다.

① 유리왕이 졸본에서 국내성으로 천도하였다.
② 미천왕이 낙랑군을 축출하여 영토를 확장하였다.
③ 소수림왕이 불교를 공인하고 율령을 반포하였다.
④ 고국천왕이 을파소를 등용하고 진대법을 실시하였다.
⑤ 유주자사 관구검이 이끄는 군대가 환도성을 함락하였다.

03 70회 04번
(가) 왕의 재위 시기에 있었던 사실로 옳은 것은? [2점]

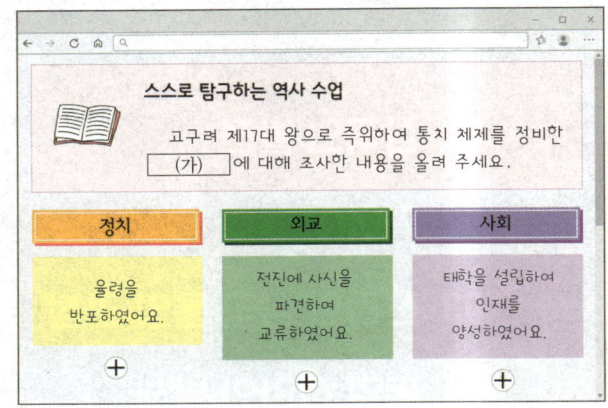

① 승려 순도를 통해 불교를 수용하였다.
② 낙랑군을 축출하여 영토를 확장하였다.
③ 영락이라는 독자적인 연호를 사용하였다.
④ 을지문덕이 살수에서 수의 군대를 물리쳤다.
⑤ 이문진이 유기를 간추린 『신집』 5권을 편찬하였다.

04 60회 05번
다음 검색창에 들어갈 왕에 대한 설명으로 옳은 것은? [2점]

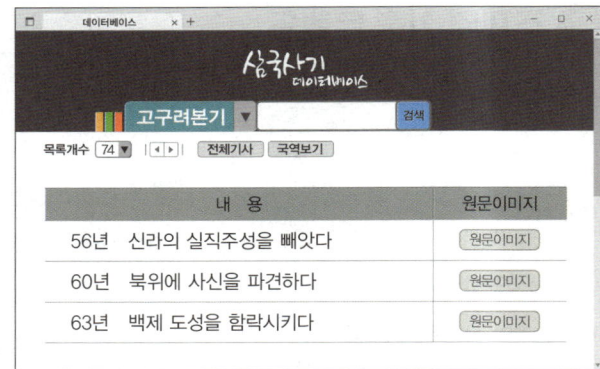

① 도읍을 국내성에서 평양으로 옮겼다.
② 낙랑군을 몰아내고 영토를 확장하였다.
③ 을파소의 건의로 진대법을 실시하였다.
④ 영락이라는 독자적 연호를 사용하였다.
⑤ 전진의 순도를 통해 불교를 수용하였다.

● 주제별 출제 비중
*최근 3개년 기준(심화 76~63회)

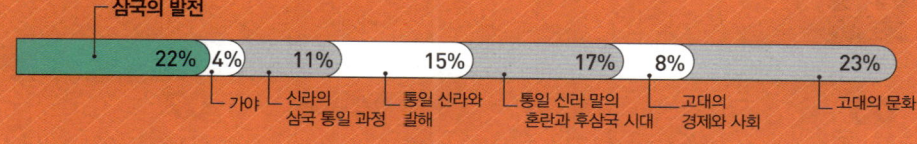

01 | 고구려　　　　　　　　　정답 ①

자료 분석

> 쌍영총 + 안악 3호분 → 고구려
>
> 고구려는 돌을 쌓아 방을 만든 고분인 굴식 돌방무덤을 주로 축조하고 천장과 벽에 벽화를 그렸다. 대표적인 고분 벽화로는 당시 고구려인의 모습을 담은 쌍영총과 안악 3호분의 벽화 등이 있다. 쌍영총과 안악 3호분에는 무덤 주인으로 추정되는 인물과 당시 고구려의 군사와 무기 등을 알 수 있는 개마무사 등이 그려져 있다.

정답 해설
① 고구려는 국립 대학인 태학과 지방 교육 기관인 경당을 두어 인재를 양성하였다.

오답 체크
② **신라**: 골품에 따라 관등 승진에 제한을 둔 신분 제도인 골품제가 있었다.
③ **고려**: 국경 지역인 양계(북계, 동계)에 지방관으로 병마사를 파견하여 적의 침입에 대비하였다.
④ **백제**: 귀족들이 정사암에 모여서 재상 선출 및 국가의 중대한 일을 결정하였다.
⑤ **부여**: 왕 아래 마가·우가·저가·구가의 여러 가(加)들이 별도로 사출도라는 행정 구역을 주관하였다.

02 | 고구려 소수림왕　　　　　　　정답 ①

자료 분석

> 율령을 반포함 + 태학을 설립함 → 고구려 소수림왕
>
> 고구려 소수림왕은 통치 체제를 정비하여 사회적 안정을 이루고 국가적 위기를 극복하고자 하였다. 우선 중국의 전진과 수교하여 사신을 파견하여 교류하였다. 또한 국가 통치의 기본법인 율령을 반포하여 중앙 집권 체제를 강화하였으며, 이 밖에도 우리나라 최초의 국립 대학인 태학을 설립하여 인재를 양성하고 유학을 보급하였다.

정답 해설
① 고구려 소수림왕은 중국 전진의 승려인 순도를 통해 불교를 수용·공인하였다.

오답 체크
② **미천왕**: 중국 한이 설치한 낙랑군과 대방군을 축출하여 영토를 확장하였다.
③ **광개토 대왕**: 영락이라는 독자적인 연호를 사용하여 자주성을 드러내었다.
④ **영양왕**: 고구려 장수인 을지문덕이 살수에서 수의 군대를 물리쳤다.
⑤ **영양왕**: 이문진으로 하여금 『유기』를 간추린 역사서인 『신집』 5권을 편찬하였다.

02 | 고국원왕 전사 이후의 사실　　　정답 ③

자료 분석

> 백제왕 + 평양성을 공격 + 왕이 세상을 떠남 → 평양성 전투 → 고국원왕 전사(371)
>
> 고구려 고국원왕은 백제 근초고왕과 황해도 지역을 두고 대결하고 있었으며, 백제군이 고구려의 평양성을 공격해오자 이를 방어하다가 날아온 화살에 맞아 전사하였다(371). 이러한 국가적 위기 상황에서 즉위한 소수림왕은 통치 체제를 정비하여 사회적 안정을 이루고자 하였다.

정답 해설
③ 고구려 고국원왕 전사(371) 이후 즉위한 소수림왕은 불교를 공인(372)하고 율령을 반포(373)하는 등 통치 체제를 정비하였다.

오답 체크
모두 고국원왕 전사(371) 이전의 사실이다.
① 유리왕은 3년에 졸본에서 국내성으로 천도하였다.
② 미천왕은 313년에 낙랑군을 축출하여 영토를 확장하였다.
④ 고국천왕은 을파소를 등용하고 194년에 진대법을 실시하였다.
⑤ 동천왕 때인 246년에 유주자사 관구검이 이끄는 군대의 공격으로 고구려의 환도성이 함락되었다.

04 | 고구려 장수왕　　　　　　　　정답 ①

자료 분석

> 실직주성을 빼앗음 + 백제 도성을 함락시킴 → 고구려 장수왕
>
> 고구려 광개토 대왕의 뒤를 이어 즉위한 장수왕은 도읍을 국내성에서 평양으로 옮겨 남진 정책을 추진하였다. 이에 맞서 신라와 백제가 동맹을 체결하고 고구려에 적대적인 입장을 취하자, 장수왕은 신라의 실직주성을 공격하여 빼앗았으며, 북위에 접근하는 백제를 견제하기 위해 계속해서 사신을 파견하여 북위와의 관계를 강화해 나갔다. 결국 장수왕은 백제의 도성인 한성을 공격하여 백제 개로왕을 전사시키고 한강 유역까지 영토를 확장하였다.

정답 해설
① 고구려 장수왕은 남진 정책을 추진하기 위해 도읍을 국내성에서 평양으로 옮겼다.

오답 체크
② **미천왕**: 중국 한이 설치한 낙랑군·대방군을 축출하고 영토를 확장하였다.
③ **고국천왕**: 을파소의 건의로 빈민 구제 정책인 진대법을 실시하였다.
④ **광개토 대왕**: 영락이라는 독자적인 연호를 사용하여 자주성을 드러내었다.
⑤ **소수림왕**: 중국 전진의 승려인 순도를 통해 불교를 수용·공인하였다.

01 삼국의 발전

05
72회 03번
(가), (나) 사이의 시기에 있었던 사실로 옳은 것은? [2점]

> (가) 겨울에 백제왕이 태자와 함께 정병 3만 명을 거느리고 고구려를 침입하여 평양성을 공격하였다. 고구려 왕 사유가 힘껏 싸우며 막다가 날아오는 화살을 맞고 죽었다.
>
> (나) 정월에 백제는 고구려의 도살성을 쳐서 빼앗았다. 3월에는 고구려가 백제의 금현성을 함락시켰다. 신라왕이 양국의 병사가 지친 틈을 타 이찬 이사부에게 명하여 병사를 내어 쳐서 두 성을 빼앗아 증축하고 갑사 1천 명을 두어 지키게 하였다.

① 신라가 기벌포에서 당군을 격파하였다.
② 고구려가 국내성에서 평양으로 천도하였다.
③ 계백이 이끈 결사대가 황산벌에서 패배하였다.
④ 연개소문이 정변을 일으켜 권력을 장악하였다.
⑤ 김춘추가 당으로 건너가 군사 동맹을 체결하였다.

06
53회 03번
(가)~(다)를 일어난 순서대로 옳게 나열한 것은? [3점]

> (가) 온달이 왕에게 아뢰기를, "신라가 한강 이북 땅을 빼앗아 군현으로 삼았습니다. …… 저에게 군사를 주신다면 단번에 우리 땅을 반드시 되찾겠습니다."라고 하였다.
>
> (나) 10월에 백제 왕이 병력 3만 명을 거느리고 평양성을 공격해 왔다. 왕이 군대를 내어 막다가 날아온 화살에 맞아 이달 23일에 서거하였다.
>
> (다) 9월에 왕이 병력 3만 명을 거느리고 백제를 침략하여 도읍 한성을 함락하였다. 백제 왕 부여경을 죽이고 남녀 8천 명을 포로로 잡아 돌아왔다.

① (가) - (나) - (다)
② (가) - (다) - (나)
③ (나) - (가) - (다)
④ (나) - (다) - (가)
⑤ (다) - (나) - (가)

07
70회 03번
다음 자료에 나타난 사건의 영향으로 가장 적절한 것은? [3점]

> 왕이 문주에게 일러 말하기를, "내가 어리석고 밝지 못하여 간사한 사람[도림]의 말을 믿어 이 지경이 되었다. …… 나는 마땅히 사직에서 죽겠지만, 네가 이곳에서 함께 죽는 것은 이로울 게 없다. 어찌 난을 피하여 나라의 계통을 잇지 않겠는가?"라고 하였다. …… 고구려의 대로 제우·재증걸루·고이만년 등이 북성을 공격하여 7일 만에 빼앗았다. 이동하여 남성을 공격하니 성 안 사람들이 두려워하였다. 왕이 성을 나와 도망하자, 고구려 장수 재증걸루 등이 왕을 보고 말에서 내려 절한 다음에 그 얼굴을 향해 세 번 침을 뱉고는 죄를 나열한 다음 포박하여 아차성 아래로 보내 죽였다.

① 고구려가 평양으로 천도하였다.
② 동성왕이 나·제 동맹을 강화하였다.
③ 고국원왕이 근초고왕의 공격을 받아 전사하였다.
④ 백제가 고구려를 견제하고자 북위에 국서를 보냈다.
⑤ 신라가 왜를 격퇴하기 위해 고구려에 군사를 청하였다.

08
74회 05번
(가) 국가에 대한 설명으로 옳은 것은? [2점]

여러분이 계신 곳은 (가) 의 능산리 고분군 중 동하총 증강 현실 전시실입니다. 동하총 무덤방의 벽에는 사신도가, 천장에는 연꽃과 구름무늬가 그려져 있습니다. 이는 송산리 6호분과 함께 (가) 의 고분 벽화 연구에 중요한 자료로 평가됩니다.

① 일길찬, 사찬 등의 관등이 있었다.
② 지방 장관으로 욕살, 처려근지 등이 있었다.
③ 특산물로 단궁, 과하마, 반어피가 유명하였다.
④ 사회 질서를 유지하기 위해 범금 8조를 두었다.
⑤ 왕족인 부여씨와 8성 귀족이 지배층을 이루었다.

05 | 고국원왕 전사와 진흥왕의 도살성과 금현성 점령 사이의 사실
정답 ②

자료 분석
- (가) 백제왕(근초고왕)이 평양성을 공격 + 고구려왕 사유(고국원왕)가 죽음 → 고국원왕 전사 (371)
- (나) 신라왕이 두 성(도살성, 금현성)을 빼앗음 → 진흥왕의 도살성과 금현성 점령 (550)

- (가) 고구려 고국원왕은 백제 근초고왕과 황해도 지역을 두고 대결하고 있었으며, 백제군이 고구려의 평양성을 공격해오자 이를 방어하다가 날아온 화살에 맞아 전사하였다(371).
- (나) 신라 진흥왕은 고구려와 백제가 현재의 충청도 일대를 두고 전쟁을 벌이는 동안, 양국의 병사들이 지친 틈을 노려 도살성과 금현성을 점령하여 신라의 영토로 삼았다(550).

정답 해설
② 고국원왕 전사(371) 이후인 427년에 고구려 장수왕은 국내성에서 평양으로 천도하여 남진 정책을 본격화하였다.

오답 체크
모두 진흥왕의 도살성과 금현성 점령(550) 이후의 사실이다.
① 676년에 신라는 기벌포에서 설인귀가 이끄는 당의 수군을 격파하여 당을 몰아내고 삼국 통일을 달성하였다.
③ 660년에 백제의 계백이 이끈 결사대가 황산벌에서 신라 김유신의 군대에 맞서 결사 항전하였으나 패배하였다.
④ 642년에 고구려의 연개소문이 정변을 일으켜 영류왕을 시해한 후 보장왕을 옹립한 뒤 권력을 장악하였다.
⑤ 648년에 신라의 김춘추가 당으로 건너가, 당 태종과 군사 동맹을 체결하였다.

06 | 고구려의 항쟁
정답 ④

자료 분석
- (가) 온달 + 신라가 한강 이북 땅을 빼앗음 → 온달의 출정 (6세기)
- (나) 백제 왕(근초고왕) + 평양성을 공격 + 날아온 화살에 맞아 이달 23일에 서거 → 고국원왕 전사 (4세기)
- (다) 백제를 침략하여 도읍 한성을 함락 + 백제 왕 부여경을 죽임 → 장수왕의 한성 함락 (5세기)

정답 해설
④ 순서대로 나열하면 (나) 고국원왕 전사(4세기) – (다) 장수왕의 한성 함락(5세기) – (가) 온달의 출정(6세기)이다.
- (나) 고구려 고국원왕은 백제 근초고왕이 평양성을 공격해오자 이를 방어하다가 날아온 화살에 맞아 전사하였다(4세기).
- (다) 고구려 장수왕은 도읍을 국내성에서 평양으로 옮겨 남진 정책을 본격화하였으며, 백제를 공격하여 수도인 한성을 함락시키고 백제 개로왕(이름은 부여경)을 전사시켰다(5세기).
- (가) 고구려 영양왕 때 장군 온달이 신라에게 빼앗긴 한강 이북 지역을 되찾기 위해 출정하였으나, 아단성(현재의 아차산성으로 추정) 전투에서 전사하였다(6세기).

07 | 고구려의 한성 점령 영향
정답 ②

자료 분석
문주 + 고구려 → 고구려의 한성 점령 (475)

5세기에 백제는 고구려 장수왕의 공격으로 개로왕이 전사하고 수도인 한성이 함락되는 등 큰 위기를 맞았다. 개로왕의 뒤를 이어 즉위한 문주왕이 웅진(공주)으로 천도하였고, 동성왕 때 백제는 나·제 동맹을 강화하여 고구려의 남진 정책에 대항하고자 하였다. 백제 동성왕은 신라에 혼인을 요청하였고 신라 소지 마립간이 요청을 받아들여 이벌찬 비지의 딸을 시집보내면서, 두 국가 사이에 동맹 관계가 강화되었다(나·제 결혼 동맹).

정답 해설
② 고구려 장수왕의 한성 공격으로 백제의 수도인 한성이 함락되자, 백제 동성왕은 신라와 결혼 동맹을 통해 나·제 동맹을 강화하여 고구려의 남진 정책에 대항하고자 하였다.

오답 체크
① 고구려 장수왕 때 국내성에서 평양으로 천도하고 남진 정책을 추진하였다.
③ 고구려 고국원왕이 백제 근초고왕의 공격을 받아 평양성에서 전사하였다.
④ 백제 개로왕 때 고구려 장수왕이 남진 정책을 추진하자, 이를 견제하고자 북위에 국서를 보냈다.
⑤ 고구려 광개토 대왕 때 신라 내물 마립간의 요청으로 군사를 파견하여 신라에 침입한 왜를 격퇴하였다.

08 | 백제
정답 ⑤

자료 분석
능산리 고분군 + 송산리 6호분 → 백제

백제는 수도가 웅진(공주), 사비(부여)였던 시기에 주로 돌로 방을 만든 굴식 돌방무덤과 벽돌로 쌓은 벽돌무덤을 축조하고 천장과 벽에는 벽화를 그렸다. 대표적인 고분으로는 능산리 고분군의 동하총과 송산리 6호분이 있으며, 두 무덤 모두 벽에 사신도가 그려져 있다. 특히 동하총 천장에는 연꽃과 구름무늬도 표현되어 있어 백제의 고분 벽화 연구에 중요한 자료로 평가된다.

정답 해설
⑤ 백제는 부여와 고구려 계통의 유이민 세력인 온조가 한강 유역의 토착 세력과 결합하여 한성(하남 위례성)에서 건국한 나라로, 왕족인 부여씨와 8성의 귀족이 지배층을 이루었다.

오답 체크
① 신라: 일길찬, 사찬 등이 포함된 17관등이 있었다.
② 고구려: 지방의 여러 성에 장관으로 욕살, 처려근지 등이 있었다.
③ 동예: 특산물로 단궁(활), 과하마(작은 말), 반어피(바다표범 가죽)가 유명하였다.
④ 고조선: 사회 질서를 유지하기 위해 살인, 상해, 절도 등의 죄를 다스리는 범금 8조를 두었다.

01 삼국의 발전

09
73회 05번

밑줄 그은 '왕'에 대한 설명으로 옳은 것은? [2점]

> ○ 고구려가 군사를 일으켜 쳐들어왔다. 왕이 듣고 군사를 패하(浿河) 가에 매복시켜 그들이 이르기를 기다렸다가 급히 치니 고구려 군사가 패배하였다.
> ○ 옛 기록에 이르기를, "백제는 나라를 연 이래 문자로 일을 기록한 적이 없는데 이 왕 때에 이르러 박사 고흥을 얻어 처음으로 『서기』가 있게 되었다."라고 하였다.

① 금마저에 미륵사를 창건하였다.
② 윤충을 보내 대야성을 함락하였다.
③ 사비로 천도하고 국호를 남부여로 고쳤다.
④ 평양성을 공격하여 고국원왕을 전사시켰다.
⑤ 동진에서 온 마라난타를 통해 불교를 수용하였다.

10
71회 05번

(가)~(다) 학생이 발표한 내용을 일어난 순서대로 옳게 나열한 것은? [2점]

① (가) - (나) - (다)
② (가) - (다) - (나)
③ (나) - (가) - (다)
④ (나) - (다) - (가)
⑤ (다) - (나) - (가)

11
69회 04번

(가)에 들어갈 내용으로 적절한 것은? [2점]

한국사 교양 강좌

우리 학회는 백제 웅진기의 역사를 주제로 교양 강좌를 운영하고 있습니다. 이번 달에는 백제 중흥의 기틀을 마련한 왕에 대한 강좌를 준비하였습니다.

- 제1강 - 동성왕을 시해한 백가를 처단하다
- 제2강 - 지방의 22담로에 왕족을 파견하다
- 제3강 - (가)
- 제4강 - 공주 왕릉원에 안장되다

■ 주최: □□학회
■ 일시: 2024년 2월 매주 수요일 19:00~21:00
■ 장소: ○○대학교 인문대학 대강의실

① 금마저에 미륵사를 창건하다
② 윤충을 보내 대야성을 함락하다
③ 평양성을 공격하여 고국원왕을 전사시키다
④ 진흥왕과 연합하여 한강 하류 지역을 수복하다
⑤ 사신을 보내 중국 남조의 양과 외교 관계를 강화하다

12
67회 03번

다음 자료에 해당하는 왕에 대한 설명으로 옳은 것은? [1점]

① 국호를 남부여로 개칭하였다.
② 금마저에 미륵사를 창건하였다.
③ 고흥에게 『서기』를 편찬하게 하였다.
④ 윤충을 보내 대야성을 함락하였다.
⑤ 동진에서 온 마라난타를 통해 불교를 수용하였다.

09 | 근초고왕 정답 ④

자료 분석
> 박사 고흥 + 『서기』 → 근초고왕
>
> 백제 근초고왕은 고구려 고국원왕과 황해도 지역을 두고 전투를 벌였는데, 대표적으로 패하(예성강 근처로 추정) 전투에서 고구려군을 크게 격파하였다. 또한 활발한 정복 활동을 통해 강해진 왕권과 국력을 과시하기 위해 박사 고흥에게 역사서인 『서기』를 편찬하게 하였다.

정답 해설
④ 백제 근초고왕은 황해도 지역을 놓고 대립하던 고구려의 평양성을 공격하였으며, 이 과정에서 고구려 고국원왕을 전사시켰다.

오답 체크
① 무왕: 금마저(익산)에 미륵사를 창건하고 천도를 시도하였다.
② 의자왕: 장군 윤충을 보내 신라의 대야성을 공격하여 함락하였다.
③ 성왕: 웅진(공주)에서 대외 진출이 용이한 사비(부여)로 천도하고 국호를 '백제'에서 '남부여'로 고쳤다.
⑤ 침류왕: 중국 동진에서 온 승려 마라난타를 통해 불교를 수용·공인하였다.

빈출 개념 | 근초고왕의 업적

정복 활동	• 마한의 전 지역을 정복하여 전라도 지역 차지 • 고구려의 평양성을 공격(고국원왕 전사)
대외 교류	중국 요서·산둥 지방 및 일본의 규슈(큐슈) 지방까지 진출
역사서 편찬	박사 고흥에게 역사서인 『서기』를 편찬하게 함

10 | 백제의 성장과 발전 정답 ⑤

자료 분석
> (가) 도읍을 사비로 옮기고 국호를 남부여라 함 → 성왕
> (나) 마라난타를 통해 불교를 수용함 → 침류왕
> (다) 고구려의 평양성을 공격함 → 근초고왕

정답 해설
⑤ 순서대로 나열하면 (다) 근초고왕 – (나) 침류왕 – (가) 성왕이다.
(다) 근초고왕은 백제의 전성기를 이끈 제13대 왕이다. 활발한 정복 활동을 벌이며 남으로는 마한을 모두 정복하였고, 황해도 지역을 놓고 고구려와 대결하면서 고구려의 평양성을 공격하여 고국원왕을 전사시켰다. 또한 중국의 랴오시(요서) 지방과 산둥(산동) 지방까지 진출하고 중국의 동진과 교류하였다.
(나) 침류왕은 백제의 제15대 왕으로, 동진에서 온 승려 마라난타를 통해 불교를 수용·공인하였다.
(가) 성왕은 백제의 중흥을 위해 노력한 제26대 왕으로, 도읍을 웅진(공주)에서 대외 진출이 편리한 사비(부여)로 옮겼으며, 국호를 '백제'에서 '남부여'로 변경하였다. 또한 체제 정비의 일환으로 중앙에 22부 관청을 설치하고, 수도를 5부, 지방을 5방으로 정비하였다.

11 | 백제 무령왕 정답 ⑤

자료 분석
> 22담로에 왕족을 파견 → 백제 무령왕
>
> 백제 무령왕은 웅진 시기에 백제의 중흥을 위해 노력한 왕으로, 지방에 행정 구역인 22담로를 두고 왕족을 파견하여 지방에 대한 통제를 강화하였다. 또한 무령왕은 중국 남조의 양나라와 외교 관계를 강화하였는데, 이는 양나라에 파견된 백제의 사신이 그려진 양직공도와 중국 남조의 영향을 받아 축조된 벽돌무덤인 무령왕릉을 통해서 알 수 있다.

정답 해설
⑤ 백제 무령왕은 사신을 보내 중국 남조의 양나라와 외교 관계를 강화하여 활발하게 교류하였다.

오답 체크
① 무왕: 금마저(익산)에 미륵사라는 절을 창건하고 익산으로의 천도를 추진하였다.
② 의자왕: 장군 윤충을 보내 신라를 공격하여 대야성을 함락하였다.
③ 근초고왕: 고구려의 평양성을 공격하여 고국원왕을 전사시키고 황해도 일대까지 진출하였다.
④ 성왕: 신라 진흥왕과 연합하여 한강 하류 지역을 일시적으로 수복하였으나, 진흥왕의 배신으로 한강 하류 지역을 신라에게 빼앗겼다.

12 | 백제 성왕 정답 ①

자료 분석
> 백제 제26대 왕 + 웅진에서 사비로 도읍을 옮김 → 백제 성왕
>
> 백제 성왕은 백제의 중흥을 위해 노력한 제26대 왕으로, 수도를 웅진에서 대외 진출이 편리한 사비(부여)로 옮겼으며, 국호를 '백제'에서 '남부여'로 변경하였다.

정답 해설
① 백제 성왕은 수도를 웅진에서 사비로 옮기고, 국호를 '백제'에서 '남부여'로 개칭하였다.

오답 체크
② 무왕: 금마저(익산)에 미륵사라는 절을 창건하고 익산으로의 천도를 추진하였다.
③ 근초고왕: 박사 고흥으로 하여금 역사서인 『서기』를 편찬하게 하였다.
④ 의자왕: 장군 윤충을 보내 신라를 공격하여 대야성을 함락시켰다.
⑤ 침류왕: 중국 동진에서 온 승려 마라난타를 통해 불교를 수용·공인하였다.

빈출 개념 | 백제 성왕의 업적

사비 천도	대외 진출이 용이한 사비(부여)로 수도를 옮김
국호 변경	국호를 남부여로 변경
체제 정비	• 중앙 관청: 22부 • 행정 구역: 5부(중앙), 5방(지방)
한강 하류 지역 회복	신라 진흥왕과 연합하여 한강 하류 지역 회복 → 신라에 빼앗김 → 관산성 전투에서 전사

01 삼국의 발전 39

01 삼국의 발전

13
64회 06번

밑줄 그은 '이 왕'에 대한 설명으로 옳은 것은? [2점]

무령왕의 뒤를 이어 즉위한 이 왕은 국호를 고치고 중앙 관청을 22부로 정비하였어.

신라와 연합하여 한강 유역을 되찾았지만, 신라에 다시 빼앗겼지.

결국 신라와 전쟁을 벌이다가 관산성 전투에서 전사하였어.

① 금마저에 미륵사를 창건하였다.
② 수도를 웅진에서 사비로 옮겼다.
③ 윤충을 보내 대야성을 함락하였다.
④ 고흥으로 하여금 『서기』를 편찬하게 하였다.
⑤ 북위에 사신을 보내 고구려 공격을 요청하였다.

14
48회 04번

(가), (나) 사이의 시기에 있었던 사실로 옳은 것은? [3점]

(가) 백제왕 모대가 사신을 보내 혼인하기를 청하였다. [신라]왕은 이벌찬 비지(比智)의 딸을 보냈다.
— 『삼국사기』

(나) 신라를 습격하기 위해 왕이 직접 보병과 기병 50명을 거느리고 구천(狗川)에 이르렀는데, 신라 복병을 만나 그들과 싸우다가 살해되었다. 시호를 성(聖)이라 하였다.
— 『삼국사기』

① 고구려가 낙랑군을 축출하였다.
② 백제가 동진으로부터 불교를 수용하였다.
③ 신라가 고구려의 도움으로 왜를 격퇴하였다.
④ 고구려가 동옥저를 정복하여 영토를 확장하였다.
⑤ 백제가 신라와 연합하여 한강 유역을 수복하였다.

15
66회 05번

(가) 왕의 재위 시기 삼국의 상황으로 옳은 것은? [3점]

이 사진은 익산 미륵사지 서탑 출토 사리장엄구의 발견 당시 모습입니다. 『삼국유사』에는 (가) 이/가 왕후인 신라 선화 공주의 발원으로 미륵사를 창건했다고 되어 있지만, 금제 사리봉영기에는 왕후가 백제 귀족 사택적덕의 딸로 기록되어 있습니다. 이로 인해 미륵사 창건 배경과 (가) 의 아들인 의자왕의 친모가 누구인지에 대한 논란이 벌어지기도 하였습니다.

금제 사리봉영기

① 고구려 – 을지문덕이 살수에서 수의 대군을 격파하였다.
② 백제 – 고흥이 『서기』를 편찬하였다.
③ 백제 – 계백이 황산벌에서 군대를 이끌고 결사 항전하였다.
④ 신라 – 이사부가 우산국을 정복하였다.
⑤ 신라 – 사찬 시득이 기벌포에서 당군에 승리하였다.

16
71회 06번

밑줄 그은 '왕'에 대한 설명으로 옳은 것은? [2점]

여러 신하들이 국호를 신라로 확정하고 임금의 호칭을 신라 국왕으로 하자고 건의하니, 왕께서 이를 따르셨다고 하네.

나도 들었네. 작년에는 순장을 금지한다는 명을 내리셨지. 앞으로 우리나라의 발전이 기대되는구먼.

① 병부와 상대등을 설치하였다.
② 백제 비유왕과 동맹을 체결하였다.
③ 이사부를 보내 우산국을 복속시켰다.
④ 매소성 전투에서 당의 군대를 격파하였다.
⑤ 김흠돌의 난을 진압하고 귀족들을 숙청하였다.

13 | 백제 성왕   정답 ②

자료 분석
중앙 관청을 22부로 정비함 + 관산성 전투에서 전사함 → 백제 성왕

백제 성왕은 백제의 중흥을 위해 노력한 왕으로, 체제 정비를 위해 중앙에 22부의 관청을 설치하고, 수도를 5부, 지방을 5방으로 정비하였다. 또한 신라 진흥왕과 연합하여 한강 하류 지역을 회복하였으나, 진흥왕의 배신으로 이를 신라에게 다시 빼앗겼다. 이에 성왕은 빼앗긴 한강 유역을 되찾기 위해 직접 신라를 공격하였으나, 관산성에서 전사하였다(관산성 전투).

정답 해설
② 백제 성왕은 수도를 웅진(공주)에서 대외 진출이 용이한 사비(부여)로 옮겼다.

오답 체크
① 무왕: 금마저(익산)에 미륵사를 창건하고 천도를 시도하였다.
③ 의자왕: 장군 윤충을 보내 신라의 대야성을 공격하여 함락하였다.
④ 근초고왕: 박사 고흥으로 하여금 역사서인 『서기』를 편찬하게 하였다.
⑤ 개로왕: 고구려 장수왕이 남진 정책을 추진하자, 이를 견제하기 위해 북위에 사신을 보내 고구려 공격을 요청하였다.

14 | 나·제 결혼 동맹과 관산성 전투 사이의 사실   정답 ⑤

자료 분석
**(가) 백제왕 + 사신을 보내 혼인하기를 청함 + [신라]왕
→ 나·제 결혼 동맹(5세기)
(나) 신라를 습격하기 위해 왕이 직접 구천에 이름 + 신라 복병을 만나 살해됨 → 관산성 전투(6세기)**

(가) 5세기에 고구려 장수왕이 남진 정책을 추진하여 백제를 압박하자, 백제 동성왕은 신라 소지 마립간과 결혼 동맹을 맺어 나·제 동맹을 더욱 강화하였다(5세기).
(나) 6세기에 백제 성왕은 신라와 연합하여 한강 하류 지역을 수복하였으나, 진흥왕의 배신으로 한강 하류 지역을 신라에 빼앗기게 되자, 성왕은 신라의 관산성을 공격하였으나 이 과정에서 전사하였다(관산성 전투, 6세기).

정답 해설
⑤ 백제 성왕은 신라 진흥왕과 연합하여 고구려를 공격하고, 개로왕 때 빼앗겼던 한강 하류 지역을 일시적으로 수복하였다.

오답 체크
모두 나·제 결혼 동맹(5세기) 이전의 사실이다.
① 고구려는 4세기 미천왕 때 중국 한나라가 고조선을 멸망시킨 후 설치하였던 낙랑군을 축출하였다.
② 백제는 4세기 침류왕 때 중국 동진에서 온 인도 승려 마라난타를 통해 불교를 수용 및 공인하였다.
③ 신라는 4세기 말 내물 마립간 때 고구려 광개토 대왕의 도움으로 신라를 공격하였던 왜를 격퇴하였다.
④ 고구려는 1세기 태조왕 때 동옥저를 정복하여 영토를 확장하고 동해안으로 진출하였다.

15 | 백제 무왕 재위 시기 삼국의 상황   정답 ①

자료 분석
미륵사를 창건 + 아들인 의자왕 → 백제 무왕(600~641)

백제 무왕은 7세기 초(600~641)에 재위했던 왕으로, 왕권을 강화하기 위해 금마저(익산)로의 천도를 추진하고, 익산에 미륵사라는 절을 창건하였다. 이때 익산 미륵사지 석탑도 함께 지어졌는데, 익산 미륵사지 석탑의 해체 과정에서 발견된 금제 사리봉영기에 백제 무왕의 부인인 백제 귀족 사택적덕의 딸이자 백제 무왕의 부인인 백제 왕후가 절을 창건하고 사리를 봉안하였다는 내용이 기록되어 있다.

정답 해설
① 백제 무왕 재위 시기(600~641)인 612년에 고구려 장수 을지문덕이 살수에서 수의 대군을 격파하였다.

오답 체크
② 백제 무왕 이전: 근초고왕 때인 4세기에 박사 고흥이 역사서 『서기』를 편찬하였다.
③ 백제 무왕 이후: 의자왕 때인 660년에 계백이 황산벌에서 군대를 이끌고 신라 김유신의 군대에 맞서 결사 항전하였다.
④ 백제 무왕 이전: 신라는 지증왕 때인 512년에 장군 이사부가 우산국(울릉도)을 정복하였다.
⑤ 백제 무왕 이후: 신라는 문무왕 때인 676년에 사찬 시득이 이끄는 신라군이 기벌포에서 설인귀가 이끄는 당군에 승리하였다.

16 | 신라 지증왕   정답 ③

자료 분석
국호를 신라로 확정함 + 신라 국왕 → 신라 지증왕

신라 지증왕은 6세기에 신라의 정치 제도를 정비한 왕이다. 그는 재위 기간에 국호를 '사로국'에서 '신라'로 바꾸었으며, 지배자의 칭호를 '마립간'에서 중국식 칭호인 '왕'으로 변경하였다. 또한 지방을 주·군·현으로 정비하였고, 노동력을 확보하기 위해 순장을 금지하고 소를 이용해 농사를 짓는 우경을 보급하여 농업 생산력을 증대시켰다.

정답 해설
③ 신라 지증왕은 장군 이사부를 보내 우산국(울릉도)을 복속시켰다.

오답 체크
① 법흥왕: 군사 업무를 관장하는 부서인 병부와 귀족들의 대표인 상대등을 설치하였다.
② 눌지 마립간: 고구려 장수왕의 남진 정책에 대항하여 백제 비유왕과 나·제 동맹을 체결하였다.
④ 문무왕: 매소성 전투에서 당의 20만 군대를 격파하였다.
⑤ 신문왕: 김흠돌의 난을 진압하고 귀족 세력을 숙청하여 왕권을 강화하였다.

01 삼국의 발전

17 54회 04번

밑줄 그은 '이 왕'에 대한 설명으로 옳은 것은? [2점]

> 이것은 국보 제242호인 울진 봉평리 신라비로 병부를 설치하고 율령을 반포한 이 왕 때 건립되었습니다. 이 비석에는 신라 6부의 성격과 관등 체계, 지방 통치 조직과 촌락 구조 등 당시 사회상을 알려주는 내용이 담겨 있습니다.

① 이사부를 보내 우산국을 복속하였다.
② 관료전을 지급하고 녹읍을 폐지하였다.
③ 이차돈의 순교를 계기로 불교를 공인하였다.
④ 인재 등용을 위해 독서삼품과를 시행하였다.
⑤ 거칠부에게 명하여 『국사』를 편찬하게 하였다.

18 63회 07번

밑줄 그은 '왕'의 업적으로 옳은 것은? [2점]

> ○ 담당 관청에 명하여 월성의 동쪽에 새 궁궐을 짓게 하였는데, 그곳에서 황룡이 나타났다. 왕이 이것을 기이하게 여기고 [계획을] 바꾸어 사찰을 짓고, '황룡'이라는 이름을 내려 주었다.
> ○ [거칠부가] 왕의 명령을 받들어 여러 문사(文士)를 모아 『국사』를 편찬하였다.
> — 『삼국사기』

① 이사부를 보내 우산국을 복속시켰다.
② 예성강 이북에 패강진을 설치하였다.
③ 관료전을 지급하고 녹읍을 폐지하였다.
④ 국가적인 조직으로 화랑도를 개편하였다.
⑤ 이차돈의 순교를 계기로 불교를 공인하였다.

19 69회 02번

밑줄 그은 '이 왕'의 업적으로 옳은 것은? [2점]

① 관료전을 지급하고 녹읍을 폐지하였다.
② 인재 등용을 위해 독서삼품과를 실시하였다.
③ 이차돈의 순교를 계기로 불교를 공인하였다.
④ 지방관을 감찰하기 위해 외사정을 파견하였다.
⑤ 대아찬 거칠부에게 명하여 『국사』를 편찬하였다.

20 킬러 74회 04번

(가), (나) 사이의 시기에 있었던 사실로 옳은 것은? [3점]

> (가) 백제 왕 명농이 가야와 함께 와서 관산성을 공격하였다. [신라의] 군주(軍主)인 각간 우덕과 이찬 탐지 등이 맞서 싸웠으나 불리하였다. …… 고간 도도가 급히 쳐서 백제왕을 죽였다.
> (나) 8월에 [백제 왕이] 장군 윤충을 보내 군사 1만을 거느리고 신라 대야성을 공격하였다. 성주 품석이 처자와 함께 나와 항복하자 윤충이 모두 죽이고 그 머리를 베어 왕도로 보냈다.

① 백제가 국호를 남부여로 고쳤다.
② 진흥왕이 대가야를 공격하여 복속시켰다.
③ 계백이 이끈 결사대가 황산벌에서 패배하였다.
④ 김춘추가 당으로 건너가 군사 동맹을 체결하였다.
⑤ 신라가 한강 하류를 차지하여 신주를 설치하였다.

17 | 신라 법흥왕 정답 ③

자료 분석

병부를 설치 + 율령을 반포 → 신라 법흥왕

신라 법흥왕은 6세기 신라의 통치 질서를 정비하고 왕권을 강화한 왕으로, 군사 업무를 담당하는 중앙 부서로 병부를 설치하여 군사권을 장악하였다. 또한 국가의 기본법인 율령을 반포하였다.

정답 해설

③ 신라 법흥왕은 이차돈의 순교를 계기로 불교를 공인하였다.

오답 체크

① 지증왕: 장군 이사부를 보내 우산국(울릉도)을 복속하였다.
② 신문왕: 관료들에게 봉급의 개념으로 관료전을 지급하고, 귀족들의 경제적 기반이었던 녹읍을 폐지하였다.
④ 원성왕: 인재 등용을 위해 유교 경전의 이해 수준을 시험하여 관리를 채용하는 독서삼품과를 시행하였다.
⑤ 진흥왕: 신하 거칠부에게 역사서인 『국사』를 편찬하게 하였다.

빈출 개념 | 신라 법흥왕의 업적

통치 질서 정비	• 군사권 장악을 위해 병부 설치 • 화백 회의의 주관자이자 귀족 대표인 상대등 설치 • 율령 반포, 백관의 공복 제정
왕권 강화	신라 최초로 '건원'이라는 연호 사용
불교 공인	이차돈의 순교를 통해 불교 공인
정복 활동	금관가야 정복

18 | 신라 진흥왕 정답 ④

자료 분석

사찰을 짓고, '황룡'이라는 이름을 내림 + 거칠부 + 『국사』를 편찬 → 신라 진흥왕

신라 진흥왕은 신라를 전성기로 이끈 왕으로, 활발한 정복 활동을 전개하였다. 또한 거칠부로 하여금 역사서인 『국사』를 편찬하게 하였으며, 신라 최대의 사찰인 황룡사를 완공하였다.

정답 해설

④ 신라 진흥왕은 인재를 양성하기 위하여 청소년 집단인 화랑도를 국가적인 조직으로 개편하였다.

오답 체크

① 지증왕: 장군 이사부를 보내 우산국(울릉도)을 복속시켰다.
② 선덕왕: 예성강 이북에 패강진을 설치하여 군사 특수 지역으로 관리하였다. 한편, 패강진은 수비를 위해 요충지에 설치한 군진(군사적인 특수 지역)이다.
③ 신문왕: 관료들에게 봉급의 개념으로 관료전을 지급하고, 귀족들의 경제적 기반이었던 녹읍을 폐지하였다.
⑤ 법흥왕: 이차돈의 순교를 계기로 불교를 공인하였다.

19 | 신라 진흥왕 정답 ⑤

자료 분석

김정희가 『금석과안록』에서 순수비임을 고증함 → 신라 진흥왕

신라 진흥왕은 신라를 전성기로 이끈 왕으로, 활발한 정복 활동을 전개하였다. 진흥왕은 자신이 개척한 영토를 순행하고 이를 기념하기 위해 건립한 북한산·창녕·황초령·마운령 등에 순수비를 건립하였다. 한편 북한산비는 조선 후기 김정희가 저술한 『금석과안록』에서 신라 진흥왕이 건립한 순수비임이 처음으로 고증되었다.

정답 해설

⑤ 진흥왕은 대아찬 거칠부에게 명하여 역사서인 『국사』를 편찬하였다.

오답 체크

① 신문왕: 관료들에게 봉급의 개념으로 관료전을 지급하고, 귀족들의 경제적 기반이었던 녹읍을 폐지하였다.
② 원성왕: 인재 등용을 위해 유교 경전의 이해 수준을 시험하여 관리를 채용하는 독서삼품과를 실시하였다.
③ 법흥왕: 이차돈의 순교를 계기로 불교를 공인하였다.
④ 문무왕: 지방관을 감찰하기 위해 외사정을 파견하였다.

빈출 개념 | 신라 진흥왕의 업적

화랑도 정비	청소년 집단인 화랑도를 국가적인 조직으로 개편
연호 사용	개국, 대창, 홍제라는 연호 사용
『국사』 편찬	거칠부에게 역사서인 『국사』를 편찬하게 함
정복 활동	한강 유역 확보, 대가야 정복

20 | 관산성 전투와 대야성 전투 사이의 사실
오답률 61.7% 정답 ②

자료 분석

(가) 백제왕 명농(성왕) + 관산성 → 관산성 전투(554)
(나) 윤충 + 대야성 → 대야성 전투(642)

(가) 백제 성왕(명농) 때 신라 진흥왕과 연합하여 고구려를 공격하고 한강 하류 지역을 되찾았으나, 곧 진흥왕의 배신으로 한강 하류 지역을 빼앗겼다. 이에 성왕은 신라의 관산성을 공격했으나 전사하였고(관산성 전투, 554), 이로써 나·제 동맹은 완전히 결렬되었다.
(나) 백제 의자왕 집권 초기에는 활발한 정복 활동을 전개하여 신라의 대야성을 비롯한 40여 성을 함락시켰다(대야성 전투, 642).

정답 해설

② 신라 진흥왕은 관산성 전투 이후에도 활발한 정복 활동을 전개하여 대가야를 복속(562)시키는 등 영토를 확장하였다.

오답 체크

① (가) 이전: 538년에 백제 성왕은 수도를 웅진(공주)에서 사비(부여)로 옮기고 국호를 남부여로 고쳤다.
③ (나) 이후: 660년에 백제 계백이 이끈 결사대가 신라 김유신의 군대에 맞서 황산벌에서 항전하였으나, 패배하고 백제가 멸망하였다.
④ (나) 이후: 648년에 신라 김춘추가 당으로 건너가, 당 태종과 군사 동맹을 체결하였다.
⑤ (가) 이전: 553년에 신라 진흥왕이 백제가 점령했던 한강 하류를 차지하여 신주를 설치하였다.

02 가야

01
52회 05번
(가)에 해당하는 나라에 대한 설명으로 옳은 것은? [1점]

문화재청은 (가) 고분군의 유네스코 세계유산 등재를 추진한다고 밝혔습니다. 여기에는 김해 대성동, 고령 지산동, 함안 말이산 등 7개 고분군이 포함되어 있습니다.

(가) 고분군, 유네스코 세계유산 등재 추진

① 22담로에 왕족을 파견하였다.
② 집사부를 비롯한 14부를 두었다.
③ 집집마다 부경이라는 창고가 있었다.
④ 백강에서 왜군과 함께 당군에 맞서 싸웠다.
⑤ 철이 많이 생산되어 낙랑, 왜 등에 수출하였다.

02 빈출
71회 03번
(가) 나라에 대한 설명으로 옳은 것은? [1점]

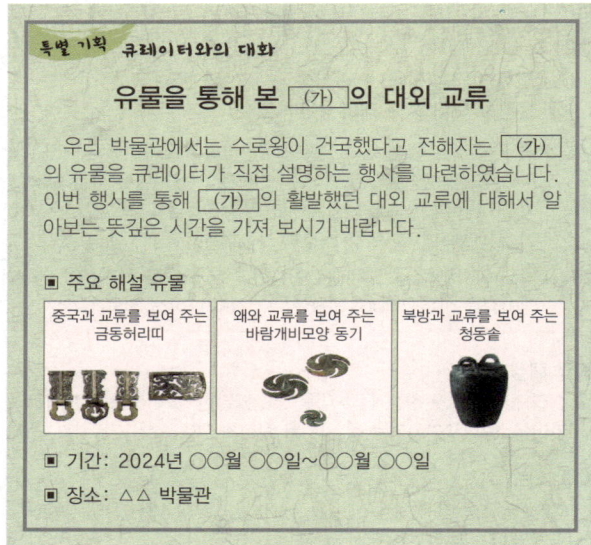

특별 기획 큐레이터와의 대화

유물을 통해 본 (가) 의 대외 교류

우리 박물관에서는 수로왕이 건국했다고 전해지는 (가) 의 유물을 큐레이터가 직접 설명하는 행사를 마련하였습니다. 이번 행사를 통해 (가) 의 활발했던 대외 교류에 대해서 알아보는 뜻깊은 시간을 가져 보시기 바랍니다.

■ 주요 해설 유물
| 중국과 교류를 보여 주는 금동허리띠 | 왜와 교류를 보여 주는 바람개비모양 동기 | 북방과 교류를 보여 주는 청동솥 |

■ 기간: 2024년 ○○월 ○○일~○○월 ○○일
■ 장소: △△ 박물관

① 법흥왕 때 신라에 복속되었다.
② 서옥제라는 혼인 풍습이 있었다.
③ 6좌평이 중요한 국사를 논의하였다.
④ 만장일치제로 운영된 화백 회의가 있었다.
⑤ 지방에 22담로를 두어 왕족을 파견하였다.

03
68회 07번
(가) 나라에 대한 설명으로 옳은 것은? [2점]

(가) 의 대표적 생활 유적지인 봉황대가 회현리 패총과 합쳐져 김해 봉황동 유적으로 확대 지정되었습니다. 이 유적은 김수로왕에 의해 건국되었다고 전해진 (가) 의 초기 모습을 추정해 볼 수 있는 귀중한 문화유산입니다.

김해 봉황동 유적, 사적으로 확대 지정

① 집사부를 비롯한 14부를 두었다.
② 집집마다 부경이라는 창고가 있었다.
③ 대가들이 사자, 조의, 선인을 거느렸다.
④ 철이 많이 생산되어 낙랑, 왜 등에 수출하였다.
⑤ 왕족인 부여씨와 8성의 귀족이 지배층을 이루었다.

04
48회 03번
(가) 나라의 문화유산으로 옳은 것은? [2점]

이곳은 김해 대성동 고분군 108호분 발굴 조사 설명회 현장입니다. 대형 덩이쇠 40매와 둥근고리큰칼, 화살촉 등 130여 점의 철기 유물이 출토되었습니다. 이번 발굴로 김수로왕이 건국하였다고 전해지는 (가) 에 대한 연구가 활발하게 이루어질 전망입니다.

①    ②   ③

④    ⑤

● 주제별 출제 비중
*최근 3개년 기준(심화 76~63회)

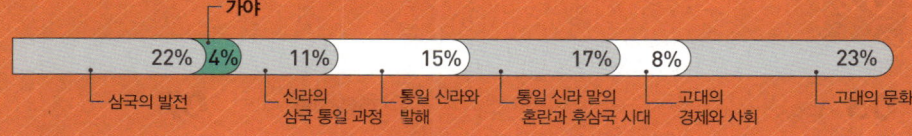

01 | 가야 정답 ⑤

자료 분석
김해 대성동 + 고령 지산동 → 가야

가야는 낙동강 하류의 변한 지역에서 성장한 6개 나라의 연맹 국가이다. 3세기경부터 금관가야가 전기 가야 연맹을 이끌었으며, 금관가야가 고구려 광개토 대왕의 공격을 받아 쇠퇴한 이후인 5세기부터는 고령의 대가야를 중심으로 후기 가야 연맹이 형성되었다. 이러한 가야의 대표적인 고분군으로는 금관가야의 김해 대성동 고분군, 대가야의 고령 지산동 고분군이 있다.

정답 해설
⑤ 가야는 철이 많이 생산되어 철로 만든 덩이쇠를 화폐처럼 사용하였으며, 낙랑과 왜에 철을 수출하였다.

오답 체크
① 백제: 무령왕 때 지방에 22담로를 설치하고 왕족을 파견하였다.
② 통일 신라: 중앙 정치 조직으로 국정을 총괄하는 집사부를 비롯한 14개의 부를 두었다.
③ 고구려: 지배층은 집집마다 부경이라는 창고를 두고 곡식을 저장하였다.
④ 백제 멸망 이후, 백제 부흥군은 백강에서 왜의 수군과 함께 나·당 연합군에 맞서 싸웠으나 패배하였다(백강 전투).

02 | 금관가야 정답 ①

자료 분석
수로왕이 건국함 → 금관가야

금관가야는 김수로왕이 김해에서 건국한 나라이다. 금관가야는 김해에서 생산되는 풍부하고 질 좋은 철을 바탕으로 우수한 철기 문화를 이루었으며, 낙랑과 왜 등에 철을 수출하며 성장하여 전기 가야 연맹을 주도하였다. 그러나 금관가야는 4세기 말 신라를 구원하러 온 고구려 광개토 대왕의 공격을 받아 쇠퇴하게 되었다.

정답 해설
① 금관가야는 마지막 왕인 김구해가 항복하면서 법흥왕 때 신라에 복속되었다.

오답 체크
② 고구려: 혼인을 한 뒤 신부 집 뒤꼍에 조그만 집(서옥)을 지어 살다가, 자식이 장성하면 신부를 데리고 신랑 집으로 돌아가는 서옥제라는 혼인 풍습이 있었다.
③ 백제: 고이왕 때 6좌평의 관제가 마련되었으며, 이들은 중요한 국사를 논의하였다.
④ 신라: 국가의 중대사를 논의한 귀족 회의 기구인 화백 회의가 있었으며, 만장일치제로 운영되었다.
⑤ 백제: 무령왕 때 지방에 22담로라는 행정 구역을 설치하고 왕족을 파견하였다.

03 | 금관가야 정답 ④

자료 분석
김해 봉황동 유적 + 김수로왕 → 금관가야

금관가야는 김수로왕이 김해에서 건국한 나라로, 전기 가야 연맹을 주도하였다. 그러나 금관가야는 4세기 말 고구려 광개토 대왕의 공격을 받아 쇠퇴하여 전기 가야 연맹이 해체되었고, 6세기 중반에 신라 법흥왕에 의해 멸망하였다. 한편, 금관가야의 대표적인 유적으로는 김해 대성동 고분, 김해 봉황동 유적 등이 있다.

정답 해설
④ 금관가야는 철이 많이 생산되어 낙랑, 왜 등에 수출하였다.

오답 체크
① 통일 신라: 중앙 정치 조직으로 국정을 총괄하는 집사부를 비롯한 14개의 부를 두었다.
② 고구려: 집집마다 부경이라는 창고에 약탈한 곡식을 저장하였다.
③ 고구려: 왕 아래 상가, 고추가 등의 대가들이 각기 사자, 조의, 선인 등의 관리를 거느렸다.
⑤ 백제: 왕족인 부여씨와 연씨, 사씨 등 8성의 귀족이 지배층을 이루었다.

04 | 금관가야의 문화유산 정답 ③

자료 분석
김해 대성동 고분군 + 김수로왕이 건국함 → 금관가야

금관가야는 김수로왕이 김해 지역에서 건국한 나라로, 전기 가야 연맹을 주도하였다. 한편 금관가야의 대표적인 유적으로는 경상남도 김해의 대성동 고분군이 있다.

정답 해설
③ 철제 갑옷은 김해 대성동 고분군에서 출토된 금관가야의 문화유산이다.

오답 체크
① 산수무늬 벽돌(백제): 자연과 더불어 살고자 하는 도교의 사상이 표현되었다.
② 칠지도(백제): 백제 근초고왕이 일본에 전해준 것으로 추정된다.
④ 무령왕릉 석수(백제): 백제 무령왕릉에서 출토되었다.
⑤ 돌사자상(발해): 발해 정혜 공주 묘에서 출토되었다.

빈출 개념 | 금관가야의 문화유산

▲ 청동솥

▲ 철제 갑옷

02 가야

05 빈출
75회 04번
(가) 나라에 대한 설명으로 옳은 것은? [2점]

> 국가유산청은 (가) 의 중심지였던 경상북도 고령군을 한국의 다섯 번째 고도로 지정하였습니다. 고령에는 궁성지, 지산동 고분군, 방어성인 주산성 등 (가) 의 문화유산들이 보존되어 있어 이와 같이 지정되었습니다.

경북 고령군, 다섯 번째 고도(古都)로 지정

① 신라 진흥왕에 의해 복속되었다.
② 광평성 등의 정치 기구를 마련하였다.
③ 화백 회의를 통해 국정을 운영하였다.
④ 대가들이 사자, 조의, 선인을 거느렸다.
⑤ 박, 석, 김의 3성이 교대로 왕위를 계승하였다.

07
41회 04번
(가) 나라의 문화유산으로 옳은 것은? [2점]

> 고령군은 본래 (가) (으)로 시조 이진아시왕에서 도설지왕까지 모두 16대에 걸쳐 520년간 이어졌던 곳이다. 진흥왕이 공격하여 멸망시키고 그 땅을 군(郡)으로 삼았다. 경덕왕이 이름을 고쳐 지금(고려)에 이르고 있다.
> ― 『삼국사기』

①  ② ③
④  ⑤

06
73회 03번
(가) 나라에 대한 설명으로 옳은 것은? [2점]

> 이 그림은 (가) 의 시조인 이진아시왕의 표준 영정입니다. 『신증동국여지승람』 등의 기록에 따르면 수로왕과 형제인 그는 고령 일대를 중심으로 나라를 세웠다고 합니다.

① 진흥왕 때 신라에 복속되었다.
② 집사부를 비롯한 14부를 설치하였다.
③ 지방 장관으로 욕살, 처려근지 등을 두었다.
④ 여러 가(加)들이 별도로 사출도를 주관하였다.
⑤ 왕족인 부여씨와 8성의 귀족이 지배층을 이루었다.

08
34회 04번
밑줄 그은 '이 나라'의 문화유산으로 옳은 것은? [2점]

> 이 그림은 이 나라의 시조인 이진아시왕을 그린 것으로, 2016년 12월에 표준 영정으로 공식 지정되었다. 여러 사서에 기록된 건국 이야기에 따르면 김수로왕과 형제이기도 한 그는 현재의 고령 지역을 중심으로 하여 나라를 세웠다고 한다. 표준 영정의 관(冠)과 장신구 등은 고령에서 출토된 유물을 바탕으로 하였다.

①  ②  ③
④  ⑤

05 | 대가야 정답 ①

자료 분석

> 경상북도 고령군 + 지산동 고분군 → 대가야
>
> 대가야는 경상북도 고령 지역을 중심으로 건국된 나라로, 후기 가야 연맹을 주도하였다. 한편 대가야의 대표적인 유적으로는 고령 지산동 고분군이 있으며, 2023년에 김해 대성동 고분군, 함안 말이산 고분군 등과 함께 유네스코 세계 문화유산으로 등재되었다.

정답 해설

① 대가야는 신라 진흥왕의 공격으로 멸망하여 신라에 복속되었다.

오답 체크

② 후고구려: 국정 총괄 기구인 광평성을 비롯한 각종 정치 기구를 마련하였다.
③ 신라: 귀족 회의 기구인 화백 회의를 통해 만장일치제로 국가의 중대사를 결정하며 국정을 운영하였다.
④ 고구려: 왕 아래 상가, 고추가 등의 대가들이 각기 사자, 조의, 선인 등의 관리를 거느렸다.
⑤ 신라: 내물 마립간 이전까지 박, 석, 김의 3성이 교대로 왕위를 계승하였다.

빈출 개념 | 대가야

건국	이진아시왕이 경상북도 고령 지역을 중심으로 건국
성장	금관가야 쇠퇴 이후 후기 가야 연맹 주도
멸망	신라 진흥왕에 의해 복속

06 | 대가야 정답 ①

자료 분석

> 시조인 이진아시왕 + 고령 일대를 중심으로 나라를 세움 → 대가야
>
> 대가야는 이진아시왕이 고령 일대를 중심으로 건국한 나라로, 후기 가야 연맹을 주도하였다. 대가야는 우수한 철기 문화를 바탕으로 백제·신라와 대등하게 세력을 다툴 만큼 성장하기도 하였다.

정답 해설

① 대가야는 신라 진흥왕의 공격으로 멸망하여 신라에 복속되었다.

오답 체크

② 통일 신라: 중앙 정치 조직으로 국정을 총괄하는 집사부를 비롯한 14개의 부를 설치하였다.
③ 고구려: 지방의 여러 성에 지방 장관으로 욕살, 처려근지 등을 두었다.
④ 부여: 왕 아래 마가·우가·저가·구가의 여러 가(加)들이 별도로 사출도라는 행정 구역을 주관하였다.
⑤ 백제: 왕족인 부여씨와 연씨, 사씨 등 8성의 귀족이 지배층을 이루었다.

07 | 대가야의 문화유산 정답 ①

자료 분석

> 고령군 + 시조 이진아시왕 + 진흥왕이 공격하여 멸망 → 대가야
>
> 대가야는 이진아시왕이 고령 지방을 중심으로 건국한 나라로, 후기 가야 연맹을 주도하였다. 대가야는 우수한 철기 문화를 바탕으로 백제·신라와 대등하게 세력을 다툴 만큼 성장하였으나, 점차 세력이 약해지다가 결국 신라 진흥왕의 공격을 받아 멸망하였다.

정답 해설

① 대가야의 유적인 고령 지산동 고분군에서 출토된 가야 금동관이다.

오답 체크

② 부여 능산리사지 석조사리감(백제): 백제 위덕왕(창왕)이 관산성 전투에서 전사한 아버지 성왕을 기리며 창건한 절터인 부여 능산리사지에서 발견된 석조 사리감(사리를 보관하는 용기)이다.
③ 천마도(신라): 신라 유적인 경주 천마총에서 출토된 문화유산으로, 말 안장 장식에 그려진 그림이다.
④ 금동 연가 7년명 여래 입상(고구려): 고구려의 대표적인 불상으로, 광배(후광)에 연가 7년이라 새겨져 있다.
⑤ 정혜 공주 묘 돌사자상(발해): 발해 문왕의 딸인 정혜 공주 묘에서 출토된 돌사자상이다.

08 | 대가야의 문화유산 정답 ②

자료 분석

> 이진아시왕 + 김수로왕과 형제 + 고령 지역 → 대가야
>
> 대가야는 금관가야의 시조인 김수로왕과 형제인 이진아시왕이 고령을 중심으로 건국한 나라이다. 대가야의 대표적인 유적으로는 고령 지산동 고분군이 있으며, 이곳에서는 철제 투구와 판갑옷 등의 유물이 출토되었다.

정답 해설

② 철제 투구와 판갑옷은 대가야의 문화유산으로, 고령 지산동 고분군에서 출토되었다.

오답 체크

① 금동 연가 7년명 여래 입상(고구려): 고구려의 대표적인 불상으로, 광배(후광)에 연가 7년이라 새겨져 있다.
③ 호우명 그릇(고구려): 경주 호우총에서 출토되었으며, 광개토 대왕의 이름이 적혀 있어 당시 고구려와 신라의 교류 관계를 보여준다.
④ 무령왕릉 석수(백제): 공주에 있는 무령왕릉에서 출토되었으며, 무령왕릉을 수호하는 진묘수의 일종이다.
⑤ 천마도(신라): 경주 천마총에서 출토되었으며, 말 안장 장식에 그려진 그림이다.

03 신라의 삼국 통일 과정

01   69회 05번

(가), (나) 사이의 시기에 있었던 사실로 옳은 것은?   [2점]

> (가) 을지문덕이 우중문에게 시를 보내 이르기를, "신묘한 계책은 천문을 다 헤아렸고 기묘한 계획은 지리를 모두 통달하였도다. 싸움에 이겨 이미 공로가 드높으니 만족할 줄 알고 그치기를 바라노라."라고 하였다.
>
> (나) 안시성 사람들이 황제의 깃발과 일산을 멀리서 바라보고, 곧장 성에 올라가 북을 치고 소리를 질렀다. 황제가 화를 내자, 이세적은 성을 함락하는 날에 남자를 모두 구덩이에 묻어 죽이자고 청하였다. 안시성 사람들이 이를 듣고 더욱 굳게 지키니, 오래도록 공격하여도 함락되지 않았다.

① 관구검이 환도성을 공격하여 함락하였다.
② 계백이 이끄는 군대가 황산벌에서 항전하였다.
③ 연개소문이 정변을 일으켜 권력을 장악하였다.
④ 광개토 대왕이 신라에 침입한 왜를 격퇴하였다.
⑤ 미천왕이 낙랑군을 축출하여 영토를 확장하였다.

02   75회 07번

다음 자료에 나타난 상황 이후에 있었던 사실로 옳은 것은?   [3점]

> 당(唐)이 광주사마 장손사를 보내 수(隋) 병사의 해골을 묻은 곳에 와서 제사를 지내고, 당시에 [고구려가] 세운 경관(京觀)*을 허물었다. 봄 2월에 왕이 많은 사람을 동원하여 동북의 부여성에서 동남의 바다에 이르기까지 천 리 남짓에 걸쳐 장성을 쌓았다.
>   - 『삼국사기』
> *경관: 승전을 기념하기 위해 적의 유해를 한곳에 모아 만든 무덤

① 을지문덕이 살수에서 대승을 거두었다.
② 고구려가 신라에 침입한 왜를 물리쳤다.
③ 김무력이 관산성에서 백제군을 격파하였다.
④ 연개소문이 정변을 일으켜 권력을 장악하였다.
⑤ 백제가 평양성을 공격하여 고구려 왕이 전사하였다.

03   73회 02번

(가), (나) 사이의 시기에 있었던 사실로 옳은 것은?   [3점]

> (가) 연개소문은 왕의 조카인 장을 왕으로 세우고 스스로 막리지가 되었다. 그 관직은 당의 병부상서 겸 중서령의 직임과 같다.
>
> (나) 검모잠은 남은 백성을 모아 궁모성에서 패강 남쪽으로 내려와 당나라 관인 및 승려 법안 등을 죽이고 신라로 향하였다. 사야도에 이르러 고구려 대신 연정토의 아들 안승을 알현하고, 한성으로 모셔와 임금으로 받들었다.

① 을지문덕이 살수에서 대승을 거두었다.
② 사찬 시득이 기벌포에서 당군을 격파하였다.
③ 관구검이 이끄는 군대가 환도성을 함락하였다.
④ 김춘추가 당으로 건너가 군사 동맹을 체결하였다.
⑤ 장문휴가 자사 위준이 관할하는 당의 등주를 공격하였다.

04   68회 05번

(가), (나) 사이의 시기에 있었던 사실로 옳은 것은?   [3점]

> (가) 겨울에 왕이 장차 백제를 쳐서 대야성에서의 싸움을 되갚으려고 이찬 김춘추를 고구려에 보내서 군사를 청하였다. 대야성 전투에서 패하였을 때 도독인 품석의 아내도 죽었는데, 바로 춘추의 딸이었다.
>
> (나) 춘추가 무릎을 꿇고 아뢰기를, "…… 만약 폐하께서 천조(天朝)의 군사를 빌려주시어 흉악한 무리를 없애주지 않으신다면 저희 백성은 모두 포로가 될 것이니, 그렇다면 산 넘고 바다 건너 행하는 술직(述職)*도 다시는 바랄 수 없을 것입니다."라고 하였다. 당 태종이 매우 옳다고 여겨서 군사의 출정을 허락하였다.
>   *술직: 제후가 입조하여 천자에게 맡은 직무를 아뢰는 것
>   - 『삼국사기』

① 문무왕이 안승을 보덕국왕으로 봉하였다.
② 안시성의 군사와 백성들이 당군을 물리쳤다.
③ 복신과 도침이 부여풍을 왕으로 추대하였다.
④ 계백이 이끄는 군대가 황산벌에서 항전하였다.
⑤ 진흥왕이 대가야를 정복하여 영토를 확장하였다.

● 주제별 출제 비중
*최근 3개년 기준(심화 76~63회)

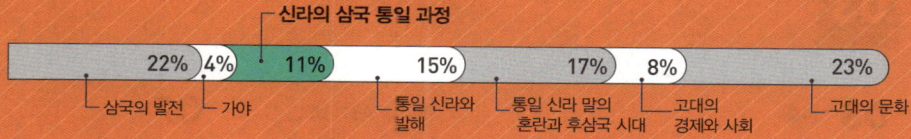

01 | 살수 대첩과 안시성 전투 사이의 사실 정답 ③

자료 분석

(가) 을지문덕 + 우중문 → 살수 대첩(612)
(나) 안시성 + 함락되지 않음 → 안시성 전투(645)

(가) 수나라의 양제가 고구려를 침입하자, 고구려 을지문덕이 살수에서 우중문이 이끈 수의 군대를 크게 격파하였다(살수 대첩, 612).
(나) 고구려의 연개소문이 대당 강경책을 추진하자, 당 태종은 이를 구실로 고구려를 침략하였으나 안시성에서 군·민의 결사적인 저항으로 끝까지 함락하지 못하고 돌아갔다(안시성 전투, 645).

정답 해설

③ 살수 대첩(612) 이후 천리장성 축조의 감독을 맡은 고구려 연개소문은 642년에 정변을 일으켜 권력을 장악하였다.

오답 체크

① (가) 이전: 246년에 유주자사 관구검이 이끄는 군대의 공격으로 고구려의 환도성이 함락되었다.
② (나) 이후: 660년에 계백이 이끄는 결사대가 신라 김유신의 군대에 맞서 황산벌에서 항전하였으나, 패배하고 백제가 멸망하였다.
④ (가) 이전: 400년에 광개토 대왕이 신라에 침입한 왜를 격퇴하였다.
⑤ (가) 이전: 313년에 고구려 미천왕이 낙랑군을 축출하여 영토를 확장하였다.

02 | 고구려의 천리장성 축조 시작 이후의 사실 정답 ④

자료 분석

천 리 남짓에 걸쳐 장성을 쌓음 + 『삼국사기』
→ 고구려의 천리장성 축조 시작(631)

고구려는 영류왕 때 당의 침입에 대비하기 위하여 부여성부터 비사성에 이르는 천리장성을 축조하기 시작하였다(631). 이후 천리장성은 보장왕 때 완성하였다(647).

정답 해설

④ 천리장성 축조 시작(631) 이후인 642년에 천리장성 축조의 감독을 맡고 있던 연개소문이 정변을 일으켜 영류왕을 시해한 후 보장왕을 옹립하여 권력을 장악하였다.

오답 체크

모두 고구려의 천리장성 축조 시작(631) 이전의 사실이다.
① 612년에 수나라의 양제가 고구려를 침입하자, 고구려 을지문덕이 살수에서 우중문이 이끈 수의 군대에게 대승을 거두었다(살수 대첩).
② 400년에 고구려 광개토 대왕이 신라에 침입한 왜를 물리쳤으며, 이를 계기로 신라에 대한 영향력을 행사하였다.
③ 554년에 백제 성왕이 이끄는 군대가 관산성을 공격해오자 신라의 김무력은 백제군을 격파하였다(관산성 전투). 한편 이 전투에서 백제 성왕은 전사하였다.
⑤ 371년에 백제 근초고왕이 고구려 평양성을 공격하여 고국원왕을 전사시켰다.

03 | 연개소문의 정변과 고구려 부흥 운동 사이의 사실 정답 ④

자료 분석

(가) 연개소문 + 스스로 막리지가 됨 → 연개소문의 정변(642)
(나) 검모잠 + 안승을 모셔와 임금으로 받들었음
→ 고구려 부흥 운동(670)

(가) 연개소문은 정변을 일으켜 영류왕을 시해한 후 보장왕을 왕으로 옹립한 후 스스로 막리지가 되어 권력을 장악하였다(642).
(나) 고구려 멸망(668) 후 검모잠은 안승(보장왕의 서자 혹은 외손자)을 왕으로 추대하고 고구려 부흥 운동을 전개하였다(670).

정답 해설

④ 연개소문의 정변(642) 이후인 648년에 신라의 김춘추가 당으로 건너가 당 태종과 군사 동맹을 체결하였다.

오답 체크

① (가) 이전: 612년에 수나라의 양제가 고구려를 침입하자, 고구려 을지문덕이 살수에서 수의 군대에게 대승을 거두었다(살수 대첩).
② (나) 이후: 676년에 신라의 사찬 시득이 기벌포에서 설인귀가 이끄는 당의 수군을 격파하였다.
③ (가) 이전: 246년에 유주자사 관구검이 이끄는 군대가 고구려의 환도성을 공격하여 함락시켰다.
⑤ (나) 이후: 732년에 발해 장문휴가 발해 무왕의 명을 받아 자사 위준이 관할하는 당의 등주(산둥 지방)를 선제공격하였다.

04 | 김춘추의 고구려 동맹 시도와 나·당 동맹 체결 사이의 사실 정답 ②

자료 분석

(가) 김춘추를 고구려에 보내서 군사를 청함
→ 김춘추의 고구려 동맹 시도(642)
(나) 춘추 + 당 태종 + 군사의 출정을 허락 → 나·당 동맹 체결(648)

(가) 신라는 선덕 여왕 때 백제 의자왕의 공격으로 대야성을 비롯한 여러 성이 함락되자, 김춘추를 고구려에 보내 군사를 요청하였다(642).
(나) 고구려와의 동맹에 실패한 신라는 진덕 여왕 때 김춘추를 당에 파견하여 군사 동맹을 제의하였고, 당 태종이 이를 받아들이면서 나·당 동맹이 체결되었다(648).

정답 해설

② 신라의 김춘추가 고구려와의 동맹 시도 이후(642), 고구려 안시성의 군사와 백성들이 당군을 물리쳤다(645).

오답 체크

① (나) 이후: 674년에 신라 문무왕이 고구려 보장왕의 서자(혹은 외손자) 안승을 보덕국왕으로 봉하였다.
③ (나) 이후: 661년에 백제 부흥 운동을 전개하고 있던 복신과 도침이 부여 풍을 왕으로 추대하였다.
④ (나) 이후: 660년에 백제 계백이 이끄는 군대가 신라 김유신의 군대에 맞서 황산벌에서 항전하였으나, 패배하고 백제가 멸망하였다.
⑤ (가) 이전: 562년에 신라 진흥왕이 대가야를 정복하여 영토를 확장하였다.

03 신라의 삼국 통일 과정

05 빈출 — 48회 05번
다음 가상 뉴스의 보도 내용이 나타난 시기를 연표에서 옳게 고른 것은? [2점]

① (가) ② (나) ③ (다) ④ (라) ⑤ (마)

07 — 59회 03번
(가), (나) 사이의 시기에 있었던 사실로 옳은 것은? [2점]

> (가) 대야성에서 패하였을 때 도독인 품석의 아내도 죽었는데, 바로 춘추의 딸이었다. [김춘추가] 말하기를, "신이 고구려에 사신으로 가서 군사를 청하여 백제에 원수를 갚고자 합니다."라고 하자 왕이 허락하였다.
>
> (나) 복신은 일찍이 군사를 거느렸는데, 이때 승려 도침과 함께 주류성에 근거하여 반란을 일으키고, 왜국에 있던 왕자 부여풍을 맞이하여 왕으로 세웠다.

① 당이 안동 도호부를 설치하였다.
② 나·당 연합군이 사비성을 함락하였다.
③ 신라가 매소성 전투에서 승리하였다.
④ 고구려가 신라에 침입한 왜를 격퇴하였다.
⑤ 백제와 왜의 연합군이 백강 전투에서 패배하였다.

06 — 64회 07번
(가) 시기에 있었던 사실로 옳은 것은? [3점]

① 소수림왕이 율령을 반포하였다.
② 진흥왕이 대가야를 병합하였다.
③ 을지문덕이 살수에서 대승을 거두었다.
④ 김춘추가 당과의 군사 동맹을 성사시켰다.
⑤ 근초고왕이 평양성을 공격하여 고국원왕을 전사시켰다.

08 — 58회 06번
(가), (나) 사이의 시기에 있었던 사실로 옳은 것은? [3점]

> (가) 백제의 남은 적군이 사비성으로 진입하여 항복해 살아남은 사람들을 붙잡아 가려고 하였으므로, 유수(留守) 유인원이 당과 신라 사람들을 보내 이를 쳐서 쫓아냈다. …… 당 황제가 좌위중랑장 왕문도를 웅진도독으로 삼았다.
>
> (나) 손인사, 유인원과 신라왕 김법민은 육군을 거느려 나아가고, 유인궤와 별수(別帥) 두상과 부여융은 수군과 군량을 실은 배를 거느리고 백강으로 가서 육군과 합세하여 주류성으로 갔다. 백강 어귀에서 왜국 군사를 만나 …… 그들의 배 4백 척을 불살랐다.

① 사찬 시득이 기벌포에서 당군을 격파하였다.
② 의자왕이 윤충을 보내 대야성을 함락시켰다.
③ 복신과 도침이 부여풍을 왕으로 추대하였다.
④ 계백이 이끄는 군대가 황산벌에서 항전하였다.
⑤ 안승이 신라에 의해 보덕국왕으로 책봉되었다.

05 | 나·당 동맹 체결   정답 ②

자료 분석

> 김춘추 + (당) 태종의 군사적 지원 → 나·당 동맹 체결(648)
>
> 당 태종이 고구려를 침략하였으나 안시성 전투(645)에서 패배한 상황에서, 신라 김춘추의 군사 동맹 제의를 당 태종이 받아들이며 나·당 동맹이 체결되었다(648). 이후 나·당 연합군이 백제를 공격하자, 백제 계백의 결사대가 황산벌에서 맞서 싸웠으나 신라군에 패배하였다(황산벌 전투, 660).

정답 해설

② 신라 김춘추는 안시성 전투(645)에서 고구려에 패배한 당으로 건너가, 당 태종과 군사 동맹을 체결하였다(나·당 동맹, 648).

빈출 개념 | 7세기 중·후반의 주요 전투

안시성 전투 (고구려 - 당, 645)	당 태종이 침입하자, 안시성의 군·민이 협력하여 당나라의 군대를 격파함
황산벌 전투 (신라 - 백제, 660)	신라 김유신의 군대가 황산벌에서 백제 계백의 결사대를 격파함
매소성·기벌포 전투 (신라 - 당, 675~676)	나·당 전쟁 때의 전투로, 모두 신라가 당나라에 승리함

06 | 안시성 전투와 연남생 투항 사이의 사실   정답 ④

자료 분석

> - 고구려군이 안시성 전투에서 당군을 격퇴함 → 안시성 전투(645)
> - 고구려 집권층 내부에 분열 + 연남생은 고구려의 여러 성을 당에 바치며 투항 → 연남생의 투항(665년경)

정답 해설

④ 안시성 전투(645) 이후인 648년에 신라의 김춘추가 당으로 건너가 당과의 군사 동맹을 성사시켰다.

오답 체크

① 373년에 고구려 소수림왕이 율령을 반포하였다.
② 562년에 신라 진흥왕이 대가야를 병합하였다.
③ 612년에 고구려 을지문덕이 살수에서 수의 군대를 물리치며 대승을 거두었다(살수 대첩).
⑤ 371년에 백제 근초고왕이 고구려 평양성을 공격하여 고국원왕을 전사시켰다.

07 | 대야성 전투와 백제 부흥 운동 사이의 사실   정답 ②

자료 분석

> (가) 대야성에서 패함 + 김춘추 → 대야성 전투(642)
> (나) 복신 + 도침 + 주류성 → 백제 부흥 운동(660)
>
> (가) 신라는 선덕 여왕 때 백제 의자왕의 공격으로 대야성이 함락되는 등 위기를 겪었다(대야성 전투, 642). 이에 신라의 김춘추는 고구려에 군사를 요청하였으나 실패하였다.
> (나) 백제 멸망 이후 복신과 도침은 주류성을 근거지로 하여 백제 부흥 운동을 전개(660)하였으며, 이듬해에 왜에서 귀국한 왕자 부여 풍을 왕으로 세웠다.

정답 해설

② 고구려와의 협상에 실패한 김춘추는 이후 당으로 건너가 당과 군사 동맹을 체결(348)하였다. 그 결과 결성된 나·당 연합군은 백제의 수도 사비성을 함락하고 백제를 멸망시켰다(660).

오답 체크

① (나) 이후: 668년에 당이 고구려의 옛 땅을 다스리기 위해 평양에 안동 도호부를 설치하였다.
③ (나) 이후: 675년에 신라가 매소성 전투에서 당에 승리하였다.
④ (가) 이전: 400년에 고구려 광개토 대왕이 군대를 보내 신라에 침입한 왜를 격퇴하였다.
⑤ (나) 이후: 663년에 백제 부흥군과 왜의 연합군이 백강 전투에서 나·당 연합군과 맞서 싸웠으나 결국 패배하였다.

08 | 백제 멸망과 백강 전투 사이의 사실   정답 ③

자료 분석

> (가) 백제 + 항복 + 당 황제가 웅진도독으로 삼음 → 백제 멸망(660)
> (나) 백강 + 주류성 + 왜국 군사 → 백강 전투(663)
>
> (가) 백제는 660년에 나·당 연합군에 의해 수도 사비성이 함락되면서 멸망하였다. 이후 당이 옛 백제 지역을 다스리고자 웅진 도독부를 설치하자, 이에 저항하며 곳곳에서 백제 부흥 운동이 일어났다.
> (나) 백제 부흥 운동은 주류성을 거점으로 한 복신 등이 활약하며 한때 크게 세력을 떨쳤다. 그러나 663년에 백제 부흥군을 도우러 온 왜의 수군이 백강 근처에서 나·당 연합군에 패배(백강 전투)하면서 결국 실패하였다.

정답 해설

③ 백제 멸망(660) 이후인 661년에 백제 부흥 운동을 전개하고 있던 복신과 도침이 부여풍을 왕으로 추대하였다.

오답 체크

① (나) 이후: 676년에 사찬 시득이 이끄는 신라군이 설인귀가 이끄는 당군을 기벌포에서 격파(기벌포 전투)하며, 신라가 삼국 통일을 달성하였다.
② (가) 이전: 642년에 백제 의자왕이 윤충을 보내 신라의 대야성을 함락시켰다.
④ (가) 이전: 660년에 백제 계백이 이끄는 결사대가 황산벌에서 신라 김유신의 군대에 맞서 항전하였으나, 결국 신라군에 패배하였다.
⑤ (나) 이후: 674년에 고구려 보장왕의 서자(혹은 외손자) 안승이 신라 문무왕에 의해 보덕국왕으로 책봉되었다.

03 신라의 삼국 통일 과정

09
다음 상황이 나타난 시기를 연표에서 옳게 고른 것은? [3점]
43회 07번

> 흑치상지가 좌우의 10여 명과 함께 [적을] 피해 본부로 돌아가 흩어진 자들을 모아 임존산(任存山)을 지켰다. 목책을 쌓고 굳게 지키니 열흘 만에 귀부한 자가 3만여 명이었다. 소정방이 병사를 보내 공격하였는데, 흑치상지가 죽음을 두려워하지 않고 막아 싸우니 그 군대가 패하였다. 흑치상지가 본국의 2백여 성을 수복하니 소정방이 토벌할 수 없어서 돌아갔다.

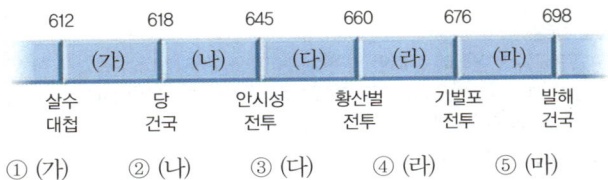

① (가) ② (나) ③ (다) ④ (라) ⑤ (마)

11
(가), (나) 사이의 시기에 있었던 사실로 옳은 것은? [2점]
54회 06번

> (가) 잔치를 크게 열어 장수와 병사들을 위로하였다. 왕과 [소]정방 및 여러 장수들은 당상(堂上)에 앉고, 의자와 그 아들 융은 당하(堂下)에 앉혔다. 때로 의자에게 술을 따르게 하니 백제의 좌평 등 여러 신하는 모두 목이 메어 울었다.
>
> (나) 사찬 시득이 수군을 거느리고 설인귀와 소부리주 기벌포에서 싸웠으나 잇달아 패배하였다. [시득은] 다시 진군하여 크고 작은 22번의 싸움에서 승리하고 4천여 명의 목을 베었다.
> – 『삼국사기』

① 고국원왕이 평양성에서 전사하였다.
② 성왕이 관산성 전투에서 피살되었다.
③ 김춘추가 당과의 군사 동맹을 성사시켰다.
④ 을지문덕이 살수에서 수의 군대를 물리쳤다.
⑤ 안승이 신라에 의해 보덕왕으로 임명되었다.

10
(가), (나) 사이의 시기에 있었던 사실로 옳은 것은? [3점]
62회 06번

> (가) 왕은 당과 신라 군사들이 이미 백강과 탄현을 지났다는 소식을 듣고 장군 계백을 시켜 결사대 5천 명을 거느리고 황산으로 가서 신라 군사와 싸우게 하였다. 네 번 싸워서 모두 이겼으나 군사가 적고 힘이 모자라서 마침내 패하고 계백이 사망하였다.
>
> (나) 검모잠이 국가를 부흥하려고 하여 당을 배반하고 왕의 외손 안승을 세워 왕으로 삼았다. 당 고종이 대장군 고간을 보내 동주도 행군총관으로 삼고 병력을 내어 그들을 토벌하게 하니 안승이 검모잠을 죽이고 신라로 달아났다.

① 당이 안동 도호부를 요동으로 옮겼다.
② 성왕이 관산성 전투에서 전사하였다.
③ 신라군이 기벌포에서 당군을 격파하였다.
④ 김춘추가 당과의 군사 동맹을 성사시켰다.
⑤ 복신과 도침이 부여풍을 왕으로 추대하였다.

12
(가), (나) 사이의 시기에 있었던 사실로 옳은 것은? [3점]
61회 07번

> (가) 고구려의 대신 연정토가 12성과 3,500여 명의 백성을 거느리고 [신라에] 항복해 왔다. 왕이 연정토와 그를 따르는 관리 24명에게 의복·물품·식량·집을 주었다.
>
> (나) 이근행이 군사 20만 명을 이끌고 매소성에 주둔하였다. 신라 군사가 공격하여 달아나게 하고 말 3만여 필을 얻었는데, 남겨 놓은 병장기의 수도 그 정도 되었다.

① 윤충이 대야성을 공격하여 함락하였다.
② 문무왕이 안승을 보덕왕으로 책봉하였다.
③ 김춘추가 당과의 군사 동맹을 성사시켰다.
④ 연개소문이 정변을 일으켜 권력을 장악하였다.
⑤ 부여풍이 왜군과 함께 백강에서 당군에 맞서 싸웠다.

09 | 백제 부흥 운동 정답 ④

자료 분석
> 흑치상지 + 임존성을 지킴 + 소정방 → 백제 부흥 운동
>
> 백제 부흥 운동은 백제가 멸망(660)한 이후 각지에서 전개되었다. 복신과 도침은 주류성을 중심으로 부여풍을 왕으로 추대하였으며, 흑치상지는 임존성을 근거지로 당나라 장수 소정방이 이끄는 당군에 저항하였다.

정답 해설
④ 황산벌 전투 이후 백제가 멸망(660)하자, 흑치상지는 임존성을 근거지로 하여 당나라 장수 소정방이 이끄는 당군을 격퇴하는 등 백제 부흥 운동을 전개하였다.

빈출 개념 | 백제 부흥 운동

전개	• 복신과 도침이 주류성에서 부여풍을 왕으로 추대(661) • 흑치상지가 임존성에서 당군을 격파
결과	왜군이 백제 부흥군을 돕기 위해 백강 근처까지 왔으나 나·당 연합군에 의해 패배하며 백제 부흥 운동이 실패(백강 전투, 663)

10 | 황산벌 전투와 안승의 신라 망명 사이의 사실 정답 ⑤

자료 분석
> (가) 계백 + 황산으로 가서 신라 군사와 싸우게 함
> → 황산벌 전투(660)
> (나) 안승이 검모잠을 죽이고 신라로 달아남
> → 안승의 신라 망명(670)
>
> (가) 백제 의자왕은 660년에 계백의 결사대를 황산벌로 보내 김유신이 이끄는 신라군에 맞서 싸우게 하였으나 패배하였다(황산벌 전투). 이후 나·당 연합군은 백제의 수도 사비성을 함락하고 백제를 멸망시켰다(660).
> (나) 고구려 멸망(668) 이후 고구려 부흥 운동이 전개되었으나, 670년에 지배층의 내분으로 안승이 검모잠을 죽이고 신라에 망명하였다. 이에 신라 문무왕은 안승을 금마저(익산)에 머물도록 하고 674년에 보덕국왕으로 임명하여, 고구려 유민 세력을 이용해 당을 견제하고자 하였다.

정답 해설
⑤ 황산벌 전투(660) 이후 백제가 멸망하였고, 661년에 백제 부흥 운동을 전개하고 있던 복신과 도침이 의자왕의 아들 부여풍을 왕으로 추대하였다.

오답 체크
① (나) 이후: 676년에 나·당 전쟁에서 패배한 당은 안동 도호부를 요동 지역으로 옮기게 되었다.
② (가) 이전: 554년에 백제 성왕이 신라에게 빼앗긴 한강 하류 지역을 되찾기 위해 관산성을 공격하였으나, 이 전투에서 전사하였다.
③ (나) 이후: 676년에 신라군이 기벌포 전투에서 설인귀가 이끄는 당군을 격파하며, 신라가 삼국 통일을 달성하였다.
④ (가) 이전: 648년에 김춘추가 당으로 건너가 당 태종과 군사 동맹을 성사시켰다.

11 | 백제 멸망과 기벌포 전투 사이의 사실 정답 ⑤

자료 분석
> (가) 소정방 + 의자(왕)와 그 아들 융은 당하(堂下)에 앉음
> → 백제 멸망(660)
> (나) 설인귀 + 기벌포 → 기벌포 전투(676)
>
> (가) 백제는 660년에 당나라의 소정방이 이끄는 나·당 연합군에 의해 수도 사비성이 함락되면서 멸망하였다.
> (나) 신라는 676년에 사찬 시득이 기벌포에서 설인귀가 이끄는 당의 수군을 격파하였다(기벌포 전투). 이 전투에서 승리하면서 신라는 당을 몰아내고 삼국 통일을 달성하였다.

정답 해설
⑤ 백제가 멸망(660)하고 이어서 고구려가 멸망(668)한 이후인 674년에 보장왕의 서자 혹은 외손자로 알려진 안승이 신라 문무왕에 의해 보덕국왕으로 임명되었다.

오답 체크
모두 백제 멸망(660) 이전의 사실이다.
① 371년에 고구려 고국원왕이 백제 근초고왕의 공격을 받아 평양성에서 전사하였다.
② 554년에 백제 성왕이 신라에게 빼앗긴 한강 하류 지역을 되찾기 위해 관산성을 공격하였으나, 이 전투에서 피살되었다.
③ 648년에 신라의 김춘추가 당으로 건너가, 당 태종과 군사 동맹을 성사시켰다.
④ 612년에 고구려의 을지문덕이 살수에서 수의 군대를 물리쳤다(살수 대첩).

12 | 고구려 지배층의 내분과 매소성 전투 사이의 사실 정답 ②

자료 분석
> (가) 고구려의 대신 연정토 + 항복함 → 고구려 지배층의 내분(666)
> (나) 이근행 + 매소성 → 매소성 전투(675)
>
> (가) 고구려는 연개소문 사후 권력 다툼으로 지배층이 분열된 상황에서 나·당 연합군의 공격을 받게 되었다. 곧 고구려가 멸망할 상황에 놓이자 연개소문의 동생인 연정토는 신라에 항복하였다(666).
> (나) 백제와 고구려가 멸망한 이후 당나라는 한반도 전체를 지배하려고 하였다. 이에 신라는 매소성에서 이근행이 이끄는 당의 20만 대군을 크게 격파하고(매소성 전투, 675), 기벌포 전투(676)에서도 승리하여 당군을 몰아내고 삼국 통일을 완성하였다.

정답 해설
② 고구려 지배층의 내분(666) 이후 신라 문무왕은 안승을 금마저(익산)에 머물도록 하고 보덕(국)왕으로 책봉하였다(674).

오답 체크
모두 고구려 지배층의 내분(666) 이전의 사실이다.
① 642년에 백제의 장군 윤충이 신라의 대야성을 비롯한 40여 성을 공격하여 함락하였다.
③ 648년에 신라의 김춘추가 당으로 건너가 당과의 군사 동맹을 성사시켰다.
④ 642년에 고구려 연개소문이 정변을 일으켜 영류왕을 제거하고 보장왕을 옹립하였으며, 스스로 대막리지의 자리에 올라 권력을 장악하였다.
⑤ 663년에 백제 부흥 운동을 전개하던 부여풍이 왜의 수군과 함께 백강에서 당군과 맞서 싸웠으나 패배하였다(백강 전투).

03 신라의 삼국 통일 과정

13 71회 08번
다음 상황 이후에 전개된 사실로 옳은 것은? [3점]

> 12월에 황제가 함원전에서 포로를 받아들였다. [황제가] 왕은 정사를 자기가 한 것이 아니라 하였기에 용서하여 사평태상백 원외동정으로 삼았다. 천남산은 사재소경으로, 승려 신성은 은청광록대부로, 천남생은 우위대장군으로 삼았다. …… 천남건은 검주(黔州)로 유배를 보냈다. 5부, 176성, 69만여 호를 나누어 9도독부, 42주, 100현으로 만들고, 평양에 안동 도호부를 두어 이를 통치하게 하였다.
> — 『삼국사기』

① 안승이 보덕국왕으로 임명되었다.
② 을지문덕이 살수에서 대승을 거두었다.
③ 김춘추가 당과의 군사 동맹을 성사시켰다.
④ 의자왕이 윤충을 보내 대야성을 함락하였다.
⑤ 연개소문이 정변을 일으켜 영류왕을 시해하였다.

14 65회 06번
(가), (나) 사이의 시기에 있었던 사실로 옳은 것은? [2점]

> (가) 당의 손인사, 유인원과 신라왕 김법민은 육군을 거느려 나아가고, 유인궤 등은 수군과 군량을 실은 배를 거느리고 백강으로 가서 육군과 합세하여 주류성으로 갔다. 백강 어귀에서 왜의 군사를 만나 …… 그들의 배 4백 척을 불살랐다.
> (나) 이근행이 군사 20만 명을 이끌고 매소성에 머물렀다. 신라군이 공격하여 달아나게 하고 말 3만여 필을 얻었는데, 노획한 병장기의 수도 그 정도 되었다.

① 장문휴가 당의 등주를 공격하였다.
② 원광이 왕명으로 걸사표를 작성하였다.
③ 을지문덕이 살수에서 대승을 거두었다.
④ 김춘추가 당과의 군사 동맹을 성사시켰다.
⑤ 검모잠이 안승을 왕으로 세워 부흥 운동을 벌였다.

15 67회 05번
(가)에 들어갈 내용으로 가장 적절한 것은? [3점]

> 한국사 동영상 제작 계획안
> 삼국이 하나 되다
> ○학년 ○반 ○모둠
> ■ 제작 의도
>   삼국 통일 과정을 사건의 발생 순서대로 구성하여 그 의의와 한계를 살펴본다.
> ■ 장면별 구성 내용
> #1. 김춘추가 당과의 군사 동맹을 성사시키다
> #2. 백제의 결사대 5천 명이 황산벌에서 패하다
> #3. 연개소문이 죽고 내분이 일어나다
> #4. _____(가)_____
> #5. 신라 수군이 기벌포에서 승리하다

① 흑치상지가 당의 유인궤에게 항복하다
② 문무왕이 안승을 보덕국왕으로 책봉하다
③ 을지문덕이 살수에서 수의 군대를 물리치다
④ 부여풍이 백강에서 왜군과 함께 당군에 맞서 싸우다
⑤ 개로왕이 북위에 사신을 보내 고구려 공격을 요청하다

16 69회 07번
(가)~(다)를 일어난 순서대로 옳게 나열한 것은? [3점]

> (가) 사찬 시득이 수군을 거느리고 소부리주 기벌포에서 설인귀와 싸웠으나 패배하였다. 다시 나아가 크고 작은 22번의 싸움에서 승리하고, 4천여 명의 목을 베었다.
> (나) 흑치상지가 도망하여 흩어진 무리들을 모으니, 열흘 사이에 따르는 자가 3만여 명이었다. …… 흑치상지가 별부장 사타상여를 데리고 험준한 곳에 웅거하여 복신과 호응하였다.
> (다) 검모잠이 국가를 다시 일으키기 위하여 당을 배반하고 보장왕의 외손 안승을 세워 임금으로 삼았다. 당 고종이 대장군 고간을 보내 행군총관으로 삼고 병력을 내어 그들을 토벌하니, 안승이 검모잠을 죽이고 신라로 달아났다.

① (가) - (나) - (다)   ② (가) - (다) - (나)
③ (나) - (가) - (다)   ④ (나) - (다) - (가)
⑤ (다) - (나) - (가)

13 | 안동 도호부 설치 이후의 사실　　정답 ①

자료 분석

> 평양에 안동 도호부를 두어 이를 통치하게 함
> → 안동 도호부 설치(668)

고구려는 수·당과의 전쟁으로 국력이 약해졌고, 연개소문 사후 지배층이 분열된 상황에서 나·당 연합군의 공격을 받아 평양성이 함락되어 멸망하였다(668). 당은 고구려 멸망 이후 이 지역을 다스리기 위해 평양에 군사·행정 기구로 안동 도호부를 설치하였다.

정답 해설

① 안동 도호부 설치(668) 이후인 674년에 고구려 보장왕의 외손자(혹은 서자) 안승이 신라 문무왕에 의해 보덕국왕으로 임명되었다.

오답 체크

모두 안동 도호부 설치(668) 이전의 사실이다.
② 612년에 고구려 을지문덕이 살수에서 수의 군대에게 대승을 거두었다.
③ 648년에 신라 김춘추가 당으로 건너가, 당 태종과 군사 동맹을 성사시켰다.
④ 642년에 백제 의자왕이 윤충을 보내 신라 대야성을 함락하였다.
⑤ 642년에 고구려 장군 연개소문이 정변을 일으켜 영류왕을 시해한 후 보장왕을 옹립하였다.

14 | 백강 전투와 매소성 전투 사이의 사실　　정답 ⑤

자료 분석

> (가) 백강 + 주류성 + 왜의 군사 → 백강 전투(663)
> (나) 이근행 + 매소성 → 매소성 전투(675)

(가) 백제 멸망 이후 백제 부흥 운동이 전개되었는데, 663년에 왜의 수군이 백제 부흥군을 지원하기 위하여 백강 입구까지 왔으나 나·당 연합군에게 크게 패하였다(백강 전투). 이로 인해 주류성을 중심으로 전개되던 백제 부흥 운동이 실패하였다.
(나) 신라와 연합하여 백제와 고구려를 멸망시킨 당나라는 한반도 전체를 지배하려는 야욕을 보였다. 이러한 상황에서 신라는 675년 매소성에서 이근행이 이끄는 당의 20만 대군을 크게 격파하고(매소성 전투), 기벌포 전투(676)에서도 승리하면서 당군을 몰아내고 삼국 통일을 달성하였다.

정답 해설

⑤ 고구려 멸망(668) 이후인 670년경 검모잠이 고구려 보장왕의 외손자(혹은 서자)였던 안승을 왕으로 세워 고구려 부흥 운동을 벌였다.

오답 체크

① (나) 이후: 732년에 발해 장문휴가 당의 등주(산둥 지방)를 선제공격하였다.
② (가) 이전: 608년에 신라 원광이 왕명으로 수에 고구려 공격을 위해 군사를 청하는 걸사표를 작성하였다.
③ (가) 이전: 612년에 고구려 을지문덕이 살수에서 수의 군대에게 대승을 거두었다(살수 대첩).
④ (가) 이전: 648년에 신라 김춘추가 당으로 건너가, 당 태종과의 군사 동맹을 성사시켰다.

15 | 삼국 통일 과정　　정답 ②

자료 분석

> ○ 연개소문이 죽고 내분 → 연개소문 사망(665년경)
> ○ 신라 수군 + 기벌포 → 기벌포 전투(676)

고구려는 665년경에 연개소문이 사망한 후 지배층의 내분으로 국력이 약해졌고, 결국 나·당 연합군의 공격으로 668년에 평양성이 함락되면서 멸망하였다. 한편 신라와 함께 고구려와 백제를 멸망시킨 당은 한반도 전체를 지배하려는 야심을 드러냈고, 이에 신라는 675년에 매소성 전투, 676년에 기벌포 전투에서 당군에 맞서 승리하며 삼국 통일을 달성하였다.

정답 해설

② 674년에 신라 문무왕이 고구려 보장왕의 서자(혹은 외손자)인 안승에게 금마저(익산)에 보덕국을 세우게 하고 그를 보덕국왕으로 임명하였다.

오답 체크

모두 연개소문 사망(665년경) 이전의 사실이다.
①, ④ 663년에 백강 전투에서 부여풍 등의 백제 부흥군이 왜군과 함께 나·당 연합군에 맞서 싸웠으나 섬멸당하여 결국 부여풍은 고구려로 망명하고, 흑치상지는 당의 유인궤에게 항복하였다.
③ 612년에 고구려 을지문덕이 살수에서 수의 군대를 물리쳤다(살수 대첩).
⑤ 472년에 백제 개로왕이 북위에 사신을 보내 고구려의 침공을 알리면서 고구려 공격을 요청하였다.

16 | 삼국 통일의 과정　　정답 ④

자료 분석

> (가) 기벌포 + 설인귀 → 기벌포 전투(676)
> (나) 흑치상지 + 복신 → 백제 부흥 운동(660~663)
> (다) 안승이 검모잠을 죽이고 신라로 달아남 → 안승의 신라 망명(670)

정답 해설

④ 순서대로 나열하면 (나) 백제 부흥 운동(660~663) – (다) 안승의 신라 망명(670) – (가) 기벌포 전투(676)이다.
(나) 백제가 멸망한 후, 각지에서 백제 부흥 운동(660~663)이 일어났다. 백제의 장군이었던 흑치상지는 임존성을 거점으로 하여 운동을 전개하였는데, 주류성을 거점으로 활동하던 복신과 힘을 합치기도 하였다.
(다) 고구려 멸망 이후 고구려 장군인 검모잠이 안승(보장왕의 서자 혹은 외손자)을 왕으로 추대하고 고구려 부흥 운동을 전개하였다. 그러나 지배층의 내분으로 안승이 검모잠을 죽이고 신라에 망명하자(670), 신라 문무왕은 안승을 금마저(익산)에 머물도록 하고 보덕국왕으로 임명(674)하였다.
(가) 당이 한반도 전체를 지배하려는 야심을 드러내자, 신라는 당의 설인귀가 이끄는 수군을 기벌포에서 격퇴(676)하며 당을 몰아내고 마침내 삼국 통일을 달성하였다.

04 통일 신라와 발해

01
밑줄 그은 '이 왕'에 대한 설명으로 옳은 것은? [3점]

history_♡ 감은사지, 나홀로 역사 답사 #감은사는 삼국 통일의 위업을 달성한 이 왕이 부처의 힘을 빌어 왜구의 침입을 막고자 짓기 시작한 절이야. 그 뜻을 이어받은 아들 신문왕이 완공했고, 절의 이름을 #감은사라고 지었다고 해. 나는 이제 이 왕의 수중릉인 #대왕암으로 이동!

① 이사부를 보내 우산국을 복속하였다.
② 건원이라는 독자적 연호를 사용하였다.
③ 관료전을 지급하고 녹읍을 폐지하였다.
④ 거칠부에게 명하여 『국사』를 편찬하였다.
⑤ 지방관을 감찰하고자 외사정을 파견하였다.

02
밑줄 그은 '왕'에 대한 설명으로 옳은 것은? [2점]

> 용이 검은 옥대를 바쳤다. …… 왕이 놀라고 기뻐하여 오색 비단·금·옥으로 보답하고, 사람을 시켜 대나무를 베어서 바다로 나오자, 산과 용은 홀연히 사라져 보이지 않았다. 왕이 감은사에서 유숙하고 …… 행차에서 돌아와 그 대나무로 피리를 만들어 월성의 천존고에 보관하였다. 이 피리를 불면 적병이 물러가고 병이 나으며, 가물 때 비가 오고 비올 때 개며, 바람이 잦아들고 파도가 평온해졌다. 이를 만파식적(萬波息笛)이라 부르고 국보로 삼았다.
> — 『삼국유사』

① 병부와 상대등을 설치하였다.
② 이사부를 보내 우산국을 복속하였다.
③ 마립간이라는 칭호를 처음 사용하였다.
④ 매소성 전투에서 당의 군대를 격파하였다.
⑤ 김흠돌을 비롯한 진골 귀족 세력을 숙청하였다.

03 빈출
(가)에 들어갈 내용으로 옳은 것은? [2점]

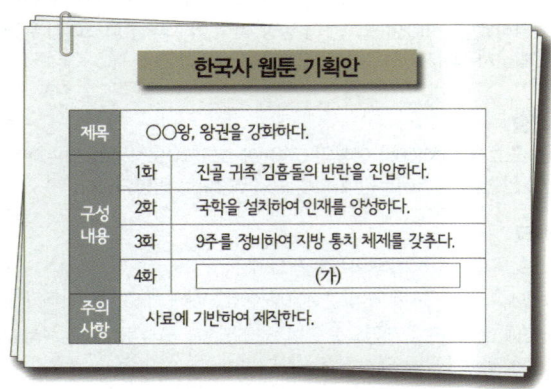

① 관료전을 지급하고 녹읍을 폐지하다.
② 마립간이라는 칭호를 처음 사용하다.
③ 이사부를 보내 우산국을 복속시키다.
④ 화랑도를 국가적 조직으로 개편하다.
⑤ 이차돈의 순교를 계기로 불교를 공인하다.

04
교사의 질문에 대한 학생의 답변으로 옳은 것은? [2점]

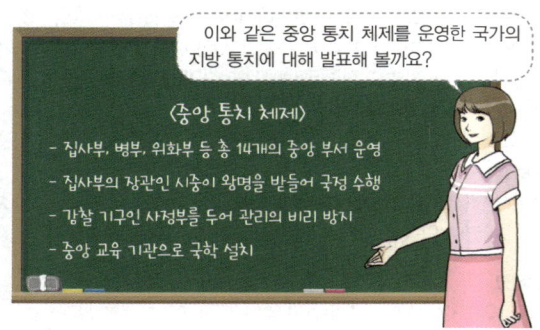

① 전국의 주요 지역에 12목을 설치했어요.
② 경재소를 설치하여 유향소를 통제했어요.
③ 국경 지역인 양계에 병마사를 파견했어요.
④ 상수리 제도를 실시하여 지방 세력을 견제했어요.
⑤ 각 도에 관찰사를 보내 관할 고을의 수령을 감독했어요.

● 주제별 출제 비중
*최근 3개년 기준(심화 76~63회)

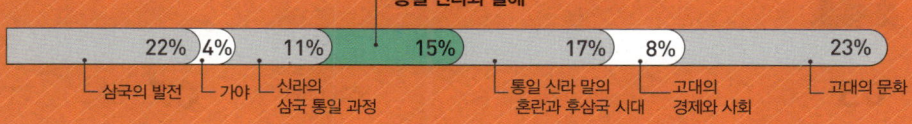

01 | 문무왕 정답 ⑤

자료 분석

> 삼국 통일의 위업을 달성함 + 아들 신문왕 + 대왕암 → 문무왕
>
> 통일 신라 문무왕은 나·당 전쟁에서 승리하여 한반도에서 당을 축출하고 삼국 통일을 달성하였다. 한편 문무왕은 해변에 절을 세워 왜구를 격퇴하려 하였으나, 절을 완성하지 못하고 세상을 떠났다. 이에 용이 되어 신라를 지키겠다는 왕의 유언에 따라 대왕암에서 장례를 지냈고, 이후 아들인 신문왕이 문무왕의 뜻을 이어받아 감은사를 완공하였다.

정답 해설
⑤ 통일 신라 문무왕은 삼국 통일 이후 체제 정비를 위해 지방관을 감찰하고자 외사정을 파견하였다.

오답 체크
① 지증왕: 장군 이사부를 보내 우산국(울릉도)을 복속하였다.
② 법흥왕: 건원이라는 독자적인 연호를 사용하여 자주성을 드러내었다.
③ 신문왕: 관료들에게 봉급의 개념으로 관료전을 지급하고, 귀족들의 경제적 기반이었던 녹읍을 폐지하였다.
④ 진흥왕: 거칠부에게 명하여 역사서인 『국사』를 편찬하였다.

02 | 신문왕 정답 ⑤

자료 분석

> 감은사 + 만파식적 → 신문왕
>
> 통일 신라 신문왕은 아버지 문무왕의 뒤를 이어 즉위한 왕으로, 문무왕 때 짓기 시작한 감은사를 완성하였다. 한편 『삼국유사』에는 신문왕이 동해의 용이 된 문무왕으로부터 얻은 대나무로 만파식적이라는 피리를 만들었다는 설화가 전해진다.

정답 해설
⑤ 통일 신라 신문왕은 김흠돌을 비롯한 진골 귀족 세력을 숙청하여 왕권을 강화하였다.

오답 체크
① 법흥왕: 군사 업무를 담당하는 관청인 병부와 귀족들의 대표인 상대등을 설치하였다.
② 지증왕: 장군 이사부를 보내 우산국(울릉도)을 복속하였다.
③ 내물 마립간: 최고 지배자의 칭호로 마립간을 처음 사용하였다.
④ 문무왕: 매소성 전투에서 당의 20만 군대를 격파하였다.

03 | 신문왕 정답 ①

자료 분석

> 김흠돌의 반란을 진압함 + 국학을 설치함 + 9주 → 신문왕
>
> 통일 신라 신문왕은 즉위 초에 일어난 김흠돌의 반란을 진압하고 난에 가담한 진골 귀족 세력을 숙청하여 왕권을 강화하였다. 또한 체제 정비의 일환으로 지방 제도를 9주 5소경으로 정비하였으며, 국학을 설치하여 인재를 양성하였다.

정답 해설
① 신문왕은 관료들에게 봉급의 개념으로 관료전을 지급하고, 귀족들의 경제적 기반이었던 녹읍을 폐지하였다.

오답 체크
② 내물 마립간: 대군장을 뜻하는 마립간이라는 칭호를 처음으로 사용하였다.
③ 지증왕: 장군 이사부를 보내 우산국(지금의 울릉도)을 복속시켰다.
④ 진흥왕: 청소년 수련 집단이었던 화랑도를 국가적인 조직으로 개편하였다.
⑤ 법흥왕: 이차돈의 순교를 계기로 불교를 공인하였다.

빈출 개념 | 신문왕의 업적

왕권 강화	김흠돌의 난을 진압하고 귀족 세력 숙청
통치 체제 정비	• 지방 제도: 9주 5소경의 지방 제도 완비 • 군사 제도: 9서당(중앙군) 10정(지방군) 편성
국학 설치	유학 교육을 위해 국립 교육 기관인 국학 설치
토지 제도 개편	관료전을 지급하고 녹읍을 폐지

04 | 통일 신라의 지방 제도 정답 ④

자료 분석

> 집사부 - 사정부 + 국학 → 통일 신라
>
> 통일 신라는 중앙에 집사부를 비롯하여 14개의 부서를 두었으며, 집사부의 장관인 시중을 중심으로 국정을 운영하였다. 또한 관리 감찰 기구로 사정부를 두었으며, 중앙 교육 기관으로는 국학을 설치하였다.

정답 해설
④ 통일 신라는 지방 세력을 견제하기 위해 지방 귀족(향리)을 일정 기간 수도에 머무르게 하는 상수리 제도를 실시하였다.

오답 체크
① 고려: 전국의 주요 지역에 12목을 설치하고 지방관을 파견하였다.
② 조선: 중앙에 경재소를 설치하여 지방의 유향소를 통제하였다.
③ 고려: 국경 지역인 양계(동계, 북계)에 병마사를 파견하였다.
⑤ 조선: 각 도에 관찰사를 보내 관할 고을의 수령을 관리·감독하게 하였다.

04 통일 신라와 발해

05   56회 08번

지도와 같이 행정 구역을 정비한 국가에 대한 설명으로 옳은 것을 〈보기〉에서 고른 것은? [3점]

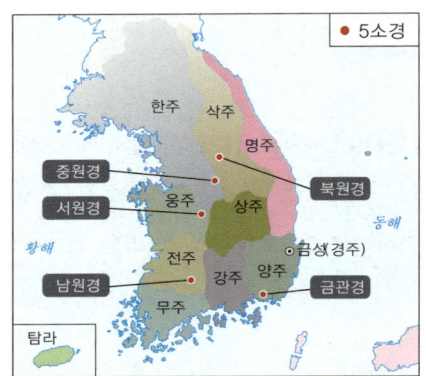

〈보기〉
ㄱ. 9서당 10정의 군사 조직을 운영하였다.
ㄴ. 욕살, 처려근지 등을 지방관으로 파견하였다.
ㄷ. 상수리 제도를 실시하여 지방 세력을 견제하였다.
ㄹ. 북계에 병마사를 파견하여 적의 침입에 대비하였다.

① ㄱ, ㄴ   ② ㄱ, ㄷ   ③ ㄴ, ㄷ   ④ ㄴ, ㄹ   ⑤ ㄷ, ㄹ

06   70회 07번

(가) 국가에 대한 설명으로 옳은 것은? [1점]

> 『신라고기(新羅古記)』에 이르기를 "고(구)려의 옛 장수 조영의 성은 대씨(大氏)니 남은 군사를 모아 태백산 남쪽에서 나라를 세우고 나라 이름을 (가) (이)라고 하였다." …… 『지장도(指掌圖)』에 보면 " (가) 은/는 만리장성 동북쪽 모서리 밖에 있다."라고 하였다.

① 군사 조직으로 9서당 10정을 편성하였다.
② 정사암에 모여 국가 중대사를 논의하였다.
③ 광평성을 비롯한 각종 정치 기구를 갖추었다.
④ 5경 15부 62주의 지방 행정 제도를 마련하였다.
⑤ 상수리 제도를 시행하여 지방 세력을 견제하였다.

07 빈출   75회 08번

다음 자료에 나타난 국가에 대한 설명으로 옳은 것은? [2점]

> ○ 조영이 죽으니, 시호를 고왕이라 하였다. 아들 무예가 왕위에 올라 영토를 크게 개척하니, 동북의 모든 오랑캐들이 두려워하여 신하가 되었다. 또 연호를 인안(仁安)으로 고쳤다.
> ○ 무예가 죽자, 시호를 무왕이라 하였다. 아들 흠무가 왕위에 올라 연호를 대흥(大興)으로 고쳤다.
> ○ 인수가 왕위에 올라 연호를 건흥(建興)으로 고치니, 그의 4대조 야발은 조영의 아우이다. 인수는 바다 북쪽의 여러 부(部)를 토벌하고 영역을 크게 넓힌 공이 있다.

① 골품에 따라 관등 승진을 제한하였다.
② 주자감을 설치하여 인재를 양성하였다.
③ 내신좌평 등 6좌평의 관제를 정비하였다.
④ 국경 지역인 양계에 병마사를 파견하였다.
⑤ 상수리 제도를 통해 지방 세력을 견제하였다.

08   71회 09번

다음 사건이 일어난 시기를 연표에서 옳게 고른 것은? [2점]

> 개원(開元) 20년에 발해가 천자의 조정을 원망하여 군사를 거느리고 등주(登州)를 습격하여 자사 위준을 살해하였습니다. 이에 황제께서 크게 노하여 하행성 등에게 군사를 징발하여 바다를 건너 공격해 토벌하도록 명하였습니다. 아울러 당에 숙위하고 있던 신라인 김사란을 귀국시켜 신라로 하여금 발해를 공격하도록 하였습니다. …… 겨울은 깊어 가고 눈이 많이 내려 신라와 당의 군대가 추위에 고생하므로 회군을 명령하였습니다.

(가)	(나)	(다)	(라)	(마)
발해 건국	무왕 즉위	문왕 상경 천도	선왕 즉위	고려 건국	발해 멸망

① (가)   ② (나)   ③ (다)   ④ (라)   ⑤ (마)

05 | 통일 신라의 통치 제도   정답 ②

자료 분석

> 9주 5소경 → 통일 신라
>
> 통일 신라는 삼국 통일 이후 늘어난 영토를 효율적으로 관리하기 위해 전국을 9개의 주로 나누고, 수도인 금성(경주) 외에 중요한 지역에 특별 행정 구역으로 5소경을 설치하여 9주 5소경의 지방 행정 제도를 완비하였다.

정답 해설

② ㄱ. 통일 신라는 중앙군은 9서당과 지방군인 10정으로 이루어진 군사 조직을 운영하였다.
ㄷ. 통일 신라는 지방 세력을 견제하기 위해 각 주의 향리 1명을 일정 기간 수도에 머무르게 하는 상수리 제도를 실시하였다.

오답 체크

ㄴ. 고구려: 지방의 여러 성에 지방관으로 욕살, 처려근지 등을 두었다.
ㄹ. 고려: 국경에 북계와 동계로 구성된 군사 행정 구역인 양계를 두었으며, 양계의 지방관으로 병마사를 파견하여 적의 침입에 대비하였다.

빈출 개념 | 통일 신라의 통치 제도

중앙 통치 조직	• 국왕 직속 기구인 집사부와 그 장관인 시중을 중심으로 국정 운영 • 집사부 아래에 사정부(감찰), 위화부(인사) 등 13부를 둠
지방 행정 제도	• 전국을 9주로 나누고, 군사·행정상의 요충지에 5소경 설치 • 특수 행정 구역으로 향·부곡 설치 • 지방 통제: 외사정 파견, 상수리 제도 실시
군사 조직	• 중앙군: 9서당(신라, 고구려, 백제, 말갈인 모두 포함) • 지방군: 10정(9주에 1정씩 배치, 한주에는 1정 추가 배치)

06 | 발해   정답 ④

자료 분석

> 고(구)려의 옛 장수 조영 → 발해
>
> 발해는 고구려 장군 출신인 대조영이 만주 지린성(길림성) 동모산에 건국한 나라로, 일본에 보낸 외교 문서에서 '고려' 또는 '고려 국왕'이라는 명칭을 사용하여 스스로 고구려를 계승한 국가임을 강조하였다.

정답 해설

④ 발해는 선왕 때 5경 15부 62주의 지방 행정 제도를 마련하였다.

오답 체크

① 통일 신라: 신문왕 때 중앙군과 지방군으로 각각 9서당과 10정의 군사 조직을 편성하였다.
② 백제: 귀족들이 정사암이라는 바위에 모여 재상을 선출하고 국가의 중대사를 논의하는 정사암 회의를 개최하였다.
③ 후고구려: 국정 총괄 기구인 광평성을 비롯한 각종 정치 기구를 갖추었다.
⑤ 통일 신라: 지방 귀족을 견제하기 위하여 향리를 일정 기간 수도에 머물도록 하는 상수리 제도를 시행하였다.

07 | 발해   정답 ②

자료 분석

> 인안(仁安) + 대흥(大興) + 건흥(建興) → 발해
>
> 발해는 대외적으로 중국과 대등한 지위에 있는 자주 국가임을 표출하고 대내적으로 강력한 왕권을 표현하기 위하여 무왕 때 인안, 문왕 때 대흥, 선왕 때 건흥 등 독자적인 연호를 사용하였다.

정답 해설

② 발해는 유학 교육 기관으로 주자감을 설치하여 인재를 양성하였다.

오답 체크

① 신라: 골품제라는 신분 제도가 있어 골품에 따라 관직 승진에 제한을 두었다.
③ 백제: 고이왕 때 관등제를 정비하여 내신좌평 등 6좌평의 관제를 정비하였다.
④ 고려: 국경 지역인 양계(북계, 동계)에 지방관으로 병마사를 파견하여 적의 침입에 대비하였다.
⑤ 통일 신라: 지방 귀족(향리)을 일정 기간 수도에 머무르게 하는 상수리 제도를 통해 지방 세력을 견제하였다.

08 | 발해 무왕의 등주 공격   정답 ②

자료 분석

> 발해 + 군사를 거느리고 등주(登州)를 습격함
> → 발해 무왕의 등주 공격
>
> 발해 무왕(대무예)은 발해의 제2대 왕으로, '인안'이라는 독자적인 연호를 사용하여 당과 대등하다는 인식을 드러내었다. 무왕은 동생 대문예를 파견하여 당과 연결을 시도한 흑수말갈을 정벌하게 하였으나, 대문예는 이를 거부하고 당으로 망명하였다. 이후 장문휴의 수군을 보내 당의 등주(산둥 지방)를 선제공격하였다. 이에 당은 발해를 반격하는 한편 신라에 발해의 남쪽을 공격할 것을 요청하였다. 신라와 당의 연합군은 발해를 공격하였으나 추위와 폭설로 병사의 절반 이상을 잃고 회군하였다.

정답 해설

② 발해 무왕은 대당 강경책의 일환으로 대문예를 보내 당과 연결을 시도한 흑수말갈을 공격하려 하였으나 대문예가 이에 반대하여 당에 망명하자, 장문휴의 수군을 보내 당의 등주(산둥 지방)를 선제공격하였다.

04 통일 신라와 발해

09 63회 08번
(가) 왕에 대한 설명으로 옳은 것은? [3점]

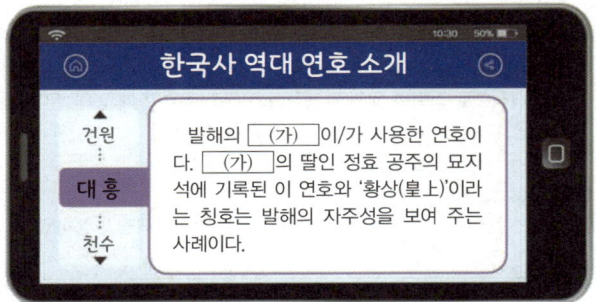

발해의 (가) 이/가 사용한 연호이다. (가) 의 딸인 정효 공주의 묘지석에 기록된 이 연호와 '황상(皇上)'이라는 칭호는 발해의 자주성을 보여 주는 사례이다.

① 북연의 왕을 신하로 봉하였다.
② 지린성 동모산에서 나라를 세웠다.
③ 신라에 군대를 파견하여 왜를 격퇴하였다.
④ 수도를 상경 용천부로 옮겨 체제를 정비하였다.
⑤ 5경 15부 62주의 지방 행정 조직을 확립하였다.

10 74회 07번
(가) 국가에 대한 설명으로 옳은 것은? [2점]

이 지도는 (가) 이/가 주변 국가들과 교역하는 데 이용한 교통로를 나타낸 것입니다. 이 국가는 교통로를 통해 담비·호랑이·표범·곰 등의 가죽과 인삼·우황 등의 약재를 주요 품목으로 주변 국가들과 교역하였습니다. 또한 소그드 은화, 청동 낙타상 등 출토 유물을 통해 서역과의 교류 사실도 확인할 수 있습니다.

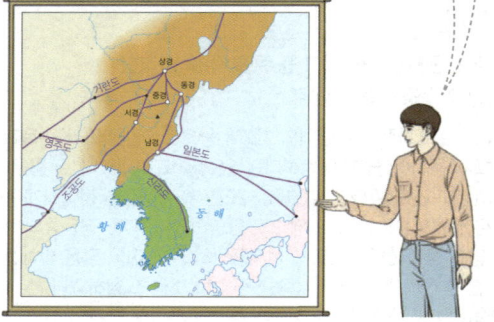

① 왜에 칠지도를 만들어 보냈다.
② 9서당 10정의 군사 조직을 운영하였다.
③ 광평성을 비롯한 각종 정치 기구를 마련하였다.
④ 제사장인 천군과 신성 지역인 소도가 존재하였다.
⑤ 서적 관리, 주요 문서 작성 등을 위해 문적원을 두었다.

11 67회 09번
(가) 국가에 대한 설명으로 옳은 것은? [2점]

이 글은 양태사가 지은 '밤에 다듬이 소리를 듣고'라는 한시로, 정효 공주 묘지(墓誌) 등과 함께 (가) 의 한문학 수준을 보여주는 대표적인 사례입니다. 이 시에는 문왕 때 일본에 사신으로 파견된 그가 다듬이 소리를 듣고 고국을 그리워하는 마음이 잘 표현되어 있습니다.

서리 기운 가득한 하늘에 달빛 비치니 은하수도 밝은데
나그네 돌아갈 일 생각하니 감회가 새롭네
홀로 앉아 지새는 긴긴 밤 근심에 젖어 마음 아픈데
홀연히 들리누나 이웃집 아낙네 다듬이질 소리
바람결에 그 소리 끊기는 듯 이어지는 듯
밤 깊어 별빛 기우는데 잠시도 쉬지 않네
나라 떠나온 뒤로 아무 소리 듣지 못하더니
이제 타향에서 고향 소리 듣는구나
…

① 교육 기관으로 주자감을 설립하였다.
② 골품제라는 엄격한 신분제를 마련하였다.
③ 정사암에 모여 국가 중대사를 논의하였다.
④ 관리 선발을 위해 독서삼품과를 시행하였다.
⑤ 청연각과 보문각을 설치하여 학문 연구를 장려하였다.

12 73회 08번
(가) 국가에 대한 설명으로 옳지 않은 것은? [2점]

(가) 의 불교 문화에 대해 알려줘.

역사 챗봇

1. 불교의 유행
상경 용천부 등 (가) 의 5경에서 발굴되는 절터·불상·석등 등을 통해 당시 불교 문화가 발전하였음을 알 수 있어요.

○ 영광탑은 벽돌을 쌓아 만든 누각 형태의 전탑으로 탑 아래에는 정효 공주 묘와 비슷한 지하 공간이 있어 무덤으로 보기도 해요.

○ 동경 용원부 유적에서 출토된 이불 병좌상은 석가불과 다보불이 나란히 앉아 있는 모습을 조각한 불상이에요.

2. 관련 사진
영광탑 / 이불 병좌상

① 교육 기관으로 주자감을 설립하였다.
② 감찰 업무를 담당하는 중정대가 있었다.
③ 인안, 대흥 등 독자적인 연호를 사용하였다.
④ 거란도, 영주도 등을 통해 주변국과 교역하였다.
⑤ 내신좌평, 내두좌평 등 6좌평의 관제를 마련하였다.

09 | 발해 문왕 정답 ④

자료 분석

> 대흥 + 딸인 정효 공주 → 발해 문왕
>
> 발해 문왕은 발해의 제3대 왕으로, 대흥·보력이라는 연호를 사용하였다. 문왕은 체제 정비의 일환으로 수도를 중경 현덕부에서 상경 용천부로 옮겼으며, 이후 상경 용천부에서 동경 용원부로 다시 천도하였다. 한편, 문왕의 넷째 딸인 정효 공주의 묘에서는 아버지인 문왕을 황제를 의미하는 '황상(皇上)'으로 표현한 묘지가 발견되어 발해가 대내적으로 황제국 체제를 표방하였음을 알 수 있다.

정답 해설

④ 발해 문왕은 체제 정비의 일환으로 수도를 중경 현덕부에서 상경 용천부로 옮겼으며, 이후 상경 용천부에서 동경 용원부로 다시 천도하였다.

오답 체크

① 장수왕(고구려): 망명한 북연의 왕을 고구려의 신하로 봉하였다.
② 고왕(대조영): 고구려 장군 출신으로, 고구려 유민들을 이끌고 만주 지린성(길림성) 동모산에서 발해를 세웠다.
③ 광개토 대왕(고구려): 신라 내물 마립간의 요청으로 군대를 파견하여 신라에 침입한 왜를 격퇴하였다.
⑤ 선왕: 고구려의 옛 영토를 대부분 회복하고 5경 15부 62주의 지방 행정 조직을 확립하였다.

빈출 개념 | 발해 문왕의 업적

독자적 연호 사용	'대흥', '보력'이라는 독자적 연호 사용
친당 외교	당과 친선 관계를 맺어 당의 선진 문물 수용 → 통치 체제 정비
수도 이동	중경 현덕부 → 상경 용천부 → 동경 용원부로 천도

10 | 발해 정답 ⑤

자료 분석

> 거란도 + 영주도 → 발해
>
> 발해는 영주도(당), 거란도(거란), 신라도(신라), 일본도(일본) 등의 교통로를 통해 당, 거란, 일본 등 주변국과 대외 무역을 전개하였는데, 그 중 당과의 교역에서는 담비 가죽과 인삼 등의 약재를 주로 수출하고 비단과 책 등을 수입하였다.

정답 해설

⑤ 발해는 서적 관리, 주요 문서 작성 등을 위한 기구로 문적원을 두었다.

오답 체크

① 백제: 근초고왕 때 왜에 철제 칼인 칠지도를 만들어 보낸 것으로 추정된다.
② 통일 신라: 신문왕 때 중앙군과 지방군으로 각각 9서당과 10정의 군사 조직을 운영하였다.
③ 후고구려: 국정 총괄 기구인 광평성을 비롯한 각종 정치 기구를 마련하였다.
④ 삼한: 제사장인 천군과 천군이 다스리는 신성 지역인 소도가 존재하였다.

11 | 발해 정답 ①

자료 분석

> 정효 공주 묘지 + 문왕 → 발해
>
> 발해는 유학 교육을 목적으로 주자감을 설치하여 귀족 자제에게 유학 경전과 한문학을 가르쳤다. 양태사가 지은 '밤에 다듬이 소리를 듣고'라는 한시오· 문왕의 넷째 딸인 정효 공주 묘지의 비문 등을 통해 당시 발해의 한문학 수준을 확인할 수 있다.

정답 해설

① 발해는 유학 교육 기관으로 주자감을 설치하여 인재를 양성하였다.

오답 체크

② 신라: 골품제에 따라 관등 승진에 제한을 둔 신분제인 골품제를 마련하였다.
③ 백제: 귀족들이 정사암에 모여서 재상 선출 및 국가 중대사를 논의하였다.
④ 통일 신라: 원성왕 때 인재 등용을 위해 유교 경전의 이해 수준을 시험하여 관리를 선발하는 독서삼품과를 시행하였다.
⑤ 고려: 예종 때 도서관 겸 학문 연구소인 청연각과 보문각을 두어 학문 연구를 장려하였다.

12 | 발해 정답 ⑤

자료 분석

> 상경 용천부 + 영광탑 + 이불 병좌상 → 발해
>
> 발해의 대표적인 문화유산으로는 영광탑과 이불 병좌상 등이 있다. 영광탑은 당의 영향을 받아 만들어진 현존하는 유일한 발해의 전탑으로, 흙을 구워 제작한 벽돌로 쌓아 올려 만든 누각의 형태이다. 또한 고구려의 영향을 받아 만들어진 이불 병좌상은 발해의 5경 중 하나인 동경 용원부에서 출토된 불상으로, 두 부처가 나란히 앉아 있는 모습을 형상화하였다.

정답 해설

⑤ 백제는 고이왕 때 내신좌평, 내두좌평 등 6좌평의 관제를 마련하여 통치 체제를 정비하였다.

오답 체크

① 발해는 유학 교육 기관으로 주자감을 설립하여 인재를 양성하였다.
② 발해는 중앙 정치 기구로 중정대를 두어 관리를 감찰하였다.
③ 발해는 무왕 때 인안, 문왕 때 대흥 등 독자적인 연호를 사용하였다.
④ 발해는 거란도(거란), 영주도(당), 일본도(일본) 등의 교통로를 통해 주변국과 교역하였다.

05 통일 신라 말의 혼란과 후삼국 시대

01
75회 06번

(가)에 들어갈 내용으로 가장 적절한 것은? [2점]

혜공왕이 피살되어 무열왕계 직계 자손의 왕위 계승이 끊긴 이후, 진골 귀족들의 왕위 다툼이 치열하게 전개되던 시기에 일어났던 일을 말해 볼까요?

(가)

양길 등 스스로 성주 또는 장군이라 칭하는 호족 세력이 성장하였어요.

① 김흠돌의 난이 진압되었어요.
② 만적이 개경에서 봉기를 도모하였어요.
③ 관료전이 지급되고 녹읍이 폐지되었어요.
④ 김헌창이 웅천주에서 반란을 일으켰어요.
⑤ 이차돈의 순교를 계기로 불교가 공인되었어요.

02
67회 08번

다음 상황 이후에 전개된 사실로 옳은 것은? [2점]

> 이찬 김지정이 반역하여 무리를 모아 궁궐을 에워싸고 침범하였다. 여름 4월에 상대등 김양상이 이찬 경신과 함께 군사를 일으켜 김지정 등을 죽였으나, 왕과 왕비는 반란군에게 살해되었다. 양상 등이 왕의 시호를 혜공왕이라 하였다.
> - 『삼국사기』

① 김흠돌이 반란을 도모하였다.
② 이사부가 우산국을 복속하였다.
③ 김대성이 불국사 조성을 주도하였다.
④ 장보고가 왕위 쟁탈전에 가담하였다.
⑤ 거칠부가 왕명에 의해 『국사』를 편찬하였다.

03 킬러
70회 09번

다음 상황이 나타난 시기를 연표에서 옳게 고른 것은? [3점]

> 각간 김경신이 해몽을 청하자 아찬 여삼은 "복두를 벗은 것은 위에 다른 사람이 없다는 뜻이요, 소립을 쓴 것은 면류관을 쓸 징조이며, 12현금(絃琴)을 든 것은 12대손까지 왕위를 전한다는 조짐이며, 천관사 우물로 들어간 것은 궁궐로 들어갈 상서로운 조짐입니다."라고 하였다. "위에 주원이 있는데 어찌 내가 왕위에 오를 수 있겠소?"라고 경신이 묻자, 아찬이 대답하기를 "청컨대 은밀히 북천신에게 제사 지내면 될 것입니다."라고 하여 이에 따랐다. 얼마 지나지 않아 선덕왕이 죽자, 나라 사람들이 김주원을 왕으로 받들어 궁중으로 맞아 들이려 했다. 주원의 집은 북천 북쪽에 있었는데 홀연히 냇물이 불어나 건널 수가 없었다. 이에 경신이 먼저 궁궐로 들어가 왕위에 올랐다.

654	681	722	780	828	889
(가)	(나)	(다)	(라)	(마)	
무열왕 즉위	김흠돌의 난	정전 지급	혜공왕 피살	청해진 설치	원종과 애노의 난

① (가) ② (나) ③ (다) ④ (라) ⑤ (마)

04
66회 07번

(가), (나) 사이의 시기에 볼 수 있는 모습으로 가장 적절한 것은? [3점]

> (가) 선덕왕이 죽었는데 아들이 없자, 여러 신하들이 회의를 한 후에 왕의 조카인 김주원을 옹립하고자 하였다. 주원의 집은 왕경에서 북쪽으로 20리 떨어진 곳에 있었는데, 마침 큰비가 와서 알천의 물이 넘쳐 주원이 건너 오지 못하였다. …… 여러 사람들의 뜻이 모아져 김경신이 왕위를 계승하도록 하였다.
> - 『삼국사기』
>
> (나) 나라 안의 모든 주군에서 공물과 부세를 보내지 않아, 창고가 텅텅 비어 나라 재정이 궁핍해졌다. 왕이 사신을 보내 독촉하니 곳곳에서 도적이 벌떼처럼 일어났다. 이때 원종과 애노 등이 사벌주에 근거하여 반란을 일으켰다.
> - 『삼국사기』

① 『계백료서』를 읽는 관리
② 녹읍 폐지를 명하는 국왕
③ 성균관에서 공부하는 학생
④ 초조대장경을 조판하는 장인
⑤ 김헌창의 난을 진압하는 군인

● 주제별 출제 비중
*최근 3개년 기준(심화 76~63회)

삼국의 발전	가야	신라의 삼국 통일 과정	통일 신라와 발해	**통일 신라 말의 혼란과 후삼국 시대**	고대의 경제와 사회	고대의 문화
22%	4%	11%	15%	**17%**	8%	23%

01 | 신라 하대의 사실
정답 ④

자료 분석
혜공왕이 피살됨 + 무열왕계 직계 자손의 왕위 계승이 끊김 + 호족 세력이 성장함 → 신라 하대

신라 혜공왕 때 이찬 김지정이 일으킨 반란으로 인해 혜공왕과 왕비가 피살되었다. 이로써 무열왕계 직계 자손의 왕위 계승이 끊기고, 내물왕계의 선덕왕이 즉위하면서 신라 중대가 끝나고 신라 하대가 시작되었다. 한편 신라 하대에는 진골 귀족 간의 왕위 쟁탈전이 치열하게 전개되어 왕권이 약화되었다. 이로 인해 중앙 정부의 통제력이 약화되었고, 이에 각 지방에서 스스로 성주 또는 장군이라 칭하는 호족 세력이 성장하였다.

정답 해설
④ 신라 하대에 김헌창이 아버지 김주원이 왕위를 계승하지 못한 데에 불만을 품고 웅천주(공주)에서 반란을 일으켰으나, 실패하였다.

오답 체크
① 신라 중대: 신문왕 때 왕의 장인인 김흠돌이 반란을 일으켰으나, 신문왕이 이를 진압하고 진골 귀족 세력을 숙청하였다.
② 고려 시대: 최충헌의 사노비였던 만적이 개경에서 노비를 모아 신분 해방을 주장하며 봉기를 도모하였다.
③ 신라 중대: 신문왕 때 귀족의 경제 기반을 약화시키기 위하여 조세만을 걷을 수 있는 관료전을 지급하고, 노동력 징발까지 가능했던 녹읍을 폐지하였다.
⑤ 신라 상대: 법흥왕 때 이차돈의 순교를 계기로 불교를 공인하였다.

02 | 혜공왕 피살 이후(신라 하대)의 사실
정답 ④

자료 분석
김지정이 반역 + 왕과 왕비는 반란군에게 살해됨 + 혜공왕 → 혜공왕 피살 이후(신라 하대)의 사실

신라 혜공왕 때 이찬 김지정이 반란을 일으켰다가 상대등 김양상의 군대에 패배하여 처형되었으나, 난 진압 과정에서 혜공왕과 왕비가 반란군에게 살해되었다. 혜공왕이 피살된 이후 진압을 주도했던 왕족 김양상이 선덕왕으로 즉위하면서 신라 중대가 끝나고 신라 하대가 시작되었다.

정답 해설
④ 신라 하대에 청해진을 근거지로 해상 무역을 전개하며 세력을 키운 장보고가 왕위 쟁탈전에 가담하였다.

오답 체크
① 신라 중대: 신문왕 때 왕의 장인인 김흠돌이 반란을 일으켰으나, 이를 진압하고 진골 귀족 세력을 숙청하였다.
② 신라 상대: 지증왕 때 장군 이사부를 보내 우산국(울릉도)을 복속하였다.
③ 신라 중대: 경덕왕 때 김대성의 발원으로 불국사가 조성되었다.
⑤ 신라 상대: 진흥왕 때 거칠부가 왕명을 받아 역사서인 『국사』를 편찬하였다.

03 | 원성왕 즉위 오답률 64.9%
정답 ④

자료 분석
김경신 + 주원 + 선덕왕이 죽음 + 경신이 왕위에 오름 → 원성왕 즉위(785)

어린 나이로 왕위에 오른 혜공왕이 피살되고, 뒤를 이어 선덕왕이 즉위하며 신라 하대가 시작되었다. 선덕왕이 후사가 없이 죽게 되면서 신하들이 선덕왕의 조카인 김주원을 왕으로 옹립하였으나, 이를 몰아내고 상대등이었던 김경신(원성왕)이 왕위 다툼 끝에 즉위하였다.

정답 해설
④ 혜공왕 피살(780) 이후 선덕왕이 즉위하며 신라 하대가 시작되었다. 신라 하대에는 진골 귀족의 왕위 쟁탈전이 더욱 심해졌는데, 선덕왕 즉위에 공을 서웠던 김경신(원성왕)은 선덕왕 사후에 전개된 김주원과의 왕위 다툼 끝에 즉위하였다(785).

04 | 원성왕 즉위와 원종·애노의 난 사이의 사실
정답 ⑤

자료 분석
(가) 선덕왕이 죽음 + 김경신이 왕위를 계승함
→ 신라 하대 원성왕 즉위
(나) 원종과 애노 등이 사벌주에 근거하여 반란을 일으킴
→ 신라 하대 원종·애노의 난(진성 여왕)

(가) 신라 하대에 선덕왕이 죽은 후 신하들이 선덕왕의 조카인 김주원을 왕으로 옹립하였으나, 이를 몰아내고 김경신(원성왕)이 왕위 다툼 끝에 즉위하였다(원성왕 즉위).
(나) 신라 하대인 진성 여왕 때 정부의 과도한 세금 수취와 귀족의 수탈에 반발하여 원종·애노의 난이 일어났다.

정답 해설
⑤ 원성왕 즉위 이후인 헌덕왕 때 웅천주(공주) 도독 김헌창이 아버지 김주원이 왕위를 계승하지 못한 데에 불만을 품고 난(822)을 일으켰으나, 실패하였다.

오답 체크
① (나) 이후: 고려 태조 왕건 때 신하들의 예법을 바로잡기 위해 쓴 예절서인 『계백료서』를 편찬하였다.
② (가) 이전: 신라 중대인 신문왕 때 귀족들의 경제적 기반이었던 녹읍을 폐지하였다.
③ (나) 이후: 고려 공민왕 때 국자감의 이름을 성균관으로 바꾸고, 성균관을 순수 유학 교육 기관으로 개편하였다.
④ (나) 이후: 고려 현종 때 거란의 2차 침입이 일어나자, 거란의 침입을 부처의 힘으로 이겨내고자 초조대장경을 조판하기 시작하였다.

05 통일 신라 말의 혼란과 후삼국 시대

05
64회 09번
다음 상황 이후에 전개된 사실로 옳은 것은? [2점]

> 청해진의 궁복은 왕이 딸을 [왕비로] 받아들이지 않은 것에 원한을 품고 반란을 일으켰다. 조정에서는 장차 그를 토벌하자니 예측하지 못할 환난이 생길까 두렵고, 그대로 두자니 그 죄를 용서할 수 없어서, 우려하면서도 어떻게 해야 할지를 몰랐다. 무주 사람 염장이란 자는 용맹하고 씩씩하기로 당시에 소문이 났는데, 와서 아뢰기를 "조정에서 다행히 신의 말을 들어주신다면 신은 한 명의 병졸도 번거롭게 하지 않고 맨주먹으로 궁복의 목을 베어 바치겠습니다."라고 하였다. 왕이 그의 말을 따랐다.
> — 『삼국사기』

① 혜공왕이 귀족 세력에게 피살되었다.
② 최치원이 시무책 10여 조를 건의하였다.
③ 왕의 장인인 김흠돌이 반란을 도모하였다.
④ 자장의 건의로 황룡사 구층 목탑이 건립되었다.
⑤ 원광이 화랑도의 규범으로 세속 5계를 제시하였다.

07
53회 06번
다음 가상 대화 이후에 있었던 사실로 옳은 것은? [2점]

며칠 전 붉은 바지를 입은 도적들이 나라의 서남쪽에서 봉기하였다고 하네.

적고적 말이지? 7년 전에는 원종과 애노가 세금 독촉 때문에 봉기하더니, 요즘 들어 나라에 변란이 자주 일어나 걱정이구만.

① 궁예가 국호를 태봉으로 바꾸었다.
② 독서삼품과가 처음으로 실시되었다.
③ 왕의 장인인 김흠돌이 반란을 일으켰다.
④ 무열왕의 직계 자손이 왕위를 세습하였다.
⑤ 혜공왕이 귀족 세력에게 죽임을 당하였다.

06
72회 08번
교사의 질문에 대한 학생의 답변으로 옳은 것은? [2점]

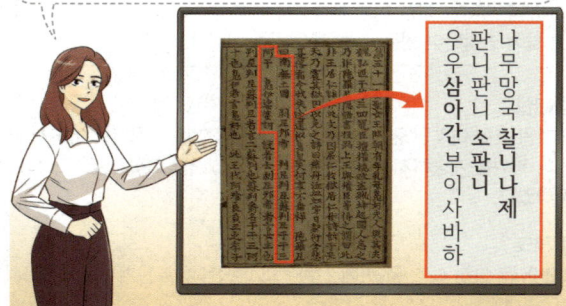
화면에 표시된 부분은 진성 여왕 때 유포된 글로 당시 정치 상황을 비판하는 내용입니다. 『삼국유사』에 따르면 '찰니나제'는 여왕을, '소판니'와 '삼아간'은 위홍 등 간신들을 의미하는 것으로, 그들 때문에 나라가 망한다는 뜻입니다. 이 여왕의 재위 시기에 있었던 사실을 말해볼까요?

① 김흠돌이 반란을 도모하였어요.
② 김사미와 효심이 난을 일으켰어요.
③ 원종과 애노가 사벌주에서 봉기하였어요.
④ 김유신이 비담과 염종의 난을 진압하였어요.
⑤ 복신과 도침이 주류성에서 군사를 일으켰어요.

08
55회 09번
밑줄 그은 '이 시기'에 있었던 사실로 옳은 것은? [3점]

이곳은 명주군왕(溟州郡王) 김주원의 묘야. 그의 아들 김헌창은 아버지가 왕위에 오르지 못한 것에 불만을 품고 반란을 일으켰어.

김주원과 김헌창의 삶을 통해 혜공왕 피살 이후 왕위 쟁탈전이 거듭된 이 시기의 상황을 잘 알 수 있어.

① 왕의 장인인 김흠돌이 난을 일으켰다.
② 거칠부가 왕명에 의해 『국사』를 편찬하였다.
③ 김춘추가 진골 출신 최초로 왕위에 올랐다.
④ 자장의 건의로 황룡사 9층 목탑이 건립되었다.
⑤ 체징이 9산 선문 중 하나인 가지산문을 개창하였다.

05 | 장보고의 난 이후의 사실   정답 ②

자료 분석

> 청해진의 궁복(장보고) + 반란을 일으킴
> → 장보고의 난(신라 하대, 846)
>
> 신라 하대에 활동한 장보고(궁복)는 완도에 청해진을 설치하고 해적을 소탕하며 해상 무역을 장악하였다. 이후 장보고는 왕위 쟁탈전에 개입하여 신무왕이 왕위에 오르는 데에 기여하였고, 신무왕에 이어 즉위한 문성왕 때 자신의 딸을 왕비로 세우는 것에 실패하자 반란을 일으켰다(장보고의 난, 846).

정답 해설

② 장보고의 난(846) 이후 진성 여왕 때인 894년에 최치원이 시무책 10여 조를 건의하였다.

오답 체크

① 혜공왕이 귀족 세력에게 피살(780)되면서 신라 하대가 시작되었다. 신라 하대 때에는 진골 귀족들 간의 왕위 쟁탈전이 심화되어, 장보고의 난과 같은 사건이 발생하기도 하였다.
③ 신라 중대: 신문왕 때 왕의 장인인 김흠돌이 반란을 도모하자, 이를 진압하고 진골 귀족 세력을 숙청하여 강력한 왕권을 확립하였다.
④ 신라 상대: 선덕 여왕 때 승려 자장의 건의로 황룡사 구층 목탑이 건립되었다.
⑤ 신라 상대: 진평왕 때 승려 원광이 화랑도의 규범으로 세속 5계를 제시하였다.

06 | 진성 여왕 재위 시기의 사실   정답 ③

자료 분석

> 진성 여왕
>
> 진성 여왕 때는 각간 위홍 등과 같은 간신들의 횡포로 지방에 대한 중앙의 통제가 약화되어 사회 혼란이 심화되었다. 이에 적고적(붉은 바지를 입은 도적)의 난 등 전국에서 정부의 수탈에 대한 농민 봉기가 일어났다.

정답 해설

③ 진성 여왕 재위 시기에 원종과 애노가 가혹한 세금 수탈에 반발하여 사벌주(상주)에서 봉기하였다.

오답 체크

① 신문왕(통일 신라): 신문왕의 장인인 김흠돌이 반란을 도모하였으나 진압되었다.
② 명종(고려): 무신 집권기에 지배층의 수탈에 반발하여 김사미(운문)와 효심(초전)이 난을 일으켰다.
④ 진덕 여왕(신라): 신라 선덕 여왕 때 일어난 비담과 염종의 난을 김유신이 진덕 여왕이 즉위한 해에 진압하였다.
⑤ 태종 무열왕(신라): 백제가 멸망한 이후 복신과 도침이 주류성에서 군사를 일으키고 백제 부흥 운동을 전개하였다.

07 | 적고적의 난 이후의 사실   정답 ①

자료 분석

> 붉은 바지를 입은 도적 + 적고적 → 적고적의 난(신라 하대, 896)
>
> 신라 하대인 진성 여왕 재위 기간에는 지방에 대한 통제가 약화되어 사회 혼란이 심화되었다. 이에 적고적(붉은 바지를 입은 도적)의 난(896)과 같이 전국에서 정부의 수탈에 반발한 농민 봉기가 일어났다.

정답 해설

① 적고적의 난(896) 이후인 911년에 궁예가 국호를 마진에서 태봉으로 변경하였다.

오답 체크

② 신라 하대: 788년에 원성왕이 인재를 등용하기 위하여 독서삼품과를 처음 실시하였다.
③ 신라 중대: 681년에 신문왕의 장인인 김흠돌이 반란을 일으켰다가 진압당하였다.
④ 신라 중대: 무열왕의 직계 자손이 왕위를 세습하였다.
⑤ 780년에 혜공왕이 귀족 세력에게 죽임을 당하고, 선덕왕이 왕위에 오르면서 신라 하대가 시작되었다.

빈출 개념 | 진성 여왕 대의 농민 봉기

원종 · 애노의 난 (889)	사벌주(상주)에서 원종과 애노가 세금 독촉에 반발하여 난을 일으킴
적고적의 난 (896)	붉은 바지(적고)를 입은 농민들이 반란을 일으킴

08 | 신라 하대의 사실   정답 ⑤

자료 분석

> 김헌창 + 혜공왕 피살 이후 왕위 쟁탈전이 거듭됨 → 신라 하대
>
> 신라 하대는 혜공왕의 피살로 선덕왕이 즉위한 이후부터 시작되었다. 신라 하대에는 귀족 간의 왕위 쟁탈전이 거듭되었는데, 헌덕왕 때 김헌창이 자신의 아버지가 왕위에 오르지 못한 것에 불만을 품고 반란을 일으켰다(김헌창의 난).

정답 해설

⑤ 신라 하대에 승려 체징이 선종 사원인 9산 선문 중 하나인 가지산문을 개창하였다.

오답 체크

① 신라 중대: 신문왕은 자신의 장인인 김흠돌이 반란을 일으키자, 이를 진압하고 진골 귀족 세력을 숙청하여 강력한 왕권을 확립하였다.
② 신라 상대: 거칠부가 진흥왕의 명을 받아 역사서인 『국사』를 편찬하였다.
③ 김춘추가 진골 출신 최초로 신하들의 추대를 받아 태종 무열왕으로 즉위하며 신라 중대가 시작되었다.
④ 신라 상대: 선덕 여왕 때 승려 자장의 건의로 황룡사 9층 목탑이 건립되었다.

05 통일 신라 말의 혼란과 후삼국 시대

09 빈출 72회 09번
(가) 인물에 대한 설명으로 옳은 것은? [2점]

나는 지금 경주 포석정지에 와 있어. 『삼국사기』에 의하면 이곳은 경애왕이 연회를 벌이다가 (가) 의 습격을 받은 곳이야.
(가) 에 대해 더 알려 줄래?
그는 공산 전투에서 고려군에 대승을 거두기도 했어.

① 훈요 10조를 남겼다.
② 경주의 사심관으로 임명되었다.
③ 금마저에 미륵사를 창건하였다.
④ 완산주를 도읍으로 삼아 나라를 세웠다.
⑤ 광평성을 비롯한 정치 기구를 마련하였다.

10 63회 11번
(가) 인물에 대한 설명으로 옳은 것은? [2점]

완산주를 도읍으로 삼아 나라를 세운 (가) 에 대해 말해 볼까요?
신라의 금성을 습격하여 경애왕을 죽게 하였어요.
금산사에 유폐되었다가 탈출하여 고려에 귀부하였어요.

① 공산 전투에서 전사하였다.
② 금마저에 미륵사를 창건하였다.
③ 후당과 오월에 사신을 파견하였다.
④ 김흠돌 등 진골 세력을 숙청하였다.
⑤ 국호를 마진으로 바꾸고 철원으로 천도하였다.

11 66회 09번
밑줄 그은 '인물'에 대한 설명으로 옳은 것은? [2점]

대한민국 방방곡곡 - 김제 금산사
한국사 채널   조회수 230,813

금산사는 삼국 시대에 창건된 유서 깊은 사찰입니다. 완산주를 도읍으로 국가를 세운 인물이 아들 신검 등에 의해 유폐되었다가 탈출한 곳으로 잘 알려져 있습니다. 이 사찰은 국보인 미륵전을 비롯하여 여러 점의 국가 지정 문화재를 보유하고 있습니다.

① 독서삼품과를 실시하였다.
② 동진으로부터 불교를 수용하였다.
③ 후당과 오월에 사신을 파견하였다.
④ 광평성 등의 정치 기구를 마련하였다.
⑤ 화랑도를 국가적인 조직으로 개편하였다.

12 47회 10번
(가) 국가에 대한 설명으로 옳은 것은? [2점]

특별 전시회 안내

우리 박물관에서는 전주 동고산성 발굴 특별 전시회를 개최합니다. 동고산성에서는 '전주성(全州城)'명 수막새 등 견훤이 세운 (가) 와/과 관련된 유물들이 출토되었습니다. 이번 전시회를 통해 후당, 오월과 교류한 (가) 의 모습을 살펴볼 수 있을 것입니다.

■ 기간: 2020년 ○○월 ○○일 ~ ○○월 ○○일
■ 장소: △△ 박물관 특별 전시실

① 광평성 등의 정치 기구를 두었다.
② 공산 전투에서 고려군에 대승을 거두었다.
③ 인안이라는 독자적인 연호를 사용하였다.
④ 청해진을 중심으로 해상 무역을 전개하였다.
⑤ 국호를 마진으로 바꾸고 철원으로 천도하였다.

09 | 견훤   정답 ④

자료 분석

> 경애왕 + 습격 + 공산 전투에서 고려군에 대승을 거둠 → 견훤

견훤은 신라에 대한 강경책을 전개하여 신라의 수도인 금성(경주)을 습격하고 경애왕을 죽게 하였다. 이때 견훤은 신라의 구원 요청을 받고 출정한 태조 왕건의 고려군과 공산(대구 팔공산)에서 전투를 벌였는데, 이 전투에서 고려군에게 대승을 거두었다(공산 전투).

정답 해설

④ 견훤은 신라 하대의 호족으로, 당시 혼란스러운 상황을 틈타 백제의 원한을 풀겠다고 선언하며 완산주(전주)를 도읍으로 하여 후백제를 세웠다.

오답 체크

① 태조 왕건: 후대 왕들이 지켜야 할 10가지 도리를 담은 훈요 10조를 남겼다.
② 경순왕(김부): 고려에 항복한 이후 태조 왕건에 의해 경주의 사심관으로 임명되었다.
③ 백제 무왕: 금마저(익산)에 미륵사라는 절을 창건하고 천도를 추진하였다.
⑤ 궁예: 후고구려를 세우고 국정 총괄 기관인 광평성을 비롯한 각종 정치 기구를 마련하였다.

10 | 견훤   정답 ③

자료 분석

> 완산주를 도읍으로 삼아 나라를 세움 + 경애왕을 죽게 함 + 금산사에 유폐됨 → 견훤

견훤은 전라도 지방의 군사력을 토대로 완산주(전주)를 수도로 정하고 후백제를 건국하였다. 견훤은 신라의 수도인 금성(경주)을 습격하여 신라 경애왕을 살해하는 등 신라에 적대적이었다. 한편, 견훤은 첫째 아들 신검에 의해 금산사에 유폐되었고, 이후 탈출하여 고려 왕건에게 투항하였다.

정답 해설

③ 후백제의 견훤은 중국의 후당과 오월에 사신을 파견하여 적극적으로 교류하였다.

오답 체크

① 김락, 신숭겸 등(고려): 후백제와의 공산 전투에서 전사하였다.
② 무왕(백제): 금마저(익산)에 미륵사라는 절을 창건하고 익산으로의 천도를 추진하였다.
④ 신문왕(통일 신라): 장인 김흠돌이 반란을 일으키자, 김흠돌을 비롯한 진골 귀족 세력을 숙청하였다.
⑤ 궁예(후고구려): 후고구려의 국호를 마진으로 바꾸고, 송악(개성)에서 철원으로 천도하였다.

11 | 견훤   정답 ③

자료 분석

> 완산주를 도읍으로 국가를 세움 → 견훤

견훤은 신라 하대의 호족으로, 신라 하대의 사회 혼란을 틈타 백제의 원한을 풀겠다며 완산주(전주)를 도읍으로 하여 후백제를 건국하였다. 한편, 후백제에서는 왕위 계승 다툼이 일어나 견훤이 첫째 아들 신검에 의해 김제 금산사에 유폐되었고, 이후 금산사에서 탈출하여 고려 왕건에게 투항하였다.

정답 해설

③ 견훤은 중국의 후당과 오월에 사신을 파견하여 적극적으로 교류하였다.

오답 체크

① 원성왕(통일 신라): 인재를 등용하기 위하여 유교 경전의 이해를 시험하는 독서삼품과를 실시하였다.
② 침류왕(백제): 중국 동진에서 온 승려 마라난타를 통해 불교를 수용하였다.
④ 궁예(후고구려): 국정 총괄 기구인 광평성 등의 정치 기구를 마련하였다.
⑤ 진흥왕(신라): 인재를 양성하기 위하여 청소년 집단인 화랑도를 국가적인 조직으로 개편하였다.

12 | 후백제   정답 ②

자료 분석

> 전주 + 견훤 + 후당, 오월과 교류 → 후백제

후백제는 신라 하대의 호족 출신인 견훤이 완산주(전주)를 도읍으로 하여 세운 나라로, 신라·후고구려와 함께 후삼국을 이루었다. 대외적으로는 중국의 후당과 오월에 사신을 파견하며 적극적으로 교류하였다.

정답 해설

② 후백제는 공산(대구 팔공산)에서 일어난 전투에서 태조 왕건이 이끄는 고려군에 대승을 거두었다(공산 전투).

오답 체크

① 후고구려: 국정 총괄 기관인 광평성을 비롯한 각종 정치 기구를 두었다.
③ 발해: 무왕 때 인안이라는 독자적인 연호를 사용하였다.
④ 통일 신라: 장보고가 완도에 설치한 청해진을 중심으로 해상 무역을 전개하였다.
⑤ 후고구려: 국호를 후고구려에서 마진으로 바꾸고, 송악(개성)에서 철원으로 천도하였다.

빈출 개념 | 후백제

건국	견훤이 전라도 지역의 군사력과 호족의 후원을 바탕으로 완산주(전주)에서 건국
성장	• 충청도와 전라도 지역을 차지하여 경제 기반 확보 • 중국의 후당·오월 등과 적극적으로 교류
한계	• 신라에 적대적(신라를 침략하여 경애왕을 살해) • 지나친 조세 수취와 호족 포섭 실패

05 통일 신라 말의 혼란과 후삼국 시대

13 빈출   73회 10번
(가) 인물에 대한 설명으로 옳은 것은? [3점]

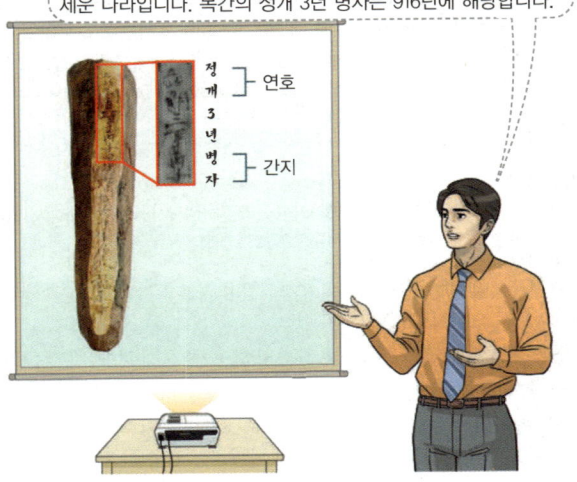

경기도 양주 대모산성에서 태봉의 연호가 기록된 목간이 출토되었습니다. 태봉은 신라 왕족 출신으로 알려진 (가) 이/가 세운 나라입니다. 목간의 정개 3년 병자는 916년에 해당합니다.

① 경주의 사심관으로 임명되었다.
② 12목에 지방관을 처음으로 파견하였다.
③ 폐정 개혁을 목표로 정치도감을 설치하였다.
④ 광평성을 비롯한 각종 정치 기구를 마련하였다.
⑤ 오월(吳越)에 사신을 보내고 검교태보의 직을 받았다.

14   71회 12번
(가) 인물의 활동으로 옳은 것은? [2점]

○ 북원의 도적 우두머리인 양길은 (가) 이/가 자신을 배신한 것을 미워하여 국원 등 10여 곳의 성주들과 그를 칠 것을 모의하고 비뇌성 아래로 진군하였다. 그러나 양길의 병사는 패배하여 흩어져 달아났다. - 『삼국사기』

○ [태조가] 수군을 거느리고 서해로부터 광주(光州) 부근에 이르러 금성군을 쳐서 함락하고 10여 군현을 공격하여 차지하였다. 이에 금성군을 고쳐서 나주라 하고 군사를 나누어서 지키게 한 뒤 돌아왔다. …… (가) 이/가 변경의 일을 물었는데, 태조가 변방을 안정시키고 경계를 넓힐 전략을 보고하였다. 좌우의 신하가 모두 [태조를] 주목하게 되었다. - 『고려사』

① 일리천 전투에서 신검의 군대를 물리쳤다.
② 9산 선문 중 하나인 가지산문을 개창하였다.
③ 문무 관료전을 지급하고 녹읍을 폐지하였다.
④ 광평성을 비롯한 각종 정치 기구를 마련하였다.
⑤ 『정계』와 『계백료서』를 지어 관리의 규범을 제시하였다.

15   61회 11번
(가)에 들어갈 인물에 대한 설명으로 옳은 것은? [2점]

초대합니다
천 백년 태봉의 이음, 태봉제

신라 왕족 출신으로 알려진 (가) 이/가 세운 나라 태봉! 태봉의 도읍 철원에서 역사의 숨결을 느낄 수 있는 태봉제가 다채롭게 진행됩니다. 여러분의 많은 관심과 참여 바랍니다.

■ 주요 행사
 태봉 제례   어가 행렬
■ 기간: ○○○○년 ○○월 ○○일~○○일
■ 장소: 강원도 철원군 종합 운동장 및 철원군 일원

① 발해를 멸망시킨 거란을 적대시하였다.
② 미륵불을 자처하며 왕권을 강화하였다.
③ 신라를 공격하여 경애왕을 죽게 하였다.
④ 노비안검법을 시행하여 재정을 확충하였다.
⑤ 청해진을 설치하여 해상 무역을 장악하였다.

16   56회 12번
(가) 국가에 대한 설명으로 옳은 것은? [2점]

네! 궁예가 세운 (가) 의 도성 터를 현장 조사하고 왔습니다. 화면과 같이 도성 터는 비무장 지대에 있어 현재는 발굴 조사가 어려운 상황입니다. 앞으로 이곳에 대한 남북 공동 연구가 이뤄진다면 한반도 평화와 화합의 상징이 될 것으로 기대합니다.

얼마 전 강원도 철원에 다녀오셨지요?

① 각간 대공이 반란을 일으켰다.
② 광평성 등의 정치 기구를 두었다.
③ 후당과 오월에 사신을 파견하였다.
④ 고창 전투에서 후백제군과 싸워 승리하였다.
⑤ 5경 15부 62주의 지방 행정 제도를 갖추었다.

13 | 궁예
정답 ④

자료 분석
> 태봉 + 신라 왕족 출신 → 궁예
>
> 궁예는 신라 왕족 출신으로, 고구려의 원수를 갚는다는 명분을 내세우며 송악(개성)을 도읍으로 후고구려를 세웠다. 이후 국호를 후고구려에서 마진으로 정하고 무태라는 연호를 사용하였으며, 송악에서 철원으로 천도한 뒤에는 국호를 다시 마진에서 태봉으로 변경하였다.

정답 해설
④ 궁예는 국정 총괄 기구인 광평성을 비롯한 각종 정치 기구를 마련하였다.

오답 체크
① 경순왕(신라): 고려에 항복한 이후 태조 왕건에 의해 경주의 사심관으로 임명되었다.
② 성종(고려): 전국 주요 지역에 12목을 설치하고 지방관을 처음으로 파견하였다.
③ 충목왕(고려): 원 간섭기에 폐정 개혁(사회의 모순과 폐단을 개혁함)을 목표로 일종의 개혁 기관인 정치도감을 설치하였다.
⑤ 견훤: 중국의 후당과 오월에 사신을 파견하여 적극적으로 교류하였고, 오월로부터 검교태보의 직을 받았다.

14 | 궁예
정답 ④

자료 분석
> 북원의 도적 우두머리인 양길을 배신함 → 궁예
>
> 궁예는 신라의 왕족 출신으로, 통일 신라 말의 호족인 북원의 도적 우두머리 양길의 아래에서 힘을 키워 스스로 왕위에 오르고 고구려의 원수를 갚는다는 명분을 내세우며 송악(개성)을 도읍으로 후고구려를 건국하였다. 또한 왕건에게 수군을 지휘하게 하여 후백제의 금성을 공격해 차지하고 나주로 고쳤다.

정답 해설
④ 궁예는 국정 총괄 기구인 광평성을 비롯한 각종 정치 기구를 마련하였다.

오답 체크
① 태조 왕건(고려): 일리천 전투에서 신검이 이끄는 후백제 군대를 물리치고 후삼국을 통일하였다.
② 체징(통일 신라): 선종 사원인 9산 선문 중 하나인 가지산문을 개창하였다.
③ 신문왕(통일 신라): 귀족의 경제 기반을 약화시키기 위하여 조세만 걷을 수 있는 문무 관료전을 지급하고, 노동력 징발까지 가능했던 녹읍을 폐지하였다.
⑤ 태조 왕건(고려): 『정계』와 『계백료서』를 지어 관리가 지켜야 할 규범을 제시하였다.

15 | 궁예
정답 ②

자료 분석
> 신라 왕족 출신 + 태봉 → 궁예
>
> 궁예는 신라 왕족 출신으로, 송악(개성)을 도읍으로 후고구려를 건국하였다. 이후 궁예는 국호를 마진으로 고쳤으며, 송악에서 철원으로 천도한 뒤에는 국호를 다시 태봉으로 변경하였다.

정답 해설
② 궁예는 미륵불을 자처하며 왕권을 강화하였고, 이를 바탕으로 전제 정치를 펼쳤다.

오답 체크
① 태조 왕건(고려): 발해를 멸망시킨 거란을 적대시하여 만부교 사건을 일으키는 등 대당 강경책을 실시하였다.
③ 견훤(후백제): 신라의 수도인 금성(경주)을 습격하여 신라 경애왕을 죽게 하는 등 신라에 적대적이었다.
④ 광종(고려): 노비안검법을 시행하여 강제로 노비가 된 자를 해방시켜 국가 재정을 확충하고, 호족과 공신 세력의 경제적·군사적 기반을 약화시켰다.
⑤ 장보고(통일 신라): 완도에 해상 무역 기지인 청해진을 설치하여 해적을 소탕하고 서남해안의 해상 무역을 장악하였다.

16 | 후고구려
정답 ②

자료 분석
> 철원 + 궁예 → 후고구려
>
> 후고구려는 궁예가 송악(개성)을 도읍으로 하여 건국한 나라이다. 이후 궁예는 국호를 마진으로 고쳤으며, 송악에서 철원으로 천도한 뒤에는 국호를 다시 태봉으로 변경하였다.

정답 해설
② 후고구려는 국정 총괄 기구인 광평성 등의 각종 정치 기구를 두었다.

오답 체크
① 통일 신라: 혜공왕 때 진골 귀족인 각간 대공이 반란을 일으켰으며, 이를 시작으로 전국 각지에서 진골 귀족들의 반란이 일어났다.
③ 후백제: 중국의 후당과 오월에 사신을 파견하였다.
④ 고려: 고창 전투에서 왕건이 이끄는 고려군이 견훤이 이끄는 후백제군과 싸워 승리하였다.
⑤ 발해: 선왕 때 체제 정비를 통해 5경 15부 62주의 지방 행정 제도를 갖추었다.

빈출 개념 | 후고구려

건국	궁예가 양길의 휘하에서 힘을 기른 후 송악(개성)에서 건국
성장	• 강원·경기, 한강 유역까지 영토 확장 • 광평성을 비롯한 정치 기구 마련
한계	• 지나친 조세 수취 • 미륵 신앙을 통한 전제 정치

06 고대의 경제와 사회

01
75회 05번

밑줄 그은 '그 나라'의 경제 상황으로 가장 적절한 것은? [2점]

> 그 나라는 관(官)을 세움에 9등이 있다. 첫 번째는 토졸이라 하며, 1품에 비견된다. 옛 이름은 대대로이며, 국정을 모두 맡는다. 3년마다 교대하는데, 직에 걸맞은 자가 있으면 연한에 구애받지 않는다. …… 또 여러 큰 성에는 녹살(욕살)을 두는데, 도독에 비견된다. 여러 성에는 처려근지를 두는데, 자사에 비견된다. 또한 도사라 이르기도 한다.
> — 「한원」

① 수도에 동시전이 설치되었다.
② 집집마다 부경이라는 창고가 있었다.
③ 금속 화폐인 건원중보가 주조되었다.
④ 솔빈부의 말이 특산품으로 수출되었다.
⑤ 곡물을 대여하고 이자를 받은 내용을 좌관대식기에 남겼다.

02
66회 06번

교사의 질문에 대한 학생의 답변으로 가장 적절한 것은? [2점]

지도는 이 국가의 교역로를 표시한 것입니다. 청해진을 설치하여 해상 교역을 활발하게 전개하였던 이 국가의 경제 상황에 대해 말해 볼까요?

① 삼한통보와 해동통보를 발행하였어요.
② 특산품으로 솔빈부의 말이 유명하였어요.
③ 고구마, 감자 등의 구황 작물을 재배하였어요.
④ 특수 행정 구역인 소에서 여러 물품을 생산하였어요.
⑤ 조세 수취를 위해 3년마다 촌락 문서를 작성하였어요.

03 빈출
69회 08번

(가) 국가의 경제 상황으로 옳은 것은? [2점]

이 문서는 일본의 도다이사 쇼소인에서 발견된 것으로, (가) 의 5소경 중 하나인 서원경 주변 촌락을 포함한 4개 촌락의 인구 현황, 토지의 종류와 면적 등이 상세히 기록되어 있습니다.

① 경성과 경원에 무역소를 두었다.
② 수도에 서시와 남시를 설치하였다.
③ 주전도감에서 해동통보를 발행하였다.
④ 독점적 도매 상인인 도고가 출현하였다.
⑤ 감자, 고구마 등을 구황 작물로 재배하였다.

04
63회 05번

(가) 국가의 경제 상황으로 옳은 것은? [1점]

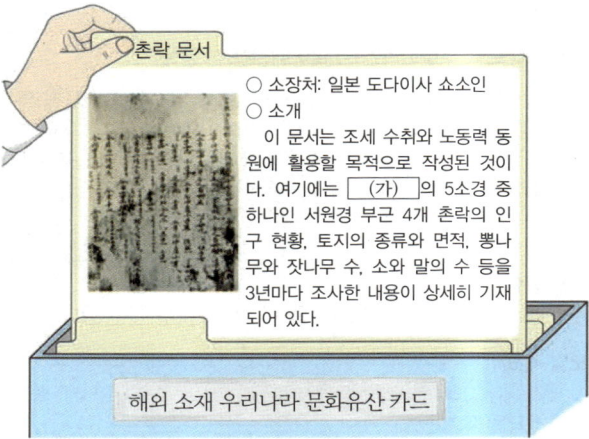

촌락 문서
○ 소장처: 일본 도다이사 쇼소인
○ 소개
이 문서는 조세 수취와 노동력 동원에 활용할 목적으로 작성된 것이다. 여기에는 (가) 의 5소경 중 하나인 서원경 부근 4개 촌락의 인구 현황, 토지의 종류와 면적, 뽕나무와 잣나무 수, 소와 말의 수 등을 3년마다 조사한 내용이 상세히 기재되어 있다.

해외 소재 우리나라 문화유산 카드

① 낙랑군과 왜에 철을 수출하였다.
② 집집마다 부경이라는 창고가 있었다.
③ 활구라고 불리는 은병이 유통되었다.
④ 특산품으로 솔빈부의 말이 유명하였다.
⑤ 울산항, 당항성이 무역항으로 번성하였다.

● 주제별 출제 비중
*최근 3개년 기준(심화 76~63회)

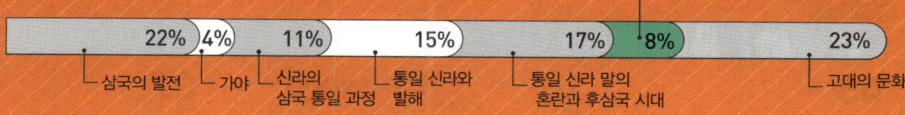

01 | 고구려의 경제 상황   정답 ②

자료 분석

> 대대로 + 녹살(욕살) + 처려근지 → 고구려
>
> 고구려에서는 대대로가 제1관등으로 국정을 총괄하는 재상의 역할을 하였으며 임기는 원칙적으로 3년이었으나, 직에 걸맞은 자가 있으면 연한에 구애를 받지 않았다. 한편 지방의 여러 성에는 지방관으로 성의 규모에 따라 욕살과 처려근지 등을 파견하였다.

정답 해설
② 고구려에는 집집마다 부경이라는 창고가 있어, 이곳에 약탈한 곡식을 저장하였다.

오답 체크
① 신라: 지증왕 때 수도 경주에 시장을 감독하는 관청인 동시전이 설치되었다.
③ 고려: 성종 때 우리나라 최초의 금속 화폐인 건원중보가 주조되었다.
④ 발해: 솔빈부의 말이 특산품으로 유명하여 중국으로 수출되었다.
⑤ 백제: 백성들에게 곡물을 대여하고 이자를 받은 내용을 목간(문서나 편지 등의 글을 기록한 나무 또는 대나무 조각)인 좌관대식기에 남겼다.

02 | 통일 신라의 경제 상황   정답 ⑤

자료 분석

> 청해진을 설치 → 통일 신라
>
> 통일 신라 시기에 활동한 장보고는 청년기에 당에 건너가 군인으로 활동하며, 중국 산둥 반도에 적산 법화원이라는 사찰을 지었다. 이후 그는 흥덕왕 때 신라로 귀국한 뒤 완도에 청해진을 설치하고 해적을 소탕하여 서남해 지역의 해상 무역권을 장악하였다.

정답 해설
⑤ 통일 신라는 촌락의 경제 상황을 파악하여 조세를 수취하기 위해 촌주가 3년마다 촌락 문서를 작성하였다.

오답 체크
① 고려: 숙종 때 국가 주도로 삼한통보와 해동통보 등의 화폐가 발행되었다.
② 발해: 목축이 발달하여 특산품으로 솔빈부의 말이 유명하였다.
③ 조선: 조선 후기에 고구마, 감자 등의 구황 작물이 전래되어, 농민들이 이를 재배하였다.
④ 고려: 특수 행정 구역인 소에서 국가에 필요한 여러 물품을 생산하였다.

빈출 개념 | 신라 촌락 문서(민정 문서)

발견 장소	일본 도다이사 쇼소인
조사 지역	서원경(청주) 지방의 4개 촌락
목적	조세 수취 및 노동력 징발을 위해 작성
작성	인구수, 토지의 종류와 면적 등의 변동 사항을 조사하여 촌주가 3년마다 작성

03 | 통일 신라의 경제 상황   정답 ②

자료 분석

> 5소경 + 인구 현황, 토지의 종류와 면적 → 민정 문서(신라 촌락 문서) → 통일 신라
>
> 통일 신라 시기에는 촌락의 경제 상황을 파악하여 조세를 수취하기 위한 목적으로 토착 세력인 촌주가 민정 문서(신라 촌락 문서)를 작성하였다. 현존하는 민정 문서는 일본 도다이사(동대사) 쇼소인(정창원)에서 발견된 것으로, 5소경 중 하나인 서원경(청주) 부근 4개 촌락의 인구, 토지의 종류와 면적 등을 조사하여 3년마다 작성하였다.

정답 해설
② 통일 신라는 인구와 물자의 증가로 기존의 동시만으로는 상품 수요를 감당할 수 없게 되자 수도인 경주에 서시와 남시를 추가로 설치하였다.

오답 체크
① 조선: 태종 때 여진에 대한 회유책으로 경성과 경원에 무역소를 두고 교역을 허용하였다.
③ 고려: 숙종 때 주전도감을 설치하고 금속 화폐인 해동통보를 발행하였다.
④ 조선: 조선 후기에 독점적 도매 상인인 도고가 출현하여 한 가지 물품을 대량으로 취급하였다.
⑤ 조선: 조선 후기에 감자, 고구마 등의 구황 작물이 전래되어 널리 재배되었다.

04 | 통일 신라의 경제 상황   정답 ⑤

자료 분석

> 촌락 문서 + 5소경 → 통일 신라
>
> 통일 신라는 조세 수취와 노동력 동원을 위한 목적으로 토착 세력인 촌주가 촌락 문서(민정 문서)를 3년마다 작성하였다. 현존하는 촌락 문서는 일본 도다이사(동대사) 쇼소인(정창원)에서 발견된 것으로, 5소경 중 하나인 서원경(청주) 부근 4개 촌락의 인구, 토지의 종류와 면적 등이 기록되어 있다.

정답 해설
⑤ 통일 신라 시기에는 수도 근처에 있는 울산항과 한강 유역의 당항성이 국제 무역항으로 번성하였다.

오답 체크
① 변한, 금관가야: 풍부한 철 생산을 바탕으로 낙랑군과 왜 등에 철을 수출하였다.
② 고구려: 집집마다 부경이라는 창고에 약탈한 곡식을 저장하였다.
③ 고려: 숙종 때 활구라고 불리는 고액 화폐인 은병이 유통되었다.
④ 발해: 목축이 발달하여 특산품으로 솔빈부의 말이 유명하였다.

06 고대의 경제와 사회

05 53회 07번
밑줄 그은 '인물'이 활동한 시기의 경제 모습으로 옳은 것은?
[1점]

이곳은 새롭게 중건된 산둥 반도의 적산 법화원입니다. 이 사찰을 창건한 인물에 대해 말해 주세요.

- 당에 건너가 군인으로 활약했어요.
- 왕위 쟁탈전에 가담하여 반란을 일으켰어요.
- 문성왕이 보낸 자객에게 살해당했어요.

① 활구라고 불리는 은병이 유통되었다.
② 중국의 농서인 『농상집요』가 소개되었다.
③ 면화, 고추 등이 상품 작물로 재배되었다.
④ 청해진을 중심으로 해상 무역이 전개되었다.
⑤ 수도의 시전을 감독하기 위해 경시서가 설치되었다.

07 53회 08번
(가) 국가에 대한 설명으로 옳은 것을 〈보기〉에서 고른 것은?
[2점]

〈한국사 온라인 강좌〉

우리 연구소에서는 (가) 의 역사적 의미를 조명하기 위해 온라인 강좌를 마련하였습니다. 관심 있는 분들의 많은 참여 바랍니다.

■ 강좌 주제 ■

제1강 일본에 보낸 외교 문서에 나타난 역사 의식
제2강 정혜 공주 무덤의 구조로 알 수 있는 고분 양식
제3강 장문휴의 등주 공격을 통해 본 대외 인식
제4강 인안, 대흥 연호 사용에 반영된 천하관

■ 일시 : 2021년 6월 매주 목요일 19:00~21:00
■ 방식 : 화상 회의 플랫폼 활용
■ 주관 : △△ 연구소

〈보기〉
ㄱ. 철전인 건원중보를 발행하였다.
ㄴ. 솔빈부의 말이 특산물로 거래되었다.
ㄷ. 지방관을 감찰하고자 외사정을 파견하였다.
ㄹ. 거란도, 영주도 등을 통해 주변국과 교류하였다.

① ㄱ, ㄴ ② ㄱ, ㄷ ③ ㄴ, ㄷ ④ ㄴ, ㄹ ⑤ ㄷ, ㄹ

06 55회 07번
(가) 국가에 대한 설명으로 옳은 것은?
[2점]

오늘 소개해 주실 문화유산은 무엇입니까?

이것은 (가) 의 5경 중 하나인 동경 용원부 유적에서 발견된 불상입니다. 보탑(寶塔) 안의 다보불이 설법하던 석가불을 불러 함께 나란히 앉았다는 『법화경』의 내용을 형상화하였습니다.

① 왜에 칠지도를 만들어 보냈다.
② 2군 6위의 군사 조직을 운영하였다.
③ 신라도를 통하여 신라와 교류하였다.
④ 광평성 등의 정치 기구를 마련하였다.
⑤ 9주 5소경의 지방 행정 제도를 갖추었다.

08 64회 08번
(가) 국가의 경제 상황으로 옳은 것은?
[2점]

이 지도는 (가) 의 전성기 영역을 나타낸 것입니다. 이 국가에서는 각지에서 말이 사육되었는데, 그중에서도 솔빈부의 말은 당에 수출될 정도로 유명하였습니다. 특히, 고구려 유민 출신으로 산둥 반도 지역을 장악하였던 이정기 세력에게 많은 말을 수출하였습니다.

① 벽란도를 통해 아라비아 상인과 무역하였다.
② 구황 작물로 감자, 고구마를 널리 재배하였다.
③ 해동통보를 발행하여 화폐 유통을 추진하였다.
④ 시장을 관리하는 관청인 동시전을 설치하였다.
⑤ 거란도, 영주도 등을 통해 주변국과 교류하였다.

05 | 장보고 활동 시기(통일 신라)의 경제 모습   정답 ④

자료 분석
> 적산 법화원 + 당에 건너가 군인으로 활약 → 장보고 → 통일 신라

장보고는 통일 신라 시기에 활동한 인물로, 청년기에 당에 건너가 그 곳에서 군인으로 활동하였으며, 이 시기에 중국 산둥 반도에 적산 법화원이라는 사찰을 지었다. 한편, 귀국한 장보고는 왕위 쟁탈전에 가담하여 반란을 일으켰으나, 문성왕이 보낸 자객에게 살해당하였다.

정답 해설
④ 장보고가 활동한 시기(통일 신라)에 청해진이 설치되어, 이를 중심으로 해상 무역이 전개되었다.

오답 체크
① 고려 시대: 숙종 때 활구라고 불리는 은병이 고액 화폐로 제작·유통되었다.
② 고려 시대: 고려 말, 이암에 의해 원나라에서 농서인 『농상집요』가 소개되었다.
③ 조선 후기: 소득이 높은 면화, 고추 등이 상품 작물로 재배되었다.
⑤ 고려 시대: 수도인 개경에 시전의 상행위를 감독하고 물가를 조절하는 기관인 경시서가 설치되었다.

06 | 발해   정답 ③

자료 분석
> 5경 + 동경 용원부 + 이불 병좌상 → 발해

발해는 지방 행정 조직으로 5경 15부 62주를 두었는데, 그중 5경은 지방의 중요한 지역에 둔 전략적 요충지로서 상경·중경·동경·남경·서경이 있었다. 한편 5경 중 하나인 동경 용원부에서는 이불 병좌상이라는 불상이 출토되었다.

정답 해설
③ 발해는 수도인 상경에서 시작해 동해안을 따라 신라로 가는 신라도를 통하여 신라와 교류하였다.

오답 체크
① 백제: 백제 근초고왕 때 왜에 칠지도를 만들어 보낸 것으로 추정된다.
② 고려: 중앙군으로 국왕의 친위대 역할을 하는 2군과 수도 경비와 국경 방어를 담당하는 6위의 군사 조직을 운영하였다.
④ 후고구려: 국정 총괄 기관인 광평성을 비롯한 여러 정치 기구를 마련하였다.
⑤ 통일 신라: 신문왕 때 9주 5소경의 지방 행정 제도를 갖추었다.

빈출 개념 | 발해의 대외 무역

대당 무역	• 영주도와 조공도 이용 • 담비 가죽, 인삼, 불상 등을 수출, 비단·책 등을 수입
대일 무역	일본도를 이용해 활발한 무역 전개
신라와 교류	신라도를 통해 왕래

07 | 발해   정답 ④

자료 분석
> 장문휴의 등주 공격 + 인안, 대흥 → 발해

발해는 중국과 대등한 지위에 있음을 과시하기 위해 무왕 때 인안, 문왕 때 대흥, 보력 등 독자적인 연호를 사용하였으며, 무왕 때는 장문휴의 수군을 보내 당나라 산둥 지방의 등주를 공격하는 등 대당 강경책을 추진하였다.

정답 해설
④ ㄴ. 발해에서는 목축이 발달하여 돼지, 소, 말 등을 길렀으며, 특히 솔빈부의 말이 특산물로 유명하였다.
ㄹ. 발해는 거란도, 영주도, 신라도, 일본도 등을 통해 주변국과 교류하였다.

오답 체크
ㄱ. 고려: 성종 때 우리나라 최초의 화폐인 건원중보가 발행되어 금속 화폐의 통용이 추진되었다.
ㄷ. 통일 신라: 문무왕 때 지방관을 감찰하기 위하여 외사정이라는 관리를 파견하였다.

08 | 발해의 경제 상황   정답 ⑤

자료 분석
> 솔빈부의 말은 당에 수출될 정도로 유명 → 발해

발해는 주로 목축이 발달하여 돼지, 소, 말, 양 등을 사육하였다. 그중에서 솔빈부의 말은 당으로 수출될 만큼 유명하였다.

정답 해설
⑤ 발해는 거란도(거란), 영주도(당), 일본도(일본) 등의 교통로를 통해 주변국과 교역하였다.

오답 체크
① 고려: 벽란도가 국제 무역항으로 번성하여, 벽란도를 통해 송·일본·아라비아 상인과 무역하였다.
② 조선: 구황 작물로 감자, 고구마가 조선 후기에 전래되어, 농민들이 이를 널리 재배하였다.
③ 고려: 숙종 때 해동통보를 발행하여 화폐 유통을 추진하였다.
④ 신라: 지증왕 때 수도 경주에 시장을 관리하는 관청인 동시전을 설치하였다.

06 고대의 경제와 사회

09
(가), (나) 국가의 사회 모습에 대한 설명으로 옳은 것은? [2점]

> (가) 왕의 성은 부여씨이고, [왕을] '어라하'라고 하며 백성들은 '건길지'라고 부른다. 모두 중국 말로 왕이라는 뜻이다. …… 도성에는 1만 가(家)가 거주하며 5부로 나뉘는데 상부·전부·중부·하부·후부라고 하며, 각각 5백 명의 군사를 거느린다. [지방의] 5방에는 각기 방령 1인을 두는데 달솔로 임명하고, 군에는 군장(郡將) 3인이 있으니 덕솔로 임명한다.
> — 『주서』
>
> (나) 60개의 주현이 있으며, 큰 성에는 녹살 1인을 두는데 도독과 비슷하다. 나머지 성에는 처려근지를 두는데 도사라고도 하며, 자사와 비슷하다. …… [수도는] 5부로 나뉘어 있다.
> — 『신당서』

① (가) – 사회 질서를 유지하기 위해 범금 8조를 두었다.
② (가) – 거란도, 일본도 등을 통해 주변 국가와 교류하였다.
③ (나) – 태학과 경당을 두어 인재를 양성하였다.
④ (나) – 정사암 회의에서 국가 중대사를 논의하였다.
⑤ (가), (나) – 골품에 따라 관등 승진에 제한이 있었다.

11
밑줄 그은 '이 제도'에 대한 설명으로 옳은 것은? [1점]

① 원화(源花)에 기원을 두고 있다.
② 을파소의 건의로 처음 마련되었다.
③ 서얼의 관직 진출을 법으로 제한하였다.
④ 집과 수레의 크기 등 일상 생활을 규제하였다.
⑤ 문무 5품 이상 관리의 자손을 대상으로 하였다.

10
밑줄 그은 '대책'으로 옳은 것은? [1점]

>
> **고구려에서 찾은 사회 보장 제도**
> 사회 보장 제도란 빈곤, 질병 등 사회적 위험으로부터 국민을 보호하기 위한 국가의 조직적 행정을 말한다. 전통 사회의 구휼 정책도 그 범주에 넣을 수 있는데, 고구려에서도 유사한 사례를 찾을 수 있다. 『삼국사기』에 따르면, 사냥을 나갔던 고국천왕이 길에서 슬피 우는 사람을 만나 그 연유를 물었더니, "가난하여 품을 팔며 어머니를 간신히 모셨는데, 올해는 흉년이 극심해 품을 팔 곳도 찾을 수 없고 곡식을 구하기도 어려워 어찌 어머니를 봉양할까 걱정되어 울고 있습니다."라고 답하였다. 왕이 그를 불쌍히 여겨 위로하고, 재상 을파소와 논의하여 <u>대책</u>을 마련하였다.

① 진대법을 실시하여 빈민을 구제하였다.
② 상평창을 설치하여 물가를 조절하였다.
③ 『구황촬요』를 간행하여 기근에 대비하였다.
④ 구제도감을 설립하여 백성을 구호하였다.
⑤ 혜민국을 마련하여 병자에게 약을 지급하였다.

12
(가) 제도에 대한 설명으로 옳은 것은? [2점]

> 설계두는 신라 귀족 가문의 자손이다. 일찍이 가까운 친구 4명과 함께 모여 술을 마시면서 각자 자신의 뜻을 말하였다. 설계두가 이르기를, "신라에서는 사람을 등용하는 데 (가) 을/를 따져서 진실로 그 족속이 아니면 비록 큰 재주와 뛰어난 공이 있더라도 [그 한도를] 넘을 수가 없다. 나는 원컨대, 중국으로 가서 세상에서 보기 드문 지략을 떨쳐서 특별한 공을 세우고 싶다. 그리고 영광스러운 관직에 올라 고관대작의 옷을 갖추어 입고 천자의 곁에 출입하면 만족하겠다."라고 하였다.

① 진대법이 실시되는 배경이 되었다.
② 원성왕이 인재 등용 제도로 제정하였다.
③ 후주 출신인 쌍기의 건의로 실시되었다.
④ 권문세족에 대한 견제를 목적으로 시행되었다.
⑤ 집과 수레의 크기 등 일상 생활까지 규제하였다.

09 | 백제와 고구려의 사회 모습   정답 ③

자료 분석
> (가) 왕의 성은 부여씨 + 5방 + 방령 → 백제
> (나) 처려근지 + 5부 → 고구려
>
> (가) 백제는 온조가 한강 하류의 한성(위례성)을 도읍으로 건국한 나라로, 왕족인 부여씨와 8성의 귀족이 지배층을 구성하였다. 또한 백제는 중앙을 5부, 지방을 5방으로 나누었으며, 지방의 5방에는 방령을 파견하였다.
> (나) 고구려는 만주 졸본 지역에서 성장한 나라이다. 고구려는 중앙을 5부, 지방을 5부로 나누었으며, 지방의 여러 성에 처려근지, 도사 등을 두었다.

정답 해설
③ 고구려는 국립 대학인 태학과 지방 교육 기관인 경당을 두어 인재를 양성하였다.

오답 체크
① **고조선**: 사회 질서를 유지하기 위해 살인, 상해, 절도 등의 죄를 다스리는 범금 8조를 두었다.
② **발해**: 거란도, 영주도, 일본도 등 대외 교통로를 통해 주변 국가와 교류하였다.
④ **백제**: 귀족들이 정사암 회의에서 재상 선출 및 국가 중대사를 논의하였다.
⑤ **신라**: 골품에 따라 관등 승진에 제한을 둔 골품제가 있었다.

10 | 진대법   정답 ①

자료 분석
> 고구려 + 구휼 정책 + 고국천왕 + 을파소 → 진대법
>
> 진대법은 춘궁기에 백성에게 곡식을 빌려주었다가 추수기에 갚도록 한 고구려의 구휼 제도이다. 이 제도는 사냥을 나갔다가 흉년이 들어 양식을 구하지 못해 울고 있는 백성의 사연을 들은 고구려 고국천왕이 국상인 을파소의 건의를 수용하면서 시행되었다.

정답 해설
① 진대법은 빈민을 구제하기 위해 실시된 고구려의 빈민 구휼 제도이다.

오답 체크
② **고려, 조선**: 물가 조절 기관인 상평창을 설치하였다.
③ **조선**: 명종 때 『구황촬요』를 간행하여 기근에 대비하였다.
④ **고려**: 재해가 발생하였을 때 임시 기구로 구제도감을 설립하여 백성을 구호하였다.
⑤ **고려**: 혜민국을 마련하여 전염병이 퍼지는 것을 막고 병자들에게 무료로 약을 지급하였다.

11 | 골품제   정답 ④

자료 분석
> 6두품 + 아찬에서 더 이상 올라갈 수 없음 → 골품제
>
> 골품제는 출신 성분에 따라 골과 품으로 신분을 나눈 신라의 신분 제도로, 성골·진골·6두품·5~1두품으로 구성되었다. 신라인들은 골품제에 따라 관등 승진의 제한이 있어, 진골 이상만 5관등인 대아찬부터 1관등인 이벌찬까지 승진이 가능하였고, 6두품은 6관등인 아찬에서 더 이상 올라갈 수 없었다.

정답 해설
④ 골품제는 관직 승진뿐 아니라 집과 수레의 크기 등 일상 생활까지 규제하였다.

오답 체크
① **화랑도(신라)**: 신라의 청소년 수련 단체인 원화에 기원을 두고 있으며, 진흥왕 때 국가적인 조직으로 개편되었다.
② **진대법(고구려)**: 고구려 고국천왕 때 을파소의 건의로 처음 마련된 구휼 제도로, 춘궁기에 빈민들에게 곡식을 빌려주고 추수기에 갚도록 하였다.
③ **과거 제도 중 문과(조선)**: 조선 시대에는 인재를 선발하기 위한 제도로 과거 제도가 시행되었는데, 이때 서얼은 문관을 선발하기 위해 실시한 과거인 문과 응시가 법으로 제한되었다.
⑤ **음서 제도(고려)**: 문무 5품 이상 관리의 자손을 대상으로 별도의 시험 없이 관리가 될 수 있게 한 제도이다.

12 | 골품제   정답 ⑤

자료 분석
> 신라 + 그 족속이 아니면 비록 큰 재주와 뛰어난 공이 있더라도 [그 한도를] 넘을 수 없음 → 골품제
>
> 골품제는 출신 성분에 따라 골(骨)과 품(品)으로 등급을 나누는 신라만의 신분 제도이다. 골품제는 왕이 될 수 있는 성골과 왕족인 진골, 대족장 출신인 6두품, 그 아래의 5~1두품으로 등급이 구성되었다. 골품제에 따라 진골은 신라의 모든 관직에 오를 수 있었다. 반면에 6두품은 능력이 있어도 17관등 중 제6관등인 아찬까지만 승진할 수 있었다.

정답 해설
⑤ 골품제는 신라의 신분 제도로, 관등 승진은 물론 집과 수레의 크기 등 일상 생활까지 규제하였다.

오답 체크
① **진대법**: 고구려 고국천왕 때 을파소의 건의에 따라 실시된 빈민 구휼 제도이다.
② **독서삼품과**: 통일 신라 원성왕 때 유교 경전의 이해를 시험하여 관리를 채용한 인재 등용 제도이다.
③ **과거제**: 고려 광종 때 후주 출신 쌍기의 건의로 처음 실시되었으며, 시험을 통해 관리를 채용한 제도이다.
④ 고려 공민왕 때 설치된 전민변정도감에서 권문세족을 견제하기 위해 전민변정 사업을 시행하였다.

07 고대의 문화

01
70회 05번

강연자의 질문에 대한 청중의 답변으로 가장 적절한 것은? [2점]

화면에 보이는 고구려의 사신도와 백제 산수무늬 벽돌은 신선 사상을 기반으로 불로장생을 추구하는 이 종교의 내용이 잘 표현된 문화유산입니다. 이 종교와 관련된 역사적 사실은 무엇이 있을까요?

① 간경도감에서 경전이 간행되었습니다.
② 연개소문이 당에 도사 파견을 요청하였습니다.
③ 과거 시험의 교재로 『사서집주』가 채택되었습니다.
④ 범일이 9산 선문 중 하나인 사굴산문을 개창하였습니다.
⑤ 주요 경전의 이름이 새겨진 임신서기석이 만들어졌습니다.

02
74회 08번

(가) 종파에 대한 설명으로 가장 적절한 것은? [2점]

이것은 (가) 의 9산문 중 가지산문의 대표 사찰인 보림사에 있는 철조 비로자나불좌상입니다. 이 불상의 왼팔 뒤편에 헌안왕 2년 무주 장사현의 부관인 김수종이 아뢰어 만들었다는 새김글이 양각되어 있어 정확한 조성 연대를 알 수 있습니다. 이와 같은 철불은 승탑과 더불어 9세기부터 크게 유행하였습니다.

① 하늘에 제사 지내는 초제를 거행하였다.
② 참선과 수행을 통한 깨달음을 강조하였다.
③ 『시경』, 『서경』, 『역경』 등을 주요 경전으로 삼았다.
④ 신선 사상을 기반으로 불로장생을 추구하였다.
⑤ 인내천 사상을 내세워 인간 평등을 주장하였다.

03
54회 05번

밑줄 그은 '이 국가'의 벽화로 옳지 않은 것은? [3점]

이 국가의 고분 벽화는 도읍이었던 지안과 평양 일대에 주로 남아 있는데, 일상생활과 풍속, 신앙과 의례를 묘사한 것으로 유명합니다. 이제 벽화 사진을 바탕으로 제작한 영상을 생생하게 만나 보세요.

①
②
③
④
⑤

04
69회 06번

다음 설명에 해당하는 문화유산으로 옳은 것은? [2점]

문화유산 발표 대회

- 경상남도 의령군에서 출토되어 1964년에 국보로 지정되었어.
- 고구려 승려들이 만든 천불(千佛) 중 하나야.
- 광배 뒷면에 고구려의 연호로 추정되는 연가(延嘉)라는 글자가 새겨져 있어.

① 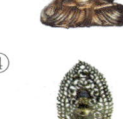 ②  ③
④  ⑤

● 주제별 출제 비중
*최근 3개년 기준(심화 76~63회)

| 22% | 4% | 11% | 15% | 17% | 8% | 고대의 문화 23% |
| 삼국의 발전 | 가야 | 신라의 삼국 통일 과정 | 통일 신라와 발해 | 통일 신라 말의 혼란과 후삼국 시대 | 고대의 경제와 사회 | |

01 | 도교
정답 ②

자료 분석
고구려의 사신도 + 백제 산수무늬 벽돌 + 신선 사상 + 불로장생을 추구 → 도교

도교는 신선 사상을 기반으로 불로장생을 추구하는 종교로, 우리나라에는 삼국 시대에 전래되었다. 삼국 시대에 도교는 민간 신앙과 산천 숭배, 신선 사상과 결합하여 귀족 사회를 중심으로 유행하였다. 한편 대표적인 도교 문화유산으로는 고구려 강서대묘 사신도(도교 방위신), 백제 금동대향로(도교 사상 반영), 백제 산수무늬 벽돌(산과 신선이 그려짐) 등이 있다.

정답 해설
② 고구려 연개소문은 당에 도교의 도사 파견을 요청하는 등 불교를 견제하기 위해 도교를 장려하였다.

오답 체크
① 불교: 조선 세조 때 간경도감을 설치하여 경전을 간행하였다.
③ 성리학(유교): 고려 말에 과거 시험의 교재로 『사서집주』가 채택되었다.
④ 선종(불교): 신라 말 승려인 범일이 9산 선문 중 하나인 사굴산문을 개창하였다.
⑤ 유교: 『시경』·『상서』·『예기』 등 유교에서 강조하는 주요 경전의 이름이 새겨진 임신서기석이 만들어졌다.

02 | 선종
정답 ②

자료 분석
9산문 중 가지산문 → 선종

선종은 불교 종파의 하나로, 왕권이 크게 약화된 신라 하대에 유입되었다. 당시 세력을 키우고 있던 지방 호족들의 지원을 받아 선종을 수행하는 가지산문, 사굴산문 등 9산문이 형성되어 크게 유행하였다. 한편 선종의 영향으로 철불과 승탑 제작이 함께 유행하였으며, 대표적인 문화유산으로는 장흥 보림사 철조 비로자나불 좌상 등이 있다.

정답 해설
② 선종은 신라 하대에 유입된 불교 종파 중 하나로, 참선과 수행을 통한 깨달음을 강조하였다.

오답 체크
①, ④ 도교: 신선 사상을 기반으로 불로장생을 추구한 종교로 우리나라에는 삼국 시대에 전래되었으며, 조선 시대까지 하늘에 제사를 지내는 초제를 국가 의례로 거행하였다.
③ 유교: 『시경』, 『서경』, 『역경』의 3경을 주요 경전으로 삼았다.
⑤ 천도교(동학): 사람이 곧 하늘이라는 인내천 사상을 내세워 인간 평등을 주장하였다.

03 | 고구려의 고분 벽화
정답 ⑤

자료 분석
고분 벽화 + 도읍이었던 지안과 평양 → 고구려의 고분 벽화

고구려는 중·후기부터 돌을 쌓아 방을 만든 고분인 굴식 돌방무덤을 축조하고 천장과 벽에 벽화를 그렸다. 고구려의 수도였던 지안과 평양에는 고구려의 고분 벽화가 많이 남아 있어 당시 고구려인들의 생활 모습이나 사상 등을 파악하는 데 도움을 준다.

정답 해설
⑤ 고려 말 문신이며 조선 건국 후 은거한 박익의 무덤인 밀양 박익 벽화묘에 그려져 있는 벽화이다.

오답 체크
① 수산리 고분 벽화: 당시 고구려인들의 복식을 알 수 있으며, 일본의 다카마쓰 고분 벽화에 영향을 주었다.
② 무용총 접객도: 당시 고구려인의 생활상을 담고 있다.
③ 강서대묘 현무도: 도교의 방위신 중 하나인 현무가 그려진 것을 통해 당시 고구려에 도교가 유행하였음을 알 수 있다.
④ 각저총 씨름도: 고구려에서 씨름(각저)이 행해졌음을 알 수 있다.

04 | 금동 연가 7년명 여래 입상
정답 ②

자료 분석
고구려 + 연가(延嘉) → 금동 연가 7년명 여래 입상

금동 연가 7년명 여래 입상은 경상남도 의령에서 출토된 고구려의 대표적인 불상이다. 이 불상은 광배(후광)가 있는 것이 특징이며, 광배의 뒷면에 '연가 7년'이라는 명문이 새겨져 있어 제작 연대를 추정할 수 있다.

정답 해설
② 금동 연가 7년명 여래 입상은 고구려의 대표적인 불상으로, 광배의 뒷면에 '연가 7년'이라는 명문이 새겨져 있는 것이 특징이다.

오답 체크
① 영주 부석사 소조 여래 좌상(고려): 통일 신라 전통 양식을 계승하였으며, 영주 부석사 무량수전 내에 봉안되어 있다.
③ 경주 구황동 금제 여래 좌상(통일 신라): 경주 황복사지 삼층 석탑을 해체·복원하는 과정에서 출토된 불상이다.
④ 익산 왕궁리 오층 석탑 금동 여래 입상(백제): 전라북도 익산의 왕궁리 오층 석탑을 해체·수리하는 과정에서 기단부와 1층 지붕돌 윗면에서 출토된 불상이다.
⑤ 이불 병좌상(발해): 고구려의 영향을 받은 불상으로, 두 부처가 나란히 앉아 있는 모습을 표현하였다.

07 고대의 문화

05 킬러 55회 03번
(가)~(마) 문화유산에 대한 설명으로 옳은 것은? [3점]

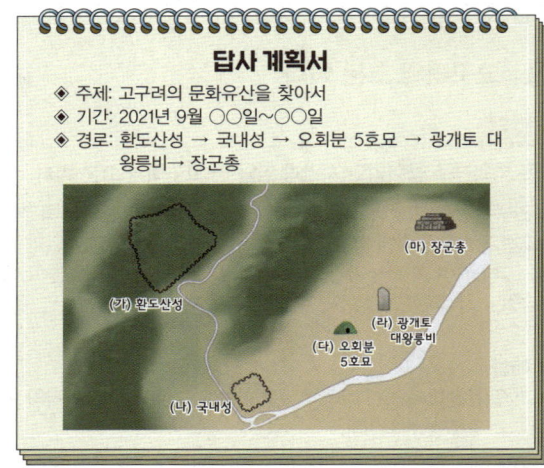

① (가) - 관구검이 이끄는 군대의 공격을 받았다.
② (나) - 고구려가 첫 번째 도읍으로 삼은 곳이다.
③ (다) - 매지권(買地券)이 새겨진 지석과 석수가 출토되었다.
④ (라) - 대가야를 정복하고 순수한 후 세운 것이다.
⑤ (마) - 돌무지덧널무덤으로 축조되었다.

06 51회 04번
(가) 문화유산에 대한 설명으로 옳은 것은? [3점]

학술 대회 안내

올해는 백제의 고분 중 피장자와 축조 연대가 확인되는 유일한 무덤인 발굴 50주년이 되는 해입니다. 우리 학회는 이를 기념하여 출토 유물로 본 동아시아 문화 교류'를 주제로 학술 대회를 개최합니다.

◆ 발표 주제 ◆
• 진묘수를 통해 본 도교 사상
• 금동제 신발의 제작 기법 분석
• 금송으로 만든 관을 통해 본 일본과의 교류

■ 일시: 2021년 ○○월 ○○일 13:00~17:00
■ 장소: □□ 박물관 강당
■ 주최: △△ 학회

① 서울 석촌동 고분군에 위치하고 있다.
② 나무로 곽을 짜고 그 위에 돌을 쌓았다.
③ 국보로 지정된 금동대향로가 출토되었다.
④ 무덤의 둘레돌에 12지 신상을 조각하였다.
⑤ 중국 남조의 영향을 받아 벽돌로 축조하였다.

07 64회 04번
(가)에 해당하는 문화유산으로 옳은 것은? [1점]

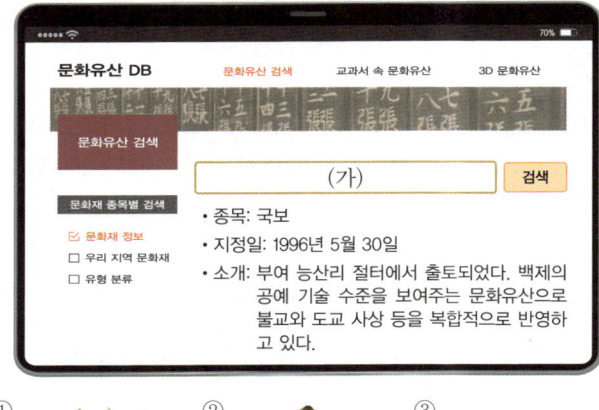

• 종목: 국보
• 지정일: 1996년 5월 30일
• 소개: 부여 능산리 절터에서 출토되었다. 백제의 공예 기술 수준을 보여주는 문화유산으로 불교와 도교 사상 등을 복합적으로 반영하고 있다.

①  ②  ③

④  ⑤

08 62회 05번
밑줄 그은 '이 탑'으로 옳은 것은? [3점]

◆ 유물 이야기
금제 사리봉영기가 남긴 고대사의 수수께끼

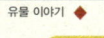

2009년 이 탑의 해체 수리 중에 사리장엄구와 금제 사리봉영기가 발견되었다. 사리봉영기에는 "우리 백제 왕후께서는 좌평 사택적덕의 따님으로 …… 가람을 세우시고 기해년 정월 29일에 사리를 받들어 맞이하셨다."라는 명문이 있어 큰 주목을 받았다. 을 세운 주체가 『삼국유사』에 나오는 선화 공주가 아니라 백제 귀족의 딸로 밝혀져 서동 왕자와 선화 공주 설화의 진위 여부에 대한 논란이 일어나기도 하였다.

①  ②  ③

④  ⑤

05 | 고구려의 문화유산 _{오답률 75.2%}   정답 ①

자료 분석

고구려의 문화유산
- (가) 환도산성은 고구려가 국내성에 수도를 둔 시기에 방어를 위해 축조되었다.
- (나) 국내성은 고구려를 건국한 동명왕(주몽)의 뒤를 이어 즉위한 유리왕이 도읍을 옮긴 곳으로, 고구려의 두 번째 수도이다.
- (다) 오회분 5호묘는 고구려의 굴식 돌방무덤으로, 무덤 내부의 벽에서 사신도 등 벽화가 발견되었다.
- (라) 광개토 대왕릉비는 장수왕이 아버지인 광개토 대왕의 업적을 기리기 위해 만주에 건립한 비석이다.
- (마) 장군총은 고구려 초기의 돌무지무덤으로, 무덤 주위에 호석(둘레돌)이 둘러져 있다.

정답 해설
① 환도산성은 중국 길림성에 있는 고구려의 산성으로, 중국 위나라 장수인 관구검이 이끄는 군대의 공격을 받았던 곳이다.

오답 체크
② 졸본: 주몽(동명왕)이 고구려를 건국하여 첫 번째 도읍으로 삼은 곳이다.
③ 무령왕릉: 백제 무령왕의 무덤으로, 매지권이 새겨진 지석과 석수가 출토되어 무덤의 주인을 알 수 있다.
④ 대가야를 정복한 것은 신라 진흥왕이므로, 광개토 대왕릉비와 관련이 없다.
⑤ 천마총 등 신라 초기의 고분은 나무 덧널 위에 돌을 쌓고 그 위에 흙을 쌓아 만든 돌무지덧널무덤으로 축조되었다.

06 | 백제 무령왕릉   정답 ⑤

자료 분석

백제의 고분 중 피장자와 축조 연대가 확인되는 유일한 무덤 + 진묘수(무령왕릉 석수) → 백제 무령왕릉

백제 무령왕릉은 무령왕과 왕비의 무덤으로, 많은 유물과 함께 무령왕의 이름인 '사마왕'이 적힌 묘지석이 출토되어 백제 고분 중 유일하게 피장자와 축조 연대가 확인되었다. 또한, 무령왕릉에서는 무덤을 수호하는 진묘수의 일종인 석수(무덤 속에 넣는 석상)가 발견되었는데, 이를 통해 도교 사상이 반영되었음을 알 수 있다.

정답 해설
⑤ 백제 무령왕릉은 중국 남조의 영향을 받아 벽돌로 축조된 대표적인 백제의 고분이다.

오답 체크
① 무령왕릉은 충청남도 공주시 송산리 고분군에 위치하고 있다.
② 천마총 등: 돌무지덧널무덤으로, 나무로 곽을 짜고 그 위에 돌을 쌓은 신라 초기의 무덤 양식이다.
③ 부여 능산리 절터: 도교의 이상 세계를 형상화한 백제 금동대향로가 출토되었다.
④ 경주 김유신묘 등: 통일 신라의 굴식 돌방무덤으로, 무덤의 둘레돌에 12지 신상을 조각한 독특한 양식이다.

07 | 백제 금동대향로   정답 ⑤

자료 분석

부여 능산리 절터에서 출토됨 + 백제 → 백제 금동대향로

백제 금동대향로는 백제를 대표하는 문화유산 중 하나로, 부여 능산리 절터에서 출토되었다. 이 향로는 불교와 도교의 요소가 복합적으로 표현되어 있는 것이 특징이며, 백제의 뛰어난 금속 공예 기술을 보여 주는 문화유산이다.

정답 해설
⑤ 백제 금동대향로는 도교의 이상 세계를 형상화하였으며, 부여 능산리 절터에서 출토되었다.

오답 체크
① 이불 병좌상(발해): 고구려의 영향을 받은 불상으로, 두 부처가 나란히 앉아 있는 모습을 표현하였다.
② 금동 연가 7년명 여래 입상(고구려): 광배(후광) 뒷면에 '연가 7년'이라 새겨져 있는 것이 특징이다.
③ 금동관(가야): 고령 지산동 고분군에서 출토된 대가야의 대표적인 문화유산이다.
④ 도기 기마인물형 명기(신라): 신라의 금령총에서 출토된 토우(흙으로 만든 인형)로, 말을 타고 있는 사람의 모습을 표현하였다.

08 | 익산 미륵사지 석탑   정답 ③

자료 분석

사리장엄구와 금제 사리봉영기가 발견됨 + 백제 왕후 → 익산 미륵사지 석탑

익산 미륵사지 석탑은 전라북도 익산시에 위치한 백제의 석탑으로, 목탑 양식을 반영하여 만들어졌다. 한편, 석탑의 해체 수리 중에 미륵사의 창건 배경, 건립 연대 등이 기록된 금제 사리봉영기가 출토되었는데, 이를 통해 석탑을 세운 주체가 사택적덕의 딸이자 백제 무왕의 부인인 백제 왕후인 것과, 석탑의 건립 연도가 백제 무왕 때인 것이 밝혀졌다.

정답 해설
③ 익산 미륵사지 석탑은 목탑 양식을 반영해 만든 백제의 석탑으로, 우리나라에 현존하는 석탑 중 가장 오래되었다.

오답 체크
① 경주 분황사 모전 석탑: 돌을 벽돌 모양으로 다듬어 쌓은 신라의 석탑으로, 현재 남아 있는 신라 석탑 중 가장 오래되었다.
② 경주 정혜사지 십삼층 석탑: 독특한 형태로 지어진 통일 신라의 석탑이다.
④ 영광탑: 발해의 전탑(벽돌 탑)으로, 중국(당)의 영향을 받아 만들어졌다.
⑤ 경주 감은사지 동·서 삼층 석탑: 통일 신라의 석탑으로, 이중 기단 위에 3층의 탑신부로 구성된 전형적인 통일 신라의 석탑 양식을 띠고 있다.

07 고대의 문화   79

07 고대의 문화

09
68회 04번

(가)~(마) 문화유산에 대한 설명으로 적절하지 <u>않은</u> 것은? [2점]

① (가) – 웅진성이라 불리기도 하였다.
② (나) – 중국 남조의 영향을 받았다.
③ (다) – 성왕이 전사한 곳이다.
④ (라) – 사신도 벽화가 남아 있는 무덤이 발견되었다.
⑤ (마) – 수부(首府)라는 글자가 새겨진 기와가 출토되었다.

10
53회 09번

(가)에 해당하는 문화유산으로 옳은 것은? [2점]

①  ②  ③

④  ⑤

11
65회 04번

(가)에 해당하는 문화유산으로 옳은 것은? [2점]

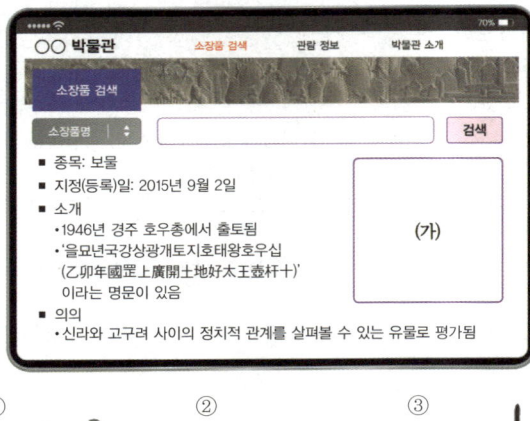

- 종목: 보물
- 지정(등록)일: 2015년 9월 2일
- 소개
  - 1946년 경주 호우총에서 출토됨
  - '을묘년국강상광개토지호태왕호우십 (乙卯年國罡上廣開土地好太王壺杅十)' 이라는 명문이 있음
- 의의
  - 신라와 고구려 사이의 정치적 관계를 살펴볼 수 있는 유물로 평가됨

12 빈출
75회 03번

(가) 국가의 문화유산으로 옳은 것은? [2점]

금관 특별전 개최

올해 가을 아시아 태평양 경제 협력체(APEC) 정상 회의를 맞이하여 특별한 문화 행사가 경주에서 열린다. 금관총 금관, 황남대총 금관 등 현재까지 발견된 [(가)]의 금관 6점이 최초로 한자리에 모이는 '금관 특별전'은 세계 각국에 우리 문화의 우수성을 알리는 계기가 될 것으로 기대된다.

▲ 금관총 금관

09 | 백제 역사 유적 지구 정답 ③

자료 분석
> 공산성 + 무령왕릉 + 부소산성 → 백제 역사 유적 지구
>
> 백제 역사 유적 지구는 공주, 부여, 익산의 3개 도시로 구성되어 있다. 백제 역사 유적 지구에 속해있는 대표적인 문화유산으로는 공주의 공산성, 송산리 고분군, 부여의 관북리 유적과 부소산성, 능산리 고분군, 정림사지, 익산의 왕궁리 유적, 미륵사지 등이 있다.

정답 해설
③ 백제 성왕이 전사한 곳은 관산성으로, 충청북도 옥천군에 위치해 있으며, 이곳은 백제 역사 유적 지구에 포함되지 않는다.

오답 체크
① 공주 공산성: 백제의 두 번째 수도 공주를 지키던 백제의 산성으로, 당시에 웅진성이라고도 불렸다.
② 무령왕릉: 공주 송산리 고분군 내에 위치한 무령왕과 왕비의 무덤으로, 중국 남조의 영향을 받아 벽돌무덤 형태로 조성되었다.
④ 부여 능산리 고분군(왕릉원): 다양한 형태의 고분이 모여 있는 곳으로, 이곳에서 사신도 벽화가 남아 있는 무덤이 발견되었다.
⑤ 익산 왕궁리 유적: 백제의 궁터 유적으로, 왕의 거처와 중앙 행정 기구가 있는 곳을 의미하는 '수부(首府)'라는 글자가 새겨진 기와가 출토되었다.

10 | 서산 용현리 마애 여래 삼존상 정답 ④

자료 분석
> 마애불 + '백제의 미소' → 서산 용현리 마애 여래 삼존상
>
> 서산 용현리 마애 여래 삼존상은 백제의 불상으로, 중국으로 통하는 교통로인 서산 일대에서 부여로 가는 길목의 절벽에 조각(마애)되어 있다. 또한 전체 얼굴의 윤곽이 둥글고 풍만하여 백제 특유의 자비로운 인상을 보여주고 있어 '백제의 미소'라고 불린다.

정답 해설
④ 서산 용현리 마애 여래 삼존상은 절벽에 조각된 백제의 불상으로, '백제의 미소'라는 별칭을 가졌다.

오답 체크
① 안동 이천동 마애 여래 입상: 지역 특색이 잘 드러난 거대한 크기의 고려의 불상이다.
② 경주 남산 칠불암 마애 불상군: 바위에 새긴 삼존불과 사각 돌기둥의 한 면에 하나씩 모두 7개의 불상이 새겨진 통일 신라의 불상이다.
③ 영암 월출산 마애 여래 좌상: 얼굴과 손이 크게 강조된 불상으로, 통일 신라 말~ 고려 초기에 제작된 것으로 추정된다.
⑤ 파주 용미리 마애 이불 입상: 두 불상을 절벽에 조각(마애)하여 마애 이불이란 이름이 붙여진 고려의 불상이다.

11 | 호우총 청동 그릇 정답 ①

자료 분석
> 경주 호우총에서 출토 + 광개토 → 호우총 청동 그릇
>
> 호우총 청동 그릇은 신라의 수도인 경주의 호우총(무덤)에서 출토된 그릇으로, 그릇 밑바닥에 '을묘년국강상광개토지호태왕호우십'이라는 명문이 새겨져 있다. 이를 통해 고구려 광개토 대왕 사후에 광개토 대왕을 기념하기 위해 만들어진 것으로 추정되며, 당시 신라에 대한 고구려의 영향력을 확인할 수 있다.

정답 해설
① 호우총 청동 그릇은 경주의 호우총(무덤)에서 출토된 그릇으로, 당시 신라에 대한 고구려의 영향력을 확인할 수 있는 문화유산이다.

오답 체크
② 무령왕릉 석수(백제): 백제 무령왕릉에서 무덤을 수호하는 진묘수의 일종으로, 도교의 영향을 받아 만들어졌다.
③ 칠지도(백제): 백제가 왜에게 하사한 철제 칼로, 백제와 왜의 교류 사실을 보여주는 문화유산이다.
④ 금동 연가 7년명 여래 입상(고구려): 고구려의 대표적인 불상으로, 광배의 뒷면에 '연가 7년'이라는 명문이 새겨져 있는 것이 특징이다.
⑤ 도기 기마인물형 명기(신라): 신라의 금령총에서 출토된 토우(흙으로 만든 인형)로, 말을 타고 있는 사람의 모습을 표현하였다.

12 | 신라의 문화유산 정답 ⑤

자료 분석
> 금관총 금관 + 황남대총 금관 → 신라
>
> 신라의 문화유산으로는 왕족과 귀족의 고분에서 출토된 금관, 그림, 유리잔 등 다양한 껴묻거리(부장품)가 있다. 그 중 대표적인 문화유산으로 정교하게 제작된 금 장신구인 금관총 금관과 황남대총 금관이 있다. 이를 통해 신라의 금 세공 기술이 발달하였음을 알 수 있다.

정답 해설
⑤ 천마총 장니 천마도는 천마총에서 출토된 신라의 문화유산으로, 말 안장 양쪽에 다는 말다래 장식인 장니에 그려진 말 그림이다.

오답 체크
① 금동 대향로(백제): 백제의 도교 관련 문화유산으로, 부여 능산리 고분군 근처 절터에서 출토되었다.
② 금동 연가 7년명 여래 입상(고구려): 고구려의 문화유산으로, 광배 뒷면에 새겨진 '연가 7년'이라는 글자를 통해 제작된 연대를 알 수 있다.
③ 철제 갑옷(금관가야): 금관가야의 문화유산으로, 질 좋은 철을 바탕으로 철기 문화가 발달하여 제작된 문화유산이다.
④ 석등(발해): 발해의 문화유산으로, 고구려의 문화적 양식을 계승하였음을 알 수 있는 문화유산이다.

07 고대의 문화

13
67회 04번

(가)에 해당하는 문화유산으로 옳은 것은? [3점]

> 국보로 지정된 (가) 은 현존하는 신라 탑 중에 가장 오래된 것으로 평가받습니다. 이 탑은 돌을 벽돌 모양으로 다듬어 쌓았다는 특징이 있으며, 선덕 여왕 3년에 건립된 것으로 추정됩니다.

①
②
③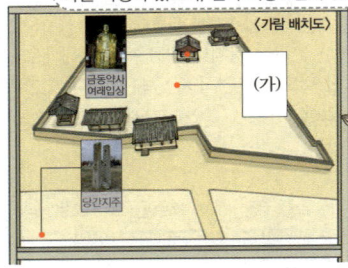
④
⑤

14
71회 07번

(가)에 해당하는 국가유산으로 옳은 것은? [2점]

- 소재지: 경상북도 경주시
- 지정(등록)일: 1962. 12. 20.
- 설명
우리나라의 대표적인 석탑으로 무영탑이라고도 불린다. 8세기 경에 제작된 것으로 추정되는 이 탑은 불국사 대웅전 앞뜰 서쪽에 세워져 있다. 탑 전체의 무게를 지탱할 수 있도록 2층의 기단이 튼실하게 짜여 있으며, 전체적인 균형이 알맞아 세련되고 안정된 느낌을 준다. 1966년 도굴로 탑이 손상되자, 이를 수리하다가 탑의 내부에서 『무구정광대다라니경』을 발견하였다.

①
②
③
④
⑤

15
72회 10번

(가)~(다)에 대한 설명으로 옳은 것은? [3점]

사진으로 보는 신라의 탑
(가) 경주 분황사 모전 석탑
(나) 경주 감은사지 동 삼층 석탑
(다) 화순 쌍봉사 철감선사탑

① (가) - 내부에서 『무구정광대다라니경』이 발견되었다.
② (가) - 1층 탑신에 당의 장수 소정방의 명으로 새긴 글이 있다.
③ (나) - 자장의 건의로 건립되었다.
④ (나) - 돌을 벽돌 모양으로 다듬어 쌓았다.
⑤ (다) - 선종의 영향을 받아 만들어졌다.

16
57회 04번

밑줄 그은 '이 불상'으로 옳은 것은? [3점]

> 삼산관을 쓰고 깊은 생각에 빠져 있는 모습의 이 불상을 가상 박물관에서 볼 수 있다니 너무 신기하다.

> 나도 그래. 다음 전시실에는 이 불상과 재료만 다를 뿐 모습이 매우 닮은 일본 교토 고류사의 불상이 있다고 해. 그것도 보러 가자.

①
②
③
④
⑤

13 | 경주 분황사 모전 석탑   정답 ④

자료 분석

> 현존하는 신라 탑 중에 가장 오래된 것 + 돌을 벽돌 모양으로 다듬어 쌓음 → 경주 분황사 모전 석탑
>
> 경주 분황사 모전 석탑은 현존하는 신라 최고(最古)의 석탑으로, 신라 선덕 여왕 때 분황사의 창건과 함께 건립된 것으로 추정하고 있다. 이 석탑은 '모전(模塼, 벽돌을 본뜨다)'이라는 명칭과 같이 돌을 벽돌 모양으로 다듬어 쌓는 전탑 양식으로 만들어졌다.

정답 해설
④ 경주 분황사 모전 석탑은 현재 남아 있는 신라 탑 중에 가장 오래된 것으로, 돌을 벽돌 모양으로 다듬어 쌓은 탑이다.

오답 체크
① 경주 불국사 삼층 석탑(통일 신라): 2층 기단 위에 3층의 탑신부로 구성되었다.
② 부여 정림사지 오층 석탑(백제): 1층 탑신부에 당나라 장수 소정방이 백제를 평정한 자신의 공적을 새겨 놓아 평제탑으로 불리기도 하였다.
③ 영광탑(발해): 중국(당)의 영향을 받아 만들어진 발해의 전탑(벽돌 탑)이다.
⑤ 익산 미륵사지 석탑(백제): 목탑 양식을 반영하여 만든 석탑으로, 현존하는 삼국 시대 석탑 중 가장 규모가 크다.

14 | 경주 불국사 삼층 석탑(석가탑)   정답 ⑤

자료 분석

> 무영탑 + 불국사 + 『무구정광대다라니경』 → 경주 불국사 삼층 석탑(석가탑)
>
> 경주 불국사 삼층 석탑은 통일 신라 시대에 축조된 석탑으로, 현재 경주 불국사 안에 자리 잡고 있다. 이 탑은 석가탑 또는 무영탑이라고도 불리기도 하며, 이중 기단 위에 3층의 탑신으로 구성되었다.

정답 해설
⑤ 경주 불국사 삼층 석탑은 통일 신라의 석탑으로, 목판 인쇄물인 『무구정광대다라니경』이 발견되었다.

오답 체크
① 구례 화엄사 사사자 삼층 석탑: 통일 신라의 석탑으로, 기단에 암수 두 쌍의 사자를 기둥 삼아 세워 놓은 것이 특징이다.
② 부여 정림사지 오층 석탑: 백제의 대표적인 석탑으로, 당나라 장수 소정방이 백제를 평정한 자신의 공적을 새겨 놓아 평제탑으로 불리기도 하였다.
③ 경주 분황사 모전 석탑: 돌을 벽돌 모양으로 다듬어 쌓은 신라의 석탑으로, 현재 남아 있는 신라 석탑 중 가장 오래되었다.
④ 영광탑: 발해의 전탑(벽돌 탑)으로, 중국(당)의 영향을 받아 만들어졌다.

15 | 신라의 탑   정답 ⑤

자료 분석

> 신라의 탑
> (가) 경주 분황사 모전 석탑은 선덕 여왕 때 돌을 벽돌 모양으로 다듬어 쌓은 석탑으로, 현재 남아 있는 신라 석탑 중에 가장 오래되었다.
> (나) 경주 감은사지 동·서 삼층 석탑은 신문왕 때 완성된 석탑으로, 이중 기단 위에 3층의 탑신부로 구성된 전형적인 통일·신라의 석탑이다.
> (다) 화순 쌍봉사 철감선사탑은 선종의 영향을 받아 만들어진 통일 신라의 탑으로, 철감선사 도윤의 사리를 모신 팔각 원당형으로 만들어진 승탑이다.

정답 해설
⑤ 화순 쌍봉사 철감선사탑은 통일 신라 시기에 지어진 승탑으로, 당시 유행하던 선종의 영향을 받아 만들어졌다.

오답 체크
① 경주 불국사 삼층 석탑: 석가탑이라고도 부르며, 수리 도중 내부에서 현존하는 가장 오래된 목판 인쇄물인 『무구정광대다라니경』이 발견되었다.
② 부여 정림사지 오층 석탑: 백제의 석탑으로, 1층 탑신부에 당나라 장수 소정방이 백제를 평정한 자신의 공적을 새겨 놓아 평제탑으로 불리기도 하였다.
③ 경주 황룡사 구층 목탑: 신라 선덕 여왕 때 승려 자장의 건의로 호국의 염원을 담아 건립되었다.
④ 경주 분황사 모전 석탑: 돌을 벽돌 모양으로 다듬어 쌓은 석탑으로, 현재 남아 있는 신라 석탑 중 가장 오래되었다.

16 | 금동 미륵보살 반가사유상   정답 ②

자료 분석

> 깊은 생각에 빠져 있는 모습 + 모습이 매우 닮은 일본 교토 고류사의 불상 → 금동 미륵보살 반가사유상
>
> 금동 미륵보살 반가사유상은 삼국 시대 후기에 만들어진 것으로 추정되는 불상이다. 머리에 3면이 둥근 산 모양의 삼산관을 쓰고 있으며, 왼쪽 무릎 위에 오른쪽 다리를 걸치고(반가) 깊은 생각에 빠져 있는 모습이 특징이다. 한편 일본 교토의 고류사에는 금동 미륵보살 반가사유상과 재료만 다를 뿐 매우 닮은 목조 미륵보살 반가사유상이 있어 당시 일본과의 교류를 보여준다.

정답 해설
② 금동 미륵보살 반가사유상은 삼국 시대 후기에 만들어진 것으로 추정되는 금동 불상이다.

오답 체크
① 경주 구황동 금제 여래 입상: 통일 신라의 불상으로, 경주 황복사지 삼층 석탑을 해체·복원하는 과정에서 발견되었다.
③ 이불 병좌상: 고구려의 영향을 받은 발해의 불상으로, 두 부처가 나란히 앉아 있는 모습을 표현하였다.
④ 금동 연가 7년명 여래 입상: 고구려의 대표적인 불상으로, 광배의 뒷면에 '연가 7년'이라는 글자가 새겨져 있는 것이 특징이다.
⑤ 하남 하사창동 철조 석가여래 좌상: 고려 초기의 철조 불상으로, 석굴암 본존불의 양식을 이어받았으며, 날카로운 얼굴 인상과 간결한 옷 주름의 표현이 특징이다.

07 고대의 문화

17 [67회 06번]
밑줄 그은 '이 승려'에 대한 설명으로 옳은 것은? [2점]

> POST CARD
> ○○에게
> 나는 지금 영주 부석사에 와 있어. 이곳은 당에 가서 화엄학을 공부한 이 승려가 세운 절이야. 선묘각과 부석을 통해 그가 선묘 낭자의 도움을 받아 사찰을 건립했다는 설화를 떠올릴 수 있었어. 그리고 무량수전 배흘림 기둥에 기대어 멀리 풍경을 보니, 너와 함께 다시 와보고 싶다는 생각이 들었어. 그럼 이만 줄일게. 안녕.
> 보내는 사람
> 받는 사람 △△가

① 황룡사 구층 목탑의 건립을 건의하였다.
② 무애가를 지어 불교 대중화에 노력하였다.
③ 유식의 교의를 담은 『해심밀경소』를 저술하였다.
④ 승려들의 전기를 정리한 『해동고승전』을 편찬하였다.
⑤ 현세의 고난에서 구제받고자 하는 관음 신앙을 강조하였다.

18 [70회 06번]
(가) 승려에 대한 설명으로 옳은 것은? [2점]

> 일체유심조
> 모든 것은 마음먹기에 달려 있다!
> 우리 역사상 불교 발전에 가장 크게 이바지한 승려를 가리는 이번 투표에서 여러분들의 현명한 선택을 기다립니다.
> ■ 주요 활동
> • 『금강삼매경론』, 『대승기신론소』 등 저술
> • 일심 사상과 화쟁 사상 주장
> 기호 ○번 (가)

① 구법 순례기인 『왕오천축국전』을 남겼다.
② 황룡사 구층 목탑의 건립을 건의하였다.
③ 무애가를 지어 불교 대중화에 기여하였다.
④ 화랑도의 규범으로 세속 5계를 제시하였다.
⑤ 『화엄일승법계도』를 지어 화엄 사상을 정리하였다.

19 [55회 08번]
(가) 인물에 대한 설명으로 옳은 것은? [1점]

> 다큐멘터리 공모 신청서
> | 공모 분야 | 역사 – 인물 탐사 다큐멘터리 |
> | 작품명 | (가) 의 저서, 위대한 역사 기록이 되다 |
> | 기획 의도 | 8세기 인도와 중앙아시아의 실상을 전해주는 중요한 기록을 남긴 신라 승려가 있다. 글로벌 시대를 맞아 (가) 의 기록이 우리에게 남긴 의미를 재조명한다. |
> | 차별화 전략 | 기존에 간과해 왔던 이슬람 세계와 비잔틴 제국에 대한 기록까지도 현지 답사를 통해 고증하고자 한다. |
> | 주요 촬영국 | 중국, 인도, 이란, 아프가니스탄, 우즈베키스탄 등 |

① 향가 모음집인 『삼대목』을 편찬하였다.
② 화랑도의 규범인 세속 5계를 제시하였다.
③ 무애가를 지어 불교 대중화에 기여하였다.
④ 구법 순례기인 『왕오천축국전』을 저술하였다.
⑤ 『화엄일승법계도』를 지어 화엄 사상을 정리하였다.

20 [71회 04번]
(가) 인물에 대한 설명으로 옳은 것은? [3점]

> 왕이 고구려가 자주 국경을 침략하는 것을 걱정하여 수에 군사를 요청해 고구려를 치고자 하였다. 이에 (가) 에게 명하여 걸사표를 짓도록 하였다. (가) 이/가 말하기를, "자기가 살고자 남을 멸하는 것은 출가한 승려로서 적합한 행동은 아니지만, 제가 대왕의 땅에서 살고 대왕의 물과 풀을 먹고 있으니 어찌 감히 명을 따르지 않겠습니까."라고 하면서 글을 써서 올렸다.

① 구법 순례기인 『왕오천축국전』을 남겼다.
② 황룡사 구층 목탑의 건립을 건의하였다.
③ 무애가를 지어 불교 대중화에 기여하였다.
④ 사군이충 등을 포함한 세속 5계를 제시하였다.
⑤ 풍수지리 사상이 반영된 『송악명당기』를 저술하였다.

17 | 의상 정답 ⑤

자료 분석

> 영주 부석사 + 당에 가서 화엄학을 공부함 → 의상
>
> 의상은 신라의 승려로, 당에 유학하여 모든 존재가 상호 의존적이면서 서로 조화를 이루고 있다는 화엄 사상을 공부하고, 그 내용을 정리한 『화엄일승법계도』를 저술하여 모든 만물이 조화를 이루고 있음을 강조하였다. 이후 의상은 신라로 돌아와 양양 낙산사를 창건하고 현세의 고난에서 구제해주는 관음 보살을 믿는 관음 신앙을 강조하였으며, 영주 부석사를 건립하여 해동 화엄종을 개창하였다.

정답 해설
⑤ 의상은 질병, 재해 등 현세의 고난에서 구제받고자 하는 관음 신앙을 강조하였다.

오답 체크
① 자장(신라): 선덕 여왕에게 황룡사 구층 목탑의 건립을 건의하였다.
② 원효(신라): 부처의 가르침을 전파하기 위해 무애가라는 노래를 지어 불교의 대중화에 노력하였다.
③ 원측(신라): 당에 건너가서 대승 불교 학파의 하나인 유식의 교의를 담은 『해심밀경소』를 저술하는 등 유식론을 발전시켰다.
④ 각훈(고려): 왕명에 의해 승려들의 전기를 정리한 『해동고승전』을 편찬하였다.

빈출 개념 | 의상과 원효

의상	• 일즉다 다즉일, 화엄 사상, 관음 신앙 강조 • 낙산사와 부석사 창건, 해동 화엄종 개창 • 『화엄일승법계도』 저술
원효	• 일심 사상, 아미타 신앙 강조 • 불교 대중화에 기여(무애가) • 『대승기신론소』, 『금강삼매경론』 저술

18 | 원효 정답 ③

자료 분석

> 『금강삼매경론』 + 일심 사상과 화쟁 사상 주장 → 원효
>
> 원효는 신라 6두품 출신의 승려로, 모든 것이 한마음에서 나온다는 일심 사상과 종파 간의 대립을 해소하여 더 높은 차원으로 통합하자는 화쟁 사상을 주장하였다. 그는 '나무아미타불'만 외우면 극락왕생할 수 있다는 아미타 신앙(정토 신앙)을 전파하였고, 불교 이론을 정리한 『십문화쟁론』, 대승 불교의 사상과 체계를 이해하기 쉽게 풀이한 『대승기신론소』, 『금강삼매경』을 해석한 『금강삼매경론』 등을 저술하였다.

정답 해설
③ 원효는 무애가라는 불교의 이치를 담은 가요를 지어 불교 대중화에 기여하였다.

오답 체크
① 혜초: 인도와 중앙아시아를 여행한 후, 구법 순례기인 『왕오천축국전』을 남겼다.
② 자장: 선덕 여왕에게 황룡사 구층 목탑의 건립을 건의하였다.
④ 원광: 화랑도가 지켜야 할 규범으로 세속 5계라는 규율을 제시하였다.
⑤ 의상: 화엄 사상의 요지를 담은 『화엄일승법계도』를 지어 화엄 사상을 정리하였다.

19 | 혜초 정답 ④

자료 분석

> 8세기 + 인도와 중앙아시아 + 신라 승려 → 혜초
>
> 혜초는 8세기에 활동한 신라의 승려이다. 그는 부처의 진리를 구하기 위해 인도와 중앙아시아 지역으로 구법 순례를 다녀왔으며, 이때 보고 들은 내용을 기록해 『왕오천축국전』을 저술하였다.

정답 해설
④ 혜초는 인도와 중앙아시아 지역의 지리와 역사, 풍속 등을 기록한 『왕오천축국전』을 저술하였다.

오답 체크
① 대구화상, 위홍: 신라 진성 여왕 때 활동한 승려와 관료로, 왕명으로 향가(우리나라 고유 형식의 시) 모음집인 『삼대목』을 편찬하였다.
② 원광: 신라의 승려로, 화랑도가 지켜야 할 행동 규범으로 세속 5계를 제시하였다.
③ 원효: 신라의 승려로, 무애가라는 불교의 이치를 담은 가요를 지어 불교 대중화에 기여하였다.
⑤ 의상: 신라의 승려로 화엄 사상의 요지를 담은 『화엄일승법계도』를 저술하여 화엄 사상을 정리하였다.

20 | 원광 정답 ④

자료 분석

> 걸사표를 짓도록 함 → 원광
>
> 원광은 신라의 승려로, 진평왕의 명을 받아 수나라에 고구려 원정을 요청하는 내용을 담은 일종의 외교 문서인 걸사표를 지었다.

정답 해설
④ 원광은 사군이충(충성으로써 임금을 섬긴다), 사친이효(효도로써 어버이를 섬긴다), 교우이신(믿음으로써 친구를 사귄다), 임전무퇴(싸움에서 물러서지 않는다), 살생유택(함부로 살생하지 않는다)을 포함한 화랑도의 규범인 세속 5계를 제시하였다.

오답 체크
① 혜초: 인도와 중앙아시아를 다녀와 그 나라의 풍물을 기록한 구법 순례기인 『왕오천축국전』을 남겼다.
② 자장: 선덕 여왕에게 황룡사 구층 목탑의 건립을 건의하였다.
③ 원효: 무애가라는 불교의 이치를 담은 가요를 지어 불교 대중화에 기여하였다.
⑤ 도선: 풍수지리 사상이 반영된 지리 도참서인 『송악명당기』를 저술하였다.

07 고대의 문화

21
(가) 인물에 대한 설명으로 옳은 것은? [2점] (70회 08번)

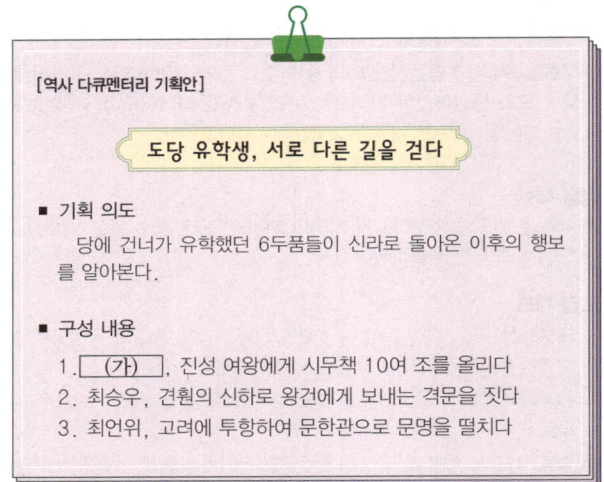

[역사 다큐멘터리 기획안]

도당 유학생, 서로 다른 길을 걷다

■ 기획 의도
　당에 건너가 유학했던 6두품들이 신라로 돌아온 이후의 행보를 알아본다.

■ 구성 내용
1. (가) , 진성 여왕에게 시무책 10여 조를 올리다
2. 최승우, 견훤의 신하로 왕건에게 보내는 격문을 짓다
3. 최언위, 고려에 투항하여 문한관으로 문명을 떨치다

① 향가 모음집인 『삼대목』을 편찬하였다.
② 외교 문서인 「청방인문표」를 작성하였다.
③ 「격황소서」를 지어 문장가로서 이름을 떨쳤다.
④ 유식의 교의를 담은 『해심밀경소』를 저술하였다.
⑤ 국왕에게 조언하는 내용의 「화왕계」를 저술하였다.

22
밑줄 그은 '이 인물'에 대한 설명으로 옳은 것은? [3점] (65회 08번)

이곳은 이 인물을 제사하는 경주의 서악 서원. 그는 한자의 음과 훈을 빌려 우리말을 표기하는 이두를 체계적으로 정리함. 우리말로 유학 경전을 풀이하여 후학들을 가르침. 원효의 아들임.

① 향가 모음집인 『삼대목』을 편찬하였다.
② 진성 여왕에게 시무책 10여 조를 올렸다.
③ 화랑도의 규범으로 세속 5계를 제시하였다.
④ 외교 문서 작성에 능하여 「청방인문표」를 지었다.
⑤ 국왕에게 조언하는 내용인 「화왕계」를 집필하였다.

23
(가)에 들어갈 내용으로 가장 적절한 것은? [1점] (66회 08번)

한국사 모둠별 탐구 활동 안내

◆ 주제: (가)
◆ 방법: 문헌 조사, 인터넷 검색 등을 활용하여 아래에 제시된 문화유산을 탐구한다.
◆ 모둠별 탐구 자료

1모둠	2모둠
▲ 크라스키노 성 유적 출토 연꽃무늬 수막새	▲ 콕샤로프카 평지성 온돌 유적

① 백제 문화의 국제성
② 신라와 서역의 교류
③ 가야 문화의 일본 전파
④ 고려에서 유행한 몽골풍
⑤ 발해와 고구려의 문화적 연관성

24
(가) 국가의 문화유산으로 옳은 것은? [2점] (68회 10번)

○○신문

[특집] 우리 역사를 찾아서 - 영광탑

영광탑은 중국 지린성 창바이조선족자치현에 있으며, 벽돌을 쌓아 만든 누각 형태의 전탑이다. 지하에는 무덤으로 보이는 공간이 있는 것이 특징이다. 1980년대 중국 측의 조사에서 (가) 의 탑으로 확정하였다.

① 　② 　③
④ 　⑤

21 | 최치원 정답 ③

자료 분석

> 진성 여왕에게 시무책 10여 조를 올림 → 최치원
>
> 최치원은 신라 말에 활동한 6두품 출신 유학자로, 당에 유학하여 외국인을 대상으로 하는 과거 시험인 빈공과에 급제하였다. 이후 당에서 귀국한 최치원은 신라 사회를 개혁하기 위해 진성 여왕에게 시무책 10여 조를 올렸지만, 제대로 시행되지 못하였다.

정답 해설

③ 최치원은 당에서 관직 생활을 하던 중 황소의 난이 일어나자, 항복을 권유하기 위해 보내는 격문인 「격황소서」를 지어 문장가로서 이름을 떨쳤다.

오답 체크

① 대구화상, 위홍: 신라의 승려와 관료로, 진성 여왕의 명으로 향가(우리나라 고유 형식의 시) 모음집인 「삼대목」을 편찬하였다.
② 강수: 신라 중대의 6두품 출신 유학자로, 당나라에 갇혀 있던 김인문의 석방을 요청하는 외교 문서인 「청방인문표」를 작성하였다.
④ 원측: 신라의 승려로, 당나라에 건너가서 대승 불교 학파의 하나인 유식의 교의를 담은 「해심밀경소」를 저술하는 등 유식론을 발전시켰다.
⑤ 설총: 6두품 출신으로, 신문왕에게 유교적 도덕 정치의 실현을 조언하는 내용의 「화왕계」를 저술하였다.

22 | 설총 정답 ⑤

자료 분석

> 이두를 체계적으로 정리 + 원효의 아들 → 설총
>
> 설총은 원효의 아들이자 6두품 출신으로, 강수, 최치원과 함께 신라의 3대 문장가로 활약하였다. 유교 경전에 조예가 깊었던 설총은 한자의 음과 훈을 빌려 우리말을 표기하는 이두를 체계적으로 정리하였으며, 우리말로 유학 경전을 풀이하여 후학들을 가르쳤다.

정답 해설

⑤ 설총은 신문왕에게 유교적 도덕 정치의 실현을 강조하는 내용을 담은 「화왕계」를 집필해 바쳤다.

오답 체크

① 대구화상, 위홍: 신라 진성 여왕 때 활동한 승려와 관료로, 왕명으로 향가(우리나라 고유 형식의 시) 모음집인 「삼대목」을 편찬하였다.
② 최치원: 6두품 출신으로, 진성 여왕에게 개혁안인 시무책 10여 조를 올렸다.
③ 원광: 신라의 승려로, 화랑도가 지켜야 할 행동 규범으로 세속 5계를 제시하였다.
④ 강수: 6두품 출신으로, 외교 문서 작성에 능하여 「청방인문표」를 지었다.

23 | 발해와 고구려의 문화적 연관성 정답 ⑤

자료 분석

> 연꽃무늬 수막새 + 온돌 유적 → 발해와 고구려의 문화적 연관성
>
> 발해는 고구려 유민 출신인 대조영이 건국한 나라로, 일본에 국서를 보낼 때 '고려' 또는 '고려 국왕'이라는 명칭을 사용하며 스스로 고구려를 계승했음을 드러내었다. 이러한 발해의 고구려 계승 의식은 문화유산에도 반영되어 있어, 발해와 고구려의 문화적인 연관성을 보여준다.

정답 해설

⑤ 발해는 고구려를 계승한 국가로, 고구려의 것과 비슷한 연꽃무늬 수막새와 발해 궁전터에서 발견된 온돌 유적을 통해 고구려와 문화적 연관성이 있음을 알 수 있다.

오답 체크

① 백제 문화의 국제성을 보여주는 문화유산으로는 무령왕릉이 있다. 무령왕릉은 중국 남조의 영향을 받아 벽돌 무덤 양식으로 축조되었으며, 무덤의 관은 일본산 금송으로 만들어졌다.
② 신라와 서역의 교류를 보여주는 문화유산으로는 신라의 고분에서 출토된 유리잔, 유리병 등이 있다.
③ 가야 문화가 일본으로 전파된 것을 보여주는 문화유산으로는 가야의 토기 제작 기술의 영향을 받아 제작된 일본의 스에키 토기가 있다.
④ 고려에서 유행한 몽골풍을 보여주는 문화유산으로는 변발, 호복, 족두리 등의 풍습이 있다.

24 | 발해의 문화유산 정답 ①

자료 분석

> 영광탑 → 발해
>
> 발해는 고구려 유민 대조영이 만주 동모산에서 건국한 나라로, 대표적인 문화유산으로는 이불 병좌상, 영광탑 등이 있다. 고구려의 영향을 받은 이불 병좌상은 발해의 5경 중 하나인 동경 용원부에서 출토된 불상으로, 두 부처가 나란히 앉아 있는 모습을 형상화하였다. 또한, 영광탑은 중국(당)의 영향을 받아 만들어진 현존하는 유일한 발해의 전탑으로, 흙을 구워 제작한 벽돌로 쌓아 올려 만든 누각의 형태이다.

정답 해설

① 이불 병좌상은 발해의 문화유산으로, 두 부처가 나란히 앉아 있는 모습을 표현하였다.

오답 체크

② 영주 부석사 소조 여래 좌상(고려): 통일 신라의 전통 양식을 계승한 불상으로, 영주 부석사 무량수전 내에 봉안되어 있다.
③ 금동 연가 7년명 여래 입상(고구려): 광배(후광) 뒷면에 '연가 7년'이라 새겨져 있는 것이 특징이다.
④ 석굴암 본존불(통일 신라): 신라 예술의 뛰어난 균형미를 보여주는 불상으로, 석굴암 안에 있다.
⑤ 금동 관음보살 좌상(조선): 허리가 쏙 들어가 있으면서도 장대한 신체 모습을 드러내 세련미가 돋보이는 보살상이다.

II. 고대

기출 자료&선택지 퀴즈로 단원 마무리

기출 자료 퀴즈

기출 자료에 해당하는 주제를 골라 쓰세요.

| 광개토 대왕 | 발해 | 소수림왕 | 통일 신라 |
| 무령왕 | 성왕 | | 신문왕 |

01 62회
<다큐멘터리 기획안>
위기에 빠진 고구려를 구하라!
◆ 기획 의도
평양성 전투에서 전사한 고국원왕의 뒤를 이어 즉위한 왕의 위기 극복 노력을 살펴본다.
◆ 구성
1부 전진으로부터 불교를 수용하다.
2부 태학을 설립하여 인재를 양성하다.

[　　　]

02 59회
7월에 왕이 신라를 습격하려고 몸소 보병과 기병 50명을 거느리고 밤에 구천(狗川)에 이르렀다. 신라의 복병이 일어나 더불어 싸웠으나 [적의] 병사들에게 살해되었다.

[　　　]

03 66회
기해년에 백제가 맹세를 어기고 왜와 화통하였다. 왕이 순행하여 평양으로 내려갔는데, 신라에서 사신을 보내어 아뢰기를, "왜인이 국경에 가득 차 성지(城地)를 파괴하고 있습니다. …… 귀부하여 명을 받고자 합니다." 라고 하였다.

[　　　]

04 57회
이 동상은 여러 번 고구려를 격파하여 다시 강국이 되었다는 내용의 국서를 양나라에 보내는 (가) 의 모습을 형상화한 것입니다. 또한 동상 앞 석상은 중국 남조의 영향을 받아 벽돌로 축조한 (가) 의 무덤에서 출토된 진묘수 모형입니다.

[　　　]

05 67회
대왕암이 내려다 보이는 이곳은 경주 이견대입니다. 선왕을 기리며 감은사를 완공한 (가) 은/는 이곳에서 용을 만나는 신묘한 일을 겪었고, 이를 통해 검은 옥대와 만파식적의 재료가 된 대나무를 얻었다고 합니다.

[　　　]

06 69회
…… 신이 삼가 (가) 의 원류를 살펴보건대, 고구려가 멸망하기 이전에는 본디 이름도 없는 조그마한 부락에 불과하였는데, …… 걸사[비]우와 대조영 등이 측천무후가 임조(臨朝)할 즈음에 이르러, 영주에서 반란이 일어나자 그곳에서 도주하여 황구(荒丘)를 차지하고 비로소 진국(振國)이라고 칭하였습니다. ……

[　　　]

07 58회
이것은 일본의 귀족들이 신라에서 들어온 물품을 매입하고자 그 수량과 가격을 기록하여 일본 정부에 제출한 '매신라물해(買新羅物解)'라는 문서입니다. 통일을 이루고 9주 5소경을 설치한 이후의 시기에 일본과 교역하던 모습을 알 수 있습니다.

[　　　]

기출 자료 (가)~(다)를 일어난 순서대로 나열하세요.

08 57회
(가) 백제의 장군 윤충이 군사를 거느리고 대야성을 공격하여 함락하였다. 이때 도독인 이찬 품석과 사지(舍知) 죽죽, 용석 등이 죽었다.
(나) 신라와 당의 군사들이 의자왕의 도성을 에워싸기 위하여 소부리 벌판으로 나아갔다. 소정방이 꺼리는 바가 있어 전진하지 않자 김유신이 그를 달래서 두 나라의 군사가 용감하게 네 길로 일제히 떨쳐 일어났다.
(다) 흑치상지가 도망하여 흩어진 무리들을 모으니, 열흘 사이에 따르는 자가 3만여 명이었다. …… 흑치상지가 별부장 사타상여를 데리고 험준한 곳에 웅거하여 복신과 호응하였다.

[　　　-　　　-　　　]

기출 선택지 퀴즈

기출 선택지가 옳은 내용이면 O, 틀린 내용이면 X 표시하세요.

09 68회 고국천왕 때 빈민을 구제하기 위해 진대법을 실시하였다. [O | X]

10 75회 미천왕 때 관구검이 환도성을 침략하여 함락하였다. [O | X]

11 66회 근초고왕은 동진으로부터 불교를 수용하였다. [O | X]

12 74회 지증왕은 이사부를 보내 우산국을 복속하였다. [O | X]

13 69회 진흥왕은 이차돈의 순교를 계기로 불교를 공인하였다. [O | X]

14 73회 선덕 여왕 때 자장의 건의로 황룡사 구층 목탑이 건립되었다. [O | X]

15 70회 을지문덕이 살수에서 수의 군대를 크게 물리쳤다. [O | X]

16 74회 발해는 9서당 10정의 군사 조직을 편성하였다. [O | X]

17 75회 견훤은 광평성 등의 정치 기구를 마련하였다. [O | X]

18 65회 원효는 인도와 중앙아시아를 여행하고 『왕오천축국전』을 저술하였다. [O | X]

19 62회 설총은 한자의 음과 훈을 차용한 이두를 체계적으로 정리하였다. [O | X]

최빈출 다지선다 퀴즈

밑줄 그은 '이 시기'에 있었던 사실로 모두 고르세요.

20 68회

> 최치원이 지은 해인사 묘길상탑기에는 진성 여왕이 다스리던 시기의 혼란스러운 사회상이 묘사되어 있습니다. '전란과 흉년으로 악 중의 악이 없는 곳이 없고 도처에 굶어 죽거나 싸우다 죽은 시신이 널려 있다.'고 한 탄하는 내용이 적혀 있습니다.

합천 해인사 길상탑과 그 안에서 나온 묘길상탑기(탁본)

① 인재를 등용하기 위하여 독서삼품과를 처음 실시하였다. 72·71·69·67·66회

② 위홍과 대구 화상에게 『삼대목』을 편찬하도록 하였다. 70·67·65회

③ 원종과 애노가 사벌주에서 봉기하였다. 74·72·69·68·63·61회

④ 김유신이 비담과 염종의 난을 진압하였다. 72회

⑤ 왕의 장인인 김흠돌이 반란을 일으켰다. 64·55회

⑥ 장보고가 청해진을 거점으로 반란을 도모하였다. 67·65·41회

⑦ 거칠부가 왕명에 의해 『국사』를 편찬하였다. 73·68·64회

⑧ 지방관을 감찰하기 위해 외사정을 처음 파견하였다. 69·68·61·59·54회

정답

01 소수림왕 02 성왕 03 광개토 대왕 04 무령왕 05 신문왕 06 발해
07 통일 신라 08 (가) 대야성 전투 - (나) 백제 멸망 - (다) 백제 부흥 운동 09 O
10 X (동천왕) 11 X (침류왕) 12 O 13 X (법흥왕) 14 O 15 O
16 X (통일 신라) 17 X (궁예) 18 X (혜초) 19 O
20 ②, ③ 진성 여왕 재위 시기의 사실 [① 원성왕, ④ 진덕 여왕, ⑤ 신문왕, ⑥ 문성왕, ⑦ 진흥왕, ⑧ 문무왕 재위 시기의 사실]

고려 시대 최신 기출 트렌드

 시대별 출제 비중 *최근 3개년 기준(심화 76~63회)

- 고려 시대는 최근 3개년 간 매 회 50문제 중 평균 8문제(약 16%)가 출제되었습니다.
- 초기 국왕의 업적을 묻는 문제와 고려의 시기별 대외 관계의 특징, 고려의 경제 상황과 문화유산을 묻는 문제가 빈출 주제이니 꼼꼼히 학습하세요.

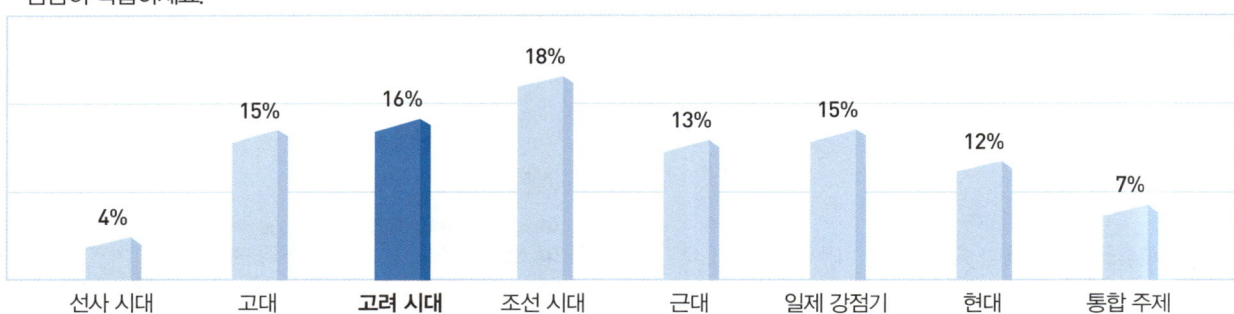

해커스 한국사능력검정시험 심화 시대별 기출문제집

III. 고려 시대

01 고려의 건국과 발전

02 문벌 귀족 사회와 무신 정권

03 고려의 대외 관계

04 원 간섭기와 고려 후기의 정치

05 고려의 경제와 사회

06 고려의 문화

주제별 기출 트렌드

01 고려의 건국과 발전
태조 왕건은 『정계』와 『계백료서』, 광종은 노비안검법, 광덕, 준풍 등의 연호가 최빈출 키워드예요!
빈출 태조 왕건(5번), 광종(9번)

02 문벌 귀족 사회와 무신 정권
문벌 귀족 집권기와 무신 집권기에 일어난 주요 반란이 자주 출제 돼요!
빈출 묘청의 난(4번), 무신 집권기의 주요 사건(16번)

03 고려의 대외 관계
거란의 침입과 고려의 대응은 최빈출 포인트로, '1차 서희 → 2차 양규 → 3차 강감찬' 순서를 꼭 외워두세요!
빈출 거란에 대한 고려의 대응(3번)

04 원 간섭기와 고려 후기의 정치
공민왕의 개혁 정치 중 친원 세력 숙청과 쌍성총관부 공격, 전민변정도감 설치 등의 내용이 자주 출제됩니다!
빈출 공민왕(8번) 킬러 원 간섭기의 모습(3번)

05 고려의 경제와 사회
고려의 국제 무역항인 벽란도와 원 간섭기의 변발과 호복 등을 반드시 기억하세요!
빈출 고려의 경제 모습(3번), 원 간섭기의 사회 모습(12번)

06 고려의 문화
청자, 석탑, 불상 등 다양한 고려의 문화유산을 알아두세요!
빈출 고려의 문화유산(30번)
킬러 혜심(17번), 예산 수덕사 대웅전(20번)

01 고려의 건국과 발전

01
75회 10번
(가), (나) 사이의 시기에 있었던 사실로 옳은 것은? [3점]

> (가) 견훤이 신라의 수도로 들어갔다. 포석정에서 연회를 벌이고 있던 신라 왕은 적의 병사들이 이르렀다는 말을 듣고 부인과 함께 달아나 성의 남쪽에 있는 별궁에 숨었다. 견훤은 신라 왕을 찾아내고 핍박하여 자결하게 하였다.
> (나) 견훤이 고창군을 포위하자 유금필이 왕에게 아뢰기를, "싸워보지도 않고 먼저 패배를 걱정하는 것은 어째서입니까? 신은 군대를 진격해 서둘러 공격하기를 바랍니다."라고 하니 왕이 허락하였다.

① 신숭겸이 공산 전투에서 전사하였다.
② 안승이 보덕국의 왕으로 책봉되었다.
③ 흑치상지가 임존성에서 군사를 일으켰다.
④ 최치원이 왕에게 시무 10여 조를 건의하였다.
⑤ 왕건이 일리천 전투에서 신검에게 승리하였다.

02
58회 09번
다음 상황 이후에 전개된 사실로 옳은 것은? [2점]

> 왕이 구원을 요청하자, 태조는 장수에게 명하여 정예 병사 1만 명을 보내 구원하게 하였다. 견훤은 구원병이 아직 도착하지 않은 것을 알고, 겨울 11월에 갑자기 왕경(王京)에 침입하였다. 왕은 비빈, 종실 친척들과 포석정에 가서 연회를 즐기느라 적병이 이르는 것도 깨닫지 못하였다.
> - 『삼국사기』

① 김흠돌이 반란을 도모하였다.
② 장문휴가 당의 등주를 공격하였다.
③ 궁예가 국호를 태봉으로 바꾸었다.
④ 원종과 애노가 사벌주에서 반란을 일으켰다.
⑤ 경순왕 김부가 경주의 사심관으로 임명되었다.

03
67회 10번
다음 상황 이후에 있었던 사실로 옳은 것은? [3점]

> 파진찬 신덕, 영순 등이 신검에게 견훤을 금산사에 유폐하고 사람을 보내 금강을 죽이도록 권하였다. 신검이 대왕을 자칭하고 국내에 대사면령을 내렸다. 교서에서 이르기를, "…… 왕위를 어리석은 아이에게 줄 뻔하였다. 다행스러운 것은 상제께서 진정한 마음을 내리시니 군자들이 허물을 고쳤고 맏아들인 나에게 명하여 이 한 나라를 다스리게 하셨다는 점이다. ……"라고 하였다.

① 궁예가 광평성을 설치하였다.
② 장문휴가 당의 등주를 공격하였다.
③ 신숭겸이 공산 전투에서 전사하였다.
④ 왕건이 일리천 전투에서 승리하였다.
⑤ 김헌창이 웅천주에서 반란을 일으켰다.

04
46회 11번
(가)~(라)를 일어난 순서대로 옳게 나열한 것은? [3점]

> (가) 견훤이 크게 군사를 일으켜 고창군(古昌郡)의 병산 아래에 가서 태조와 싸웠으나 이기지 못하였다. 전사자가 8천여 명이었다.
> (나) 태조는 정예 기병 5천을 거느리고 공산(公山) 아래에서 견훤을 맞아서 크게 싸웠다. 태조의 장수 김락과 신숭겸은 죽고 모든 군사가 패하였으며, 태조는 겨우 죽음을 면하였다.
> (다) [태조가] 뜰에서 신라왕이 알현하는 예를 받으니 여러 신하가 하례하는 함성으로 궁궐이 진동하였다. …… 신라국을 폐하여 경주라 하고, 그 지역을 [김부에게] 식읍으로 하사하였다.
> (라) 태조가 …… 일선군으로 진격하니 신검이 군사를 거느리고 막았다. 일리천을 사이에 두고 대치하였다. …… 후백제의 장군들이 고려 군사의 형세가 매우 큰 것을 보고, 갑옷과 무기를 버리고 항복하였다.

① (가) - (나) - (다) - (라)
② (가) - (나) - (라) - (다)
③ (나) - (가) - (다) - (라)
④ (나) - (가) - (라) - (다)
⑤ (다) - (가) - (나) - (라)

● 주제별 출제 비중
*최근 3개년 기준(심화 76~63회)

고려의 건국과 발전	문벌 귀족 사회와 무신 정권	고려의 대외 관계	원 간섭기와 고려 후기의 정치	고려의 경제와 사회	고려의 문화
19%	17%	14%	12%	14%	24%

01 | 견훤의 금성 습격과 고창 전투 사이의 사실   정답 ①

자료 분석

- (가) 견훤이 신라의 수도로 들어감 + 포석정
  → 견훤의 금성 습격(927)
- (나) 견훤이 고창군을 포위 → 고창 전투(930)
- (가) 후백제의 견훤이 신라의 수도 금성(경주)을 침입(927)하여 포석정에서 연회를 즐기고 있던 경애왕을 죽게 하고, 김부(경순왕)를 왕으로 세웠다.
- (나) 후삼국 통일의 주도권을 놓고 경쟁하던 후백제와 고려는 고창(안동)에서 전투를 벌였고, 이때 고려군이 견훤이 이끄는 후백제군을 격파하였다(930).

정답 해설
① 견훤이 신라의 금성을 습격하자, 고려는 신라를 구원하고자 출정하였다. 이후 뒤늦게 도착한 고려군은 공산(대구 팔공산)에서 후백제군에 맞서 싸웠으나 신숭겸이 전사하는 등 대패하였다(공산 전투, 927).

오답 체크
② (가) 이전: 674년에 고구려 보장왕의 서자(혹은 외손자) 안승이 신라 문무왕에 의해 보덕국왕으로 책봉되었다.
③ (가) 이전: 660년에 백제가 멸망하자 흑치상지가 임존성에서 군사를 일으켜 백제 부흥 운동을 전개하였다.
④ (가) 이전: 894년에 최치원이 진성 여왕에게 사회 개혁안인 시무 10여 조를 건의하였다.
⑤ (나) 이후: 936년에 왕건이 일리천 전투에서 신검에게 승리함으로써 후백제를 멸망시키고 후삼국을 통일하였다.

02 | 견훤의 금성(경주) 습격 이후의 사실   정답 ⑤

자료 분석

견훤 + 왕경에 침입 + 포석정 → 견훤의 금성(경주) 습격(927)

후백제를 건국한 견훤은 신라와 고려의 우호적인 관계를 견제하고자 신라에 대한 강경책을 전개하여 신라의 수도 금성(경주)에 침입해 포석정에서 연회를 즐기고 있던 경애왕을 죽게 하고, 김부(경순왕)를 왕으로 세웠다.

정답 해설
⑤ 견훤의 금성(경주) 습격(927) 이후인 935년에 고려에 항복한 신라의 경순왕 김부가 태조 왕건에 의해 경주의 사심관으로 임명되었다.

오답 체크
① 통일 신라 신문왕 때인 681년에 왕의 장인인 김흠돌이 반란을 도모하였으나 실패하였다.
② 발해 무왕 때인 732년에 장문휴가 당의 등주(산둥 지방)를 공격하였다.
③ 후삼국 시대인 911년에 궁예가 국호를 마진에서 태봉으로 바꾸었다.
④ 통일 신라 진성 여왕 때인 889년에 원종과 애노가 가혹한 수탈에 반발하여 사벌주(상주)에서 반란을 일으켰다.

03 | 견훤의 금산사 유폐 이후의 사실   정답 ④

자료 분석

신검 + 견훤을 금산사에 유폐 → 견훤의 금산사 유폐(935)

후백제를 건국한 견훤은 넷째 아들인 금강에게 왕위를 계승하려 하였으나, 이에 반발한 첫째 아들 신검에 의하여 금산사에 유폐(935)되었다. 그러나 견훤은 금산사에서 탈출하여 나주로 도망친 뒤 고려의 왕건에게 투항하였다.

정답 해설
④ 견훤의 금산사 유폐(935) 이후 고려 태조 왕건이 일리천 전투에서 후백제의 신검에게 승리(936)하였고, 후백제가 멸망하면서 후삼국을 통일하였다.

오답 체크
① 904년에 후고구려 궁예가 광평성을 설치하였다.
② 발해 무왕 때인 732년에 장문휴가 당의 등주를 공격하였다.
③ 927년에 고려의 신숭겸이 공산 전투에서 후백제군과 싸우다가 전사하였다.
⑤ 신라 하대 헌덕왕 때인 822년에 웅천주 도독 김헌창이 국호를 장안, 연호를 경운으로 하여 반란을 일으켰다.

04 | 후삼국 통일 과정   정답 ③

자료 분석

- (가) 견훤 + 고창 + 태조 → 고창 전투(930)
- (나) 태조 + 공산 + 견훤 → 공산 전투(927)
- (다) 태조 + 신라국을 폐함 → 신라 경순왕의 항복(935)
- (라) 태조 + 일리천 + 후백제 → 일리천 전투(936)

정답 해설
③ 순서대로 나열하면 (나) 공산 전투(927) – (가) 고창 전투(930) – (다) 신라 경순왕의 항복(935) – (라) 일리천 전투(936)이다.
- (나) 후백제 견훤의 신라 침입으로, 고려 태조 왕건은 신라를 구원하고자 출정하였다. 그러나 고려군은 공산(대구 팔공산)에서 후백제군에게 대패하였다(927).
- (가) 태조 왕건이 이끄는 고려의 군대가 고창(안동)에서 견훤의 후백제군에게 승리하였고, 이 전투로 고려가 후삼국 통일의 주도권을 장악하였다(930).
- (다) 후삼국의 주도권을 고려가 가져가자, 신라 경순왕이 고려에 항복하였다. 이후 태조 왕건은 신라 경순왕(김부)을 경주의 사심관으로 삼고 그 지역을 식읍으로 주었다(935).
- (라) 태조 왕건의 고려군은 일리천(구미)에서 신검의 후백제군을 상대로 크게 승리한 후, 신검의 항복을 받아 후삼국을 통일하였다(936).

빈출 개념 | 후삼국 통일 과정

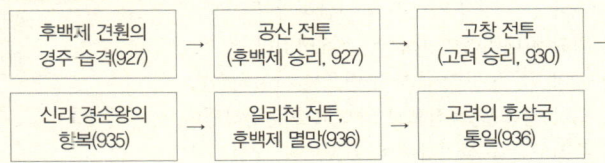

01 고려의 건국과 발전

05 빈출 73회 11번
(가) 왕에 대한 설명으로 옳은 것은? [2점]

교외 체험 학습 보고서
△학년 △반 △△번 이름 □□□

◎ 날짜: 2025년 ○○월 ○○일
◎ 장소: 경상북도 안동 태사묘
◎ 학습 내용

안동 태사묘는 고창 전투에서 [(가)] 을/를 도와 견훤을 물리치는 데 공을 세워 향직을 수여받은 권행, 김선평, 장길(장정필)의 위패를 봉안하고 있는 사당이다. 이번 체험 학습을 통해 안동이라는 지명이 고창 전투에서 승리한 [(가)] 이/가 고창군을 안동부로 승격시킨 데서 유래하였다는 것을 알 수 있었다.

① 한양을 남경으로 승격시켰다.
② 주전도감을 설치하여 해동통보를 발행하였다.
③ 쌍기의 건의를 받아들여 과거제를 실시하였다.
④ 청연각과 보문각을 두어 학문 연구를 장려하였다.
⑤ 『정계』와 『계백료서』를 지어 관리의 규범을 제시하였다.

06 65회 10번
(가) 왕의 재위 시기에 있었던 사실로 옳은 것은? [2점]

〈탐구 활동 보고서〉
○학년 ○반 이름: △△△

1. 주제: [(가)], 안정과 통합을 꾀하다
2. 방법: 『고려사』 사료 검색 및 분석
3. 사료 내용과 분석

사료 내용	분석
명주의 순식이 투항하자 왕씨 성을 내리다.	지방 호족 포섭
『정계』와 『계백료서』를 지어 반포하다.	관리의 규범 제시
흑창을 두어 가난한 백성에게 곡식을 빌려주다.	민생 안정

① 개국 공신에게 역분전을 지급하였다.
② 외침에 대비하여 광군을 조직하였다.
③ 광덕, 준풍 등의 독자적 연호를 사용하였다.
④ 관학 진흥을 목적으로 양현고를 운영하였다.
⑤ 주전도감을 설치하여 해동통보를 발행하였다.

07 42회 13번
(가) 왕이 시행한 정책으로 옳지 <u>않은</u> 것은? [2점]

발해가 거란의 군사에게 격파되자 그 나라 세자인 대광현 등이 우리나라가 의(義)로써 흥기하였으므로 남은 무리 수만 호를 거느리고 밤낮으로 길을 재촉하여 달려왔습니다. [(가)] 께서는 이들을 더욱 가엾게 여기시어 영접과 대우가 매우 두터웠고, 성과 이름을 하사하시기까지 이르렀습니다. 또한 그들을 종실의 족보에 붙이고, 본국 조상들의 제사를 받들도록 하셨습니다.
— 『고려사』

① 평양을 서경으로 삼아 중시하였다.
② 민생 안정을 위해 흑창을 설치하였다.
③ 경순왕 김부를 경주의 사심관으로 삼았다.
④ 국자감에 7재라는 전문 강좌를 개설하였다.
⑤ 『계백료서』를 지어 관리의 규범을 제시하였다.

08 71회 11번
(가), (나) 사이의 시기에 있었던 사실로 옳은 것은? [3점]

(가) 처음으로 역분전을 정하였다. 통일할 때 조정의 관리들과 군사들에게 관계(官階)는 논하지 않고, 그 사람의 성품과 행동이 착하고 악함과 공로가 크고 작음을 참작하여 차등 있게 주었다.

(나) 12월에 문무 양반 및 군인들의 전시과를 개정하였다. 제1과는 전지 100결, 시지 70결을 지급한다. …… 제18과는 전지 20결을 지급한다. 이 한(限)에 들지 못한 자에게는 모두 전지 17결을 주기로 하고 이것을 통상의 법식으로 한다.

① 경기에 한하여 과전법이 실시되었다.
② 쌍기의 건의로 과거제가 시행되었다.
③ 신돈이 전민변정도감의 책임자가 되었다.
④ 만적이 개경에서 노비를 모아 반란을 모의하였다.
⑤ 최충헌이 봉사 10조를 올려 시정 개혁을 건의하였다.

05 | 태조 왕건   정답 ⑤

자료 분석

> 고창 전투 → 태조 왕건
>
> 태조 왕건은 고려를 건국한 후 후백제의 견훤과 후삼국의 통일을 놓고 경쟁하였다. 특히 후삼국의 주도권을 장악하는 계기가 된 고창 전투에서 태조 왕건을 도운 김선평·장길·권행 등은 그 공로를 인정받아 후삼국 통일 이후 태사(太師)의 칭호를 받기도 하였다.

정답 해설
⑤ 태조 왕건은 왕권을 안정시키기 위해 『정계』와 『계백료서』를 지어 관리가 지켜야 할 규범을 제시하였다.

오답 체크
① 문종: 처음으로 한양을 남경으로 승격시켰다.
② 숙종: 주전도감을 설치하여 해동통보와 은병(활구) 등 화폐를 발행하였다.
③ 광종: 중국 후주 출신 쌍기의 건의를 받아들여 과거제를 실시하였다.
④ 예종: 도서관 겸 학문 연구소인 청연각과 보문각을 두어 학문 연구를 장려하였다.

빈출 개념 | 태조 왕건의 업적

호족 통합	• 사성 정책: 유력 호족에게 왕씨 성을 줌 • 역분전 지급: 개국 공신에게 공로와 인품에 따라 토지를 지급
호족 견제	• 기인 제도: 지방 호족 자제를 인질로 삼음 • 사심관 제도: 중앙 고관을 출신지의 사심관으로 삼음
민생 안정	조세 감면, 흑창 설치
북진 정책	서경(평양)을 중시, 청천강~영흥만까지 영토를 넓힘
통치 이념 정비	• 『정계』, 『계백료서』 저술: 관리가 지켜야 할 규범 제시 • 훈요 10조: 후대 왕들이 지켜야 할 도리와 정책 방향 제시

06 | 태조 왕건   정답 ①

자료 분석

> 『정계』와 『계백료서』를 지어 반포함 + 흑창을 둠 → 태조 왕건
>
> 태조 왕건은 고려를 건국하고 후삼국을 통일한 왕으로, 다양한 정책을 시행하였다. 왕권을 안정시키기 위해 『정계』와 『계백료서』를 지어 관리가 지켜야 할 규범을 제시하였으며, 후대 왕들이 지켜야 할 10가지 도리를 담은 훈요 10조를 반포하였다. 나아가 빈민을 구제하는 기관인 흑창을 설치하여 민생을 안정시켰다.

정답 해설
① 태조 왕건은 개국 공신에게 공로와 인품에 따라 역분전을 차등 지급하였다.

오답 체크
② 정종(3대): 거란의 침입에 대비하여 광군을 조직하였다.
③ 광종: 스스로를 황제로 칭하고 광덕, 준풍 등의 독자적 연호를 사용하였다.
④ 예종: 관학 진흥을 목적으로 일종의 장학 재단인 양현고를 설치하여 운영하였다.
⑤ 숙종: 주전도감을 설치하여 해동통보와 은병(활구) 등 화폐를 발행하였다.

07 | 태조 왕건   정답 ④

자료 분석

> 발해 + 세자 대광현 + 성과 이름을 하사 → 태조 왕건
>
> 고려 태조 왕건은 발해 멸망 후 고려로 망명한 발해의 세자 대광현에게 성과 이름을 하사하는 등 발해 유민을 포용하였으며, 신라를 통합하고 후백제를 멸망시켜 민족 재통일을 이루었다.

정답 해설
④ 고려 예종은 관학 진흥을 위해 국자감에 7재라는 전문 강좌를 개설하였다.

오답 체크
① 태조 왕건은 평양을 서경으로 삼아 중시하고, 북진 정책의 기지로 삼았다.
② 태조 왕건은 민생 안정을 위해 빈민 구제 기관인 흑창을 설치하여 백성들에게 춘궁기에 곡식을 나눠 주고 추수기에 갚게 하였다.
③ 태조 왕건은 신라의 마지막 왕인 경순왕이 고려에 항복하자 그를 경주의 사심관으로 임명하였다.
⑤ 태조 왕건은 『계백료서』를 지어 관리가 지켜야 할 규범을 제시하였다.

08 | 역분전과 개정 전시과 제정 사이의 사실   정답 ②

자료 분석

> (가) 역분전을 정함 → 역분전 제정(태조 왕건)
> (나) 전시과를 개정 + 18과 → 개정 전시과 제정(목종)
>
> (가) 고려를 건국한 태조 왕건은 후삼국 통일 이후 개국 공신에게 인품과 공로를 기준으로 역분전을 차등 지급(940)하였다.
> (나) 고려의 7대 왕인 목종은 시정 전시과를 개정하여 지급 기준에서 인품을 배제하고 18과로 구분된 관직만을 고려하여 전지(농사를 짓는 땅)와 시지(땔감을 얻을 수 있는 땅)를 지급한 개정 전시과를 시행하였다(998).

정답 해설
② 광종 때인 958년에 중국 후주에서 귀화한 쌍기의 건의에 따라 과거제가 시행되었다.

오답 체크
① 고려 말 공양왕 때 신진 사대부의 주도로 경기 지역에 한하여 전·현직 관리에게 수조권을 지급하는 과전법이 실시되었다.
③ 공민왕 때 권문세족의 경제적 기반을 약화시키기 위해 전민변정도감을 설치하였으며, 승려 신돈이 그 책임자가 되었다.
④ 무신 집권기인 신종 때 최충헌의 사노비였던 만적이 개경에서 노비를 모아 신분 해방을 주장하며 반란을 모의하였다.
⑤ 무신 집권기인 명종 때 최충헌이 왕에게 토지 겸병 금지, 조세 제도 개혁 등의 내용이 담긴 봉사 10조를 올려 시정 개혁을 건의하였다.

01 고려의 건국과 발전

09 빈출   74회 11번
밑줄 그은 '이 왕'이 추진한 정책으로 옳은 것은? [1점]

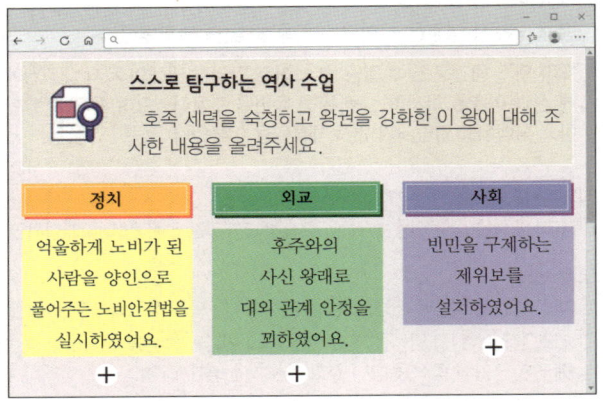

스스로 탐구하는 역사 수업
호족 세력을 숙청하고 왕권을 강화한 이 왕에 대해 조사한 내용을 올려주세요.

정치: 억울하게 노비가 된 사람을 양인으로 풀어주는 노비안검법을 실시하였어요.
외교: 후주와의 사신 왕래로 대외 관계 안정을 꾀하였어요.
사회: 빈민을 구제하는 제위보를 설치하였어요.

① 폐정 개혁을 목표로 정치도감을 설치하였다.
② 광덕, 준풍이라는 독자적 연호를 사용하였다.
③ 예의상정소에서 『상정고금예문』을 편찬하였다.
④ 전국에 12목을 설치하고 지방관을 파견하였다.
⑤ 관리에게 등급에 따라 전지와 시지를 지급하였다.

11   75회 11번
(가) 왕에 대한 설명으로 옳은 것은? [2점]

사료로 만나는 한국사

교서를 내려 말하기를, "태학조교 송승연과 나주목(羅州牧)의 경학 박사 전보인이 [학생들을] 이끌어 잘 도와서, 학문을 널리 닦으라는 공자의 뜻에 합치된다. 가르침에 게으르지 않아서 내가 학문을 권장하는 뜻에 들어맞으니 마땅히 그들을 발탁하여 특별하고 두터운 총애를 보이도록 하라."라고 하였다.

[해설] 위 사료는 (가) 이/가 유학 교육에 공이 있는 태학조교와 나주목의 경학 박사를 치하하는 『고려사』의 기록이다. 중앙뿐 아니라 지방의 교육도 장려했던 (가) 은/는 처음으로 12목을 설치하고 지방관에 이어 경학 박사와 의학 박사를 파견하였다.

① 광덕, 준풍 등의 독자적 연호를 사용하였다.
② 신돈을 중심으로 전민변정 사업을 추진하였다.
③ 청연각과 보문각을 두어 학문 연구를 장려하였다.
④ 『정계』와 『계백료서』를 지어 관리의 규범을 제시하였다.
⑤ 최승로의 시무 28조를 받아들여 통치 체제를 정비하였다.

10   57회 12번
밑줄 그은 '이 왕'의 재위 시기에 있었던 사실로 옳은 것은? [2점]

안성 망이산성에서 '준풍 4년(峻豊四年)'이라는 글씨가 새겨진 기와가 발견되었습니다. 준풍이라는 연호를 사용하였던 이 왕은 백관의 공복을 정하고 개경을 황도로 명명하는 등 국왕 중심의 통치 체제 확립을 도모하였습니다.

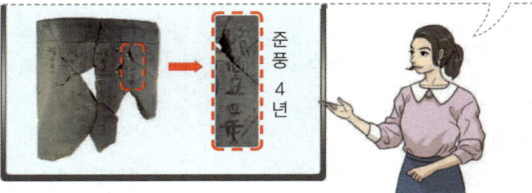

① 12목에 지방관이 파견되었다.
② 쌍기의 건의로 과거제가 시행되었다.
③ 대장도감에서 팔만대장경이 간행되었다.
④ 안우, 이방실 등이 홍건적을 격파하였다.
⑤ 신돈이 전민변정도감의 책임자가 되었다.

12   56회 15번
다음 교서를 내린 왕의 정책으로 옳은 것은? [3점]

우리 태조께서 흑창을 두어 가난한 백성에게 진대(賑貸)하게 하셨다. 지금 백성들이 점차 늘어나고 있는데 저축한 바는 늘어나지 않았으니, 미(米) 1만 석을 더하고 이름을 의창(義倉)으로 고친다. 또한 모든 주와 부에도 각각 의창을 설치하도록 하라.

① 한양을 남경으로 승격시켰다.
② 국자감에 서적포를 설치하였다.
③ 12목을 설치하고 지방관을 파견하였다.
④ 인사 행정을 담당하던 정방을 폐지하였다.
⑤ 개경에 귀법사를 세우고 균여를 주지로 삼았다.

09 | 광종
정답 ②

자료 분석
> 노비안검법을 실시함 + 제위보를 설치함 → 광종
>
> 광종은 노비안검법을 시행하여 억울하게 노비가 된 자들을 양인으로 해방시켜 호족 세력의 경제적·군사적 기반을 약화시켰다. 외교적으로는 후주와 사신을 왕래하면서 대외 관계를 안정시켰으며, 사회적으로는 제위보를 설치하여 일정한 기금을 모아 그 이자로 빈민을 구제하도록 하였다.

정답 해설
② 광종은 왕의 권위를 높이기 위해 스스로 황제라고 칭하였으며, 광덕, 준풍이라는 독자적인 연호를 사용하여 고려의 자주성을 드러내었다.

오답 체크
① 충목왕: 원 간섭기에 폐정 개혁을 목표로 일종의 개혁 기관인 정치도감을 설치하였다.
③ 인종: 예의상정소에서 고금의 예법을 정리하여 금속 활자로 인쇄한 『상정고금예문』을 편찬하였다.
④ 성종: 최승로의 건의에 따라 지방의 주요 지역에 행정 구역인 12목을 설치하고 지방관을 파견하였다.
⑤ 경종: 관리에게 등급에 따라 전지와 시지를 지급한 시정 전시과를 시행하였다.

빈출 개념 | 광종의 업적

노비안검법 시행	후삼국 시대에 불법으로 노비가 된 자들을 양인으로 해방
과거 제도 실시	쌍기의 건의를 받아들여 과거제 시행
공복 제도 마련	관등에 따라 관리의 의복 색깔을 자색·단색·비색·녹색으로 구분
연호 사용	광덕·준풍 등의 독자적 연호 사용

10 | 광종
정답 ②

자료 분석
> 준풍이라는 연호를 사용함 + 백관의 공복을 정함 → 광종
>
> 광종은 태조 사후 왕위 다툼으로 혼란한 상황 속에서 즉위하여 왕권 강화 정책을 시행하였다. 그는 국왕의 권위를 높이기 위해 스스로 황제라고 칭하였으며, 광덕, 준풍이라는 독자적인 연호를 사용하였다. 또한 백관(모든 관리)의 공복을 제정하여 국왕 중심의 위계질서를 확립하였다.

정답 해설
② 고려 광종 때 중국 후주 출신 쌍기의 건의로 과거제가 시행되었다.

오답 체크
① 성종: 지방의 주요 지역에 설치된 12목에 지방관이 파견되었다.
③ 고종: 부처의 힘을 빌려 몽골의 침입을 극복하고자 대장도감에서 팔만대장경이 간행되었다.
④ 공민왕: 중국의 농민 반란 무리인 홍건적이 고려를 침입하였으나, 안우, 이방실 등이 이를 격파하였다.
⑤ 공민왕: 권문세족의 경제적 기반을 약화시키기 위해 전민변정도감을 설치하였으며, 승려 신돈이 그 책임자가 되었다.

11 | 고려 성종
정답 ⑤

자료 분석
> 12목을 설치 + 지방관에 이어 경학 박사와 의학 박사 파견 → 고려 성종
>
> 고려 성종은 지방 조직을 정비하여 전국에 행정 조직인 12목을 설치하고 지방관을 파견하였다. 또한 교육 제도를 정비하여 국립 교육 기관인 국자감을 설립하고, 지방에는 경학(유교 경전) 박사와 의학 박사를 파견하여 학생들을 교육하게 하였다.

정답 해설
⑤ 고려 성종은 최승로의 시무 28조를 받아들여 유교 정치 이념을 바탕으로 통치 체계를 정비하였다.

오답 체크
① 광종: 스스로를 황제로 칭하고 광덕, 준풍 등의 독자적 연호를 사용하였다.
② 공민왕: 신돈을 중심으로 전민변정 사업을 추진하여, 권문세족에게 부당하게 빼앗긴 토지와 강압에 의해 노비가 된 백성들을 원래의 상태로 되돌려 놓고자 하였다.
③ 예종: 도서관 겸 학문 연구소인 청연각과 보문각을 두어 학문 연구를 장려하였다.
④ 태조 왕건: 『정계』와 『계백료서』를 지어 관리들이 지켜야 할 규범을 제시하였다.

12 | 고려 성종
정답 ③

자료 분석
> 흑창 + 미 1만 석을 더함 + 의창으로 고침 → 고려 성종
>
> 고려 성종은 태조 왕건이 설치한 빈민 구제 기구인 흑창에 미(쌀) 1만 석을 더하고 이름을 의창으로 바꿔, 백성들에게 춘궁기인 봄에 곡식을 빌려주고 추수 후인 가을에 갚도록 하였다.

정답 해설
③ 고려 성종은 전국 주요 지역에 12목을 설치하고 지방관을 파견하였다.

오답 체크
① 문종: 처음으로 한양을 남경으로 승격시켰다.
② 숙종: 국자감에 출판을 담당하는 서적포를 두어 서적 간행을 활성화하였다.
④ 공민왕: 인사권을 장악하기 위해 인사 행정을 담당하던 정방을 폐지하였다.
⑤ 광종: 개경에 귀법사를 창건하고 균여를 주지로 삼았다.

빈출 개념 | 고려 성종의 업적

유교 정치 이념 확립	최승로의 시무 28조를 토대로 유교적 통치 체제 정비
통치 체제 정비	• 2성 6부제 정비 • 12목 설치, 지방관 파견 • 국자감 설치, 12목에 경학 박사와 의학 박사 파견
사회 제도 실시	의창, 상평창 설치

01 고려의 건국과 발전

13 54회 11번
밑줄 그은 '왕'의 업적으로 옳은 것은? [1점]

> 왕이 "중앙의 5품 이상 관리들은 각자 봉사를 올려 시정(時政)의 잘잘못을 논하라."라고 명령하였다. 최승로가 상소하였는데 대략 다음과 같은 내용이었다. "…… 이제 앞선 5대 조정의 정치와 교화에 대해서 잘되고 잘못된 행적들을 기록하고, 거울로 삼거나 경계할 만한 것들을 삼가 조목별로 아뢰겠습니다. …… 신이 또 시무(時務) 28조를 기록하여 장계와 함께 따로 봉하여 올립니다."
> – 『고려사절요』

① 빈민을 구제하기 위해 흑창을 처음 설치하였다.
② 왕권을 강화하기 위해 노비안검법을 실시하였다.
③ 청연각과 보문각을 두어 학문 연구를 장려하였다.
④ 권문세족을 견제하기 위해 전민변정도감을 운영하였다.
⑤ 전국의 주요 지역에 12목을 설치하여 지방관을 파견하였다.

14 65회 11번
다음 상황이 나타난 시기를 연표에서 옳게 고른 것은? [3점]

> 처음으로 12목을 설치하고 조서를 내려 말하기를, "부지런히 정사를 돌보면서 매번 신하들의 충고를 구하고 있다. 낮은 곳의 이야기를 듣고 멀리 보고자 어질고 현명한 이들의 힘을 빌리려고 한다. 이에 수령들의 공로에 의지해 백성들의 바람에 부합하고자 한다. 『우서(虞書)』의 12목 제도를 본받아 시행하니, 주나라가 8백 년간 지속하였듯이 우리의 국운도 길이 이어질 것이다."라고 하였다.

	(가)		(나)		(다)		(라)		(마)	
918		945		1009		1196		1270		1351
고려 건국		왕규의 난		강조의 정변		최충헌 집권		개경 환도		공민왕 즉위

① (가) ② (나) ③ (다) ④ (라) ⑤ (마)

15 59회 10번
(가)~(라)를 일어난 순서대로 옳게 나열한 것은? [3점]

> (가) 처음으로 직관(職官)과 산관(散官) 각 품의 전시과를 제정하였다. …… 과등(科等)에 미치지 못한 자는 모두 전지 15결을 지급하였다.
>
> (나) 역분전을 제정하였는데, 통일할 때의 조신(朝臣)이나 군사들은 관계(官階)를 따지지 않고 그 사람의 성품과 행동의 선악과 공로의 크고 작음을 보고 차등 있게 지급하였다.
>
> (다) 쌍기가 의견을 올리니 처음으로 과거를 시행하였다. 시(詩)·부(賦)·송(頌) 및 시무책으로 시험하여 진사를 뽑았으며, 겸하여 명경업·의업·복업 등도 뽑았다.
>
> (라) 왕이 말하기를, "비록 내 몸은 궁궐에 있지만 마음은 언제나 백성에게 치우쳐 있다. …… 이에 지방 수령들의 공(功)에 의지해 백성들의 소망에 부합하고자 12목 제도를 시행한다."라고 하였다.

① (가) – (나) – (다) – (라)
② (가) – (나) – (라) – (다)
③ (나) – (가) – (라) – (다)
④ (나) – (다) – (가) – (라)
⑤ (다) – (라) – (나) – (가)

16 74회 18번
㉠~㉣에 대한 설명으로 옳은 것을 <보기>에서 고른 것은? [2점]

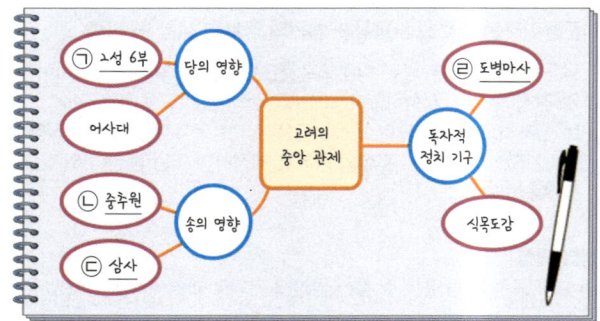

〈보기〉

ㄱ. ㉠ – 좌·우사정이 6부를 나누어 관할하였다.
ㄴ. ㉡ – 군사 기밀과 왕명 출납을 담당하였다.
ㄷ. ㉢ – 5품 이하의 관원에 대한 서경권을 행사하였다.
ㄹ. ㉣ – 재추를 중심으로 국방, 군사 문제를 논의하였다.

① ㄱ, ㄴ ② ㄱ, ㄷ ③ ㄱ, ㄹ ④ ㄴ, ㄹ ⑤ ㄷ, ㄹ

13 | 고려 성종
정답 ⑤

자료 분석
최승로 + 시무 28조 → 고려 성종

고려 성종은 국정 쇄신을 목적으로 중앙의 5품 이상 관리에게 국가 운영을 위한 정책을 건의하는 글을 올리도록 하였다. 이에 최승로는 지방관의 파견을 통한 호족 세력 견제, 유교 이념의 실현 등의 내용을 담은 시무 28조를 건의하였고, 성종은 이를 수용하여 유교적 통치 체제를 정비 및 확립하였다.

정답 해설
⑤ 성종은 전국의 주요 지역에 12목을 설치하고 지방관을 파견하여 지방에 대한 통제를 강화하였다.

오답 체크
① 태조 왕건: 빈민을 구제하기 위해 흑창을 처음 설치하여 춘궁기에 백성에게 곡식을 빌려주었다가 추수기에 갚도록 하였다.
② 광종: 왕권 강화를 위해 노비안검법을 시행하여 불법으로 노비가 된 자들을 양인으로 해방시킴으로써 호족의 경제적·군사적 기반을 약화시켰다.
③ 예종: 도서관 겸 학문 연구소인 청연각과 보문각을 두어 학문 연구를 장려하였다.
④ 공민왕: 권문세족을 견제하기 위해 전민변정도감을 운영하여 권문세족이 불법적으로 차지한 토지나 노비를 되찾아 바로잡도록 하였다.

14 | 12목 설치 시기
정답 ②

자료 분석
처음으로 12목을 설치 → 고려 성종

정종, 광종, 경종에 이어 즉위한 고려의 제6대 왕인 성종은 최승로의 시무 28조를 받아들여 유교 정치 이념을 바탕으로 한 통치 체제를 정비하였다. 성종은 주요 지역에 12목을 설치하고 지방관을 파견하여 지방에 대한 통제를 강화하였으며, 12목에 경학 박사와 의학 박사를 파견해 지방의 학생들에게 유학 경전과 의학 등을 가르치게 하였다.

정답 해설
② 왕규의 난(945) 이후, 성종은 최승로의 시무 28조를 받아들여 주요 지역에 12목을 설치(983)하고 지방관을 파견하였다.

빈출 개념 | 고려의 지방 조직 정비

12목 설치(성종)	• 시무 28조에 따라 지방 주요 지역에 12목을 설치함 • 12목에 지방관인 목사를 파견함
향리 제도(성종)	• 지방 중소 호족을 향리(호장, 부호장)로 편입시킴
지방 행정 개편 (현종)	• 4도호부(군사적 요충지), 8목 체제(일반 행정 구역) • 전국을 5도와 양계로 이원화

15 | 고려 초기 왕의 업적
정답 ④

자료 분석
- (가) 처음 + 전시과를 제정 → 경종
- (나) 역분전을 제정 → 태조 왕건
- (다) 쌍기 + 과거를 시행 → 광종
- (라) 12목 제도를 시행 → 성종

정답 해설
④ 순서대로 나열하면 (나) 태조 왕건 - (다) 광종 - (가) 경종 - (라) 성종이다.
(나) 고려를 건국한 태조 왕건은 후삼국 통일 이후 개국 공신에게 인품과 공로를 기준으로 역분전을 차등 지급하였다.
(다) 고려의 제4대 왕인 광종은 왕권 강화를 위해 새로운 인재를 등용하고자 하였다. 이에 중국 후주 출신 쌍기의 건의를 받아들여 시험을 통해 관리를 선발하는 과거제를 도입하였다.
(가) 고려의 제5대 왕인 경종은 처음으로 전시과 제도를 제정하여 전·현직 관리에게 경작지인 전지와 땔감을 거두는 토지인 시지의 수조권(조세를 거둘 수 있는 권리)을 지급하였다.
(라) 고려의 제6대 왕인 성종은 최승로의 시무 28조를 수용하여 지방의 주요 지역에 12목을 설치하고 지방관을 파견하였다.

16 | 고려의 중앙 관제
정답 ④

자료 분석
고려의 중앙 관제

고려의 중앙 관제에는 중국의 영향을 받은 기구와 고려의 독자적인 정치 기구가 있다. 우선 고려는 당의 3성 6부제를 받아들여 중서문하성과 상서성, 그리고 상서성 아래 6부를 둔 2성 6부제로 정비하였으며, 관리의 비리 감찰과 탄핵을 담당한 어사대를 설치하였다. 또한 송의 영향을 받아 군사 기밀과 왕명의 출납을 담당한 기구인 중추원과 화폐와 곡식의 출납에 대한 회계를 담당한 삼사를 두었다. 한편 고려는 중서문하성과 중추원의 고위 관료인 재추를 중심으로 독자적 정치 기구인 도병마사와 식목도감을 운영하였는데, 도병마사는 국방, 군사 문제를 논의하였으며 식목도감은 법제와 격식 등을 논의하였다.

정답 해설
④ ㄴ. 중추원은 군사 기밀과 왕의 명령을 전달하는 출납을 담당하였다.
ㄹ. 도병마사는 중서문하성과 중추원의 고위 관료인 재추(중서문하성의 재신과 중추원의 추밀)를 중심으로 국방, 군사 문제를 논의하였다.

오답 체크
ㄱ. 정당성(발해): 3성 중 최고 통치 기관으로, 좌·우사정이 6부를 나누어 관할하였다.
ㄷ. 어사대, 낭사: 5품 이하의 관원에 대해 관리 임명에 대한 동의권인 서경권을 행사하였다.

01 고려의 건국과 발전

17 66회 12번
(가) 기구에 대한 설명으로 옳은 것은? [2점]

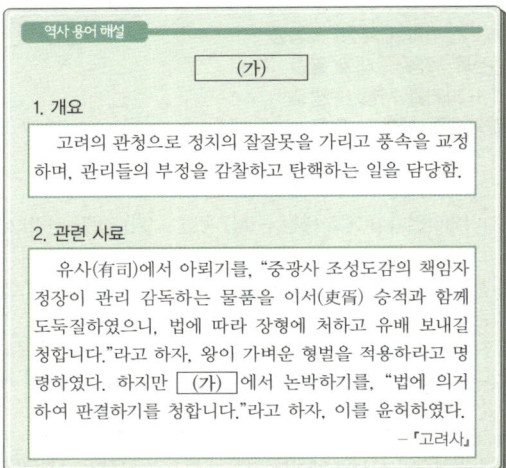

역사 용어 해설
(가)
1. 개요
  고려의 관청으로 정치의 잘잘못을 가리고 풍속을 교정하며, 관리들의 부정을 감찰하고 탄핵하는 일을 담당함.
2. 관련 사료
  유사(有司)에서 아뢰기를, "중광사 조성도감의 책임자 정장이 관리 감독하는 물품을 이서(吏胥) 승적과 함께 도둑질하였으니, 법에 따라 장형에 처하고 유배 보내길 청합니다."라고 하자, 왕이 가벼운 형벌을 적용하라고 명령하였다. 하지만 (가) 에서 논박하기를, "법에 의거하여 판결하기를 청합니다."라고 하자, 이를 윤허하였다.
  - 『고려사』

① 무신 집권기 최고 권력 기구였다.
② 원 간섭기에 첨의부로 격하되었다.
③ 고려 말에 도평의사사로 개편되었다.
④ 관직 임명에 대한 서경권을 행사하였다.
⑤ 서얼 출신의 학자들이 검서관으로 기용되었다.

19 59회 16번
(가) 기구에 대한 설명으로 옳은 것은? [2점]

- 고려의 독자적 정치 기구인 (가) 에 대해 말해보자.
- 중서문하성의 재신과 중추원의 추밀이 참여했어.
- 고려 후기에 도평의사사로 개편되었어.

① 역사서 편찬과 보관을 주관하였다.
② 주로 국방과 군사 문제를 논의하였다.
③ 화폐, 곡식의 출납과 회계를 담당하였다.
④ 좌사정, 우사정의 이원적인 체제로 운영되었다.
⑤ 최우에 의해 설치되어 인사 행정을 처리하였다.

18 44회 12번
(가), (나) 기구에 대한 설명으로 옳은 것을 <보기>에서 고른 것은? [2점]

- 이번에 (가) 의 수장인 문하시중의 자리에 오르셨다고 들었습니다. 영전을 축하드립니다.
- 고맙네. 자네가 (나) 에서 맡고 있는 어사대부 직책도 중요하니 열심히 하시게.

〈보기〉
ㄱ. (가) - 화폐, 곡식의 출납과 회계를 맡았다.
ㄴ. (가) - 국정을 총괄하는 최고 중앙 관서였다.
ㄷ. (나) - 원 간섭기에 도평의사사로 개편되었다.
ㄹ. (나) - 관리 임명에 대한 서경권을 행사하였다.

① ㄱ, ㄴ ② ㄱ, ㄷ ③ ㄴ, ㄷ ④ ㄴ, ㄹ ⑤ ㄷ, ㄹ

20 68회 12번
(가) 시대의 지방 통치 체제에 대한 설명으로 옳은 것은? [2점]

개경으로 가는 주요 길목인 혜음령에 세워졌던 혜음원에는 행인의 안전한 통행을 위한 숙소와 사원이 있었습니다. 혜음원지를 통해 개경 외에 남경, 동경 등이 설치되었던 (가) 시대 원(院)의 모습을 유추할 수 있습니다.

고지도와 항공 사진을 통해 본 혜음원지

① 22담로에 왕족을 파견하였다.
② 전국에 9주 5소경을 설치하였다.
③ 특수 행정 구역으로 향, 부곡, 소가 있었다.
④ 지방관을 감찰하기 위하여 외사정을 두었다.
⑤ 지방 행정 구역을 8도에서 23부로 개편하였다.

17 | 어사대   정답 ④

자료 분석
> 고려의 관청 + 풍속을 교정함 + 감찰하고 탄핵하는 일을 담당함 → 어사대
>
> 어사대는 고려의 중앙 정치 조직 중 하나로, 고려 초에는 사헌대로 불리다가 성종 때 어사대라는 명칭으로 변경되었다. 어사대는 정치의 잘잘못을 논하고 풍속을 교정하고 관리를 규찰·탄핵하는 업무를 담당하였으며, 어사대의 관원은 중서문하성의 낭사와 함께 대간을 구성하였다.

정답 해설
④ 어사대의 소속 관원은 중서문하성의 낭사와 함께 관직 임명에 대한 동의권인 서경권을 행사하였다.

오답 체크
① 교정도감(고려): 최충헌이 설치한 무신 집권기의 최고 권력 기구로, 관리에 대한 감찰과 인사 행정을 담당하였다.
② 중서문하성과 상서성(고려): 원 간섭기에 첨의부로 관제가 격하되었다.
③ 도병마사(고려): 원 간섭기인 충렬왕 때 도평의사사로 개편되면서 최고 정치 기구가 되었다.
⑤ 규장각(조선): 정조 때 박제가, 유득공 등 서얼 출신의 학자들이 검서관으로 기용되었다.

18 | 중서문하성과 어사대   정답 ④

자료 분석
> (가) 수장인 문하시중 → 중서문하성
> (나) 어사대부 → 어사대
>
> 고려는 중앙 정치 조직을 2성 6부제로 정비하였는데, 2성은 중서문하성과 상서성으로 이루어졌다. 그중 중서문하성은 고려의 최고 관서로, 장관인 문하시중이 국정을 총괄하였다. 이 외에도 고려의 중앙 정치 조직 중 하나인 어사대에서는 어사대부 등의 관원들이 정치의 잘잘못을 논하고 관리를 감찰 및 탄핵하는 업무를 수행하였다.

정답 해설
④ ㄴ. 중서문하성은 고려 시대의 최고 중앙 관서로, 장관인 문하시중이 국정을 총괄하였다.
ㄹ. 어사대는 고려 시대에 정치의 잘잘못을 논하고 관리를 감찰하는 업무를 수행한 기구로, 관리 임명에 대한 서경권을 행사하였다.

오답 체크
ㄱ. 삼사: 화폐와 곡식의 출납과 회계를 담당하였다.
ㄷ. 도병마사: 고위 관리인 재신과 추밀이 모여 국방 및 군사 문제를 논의한 회의 기구로, 원 간섭기에 도평의사사로 개편되었다.

19 | 도병마사   정답 ②

자료 분석
> 고려의 독자적 정치 기구 + 중서문하성의 재신과 중추원의 추밀이 참여 + 고려 후기에 도평의사사로 개편 → 도병마사
>
> 도병마사는 고려만의 독자적인 회의 기구로, 중서문하성의 재신과 중추원의 추밀이 참여하였다. 도병마사는 원 간섭기인 충렬왕 때 도평의사사로 확대 개편되면서 국가의 중대사를 결정하는 최고 정치 기구로 발전하였다.

정답 해설
② 도병마사는 고려 시대에 중서문하성의 재신과 중추원의 추밀이 참여하여, 주로 국방과 군사 문제에 대해 논의한 독자적인 회의 기구였다.

오답 체크
① 춘추관(조선): 『조선왕조실록』 등 역사서를 편찬하고 보관하는 일을 주관하였다.
③ 삼사(고려): 화폐와 곡식의 출납과 회계를 담당하였다.
④ 6부(발해): 정당성 아래의 기구로, 좌사정과 우사정이 각각 3부씩 나누어 이원적인 체제로 운영되었다.
⑤ 정방(고려): 고려 무신 집권기에 최우가 설치한 인사 행정 담당 기구로, 최우는 이를 통해 인사권을 장악하였다.

빈출 개념 | 도병마사와 식목도감

도병마사	• 구성: 재신과 추밀 • 국방 및 군사 문제를 담당하는 회의 기구(고려 후기에 도평의사사로 확대·개편)
식목도감	• 구성: 재신과 추밀 • 법제와 격식 문제를 논의한 기구

20 | 고려 시대의 지방 통치 체제   정답 ③

자료 분석
> 개경 외에 남경, 동경 → 고려 시대
>
> 고려 시대에는 지방 행정 조직이 5도와 양계로 정비되어, 일반 행정 구역인 5도에 안찰사가, 군사 행정 구역인 양계에는 병마사가 파견되었다. 그 안에 3경, 4도호부, 8목을 비롯하여 군·현·진 등을 설치하였다. 3경은 처음에 수도인 개경과 서경(평양), 동경(경주)이었으나, 문종 대에 한양을 남경으로 승격시키고 동경 대신 남경(서울)을 3경으로 편제하였다.

정답 해설
③ 고려에는 특수 행정 구역으로 향·부곡·소가 있었는데, 이곳의 주민들은 일반 농민보다 더 많은 세금을 부담하는 등 차별을 받았다.

오답 체크
① 백제: 무령왕 때 지방에 22담로의 행정 구역을 설치하고 왕족을 파견하였다.
② 통일 신라: 신문왕 때 전국에 9주 5소경을 설치하여 지방 행정 제도를 정비하였다.
④ 통일 신라: 문무왕 때 지방관을 감찰하기 위하여 외사정을 두었다.
⑤ 제2차 갑오개혁 때 지방 행정 구역을 8도에서 23부로 개편하였다.

02 문벌 귀족 사회와 무신 정권

01
73회 13번

다음 검색창에 들어갈 왕의 재위 시기에 있었던 사실로 옳은 것은? [2점]

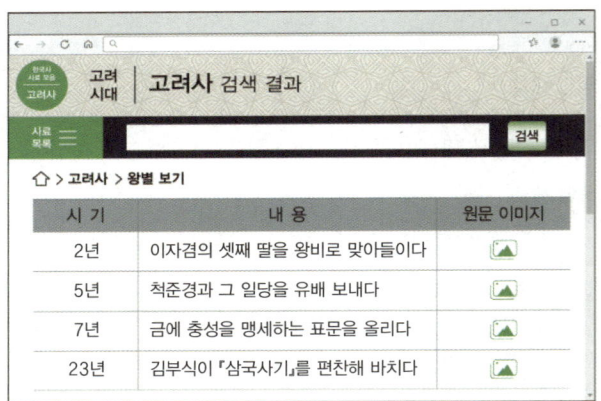

① 최충헌이 봉사 10조를 올렸다.
② 동북 9성이 여진에 반환되었다.
③ 국자감이 성균관으로 개칭되었다.
④ 묘청 등이 서경에서 난을 일으켰다.
⑤ 광덕, 준풍 등의 독자적 연호가 사용되었다.

03
33회 15번

(가) 인물에 대한 설명으로 옳은 것은? [2점]

> **역사 신문**
> 제△△호　　　　　　　　○○○○년 ○○월 ○○일
>
> **서경 천도를 주장하던 세력의 반란, 진압되다**
>
> '서경 임원역 지세가 궁궐을 짓기에 매우 좋은 땅'이라며 천도를 주장해 오던 (가) 이/가 서경에서 반란을 일으켰다. 그는 국호를 대위, 연호를 천개라고 칭하며 1년 여간 중앙 정부와 대치하였다. 그러나 반란 세력은 김부식이 이끄는 정부군에 의해 진압되었다.

① 『불씨잡변』을 저술하였다.
② 봉사 10조를 국왕에게 올렸다.
③ 무신 정권을 타도하고자 하였다.
④ 칭제 건원과 금국 정벌을 주장하였다.
⑤ 반정 공신의 위훈 삭제를 시도하였다.

02
64회 12번

밑줄 그은 '반란'이 일어난 시기를 연표에서 옳게 고른 것은? [1점]

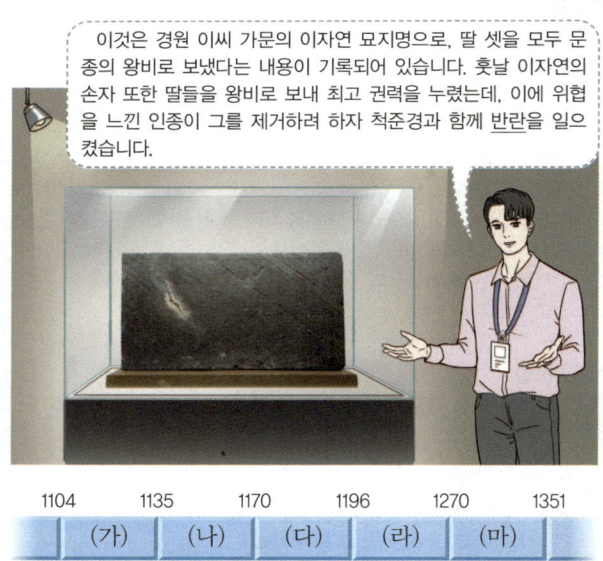

> 이것은 경원 이씨 가문의 이자연 묘지명으로, 딸 셋을 모두 문종의 왕비로 보냈다는 내용이 기록되어 있습니다. 훗날 이자연의 손자 또한 딸들을 왕비로 보내 최고 권력을 누렸는데, 이에 위협을 느낀 인종이 그를 제거하려 하자 척준경과 함께 반란을 일으켰습니다.

1104	1135	1170	1196	1270	1351
(가)	(나)	(다)	(라)	(마)	
별무반 조직	묘청의 난	무신 정변	최충헌의 집권	개경 환도	공민왕 즉위

① (가)　② (나)　③ (다)　④ (라)　⑤ (마)

04 빈출
75회 14번

다음 상황이 나타난 시기를 연표에서 옳게 고른 것은? [2점]

> 서경 반란군이 검교첨사 최경을 개경으로 보내 표문을 올려 이르기를, "폐하께서 음양의 지극한 말을 믿으시고 도참의 비설을 고찰하시어 대화궁을 창건하시니 천제(天帝)의 도움을 본떠 만드신 것입니다. …… 인심은 두려운 것이며 군중의 분노는 막기 어려우니 만약 폐하께서 수레를 타고 임하신다면 병란은 그칠 것입니다."라고 하였다. 표문이 도착하니 모두 말하기를, "신하가 감히 군주를 부르다니 그 사자(使者)를 베는 것이 옳습니다."라고 하였다.

918	1009	1126	1170	1356	1392
(가)	(나)	(다)	(라)	(마)	
고려 건국	강조의 정변	이자겸의 난	무신 정변	쌍성총관부 탈환	고려 멸망

① (가)　② (나)　③ (다)　④ (라)　⑤ (마)

● 주제별 출제 비중

*최근 3개년 기준(심화 76~63회)

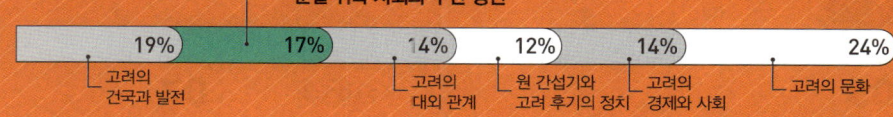

01 | 고려 인종 정답 ④

자료 분석

> 이자겸 + 척준경 + 『삼국사기』 편찬 → 고려 인종
>
> 고려 인종 때 문벌 귀족인 이자겸은 왕의 장인이자 외조부가 되어 권력을 독점하였다. 이에 인종이 이자겸을 제거하려 하자 이를 알게 된 이자겸은 척준경과 함께 난을 일으켰다. 하지만 인종은 척준경을 회유하여 이자겸을 제거한 다음 척준경도 유배를 보냄으로써 난을 진압하였다. 또한 고려 인종 때 김부식이 유교 사관에 입각하여 기전체 형식의 역사서인 『삼국사기』를 편찬하였다.

정답 해설

④ 인종 때 묘청을 중심으로 한 서경파는 서경 길지설을 내세워 수도를 서경으로 옮길 것을 주장하였으나, 김부식 등 개경파의 반대로 무산되었다. 이에 묘청 등이 서경에서 난을 일으켜 연호를 천개로 하는 대위국을 세웠으나, 김부식이 이끄는 관군에 의해 진압되었다.

오답 체크

① 고려 명종: 이의민을 제거하고 권력을 장악한 최충헌이 왕에게 사회 개혁안인 봉사 10조를 올렸다.
② 고려 예종: 고려에 조공을 바치는 조건으로 동북 9성이 여진에 반환되었다.
③ 공민왕: 국자감의 이름이 성균관으로 개칭하고 성균관을 순수 유학 교육 기관으로 개편하였다.
⑤ 고려 광종: 스스로를 황제로 칭하고 광덕, 준풍 등의 독자적 연호를 사용하였다.

02 | 이자겸의 난 정답 ①

자료 분석

> 인종이 그(이자겸)를 제거하려 하자 척준경과 함께 반란을 일으킴 → 이자겸의 난(1126)
>
> 이자겸은 예종 사후 인종이 즉위하는 데 공을 세웠으며, 인종과 자신의 딸을 혼인시켜 왕의 장인이자 외조부로서 권력을 독점하였다. 이에 인종이 이자겸을 제거하려 하자, 이를 알게 된 이자겸은 척준경과 함께 난을 일으켜 왕을 위협하고 정권을 장악하였다(이자겸의 난, 1126). 이후 인종은 척준경을 회유하여 이자겸을 제거하고 난을 진압하였다.

정답 해설

① 고려 인종 때 이자겸이 왕의 장인이자 외조부로서 권력을 장악하자, 인종은 이자겸을 제거하고자 하였다. 그러나 이를 알게 된 이자겸은 척준경과 함께 난을 일으켜 왕을 위협하고 반대파를 제거하였다(이자겸의 난, 1126).

빈출 개념 | 이자겸의 난

배경	문벌 귀족 이자겸의 왕실 권력 독점
전개	• 인종이 이자겸 제거를 시도하였으나 실패 • 이자겸과 척준경이 난을 일으킴(이자겸의 난) • 인종이 척준경을 설득하여 이자겸을 제거하고 척준경까지 축출함
결과	왕궁이 불타고, 왕실의 권위가 하락함

03 | 묘청 정답 ④

자료 분석

> 서경 천도를 주장 + 서경에서 반란 → 묘청
>
> 묘청은 고려 인종 때 활동한 서경(평양) 출신의 승려로, 풍수지리설을 내세워 서경 천도를 주장하였으나 서경 천도에 실패하였다. 이에 묘청은 국호를 대위국, 연호를 천개라 하여 난(묘청의 난)을 일으켰으나, 김부식이 이끄는 관군에 의해 약 1년 만에 진압되었다.

정답 해설

④ 묘청은 칭제 건원(왕을 황제로 칭하며 독자적인 연호를 사용할 것)과, 금(여진)을 정벌할 것을 주장하였다.

오답 체크

① 정도전(조선): 『불씨잡변』을 통해 불교를 비판하고, 성리학을 조선의 통치 이념으로 확립하고자 하였다.
② 최충헌(고려): 명종에게 사회 개혁안인 봉사 10조를 올렸다.
③ 조위총·김보당 등(고려): 무신 정권을 타도하고자 반란을 일으켰다.
⑤ 조광조(조선): 중종반정 공신들의 비리를 척결하고자 위훈 삭제를 시도하였다.

04 | 묘청의 난 정답 ③

자료 분석

> 서경 반란군 + 대화궁 → 묘청의 난(1135)
>
> 이자겸의 난(1126)이 진압된 이후 고려 인종이 왕권 회복을 위해 개혁을 추진하자, 묘청·정지상 등의 서경파는 풍수지리설을 내세워 서경으로 천도할 것을 주장하고 나아가 금국(여진) 정벌 및 칭제 건원을 건의하였다. 인종은 서경파의 건의를 받아들여 서경에 대화궁을 창건하였으나 김부식 등 개경파의 반대로 서경 천도는 무산되었다. 묘청은 이에 반발하여 서경에서 국호를 대위, 연호를 천개라 하며 반란을 일으켰으나(1135), 이듬해 김부식이 이끈 관군에 의해 진압되었다.

정답 해설

③ 이자겸의 난(1126) 이후 묘청 등의 서경파는 인종에게 서경으로 수도를 옮길 것을 주장하였다. 그러나 그들의 주장이 받아들여지지 않자, 묘청·정지상 등은 서경에서 난을 일으켰다(묘청의 난, 1135).

빈출 개념 | 묘청의 서경 천도 운동

배경	• 이자겸의 난 이후 왕권 위축 • 인종의 개혁 추진으로 서경파와 개경파의 대립 격화
전개	• 묘청 등 서경파가 서경 천도를 추진하였으나 개경파의 반대로 중단 • 묘청이 국호를 '대위국', 연호를 '천개'라 하여 난을 일으킴(묘청의 난) • 김부식의 관군에 의해 1년 만에 진압됨
결과	보수적인 문신 세력이 득세 → 무신에 대한 차별 심화

02 문벌 귀족 사회와 무신 정권

05 59회 12번
(가), (나) 사이의 시기에 있었던 사실로 옳은 것은? [2점]

> (가) 이자겸과 척준경이 왕을 위협하여 남궁(南宮)으로 거처를 옮기게 하고 안보린, 최탁 등 17인을 죽였다. 이 외에도 죽인 군사가 헤아릴 수 없을 정도였다.
>
> (나) 이의방과 이고가 정중부를 따라가 몰래 말하기를, "오늘날 문신들은 득의양양하여 술을 취하도록 마시고 음식을 배불리 먹는데, 무신들은 모두 굶주리고 고달프니 이것을 어찌 참을 수 있습니까."라고 하였다.

① 김부식이 묘청의 반란을 진압하였다.
② 강조가 정변을 일으켜 김치양을 제거하였다.
③ 망이·망소이가 공주 명학소에서 봉기하였다.
④ 서희가 외교 담판을 벌여 강동 6주를 확보하였다.
⑤ 최충헌이 봉사 10조를 올려 시정 개혁을 건의하였다.

07 30회 15번
다음 두 사건이 일어난 시기를 연표에서 옳게 고른 것은? [2점]

> ○ 동북면 병마사 간의대부 김보당이 동계(東界)에서 군사를 일으켜 …… 전왕(前王)을 복위시키고자 하였다. …… (김보당은) 장순석 등을 거제로 보내 전왕을 받들어 계림에 모시게 하였다.
> ○ 서경 유수 조위총이 군사를 일으켜 …… 동북 양계(兩界)의 여러 성들에 격문을 보내어 사람을 모았다. 겨울 10월 기미일에 중서시랑평장사 윤인첨을 보내 삼군(三軍)을 거느리고 조위총을 공격하게 하였다.
> – 『고려사』

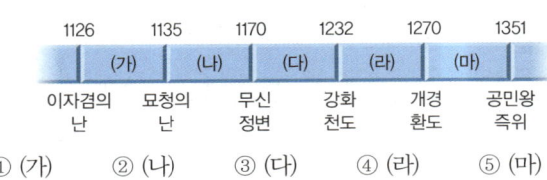

① (가) ② (나) ③ (다) ④ (라) ⑤ (마)

06 65회 14번
(가)~(다)를 일어난 순서대로 옳게 나열한 것은? [3점]

> (가) 왕이 보현원 문에 들어서자 …… 이고 등이 왕을 모시던 문관 및 대소 신료, 환관들을 모두 살해하였다. …… 정중부 등이 왕을 모시고 환궁하였다.
>
> (나) 이자겸과 척준경이 왕을 위협하여 남궁(南宮)으로 거처를 옮기게 하고 안보린, 최탁 등 17인을 죽였다. 이 외에도 죽인 군사가 헤아릴 수 없을 정도였다.
>
> (다) 묘청이 서경을 근거지로 삼고 반란을 일으켰다. …… 국호를 대위, 연호를 천개, 그 군대를 천견충의군이라 불렀다.

① (가) - (나) - (다) ② (가) - (다) - (나)
③ (나) - (가) - (다) ④ (나) - (다) - (가)
⑤ (다) - (가) - (나)

08 62회 16번
다음 사건의 배경으로 가장 적절한 것은? [2점]

> 조위총이 동·북 양계(兩界)의 여러 성에 격문을 돌려 군사를 불러모아 말하기를, "소문에 따르면 개경의 중방(重房)에서 '북계의 여러 성은 거칠고 사나운 무리를 많이 거느리고 있으니 토벌해야 한다.'고 논의하고 이미 많은 병력을 동원했다고 하니 어찌 가만히 앉아서 스스로 죽을 수 있겠는가? 각자 군사와 말을 규합하여 빨리 서경으로 달려와야 한다."라고 하였다.

① 노비 만적이 반란을 모의하였다.
② 정중부, 이의방 등이 정변을 일으켰다.
③ 신돈이 전민변정도감의 판사가 되었다.
④ 망이, 망소이 등이 명학소에서 봉기하였다.
⑤ 최충헌이 교정도감을 설치하여 국정을 총괄하였다.

05 | 이자겸의 난과 무신 정변 사이의 사실   정답 ①

자료 분석

- (가) 이자겸과 척준경 + 왕을 위협 → 이자겸의 난(1126)
- (나) 이의방과 이고 + 정중부 + 무신들은 모두 굶주리고 고달픔 → 무신 정변(1170)

(가) 고려 인종 때 이자겸이 왕의 장인이자 외조부로서 권력을 장악하자, 인종은 이자겸을 제거하고자 하였다. 그러나 이를 알게 된 이자겸은 척준경과 함께 난을 일으켜 왕을 위협하고 반대파를 제거하였다(이자겸의 난, 1126).

(나) 묘청의 난 이후, 보수적인 문신 세력이 득세하면서 무신을 하대하는 분위기가 더욱 심해지자 정중부, 이의방, 이고 등의 무신들이 정변을 일으켜 문신들을 제거하고 권력을 장악하였다(무신 정변, 1170).

정답 해설

① 이자겸의 난(1126)이 진압된 이후인 1135년에 묘청이 서경에서 난을 일으켰으나, 이듬해 김부식이 이끄는 관군에 진압되었다(1136).

오답 체크

② (가) 이전: 목종의 모후인 천추 태후와 김치양이 왕위를 엿보자, 1009년에 강조가 정변을 일으켜 김치양 일파를 제거하였다.
③ (나) 이후: 1176년에 공주 명학소에서 망이·망소이가 가혹한 수탈에 저항하며 봉기하였다.
④ (가) 이전: 993년에 거란이 고려를 1차 침입하자, 서희가 거란 장수 소손녕과의 외교 담판을 통해 강동 6주를 확보하였다.
⑤ (나) 이후: 1196년에 최충헌이 명종에게 봉사 10조를 올려 시정 개혁을 건의하였다.

06 | 고려 시대 반란의 전개 과정   정답 ④

자료 분석

- (가) 보현원 + 정중부 → 무신 정변(1170)
- (나) 이자겸과 척준경이 왕을 위협 → 이자겸의 난(1126)
- (다) 묘청 + 서경을 근거지로 삼고 반란을 일으킴 → 묘청의 난(1135)

정답 해설

④ 순서대로 나열하면 (나) 이자겸의 난(1126) – (다) 묘청의 난(1135) – (가) 무신 정변(1170)이다.

(나) 고려 인종 때 이자겸이 왕의 장인이자 외조부로서 권력을 장악하자, 인종이 이자겸을 제거하고자 하였다. 그러나 이를 알게 된 이자겸은 척준경과 함께 난을 일으켜 왕을 위협하고 반대파를 제거하였다(1126). 이에 인종이 척준경을 회유하여 이자겸을 제거하고, 척준경을 축출하여 난을 진압하였다.

(다) 서경 출신 승려인 묘청이 풍수지리설을 내세워 인종에게 서경 천도 등을 주장하였으나, 서경 천도에 실패하였다. 이에 묘청은 국호를 대위국, 연호를 천개, 군대를 천견충의군이라 하여 난을 일으켰으나, 김부식이 이끄는 관군에 의해 진압되었다(1136).

(가) 묘청의 난 이후 보수적인 문신 세력이 득세하면서 무신을 하대하는 분위기가 더욱 심해지고, 군인전을 제대로 지급받지 못한 하급 군인들의 불만이 고조되었다. 이에 정중부, 이의방, 이고 등의 무신들이 보현원에서 문신들을 제거하고 권력을 장악하였다(1170).

07 | 김보당의 난과 조위총의 난   정답 ③

자료 분석

- 동북면 병마사 + 김보당 → 김보당의 난(1173)
- 서경 유수 조위총 → 조위총의 난(1174)

동북면 병마사 김보당은 무신 정권에 반발해 의종의 복위와 이의방·정중부의 토벌을 주장하며 봉기하였다(김보당의 난, 1173). 이듬해 서경 유수였던 조위총도 정중부 등의 무신들을 토벌한다는 명분을 내세워 난을 일으켰으나(조위총의 난, 1174), 이 역시 진압되었다.

정답 해설

③ 정중부·이의방 등의 무신들이 정변을 일으켜 의종을 폐위하고 정권을 장악하자(무신 정변, 1170), 동북면 병마사 김보당이 난을 일으켰으며(1173), 이듬해에는 서경 유수 조위총이 무신 정권에 반발하며 반란을 일으켰다(1174).

빈출 개념 | 무신 집권기의 반무신 난

김보당의 난	• 1173년, 정중부 집권기에 동북면 병마사 김보당이 일으킨 반란(계사의 난) • 정중부와 이의방을 타도하고 의종 복위를 주장
조위총의 난	• 1174년, 정중부 집권기에 서경 유수 조위총이 일으킨 반란 • 정중부 제거를 위해 난을 일으킴

08 | 조위총의 난   정답 ②

자료 분석

조위총이 동·북 양계의 여러 성에 격문을 돌림 → 조위총의 난

조위총의 난은 무신 정변을 일으킨 정중부·이의방 등을 타도하기 위해 서경 유수 조위총이 서경에서 일으킨 반란이다(1174). 정중부 집권기에 군사를 일으킨 조위총은 동계와 북계에 격문을 돌려 서경으로 모이라고 하였고, 이에 40여 성이 호응하여 중앙 정부에 반기를 들었다. 반란은 한때 북쪽 지방을 모두 점령하는 등 크게 확산되었으나, 1176년 정부군에 의해 진압되었다.

정답 해설

② 조위총의 난은 정중부, 이의방 등의 무신들이 정변을 일으켜 문신들을 제거하고 권력을 장악하자(무신 정변), 서경 유수 조위총이 이들을 토벌하기 위해 일으킨 반란이다.

오답 체크

① 만적의 난: 최충헌의 사노비인 만적이 반란을 모의하였으나 실패하였다.
③ 공민왕 때 승려 신돈이 전민변정도감의 판사가 되어 개혁을 추진하였다.
④ 망이·망소이의 난: 정중부 집권기에 공주 명학소에서 망이·망소이가 가혹한 수탈에 저항하며 봉기하였다.
⑤ 희종 때 최충헌이 교정도감을 설치하고 장관인 교정별감이 되어 국정을 장악하였다.

02 문벌 귀족 사회와 무신 정권

09 53회 15번
다음 사건이 일어난 시기를 연표에서 옳게 고른 것은? [2점]

> ○ 명학소의 백성 망이·망소이 등이 무리를 모아서 산행 병마사라고 자칭하고는 공주를 공격하여 함락하였다.
> ○ 망이의 고향인 명학소를 충순현으로 승격시키고 양수탁을 현령으로, 김윤실을 현위로 임명하여 그들을 달래었다.

1104	1126	1135	1170	1231	1270
(가)	(나)	(다)	(라)	(마)	
별무반 조직	이자겸의 난	묘청의 난	무신 정변	몽골의 침입	개경 환도

① (가) ② (나) ③ (다) ④ (라) ⑤ (마)

10 69회 14번
다음 자료를 활용한 탐구 활동으로 가장 적절한 것은? [1점]

> ○ 남쪽에서 도적들이 봉기하였다. 가장 심한 자들은 운문을 거점으로 한 김사미와 초전을 거점으로 한 효심이었다. 이들은 유랑민을 불러 모아 주현을 습격하여 노략질하였다.
> ○ 원율 사람인 이연년이 백적도원수라 자칭하며 많은 사람을 불러 모아 여러 주군을 공격하여 노략질하니 최린이 지휘사 김경손과 함께 그들을 격파하였다.

① 노비안검법이 실시된 목적을 알아본다.
② 삼정이정청이 설치된 과정을 살펴본다.
③ 사심관 제도가 시행된 사례를 조사한다.
④ 집강소에서 추진한 개혁의 내용을 분석한다.
⑤ 무신 집권기 하층민의 반란이 발생한 배경을 파악한다.

11 66회 14번
다음 자료에 나타난 상황 이후의 사실로 옳은 것은? [2점]

> 경대승이 정중부를 죽이자, 조정 신하들이 대궐에 나아가 축하하였다. 경대승이 말하기를 "임금을 죽인 사람이 아직 살아 있는데, 무슨 축하인가?"라고 하였다. 이의민은 이 말을 듣고 매우 두려워하여 날랜 사람들을 모아서 대비하였다. 또한 경대승의 도방(都房)에서 자기들이 싫어하는 사람을 죽일 것을 모의한다는 말을 들었다. 이의민이 더욱 두려워하여 마을에 큰 문을 세워 밤마다 경계하였다.

① 묘청 등이 서경 천도를 주장하였다.
② 최충헌이 왕에게 봉사 10조를 올렸다.
③ 강조가 정변을 일으켜 왕을 폐위하였다.
④ 이자겸과 척준경이 반란을 일으켜 궁궐을 불태웠다.
⑤ 김보당이 폐위된 왕의 복위를 주장하며 군사를 일으켰다.

12 67회 13번
(가) 인물의 활동으로 옳은 것은? [2점]

이것은 이의민을 제거하고 정권을 장악한 (가) 의 묘지명 탁본입니다. 여기에는 그가 명종의 퇴위와 신종의 즉위에 관여한 사실 등이 기록되어 있습니다.

① 인사 행정을 담당하던 정방을 폐지하였다.
② 교정도감을 두어 국가의 중요한 사무를 처리하였다.
③ 삼별초를 이끌고 진도로 이동하여 대몽 항쟁을 펼쳤다.
④ 화약과 화포 제작을 위한 화통도감 설치를 건의하였다.
⑤ 후세의 정책 방향을 제시하기 위해 훈요 10조를 남겼다.

09 | 망이·망소이의 난 정답 ④

자료 분석
명학소 + 망이·망소이 → 망이·망소이의 난

무신 정변 이후 하극상의 풍조가 만연해지고 백성들에 대한 수탈이 심해지는 등 사회적 모순이 심화되자, 전국 각지에서 반란과 민중 봉기가 일어났다. 대표적으로 망이·망소이의 난(1176)은 특수 행정 구역인 공주 명학소에서 망이와 망소이가 신분 해방을 주장하며 일으킨 농민 봉기로, 이때 고려 정부는 반란군을 회유하기 위해 명학소를 충순현으로 승격하였다가, 난이 진압된 이후 이를 취소하였다.

정답 해설
④ 무신 정변(1170) 이후 하극상의 풍조가 만연해지면서 공주 명학소에서 망이·망소이가 신분 차별에 반대하며 봉기하였다(망이·망소이의 난, 1176).

빈출 개념 | 무신 집권기 하층민의 봉기

망이·망소이의 난	공주 명학소에서 가혹한 수탈에 반발하여 일어남
김사미·효심의 난	운문(김사미)과 초전(효심)에서 일어남
만적의 난	만적(최충헌의 노비)이 신분 해방을 주장하며 일으킴

10 | 무신 집권기 하층민의 반란 정답 ⑤

자료 분석
김사미 + 효심 + 이연년 → 무신 집권기 하층민의 반란

고려 의종 때 무신들이 정변을 일으켜 의종을 폐위시키고 정권을 장악하였다(무신 정변, 1170). 무신 정변 이후 지방에 대한 중앙의 지배 체제가 붕괴됨에 따라 백성들에 대한 통제력이 약화되었으며, 하극상의 풍조가 만연해지고 백성들에 대한 수탈이 심해지는 등 사회적 모순이 심화되었다. 이로 인해 김사미·효심의 난, 이연년 형제의 난 등 하층민의 반란이 발생하였다.

정답 해설
⑤ 고려 무신 집권기에는 지방에 대한 중앙의 지배 체제가 붕괴됨에 따라 백성들에 대한 통제력이 약화되었으며, 백성들에 대한 수탈이 강화되었다. 이로 인해 김사미·효심의 난, 이연년 형제의 난 등 하층민의 반란이 발생하였다.

오답 체크
① 고려 광종 때 노비안검법을 시행하여 억울하게 노비가 된 사람들을 양인으로 해방시켜, 호족의 경제적·군사적 기반을 약화시키고 호족 세력을 견제하였다.
② 조선 후기 철종 때 임술 농민 봉기의 사태 수습을 위해 파견된 안핵사 박규수의 건의에 따라 삼정의 문란을 시정하기 위한 기구로 삼정이정청이 설치되었다.
③ 고려 태조 왕건 때 고려에 항복한 신라의 경순왕 김부를 경주의 사심관으로 임명하였다.
④ 제1차 동학 농민 운동 때 조선 정부와 동학 농민군 사이에 맺어진 전주 화약의 결과, 동학 농민군은 집강소를 설치하여 폐정 개혁안을 실천하였다.

11 | 경대승 집권 이후의 사실 정답 ②

자료 분석
경대승이 정중부를 죽임 → 경대승 집권(1179)

경대승은 무신 정권 초기의 집권자였던 정중부 등을 제거하고 권력을 장악한 인물로, 자신의 신변을 보호하기 위한 사병 집단인 도방을 처음 설치하였다.

정답 해설
② 경대승 집권(1179) 이후인 1196년에 최충헌은 경대승 사후 권력을 잡은 이의민을 제거하고 명종에게 봉사 10조를 올려 시정 개혁을 건의하였다.

오답 체크
① 인종 때인 1128년에 묘청 등이 서경 천도를 주장하였다.
③ 목종 때인 1009년에 강조가 정변을 일으켜 목종을 폐위하고 현종을 옹립하였다.
④ 인종 때인 1126년에 이자겸과 척준경이 반란을 일으켜 궁궐을 불태웠다.
⑤ 명종 때인 1173년에 동북면 병마사인 김보당이 폐위된 의종의 복위를 주장하며 군사를 일으켰다.

12 | 최충헌 정답 ②

자료 분석
이의민을 제거하고 정권을 장악함 → 최충헌

최충헌은 무신 정권 초기의 집권자였던 이의민을 제거하고 권력을 장악한 인물로, 이때부터 60여 년간 최우, 최항, 최의에 이르는 최씨 무신 정권이 이어졌다. 한편, 최충헌은 왕위 계승에도 관여하여 명종을 폐위하고 신종을 왕으로 추대하기도 하였다.

정답 해설
② 최충헌은 국정 총괄 기구로 교정도감을 두고, 수장인 교정별감이 되어 국가의 중요한 사무를 처리하였다.

오답 체크
① **공민왕**: 인사권을 장악하기 위해 인사 행정을 담당하던 정방을 폐지하였다.
③ **배중손**: 고려 정부의 개경 환도에 반발하여 삼별초를 이끌고 진도로 이동하여 대몽 항쟁을 전개하였다.
④ **최무선**: 우왕 때 왜구에 대응하기 위해 화약과 화포 제작을 위한 화통도감 설치를 건의하였다.
⑤ **태조 왕건**: 후대 왕들이 지켜야 할 10가지 도리를 담은 훈요 10조를 남겼다.

02 문벌 귀족 사회와 무신 정권

13   49회 14번

(가), (나) 사이의 시기에 있었던 사실로 옳은 것은? [2점]

> (가) 동북면 병마사 간의대부 김보당이 동계(東界)에서 군대를 일으켜, 정중부와 이의방을 토벌하고 전왕(前王)을 복위시키려고 하였다. …… 동북면 지병마사 한언국이 장순석 등에게 거제(巨濟)로 가서 전왕을 받들어 계림에 모시게 하였다.
>
> (나) 만적 등이 노비들을 불러 모아서 말하기를, "장군과 재상에 어찌 타고난 씨가 있겠는가? 때가 되면 누구나 할 수 있는 것이다." 라고 하였다. …… 만적 등 100여 명이 체포되어 강에 던져졌다.

① 웅천주 도독 김헌창이 반란을 일으켰다.
② 최우가 인사 행정 담당 기구로 정방을 설치하였다.
③ 이자겸과 척준경이 반란을 일으켜 궁궐을 불태웠다.
④ 최충헌이 봉사 10조를 올려 시정 개혁을 건의하였다.
⑤ 김부식이 서경의 반란군을 진압하기 위해 출정하였다.

15   64회 14번

(가) 인물의 활동으로 옳은 것은? [2점]

① 인사 행정 담당 기구로 정방을 설치하였다.
② 봉사 10조를 올려 시정 개혁을 건의하였다.
③ 삼별초를 이끌고 진도 용장성에서 항전하였다.
④ 군사를 일으켜 정중부 등의 제거를 도모하였다.
⑤ 전민변정도감의 책임자로 임명되어 권문세족을 견제하였다.

14   51회 14번

다음 사건 이후에 일어난 사실로 옳은 것은? [1점]

> 만적 등 6명이 북산에서 땔나무를 하다가, 공사(公私)의 노복들을 불러 모아 모의하며 말하기를, "국가에서 경인년과 계사년 이래로 높은 관직도 천예(賤隸)에서 많이 나왔으니, 장상(將相)에 어찌 씨가 있겠는가? 때가 되면 (누구나) 차지할 수 있는 것이다. 우리들이라고 어찌 뼈 빠지게 일만 하면서 채찍 아래에서 고통만 당하겠는가?"라고 하였다. 여러 노(奴)들이 모두 그렇다고 하였다. …… 가노(家奴) 순정이 한충유에게 변란을 고하자 한충유가 최충헌에게 알렸다. 마침내 만적 등 100여 명을 체포하여 강에 던졌다.

① 묘청이 서경 천도를 주장하였다.
② 쌍기가 과거제의 시행을 건의하였다.
③ 왕실의 외척인 이자겸이 난을 일으켰다.
④ 정중부가 반란을 일으켜 권력을 차지하였다.
⑤ 최우가 정방을 설치하여 인사권을 장악하였다.

16 빈출   74회 14번

(가)~(다)를 일어난 순서대로 옳게 나열한 것은? [3점]

> (가) 김보당이 정중부·이의방을 토벌하고 의종을 다시 세우고자 …… 동북면지병마사 한언국과 군사를 일으켜 함께 하도록 했다. …… 정중부·이의방이 이 소식을 듣고 장군 이의민, 산원(散員) 박존위로 하여금 군사를 거느리고 남로로 가도록 했고, 또 군사를 서해도로 파견하여 대응하도록 했다.
>
> (나) 최충헌은 최충수와 함께 봉사를 올렸다. " …… 낡은 제도를 혁파하고 새로운 정치를 도모하심에 오로지 태조의 올바른 법을 따르시어 중흥의 길을 환히 여시길 바랍니다. 삼가 열 가지 사항을 아뢰옵니다."
>
> (다) 왕과 세자가 몽골에서 개경으로 돌아온 이후, 삼별초가 반란을 일으켜 승화후 왕온을 [왕으로] 세우고 진도에 웅거하였다.

① (가) - (나) - (다)   ② (가) - (다) - (나)
③ (나) - (가) - (다)   ④ (나) - (다) - (가)
⑤ (다) - (가) - (나)

13 | 김보당의 난과 만적의 난 사이의 사실   정답 ④

자료 분석
(가) 김보당 + 정중부와 이의방을 토벌하고 전왕을 복위시키려고 함
→ 김보당의 난(정중부 집권기)
(나) 만적 → 만적의 난(최충헌 집권기)

무신 정변 이후 무신들이 정권을 장악해 권력을 행사하는 무신 집권기가 시작되었다. 정중부 집권기에는 동북면 병마사 김보당이 정중부와 이의방을 타도할 것과 의종을 복위시킬 것을 주장하며 난을 일으켰으나(김보당의 난), 진압당하였다. 이후 최충헌 집권기에는 그의 노비였던 만적이 개경에서 노비들을 모아 신분 해방을 주장하며 반란을 일으키기도 하였다(만적의 난).

정답 해설
④ 최충헌은 이의민을 제거하고 집권한 직후, 명종에게 봉사 10조를 올려 시정 개혁을 건의하였다.

오답 체크
① (가) 이전: 신라 하대에 웅천주 도독 김헌창이 왕위 계승에 불만을 품고 난을 일으켰다.
② (나) 이후: 아버지 최충헌의 뒤를 이어 집권한 최우는 인사 행정 담당 기구로 정방을 설치하였다.
③ (가) 이전: 문벌 귀족 집권기인 고려 인종 때 이자겸과 척준경이 반란을 일으켜 궁궐을 불태운 이자겸의 난이 일어났다.
⑤ (가) 이전: 문벌 귀족 집권기인 고려 인종 때 묘청 등이 서경 천도 시도가 좌절되자 반란을 일으켰으나, 김부식에 의해 진압되었다.

14 | 만적의 난 이후의 사실   정답 ⑤

자료 분석
만적 + 최충헌 → 만적의 난(최충헌 집권기)

무신 집권기 중 최충헌 집권기에는 최충헌의 노비였던 만적이 개경에서 노비들을 모아 신분 해방을 주장하며 반란을 도모하였으나, 실패하였다(만적의 난, 1198).

정답 해설
⑤ 만적의 난(1198) 이후인 1225년에 최우(최충헌의 아들)는 인사 행정 담당 기구인 정방을 설치하여 인사권을 장악하였다.

오답 체크
① 인종 때 묘청은 풍수지리설에 입각하여 인종에게 서경(평양)으로 도읍을 옮길 것을 주장하였으나 실패하자, 1135년에 서경에서 반란을 일으켰다.
② 광종은 958년에 중국 후주에서 귀화한 쌍기의 건의에 따라 과거제를 실시하였다.
③ 인종의 장인이자 외조부인 이자겸이 1126년에 척준경과 함께 반란을 일으키고 권력을 장악하였다.
④ 문신과의 차별 대우에 불만을 품은 정중부, 이의방 등의 무신들이 1170년에 반란을 일으켜 권력을 장악하였다.

15 | 최우   정답 ①

자료 분석
몽골 침략 당시 실권자 + 강화 천도를 강행 → 최우

최우는 고려 무신 집권기의 최고 권력자 중 한 명으로, 최충헌에 이어 집권한 이후 문신들의 숙위 기구인 서방을 설치하였다. 한편 최우 집권기에 몽골이 고려에 침략하였고, 이에 최우는 몽골과의 장기 항전을 위해 개경에서 강화도로 천도를 강행하였다.

정답 해설
① 최우는 자신의 집에 인사 행정 담당 기구로 정방을 설치하여 인사권을 장악하였다.

오답 체크
② 최충헌: 무신 집권기의 최고 권력자 중 한 명으로, 명종에게 사회 개혁안인 봉사 10조를 올려 시정 개혁을 건의하였다.
③ 배중손: 고려 정부의 개경 환도에 반발하여 삼별초를 이끌고 진도 용장성에서 몽골에 항전하였다.
④ 경대승: 무신 집권기의 최고 권력자 중 한 명으로, 군사를 일으켜 정중부 등을 제거하고 권력을 장악하였다.
⑤ 신돈: 공민왕 때 전민변정도감의 책임자로 임명되어 권문세족을 견제하였다.

16 | 무신 집권기의 주요 사건   정답 ①

자료 분석
(가) 김보당이 정중부·이의방을 토벌하고 의종을 다시 세우고자 함
→ 김보당의 난(1173)
(나) 최충헌 + 봉사 → 최충헌의 봉사 10조(1196)
(다) 삼별초가 반란을 일으킴 + 진도에 웅거함
→ 삼별초의 항쟁(1270)

정답 해설
① 순서대로 나열하면 (가) 김보당의 난(1173) - (나) 최충헌의 봉사 10조(1196) - (다) 삼별초의 항쟁(1270)이다.
(가) 동북면 병마사 김보당은 보현원에서 정중부와 이의방 등의 무신 세력이 문신을 제거하고 의종을 폐위한 뒤 정권을 장악하자(무신 정변), 이에 반발하여 의종의 복위를 주장하며 반란을 일으켰다(김보당의 난). 그러나 그의 군대는 정중부와 이의방이 보낸 군사에게 진압되었다(1173).
(나) 최충헌은 무신 정권의 집권자였던 이의민을 제거하고 정권을 장악한 뒤, 왕에게 사회 개혁안인 봉사 10조를 올려 토지 겸병 금지, 조세 제도 개혁 등을 건의하였다(1196).
(다) 고려 원종은 세자와 함께 몽골에서 귀국하여 개경으로 환도할 것을 명령하였다(1270). 그러나 삼별초는 이에 반발하여 배중손을 중심으로 승화후 왕온을 왕으로 옹립하고, 강화도에서 진도로 이동하여 대몽 항쟁을 전개하였다.

03 고려의 대외 관계

01
66회 11번

(가)~(다) 학생이 발표한 내용을 일어난 순서대로 옳게 나열한 것은? [2점]

〈한국사 주제 발표〉
주제: 거란에 대한 고려의 대응

(가) 광군을 창설하여 거란의 침입에 대비하였습니다.
(나) 강감찬이 귀주에서 거란군을 크게 물리쳤습니다.
(다) 서희가 소손녕과 외교 담판을 벌여 강동 6주 지역을 확보하였습니다.

① (가) - (나) - (다)
② (가) - (다) - (나)
③ (나) - (가) - (다)
④ (나) - (다) - (가)
⑤ (다) - (나) - (가)

02
46회 13번

(가) 국가에 대한 고려의 대응으로 옳은 것은? [2점]

> 소손녕이 서희에게 말하기를, "너희 나라는 신라 땅에서 일어났고, 고구려 땅은 우리 소유인데, 너희들이 침범해 왔다. 그리고 우리와 국경을 접하고 있는데도 바다를 넘어 송을 섬기기 때문에, 오늘의 출병이 있게 된 것이다. ……"라고 하였다. 서희가 말하기를, "그렇지 않다. 우리나라가 바로 고구려의 옛 땅이기 때문에, 국호를 고려라 하고 평양에 도읍하였다. 만일 국경 문제를 논한다면, (가) 의 동경(東京)도 모조리 우리 땅에 있는데, 어찌 [우리가] 침범해 왔다고 말하는가?"라고 하였다.
> — 『고려사』

① 별무반을 보내 동북 9성을 축조하였다.
② 개경에 나성을 쌓아 침입에 대비하였다.
③ 최영을 중심으로 요동 정벌을 추진하였다.
④ 화통도감을 설치하여 화약과 화포를 제작하였다.
⑤ 쌍성총관부를 공격하여 철령 이북의 땅을 수복하였다.

03 빈출
72회 12번

(가)에 대한 고려의 대응으로 옳은 것은? [2점]

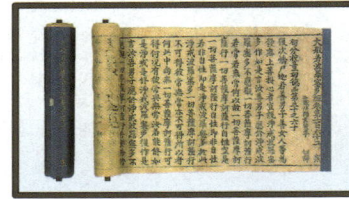

이 자료는 초조대장경의 일부입니다. (가) 의 침입으로 현종이 피란을 가고 개경이 함락되자 부처의 힘으로 나라를 지키려는 마음을 담아 조판하기 시작하였습니다.

① 윤관을 보내 동북 9성을 개척하였다.
② 화통도감을 두어 화포를 제작하였다.
③ 광군을 조직하여 침입에 대비하였다.
④ 박위를 파견하여 근거지를 토벌하였다.
⑤ 철령위 설치에 반발해 요동 정벌을 추진하였다.

04
67회 12번

(가) 왕의 재위 기간에 있었던 사실로 옳은 것은? [3점]

〈역사 연극 시나리오 구상〉
제목: (가) 의 험난한 피란길
○학년 ○반 ○모둠

장면1: 강조의 정변을 구실로 침입한 거란군이 서경까지 이르자 강감찬이 왕에게 남쪽으로 피란할 것을 권유한다.
장면2: 왕이 개경을 떠나 전라도 삼례에 이르는 동안 호위군이 도망가는 등의 어려움을 겪는다.
장면3: 나주에 도착한 왕은 강화가 성립되어 거란군이 물러간다는 소식을 듣고 안도한다.

① 만부교 사건이 일어났다.
② 초조대장경 조판이 시작되었다.
③ 사신 저고여가 귀국길에 피살되었다.
④ 공주 명학소에서 망이·망소이가 봉기하였다.
⑤ 신돈을 중심으로 전민변정 사업이 추진되었다.

● 주제별 출제 비중
*최근 3개년 기준(심화 76~63회)

19%	17%	14%	12%	14%	24%
고려의 건국과 발전	문벌 귀족 사회와 무신 정권	고려의 대외 관계	원 간섭기와 고려 후기의 정치	고려의 경제와 사회	고려의 문화

01 | 거란에 대한 고려의 대응   정답 ②

자료 분석
- (가) 광군을 창설 → 광군 창설(정종)
- (나) 강감찬 + 귀주에서 거란군을 크게 물리침 → 귀주 대첩(현종)
- (다) 서희 + 소손녕과 외교 담판을 벌여 강동 6주 지역을 확보 → 서희의 외교 담판(성종)

정답 해설
② 순서대로 나열하면 (가) 광군 창설(정종) - (다) 서희의 외교 담판(성종) - (나) 귀주 대첩(현종)이 된다.
- (가) 정종 때 거란이 고려를 침입할 움직임이 보이자, 이를 대비하기 위한 지방 군사 조직으로 30만 명에 달하는 광군을 창설하였다(947).
- (다) 성종 때 거란이 송과의 친선 관계를 끊을 것을 요구하며 고려를 1차 침입하였다(993). 이때 서희가 거란의 장수 소손녕과 외교 담판을 벌여 송과의 관계를 끊고 거란과 교류할 것을 약속하는 대신 압록강 동쪽의 강동 6주를 획득하였다.
- (나) 현종 때 2차 침입의 철수 조건인 현종의 입조가 지켜지지 않자, 거란은 고려를 3차 침입하였다(1018). 이때 강감찬이 이끄는 고려군이 귀주에서 소배압이 이끄는 거란군을 크게 격파하였다(1019).

02 | 거란에 대한 고려의 대응   정답 ②

자료 분석
- 소손녕 + 서희 → 거란에 대한 고려의 대응

고려는 송과의 외교 관계를 견제한 거란의 침입을 여러 차례 받았다. 1차 침입 때는 서희가 거란의 장수 소손녕과 외교 담판을 통해 송과의 교류를 끊는 것을 조건으로 강동 6주를 획득하였다.

정답 해설
② 고려는 개경 주위에 도성을 에워싼 외성인 나성을 축조하여 거란의 침입에 대비하였다.

오답 체크
① 고려는 예종 때 특수 부대인 별무반을 보내 여진을 정벌하고 동북 9성을 축조하였다.
③ 고려는 우왕 때 명나라가 철령 이북의 땅에 철령위를 설치하겠다고 하자, 최영을 중심으로 요동 정벌을 추진하였다.
④ 고려는 우왕 때 최무선의 건의로 화통도감을 설치하고 화약과 화포를 제작하였으며, 이를 이용해 진포 대첩에서 왜구를 물리쳤다.
⑤ 고려는 공민왕 때 원이 철령 이북의 땅을 직접 통치하기 위해 설치하였던 쌍성총관부를 공격하여 철령 이북의 땅을 되찾았다.

03 | 거란에 대한 고려의 대응   정답 ③

자료 분석
- 초조대장경 + 현종이 피란 → 거란에 대한 고려의 대응

고려 현종 때 거란이 강조의 정변(강조가 목종을 폐위하고 현종을 왕위에 올린 사건)을 구실로 2차 침입하였고, 이때 현종은 개경이 함락되고 나주로 피난을 가는 등 위기를 겪었다. 한편 고려는 거란의 침입을 부처의 힘으로 이겨내고자 초조대장경을 조판하기 시작하였다.

정답 해설
③ 고려 정종 때 거란이 고려를 침입할 움직임을 보이자 광군을 조직하여 이에 대비하였다.

오답 체크
① 여진: 고려 예종 때 윤관이 별무반을 이끌고 여진을 정벌한 뒤 동북 9성을 개척하였다.
② 왜구: 고려 우왕 때 최무선의 건의로 화통도감을 설치하고 화포를 제작하였으며, 이를 이용해 진포 대첩에서 왜구를 물리쳤다.
④ 왜구: 고려 창왕 때 박위를 파견하여 왜구의 근거지였던 대마도(쓰시마 섬)를 토벌하였다.
⑤ 명: 고려 우왕 때 명이 철령 이북에 명의 군영인 철령위를 설치하겠다고 통보하자, 최영을 중심으로 요동 정벌을 추진하였다.

04 | 고려 현종   정답 ②

자료 분석
- 강조의 정변을 구실로 침입한 거란군 + 강감찬 + 왕이 개경을 떠남 + 나주에 도착 → 고려 현종

고려 현종은 천추 태후(목종의 모후)와 김치양이 왕위를 엿보자, 서북면 도순검사 강조가 김치양 일파를 제거한 강조의 정변을 계기로 왕위에 올랐다. 이 사건을 구실로 거란이 고려에 2차 침입하여 수도 개경이 함락되자, 현종은 개경을 떠나 나주까지 피난하였다. 이후 거란은 현종의 입조(고려 왕이 거란에 문안 인사를 하는 것)을 조건으로 고려와 강화를 맺고 철수하였다.

정답 해설
② 고려 현종 재위 기간에 부처의 힘을 빌려 거란의 침입을 물리치고자 초조대장경 조판을 시작하였다.

오답 체크
① 태조 왕건: 거란을 배척하여 거란이 사신과 함께 선물로 보낸 낙타 50마리를 만부교라는 다리 아래에서 굶겨 죽이고 사신을 귀양 보낸 만부교 사건이 일어났다.
③ 고종: 몽골 사신 저고여가 귀국길에 피살된 사건이 발생하여 몽골이 고려에 침입하게 되었다.
④ 명종: 특수 행정 구역인 공주 명학소에서 망이·망소이가 가혹한 수탈에 반발하여 신분 해방을 주장하며 난을 일으켰다.
⑤ 공민왕: 신돈을 중심으로 전민변정 사업을 추진하여, 권문세족에게 부당하게 빼앗긴 토지와 강압에 의해 노비가 된 백성들을 원래의 상태로 되돌려 놓고자 하였다.

03 고려의 대외 관계

05
74회 12번

(가), (나) 사이의 시기에 있었던 사실로 옳은 것은? [2점]

> (가) 거란에서 사신을 파견하며 낙타 50필을 보냈다. 왕은 거란이 일찍이 발해와 지속적으로 화목하다가 갑자기 의심을 일으켜 맹약을 어기고 멸망시켰으니, 이는 매우 무도하여 친선 관계를 맺을 이웃으로 삼을 수는 없다고 생각하였다. 드디어 교빙을 끊고 사신 30인을 섬으로 유배 보냈으며, 낙타는 만부교 아래에 매어두니 모두 굶어 죽었다.
>
> (나) 왕이 나주로 들어갔는데, 밤에 척후병이 잘못 보고하기를, "거란 군사들이 이르렀습니다."라고 하였다. 왕이 크게 놀라서 밖으로 달려 나오자 지채문이 아뢰어 이르기를, "주상께서 밤중에 행차하시면 백성들이 놀라 혼란하게 되니, 바라옵건대 행궁으로 돌아가십시오. 제가 염탐하여 알아보고 나서, 그 후에 움직이셔도 됩니다."라고 하였다.

① 묘청이 칭제 건원을 주장하였다.
② 강감찬이 흥화진 전투에서 승리하였다.
③ 서희의 활약으로 강동 6주를 획득하였다.
④ 최우가 강화도로 도읍을 옮겨 항전하였다.
⑤ 윤관이 별무반을 이끌고 동북 9성을 개척하였다.

06
60회 14번

(가) 시기에 있었던 사실로 옳은 것은? [3점]

> 이주정이 김치양과 결탁한 것 같소. 그를 서북면 도순검부사로 보내고 강조를 개경으로 불러 짐을 호위하게 하시오.
>
> ➡ (가) ➡
>
> 귀주에서 외적을 크게 무찌른 강감찬과 장수들을 맞이할 연회를 준비하라.

① 화통도감이 설치되어 화포가 제작되었다.
② 신돈이 전민변정도감의 설치를 건의하였다.
③ 거란이 침입하여 왕이 나주까지 피난하였다.
④ 노비안검법의 실시로 국가 재정이 확충되었다.
⑤ 신기군, 신보군, 항마군 등으로 구성된 별무반이 조직되었다.

07
69회 13번

(가)에 대한 고려의 대응으로 옳은 것은? [2점]

> 변방의 장수가 보고하기를, "(가) 이/가 매우 사나워 변방의 성을 침입하고 있습니다."라고 하였다. …… 드디어 출병하기로 의논을 정하여 윤관을 원수로 삼고 지추밀원사 오연총을 부원수로 삼았다. 윤관이 아뢰기를, "신이 일찍이 선왕의 밀지를 받들었고 지금 또 엄명을 받았으니, 어찌 감히 삼군을 통솔하여 (가) 의 보루를 깨뜨리고 우리의 강토를 개척하여 나라의 수치를 씻지 않겠습니까."라고 하였다.

① 광군을 창설하여 침입에 대비하였다.
② 박위를 파견하여 근거지를 토벌하였다.
③ 강화도로 도읍을 옮겨 장기 항전을 준비하였다.
④ 선물 받은 낙타를 만부교에서 굶어 죽게 하였다.
⑤ 동북 9성을 설치하고 경계를 알리는 비석을 세웠다.

08
54회 12번

(가) 부대에 대한 설명으로 옳은 것은? [2점]

> 이곳은 오연총 장군을 모신 덕산사입니다. 원래 함경도 경성에 있던 사당을 지금의 전라남도 곡성으로 옮겨 왔습니다. 그는 신기군, 신보군, 항마군으로 편성된 (가) 의 부원수로 활약하였습니다.

① 4군 6진을 개척하여 영토를 확장하였다.
② 원의 요청으로 일본 원정에 참여하였다.
③ 여진을 정벌하여 동북 9성을 축조하였다.
④ 처인성에서 몽골 장수 살리타를 사살하였다.
⑤ 최씨 무신 정권의 군사적 기반 역할을 하였다.

05 | 만부교 사건과 거란의 2차 침입 사이의 사실   정답 ③

자료 분석

(가) 거란 + 낙타 50필을 보냄 + 만부교 아래 매어두니 모두 굶어 죽음 → 만부교 사건(942)
(나) 왕이 나주로 들어감 + 거란 → 거란의 2차 침입(1010)

(가) 고려 태조 왕건은 발해를 멸망시킨 거란에 대한 강경책을 전개하여 거란이 파견한 사신을 유배 보내고, 선물로 보낸 낙타 50마리를 굶어 죽게 하였다(만부교 사건, 942).
(나) 거란은 강조의 정변(강조가 목종을 폐위하고 현종을 왕위에 올린 사건)을 구실로 현종 때 2차 침입(1010)하였고, 이때 수도 개경이 함락되어 현종은 나주까지 피난하였다.

정답 해설
③ 만부교 사건(942) 이후 성종 때 거란이 송과의 친선 관계를 끊을 것 등을 요구하며 고려에 1차 침입하였으나, 서희가 외교 담판(993)을 통해 강동 6주를 획득하며 위기를 극복하였다.

오답 체크
모두 거란의 2차 침입 이후(1010)의 사실이다.
① 인조 때 1132년에 묘청과 정지상 등이 칭제 건원(왕을 황제로 칭하고 연호를 사용할 것)과 금국 정벌을 주장하였다.
② 1018년에 강감찬이 흥화진 전투에서 고려에 3차 침입한 거란군에 맞서 승리하였다.
④ 1232년에 집권자였던 최우가 강화도로 도읍을 옮겨 몽골에 항전하였다.
⑤ 1107년에 윤관이 별무반을 이끌고 여진을 정벌한 후 동북 9성을 개척하였다.

06 | 강조의 정변과 귀주 대첩 사이의 사실   정답 ③

자료 분석

• 강조를 개경으로 부름 → 강조의 정변(목종, 1009)
• 귀주에서 외적을 크게 무찌른 강감찬 → 귀주 대첩(현종, 1019)

고려 목종의 모후인 천추 태후와 김치양이 왕위를 엿보자, 서북면 도순검사 강조가 정변을 일으켜 김치양 일파를 제거하고, 목종을 폐위시키고 현종을 옹립하였다(강조의 정변, 1009). 이후 이 사건을 구실로 거란이 고려에 2차 침입하였으나, 거란은 현종의 입조(고려 왕이 거란에 문안 인사를 하는 것)을 조건으로 철수하였다. 그러나 현종이 입조를 하지 않자 거란은 고려에 3차 침입하였고, 이때 강감찬이 귀주에서 거란 장수 소배압의 10만 대군을 격파하였다(귀주 대첩, 1019).

정답 해설
③ 강조의 정변(1009) 이후 이를 구실로 거란이 고려를 2차 침입하자 수도 개경이 함락되고, 현종이 나주까지 피난하였다(1011).

오답 체크
① 우왕 때인 1377년에 최무선의 건의로 화통도감이 설치되어 화포가 제작되었다.
② 공민왕 때 신돈이 권문세족의 경제적 기반을 약화시키기 위해 전민변정도감의 설치를 건의하였다.
④ 광종 때인 956년에 노비안검법을 실시하여 강제로 노비가 된 자를 해방시켜 호족과 공신 세력의 경제적·군사적 기반을 약화시키고, 국가의 재정을 확충하였다.
⑤ 숙종 때인 1104년에 윤관의 건의로 여진을 상대하기 위해 신기군, 신보군, 항마군으로 구성된 별무반이 조직되었다.

07 | 여진에 대한 고려의 대응   정답 ⑤

자료 분석

변방 + 윤관 → 여진에 대한 고려의 대응

고려는 기병(말을 탄 군사) 중심인 변방의 여진에게 패하자, 숙종 때 여진 정벌을 위해 신기군, 신보군, 항마군 등으로 구성된 특수 부대인 별무반을 조직하였다. 이후 예종 때에는 윤관이 별무반을 이끌고 여진을 정벌하여 동북 9성을 축조하고, 경계를 알리는 비석을 세웠다. 그러나 동북 9성의 관리에 어려움을 겪던 고려 정부는 여진이 그 지역의 반환을 요청하자, 매년 고려에 조공을 바치는 조건으로 2년 만에 동북 9성을 여진에게 돌려주었다.

정답 해설
⑤ 고려는 예종 때 윤관이 별무반을 이끌고 여진을 정벌한 뒤 동북 9성을 설치하고, 경계를 알리는 비석을 세웠다.

오답 체크
① 거란: 고려 정종 때 거란의 침입에 대비하여 광군을 창설하였다.
② 일본: 고려 창왕 때 박위를 파견하여 왜구의 근거지였던 대마도(쓰시마 섬)를 토벌하였다.
③ 몽골: 고려 무신 집권기 때의 집권자였던 최우는 강화도로 도읍을 옮겨 장기 항전을 준비하였다.
④ 거란: 고려 태조 왕건 때 거란이 사신과 함께 선물로 보낸 낙타 50마리를 만부교라는 다리 아래에서 굶어 죽게 하였다.

08 | 별무반   정답 ③

자료 분석

신기군, 신보군, 항마군으로 편성 → 별무반

별무반은 숙종 때 윤관의 건의에 따라 여진 정벌을 위해 조직된 특수 부대로, 신기군(기병), 신보군(보병), 항마군(승려)으로 편성되었다.

정답 해설
③ 별무반은 고려 예종 때 여진을 정벌하고 동북 9성을 축조하였다.

오답 체크
① 조선 세종 때 김종서와 최윤덕을 보내 국경 지역에 4군 6진을 개척하여 영토를 확장하였다.
② 원 간섭기에 고려군은 원의 요청으로 일본 원정에 참여하였다.
④ 고려의 승려 김윤후는 몽골의 2차 침입 때 처인성에서 몽골 장수 살리타를 사살하였다.
⑤ 삼별초: 고려 무신 집권기에 최우가 설치한 야별초에서 유래한 군사 조직으로, 최씨 무신 정권의 군사적 기반 역할을 하였다.

빈출 개념 | 별무반

조직 배경	숙종 때 기병(말을 타고 싸우는 병사) 중심인 여진과의 전투에서 패한 뒤 윤관의 건의에 따라 조직(1104)
구성	신기군(기병), 신보군(보병), 항마군(승병)으로 구성
활동	예종 때 윤관이 별무반을 이끌고 여진을 토벌한 뒤 동북 9성 축조(1107)

03 고려의 대외 관계

09
68회 13번

(가)~(다)를 일어난 순서대로 옳게 나열한 것은? [3점]

(가) 금의 군주 아구다가 국서를 보내 이르기를, "형인 금 황제가 아우인 고려 국왕에게 문서를 보낸다. …… 이제는 거란을 섬멸하였으니, 고려는 우리와 형제의 관계를 맺어 대대로 무궁한 우호 관계를 이루기 바란다."라고 하였다.

(나) 윤관이 여진인 포로 346명과 말, 소 등을 조정에 바치고 영주·복주·웅주·길주·함주 및 공험진에 성을 쌓았다. 공험진에 비(碑)를 세워 경계로 삼고 변경 남쪽의 백성을 옮겨 와 살게 하였다.

(다) 정지상 등이 왕에게 아뢰기를, "대동강에 상서로운 기운이 있으니 신령스러운 용이 침을 토하는 형국으로, 천 년에 한 번 만나기 어려운 일입니다. 천심에 응답하고 백성들의 뜻에 따르시어 금을 제압하소서."라고 하였다.

① (가) – (나) – (다) ② (가) – (다) – (나)
③ (나) – (가) – (다) ④ (나) – (다) – (가)
⑤ (다) – (나) – (가)

10
75회 12번

(가)의 침입에 대한 고려의 대응으로 옳은 것은? [1점]

이곳은 전라남도 진도의 용장성 유적으로, 삼별초가 조성한 궁궐의 터가 남아 있습니다. 고려 정부가 (가) 와과 강화를 맺자, 이에 반발한 삼별초는 왕족인 승화후 온을 왕으로 삼고 이곳으로 내려와 궁궐과 성을 쌓아 항쟁을 계속하였습니다. 단기간 사용되었음에도 왕궁과 외성이 있고, 여러 개의 성문과 치(雉) 등 다양한 시설이 확인된다고 합니다.

① 윤관을 보내 동북 9성을 개척하였다.
② 상비군으로 구성된 훈련도감을 설치하였다.
③ 박위로 하여금 쓰시마 섬을 정벌하게 하였다.
④ 서희를 파견하여 소손녕과 외교 담판을 벌였다.
⑤ 대장도감을 설치하여 팔만대장경을 간행하였다.

11
71회 15번

(가)에 대한 고려의 대응으로 옳은 것은? [2점]

○ 박서는 김중온의 군사로 성의 동서쪽을, 김경손의 군사로는 성의 남쪽을, 별초 250여 인은 나누어 3면을 지키게 하였다. (가) 의 군사들이 성을 여러 겹으로 포위하고 공격하자 성안의 군사들이 갑자기 나가 싸워 그들을 패주시켰다.

○ 송문주는 귀주에서 종군하였던 사람인데 그 공으로 낭장(郎將)으로 초수(超授)되었다. 이후 죽주 방호별감이 되었을 때, (가) 이/가 죽주성에 이르러 보름 동안이나 다방면으로 공격하였으나 성을 빼앗지 못하고 물러갔다.

① 강화도로 도읍을 옮겨 항전하였다.
② 광군을 창설하여 침입에 대비하였다.
③ 화통도감을 설치하여 군사력을 증강하였다.
④ 철령위 설치에 반발하여 요동 정벌을 추진하였다.
⑤ 신기군, 신보군, 항마군으로 구성된 별무반을 창설하였다.

12
66회 13번

(가)의 침입에 대한 고려의 대응으로 옳은 것을 〈보기〉에서 고른 것은? [2점]

강화중성은 (가) 의 침략에 맞서 고려가 강화도로 천도한 이후 건립한 내성, 중성, 외성 중 하나입니다. 강화중성은 당시 수도를 둘러싼 토성(土城)으로, 이번 발굴 조사에서 방어를 위해 성벽의 바깥에 돌출시킨 대규모 치성(雉城)이 확인되었습니다.

〈보기〉
ㄱ. 양규가 무로대에서 적군을 물리쳤다.
ㄴ. 김윤후가 충주성 전투에서 활약하였다.
ㄷ. 송문주가 죽주성에서 적군을 격퇴하였다.
ㄹ. 윤관이 별무반을 이끌고 동북 9성을 쌓았다.

① ㄱ, ㄴ   ② ㄱ, ㄷ   ③ ㄴ, ㄷ   ④ ㄴ, ㄹ   ⑤ ㄷ, ㄹ

09 | 고려와 여진 사이의 주요 사건   정답 ③

자료 분석

(가) 금의 군주 아구다 + 아우인 고려 국왕 + 형제의 관계
→ 금의 형제 관계 요구(예종, 1117)
(나) 윤관 + 성을 쌓음 → 동북 9성 축조(예종, 1107)
(다) 정지상 + 대동강에 상서로운 기운이 있음 + 금을 제압
→ 서경파의 칭제 건원과 금국 정벌 주장(인종, 1132)

정답 해설

③ 순서대로 나열하면 (나) 동북 9성 축조(예종, 1107) - (가) 금의 형제 관계 요구(예종, 1117) - (다) 서경파의 칭제 건원과 금국 정벌 주장(인종, 1132) 이 된다.

(나) 예종 때 윤관이 별무반을 이끌고 여진을 정벌하여 동북 9성을 축조하였다(1107). 그러나 동북 9성의 관리에 어려움을 겪었던 고려 정부는 여진이 그 지역의 반환을 요청하자, 매년 고려에 조공을 바치는 조건으로 2년 만에 동북 9성을 여진에게 돌려주었다(1109).
(가) 아구다가 여진족을 통합하여 금을 건국(1115)하고 고려에 형제 관계를 요구하였다(1117). 이후 인종 때 금이 요(거란)를 멸망시킨 후 고려에 군신 관계를 요구하였고 당시 집권자였던 이자겸이 금의 사대 요구를 수용하였다(1126).
(다) 이자겸의 난 진압 이후 인종은 왕권 회복을 위한 개혁을 추진하였고, 서경파인 정지상, 묘청 등이 인종에게 서경 천도 등을 주장하였다. 나아가 칭제 건원(왕을 황제로 칭하고 연호를 사용할 것)과 금국(여진) 정벌 등을 건의(1132)하였으나, 김부식 등 개경파의 반대로 서경 천도에는 실패하였다.

10 | 몽골의 침입에 대한 고려의 대응   정답 ⑤

자료 분석

진도의 용장성 + 삼별초 → 몽골의 침입에 대한 고려의 대응
몽골의 고려 침입은 몽골 사신 저고여가 국경 지역에서 피살당한 사건을 계기로 시작되었다. 이후 고려는 몽골의 침입에 대응하여 강화도로 천도하였으며, 처인성 전투, 충주성 전투 등에서 항전하였다. 이후 고려와 몽골이 강화를 맺자, 군사 조직이었던 삼별초는 이에 반발하여 근거지를 진도로 옮기고 용장성을 쌓아 항전을 계속하였다.

정답 해설

⑤ 고려는 몽골의 2차 침입 당시 초조대장경이 소실되자, 강화도에 대장도감을 설치하여 부처의 힘으로 몽골을 물리치고자 하는 염원을 담아 팔만대장경을 간행하였다.

오답 체크

① 여진에 대한 고려의 대응: 윤관을 보내 여진을 정벌한 후 동북 9성을 개척하였다.
② 일본에 대한 조선의 대응: 임진왜란 이후 포수, 살수, 사수 등의 상비군으로 구성된 훈련도감을 설치하였다.
③ 일본에 대한 고려의 대응: 박위로 하여금 일본 해적의 본거지였던 쓰시마 섬(대마도)을 정벌하게 하였다.
④ 거란에 대한 고려의 대응: 거란이 1차 침입하자 서희를 파견하여 소손녕과 외교 담판을 벌였고, 그 결과로 강동 6주 지역을 획득하였다.

11 | 몽골에 대한 고려의 대응   정답 ①

자료 분석

박서 + 송문주 + 죽주성 → 몽골에 대한 고려에 대응
고려는 몽골의 1차 침입 당시 박서가 귀주성에서 몽골에 항전하였으나, 결국 수도인 개경이 포위되며 고려는 몽골과 강화를 맺었다. 이후 몽골의 3차 침입 때는 죽주 방호별감인 송문주가 죽주성에서 몽골군을 격퇴하였다.

정답 해설

① 고려 무신 집권기 때의 집권자였던 최우는 강화도로 도읍을 옮겨 몽골에 항전하였다.

오답 체크

② 거란: 고려 정종 때 광군을 창설하여 거란의 침입에 대비하였다.
③ 왜구: 고려 우왕 때 최무선의 건의로 화통도감을 설치하여 군사력을 증강하였다.
④ 명: 고려 우왕 때 명이 철령 이북에 철령위를 설치하겠다고 통보하자, 최영을 중심으로 요동 정벌을 추진하였다.
⑤ 여진: 고려 숙종 때 윤관의 건의에 따라 신기군(기병), 신보군(보병), 항마군(승병)으로 구성된 별무반을 창설하였다.

12 | 몽골의 침입에 대한 고려의 대응   정답 ③

자료 분석

고려가 강화도로 천도함 → 몽골의 침입에 대한 고려의 대응
고려는 몽골의 1차 침입 때 개경이 포위되어 몽골과 강화를 맺었으나, 몽골이 돌아가자 집권자인 최우가 개경에서 강화도로 천도하여 궁궐과 도성을 세우는 등 장기적인 대몽 항전을 준비하였다. 이때 도성은 내성, 중성, 외성을 3중으로 세워 방어 체계를 강화하였다.

정답 해설

③ ㄴ. 몽골의 2차 침입 때 처인성 전투에서 승리한 김윤후는 몽골의 5차 침입 때 관노들과 함께 충주성 전투에서 활약하였다.
ㄷ. 죽주 방호별감인 송문주는 몽골의 3차 침입 때 죽주성에서 몽골군을 격퇴하였다.

오답 체크

ㄱ. 거란: 고려 현종 때 거란이 2차 침입하자, 무신 양규가 무로대에서 거란군을 물리쳤다.
ㄹ. 여진: 고려 숙종 때 윤관의 건의로 특수 부대인 별무반을 설치하였으며, 윤관은 예종 때 별무반을 이끌고 여진을 정벌한 후 동북 9성을 쌓았다.

03 고려의 대외 관계

13
(가), (나) 사이의 시기에 있었던 사실로 옳은 것은? [2점]

(가) 최우가 녹전거(祿轉車) 100여 대를 빼앗아 집안의 재물을 강화도로 옮기니, 수도가 흉흉하였다. …… 또 사자(使者)를 여러 도에 나누어 보내어, 백성을 산성과 섬으로 옮겼다.

(나) 김방경과 흔도(忻都), 홍차구, 왕희, 왕옹 등이 3군을 거느리고 진도를 토벌하여 크게 격파하고, 승화후 왕온을 죽였다. 김통정이 남은 무리를 이끌고 탐라로 도망하여 들어갔다.

① 양규가 곽주성을 급습하여 탈환하였다.
② 최무선이 진포에서 왜구를 격퇴하였다.
③ 강조가 정변을 일으켜 국왕을 폐위하였다.
④ 김윤후가 처인성에서 살리타를 사살하였다.
⑤ 이자겸과 척준경이 반란을 일으켜 궁궐을 불태웠다.

15
(가)~(다)를 일어난 순서대로 옳게 나열한 것은? [2점]

(가) 백관을 소집하여 금을 섬기는 문제에 대한 가부를 의논하게 하니 모두 불가하다고 하였다. 이자겸, 척준경만이 "사신을 보내 먼저 예를 갖추어 찾아가는 것이 옳습니다."라고 하니 왕이 이 말을 따랐다.

(나) 나세·심덕부·최무선 등이 왜구를 진포에서 공격해 승리를 거두고 포로 334명을 구출하였으며, 김사혁은 패잔병을 임천까지 추격해 46명을 죽였다.

(다) 몽골군이 쳐들어와 충주성을 70여 일간 포위하니 비축한 군량이 거의 바닥났다. 김윤후가 괴로워하는 군사들을 북돋우며, "만약 힘을 다해 싸운다면 귀천을 가리지 않고 모두 관작을 제수할 것이니 불신하지 말라."라고 하였다.

① (가) – (나) – (다) ② (가) – (다) – (나)
③ (나) – (가) – (다) ④ (나) – (다) – (가)
⑤ (다) – (가) – (나)

14
(가) 군사 조직에 대한 설명으로 옳은 것은? [2점]

① 거란의 침입에 대비하여 설치되었다.
② 최씨 무신 정권의 군사적 기반이었다.
③ 원의 요청으로 일본 원정에 참여하였다.
④ 신기군, 신보군, 항마군으로 편성되었다.
⑤ 최영의 지휘 아래 홍산에서 왜구를 격퇴하였다.

16
(가)에 들어갈 내용으로 가장 적절한 것은? [2점]

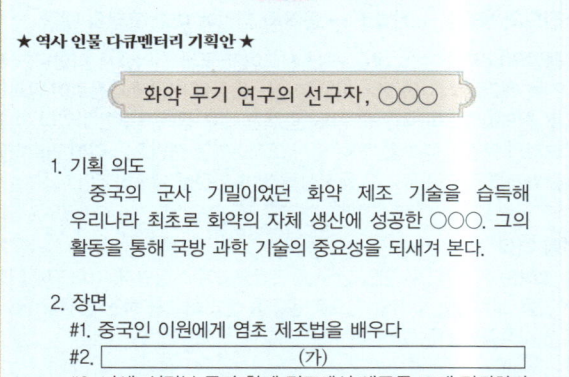

① 신기전과 화차를 개발하다
② 화통도감의 설치를 건의하다
③ 불랑기포를 활용하여 평양성을 탈환하다
④ 조총 부대를 이끌고 나선 정벌에 참여하다
⑤ 발화 장치를 활용한 비격진천뢰를 발명하다

13 | 강화 천도와 삼별초 항쟁 사이의 사실   정답 ④

자료 분석
- (가) 최우 + 강화도로 옮김 → 강화 천도(1232)
- (나) 김방경 + 진도 + 김통정 + 탐라 → 삼별초의 항쟁(1270)
- (가) 고려는 몽골 사신 저고여가 국경 지대에서 피살당한 사건을 계기로 몽골의 1차 침입을 받았다. 1차 침입 이후 당시 고려의 집권자였던 최우가 대몽 항쟁을 위해 수도를 개경에서 강화도로 옮겼고(1232), 몽골은 강화 천도를 문제 삼아 고려에 2차 침입하였다.
- (나) 무신 정권이 붕괴되자, 고려 정부는 몽골과 강화를 맺고 개경으로 환도하였다. 삼별초는 이에 반발하며 배중손을 중심으로 강화도에서 진도로 이동하여 대몽 항쟁을 전개하였다(1270). 배중손이 죽은 뒤에는 김통정의 지휘로 탐라(제주도)로 이동하여 항전을 계속하였다.

정답 해설
④ 고려의 승려인 김윤후는 몽골의 2차 침입 때 처인성에서 몽골 장수 살리타를 사살하였다(1232).

오답 체크
① (가) 이전: 1010년 거란의 2차 침입 때 양규가 곽주성에 머무르고 있던 거란군을 급습해 성을 탈환하였다.
② (나) 이후: 1380년에 최무선이 화통도감에서 제작한 화포를 이용하여 진포에서 왜구를 상대로 대승을 거두었다.
③ (가) 이전: 목종의 모후인 천추 태후와 김치양이 왕위를 엿보자, 1009년에 강조가 정변을 일으켜 목종을 폐위하고 현종을 옹립하였다.
⑤ (가) 이전: 1126년에 인종의 장인이자 외조부인 이자겸이 척준경과 함께 반란을 일으켜 궁궐을 불태우고 권력을 장악하였다.

14 | 삼별초   정답 ②

자료 분석
개경 환도에 반발하여 강화도에서 봉기 + 진도 + 제주도 → 삼별초
삼별초는 무신 집권기에 최우가 치안 유지를 위해 설치한 야별초에서 비롯한 군사 조직으로, 좌별초·우별초·신의군으로 구성되었다. 삼별초는 고려 정부가 몽골과 강화를 맺고 강화도에서 개경으로 환도하자, 이에 반발하며 배중손을 중심으로 강화도에서 진도로 이동해 용장성을 쌓고 대몽 항쟁을 전개하였다. 배중손이 죽은 뒤에는 김통정의 지휘로 탐라(제주도)로 이동하여 항전을 계속하였으나, 정부군에 의해 진압되었다.

정답 해설
② 삼별초는 최씨 무신 정권의 군사적 기반이 되었으며, 군대, 경찰 등의 역할을 수행하였다.

오답 체크
① 광군: 정종 때 거란의 침입에 대비하여 설치된 부대이다.
③ 삼별초는 일본 원정이 시작(1274)되기 전인 1273년에 고려·몽골 연합군에 의해 진압되었다.
④ 별무반: 고려 숙종 때 창설된 군대로, 신기군, 신보군, 항마군으로 편성되었다.
⑤ 최영의 지휘 아래 홍산에서 최공철, 강영, 박수년 등이 함께 왜구를 격퇴하였다.

15 | 고려의 대외 관계   정답 ②

자료 분석
- (가) 금을 섬기는 문제 + 이자겸 + 먼저 예를 갖춤 → 금의 사대 요구 수용(12세기)
- (나) 최무선 + 왜구를 진포에서 공격함 → 진포 대첩(14세기)
- (다) 몽골군 + 충주성을 포위함 + 김윤후 → 충주산성 전투(13세기)

정답 해설
② 순서대로 나열하면 (가) 금의 사대 요구 수용(12세기) - (다) 충주산성 전투(13세기) - (나) 진포 대첩(14세기)이다.
- (가) 인종 때 금이 요(거란)를 멸망시킨 후 고려에 군신 관계를 요구하였고, 당시 집권자였던 이자겸이 금의 사대 요구를 수용하였다(12세기).
- (다) 고종 때 몽골이 고려에 5차 침입하자, 김윤후가 충주산성 전투에서 몽골군을 격퇴하였다(13세기).
- (나) 우왕 때 왜구가 고려를 자주 침입하자, 최무선 등이 진포에서 화포를 이용하여 왜구를 격퇴하였다(14세기).

빈출 개념 | 고려 대외 관계의 전개

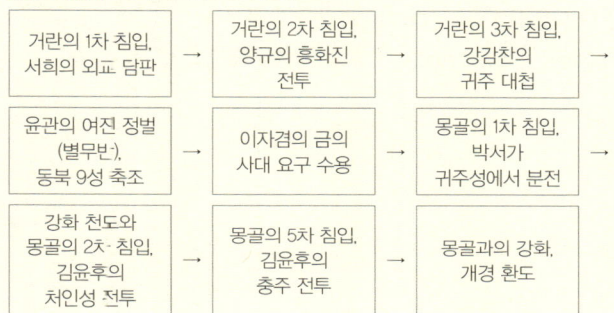

16 | 최무선   정답 ②

자료 분석
화약의 자체 생산에 성공함 + 진포에서 왜구를 크게 격퇴 → 최무선
최무선은 고려 시대의 무신으로, 중국의 화약 제조 기술을 습득해 우리나라 최초로 화약의 자체 생산에 성공하였다. 이후 최무선은 화통도감에서 제조한 화약과 화포를 이용하여 나세, 심덕부 등과 함께 진포에 침입한 왜구를 크게 격퇴하였다(진포 대첩).

정답 해설
② 최무선은 우왕에게 화약과 화포를 만드는 화통도감의 설치를 건의하였다.

오답 체크
① 조선 세종 때 신기전이 개발되었고, 문종 때 연속 발사 장치인 화차가 개발되었다.
③ 임진왜란 때 조·명 연합군이 서양식 화포인 불랑기포를 활용하여 왜군에게 빼앗긴 평양성을 탈환하였다.
④ 조선 변급, 신류: 효종 때 청의 요청으로 조총 부대를 이끌고 나선 정벌에 참여하였다.
⑤ 조선 이장손: 선조 때 포탄인 비격진천뢰를 발명하였다.

04 원 간섭기와 고려 후기의 정치

01
67회 15번

다음 자료를 활용한 탐구 활동으로 가장 적절한 것은? [2점]

> 시중 김방경과 대장군 인공수를 [상국(上國)에] 파견하여 표문을 올렸다. "우리나라는 근래 역적을 소탕하는 대군에 군량을 공급하는 일로 이미 해마다 백성에게서 양식을 거두어들였습니다. 게다가 일본 정벌에 필요한 전함을 건조하는 데 장정들이 모두 징발되었고 노약자들만 겨우 밭 갈고 씨 뿌리는 일을 하고 있습니다."

① 삼전도비가 건립된 계기를 찾아본다.
② 정동행성이 설치되는 배경을 살펴본다.
③ 사심관 제도가 시행된 원인을 조사한다.
④ 조위총의 난이 전개되는 과정을 알아본다.
⑤ 『권수정혜결사문』이 작성된 목적을 파악한다.

03 킬러
74회 17번

밑줄 그은 '이 시기'에 볼 수 있는 모습으로 적절한 것은? [2점]

① 『농상집요』를 소개하는 관리
② 흑창에서 곡식을 빌리는 농민
③ 사섬서에서 저화를 발행하는 장인
④ 선혜청에서 공가(貢價)를 받는 상인
⑤ 상평통보로 물건을 거래하는 보부상

02
52회 13번

다음 상황 이후에 전개된 사실로 옳은 것은? [2점]

> 고려의 태자가 배알하니 쿠빌라이가 기뻐하며 말하기를, "고려의 세자가 스스로 오니 이는 하늘의 뜻이다."라고 하였다. 강회선무사 조양필이 말하기를, "고려는 비록 소국이나 20여 년간 군사를 동원하였어도 아직 신하가 되지 않았습니다. …… 이는 한 명의 병졸도 수고롭게 하지 않고 한 나라를 얻는 것입니다."라고 하였다.

① 쌍기의 건의로 과거제가 도입되었다.
② 동북면 병마사 김보당이 난을 일으켰다.
③ 이제현이 만권당에서 유학자들과 교류하였다.
④ 묘청 등이 중심이 되어 서경 천도를 주장하였다.
⑤ 최충헌이 봉사 10조를 올려 시정 개혁을 건의하였다.

04
72회 15번

밑줄 그은 '시기'의 사실로 옳은 것은? [2점]

① 권문세족이 도평의사사를 장악하였다.
② 왕조 교체를 예언하는 『정감록』이 유포되었다.
③ 강조가 정변을 일으켜 김치양을 제거하였다.
④ 김보당이 의종 복위를 주장하며 난을 일으켰다.
⑤ 국정을 총괄하는 기구로 교정도감이 설치되었다.

● 주제별 출제 비중
*최근 3개년 기준(심화 76~63회)

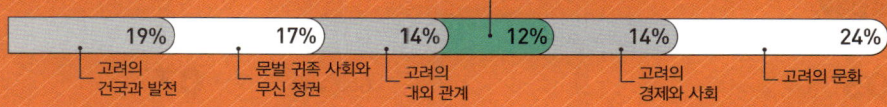

01 | 충렬왕 때의 일본 원정   정답 ②

자료 분석
김방경 + 일본 정벌 → 충렬왕 때의 일본 원정

원 간섭기인 충렬왕 때 고려는 원의 요청으로 일본 원정에 참여하였고, 총 두 차례에 걸친 일본 원정이 전개되었다. 김방경이 이끄는 고려군은 원의 군대와 함께 일본 정벌에 나섰으나, 1차 때는 막부의 저항과 태풍으로, 2차 때 역시 태풍으로 인해 원정에 실패하였다.

정답 해설
② 정동행성은 고려 원 간섭기인 충렬왕 때 원이 일본 원정을 위해 고려에 설치한 기구로, 일본 원정이 실패한 이후에도 존속하여 고려의 내정에 간섭하였다.

오답 체크
① 병자호란의 결과 조선 인조는 삼전도에 직접 나가 항복하면서 청과 군신 관계를 맺었는데(1637, 삼전도의 굴욕), 당시 청 태종이 자신의 공덕을 자랑하기 위해 전승비를 세울 것을 강요하여 삼전도비가 건립되었다.
③ 고려 태조 왕건은 호족 세력을 견제하기 위해 사심관 제도를 시행하였다.
④ 고려 무신 집권기에 서경 유수 조위총이 무신 정권을 타도하기 위해 난을 일으켰다.
⑤ 고려 무신 집권기에 활동한 승려 지눌은 세속화된 당시의 불교를 비판하였고, 『권수정혜결사문』을 작성하여 선정과 지혜를 함께 닦아 수행해야 한다는 정혜쌍수를 강조함으로써 불교 개혁에 앞장섰다.

02 | 고려 태자의 쿠빌라이 배알 이후의 사실   정답 ③

자료 분석
고려의 태자가 배알 + 쿠빌라이 → 고려 태자의 쿠빌라이 배알

계속된 몽골의 침입으로 국난을 겪던 고려 고종은 몽골과의 강화를 추진하기 위해 태자(이후 원종)를 몽골에 보냈고, 태자는 당시 몽골에서 세력 다툼을 하던 쿠빌라이를 배알(지위가 높은 사람을 찾아가 뵘)하였다. 이후 쿠빌라이가 원을 건국하자 원종은 아들 왕심(이후 충렬왕)과 원 세조(쿠빌라이)의 딸을 혼인시킬 것을 청하였다. 이로써 고려가 원의 사위국이 되며 원 간섭기가 본격적으로 시작되었다.

정답 해설
③ 고려 태자의 쿠빌라이 배알 이후 고려가 원의 사위국이 되면서 원 간섭기가 시작되었는데, 이 시기에 이제현이 만권당에서 유학자들과 교류하였다.

오답 체크
① 고려 초기인 광종 때 중국 후주 출신 쌍기의 건의로 과거제가 도입되었다.
② 무신 집권기인 명종 때 동북면 병마사 김보당이 정중부와 이의방을 타도하고 의종을 복위시킬 것을 주장하며 난을 일으켰다.
④ 문벌 귀족 집권기인 인종 때 묘청 등이 서경 천도를 주장하였다.
⑤ 무신 집권기인 명종 때 최충헌이 봉사 10조를 올려 시정 개혁을 건의하였다.

03 | 원 간섭기의 모습 오답률 71.0%   정답 ①

자료 분석
권문세족 + 공녀 + 변발과 호복이 유행함 → 원 간섭기

원 간섭기는 고려가 원나라(몽골)의 간섭을 받던 시기이다. 이 시기에는 친원 세력이 권문세족으로 성장하여 최고 정치 기구인 도평의사사를 장악하고 대농장을 경영하였다. 또한 많은 여성이 원에 공녀로 끌려가자 이를 피하려는 조혼 풍습이 성행하였으며, 지배층을 중심으로 변발과 호복 등의 몽골풍이 유행하였다.

정답 해설
① 원 간섭기에는 이암에 의해 원의 농서인 『농상집요』가 소개되었다.

오답 체크
② 고려 초기: 고려 태조 왕건이 빈민을 구제하기 위해 흑창을 처음 설치하여 춘궁기에 백성에게 곡식을 빌려주었다가 추수기에 갚도록 하였다.
③ 조선 전기: 조선 태종 때 사섬서를 설치하여 저화(지폐)를 발행하였다.
④ 조선 후기: 대동법이 시행된 이후 선혜청에서 공가를 받아 물품을 구매한 후 이를 궁궐과 관청에 납부하는 상인인 공인이 등장하였다.
⑤ 조선 후기: 상평통보 등 화폐의 유통이 전국적으로 확대되었으며, 보부상은 장시를 돌아다니며 봇짐이나 등짐을 지고 물건을 거래하였다.

04 | 원 간섭기의 사실   정답 ①

자료 분석
충렬왕부터 공민왕에 이르는 시기 → 원 간섭기

원 간섭기는 고려가 몽골이 세운 원나라의 간섭을 받던 시기로, 고려 정부가 몽골과 강화를 맺고 개경으로 환도하면서부터 시작되었으며, 공민왕 때까지 이어졌다. 이 시기에 고려는 충렬왕이 원의 제국 대장 공주와 혼인하면서부터 원의 부마(사위)국이 되었고, 이에 국가의 행정 조직인 관제도 부마국에 맞도록 격하되었다.

정답 해설
① 원 간섭기에는 친원 세력이 권문세족으로 성장하여 도평의사사를 장악하며 고위 관직을 독점하였다.

오답 체크
② 조선 후기: 신분 질서가 붕괴되면서 사회 혼란이 가중되었고, 왕조 교체를 예언하는 『정감록』이 유포되었다.
③ 문벌 귀족 집권기: 목종의 모후인 천추 태후와 김치양이 왕위를 엿보자, 강조가 정변을 일으켜 김치양 일파를 제거하였다.
④ 무신 집권기: 명종 때 동북면 병마사 김보당이 정중부와 이의방을 타도하고 의종을 복위시킬 것을 주장하며 난을 일으켰다(김보당의 난).
⑤ 무신 집권기: 희종 때 집권자였던 최충헌이 국정을 총괄하는 기구로 교정도감을 설치하고, 장관인 교정별감이 되어 국정을 장악하였다.

04 원 간섭기와 고려 후기의 정치

05 61회 14번
밑줄 그은 '이 시기'에 볼 수 있는 모습으로 옳은 것은? [1점]

이것은 수령 옹주 묘지명입니다. 왕족인 왕온의 부인이었던 그녀는 남편을 일찍 잃고 3남 1녀를 홀로 키웠으나, 딸이 공녀로 원에 끌려가자 그 슬픔으로 병을 얻어 세상을 떠났습니다. 수령 옹주가 살았던 이 시기에는 많은 여성이 공녀로 끌려갔습니다.

① 『농사직설』을 편찬하는 학자
② 초조대장경을 조판하는 장인
③ 정동행성에서 회의하는 관리
④ 『삼강행실도』를 읽고 있는 양반
⑤ 백운동 서원에서 공부하는 유생

07 69회 15번
다음 사건이 일어난 시기를 연표에서 옳게 고른 것은? [2점]

> 조일신이 전 찬성사 정천기 등과 함께 기철·기륜·기원·고용보 등을 제거할 것을 모의하고 그들을 체포하게 하였는데, 기원은 잡아서 목을 베고 나머지는 모두 도망갔다. 조일신이 그 무리를 거느리고 나아가서 왕이 있던 궁궐을 포위하고, 숙직하고 있던 판밀직사사 최덕림, 상호군 정환 등 여러 사람을 죽였다.

918	1009	1126	1198	1270	1392
	(가)	(나)	(다)	(라)	(마)	
고려 건국	강조의 정변	이자겸의 난	만적의 난	개경 환도	고려 멸망

① (가) ② (나) ③ (다) ④ (라) ⑤ (마)

06 64회 15번
다음 대화 이후에 전개된 사실로 옳은 것은? [2점]

원의 공주와 혼인한 태자께서 돌아와 왕이 되신 건 알고 있는가? 이전에 변발과 호복 차림으로 돌아오신 걸 보고 눈물을 흘렸다네.

나도 그랬다네. 그나저나 며칠 앞으로 다가온 일본 원정이 더 큰 걱정이군.

① 빈민 구제를 위한 흑창이 처음 설치되었다.
② 망이·망소이가 공주 명학소에서 봉기하였다.
③ 김부식 등이 왕명으로 『삼국사기』를 편찬하였다.
④ 김보당이 의종 복위를 주장하며 난을 일으켰다.
⑤ 유인우, 이자춘 등이 쌍성총관부를 수복하였다.

08 빈출 73회 17번
(가) 왕의 재위 시기에 있었던 사실로 옳은 것은? [2점]

(가) 께서 돌아가신 후 어린 왕을 새로 옹립한 이인임이 원과의 관계 회복에 나섰다는군.

나도 들었네. 기철 세력을 숙청하고, 쌍성총관부를 수복했던 (가) 의 정책이 중단될까 염려되네.

① 대각국사 의천이 천태종을 개창하였다.
② 신돈을 중심으로 전민변정 사업이 추진되었다.
③ 만적이 개경에서 노비를 모아 반란을 모의하였다.
④ 최충이 문헌공도를 설립하여 유학 교육에 힘썼다.
⑤ 이규보가 고구려 계승 의식을 강조한 『동명왕편』을 지었다.

05 | 원 간섭기의 모습   정답 ③

자료 분석

공녀로 원에 끌려감 → 원 간섭기

원 간섭기에는 결혼도감이라는 관청을 통해 고려의 여성들이 원의 공녀(공물로 바치는 여자)로 징발되었고, 이를 피하기 위해 조혼이 성행하기도 하였다.

정답 해설

③ 원 간섭기인 충렬왕 때 원에 의해 일본 정벌을 위한 기구인 정동행성이 설치되었다.

오답 체크

① 조선 전기: 세종 때 우리 풍토에 맞는 농법을 정리한 농서인 『농사직설』이 편찬되었다.
② 문벌 귀족 집권기: 현종 때 부처의 힘을 빌려 거란의 침입을 물리치고자 초조대장경을 조판하였다.
④ 조선 전기: 세종 때 모범이 될 충신·효자·열녀 등의 행적을 글·그림으로 설명한 윤리서인 『삼강행실도』가 편찬되었다.
⑤ 조선 전기: 중종 때 풍기 군수 주세붕이 안향을 기리기 위해 백운동 서원을 설립하였다.

06 | 충렬왕 즉위 이후의 사실   정답 ⑤

자료 분석

원의 공주와 혼인한 태자께서 돌아와 왕(충렬왕)이 되심 + 변발과 호복 + 일본 원정 → 충렬왕 즉위 이후 → 원 간섭기

고려 충렬왕이 원의 제국 대장 공주와 혼인을 하여, 고려가 원의 부마국(사위국)이 되면서 본격적인 원 간섭기가 시작되었다. 또한 이 시기에는 원의 영향을 받아 변발, 호복 등의 풍습이 유행하였으며, 원에 공녀로 징발되는 것을 피하기 위해 일찍 결혼하는 조혼이 성행하기도 하였다. 한편 충렬왕 때는 원의 요청으로 두 차례에 걸쳐 일본 원정이 단행되었으나 모두 실패하였다.

정답 해설

⑤ 공민왕 재위 시기에 유인우, 이자춘 등이 쌍성총관부를 수복하였다.

오답 체크

① 고려 초기: 고려 태조 왕건 때 빈민 구제를 위한 흑창이 처음 설치되었다.
② 무신 집권기: 망이·망소이가 가혹한 수탈에 저항하여 무리를 모아 공주 명학소에서 봉기하였다(망이·망소이의 난, 1176).
③ 문벌 귀족 집권기: 고려 인종 때 김부식 등이 왕명으로 『삼국사기』를 편찬하였다.
④ 무신 집권기: 동북면 병마사 김보당이 의종 복위를 주장하며 난을 일으켰다(김보당의 난, 1173).

07 | 공민왕의 반원 자주 정책 시기   정답 ⑤

자료 분석

기철·기원 등을 제거 → 공민왕의 반원 자주 정책 시기

고려는 개경 환도(1270) 이후 원 간섭기가 시작되었다. 공민왕은 원나라의 노국 대장 공주와 혼인하였고 원 간섭기인 1351년에 즉위하였으며, 원의 간섭에서 벗어나기 위해 적극적으로 반원 자주 정책을 실시하였다. 우선 기철·기륜·기원을 비롯한 친원 세력을 숙청하고, 원의 내정 간섭 기구였던 정동행성 이문소를 폐지하였다.

정답 해설

⑤ 개경 환도(1270) 이후 원 간섭기에 즉위한 공민왕은 원의 간섭에서 벗어나기 위해 적극적으로 반원 자주 정책을 실시하였으며, 기철을 비롯한 친원 세력을 숙청하였다.

빈출 개념 | 공민왕의 개혁 정치

반원 자주 정책	• 기철 등 친원 세력 제거, 정동행성 이문소 폐지 • 원의 연호와 풍습 폐지, 관제 복구
왕권 강화 정책	• 정방 폐지(인사권 회복) • 성균관 정비(유교 교육 강화) • 전민변정도감 설치

08 | 공민왕   정답 ②

자료 분석

기철 세력을 숙청하고 쌍성총관부를 수복함 → 공민왕

공민왕은 즉위 후 원이 정치적 혼란에 빠진 틈을 타 원의 간섭에서 벗어나기 위한 반원 자주 정책을 실시하였다. 우선 기철을 비롯한 친원 세력을 숙청하고, 원의 내정 간섭 기구였던 정동행성 이문소를 폐지하였다. 또한 유인우, 이자춘 등에게 쌍성총관부를 공격하게 하여 철령 이북의 땅을 수복하였다.

정답 해설

② 공민왕은 신돈을 중심으로 전민변정 사업을 추진하여, 권문세족에게 부당하게 빼앗긴 토지와 강압에 의해 노비가 된 백성들을 원래의 상태로 되돌려 놓고자 하였다.

오답 체크

① 고려 숙종: 대각국사 의천이 교종을 중심으로 선종을 통합하기 위해 해동 천태종을 개창하였다.
③ 고려 신종: 최충헌의 사노비였던 만적이 개경에서 노비를 모아 신분 해방을 주장하며 반란을 모의하였다.
④ 고려 문종: 최충이 문헌공도로 불리기도 한 9재 학당을 세웠는데, 이때 9재 학당을 비롯한 사학 12도가 크게 융성하였다.
⑤ 고려 명종: 이규보가 고구려 계승 의식을 강조한 역사서인 『동명왕편』을 지었으며, 고구려 시조인 동명왕(주몽)의 일대기를 서사시로 표현하였다.

04 원 간섭기와 고려 후기의 정치

09   54회 17번

(가), (나) 사이의 시기에 있었던 사실로 옳은 것은? [3점]

> (가) 다루가치가 왕을 비난하면서 말하기를, "선지(宣旨)라 칭하고, 짐(朕)이라 칭하고, 사(赦)라 칭하니 어찌 이렇게 참람합니까?"라고 하였다. …… 이에 선지를 왕지(王旨)로, 짐을 고(孤)로, 사를 유(宥)로, 주(奏)를 정(呈)으로 고쳤다.
>
> (나) 왕이 시해당하자 태후가 종실에서 [후사를] 골라 세우고자 하니, 시중 이인임이 백관을 거느리고 우왕을 세웠다.
>
> ― 『고려사』

① 화통도감을 설치하여 화포를 제작하였다.
② 유인우, 이자춘 등이 쌍성총관부를 수복하였다.
③ 정중부 등이 정변을 일으켜 권력을 장악하였다.
④ 최우가 강화도로 도읍을 옮겨 장기 항전을 준비하였다.
⑤ 명의 철령위 설치에 반발하여 요동 정벌을 추진하였다.

11   65회 18번

다음 대화 이후에 전개된 사실로 옳은 것은? [2점]

① 윤관이 별무반을 이끌고 동북 9성을 축조하였다.
② 서희가 외교 담판을 벌여 강동 6주를 획득하였다.
③ 이성계가 위화도에서 회군하여 정권을 장악하였다.
④ 배중손이 이끄는 삼별초가 용장산성에서 항전하였다.
⑤ 최우가 강화도로 도읍을 옮겨 장기 항전을 준비하였다.

10   67회 19번

다음 상황이 나타난 시기를 연표에서 옳게 고른 것은? [2점]

> 명 황제가 말하기를, "철령을 따라 이어진 북쪽과 동쪽과 서쪽은 원래 개원로(開元路)*가 관할하던 군민(軍民)이 속하던 곳이니, 한인·여진인·달달인·고려인을 그대로 요동에 소속시켜라."라고 하였다. …… 왕은 최영과 함께 요동을 공격하기로 계책을 결정하였으나, 감히 드러내어 말하지 못하고 사냥 간다는 핑계를 대고 서쪽으로 해주에 행차하였다.
>
> *개원로(開元路): 원이 설치한 행정 구역

(가)	(나)	(다)	(라)	(마)
1351 공민왕 즉위	1359 홍건적 침입	1380 황산 대첩	1391 과전법 실시	1394 한양 천도	1400 태종 즉위

① (가) ② (나) ③ (다) ④ (라) ⑤ (마)

12   69회 18번

(가) 인물의 활동으로 옳은 것은? [2점]

① 홍산 전투에서 왜구를 물리쳤다.
② 화통도감의 설치를 건의하였다.
③ 정변을 일으켜 목종을 폐위하였다.
④ 의종 복위를 도모하여 군사를 일으켰다.
⑤ 교정별감이 되어 국정 전반을 장악하였다.

09 | 고려의 명칭 격하와 우왕 즉위 사이의 사실   정답 ②

자료 분석

(가) 다루가치 + 선지를 왕지 + 짐을 고
→ **고려의 명칭 격하(충렬왕)**
(나) 왕이 시해당함 + 우왕을 세움 → 우왕 즉위

- (가) 원 간섭기가 시작된 충렬왕 때 임금의 명령을 뜻하는 말인 선지가 왕지로, 임금이 스스로를 일컫는 말인 짐이 고로 바뀌는 등 왕실의 호칭이 격하되었다.
- (나) 공민왕이 신하들에 의해 시해되자, 당시 시중이었던 이인임이 자신의 일파와 모의해 어린 우왕을 왕으로 세웠다.

정답 해설
② 공민왕의 반원 자주 정책에 따라 유인우, 이자춘 등이 쌍성총관부를 공격하여 철령 이북의 땅을 수복하였다.

오답 체크
① (나) 이후: 우왕 때 최무선의 건의로 화통도감을 설치하여 화약과 화포를 제작하였다.
③ (가) 이전: 의종 때 정중부 등의 무신들이 무신에 대한 차별 대우에 불만을 품고 정변을 일으켜, 권력을 장악하였다(무신 정변).
④ (가) 이전: 고종 때 몽골이 고려를 침입하자, 당시 집권자였던 최우가 강화도로 도읍을 옮겨 장기적인 대몽 항전을 준비하였다.
⑤ (나) 이후: 우왕 때 명이 철령 이북에 명의 군영인 철령위를 설치하겠다고 통보하자, 최영 등이 요동 정벌을 추진하였다.

10 | 우왕과 최영의 요동 정벌   정답 ③

자료 분석

명 황제 + 철령 + 요동에 소속 + 왕(우왕)은 최영과 함께 요동을 공격하기로 결정 → 우왕과 최영의 요동 정벌(1388)

고려 우왕 때인 1388년에 명이 철령 이북의 땅을 차지하기 위해 고려에 철령위의 설치를 통보하자, 최영은 요동 정벌을 주장하였다. 이에 이성계가 4불가론(요동 정벌에 반대하는 4가지 이유)을 들며 요동 정벌에 반대하였으나, 결국 우왕과 최영의 명으로 요동 정벌에 나서게 되었다.

정답 해설
③ 고려 말 우왕 때 신흥 무인 세력인 이성계가 황산 대첩(1380)에서 왜구를 격퇴하며 성장하였다. 이후 이성계는 명이 철령 이북의 땅을 차지하려는 움직임에 반발한 우왕과 최영의 명으로 요동 정벌(1388)에 나서게 되었다.

11 | 요동 정벌 추진 이후의 사실   정답 ③

자료 분석

최영에게 명하여 요동을 정벌 → 요동 정벌 추진(우왕)

고려 우왕 때 명이 철령 이북의 땅을 차지하려고 하자, 최영을 중심으로 요동 정벌을 추진하였다. 이에 이성계는 요동 정벌에 반대하였으나, 우왕과 최영의 명으로 요동 정벌에 나서게 되었다. 그러나 위화도에 도착한 이성계는 회군을 단행하여 우왕과 최영을 몰아내고 정치적·군사적 실권을 장악하였다(위화도 회군, 1388). 이후 공양왕 때 조준 등 혁명파 사대부의 건의로 과전법이 실시(1391)되어 신진 사대부의 경제적 기반이 마련되었다.

정답 해설
③ 고려 말 우왕과 최영의 명으로 요동 정벌에 나서게 된 이성계는 위화도에서 회군하여 우왕과 최영을 몰아내고 정권을 장악하였다.

오답 체크
① 고려 예종: 윤관이 별무반을 이끌고 여진을 정벌한 후 동북 9성을 축조하였다.
② 고려 성종: 서희가 거란의 장수 소손녕과의 외교 담판으로 강동 6주를 획득하였다.
④ 고려 원종: 배중손이 고려 정부의 개경 환도에 반발하여 삼별초를 이끌고 진도의 용장산성에서 항전하였다.
⑤ 고려 고종: 당시 집권자였던 최우가 몽골에 항전하기 위해 강화도로 도읍을 옮겨 장기 항전을 준비하였다.

12 | 최영   정답 ①

자료 분석

요동 정벌을 추진 + 이성계가 위화도 회군으로 정권을 장악하면서 죽임을 당함 → 최영

최영은 고려 말의 장군으로, 왜구와 홍건적 침입을 격퇴하는 데 큰 공을 세웠으며, 명이 철령 이북의 땅을 차지하려 하자 요동 정벌을 주장하였다. 이때 이성계는 4가지 이유를 들며 반대하였으나 결국 최영은 이성계를 요동 정벌에 파견하였고, 이후 요동 정벌에 파견된 이성계가 위화도에서 회군하여 정권을 장악하면서 죽임을 당하였다.

정답 해설
① 최영은 고려 우왕 때 홍산 전투에서 왜구를 물리쳤다.

오답 체크
② 최무선: 우왕에게 화약과 화포를 만드는 화통도감의 설치를 건의하였다.
③ 강조: 목종 때 정변을 일으켜 김치양 일파를 제거하고 목종을 폐위시킨 뒤 현종을 왕으로 옹립하였다.
④ 김보당: 동북면 병마사로, 무신 정변으로 폐위된 의종의 복위를 주장하며 군사를 일으켰다.
⑤ 최충헌: 무신 집권기에 교정도감을 설치하고, 장관인 교정별감이 되어 국정 전반을 장악하였다.

05 고려의 경제와 사회

01
40회 13번

(가), (나)에 해당하는 토지 제도에 대한 설명으로 옳은 것을 〈보기〉에서 고른 것은? [2점]

(가) 경종 원년(976) 11월, 처음으로 직관(職官)과 산관(散官) 각 품의 전시과를 제정하였다.

(나) 공양왕 3년(1391) 5월, 도평의사사가 글을 올려 과전을 주는 법을 정하자고 요청하니 왕이 따랐다.

〈보기〉
ㄱ. (가) - 전지와 시지를 지급하여 수취의 권리를 행사하게 하였다.
ㄴ. (가) - 관리의 사망 시 유가족에게 수신전과 휼양전을 지급하였다.
ㄷ. (나) - 지급 대상 토지를 원칙적으로 경기 지역에 한정하였다.
ㄹ. (나) - 관리의 인품과 공복을 기준으로 하여 토지를 지급하였다.

① ㄱ, ㄴ ② ㄱ, ㄷ ③ ㄴ, ㄷ ④ ㄴ, ㄹ ⑤ ㄷ, ㄹ

02
60회 16번

(가), (나)에 해당하는 토지 제도에 대한 설명으로 옳은 것은? [3점]

(가) 문종 30년 양반 전시과를 다시 개정하였다. 제1과는 전지 100결, 시지 50결(중서령·상서령·문하시중) …… 제18과는 전지 17결(한인·잡류)로 한다.

(나) 공양왕 3년 도평의사사에서 글을 올려 과전의 지급에 관한 법 제정을 건의하니 왕이 허락하였다. …… 1품부터 9품의 산직까지 나누어 18과로 하였다.

① (가) - 조준 등의 건의로 제정되었다.
② (가) - 관등과 인품을 기준으로 수조권을 주었다.
③ (나) - 개국 공신에게 역분전을 지급하였다.
④ (나) - 지급 대상 토지를 원칙적으로 경기 지역에 한정하였다.
⑤ (가), (나) - 수조권 외에 노동력을 징발할 수 있는 권한을 주었다.

03 빈출
75회 16번

다음 상황이 나타난 국가의 경제 모습으로 옳은 것은? [2점]

○ 동소(銅所)·철소(鐵所)·자기소(瓷器所)·지소(紙所)·묵소(墨所) 등 여러 소에서 별공으로 바치는 물건들을 너무 과중하게 징수하여 장인들이 고통스러워 도망하고 있다.

○ 왕이 명령하기를, "이제 처음으로 화폐를 주조하는 법을 제정하였으니, 주조한 돈 1만 5천 관(貫)을 여러 관리와 군인들에게 나누어 주어 이를 통용의 시초로 삼고 전문(錢文)은 해동통보라 하여라."라고 하였다.

① 청해진을 설치하여 해상 무역을 전개하였다.
② 재정 문제를 해결하기 위한 당백전이 발행되었다.
③ 계해약조가 체결되어 세견선의 입항이 허가되었다.
④ 육의전을 제외한 시전 상인의 금난전권이 폐지되었다.
⑤ 예성강 하구의 벽란도가 국제 무역항으로 번성하였다.

04
66회 10번

다음 제도를 시행한 국가의 경제 상황으로 옳지 않은 것은? [2점]

문종 3년 5월 양반 공음전시법을 정하였다. 1품은 문하시랑평장사 이상으로 전지 25결, 시지 15결이다. 2품은 참정 이상으로 전지 22결, 시지 12결이다. 3품은 전지 20결, 시지 10결이다. 4품은 전지 17결, 시지 8결이다. 5품은 전지 15결, 시지 5결이다. 이를 모두 자손에게 전하여 주게 한다. …… 공음전을 받은 자의 자손이 사직을 위태롭게 할 것을 꾀하거나 모반이나 대역에 연좌되거나, 여러 공죄나 사죄를 범하여 제명된 것 이외에는 비록 그 아들에게 죄가 있더라도 그 손자에게 죄가 없다면 공음전시의 3분의 1을 지급한다.

① 활구라고 불리는 은병이 유통되었다.
② 벽란도가 국제 무역항으로 번성하였다.
③ 서적점, 다점 등의 관영 상점이 운영되었다.
④ 경시서의 관리들이 수도의 시전을 감독하였다.
⑤ 설점수세제의 시행으로 민간의 광산 개발이 허용되었다.

● 주제별 출제 비중
*최근 3개년 기준(심화 76~63회)

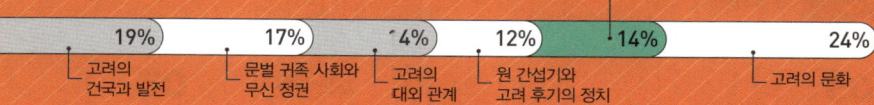

01 | 시정 전시과와 과전법   정답 ②

자료 분석

> (가) 경종 + 전시과를 제정 → 시정 전시과
> (나) 공양왕 + 과전을 주는 법 → 과전법
> (가) 고려 경종 때 처음 제정된 시정 전시과에서는 전·현직 관리에게 인품과 관등을 기준으로 전지와 시지를 지급하였다.
> (나) 전시과 제도가 붕괴된 고려 말 공양왕 때에는 조준 등 신진 사대부들의 주도로 경기 지역에 한하여 수조권을 지급하는 과전법이 제정되었다.

정답 해설

② ㄱ. 고려 경종 때 제정된 시정 전시과는 관리에게 농사짓는 전지와 땔감을 거둘 수 있는 시지를 지급하여 조세를 수취할 수 있는 권리(수조권)를 행사하게 하였다.
ㄷ. 고려 공양왕 때 조준 등 신진 사대부의 주도로 제정된 과전법은 지급 대상 토지를 원칙적으로 경기 지역에 한정하였다.

오답 체크

ㄴ. 과전법: 관리의 사망 시 유가족에게 수신전과 휼양전을 지급하였다.
ㄹ. 시정 전시과: 관리의 인품과 공복(관등)을 기준으로 하여 토지를 지급하였다.

02 | 경정 전시과와 과전법   정답 ④

자료 분석

> (가) 문종 + 전시과를 다시 개정 → 경정 전시과
> (나) 공양왕 + 과전의 지급 → 과전법
> (가) 경정 전시과는 고려 문종 때 개정 전시과를 개정하여 현직 관리에게만 전지(농사를 짓는 땅)와 시지(땔감을 얻을 수 있는 땅)를 지급한 토지 제도이다. 또한 이때 무관에 대한 대우를 개선하였다.
> (나) 과전법은 고려 말 공양왕 때 국가 재정을 확보하고 신진 사대부의 경제적 기반을 마련하기 위해 조준 등 혁명파 사대부의 건의로 제정된 제도이다.

정답 해설

④ 과전법은 관리에게 경기 지역에 한정하여 토지의 수조권을 지급한 토지 제도이다.

오답 체크

① 과전법: 혁명파 사대부인 조준 등의 건의로 제정되었다.
② 시정 전시과: 전·현직 관리에게 인품과 공복을 기준으로 전지와 시지를 차등 지급하였다.
③ 고려 태조 왕건은 후삼국 통일 이후 개국 공신들에게 인품과 공로에 따라 역분전을 지급하였다.
⑤ 녹읍, 식읍(신라): 수조권뿐만 아니라 노동력을 징발할 수 있는 권한도 포함된 토지이다.

03 | 고려의 경제 모습   정답 ⑤

자료 분석

> 소(所) + 해동통보 → 고려
> 고려는 특수 행정 구역으로 향·부곡·소를 두었으며, 소의 주민들은 수공업에 종사하며 철·자기·종이 등의 특산품을 바쳤다. 한편 고려는 화폐를 주조하여 사용하기도 하였는데, 성종 때에는 우리나라 최초의 화폐인 건원중보를 주조하였으며, 숙종 때에는 화폐를 주조하는 관청인 주전도감을 설치하고 해동통보와 활구(은병) 등을 주조하였다.

정답 해설

⑤ 고려는 예성강 하구의 벽란도가 국제 무역항으로 번성하여 이곳에서 송·일본·대식국(아라비아) 상인들과 활발하게 무역을 전개하였다.

오답 체크

① 통일 신라: 장보고가 완도에 청해진을 설치하여 당·일본과의 해상 무역을 전개하였다.
② 조선: 고종 때 흥선 대원군이 경복궁 중건을 추진하여 발생한 재정 문제를 해결하기 위해 고액 화폐인 당백전이 발행되었다.
③ 조선: 세종 때 계해약조가 체결되어 제한된 범위의 일본 세견선의 입항이 허가되었다.
④ 조선: 정조 때 육의전을 제외한 시전 상인의 금난전권이 폐지되었다.

04 | 고려의 경제 상황   정답 ⑤

자료 분석

> 문종 + 공음전시법 → 고려
> 고려는 관리에게 관직 복무의 대가로 위계(등급)의 높고 낮음에 따라 전지(농사를 짓는 땅)와 시지(땔감을 얻을 수 있는 땅)를 지급하는 전시과 제도를 실시하였다. 이러한 전시과는 문종 때 경정 전시과로 정비되었으며 현직 관리를 중심으로 토지를 지급하고 무관에 대한 대우를 개선하였다. 이때 5품 이상의 관리에게 세습이 가능한 토지인 공음전을 지급하였다.

정답 해설

⑤ 조선 효종 때 설점수세제를 시행하여 관청에서 세금을 징수하는 조건으로 민간의 광산 개발이 허용되었다.

오답 체크

① 고려에는 활구라고 불리는 은병이 유통되었다.
② 고려는 벽란도가 국제 무역항으로 번성하였다.
③ 고려는 개경을 포함한 대도시에 서적점, 다점 등의 관영 상점이 운영되었다.
④ 고려는 경시서의 관리들이 수도인 개경의 시전을 감독하였다.

05 고려의 경제와 사회 125

05 고려의 경제와 사회

05
72회 16번
(가) 국가의 경제 상황으로 옳은 것은? [2점]

이달의 책

1123년 송 사절의 한 사람으로 (가) 에 왔던 서긍이 지은 책입니다. 이 책은 서긍이 예성항을 통해 개경으로 들어와 한 달 남짓 머물며 보고 들은 (가) 의 다양한 모습을 그림을 곁들여 설명한 것입니다. 현재 남아 있는 판본들은, 그림[圖]은 없어지고 글[經]만 남아 있습니다.

① 솔빈부의 말이 특산품으로 유명하였다.
② 송상이 전국 각지에 송방을 설치하였다.
③ 서적점, 다점 등의 관영 상점을 운영하였다.
④ 집집마다 부경이라고 불리는 창고가 있었다.
⑤ 광산을 전문적으로 경영하는 덕대가 나타났다.

06
71회 10번
다음 자료에 나타난 시기의 경제 상황으로 옳은 것은? [1점]

왕이 제서(制書)를 내리기를, "백성을 부유하게 하고 국가를 이롭게 하는 것으로 전화(錢貨)만큼 중요한 것이 없다. 서북의 양조(兩朝)에서는 이를 행한 지 이미 오래되었으나 우리나라는 홀로 아직 행하지 않고 있다. 이제 처음으로 화폐를 주조하는 법을 제정하고, 이에 따라 주조한 동전 15,000관(貫)을 재추(宰樞)와 문무 양반 및 군인에게 나누어 하사하여 화폐 사용의 시작점으로 삼고자 한다. 전문(錢文)은 해동통보라고 한다."라고 하였다.

① 송상이 전국 각지에 송방을 두었다.
② 감자, 고구마 등의 구황 작물이 재배되었다.
③ 시장을 감독하는 관청인 동시전이 설치되었다.
④ 예성강 하구의 벽란도가 국제 무역항으로 번성하였다.
⑤ 설점수세제의 시행으로 민간의 광산 개발이 허용되었다.

07
65회 16번
(가) 국가의 경제 상황으로 옳은 것은? [1점]

명주의 정해현에서 순풍을 만나 3일이면 큰 바다 가운데로 들어가고, 다시 5일이면 흑산도에 도달하여 그 경계에 들어간다. 흑산도에서 섬들을 지나 7일이면 예성강에 이른다. …… 거기서 3일이면 연안에 닿는데, 벽란정(碧瀾亭)이라는 객관이 있다. 사신은 여기에서부터 육지에 올라 험한 산길을 40여 리쯤 가면 (가) 의 수도에 도달한다.
— 『송사』

① 집집마다 부경이라는 창고가 있었다.
② 활구라고 불리는 은병이 주조되었다.
③ 동시전이 설치되어 시장을 감독하였다.
④ 계해약조가 체결되어 일본과 교역하였다.
⑤ 광산을 전문적으로 경영하는 덕대가 등장하였다.

08
70회 11번
(가) 국가의 경제 상황으로 옳은 것은? [1점]

① 특산품으로 솔빈부의 말이 유명하였다.
② 풍흉에 따라 9등급으로 전세를 거두었다.
③ 감자, 고구마 등의 작물이 널리 재배되었다.
④ 경시서의 관리들이 시전의 상행위를 감독하였다.
⑤ 설점수세제를 시행하여 민간의 광산 개발을 허용하였다.

05 | 고려의 경제 상황   정답 ③

자료 분석

> 송 + 예성항을 통해 개경으로 들어옴 → 고려
>
> 고려는 예성강 하구의 벽란도가 국제 무역항으로 번성하여 이곳에서 송·일본·대식국(아라비아) 등 여러 국가와의 대외 무역이 활발하게 전개되었다. 또한 송 사절단의 왕래도 이곳을 통해 이루어졌는데, 송 사절단 중 한 명이었던 서긍은 고려에 머물면서 조사한 모습을 그림과 글로 설명한 『고려도경』을 저술하였다.

정답 해설

③ 고려에서는 개경, 서경 등 대도시에 서적점, 다점 등의 관영 상점을 운영하였다.

오답 체크

① 발해: 목축이 발달하여 특산품으로 솔빈부의 말이 유명하였다.
② 조선: 조선 후기에 개성을 중심으로 활동한 상인인 송상이 전국 각지에 송방이라는 지점을 설치하였다.
④ 고구려: 집집마다 약탈해 온 곡식 등을 보관하는 부경이라고 불리는 창고가 있었다.
⑤ 조선: 조선 후기에 광산 경영 전문가인 덕대가 나타나 물주로부터 자금을 조달받아 광산을 운영하였다.

06 | 고려 시대의 경제 상황   정답 ④

자료 분석

> 해동통보 → 고려 시대
>
> 고려 시대에는 국가의 재정을 확보하고 경제 활동을 활성화시키기 위한 목적으로 화폐를 주조하기 시작하였다. 성종 때 최초의 금속 화폐인 건원중보를 발행하였으며, 숙종 때에는 동생인 승려 의천의 건의로 화폐 주조 기관인 주전도감을 설치하였다. 그리고 이곳에서 고액 화폐인 은병(활구)과 동전인 해동통보, 삼한통보 등을 주조하였다.

정답 해설

④ 고려 시대에는 예성강 하구의 벽란도가 국제 무역항으로 번성하여 송, 일본, 아라비아 상인들까지 왕래하는 등 대외 교류가 활발하였다.

오답 체크

① 조선 후기: 개성을 중심으로 활동한 상인인 송상이 전국 각지에 송방이라는 지점을 두었다.
② 조선 후기: 감자, 고구마 등의 구황 작물이 전래되어, 농민들이 이를 재배하였다.
③ 신라: 지증왕 때 수도 경주에 시장을 감독하는 관청인 동시전이 설치되었다.
⑤ 조선 후기: 효종 때 설점수세제를 시행하여 관청이 세금을 징수하는 조건으로 민간의 광산 개발이 허용되었다.

빈출 개념 | 고려의 화폐 주조

성종	최초의 화폐인 건원중보 발행
숙종	• 승려 의천의 건의로 주전도감(화폐 주조 담당 관청) 설치 • 삼한통보, 해동통보와 고액 화폐인 은병(활구) 등을 주조

07 | 고려의 경제 상황   정답 ②

자료 분석

> 예성강 + 벽란정 → 고려
>
> 고려 시대에는 예성강 하구의 벽란도가 국제 무역항으로 번성하면서 활발한 대외 무역이 전개되었다. 고려는 벽란도를 통해 송·일본·대식국(아라비아) 상인들과 활발한 무역 활동을 전개하였으며, 특히 대식국의 상인들은 고려에 물품을 바치고 하사품을 받아가기도 하였다.

정답 해설

② 고려 숙종 때 활구라고 불리는 고액 화폐인 은병이 주조되었다.

오답 체크

① 고구려: 집집마다 부경이라는 창고에 약탈한 곡식을 저장하였다.
③ 신라: 지증왕 때 시장을 관리하는 관청인 동시전이 설치되어 시장을 감독하였다.
④ 조선: 세종 때 일본과 제한된 범위의 무역을 허용하는 계해약조가 체결되었다.
⑤ 조선: 조선 후기에 광산 경영 전문가인 덕대가 등장하여 광산을 전문적으로 경영하였다.

08 | 고려의 경제 상황   정답 ④

자료 분석

> 특수 행정 구역이었던 소 + 공주 명학소에서 봉기 → 고려
>
> 고려 시대에는 지방 행정 조직으로 특수 행정 구역인 향·부곡·소를 운영하였다. 이곳의 주민들은 신분상 양인이었으나, 일반 군현의 주민에 비하여 많은 차별을 받았다. 이에 무신 집권기에는 공주 명학소에서 망이·망소이가 가혹한 수탈에 저항하여 무리를 모아 봉기하였다(망이·망소이의 난).

정답 해설

④ 고려는 시전의 상행위를 감독하고 물가를 조절하는 기관으로 경시서를 설치하였다.

오답 체크

① 발해: 솔빈부의 말이 특산품으로 유명하여, 중국으로 수출되었다.
② 조선: 세종 때 전세를 풍흉에 따라 9등급으로 차등 부과하였다.
③ 조선: 조선 후기에 감자, 고구마 등의 구황 작물이 전래되어 널리 재배되었다.
⑤ 조선: 효종 때 설점수세제를 시행하여 관청에서 세금을 징수하는 조건으로 민간의 광산 개발을 허용하였다.

05 고려의 경제와 사회

09 56회 10번
교사의 질문에 대한 학생의 답변으로 옳은 것은? [1점]

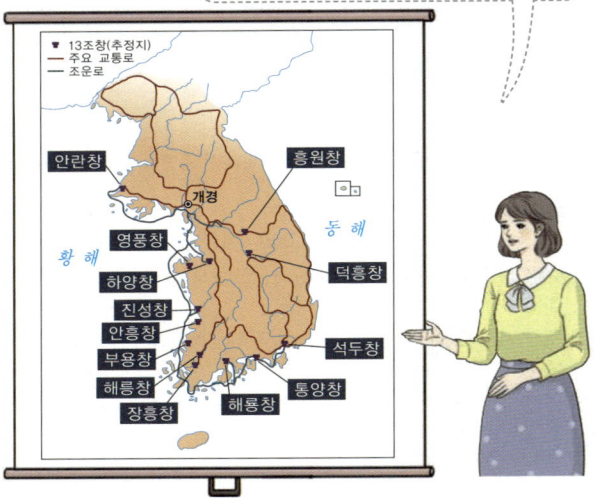

지도와 같이 13곳의 조창에 조세를 모았다가 개경의 경창 등으로 조운하였던 시기의 경제 상황을 말해 볼까요?

① 관료전을 지급하고 녹읍을 폐지하였어요.
② 덕대가 광산을 전문적으로 경영하였어요.
③ 고구마, 감자 등의 구황 작물을 재배하였어요.
④ 일본과의 무역을 허용하고 계해약조를 체결하였어요.
⑤ 예성강 하구의 벽란도가 국제 무역항으로 번성하였어요.

11 71회 14번
다음 서술형 평가의 답안에 들어갈 내용으로 가장 적절한 것은? [1점]

서술형 평가 ○학년 ○○반 이름: ○○○

◎ 다음 상황들이 나타난 시기의 사회 모습을 서술하시오.

○ 이의방은 평소 자기를 핍박하는 이고를 미워하였는데, 이고가 난을 모의한다는 말을 듣고 그를 살해하였다.
○ 서경 유수 조위총이 반란을 일으켰는데, 두경승이 향산동 통로역에서 반란군을 패퇴시켰다.
○ 최우가 정방(政房)을 자기 집에 설치하고 문사를 선발하여 여기에 소속시켰다.

답안:

① 서얼이 통청 운동을 전개하였다.
② 청해진을 거점으로 국제 무역이 이루어졌다.
③ 왕조 교체를 예언하는 『정감록』 등이 유포되었다.
④ 망이·망소이의 난 등 하층민의 봉기가 발생하였다.
⑤ 역관들이 시사(詩社)에 참여해 위항 문학 활동을 하였다.

10 56회 14번
다음 사건이 전개된 시기의 사회 모습으로 옳은 것은? [2점]

사건 일지
- 2월 10일 망이 등이 다시 반란을 일으켜 가야사를 습격함.
- 3월 11일 망이 등이 홍경원에 불을 지르고 승려 10여 명을 죽임.
- 6월 23일 망이가 사람을 보내 항복을 청함.
- 7월 20일 망이·망소이 등을 체포하여 청주 감옥에 가둠.

① 서얼이 통청 운동을 전개하였다.
② 원종과 애노가 사벌주에서 봉기하였다.
③ 적장자 위주의 상속 제도가 확립되었다.
④ 읍락 간의 경계를 중시하는 책화가 있었다.
⑤ 특수 행정 구역인 소의 주민들이 차별을 받았다.

12 빈출 70회 16번
다음 자료에 나타난 시기의 사회 모습으로 적절한 것은? [1점]

○ 당시 응방·겁령구 및 내수(內竪) 등의 천한 자들이 모두 사전(賜田)을 받았는데, 많은 경우는 수백 결에 이르렀다. 일반 백성을 유인하여 전호로 삼고, 가까운 곳에 있는 민전에서는 모두 수조하였으므로 주와 현에서는 부세가 들어올 바가 없게 되었다.

○ 공주가 장차 입조(入朝)할 예정이었으므로, 인후와 염승익에게 명하여 양가의 자녀로서 나이가 14~15세인 자들을 선발하였고, 순군(巡軍)과 홀적(忽赤) 등으로 하여금 인가를 수색하게 하였다. 혹 밤중에 침실에 돌입하거나 노비를 포박하여 심문하기도 하였으니, 비록 자녀가 없는 자라 할지라도 깜짝 놀라 동요하게 되었다. 원망하며 우는 소리가 온 거리에 가득하였다.

① 최충이 9재 학당을 설립하였다.
② 만적이 개경에서 반란을 모의하였다.
③ 지배층을 중심으로 변발과 호복이 유행하였다.
④ 국난 극복을 기원하며 초조대장경이 조판되었다.
⑤ 기근에 대비하기 위하여 『구황촬요』가 간행되었다.

09 | 고려 시대의 경제 상황   정답 ⑤

자료 분석

개경의 경창 → 고려 시대

고려 시대에는 세금을 일정한 지역에 모은 후, 선박을 이용해 수도인 개경으로 옮기는 조운 제도가 운영되었다. 이를 위해 고려 정부는 세금으로 거두어들인 현물을 보관하는 기관인 조창을 전국적으로 13곳에 설치하였으며, 이곳에 모인 세금은 선박을 통해 개경의 경창으로 운반되었다.

정답 해설

⑤ 고려 시대에는 예성강 하구의 벽란도가 국제 무역항으로 번성하여, 송·일본·아라비아와 활발한 무역 활동을 전개하였다.

오답 체크

① 신라 중대: 신문왕 때 귀족의 경제 기반을 약화시키기 위하여 조세를 걷을 수 있는 관료전을 지급하고, 노동력 징발까지 가능했던 녹읍을 폐지하였다.
② 조선 후기: 광산 경영 전문가인 덕대가 광산을 전문적으로 경영하였다.
③ 조선 후기: 고구마, 감자 등의 구황 작물이 전래되어, 농민들이 이를 재배하였다.
④ 조선 전기: 세종 때 일본과 계해약조를 체결하여 일본에 제한된 범위의 무역을 허용하였다.

10 | 고려 시대의 사회 모습   정답 ⑤

자료 분석

망이·망소이 → 망이·망소이의 난 → 고려 시대

고려 시대에는 지방 행정 조직으로 특수 행정 구역인 향·부곡·소를 운영하였다. 향과 부곡의 주민들은 주로 농업에 종사하였으며, 소의 주민들은 수공업에 종사하며 국가에 필요한 물품을 생산하였다. 한편 무신 집권기에는 공주 명학소에서 망이·망소이가 가혹한 수탈에 저항하여 무리를 모아 봉기하였다(망이·망소이의 난).

정답 해설

⑤ 고려 시대에는 특수 행정 구역인 소를 비롯한 향, 부곡 등이 있었으며, 이곳 주민들은 일반 군현의 주민에 비하여 더 많은 공물을 부담하는 등 사회적·경제적 차별을 받았다.

오답 체크

① 조선 후기: 서얼들이 통청 운동을 전개하여 문과에 응시할 수 있는 권리와 청요직에 진출할 수 있는 권리를 획득하였다.
② 신라 하대: 진성 여왕 때 원종과 애노가 가혹한 수탈에 반발하여 사벌주(상주)에서 봉기하였다.
③ 조선 후기: 성리학적 생활 규범이 정착되면서 적장자 위주의 상속 제도가 확립되었다.
④ 동예는 읍락 간의 경계를 중시하여 다른 부족의 영역을 침범하면 노비나 소·말 등으로 변상하게 하는 책화라는 풍습이 있었다.

11 | 무신 집권기의 사회 모습   정답 ④

자료 분석

이의방 + 서경 유수 조위총이 반란을 일으킴 + 최우 → 무신 집권기

고려 의종 때 정중부·이의방·이고 등의 무신들은 무신에 대한 차별 대우에 반발하여 정변을 일으킨 뒤 의종을 폐하고 정권을 장악하였다(무신 정변, 1170). 무신 정변으로 하극상의 풍조가 만연해지고 사회적 모순이 심화되면서 전국 각지에서 반란과 민중 봉기가 일어났다. 대표적으로 서경 유수 조위총이 정중부 등의 무신들을 토벌한다는 명분으로 난을 일으켰으나(조위총의 난, 1174), 결국 진압되었다. 한편 최충헌의 뒤를 이어 정권을 잡은 최우는 자신의 집에 인사 행정 담당 기구인 정방을 설치하여 모든 관직의 인사권을 장악하였다.

정답 해설

④ 무신 집권기에는 가혹한 수탈에 반발하여 망이·망소이의 난 등 하층민의 봉기가 발생하였다.

오답 체크

① 조선 후기: 서얼들이 통청 운동을 전개하여 문과에 응시할 수 있는 권리와 청요직에 진출할 수 있는 권리를 획득하였다.
② 통일 신라: 장보고가 완도에 설치한 청해진을 거점으로 당·일본과의 국제 무역이 이루어졌다.
③ 조선 후기: 사회 혼란으로 민간에 왕조 교체를 예언하는 『정감록』 등이 유포되었다.
⑤ 조선 후기: 역관과 같은 중인들이 문예 모임인 시사(詩社)에 참여해 위항 문학 활동을 하였다.

12 | 원 간섭기의 사회 모습   정답 ③

자료 분석

응방·겁령구 → 원 간섭기

원 간섭기에 고려는 충렬왕이 원의 제국 대장 공주와 혼인하면서 원의 부마(사위)국이 되었다. 이에 따라 이 시기에는 원나라의 공주를 따라온 시종인 겁령구가 고려에 머무르며 사치스러운 생활을 일삼았고, 겁령구를 비롯한 친원 세력이 권문세족으로 성장하여 고위 관직을 독점하기도 하였다. 또한 이 시기에 매의 사육과 사냥을 맡은 관청인 응방이 설치되었다.

정답 해설

③ 원 간섭기에는 변발과 호복 등 몽골 풍습이 지배층을 중심으로 유행하였다.

오답 체크

① 문벌 귀족 집권기: 고려 문종 때 최충이 사립 교육 기관으로 9재 학당을 세워 유학 교육을 실시하였다.
② 무신 집권기: 신종 때 당시 집권자였던 최충헌의 사노비 만적이 개경에서 반란을 도모하였으나 실패하였다.
④ 문벌 귀족 집권기: 현종 때 부처의 힘으로 국난 극복을 기원하고자 초조대장경이 제작되었다.
⑤ 조선 전기: 명종 때 기근에 대비하기 위한 여러 방법을 정리한 『구황촬요』가 간행되었다.

05 고려의 경제와 사회

13 62회 15번
다음 상황이 나타난 시기의 사회 모습으로 옳은 것은? [1점]

> 제국 대장 공주가 일찍이 잣과 인삼을 [원의] 강남 지역으로 보내 많은 이익을 얻었다. 나중에는 환관을 각지에 파견하여 잣과 인삼을 구하게 하였다. 비록 나오지 않는 땅이라 하더라도 강제로 거두니 백성들이 매우 괴로워하였다.

① 원종과 애노가 사벌주에서 봉기하였다.
② 대각국사 의천이 해동 천태종을 개창하였다.
③ 지배층을 중심으로 변발과 호복이 유행하였다.
④ 기근에 대비하기 위해 『구황촬요』가 간행되었다.
⑤ 국난 극복을 기원하며 초조대장경이 조판되었다.

14 74회 15번
다음 자료에 나타난 시기의 사회 모습으로 적절한 것은? [2점]

> ○ 7재를 설치하였다. 주역을 [공부하는 곳은] 이택재, 상서는 대빙재, 모시(毛詩)는 경덕재, 주례는 구인재, 대례는 복응재, 춘추는 양정재, 무학은 강예재라고 하였다.
> ○ 왕이 결정하시기를 " …… 무학이 점차 번성하여 장차 문학하는 사람들과 각을 세워 불화하게 되면 매우 편치 못하게 될 것이다. …… 무학으로 무사를 선발하는 일과 무학재의 호칭은 모두 혁파하겠다."라고 하였다.

① 서얼이 통청 운동을 전개하였다.
② 『사창절목』에 따라 사창제가 시행되었다.
③ 왕조 교체를 예언하는 『정감록』이 유포되었다.
④ 병자에게 약을 지급하는 혜민국이 설치되었다.
⑤ 국산 약재와 치료 방법을 정리한 『향약집성방』이 간행되었다.

15 58회 12번
다음 상황이 나타난 시기의 사회 시책으로 옳은 것은? [2점]

> ○ 왕이 명하였다. "도성 안의 백성들이 역질에 걸렸으니 구제도감을 설치하여 치료하고, 시신과 유골은 거두어 비바람에 드러나지 않게 매장하라."
> ○ 중서성에서 아뢰었다. "지난해 관내 서도의 주현에 흉년이 들어 백성이 굶주리고 있습니다. 사창과 공해(公廨)의 곡식을 내어 경작을 원조하고, 가난하여 스스로 살아갈 수 없는 자는 의창을 열어 진휼하십시오."

① 유랑민을 구휼하는 활인서를 두었다.
② 백성들에게 곡식을 빌려주는 진대법을 실시하였다.
③ 국산 약재와 치료법을 소개한 『향약집성방』을 편찬하였다.
④ 기근에 대비하기 위해 『구황촬요』를 간행하여 보급하였다.
⑤ 기금을 모아 그 이자로 빈민을 구제하는 제위보를 운영하였다.

16 52회 12번
(가) 시대의 정책으로 옳은 것을 〈보기〉에서 고른 것은? [2점]

> **역사 용어 해설**
>
> **구제도감**
>
> 1. 기능
> [(가)] 시대에 재해가 발생했을 때 설치한 임시 기구로서 전염병 퇴치, 병자 치료 등의 임무를 수행하며 백성을 구호하였다.
>
> 2. 관련 사료
> 왕이 명하기를, "도성 내의 백성들이 역질에 걸렸으니 구제도감을 설치하여 이들을 치료하고, 시신과 유골은 거두어 비바람에 드러나지 않게 매장하라."라고 하였다.

〈보기〉
ㄱ. 기근에 대비하기 위하여 『구황촬요』를 간행하였다.
ㄴ. 개경에 국립 의료 기관인 동·서 대비원을 설치하였다.
ㄷ. 호조에서 정한 『사창절목』에 따라 사창제를 시행하였다.
ㄹ. 기금을 모아 그 이자로 빈민을 구휼하는 제위보를 운영하였다.

① ㄱ, ㄴ ② ㄱ, ㄷ ③ ㄴ, ㄷ
④ ㄴ, ㄹ ⑤ ㄷ, ㄹ

13 | 원 간섭기의 사회 모습
정답 ③

자료 분석
제국 대장 공주 → 원 간섭기
원 간섭기에 충렬왕이 원의 제국 대장 공주와 혼인하면서 고려는 원의 부마(사위)국이 되었으며, 원이 설치한 정동행성을 통해 내정 간섭을 받았다. 이 시기에는 친원 세력이 권문세족으로 성장하여 고위 관직을 독점하기도 하였다.

정답 해설
③ 원 간섭기에는 지배층을 중심으로 원의 풍습인 변발과 호복이 유행하였다.

오답 체크
① 신라 하대: 진성 여왕 때인 889년에 원종과 애노가 가혹한 수탈에 반발하여 사벌주(상주)에서 반란을 일으켰다.
② 문벌 귀족 집권기: 고려 숙종 때 대각국사 의천이 교종을 중심으로 선종을 통합하기 위해 해동 천태종을 개창하였다.
④ 조선 전기: 명종 때 기근에 대비하기 위해 『구황촬요』를 간행하여 보급하였다.
⑤ 문벌 귀족 집권기: 고려 현종 때 부처의 힘을 빌려 거란의 침입을 물리치고자 초조대장경을 조판하였다.

빈출 개념 | 원 간섭기의 사회 모습

권문세족 등장	문벌 귀족, 무신 집권기에 부상한 가문, 친원 세력이 권문세족으로 성장
풍속 교류	변발, 호복, 족두리, 연지 등 몽골 풍습이 고려에서 유행
공녀 징발	• 결혼도감: 원에 공녀로 보낼 여성을 징발하기 위해 설치 • 조혼 성행: 공녀로 징발되는 것을 피하기 위해 조혼 성행

14 | 고려 시대의 사회 모습
정답 ④

자료 분석
7재를 설치함 → 고려 시대
고려 시대에는 사립 학교인 사학에서 공부한 사람들이 과거에 많이 합격하면서 관학이 위축되자, 예종 때 국자감에 전문 강좌인 7재를 설치하는 등 관학을 진흥하기 위한 정책이 추진되었다. 이후 인종 때 무신을 하대하는 분위기가 심해지면서 7재 중 무술을 익히는 무학재가 폐지되었다.

정답 해설
④ 고려 예종 때 백성의 질병 치료를 위해 약을 지급하는 혜민국이 설치되었다.

오답 체크
① 조선 후기: 서얼들이 통청 운동을 전개하여 문과에 응시할 수 있는 권리와 청요직에 진출할 수 있는 권리를 획득하였다.
② 근대: 고종 때 흥선 대원군이 환곡의 폐단을 시정하기 위해 『사창절목』에 따라 사창제가 시행되었다.
③ 조선 후기: 사회 혼란으로 왕조 교체를 예언하는 『정감록』이 유포되었다.
⑤ 조선 전기: 세종 때 국산 약재와 치료법을 종합적으로 정리하여 소개한 『향약집성방』이 간행되었다.

15 | 고려 시대의 사회 시책
정답 ⑤

자료 분석
구제도감 + 의창 → 고려 시대
고려 시대에는 민생을 안정시키기 위한 여러 사회 정책을 시행하였다. 우선 성종은 태조 왕건 때 설치된 빈민 구휼 기관인 흑창을 의창으로 확대·개편하였고, 예종은 구제도감을 설치하여 전염병 퇴치, 병자 치료 등을 담당하게 하였다.

정답 해설
⑤ 고려 시대에는 일정 기금을 모아 그 이자로 빈민을 구제하는 기구인 제위보를 운영하였다.

오답 체크
① 조선 시대에는 유랑민을 구휼하고 병자를 치료하는 활인서를 두었다.
② 삼국 시대에 고구려는 식량이 떨어지는 춘궁기에 백성들에게 곡식을 빌려주고 추수기에 갚도록 하는 진대법을 실시하였다.
③ 조선 전기: 세종 때 국산 약재와 치료법을 종합적으로 정리하여 소개한 『향약집성방』이 편찬되었다.
④ 조선 전기: 명종 때 기근에 대비하는 여러 방법을 정리한 『구황촬요』가 간행 및 보급되었다.

16 | 고려 시대의 사회 정책
정답 ④

자료 분석
구제도감 → 고려 시대
고려 시대에는 민생을 안정시키기 위한 여러 정책을 시행하였다. 이에 예종 떠에는 구제도감을 설치하여 전염병 퇴치, 병자 치료 등을 담당하게 하였다.

정답 해설
④ ㄴ. 고려 시대에는 환자 치료와 빈민 구제를 위해 개경에 국립 의료 기관인 동·서 대비원을 설치하였다.
ㄹ. 고려 광종 때에는 일정 기금을 모아 그 이자로 빈민을 구제하는 제위보를 운영하였다.

오답 체크
ㄱ. 조선 전기: 명종 때 기근에 대비하기 위한 여러 방법을 정리한 『구황촬요』를 간행하였다.
ㄷ. 흥선 대원군 집권기(근대): 고종 때 환곡의 폐단을 시정하기 위해 『사창절목』에 따라 사창제를 실시하였다.

빈출 개념 | 고려 시대의 사회 시책

제위보	광종 때 설치, 기금을 만들어 이자로 빈민을 구제
의창	성종 때 설치, 곡식 대여
상평창	성종 때 설치, 물가 조절 기구
구제도감	예종 때 설치, 병자의 치료를 위한 구호 시설
혜민국	예종 때 설치, 병자에게 의약품 지급
동·서 대비원	환자의 치료와 빈민 구제를 담당

06 고려의 문화

01
67회 17번
(가) 교육 기관에 대한 설명으로 옳은 것은? [2점]

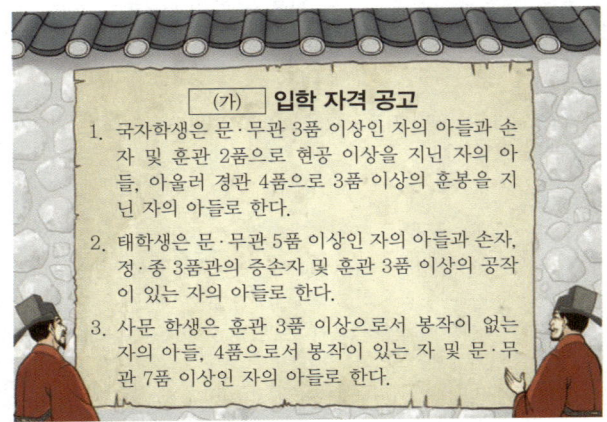

① 문헌공도로 불리기도 하였다.
② 중앙에서 교수나 훈도가 파견되었다.
③ 전국의 부·목·군·현에 하나씩 설치되었다.
④ 장학 기금 마련을 위해 양현고가 설립되었다.
⑤ 사가 독서제를 시행하여 학문에 전념하게 하였다.

03
63회 13번
(가)에 들어갈 내용으로 옳은 것은? [1점]

① 독서삼품과를 통해 인재를 등용하였어요.
② 사액 서원에 서적과 노비를 지급하였어요.
③ 중등 교육 기관으로 4부 학당을 설립하였어요.
④ 양현고를 설치하여 장학 기금을 마련하였어요.
⑤ 초계문신제를 시행하여 문신을 재교육하였어요.

02
71회 13번
(가)에 들어갈 내용으로 가장 적절한 것은? [2점]

① 국자감에 전문 강좌인 7재를 개설하였어.
② 사액 서원에 서적과 노비 등을 지급하였어.
③ 독서삼품과를 실시하여 인재를 등용하였어.
④ 초계문신제를 시행하여 문신을 재교육하였어.
⑤ 흥왕사에 교장도감을 두고 속장경을 편찬하였어.

04
60회 17번
(가)에 들어갈 내용으로 옳은 것은? [1점]

< 고려 시대 유학자 >

유학자	주요 활동
최승로	(가)
최충	9재 학당을 설립하여 유학 교육에 힘씀
김부식	유교 사관에 입각하여 『삼국사기』를 편찬함
안향	고려에 처음으로 성리학을 도입함
이제현	만권당에서 원의 학자들과 교류함

① 『불씨잡변』을 지어 불교를 비판함
② 인재 등용을 위해 현량과 실시를 제안함
③ 시무 28조를 올려 국가 운영 방안을 제시함
④ 지부복궐척화의소를 올려 왜양 일체론을 주장함
⑤ 해주 향약을 시행하여 향촌 교화를 위해 노력함

● 주제별 출제 비중
*최근 3개년 기준(심화 76~63회)

고려의 건국과 발전	문벌 귀족 사회와 무신 정권	고려의 대외 관계	원 간섭기와 고려 후기의 정치	고려의 경제와 사회	고려의 문화
19%	17%	14%	12%	14%	24%

01 | 국자감
정답 ④

자료 분석
국자학생 + 태학생 + 사문학생 → 국자감

국자감은 고려 시대의 최고 교육 기관으로, 성종 때 유학 교육 위주로 정비되었고, 유학부(국자학·태학·사문학)에 박사와 조교를 두었다. 국자감은 입학 자격이 있었는데, 유학부의 국자학은 3품 이상의 자제, 태학은 5품 이상의 자제, 사문학은 7품 이상의 자제들이 입학할 수 있었다.

정답 해설
④ 고려 예종 때 관학 진흥책의 일환으로 국자감에 장학 기금 재단인 양현고를 설치하였다.

오답 체크
① 9재 학당(고려): 고려 문종 때 최충이 문헌공도로 불리기도 한 9재 학당을 세웠는데, 이때 9재 학당을 비롯한 사학 12도가 크게 융성하였다.
②, ③ 향교(조선): 조선 시대 지방의 중등 교육 기관으로, 전국의 부·목·군·현에 각각 하나씩 설립되었으며, 중앙에서 교관인 교수와 훈도를 파견하였다.
⑤ 사가 독서제는 조선 세종 때 실시된 제도로, 국가의 인재를 양성하기 위해 유능한 젊은 문신들에게 휴가를 주어 독서에 전념할 수 있도록 한 제도이다.

02 | 고려의 관학 진흥책
정답 ①

자료 분석
관학 진흥 + 서적포 → 고려의 관학 진흥책

고려 문벌 귀족 집권기에는 사립 학교인 사학에서 공부한 사람들이 과거에 많이 합격하면서, 최충이 세운 문헌공도를 비롯한 사학 12도가 크게 융성하였다. 이에 따라 상대적으로 관학이 위축되자, 고려 정부는 관학 진흥을 위해 여러 정책을 폈다. 우선 숙종 때에는 국자감에 출판을 담당하는 서적포를 두어 서적 간행을 활성화하였으며, 이후 예종 때는 왕실 도서관 겸 학문 연구소인 청연각과 보문각을 설치하고, 일종의 장학 재단인 양현고를 설치하여 장학 기금을 마련하기도 하였다.

정답 해설
① 고려 예종 때 관학을 진흥하기 위해 국자감에 전문 강좌인 7재를 개설하였다.

오답 체크
② 조선 시대에는 국왕으로부터 편액(간판)을 받은 사액 서원에 서적과 노비 등을 지급하였다.
③ 통일 신라 시기에 원성왕은 유교 경전의 이해 수준을 시험하여 관리를 채용하는 독서삼품과를 실시하여 인재를 등용하였다.
④ 조선 후기에 정조는 인재 양성을 위해 초계문신제를 시행하여 젊고 유능한 문신을 선발하여 재교육하였다.
⑤ 고려 시대의 승려인 의천은 흥왕사에 교장도감을 두고 불교 경전에 대한 주석서인 교장(속장경)을 편찬하였다.

03 | 고려의 관학 진흥책
정답 ④

자료 분석
관학을 진흥 + 서적포 + 7재 → 고려의 관학 진흥책

고려 문벌 귀족 집권기에는 최충이 세운 문헌공도를 비롯한 사학 12도가 크게 융성하였다. 이에 따라 관학이 위축되자, 고려 정부는 관학 진흥을 위해 여러 정책을 시행하였다. 우선 숙종 때에는 국자감에 서적포를 두어 출판을 담당하게 하였으며, 이후 예종 때 국자감에 전문 강좌인 7재를 설치하였다.

정답 해설
④ 고려 예종 때 관학을 진흥하기 위해 장학 재단인 양현고를 두어 장학 기금을 마련하였다.

오답 체크
① 통일 신라 시기에 원성왕은 유교 경전의 이해 수준을 시험하여 관리를 채용하는 독서삼품과를 시행하여 인재를 등용하였다.
② 조선 시대에는 국왕으로부터 편액(간판)을 받은 사액 서원에 서적과 노비 등을 지급하였다.
③ 조선 시대에는 한양에 중등 교육 기관인 4부 학당을 설립하였다.
⑤ 조선 후기에 정조는 인재 양성을 위해 초계문신제를 시행하여 젊고 유능한 문신들을 선발하여 재교육하였다.

04 | 최승로의 활동
정답 ③

자료 분석
최승로 + 주요 활동 → 최승로의 활동

최승로는 고려 시대의 유학자로, 성종에게 시무 28조를 올려 유교를 국가의 통치 이념으로 삼을 것을 제시하였다. 이때 최승로는 부처의 가르침을 행하는 것은 개인의 수신(修身)을 행하는 근본이 되고, 유교의 가르침을 행하는 것은 나라의 근원이라고 주장하였다. 성종은 최승로의 시무 28조를 수용하여 유교 정치 이념을 바탕으로 통치 체제를 정비하였다.

정답 해설
③ 최승로는 성종에게 사회 개혁안인 시무 28조를 올려 국가의 운영 방안을 제시하였다.

오답 체크
① **정도전**: 고려 말~조선 초의 성리학자로, 『불씨잡변』을 저술하여 성리학의 입장에서 불교를 비판하였다.
② **조광조**: 조선 전기의 성리학자로, 중종 때 인재 등용을 위해 일종의 천거제인 현량과 실시를 건의하였다.
④ **최익현**: 조선 말~근대의 성리학자로, 고종에게 지부복궐척화의소를 올려 왜양 일체론을 주장하며 강화도 조약에 반대하였다.
⑤ **이이**: 조선 전기의 성리학자로, 해주 향약을 시행하여 향촌 교화를 위해 노력하였다.

06 고려의 문화

05
(가)에 들어갈 내용으로 가장 적절한 것은? [2점]

이 초상화 속 인물은 고려의 학자인 문헌공 최충으로, 해동공자라고 불리기도 하였습니다. 거란의 침입으로 개경이 함락되어 서적들이 소실되자 역사서 편찬을 위한 수찬관에 임명되었습니다. 유학을 보급하고 인재 양성에 힘쓴 그는 _____(가)_____

① 『불씨잡변』을 지어 불교를 비판하였습니다.
② 만권당에서 원의 학자들과 교유하였습니다.
③ 지공거 출신으로 9재 학당을 설립하였습니다.
④ 『입학도설』을 저술하여 성리학의 기본 원리를 해설하였습니다.
⑤ 성균관의 대사성이 되어 정몽주 등을 학관으로 천거하였습니다.

07
밑줄 그은 '그'에 대한 설명으로 옳은 것은? [3점]

초상화로 보는 한국사

이 그림은 고려 말 삼은(三隱) 중 한 사람인 목은(牧隱)의 초상화이다. 이곡(李穀)의 아들인 그는 고려와 원의 과거에 합격했으며, 문하시중 등의 관직을 역임하였다. 고려 후기 성리학의 보급에 노력한 대표적 인물로 평가된다. 이 초상화는 당시의 관복을 충실하게 표현하여 보물로 지정되었다.

① 『역옹패설』과 『사략』을 저술하였다.
② 왕명에 의해 『삼국사기』를 편찬하였다.
③ 문헌공도를 설립하여 유학 교육에 힘썼다.
④ 불교 개혁을 주장하며 수선사 결사를 제창하였다.
⑤ 성균관의 대사성이 되어 정몽주 등을 학관으로 천거하였다.

06
다음 가상 인터뷰의 주인공에 대한 설명으로 옳은 것은? [3점]

최근에 『역옹패설』을 저술하셨는데 독자들이 관심 가질 만한 내용을 소개해 주세요.

고위 관리 유청신이 원의 사신과 몽골말로 직접 대화하자 홍자번이 역관을 심하게 꾸짖었고, 이에 유청신이 부끄러워 한 일화가 실려 있습니다.

① 『불씨잡변』을 지어 불교를 비판하였다.
② 정혜결사를 통해 불교 개혁에 앞장섰다.
③ 『청방인문표』를 지어 인질의 석방을 요구하였다.
④ 고구려 계승 의식을 강조한 『동명왕편』을 지었다.
⑤ 만권당에서 조맹부, 요수 등의 문인들과 교유하였다.

08
밑줄 그은 '역사서'에 대한 설명으로 옳은 것은? [1점]

이번에 왕명을 받아 편찬한 역사서에 대해 설명해 주세요.

이 책은 묘청의 난을 진압한 뒤, 우리나라의 역사를 좀 더 잘 알아야 한다는 폐하의 말씀에 따라 유교 사관을 바탕으로 삼국의 역사를 충실히 기록하였습니다.

① 남북국이라는 용어를 처음 사용하였다.
② 「사초」, 『시정기』 등을 바탕으로 편찬되었다.
③ 단군의 고조선 건국 이야기를 수록하였다.
④ 본기, 열전 등 기전체 형식으로 서술되었다.
⑤ 고구려 건국 시조의 일대기를 서사시로 표현하였다.

05 | 최충   정답 ③

자료 분석

최충
최충은 고려 전기의 학자로, 유학 발전에 크게 기여하여 해동공자라고 불리기도 하였다. 그는 거란의 침입 당시 서적들이 소실되자 역사서를 편찬하는 수찬관에 임명되어 『칠대실록』을 편찬하였다.

정답 해설
③ 최충은 과거 시험의 감독관인 지공거를 맡았으며, 관직에서 물러난 이후 사립 교육 기관인 9재 학당을 설립하여 인재를 양성하였다.

오답 체크
① 정도전: 『불씨잡변』을 지어 성리학자의 입장에서 불교의 사회적 폐단을 비판하였다.
② 이제현: 원의 연경에 설치된 만권당에서 원의 학자들과 교유하였으며, 고려로 귀국한 후에는 성리학 보급에 기여하였다.
④ 권근: 성리학 입문서인 『입학도설』을 저술하여 성리학의 기본 원리를 해설하였다.
⑤ 이색: 성균관의 대사성이 되어 정몽주 등을 학관으로 천거하였으며, 정도전·권근 등을 가르치며 성리학을 확산시켰다.

06 | 이제현   정답 ⑤

자료 분석

『역옹패설』을 저술함 → 이제현
이제현은 고려 후기의 성리학자로, 호는 익재이다. 그의 대표적인 저술로는 역사·인물의 일화 등을 수록한 『역옹패설』과 정통 의식과 대의명분을 강조한 역사서인 『사략』 등이 있다.

정답 해설
⑤ 이제현은 고려 후기의 성리학자로, 충선왕이 원의 연경에 설치한 학문 연구소인 만권당에서 조맹부, 요수 등의 문인들과 교유하였다.

오답 체크
① 정도전: 고려 말~조선 초에 활동한 관리이자 학자로, 『불씨잡변』을 지어 성리학의 입장에서 불교의 사회적 폐단을 비판하였다.
② 지눌: 고려 무신 집권기에 활동한 승려로, 정혜결사 운동을 통해 불교 개혁에 앞장섰다.
③ 강수: 신라 중대의 6두품 출신 유학자로, 「청방인문표」를 지어 당나라에 인질로 잡혀있던 김인문의 석방을 요구하였다.
④ 이규보: 무신 집권기에 활동한 문신으로, 고구려 계승 의식을 반영하여 고구려 건국 시조인 동명왕(주몽)의 일대기를 서사시 형태로 서술한 『동명왕편』을 지었다.

07 | 이색   정답 ⑤

자료 분석

목은 + 고려 후기 성리학의 보급에 노력함 → 이색
이색은 고려 말의 성리학자로, 호는 목은이다. 그는 이제현의 문하생으로 고려와 원의 과거에 합격하였으며, 문하시중 등의 관직을 역임하였다. 그는 정몽주, 길재, 정도전, 하륜, 권근 등을 제자로 두어 가르치며 고려 후기에 성리학이 보급되도록 노력하였다.

정답 해설
⑤ 이색은 공민왕 때 성균관의 대사성이 되어 정몽주 등의 성리학자들을 학관으로 천거하였다.

오답 체크
① 이제현: 시화집인 『역옹패설』과 역사서인 『사략』을 저술하였다.
② 김부식: 인종의 명으로 역사서인 『삼국사기』를 편찬하였다.
③ 최충: 문종 때 사학인 문헌공도를 설립하였다.
④ 지눌: 불교 개혁을 주장하며 순천 송광사(수선사)를 중심으로 독경과 선을 수행하자는 수선사 결사를 제창하였다.

08 | 『삼국사기』   정답 ④

자료 분석

왕명을 받아 편찬 + 유교 사관 + 삼국의 역사 → 『삼국사기』
『삼국사기』는 우리나라에 현존하는 가장 오래된 역사서로, 고려 인종 때 김부식 등이 왕명을 받아 편찬하였다. 『삼국사기』에는 유교 사관을 바탕으로 삼국의 역사가 기록되어 있다.

정답 해설
④ 『삼국사기』는 역사를 본기, 열전 등 여러 항목으로 나누어 구성하는 기전체 형식으로 서술되었다.

오답 체크
① 『발해고』: 조선 후기에 유득공이 저술한 역사서로, 통일 신라와 발해를 묶어 남북국이라는 용어를 처음으로 사용하였다.
② 『조선왕조실록』: 조선 왕조의 역사서로, 「사초」, 「시정기」 등을 바탕으로 편찬되었다.
③ 『삼국유사』, 『제왕운기』 등: 단군의 고조선 건국 이야기를 수록하였다.
⑤ 『동명왕편』: 고려 시대에 이규보가 고구려 건국 시조인 동명왕(주몽)의 일대기를 서사시로 표현하였다.

빈출 개념 | 고려의 역사서

『삼국사기』 (김부식)	• 현존하는 최고(最古)의 역사서 • 유교적 합리주의 사관에 입각하여 서술
『동명왕편』 (이규보)	• 동명왕(주몽)의 업적을 칭송한 영웅 서사시 • 고구려 계승 의식 반영
『삼국유사』 (일연)	• 불교사를 중심으로 고대의 민간 설화를 수록 • 고조선의 건국 이야기를 수록
『제왕운기』 (이승휴)	• 단군부터 시작되는 우리나라 역사 서술 • 우리나라 역사를 중국사와 대등하게 파악

06 고려의 문화

09 58회 15번
다음 검색창에 들어갈 역사 자료에 대한 설명으로 옳은 것은? [2점]

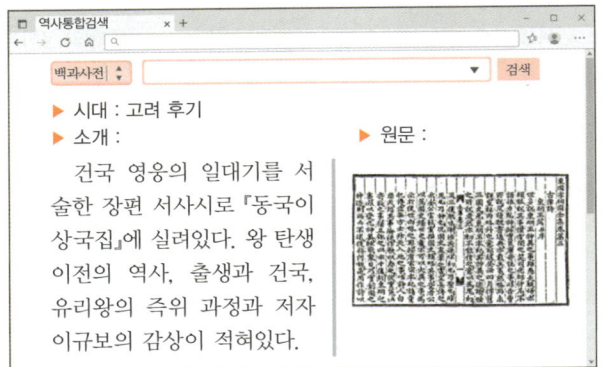

- 시대: 고려 후기
- 소개: 건국 영웅의 일대기를 서술한 장편 서사시로 『동국이상국집』에 실려있다. 왕 탄생 이전의 역사, 출생과 건국, 유리왕의 즉위 과정과 저자 이규보의 감상이 적혀있다.

① 고구려 계승 의식이 반영되었다.
② 남북국이라는 용어가 처음 사용되었다.
③ 「사초」, 『시정기』 등을 바탕으로 편찬하였다.
④ 단군의 고조선 건국 이야기를 수록하였다.
⑤ 현존하는 우리나라 최고(最古)의 역사서이다.

10 59회 18번
밑줄 그은 '역사서'에 대한 설명으로 옳은 것은? [1점]

이곳은 경상북도 군위군에 위치한 인각사로 승려 일연이 마지막 여생을 보낸 곳입니다. 그는 불교사를 중심으로 민간 설화 등을 수록한 역사서를 저술하였습니다.

① 편년체 형식으로 기술되었다.
② 고조선의 건국 이야기가 서술되었다.
③ 남북국이라는 용어가 처음 사용되었다.
④ 왕명에 의해 고승들의 전기가 기록되었다.
⑤ 고구려 시조의 일대기가 서사시로 표현되었다.

11 73회 16번
다음 검색창에 들어갈 역사서에 대한 설명으로 옳은 것은? [3점]

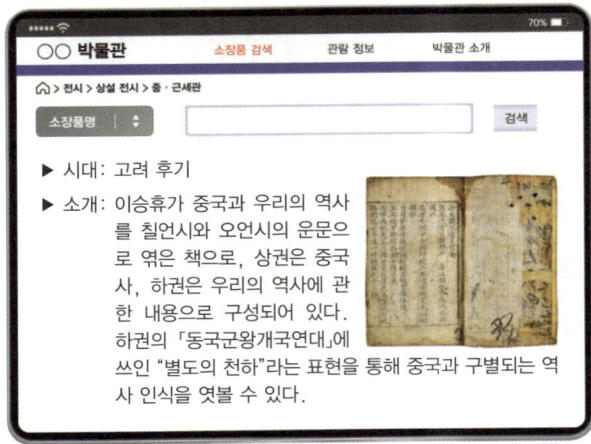

- 시대: 고려 후기
- 소개: 이승휴가 중국과 우리의 역사를 칠언시와 오언시의 운문으로 엮은 책으로, 상권은 중국사, 하권은 우리의 역사에 관한 내용으로 구성되어 있다. 하권의 「동국군왕개국연대」에 쓰인 "별도의 천하"라는 표현을 통해 중국과 구별되는 역사 인식을 엿볼 수 있다.

① 남북국이라는 용어가 처음 사용되었다.
② 불교사를 중심으로 민간 설화를 담았다.
③ 단군의 고조선 건국 이야기가 수록되었다.
④ 왕명에 의해 고승들의 전기가 기록되었다.
⑤ 본기, 열전 등으로 구성된 기전체 형식으로 서술되었다.

12 37회 18번
밑줄 그은 '그'에 대한 설명으로 옳은 것은? [2점]

이것은 그의 행적을 새긴 비석으로 개성의 영통사에 있다. 고려 숙종의 동생인 그는 국청사를 중심으로 해동 천태종을 개창하고, 교종을 중심으로 선종을 통합하여 당시 불교계의 문제를 해결하려 하였다.

① 『수심결』을 지어 돈오점수를 강조하였다.
② 심성 도야를 강조한 유·불 일치설을 주장하였다.
③ 법화 신앙에 중점을 둔 백련 결사를 주도하였다.
④ 이론의 연마와 실천을 함께 강조하는 교관겸수를 제창하였다.
⑤ 인도와 중앙아시아의 풍물을 기록한 『왕오천축국전』을 저술하였다.

09 『동명왕편』   정답 ①

자료 분석
> 건국 영웅의 일대기를 서술한 장편 서사시 + 『동국이상국집』 + 이규보 → 『동명왕편』

『동명왕편』은 고려 무신 집권기에 활동한 문신 이규보가 고구려 건국 영웅인 동명왕(주몽)의 일대기를 장편 서사시 형태로 서술한 역사서로, 이규보의 문집인 『동국이상국집』에 실려있다. 동명왕 탄생 이전의 역사, 출생과 건국, 후계자인 유리왕에 관한 내용과 이규보 본인의 감상으로 구성되어 있다.

정답 해설
① 『동명왕편』은 고구려 동명왕(주몽)에 대한 영웅 서사시로, 고구려 계승 의식이 반영되었다.

오답 체크
② 『발해고』: 조선 후기에 유득공이 저술한 역사서로, 통일 신라와 발해를 묶어 남북국이라는 용어가 처음 사용되었다.
③ 『조선왕조실록』: 조선 왕조의 역사서로, 「사초」, 「시정기」 등을 바탕으로 편찬하였다.
④ 『삼국유사』, 『제왕운기』: 고려 원 간섭기인 충렬왕 때 편찬된 역사서로, 단군의 고조선 건국 이야기를 수록하였다.
⑤ 『삼국사기』: 고려 인종 때 김부식이 편찬한 역사서로, 현존하는 우리나라 최고(最古)의 역사서이다.

10 『삼국유사』   정답 ②

자료 분석
> 일연 + 불교사를 중심으로 민간 설화 등을 수록 → 『삼국유사』

『삼국유사』는 고려 충렬왕 때 승려 일연이 저술한 역사서로, 불교사를 중심으로 고대의 민간 설화 등을 수록하였다.

정답 해설
② 『삼국유사』의 「기이」편에 단군의 고조선 건국 이야기가 서술되어 있다.

오답 체크
① 편년체는 역사적 사실을 연·월·일 순으로 정리한 형식으로, 『고려사절요』, 『조선왕조실록』이 대표적이다.
③ 『발해고』(조선): 조선 후기에 유득공이 저술한 역사서로, 통일 신라와 발해를 묶어 남북국이라는 용어를 처음으로 사용하였다.
④ 『해동고승전』(고려): 승려 각훈이 왕명에 의해 고승들의 전기를 기록하였다.
⑤ 『동명왕편』(고려): 이규보가 저술한 역사서로, 고구려 건국 시조인 동명왕(주몽)의 일대기를 서사시로 표현하였다.

11 『제왕운기』   정답 ③

자료 분석
> 이승휴 + 운문으로 엮은 책 → 『제왕운기』

『제왕운기』는 고려 후기 충렬왕 때 이승휴가 편찬한 역사서이다. 『제왕운기』는 총 2권으로 구성되어 있으며, 상권에는 중국의 역사, 하권에는 우리나라의 역사가 서술되어 있다. 이처럼 중국사와 한국사를 각 권으로 분리하여 우리나라의 역사를 따로 서술한 것은 중국 동쪽에 독립된 고려 왕조가 존재함을 표현한 것으로, 중국과 구별되는 우리 역사의 독자성을 강조했다는 평가를 받는다.

정답 해설
③ 『제왕운기』는 단군의 고조선 건국 이야기를 포함하여 단군 조선부터 고려 충렬왕 때까지의 역사를 기록한 역사서이다.

오답 체크
① 『발해고』: 조선 정조 때 유득공이 쓴 역사서로, 남북국이라는 용어를 처음 사용하였다.
② 『삼국유사』: 고려 시대에 일연이 편찬한 역사서로, 불교사를 중심으로 단군 신화와 고대의 민간 설화를 수록하였다.
④ 『해동고승전』: 승려 각훈이 저술한 역사서로, 왕명에 의해 승려들의 전기를 기록하였다.
⑤ 『삼국사기』: 고려 인종 때 김부식이 편찬한 역사서로, 본기, 지, 표, 열전 항목으로 나누어 서술하는 기전체 형식으로 서술되었다.

12 의천   정답 ④

자료 분석
> 해동 천태종을 개창 + 교종을 중심으로 선종을 통합 → 의천

의천은 고려 문종의 아들이자 숙종의 동생으로, 왕실의 지원을 바탕으로 불교계의 통합을 추진하였다. 이를 위해 개경에 국청사를 창건하고 이를 중심으로 해동 천태종을 개창하였다. 또한 교종을 중심으로 선종을 통합함으로써 당시 불교계의 문제였던 교종과 선종의 분열을 해결하려 하였다.

정답 해설
④ 의천은 이론의 연마와 실천을 함께 강조하는 교관겸수를 제창하여 교종과 선종을 통합한 사상 체계를 정립하였다.

오답 체크
① 지눌(고려): 『수심결』을 지어 불교 개혁의 수행 방법으로 돈오점수를 강조하였다.
② 혜심(고려): 심성의 도야를 강조한 유·불 일치설(유교와 불교의 뜻이 일치한다는 이론)을 주장하였다.
③ 요세(고려): 법화 신앙을 중심으로 강진 만덕사에서 백련 결사를 주도하였다.
⑤ 혜초(신라): 인도와 중앙아시아를 순례하고 그 풍물을 기록한 『왕오천축국전』을 저술하였다.

06 고려의 문화

13
65회 13번
(가)에 들어갈 내용으로 옳은 것은? [2점]

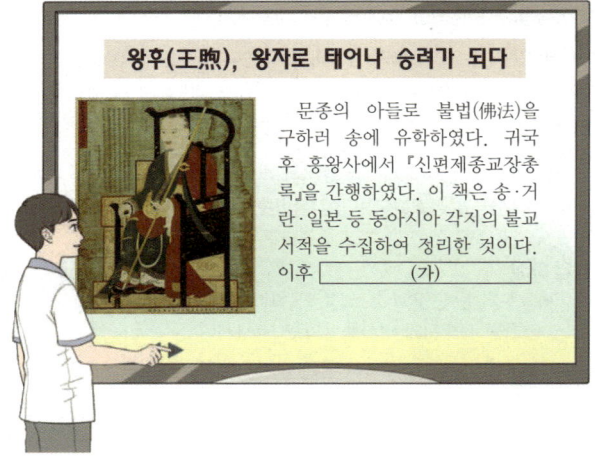

① 국청사의 주지가 되어 해동 천태종을 개창하였다.
② 불교 개혁을 주장하며 수선사 결사를 조직하였다.
③ 『선문염송집』을 편찬하고 유·불 일치설을 주장하였다.
④ 불교 관련 자료를 중심으로 『삼국유사』를 집필하였다.
⑤ 인도와 중앙아시아를 순례하고 『왕오천축국전』을 남겼다.

15
74회 16번
(가) 인물에 대한 설명으로 옳은 것은? [2점]

이것은 '불일보조국사'라는 시호를 받은 (가) 의 행적을 담고 있는 송광사 보조국사비입니다. 비문에는 그가 정혜결사를 조직하고, 『권수정혜결사문』을 지었다는 내용이 들어있습니다. 또한 당시 국왕이 그의 뜻을 흠모하여 그가 머물렀던 송광산 길상사(吉祥寺)를 조계산 수선사(修禪寺)로 이름을 바꿔주며 직접 글씨를 써서 보냈다는 등의 내용이 기록되어 있습니다.

① 법화 신앙에 중점을 둔 백련 결사를 이끌었다.
② 돈오점수를 바탕으로 꾸준한 수행을 강조하였다.
③ 승려들의 전기를 기록한 『해동고승전』을 저술하였다.
④ 『선문염송집』을 편찬하고 유·불 일치설을 주장하였다.
⑤ 성상융회를 제창하여 교종 내 대립을 해소하고자 하였다.

14
63회 16번
(가) 인물에 대한 설명으로 옳은 것은? [2점]

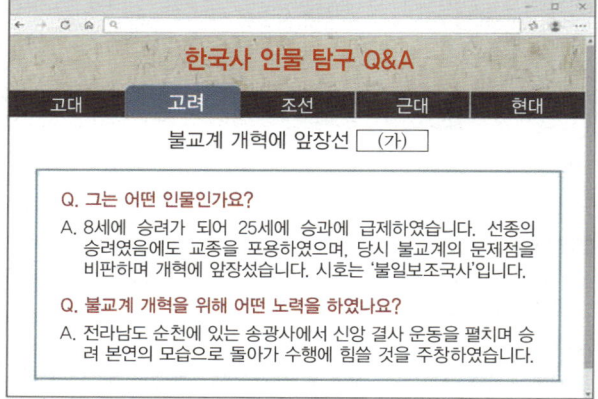

① 참선을 강조하고 돈오점수를 주장하였다.
② 불교 교단 통합을 위해 해동 천태종을 개창하였다.
③ 『선문염송집』을 편찬하고 유·불 일치설을 제창하였다.
④ 승려들의 전기를 정리하여 『해동고승전』을 편찬하였다.
⑤ 「보현십원가」를 지어 불교 교리를 대중에게 전파하였다.

16
40회 16번
(가)에 들어갈 내용으로 가장 적절한 것은? [2점]

① 의천이 불교 통합을 위해 해동 천태종을 개창하였습니다.
② 요세가 법화 신앙을 바탕으로 신앙 결사를 이끌었습니다.
③ 지눌이 정혜사를 결성하고 불교 개혁 운동을 전개하였습니다.
④ 각훈이 『해동고승전』을 저술하여 승려들의 전기를 기록하였습니다.
⑤ 일연이 『삼국유사』를 집필하여 불교 중심의 설화, 야사 등을 정리하였습니다.

13 | 의천 정답 ①

자료 분석
> 문종의 아들 + 흥왕사에서 『신편제종교장총록』을 간행함 → 의천
>
> 의천은 고려 문종의 넷째 아들로, 송에서 유학한 뒤 돌아와 흥왕사에서 불교 경전의 정비에 힘써 고려·송·요 등의 불경 주석서를 모은 목록인 『신편제종교장총록』을 편찬하고, 이를 바탕으로 교장(속장경)을 간행하였다.

정답 해설
① 의천은 고려 시대의 승려로, 국청사의 주지가 되어 교종을 중심으로 선종을 통합하기 위해 해동 천태종을 개창하였다.

오답 체크
② 지눌(고려): 세속화된 불교의 개혁을 주장하며 수선사 결사를 조직하였다.
③ 혜심(고려): 『선문염송집』을 편찬하고 심성의 도야를 강조한 유·불 일치설을 주장하였다.
④ 일연(고려): 불교 관련 자료를 중심으로 삼국의 역사와 고대의 민간 설화 등을 서술한 『삼국유사』를 집필하였다.
⑤ 혜초(신라): 인도와 중앙아시아를 순례하고 그 지역의 풍물을 기록한 『왕오천축국전』을 남겼다.

빈출 개념 | 의천

교단 통합	· 국청사 창건, 해동 천태종 창시 · 교관겸수(이론의 연마와 실천을 함께 수행) 강조 · 교종을 중심으로 선종 통합 시도
화폐 유통 주장	숙종에게 주전도감 설치 건의
대장경 보완	· 『신편제종교장총록』(불경의 주석서를 모은 목록) 편찬 · 교장 간행

14 | 지눌 정답 ①

자료 분석
> 고려 + 불일보조국사 + 송광사 + 결사 운동 → 지눌
>
> 불일보조국사 지눌은 고려 무신 집권기에 활동한 승려로, 당시 세속화된 불교를 비판하였다. 그는 정혜결사를 결성하여 불교 개혁에 앞장섰으며, 이후 순천 송광사로 근거지를 옮기고 정혜결사의 명칭을 수선사 결사로 바꾸었다. 지눌은 승려 본연의 모습으로 돌아가 수행에 힘쓸 것을 주장하였으며, 수선사 결사 운동에서 선종과 교종을 분리하지 않고 선정과 지혜를 함께 수행한다는 정혜쌍수를 강조하였다.

정답 해설
① 지눌은 참선을 강조하고 불성을 깨달은 다음에도 꾸준히 수행해야 한다는 돈오점수를 주장하였다.

오답 체크
② 의천: 불교 교단 통합을 위해 국청사를 중심으로 해동 천태종을 개창하였다.
③ 혜심: 『선문염송집』을 편찬하고 심성 도야를 강조하여 유교와 불교가 일치한다는 이론인 유·불 일치설을 제창하였다.
④ 각훈: 우리나라 승려들의 전기를 정리하여 『해동고승전』을 편찬하였다.
⑤ 균여: 향가인 「보현십원가」를 지어 불교 교리를 대중에게 전파하였다.

15 | 지눌 정답 ②

자료 분석
> 불일보조국사 + 『권수정혜결사문』 + 수선사 → 지눌
>
> 불일보조국사 지눌은 고려 무신 집권기에 활동한 승려로, 세속화된 당시의 불교를 비판하였다. 그는 불교 개혁을 위해 정혜결사를 조직하고, 『권수정혜결사문』을 지어 선정과 지혜를 함께 닦아야 한다는 정혜쌍수를 주장하였다. 이후 지눌은 순천 송광사로 근거지를 옮기고 정혜결사의 명칭을 수선사 결사로 바꾸었다.

정답 해설
② 지눌은 불성을 깨달은 다음에도 이를 계속 확인해야 한다는 돈오점수를 바탕으로 주준한 수행을 강조하였다.

오답 체크
① 요세: 강진 만덕사에서 법화 신앙에 중점을 둔 백련 결사를 이끌었다.
③ 각훈: 우리나라 승려들의 전기를 기록한 『해동고승전』을 저술하였다.
④ 혜심: 『선문염송집』을 편찬하고 심성 도야를 강조하여 유교와 불교가 일치한다는 이론인 유·불 일치설을 주장하였다.
⑤ 균여: 성상융회를 제창하여 화엄 사상과 법상종의 사상을 통합하려 하였으며, 교종 내 대립을 해소하고자 하였다.

빈출 개념 | 지눌

활동	· 송광산 길상사(현재의 순천 송광사) 중건 · 수선사 결사 운동 전개 · 『권수정혜결사문』을 작성하여 정혜쌍수 강조 · 돈오점수 강조
의의	선종을 중심으로 교종을 포용하고자 함

16 | 요세 정답 ②

자료 분석
> 백련사 + 고려 무신 정권기 최우의 후원 → 요세
>
> 강진 만덕산에 위치한 백련사는 신라 하대에 창건된 절로, 고려 무신 집권기에 최우의 후원으로 절의 규모가 확장되었다. 한편 이 시기 백련사에서는 교종 계통의 승려인 요세에 의해 백련 결사 운동이 전개되기도 하였다.

정답 해설
② 요세는 강진 백련사에서 자신의 행동을 참회하는 법화 신앙을 바탕으로 백련 결사 운동을 전개하였다.

오답 체크
① 의천이 국청사에서 교종을 중심으로 선종을 통합하기 위해 해동 천태종을 개창하였다.
③ 지눌이 정혜사를 결성하고 『권수정혜결사문』을 작성하여 불교 개혁 운동을 전개하였다.
④ 무신 집권기의 승려인 각훈이 왕명을 받아 승려들의 전기를 기록한 『해동고승전』을 저술하였다.
⑤ 원 간섭기의 승려인 일연이 불교 중심의 설화, 야사 등을 정리한 『삼국유사』를 집필하였다.

06 고려의 문화

17 킬러   66회 16번
(가) 인물에 대한 설명으로 옳은 것은? [3점]

말풍선: 이것은 전라남도 강진군 월남사지에 있는 (가) 의 비입니다. 비문에는 지눌의 제자인 그가 수선사의 제2대 사주가 된 일, 당시 집권자인 최우가 그에게 두 아들을 출가(出家)시킨 일 등이 기록되어 있습니다.

① 『화엄일승법계도』를 지어 화엄 사상을 정리하였다.
② 해동 천태종을 개창하여 불교 교단 통합에 힘썼다.
③ 『선문염송집』을 편찬하고 유·불 일치설을 주장하였다.
④ 『권수정혜결사문』을 작성하여 정혜쌍수를 강조하였다.
⑤ 「보현십원가」를 지어 불교 교리를 대중에게 전파하였다.

19   57회 15번
다음 대화에 해당하는 문화유산으로 옳은 것은? [3점]

- 우리나라에 현존하는 가장 오래된 목조 건축물에 대해 이야기해 보자.
- 공민왕 때 지붕을 크게 수리했다는 상량문의 기록을 통해 건축 연대를 추정할 수 있지.
- 공포가 기둥 위에만 있는 주심포 양식의 건물로, 지붕의 형태는 맞배 지붕이야.

①  안동 봉정사 극락전
②  보은 법주사 팔상전
③  구례 화엄사 각황전
④  예산 수덕사 대웅전
⑤  영주 부석사 무량수전

18   70회 12번
(가)~(마)에 들어갈 내용으로 적절한 것은? [3점]

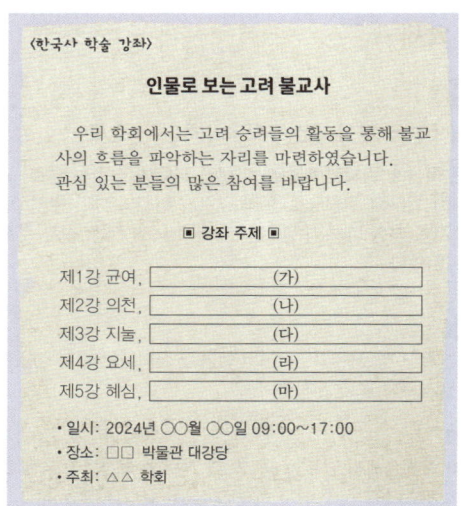

〈한국사 학술 강좌〉
인물로 보는 고려 불교사

우리 학회에서는 고려 승려들의 활동을 통해 불교사의 흐름을 파악하는 자리를 마련하였습니다. 관심 있는 분들의 많은 참여를 바랍니다.

■ 강좌 주제 ■
제1강 균여, (가)
제2강 의천, (나)
제3강 지눌, (다)
제4강 요세, (라)
제5강 혜심, (마)

- 일시: 2024년 ○○월 ○○일 09:00~17:00
- 장소: □□ 박물관 대강당
- 주최: △△ 학회

① (가) – 법화 신앙에 중점을 둔 백련 결사를 제창하다
② (나) – 심성의 도야를 강조한 유·불 일치설을 주장하다
③ (다) – 『권수정혜결사문』을 작성하여 정혜쌍수를 강조하다
④ (라) – 이론과 수행을 함께 강조하는 교관겸수를 제시하다
⑤ (마) – 「보현십원가」를 지어 불교 교리를 대중에게 전파하다

20 킬러   65회 17번
(가)에 해당하는 문화유산으로 옳은 것은? [2점]

말풍선: 충청남도 예산군에 있는 이 건물은 맞배 지붕에 주심포 양식입니다. 건물 보수 중 묵서명이 발견되어 충렬왕 34년이라는 정확한 건립 연도를 알게 되었습니다.

화면: 국보로 지정된 불교 건축물 (가)

①  수덕사 대웅전
②  화엄사 각황전
③  부석사 무량수전
④  봉정사 극락전
⑤  법주사 팔상전

17 | 혜심 오답률 67.8%
정답 ③

자료 분석
지눌의 제자 + 수선사의 제2대 사주 → 혜심

진각국사 혜심은 고려 무신 집권기에 활동한 승려로, 지눌의 제자이자 지눌의 뒤를 이어 수선사의 제2대 사주가 되었다. 그의 대표적인 저서로는 역대 승려들의 어록을 모아서 편찬한 불교 서적인 『선문염송집』 등이 있다. 한편, 월남사지에는 이규보가 비문을 작성한 것으로 알려진 혜심의 탑비가 있다.

정답 해설
③ 혜심은 고려 시대의 승려로, 『선문염송집』을 편찬하고 유·불 일치설을 주장하여 심성의 도야를 강조하였다.

오답 체크
① 의상(신라): 『화엄일승법계도』를 지어 화엄 사상의 주요 내용을 간결한 시로 정리하였다.
② 의천(고려): 교종을 중심으로 선종을 통합하기 위해 해동 천태종을 개창하였다.
④ 지눌(고려): 『권수정혜결사문』을 작성하여 선정과 지혜를 함께 닦아 수행해야 한다는 정혜쌍수를 강조하였다.
⑤ 균여(고려): 「보현십원가」를 지어 어려운 불교 교리를 노래로 쉽게 풀어 대중에게 전파하였다.

18 | 고려 승려들의 활동
정답 ③

자료 분석
고려 승려들의 활동
(가) 균여는 고려 광종 때 활동한 승려로, 귀법사의 주지로 임명되었다.
(나) 의천은 문종의 아들이자 숙종의 동생으로, 불교 교단의 통합을 위해 국청사를 중심으로 해동 천태종을 창시하고 교종을 중심으로 선종 통합을 시도하였다.
(다) 지눌은 무신 집권기에 활동한 승려로, 불교 개혁에 앞장섰으며 순천 송광사로 근거지를 옮기고 수선사 결사 운동을 전개하였다.
(라) 요세는 무신 집권기에 활동한 승려로, 백련사에서 불교의 실천을 강조하고 자신의 행동에 대한 참회를 강조하는 법화 신앙을 바탕으로 백련 결사 운동을 전개하였다.
(마) 혜심은 무신 집권기에 활동한 승려로, 지눌의 제자이자 지눌의 뒤를 이어 수선사의 제2대 사주가 되었다. 그는 역대 선사들의 어록을 모아서 편찬한 불교 서적인 『선문염송집』을 편찬하였다.

정답 해설
③ 지눌은 『권수정혜결사문』을 작성하여 선정과 지혜를 함께 닦아 수행해야 한다는 정혜쌍수를 강조하였다.

오답 체크
① 요세: 법화 신앙을 바탕으로 강진 만덕사에서 백련 결사를 제창하였다.
② 혜심: 심성의 도야를 강조하여 유교와 불교가 일치한다는 이론인 유·불 일치설을 주장하였다.
④ 의천: 이론의 연마와 수행을 함께 강조하는 교관겸수를 제시하였다.
⑤ 균여: 향가인 「보현십원가」를 지어 불교 교리를 대중에게 전파하였다.

19 | 안동 봉정사 극락전
정답 ①

자료 분석
우리나라에 현존하는 가장 오래된 목조 건축물 + 주심포 양식 → 안동 봉정사 극락전

안동 봉정사 극락전은 고려 시대의 목조 건축물로, 공민왕 때 지붕을 크게 수리했다는 상량문(새로 짓거나 고친 건물의 내력을 적어둔 문서)의 기록을 통해 우리나라에 현존하는 가장 오래된 목조 건축물임이 밝혀졌다. 이 건물은 지붕의 무게를 받치는 공포가 기둥 위에만 있는 주심포 양식으로 지어졌으며, 지붕 측면 벽의 형태가 삼각형으로 된 맞배 지붕인 것이 특징이다.

정답 해설
① 안동 봉정사 극락전은 고려 시대의 건축물로, 우리나라에 현존하는 가장 오래된 목조 건축물이다.

오답 체크
② 보은 법주사 팔상전: 조선 후기의 목조 건축물로, 현존하는 유일한 조선 시대의 오층 목탑이다.
③ 구례 화엄사 각황전: 조선 후기의 목조 건축물로, 팔작 지붕과 다포 양식으로 축조되었다.
④ 예산 수덕사 대웅전: 고려 시대의 목조 건축물로, 주심포 양식이 사용되었으며, 단아하면서도 세련된 특성이 표현되었다.
⑤ 영주 부석사 무량수전: 고려 시대의 목조 건축물로, 배흘림 기둥에 주심포 양식으로 축조되었다.

20 | 예산 수덕사 대웅전 오답률 71.2%
정답 ①

자료 분석
충청남도 예산군 + 맞배 지붕 + 주심포 양식 → 예산 수덕사 대웅전

예산 수덕사 대웅전은 충청남도 예산군에 위치하고 있으며, 대표적인 고려 시대의 목조 건축물이다. 이 건물은 지붕의 무게를 받치는 공포가 기둥 위에만 있는 주심포 양식으로 지어졌으며, 지붕 측면 벽의 형태가 삼각형으로 된 맞배 지붕인 것이 특징이다.

정답 해설
① 예산 수덕사 대웅전은 고려 시대의 목조 건축물로, 맞배 지붕과 주심포 양식으로 축조되었다.

오답 체크
② 구례 화엄사 각황전: 조선 후기에 건립된 건축물로, 팔작 지붕과 다포 양식이 활용된 것이 특징이다.
③ 영주 부석사 무량수전: 고려 시대의 목조 건축물로, 배흘림 기둥에 주심포 양식으로 축조되었다.
④ 안동 봉정사 극락전: 고려 시대에 건립된 주심포 양식의 건축물로, 현존하는 우리나라 최고(最古)의 목조 건물이다.
⑤ 보은 법주사 팔상전: 조선 후기의 목조 건축물로, 현존하는 유일한 조선 시대의 오층 목탑이다.

06 고려의 문화

21
다음 대화에 해당하는 문화유산으로 옳은 것은? [2점] 53회 17번

 ①  ②  ③

 ④  ⑤

22
(가)에 해당하는 문화유산으로 옳은 것은? [3점] 66회 17번

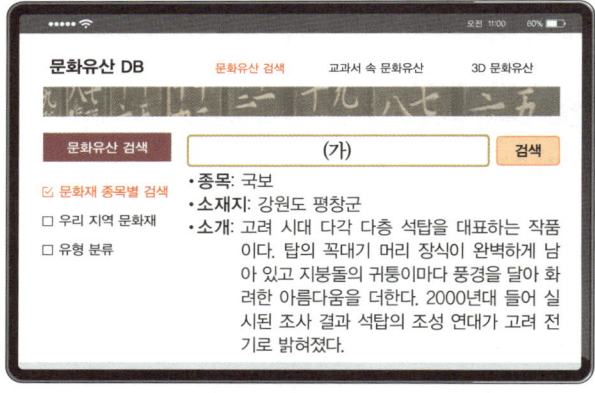

23
다음 사진전에 전시될 사진으로 적절하지 않은 것은? [2점] 50회 14번

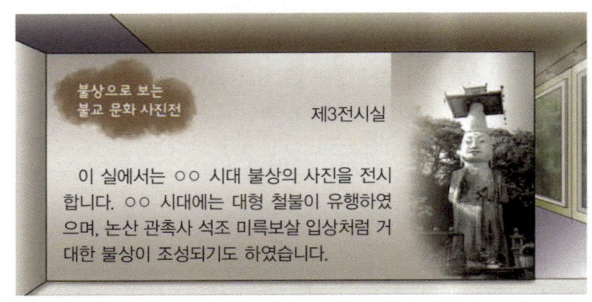

 ①  ②  ③

 ④  ⑤

24
(가)에 해당하는 문화유산으로 옳은 것은? [2점] 63회 46번

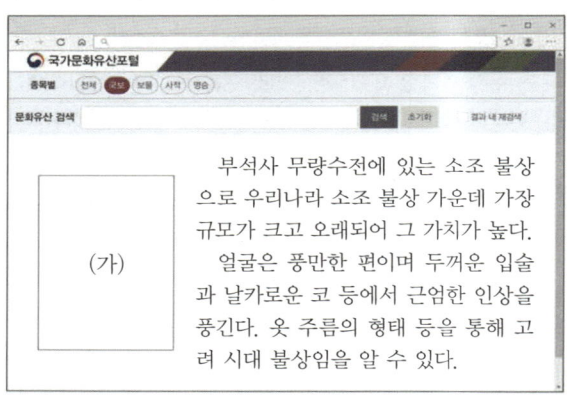

 ①  ②  ③

 ④  ⑤

21 | 개성 경천사지 십층 석탑 정답 ③

자료 분석

개성 + 원의 영향을 받은 다각 다층의 대리석 탑 + 원각사지 십층 석탑에 영향을 줌 → 개성 경천사지 십층 석탑

개성 경천사지 십층 석탑은 원의 영향을 받은 다각 다층의 탑으로, 고려 후기에 건립되었다. 이 석탑은 기존의 석탑과는 달리 대리석으로 제작되었으며, 조선 세조 때 건립된 원각사지 십층 석탑에 영향을 주기도 하였다.

정답 해설

③ 개성 경천사지 십층 석탑은 원의 영향을 받은 다각 다층탑으로, 조선의 원각사지 십층 석탑에 영향을 주었다.

오답 체크

① 안동 법흥사지 칠층 전탑(통일 신라): 우리나라에 현존하는 가장 오래된 벽돌 탑(전탑)이다.
② 경주 불국사 다보탑(통일 신라): 일반적인 석탑과 다른 독특한 형태로 만들어졌으며, 높은 예술성과 뛰어난 건축술이 반영된 석탑이다.
④ 익산 미륵사지 석탑(백제): 목탑 양식을 계승한 석탑으로, 우리나라에 현존하는 가장 오래된 석탑이다.
⑤ 평창 월정사 팔각 구층 석탑(고려): 송의 영향을 받은 다각 다층탑으로, 고려 불교 문화 특유의 화려하고 귀족적인 면모를 잘 보여준다.

22 | 평창 월정사 팔각 구층 석탑 정답 ①

자료 분석

강원도 평창군 + 고려 시대 다각 다층 석탑 + 고려 전기 → 평창 월정사 팔각 구층 석탑

평창 월정사 팔각 구층 석탑은 송의 영향을 받은 다각 다층의 탑으로, 고려 전기에 건립되었다. 이 석탑은 탑의 꼭대기인 상륜부의 머리 장식이 완벽하게 남아 있고, 지붕 여덟 곳의 귀퉁이마다 풍경을 달아 놓은 것이 특징이다. 한편, 이 탑은 현재 강원도 평창군 월정사에 위치하고 있다.

정답 해설

① 평창 월정사 팔각 구층 석탑은 고려 전기의 석탑으로, 송의 영향을 받은 다각 다층탑이다.

오답 체크

② 경주 정혜사지 십삼층 석탑: 경주시 안강읍 정혜사 터에 있는 통일 신라의 특수형 석조 불탑이다.
③ 개성 경천사지 십층 석탑: 고려 후기의 석탑으로, 원의 영향을 받은 다각 다층탑이다.
④ 영광탑: 당의 영향을 받아 만들어진 발해의 전탑(벽돌 탑)이다.
⑤ 정선 정암사 수마노탑: 고려 시대의 석탑으로, 벽돌처럼 돌을 다듬어 올린 모전 석탑이다.

23 | 고려 시대의 불상 정답 ②

자료 분석

대형 철불 + 논산 관촉사 석조 미륵보살 입상 → 고려 시대의 불상

고려 시대의 불상은 대체로 신라의 양식을 계승하였으나, 균형미와 조형미가 다소 부족하였다. 고려 초기에는 대형 철불(쇠로 만든 불상)이 유행하였으며, 은진 미륵이라고도 불리는 논산 관촉사 석조 미륵보살 입상과 같은 대형 석불(돌로 새긴 불상)도 활발하게 제작되었다.

정답 해설

② 경주 석굴암 본존불은 신라 중대에 제작된 것으로, 신라 예술의 뛰어난 균형미를 보여 준다.

오답 체크

① 하남 하사창동 철조 석가여래 좌상: 고려 초기의 대형 철불로, 석굴암 본존불의 양식을 이어받은 것이 특징이다.
③ 안동 이천동 마애여래 입상: 고려의 불상으로, 자연 암벽에 신체를 조각(마애)하고 머리는 따로 올려놓았다.
④ 영주 부석사 소조 여래 좌상: 고려의 불상으로, 통일 신라의 전통 양식을 계승한 것이 특징이다.
⑤ 하남 교산동 마애 약사여래 좌상: 고려의 불상으로, 질병에서 중생을 구제해 준다는 약사불을 절벽에 새겨 놓았다.

24 | 영주 부석사 소조 여래 좌상 정답 ⑤

자료 분석

부석사 무량수전에 있는 소조 불상 → 영주 부석사 소조 여래 좌상

영주 부석사 소조 여래 좌상은 영주 부석사 무량수전 내부에 봉안되어 있는 고려 시대의 불상으로, 통일 신라의 양식을 계승하였으며 우리나라 소조 불상 중 가장 크고 오래되었다. 또한 불상의 얼굴은 풍만한 편이며, 두꺼운 입술과 날카로운 코 등에서 근엄한 인상을 풍기고 있다.

정답 해설

⑤ 고려의 영주 부석사 소조 여래 좌상은 통일 신라의 전통 양식을 계승한 대표적인 고려 시대의 불상으로, 영주 부석사 무량수전 내에 봉안되어 있다.

오답 체크

① 경주 석굴암 본존불: 통일 신라의 불상으로, 신라 예술의 뛰어난 균형미를 보여주며 석굴암 안에 있다.
② 금동 관음보살 좌상: 조선 시대의 불상으로, 허리가 쏙 들어가 있으면서도 장대한 신체 모습을 드러내 세련미가 돋보이는 것이 특징이다.
③ 하남 하사창동 철조 석가여래 좌상: 고려 초기의 철조 불상으로, 석굴암 본존불의 양식을 이어받았으며, 날카로운 얼굴 인상과 간결한 옷 주름의 표현이 특징이다.
④ 금동 미륵보살 반가사유상: 삼국 시대에 제작된 금동 불상으로, 미륵보살이 한쪽 무릎을 의자에 당겨 앉아(반가) 깊이 생각하는 모습을 표현하였다.

06 고려의 문화

25
(가)에 들어갈 불상으로 옳은 것은? [2점] 60회 10번

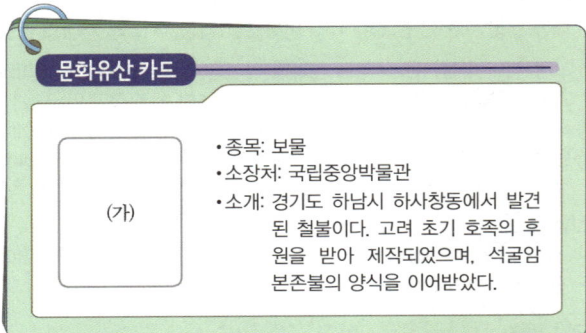

문화유산 카드
- 종목: 보물
- 소장처: 국립중앙박물관
- 소개: 경기도 하남시 하사창동에서 발견된 철불이다. 고려 초기 호족의 후원을 받아 제작되었으며, 석굴암 본존불의 양식을 이어받았다.

①  ②  ③
④  ⑤

26
밑줄 그은 '불상'에 해당하는 문화유산으로 옳은 것은? [2점] 67회 16번

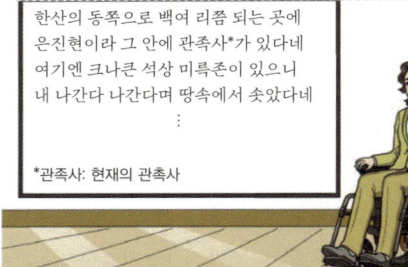

이것은 이색의 『목은집』에 실린 시의 일부입니다. 그는 관촉사에서 열린 법회에 참여하고 그곳에서 보았던 불상을 떠올리며 이 시를 지었습니다.

한산의 동쪽으로 백여 리쯤 되는 곳에
은진현이라 그 안에 관촉사*가 있다네
여기엔 크나큰 석상 미륵존이 있으니
내 나간다 나간다며 땅속에서 솟았다네
...
*관촉사: 현재의 관촉사

①  ②  ③
④  ⑤

27
(가)에 해당하는 문화유산으로 옳은 것은? [2점] 55회 17번

이 불상은 천연 암벽을 이용하여 몸체를 만들고 머리는 따로 만들어 올렸습니다. 눈, 코, 입 등을 크게 만들어 거대한 느낌을 주며 조형미는 다소 떨어지지만 지방화된 불상 양식을 잘 보여 줍니다. 불상 측면에는 세조의 비 정희 왕후와 성종의 안녕을 기원하는 발원문이 새겨져 있습니다.

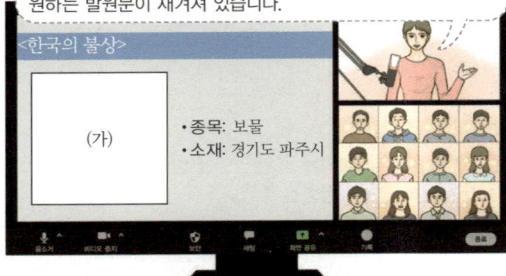

<한국의 불상>
- 종목: 보물
- 소재: 경기도 파주시

①  ②  ③
④  ⑤

28
(가)에 대한 설명으로 옳은 것은? [2점] 35회 17번

이규보가 쓴 이 글은 최씨 무신 정권의 후원을 받아 제작된 (가) 의 조판 동기를 밝힌 것으로, 부처의 힘으로 외세를 물리치고자 하는 염원이 담겨 있습니다.

신통한 힘을 빌려 주어 완악한 오랑캐가 멀리 도망가서 다시는 우리 국토를 짓밟는 일이 없게 해 주십시오. 전쟁이 그치고 전국이 평안하며, …… 나라의 국운이 만세토록 유지되게 해 주소서.

① 자장의 건의로 만들어졌다.
② 현존하는 최고(最古)의 금속 활자본이다.
③ 유네스코 세계 기록유산으로 등재되었다.
④ 현재 프랑스 국립 도서관에 보관되어 있다.
⑤ 불국사 삼층 석탑을 보수하는 과정에서 발견되었다.

25 | 하남 하사창동 철조 석가여래 좌상
정답 ②

자료 분석
하남시 하사창동에서 발견됨 + 고려 초기
→ 하남 하사창동 철조 석가여래 좌상

하남 하사창동 철조 석가여래 좌상은 경기도 하남시 하사창동에서 발견된 고려 초기의 대형 철조 불상으로, 호족의 후원을 받아 제작되었다. 이 불상은 통일 신라 때 제작된 경주 석굴암 본존불의 양식을 이어받았으며, 날카로운 얼굴 인상과 간결한 옷 주름의 표현 등이 특징이다.

정답 해설
② 하남 하사창동 철조 석가여래 좌상은 고려 초기의 철조 불상으로, 석굴암 본존불의 양식을 이어받았다.

오답 체크
① 금동 연가 7년명 여래 입상: 고구려의 대표적인 불상으로, 광배의 뒷면에 '연가 7년'이라는 글자가 새겨져 있는 것이 특징이다.
③ 경주 남산 장창곡 석조 미륵여래 삼존상: 신라의 불상으로 미륵불과 두 보살을 조각한 미륵여래 삼존상 중 가운데에 있는 미륵불이다.
④ 금동 관음보살 좌상: 조선 시대의 불상으로, 허리가 쏙 들어가 있으면서도 장대한 신체 모습을 드러내 세련미가 돋보이는 보살상이다.
⑤ 금동 미륵보살 반가사유상: 삼국 시대 후기에 만들어진 것으로 추정되는 금동 불상이다.

26 | 논산 관촉사 석조 미륵보살 입상
정답 ③

자료 분석
관촉사 + 은진현 + 크나큰 석상 미륵존
→ 논산 관촉사 석조 미륵보살 입상

논산 관촉사 석조 미륵보살 입상은 논산시 관촉동 관촉사에 있는 고려의 석조 불상으로, 우리나라에 조성된 석조 불상 중에서 가장 큰 불상이다. 논산 관촉사 석조 미륵보살 입상은 통일 신라 시대의 균형미 있는 전통적인 불상과는 다른 비례와 표현법을 보여준다. 또한 조선 시대에 논산시 일대의 지명이 은진현 또는 은진군이었기 때문에 '은진 미륵'이라고도 불린다.

정답 해설
③ 논산 관촉사 석조 미륵보살 입상은 고려 초기에 제작된 거대한 규모의 불상으로, 논산시 은진면에 있어 '은진 미륵'이라고도 불린다.

오답 체크
① 파주 용미리 마애이불 입상(고려): 두 불상을 절벽에 조각(마애)하여 마애이불이란 이름이 붙여졌다.
② 경산 팔공산 관봉 석조여래 좌상(통일 신라): 불상의 머리 위에 갓을 쓴 듯한 넓적한 돌이 올려져 있다.
④ 서산 용현리 마애여래 삼존상(백제): 백제의 수도였던 부여로 가는 길목의 절벽에 조각(마애)된 불상으로, '백제의 미소'라는 별칭을 가졌다.
⑤ 안동 이천동 마애여래 입상(고려): 자연 암벽에 신체를 조각(마애)하고 머리는 따로 올려 놓았다.

27 | 파주 용미리 마애이불 입상
정답 ①

자료 분석
천연 암벽을 이용하여 몸체를 만들고 머리는 따로 만들어 올림 + 파주시 → 파주 용미리 마애이불 입상

파주 용미리 마애이불 입상은 경기도 파주시에 위치한 고려의 불상으로, 천연 암벽에 2구의 불상의 몸체를 새기고 머리는 따로 만들어 올린 것이 특징이다. 자연석을 그대로 이용하여 신체 비율이 맞지 않아 조형미는 다소 떨어지지만, 당시의 지방화된 불상 양식을 보여준다.

정답 해설
① 파주 용미리 마애이불 입상은 두 불상을 절벽에 조각(마애)하여 마애이불이란 이름이 붙여졌다.

오답 체크
② 경산 팔공산 관봉 석조여래 좌상(통일 신라): 불상의 머리 위에 갓을 쓴 듯한 넓적한 돌이 올려져 있다.
③ 안동 이천동 마애여래 입상(고려): 자연 암벽에 신체를 조각(마애)하고 머리는 따로 올려놓았다.
④ 논산 관촉사 석조 미륵보살 입상(고려): 고려 초기에 제작된 거대한 규모의 불상으로, 논산시 은진면에 있어 '은진 미륵'이라고도 불린다.
⑤ 충주 미륵리 석조여래 입상(고려): 고려 초기 거대한 불상의 지방화된 양식을 잘 반영하고 있다.

28 | 팔만대장경
정답 ③

자료 분석
최씨 무신 정권의 후원 + 부처의 힘으로 외세를 물리치고자 함
→ 팔만대장경(재조대장경)

팔만대장경은 고려 고종 때 몽골의 침략으로 소실된 초조대장경을 대신하기 위해 조판되었다. 당시 최씨 무신 정권의 집권자였던 최우는 부처의 힘으로 몽골의 침입을 극복하고자 팔만대장경을 제작하였다.

정답 해설
③ 팔만대장경(재조대장경)은 우수한 정밀성과 글씨의 아름다움 등을 인정받아 유네스코 세계 기록유산으로 등재되었다.

오답 체크
① 황룡사 구층 목탑: 신라 선덕 여왕 때 자장의 건의로 만들어졌다.
②, ④ 『직지심체요절』: 현존하는 최고(最古)의 금속 활자본으로, 현재 프랑스 국립 도서관에 보관되어 있다.
⑤ 『무구정광대다라니경』: 불국사 삼층 석탑(석가탑)의 보수 공사 도중 발견된 것으로, 세계 최고(最古)의 목판 인쇄물이다.

빈출 개념 | 고려의 대장경

초조대장경	• 거란의 침입 격퇴 염원 • 대구 부인사에 보관 중 몽골의 2차 침입 때 소실
교장(속장경)	의천이 『신편제종교장총록』을 편찬한 후, 흥왕사에 교장도감을 설치하여 간행
팔만대장경 (재조대장경)	• 몽골의 침입 격퇴 염원 • 경남 합천 해인사 장경판전에서 보관중 • 2007년 유네스코 세계 기록유산에 등재

06 고려의 문화

29   68회 17번
(가) 문화유산에 대한 설명으로 옳은 것은? [2점]

① 신미양요 때 미군이 탈취하였다.
② 현존하는 최고(最古)의 금속 활자본이다.
③ 거란의 침입을 물리치기 위해 제작하였다.
④ 장영실, 이천 등이 제작한 활자로 인쇄하였다.
⑤ 불국사 삼층 석탑을 보수하는 과정에서 발견되었다.

30 빈출   74회 13번
(가) 국가의 문화유산으로 적절하지 않은 것은? [3점]

31   71회 16번
(가) 국가의 국가유산으로 옳지 않은 것은? [1점]

□□신문

'국보 순회전: 모두의 곁으로', 강진군에서 열려

국립중앙박물관이 지역 간의 문화 격차를 해소하기 위해 기획한 국보 순회전이 전남 강진군에서 '도자기에 핀 꽃, 상감 청자'를 주제로 개최된다. 이번 전시에서는 청자 상감 모란무늬 항아리, 청자 상감 물가풍경무늬 매병 등 (가) 의 대표적인 국가유산인 상감 청자가 공개된다. 특히 국보 '청자 상감 모란무늬 항아리'는 왕실 자기의 전형을 보여 주는 유물로 모란을 정교하고 화려하면서도 사실적으로 묘사하였다는 평가를 받는다. 전시회 관계자는 "상감 청자의 생산지였던 강진군에서 개최되어 더 큰 의미가 있다."라고 밝혔다.

▲ 청자 상감 모란무늬 항아리

32   75회 17번
(가)에 들어갈 내용으로 가장 적절한 것은? [1점]

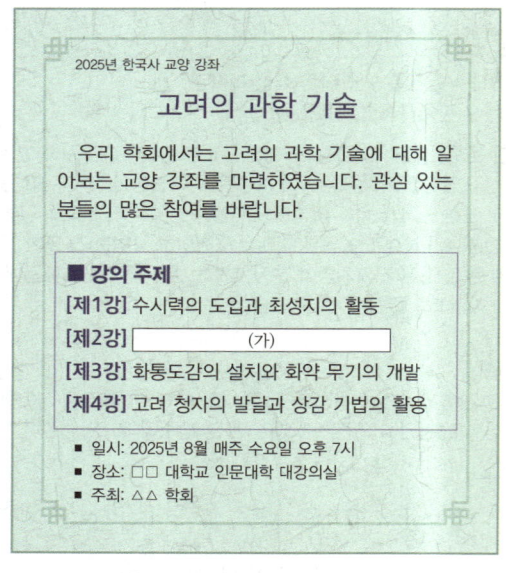

2025년 한국사 교양 강좌

고려의 과학 기술

우리 학회에서는 고려의 과학 기술에 대해 알아보는 교양 강좌를 마련하였습니다. 관심 있는 분들의 많은 참여를 바랍니다.

■ 강의 주제
[제1강] 수시력의 도입과 최성지의 활동
[제2강] (가)
[제3강] 화통도감의 설치와 화약 무기의 개발
[제4강] 고려 청자의 발달과 상감 기법의 활용

■ 일시: 2025년 8월 매주 수요일 오후 7시
■ 장소: □□대학교 인문대학 대강의실
■ 주최: △△학회

① 의약학의 발전과 『향약집성방』의 편찬
② 100리 척의 사용과 동국지도의 제작
③ 기하학적 원리와 경주 석굴암의 조성
④ 금속활자 기술과 『직지심체요절』의 간행
⑤ 농업 기술의 발달과 『임원경제지』의 저술

29 『직지심체요절』
정답 ②

자료 분석

> 청주 흥덕사에서 인쇄함 → 『직지심체요절』
>
> 『직지심체요절』은 고려 우왕 때인 1377년에 청주 흥덕사에서 금속 활자로 간행된 현존하는 세계 최고(最古)의 금속 활자본이다. 개항 이후 프랑스로 반출되었던 것을 박병선 박사가 프랑스 국립 도서관에서 발견하였다.

정답 해설

② 『직지심체요절』은 현존하는 세계 최고(最古)의 금속 활자본으로, 그 가치를 인정받아 2001년에 유네스코 세계 기록유산으로 등재되었다.

오답 체크

① 어재연 장군 수자기 등: 신미양요 때 미군이 퇴각하면서 어재연 장군 수자기 등 수많은 전리품을 탈취하였다.
③ 초조대장경: 고려 현종 때 부처의 힘으로 거란의 침입을 물리치기 위해 제작하였다.
④ 『동국정운』 등: 장영실, 이천 등이 제작한 활자인 갑인자로 인쇄하였다.
⑤ 『무구정광대다라니경』: 불국사 삼층 석탑(석가탑)의 보수 공사 도중에 발견된 것으로, 세계 최고(最古)의 목판 인쇄물이다.

30 고려의 문화유산
정답 ①

자료 분석

> 청자 상감 운학문 매병 + 영주 부석사 소조 여래 좌상
> → 고려의 문화유산
>
> 고려는 청자, 불상, 탑 등 다양한 문화유산들을 만들었다. 대표적인 고려 시대의 청자로는 청자 상감 운학문 매병이 있으며, 이는 청자의 표면을 파내고 그 자리를 백토나 흑토 등으로 메워 무늬를 내는 상감법으로 제작하였다. 또한 대표적인 불상인 영주 부석사 소조 여래 좌상이 있으며, 이 불상은 통일 신라의 전통 양식을 계승하였으며, 우리나라 소조 불상 중 가장 크고 오래된 작품으로 평가 받고 있다.

정답 해설

① 도기 기마인물형 명기는 신라의 문화유산으로, 말을 타고 있는 사람의 모습을 표현한 토우이다.

오답 체크

② 청자 투각칠보문 뚜껑 향로: 고려의 문화유산으로, 투각·첩화·상형·상감 등 각종 기법을 통해 제작된 향로이다.
③ 청동 은입사 포류수금문 정병: 고려 시대의 정병(목이 긴 물병)으로, 청동에 은입사 기법으로 버드나무와 물새 등을 표현하였다.
④ 나전 국화 넝쿨무늬 합: 고려의 문화유산으로, 옻칠한 바탕에 자개를 붙여 무늬를 나타낸 나전 칠기이다.
⑤ 평창 월정사 팔각 구층 석탑: 고려 전기의 석탑으로, 송의 영향을 받은 다각 다층탑이다.

31 고려의 국가유산
정답 ⑤

자료 분석

> 상감 청자 → 고려
>
> 고려는 표면을 파내고 그 자리를 백토나 흑토 등으로 메워 무늬를 내는 상감법으로 제작된 청자 상감 모란무늬 항아리, 청자 상감 운학문 매병 등과 같은 상감 청자를 만들었다.

정답 해설

⑤ 파적도는 조선 후기의 화가 김득신의 작품으로, 한적한 봄날 앞마당의 정경을 묘사하였다.

오답 체크

① 고려 초기에는 은진 미륵이라고도 불리는 논산 관촉사 석조 미륵보살 입상, 안동 이천동 마애여래 입상 등의 대형 석불이 제작되었다.
② 고려 시대에는 옻칠한 바탕에 자개를 붙여 무늬를 나타낸 나전 칠기 기술이 발달하여 나전 국화 넝쿨무늬 합 등이 제작되었다.
③ 고려 시대에는 수월관음도와 같은 불화가 많이 그려졌다.
④ 고려 후기에는 원의 영향을 받아 개성 경천사지 십층 석탑이 제작되었다.

빈출 개념 | 고려의 대표 문화유산

탑	월정사 팔각 구층 석탑, 경천사지 십층 석탑
불상	논산 관촉사 석조 미륵보살 입상(은진 미륵), 안동 이천동 마애여래 입상, 부석사 소조 아미타 여래 좌상
공예	청자 상감 운학문 매병, 나전 국화 넝쿨무늬 합, 청동 은입사 포류수금문 정병
건축	안동 봉정사 극락전, 영주 부석사 무량수전, 예산 수덕사 대웅전

32 고려의 과학 기술
정답 ④

자료 분석

> 고려의 과학 기술
>
> 고려는 다양한 분야에서 과학 기술이 발달하였다. 천문학 분야에서는 최성지가 원의 역법인 수시력을 들여와 국내에 도입하여 천문학 발달에 기여하였다. 무기 제조술 분야에서는 최무선의 건의로 화통도감을 설치하고 화포 등의 화약 무기를 개발하여 군사 기술이 크게 향상되었다. 공예 기술 분야에서는 청자의 표면을 깎아 그 부분에 다른 물질을 채워 넣는 상감 기법이 발달하여 독창적인 상감 청자를 제작할 수 있게 되었다.

정답 해설

④ 고려는 금속 활자 기술이 발달하여 현존하는 세계에서 가장 오래된 금속 활자본인 『직지심체요절』을 간행하였다.

오답 체크

① 조선: 세종 때 국산 약재를 소개하고 이를 활용한 질병 치료 및 예방법을 정리한 『향약집성방』이 편찬되었다.
② 조선: 영조 때 정상기가 최초로 100리 척을 사용한 동국지도를 제작하였다.
③ 통일 신라: 경덕왕 때 김대성이 경주 석굴암을 건립하였는데, 이때 기하학적 원리를 활용하여 사원 내부 구조를 균형미 있게 조성하였다.
⑤ 조선: 서유구가 농촌 생활과 농업 정책의 전반을 다룬 백과사전식 농서인 『임원경제지』를 편찬하였다.

III. 고려 시대

기출 자료&선택지 퀴즈로 단원 마무리

기출 자료 퀴즈

기출 자료에 해당하는 주제를 골라 쓰세요.

삼별초	의천	역분전	요세
의창	어사대	태조 왕건	최우

01 (61회) 저는 지금 신숭겸 장군의 충정을 기리는 대구 표충단에 나와 있습니다. 그는 공산 전투 당시 위기에 빠진 왕을 구하기 위해 싸우다가 이곳에서 전사했다고 합니다.
[   ]

02 (53회) 시정(時政)을 논박하고 풍속을 교정하며 규찰과 탄핵 업무를 담당하였다. 국초에는 사헌대(司憲臺)라 불렸다. 성종 14년에 이름을 고쳤으며 [관원으로] 대부, 중승, 시어사, 전중(殿中)시어사, 감찰어사가 있었다.
[   ]

03 (62회) 처음에 최우가 나라 안에 도적이 많음을 근심하여 용사들을 모아 매일 밤 순행하면서 포악한 짓들을 금하였는데, 이로 인하여 이름을 야별초(夜別抄)라고 하였다. …… 또 우리나라 사람으로서 몽골로부터 도망쳐 돌아온 자들을 한 부대로 삼아 신의군(神義軍)이라고 불렀는데, 이들이 (가) 이/가 되었다.
[   ]

04 (60회) 백관이 그의 집에 나아가 정년도목을 올리니, 그가 청사에 앉아 받았다. 6품 이하는 당하(堂下)에서 두 번 절하고 땅에 엎드려 감히 고개를 들지 못하였다. 이때부터 그는 정방을 자기 집에 두고 백관의 인사 행정을 처리하였다.
[   ]

05 (59회) 통일할 때의 조신(朝臣)이나 군사들은 관계(官階)를 따지지 않고 그 사람의 성품과 행동의 선악과 공로의 크고 작음을 보고 차등 있게 지급하였다.
[   ]

06 (32회) 내가 듣건대, 덕이란 오직 정치를 잘 하는 것일 뿐이고, 정치의 요체는 백성을 잘 기르는 데에 있으며, 나라는 사람을 근본으로 삼고 사람은 먹는 것을 하늘로 삼는다고 하였다. 이에 우리 태조에서는 흑창(黑倉)을 설치하셨다. …… 쌀 1만 석을 더 보태고, 그 이름을 (가) (으)로 바꾸도록 하라.
[   ]

07 (61회) 문종의 아들로 태어나 11세에 출가하였다. 31세에 송으로 건너가 고승들과 불법을 토론하고 불교 서적을 수집하여 귀국하였다. 국청사를 중심으로 천태종을 창시하였다.
[   ]

08 (61회) (가) 은/는 12세에 출가하였다. 수행상의 제약을 넘어서기 위해서는 천태의 교리에 의지해야 한다는 깨달음을 얻었다. 법화 신앙을 바탕으로 강진 만덕사에서 백련 결사를 결성하였다.
[   ]

기출 자료 (가)~(라)를 일어난 순서대로 나열하세요.

09 (56회)
(가) 양규가 무로대에서 거란군을 습격하여 2천여 명을 죽이고, 포로가 되었던 남녀 3천여 명을 되찾았다.
(나) 거란이 장차 침입하려 하므로 군사 30만 명을 선발하여 광군이라 부르고 광군사를 설치하였다.
(다) 왕이 소손녕의 봉산군 공격 소식을 듣고 서희를 보내 화의를 요청하니 소손녕이 침공을 중지하였다.
(라) 강감찬 등이 귀주에서 거란군을 맞아 싸웠다. 고려군이 맹렬하게 공격하니 거란군이 북으로 도망쳤다.
[-   -   -   ]

기출 선택지 퀴즈

기출 선택지가 옳은 내용이면 O, 틀린 내용이면 X 표시하세요.

10 (58회) 태조 왕건은 견훤을 경주의 사심관으로 삼았다. [O | X]

11 (56회) 광종은 관리의 등급에 따라 자색, 단색, 비색, 녹색으로 공복을 구분하였다. [O | X]

12 (53회) 중방은 경대승이 신변 보호를 위해 만든 사병 조직이다. [O | X]

13 (69회) 공민왕 때 동녕부를 공격하여 철령 이북의 영토를 되찾았다. [O | X]

14 (70회) 거란의 침입에 대비하여 개경에 나성을 축조하였다. [O | X]

15 (60회) 시정 전시과는 관리의 인품과 공복을 기준으로 하여 토지를 지급하였다. [O | X]

16 (72회) 고려 시대에는 서적점, 다점 등의 관영 상점이 운영되었다. [O | X]

17 (72회) 예종 때 전문 강좌인 7재를 운영하였다. [O | X]

18 (58회) 『동명왕편』은 단군의 고조선 건국 이야기를 수록하였다. [O | X]

19 (60회) 『직지심체요절』은 청주 흥덕사에서 금속 활자본으로 간행되었다. [O | X]

최빈출 다지선다 퀴즈

밑줄 그은 '그'에 대한 설명으로 옳은 것을 모두 고르세요.

20 (51회)

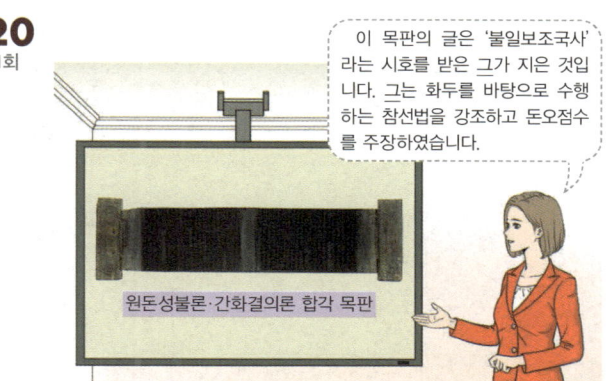

이 목판의 글은 '불일보조국사'라는 시호를 받은 그가 지은 것입니다. 그는 화두를 바탕으로 수행하는 참선법을 강조하고 돈오점수를 주장하였습니다.

원돈성불론·간화결의론 합각 목판

① 『해동고승전』을 집필하여 승려들의 전기를 기록하였다. 74·67·63·61회

② 『권수정혜결사문』을 작성하여 정혜쌍수를 강조하였다. 70·67·66·61회

③ 이론 연마와 수행을 함께 강조하는 교관겸수를 제시하였다. 70회

④ 수선사 결사를 제창하여 불교계를 개혁하고자 하였다. 65·62회

⑤ 『선문염송집』을 편찬하고 유·불 일치설을 주장하였다. 74·66·65·63회

⑥ 「보현십원가」를 지어 불교 교리를 대중에게 전파하였다. 70·66·63회

⑦ 불교 관련 설화를 중심으로 『삼국유사』를 저술하였다. 65회

⑧ 『신편제종교장총록』을 편찬하였다. 47·46회

정답

01 태조 왕건 **02** 어사대 **03** 삼별초 **04** 최우 **05** 역분전 **06** 의창 **07** 의천 **08** 요세 **09** (나) 광군 창설 - (다) 서희의 외교 담판 - (가) 양규의 활약 - (라) 강감찬의 귀주 대첩 **10** X (경순왕 김부) **11** O **12** X (도방) **13** X (쌍성총관부) **14** O **15** O **16** O **17** O **18** X (『삼국유사』, 『제왕운기』) **19** O **20** ②, ④ 지눌 [① 각훈, ③, ⑧ 의천, ⑤ 혜심, ⑥ 균여, ⑦ 일연]

조선 시대 최신 기출 트렌드

 시대별 출제 비중 *최근 3개년 기준(심화 76~63회)

- 조선 시대는 최근 3개년 간 매 회 50문제 중 평균 9문제(약 18%)가 출제되었습니다.
- 초기 국왕의 업적을 묻는 문제와 조선 후기의 경제 모습을 묻는 문제가 최빈출 포인트예요. 조선 후기의 문화도 자주 출제되니 꼼꼼히 학습하세요!

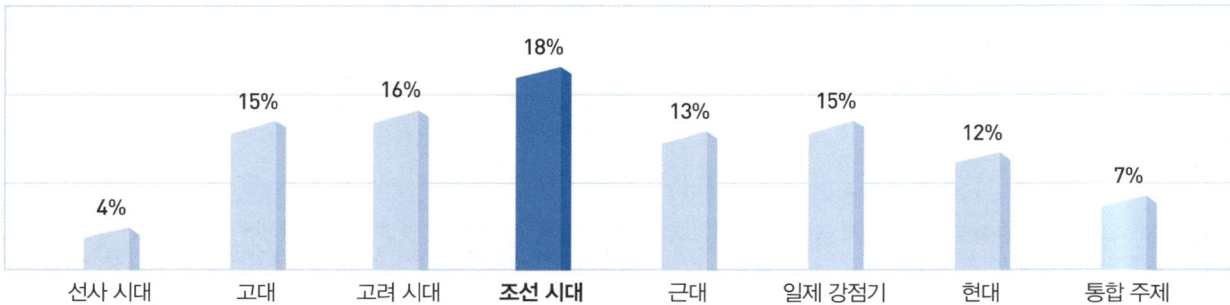

IV. 조선 시대

01 조선의 건국과 발전
02 사화와 붕당의 형성
03 왜란과 호란
04 붕당 정치
05 탕평 정치
06 세도 정치
07 조선의 경제와 사회
08 조선의 문화

주제별 기출 트렌드

01 조선의 건국과 발전
세종은 『농사직설』·『칠정산』, 성종은 『국조오례의』로 기억하세요!
빈출 세종(8번), 성종(15번) 킬러 신숙주(19번)

02 사화와 붕당의 형성
무오사화는 연산군 때, 을사사화는 명종 때 일어난 사실임을 기억하면 문제 풀기가 수월할 거예요!
빈출 무오사화(1번), 을사사화(5번)

03 왜란과 호란
임진왜란은 송상현, 병자호란은 김준룡, 임경업을 기억하세요!
빈출 임진왜란(2번), 병자호란(15번) 킬러 정유재란 이후의 사실(8번)

04 붕당 정치
숙종 때 경신환국, 기사환국, 갑술환국의 흐름을 알아두어야 해요!
빈출 기사환국과 갑술환국 사이의 사실(3번)

05 탕평 정치
영조는 균역법, 정조는 초계문신제를 시행한 사실을 알아두세요!
빈출 영조(1번), 정조(6번)

06 세도 정치
홍경래의 난은 평안도 지역에서, 임술 농민 봉기는 진주 지역에서 발생했음을 기억하세요!
빈출 임술 농민 봉기(5번)

07 조선의 경제와 사회
대동법, 조선 후기의 모습에 대해 꼼꼼히 학습하세요!
빈출 대동법(3번), 조선 후기의 경제 모습(12번)

08 조선의 문화
정약용의 저술과 조선 후기 문화의 특징을 알아두세요!
빈출 정약용(21번), 김정희(28번), 조선 후기의 문화(34번) 킬러 조식(16번)

01 조선의 건국과 발전

01
(가)~(다)를 일어난 순서대로 옳게 나열한 것은? [2점]

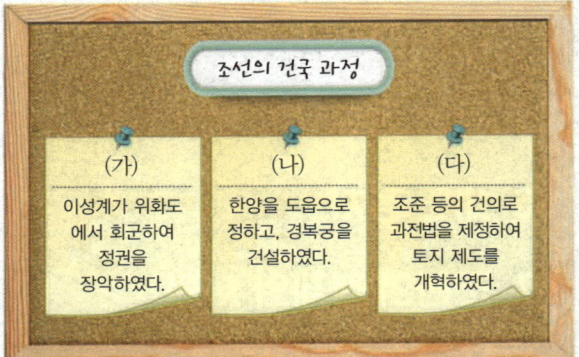

조선의 건국 과정

(가) 이성계가 위화도에서 회군하여 정권을 장악하였다.
(나) 한양을 도읍으로 정하고, 경복궁을 건설하였다.
(다) 조준 등의 건의로 과전법을 제정하여 토지 제도를 개혁하였다.

① (가) - (나) - (다)
② (가) - (다) - (나)
③ (나) - (가) - (다)
④ (나) - (다) - (가)
⑤ (다) - (나) - (가)

03
(가) 인물에 대한 설명으로 옳은 것은? [2점]

사료로 보는 한국사

임금의 자질에는 어리석은 자질도 있고 현명한 자질도 있으며 강한 자질도 있고 유약한 자질도 있어서 한결같지 않으니, 재상은 임금의 아름다운 점은 순종하고 나쁜 점은 바로잡으며, 옳은 일은 받들고 옳지 않은 것은 막아서, 임금으로 하여금 가장 올바른 경지에 들게 해야 한다.

[해설] 이 글은 이성계를 도와 조선 건국을 주도한 (가) 이/가 저술한 『조선경국전』의 일부입니다. 그는 국가 운영을 위한 종합적인 통치 규범을 제시하고, 재상의 역할을 강조하였습니다.

① 『불씨잡변』을 지어 불교를 비판하였다.
② 계유정난을 계기로 정계에서 축출되었다.
③ 최초의 서원인 백운동 서원을 건립하였다.
④ 일본에 다녀와서 『해동제국기』를 편찬하였다.
⑤ 성리학의 개념을 도식으로 설명한 『성학십도』를 지었다.

02
밑줄 그은 '임금'의 재위 시기에 있었던 사실로 옳은 것은? [2점]

임금이 무악에 이르러서 도읍을 정할 땅을 물색하였다. 좌시중 조준, 우시중 김사형에게 말하였다. "고려 말에 서운관에서 송도의 지덕이 이미 쇠했다는 이유로 여러 번 글을 올려 한양으로 도읍을 옮기자고 하였다. 근래에는 계룡이 도읍할 만한 곳이라 하기에 백성을 공사에 동원하여 힘들게 하였다. 이제 또 여기가 도읍할 만한 곳이라 하여 와서 보니, 유한우 등이 도리어 무악보다는 송도가 더 명당이라고 고집한다. 그대들은 도읍할 만한 곳을 서운관 관리에게 다시 보고받도록 하라."

① 독창적 문자인 훈민정음이 반포되었다.
② 수도 방어를 위하여 금위영이 창설되었다.
③ 조선의 기본 법전인 『경국대전』이 완성되었다.
④ 왕위 계승을 둘러싸고 왕자의 난이 발생하였다.
⑤ 성삼문 등이 상왕의 복위를 꾀하다가 처형되었다.

04
다음 자료를 활용한 탐구 활동으로 가장 적절한 것은? [2점]

처음에 공신 배극렴·조준·정도전이 세자를 세울 것을 청하면서, 나이와 공로를 고려하여 정하기를 청하였다. 임금이 강씨를 중히 여겨 이방번에게 뜻이 있었으나, 공신들은 방번이 적합하지 않다고 생각하여 사적으로 서로 이야기하기를, "만일 강씨 소생이어야 한다면 막내가 조금 낫겠다."라고 하였다. 이후 임금이 "누가 세자가 될 만한가?"라고 물으니, 맏아들 혹은 공로가 있는 사람을 세워야만 된다고 간절히 말하는 사람이 없었다. 이에 극렴이 말하기를, "막내 아들이 좋습니다."라고 하니, 임금이 마침내 뜻을 결정하여 어린 이방석을 왕세자로 삼았다.

① 제1차 왕자의 난이 일어난 이유를 찾아본다.
② 수양 대군이 정권을 장악하는 과정을 조사한다.
③ 사림이 동인과 서인으로 나뉘게 된 계기를 파악한다.
④ 폐모살제 등을 구실로 반정을 일으킨 세력을 검색한다.
⑤ 허적과 윤휴 등 남인이 대거 축출되는 사건을 알아본다.

● 주제별 출제 비중
*최근 3개년 기준(심화 76~63회)

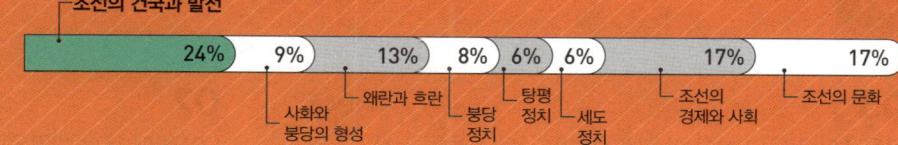

01 | 조선의 건국 과정
정답 ②

자료 분석
- (가) 이성계가 위화도에서 회군 → 위화도 회군(1388)
- (나) 한양을 도읍으로 정함 → 한양 천도(1394)
- (다) 조준 등의 건의 + 과전법 제정 → 과전법 제정(1391)

정답 해설
② 순서대로 나열하면 (가) 위화도 회군(1388) – (다) 과전법 제정(1391) – (나) 한양 천도(1394)이다.
(가) 고려 우왕 때 명이 철령 이북의 땅을 차지하려 하자, 이성계는 우왕과 최영의 명으로 요동 정벌에 나섰다. 그러나 요동 정벌에 반대한 이성계는 위화도에서 회군하여 최영을 제거하고 정권을 장악하였다(위화도 회군, 1388).
(다) 정권을 장악한 이성계는 우왕과 창왕을 연이어 폐하고 공양왕을 추대하였다. 이후 조준 등의 건의로 토지 제도인 과전법을 제정하여 신진 사대부의 경제적 기반을 마련하였다(과전법 제정, 1391).
(나) 태조 이성계는 왕위에 올라 조선을 건국(1392)한 후, 한양을 도읍으로 정하여 천도하고 경복궁을 건설하였다(한양 천도, 1394).

빈출 개념 | 조선의 건국 과정

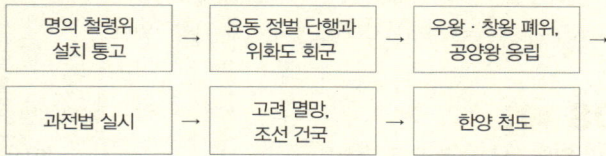

02 | 태조 이성계
정답 ④

자료 분석
- 한양으로 도읍을 옮기자고 함 → 태조 이성계

태조 이성계는 고려 말에 위화도 회군을 통해 권력을 장악하고 정도전, 조준 등 혁명파 사대부와 함께 조선을 건국하였다. 그는 개경에서 한양으로 천도하고, 경복궁, 종묘, 사직, 한양 도성 등을 건설하여 조선 왕조의 기틀을 마련하였다.

정답 해설
④ 태조 이성계 때 그의 막내아들인 이방석이 세자에 오르자 이에 불만을 품은 이방원에 의해 왕위 계승을 둘러싸고 왕자의 난이 발생하였다.

오답 체크
① 세종: 우리 고유의 독창적 문자인 훈민정음(한글)이 창제·반포되었다.
② 숙종: 국왕 호위와 수도 방어를 위해 금위영을 창설하여 5군영 체제를 완성하였다.
③ 성종: 세조 때부터 편찬하기 시작하였던 조선의 기본 법전인 『경국대전』이 완성되었다.
⑤ 세조: 성삼문, 박팽년 등의 집현전 출신 학자들이 상왕인 단종의 복위를 꾀하다가 처형되었다.

03 | 정도전
정답 ①

자료 분석
- 이성계를 도와 조선 건국을 주도 + 『조선경국전』 → 정도전

정도전은 이성계를 도와 조선 건국을 주도하여 조선 왕조의 기반을 마련하였다. 재상 중심의 정치를 주장한 정도전은 『조선경국전』을 저술하여 조선 왕조의 통치 제도 정비에 기여하였으며, 수도 한양의 도성 축조 계획을 수립하고, 경복궁을 비롯한 여러 건물의 이름을 짓기도 하였다. 그러나 세자 책봉에 불만을 품은 이방원이 일으킨 제1차 왕자의 난 때 제거되었다.

정답 해설
① 정도전은 『불씨잡변』을 저술하여 성리학의 입장에서 불교의 사회적 폐단을 비판하였다.

오답 체크
② 황보인, 김종서 등: 수양 대군이 일으킨 계유정난을 계기로 정계에서 축출되었다.
③ 주세붕: 조선 중종 때 최초의 서원인 백운동 서원을 건립하였다.
④ 신숙주: 일본에 다녀와서 일본의 정치·외교·사회·풍속·지리 등을 종합적으로 정리한 『해동제국기』를 편찬하였다.
⑤ 이황: 선조에게 성리학의 개념을 도식으로 설명한 『성학십도』를 지어, 군주 스스로 성학을 따를 것을 주장하였다.

04 | 제1차 왕자의 난
정답 ①

자료 분석
- 정도전 + 이방석을 왕세자로 삼음 → 태조 때의 세자 책봉 → 제1차 왕자의 난의 배경

제1차 왕자의 난은 태조의 아들인 이방원이 태조 때 이루어진 세자 책봉에 불만을 품고 일으킨 난이다. 조선 건국에 큰 공을 세웠던 이방원은 동생 이방석이 세자로 책봉되자, 이에 관여한 정도전 등과 왕세자인 이방석을 제거하고 정권을 장악하였다.

정답 해설
① 태조가 막내 아들 이방석을 세자로 책봉하자, 다섯째 아들이었던 이방원이 이에 불만을 품고 난을 일으켜 세자 책봉에 관여한 정도전 등과 왕세자 이방석을 제거하였다.

오답 체크
② 수양 대군은 한명회 등과 함께 계유정난을 일으켜 김종서를 제거하고 정권을 장악하였다. 이후 조카였던 단종을 몰아내고 왕위에 올랐다.
③ 삼사 관리에 대한 임명권을 지닌 이조 전랑을 임명하는 문제를 두고 심의겸을 대표로 한 기성 사림과 김효원의 신진 사림이 대립하면서 사림이 동인과 서인으로 나뉘게 되었다.
④ 서인은 광해군의 중립 외교와 폐모살제를 구실로 인조반정을 일으켜 광해군을 폐위시키고 인조를 왕으로 추대하였다.
⑤ 서인이 허적의 아들 허견의 역모 사건을 고발하자 허적과 윤휴 등 남인이 대거 축출된 경신환국이 발생하였다.

01 조선의 건국과 발전

05
66회 18번

다음 시나리오의 상황 이후에 전개된 사실로 옳은 것은? [2점]

#12. 이성계의 집
이방원이 정몽주를 죽였다고 말하자 이성계가 크게 화를 낸다.
이성계: 대신을 함부로 살해하였으니, 나라 사람들이 내가 몰랐다고 하겠느냐? 우리 가문은 평소 충효로 소문났는데, 네가 감히 불효를 저질러 이렇게 되었구나.
이방원: 정몽주 등이 우리 가문을 무너뜨리려 하는데, 어찌 앉아서 망하기만을 기다리겠습니까? 이 것이야말로 효입니다.

① 최승로가 시무 28조를 올렸다.
② 권근 등의 건의로 사병이 혁파되었다.
③ 안우, 이방실 등이 홍건적을 격파하였다.
④ 망이·망소이가 공주 명학소에서 봉기하였다.
⑤ 쌍기의 의견을 수용하여 과거제가 시행되었다.

06
72회 18번

밑줄 그은 '임금'에 대한 설명으로 옳은 것은? [2점]

자네 들었는가? 임금께서 민무구, 민무질에게 자결을 명하셨다더군. 몇 해 전 어린 세자를 이용해 권세를 잡으려 했다는 죄로 귀양을 보내셨었지.

나도 들었네. 중전마마의 동생으로 임금께서 정도전을 숙청할 때 공을 세웠던 사람들이었지.

① 공신들에게 역분전을 지급하였다.
② 주자소를 두어 계미자를 주조하였다.
③ 정치도감을 설치하여 개혁을 추진하였다.
④ 『구황촬요』를 간행하여 기근에 대비하였다.
⑤ 유자광의 고변을 계기로 남이를 처형하였다.

07
70회 17번

(가) 왕에 대한 설명으로 옳은 것은? [2점]

오늘 말씀해 주실 삼공신회맹문에는 어떤 내용이 담겨 있나요?

이 문서에는 두 차례에 걸친 왕자의 난으로 즉위한 (가) 이/가 삼공신들과 함께 종묘사직 및 산천에 제를 올려 충의와 신의를 맹세한 내용이 기록되어 있습니다. 삼공신은 개국 공신, 제1차 왕자의 난에서 공을 세운 정사공신, 제2차 왕자의 난을 평정하는 데 도움을 준 좌명공신을 말합니다.

개국정사좌명삼공신회맹문

① 『경국대전』을 완성하여 통치 체제를 정비하였다.
② 초계문신제를 시행하여 문신들을 재교육하였다.
③ 길주를 근거지로 일어난 이시애의 난을 진압하였다.
④ 문하부를 폐지하고 낭사를 사간원으로 독립시켰다.
⑤ 붕당의 폐해를 경계하기 위한 탕평비를 건립하였다.

08 빈출
73회 21번

(가) 왕의 업적으로 옳은 것은? [2점]

월인천강지곡이라는 제목에는 하나의 달이 천 개의 강물에 비친다는 뜻이 담겨 있는데요. 이 책의 편찬 경위를 말씀해 주세요.

훈민정음 창제되고 3년 후에 왕비가 세상을 떠나자 (가) 은/는 명복을 빌기 위해 아들 수양 대군에게 부처의 일대기와 설법을 담은 『석보상절』을 편찬하도록 명했습니다. 그 내용을 (가) 이/가 한글 노랫말로 옮긴 것이 월인천강지곡입니다.

월인천강지곡

① 수도 방어를 위해 금위영을 설치하였다.
② 음악 이론 등을 집대성한 『악학궤범』을 완성하였다.
③ 한양을 기준으로 한 역법서인 『칠정산』을 간행하였다.
④ 역대 문물 제도를 정리한 『동국문헌비고』를 편찬하였다.
⑤ 현직 관리에게만 수조지를 지급하는 직전법을 실시하였다.

05 | 이방원의 정몽주 제거 이후의 사실 정답 ②

자료 분석
이방원이 정몽주를 죽임 → 정몽주 제거(공양왕, 1392)

새로운 왕조 건설에 반대한 정몽주는 고려 왕조를 무너뜨리고 왕조를 세우려는 정도전, 조준 등을 제거하려고 하였으나, 이를 눈치챈 이방원(이성계의 아들)에 의해 선죽교에서 살해되었다. 이후 조선이 건국되었고, 이방원(태종)은 두 차례의 왕자의 난을 통해 정종에 이어 즉위하였다.

정답 해설
② 이방원의 정몽주 제거(1392) 이후인 조선 정종 때 세자로 책봉되었던 이방원의 주도로 사병이 혁파되었다.

오답 체크
모두 이방원의 정몽주 제거(공양왕, 1392) 이전의 사실이다.
① 고려 성종 때 최승로가 시무 28조를 올렸고, 이를 받아들여 유교 중심의 통치 체제를 정비하였다.
③ 고려 공민왕 때 중국의 농민 반란 무리인 홍건적이 고려를 침입하자, 안우, 이방실 등이 이를 격파하였다.
④ 고려 명종 때 망이·망소이가 가혹한 수탈에 반발하여 공주 명학소에서 봉기하였다.
⑤ 고려 광종 때 후주 출신 쌍기의 의견을 수용하여 과거제가 시행되었다.

06 | 태종 정답 ②

자료 분석
정도전을 숙청 → 태종

태종은 두 차례의 왕자의 난을 거쳐 정도전 등을 숙청하고 조선의 제3대 왕으로 즉위하였다. 태종은 즉위 이후 왕권을 강화하기 위하여 고려 시대 최고 행정 관청이었던 문하부를 폐지하고, 언론 기능을 담당하던 낭사를 사간원으로 독립시켜 대신들과 외척들을 견제하였다. 또한 정책 집행 기관인 6조에서 의정부의 심의를 거치지 않고 국왕에게 직접 업무를 보고하는 6조 직계제를 실시하였다. 이 밖에도 태종은 신문고를 설치하여 억울한 일을 당한 백성이 자유롭게 알릴 수 있게 하였다.

정답 해설
② 태종은 문화 사업을 활발하게 전개하여 활자의 주조와 인쇄를 담당한 관청인 주자소를 설치하였고, 이곳에서 금속 활자인 계미자를 주조하였다.

오답 체크
① 태조 왕건(고려): 개국 공신에게 공로와 인품에 따라 역분전을 차등 지급하였다.
③ 충목왕(고려): 원 간섭기에 사회 모순과 폐단을 개혁하기 위해 일종의 개혁 기관인 정치도감을 설치하였다.
④ 명종(조선): 흉년이 들었을 때 대처하는 방법을 정리한 『구황촬요』를 간행하여 기근에 대비하였다.
⑤ 예종(조선): 유자광이 남이가 역모를 꾀한다고 모함(유자광의 고변)하여 남이를 처형하였다.

07 | 태종 정답 ④

자료 분석
두 차례에 걸친 왕자의 난으로 즉위함 → 태종

태종은 조선의 제3대 왕으로, 제1·2차 왕자의 난을 통해 왕으로 즉위하였다. 태종은 즉위 이후 조선을 세우는 데 공을 세운 개국 공신과 제1·2차 왕자의 난의 진압에 공을 세운 정사공신, 좌명공신들을 모아 산천에 제를 올리고 충의와 신의를 맹세하게 하였다.

정답 해설
④ 태종은 문하부를 폐지하고 언론 기능을 담당하던 낭사를 사간원으로 독립시켜 대신 들을 견제하였다.

오답 체크
① 성종: 조선의 기본 법전인 『경국대전』을 완성하여 통치 체제를 정비하였다.
② 정조: 신진 인물이나 중·하급 관리를 대상으로 초계문신제를 시행하여 문신들을 재교육하였다.
③ 세조: 함경도 토착 세력인 이시애가 길주를 근거지로 난을 일으켰으나 진압하였다.
⑤ 영조: 붕당의 폐해를 경계하기 위해 성균관 입구에 탕평비를 건립하였다.

빈출 개념 | 태종의 업적

정치	6조 직계제 실시, 사간원 독립
사회	호패법 실시, 신문고 설치
문화	주자소 설치(계미자 주조), 혼일강리역대국도지도 제작

08 | 세종 정답 ③

자료 분석
훈민정음 창제 → 세종

세종은 조선의 제4대 왕으로, 민생 안정에 도움을 주기 위한 여러 정책을 실시하였다. 우선 훈민정음(한글)을 창제하고, 『용비어천가』 등의 한글 서적과 우리나라 최초의 운서인 『동국정운』을 간행하였다. 또한 신하인 정초, 변효문 등에게 우리 풍토에 맞는 농법을 정리한 농서인 『농사직설』을 편찬하게 하였다.

정답 해설
③ 세종은 우리나라 최초로 한양을 기준으로 한 역법서인 『칠정산』을 간행하였다.

오답 체크
① 숙종: 국왕 호위와 수도 방어를 위해 금위영을 설치하여 5군영 체제를 완성하였다.
② 성종: 성현 등에 의해 궁중 음악 이론 등을 집대성한 음악서인 『악학궤범』이 완성되었다.
④ 영조: 역대 각종 문물 제도를 분류·정리한 『동국문헌비고』를 편찬하였다.
⑤ 세조: 관리에게 지급할 토지가 부족해지자, 직전법을 시행하여 현직 관리에게만 수조지를 지급하였다.

01 조선의 건국과 발전

09 [68회 22번]
밑줄 그은 '왕'의 재위 기간에 있었던 사실로 옳은 것은? [2점]

> 〈역사 다큐멘터리 제작 기획안〉
>
> **조선, 전국적인 규모의 여론 조사를 실시하다!**
>
> ■ 기획 의도
> 여론 조사를 통해 정책을 추진하려는 왕의 모습에서 '민본'의 의미를 생각해본다.
>
> ■ 장면별 주요 내용
> #1. 왕은 관리와 백성을 대상으로 공법 시행에 대한 전국적인 찬반 조사를 명하다.
> #2. 호조에서 찬성 98,657명, 반대 74,149명이라는 결과를 보고하다.
> #3. 여러 차례 보완을 거쳐 토지의 비옥도와 풍흉에 따라 조세를 차등 징수하는 내용의 공법을 확정하다.

① 세계 지도인 혼일강리역대국도지도가 제작되었다.
② 각지의 농법을 작물별로 정리한 『농사직설』이 간행되었다.
③ 유능한 인재를 양성하기 위해 초계문신제가 시행되었다.
④ 우리나라와 중국의 의서를 망라한 『동의보감』이 완성되었다.
⑤ 전국의 지리, 풍속 등이 수록된 『동국여지승람』이 편찬되었다.

11 [46회 19번]
밑줄 그은 '이 왕'의 재위 기간에 있었던 사실로 옳은 것은? [2점]

이만주 정벌도

그림은 이 왕의 명을 받은 최윤덕 장군 부대가 올라산성에서 여진족을 정벌하는 장면입니다. 그 결과 조선은 압록강 유역을 개척하고 여연·자성·무창·우예 등 4군을 설치하였습니다.

① 어영청을 중심으로 북벌이 추진되었다.
② 국왕의 친위 부대인 장용영이 설치되었다.
③ 강홍립 부대가 사르후 전투에 참전하였다.
④ 에도 막부의 요청에 따라 통신사가 파견되었다.
⑤ 제한된 범위의 무역을 허용한 계해약조가 체결되었다.

10 [62회 22번]
(가) 왕이 추진한 정책으로 옳은 것은? [3점]

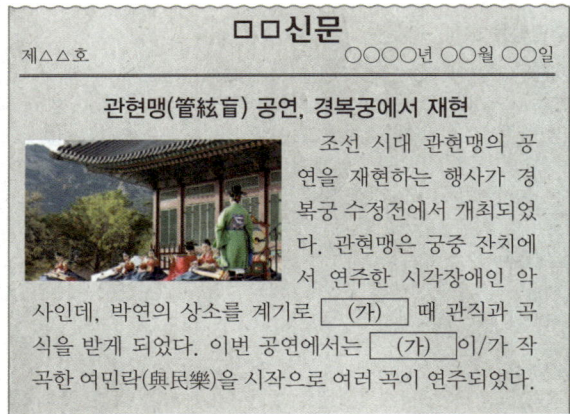

□□신문
제△△호 ○○○○년 ○○월 ○○일

관현맹(管絃盲) 공연, 경복궁에서 재현

조선 시대 관현맹의 공연을 재현하는 행사가 경복궁 수정전에서 개최되었다. 관현맹은 궁중 잔치에서 연주한 시각장애인 악사인데, 박연의 상소를 계기로 (가) 때 관직과 곡식을 받게 되었다. 이번 공연에서는 (가) 이/가 작곡한 여민락(與民樂)을 시작으로 여러 곡이 연주되었다.

① 창덕궁에 신문고를 처음 설치하였다.
② 삼수병으로 구성된 훈련도감을 창설하였다.
③ 붕당 정치의 폐단을 경계하고자 탕평비를 세웠다.
④ 통치 체제를 정비하기 위해 『대전통편』을 간행하였다.
⑤ 유교 윤리의 보급을 위해 『삼강행실도』를 편찬하였다.

12 [74회 20번]
(가) 왕의 재위 시기에 있었던 사실로 옳은 것은? [2점]

이 그림은 무관 오자치를 그린 것으로, 현존하는 무관 초상화 중에서 가장 이른 시기의 작품입니다. 오자치는 (가) 이/가 호패법을 재실시하는 등 지방 세력 통제를 강화하자, 이에 반발하며 함길도에서 이시애가 일으킨 난을 평정한 공으로 적개공신에 책봉되었습니다.

① 간경도감이 설치되었다.
② 『조선경국전』이 편찬되었다.
③ 『국조오례의』가 완성되었다.
④ 부민고소금지법이 제정되었다.
⑤ 혼일강리역대국도지도가 제작되었다.

09 | 세종 정답 ②

자료 분석

> 토지의 비옥도와 풍흉에 따라 조세를 차등 징수하는 내용의 공법을 확정함 → 세종

세종은 조선의 제4대 왕으로, 수취 체제를 정비하기 위해 전제상정소를 두고 전품(토지의 비옥도)을 6등급으로 나눈 전분 6등법과 풍흉을 9등급으로 나눈 연분 9등법의 공법을 제정하여 전세를 차등 부과하였다.

정답 해설

② 세종 때 정초와 변효문에 의해 각지의 농법을 작물별로 정리한 『농사직설』이 간행되었다.

오답 체크

① 태종: 현존하는 동양 최고(最古)의 세계 지도인 혼일강리역대국도지도가 제작되었다.
③ 정조: 37세 이하의 중·하급 관리 중 유능한 문신들을 재교육하여 인재를 양성하는 초계문신제가 시행되었다.
④ 광해군: 허준에 의해 우리나라와 중국의 의서를 모아 정리한 『동의보감』이 완성되었다.
⑤ 성종: 노사신, 양성지 등에 의해 전국의 지리, 풍속 등이 수록된 『동국여지승람』이 편찬되었다.

10 | 세종 정답 ⑤

자료 분석

> 박연 + 여민락 → 세종

세종은 우리 고유의 문자인 훈민정음(한글)을 창제하고 반포하는 등 다양한 문화 정책을 펼쳤다. 세종은 박연에게 명하여 아악을 체계화하게 하였고, 백성과 즐거움을 함께 나눈다는 뜻의 「여민락」 등의 악곡을 만들었다.

정답 해설

⑤ 세종은 유교 윤리의 보급을 위해 모범이 될 충신·효자·열녀 등의 행적을 글·그림으로 설명한 윤리서인 『삼강행실도』를 편찬하였다.

오답 체크

① 태종: 창덕궁에 신문고를 처음 설치하여 백성들의 억울함을 풀어주고자 하였다.
② 선조: 임진왜란 중에 유성룡의 건의에 따라 포수·사수·살수의 삼수병으로 구성된 훈련도감을 창설하였다.
③ 영조: 붕당 정치의 폐단을 경계하고자 성균관 입구에 탕평비를 세웠다.
④ 정조: 통치 체제를 정비하기 위해 『경국대전』과 『속대전』 및 여러 법령을 통합한 법전인 『대전통편』을 간행하였다.

11 | 세종 정답 ⑤

자료 분석

> 최윤덕 + 여진족 정벌 + 4군을 설치 → 세종

세종은 여진과 일본에 대해 강경책과 회유책을 적절히 시행하였다. 우선 강경책으로 최윤덕과 김종서를 파견하여 여진을 정벌하게 한 후, 각각 4군과 6진을 설치하였으며, 이종무를 보내 왜구의 소굴인 쓰시마섬을 토벌하였다. 동시에 회유책으로 부산포, 제포(진해), 염포(울산)의 3포를 개항하여 일본과의 무역을 허용하였다.

정답 해설

⑤ 세종 재위 기간에 제한된 범위 내에서 일본의 무역을 허용한 계해약조가 체결되었다.

오답 체크

① 효종: 조선 후기의 중앙군 중 하나인 어영청을 중심으로 청에 복수하자는 북벌이 추진되었다.
② 정조: 왕권 강화를 위해 국왕의 친위 부대인 장용영이 설치되었다.
③ 광해군: 명의 요청에 따라 파견된 강홍립 부대가 사르후 전투에 참전하여 후금에 대항하였다.
④ 임진왜란 이후 일본 에도 막부의 요청에 따라 일본에 통신사가 여러 차례 파견되어 문화 사절단의 역할을 하였다.

12 | 세조 정답 ①

자료 분석

> 이시애가 일으킨 난을 평정함 → 세조

세조는 한명회, 권람 등과 함께 계유정난을 통해 정권을 장악한 후, 조카 단종을 몰아내고 즉위한 왕이다. 이후 왕권을 강화하기 위해 태종 때 실시도었던 6조 직계제와 호패법을 재실시하여 지방 세력에 대한 통제를 강화하였다. 이에 반발한 함길도 토착 세력인 이시애가 길주를 근거지로 하여 난을 일으키자, 무관 오자치를 보내어 난을 진압하였다.

정답 해설

① 조선 세조 때 간경도감이 설치되어 불경을 한글로 번역하여 간행하였다.

오답 체크

② 태조: 정도전에 의해 재상 중심의 정치를 강조한 『조선경국전』이 편찬되었다.
③ 성종: 신숙주, 정척 등에 의해 국가의 의례를 유교의 예법에 맞게 정비한 『국조오례의』가 완성되었다.
④ 세종: 하급 서리나 일반 백성이 관찰사나 수령 등의 상급 관리를 고소하는 것을 금지한 부민고소금지법이 제정되었다.
⑤ 태종: 우리나라 최초의 세계 지도인 혼일강리역대국도지도가 제작되었다.

01 조선의 건국과 발전

13 69회 24번
(가) 왕의 재위 시기에 있었던 사실로 옳은 것은? [2점]

> 만약 그 자신이 죽고 아내에게 전지가 전해지면 수신전이라 하였고, 부부가 모두 죽고 아들에게 전해지면 휼양전이라 일컬었으며, 만약 그 아들이 관직에 제수된다면 그대로 그 전지를 주고 과전이라 하였다. …… (가) 이/가 이 제도를 폐지하고 현직 관리에게 전지를 주고 직전이라 하였다.

① 불교 경전을 간행하는 간경도감이 설치되었다.
② 음악 이론 등을 집대성한 『악학궤범』이 완성되었다.
③ 세계 지도인 혼일강리역대국도지도가 제작되었다.
④ 신하를 재교육하기 위한 초계문신제가 실시되었다.
⑤ 삼남 지방의 농법을 소개한 『농사직설』이 편찬되었다.

14 65회 21번
다음 상황이 전개된 배경으로 옳은 것은? [1점]

> 교지를 내려 이르기를, "전날 성삼문 등이 상왕(上王)도 그 모의에 참여하였다고 인정하자, 백관들이 상왕도 종사(宗社)에 죄를 지었으니 편안히 도성에 거주하는 것은 마땅치 않다고 하였다. …… 상왕을 노산군(魯山君)으로 낮추고, 궁에서 내보내 영월에 거주시키도록 하라."라고 하였다.

① 인조반정으로 북인 세력이 몰락하였다.
② 인현 왕후가 폐위되고 남인이 권력을 차지하였다.
③ 계유정난을 통해 수양 대군이 정권을 장악하였다.
④ 이인좌를 중심으로 한 소론 세력이 난을 일으켰다.
⑤ 폐비 윤씨 사사 사건으로 인해 김굉필 등이 처형되었다.

15 빈출 70회 19번
밑줄 그은 '전하'의 재위 시기에 있었던 사실로 옳은 것은? [2점]

며칠 전 전하께서 예문관에서 옛 집현전의 직제를 분리하여 홍문관으로 이관하는 것을 명하셨다고 하네. 이제 홍문관이 옛 집현전의 기능을 대신한다는 것이지.

홍문관원들이 경연관을 겸한다고 하니 앞으로 경연이 더욱 활성화되겠군.

① 국왕의 친위 부대인 장용영이 설치되었다.
② 백운동 서원이 사액을 받아 소수 서원이 되었다.
③ 국가의 의례를 정비한 『국조오례의』가 완성되었다.
④ 통치 체제를 정비하기 위해 『속대전』이 편찬되었다.
⑤ 수조권이 세습되던 수신전과 휼양전이 폐지되었다.

16 72회 20번
밑줄 그은 '전하'의 재위 기간에 있었던 사실로 옳은 것은? [2점]

> 전하께서 성군을 이으셨으니, 예악(禮樂)으로 태평 시절을 일으키실 때가 바로 지금이다. 장악원 소장의 의궤와 악보가 오랜 세월이 지나서 끊어지고 문드러졌다. 다행히 보존된 것 역시 모두 엉성하고 오류가 있으며 빠진 것이 많다. 이에 성현 등에게 명하여 다시 교정하게 하였다. 책이 완성되자 『악학궤범』이라고 이름 지었다.

① 예악을 정리한 『가례집람』이 저술되었다.
② 국가의 기본 법전인 『경국대전』이 완성되었다.
③ 외교 문서를 집대성한 『동문휘고』가 편찬되었다.
④ 붕당의 폐해를 경계하기 위한 탕평비가 건립되었다.
⑤ 이조 전랑 임명을 둘러싸고 김효원과 심의겸이 대립하였다.

13 | 세조 정답 ①

자료 분석
> 현직 관리에게 전지를 주고 직전이라 함 → 직전법 → 세조
>
> 세조는 수신전(관리가 죽은 후 재혼하지 않은 부인에게 주는 토지)과 휼양전(부모가 사망한 관리의 자식에게 주는 토지) 등의 세습으로 인해 관리에게 지급할 토지가 부족해지자, 직전법을 실시하여 현직 관리에게만 수조권을 지급하고, 수신전과 휼양전을 폐지하였다.

정답 해설
① 세조 때 불교 경전을 번역하고 간행하던 기관인 간경도감이 설치되었다.

오답 체크
② 성종: 성현 등에 의해 궁중 음악 이론 등을 집대성한 음악서인 『악학궤범』이 완성되었다.
③ 태종: 우리나라 최초의 세계 지도인 혼일강리역대국도지도가 제작되었다.
④ 정조: 젊고 유능한 신하를 재교육하기 위한 초계문신제가 실시되었다.
⑤ 세종: 정초와 변효문 등이 삼남 지방의 농법을 소개한 『농사직설』이 편찬되었다.

14 | 단종 복위 운동 정답 ③

자료 분석
> 성삼문 + 상왕(단종)을 노산군(魯山君)으로 낮춤 → 단종 복위 운동
>
> 수양 대군(세조)은 한명회, 권람 등과 함께 계유정난을 일으켜 정권을 장악한 뒤, 조카 단종을 몰아내고 왕위에 올랐다. 이후 성삼문, 박팽년 등의 집현전 출신 학자들이 단종 복위 운동을 벌이자, 세조는 집현전을 폐지하고 관련자들을 처벌하였다. 또한 단종을 노산군으로 강봉(작위의 등급을 낮춤)한 뒤 강원도 영월로 유배 보냈다.

정답 해설
③ 계유정난을 통해 단종의 숙부였던 수양 대군이 김종서 등을 제거하고 권력을 장악하였다. 이에 성삼문 등 집현전 학자들이 상왕인 단종의 복위 운동을 벌였다.

오답 체크
① 광해군의 중립 외교와 폐모살제에 반발한 서인은 반정을 일으켜 광해군을 폐위시켰고(인조반정), 이로 인해 정국을 주도하던 북인이 몰락하였다.
② 기사환국: 숙종 때 서인 계열인 인현 왕후가 폐위되고 남인이 권력을 차지하였다.
④ 이인좌의 난: 영조 때 이인좌를 중심으로 한 일부 소론 세력이 경종의 죽음에 영조와 노론이 관계되었다고 주장하며 난을 일으켰다.
⑤ 갑자사화: 연산군 때 폐비 윤씨 사사 사건의 전말이 알려져 김굉필 등의 사림이 처형되었다.

15 | 성종 정답 ③

자료 분석
> 홍문관이 옛 집현전의 기능을 대신함 → 성종
>
> 성종은 홍문관을 정비하여 집현전의 기능을 계승하도록 하여 국왕의 자문 기구이자 왕에게 유학의 경서와 사서를 강론하는 경연을 주관하도록 하였다.

정답 해설
③ 성종 재위 시기에 신숙주, 정척 등이 국가의 의례를 유교의 예법에 맞게 정비한 『국조오례의』가 완성되었다.

오답 체크
① 정조: 왕권 강화를 위해 국왕의 친위 부대인 장용영이 설치되었다.
② 명종: 이황의 건의로 백운동 서원이 사액을 받아 소수 서원이 되었다.
④ 영조: 『경국대전』 이후의 법령을 모아 정리한 법전인 『속대전』을 편찬하여 통치 체제를 정비하였다.
⑤ 세조: 수조권이 세습되던 수신전과 휼양전을 폐지하고 현직 관리에게만 수조권을 지급하였다.

16 | 성종 정답 ②

자료 분석
> 『악학궤범』 → 성종
>
> 성종 재위 기간에는 다양한 분야의 서적이 편찬되었다. 대표적으로 성현 등에 의해 음악의 이론과 역사 등을 집대성한 이론서인 『악학궤범』과 신숙주, 정척 등에 의해 국가와 왕실의 각종 행사를 정리한 의례서인 『국조오례의』가 편찬되었다.

정답 해설
② 성종 재위 기간에 세조 때부터 편찬되기 시작한 국가의 기본 법전인 『경국대전』이 완성되었다.

오답 체크
① 선조: 김장생이 『가례집람』을 저술하여 주자의 『가례』를 해설하고 보충하였으며, 예학을 조선의 현실에 맞게 정리하였다.
③ 정조: 조선 후기의 대외 관계와 외교 문서 등을 정리한 『동문휘고』가 편찬되었다.
④ 영조: 붕당의 폐해를 경계하기 위하여 성균관 입구에 탕평비를 건립하였다.
⑤ 선조: 사림 내부에서 이조 전랑 임명을 둘러싸고 신진 사림 김효원과 기성 사림 심의겸이 대립하여 사림이 동인과 서인으로 분당되었다.

01 조선의 건국과 발전

17 64회 22번
밑줄 그은 '전하'가 재위한 시기의 사실로 옳은 것은? [3점]

> 무술년 봄에 양성지가 『팔도지리지』를 바치고, 서거정 등이 『동문선』을 바쳤더니, 전하께서 드디어 노사신, 양성지, 서거정 등에게 명하여 시문을 『팔도지리지』에 넣게 하셨습니다. …… 연혁을 앞에 둔 것은 한 고을의 흥함과 망함을 먼저 알아야 하기 때문이며 …… 경도(京都)의 첫머리에 팔도총도를 기록하고, 각 도의 앞에 도별 지도를 붙여서 양경(兩京) 8도로 50권을 편찬하여 바치나이다.

① 예학을 정리한 『가례집람』이 저술되었다.
② 외교 문서를 집대성한 『동문휘고』가 편찬되었다.
③ 국가의 의례를 정비한 『국조오례의』가 완성되었다.
④ 전통 한의학을 정리한 『동의보감』이 간행되었다.
⑤ 역대 문물 제도를 정리한 『동국문헌비고』가 만들어졌다.

18 70회 18번
(가) 인물에 대한 설명으로 옳은 것은? [2점]

이것은 (가) 이/가 함길도에 있을 때 화살이 날아왔는데도 놀라지 않고 태연히 연회를 계속 즐겼다는 고사를 담은 야연사준도입니다. 세종 대 함길도 병마도절제사로 활약했던 그는 문종 대 『고려사절요』 편찬을 총괄하였고, 단종 대 좌의정의 자리에 올랐으나 계유정난 때 살해되었습니다.

① 두만강 일대에 6진을 개척하였다.
② 탄금대에서 배수의 진을 치고 싸웠다.
③ 조총 부대를 이끌고 나선 정벌에 나섰다.
④ 왜구의 근거지인 쓰시마 섬을 정벌하였다.
⑤ 외교 담판을 통해 강동 6주를 획득하였다.

19 킬러 62회 21번
다음 검색창에 들어갈 인물의 활동으로 옳은 것은? [3점]

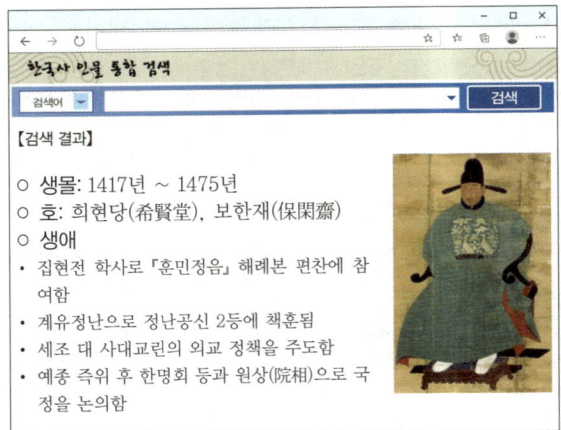

한국사 인물 통합 검색
【검색 결과】
○ 생몰: 1417년 ~ 1475년
○ 호: 희현당(希賢堂), 보한재(保閑齋)
○ 생애
• 집현전 학사로 『훈민정음』 해례본 편찬에 참여함
• 계유정난으로 정난공신 2등에 책훈됨
• 세조 대 사대교린의 외교 정책을 주도함
• 예종 즉위 후 한명회 등과 원상(院相)으로 국정을 논의함

① 기해예송에서 기년설을 주장하였다.
② 반정 공신의 위훈 삭제를 건의하였다.
③ 향촌의 풍속 교화를 위해 예안 향약을 시행하였다.
④ 최초로 100리 척을 사용한 동국지도를 제작하였다.
⑤ 일본의 정치, 사회, 지리 등을 정리한 『해동제국기』를 저술하였다.

20 58회 20번
(가) 기구에 대한 설명으로 옳은 것은? [1점]

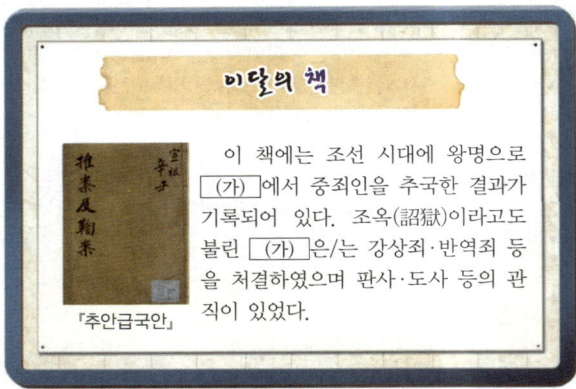

이달의 책

이 책에는 조선 시대에 왕명으로 (가) 에서 중죄인을 추국한 결과가 기록되어 있다. 조옥(詔獄)이라고도 불린 (가) 은/는 강상죄·반역죄 등을 처결하였으며 판사·도사 등의 관직이 있었다.

『추안급국안』

① 국왕 직속의 특별 사법 기구였다.
② 사림의 건의로 중종 때 폐지되었다.
③ 사헌부, 사간원과 함께 삼사로 불리었다.
④ 5품 이하의 관원에 대한 서경권을 행사하였다.
⑤ 서얼 출신의 학자들이 검서관으로 기용되었다.

17 | 성종　　　　　　　　　　　정답 ③

자료 분석

『팔도지리지』+『동문선』→ 성종

성종 재위 시기에는 양성지가 『팔도지리지』를 완성하였으며, 이를 참고하여 노사신, 양성지 등이 각 도의 지리와 풍속을 기록한 지리서인 『동국여지승람』을 편찬하였다. 또한 서거정 등이 왕명을 받아 삼국 시대부터 산문 중 뛰어난 작품을 선별하여 수록한 『동문선』을 저술하였다.

정답 해설

③ 성종 때 신숙주, 정척 등에 의해 국가의 의례를 유교의 예법에 맞게 정비한 『국조오례의』가 완성되었다.

오답 체크

① 선조: 김장생이 주자의 『가례』를 해설하고 보충하여 예학을 조선의 현실에 맞게 정리한 『가례집람』을 저술하였다.
② 정조: 조선 후기의 외교 문서를 집대성한 『동문휘고』가 편찬되었다.
④ 광해군: 허준에 의해 우리나라와 중국의 의서를 모아 전통 한의학을 정리한 『동의보감』이 간행되었다.
⑤ 영조: 역대 각종 문물 제도를 분류·정리한 『동국문헌비고』가 만들어졌다.

18 | 김종서　　　　　　　　　　정답 ①

자료 분석

문종 대『고려사절요』 편찬 총괄 + 계유정난 때 살해됨 → 김종서

김종서는 조선 전기 문신으로, 태종부터 세종, 문종, 단종 때를 지내온 충신으로 알려져 있다. 그는 세종 때 함길도 병마도절제사에 임명되어 북방 영토를 확장하는 데 큰 역할을 하였고, 문종 때에는 『고려사절요』 편찬을 총괄하였다. 한편 김종서는 단종 때 좌의정이 되어 어린 나이에 즉위한 단종을 보필하다가, 계유정난 때 수양 대군(세조)에게 살해되었다.

정답 해설

① 김종서는 세종 때 두만강 지역에 파견되어 여진을 정벌하고 6진을 개척하였다.

오답 체크

② 신립: 임진왜란 초기인 1592년에 탄금대에서 배수의 진을 치고 일본군에 항전하였으나 패배하였다.
③ 변급, 신류: 효종 때 청의 요청으로 조총 부대를 이끌고 나선 정벌에 나섰다.
④ 이종무: 세종 때 왜구의 근거지인 쓰시마 섬(대마도)을 정벌하였다.
⑤ 서희: 고려의 문신이자 외교가로, 거란의 장수 소손녕과 외교 담판을 통해 강동 6주를 획득하였다.

19 | 신숙주　오답률 72.4%　　　　정답 ⑤

자료 분석

집현전 학사 + 계유정난 → 신숙주

신숙주는 조선 전기의 문신으로, 세종 때 집현전 학사로 『훈민정음』 해례본 편찬에 참여하였다. 이후 수양 대군(세조)이 권력을 장악한 계유정난에 참여해 2등 공신에 책훈되었으며, 도승지에 올라 사대교린의 외교 정책을 주도하였다.

정답 해설

⑤ 신숙주는 세종 때 서장관으로 일본에 다녀온 후, 성종 때 일본의 정치, 사회, 지리 등을 정리한 견문록인 『해동제국기』를 저술하였다.

오답 체크

① 송시열: 서인의 영수로, 현종 때 기해예송에서 왕가와 사대부의 예는 동일하다는 이유로 기년설(1년설)을 주장하였다.
② 조광조: 중종 때 중종반정 공신의 위훈 삭제를 건의하였다.
③ 이황: 명종 대 향촌의 풍속 교화를 위해 예안 향약을 시행하였다.
④ 정상기: 영조 때 우리나라 최초로 100리 척을 사용한 지도인 동국지도를 제작하였다.

20 | 의금부　　　　　　　　　　정답 ①

자료 분석

조선 시대 + 강상죄·반역죄 등을 처결함 → 의금부

의금부는 조선 시대의 국왕 직속 특별 사법 기구로, 수장인 판사를 비롯하여 도사 등의 관직이 있었다. 이들은 왕명에 따라 강상죄(삼강 오륜의 유교 윤리를 어긴 죄)·반역죄 등 국가의 대역 죄인에 대한 추국(심문), 압송, 처결 등의 업무를 담당하였다.

정답 해설

① 의금부는 국왕 직속의 특별 사법 기구로, 강상죄·반역죄 등 국가의 대역 죄인을 처결하였다.

오답 체크

② 소격서: 조선 시대에 도교의 제례 의식을 거행하기 위하여 설치되었던 관청으로, 중종 때 조광조를 비롯한 사림의 건의로 폐지되었다.
③ 홍문관: 조선 시대에 국왕의 자문을 담당한 기구로, 사헌부·사간원과 함께 삼사로 불리며 언론 기능을 수행하였다.
④ 사헌부·사간원: 양사로 불리며, 5품 이하 관리의 임명에 대한 동의권인 서경권을 행사하였다.
⑤ 규장각: 조선 정조 때 설치된 왕실 도서관이자 학술 연구 및 정책 자문 기관으로, 박제가·유득공 등 능력 있는 서얼 출신들이 검서관으로 기용되었다.

01 조선의 건국과 발전

21 75회 20번
(가) 기구에 대한 설명으로 옳은 것은? [2점]

> 이 그림은 (가) 의 감찰인 김종한 등 23인의 계회를 기념하여 그린 이십삼상대회도입니다. '상대'는 백관에 대한 규찰과 탄핵 등을 관장하던 (가) 의 별칭입니다. 이 계회도의 하단에는 감찰 23인의 품계와 성명, 그리고 그 부친의 관직과 성명 등이 기재되어 있어 조선 초기 계회도를 이해하는 데 큰 도움이 됩니다.

① 수도의 행정과 치안을 담당하였다.
② 을묘왜변을 계기로 상설 기구화되었다.
③ 서얼 출신 학자들이 검서관에 등용되었다.
④ 역사서를 편찬하고 사고에 보관하는 일을 맡았다.
⑤ 대사헌을 수장으로 집의, 장령 등의 관직을 두었다.

23 54회 19번
(가) 기구에 대한 설명으로 옳은 것은? [2점]

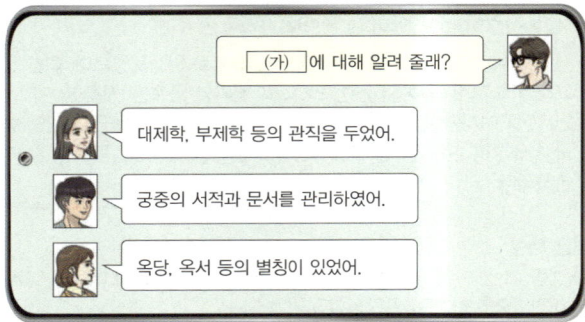

- (가) 에 대해 알려 줄래?
- 대제학, 부제학 등의 관직을 두었어.
- 궁중의 서적과 문서를 관리하였어.
- 옥당, 옥서 등의 별칭이 있었어.

① 수도의 행정과 치안을 맡아보았다.
② 사헌부, 사간원과 함께 3사로 불렸다.
③ 을묘왜변을 계기로 상설 기구화되었다.
④ 왕의 비서 기관으로 왕명의 출납을 담당하였다.
⑤ 국왕 직속 사법 기구로 반역죄, 강상죄 등을 처결하였다.

22 56회 22번
(가) 기구에 대한 설명으로 옳은 것은? [2점]

> 이 그림은 중종 때 그려진 미원계회도(薇垣契會圖)입니다. '미원'은 (가) 의 별칭으로 간쟁과 논박을 담당한 관청이었습니다. 소나무 아래에는 계회를 하고 있는 모습이 보이고, 하단에는 참석자들의 관직, 성명, 본관 등이 기록되어 있습니다.

① 왕명의 출납을 관장하였다.
② 수도의 행정과 치안을 담당하였다.
③ 사헌부, 홍문관과 함께 3사로 불렸다.
④ 『실록』을 보관하고 관리하는 업무를 맡았다.
⑤ 반역죄, 강상죄 등을 범한 중죄인을 다스렸다.

24 72회 19번
(가) 기구에 대한 설명으로 옳은 것은? [3점]

> **도로명으로 보는 역사 : 만리재로**
>
> 이 도로명은 만리재에서 유래한 것이다. 만리재는 조선의 문신 최만리가 살았다고 하여 붙여진 지명이다. 세자의 스승이기도 하였던 최만리는 세종이 학문 연구, 편찬 사업 등을 수행하도록 설치한 (가) 의 부제학으로 활약하였다. 그러나 훈민정음 창제를 반대하는 상소를 올려 세종과 갈등을 빚기도 하였다.

① 은대(銀臺)라고도 불렸다.
② 전문 강좌인 7재를 운영하였다.
③ 고려의 삼사와 같은 기능을 수행하였다.
④ 단종 복위 운동을 계기로 세조에 의해 폐지되었다.
⑤ 대사성을 수장으로 좨주, 직강 등의 관직을 두었다.

21 | 사헌부 정답 ⑤

자료 분석

백관에 대한 규찰과 탄핵 등을 관장함 → 사헌부

사헌부는 조선 시대에 백관에 대한 규찰과 탄핵 등을 관장한 중앙 기구로, 국왕에게 간언·간쟁을 하는 사간원과 함께 양사를 이루고 있으며, 5품 이하의 관리 임명에 대한 동의권인 서경권을 행사하였다.

정답 해설

⑤ 사헌부는 대사헌을 수장으로 집의, 장령, 감찰 등의 관직을 두었다.

오답 체크

① 한성부: 조선 시대에 수도인 한성의 행정과 치안을 담당한 기구이다.
② 비변사: 중종 때 일어난 3포 왜란 이후 임시로 세워졌던 기구로, 을묘왜변을 계기로 상설 기구화되었다.
③ 규장각: 정조 때 창덕궁에 세워진 왕실 도서관이자 학문 연구 기관으로, 서얼 출신 학자들이 검서관에 등용되었다.
④ 춘추관: 역사서인 『실록』을 편찬하고 사고에 보관하는 일을 맡은 기구이다.

22 | 사간원 정답 ③

자료 분석

간쟁과 논박을 담당한 관청 → 사간원

사간원은 미원이라고도 불린 조선 시대의 중앙 정치 기구로, 수장인 대사간을 중심으로 정책에 대한 간쟁과 논박을 담당하였다. 사간원은 관리의 비리를 감찰하고 풍속을 바로잡는 일을 담당한 사헌부와 함께 양사라고 불렸으며, 이들은 5품 이하 관리의 임명에 대한 동의권인 서경권을 행사하였다.

정답 해설

③ 사간원은 사헌부, 홍문관과 함께 삼사(3사)로 불리며 언론 기능을 수행하였다.

오답 체크

① 승정원: 왕명 출납을 담당한 왕의 비서 기관으로, 은대라고도 불렸다.
② 한성부: 수도인 한양의 행정과 치안을 담당하였다.
④ 춘추관: 역사서인 『실록』을 보관하고 관리하는 업무를 관장하였다.
⑤ 의금부: 반역죄, 강상죄 등 국가의 대역 죄인을 심판하는 국왕 직속의 사법 기관이었다.

23 | 홍문관 정답 ②

자료 분석

대제학 + 궁중의 서적과 문서를 관리 + 옥당, 옥서 → 홍문관

홍문관은 조선 시대에 국왕의 자문을 담당한 기구로, 대제학과 부제학 등의 관직을 두고 운영되었다. 옥당, 옥서라는 별칭으로 불리기도 했던 홍문관은 궁중의 서적과 문서를 관리하는 업무를 수행하였으며, 왕에게 유학의 경서와 사서를 강론하는 경연을 주관하였다.

정답 해설

② 홍문관은 조선 시대에 국왕의 자문을 담당한 기구로, 사헌부, 사간원과 함께 3사로 불리며 언론 기능을 수행하였다.

오답 체크

① 한성부: 조선의 수도인 한양의 치안과 행정을 주관하였다.
③ 비변사: 중종 때 외적의 침입에 대비하기 위해 설치된 임시 기구로, 명종 때 일어난 을묘왜변을 계기로 상설 기구화되었다.
④ 승정원: 왕의 비서 기관으로 왕명을 주요 관청에 하달하거나, 관청의 의견을 왕에게 전달하는 왕명의 출납을 담당하였다.
⑤ 의금부: 국왕의 직속 사법 기구로, 반역죄와 강상죄(유교 윤리를 어긴 죄) 등을 처결하였다.

빈출 개념 | 홍문관

기능	· 궁중의 서적 관리와 왕의 각종 자문에 응하는 일을 관장 · 경연 담당
수장	정2품 대제학
특징	· 세종 때의 집현전 계승 · 옥당, 옥서 등의 별칭으로 불림 · 사헌부·사간원과 함께 삼사로 불림, 언론 기능 수행

24 | 집현전 정답 ④

자료 분석

세종 + 학문 연구, 편찬 사업 등을 수행 → 집현전

집현전은 세종 때 학문 연구 및 편찬 사업을 위해 궁중에 설치된 학문 연구 기관으로, 대제학, 부제학, 직제학 등의 관직을 두었으며, 도서의 수집 및 보관, 연구 등을 하였고 국왕의 자문에 대비하는 기능을 하였다. 집현전 학사들은 『훈민정음해례』, 『고려사』, 『삼강행실도』 등 여러 서적을 편찬하였다.

정답 해설

④ 집현전은 세조 때 집현전 출신 학자들이 일으킨 단종 복위 운동을 계기로 폐지되었다.

오답 체크

① 승정원: 왕명 출납을 담당하는 왕의 비서 기관으로, 은대(銀臺), 후원(喉院)이라고도 불렸다.
② 국자감: 고려의 최고 교육 기관으로, 전문 강좌인 7재가 설치되어 운영되었다.
③ 호조: 조선 시대 국가의 재정을 관리하는 기관으로, 고려의 삼사와 같은 기능을 수행하였다.
⑤ 성균관: 조선의 최고 교육 기관으로, 수장인 대사성을 중심으로 좨주, 직강 등의 관직을 두었다.

01 조선의 건국과 발전

25 50회 21번
(가)에 대한 설명으로 옳은 것은? [2점]

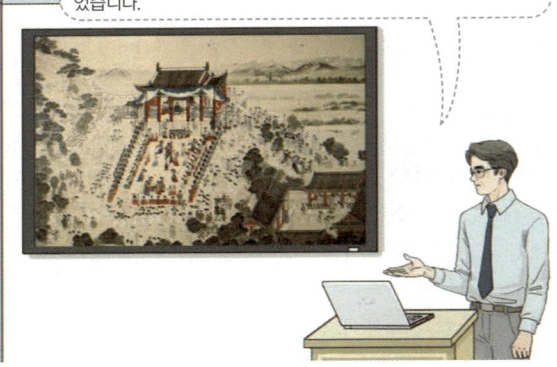

이 그림은 평양에 새로 부임한 (가) 을/를 환영하는 모습을 묘사한 부벽루연회도입니다. (가) 은/는 감사 또는 방백이라고도 불리었는데, 대개 종2품 이상의 고위 관리가 임명되었습니다.

① 간관으로서 간쟁과 봉박을 담당하였다.
② 6조 직계제의 실시로 권한이 약화되었다.
③ 호장, 기관, 장교, 통인 등으로 분류되었다.
④ 관내 군현의 수령을 감독하고 근무 성적을 평가하였다.
⑤ 출신지의 경재소를 관장하고 유향소 품관을 감독하였다.

27 67회 21번
(가) 기구에 대한 설명으로 옳은 것은? [2점]

우부승지 김종직이 아뢰기를, "고려 태조는 여러 고을에 영을 내려 공변되고 청렴한 선비를 뽑아서 향리들의 불법을 규찰하게 하였으므로 간사한 향리가 저절로 없어져 5백 년간 풍화를 유지할 수 있었습니다. 우리 조정에서는 이시애의 난 이후 (가) 이/가 혁파되자 간악한 향리들이 불의를 자행하여서 건국한 지 1백 년도 못 되어 풍속이 쇠퇴해졌습니다. …… 청컨대 (가) 을/를 다시 설립하여 향풍(鄕風)을 규찰하게 하소서."라고 하였다.
- 『성종실록』

① 조광조 일파의 건의로 폐지되었다.
② 좌수와 별감을 중심으로 운영되었다.
③ 풍기 군수 주세붕이 처음 설립하였다.
④ 대사성 이하 좨주, 직강 등의 관직을 두었다.
⑤ 매향(埋香) 활동 등 각종 불교 행사를 주관하였다.

26 42회 21번
(가), (나)에 대한 설명으로 옳은 것은? [2점]

 나는 8도의 부·목·군·현에 파견되는 (가) 입니다. 『경국대전』에 의하면 임기는 1,800일이고, 원칙적으로 상피제의 적용을 받고 있습니다.

 나는 지방 관아에서 행정 실무를 담당하는 (나) 입니다. 고려 때와는 달리 요즘은 외역전도 지급받지 못하고 직무를 수행하고 있습니다. 우리들의 수장을 호장이라고도 부릅니다.

① (가) - 단안(壇案)이라는 명부에 등재되었다.
② (가) - 지방의 행정·사법·군사권을 행사하였다.
③ (나) - 감사, 도백으로도 불렸다.
④ (나) - 장례원(掌隸院)을 통해 국가의 관리를 받았다.
⑤ (가), (나) - 잡과를 통해 선발되었다.

28 73회 25번
(가) 기구에 대한 설명으로 옳은 것은? [3점]

○ 지방 고을에는 그곳의 유력한 집안이 있습니다. 그 가운데 서울에 살면서 벼슬하는 자들의 모임을 (가) (이)라고 합니다. …… 간사한 향리의 범법 행위를 살펴서 지방의 풍속을 유지했는데, 그 유래가 오래되었습니다.
- 『성종실록』

○ 평소에 각 고을을 담당하는 (가) (이)라고 부르는 곳도 원래는 지방의 풍속이 법에 어긋나는지 살피기 위하여 설치한 것입니다. 그런데 지금은 향리를 침학하여 사람들이 대부분 괴롭게 여기고 있습니다. - 『선조실록』

① 사헌부, 사간원과 함께 3사로 불렸다.
② 소속 관원을 은대 학사라고도 칭하였다.
③ 서얼 출신 학자들이 검서관에 등용되었다.
④ 관할 유향소 임원의 임명권을 행사하였다.
⑤ 대사성 이하 좨주, 직강 등의 관직을 두었다.

25 | 관찰사
정답 ④

자료 분석
감사 또는 방백이라고 불림 + 종2품 이상의 고위 관리 → 관찰사

관찰사는 전국 8도에 파견된 지방관으로, 감사 또는 방백, 도백이라고도 불렸다. 임기는 1년으로 제한되었고, 종2품 이상의 고위 관리가 임명되었으며, 지방의 감찰권, 행정권, 사법권뿐만 아니라 군사권까지 행사하여 각 도의 병마절도사, 수군절도사를 겸하였다.

정답 해설
④ 관찰사는 관내 군현의 수령을 감독하고 근무 성적을 평가하는 업무를 담당하였다.

오답 체크
① 사간원의 관리: 국왕에 대한 간쟁을 맡은 간관으로서 간쟁과 봉박을 담당하였다.
② 영의정, 좌의정, 우의정: 의정부의 재상으로, 6조 직계제의 실시로 권한이 약해졌다.
③ 향리: 호장, 기관, 장교, 통인 등으로 분류되었다.
⑤ 정부의 고위 관리: 자기 출신 지역의 경재소를 관장하여, 그 지역의 유향소 품관을 임명·감독하였다.

26 | 수령과 향리
정답 ②

자료 분석
(가) 8도의 부·목·군·현에 파견 + 상피제 → 수령
(나) 지방 관아에서 행정 실무를 담당 + 수장을 호장이라고도 부름 → 향리

(가) 수령은 조선 시대에 전국 8도의 모든 부·목·군·현에 파견된 지방관이다. 문과나 무과 급제자 중에서 임명되었으며, 상피제의 적용을 받아 친인척과 같은 관청에서 근무하거나 연고지의 지방관으로 부임할 수 없다.
(나) 향리는 조선 시대에 지방 관아에서 수령을 보좌하며 행정 실무를 담당한 하급 관리로, 향리의 수장을 호장이라고 불렀다. 또한 향리는 직역을 세습하여 중인층을 형성하였다.

정답 해설
② 수령은 국왕의 대리인으로서 파견되어 지방의 행정·사법·군사권을 행사하였다.

오답 체크
① 향리: 향리의 성명 및 각각에 대한 등급이 적혀 있는 단안(壇案)이라는 자체 명부에 등재되었다.
③ 관찰사: 감사, 도백으로도 불렸으며, 8도에 파견되어 관할 지역의 수령을 지휘·감독하였다.
④ 노비: 조선 시대 노비의 호적과 소송에 관한 일을 관장하던 관청인 장례원을 통해 국가의 관리를 받았다.
⑤ 기술관: 기술학을 시험하는 잡과를 통해 선발되었다.

27 | 유향소
정답 ②

자료 분석
이시애의 난 이후 혁파 + 다시 설립하여 향풍(鄕風)을 규찰하게 함 → 유향소

유향소는 조선 시대의 향촌 자치 기구로, 수령을 보좌하고 향리의 범법 행위를 규찰하는 등의 기능을 하였다. 유향소는 설립과 혁파를 반복하는데, 태종 때 중앙 집권화 정책의 일환으로 수령의 권한을 강화하기 위해 유향소를 혁파하였고, 이후 세종 때 다시 설립되었다. 그러다 세조 때 이시애의 난이 원인이 되어 다시 혁파되었고, 성종 때에 이르러 사림의 영향력 강화로 유향소가 부활하여 성리학적 향촌 질서가 확립되었다.

정답 해설
② 유향소는 조선 시대의 향촌 자치 기구로, 임원인 좌수와 별감을 중심으로 운영되었다.

오답 체크
① 소격서: 도교 의식을 치르는 관서로, 조광조 일파의 건의로 폐지되었다.
③ 서원: 지방의 사림이 세운 사립 교육 기관으로, 풍기 군수 주세붕이 처음 설립한 백운동 서원이 시초가 되었다.
④ 성균관: 조선의 최고 교육 기관으로, 수장인 대사성을 중심으로 좨주, 직강 등의 관직을 두었다.
⑤ 향도: 고려 시대에 매향(향나무를 바닷가에 묻는 것) 활동을 하면서 각종 불교 행사를 주관하였다.

28 | 경재소
정답 ④

자료 분석
서울에 살면서 벼슬하는 자들의 모임 + 지방의 풍속이 법에 어긋나는지 살피기 위해 설치함 → 경재소

경재소는 조선 시대 지방의 유향소를 통제하기 위해 중앙에 설치된 기구로, 정부의 고위 관리가 출신 지역의 경재소를 관장하였으며, 경재소의 임원은 그 지역의 유향소를 감독하며 그 지역과 정부와의 중간에서 여러 가지 일을 주선하였다. 경재소는 고려 시대 사심관과 비슷한 기구로, 임진왜란 후 수령권의 강화로 유향소의 지위가 격하되면서 선조 때 폐지되었다.

정답 해설
④ 경재소는 관할 유향소 임원의 임명권을 행사하였다.

오답 체크
① 홍문관: 조선 시대에 국왕의 자문을 담당한 기구로, 사헌부, 사간원과 함께 3사로 불리며 언론 기능을 수행하였다.
② 승정원: 조선 시대 국왕의 비서 기관으로, 은대라고도 불렸으며 소속 관원을 은대 학사라고 칭하였다.
③ 규장각: 정조 때 설치된 학술 연구 및 정책 자문 기관으로, 박제가, 유득공 등 서얼 출신 학자들이 검서관에 등용되었다.
⑤ 성균관: 조선의 최고 교육 기관으로, 수장인 대사성을 중심으로 좨주, 직강 등의 관직을 두었다.

02 사화와 붕당의 형성

01 빈출 57회 18번
(가) 사건에 대한 설명으로 옳은 것은? [2점]

> 김종직의 자는 계온이고 호는 점필재이며, 김숙자의 아들로 선산 사람이다. …… 효행이 있고 문장이 고결하여 당시 유학자의 으뜸으로 추앙받았는데, 후학들에게 학문을 장려하여 많은 사람이 학문을 성취하였다. 후학 중에 김굉필과 정여창 같은 이는 도학으로 명성이 있었고, 김일손, 유호인 등은 문장으로 이름을 알렸으며 그 밖에도 명성을 얻은 이가 매우 많았다. 연산군 때 유자광, 이극돈 등이 주도한 (가) 이/가 일어났을 당시 김종직은 이미 세상을 떠났지만, 화가 그의 무덤까지 미치어 부관참시를 당하였다.

① 계유정난의 배경이 되었다.
②「조의제문」이 발단이 되어 일어났다.
③ 반정 공신의 위훈 삭제를 주장하였다.
④ 윤임 일파가 제거되는 결과를 가져왔다.
⑤ 동인이 남인과 북인으로 나뉘는 계기가 되었다.

03 66회 20번
(가), (나) 사이의 시기에 있었던 사실로 옳은 것은? [2점]

> (가) 정문형, 한치례 등이 아뢰기를, "지금 김종직의「조의제문」을 보니, 입으로만 읽지 못할 뿐 아니라 차마 눈으로도 볼 수 없습니다. …… 마땅히 대역의 죄로 논단하고 부관참시해서 그 죄를 분명히 밝혀 신하와 백성의 분을 씻는 것이 사리에 맞는 일입니다."라고 하였다. …… 왕이 정문형 등의 의견을 따랐다.
> (나) 의금부에 전지하기를, "조광조, 김정 등은 서로 사귀어 무리를 이루고 자기 편을 천거하고 자기 편이 아닌 자는 배척하면서, 위세를 높여 서로 의지하며 권세가 있는 요직을 차지하였다. …… 이 모든 일들을 조사하여 밝혀라."라고 하였다.

① 정여립 모반 사건으로 기축옥사가 일어났다.
② 외척 간의 권력 다툼으로 윤임이 제거되었다.
③ 자의 대비의 복상 문제로 예송이 전개되었다.
④ 희빈 장씨 소생의 원자 책봉 문제로 환국이 발생하였다.
⑤ 폐비 윤씨 사사 사건을 빌미로 김굉필 등이 처형되었다.

02 49회 19번
밑줄 그은 '이 사건'에 대한 설명으로 옳은 것은? [2점]

> 이것은 능주 목사 민여로가 건립한 정암 선생 적려 유허비입니다. 정암 선생은 소격서 폐지, 현량과 실시 등을 추진하다가 이 사건으로 능주에 유배되었습니다.

① 김종직의「조의제문」이 빌미가 되었다.
② 서인이 정권을 장악하는 계기가 되었다.
③ 윤임 일파가 제거되는 결과를 가져왔다.
④ 상왕의 복위를 목적으로 성삼문 등이 일으켰다.
⑤ 위훈 삭제에 대한 훈구 세력의 반발이 원인이었다.

04 75회 22번
(가), (나) 사이의 시기에 있었던 사실로 옳은 것은? [3점]

> (가) 대신 등에게 전교하기를, "조광조 등의 일은 내가 늘 마음속에서 잊지 않았으나 선왕(先王)께서 전에 허락하지 않으셨으므로 감히 가벼이 고치지 못하였다. 이제는 내 병이 위독하여 비로소 유언하니 조광조 등의 벼슬을 모두 회복할 수 있으면 다행이겠다. 현량과도 회복하여 거두어 등용하도록 하라."라고 하였다.
> (나) 부제학 정언각이 아뢰기를, "소신이 양재역에 이르러서 벽에 써 붙인 주서(朱書)를 보는데 국가에 관계된 내용이었으므로 지극히 놀랐습니다. …… 또 반역의 잔당들은 이미 죄를 물었습니다만, 심영은 대왕대비를 가리켜 신하로서 할 수 없는 말을 하였습니다. 신하가 그와 같은 말을 하고서 어떻게 천지 사이에 용납될 수 있겠습니까."라고 하였다.

① 자의 대비의 복상 문제로 예송이 일어났다.
② 외척 간의 권력 다툼으로 윤임이 제거되었다.
③ 세자 책봉 문제를 계기로 정철이 유배되었다.
④ 희빈 장씨 소생의 원자 책봉 문제로 환국이 발생하였다.
⑤ 폐비 윤씨 사사 사건의 전말이 알려져 김굉필 등이 처형되었다.

● 주제별 출제 비중
*최근 3개년 기준(심화 76~63회)

조선의 건국과 발전	사화와 붕당의 형성	왜란과 호란	붕당 정치	탕평 정치	세도 정치	조선의 경제와 사회	조선의 문화
24%	9%	13%	8%	6%	6%	17%	17%

01 | 무오사화 정답 ②

자료 분석

김종직 + 김일손 + 연산군 → 무오사화

무오사화는 연산군 때 사림 김일손이 「사초」에 스승 김종직의 「조의제문」을 실은 것이 발단이 되어 일어났다. 훈구 세력은 「조의제문」의 내용을 문제 삼아 사림을 공격하였다. 그 결과 김일손을 비롯한 다수의 사림이 숙청되었다.

정답 해설
② 무오사화는 사림인 김일손이 스승 김종직의 「조의제문」을 「사초」에 기록한 것이 발단이 되어 일어났다.

오답 체크
① 단종이 어린 나이에 즉위한 후 김종서 등이 권력을 장악하자, 수양 대군(세조)은 계유정난을 일으켜 김종서 등을 제거하였다.
③ 중종 때 조광조 등 사림은 중종반정 공신의 거짓 공훈(위훈)을 삭제해야 한다고 주장하였다.
④ 을사사화: 명종 때 명종의 외척인 윤원형 일파(소윤)가 인종의 외척인 윤임 일파(대윤)를 제거하였다.
⑤ 건저의 사건: 선조 때 서인 정철이 광해군을 왕세자로 책봉할 것을 건의하자 동인이 정철 등 서인을 공격하였다(건저의 사건). 이때 동인은 서인에 대한 처벌을 두고 남인(온건파)과 북인(강경파)으로 나뉘게 되었다.

02 | 기묘사화 정답 ⑤

자료 분석

소격서 폐지, 현량과 실시 등을 추진 → 조광조 → 기묘사화

기묘사화는 중종 때 훈구 세력에 의해 조광조를 비롯한 사림 세력이 제거된 사건이다. 중종은 반정에 공을 세운 훈구 세력을 견제하기 위해 조광조를 비롯한 사림 세력을 등용하고, 도교 의식을 치르는 소격서 폐지와 일종의 추천제인 현량과 실시 등의 개혁을 추진하였다.

정답 해설
⑤ 기묘사화는 중종 때 조광조가 반정 공신의 거짓 공훈을 무효로 해야 한다는 위훈 삭제를 건의하자, 이에 반발한 훈구 세력에 의해 일어났다.

오답 체크
① 무오사화: 연산군 때 김일손이 스승 김종직이 작성한 「조의제문」을 「사초」에 실은 것이 빌미가 되어 일어났다.
② 경신환국, 갑술환국: 숙종 때 경신환국과 갑술환국으로 서인이 정권을 장악하였다.
③ 을사사화: 명종 때 명종의 외척인 윤원형 일파(소윤)가 인종의 외척인 윤임 일파(대윤)를 제거하는 과정에서 연관된 사림들도 피해를 입었다.
④ 단종 복위 운동: 수양 대군(세조)이 단종을 몰아내고 즉위하자, 성삼문 등의 집현전 출신 학자들이 상왕인 단종의 복위를 도모하였다.

03 | 무오사화와 기묘사화 사이의 사실 정답 ⑤

자료 분석

(가) 「조의제문」을 봄 + 부관참시 → 무오사화(연산군, 1498)
(나) 조광조 + 권세가 있는 요직을 차지함 → 기묘사화(중종, 1519)

(가) 연산군 대 사림 김일손이 스승 김종직이 세조를 비판하며 쓴 「조의제문」을 「사초」에 실은 것이 문제가 되어 김일손을 비롯한 사림 세력이 제거되었다(무오사화, 1498).
(나) 조광조를 비롯한 사림이 반정 공신의 거짓 공훈을 무효로 해야 한다는 위훈 삭제 등 급진적인 개혁을 추진하자, 이에 반발한 훈구 세력이 조광조와 사림 세력을 축출하였다(기묘사화, 1519).

정답 해설
⑤ 연산군 때 무오사화(1498)에 이어 폐비 윤씨 사사 사건을 빌미로 김굉필 등의 사림 세력이 처형되었다(갑자사화, 1504).

오답 체크
① (나) 이후: 1589년에 정여립 모반 사건으로 동인이 큰 피해를 입은 기축옥사가 일어났다.
② (나) 이후: 1545년에 외척 간의 권력 다툼으로 윤원형 등의 소윤 세력이 윤임 등의 대윤 세력을 제거한 을사사화가 발생하였다.
③ (나) 이후: 1659년, 1674년 현종 때 자의 대비의 복상 문제로 두 차례의 예송이 전개되었다.
④ (나) 이후: 1689년에 숙종이 희빈 장씨의 아들을 원자로 책봉하는 것에 대한 문제를 둘러싸고 환국이 발생하여 서인이 피해를 입었다(기사환국).

04 | 조광조의 복권과 양재역 벽서 사건 사이의 사실 정답 ②

자료 분석

(가) 조광조 등의 벼슬을 모두 회복 → 조광조의 복권(인종)
(나) 양재역 + 벽에 써 붙인 주서 → 양재역 벽서 사건(명종)

(가) 인종은 기묘사화 때 숙청된 조광조의 신원을 회복하고 조광조의 개혁 정책 중 하나인 현량과도 다시 시행할 것을 유언으로 남겼다.
(나) 명종 때 권력을 잡은 문정 왕후와 윤원형 일파를 비판하는 벽서가 양재역에서 발견되었다(양재역 벽서 사건).

정답 해설
② 조광조의 복권 이후 명종이 즉위하자 명종의 외척(윤원형)과 인종의 외척(윤임) 간에 권력 다툼이 발생하였고, 이로 인해 윤임이 제거되었다.

오답 체크
① (나) 이후: 현종 때 각각 효종과 효종비의 사망 이후 자의 대비의 복상 문제로 서인과 남인 사이에서 1·2차 예송이 일어났다.
③ (나) 이후: 선조 때 정철이 광해군을 왕세자로 책봉할 것을 건의한 사건을 계기로 왕의 노여움을 사 관직을 삭탈 당하고 유배되었다(건저의 사건).
④ (나) 이후: 숙종 때 송시열이 희빈 장씨의 아들을 원자로 책봉한 것을 두고 너무 이르다고 주장하자 송시열을 비롯한 서인이 처형되고 남인이 집권한 기사환국이 발생하였다.
⑤ (가) 이전: 연산군의 생모인 폐비 윤씨 사사 사건의 전말이 알려져 갑자사화가 발생하였으며, 김굉필 등의 사림이 처형되었다.

02 사화와 붕당의 형성

02 사화와 붕당의 형성

05 빈출 71회 21번
밑줄 그은 '이 사건'에 대한 설명으로 옳은 것은? [2점]

이곳은 이언적의 위패를 모신 경주 옥산 서원입니다. 이언적은 이른바 대윤과 소윤이라는 정치 세력 간의 갈등으로 윤임 등 대윤 세력이 탄압받은 이 사건 당시 관련자들의 처리를 두고 갈등이 생기자 스스로 관직에서 물러났습니다. 이후 양재역 벽서 사건에 연루되어 유배되었습니다.

① 김종직의 「조의제문」이 발단이 되었다.
② 폐비 윤씨 사사 사건이 원인이 되었다.
③ 왕실 외척 간의 권력 다툼으로 일어났다.
④ 진성 대군이 왕으로 즉위하는 결과를 가져왔다.
⑤ 조광조 등이 반정 공신의 위훈 삭제를 주장하였다.

07 48회 21번
(가)~(라) 사건을 일어난 순서대로 옳게 나열한 것은? [3점]

(가) 갑자년 봄에, 임금은 어머니가 비명에 죽은 것을 분하게 여겨 그 당시 논의에 참여하고 명을 수행한 신하를 모두 대역죄로 추죄(追罪)하여 팔촌까지 연좌시켰다.

(나) 정문형, 한치례 등이 의논하기를, "지금 김종직의 「조의제문」을 보니, 차마 읽을 수도 볼 수도 없습니다. …… 마땅히 대역의 죄로 논단하고 부관참시해서 그 죄를 분명히 밝혀 신하들과 백성들의 분을 씻는 것이 사리에 맞는 일이옵니다."라고 하였다.

(다) 정유년 이후부터 조정 신하들 사이에는 대윤이니 소윤이니 하는 말들이 있었다. …… 자전(慈殿)*은 밀지를 윤원형에게 내렸다. 이에 이기, 임백령 등이 고변하여 큰 화를 만들어 냈다.

(라) 언문으로 쓴 밀지에 이르기를, "조광조가 현량과를 설치하자고 청한 것도 처음에는 인재를 얻기 위해서라고 생각했더니 …… 경들은 먼저 그를 없앤 뒤에 보고하라."라고 하였다.

*자전(慈殿): 임금의 어머니

① (가) - (나) - (다) - (라)
② (가) - (나) - (라) - (다)
③ (나) - (가) - (라) - (다)
④ (나) - (다) - (가) - (라)
⑤ (다) - (라) - (나) - (가)

06 62회 26번
밑줄 그은 '임금'의 재위 기간에 있었던 사실로 옳은 것은? [3점]

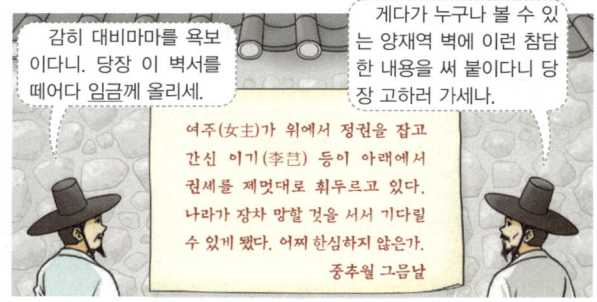

① 사림이 동인과 서인으로 나뉘었다.
② 외척 간의 대립으로 을사사화가 일어났다.
③ 서인이 반정을 일으켜 정권을 장악하였다.
④ 김종직 등 사림이 중앙 정계에 진출하기 시작하였다.
⑤ 폐비 윤씨 사사 사건의 전말이 알려져 김굉필 등이 처형되었다.

08 55회 20번
다음 상황 이후에 전개된 사실로 옳은 것은? [3점]

선전관 이용준 등이 정여립을 토벌하기 위하여 급히 전주에 내려갔다. 무리들과 함께 진안 죽도에 숨어 있던 정여립은 군관들이 체포하려 하자 자결하였다.

① 이시애가 길주를 근거지로 난을 일으켰다.
② 기축옥사로 이발 등 동인 세력이 제거되었다.
③ 양재역 벽서 사건으로 이언적 등이 화를 입었다.
④ 수양 대군이 김종서 등을 살해하고 권력을 장악하였다.
⑤ 이조 전랑 임명을 둘러싸고 사림이 동인과 서인으로 나뉘었다.

05 | 을사사화   정답 ③

자료 분석

대윤과 소윤 → 을사사화

을사사화는 명종 때 왕의 외척들 간의 권력 다툼이 원인이 되어 이에 연루된 사림 세력이 화를 입은 사건이다. 중종의 뒤를 이어 즉위한 인종이 일찍 죽고 어린 동생인 명종이 즉위하자, 명종의 외척인 소윤 세력(윤원형 일파)이 인종의 외척인 대윤(윤임 일파)을 역적으로 몰아 숙청하였으며, 이에 연루된 사림 세력까지 피해를 보게 되었다.

정답 해설

③ 을사사화는 인종의 외척인 윤임 등의 대윤 세력과 명종의 외척 세력인 윤원형 등의 소윤 세력 간의 권력 다툼으로 인해 일어났다.

오답 체크

① 무오사화: 김일손이 스승 김종직의 「조의제문」을 「사초」에 기록한 것이 발단이 되어 일어났다.
② 갑자사화: 연산군의 생모인 폐비 윤씨 사사 사건이 원인이 되어 이에 연루된 사림이 피해를 입었다.
④ 중종반정: 연산군의 이복동생이었던 진성 대군이 왕으로 즉위하는 결과를 가져왔다.
⑤ 중종 때 조광조 등 사림은 중종반정 공신의 거짓 공훈(위훈)을 삭제해야 한다고 주장하였다.

06 | 명종 재위 기간의 사실   정답 ②

자료 분석

벽서 + 양재역 → 양재역 벽서 사건 → 명종

인종이 1년 만에 죽고, 이복동생 명종이 어린 나이로 즉위하자 어머니인 문정 왕후가 수렴청정을 하였는데, 이 과정에서 명종의 외척인 윤원형 일파(소윤)가 권력을 장악하였다. 이러한 윤원형 일파와 문정 왕후를 비판하는 익명의 벽서가 양재역 벽에 붙여졌던 양재역 벽서 사건이 발생하였다. 이 사건을 빌미로 윤원형 일파는 반대파를 숙청하였다(정미사화).

정답 해설

② 명종 때 인종의 외척인 윤임 일파(대윤)와 명종의 외척인 윤원형 일파(소윤)의 대립으로 을사사화가 일어났다.

오답 체크

① 선조: 이조 전랑 임명 문제와 척신 정치 청산 문제를 두고 사림이 동인과 서인으로 나뉘었다.
③ 광해군: 서인이 반정을 일으켜 광해군을 몰아내고 인조를 옹립한 후, 정권을 장악하였다.
④ 성종: 김종직 등의 사림이 과거를 통해 중앙 정계에 진출하기 시작하였다.
⑤ 연산군: 폐비 윤씨 사사 사건의 전말이 알려져 김굉필 등의 사림이 처형되었다.

07 | 사화의 전개 과정   정답 ③

자료 분석

(가) 갑자년 + 임금은 어머니가 비명에 죽은 것을 분하게 여김 → 갑자사화(연산군, 1504)
(나) 김종직의 「조의제문」 → 무오사화(연산군, 1498)
(다) 대윤 + 소윤 + 윤원형 → 을사사화(명종, 1545)
(라) 조광조 + 그를 없앤 뒤에 보고 → 기묘사화(중종, 1519)

정답 해설

③ 순서대로 나열하면 (나) 무오사화(연산군, 1498) - (가) 갑자사화(연산군, 1504) - (라) 기묘사화(중종, 1519) - (다) 을사사화(명종, 1545)이다.
(나) 연산군 때 사림 김일손이 『실록』의 자료가 되는 「사초」에 스승 김종직이 쓴 「조의제문」을 실은 것이 문제가 되어, 사림 세력이 피해를 입었다(무오사화, 1498).
(가) 연산군은 자신의 생모인 폐비 윤씨 사사 사건을 주도한 훈구와 김굉필 등의 일부 사림 세력을 제거하였다(갑자사화, 1504).
(라) 중종 때 등용되어 개혁을 추진한 조광조는 반정 공신의 위훈(거짓 공훈) 삭제를 주장하였다가, 이에 반발한 훈구 공신들에 의해 제거되었다(기묘사화, 1519).
(다) 중종의 아들인 명종이 이복 형인 인종의 뒤를 이어 즉위하자, 명종의 외척인 윤원형 등의 소윤은 인종의 외척인 대윤을 숙청하였고, 이 과정에서 연관된 사림들까지 제거되었다(을사사화, 1545).

빈출 개념 | 사화의 전개

무오사화(연산군)	「조의제문」(김종직)의 「사초」 기록 문제
갑자사화(연산군)	폐비 윤씨(연산군의 생모) 사사 사건
기묘사화(중종)	조광조의 개혁 정치와 위훈 삭제에 대한 반발
을사사화(명종)	왕실 외척 간의 대립(소윤 vs 대윤)

08 | 정여립 모반 사건 이후의 사실   정답 ②

자료 분석

정여립을 토벌 → 정여립 모반 사건(선조)

정여립 모반 사건은 선조 때 동인이었던 정여립이 반란을 계획했다는 사실이 발각된 사건으로, 이로 인해 동인이 정계에서 대거 축출되었다.

정답 해설

② 정여립 모반 사건을 처리하는 과정에서 일어난 기축옥사로 이발 등 동인 세력이 다수 제거되었다.

오답 체크

① 이시애의 난: 세조 때 함경도 토착 세력인 이시애가 길주에서 난을 일으켰으나 진압되었다.
③ 정미사화: 명종 때 외척인 윤원형이 양재역 벽서 사건을 빌미로 반대파를 숙청하여 이언적 등이 화를 입었다.
④ 계유정난: 단종 때 왕의 숙부였던 수양 대군이 김종서 등을 제거하고 권력을 장악하였다.
⑤ 동·서 분당: 선조 때 이조 전랑 임명을 둘러싸고 사림이 동인과 서인으로 나뉘었다.

03 왜란과 호란

01
55회 23번
다음 기사에 보도된 전투 이후의 사실로 옳지 않은 것은? [3점]

역사 신문
제△△호　　　　　　　　○○○○년 ○○월 ○○일

신립, 탄금대에서 패배

삼도 순변사 신립이 이끄는 관군이 탄금대에서 적군에게 패배, 충주 방어에 실패하였다. 신립은 탄금대에 배수진을 쳤으나, 고니시 유키나가가 이끄는 적군에게 둘러싸여 위태로운 상황에 놓였다. 신립은 종사관 김여물과 최후의 돌격을 감행하였으나 실패하자 전장에서 순절하였다.

① 김시민이 진주성에서 항쟁하였다.
② 조·명 연합군이 평양성을 탈환하였다.
③ 이순신이 한산도에서 대승을 거두었다.
④ 송상현이 동래성 전투에서 항전하였다.
⑤ 권율이 행주산성에서 적군을 격퇴하였다.

02 빈출
64회 24번
(가) 전쟁 중에 있었던 사실로 옳은 것은? [2점]

조헌은 금산에서 7백여 명의 의병을 이끌고 왜군과 전투를 벌이다가 전사하였습니다.

(가) 당시 활약한 의병장
김천일 / 정문부 / 조헌 / 사명 대사(유정)

① 이종무가 대마도를 정벌하였다.
② 송상현이 동래성에서 항전하였다.
③ 김상용이 강화도에서 순절하였다.
④ 최영이 홍산 전투에서 크게 승리하였다.
⑤ 강홍립 부대가 사르후 전투에 참전하였다.

03
45회 24번
다음 일기의 훼손된 부분에 해당하는 시기의 사실로 옳은 것은? [2점]

임진년 ○○월 ○○일
왕은 세자에게 평안북도 강계로 가서 혼란한 정국을 안정시키고 수습하라고 하였다. 그 후 왕은 의주로 향하였고 세자는 강계로 향하였다. 오늘부터 조선에는 두 개의 조정이 있게 되었다.

계사년 ○○월 ○○일
조·명 연합군이 평양성을 탈환했다는 소식이 분조(分朝)에 들려왔다. 평양성의 탈환은 전쟁의 국면을 전환하는 매우 값진 승리였다.

① 이순신이 한산도 대첩에서 승리하였다.
② 정발이 부산진성 전투에서 전사하였다.
③ 휴전 회담의 결렬로 정유재란이 시작되었다.
④ 명의 요청으로 강홍립의 부대가 파견되었다.
⑤ 정봉수와 이립이 의병을 이끌고 활약하였다.

04
67회 24번
다음 기사에 보도된 전투 이후의 사실로 옳은 것은? [2점]

역사 신문
제△△호　　　　　　　　○○○○년 ○○월 ○○일

조·명 연합군, 평양성 탈환

평안도 도체찰사 류성룡, 도원수 김명원이 이끄는 관군이 명 제독 이여송 부대에 합세하여 평양성을 되찾았다. 이번 전투에서 아군의 불랑기포를 비롯한 화포가 위력을 발휘하여 일본군은 크게 패하고 남쪽으로 내려갔다. 이 전투의 승리는 향후 전쟁의 판도를 바꿀 것으로 기대된다.

① 송상현이 동래성에서 항전하였다.
② 권율이 행주산성에서 적군을 격퇴하였다.
③ 이순신이 한산도 앞바다에서 대승을 거두었다.
④ 신립이 탄금대 앞에서 배수의 진을 치고 싸웠다.
⑤ 최윤덕이 올라산성에서 이만주 부대를 정벌하였다.

● 주제별 출제 비중
*최근 3개년 기준(심화 76~63회)

조선의 건국과 발전	사화와 붕당의 형성	**왜란과 호란**	붕당 정치	탕평 정치	세도 정치	조선의 경제와 사회	조선의 문화
24%	9%	13%	8%	6%	6%	17%	17%

01 | 충주 탄금대 전투 이후의 사실 정답 ④

자료 분석
신립 + 탄금대 → 충주 탄금대 전투(1592. 4.)
선조 때 왜군이 조선을 침략하며 임진왜란이 발발하였다. 부산이 함락되고, 신립이 충주 탄금대 전투(1592. 4.)에서 배수진을 치고 항전하였으나 왜군에 대패하였다. 이에 왜군이 수도인 한양으로 북상하자, 선조는 의주로 피난하고 명나라에 원군을 요청하였다.

정답 해설
④ 1592년 4월에 왜군이 부산을 침입한 직후 송상현이 동래성 전투에서 항전하였으나 패배하였다.

오답 체크
① 1592년 10월에 진주 목사 김시민이 진주성에서 왜군을 상대로 크게 승리하였다(진주 대첩).
② 1593년 1월에 조선은 명의 원군과 조·명 연합군을 결성하고 왜군으로부터 평양성을 탈환하였다.
③ 1592년 7월에 이순신의 수군이 한산도에서 왜군을 상대로 대승을 거두면서 전세가 서서히 역전되기 시작하였다(한산도 대첩).
⑤ 1593년 2월에 권율이 행주산성에서 왜군을 격퇴하였다(행주 대첩).

02 | 임진왜란 정답 ②

자료 분석
조헌 + 의병 + 왜군과 전투 → 임진왜란
선조 때 임진왜란이 발발하였다. 당시 왜군의 북상으로 선조는 피난하여 명에 원군을 요청하는 등 큰 위기를 겪었다. 이러한 상황에서 조헌, 곽재우 등이 의병장으로 활약하였는데, 조헌은 금산에서 7백여 명의 의병을 이끌고 왜군과 전투를 벌였으며, 곽재우는 의령에서 의병을 일으켜 활약하였다.

정답 해설
② 임진왜란 때 동래부의 부사 송상현이 왜군에 맞서 동래성에서 항전하였으나 패배하였다.

오답 체크
① 세종(조선): 이종무를 파견해 왜구의 소굴이었던 대마도(쓰시마 섬)를 정벌하였다.
③ 인조(조선): 병자호란 때 김상용이 빈궁과 원손을 수행하여 강화도에 피난했다가 성이 함락되자, 순절하였다.
④ 우왕(고려): 장군 최영이 홍산 전투에서 왜구에 맞서 크게 승리하였다.
⑤ 광해군(조선): 강홍립 부대가 명나라와 후금이 요동에서 벌인 사르후 전투에 참전하였다.

03 | 선조의 의주 피난과 평양성 탈환 사이의 사실 정답 ①

자료 분석
- **왕이 의주로 향함 → 선조의 의주 피난(1592)**
- **조·명 연합군이 평양성을 탈환함 → 평양성 탈환(1593)**
- 선조 때 일본이 조선을 침략하며 임진왜란이 발발하였다. 왜군은 순식간에 부산진과 동래성을 함락한 후 수도 한양으로 북상하였다. 이에 선조는 의주로 피난하여 명에 지원군을 요청하였다.
- 조선은 명의 지원군과 조·명 연합군을 결성하고 왜군으로부터 평양성을 탈환하여 반격을 지속하였다.

정답 해설
① 선조가 의주로 피난한 이후, 이순신이 이끄는 수군은 왜군을 한산도로 유인하여 학익진 전법으로 격파하였다(한산도 대첩, 1592).

오답 체크
② 선조의 의주 피난 이전: 임진왜란이 발발한 직후, 부산진성에서 첨사 정발이 왜군에 맞서 싸웠으나 전사하였다.
③ 평양성 탈환 이후: 3년에 걸친 휴전 회담이 결렬되자, 1597년에 일본이 다시 조선을 침략하며 정유재란이 발발하였다.
④ 평양성 탈환 이후: 광해군 때 명의 요청으로 후금과의 전쟁에 강홍립의 부대가 파견되었다.
⑤ 평양성 탈환 이후: 인조 때 정묘호란이 발발하자, 정봉수와 이립이 의병을 이끌고 후금의 군대에 맞서 활약하였다.

04 | 조·명 연합군의 평양성 탈환 이후의 사실 정답 ②

자료 분석
조·명 연합군 + 평양성 탈환 → 조·명 연합군의 평양성 탈환(1593. 1.)
선조 때 임진왜란이 발발하여 왜군이 수도인 한양으로 북상하자, 선조는 의주로 피난하고 명에 원군을 요청하였다. 이러한 상황에서 이순신의 수군이 왜군을 상대로 대승을 거두는 등 전세가 서서히 역전되기 시작하였다. 또한 조선은 명의 원군과 조·명 연합군을 결성하여 1593년 1월에 왜군으로부터 평양성을 탈환하였다.

정답 해설
② 조·명 연합군의 평양성 탈환 이후인 1593년 2월에 권율이 행주산성에서 왜군을 격퇴하였다(행주 대첩).

오답 체크
①, ④ 1592년 4월: 왜군이 부산을 침입하자, 송상현이 동래성에서 항전하였으나 패배하였다(동래성 전투). 이후 북상하는 왜군에 맞서 신립이 충주 탄금대에서 항전하였으나 패배하였다(충주 탄금대 전투).
③ 1592년 7월: 이순신이 이끄는 수군은 왜군에 맞서 한산도 앞바다에서 학익진을 펼쳐 승리하였다(한산도 대첩).
⑤ 1433년: 세종 때 최윤덕이 올라 산성에서 여진족 이만주 부대를 정벌하였다.

03 왜란과 호란

03 왜란과 호란

05 54회 23번
밑줄 그은 '이 전쟁' 중에 있었던 사실로 옳지 않은 것은? [2점]

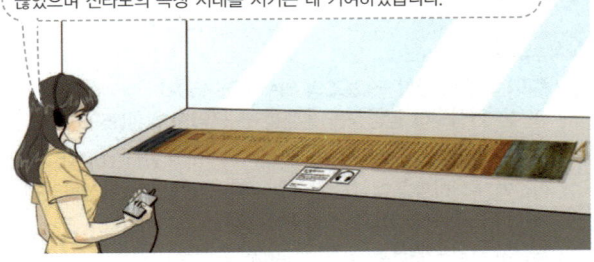

이 자료는 이 전쟁에서 공을 세운 김시민을 선무 2등 공신으로 책봉한 교서입니다. 그는 진주성 전투에서 대승을 거두어 왜군의 보급로를 끊었으며 전라도의 곡창 지대를 지키는 데 기여하였습니다.

① 임경업이 백마산성에서 항전하였다.
② 조·명 연합군이 평양성을 탈환하였다.
③ 권율이 행주산성에서 크게 승리하였다.
④ 조헌이 금산에서 의병을 이끌고 활약하였다.
⑤ 이순신이 한산도 앞바다에서 학익진을 펼쳐 승리하였다.

07 62회 25번
다음 전투 이후에 전개된 사실로 옳은 것은? [2점]

> 권율이 정병 4천 명을 뽑아 행주산 위에 진을 치고는 책(柵)을 설치하여 방비하였다. …… 적은 올려다보고 공격하는 처지가 되어 탄환도 맞히지 못하는데 반해 호남의 씩씩한 군사들은 모두 활쏘기를 잘하여 쏘는 대로 적중시켰다. …… 적이 결국 패해 후퇴하였다.
> ─ 『선조수정실록』

① 최영이 홍산에서 대승을 거두었다.
② 이순신이 한산도 대첩에서 승리하였다.
③ 휴전 회담의 결렬로 정유재란이 시작되었다.
④ 이종무가 왜구의 근거지인 쓰시마를 정벌하였다.
⑤ 신립이 탄금대에서 배수의 진을 치고 왜군에 항전하였다.

06 70회 21번
(가) 전쟁 중에 있었던 사실로 옳은 것은? [2점]

문학으로 만나는 한국사

> 홍계남이 당초 의병을 일으켜 흉적을 쳐서 활을 쏘아 맞히고 벤 수급이 매우 많았고 가는 곳마다 공을 세우니, 적들이 홍장군이라고 부르며 감히 침범하지 못했다. 호서(충청도) 내지가 편안할 수 있었던 것은 모두 홍계남의 공이라고 한다. 가상한 일이다. 의병이 곳곳에서 봉기하였지만, …… 고경명과 조헌은 모두 나랏일에 몸을 바쳐 죽을 자리에서 죽었으니 가히 그 명성에 걸맞는다고 말할 수 있다. ─ 『쇄미록』

[해설] 이 작품은 오희문이 (가) 중에 있었던 일을 적은 일기이다. 적군의 침입과 약탈, 의병장의 활동, 피란민의 참혹한 생활 등이 생생하게 담겨 있다.

① 삼수병으로 구성된 훈련도감이 설치되었다.
② 왕이 도성을 떠나 남한산성으로 피란하였다.
③ 송시열, 이완 등을 중심으로 북벌이 추진되었다.
④ 국방 문제를 논의하기 위해 비변사가 신설되었다.
⑤ 제한된 범위의 무역을 허용한 계해약조가 체결되었다.

08 킬러 74회 21번
밑줄 그은 '이 전란' 이후에 있었던 사실로 옳은 것은? [2점]

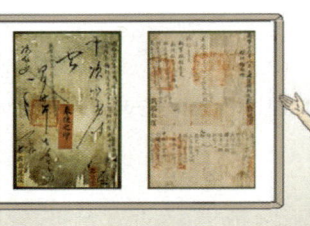 

이것은 강화 교섭 결렬 이후 일본의 재침으로 시작된 이 전란 당시 흥양(현재 고흥군) 현감 최희량이 작성한 전과 보고서의 일부입니다. 여기에는 흥양에 침입한 일본군을 격퇴한 사실과 새로 제작한 전선(戰船)에 대한 내용 등이 자세히 기록되어 있으며, 삼도수군통제사 이순신의 서명도 있습니다.

① 신숙주가 일본에 다녀와 『해동제국기』를 저술하였다.
② 나세 등이 화포를 사용하여 진포에서 왜구를 격퇴하였다.
③ 포로 송환을 목적으로 회답겸쇄환사가 일본에 파견되었다.
④ 조선 정부의 교역 제한에 반발하여 사량진 왜변이 일어났다.
⑤ 국방 문제를 논의하기 위한 임시 기구로 비변사가 설치되었다.

05 | 임진왜란 정답 ①

자료 분석
김시민 + 진주성 전투 + 왜군 → 임진왜란

선조 때 임진왜란의 발발로 부산이 함락되고, 선조가 북상하는 왜군을 피해 의주로 피난하는 등 불리한 전세가 계속되었다. 이러한 상황에서 진주 목사 김시민이 진주성에서 왜군을 상대로 크게 승리하였다(진주 대첩).

정답 해설
① 인조 때 병자호란이 일어나자, 임경업이 백마산성에서 청군에 항전하였다.

오답 체크
② 임진왜란 중에 조·명 연합군은 왜군으로부터 평양성을 탈환하였다.
③ 임진왜란 중에 권율이 관군과 백성들을 이끌고 행주산성에서 왜군에 크게 승리하였다(행주 대첩).
④ 임진왜란 중에 조헌 등이 전세가 불리한 상황 속에서도 의병을 이끌고 활약하였다.
⑤ 임진왜란 중에 이순신이 이끄는 수군이 왜군에 맞서 한산도 앞바다에서 학익진을 펼쳐 승리하였다(한산도 대첩).

빈출 개념 | 임진왜란의 주요 전투

한산도 대첩(1592)	임진왜란 3대 대첩 중 하나로, 학익진 전법으로 승리
진주 대첩(1592)	진주 목사 김시민이 왜군을 상대로 큰 승리를 거둠
평양성 전투(1593)	조·명 연합군이 평양성 탈환
행주 대첩(1593)	권율이 행주산성에서 왜군을 크게 격파

06 | 임진왜란 정답 ①

자료 분석
의병 + 고경명과 조헌 → 임진왜란

조선 선조 때 왜군이 조선을 침략하며 임진왜란이 발발하였고 조선은 전쟁 초기에 거듭된 패배로 큰 위기를 겪었다. 그러나 전국 각지에서 의병이 자발적으로 조직되어 왜군을 격파하면서, 조선은 전세를 만회하기 시작하였다. 대표적으로 고경명, 조헌 등이 의병장으로 활약하였는데, 고경명은 전남 담양에서 의병을 일으켜 왜군을 격파하였으며, 조헌은 금산에서 7백여 명의 의병을 이끌고 왜군과 전투를 벌였다.

정답 해설
① 임진왜란 때 유성룡의 건의에 따라 포수, 사수, 살수의 삼수병으로 구성된 훈련도감이 설치되었다.

오답 체크
② 병자호란: 청이 조선에 침입하자 인조가 도성을 떠나 남한산성으로 피란하였다.
③ 조선 효종 때 송시열, 이완 등을 중심으로 청에 대한 치욕을 갚자는 북벌이 추진되었다.
④ 3포 왜란: 중종 때 국방 문제를 논의하기 위한 임시 기구로 비변사가 신설되었다.
⑤ 조선 세종 때 일본과 계해약조를 체결하여 일본에 제한된 범위의 무역을 허용하였다.

07 | 행주 대첩 이후의 사실 정답 ③

자료 분석
권율 + 행주산 위에 진을 침 → 행주 대첩(1593)

임진왜란 때 조선은 명의 원군과 연합하여 왜군으로부터 평양성을 탈환하였고, 왜군은 한양으로 철수하였다. 이후 권율은 한양을 탈환할 기회를 엿보기 위해 행주산성에 진을 쳤다. 왜군은 자신들을 추격하던 명군을 벽제관에서 격파한 다음, 행주산성의 조선군을 공격하였고, 이에 맞서 권율이 이끄는 관군과 주민들이 합심하여 행주산성에서 왜군을 물리쳤다(행주 대첩).

정답 해설
③ 행주 대첩(1593) 이후 명과 일본 사이에서 휴전 협상이 진행되었으나, 협상이 결렬되자 1597년에 왜군이 다시 침입하며 정유재란이 시작되었다.

오답 체크
① 1376년: 고려 우왕 때 최영이 홍산에서 왜구를 상대로 대승을 거두었다(홍산 대첩).
② 1592년: 임진왜란이 일어나자 이순신이 한산도 대첩에서 왜군을 상대로 승리하였다.
④ 1419년: 조선 세종 때 이종무가 왜구의 소굴인 쓰시마를 정벌하였다.
⑤ 1592년: 신립이 충주 탄금대에서 배수의 진을 치고 왜군에 항전하였으나 패배하였다.

08 | 정유재란 이후의 사실 오답률 52.7% 정답 ③

자료 분석
왜군의 재침으로 시작됨 → 정유재란(선조)

정유재란은 선조 때 임진왜란 중 강화 교섭이 결렬된 뒤 일본군의 재침으로 시작되었다. 일본군은 임진왜란의 경험을 바탕으로 육로와 해로를 통해 전라도로 진격하였다. 그러나 명군의 개입으로 육지에서는 더 이상 북상하지 못하였고, 바다에서는 이순신이 명량에서 일본의 수군을 크게 격파하면서 조선군이 해상의 주도권을 잡게 되었다(명량 해전). 이후 전쟁은 일본의 도요토미 히데요시가 사망하면서 종결되었다.

정답 해설
③ 선조 때 정유재란 이후 포로 송환을 목적으로 하는 회답겸쇄환사가 일본에 파견되었다.

오답 체크
모두 정유재란(선조) 이전의 사실이다.
① 조선 세종 때 신숙주가 일본에 다녀와 성종 때 일본의 정치·외교·사회·풍속·지리 등을 종합적으로 정리한 『해동제국기』를 저술하였다.
② 고려 우왕 때 나세, 심덕부, 최무선 등이 화포를 사용하여 진포에서 왜구를 격퇴하였다.
④ 조선 중종 때 일본인들이 조선 정부의 교역 제한에 반발하여 통영 사량진을 약탈한 사량진 왜변이 일어났다.
⑤ 조선 중종 때 삼포왜란을 계기로 국방 문제를 논의하기 위한 임시 기구로 비변사가 처음 설치되었다.

03 왜란과 호란

09 66회 21번
다음 상황이 나타난 시기를 연표에서 옳게 고른 것은? [2점]

> 4월 누르하치의 군대가 무순을 함락하고, 7월에는 청하를 함락하였다. 이에 명에서 정벌을 결정하고 우리나라에 군사 징발을 요구하였다. 명의 총독 왕가수의 군문(軍門)에서 약 4만의 병사를 요구하였으나, 경략(經略) 양호가 조선의 병사와 군마가 적다고 하여 마침내 그 수를 줄여서 총수(銃手) 1만 명만 징발하였다. 7월 조정에서 강홍립을 도원수로, 김경서를 부원수로 삼았다. - 『책중일록』

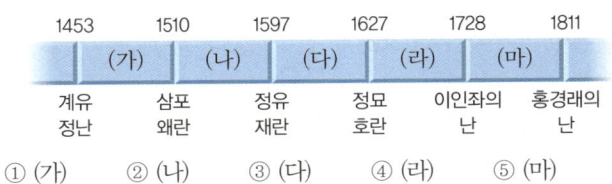

① (가) ② (나) ③ (다) ④ (라) ⑤ (마)

10 51회 24번
(가), (나) 사이의 시기에 있었던 사실로 옳은 것은? [2점]

> (가) 양사(兩司)가 합계하기를, "영창 대군 이의(李㼁)를 왕으로 옹립하기로 했다는 설이 이미 역적의 입에서 나왔는데 이에 대해 자복(自服)한 역적만도 한두 명에 그치지 않습니다. …… 왕법은 지극히 엄한 만큼 결코 용서해주기 어려우니 유사로 하여금 법대로 적용하여 처리하게 하소서."라고 하였다.
>
> (나) 앞서 왕에게 이괄 부자가 역적의 우두머리라고 고해바친 자가 있었다. 하지만 임금은 "필시 반역은 아닐 것이다."라고 하면서도, 이괄의 아들인 이전을 잡아오라고 명하였다. 이전은 그때 이괄의 군영에 있었고 이괄은 결국 금부도사 등을 죽이고 여러 장수들을 위협하여 난을 일으켰다.

① 국왕의 친위 부대인 장용영이 조직되었다.
② 서인이 반정을 일으켜 정권을 장악하였다.
③ 정여립 모반 사건으로 옥사가 발생하였다.
④ 허적과 윤휴 등 남인들이 대거 축출되었다.
⑤ 자의 대비의 복상 문제로 예송이 전개되었다.

11 44회 21번
밑줄 그은 '왕'에 대한 설명으로 옳은 것은? [2점]

> 왕 1년 3월 14일 광해를 폐하여 군으로 봉하다
> 이광정, 이귀, 김류 등에게 관직을 제수하다
> 3월 15일 영창 대군 등의 관봉(官封)을 회복하도록 명하다
> 인목 대비의 의복을 바꿀 시일을 정하도록 예조에 하교하다
> 3월 25일 반정에 공이 있는 김자점 등을 6품직에 제수하다

① 이시애의 난을 진압하고 유향소를 폐지하였다.
② 문신의 재교육을 위한 초계문신제를 실시하였다.
③ 총융청과 수어청을 설치하여 도성을 방비하였다.
④ 전제상정소를 설립하고 전분 6등법을 제정하였다.
⑤ 변급, 신류 등을 파견하여 나선 정벌을 단행하였다.

12 58회 22번
(가), (나) 사이의 시기에 있었던 사실로 옳은 것은? [3점]

> (가) 왕에게 이괄 부자가 역적의 우두머리라고 고해바친 자가 있었다. 하지만 왕은 "반역은 아닐 것이다."라고 하면서도, 이괄의 아들인 이전을 잡아오라고 명하였다. 이에 이괄은 군영에 있던 장수들을 위협하여 난을 일으켰다.
>
> (나) 최명길을 보내 오랑캐에게 강화를 청하면서 그들의 진격을 늦추도록 하였다. 왕이 수구문(水溝門)을 통해 남한산성으로 향했다. 변란이 창졸 간에 일어났기에 도보로 따르는 신하도 있었고 성안 백성의 통곡 소리가 하늘을 뒤흔들었다. 초경을 지나 왕의 가마가 남한산성에 도착하였다.

① 정봉수가 용골산성에서 항전하였다.
② 이순신이 명량에서 대승을 거두었다.
③ 권율이 행주산성에서 적군을 격퇴하였다.
④ 서인 세력이 폐모살제를 이유로 반정을 일으켰다.
⑤ 정여립 모반 사건을 계기로 기축옥사가 발생하였다.

09 | 강홍립 파견 시기   정답 ③

자료 분석

> 누르하치 + 명에서 우리나라에 군사 징발을 요구함 + 강홍립을 도원수로 삼음 → 강홍립 파견(광해군)
>
> 광해군 때 여진이 후금을 건국하며 명을 위협하자, 명은 조선에 원군을 요청하였다. 광해군은 임진왜란 이후 복구 사업에 주력하던 상태에서 전투를 치르는 것이 어렵다고 판단하여 명의 요청을 수용하되, 도원수 강홍립과 부원수 김경서 등을 파견하여 적당히 싸우도록 하였다.

정답 해설

③ 광해군 때 여진족이 후금을 건국하고 명을 위협하자, 명이 조선에 원군을 요청하였다. 이에 광해군은 강홍립을 도원수로 파견하여 명을 지원하였으나, 적극적으로 나서지 말고 상황에 따라 대처하도록 명령하였다. 조·명 연합군은 결국 후금에 패하였고, 강홍립은 광해군의 명을 따라 남은 군사를 이끌고 후금군에 투항했다(1619). 이와 같은 광해군의 중립 외교 정책으로 대의명분을 중시하는 서인은 불만이 쌓여갔고, 이후 인조반정의 배경이 되었다.

10 | 영창 대군 사사와 이괄의 난 사이의 사실   정답 ②

자료 분석

> (가) 영창 대군을 왕으로 옹립하기로 했다는 설 + 역적 + 법대로 적용하여 처리 → 영창 대군 사사 사건(광해군)
> (나) 이괄 부자가 역적의 우두머리 → 이괄의 난(인조)
>
> (가) 광해군은 이복동생인 영창 대군이 역모 사건에 연루되자 살해하고, 계모인 인목 대비를 유폐하여 왕위에 위협되는 세력을 제거하였다.
> (나) 인조반정의 공신이었던 이괄은 공을 인정 받지 못하자 불만을 품고 난을 일으켰다(이괄의 난).

정답 해설

② 광해군이 이복동생인 영창 대군을 사사한 이후, 서인은 영창 대군 사사 사건 등을 구실로 반정을 일으켜 인조를 옹립(인조반정)하고 정권을 장악하였다.

오답 체크

① (나) 이후: 정조 때 왕권을 강화하기 위해 국왕의 친위 부대인 장용영이 조직되었다.
③ (가) 이전: 선조 때 정여립 모반 사건으로 동인이 대거 축출되고, 서인이 정국을 주도한 기축옥사가 발생하였다.
④ (나) 이후: 숙종 때 서인이 남인인 허견(허적의 서자) 등의 역모 사건을 고발한 경신환국으로 허적과 윤휴 등의 남인들이 축출되었다.
⑤ (나) 이후: 현종 때 인조의 계비인 자의 대비의 상복 착용 기간을 두고 서인과 남인 사이에 두 차례의 예송이 발생하였다.

11 | 인조   정답 ③

자료 분석

> 광해를 폐함 + 반정 → 인조
>
> 인조는 김자점, 이괄 등 서인 세력과 함께 반정을 일으켜 광해군을 폐위시키고 왕위에 올랐다(인조반정). 이후 인조는 광해군에 의해 제거된 영창 대군의 관봉(작위)을 회복하고, 폐위되었던 인목 대비의 지위를 복권하였다.

정답 해설

③ 인조는 군사·조직으로 총융청과 수어청을 설치하여 도성을 방비하였다.

오답 체크

① 세조: 이시애의 난을 진압하고, 이를 후원하였다는 이유로 유향소를 폐지하였다.
② 정조: 초계문신제를 실시하여 중·하급 관리 중에서 유능한 문신들을 재교육하였다.
④ 세종: 공법의 제정을 추진할 기구로 전제상정소를 설립하고, 전분 6등법을 제정하여 토지의 비옥도에 따라 토지의 등급을 구분해 세금을 차등 징수하였다.
⑤ 효종: 청의 요청에 따라 변급, 신류 등을 중심으로 한 조총 부대를 파견하여 나선(러시아) 정벌을 단행하였다.

12 | 이괄의 난과 병자호란 사이의 사실   정답 ①

자료 분석

> (가) 이괄 + 난을 일으킴 → 이괄의 난(1624)
> (나) 최명길 + 오랑캐에게 강화를 청함 + 남한산성 → 병자호란(1636)
>
> (가) 인조반정의 공신이었던 이괄이 공신 책봉에 불만을 품고 반란을 일으켰다가 실패하였다(이괄의 난, 1624).
> (나) 인조 때 후금이 국호를 청으로 바꾼 후 조선에 군신 관계를 요구하였다. 이에 최명길이 청과의 강화를 주장하였음에도 청과 싸우자는 주전론이 우세해지자 청이 조선을 침략하였고, 인조는 남한산성으로 피난하였다(병자호란, 1636).

정답 해설

① 이괄의 난(1624)에 가담한 일부 무리가 후금으로 도망쳐 인조반정의 부당성을 주장하였다. 이에 후금이 광해군의 원수를 갚는다는 명분으로 조선을 침략하였고(정묘호란), 이때 정봉수가 용골산성에서 항전하였다(1627).

오답 체크

② 선조 때 일어난 정유재란 중에 이순신이 명량에서 소수의 병력으로 왜의 수군에 대승을 거두었다(1597).
③ 선조 때 일어난 임진왜란 중에 권율이 행주산성에서 왜군을 격퇴하였다(1593).
④ 광해군의 폐모살제와 중립 외교에 반발한 서인들이 반정을 일으켜 광해군을 폐위시키고 인조를 옹립하였다(인조반정, 1623).
⑤ 선조 때 정여립 모반 사건으로 동인이 큰 피해를 입은 기축옥사가 발생하였다(1589).

03 왜란과 호란

13
(가), (나) 사이의 시기에 있었던 사실로 옳은 것은? [2점] 71회 22번

(가) 임금이 여러 도(道)에 명을 내렸다. "나라의 운세가 매우 좋지 않아 역적 이괄이 군사를 일으켰는데, 여러 장수들이 좌시하여 수도가 함락되고 말았다. …… 예로부터 반역은 어느 시대에나 있었지만, 이처럼 극도로 흉악한 역적은 없었다. 종사와 자전*을 염려하여 남쪽으로 피란하기로 결정하였다."

(나) 정명수가 심양에 있는 소현 세자의 관소에 와서 용골대의 뜻을 전하기를, "세자가 이곳에 들어온 지가 이미 5년이 되었으니, 어찌 스스로 먹고살 길을 마련하지 않는가. 세자와 인질들에게 어찌 먹고살 식량을 늘 지급해 줄 수가 있겠는가. 경작할 땅을 주어 내년부터 각자 농사를 지어 먹도록 함이 마땅하다."라고 하였다.

* 자전(慈殿): 임금의 어머니

① 정문부가 길주에서 의병을 이끌었다.
② 삼수병으로 구성된 훈련도감이 설치되었다.
③ 영창 대군이 사사되고 인목 대비가 유폐되었다.
④ 이덕형이 구원병 요청을 위해 명에 청원사로 파견되었다.
⑤ 김상헌 등이 남한산성에서 화의에 반대하여 항전을 주장하였다.

14
(가) 전쟁 중에 있었던 사실로 옳은 것은? [2점] 75회 23번

문학으로 보는 한국사

남한산성 무너진 날 죽었어야 할 몸인데
초수(楚囚)*되어 아직도 못 돌아간 신하라네
서쪽으로 오며 형 생각에 몇 번이나 눈물 뿌렸던고
동녘을 바라보니 아우 그린 형이 가련하네

부부 은정(恩情) 중하기도 한데
만난지 두 돌도 못 되었네그려
이제는 만 리 밖에 이별하여
백년 가약이 헛되구나
길이 멀어 편지도 못 부치고
산이 높아 꿈조차 더디 넘네
나의 살 길 기약할 수 없으니
뱃속의 아이나 잘 보살펴주오

*초수: 포로를 뜻함

[해설] 이 작품은 송시열이 펴낸 『삼학사전』에 수록된 시로, 오달제가 형과 아내에게 보낸 것입니다. 삼학사는 (가) 때 척화론을 주장하다가 이듬해 심양으로 잡혀가 순절한 홍익한, 윤집, 오달제를 말합니다. 『삼학사전』에는 삼학사의 절개와 비극적 최후가 묘사되어 있습니다. 인조의 뒤를 이어 즉위한 효종은 (가) 의 치욕을 씻기 위해 북벌을 추진하는 한편 순절한 인물을 기리고 그 후손을 등용하는 정책을 펼쳤습니다.

① 송상현이 동래성에서 항전하였다.
② 김준룡이 광교산 전투에서 승리하였다.
③ 이괄의 반란 세력이 도성을 장악하였다.
④ 강홍립 부대가 사르후 전투에 참전하였다.
⑤ 신류가 조총 부대를 이끌고 흑룡강에서 전투를 벌였다.

15 빈출
밑줄 그은 '전란' 중에 있었던 사실로 옳은 것은? [2점] 61회 24번

일기로 본 역사

이 책은 조선 시대 문신 어한명이 작성한 『강도일기(江都日記)』이다. 전란을 피해 봉림 대군과 인평 대군 등이 강화로 이동할 때 당시 경기좌도 수운판관이었던 저자가 왕실을 보호하여 강화 앞바다를 건너게 한 과정을 기록하고 있다. 당시 국왕과 세자는 강화로 가는 길이 막혀 남한산성으로 피란하였다.

① 정문부가 길주에서 의병을 이끌었다.
② 강홍립이 사르후 전투에 참전하였다.
③ 김시민이 진주성에서 적군을 크게 물리쳤다.
④ 임경업이 백마산성에서 적의 침입에 대비하였다.
⑤ 최윤덕이 올라 산성에서 이만주 부대를 정벌하였다.

16
(가)~(다)를 일어난 순서대로 옳게 나열한 것은? [2점] 52회 21번

(가) 왕은 군사를 일으켜 왕대비를 받들어 복위시킨 뒤 경운궁에서 즉위하였다. 광해군을 폐위시켜 강화로 내쫓고 이이첨 등을 처형한 다음 전국에 대사령을 내렸다.

(나) 용골대 등이 왕을 인도하여 들어가 단 아래에 북쪽을 향해 자리를 마련하고 왕에게 자리로 나아가기를 청하였다. 왕이 세 번 절하고 아홉 번 머리를 조아리는 예를 행하였다.

(다) 왕은 김상용에게 도성의 일을 맡기고 종묘사직의 신주를 받들어 강화로 피난해 들어갔다. 이에 김류, 이귀, 최명길, 김자점 등의 신하들이 모두 따라갔다.

① (가) - (나) - (다)
② (가) - (다) - (나)
③ (나) - (가) - (다)
④ (나) - (다) - (가)
⑤ (다) - (가) - (나)

13 | 이괄의 난과 소현 세자 심양 시기 사이의 사실   정답 ⑤

자료 분석

(가) 역적 이괄이 군사를 일으킴 → 이괄의 난(1624)
(나) 소현 세자 + 심양에 들어온 지 5년
　　→ 소현 세자 심양 시기(1642)

(가) 인조반정의 공신이었던 이괄이 공신 책봉에 불만을 품고 난을 일으켰다가 실패하였다(이괄의 난, 1624).
(나) 병자호란 이후 소현 세자와 봉림 대군을 비롯해 끝까지 청과 화의할 수 없다는 척화론을 주장하였던 윤집 등이 청의 심양으로 볼모(인질)로 잡혀가게 되었다.

정답 해설

⑤ 병자호란 때 청이 조선에 침입하자 인조는 남한산성으로 피난하였고, 김상헌 등이 청과의 화의에 반대하며 항전을 주장하였다.

오답 체크

모두 이괄의 난(1624) 이전의 사실이다.
① 임진왜란 때 정문부가 함경북도 길주에서 의병을 이끌고 활약하였다.
② 임진왜란 때 포수(조총), 살수(창·칼), 사수(활)의 삼수병으로 구성된 훈련도감이 설치되었다.
③ 광해군 때 이복동생인 영창 대군이 사사되고 계모인 인목 대비가 유폐되었다.
④ 임진왜란 발발 이후 이덕형이 구원병 요청을 하고자 하는 조선 정부의 의사에 따라 명에 청원사로 파견되었다.

14 | 병자호란   정답 ②

자료 분석

남한산성 + 삼학사 → 병자호란

병자호란은 인조 때 조선이 청의 군신 관계 요구를 거절하자 청이 조선을 침략하여 일어난 전쟁이다. 전쟁이 일어나자 인조는 남한산성으로 피란하였으나, 곧바로 청군에 의해 남한산성이 포위되었다. 남한산성에서 고립되어 있는 기간이 길어지자 인조는 삼전도에 나가 청에 항복하였다(삼전도의 굴욕). 이후 끝까지 척화론을 주장하였던 홍익한, 윤집, 오달제(삼학사)는 청에 의해 심양으로 잡혀가 순절하였다.

정답 해설

② 병자호란 때 김준룡이 남한산성으로 진군하던 중 광교산 전투에서 청의 군대에 승리하였다.

오답 체크

① 임진왜란: 송상현이 동래성에 침입한 왜군에 맞서 항전하였으나 전사하였다.
③ 이괄의 난: 이괄이 인조반정 이후 공신 책봉에 불만을 품고 난을 일으켜 도성을 장악하였다.
④ 광해군 때 명이 후금을 정벌하기 위해 조선에 원군을 요청하자 강홍립 부대가 사르후 전투에 참전하였다.
⑤ 나선 정벌: 효종 때 청이 러시아를 정벌하기 위해 조선에 원병을 요청하자, 신류와 변급 등이 조총 부대를 이끌고 흑룡강에서 전투를 벌였다.

15 | 병자호란   정답 ④

자료 분석

전란을 피해 봉림 대군 등이 강화로 이동함 + 국왕과 세자는 남한산성으로 피란함 → 병자호란

병자호란은 조선 후기 인조 때 주전론(전쟁하기를 주장하는 의견)의 영향으로 조선이 청의 군신 관계 요구를 거절하자 일어난 전쟁이다. 청군이 진격해오자 봉림 대군과 인평 대군 등은 강화도로 피하도록 했고, 강화도로 피난을 가지 못한 인조와 세자는 남한산성으로 피란하여 청군에 저항하였다.

정답 해설

④ 병자호란 때 임경업이 백마산성에서 적의 침입에 대비하였다.

오답 체크

① 임진왜란: 선조 때 정문부가 함경북도 길주 등지에서 의병을 이끌고 활약하였다.
② 광해군 때 후금의 공격을 받은 명의 원군 요청으로 강홍립이 사르후 전투에 참전하였다.
③ 임진왜란: 선조 때 김시민이 진주성에서 왜군을 크게 물리쳤다(진주 대첩).
⑤ 세종 때 최윤덕이 올라 산성에서 이만주 부대를 정벌하고 압록강 유역에 4군을 개척하였다.

16 | 조선 광해군~인조 대의 정치적 사건   정답 ②

자료 분석

(가) 광해군을 폐위시킴 → 인조반정
(나) 세 번 절하고 아홉 번 머리를 조아리는 예를 행함
　　→ 삼전도의 굴욕(병자호란)
(다) 강화로 피난해 들어감 → 인조의 강화 피난(정묘호란)

정답 해설

② 순서대로 나열하면 (가) 인조반정 – (다) 인조의 강화 피난(정묘호란) – (나) 삼전도의 굴욕(병자호란)이 된다.
(가) 서인은 광해군의 중립 외교와 폐모살제를 구실로 정변을 일으켜 광해군을 폐위시켰다(인조반정). 이후 즉위한 인조는 명과 친하게 지내고 후금을 멀리하는 친명 배금 정책을 펼쳤다.
(다) 인조의 친명 배금 정책에 반발한 후금이 조선에 침략하면서 정묘호란이 발발하였다. 전세가 불리해지자 인조는 김상용에게 도성을 지키게 하고 강화도로 피난하였다. 이때 정봉수와 이립이 의병을 이끌고 항전하였고, 결국 조선은 후금과 형제 관계를 맺는다는 내용의 정묘약조를 체결하였다.
(나) 병자호란이 발발하자 인조는 남한산성으로 피난해 청의 군대에 항전하였다. 그러나 결국 인조는 삼전도에서 청 태종에게 세 번 절하고 아홉 번 머리를 조아리는 예를 행하고 강화를 맺었다(삼전도의 굴욕).

03 왜란과 호란

17 63회 24번
(가) 국가에 대한 조선의 정책으로 옳은 것은? [2점]

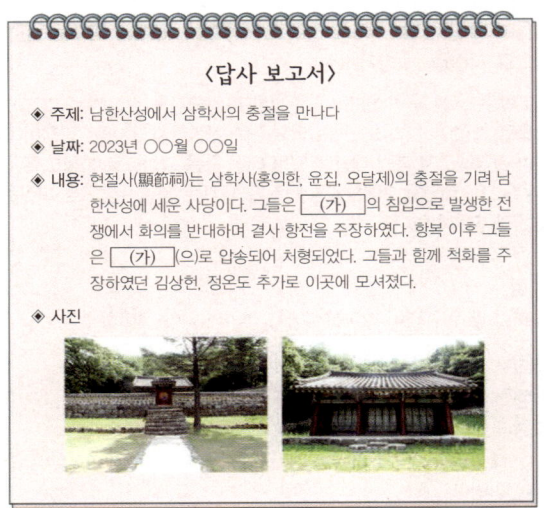

〈답사 보고서〉
◆ 주제: 남한산성에서 삼학사의 충절을 만나다
◆ 날짜: 2023년 ○○월 ○○일
◆ 내용: 현절사(顯節祠)는 삼학사(홍익한, 윤집, 오달제)의 충절을 기려 남한산성에 세운 사당이다. 그들은 (가) 의 침입으로 발생한 전쟁에서 화의를 반대하며 결사 항전을 주장하였다. 항복 이후 그들은 (가) (으)로 압송되어 처형되었다. 그들과 함께 척화를 주장하였던 김상헌, 정온도 추가로 이곳에 모셔졌다.
◆ 사진

① 만권당을 세워 학문 교류를 장려하였다.
② 어영청을 강화하는 등 북벌을 추진하였다.
③ 화통도감을 설치하여 군사력을 증강하였다.
④ 사신 접대를 위해 한성에 동평관을 설치하였다.
⑤ 포로 송환을 목적으로 유정을 회답 겸 쇄환사로 파견하였다.

18 66회 25번
(가)에 들어갈 내용으로 가장 적절한 것은? [2점]

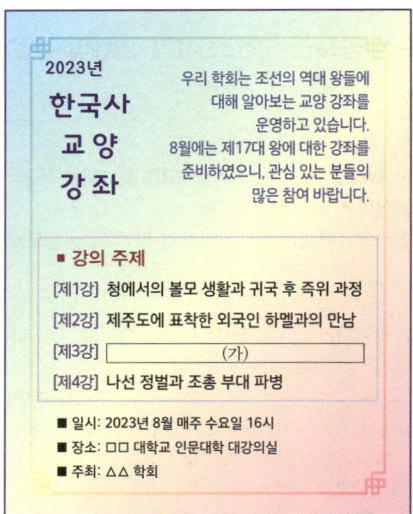

2023년 한국사 교양 강좌
우리 학회는 조선의 역대 왕들에 대해 알아보는 교양 강좌를 운영하고 있습니다. 8월에는 제17대 왕에 대한 강좌를 준비하였으니, 관심 있는 분들의 많은 참여 바랍니다.

■ 강의 주제
[제1강] 청에서의 볼모 생활과 귀국 후 즉위 과정
[제2강] 제주도에 표착한 외국인 하멜과의 만남
[제3강] (가)
[제4강] 나선 정벌과 조총 부대 파병

■ 일시: 2023년 8월 매주 수요일 16시
■ 장소: ㅁㅁ대학교 인문대학 대강의실
■ 주최: △△학회

① 어영청의 개편과 북벌 추진
② 위화도 회군과 과전법의 시행
③ 문신 재교육을 위한 초계문신제의 운영
④ 백두산 정계비 건립과 청과의 국경 획정
⑤ 기유약조 체결을 통한 일본과의 무역 재개

19 40회 26번
(가)에 대한 설명으로 옳은 것을 〈보기〉에서 고른 것은? [2점]

변방의 일은 병조가 주관하는 것입니다. …… 그런데 근래 변방 일을 위해 (가) 을/를 설치했고, 변방에 관계되는 모든 일을 실제로 다 장악하고 있습니다. …… 혹 병조 판서가 참여하는 경우가 있기는 하지만 도리어 지엽적인 입장이 되어버렸고, 참판 이하의 당상관은 전혀 일의 내용을 모르고 있습니다. …… 청컨대 혁파하소서.

〈보기〉
ㄱ. 왕명 출납을 맡은 왕의 비서 기관이었다.
ㄴ. 임진왜란 이후 조직과 기능이 확대되었다.
ㄷ. 조광조를 비롯한 사림의 건의로 혁파되었다.
ㄹ. 세도 정치 시기에 외척의 세력 기반이 되었다.

① ㄱ, ㄴ ② ㄱ, ㄷ ③ ㄴ, ㄷ ④ ㄴ, ㄹ ⑤ ㄷ, ㄹ

20 55회 22번
(가)에 대한 설명으로 옳은 것은? [2점]

오늘은 5군영 중 가장 먼저 설치된 (가) 의 운영 상황을 알 수 있는 자료인 『훈국등록』에 대해 알아보겠습니다.

『훈국등록』에는 급료를 받는 상비군이 주축인 (가) 소속 군인들의 궁궐과 도성 수비, 국왕 호위, 훈련 상황 등 업무 내용이 기록되어 있습니다.

① 수원 화성에 외영을 두었다.
② 용호군과 함께 궁성을 호위하였다.
③ 후금의 침입에 대비하고자 창설되었다.
④ 포수, 사수, 살수의 삼수병으로 편제되었다.
⑤ 일본인 교관을 초빙하여 군사 훈련을 받았다.

17 | 청에 대한 조선의 정책 　　　　정답 ②

자료 분석

> 남한산성 + 삼학사 → 청에 대한 조선의 정책
>
> 병자호란 이후 청에 반대한 삼학사와 함께 볼모(인질)로 잡혀갔다 온 효종(봉림 대군)이 즉위하였다. 효종은 청에 대한 치욕을 갚자는 북벌을 추진하여 중앙군인 어영청을 확대하고 조총 부대를 육성하였다.

정답 해설

② 조선 효종은 병자호란으로 청에 당한 치욕을 갚기 위해 어영청을 강화하는 등 북벌을 추진하였다.

오답 체크

① 고려 원 간섭기에 충선왕은 원의 수도인 연경(베이징)에 학문 연구소인 만권당을 세워 학문 교류를 장려하였다.
③ 고려 우왕 때 왜구의 침입을 격퇴하기 위해 화통도감을 설치하여 군사력을 증강하였다.
④ 조선 태종 때 일본 사신 접대를 위해 한성(한양)에 사신이 머무는 숙소인 동평관을 설치하였다.
⑤ 조선 선조 때 유정을 일본에 회답 겸 쇄환사로 파견하여 임진왜란 이후 단절된 일본과의 국교를 회복하고, 전쟁 때 잡혀간 포로들을 데리고 오게 하였다.

18 | 효종 　　　　정답 ①

자료 분석

> 청에서의 볼모 생활 + 나선 정벌과 조총 부대 파병 → 효종
>
> 효종은 병자호란 때 왕자의 신분으로 청에 볼모(인질) 생활을 하였으며, 귀국 후 즉위하였다. 이후 효종은 명에 대한 의리를 강조한 송시열을 중심으로 북벌 운동을 추진하여 오랑캐(청)에게 당한 치욕을 씻고자 하였다. 그러다 러시아의 남하를 계기로 청이 원병을 요청하자, 두 차례에 걸쳐 조총 부대를 파병해 나선(러시아) 정벌에 참여하였다.

정답 해설

① 효종은 병자호란 때 오랑캐(청)에게 당한 치욕을 갚기 위해 중앙군인 어영청을 개편하여 군사력을 강화하고 북벌을 추진하였다.

오답 체크

② 태조: 요동 정벌에 반대하여 위화도에서 회군하여 정권을 장악하고 과전법을 시행하였다.
③ 정조: 인재 양성을 위해 초계문신제를 실시하여 젊은 문신들을 재교육하였다.
④ 숙종: 청과 영토 분쟁이 일어나자 청과의 국경을 정한 백두산 정계비를 건립하였다.
⑤ 광해군: 기유약조를 체결하여 일본과의 제한된 무역을 재개하였다.

19 | 비변사 　　　　정답 ④

자료 분석

> 변방 일을 위해 설치 + 변방에 관계되는 모든 일을 실제로 다 장악 → 비변사
>
> 비변사는 중종 때 3포 왜란을 계기로 국방 문제를 논의하기 위해 설치된 임시 회의 기구였다. 명종 때 일어난 을묘왜변을 계기로 상설 기구화되었으며, 임진왜란 이후 조직과 기능이 확대되며 모든 국가 정무를 총괄하는 기구가 되었다. 특히 세도 정치 시기에는 외척 세력이 비변사의 주요 관직을 독차지하며 외척의 세력 기반이 되었다.

정답 해설

④ ㄴ. 비변사는 임진왜란 이후 구성원이 대폭 확대되면서 그 조직과 기능이 확대되었다.
ㄹ. 비변사는 세도 정치 시기에 핵심 정치 기구 역할을 하면서 외척의 세력 기반이 되었다.

오답 체크

ㄱ. 승정원: 조선 시대에 왕명의 출납을 맡은 왕의 비서 기관이었다.
ㄷ. 소격서: 도교의 제례 의식을 거행하기 위하여 설치되었던 관청으로, 조광조를 비롯한 사림에 의해 혁파되었다.

빈출 개념 | 비변사의 변천 과정

설치	중종 때 3포 왜란을 계기로 임시 회의 기구로 설치
상설 기구화	명종 때의 을묘왜변 이후 상설 기구화
발전 및 강화	• 임진왜란을 거치면서 국가 최고 기구로 발전 • 세도 정치 시기에 외척 세력의 권력 기반이 됨
폐지	흥선 대원군에 의해 기능이 약화되었다가 사실상 폐지

20 | 훈련도감 　　　　정답 ④

자료 분석

> 5군영 중 가장 먼저 설치됨 + 급료를 받는 상비군 → 훈련도감
>
> 훈련도감은 임진왜란 중 중앙군인 5위를 대신할 새로운 군대의 필요성이 떠오르자, 유성룡의 건의로 설치된 군사 조직이다. 조선 후기 5군영 중 가장 먼저 설치되었으며, 조총을 다루는 포수와 활을 다루는 사수, 창과 칼을 다루는 살수의 삼수병으로 편제되었다. 이들은 장기간 근무하고 일정한 급료를 받는 일종의 상비군이었다.

정답 해설

④ 훈련도감은 임진왜란 도중에 설치된 군사 조직으로, 포수, 사수, 살수의 삼수병으로 편제되었다.

오답 체크

① 장용영: 정조가 왕권 강화를 위해 설치한 국왕의 친위 부대로, 서울에 내영, 수원 화성에 외영을 두었다.
② 응양군: 고려 시대 중앙군인 2군 중 하나로, 용호군과 함께 궁성을 호위하는 친위군이었다.
③ 어영청: 조선 후기의 5군영 중 하나로, 인조 때 후금의 침입에 대비하고자 창설되었다.
⑤ 별기군: 근대 개항기에 초기 개화 정책의 일환으로 창설된 신식 군대로, 일본인 교관을 초빙하여 근대적인 군사 훈련을 받았다.

04 붕당 정치

01
68회 26번
다음 상황이 나타난 시기를 연표에서 옳게 고른 것은? [3점]

> ○ 송준길이 아뢰었다. "적처(嫡妻) 소생이라도 둘째부터는 서자입니다. …… 둘째 아들은 비록 왕통을 계승하였더라도 (그를 위해서는) 3년복을 입어서는 안 됩니다."
> ○ 허목이 상소하였다. "장자를 위해 3년복을 입는다는 것은 위로 쳐서 정체(正體)이기 때문입니다. …… 첫째 아들이 죽어서 적처 소생의 둘째를 세우는 것도 역시 장자라고 부릅니다."

(가)	(나)	(다)	(라)	(마)
계유정난	중종반정	을사사화	인조반정	경신환국	이인좌의 난

① (가) ② (나) ③ (다) ④ (라) ⑤ (마)

02
57회 22번
(가), (나) 사이의 시기에 있었던 사실로 옳은 것은? [3점]

> (가) 임금이 전교하기를, "내 생각에는 허적이 혹시 허견의 모반 사실을 알지 못했는가 하였는데, 문안(文案)을 보니 준기를 산속 정자에 숨긴 사실이 지금 비로소 드러났으니, 알고서도 엄호한 정황이 분명하여 감출 수가 없었다. 그저께 허적에게 사약을 내려 죽인 것도 이 때문이다."라고 하였다.
>
> (나) 임금이 명하기를, "국운이 평안하고 태평함을 회복하여 중전이 복위하였으니, 백성에게 두 임금이 없는 것은 고금을 통하는 도리이다. 장씨에게 내렸던 왕후의 지위를 거두고, 옛 작호인 희빈을 내려 주도록 하라. 다만 세자가 조석으로 문안하는 것은 폐하지 말라."라고 하였다.

① 양재역 벽서 사건이 발생하였다.
② 송시열이 관작을 삭탈당하고 유배되었다.
③ 자의 대비 복상 문제로 예송이 전개되었다.
④ 정여립 모반 사건으로 기축옥사가 일어났다.
⑤ 붕당의 폐해를 막기 위해 탕평비가 세워졌다.

03 빈출
69회 26번
(가) 시기에 있었던 사실로 옳은 것은? [3점]

① 무신 이징옥이 반란을 일으켰다.
② 송시열이 유배된 후 사사되었다.
③ 자의 대비의 복상 문제로 예송이 일어났다.
④ 정여립 모반 사건을 빌미로 기축옥사가 발생하였다.
⑤ 붕당 정치의 폐해를 막기 위해 탕평비가 건립되었다.

04
61회 23번
(가)~(다)를 일어난 순서대로 옳게 나열한 것은? [3점]

> (가) 임금이 궐내에 있던 기름 먹인 장막을 허적이 벌써 가져갔음을 듣고 노하여 이르기를, "궐내에서 쓰는 것을 마음대로 가져가는 것은 한명회도 못하던 짓이다."라고 하였다. …… 임금이 허적의 당파가 많아 기세가 당당하다는 말을 듣고 그들을 제거하고자 결심하였다.
>
> (나) 비망기를 내려, "국운이 안정되어 왕비가 복위하였으니, 백성에게 두 임금이 없는 것은 고금을 통한 의리이다. 장씨의 왕후 지위를 거두고 옛 작호인 희빈을 내려 주되, 세자가 조석으로 문안하는 예는 폐하지 않도록 하라."라고 하였다.
>
> (다) 임금이 말하기를, "송시열은 산림의 영수로서 나라의 형세가 험난한 때에 감히 원자(元子)의 명호를 정한 것이 너무 이르다고 하였으니, 삭탈 관작하고 성문 밖으로 내쳐라. 반드시 송시열을 구하려는 자가 있겠지만, 그런 자는 비록 대신이라 하더라도 용서하지 않을 것이다."라고 하였다.

① (가) - (나) - (다) ② (가) - (다) - (나)
③ (나) - (가) - (다) ④ (나) - (다) - (가)
⑤ (다) - (나) - (가)

● 주제별 출제 비중
*최근 3개년 기준(심화 76~63회)

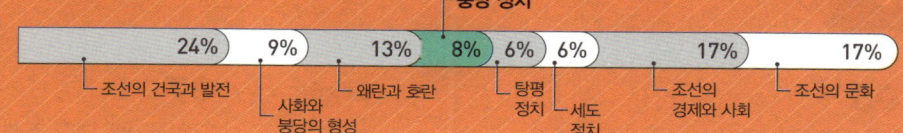

01 | 기해예송　　　　　　　　　　　정답 ④

자료 분석

> 둘째 아들 + 3년복 + 허목 + 장자 → 기해예송(1659, 현종)
>
> 현종 때 서인과 남인 사이에서 상복에 대한 규정을 두고 두 차례의 예송이 전개되었는데, 1차 예송인 기해예송(1659) 때 서인은 신권 강화의 입장에서 효종이 적장자가 아닌 둘째 아들이라는 이유로 기년설(1년설)을 주장하였고, 남인은 왕권 강화의 입장에서 왕가와 사대부의 예는 다르다고 강조하며 3년설을 주장하였다.

정답 해설

④ 인조반정(1623)으로 즉위한 인조에 이어 그의 둘째 아들인 효종이 즉위하였고, 효종이 죽자 현종이 즉위하였다. 현종 때 효종 사후 자의 대비의 상복 착용 기간을 두고 서인과 남인 사이에서 기해예송(1차 예송, 1659)이 발생하였다. 이때 서인은 기년설(1년설)을 남인은 3년설을 주장하였으며, 서인의 주장이 받아들여졌다.

02 | 경신환국과 갑술환국 사이의 사실　　　정답 ②

자료 분석

> (가) 허적 + 허견의 모반 사실 → 경신환국(숙종)
> (나) 장씨에게 내렸던 왕후의 지위를 거둠 → 갑술환국(숙종)
>
> (가) 숙종 때 남인 허적이 왕의 불신을 산 상황에서, 서인이 허견(허적의 서자)의 모반 사건을 고발하였다. 이에 남인들이 대거 축출되고 서인이 권력을 장악하였다(경신환국).
> (나) 기사환국으로 권력을 장악한 남인은 인현 왕후 복위 운동을 빌미로 서인을 제거하려다 실패하며 몰락하였다. 이후 인현 왕후가 복위되고, 왕비로 책봉되었던 희빈 장씨는 다시 희빈으로 강등되었다(갑술환국).

정답 해설

② 경신환국으로 집권한 서인 중 송시열이 희빈 장씨가 낳은 아들의 명호를 원자(왕의 적장자)로 정한 것에 반대하다가 관작을 삭탈당하고 유배되었다(기사환국).

오답 체크

① (가) 이전: 명종 때 윤원형 등 외척과 문정 왕후를 비판하는 익명의 벽서가 붙은 양재역 벽서 사건이 일어났다.
③ (가) 이전: 현종 때 효종과 효종비의 사망 후 자의 대비의 상복 착용 기간을 두고 남인과 서인 사이에 두 차례의 예송이 전개되었다.
④ (가) 이전: 선조 때 정여립 모반 사건을 계기로 동인 다수가 제거된 기축옥사가 일어났다.
⑤ (나) 이후: 영조 때 붕당의 폐해를 막기 위해 성균관 입구에 탕평비가 세워졌다.

03 | 기사환국과 갑술환국 사이의 사실　　　정답 ②

자료 분석

> • 희빈 장씨가 낳은 왕자를 원자로 삼음 → 기사환국(숙종)
> • 장씨에게 내렸던 왕후의 지위를 거둠 → 갑술환국(숙종)
>
> • 숙종 때 희빈 장씨가 낳은 아들의 명호를 원자(왕과 왕비의 적장자)로 책봉하는 문제로 서인이 이를 반대하자, 서인이 축출되고 남인이 권력을 장악하게 되었다(기사환국).
> • 기사환국 이후 권력을 장악한 남인은 서인을 제거하려다 실패하였다. 이후 인현 왕후가 복위되고, 왕비로 책봉되었던 희빈 장씨는 다시 희빈으로 강등되었다(갑술환국).

정답 해설

② 숙종 때 희빈 장씨가 낳은 아들의 명호를 원자(왕의 적장자)로 책봉하는 것에 대한 문제로 기사환국이 발생하였고, 이때 송시열이 이에 반대하다가 관작을 삭탈당하고 유배된 후 사사되었다.

오답 체크

① 단종 때 수양 대군이 계유정난을 일으켜 집권한 뒤 함길도 도절제사인 이징옥을 파직하자 반란을 일으켰다.
③ 현종 때 효종과 효종비의 사망 후 자의 대비의 상복 착용 기간을 두고 남인과 서인 사이에 두 차례의 예송이 전개되었다.
④ 선조 때 정여립 모반 사건을 빌미로 동인 다수가 제거된 기축옥사가 발생하였다.
⑤ 영조 때 붕당 정치의 폐해를 막기 위해 성균관 입구에 탕평비가 건립되었다.

04 | 환국의 전개 과정　　　　　　　　정답 ②

자료 분석

> (가) 허적의 당파 + 그들을 제거하고자 결심함 → 경신환국(1680)
> (나) 왕비가 복위함 + 장씨의 왕후 지위를 거둠 → 갑술환국(1694)
> (다) 송시열 + 원자의 명호를 정한 것이 너무 이르다고 함 + 삭탈 관작함 → 기사환국(1689)

정답 해설

② 순서대로 나열하면 (가) 경신환국(1680) - (다) 기사환국(1689) - (나) 갑술환국(1694)이다.
(가) 남인인 허적이 왕의 허락 없이 왕실 천막을 무단으로 사용하여 왕의 불신을 산 상황에서 서인이 허적의 서자인 허견의 역모 사건을 고발하였다. 이를 계기로 허적, 윤휴 등 남인이 대거 축출되고 서인이 권력을 장악하였다(경신환국, 1680).
(다) 숙종이 희빈 장씨의 아들을 원자로 정하려 하자 송시열 등이 반대하였고, 이를 계기로 서인이 축출되고 남인이 권력을 장악하였다(기사환국, 1689). 또한 서인 계열의 인현 왕후가 폐위되고 남인 계열의 희빈 장씨가 왕비로 책봉되었다.
(나) 남인이 인현 왕후 복위 운동을 빌미로 서인을 제거하려다 실패하여 남인이 몰락하고 서인이 재집권하였다(갑술환국, 1694). 이때, 인현 왕후가 복위되고 장씨가 희빈으로 강등되었다.

04 붕당 정치

05
74회 22번
(가) 시기에 있었던 사실로 옳은 것은? [3점]

① 인조반정으로 북인 세력이 몰락하였다.
② 기축옥사로 이발 등 동인 세력이 축출되었다.
③ 양재역 벽서 사건으로 이언적 등이 화를 입었다.
④ 인현 왕후가 폐위되고 남인이 권력을 차지하였다.
⑤ 붕당의 폐해를 경계하기 위해 탕평비가 건립되었다.

06
51회 25번
밑줄 그은 '이 왕'이 추진한 정책으로 옳은 것은? [2점]

① 수도 방어를 위하여 금위영을 창설하였다.
② 국가의 통치 규범인 『경국대전』을 반포하였다.
③ 청의 요청으로 나선 정벌에 조총 부대를 파견하였다.
④ 농민들의 군역 부담을 줄여주고자 균역법을 시행하였다.
⑤ 유능한 인재를 양성하기 위해 초계문신제를 실시하였다.

07
58회 23번
(가) 국가에 대한 조선의 대외 정책으로 옳은 것은? [2점]

① 박위를 파견하여 근거지를 토벌하였다.
② 백두산 정계비를 세워 국경을 정하였다.
③ 한성에 동평관을 두어 무역을 허용하였다.
④ 쌍성총관부를 공격하여 철령 이북의 영토를 되찾았다.
⑤ 포로 송환을 위하여 유정을 회답 겸 쇄환사로 파견하였다.

08
67회 26번
(가)~(다)를 일어난 순서대로 옳게 나열한 것은? [2점]

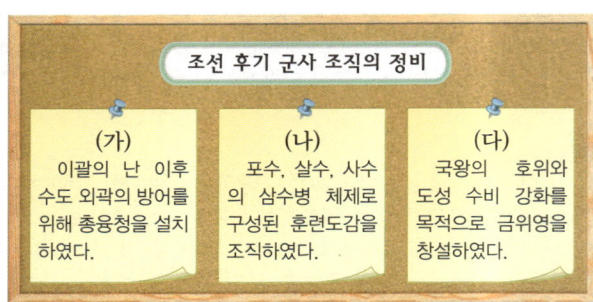

① (가) - (나) - (다) ② (가) - (다) - (나)
③ (나) - (가) - (다) ④ (나) - (다) - (가)
⑤ (다) - (나) - (가)

05 | 갑인예송과 신임사화 사이의 사실   정답 ④

자료 분석

- 기해년에는 기년복으로 정했다고 기억 → 갑인예송(현종)
- 목호룡의 고변 + 연잉군, 노론 → 신임사화(경종)
- 현종 때 효종비가 사망한 이후 자의 대비의 상복 착용 기간을 두고 갑인예송(2차 예송)이 전개되었으며, 이때 남인이 주장한(1년 상복)이 받아들여지면서 서인이 축출되고 남인이 집권하였다.
- 숙종 사후 경종이 즉위하자, 노론은 그가 병약하다는 이유로 이복동생 연잉군(영조)을 왕세제로 책봉할 것과 왕세제의 대리 청정을 요구하였고, 소론은 이를 빌미로 노론 세력이 역모를 꾸미고 있다고 몰아 노론 4대신을 비롯한 일부 세력이 축출되었다. 이듬해 목호룡이 소론 측에 가담해 노론 세력이 경종을 죽이려 했다고 고변하자 결국 노론 4대신이 처형되었다(신임사화).

정답 해설
④ 숙종 때 희빈 장씨의 아들을 원자로 책봉하는 것을 두고 송시열이 너무 이르다고 주장하자 기사환국이 발생하였다. 그 결과로 서인 계열인 인현 왕후가 폐위되고 남인 계열인 희빈 장씨가 왕비로 책봉되면서 남인이 다시 권력을 차지하였다.

오답 체크
① 광해군의 중립 외교와 폐모살제에 반발한 서인은 반정을 일으켜 광해군을 폐위시켰고(인조반정), 이로 인해 정국을 주도하던 북인이 몰락하였다.
② 선조 때 정여립 모반 사건을 빌미로 일어난 기축옥사로 인해 이발 등 동인 세력이 축출되었다.
③ 명종 때 윤원형 등이 양재역 벽서 사건을 빌미로 반대파를 숙청하여 이언적 등이 화를 입었다.
⑤ 영조 때 붕당의 폐해를 경계하기 위해 성균관 입구에 탕평비가 건립되었다.

06 | 숙종   정답 ①

자료 분석

왕비인 인현 왕후 + 경신환국 + 대동법을 황해도까지 확대 시행 → 숙종

숙종은 왕권 강화를 위해 붕당을 급격하게 바꾸는 방식인 환국을 통해 붕당의 기반을 약화시켰는데, 경신환국, 기사환국, 갑술환국 세 차례에 환국을 일으켜 정국을 주도하였다. 한편, 숙종은 광해군 때 시행된 대동법을 황해도까지 확대 시행하였다.

정답 해설
① 숙종은 국왕 호위와 수도 방어의 역할을 담당하는 금위영을 설치하였다.

오답 체크
② 성종: 세조 때부터 편찬되기 시작하였던 조선 시대의 통일 법전인 『경국대전』을 완성하여 반포하였다.
③ 효종: 청나라의 요청으로 나선(러시아) 정벌을 위한 조총 부대를 두 차례 파견하였다.
④ 영조: 군역의 폐단으로 고통받는 백성들의 부담을 줄이기 위해 군포를 1년에 2필에서 1필로 줄이는 균역법을 시행하였다.
⑤ 정조: 37세 이하의 중·하급 관리 중 유능한 문신들을 재교육하여 인재를 양성하는 초계문신제를 실시하였다.

07 | 청에 대한 조선의 정책   정답 ②

자료 분석

의주 + 연경 + 만상 → 청에 대한 조선의 정책

조선은 병자호란으로 청과 군신 관계를 체결한 후, 당시 청의 수도였던 연경에 연행사라는 사신을 파견하였다. 이러한 사행(사신의 행차)에는 상인들이 참여하기도 하였는데, 특히 의주를 근거지로 둔 만상은 사행 과정에서 이루어지는 대청 무역을 주도하며 큰 부를 축적하였다.

정답 해설
② 숙종 때 청과 국경 분쟁이 발생하자, 양국 대표가 백두산 일대를 답사한 뒤 백두산 정계비를 세워 국경을 확정하였다.

오답 체크
① 고려 창왕 때 박위를 파견하여 왜구의 근거지였던 대마도(쓰시마 섬)를 토벌하였다.
③ 조선 태종 때 수도인 한성(한양)에 일본 사신이 머무는 숙소인 동평관을 설치하여 일본과의 무역을 허용하였다.
④ 고려 공민왕 때 유인우, 이자춘 등이 쌍성총관부를 공격하여 원이 차지하고 있던 철령 이북의 영토를 되찾았다.
⑤ 조선 선조 때 유정을 회답 겸 쇄환사로 파견하여 임진왜란 이후 단절된 일본과의 국교를 회복하고, 전쟁 때 잡혀간 포로들을 데리고 오게 하였다.

08 | 조선 후기 군사 조직의 정비   정답 ③

자료 분석

- (가) 이괄의 난 이후 + 총융청을 설치함 → 총융청 설치(인조)
- (나) 훈련도감을 조직함 → 훈련도감 조직(선조)
- (다) 금위영을 창설함 → 금위영 창설(숙종)

정답 해설
③ 순서대로 나열하면 (나) 훈련도감 조직(선조) – (가) 총융청 설치(인조) – (다) 금위영 창설(숙종)이다.
(나) 선조 때 임진왜란 도중 중앙군인 5위를 대신할 새로운 군대의 필요성이 떠오르자, 유성룡의 건의로 훈련도감이 조직되었다. 훈련도감은 조총을 다루는 포수와 활을 다루는 사수, 창과 칼을 다루는 살수의 삼수병 체제로 편제되었다.
(가) 인조 때 이괄의 난을 진압한 후 도성 수비의 중요성을 인지하고 각각 북한산성과 남한산성을 중심으로 하는 총융청과 수어청이 설치되었다.
(다) 숙종 때 국왕 호위와 수도 방어의 역할을 담당하는 금위영이 창설되었다. 금위영이 설치되면서 조선 후기의 5군영 체제가 완성되었다.

빈출 개념 | 5군영

훈련도감	삼수병(포수, 사수, 살수), 직업적 상비군
어영청	후금의 침입에 대비 → 효종 때 강화됨
총융청	이괄의 난 진압 이후 설치
수어청	남한산성을 중심으로 경기 지역 방어
금위영	국왕 호위와 수도 방어를 담당

05 탕평 정치

01 빈출
(가) 왕에 대한 설명으로 옳은 것은? [2점]   75회 24번

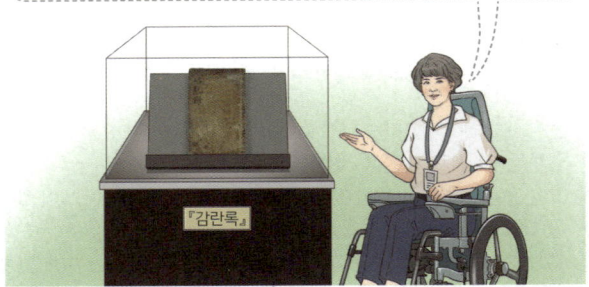

이 책은 이인좌의 난을 평정한 직후 (가) 의 명으로 송인명 등이 난의 진행과정과 원인에 대해 여러 자료를 참고해서 편찬한 것입니다. 어제(御製) 서문에는 이인좌의 난이 일어난 원인을 붕당에서 찾고 있으며, 이와 같은 변란의 재발을 막기 위하여 이 책을 편찬한다고 명시되어 있습니다.

『감란록』

① 경기도에 한하여 대동법을 시행하였다.
② 수도 방어를 위하여 금위영을 창설하였다.
③ 탕평 교서를 반포하고 탕평비를 건립하였다.
④ 문신을 재교육하기 위한 초계문신제를 실시하였다.
⑤ 통치 체제를 정비하기 위해 『대전회통』을 편찬하였다.

02
다음 왕에 대한 설명으로 옳은 것은? [2점]   68회 24번

초상과 어진으로 만나는 조선의 왕

왼편은 연잉군 시절인 20대의 초상이며 오른편은 50대의 어진이다. 그는 즉위 후 탕평 교서를 반포하고 탕평비를 건립하였다. 준천사를 신설하여 홍수에 대비하였으며, 신문고를 다시 설치하여 백성들의 억울함을 듣고자 하였다.

① 통치 체제를 정비하기 위해 『대전회통』을 편찬하였다.
② 왕권 강화를 위해 친위 부대인 장용영을 설치하였다.
③ 각 궁방과 중앙 관서의 공노비 6만여 명을 해방하였다.
④ 어영청을 중심으로 국방력을 강화하고 북벌을 추진하였다.
⑤ 균역법을 시행하여 백성들의 군역 부담을 줄여주고자 하였다.

03
(가) 왕에 대한 설명으로 옳은 것은? [1점]   66회 23번

특별 전시회

탕평 군주 (가) 을/를 만나다

전시 유물 소개

「수문상친림관역도」
한성의 홍수 예방을 위해 실시한 청계천 준설 공사 현장을 (가) 이/가 지켜보는 모습을 담은 그림

「균역사실」
균역법의 제정 배경 및 과정, 균역청의 운영 등을 담은 책

■ 기간: 2023년 ○○월 ○○일~○○월 ○○일
■ 장소: △△박물관 특별 전시실

① 학문 연구 기관으로 집현전을 두었다.
② 삼수병으로 구성된 훈련도감을 설치하였다.
③ 『속대전』을 편찬하여 통치 체제를 정비하였다.
④ 궁중 음악을 집대성한 『악학궤범』을 편찬하였다.
⑤ 시전 상인의 특권을 축소하는 신해통공을 단행하였다.

04
다음 가상 인터뷰의 왕이 추진한 정책으로 옳은 것은? [3점]   38회 24번

팔순을 맞이하여 재위 기간의 치적을 쓰신 「어제문업」에는 어떤 내용이 있나요?

탕평, 청계천 준설 등 여섯 가지의 치적을 기록하였소.

① 집현전을 계승한 홍문관을 설치하였다.
② 국경을 정한 백두산 정계비를 건립하였다.
③ 왕실의 권위를 세우고자 경복궁을 중건하였다.
④ 역대 문물을 정리한 『동국문헌비고』를 편찬하였다.
⑤ 삼정의 문란을 해결하고자 삼정이정청을 설치하였다.

● 주제별 출제 비중
*최근 3개년 기준(심화 76~63회)

조선의 건국과 발전	사회와 붕당의 형성	왜란과 호란	붕당 정치	**탕평 정치**	세도 정치	조선의 경제와 사회	조선의 문화
24%	9%	13%	8%	6%	6%	17%	17%

01 | 영조
정답 ③

자료 분석
이인좌의 난을 평정함 → 영조

영조는 탕평 정치를 전개한 왕으로, 이인좌와 소론의 일부 세력이 영조가 경종의 죽음에 관계되어 있다고 주장하며 난을 일으키자 이를 진압하고, 난이 일어난 원인을 붕당으로 파악하여 각 붕당의 인재를 고루 등용하는 탕평 정책을 실시하겠다고 선언하였다.

정답 해설
③ 영조는 붕당의 폐단을 막기 위해 탕평 교서를 반포하고 탕평비를 건립하였다.

오답 체크
① 광해군: 경기도에 한하여 공납(토산물)을 쌀, 베, 화폐 등으로 대신하여 거두는 대동법을 시행하였다.
② 숙종: 수도 방어를 위하여 금위영을 창설하였으며, 이로써 5군영 체제가 완성되었다.
④ 정조: 37세 이하의 중·하급 관리 중 유능한 관리를 선발하여 재교육한 초계문신제를 실시하였다.
⑤ 고종(흥선 대원군): 통치 체제를 정비하기 위해 『경국대전』, 『속대전』, 『대전통편』을 집대성하여 『대전회통』을 편찬하였다.

02 | 영조
정답 ⑤

자료 분석
탕평비를 건립함 + 준천사를 신설함 → 영조

영조는 붕당의 폐해를 경계하기 위하여 성균관 입구에 탕평비를 건립하였다. 또한 홍수에 대비하기 위해 준천사라는 관청을 신설하여 청계천 준설 사업을 실시하였으며, 신문고를 부활시켰다.

정답 해설
⑤ 영조는 군포를 1년에 2필에서 1필로 줄이는 균역법을 시행하여 군역의 폐단으로 고통받는 백성들의 부담을 줄여주고자 하였다.

오답 체크
① 고종(흥선 대원군): 통치 체제를 정비하기 위해 법전인 『대전회통』을 편찬하였다.
② 정조: 왕권 강화를 위해 국왕의 친위 부대인 장용영을 설치하였다.
③ 순조: 국가 재정을 확보하기 위해 궁방과 중앙 관서의 공노비 6만여 명을 해방하여 모두 양민으로 삼도록 하였다.
④ 효종: 병자호란으로 청에 당한 치욕을 갚기 위해 어영청을 중심으로 국방력을 강화하고 북벌을 추진하였다.

03 | 영조
정답 ③

자료 분석
탕평 군주 + 청계천 준설 + 균역법 → 영조

영조는 탕평 군주로, 붕당 간의 대립을 완화하고자 탕평 정치(완론 탕평)를 실시하였다. 또한 영조는 여러 개혁 정책을 실시하였다. 우선 균역법을 실시하여 백성들의 군포 부담을 2필에서 1필로 경감하였고, 자주 범람하여 백성들에게 피해를 입힌 청계천의 준설 사업을 실시하였다.

정답 해설
③ 영조는 『경국대전』 이후의 법령을 모아 정리한 법전인 『속대전』을 편찬하여 통치 제도를 정비하였다.

오답 체크
① 세종: 학문의 진흥을 위해 학문 연구 기관으로 집현전을 두었다.
② 선조: 임진왜란 때 유성룡의 건의에 따라 포수(조총)·사수(활)·살수(창·칼)의 삼수병으로 구성된 훈련도감을 설치하였다.
④ 성종: 성현 등에 의해 궁중 음악을 집대성한 음악서인 『악학궤범』을 편찬하였다.
⑤ 정조: 자유로운 상업 활동을 장려하기 위해 시전 상인의 금난전권(난전을 단속할 수 있는 권리)을 폐지하는 조치인 신해통공을 단행하였다.

04 | 영조
정답 ④

자료 분석
탕평, 청계천 준설 → 영조

영조는 팔순을 맞아 자신의 주요 치적을 「어제문업」에 기록하였다. 여기에는 정치 권력의 편중을 막기 위한 탕평책 실시와 잦은 범람 피해를 해결하기 위한 청계천 준설 등 여섯 가지 업적이 포함되었다.

정답 해설
④ 영조는 우리나라의 역대 문물을 정리한 『동국문헌비고』를 편찬하였다.

오답 체크
① 성종: 집현전의 학문 연구 기능을 계승한 홍문관을 설치하였다.
② 숙종: 청과의 국경 분쟁이 발생하자 백두산 정계비를 건립하여 국경을 확정하였다.
③ 고종(흥선 대원군): 왕실의 권위를 세우기 위해 경복궁을 중건하였다.
⑤ 철종: 삼정(전정, 군정, 환곡)의 문란을 해결하기 위한 기구로 삼정이정청을 설치하였다.

빈출 개념 | 영조의 정책

완론 탕평 실시	온건하고 타협적인 탕평파를 등용하여 왕권 뒷받침
균역법 실시	군역 부담을 줄이기 위해 군포를 2필에서 1필로 경감
신문고 부활	백성들이 억울한 일을 호소할 수 있도록 신문고 제도 부활
청계천 준설	준천사를 신설하여 홍수에 대비

05 탕평 정치

05
57회 24번
(가), (나) 왕에 대한 설명으로 옳은 것은? [2점]

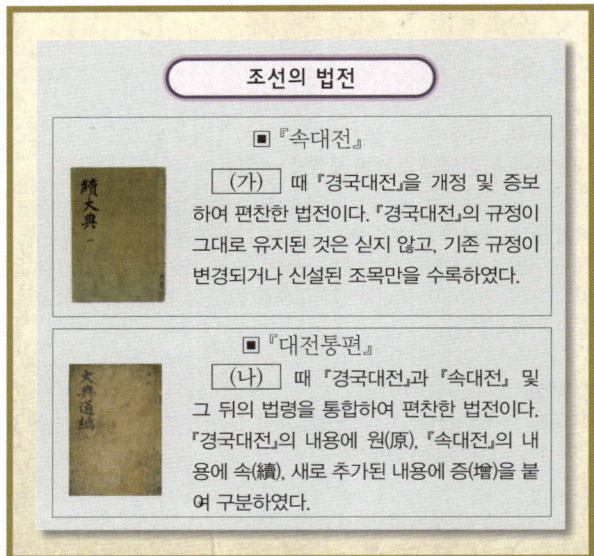

① (가) – 청과의 국경을 정한 백두산 정계비를 세웠다.
② (가) – 왕실의 위엄을 높이기 위해 경복궁을 중건하였다.
③ (나) – 이종무를 파견하여 대마도를 정벌하였다.
④ (나) – 국왕의 친위 부대인 장용영을 설치하였다.
⑤ (가), (나) – 나선 정벌에 조총 부대를 파견하였다.

06 빈출
74회 24번
(가) 왕이 추진한 정책으로 옳은 것은? [1점]

[해설] 이것은 장용영 내영에서 수원외사 번암 채제공에게 보낸 전령(傳令)입니다. 새롭게 마련된 장용영 절목의 문제점을 중앙에 아뢰어 고치도록 권한 내용을 담고 있습니다. 장용영은 [(가)] 이/가 조직한 친위 부대로 서울에 내영, 수원 화성에 외영을 두어 규장각과 함께 왕권 강화를 목적으로 운영되었습니다.

① 나선 정벌에 조총 부대를 파견하였다.
② 호포제를 시행하여 양반에게도 군포를 징수하였다.
③ 문신을 재교육하기 위한 초계문신제를 실시하였다.
④ 삼정의 문란을 시정하고자 삼정이정청을 설치하였다.
⑤ 각 궁방과 중앙 관서의 공노비 6만여 명을 해방하였다.

07
72회 28번
(가) 왕에 대한 설명으로 옳은 것은? [2점]

가상 현실 버스에 오신 여러분 환영합니다. 지금 창문 스크린으로 보고 계신 것은 『무예도보통지』에 실린 무예 동작입니다. [(가)]의 명으로 이덕무, 박제가, 백동수 등이 편찬한 『무예도보통지』에는 기존의 『무예신보』에 마상 무예가 추가되어 총 24개의 무예가 실려있습니다. 이 책은 장용영의 훈련 교재로 사용되었습니다.

① 백두산 정계비를 세워 청과의 국경을 정하였다.
② 삼군부를 부활시켜 군사 업무를 담당하게 하였다.
③ 통치 체제를 정비하기 위해 『속대전』을 편찬하였다.
④ 규장각에 검서관을 두어 서얼 출신 학자들을 기용하였다.
⑤ 한양을 기준으로 역법을 정리한 『칠정산』 「내편」을 제작하였다.

08
70회 24번
다음 시나리오에 등장하는 왕의 재위 시기에 있었던 사실로 옳은 것은? [2점]

#5. 궁궐 안
왕과 신하들이 대화하는 장면

신하1: 전하, 우리나라의 습속은 예로부터 신분에 따라 등용하는 것이 원칙이었습니다. 서얼들을 적자와 똑같이 대우한다면, 서얼이 적자를 능멸하는 폐단이 열리게 될 것입니다.

왕: 수많은 서얼들도 나의 신하인데 그들이 제자리 얻지 못하고 포부도 펴지 못한다면 이 또한 과인의 허물일 것이오. 규장각에 검서관을 두어 이덕무, 박제가, 유득공, 서이수를 등용하려는 내 결심은 변함이 없을 것이니 그리 알고 물러들 가시오.

① 왕권 강화를 위해 6조 직계제가 시행되었다.
② 거중기 등을 활용하여 수원 화성이 축조되었다.
③ 청과 국경을 정하는 백두산 정계비가 건립되었다.
④ 통치 체제를 정비하기 위해 『대전회통』이 편찬되었다.
⑤ 삼정의 문란을 시정하기 위한 삼정이정청이 설치되었다.

05 | 영조와 정조 정답 ④

자료 분석
> (가) 『속대전』 → 영조 / (나) 『대전통편』 → 정조
> (가) 영조는 『경국대전』 이후의 법령을 모아 정리한 법전인 『속대전』을 편찬하여 통치 체제를 정비하였다.
> (나) 정조는 『대전통편』을 편찬하여, 『경국대전』과 『속대전』 및 여러 법령을 통합함으로써 왕조의 통치 규범을 재정비하였다.

정답 해설
④ 정조는 왕권을 강화하기 위해 국왕의 친위 부대인 장용영을 설치하였다.

오답 체크
① **숙종**: 청과 영토 분쟁이 일어나자 청과의 국경을 정한 백두산 정계비를 세웠다.
② **고종(흥선 대원군)**: 왕실의 위엄을 높이고자 임진왜란 때 불탔던 경복궁을 중건하였다.
③ **세종**: 이종무를 파견하여 왜구의 근거지인 대마도를 정벌하였다.
⑤ **효종**: 청의 요청에 따라 나선(러시아) 정벌에 조총 부대를 파견하였다.

07 | 정조 정답 ④

자료 분석
> 『무예도보통지』 + 장용영 → 정조
> 정조는 인재 양성을 위해 젊고 유능한 관리를 재교육하는 초계문신제를 실시하였으며, 국왕의 친위 부대로 장용영을 설치하였다. 또한 이덕무, 박제가, 백동수 등으로 하여금 총 24개의 무예를 정리한 훈련 교범인 『무예도보통지』를 편찬하도록 하였다.

정답 해설
④ 정조는 규장각에 검서관을 두어 박제가, 이덕무 등 서얼 출신 학자들을 기용하였다

오답 체크
① **숙종**: 청과 국경 분쟁이 발생하자, 양국 대표가 백두산 일대를 답사한 뒤 백두산 정계비를 세워 국경을 확정하였다.
② **고종(흥선 대원군)**: 흥선 대원군은 비변사를 폐지하고 삼군부를 부활시켜 군사 업무를 담당하게 하였다.
③ **영조**: 『경국대전』 이후의 법령을 모아 정리한 법전인 『속대전』을 편찬하여 통치 체제를 정비하였다.
⑤ **세종**: 한양을 기준으로 천체 운동을 계산한 역법서인 『칠정산』 「내편」을 제작하였다.

06 | 정조 정답 ③

자료 분석
> 장용영 + 수원 화성 + 규장각 → 정조
> 정조는 왕권 강화를 위해 다양한 정책을 추진하였다. 우선 수원에 화성을 건립하여 자신의 정치적 이상을 실현하는 상징적인 도시로 육성하였으며, 국왕의 친위 부대로 장용영을 설치하여 서울에 내영, 수원 화성에 외영을 두었다. 또한 창덕궁에 왕실 도서관이자 학문 연구 기관인 규장각을 설치하고 박제가 등 능력 있는 서얼 출신의 학자들을 규장각 검서관에 기용하였다.

정답 해설
③ 정조는 젊고 유능한 문신을 재교육하기 위한 초계문신제를 실시하였다.

오답 체크
① **효종**: 청의 요청에 따라 나선(러시아) 정벌에 조총 부대를 파견하였다.
② **고종(흥선 대원군)**: 흥선 대원군이 군정의 문란을 해결하기 위해 호포제를 시행하여 양반에게도 군포를 징수하였다.
④ **철종**: 임술 농민 봉기를 계기로 삼정의 문란을 시정하고자 삼정이정청을 설치하였다.
⑤ **순조**: 국가 재정을 확보하기 위해 각 궁방과 중앙 관서의 공노비 6만여 명을 해방하여 모두 양민으로 삼도록 하였다.

08 | 정조 정답 ②

자료 분석
> 규장각에 검서관을 두어 이덕무, 박제가, 유득공, 서이수를 등용 → 정조
> 정조는 왕실 도서관이자 학문 연구 기관인 규장각을 설치하고 이덕무, 박제가, 유득공, 서이수 등 능력 있는 서얼 출신의 학자들을 규장각 검서관에 기용하였다.

정답 해설
② 정조 때 정약용이 설계한 거중기 등을 활용하여 수원 화성이 축조되었다.

오답 체크
① **태종, 세조**: 왕권 강화를 위해 6조 직계제를 시행하여, 정책 집행 기관인 6조가 의정부의 심의를 거치지 않고 국왕에게 직접 업무를 보고하도록 하였다.
③ **숙종**: 간도 지역을 둘러싸고 청과 분쟁이 일어나자 국경을 확정하고 백두산 정계비가 건립되었다.
④ **고종(흥선 대원군)**: 통치 체제를 정비하기 위해 법전인 『대전회통』을 편찬하였다.
⑤ **철종**: 임술 농민 봉기의 수습을 위해 안핵사로 파견된 박규수의 건의에 따라 삼정의 문란을 시정하기 위한 삼정이정청이 설치되었다.

05 탕평 정치

09
64회 26번
밑줄 그은 '왕'의 재위 시기에 있었던 사실로 옳은 것은? [2점]

> 『대전통편』이 완성되었는데, 나라의 제도 및 법식에 관한 책이다. …… <u>왕</u>이 말하기를, "속전(續典)은 갑자년에 이루어졌는데, 선왕의 명령으로서 갑자년 이후에 이루어진 것도 많으니 어찌 감히 지금과 가까운 것만을 내세우고 먼 것은 소홀히 할 수 있겠는가?"라고 하였다. 이에 김치인 등에게 명하여 원전(原典)과 속전 및 지금까지의 왕명을 모아 한 책으로 편찬한 것이었다.

① 인재 양성을 위해 초계문신제를 시행하였다.
② 홍경래 등이 봉기하여 정주성을 점령하였다.
③ 자의 대비의 복상 문제로 예송이 전개되었다.
④ 이인좌를 중심으로 소론 세력 등이 난을 일으켰다.
⑤ 신류가 조총 부대를 이끌고 흑룡강에서 전투를 벌였다.

10
59회 24번
(가) 왕이 추진한 정책으로 옳은 것은? [2점]

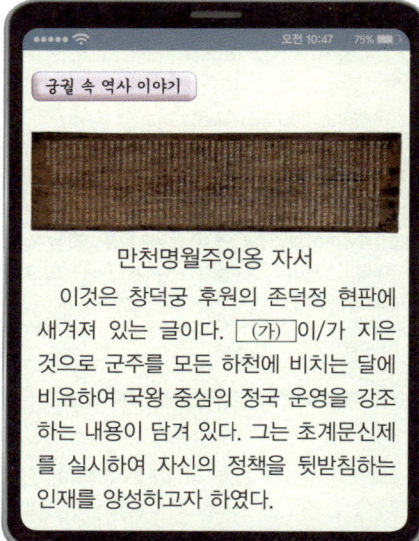

① 친위 부대로 장용영을 설치하였다.
② 경기도에 한해서 대동법을 실시하였다.
③ 한양을 기준으로 한 역법서인 『칠정산』을 만들었다.
④ 통치 체제를 정비하기 위해 『대전회통』을 편찬하였다.
⑤ 직전법을 제정하여 현직 관리에게만 수조권을 지급하였다.

11
65회 24번
(가) 왕에 대한 설명으로 옳은 것은? [2점]

이 시는 (가) 이/가 현륭원을 참배하고 화성 행궁에 머물다가 환궁하는 길에 지은 것입니다. 아버지인 사도세자에 대한 마음이 잘 표현되어 있습니다.

> 혼정신성*의 그리움 다할 길 없어
> 오늘 또 화성에 와 보니
> 굵은 비는 침원에 부슬부슬 내리고
> 이 마음은 재전**을 끝없이 배회하누나
> 어찌하여 사흘 밤을 잤던고
> 아버님 영정을 모셨기 때문일세
> 더디고 더딘 걸음에 고개 들어 바라보니
> 오운이 저 멀리서 일어나누나
>
> * 혼정신성: 부모님께 효도하는 도리
> ** 재전: 제사를 지내기 위하여 지은 집

① 청과 국경을 정하는 백두산 정계비를 세웠다.
② 통치 체제를 정비하고자 『속대전』을 편찬하였다.
③ 왕실의 위엄을 높이기 위해 경복궁을 중건하였다.
④ 삼정의 문란을 시정하려고 삼정이정청을 설치하였다.
⑤ 시전 상인의 특권을 축소하는 신해통공을 단행하였다.

12
55회 21번
(가) 기구에 대한 설명으로 옳은 것은? [2점]

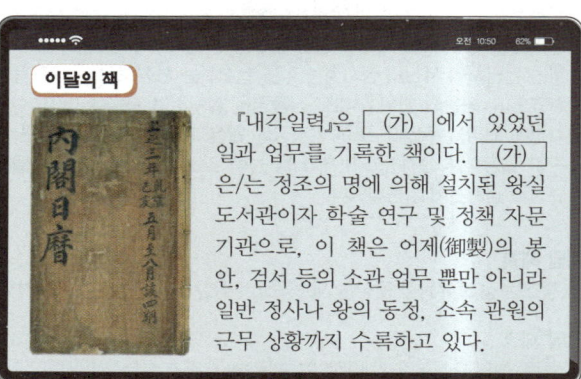

① 을묘왜변을 계기로 상설화되었다.
② 은대(銀臺), 후원(喉院)이라고도 불리었다.
③ 5품 이하 관리 임명에 서경권을 행사하였다.
④ 대사성을 중심으로 좨주, 직강 등의 관직을 두었다.
⑤ 유능한 인재를 양성하기 위한 초계문신제를 주관하였다.

09 정조   정답 ①

자료 분석

『대전통편』이 완성됨 → 정조

정조는 왕조의 통치 규범을 재정비하기 위해 『경국대전』과 『속대전』 및 여러 법령을 통합한 『대전통편』을 편찬하였으며, 수원에 화성을 건립하여 자신의 정치적 이상을 실현하는 상징적인 도시로 육성하였다.

정답 해설

① 정조 때 인재 양성을 위해 초계문신제를 시행하여 젊고 유능한 문신들을 재교육하였다.

오답 체크

② 순조: 홍경래 등이 세도 정권의 수탈과 평안도 지역에 대한 차별에 불만을 품고 봉기하여 정주성을 점령하였으나, 결국 관군에 의해 진압되었다.
③ 현종: 인조의 계비인 자의 대비의 상복 착용 기간을 두고 서인과 남인 사이에 두 차례의 예송이 발생하였다.
④ 영조: 이인좌를 중심으로 한 일부 소론 세력 등이 경종의 죽음에 영조와 노론이 관계되었다고 주장하며 난을 일으켰다.
⑤ 효종: 청의 요청에 따라 변급, 신류 등을 중심으로 조총 부대를 파견하여 나선 정벌을 단행하였다.

10 정조   정답 ①

자료 분석

초계문신제 → 정조

정조는 젊고 유능한 관리를 재교육하는 초계문신제를 실시하여 자신의 정책을 뒷받침하는 인재를 양성하고자 하였다. 한편 정조는 만천명월주인옹(만갈래 하천을 비추는 밝은 달과 같은 존재)을 자신의 자로 삼고 자신을 달로, 백성들을 하천으로 비유하여 왕의 통치가 백성들에게 직접 전달되는 통치를 추구하였다.

정답 해설

① 정조는 왕권을 강화하기 위해 친위 부대로 장용영을 설치하였다.

오답 체크

② 광해군: 방납의 폐단을 시정하고자 경기도에 한해서 공물을 특산품이 아닌 쌀이나 베 등으로 납부하게 하는 대동법을 실시하였다.
③ 세종: 한양을 기준으로 천체 운동을 계산한 역법서인 『칠정산』을 만들었다.
④ 고종(흥선 대원군): 통치 체제를 정비하기 위해 법전인 『대전회통』을 편찬하였다.
⑤ 세조: 과전법 체제 하에서 관리에게 지급할 토지가 부족해지자, 현직 관리에게만 토지의 수조권을 지급하는 직전법을 제정하였다.

11 정조   정답 ⑤

자료 분석

현륭원 + 화성 행궁 + 아버지인 사도 세자 → 정조

정조는 사도 세자의 아들로, 아버지 사도 세자의 묘를 화산(지금의 화성시)으로 옮기고 명칭을 현륭원으로 고쳤으며, 이곳에 수원 화성을 건설하고 정치적·군사적 기능을 부여하여 자신의 정치적 이상을 실현하는 상징적인 도시로 육성하였다.

정답 해설

⑤ 정조는 자유로운 상업 활동을 장려하기 위해 시전 상인의 금난전권(난전을 단속할 수 있는 권리)을 폐지하는 조치인 신해통공을 단행하였다.

오답 체크

① 숙종: 청과 영토 분쟁이 일어나자 청과 국경을 정하는 백두산 정계비를 세웠다.
② 영조: 통치 체제를 정비하고자 『경국대전』 이후의 법령을 모아 정리한 법전인 『속대전』을 편찬하였다.
③ 고종(흥선 대원군): 왕실의 위엄을 높이기 위해 임진왜란으로 불타 오랫동안 폐허로 남아 있던 경복궁을 중건하였다.
④ 철종: 임술 농민 봉기를 계기로 삼정의 문란을 시정하기 위해 삼정이정청을 설치하였다.

12 규장각   정답 ⑤

자료 분석

정조 + 왕실 도서관 + 학술 연구 및 정책 자문 기관 → 규장각

규장각은 정조가 설치한 왕실 도서관이자 학술 연구 및 정책 자문 기관으로, 창덕궁 후원의 주합루에 위치하였다. 규장각에는 박제가, 유득공 등 능력 있는 서얼 출신들이 검서관으로 등용되어 활약하기도 하였다.

정답 해설

⑤ 규장각은 정조 때 유능한 인재를 양성하기 위한 초계문신제를 주관하였다.

오답 체크

① 비변사: 중종 때 외적의 침입에 대응하기 위해 설치된 임시 회의 기구로, 을묘왜변을 계기로 상설화되었다.
② 승정원: 왕명 출납을 담당하는 왕의 비서 기관으로, 은대나 후원이라고도 불리었다.
③ 양사: 사간원과 사헌부를 이르는 말로, 5품 이하 관리의 임명에 대한 동의권인 서경권을 행사하였다.
④ 성균관: 조선의 최고 교육 기관으로, 수장인 대사성을 중심으로 좨주, 직강 등의 관직을 두었다.

06 세도 정치

01
75회 27번
(가) 왕의 재위 시기에 있었던 사실로 옳은 것은? [2점]

이 그림은 세도 정치의 주요 인물이자 (가) 의 장인인 김조순의 별저 옥호정과 그 일대를 그린 옥호정도입니다. 삼청동 북악산 백련봉 일대에 위치한 별저의 모습을 통해 당시 세도가였던 안동 김씨의 위세를 짐작할 수 있습니다.

① 오페르트가 남연군 묘 도굴을 시도하였다.
② 이만손이 주도하여 영남 만인소를 올렸다.
③ 이시애가 길주를 근거지로 난을 일으켰다.
④ 홍경래 등이 봉기하여 정주성을 점령하였다.
⑤ 곽재우, 고경명 등이 의병장으로 활약하였다.

02
69회 28번
다음 가상 대화가 이루어진 시기의 사회 모습으로 가장 적절한 것은? [1점]

① 빈민 구제를 위해 흑창이 설치되었다.
② 원종과 애노가 사벌주에서 봉기하였다.
③ 홍건적의 침입으로 개경이 함락되었다.
④ 지배층을 중심으로 변발과 호복이 유행하였다.
⑤ 안동 김씨 등의 세도 정치로 매관매직이 성행하였다.

03
59회 28번
다음 대화에 나타난 사건에 대한 설명으로 옳은 것은? [1점]

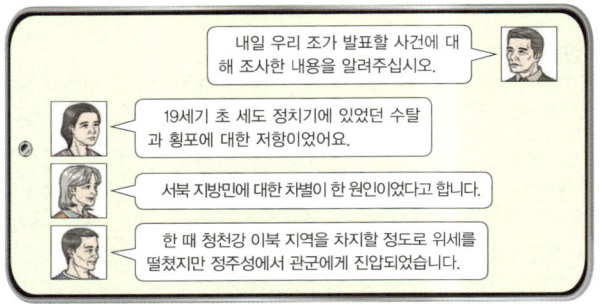

① 홍경래, 우군칙 등이 주도하였다.
② 청군이 파병되는 결과를 가져왔다.
③ 제물포 조약이 체결되는 배경이 되었다.
④ 보국안민, 제폭구민을 기치로 내걸었다.
⑤ 박규수가 안핵사로 파견되는 계기가 되었다.

04
56회 28번
(가) 사건에 대한 설명으로 옳은 것은? [1점]

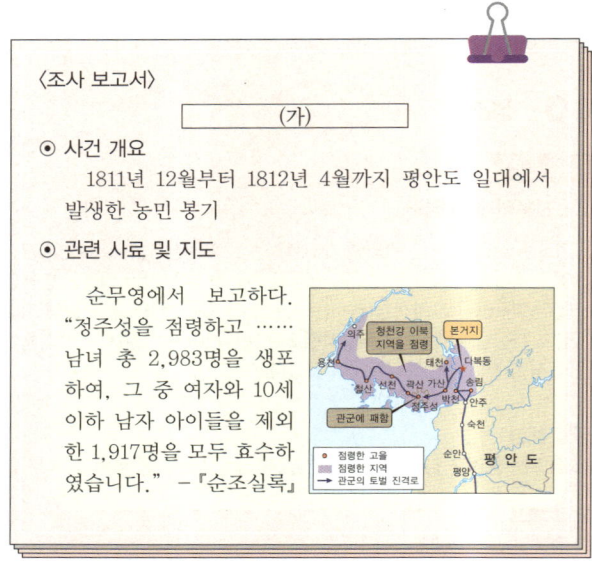

① 청의 군대에 의해 진압되었다.
② 척왜양창의를 기치로 내걸었다.
③ 선혜청과 일본 공사관을 공격하였다.
④ 사건 수습을 위해 박규수가 안핵사로 파견되었다.
⑤ 세도 정치기의 수탈과 지역 차별에 반발하여 일어났다.

● 주제별 출제 비중
*최근 3개년 기준(심화 76~63회)

조선의 건국과 발전	사화와 붕당의 형성	왜란과 호란	붕당 정치	탕평 정치	세도 정치	조선의 경제와 사회	조선의 문화
24%	9%	13%	8%	6%	6%	17%	17%

01 | 순조 재위 시기의 사실 정답 ④

자료 분석
세도 정치 + 장인인 김조순 → 순조

순조가 즉위하자 그의 장인 김조순을 중심으로 세도 정치가 시작되었다. 세도 정치는 특정 가문이 권력을 독점하는 정치 형태로, 이후 철종 때까지 60여 년간 전개되었다. 김조순을 비롯한 소수의 외척 가문이 권력을 독점하게 되자 매관매직, 삼정의 문란 등 각종 부정부패가 일어났고, 이에 백성들이 반발하여 곳곳에서 봉기를 일으키기도 하였다.

정답 해설
④ 순조 재위 시기에 세도 정치로 인한 각종 부정부패와 서북 지역에 대한 차별에 반발하여 홍경래 등이 봉기하여 정주성을 점령하였다.

오답 체크
① 고종: 독일 상인 오페르트가 조선과의 통상 수교를 요구하기 위해 흥선 대원군의 아버지인 남연군 묘 도굴을 시도하였다.
② 고종: 영남 유생인 이만손이 주도하여 개화 정책에 반대하는 영남 만인소를 올렸다.
③ 세조: 호패법 등의 왕권 강화 정책에 반발하여 이시애가 길주를 근거지로 난을 일으켰다.
⑤ 선조: 임진왜란이 발발하자 곽재우, 고경명 등이 의병장으로 활약하였다.

02 | 세도 정치 시기의 모습 정답 ⑤

자료 분석
진주 + 경남 우병사 백낙신의 탐학 + 유계춘 → 임술 농민 봉기 → 세도 정치 시기

세도 정치 시기인 철종 때 경상 우병사 백낙신의 수탈에 반발하여 진주의 백성들이 몰락 양반 유계춘을 중심으로 봉기한 임술 농민 봉기가 일어났다.

정답 해설
⑤ 안동 김씨, 풍양 조씨 등의 특정 가문이 권력을 독점하는 정치 형태인 세도 정치로 매관매직이 성행하였다.

오답 체크
① 고려: 태조 왕건 때 빈민 구제를 위해 흑창을 처음으로 설치하여 춘궁기에 백성에게 곡식을 빌려주었다가 추수기에 갚도록 하였다.
② 신라 하대: 진성 여왕 때 원종과 애노가 가혹한 수탈에 반발하여 사벌주(상주)에서 봉기하였다.
③ 고려: 공민왕 때 홍건적의 2차 침입으로 수도 개경이 함락되면서 왕이 복주(안동)로 피난을 가게 되었다.
④ 고려: 원 간섭기에 지배층을 중심으로 몽골 풍습인 변발과 호복이 유행하였다.

03 | 홍경래의 난 정답 ①

자료 분석
세도 정치기에 있었던 수탈과 횡포에 대한 저항 + 서북 지방민에 대한 차별 + 청천강 이북 지역을 차지 → 홍경래의 난

홍경래의 난은 조선 후기 순조 때 일어난 농민 봉기로, 세도 정치 시기의 수탈과 서북(평안도) 지역에 대한 차별에 반발하여 일어났다. 당시 평안도 지역은 청과의 무역이 활발하였으나, 세도 정권의 상공업 통제와 가혹한 수탈로 불만이 쌓였으며, 관직 진출과 승진에 있어서도 차별을 받았다. 이에 봉기를 일으켰고, 이들은 한때 청천강 이북 지역을 거의 점령하며 위세를 떨쳤으나 정주성에서 관군에 진압되었다.

정답 해설
① 홍경래의 난은 세도 정치기의 수탈과 서북 지방에 대한 차별에 저항하여 일어났으며, 홍경래와 우군칙 등이 주도하였다.

오답 체크
② 청군이 파병되는 결과를 가져온 사건으로는 임오군란과 동학 농민 운동 등이 있다.
③ 임오군란: 조선과 일본 사이에 일본 공사관의 경비병 주둔을 허용하는 제물포 조약이 체결되었다.
④ 동학 농민 운동: 전봉준의 주도 아래 보국안민, 제폭구민을 기치로 내걸고 봉기하였다.
⑤ 임술 농민 봉기: 사건 수습을 위하여 박규수가 안핵사로 파견되었다.

04 | 홍경래의 난 정답 ⑤

자료 분석
평안도 + 정주성을 점령함 → 홍경래의 난

홍경래의 난은 1811년에 평안도 일대에서 발생한 농민 봉기이다. 몰락 양반 출신의 홍경래의 지휘 아래 정주성을 포함한 청천강 이북 지역을 거의 점령하였으나, 5개월 만에 관군에게 진압되었다.

정답 해설
⑤ 홍경래의 난은 세도 정치기의 수탈과 평안도 지역에 대한 차별에 반발하여 일어났다.

오답 체크
① 청의 군대에 의해 진압된 사건으로는 임오군란, 갑신정변 등이 있다.
② 보은 집회: 동학 교도들이 보은에서 교조 최제우의 명예 회복과 포교의 자유를 획득하기 위한 집회를 개최하였으며, 이때 일본과 서양 세력을 배척하여 의병을 일으킨다는 뜻의 척왜양창의를 기치로 내걸었다.
③ 임오군란: 신식 군대인 별기군과의 차별 대우에 반발한 구식 군인들이 선혜청과 일본 공사관을 공격하였다.
④ 임술 농민 봉기: 사건 수습을 위해 박규수가 안핵사로 파견되었으며, 박규수의 건의에 따라 삼정이정청이 설치되었다.

06 세도 정치

05 빈출
64회 21번
다음 상황이 전개된 배경으로 옳은 것은? [2점]

말풍선: 며칠 전 안핵사로 파견된 박규수가 전하께 특별 기구 설치를 상소하였다고 하네.
말풍선: 그렇다네. 전하께서 이를 받아들여 삼정이정청을 설치하고, 각 고을마다 대책을 모아 올려 보내라고 명하셨지.

① 이만손 등이 영남 만인소를 올렸다.
② 운요호가 강화도와 영종도를 공격하였다.
③ 동학교도가 교조 신원을 주장하며 삼례 집회를 개최하였다.
④ 황사영이 외국 군대의 출병을 요청하는 백서를 작성하였다.
⑤ 백낙신의 탐학이 발단이 되어 진주에서 농민들이 봉기하였다.

06
54회 29번
밑줄 그은 '사건'에 대한 설명으로 옳은 것은? [1점]

말풍선: 진주의 난민들이 경상 우병사 백낙신을 협박하고 사람을 참혹하게 죽이는 사건이 일어났다고 합니다.
말풍선: 난민들이 이렇게 극도에 이른 경우는 없었는데, 평소에 잘 위무했다면 어찌 이런 일이 있었겠는가? 박규수를 경상도 안핵사로 내려보내 사태를 수습토록 하라.

① 청의 군대에 의해 진압되었다.
② 삼정이정청이 설치되는 계기가 되었다.
③ 서북인에 대한 차별에 반발하여 일어났다.
④ 남접과 북접이 연합하여 조직적으로 전개되었다.
⑤ 함경도와 황해도에 방곡령이 선포되는 결과를 가져왔다.

07
42회 30번
(가) 사건에 대한 설명으로 옳은 것은? [2점]

말풍선: 이곳은 유계춘의 무덤입니다. 그는 경상 우병사 백낙신의 탐학과 향리들의 횡포에 맞서 농민들과 함께 (가) 을/를 일으켰습니다. 이를 계기로 농민 봉기가 삼남 지방으로 확산되었습니다.

① 청의 군대에 의해 진압되었다.
② 최제우가 동학을 창시하는 계기가 되었다.
③ 왕이 도성을 떠나 공산성으로 피란하였다.
④ 남접과 북접이 연합하여 조직적으로 전개되었다.
⑤ 사건의 수습을 위해 박규수가 안핵사로 파견되었다.

08
74회 25번
(가) 사건에 대한 설명으로 옳은 것은? [3점]

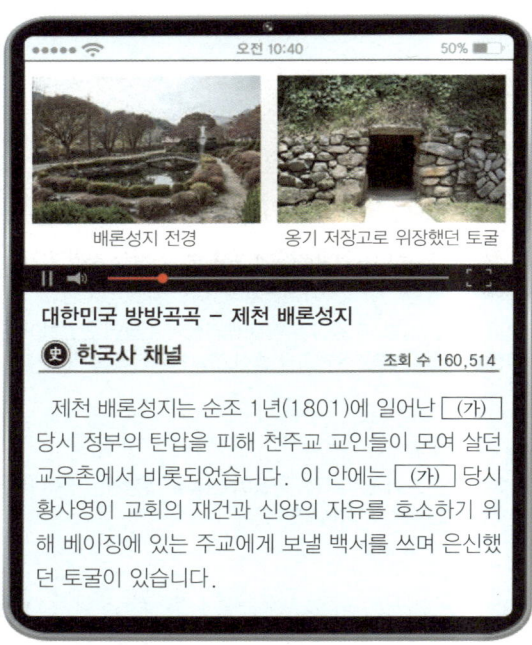

대한민국 방방곡곡 - 제천 배론성지
한국사 채널   조회 수 160,514

제천 배론성지는 순조 1년(1801)에 일어난 (가) 당시 정부의 탄압을 피해 천주교 교인들이 모여 살던 교우촌에서 비롯되었습니다. 이 안에는 (가) 당시 황사영이 교회의 재건과 신앙의 자유를 호소하기 위해 베이징에 있는 주교에게 보낼 백서를 쓰며 은신했던 토굴이 있습니다.

① 한성 조약이 체결되는 결과를 가져왔다.
② 정부의 요청으로 출병한 청군이 진압하였다.
③ 사태의 수습을 위해 박규수가 안핵사로 파견되었다.
④ 이필제가 영해 지역에서 난을 일으키는 계기가 되었다.
⑤ 전개 과정에서 이승훈, 정약용 등이 연루되어 처벌되었다.

05 | 임술 농민 봉기 정답 ⑤

자료 분석

> 안핵사로 파견된 박규수 + 삼정이정청을 설치함
> → 임술 농민 봉기(1862)
>
> 임술 농민 봉기는 철종 때 진주의 백성들이 일으킨 농민 봉기이다. 진주에서 시작한 봉기가 점차 전국으로 확대되자, 조선 정부는 사건을 수습하기 위해 박규수를 안핵사(사건의 처리를 위해 파견한 임시 관직)로 파견하였다. 이후 박규수의 건의에 따라 삼정의 문란을 시정하기 위한 기구로 삼정이정청이 설치되었으나, 4개월 만에 폐지되면서 근본적인 해결책 마련에는 실패하였다.

정답 해설

⑤ 임술 농민 봉기는 철종 때 경상 우병사 백낙신의 탐학이 발단이 되어 진주에서 농민들이 봉기한 사건이다.

오답 체크

① 1881년에 이만손 등이 『조선책략』의 내용을 비판하고 정부의 개화 정책 추진에 반대하는 영남 만인소를 올렸다.
② 1875년에 일본 군함 운요호가 강화도와 영종도를 공격하여 약탈을 저질렀으며, 이때 조선군이 경고 사격을 한 것을 구실로 이듬해에 강화도 조약이 체결되었다.
③ 1892년에 동학교도들이 교조인 최제우의 신원을 요구하는 삼례 집회를 개최하였다.
④ 1801년에 천주교 신자 황사영이 외국 군대의 출병을 요청하는 백서를 작성하였다.

06 | 임술 농민 봉기 정답 ②

자료 분석

> 진주 + 경상 우병사 백낙신 + 박규수 → 임술 농민 봉기
>
> 임술 농민 봉기는 철종 때 경상 우병사 백낙신의 수탈에 반발한 진주의 백성들이 일으킨 농민 봉기이다. 진주에서 시작한 봉기가 점차 전국으로 확대되자, 조선 정부는 사건을 수습하기 위해 박규수를 경상도 안핵사(사건의 처리를 위해 파견한 임시 관직)로 파견하였다.

정답 해설

② 임술 농민 봉기의 수습을 위해 안핵사로 파견된 박규수의 건의로, 삼정의 문란을 해결하기 위한 기구인 삼정이정청이 설치되었다.

오답 체크

① 청에 의해 진압된 사건으로는 임오군란, 갑신정변 등이 있다.
③ 홍경래의 난: 순조 때 홍경래의 주도로 서북(평안도)인에 대한 차별에 반발하여 일어났다.
④ 제2차 동학 농민 운동: 전봉준이 이끄는 남접과 손병희가 이끄는 북접이 연합하여 조직적으로 전개하였다.
⑤ 개항 이후 일본으로 미곡이 대량 유출되어 조선 내에서 식량 부족 현상이 일어나자, 함경도와 황해도에 방곡령이 선포되었다.

07 | 임술 농민 봉기 정답 ⑤

자료 분석

> 유계춘 + 경상 우병사 백낙신의 탐학 → 임술 농민 봉기
>
> 임술 농민 봉기는 철종 때 경상 우병사 백낙신의 수탈이 원인이 되어 몰락 양반 유계춘을 중심으로 일어났다. 임술 농민 봉기는 진주 지역을 중심으로 시작되었으나 이후 삼남 지방으로 확산되었다.

정답 해설

⑤ 임술 농민 봉기가 일어나자 조선 정부는 사건을 수습하기 위하여 박규수를 안핵사로 파견하였다.

오답 체크

① 청에 의해 진압된 사건으로는 임오군란, 갑신정변 등이 있다.
② 최제우가 동학을 창시하는 계기가 된 것은 임술 농민 봉기와 관련이 없다.
③ 이괄의 난: 인조가 도성을 떠나 공주의 공산성으로 피란하였다.
④ 제2차 동학 농민 운동: 전봉준의 남접과 손병희의 북접이 연합하여 조직적으로 전개되었다.

빈출 개념 | 임술 농민 봉기

원인	경상 우병사 백낙신의 수탈
전개	• 몰락 양반 유계춘을 중심으로 봉기, 진주를 시작으로 전국으로 확산 • 봉기 수습을 위해 안핵사로 파견된 박규수가 삼정이정청 설치 건의 • 정부는 삼정이정청을 설치하여 삼정의 문란을 시정할 것을 약속
한계	삼정이정청이 4개월 만에 폐지되어 근본적인 해결책 마련에는 실패

08 | 신유박해 정답 ⑤

자료 분석

> 황사영 + 백서 → 황사영 백서 사건 → 신유박해
>
> 신유박해는 순조 때 일어난 천주교 박해 사건이다. 신유박해 당시 천주교 신자였던 황사영은 천주교 교인들이 정부의 탄압을 피해 모인 배론 성지에 은둔하고 있었으며, 신유박해의 전말을 기록하고 외국 군대의 출병을 요청하는 백서를 작성하였다. 이는 곧 발각되었고 천주교 탄압이 더욱 심화하였다.

정답 해설

⑤ 신유박해는 전개 과정에서 이승훈, 정약용 등이 연루되어 처벌되었다.

오답 체크

① 갑신정변: 조선과 일본 사이에 한성 조약이 체결되는 결과를 가져왔으며 조선은 일본에 배상금을 지불하고 일본 공사관 신축 비용을 부담하였다.
② 임오군란과 갑신정변 모두 정부의 요청으로 출병한 청군에 의해 진압되었으며, 이로 인해 청의 조선에 대한 내정 간섭이 심화되었다.
③ 임술 농민 봉기: 철종 때 경상 우병사 백낙신의 수탈에 반발하여 진주 백성들이 일으킨 봉기로, 사태의 수습을 위해 박규수가 안핵사로 파견되었다.
④ 조선 고종 때 동학교도인 이필제가 제2대 교주 최시형과 함께 영해 지역에서 난을 일으킨 것은 신유박해와 관련이 없다.

06 세도 정치

09
67회 28번

다음 상황이 나타난 시기를 연표에서 옳게 고른 것은? [3점]

> 사학(邪學) 죄인 황사영은 사족으로서 사술(邪術)에 미혹됨이 가장 심한 자였다. [그는] 의금부에서 체포하려는 것을 미리 알고 피신하였는데, 상복을 입고 성명을 바꾸거나 토굴에 숨어서 종적을 감춘 지 반년이 지났다. 포청에서 은밀히 염탐하여 지금에야 제천 땅에서 붙잡았다. 그의 문서를 수색하던 중 백서를 찾았는데, 장차 북경의 천주당에 전하려고 한 것이었다.

(가)	(나)	(다)	(라)	(마)
1728 이인좌의 난	1746 『속대전』 편찬	1791 신해박해	1811 홍경래의 난	1834 헌종 즉위	1862 임술 농민 봉기

① (가) ② (나) ③ (다) ④ (라) ⑤ (마)

11
55회 28번

(가) 시기에 있었던 사실로 옳은 것은? [3점]

① 왕이 도성을 떠나 공산성으로 피란하였다.
② 오페르트가 남연군 묘 도굴을 시도하였다.
③ 홍경래 등이 난을 일으켜 정주성을 점령하였다.
④ 교조 신원을 요구하는 삼례 집회가 개최되었다.
⑤ 이인좌를 중심으로 한 소론 세력이 난을 일으켰다.

10
53회 28번

(가), (나) 사이의 시기에 있었던 사실로 옳은 것은? [2점]

> (가) 평안 감사가 "이달 19일에 관군이 정주성을 수복하고 두목 홍경래 등을 죽이거나 사로잡았습니다."라고 임금께 보고하였다.
>
> (나) 경상도 안핵사 박규수는 "이번 진주의 백성들이 난을 일으킨 것은 오로지 전 우병사 백낙신이 탐욕을 부려 포학스럽게 행동한 까닭에서 연유한 것이었습니다."라고 임금께 보고하였다.

① 최제우가 동학을 창시하였다.
② 정약종 등이 희생된 신유박해가 일어났다.
③ 오페르트가 남연군 묘 도굴을 시도하였다.
④ 공신 책봉 문제로 이괄이 반란을 일으켰다.
⑤ 이인좌를 중심으로 소론 세력 등이 난을 일으켰다.

12
75회 29번

(가) 종교에 대한 설명으로 옳은 것은? [1점]

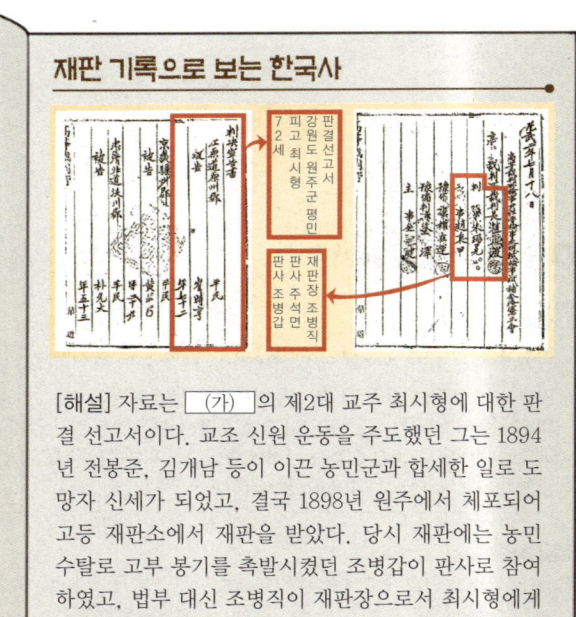

[해설] 자료는 (가) 의 제2대 교주 최시형에 대한 판결 선고서이다. 교조 신원 운동을 주도했던 그는 1894년 전봉준, 김개남 등이 이끈 농민군과 합세한 일로 도망자 신세가 되었고, 결국 1898년 원주에서 체포되어 고등 재판소에서 재판을 받았다. 당시 재판에는 농민 수탈로 고부 봉기를 촉발시켰던 조병갑이 판사로 참여하였고, 법부 대신 조병직이 재판장으로서 최시형에게 사형을 선고하였다.

① 포접제를 활용하여 교세를 확장하였다.
② 배재 학당을 세워 신학문 보급에 앞장섰다.
③ 박중빈을 중심으로 새생활 운동을 추진하였다.
④ 일제의 통제에 맞서 사찰령 폐지 운동을 벌였다.
⑤ 의민단을 조직하여 항일 무장 투쟁을 전개하였다.

09 | 황사영 백서 사건(신유박해)   정답 ③

자료 분석
황사영 + 백서 + 북경의 천주당에 전하려고 한 것
→ 황사영 백서 사건(1801, 순조)

황사영 백서 사건은 순조 때 정권을 장악한 노론 벽파가 남인 시파를 탄압하고자 신유박해를 일으키자, 황사영이 서양 군대를 동원하여 신앙의 자유를 확보해 달라는 밀서를 흰 비단에 써서 베이징(북경) 주재 주교에게 전달하려다 발각된 사건이다. 이 사건으로 인해 박해는 더욱 심화되었다.

정답 해설
③ 순조 재위 시기인 1801년 신유박해 때 천주교 신자 황사영이 외국 군대의 출병을 요청하는 백서를 작성하여 전달하려다 발각되었고(황사영 백서 사건), 이로 인해 박해는 더욱 심화되었다.

빈출 개념 | 천주교 박해

신해박해	정조 때 윤지충이 모친상 때 천주교식으로 장례를 지내자(진산 사건), 관련자들이 처형당함
신유박해	순조 즉위 후 집권한 노론 벽파가 남인 시파를 탄압하고자 천주교 탄압 → 이승훈 등 처형, 정약용·정약전 등 유배
기해박해	헌종 때 일어난 천주교 박해 사건
병인박해	고종 때 일어난 천주교 박해 사건(병인양요의 원인)

10 | 홍경래의 난 진압과 임술 농민 봉기 사이의 사실   정답 ①

자료 분석
(가) 정주성 + 홍경래 등을 죽임 → 홍경래의 난 진압(순조, 1812)
(나) 박규수 + 진주 + 백낙신 → 임술 농민 봉기(철종, 1862)

(가) 순조 때 홍경래 등이 세도 정권의 수탈과 평안도 지역에 대한 차별에 불만을 품고 난을 일으켰다(홍경래의 난). 그러나 정주성에서 관군에 패배하며 진압되었다(1812).
(나) 철종 때 경상 우병사 백낙신의 수탈에 반발한 진주의 백성들이 몰락 양반 유계춘을 중심으로 봉기하였으며(임술 농민 봉기, 1862), 봉기 수습을 위해 박규수가 안핵사로 파견되었다.

정답 해설
① 철종 때인 1860년에 경주 지역의 양반 최제우가 서학(천주교)에 반대한다는 의미로 동학을 창시하였다.

오답 체크
② (가) 이전: 순조 때인 1801년에 신유박해가 일어나 정약종 등이 희생되었다.
③ (나) 이후: 흥선 대원군 집권기인 1868년에 독일 상인 오페르트가 통상 문제를 흥정하고자 남연군(흥선 대원군의 아버지)의 묘 도굴을 시도하였다.
④ (가) 이전: 인조 때인 1624년에 인조반정에 참여한 이괄이 공신 책봉 문제에 불만을 품고 반란을 일으켰다.
⑤ (가) 이전: 영조 때인 1728년에 이인좌를 중심으로 한 소론 세력이 경종의 죽음에 당시 세제였던 영조가 관계되어 있다고 주장하며 난을 일으켰다.

11 | 신유박해와 최제우 처형 사이의 사실   정답 ③

자료 분석
- 서학 + 이가환, 이승훈, 정약용을 처벌 → 신유박해(순조)
- 동학 + 최제우를 효수 → 최제우 처형(고종)

- 신유박해(1801)는 세도 정치 시기인 순조 때 노론 벽파가 천주교 신자가 많았던 남인 시파를 탄압하기 위해 일으킨 천주교 박해로, 이가환, 이승훈, 정약용 등이 처벌되었다.
- 세도 정치 시기의 혼란이 심해져 가는 상황에서 철종 때 경주의 몰락 양반 최제우는 서학(천주교)에 반대하는 의미로 동학을 창시하였다. 동학은 신분 질서를 부정하였기 때문에 정부의 탄압을 받아, 철종의 뒤를 이어 즉위한 고종 때 최제우가 처형되었다.

정답 해설
③ 순조 때 신유박해가 일어난 이후 서북 지방에 대한 차별에 반발한 홍경래 등이 난을 일으켜 정주성을 점령하였다.

오답 체크
① 신유박해 이전: 인조 때 이괄이 공신 책봉에 불만을 품고 난을 일으켜 도성을 점령하자, 인조가 도성을 떠나 공산성(공주)으로 피란하였다(이괄의 난).
② 최제우 처형 이후: 흥선 대원군 집권기에 독일 상인 오페르트가 흥선 대원군의 아버지인 남연군의 묘 도굴을 시도하였다가 실패하였다(오페르트 도굴 사건).
④ 최제우 처형 이후: 고종 때 동학교도들이 교조인 최제우의 신원을 요구하는 삼례 집회를 개최하였다.
⑤ 신유박해 이전: 영조 때 이인좌를 중심으로 한 소론 세력이 영조의 즉위 과정에 의혹을 제기하며 난을 일으켰다(이인좌의 난).

12 | 동학   정답 ①

자료 분석
최시형 + 교조 신원 운동 → 동학

동학은 천주교의 확산에 대항하여 최제우가 창시한 종교이다. 조선 정부는 동학에 반대하여 최제우를 혹세무민(세상을 어지럽히고 백성을 현혹함)의 죄목으로 처형하였고, 이에 제2대 교주인 최시형이 삼례 집회, 보은 집회 등을 통해 교조 신원 운동을 전개하여 최제우의 신원을 회복하고 포교의 자유를 허용해줄 것을 요구하였다.

정답 해설
① 동학은 교주 아래 단위 조직인 포와 접을 이루는 포접제를 활용하여 교세를 확장하였다.

오답 체크
② 개신교: 선교사인 아펜젤러가 배재 학당을 세워 신학문 보급에 앞장섰다.
③ 원불교: 박중빈을 중심으로 저축 운동, 허례 허식 폐지, 금주·단연 등의 새생활 운동을 추진하였다.
④ 불교: 일제의 통제에 맞서 한용운을 중심으로 조선 불교 유신회를 조직하여 사찰령 폐지 운동을 벌였다.
⑤ 천주교: 만주에서 무장 단체인 의민단을 조직하여 항일 무장 투쟁을 전개하였다.

07 조선의 경제와 사회

01
39회 25번
밑줄 그은 '왕'이 실시한 정책으로 옳은 것은? [2점]

말풍선1: 이번에 정초와 변효문이 새로운 농서를 편찬했다는군.
말풍선2: 우리 풍토에 맞는 농법을 보급하기 위한 서적을 편찬하라는 왕의 명을 받들었다고 하네.

① 결작을 징수하여 재정 부족 문제에 대처하였다.
② 연분 9등법을 시행하여 수취 체제를 정비하였다.
③ 기유약조를 체결하여 일본과의 무역을 재개하였다.
④ 설점수세제를 시행하여 민간의 광산 개발을 허용하였다.
⑤ 직전법을 실시하여 현직 관리에게만 수조권을 지급하였다.

02
53회 19번
밑줄 그은 '이 제도'에 대한 설명으로 옳은 것은? [2점]

#3. 궁궐 안
성종이 경연에서 신하들과 토지 제도 개혁을 논의하고 있다.

성종: 그대들의 의견을 말해 보도록 하라.
김유: 우리나라의 수신전, 휼양전 등은 진실로 아름다운 것이지만 오히려 일이 없는 자가 앉아서 그 이익을 누린다고 하여 세조께서 과전을 없애고 이 제도를 만드셨습니다.

① 전지와 시지를 등급에 따라 지급하였다.
② 풍흉에 관계없이 전세 부담액을 고정하였다.
③ 현직 관리에게만 토지의 수조권을 지급하였다.
④ 관리에게 녹봉을 지급하고 수조권을 폐지하였다.
⑤ 개국 공신에게 인성, 공로를 기준으로 토지를 지급하였다.

03 빈출
72회 25번
밑줄 그은 '이 법'에 대한 설명으로 옳은 것은? [1점]

이원익은 방납의 폐단을 없애고자 선혜청을 두고 이 법을 실시할 것을 주장했습니다.

방납의 폐단을 개혁하고자 한 인물
이이 / 유성룡 / 이원익 / 김육

① 양반에게도 군포를 거두었다.
② 토지 1결당 쌀 2두의 결작을 부과하였다.
③ 전세를 풍흉에 따라 9등급으로 차등 과세하였다.
④ 부족한 재정 보충을 위해 선무군관포를 징수하였다.
⑤ 관청에 물품을 조달하는 공인이 등장하는 배경이 되었다.

04
70회 23번
밑줄 그은 '제도'에 대한 설명으로 옳은 것을 〈보기〉에서 고른 것은? [2점]

말풍선1: 이원익의 건의로 경기도에서 시행되는 수취 제도에 대해 설명해 주세요.
말풍선2: 이번에 시행되는 제도는 지방의 특산물을 징수하면서 나타난 방납의 폐단을 막아 백성들의 부담을 줄여주기 위한 것입니다. 공물을 현물 대신 토지의 결 수에 따라 쌀로 납부합니다.

〈보기〉
ㄱ. 선혜청에서 관련 업무를 담당하였다.
ㄴ. 재정을 보충하기 위해 지주에게 결작을 부과하였다.
ㄷ. 관청에 물품을 조달하는 공인이 등장하는 배경이 되었다.
ㄹ. 어장세, 선박세 등이 국가 재정으로 귀속되는 결과를 가져왔다.

① ㄱ, ㄴ   ② ㄱ, ㄷ   ③ ㄴ, ㄷ   ④ ㄴ, ㄹ   ⑤ ㄷ, ㄹ

● 주제별 출제 비중
*최근 3개년 기준(심화 76~63회)

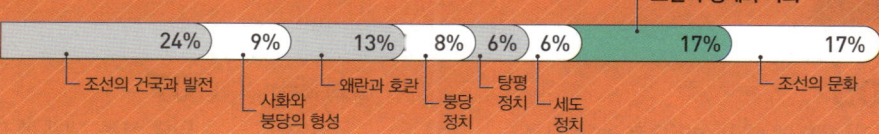

01 | 세종   정답 ②

자료 분석

정초 + 우리 풍토에 맞는 농법을 보급하기 위한 서적
→ 『농사직설』 → 세종

세종은 우리 풍토에 맞는 농법을 보급하기 위하여 정초, 변효문 등에게 『농사직설』을 편찬하게 하였다.

정답 해설

② 세종은 풍흉을 기준으로 조세의 수취량을 달리하는 연분 9등법을 시행하여 수취 체제를 정비하였다.

오답 체크

① 영조: 토지 소유자에게 결작을 징수하여 균역법 실시로 인한 재정 부족 문제에 대처하였다.
③ 광해군: 기유약조를 체결하여 일본과의 무역을 재개하였다.
④ 효종: 설점수세제를 시행하여 민간의 광산 개발을 허용하는 대신 세금을 징수하였다.
⑤ 세조: 직전법을 실시하여 현직 관리에게만 토지의 수조권을 지급하였다.

빈출 개념 | 세종 대의 과학 기술 서적

『농사직설』	우리 풍토에 맞는 농법을 정리한 농서
『칠정산』	우리나라 최초로 한양을 기준으로 천체 운동을 계산한 역법서

02 | 직전법   정답 ③

자료 분석

수신전, 휼양전 + 세조 + 과전을 없앰 → 직전법

조선 초기의 토지 제도인 과전법은 원칙적으로 토지의 세습을 금지하였으나, 수신전(죽은 관료의 아내에게 지급된 토지)과 휼양전(죽은 관료의 어린 자식에게 지급된 토지)의 명목으로 토지가 세습되었다. 이로 인해 새로 관직에 임명된 관리에게 줄 토지가 부족해지자, 세조는 직전법을 실시하여 현직 관리에게만 토지의 수조권(조세를 거둘 수 있는 권리)을 지급하였고, 수신전과 휼양전을 폐지하였다.

정답 해설

③ 직전법은 조선 전기 세조 때 관리에게 지급할 토지가 부족해지자 현직 관리에게만 토지의 수조권을 지급한 제도이다.

오답 체크

① 전시과(고려): 농사를 짓는 전지와 땔감을 거둘 수 있는 시지를 등급에 따라 지급하였다.
② 영정법(조선): 인조 때 풍흉에 관계없이 전세 부담액을 토지 1결당 4~6두로 고정하였다.
④ 녹봉제(조선): 명종 때 관리에게 녹봉만 지급하고 수조권을 폐지하였다.
⑤ 역분전(고려): 태조 왕건 때 개국 공신에게 인성, 공로를 기준으로 토지를 차등 지급하였다.

03 | 대동법   정답 ⑤

자료 분석

이원익 + 방납의 폐단을 없애고자 함 + 선혜청 → 대동법

대동법은 조선 후기 광해군 때 공물을 현물 대신 쌀, 베 등으로 납부하게 한 제도로, 방납의 폐단을 해결하기 위해 이원익 등의 건의로 시행되었다. 당시에는 공물을 대신 납부해주고 농민들에게 그 대가를 받는 방납이 성행하였는데, 점차 대가를 비싸게 받는 등 폐단이 심해졌다. 이에 광해군은 경기도에서 시범적으로 대동법을 실시하고 담당 관청으로 선혜청을 설치하였다. 이에 따라 농민들은 집집마다 현물을 내는 대신 토지 결 수를 기준으로 쌀, 베 등을 공물로 납부하게 되었고, 그 결과 농민들의 세금 부담이 줄어들었다.

정답 해설

⑤ 대동법은 관청에서 필요한 물품을 대신 구입해 조달하는 상인인 공인이 등장하는 배경이 되었다.

오답 체크

① 호포제: 양반에게도 군포를 부과한 제도로, 흥선 대원군이 군정의 문란을 해결하기 위해 시행하였다.
② 균역법: 영조 때 부족해진 재정을 보충하기 위해 지주에게 토지 1결당 미곡 2두의 결작을 부과하였다.
③ 연분 9등법: 세종 때 전세를 풍흉에 따라 9등급으로 차등 과세하였다.
④ 균역법: 영조 때 부족해진 재정을 보충하기 위해 지방의 토호나 일부 부유한 양민에게 선무군관이라는 명예직을 수여한 후 선무군관포를 징수하였다.

04 | 대동법   정답 ②

자료 분석

경기도에서 시행 + 방납의 폐단 + 공물을 현물 대신 토지의 결 수에 따라 쌀로 납부함 → 대동법

대동법은 조선 후기 광해군 때 공물을 현물 대신 쌀, 베 등으로 납부하게 한 제도이다. 방납의 폐단을 막고 백성들의 부담을 줄여주고자 광해군 때 이원익의 건의로 경기도에서 시범적으로 대동법이 시행되었다.

정답 해설

② ㄱ. 선혜청에서 대동법 관련 업무를 담당하였다.
  ㄷ. 대동법의 시행은 관청에서 필요한 물품을 조달하는 상인인 공인이 등장하는 배경이 되었다.

오답 체크

ㄴ, ㄹ. 균역법: 영조 때 균역법의 시행으로 부족해진 재정을 보충하기 위해 지주에게 토지 1결당 미곡 2두의 결작을 부과하였으며, 어장세, 선박세 등의 잡세 수입을 국가 재정으로 귀속시켰다.

07 조선의 경제와 사회

05
65회 25번

(가) 제도에 대한 설명으로 옳은 것은? [2점]

> 광해군 때 이원익이 방납의 폐단을 혁파하고자 선혜청을 두고 (가) 을/를 실시할 것을 청하였다. …… 맨 먼저 경기도 내에 시범적으로 실시하니 백성들은 대부분 편리하게 여겼다. 다만 권세가와 부호들은 방납의 이익을 잃기 때문에 온갖 방법으로 반대하였다. - 『국조보감』

① 양반에게도 군포를 부과하였다.
② 수신전과 휼양전을 폐지하였다.
③ 양전 사업을 실시하여 지계를 발급하였다.
④ 전세를 풍흉에 따라 9등급으로 차등 과세하였다.
⑤ 관청에 물품을 조달하는 공인이 등장하는 배경이 되었다.

07
69회 19번

밑줄 그은 '대책'에 대한 탐구 활동으로 가장 적절한 것은? [2점]

> 양역(良役)의 편중됨이 실로 양민의 뼈를 깎아 지탱하지 못하는 폐단이 됩니다. 전하께서 이를 불쌍하게 여겨 2필의 역을 특별히 1필로 감하였으니, 이는 천지와 같은 큰 은덕이요 죽은 사람을 살려 주는 은혜입니다. …… 그러나 이미 포를 감하였으니 마땅히 그 대신할 것을 보충해야 하나 나라의 재원은 한정이 있습니다. …… 이에 신들은 감히 눈앞의 한때 일을 다행으로 여기지 않고 좋은 대책을 찾아 반드시 오래도록 이어지게 하겠습니다.

① 공인이 등장하게 된 배경을 살펴본다.
② 당백전 발행이 끼친 영향을 파악한다.
③ 선무군관포를 징수한 목적을 찾아본다.
④ 토산물을 쌀, 동전 등으로 납부하게 한 원인을 조사한다.
⑤ 전세를 풍흉에 따라 9등급으로 차등 부과한 이유를 알아본다.

06
50회 23번

밑줄 그은 '왕'이 추진한 정책으로 옳은 것은? [2점]

> **역사 신문**
> 제△△호 ○○○○년 ○○월 ○○일
>
> **호패법 재실시 발표**
>
> 금일, 왕이 호패법을 다시 시행하라고 명령하였다. 이는 문란해진 군적을 정비하고 이괄의 난 이후 심상치 않은 백성들의 동태를 점검하기 위한 것으로 보인다. 호패법은 반정(反正) 직후부터 논의되어 왔으나, 새로 군역에 편입될 백성들의 반발을 우려하여 지금까지 시행이 미루어져 왔다.

① 공신에게 공로와 인품에 따라 역분전을 지급하였다.
② 삼정의 문란을 해결하고자 삼정이정청을 설치하였다.
③ 시전 상인의 특권을 축소하는 신해통공을 단행하였다.
④ 전세를 1결당 4~6두로 고정하는 영정법을 제정하였다.
⑤ 1년에 2필씩 걷던 군포를 1필로 줄이는 균역법을 시행하였다.

08
37회 27번

밑줄 그은 '방법'의 시행 내용으로 옳은 것을 〈보기〉에서 고른 것은? [2점]

> 왕이 명정전에 나아가 전·현직 대신을 비롯한 여러 신하들을 불러 양역의 변통 대책에 대해 논의하면서 말하였다.
> "호포나 결포가 모두 문제점이 있으니, 이제는 1필로 줄이는 것으로 온전히 돌아갈 것이다. 경들은 1필을 줄였을 때 생기는 세입 감소분을 대신할 방법을 강구하라."

〈보기〉
ㄱ. 토지 1결당 쌀 2두의 결작을 부과하였다.
ㄴ. 양전 사업을 실시하여 지계를 발급하였다.
ㄷ. 선무군관에게 1년에 1필의 군포를 징수하였다.
ㄹ. 관리들에게 경기 지방에 한하여 과전을 지급하였다.

① ㄱ, ㄴ ② ㄱ, ㄷ ③ ㄴ, ㄷ ④ ㄴ, ㄹ ⑤ ㄷ, ㄹ

05 | 대동법
정답 ⑤

자료 분석
광해군 + 방납의 폐단을 혁파 + 경기도 내에서 시범적으로 실시 → 대동법

대동법은 광해군 때 공물을 현물 대신 쌀, 베 등으로 납부하게 한 제도로, 방납의 폐단을 해결할 목적으로 시행되었다. 대동법은 광해군 때 경기도에서 시범적으로 실시되었고, 인조와 효종 때 각 도로 확대 실시되었으며, 숙종 때에 이르러 전국적으로 시행되었다.

정답 해설
⑤ 대동법의 시행 결과 관청에서 필요한 물품을 대신 구입하여 조달하는 상인인 공인이 등장하는 배경이 되었다.

오답 체크
① 호포제: 양반에게도 군포를 부과한 제도로, 흥선 대원군이 군정의 문란을 해결하기 위해 시행하였다.
② 직전법: 세조 때 현직 관리에게만 수조권을 지급하고 수조권이 세습되던 수신전과 휼양전을 폐지하였다.
③ 대한 제국 시기에 광무개혁의 일환으로 양전 사업을 실시하여 근대적 토지 소유권을 증명하는 문서인 지계를 발급하였다.
④ 연분 9등법: 세종 때 전세를 풍흉에 따라 9등급으로 차등 과세하였다.

06 | 인조
정답 ④

자료 분석
호패법 재실시 + 이괄의 난 + 반정 → 인조

인조는 서인 세력과 함께 반정을 일으켜 광해군을 폐위시키고 왕위에 올랐다. 이후 인조반정에 참여하였던 이괄이 공신 책봉에 불만을 품고 난을 일으켰으나, 이를 진압하였다. 한편 인조는 태종 때 실시되었던 호패법을 재실시하여 문란해진 군적을 정비하였다.

정답 해설
④ 인조는 전세를 풍흉에 관계없이 토지 1결당 4~6두로 고정하는 영정법을 제정하였다.

오답 체크
① 고려 태조 왕건: 개국 공신에게 공로와 인품에 따라 역분전을 차등 지급하였다.
② 조선 철종: 삼정(전정, 군정, 환곡)의 문란을 개선하기 위한 기구로 삼정이정청을 설치하였다.
③ 조선 정조: 자유로운 상업 활동을 장려하기 위해 시전 상인의 특권을 축소하는 신해통공을 단행하였다.
⑤ 조선 영조: 군역의 부담을 줄이고자 군포를 2필에서 1필로 줄이는 균역법을 시행하였다.

07 | 균역법
정답 ③

자료 분석
2필의 역을 특별히 1필로 감함 → 균역법

균역법은 조선 영조 때 백성들의 군역 부담을 줄이기 위해 실시한 제도로, 군포를 2필에서 기존의 절반인 1필로 줄였다. 이로 인해 감소된 국가 재정을 보충하기 위하여 토지를 소유하고 있는 자에게 토지 1결당 미곡 2두의 결작을 부과하였다. 또한 어장세, 염세, 선박세 등의 잡세 수입도 국가 재정으로 귀속시켰다.

정답 해설
③ 균역법의 시행으로 부족해진 재정을 보충하기 위해 지방의 토호나 일부 부유한 양민에게 선무군관이라는 명예직을 수여한 후 선무군관포를 징수하였다.

오답 체크
① 대동법: 시행 결과 관청에서 필요한 물품을 구입하여 조달하는 상인인 공인이 등장하였다.
② 고종 때 흥선 대원군이 경복궁 중건을 위한 재정 문제를 해결하기 위해 고액 화폐인 당백전을 대량으로 발행하였으며, 이 결과 물가가 상승하게 되었다.
④ 대동법: 광해군 때 방납의 폐단을 해결하기 위해 토산물을 쌀, 동전, 베 등으로 납부하게 하였다.
⑤ 연분 9등법: 조선 세종 때 전세를 풍흉에 따라 9등급으로 차등 부과하였다.

08 | 균역법
정답 ②

자료 분석
양역의 변통 대책 + 1필로 줄이는 것 → 균역법

조선 후기에 양역(양인이 지는 역)의 폐단이 심해지자 이를 시정하자는 양역 변통론이 대두하였다. 이에 모든 가호에 군포를 부과하자는 호포, 토지 면적에 따라 군포를 부과하자는 결포 등의 주장이 나왔지만 시행되지는 못하였다. 이후 영조는 양역 변통론의 대안으로 균역법을 시행하여 1년에 2필씩 걷던 군포를 1필로 감면하였다.

정답 해설
② ㄱ. 균역법의 시행으로 부족해진 재정을 보충하기 위해 토지 소유자에게 토지 1결당 쌀 2두의 결작을 부과하였다.
ㄷ. 균역법의 시행으로 부족해진 재정을 보충하기 위해 일부 부유한 양민에게 선무군관이라는 직책을 부여하고 1년에 1필의 군포를 징수하였다.

오답 체크
ㄴ. 양전·지계 사업(대한 제국): 양전 사업을 실시하고 토지 소유권 증명서인 지계를 발급하였다.
ㄹ. 과전법(고려 말~조선 초): 전·현직 관리들에게 경기 지방에 한하여 과전을 지급하였다.

빈출 개념 | 균역법

배경	관청에서 농민들에게 군포를 규정보다 초과하여 징수
내용	영조 때 1년에 2필씩 걷던 군포를 1필로 감면
재정 보충책	결작, 선무군관포, 어장세·염세·선박세 등으로 충당

07 조선의 경제와 사회

09 74회 27번

밑줄 그은 '이 시기'의 경제 상황으로 옳은 것은? [1점]

이것은 한양의 모습을 그린 수선총도입니다. 지도에서 시전의 위치를 확인할 수 있습니다. 이를 통해 알 수 있는 내용에 대해 더 설명해 주시겠어요?

지도에는 종로에 위치한 시전 외에도 도성 내 이현, 남대문 밖의 칠패와 같은 난전이 표기되어 있습니다. 이를 통해 시장이 도성 밖으로 확대되고 있던 이 시기의 모습을 확인할 수 있습니다. 당시에는 서로의 취급 물품을 두고 난전과 시전 사이의 갈등, 시전들 간의 다툼이 일어나기도 하였습니다.

① 백성에게 정전이 지급되었다.
② 초량 왜관을 통해 일본과 교역하였다.
③ 주전도감에서 해동통보가 발행되었다.
④ 벽란도가 국제 무역항으로 번성하였다.
⑤ 시장을 관리하기 위한 동시전이 설치되었다.

10 71회 23번

다음 자료를 활용한 탐구 활동으로 가장 적절한 것은? [2점]

> 좌의정 채제공이 왕에게 아뢰었다. "빈둥거리는 무뢰배가 삼삼오오 떼를 지어 스스로 상점을 개설하고 일용품을 거래하는 일이 많아졌습니다. 그들은 큰 물건에서 작은 물건까지 싼값에 억지로 사들이기 일쑤입니다. 혹 물건 주인이 말을 듣지 않으면 난전(亂廛)으로 몰아서 결박하여 형조와 한성부로 끌고 가 혹독한 형벌을 당하도록 합니다. 이 때문에 물건 주인은 본전에서 밑지더라도 어쩔 수 없이 팔고 갑니다. 그리고 무뢰배들은 제각기 가게를 벌여놓고 배나 되는 값을 받습니다. 어쩔 수 없이 사야 하는 사람은 그 가게 외에서는 물건을 구할 수 없기 때문에, 물건 값이 날마다 치솟고 있습니다."

① 계해약조의 체결 과정을 확인한다.
② 오가작통법의 실시 목적을 파악한다.
③ 신해통공을 단행하게 된 배경을 조사한다.
④ 토지 소유자에게 결작을 부과한 이유를 살펴본다.
⑤ 풍흉에 따라 전세를 차등 부과하는 기준을 알아본다.

11 70회 25번

다음 상황이 나타난 시기에 볼 수 있는 모습으로 적절하지 않은 것은? [1점]

> 김화진 등이 아뢰기를, "…… 만상과 송상이 함께 수많은 가죽을 마음대로 밀무역을 합니다. 수달 가죽은 금지 품목 가운데 하나인데 변경을 지키는 관리들이 대수롭지 않게 여겨 1년, 2년이 되면 곧 일상적인 물건과 같아지니 …… 이후로는 한결같이 법전에 의거하여 금지 조항을 거듭 자세히 밝혀서 송상과 만상에게 법을 범해서는 안 되며, 범하는 사람이 있으면 일일이 적발하여 법에 따라 엄격하게 처벌한다는 것을 분명히 알게 해야 합니다. 아울러 살피지 못한 변방의 관리들도 드러나는 대로 무겁게 다스린다는 뜻을 분명히 알게 해야 합니다.……"라고 하니, 임금이 그리하라 하였다.

① 채굴 노동자를 고용하는 덕대
② 벽란도에서 교역하는 송의 상인
③ 상평통보로 물건을 거래하는 보부상
④ 포구에서 물품의 매매를 중개하는 여각
⑤ 담배, 인삼 등 상품 작물을 재배하는 농민

12 빈출 75회 26번

다음 상황이 나타난 시기의 경제 모습으로 옳지 않은 것은? [2점]

> 비가 내리자 왕이 특별히 화성부에 이르기를, "흉년이 들었을 때 기근을 구제하는 데 서쪽 지방의 토란이나 남쪽 지방의 고구마보다 월등히 나은 것은 메밀이다. 내가 이 때문에 모내기의 시기를 놓치게 되면 반드시 메밀을 대신 파종하도록 권장하는 것이다."라고 하였다.

① 염포의 왜관을 통해 일본과 교역하였다.
② 상평통보를 발행하여 화폐로 사용하였다.
③ 관청에 물품을 조달하는 공인이 활동하였다.
④ 송상, 만상이 대청 무역으로 부를 축적하였다.
⑤ 덕대가 물주에게 자금을 받아 광산을 경영하였다.

09 | 조선 후기의 경제 상황
정답 ②

자료 분석

칠패 + 종루 시전 + 이현 + 시장이 도성 밖으로 확대됨
→ 조선 후기의 경제 상황

조선 후기에는 시장이 도성 밖으로 확대되었으며, 한양(서울) 도성 안팎으로 종루(종로) 시전, 이현(동대문), 칠패(남대문) 등이 상업 중심지로 성장하였다. 시전·난전 상인들은 종루 시전과 이현, 칠패에서 활발한 상업 활동을 전개하였으며, 상인들 간에 서로의 취급 물품을 두고 갈등이 일어났다.

정답 해설

② 조선 후기에는 각 지방의 장시를 연결하면서 물품을 교역하고, 각지에 지점을 둔 상인인 사상이 성장하였는데, 특히 동래의 내상 등이 초량 왜관을 통해 일본과 교역하였다.

오답 체크

① 통일 신라: 성덕왕 때 백성에게 정전이 지급되었다.
③ 고려 시대: 숙종 때 주전도감에서 해동통보, 은병(활구) 등이 발행되었다.
④ 고려 시대: 예성강 하구의 벽란도가 국제 무역항으로 번성하여 송·일본·아라비아 상인들과 교역하였다.
⑤ 신라: 지증왕 때 수도 경주에 시장인 동시와 이를 관리하기 위한 관청인 동시전이 설치되었다.

10 | 신해통공
정답 ③

자료 분석

채제공 + 난전으로 몰아서 혹독한 형벌을 당함
+ 사람들이 그 가게 외에서는 물건을 구할 수 없음 → 금난전권
→ 신해통공의 실시 배경

조선 후기에는 상업이 발달하면서 난전이 크게 늘어나자 시전 상인들은 불법으로 장사하는 난전을 단속해 줄 것을 요구하였다. 이에 정부는 시전 상인들에게 난전을 단속할 수 있는 권리인 금난전권을 부여하였으나 점차 시전 상인들이 지나치게 난전을 단속하고 상품을 독점하여 피해가 커지게 되었다. 이에 정조 때 채제공의 건의로 육의전을 제외한 시전 상인의 금난전권을 폐지하는 신해통공이 실시되었다.

정답 해설

③ 정조 때 상업의 발전을 위해 육의전을 제외한 시전 상인의 금난전권을 폐지하는 신해통공을 실시하여 난전을 단속하던 시전 상인의 특권을 축소시켰다.

오답 체크

① 세종 때 3포 개항 이후 일본과의 교역량이 지나치게 증가하자, 제한된 범위 내에서 일본의 무역을 허용한 계해약조가 체결되었다.
② 조선 시대에 백성의 이탈을 방지하고 통제하기 위해 5가구를 1통으로 묶어 서로를 감시하도록 제도인 오가작통법이 실시되었다.
④ 균역법: 영조 때 부족해진 재정을 보충하기 위해 토지 소유자에게 토지 1결당 미곡 2두의 결작을 부과하였다.
⑤ 연분 9등법: 세종 때 풍흉에 따라 9등급으로 최고 20두에서 최소 4두까지 전세를 차등 부과하였다.

11 | 조선 후기의 모습
정답 ②

자료 분석

만상과 송상 → 조선 후기

조선 후기에는 사상들도 자유롭게 상업 활동을 전개하였다. 특히 개성의 송상과 의주의 만상이 대청 무역을 통해 부를 축적하였는데, 송상은 청나라에 인삼 등을 판매하였고, 만상은 책문 후시(밀무역)를 통해 청나라와의 무역을 주도하였다.

정답 해설

② 고려 시대에는 예성강 하구의 벽란도가 국제 무역항으로 번성하여 송·일본·아라비아 상인들이 왕래하는 등 교류가 활발하였다.

오답 체크

① 조선 후기에는 광산 전문 경영인인 덕대가 채굴 노동자를 고용하여 광산을 운영하였다.
③ 조선 후기에는 상평통보가 전국적으로 유통되었고, 봇짐이나 등짐을 지고 물건을 다는 보부상들이 전국의 장시를 돌아다니며 물건을 거래하였다.
④ 조선 후기에는 수로 교통의 발달로 포구가 상업의 중심지로 성장하여 객주와 여각이 포구에서 중개·금융·숙박업 등에 주력하였다.
⑤ 조선 후기에는 농민들이 소득이 높은 인삼, 담배 등의 상품 작물을 재배하였다.

빈출 개념 | 조선 후기의 대표적인 사상

송상(개성)	• 전국에 송방이라는 지점을 설치 • 주로 인삼을 재배·판매, 대외 무역 전개
경강 상인(한양)	• 한강을 근거로 미곡·소금·어물 등의 운송·거래 • 선박 건조업 등 생산 분야에도 진출
만상(의주)	책문 후시 등을 통해 대중국 무역 주도
내상(동래)	왜관을 중심으로 대일 무역 주도

12 | 조선 후기의 경제 모습
정답 ①

자료 분석

고구마 + 메밀 + 모내기 → 조선 후기

조선 후기에는 고구마, 메밀 등 흉년의 영향을 크게 받지 않는 작물인 구황 작물이 널리 전래되어 재배되었으며, 모내기(이앙법)가 전국적으로 보급되면서 이모작이 가능해져 농업 생산량이 증가하였다.

정답 해설

① 조선 전기에 부산포·내이포·염포 등의 3포를 일본에 개항하고 왜관을 두어 교역하였으며, 중종 때 3포 왜란을 계기로 염포 왜관이 폐쇄되었다.

오답 체크

② 조선 후기에 상업이 발달하여 화폐의 필요성이 높아지자 상평통보를 발행하여 화폐로 사용하였다.
③ 조선 후기에 대동법의 시행으로 관청에 물품을 조달하는 공인이 활동하였다.
④ 조선 후기에 대표적인 사상인 송상, 만상은 대청 무역을 전개하여 부를 축적하였다.
⑤ 조선 후기에 설점수세제가 시행되어 민간의 광산 채굴이 허용되었으며, 광산을 전문적으로 운영하는 경영가인 덕대가 물주에게 자금을 받아 광산을 경영하였다.

07 조선의 경제와 사회

13 72회 27번
다음 자료에 나타난 시기의 경제 상황으로 옳지 않은 것은? [1점]

> 비변사의 계사에, "현재 시전의 병폐로 서울과 지방의 백성이 원망하는 바는 오로지 도고(都庫)에 있습니다. 시중 시세를 조종하여 홀로 이익을 취하니 그 폐단은 한이 없습니다. 한성부에서 엄히 금하도록 하되 그 가운데 매우 심하게 폐단을 빚는 3강(한강·용산강·서강)의 시목전(柴木廛)·염해전(鹽醢廛)과 같은 무리는 그 주모자를 색출하여 형조로 송치해서 엄한 형벌로 다스려 후일을 징계하도록 분부하는 것이 어떻겠습니까?" 하니 윤허한다고 답하였다.

① 금속 화폐인 건원중보가 주조되었다.
② 담배와 면화 등의 상품 작물이 재배되었다.
③ 보부상이 장시를 돌아다니며 상업 활동을 하였다.
④ 모내기법의 확대로 벼와 보리의 이모작이 성행하였다.
⑤ 설점수세제의 시행으로 민간의 광산 개발이 허용되었다.

15 68회 23번
다음 상황이 나타난 시기에 볼 수 있는 모습으로 적절하지 않은 것은? [1점]

① 벽란도에서 인삼을 사는 송의 상인
② 호랑이를 소재로 민화를 그리는 화가
③ 광산 노동자에게 품삯을 나눠주는 덕대
④ 여러 장시를 돌며 물품을 판매하는 보부상
⑤ 저잣거리에서 영웅 소설을 읽어주는 전기수

14 44회 24번
(가), (나)에 대한 설명으로 가장 적절한 것은? [2점]

① (가) - 혜상공국을 통해 정부의 보호를 받았다.
② (가) - 전국 각지에 송방이라는 지점을 설치하였다.
③ (나) - 책문 후시를 통해 청과의 무역을 주도하였다.
④ (나) - 금난전권을 행사해 사상의 활동을 억압하였다.
⑤ (가), (나) - 근대적 상회사인 대동 상회를 설립하였다.

16 47회 25번
다음 상황이 나타난 시기에 볼 수 있는 모습으로 적절한 것을 <보기>에서 고른 것은? [3점]

> 경상도 영덕의 오래되고 유력한 가문은 모두 남인이고, 이른바 신향(新鄕)은 서인이라고 자칭하는 자들입니다. 요즘 서인이 향교를 장악하면서 구향(舊鄕)과 마찰을 빚고 있던 중, 주자의 초상화가 비에 젖자 신향은 자신들이 비난을 받을까 봐 책임을 전가시킬 계획을 꾸몄습니다. 그래서 주자의 초상화와 함께 송시열의 초상화도 숨기고 남인이 훔쳐 갔다는 말을 퍼뜨렸습니다.

〈보기〉
ㄱ. 염포의 왜관에서 교역하는 상인
ㄴ. 시사(詩社)에서 문예 활동을 하는 역관
ㄷ. 시전의 상행위를 감독하는 경시서의 관리
ㄹ. 장시에서 상평통보로 물건값을 치르는 농민

① ㄱ, ㄴ ② ㄱ, ㄷ ③ ㄴ, ㄷ ④ ㄴ, ㄹ ⑤ ㄷ, ㄹ

13 | 조선 후기의 경제 상황   정답 ①

자료 분석

> 비변사 + 도고 → 조선 후기
>
> 조선 후기에는 독점적 도매 상인인 도고가 등장하여 한 가지 물품을 대량으로 취급하며 홀로 이익을 취하는 등 폐단이 발생하였다. 또한 조선 후기에 비변사가 조직과 기능이 확대되어 변방의 일뿐만 아니라 거의 모든 정무를 총괄하게 되었다.

정답 해설
① 금속 화폐인 건원중보는 우리나라 최초의 화폐로, 고려 성종 때 주조되었다.

오답 체크
② 조선 후기에는 담배와 면화 등 소득이 높은 상품 작물이 재배되었다.
③ 조선 후기에는 보부상들이 장시를 돌아다니며 상업 활동을 하였다.
④ 조선 후기에는 모내기법(이앙법)이 확대되어 벼와 보리를 번갈아 가면서 짓는 이모작이 성행하였다.
⑤ 조선 후기에는 설점수세제가 시행되어 관청에서 세금을 징수하는 조건으로 민간의 광산 개발이 허용되었다.

빈출 개념 | 조선 후기의 경제 상황

농업	상품 작물(채소, 담배 등) 및 구황 작물(고구마, 감자 등) 재배
상업	• 독점적 도매 상인인 도고 등장 • 송상(개성), 경강 상인(한강), 내상(부산), 만상(의주) 등 사상 발달 • 장시들을 연결해주는 보부상이 활동 • 대외 무역 발달(개시·후시 무역)
광업	• 민간인의 광산 채굴을 허용하고 세금을 거두는 설점수세제 실시 • 광산 경영 전문가인 덕대의 등장

14 | 송상과 경강 상인   정답 ②

자료 분석

> (가) 개성 상인 → 송상
> (나) 한강을 무대로 정부의 세곡 운송을 주도함 → 경강 상인
>
> 조선 후기에는 상품 화폐 경제의 발달로 전국 각지에서 사상이 성장하였다. 우선 개성의 송상은 주로 인삼을 재배하고 판매하였으며, 사개치부법이라는 독자적인 회계법을 사용하였다. 한편 경강 상인은 한강을 근거지로 미곡, 소금, 어물 등의 운송과 거래를 장악하며 성장하였다. 또한 경강 상인은 정부의 세곡 운송을 주도하기도 하였다.

정답 해설
② 송상은 조선 후기에 개성을 근거지로 활동하였으며, 전국 각지에 송방이라는 지점을 설치하였다.

오답 체크
① 보부상: 봇짐이나 등짐을 지고 돌아다니며 물건을 파는 상인으로, 개항 이후에는 혜상공국을 통해 정부의 보호를 받았다.
③ 만상: 의주를 근거지로 활동한 사상으로, 책문 후시를 통해 대청 무역을 주도하였다.
④ 시전 상인: 난전을 단속하는 권리인 금난전권을 행사하여 사상의 활동을 억압하였다.
⑤ 평안도 상인들은 근대적 상회사인 대동 상회를 설립해 1880년대 외국 상인의 상권 침탈에 맞섰다.

15 | 조선 후기의 모습   정답 ①

자료 분석

> 산대놀이 + 상평통보 + 고추, 담배 → 조선 후기
>
> 조선 후기에는 농민들이 소득이 높은 고추와 담배 등의 상품 작물을 재배하였고, 경제가 활성화되어 상평통보 등 화폐의 유통이 전국적으로 확대되었다. 또한 이 시기에는 서민 문화가 발달하여 장시에서는 탈춤과 산다 놀이 등의 가면극과 「춘향가」 등의 판소리가 성행하였다.

정답 해설
① 고려 시대에는 예성강 하구의 벽란도가 국제 무역항으로 번성하여, 송·일본·아라비아와 활발한 무역 활동을 전개하였다.

오답 체크
② 조선 후기에 서민층에서는 호랑이, 까치 등을 소재로 한 민화가 유행하였다.
③ 조선 후기에는 광업이 발달하여 물주의 자금으로 광산을 경영하는 전문가인 덕대가 등장하였다.
④ 조선 후기에는 송파장, 강경장 등과 같은 각지의 장시를 돌아다니며 봇짐이나 등짐을 지고 물건을 파는 보부상들이 장시를 연결하는 역할을 하였다.
⑤ 조선 후기에는 저잣거리에서 영웅 소설이나 한글 소설 등을 읽어주는 전기수가 등장하였다.

16 | 조선 후기의 모습   정답 ④

자료 분석

> 신향 + 구향과 마찰을 빚고 있음 → 향전 → 조선 후기
>
> 조선 후기에는 양반의 수가 증가하고, 경제적으로 몰락하는 양반이 늘어나면서 양반의 권위가 점점 떨어졌다. 이러한 상황에서 경제적으로 성장한 부농층이 새롭게 향촌 사회에 등장하여 신향이라는 세력을 형성하였다. 신향은 향안에 오른 사족들의 총회인 향회에서 기존의 구향 세력과 대립하였는데, 이들 사이에 벌어진 싸움을 향전이라고 한다.

정답 해설
④ ㄴ. 조선 후기에는 역관 등 중인들이 시사라는 문예 모임을 조직하고 문예 활동을 펼쳤다.
ㄹ. 조선 후기에는 장시에서 상평통보 등의 화폐가 널리 사용되었다.

오답 체크
ㄱ. 조선 전기: 염포(울산)의 왜관에서 일본과 교역하였으며, 조선 후기에는 동래의 왜관에서 교역이 이루어졌다.
ㄷ. 고려 시대~조선 전기: 경시서는 시전의 상행위를 감독한 관청으로, 고려 시대에 설치되어 운영되다가 조선 전기인 세조 때 평시서로 개칭되었다.

07 조선의 경제와 사회

17
64회 19번
(가)에 대한 설명으로 옳은 것은? [2점]

> 1. 처음 [(가)] 을/를 정할 때 약문(約文)을 동지에게 두루 보이고 그 마음을 바로잡고, 몸가짐을 단속하고, 착하게 살고, 허물을 고치기 위해 약계(約契)에 참례하기를 원하는 자 몇 사람을 가려 서원에 모아 놓고 약법(約法)을 의논하여 정한 다음 도약정(都約正), 부약정 및 직월(直月)·사화(司貨)를 선출한다. ……
> 1. 물건으로 부조할 때는 약원이 사망하였다면 초상 치를 때 사화가 약정에게 고하여 삼베 세 필을 보내고, 같은 약원들은 각각 쌀 다섯되와 빈 거적때기 세 닢씩 내어서 상을 치르는 것을 돕는다.
> — 『율곡전서』

① 7재라는 전문 강좌를 두었다.
② 옥당이라고 불리며 경연을 담당하였다.
③ 중앙에서 파견된 교수나 훈도가 지도하였다.
④ 풍속 교화와 향촌 자치 등의 역할을 하였다.
⑤ 매향(埋香) 활동 등 각종 불교 행사를 주관하였다.

18
40회 21번
(가) 신분에 대한 설명으로 옳은 것은? [2점]

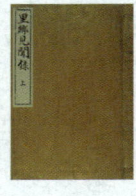

이 책은 [(가)] 출신인 유재건이 지은 인물 행적기로, 위항 문학 발달에 크게 기여하였다. [(가)] 은/는 자신들의 신분에 따른 사회적인 차별에 불만이 많았는데, 시사(詩社)를 조직하는 등의 문예 활동을 통해 스스로의 위상을 높이고자 하였다. 책의 서문에는 이항(里巷)*에 묻혀 있는 유능한 인사들의 행적을 기록하여 세상에 널리 알리고자 이 책을 썼다고 밝히고 있다.

『이향견문록』
* 이항: 마을의 거리

① 매매, 증여, 상속의 대상이 되었다.
② 장례원을 통해 국가의 관리를 받았다.
③ 공장안에 등록되어 수공업 제품 생산을 담당하였다.
④ 양인이지만 천역을 담당하는 신량역천으로 분류되었다.
⑤ 관직 진출 제한을 없애달라는 소청 운동을 전개하였다.

19
68회 28번
(가)에 들어갈 대답으로 적절한 것은? [2점]

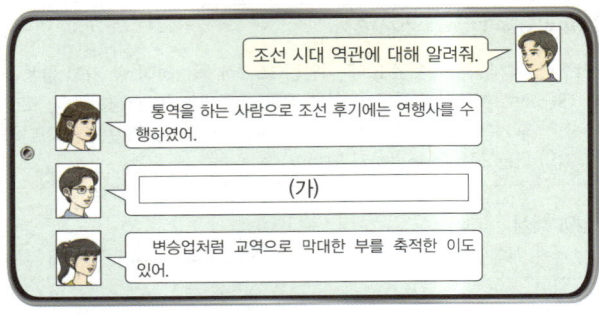

조선 시대 역관에 대해 알려줘.
통역을 하는 사람으로 조선 후기에는 연행사를 수행하였어.
(가)
변승업처럼 교역으로 막대한 부를 축적한 이도 있어.

① 사간원에서 간쟁을 담당하였어.
② 매매, 상속, 증여의 대상이었어.
③ 수군, 봉수 등 천역에 종사하였어.
④ 수령을 보좌하면서 향촌 실무를 담당하였어.
⑤ 사역원에서 『노걸대언해』 같은 교재로 교육받았어.

20
35회 31번
(가)에 대한 설명으로 옳은 것을 <보기>에서 고른 것은? [1점]

> 지난 을축년 영중추부사 이원익이 정승으로 있을 때에, …… [(가)] 의 관직 진출을 허용하도록 정하였습니다. 양첩 소생은 손자 대에 가서 허용하고, 천첩 소생은 증손 대에 가서 허용하며, 과거에 급제한 뒤에는 요직은 허용하되 청직은 허용하지 않는 것으로 임금님의 재가를 받았습니다. …… 지금부터는 전교하신 대로 재능에 따라 의망(擬望)*하는 것이 어떻겠습니까?
> * 의망: 관직 후보자를 추천하는 것

〈보기〉
ㄱ. 화척, 양수척 등으로 불렸다.
ㄴ. 수차례 통청 운동을 전개하였다.
ㄷ. 규장각 검서관에 등용되기도 하였다.
ㄹ. 차별 철폐를 위해 조선 형평사를 조직하였다.

① ㄱ, ㄴ   ② ㄱ, ㄷ   ③ ㄴ, ㄷ   ④ ㄴ, ㄹ   ⑤ ㄷ, ㄹ

17 | 향약 정답 ④

자료 분석

> 약문 + 도약정 + 부약정 → 향약
>
> 향약은 중종 때 조광조에 의해 처음 시행된 향촌 규약(향촌 내 사람들 간의 약속)으로, 규약문을 통해 약정·도약정(회장), 부약정(부회장) 등의 직책과 지켜야 할 사항을 정하였다. 향약은 전통적인 공동 조직과 미풍양속을 계승하고 유교 윤리를 통해 향촌 질서를 수립하고자 하였으며, 풍속 교화와 향촌 자치의 역할을 하였다.

정답 해설

④ 향약은 조선 사회의 풍속 교화와 향촌 자치 등의 역할을 하였다.

오답 체크

① 국자감은 고려의 최고 교육 기관으로, 예종 때 7재라는 전문 강좌를 두었다.
② 홍문관은 조선 시대에 국왕의 자문을 담당한 기구로, 옥당이라고 불리며 경연을 담당하였다.
③ 향교는 조선 시대 지방의 중등 교육 기관으로, 중앙에서 교관인 교수나 훈도가 파견되어 학생들을 지도하였다.
⑤ 향도: 고대부터 결성된 전통적 조직으로, 조선 시대까지 이어졌는데, 초기에는 향나무를 바닷가에 묻는 매향(埋香) 활동 등 각종 불교 행사를 주관하는 불교 신앙 단체로 조직되었으나 점차 마을 공동 의식을 주관하는 농민 공동 조직으로 변화되었다.

18 | 중인 정답 ⑤

자료 분석

> 『이향견문록』 + 위항 문학 + 시사를 조직 → 중인
>
> 조선 후기에 중인들은 위항 문학을 발전시켰으며, 일종의 문예 모임인 시사를 조직하는 등 활발한 문예 활동을 전개하였다. 대표적인 위항 문학으로는 『이향견문록』, 『연조귀감』 등이 있다.

정답 해설

⑤ 조선 후기에 중인들은 관직 진출의 제한을 없애달라는 소청 운동을 전개하였다.

오답 체크

①, ② 노비: 전통적 신분제 사회에서의 최하층 신분으로, 매매·증여·상속의 대상이 되었다. 이들은 노비의 호적과 소송에 관한 업무를 담당하던 관청인 장례원을 통해 국가의 관리를 받았다.
③ 상민 중 수공업자는 공장안에 등록되어 수공업 제품 생산을 담당하였다.
④ 신량역천은 신분은 양인이나 천역을 담당하던 계층으로, 조례(관청의 잡일 담당), 나장(형사 업무, 죄인 압송) 등이 해당되었다.

빈출 개념 | 조선의 중인

의미	· 넓은 의미로는 양반과 상민의 중간 계층을 의미 · 좁은 의미로는 역학, 의학 등을 담당하는 기술관을 의미
구성	· 향리: 수령을 보좌, 지방 행정 실무 담당 · 역관: 사신 수행을 통해 무역에 관여하며 부를 축적 · 서얼: 양반 첩의 자식으로 문과 응시 금지
관련 서적	『이향견문록』, 『연조귀감』

19 | 조선 시대 역관 정답 ⑤

자료 분석

> 조선 시대 역관
>
> 조선 시대의 역관은 통역, 번역 등 역학에 관한 업무를 담당했던 관리로, 주로 청나라에 파견되는 연행사라는 사신을 수행하였다. 한편 역관들은 사행을 따라 외국에 자주 드나들면서 밀무역을 부업으로 하여 상당한 부를 축적할 수 있었는데, 대표적인 인물로는 일본과의 교역으로 막대한 부를 축적한 변승업 등이 있다.

정답 해설

⑤ 조선 시대의 역관은 외국어의 통역과 번역에 관한 일을 관장하던 기구인 사역원에서 중국어 학습서인 『노걸대』 원문을 한글로 번역한 『노걸대언해』와 같은 교재로 교육을 받았다.

오답 체크

① 간관: 조선 시대의 언론 기관 중 하나인 사간원의 관리로, 간쟁과 봉박을 담당하였다. 한편, 삼사의 관원들은 양반들이 주로 임명되었다.
② 노비: 전통적 신분제 사회에서 최하층 신분으로, 매매, 상속, 증여의 대상이 되었다.
③ 신량역천: 양인 신분이면서 천역에 종사하던 신분층으로, 조선 시대에 수군, 봉수군 등이 이에 해당되었다.
④ 향리: 조선 시대에 하급 관리로, 지방 관아에서 수령을 보좌하면서 향촌 실무를 담당하였다.

20 | 서얼 정답 ③

자료 분석

> 양첩 소생, 천첩 소생 → 서얼
>
> 서얼은 양반의 자손 가운데 첩의 소생을 뜻하는 말로, 중인과 같은 신분적 처우를 받아 중서라고도 불렸다. 이들은 문과에 응시하는 것이 금지되었고, 무반직에 급제하여도 승진이 제한되었으며, 그 자손도 차별받았다. 이러한 상황에서 영·정조 때 서얼들은 수차례 집단으로 상소하며 허통(문과에 응시할 수 있는 권리)과 통청(청요직에 진출할 수 있는 권리)을 요구하는 신분 상승 운동을 지속적으로 전개하였다.

정답 해설

③ ㄴ. 서얼은 조선 후기에 집단적으로 통청 운동을 전개하며, 청요직으로의 진출을 허용해 줄 것을 요구하였다.
ㄷ. 서얼인 박제가, 유득공, 이덕무는 정조에게 능력을 인정받아 규장각 검서관에 등용되었다.

오답 체크

ㄱ. 백정: 조선 시대에 도살업 등의 천한 직업에 종사하여 화척, 양수척 등으로 불렸다.
ㄹ. 백정: 근대에 갑오개혁으로 신분제가 폐지되었음에도 백정에 대한 차별이 지속되자, 일제 강점기에 백정에 대한 차별 철폐를 위해 진주에서 이학찬을 중심으로 조선 형평사가 조직되었다.

08 조선의 문화

01
51회 20번

다음 검색창에 들어갈 문화유산에 대한 설명으로 옳은 것은? [1점]

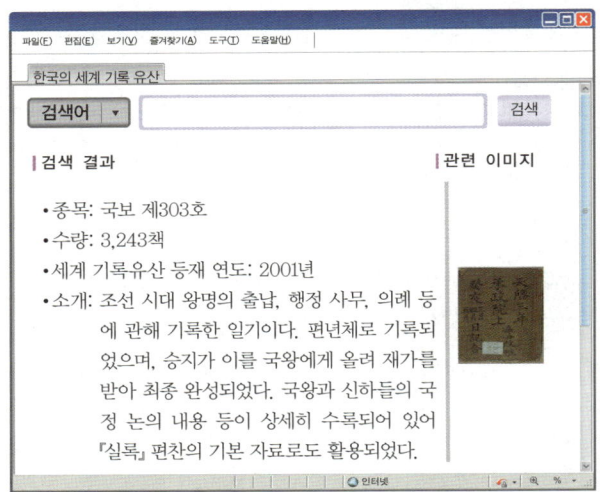

① 『비국 등록』이라고도 불렸다.
② 국왕의 비서 기관에서 작성하였다.
③ 세가, 지, 열전 등으로 구성되었다.
④ 우리나라 최고(最古)의 역사서이다.
⑤ 정조가 세손 시절부터 쓴 일기에서 유래하였다.

02
44회 25번

(가)~(마)에 대한 설명으로 옳은 것은? [2점]

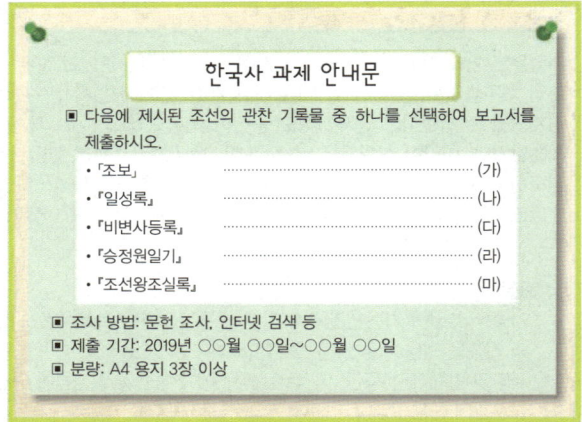

① (가) - 유네스코 세계 기록유산으로 등재되었다.
② (나) - 광해군 때부터 기록되기 시작하였다.
③ (다) - 국왕의 비서 기관에서 발행한 관보이다.
④ (라) - 정조가 세손 시절부터 쓴 일기에서 유래하였다.
⑤ (마) - 춘추관 관원들이 편찬 업무에 참여하였다.

03
58회 19번

밑줄 그은 '전하'의 재위 기간에 있었던 사실로 옳은 것은? [3점]

> 우리 주상 전하께서는 오방의 풍토가 같지 아니하여 곡식을 심고 가꾸는 데 각기 적당한 방법이 있다고 하셨다. 이에 여러 도의 감사에게 명하기를, 주현의 나이든 농부들을 방문하여 농사지은 경험을 아뢰게 하시고 또 신(臣) 정초에게 그 까닭을 덧붙이게 하셨다. 중복된 것을 버리고, 요약한 것만 뽑아 한 편의 책으로 만들고 제목을 『농사직설』이라고 하였다.

① 예학을 정리한 『가례집람』이 저술되었다.
② 국가의 의례를 정비한 『국조오례의』가 완성되었다.
③ 아동용 윤리·역사 교재인 『동몽선습』이 간행되었다.
④ 효자, 충신 등의 사례를 제시한 『삼강행실도』가 편찬되었다.
⑤ 군주가 수양해야 할 덕목을 제시한 『성학집요』가 집필되었다.

04
67회 20번

밑줄 그은 '이 역사서'에 대한 설명으로 옳은 것은? [3점]

> 대개 이미 지나간 나라의 흥망은 장래의 교훈이 되기 때문에 이 역사서를 편찬하여 올리는 바입니다. …… 범례는 사마천의 『사기』를 따르고, 대의(大義)는 모두 왕께 아뢰어 재가를 얻었습니다. 본기(本紀)라는 이름을 피하고 세가(世家)라고 한 것은 명분의 중요성을 나타내기 위함이며, 가짜 왕인 신씨들[신우, 신창]을 세가에 넣지 않고 열전으로 내린 것은 그들이 왕위를 도둑질한 사실을 엄히 논죄하려는 것입니다.

① 발해사를 우리 역사로 체계화하였다.
② 고구려 시조의 일대기를 서사시로 표현하였다.
③ 불교사를 중심으로 고대의 민간 설화를 수록하였다.
④ 고조선부터 고려 말까지의 역사를 연대순으로 기록하였다.
⑤ 조선 건국을 정당화하는 입장에서 고려의 역사를 정리하였다.

● 주제별 출제 비중
*최근 3개년 기준(심화 76~63회)

조선의 건국과 발전	사회와 붕당의 형성	왜란과 호란	붕당 정치	탕평 정치	세도 정치	조선의 경제와 사회	조선의 문화
24%	9%	13%	8%	6%	6%	17%	17%

01 『승정원일기』 정답 ②

자료 분석

조선 시대 왕명의 출납, 행정 사무, 의례 등에 관해 기록한 일기 + 『실록』 편찬의 기본 자료로도 활용 → 『승정원일기』

『승정원일기』는 조선 시대 국왕의 비서 기관인 승정원에서 작성한 것으로, 왕명의 출납, 행정 사무, 의례 등에 관해 기록한 일기이다. 이 책은 국왕과 신하들의 국정 논의 내용 등이 상세히 기록되어 있어 『실록』 편찬의 기본 자료로도 활용되었으며, 책에 기록된 업무 내용과 문서를 바탕으로 조선 시대의 정치·경제·사회 전반을 알 수 있다.

정답 해설

② 『승정원일기』는 조선 시대 국왕의 비서 기관인 승정원에서 작성하였다.

오답 체크

① 『비변사등록』: 비변사(비국)의 활동을 일기 형식으로 기록한 것이다.
③ 『고려사』: 조선 세종 때 편찬하기 시작해 문종 때 완성된 역사서로, 고려 시대의 역사가 세가, 지, 열전 등의 기전체 형식으로 구성되어 있다.
④ 『삼국사기』: 고려 인종 때 김부식 등이 왕명을 받아 편찬한 역사서로, 현존하는 가장 오래된 우리나라의 역사서이다.
⑤ 『일성록』: 조선 정조가 세손 시절부터 쓴 일기에서 유래되었다.

02 조선의 관찬 기록물 정답 ⑤

자료 분석

조선의 관찬 기록물

(가) 『조보』는 조선 시대에 조정의 소식을 알린 관보로, 일종의 신문 역할을 하였으며 승정원에서 발행되었다.
(나) 『일성록』은 조선 국왕들의 동정과 국정을 기록한 일기로, 영조 재위 시기에 세손이었던 정조가 쓴 일기에서 유래되었다.
(다) 『비변사등록』은 조선 후기 최고 국정 기관이었던 비변사의 활동을 일기 형식으로 기록한 것이다.
(라) 『승정원일기』는 조선 시대 승정원에서 왕과 신하 간에 오고 간 문서와 국왕의 일상 업무 내용을 일지 형식으로 작성한 것이다.
(마) 『조선왕조실록』은 태조부터 철종까지의 통치 내용을 「사초」, 「시정기」 등을 바탕으로 기록한 역사서이다.

정답 해설

⑤ 『조선왕조실록』은 역사서의 편찬과 보관을 담당하는 춘추관의 관원들이 편찬 업무에 참여하였다.

오답 체크

① 『조선왕조실록』, 『승정원일기』 등은 그 가치를 인정받아 유네스코 세계 기록유산으로 등재되었다.
② 『일성록』은 정조가 세손이었을 때부터 기록되기 시작하였다.
③ 『조보』: 국왕의 비서 기관인 승정원에서 발행한 관보이다.
④ 『일성록』: 영조 때 세손이었던 정조가 쓴 일기에서 유래되었다.

03 세종 정답 ④

자료 분석

정초 + 『농사직설』 → 세종

세종은 우리 고유의 문자인 훈민정음(한글)을 창제하고 반포하는 등 다양한 문화 정책을 펼친 왕으로, 재위 기간에 여러 서적이 간행되었다. 그중 농업 기술을 발전시키고자 신하인 정초, 변효문 등에게 우리나라의 풍토에 맞는 농사법을 정리한 『농사직설』을 편찬하게 하였다. 또한 한양을 기준으로 한 역법서인 『칠정산』 「내·외편」 등이 편찬되었다.

정답 해설

④ 세종 때 효자, 충신 등의 사례를 글과 그림으로 제시한 『삼강행실도』가 편찬되었다.

오답 체크

① 선조: 김장생이 주자의 『가례』를 해설하고 보충하여 예학을 조선의 현실에 맞게 정리한 『가례집람』을 저술하였다.
② 성종: 신숙주, 정척 등이 국가의 의례를 유교의 예법에 맞게 정비한 『국조오례의』를 완성하였다.
③ 중종: 박세무 등이 아동용 윤리·역사 교재인 『동몽선습』을 간행하였다.
⑤ 선조: 이이가 군주가 수양해야 할 덕목을 제시한 『성학집요』를 집필하여 선조에게 바쳤다.

04 『고려사』 정답 ⑤

자료 분석

본기라는 이름을 피하고 세가라고 한 것 + 가짜 왕인 신씨들[신우, 신창]을 세가에 넣지 않고 열전으로 내린 것 → 『고려사』

『고려사』는 조선 전기의 문신 정인지, 김종서 등이 왕명으로 고려 시대의 역사를 기전체 형식으로 정리한 역사서로, 세종의 명으로 편찬이 시작되어 문종 때에 완성되었다. 한편 『고려사』는 조선 건국을 정당화하는 목적과, 이전 왕조인 고려 무신 집권기부터 우왕, 창왕 때까지의 폐정을 경계하고자 하는 목적에서 편찬되었다.

정답 해설

⑤ 『고려사』는 조선 건국을 정당화하는 입장에서 고려 태조부터 공양왕까지의 역사를 정리하였다.

오답 체크

① 『발해고』: 조선 후기에 유득공이 저술한 역사서로, 발해사를 우리 역사로 체계화하고, 통일 신라와 발해를 묶어 남북국이라는 용어를 처음으로 사용하였다.
② 『동명왕편』: 고려 시대에 이규보가 저술한 역사서로, 고구려 시조인 동명왕(주몽)의 일대기를 서사시로 표현하였다.
③ 『삼국유사』: 고려 충렬왕 때 승려 일연이 저술한 역사서로, 불교사를 중심으로 고대의 민간 설화 등을 수록하였다.
④ 『동국통감』: 조선 전기 세조 때부터 시작되어 성종 때 완성된 역사서로, 고조선부터 고려 말까지의 역사를 연대순으로 기록한 편년체 통사로 편찬되었다.

08 조선의 문화

05
48회 20번

교사의 질문에 대한 학생의 답변으로 옳은 것은? [1점]

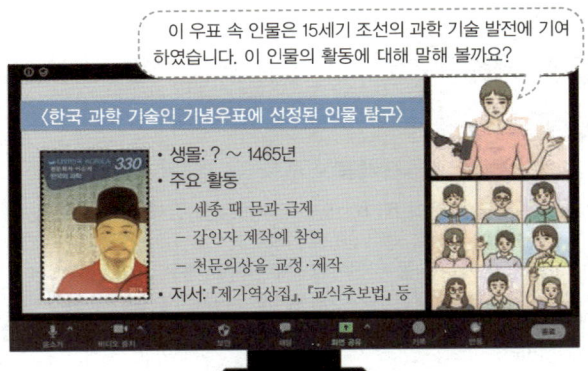

① 종두법을 소개하였습니다.
② 거중기를 설계하였습니다.
③ 『동의보감』을 완성하였습니다.
④ 『칠정산』「외편」을 편찬하였습니다.
⑤ 대동여지도를 제작하였습니다.

06
57회 20번

(가)에 해당하는 문화유산으로 옳은 것은? [2점]

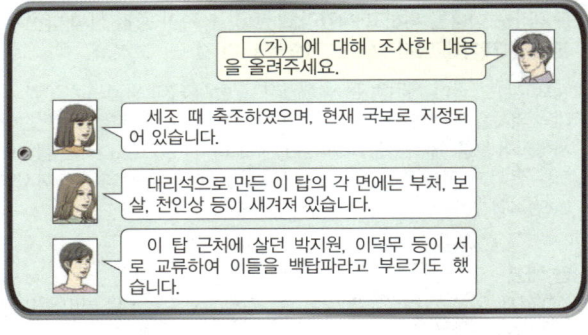

①  ②  ③

④  ⑤

07
53회 18번

(가)에 들어갈 내용으로 옳지 않은 것은? [2점]

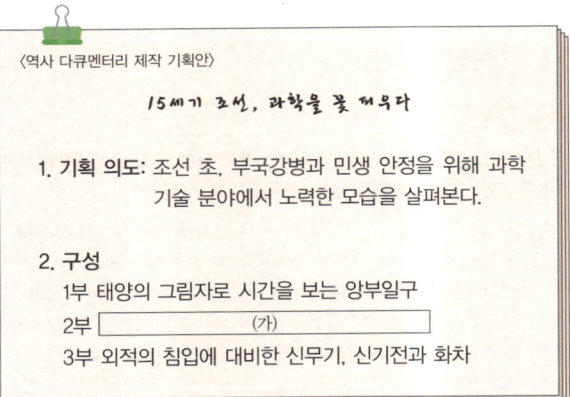

① 『기기도설』을 참고하여 설계한 거중기
② 국산 약재와 치료법을 소개한 『향약집성방』
③ 한양을 기준으로 한 역법서인 『칠정산』「내편」
④ 활판 인쇄술의 발달을 가져온 계미자와 갑인자
⑤ 우리나라 실정에 맞는 농법을 소개한 『농사직설』

08
65회 22번

(가)에 해당하는 작품으로 옳은 것은? [1점]

①  ②

③  ④

⑤

05 이순지 정답 ④

자료 분석

> 15세기 조선의 과학 기술 발전에 기여 + 세종 + 갑인자 → 이순지
>
> 이순지는 조선 전기 세종 때 활자 주조 기관인 주자소에서 구리 활자인 갑인자를 제작하는 데 참여하였으며, 이천, 장영실과 함께 천문의상을 교정·제작하는 등 조선 전기의 과학 기술 발전에 기여하였다.

정답 해설

④ 이순지는 조선 전기 세종 때 아라비아의 회회력을 참고하여 역법서인 『칠정산』「외편」을 편찬하였다.

오답 체크

① 정약용: 『마과회통』의 부록에서 종두법을 최초로 소개하였다.
② 정약용: 『기기도설』을 참고하여 거중기를 설계하였다.
③ 허준: 전통 한의학을 집대성한 『동의보감』을 완성하였다.
⑤ 김정호: 10리마다 눈금을 표시한 목판 지도인 대동여지도를 제작하였다.

06 원각사지 십층 석탑 정답 ①

자료 분석

> 세조 때 축조함 + 대리석으로 만듦 → 원각사지 십층 석탑
>
> 원각사지 십층 석탑은 조선 세조 때 축조된 석탑으로, 현재 서울 종로구의 탑골 공원에 위치해 있다. 우리나라 석탑의 일반적 재료가 화강암인 데 비해 대리석으로 만들어진 것이 특징이며, 탑의 각 면에 부처, 보살, 천인상 등이 새겨져 있다. 한편 원각사지 십층 석탑은 고려 경천사지 십층 석탑의 영향을 받아, 전체적인 형태나 세부 구조 등이 경천사지 십층 석탑과 매우 비슷하다.

정답 해설

① 원각사지 십층 석탑은 조선 세조 때 대리석으로 축조된 석탑이다.

오답 체크

② 익산 미륵사지 석탑: 목탑 양식을 계승한 백제의 석탑으로, 우리나라에 현존하는 가장 오래된 석탑이다.
③ 경주 불국사 다보탑: 통일 신라의 석탑으로, 독특한 형태로 만들어져 높은 예술성과 뛰어난 건축술이 반영된 석탑이다.
④ 부여 정림사지 오층 석탑: 백제의 석탑으로, 1층 탑신부에 당나라 장수 소정방이 백제를 평정한 자신의 공적을 새겨 놓아 평제탑으로 불리기도 하였다.
⑤ 영광탑: 중국 당나라의 영향을 받아 만들어진 발해의 전탑(벽돌 탑)이다.

07 조선 전기의 과학 기술 정답 ①

자료 분석

> 15세기 조선 + 과학 기술 → 조선 전기의 과학 기술
>
> 조선 전기에는 부국강병과 민생 안정을 위한 과학 기술이 크게 발전하였다. 이에 해시계인 앙부일구가 제작되었으며, 외적의 침입에 대비하여 신무기인 신기전과 화차가 제작되었다.

정답 해설

① 조선 후기 정조 때 정약용이 『기기도설』을 참고하여 거중기를 설계하였으며, 거중기를 이용하여 수원 화성을 건설하였다.

오답 체크

② 조선 전기에는 국산 약재와 치료법을 소개한 『향약집성방』이 편찬되었다.
③ 조선 전기에는 한양을 기준으로 천체 운동을 계산한 『칠정산』「내편」이 편찬되었다.
④ 조선 전기어는 금속 활자인 계미자와 갑인자가 주조되었다.
⑤ 조선 전기어는 우리 풍토에 맞는 농법을 정리한 『농사직설』이 편찬되었다.

빈출 개념 | 조선 전기의 과학 기술

천문학	자격루·앙부일구(시간 측정, 세종), 측우기(강우량 측정, 세종)
역법	『칠정산』(한양을 기준으로 천체 운동 계산, 세종)
인쇄술	주자소 설치(태종), 계미자(태종) 및 갑인자(세종) 주조
무기 제조술	신기전(로켓형 화살, 세종) 제조
농업	『농사직설』(우리 풍토에 맞는 농법 정리, 세종)
의학	『향약집성방』(국산 약재 및 치료법 소개, 세종)

08 몽유도원도 정답 ①

자료 분석

> 안견이 안평 대군의 꿈 이야기를 듣고 그린 것 → 몽유도원도
>
> 몽유도원도는 조선 전기에 안견이 그린 산수화로, 세종의 아들인 안평 대군의 꿈 이야기를 듣고 자연스러운 현실 세계와 환상적인 이상 세계를 표현하였다. 몽유도원도는 현재 일본 천리(덴리, 天理) 대학의 중앙 도서관에 소장되어 있다.

정답 해설

① 몽유도원도는 안견의 작품으로, 안평 대군의 꿈 이야기를 듣고 자연스러운 현실 세계와 환상적인 이상 세계를 표현하였다.

오답 체크

② 세한도: 조선 후기의 학자이자 예술가인 김정희의 작품으로, 제주도에서 유배 중일 때 제자 이상적에게 그려준 그림이다.
③ 옥순봉도: 조선 후기의 화가인 김홍도의 작품으로, 김홍도가 구사한 진경 산수화의 면모를 보여주는 작품이다.
④ 고사관수도: 조선 전기의 화가인 강희안의 작품으로, 간결하고 과감한 필치로 인물의 내면 세계를 표현하였다.
⑤ 인왕제색도: 조선 후기의 화가인 겸재 정선의 작품으로, 비 온 뒤 인왕산의 모습을 표현한 진경 산수화이다.

08 조선의 문화

09
72회 23번
(가)에 들어갈 작품으로 옳은 것은? [1점]

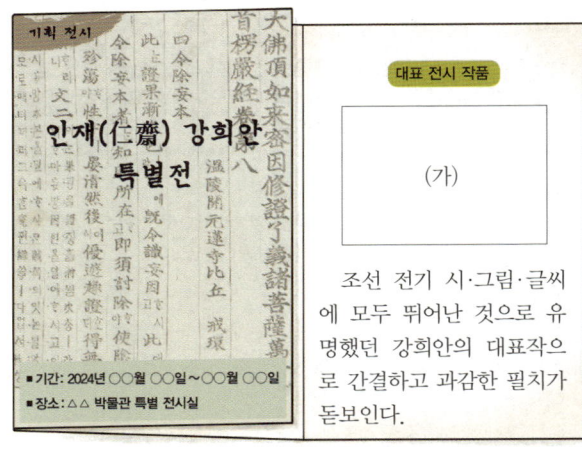

조선 전기 시·그림·글씨에 모두 뛰어난 것으로 유명했던 강희안의 대표작으로 간결하고 과감한 필치가 돋보인다.

①    ②    ③

④    ⑤

10
53회 21번
(가)에 해당하는 문화유산으로 옳은 것은? [2점]

- (가)에 대해 알려 줄래?
- 조선 전기에 많이 제작된 도자기야.
- 회색의 태토 위에 맑게 거른 백토로 표면을 분장한 뒤 유약을 씌워 구운 도자기야.
- 백자가 본격적으로 생산되면서 덜 만들어지게 되었어.

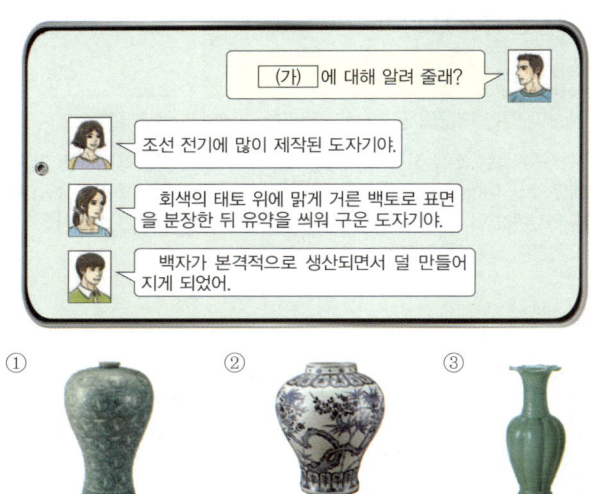

11
42회 23번
(가)에 대한 설명으로 옳은 것은? [1점]

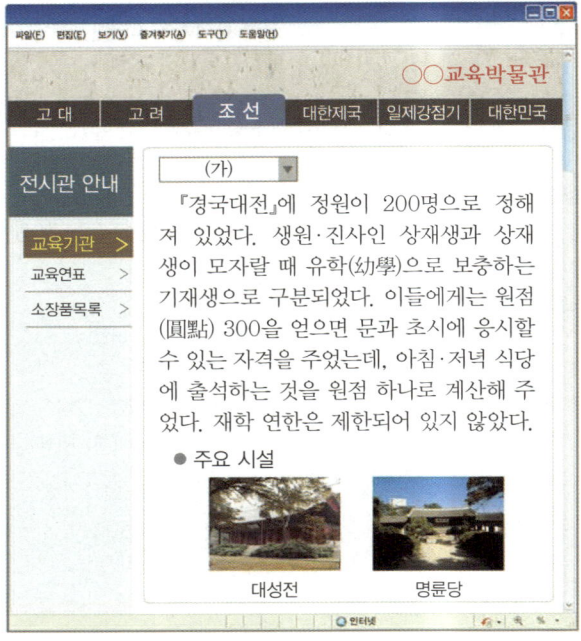

『경국대전』에 정원이 200명으로 정해져 있었다. 생원·진사인 상재생과 상재생이 모자랄 때 유학(幼學)으로 보충하는 기재생으로 구분되었다. 이들에게는 원점(圓點) 300을 얻으면 문과 초시에 응시할 수 있는 자격을 주었는데, 아침·저녁 식당에 출석하는 것을 원점 하나로 계산해 주었다. 재학 연한은 제한되어 있지 않았다.

① 좌수와 별감을 선발하여 운영하였다.
② 지방의 사림 세력이 주로 설립하였다.
③ 전국의 부·목·군·현에 하나씩 설립되었다.
④ 최고의 관립 교육 기관으로 성현의 제사도 지냈다.
⑤ 흥선 대원군에 의해 47개소를 제외하고 철폐되었다.

12
54회 20번
(가) 교육 기관에 대한 설명으로 옳은 것은? [2점]

이곳은 경기도 수원시에 위치한 조선 시대 지방 교육 기관인 (가) 입니다. 대부분 지방 관아 가까운 곳에 위치하였으며 제향 공간인 대성전, 강학 공간인 명륜당, 기숙사인 동재와 서재 등으로 이루어져 있습니다.

① 전문 강좌인 7재를 운영하였다.
② 풍기 군수 주세붕이 처음 세웠다.
③ 생원과 진사에게 입학 자격을 부여하였다.
④ 중앙에서 교수나 훈도를 파견하기도 하였다.
⑤ 유학을 비롯하여 율학, 서학, 산학을 교육하였다.

09 | 고사관수도 정답 ④

자료 분석
> 조선 전기 + 강희안의 대표작 → 고사관수도
>
> 인재 강희안은 조선 전기의 대표적인 화가로, 시·글·글씨에 모두 뛰어난 것으로 유명해 삼절이라 불렸으며, 대표작으로 고사관수도가 있다.

정답 해설
④ 고사관수도는 깎아지는 듯한 절벽을 배경에 두고 바위에 기대어 엎드린 자세로 물을 바라보고 있는 선비의 유유자적한 모습을 간결하고 과감한 필치로 그려냈으며, 인물의 내면 세계를 잘 표현한 것이 특징이다.

오답 체크
① 매화초옥도: 조선 후기의 화가인 전기의 작품으로, 매화가 활짝 핀 서재에서 선비가 앉아 있는 모습을 표현하였다.
② 월하정인: 조선 후기의 풍속 화가 신윤복의 작품으로, 남녀 간의 애정을 표현하였다.
③ 송석원시사야연도: 조선 후기의 화가인 김홍도의 작품으로, 달밤에 벌어지는 송석원 시사의 모습을 표현하였다.
⑤ 금강전도: 조선 후기 화가인 정선의 작품으로, 금강산의 모습을 사실적으로 표현하였다.

10 | 분청사기 정답 ④

자료 분석
> 조선 전기 + 회색의 태토 위에 맑게 거른 백토로 표면을 분장함 → 분청사기
>
> 분청사기는 회색의 바탕 흙 위에 맑게 거른 백토를 입힌 뒤 유약을 씌워 구운 도자기로, 고려 말인 14세기 말부터 제작되기 시작하였다. 조선 전기에 많이 제작되다가 16세기에 백자가 유행하면서 점차 생산이 줄어들었다.

정답 해설
④ 분청사기 음각어문 편병은 조선 전기에 제작된 도자기로, 두 마리의 물고기가 생동감 넘치는 선으로 표현되어 있다.

오답 체크
① 청자 상감 운학문 매병(고려): 청자의 표면을 파내고 그 자리를 백토나 흑토 등으로 메워 무늬를 내는 상감법으로 제작되었으며, 아름다운 빛깔과 조형미가 돋보이는 것이 특징이다.
② 백자 청화 매죽문 항아리(조선): 백자 위에 코발트 성분의 안료를 사용하여 푸른 색의 무늬를 그려 넣은 청화 백자로, 넓은 몸통에 매화와 대나무 가지를 꽉 차게 그린 것이 특징이다.
③ 청자 참외모양 병(고려): 순수 비취색이 나는 청자로, 단정한 형태와 비취색이 빚어낸 정적인 아름다움을 느낄 수 있다.
⑤ 삼채 향로(발해): 그릇 표면에 3가지 이상의 연유를 발라 만든 삼채 향로로, 뚜껑에 연기 구멍이 뚫려 있고 발 받침은 세 마리의 사자로 되어 있는 것이 특징이다.

11 | 성균관 정답 ④

자료 분석
> 생원·진사 + 대성전 + 명륜당 → 성균관
>
> 성균관은 수도 한양에 위치한 조선 시대 최고의 관립 교육 기관으로 유학 중심의 교육을 실시하였다. 성균관의 입학 대상은 15세 이상의 소과 합격자(생원, 진사)로 이들을 '상재생'이라고 불렀다. 한편 성균관은 공자 등의 위패를 모시고 성현의 제사를 지내는 대성전과 강의실인 명륜당, 기숙사인 동재와 서재, 도서관인 존경각 등으로 구성되었다.

정답 해설
④ 성균관은 조선 최고의 관립 교육 기관으로, 공자 등의 위패를 모신 대성전에서 성현의 제사를 지냈다.

오답 체크
① 유향소: 조선 시대에 지방 사족들을 중심으로 구성된 향촌 자치 기구로, 좌수와 별감을 임원으로 선발하여 운영하였다.
②, ⑤ 서원: 조선 시대 사립 교육 기관으로, 지방의 사림 세력이 주로 설립하였으며, 이후 서원에서 여러 폐단이 발생하자 흥선 대원군이 47개소를 제외하고 철폐하였다.
③ 향교: 조선 시대 중등 교육 기관으로, 전국의 부·목·군·현에 하나씩 설립되었다.

12 | 향교 정답 ④

자료 분석
> 조선 시대 지방 교육 기관 + 대성전 + 명륜당 → 향교
>
> 향교는 조선 시대 지방의 중등 교육 기관으로, 성현에 대한 제사와 유생들의 교육, 지방민의 교화를 담당하였다. 전국의 부·목·군·현에 각각 하나씩 설립되었으며, 제사 공간인 대성전과 강학 공간인 명륜당, 기숙사인 동재와 서재 등으로 이루어졌다.

정답 해설
④ 향교는 지방에 설치된 조선 시대의 중등 교육 기관으로, 중앙에서 교육을 위해 교수와 훈도를 파견하기도 하였다.

오답 체크
① 국자감(고려): 관학 진흥을 위해 국자감(국학)에서 전문 강좌인 7재를 운영하였다.
② 서원(조선): 풍기 군수 주세붕이 처음 세운 백운동 서원이 시초가 되었다.
③ 성균관(조선): 문과의 소과에 합격한 생원과 진사에게 입학 자격을 부여하였다.
⑤ 국자감(고려): 유학을 비롯하여 율학(형법), 서학(서예), 산학(산술) 등을 가르쳤다.

08 조선의 문화

13
(가) 교육 기관에 대한 설명으로 옳은 것은? [1점]

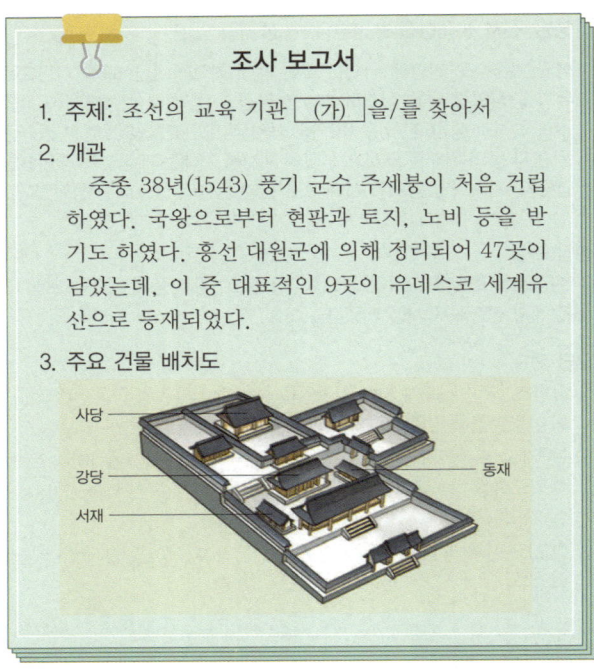

조사 보고서

1. 주제: 조선의 교육 기관 (가) 을/를 찾아서
2. 개관
   중종 38년(1543) 풍기 군수 주세붕이 처음 건립하였다. 국왕으로부터 현판과 토지, 노비 등을 받기도 하였다. 흥선 대원군에 의해 정리되어 47곳이 남았는데, 이 중 대표적인 9곳이 유네스코 세계유산으로 등재되었다.
3. 주요 건물 배치도 (사당, 강당, 서재, 동재)

① 전국의 모든 군현에 하나씩 설치되었다.
② 선현의 제사와 유학 교육을 담당하였다.
③ 전문 강좌인 7재가 설치되어 운영되었다.
④ 중앙에서 교수나 훈도를 교관으로 파견하였다.
⑤ 소과에 합격한 생원, 진사에게 입학 자격이 부여되었다.

14
(가) 인물에 대한 설명으로 옳은 것은? [2점]

이 그림은 강세황이 그린 도산서원도입니다. 여기에는 서원의 배치와 건물 크기, 방향 등이 실제와 부합하게 묘사되어 있으며 건물 이름도 표기되어 있어 당시의 모습을 잘 보여줍니다. 도산 서원은 『성학십도』를 지어 군주의 수양을 강조하고, 기대승과 사단칠정 논쟁을 전개한 (가) 의 학문과 덕을 기리는 곳입니다.

① 최초의 서원인 백운동 서원을 건립하였다.
② 명에 대한 의리를 내세운 기축봉사를 올렸다.
③ 『동호문답』을 통해 다양한 개혁 방안을 제시하였다.
④ 예안 향약을 시행하여 향촌의 교화를 위해 노력하였다.
⑤ 예학을 조선의 현실에 맞게 정리한 『가례집람』을 저술하였다.

15
밑줄 그은 '이 인물'에 대한 설명으로 옳은 것은? [3점]

- 해주 향약을 시행하여 향촌 교화에 힘썼던 이 인물에 대해 말해 보자.
- 『동호문답』에서 수취 제도 개편 등 다양한 개혁 방안을 제시하였어.
- 『격몽요결』을 저술하여 체계적인 성리학 교육에 힘썼어.

① 명에 대한 의리를 내세운 기축봉사를 올렸다.
② 청으로부터 시헌력을 도입하자고 건의하였다.
③ 양반의 허례와 무능을 풍자한 「양반전」을 저술하였다.
④ 예학을 조선의 현실에 맞게 정리한 『가례집람』을 지었다.
⑤ 군주가 수양해야 할 덕목과 지식을 담은 『성학집요』를 집필하였다.

16 킬러
(가)의 활동으로 옳은 것은? [3점]

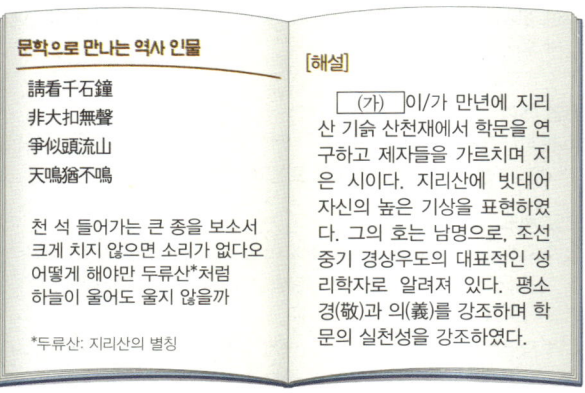

문학으로 만나는 역사 인물

請看千石鍾
非大扣無聲
爭似頭流山
天鳴猶不鳴

천 석 들어가는 큰 종을 보소서
크게 치지 않으면 소리가 없다오
어떻게 해야만 두류산*처럼
하늘이 울어도 울지 않을까

*두류산: 지리산의 별칭

[해설]
(가) 이/가 만년에 지리산 기슭 산천재에서 학문을 연구하고 제자들을 가르치며 지은 시이다. 지리산에 빗대어 자신의 높은 기상을 표현하였다. 그의 호는 남명으로, 조선 중기 경상우도의 대표적인 성리학자로 알려져 있다. 평소 경(敬)과 의(義)를 강조하며 학문의 실천성을 강조하였다.

① 곽재우, 정인홍 등의 제자를 배출하였다.
② 『기기도설』을 참고하여 거중기를 설계하였다.
③ 위훈 삭제를 주장하여 훈구 세력의 반발을 샀다.
④ 『북학의』를 저술하여 수레와 배의 이용을 권장하였다.
⑤ 양명학을 체계적으로 연구하여 강화 학파를 형성하였다.

13 | 서원 정답 ②

자료 분석

주세붕이 처음 건립 + 국왕으로부터 현판과 토지, 노비 등을 받기도 함 + 흥선 대원군에 의해 정리 → 서원

서원은 조선 시대에 지방 사림이 설립한 사립 교육 기관으로, 중종 때 풍기 군수 주세붕이 처음 건립한 백운동 서원이 시초가 되었으며, 서원들 중 권위를 인정받은 서원은 사액 서원이라 하여 국왕으로부터 현판(간판)과 토지·노비 등을 받기도 하였다. 그러나 서원이 붕당의 근거지가 되고 백성을 수탈하는 등의 폐단을 일삼자, 흥선 대원군은 47개의 서원만 남기고 대부분의 서원을 정리하였다.

정답 해설

② 서원은 지방 사림이 설립한 조선의 사립 교육 기관으로, 선현의 제사와 유학 교육을 담당하였다.

오답 체크

① 향교: 지방에 설치된 조선의 중등 교육 기관으로, 성종 때 전국의 모든 군현에 하나씩 설치되었다.
③ 국자감: 고려의 최고 교육 기관으로, 전문 강좌인 7재가 설치되어 운영되었다.
④ 향교: 지방에 설치된 조선의 중등 교육 기관으로, 향촌의 교화를 위해 중앙에서 교관인 교수와 훈도가 파견되었다.
⑤ 성균관: 한양에 설치된 조선 최고의 학부이자 고등 교육 기관으로, 소과에 합격한 생원·진사가 입학 대상이 되었다.

14 | 이황 정답 ④

자료 분석

도산 서원 + 『성학십도』 + 기대승과 사단칠정 논쟁을 전개함 → 이황

이황은 조선의 성리학자로, 성리학에 대한 체계적 이해를 바탕으로 성리학이 조선에서 독자적으로 발전하는 데 영향을 주었다. 그는 군주가 스스로 인격과 학문을 수양하기 위해 노력해야 함을 강조하였으며, 군주의 도를 쉽게 이해할 수 있도록 그림과 함께 설명한 『성학십도』를 지어 선조에게 올렸다. 또한 이황은 기대승과 사단칠정에 대한 논쟁을 전개하며 성리학의 이해를 심화하였다. 이황이 세상을 떠난 뒤, 그의 제자들은 이황의 학문과 덕을 기리기 위해 도산 서원을 세웠다.

정답 해설

④ 이황은 예안 향약을 시행하여 향약의 보급을 통한 향촌 교화를 위해 노력하였다.

오답 체크

① 주세붕: 중종 때 풍기 군수로 부임하여 최초의 서원인 백운동 서원을 건립하였다.
② 송시열: 명에 대한 의리를 내세우며 청에 복수하자는 북벌론을 주장한 기축봉사를 올렸다.
③ 이이: 『동호문답』을 통해 다양한 개혁 방안을 문답 형식으로 제시하였다.
⑤ 김장생: 주자의 『가례』를 해설하고 보충하였으며, 예학을 조선의 현실에 맞게 정리한 『가례집람』을 저술하였다.

15 | 이이 정답 ⑤

자료 분석

해주 향약 + 『동호문답』 + 『격몽요결』을 저술 → 이이

이이는 조선 시대의 성리학자로, 성리학을 처음 배우는 학도들의 입문서로 『격몽요결』을 편찬하였다. 또한 여러 개혁 방안을 문답 형식으로 묶은 『동호문답』을 통해 현실적인 개혁 방안을 제시하였으며, 해주 향약을 만들어 향약 보급에 기여하였다.

정답 해설

⑤ 이이는 군주가 수양해야 할 덕목과 지식을 담은 『성학집요』를 집필하여 선조에게 바쳤다.

오답 체크

① 송시열: 효종 때 청나라에 복수할 것을 주장한 상소문인 기축봉사를 올려 명에 대한 의리를 강조하였다.
② 김육: 효종에게 서양식 역법인 시헌력을 도입하자고 건의하였다.
③ 박지원: 양반의 허례와 무능을 풍자한 한문 소설인 「양반전」을 저술하였다.
④ 김장생: 주자의 『가례』를 해설하고 보충하여 예학을 조선의 현실에 맞게 정리한 『가례집람』을 지었다.

빈출 개념 | 이황과 이이

퇴계 이황	율곡 이이
• 주리론 주장, 동인에 영향을 줌 • 백운동 서원을 사액 서원(소수 서원)으로 건의 • 예안 향약 실시 • 『주자서절요』, 『성학십도』 등 저술	• 주기론 주장, 서인에 영향을 줌 • 공물을 쌀로 받는 방안인 수미법을 제안 • 해주 향약 실시 • 『성학집요』, 『격몽요결』, 『동호문답』 등 저술

16 | 조식 오답률 62.2% 정답 ①

자료 분석

남명 + 경(敬)과 의(義)를 강조 → 조식

조식은 조선 전기의 대표적인 성리학자로, 그의 호는 남명이다. 조식은 경(敬)과 의(義)를 근본으로 하는 실천적 성리학을 강조하였으며, 지리산을 중심으로 한 진주 지역으로 이거(주거지를 옮김)하여 산천재를 짓고 죽을 때까지 그곳에 머물며 학문을 연구하고 제자들을 가르쳤다.

정답 해설

① 조식은 학문의 실천성(경과 의)을 강조하여 임진왜란 때 의병장으로 활약한 곽재우, 정인홍 등의 제자를 배출하였다.

오답 체크

② 정약용: 서양 선교사가 펴낸 『기기도설』을 참고하여 거중기를 설계하였다.
③ 조광조: 반정 공신의 거짓 공훈을 무효화 해야 한다는 위훈 삭제를 주장하여 훈구 세력의 반발을 샀다.
④ 박제가: 『북학의』를 저술하여 청의 문물 수용을 강조하고 수레와 배의 이용을 권장하였다.
⑤ 정제두: 양명학을 체계적으로 연구하여 강화도를 중심으로 강화 학파를 형성하였다.

08 조선의 문화

17
37회 29번

(가) 인물에 대한 설명으로 옳은 것은? [2점]

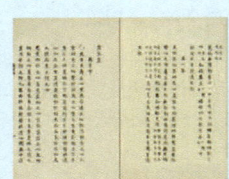

『하곡집』 중 「존언」 부분

이 책은 (가) 의 글을 모아 펴낸 문집이다. 그는 「학변(學辨)」, 「존언(存言)」 등의 글에서 심(心)과 이(理)를 구별하는 주자의 견해를 비판하였다. 또한 지(知)와 행(行)을 둘로 구분하는 것은 물욕에 가려진 것이라고 하면서 양지(良知)의 본체에서 보면 지와 행은 하나라고 주장하였다. 그의 학문은 스승인 박세채, 윤증과의 교류를 통해 심화되었다.

① 계유정난을 계기로 정계에서 축출되었다.
② 일본에 다녀와서 『해동제국기』를 편찬하였다.
③ 서얼 출신으로 규장각 검서관에 임용되었다.
④ 양명학을 연구하여 강화 학파 형성의 기초를 마련하였다.
⑤ 『성학집요』를 저술하여 군주가 수양해야 할 덕목을 제시하였다.

19
44회 30번

(가) 인물에 대한 설명으로 옳은 것은? [2점]

이곳은 (가) 이/가 낙향하여 학문 연구에 전념했던 전라북도 부안군의 반계 서당입니다. 그는 이곳에서 제자들을 양성하며 『반계수록』을 저술하였습니다.

① 정조 때 규장각 검서관으로 활동하였다.
② 『동국지리지』를 저술하여 삼한의 위치를 고증하였다.
③ 지전설을 주장하여 중국 중심의 세계관을 비판하였다.
④ 연행사를 따라 청에 다녀온 후 『열하일기』를 집필하였다.
⑤ 자영농 육성을 위해 신분에 따른 토지의 차등 분배를 주장하였다.

18
50회 25번

(가)에 들어갈 내용으로 옳은 것은? [2점]

『색경』을 편찬한 인물에 대해 이야기해 보자.

노론에 의해 사문난적으로 몰려 당시 학계에서 배척당했어.

(가)

① 청으로부터 시헌력 도입을 건의했어.
② 『기기도설』을 참고하여 거중기를 설계했어.
③ 무오사화의 발단이 된 『조의제문』을 작성했어.
④ 천체의 운행과 위치를 측정하는 혼천의를 제작했어.
⑤ 유학 경전을 주자와 달리 해석한 『사변록』을 저술했어.

20
65회 27번

다음 가상 인터뷰의 주인공에 대한 설명으로 옳은 것은? [2점]

『성호사설』에서 6가지 좀의 하나로 과업을 말씀하셨는데요. 어떤 점이 문제인가요?

요즘 과거를 준비하는 유생들은 부모 형제와 생업도 팽개치고 종일토록 글공부만 하고 있으니, 이는 인간의 본성을 망치는 재주일 뿐입니다. 다행히 급제라도 하면 교만하고 사치스러워져, 끝없이 백성의 것을 빼앗아 그 욕심을 채웁니다. 때문에 나라를 좀먹는 존재로 표현했습니다.

① 『마과회통』에서 홍역에 대한 지식을 정리하였다.
② 『의산문답』에서 중국 중심의 세계관을 비판하였다.
③ 『발해고』에서 남북국이라는 용어를 처음 사용하였다.
④ 『곽우록』에서 토지 매매를 제한하는 한전론을 제시하였다.
⑤ 『금석과안록』에서 북한산비가 진흥왕 순수비임을 고증하였다.

17 | 정제두
정답 ④

자료 분석
『하곡집』 + 주자의 견해를 비판 + 지와 행은 하나라고 주장
→ 정제두

하곡 정제두는 조선 후기의 소론 출신 학자로, 성리학의 절대화와 형식화를 비판한 학문인 양명학을 본격적으로 연구·발전시켜 사상적으로 체계화시켰다. 정제두는 그의 저술인 『하곡집』에서 주자의 견해를 비판하고, 아는 것(지)과 행동하는 것(행)이 일치해야 한다는 양명학의 지행합일을 중요시하였다.

정답 해설
④ 정제두는 양명학을 연구하여 강화도를 중심으로 강화 학파가 형성되는 데 기초를 마련하였다.

오답 체크
① 김종서, 황보인 등: 수양 대군의 계유정난을 계기로 정계에서 축출되었다.
② 신숙주: 일본에 다녀와서 보고 들은 내용을 토대로 『해동제국기』를 편찬하였다.
③ 박제가, 이덕무 등: 서얼 출신으로 정조 때 규장각 검서관에 임용되었다.
⑤ 이이: 『성학집요』를 저술하여 군주가 수양해야 할 덕목을 제시하였다.

18 | 박세당
정답 ⑤

자료 분석
『색경』 + 사문난적 → 박세당

박세당은 조선 후기 소론 계열의 문신으로, 중국의 유학자인 주자 중심의 성리학적 관념에서 벗어나려는 학문적 목표를 가졌다. 이에 당시 집권 세력이었던 노론 세력은 박세당을 사문난적이라 배척하였다. 한편, 박세당은 숙종 때 토질에 따른 재배 품종을 소개하고 양잠법을 소개한 『색경』을 저술하여 농업 기술의 발전에 이바지하였다.

정답 해설
⑤ 박세당은 유학 경전을 주자와 달리 해석한 『사변록』을 저술하여 유교 경전에 대한 독자적인 해석을 시도하였다.

오답 체크
① 김육: 청으로부터 서양식 역법인 시헌력을 도입할 것을 건의하였다.
② 정약용: 서양 선교사가 펴낸 『기기도설』을 참고해 거중기를 설계하였으며, 이는 수원 화성 건설에 활용되었다.
③ 김종직: 단종을 초나라 의제에 빗대어 왕위를 찬탈한 세조를 비판하는 내용의 「조의제문」을 작성하였으며, 이는 이후 무오사화의 발단이 되었다.
④ 홍대용: 천체의 운행과 위치를 측정하는 천문 관측 기구인 혼천의를 제작하였다.

19 | 유형원
정답 ⑤

자료 분석
『반계수록』을 저술함 → 유형원

반계 유형원은 조선 후기의 중농학파 실학자로, 『반계수록』을 저술해 국가 제도 개혁에 대한 내용을 제시하였다. 이 밖에도 유형원은 양반의 문벌 제도와 과거 제도, 노비 제도의 모순을 비판하였다.

정답 해설
⑤ 유형원은 『반계수록』에서 자영농 육성을 위해 신분에 따라 토지를 차등 분배하자는 내용의 균전론을 주장하였다.

오답 체크
① 박제가 등: 서얼 출신으로 그 능력을 인정 받아 정조 때 규장각 검서관으로 활동하였다.
② 한백겸: 광해군 때 『동국지리지』를 저술하여 한강을 경계로 남쪽에 삼한이 위치했다는 것을 고증하였다.
③ 홍대용: 『의산문답』에서 지전설을 주장하여 중국 중심의 세계관을 비판하였다.
④ 박지원: 연행사를 따라 청에 다녀온 후 『열하일기』를 저술하여 청의 문물을 소개하였다.

20 | 이익
정답 ④

자료 분석
『성호사설』 + 6가지 좀 → 이익

이익은 조선 후기의 중농학파 실학자로, 『성호사설』에서 나라를 좀먹는 여섯 가지의 폐단(6좀)으로 노비, 과거, 양반, 문벌, 사치와 미신, 승려, 게으름을 지적하고, 화폐의 폐단을 지적하며 폐전론을 주장하였다.

정답 해설
④ 이익은 『곽우록』에서 토지 개혁론으로 토지 소유의 하한선을 설정하여 토지 매매를 제한하는 한전론을 주장하였다.

오답 체크
① 정약용: 『마과회통』에서 홍역(마진)에 대한 의학 지식을 정리하였다.
② 홍대용: 『의산문답』에서 지전설, 무한 우주론을 주장하며 중국 중심의 세계관을 비판하였다.
③ 유득공: 『발해고』에서 통일 신라와 발해를 묶어 남북국이라는 용어를 처음 사용하였다.
⑤ 김정희: 『금석과안록』에서 북한산비가 진흥왕 순수비임을 처음으로 고증하였다.

08 조선의 문화

21 빈출
60회 24번
다음 검색창에 들어갈 인물의 활동으로 옳은 것은? [2점]

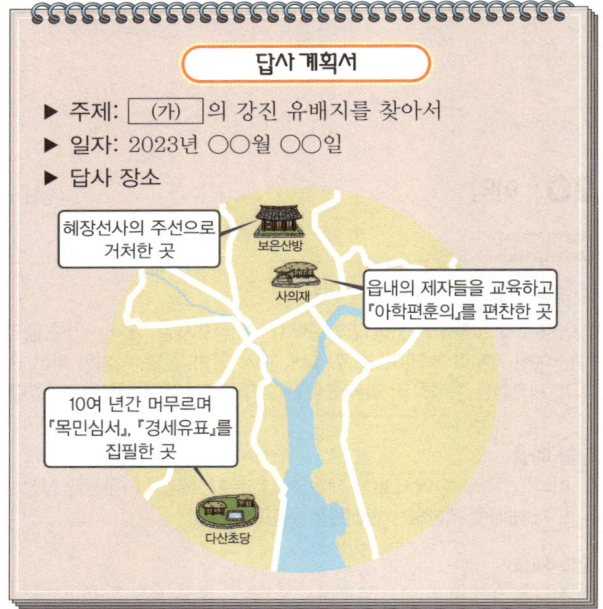

① 『지봉유설』에서 『천주실의』를 조선에 소개하였다.
② 『의산문답』에서 중국 중심의 세계관을 비판하였다.
③ 「양반전」을 지어 양반의 허례와 무능을 풍자하였다.
④ 『경세유표』를 집필하여 국가 제도의 개혁 방향을 제시하였다.
⑤ 『금석과안록』에서 북한산비가 진흥왕 순수비임을 고증하였다.

22
64회 27번
(가) 인물에 대한 설명으로 옳은 것은? [1점]

① 일본에 다녀와 『해동제국기』를 편찬하였다.
② 최초의 서원인 백운동 서원을 건립하였다.
③ 북한산비가 진흥왕 순수비임을 고증하였다.
④ 양명학을 연구하여 강화 학파를 형성하였다.
⑤ 『기기도설』을 참고하여 거중기를 설계하였다.

23
66회 24번
다음 인물에 대한 설명으로 옳은 것은? [3점]

① 『지봉유설』에서 『천주실의』를 소개하였다.
② 『의산문답』에서 무한 우주론을 주장하였다.
③ 「양반전」을 지어 양반의 허례와 무능을 풍자하였다.
④ 『북학의』를 저술하여 청의 문물 수용을 강조하였다.
⑤ 『동의수세보원』을 편찬하여 사상 의학을 정립하였다.

24
70회 26번
(가) 인물에 대한 설명으로 옳은 것은? [2점]

① 북한산비가 진흥왕 순수비임을 고증하였다.
② 청으로부터 시헌력을 도입하자고 건의하였다.
③ 『우서』에서 사농공상의 직업적 평등을 주장하였다.
④ 「양반전」을 지어 양반의 허례와 무능을 풍자하였다.
⑤ 10리마다 눈금을 표시한 대동여지도를 완성하였다.

21 | 정약용　　　　　정답 ④

자료 분석

> 『마과회통』 + 『목민심서』 → 정약용
>
> 정약용은 조선 후기의 대표적인 실학자로, 다양한 분야에 걸쳐 방대한 학문적 업적을 남겼다. 그는 종두법(천연두 치료법)에 대해 연구하고 실험하여 『마과회통』을 편찬하였으며, 『목민심서』를 저술하여 목민관(지방관)이 지켜야 할 지침을 밝히면서 지방 행정의 개혁안을 제시하였다.

정답 해설
④ 정약용은 『경세유표』를 집필하여 국가 제도의 개혁 방안을 제시하였다.

오답 체크
① 이수광: 『지봉유설』에서 천주교 교리서인 『천주실의』를 조선에 소개하였다.
② 홍대용: 『의산문답』에서 지전설을 주장하여 중국 중심의 세계관을 비판하였다.
③ 박지원: 「양반전」이라는 한문 소설을 저술하여 양반의 허례와 무능을 지적하였다.
⑤ 김정희: 『금석과안록』에서 북한산비가 신라 진흥왕 순수비임을 고증하였다.

빈출 개념 | 정약용의 저술

『목민심서』	지방 행정 조직 개혁, 목민관(지방관)의 자세 제시
『흠흠신서』	형옥 관련 법률 제시
『경세유표』	중앙 통치 체제 개혁, 정전제 주장
『마과회통』	홍역에 관한 의서, 제너의 종두법 소개

22 | 정약용　　　　　정답 ⑤

자료 분석

> 『목민심서』, 『경세유표』 + 다산 → 정약용
>
> 다산 정약용은 지방관이 지켜야 할 규범에 대해 제시한 『목민심서』와 토지 제도를 비롯한 국가 제도의 개혁 방향을 제시한 『경세유표』, 사법 제도 운영에 관한 『흠흠신서』, 홍역에 대한 의학 지식을 정리한 『마과회통』 등을 저술하였다.

정답 해설
⑤ 정약용은 서양 선교사가 펴낸 『기기도설』을 참고하여 거중기를 설계하였는데, 이는 수원 화성을 건설하는 데 사용되었다.

오답 체크
① 신숙주: 세종 때 서장관으로 일본에 다녀온 후, 성종의 명으로 일본의 정치·외교·사회·풍속·지리 등을 종합적으로 정리한 『해동제국기』를 저술하였다.
② 주세붕: 중종 때 최초의 서원인 백운동 서원을 건립하였다.
③ 김정희: 『금석과안록』을 통해 북한산비가 진흥왕 순수비임을 고증하였다.
④ 정제두: 양명학을 체계적으로 연구하여 강화도를 중심으로 강화 학파를 형성하였다.

23 | 홍대용　　　　　정답 ②

자료 분석

> 담헌 + 연행사의 일원으로 청에 감 → 홍대용
>
> 홍대용은 조선 후기의 중상학파 실학자로, 호는 담헌이다. 그는 연행사의 일원으로 청을 왕래하면서 얻은 경험을 토대로 기술의 혁신과 문벌의 철폐, 성리학의 극복이 부국강병의 근본이라고 주장하였다. 또한 과학 연구에도 힘써 천체의 운행과 위치를 측정하는 기구인 혼천의를 개량하였다.

정답 해설
② 홍대용은 『의산문답』에서 무한 우주론을 주장하여 중국 중심의 세계관에서 벗어나고자 하였다.

오답 체크
① 이수광: 『지봉유설』에서 마테오 리치가 저술한 천주교의 교리서인 『천주실의』를 소개하였다.
③ 박지원: 「양반전」이라는 한문 소설을 지어 양반의 허례와 무능을 풍자하였다.
④ 박제가: 『북학의』를 저술하여 청의 문물 수용을 강조하고 수레와 배의 이용을 권장하였다.
⑤ 이제마: 『동의수세보원』을 편찬하여 사상 의학을 정립하였다.

24 | 박지원　　　　　정답 ④

자료 분석

> 『열하일기』 → 박지원
>
> 연암 박지원은 조선 후기 중상학파 실학자로, 청의 문물을 적극 수용하여 부국강병에 힘쓸 것을 강조하였다. 박지원은 연행사를 따라 청나라에 다녀온 후 『열하일기』를 저술하여 상공업 진흥과 수레와 선박의 이용, 화폐 유통의 필요성 등을 주장하였다.

정답 해설
④ 박지원은 한문 소설 「양반전」을 지어 조선 후기 양반의 허례와 무능을 풍자하였다.

오답 체크
① 김정희: 『금석과안록』에서 북한산비가 진흥왕 순수비임을 고증하였다.
② 김육: 청으로부터 서양식 역법인 시헌력을 도입할 것을 건의하였다.
③ 유수원: 『우서』에서 사회 개혁 방안으로 사농공상의 직업적 평등과 전문화를 주장하였다.
⑤ 김정호: 10리마다 눈금을 표시한 지도인 대동여지도를 완성하였다.

빈출 개념 | 박지원의 활동

청나라 방문	연행사를 따라 청나라의 수도 연경(베이징)에 다녀옴
토지 개혁론	한전론 주장(토지 소유의 상한선 설정)
상공업 진흥책	수레·선박의 이용 및 화폐 유통의 필요성 주장
저술 활동	『열하일기』, 「양반전」, 「허생전」 등

08 조선의 문화

25
(가) 인물에 대한 설명으로 옳은 것은? [2점] (69회 27번)

이것은 청의 화가 나빙이 그린 (가) 의 초상으로, 이별의 아쉬움을 표현한 시가 함께 있습니다. (가) 은/는 연행사의 일원으로 여러 차례 청에 가서 그곳의 문인들과 폭넓게 교유하였습니다. 이 과정에서 『북학의』를 저술하여 청의 문물을 적극적으로 수용할 것을 주장하였습니다.

① 세계 지리서인 『지구전요』를 저술하였다.
② 『의산문답』에서 무한 우주론을 주장하였다.
③ 『기기도설』을 참고하여 거중기를 설계하였다.
④ 서자 출신으로 규장각 검서관에 기용되었다.
⑤ 「양반전」을 지어 양반의 허례와 무능을 풍자하였다.

26
(가), (나) 인물에 대한 설명으로 옳은 것은? [2점] (67회 25번)

① (가) - 100리 척을 사용하여 동국지도를 제작하였다.
② (가) - 『곽우록』에서 토지 매매를 제한하는 한전론을 제시하였다.
③ (나) - 『의산문답』에서 중국 중심의 세계관을 비판하였다.
④ (나) - 여전론을 통해 마을 단위의 공동 경작을 주장하였다.
⑤ (가), (나) - 양명학을 연구하여 강화 학파를 형성하였다.

27
(가)~(마)에 들어갈 내용으로 옳은 것은? [3점] (56회 26번)

〈온라인 한국사 교양 강좌〉

인물로 보는 조선 후기 사회 개혁론

우리 학회에서는 조선 후기 학자들의 다양한 개혁론을 이해하는 교양 강좌를 마련하였습니다. 많은 분들의 관심과 참여 바랍니다.

■ 강좌 안내 ■
- 제1강 이익, (가)
- 제2강 홍대용, (나)
- 제3강 박지원, (다)
- 제4강 박제가, (라)
- 제5강 정약용, (마)

• 기간: 2021년 ○○월 ○○일~○○월 ○○일 매주 화요일 16:00
• 방식: 화상 회의 플랫폼 활용
• 주최: ◇◇ 학회

① (가) - 『의산문답』에서 중국 중심의 세계관을 비판하다
② (나) - 『목민심서』에서 지방 행정의 개혁안을 제시하다
③ (다) - 『열하일기』에서 수레와 선박의 필요성을 강조하다
④ (라) - 『성호사설』에서 사회 폐단을 여섯 가지 좀으로 규정하다
⑤ (마) - 『북학의』에서 절약보다 적절한 소비를 권장하다

28 빈출
밑줄 그은 '이 인물'에 대한 설명으로 옳은 것은? [2점] (71회 25번)

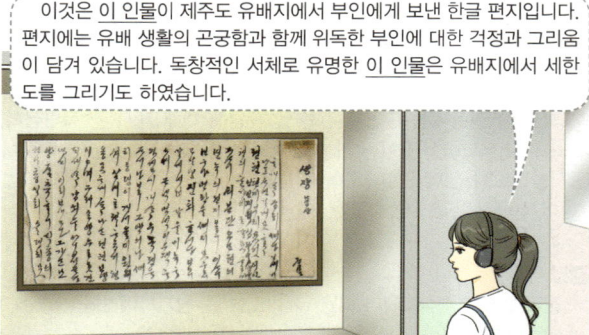

이것은 이 인물이 제주도 유배지에서 부인에게 보낸 한글 편지입니다. 편지에는 유배 생활의 곤궁함과 함께 위독한 부인에 대한 걱정과 그리움이 담겨 있습니다. 독창적인 서체로 유명한 이 인물은 유배지에서 세한도를 그리기도 하였습니다.

① 기대승과 사단칠정 논쟁을 전개하였다.
② 북한산비가 진흥왕 순수비임을 고증하였다.
③ 양명학을 연구하여 강화 학파를 형성하였다.
④ 청으로부터 시헌력을 도입하자고 건의하였다.
⑤ 『열하일기』에서 수레와 선박의 사용을 강조하였다.

25 | 박제가
정답 ④

자료 분석
『북학의』를 저술 → 박제가

초정 박제가는 조선 후기의 중상학파 실학자이다. 그는 연행사의 일원으로 여러 차례 청에 다녀온 후 『북학의』를 저술하여 청의 문물 수용을 강조하고 수레와 배의 이용을 권장하였다. 또한 재물을 우물에 비유하며, 소비를 촉진시켜야 국가 경제가 발전한다고 주장하였다.

정답 해설
④ 박제가는 정조 때 서자 출신임에도 능력을 인정받아 규장각 검서관에 기용되었다.

오답 체크
① 최한기: 세계 지리서인 『지구전요』를 저술하여 지구의 자전과 공전을 주장하였다.
② 홍대용: 『의산문답』에서 무한 우주론을 주장하여 중국 중심의 세계관을 비판하였다.
③ 정약용: 서양 선교사가 펴낸 『기기도설』을 참고하여 거중기를 설계하였다.
⑤ 박지원: 「양반전」이라는 한문 소설을 지어 양반의 허례와 무능을 풍자하였다.

26 | 박제가와 정약용
정답 ④

자료 분석
(가) 『북학의』를 저술함 → 박제가
(나) 『경세유표』를 저술함 → 정약용

(가) 초정 박제가는 조선 후기의 실학자로, 청에 다녀온 후 『북학의』를 저술하여 청과의 통상 강화와 청의 문물 도입, 수레와 선박의 이용 등을 강조하였다. 또한 재물을 우물에 비유하며, 소비를 촉진시켜야 국가 경제가 발전한다고 주장하였다.
(나) 다산 정약용은 조선 후기의 실학자로 서양 선교사가 펴낸 『기기도설』을 참고하여 거중기를 제작하였는데, 이는 수원 화성 건설에 큰 공헌을 하였다. 또한 국가 제도의 개혁 방향을 제시한 『경세유표』와 지방 행정의 개혁안을 담은 『목민심서』 등 많은 저서들을 집필하였다.

정답 해설
④ 정약용은 토지 제도 개혁론으로 여전론을 제시하여 한 마을을 단위로 토지의 공동 소유와 공동 경작을 주장하였다.

오답 체크
① 정상기: 영조 때 최초로 100리 척을 사용하여 동국지도를 제작하였다.
② 이익: 『곽우록』에서 한 가정에서 필요한 최소한의 토지를 영업전으로 설정하고, 영업전 이외의 토지만 매매를 허용하자는 한전론을 주장하였다.
③ 홍대용: 『의산문답』에서 지구가 우주의 중심이 아니라 무수한 별 중 하나라는 무한 우주론을 주장하며 중국 중심의 세계관을 비판하였다.
⑤ 정제두: 양명학을 연구하여 강화도를 중심으로 강화 학파를 형성하였다.

27 | 조선 후기 사회 개혁론
정답 ③

자료 분석
조선 후기 사회 개혁론

조선 후기에는 실학이 등장하였는데, 실학은 조선 후기 사회·경제적 변동에 따른 사회 모순의 해결책을 구상하는 과정에서 대두한 학문이자 사회 개혁론이었다. 중농학파의 대표적인 실학자로는 이익, 정약용 등이 있으며, 중상학파의 대표적인 실학자로는 홍대용, 박지원, 박제가 등이 있었다.

정답 해설
③ 박지원은 연행사를 따라 청에 다녀온 후 저술한 『열하일기』에서 수레와 선박의 필요성을 강조하였다.

오답 체크
① 홍대용: 『의산문답』에서 무한 우주론을 주장하며 중국 중심의 세계관을 비판하였다.
② 정약용: 『목민심서』에서 목민관(지방관)이 지켜야 할 지침을 밝히면서 지방 행정의 개혁안을 제시하였다.
④ 이익: 『성호사설』에서 나라를 좀먹는 여섯 가지의 폐단으로 노비 제도·과거 제도·양반 문벌 제도·미신·승려·게으름을 지적하였다.
⑤ 박제가: 『북학의』에서 생산과 소비의 관계를 우물에 비유하여 절약보다 소비를 강조하였다.

28 | 김정희
정답 ②

자료 분석
제주도 유배지 + 세한도 → 김정희

추사 김정희는 조선 후기의 학자이자 예술가로, 청에 건너가 학자들과 교류하며 고금의 필법을 두루 연구하였고, 그 결과 추사체를 창안하여 서예의 새로운 경지를 개척하였다. 또한 김정희는 수준 높은 문인화를 많이 남겼는데, 그중 걸작으로 꼽히는 세한도는 김정희가 제주도에서 유배 생활을 하던 중 그린 것이다.

정답 해설
② 김정희는 『금석과안록』에서 북한산비가 진흥왕 순수비임을 최초로 고증하였다.

오답 체크
① 이황: 기대승과 사단칠정 논쟁을 전개하여 성리학의 이해를 심화시켰다.
③ 정제두: 양명학을 체계적으로 연구하여 강화도를 중심으로 강화 학파를 형성하였다.
④ 김육: 청으로부터 서양식 역법인 시헌력을 도입하자고 건의하였다.
⑤ 박지원: 청에 다녀온 후 저술한 『열하일기』에서 수레와 선박의 사용을 강조하였다.

08 조선의 문화

29
(가)에 대한 설명으로 옳은 것은? [3점]

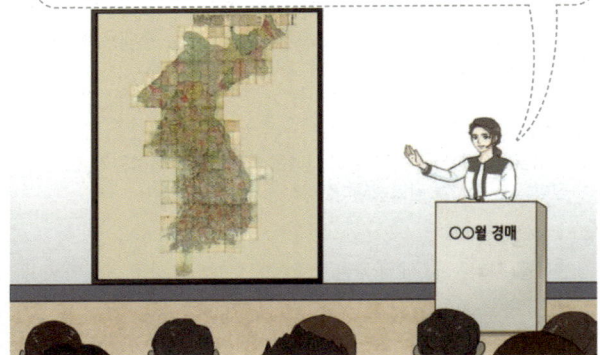

이번 경매 물건은 김정호가 당시 조선의 지도 제작 기술을 집대성하여 만든 (가) 입니다. 10리마다 눈금을 표시하여 거리를 알 수 있게 하였고, 개개의 산보다 산줄기를 표시하는 데 역점을 두었습니다. 또한 군현별로 다른 색이 칠해진 채색본으로는 국내에 유일하게 남아 있는 것입니다.

① 최초로 100리 척이 적용되었다.
② 전체 22첩의 목판본으로 되어 있다.
③ 우리나라에서 제작된 현존 최고(最古)의 지도이다.
④ 각 지방의 연혁, 산천, 풍속 등이 자세히 나타나 있다.
⑤ 전국의 지리 정보에 주요 인물과 역사적 사실을 병기하였다.

31
교사의 질문에 대한 학생의 답변으로 가장 적절한 것은? [2점]

이 그림은 김홍도가 중인들의 시사(詩社) 광경을 그린 '송석원시사야연도'입니다. 당시 중인들은 시사를 조직해 활발한 문예 활동을 전개하기도 하였습니다. 이 그림이 그려진 시기의 문화에 대해 발표해 볼까요?

① 성현 등이 『악학궤범』을 편찬하였습니다.
② 정철이 「관동별곡」, 「사미인곡」 등의 작품을 지었습니다.
③ 노래와 사설로 줄거리를 풀어 가는 판소리가 발달하였습니다.
④ 서거정이 역대 문학 작품을 선별하여 『동문선』을 편찬하였습니다.
⑤ 청주 흥덕사에서 금속 활자본인 『직지심체요절』을 간행하였습니다.

32
(가)에 들어갈 그림으로 옳은 것은? [1점]

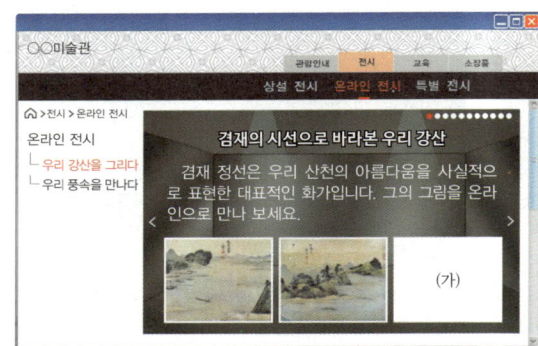

겸재의 시선으로 바라본 우리 강산
겸재 정선은 우리 산천의 아름다움을 사실적으로 표현한 대표적인 화가입니다. 그의 그림을 온라인으로 만나 보세요.

30
(가) 인물에 대한 설명으로 옳은 것은? [2점]

(가) 은/는 널리 배워 시를 잘 짓고 전고(典故)에도 밝았다. …… 『발해고』를 지어서 인물과 군현, 왕실 계보의 연혁 등을 상세하게 잘 엮어서 두루 모아 놓으니 기뻐할 만하다. 그런데 그의 말에 왕씨가 고구려의 옛 강역을 회복하지 못하였음을 탄식한 부분이 있다. 왕씨가 옛 강역을 회복하지 못하니 계림과 낙랑의 옛터가 마침내 어두워져 스스로 천하와 단절되었다는 것이다.

① 규장각의 검서관으로 활동하였다.
② 양명학을 연구해 강화 학파를 형성하였다.
③ 『의산문답』에서 중국 중심의 세계관을 비판하였다.
④ 북한산비가 진흥왕 순수비임을 처음으로 밝혀냈다.
⑤ 체질에 따라 치료를 달리하는 사상 의학을 확립하였다.

①  ②
③  ④
⑤

29 | 대동여지도 정답 ②

자료 분석

김정호 + 10리마다 눈금을 표시 → 대동여지도

대동여지도는 조선 후기에 김정호가 당시 조선의 지도 제작 기술을 집대성하여 제작한 전국 지도이다. 10리마다 눈금을 표시하여 거리를 알 수 있게 하였다.

정답 해설

② 대동여지도는 조선 후기에 김정호가 제작한 전체 22첩의 목판본 지도로, 접고 펼 수 있게 만들어 가지고 다니기에 편리하도록 하였다.

오답 체크

① 동국지도: 조선 영조 때 정상기가 최초로 100리 척을 적용하여 제작하였다.
③ 혼일강리역대국도지도: 조선 태종 때 제작된 세계 지도로, 현존하는 동양 최고(最古)의 세계 지도이다.
④ 『신증동국여지승람』: 조선 전기에 제작된 지리서로, 각 지방의 연혁과 산천, 풍속 등이 자세히 나타나 있다.
⑤ 조선팔도고금총람도: 조선 후기에 제작된 지도로, 전국의 지리 정보에 주요 인물과 역사적 사실을 함께 기록하였다.

30 | 유득공 정답 ①

자료 분석

『발해고』를 지음 → 유득공

유득공은 조선 후기의 서얼 출신 학자로, 규장각에 소장된 많은 책들을 참고해 발해에 대한 연구를 정리한 『발해고』를 저술하였다. 그는 『발해고』를 통해 통일 신라와 발해를 합쳐 '남북국'이라는 용어를 처음 사용하였으며, 발해가 고구려를 계승한 나라임을 주장하였다.

정답 해설

① 유득공은 정조 때 규장각의 검서관으로 활동하였다.

오답 체크

② 정제두: 강화도에서 실천성을 강조한 양명학을 연구하며 강화 학파를 형성하였다.
③ 홍대용: 『의산문답』에서 지전설, 무한 우주론을 주장하여 중국 중심의 세계관을 비판하였다.
④ 김정희: 『금석과안록』에서 북한산비가 신라 진흥왕 순수비임을 처음으로 고증하였다.
⑤ 이제마: 사람의 체질을 네 가지로 구분하고, 체질에 따라 치료를 달리하는 사상 의학을 확립하였다.

31 | 조선 후기의 문화 정답 ③

자료 분석

김홍도 + 중인들이 시사 조직 → 조선 후기

조선 후기에는 중인들과 서민층의 문예 활동이 활발해지면서 중인층을 중심으로 일종의 문예 모임인 시사가 조직되었다. 또한 조선 후기에는 당시 사람들의 일상 생활을 생동감 있게 표현한 풍속화가 유행하였는데, 대표적인 풍속화가로는 김홍도, 신윤복 등이 있다.

정답 해설

③ 조선 후기에는 감정을 직접적으로 표현한 노래와 사설로 줄거리를 풀어가는 판소리가 발달하였다.

오답 체크

① 조선 전기: 성종 때 성현 등이 음악 이론서인 『악학궤범』을 편찬하였다.
② 조선 전기: 선조 때 정철이 「관동별곡」, 「사미인곡」 등의 가사 문학 작품을 지었다.
④ 조선 전기: 성종 때 서거정이 역대 문학 작품을 선별하여 『동문선』을 편찬하였다.
⑤ 고려 후기: 우왕 때 청주 흥덕사에서 금속 활자본인 『직지심체요절』을 간행하였다.

빈출 개념 | 조선 후기 서민 문화의 발달

판소리	• 직설적이고 솔직하게 감정 표현 • 「춘향가」, 「심청가」, 「흥부가」 등
한글 소설	「홍길동전」, 「춘향전」 등 유행
사설 시조	서민의 감정을 솔직하게 표현
시사	중인층이 중심이 되어 문예 모임인 시사를 조직하여 활동

32 | 인왕제색도 정답 ③

자료 분석

겸재 정선

겸재 정선은 조선 후기의 대표적인 화가로, 우리나라 자연의 아름다움을 사실적으로 표현한 진경 산수화를 잘 그린 것으로 유명하였다.

정답 해설

③ 인왕제색도는 겸재 정선의 그림으로, 비온 뒤 안개가 피어오르는 인왕산의 모습을 사실적으로 표현한 진경 산수화이다.

오답 체크

① 영통동구도: 조선 후기의 화가 강세황의 작품으로, 서양화의 원근법 등을 사용하였다.
② 송석원시사야연도: 조선 후기의 화가 김홍도의 작품으로, 중인들의 시사 광경을 표현하였다.
④ 몽유도원도: 조선 전기의 화가 안견의 작품으로, 안평 대군의 꿈 이야기를 듣고 자연스러운 현실 세계와 환상적인 이상 세계를 표현하였다.
⑤ 한임강명승도권 중 여주 신륵사: 조선 후기의 화가 정수영의 작품으로, 한강과 임진강 일대를 유람하면서 본 경치 중 여주 신륵사의 모습을 그린 그림이다.

08 조선의 문화

33 73회 26번
(가) 인물의 작품으로 옳은 것은? [1점]

이곳 철원 삼부연 폭포는 겸재 (가) 이/가 그린 그림으로도 유명합니다. 우리 산천의 아름다움을 사실적으로 표현한 진경 산수화를 실제 모습과 함께 감상해 보세요.

①    ②

③    ④

⑤

34 빈출 59회 25번
밑줄 그은 '이 시기'의 문화에 대한 설명으로 옳은 것은? [1점]

① 원각사지 십층 석탑이 건립되었다.
② 인왕제색도 등 진경 산수화가 그려졌다.
③ 주자소가 설치되어 계미자가 주조되었다.
④ 표면에 백토를 바른 분청사기가 유행하였다.
⑤ 청주 흥덕사에서 『직지심체요절』이 간행되었다.

35 57회 26번
다음 그림이 그려진 시기의 문화에 대한 설명으로 옳지 <u>않은</u> 것은? [1점]

이 그림은 김득신이 대장간의 모습을 묘사한 풍속화이다. 한 명이 화덕에서 달궈진 쇳덩어리를 방울집게로 집어 모루 위에 올려 놓자 두 명이 쇠망치로 두드리는 모습, 도리에 매어 놓은 그네에 상체를 기대고 어깨너머로 구경하는 아이의 모습 등이 생동감 있게 표현되어 있다.

① 중인들이 시사(詩社)를 조직하였다.
② 양반의 위선을 풍자한 탈춤이 공연되었다.
③ 「춘향가」, 「흥보가」 등의 판소리가 유행하였다.
④ 금속 활자본인 『직지심체요절』이 간행되었다.
⑤ 「홍길동전」, 「박씨전」 등의 한글 소설이 널리 읽혔다.

36 70회 27번
(가) 인물의 작품으로 옳은 것은? [1점]

이 작품은 조선 후기 대표적 풍속 화가인 단원 (가) 이/가 나귀를 타고 유람하는 나그네의 시점으로 그린 행려풍속도병입니다. 8폭 병풍에는 계절에 따라 변해가는 산수와 대장간, 나루터 등 다양한 세상살이의 모습이 생동감 있게 표현되어 있습니다. 각 폭의 그림 위쪽에는 그의 스승인 강세황의 그림평이 적혀 있습니다.

①    ②    ③

④    ⑤

33 | 겸재 정선   정답 ①

자료 분석

> 겸재 + 진경 산수화 → 겸재 정선
>
> 겸재 정선은 조선 후기의 대표적인 화가로, 우리나라의 자연을 사실적으로 표현한 진경 산수화를 잘 그린 것으로 유명하였다. 대표 작품인 '인왕제색도'는 비에 젖은 서울 인왕산의 모습을 사실적으로 표현한 것이다.

정답 해설

① 금강내산은 겸재 정선의 작품으로, 『해악전신첩』 안에 합장된 21면의 그림 중 한 폭이다.

오답 체크

② 산수인물도: 조선 후기의 화가 김홍도의 작품으로, 절파화풍을 수용하여 김홍도 자신의 필법으로 새롭게 해석하였다.
③ 월하정인: 조선 후기의 풍속 화가 신윤복의 작품으로, 남녀 간의 애정을 표현하였다.
④ 영통동구도: 조선 후기의 화가 강세황의 작품으로, 서양화의 원근법 등을 동양화와 접목시켰다.
⑤ 몽유도원도: 조선 전기의 화가 안견의 작품으로, 안평 대군의 꿈 이야기를 듣고 자연스러운 현실 세계와 이상 세계를 표현하였다.

34 | 조선 후기의 문화   정답 ②

자료 분석

> 한글 소설 + 세책가 + 전기수 → 조선 후기
>
> 조선 후기에는 서민 문화의 발달로 「춘향전」, 「홍길동전」과 같은 한글 소설이 유행하였다. 또한 저잣거리에서 소설을 읽어주고 일정한 보수를 받는 전기수와 돈을 주고 소설을 대여해주는 세책가가 등장하였다.

정답 해설

② 조선 후기에는 진경 산수화가 유행하였는데, 대표적으로 겸재 정선이 그린 인왕제색도가 있다.

오답 체크

① 조선 전기: 세조 때 원각사지 십층 석탑이 건립되었는데, 이는 대리석으로 만들어진 것이 특징이다.
③ 조선 전기: 태종 때 활자 주조 관청인 주자소가 설치되었으며, 주자소에서 활자인 계미자가 주조되었다.
④ 조선 전기: 표면에 백토를 바른 회청색의 도자기인 분청사기가 유행하였다.
⑤ 고려 시대: 우왕 때 청주 흥덕사에서 현존하는 가장 오래된 금속 활자본인 『직지심체요절』이 간행되었다.

35 | 조선 후기의 문화   정답 ④

자료 분석

> 김득신 + 풍속화 → 조선 후기의 문화
>
> 조선 후기에는 사람들의 생활 모습을 생동감 있게 표현한 풍속화가 유행하였는데, 대표적인 작품으로는 대장간의 모습을 생생히 그려낸 김득신의 야장단련도가 있다.

정답 해설

④ 고려 우왕 때 현존하는 가장 오래된 금속 활자본인 『직지심체요절』이 간행되었다.

오답 체크

① 조선 후기에는 중인들이 문예 모임인 시사(詩社)를 조직하여 활발한 문예 활동을 펼쳤다.
② 조선 후기에는 양반의 위선을 풍자하는 탈춤이 장시에서 공연되었다.
③ 조선 후기에는 「춘향가」, 「흥보가」 등의 판소리가 유행하였다.
⑤ 조선 후기에는 「홍길동전」, 「박씨전」 등의 한글 소설이 유행하였다.

36 | 김홍도   정답 ①

자료 분석

> 단원 → 김홍도
>
> 단원 김홍도는 조선 후기의 대표적인 화가로, 도화서 화원 출신이며 풍속화, 산수화, 인물화 등 다양한 분야에서 뛰어난 작품을 남겼다. 대표작으로는 나귀를 타고 유람하는 나그네의 시점으로 계절에 따라 변해가는 산수와 대장간, 나루터 등 다양한 세상살이의 모습을 그린 '행려풍속도병' 등이 있다.

정답 해설

① 씨름은 김홍도의 풍속화로, 씨름하는 사람들의 모습을 그려냈다.

오답 체크

② 금강전도: 조선 후기의 화가인 정선의 진경 산수화로, 금강산을 이상향으로 그리며 산수화의 새로운 경지를 구축하였다.
③ 파적도: 조선 후기의 화가 김득신의 풍속화로, 한적한 봄날 앞마당의 정경을 묘사하였다.
④ 월하정인: 조선 후기의 풍속 화가 신윤복의 작품으로, 달빛 속에서 두 연인이 남몰래 만나 사랑을 속삭이는 장면을 생동감 있게 묘사하였다.
⑤ 영통동구도: 조선 후기의 화가 강세황의 작품으로, 서양화의 원근법 등을 동양화와 접목시켰다.

08 조선의 문화

37
(가) 인물의 작품으로 옳은 것은? [1점] 51회 27번

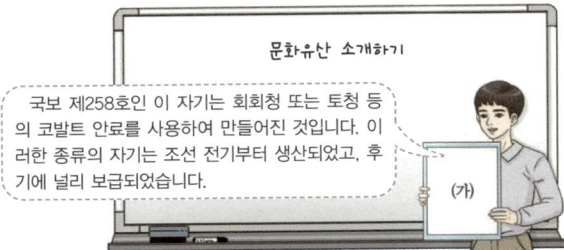

①  ②  ③

④ ⑤

38
다음 기사에 보도된 문화유산으로 옳은 것은? [2점] 56회 33번

□□신문

국민의 품에 안긴 조선 후기 명화

추사 김정희의 대표작이 소장자의 뜻에 따라 ○○박물관에 기증되었다. 그동안 기탁 형태로 관리되었으나 온전히 국가에 귀속된 것이다. 이 작품은 김정희가 제주도 유배 중일 때 사제의 의리를 변함없이 지킨 제자 이상적에게 그려준 것으로, 시서화(詩書畵)의 일치를 추구하였던 조선 시대 문인화의 진수를 보여준다.

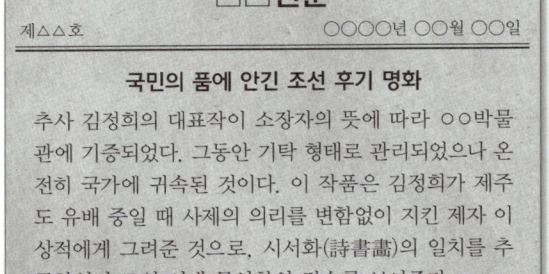
① ②
③ ④
⑤

39
(가)에 들어갈 문화유산으로 옳은 것은? [1점] 49회 27번

국보 제258호인 이 자기는 회회청 또는 토청 등의 코발트 안료를 사용하여 만들어진 것입니다. 이러한 종류의 자기는 조선 전기부터 생산되었고, 후기에 널리 보급되었습니다.

① ② ③
④ ⑤

40
(가)에 해당하는 문화유산으로 옳은 것은? [1점] 55회 27번

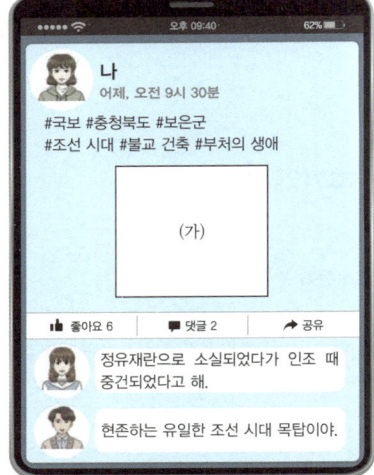

#국보 #충청북도 #보은군 #조선 시대 #불교 건축 #부처의 생애

- 정유재란으로 소실되었다가 인조 때 중건되었다고 해.
- 현존하는 유일한 조선 시대 목탑이야.

①  ②  ③
법주사 팔상전 화엄사 각황전 금산사 미륵전

④  ⑤
무량사 극락전 마곡사 대웅보전

37 | 신윤복
정답 ④

자료 분석

조선 후기 풍속 화가 + 혜원 + 양반들의 풍류와 남녀 사이의 애정을 소재로 한 작품 → 신윤복

신윤복은 조선 후기를 대표하는 풍속 화가로, 주로 양반들의 풍류와 남녀 사이의 애정, 기녀와 기방의 세계를 감각적이고 해학적으로 묘사하였다. 대표작으로는 아름다운 여인의 모습을 섬세하고 깔끔하게 그려낸 '미인도' 등이 있다.

정답 해설

④ 조선 후기의 풍속 화가 신윤복의 작품인 '월하정인'으로, 달빛 속에서 두 연인이 몰래 만나 사랑을 속삭이는 장면을 생동감 있게 묘사한 풍속화이다.

오답 체크

① 씨름: 조선 후기의 화가 김홍도의 풍속화로, 씨름하는 사람들의 모습을 그려냈다.
② 고사관수도: 조선 전기의 화가 강희안의 작품으로, 간결하고 과감한 필치로 인물의 내면 세계를 표현하였다.
③ 파적도: 조선 후기의 화가 김득신의 풍속화로, 한적한 봄날 앞마당의 정경을 묘사하였다.
⑤ 영통동구도: 조선 후기의 화가 강세황의 작품으로, 서양화의 원근법 등을 사용하였다.

38 | 세한도
정답 ④

자료 분석

추사 김정희의 대표작 + 제자 이상적에게 그려준 것 → 세한도

세한도는 추사 김정희의 대표작으로, 그가 제주도에서 유배 중일 때 그린 그림이다. 그림의 끝 부분에는 김정희가 직접 쓴 글이 있는데, 세한도가 중국에서 귀한 책을 구해다 준 제자 이상적에 대한 답례로 그린 것임을 밝히고 있다.

정답 해설

④ 김정희의 세한도는 조선 후기의 대표적인 문인화로 평가받는 작품이다.

오답 체크

① 인왕제색도: 조선 후기의 화가인 겸재 정선의 작품으로, 비온 뒤 인왕산의 모습을 표현한 진경 산수화이다.
② 영통동구도: 조선 후기의 화가인 강세황의 작품으로, 서양화의 원근법을 동양화와 접목시켰다.
③ 몽유도원도: 조선 전기의 화가인 안견의 작품으로, 안평 대군의 꿈 이야기를 듣고 자연스러운 현실 세계와 환상적인 이상 세계를 표현하였다.
⑤ 월하정인: 조선 후기의 풍속화가 신윤복의 작품으로, 남녀 간의 애정을 표현하였다.

39 | 청화 백자
정답 ④

자료 분석

코발트 안료를 사용 + 조선 후기에 널리 보급됨 → 청화 백자

청화 백자는 백토로 틀을 만들고 회회청 또는 토청이라고 불리는 코발트(청색) 안료로 무늬를 그리는 방식의 자기이다. 이러한 방식의 청화 백자는 조선 전기부터 생산되어 조선 후기에 널리 보급되었다.

정답 해설

④ 백자 청화죽문 각병은 조선 후기에 만들어진 것으로 추정되는 청화 백자로, 아래가 둥근 몸체에 늘씬하게 뻗은 긴 목과 높고 넓은 다리가 달린 것이 특징이다.

오답 체크

① 분청사기 박지연화어문 편병: 조선 시대에 청자에 분을 칠해 만든 회청색의 도자기로, 연꽃잎과 물고기를 표현하였다.
② 청동 은입사 포류수금문 정병: 고려 시대의 정병(목이 긴 물병)으로, 청동에 은입사 기법으로 버드나무와 물새 등을 표현하였다.
③ 청자 상감 운학문 매병: 고려 시대의 상감 청자로, 아름다운 빛깔과 조형미가 돋보이는 것이 특징이다.
⑤ 청자 참외모양 병: 고려 시대의 청자로, 단정한 형태와 비취색이 빚어낸 정적인 아름다움을 느낄 수 있다.

40 | 보은 법주사 팔상전
정답 ①

자료 분석

보은군 + 현존하는 유일한 조선 시대 목탑 → 법주사 팔상전

보은 법주사 팔상전은 충청북도 보은군에 위치한 우리나라에 현존하는 유일한 조선 시대 목탑이다. 팔상전은 조선 전기 정유재란 때 불타 없어진 이후 선조 때부터 중건 작업이 시작되어 인조 때 다시 조성되었으며, 1962년에 국보 제55호로 지정되었다. 내부에는 벽의 사방에 면 2개씩 모두 8폭의 그림이 그려져 있어 팔상전이라는 이름이 붙었고, 중앙에 본존불을 봉안한 것이 특징이다.

정답 해설

① 보은 법주사 팔상전은 정유재란으로 소실되었다가 중건된 현존하는 유일한 조선 시대 목탑으로, 벽면에 부처의 일생을 8장면으로 구분한 팔상도가 그려져 있어 팔상전이라 이름 붙여졌다.

오답 체크

② 화엄사 각황전: 전라남도 구례군에 위치한 조선 후기의 건축물로, 팔작 지붕과 다포 양식이 활용된 것이 특징이다.
③ 금산사 미륵전: 전라북도 김제시에 위치한 조선 후기의 건축물로, 거대한 미륵존불을 모신 법당이다.
④ 무량사 극락전: 충청남도 부여군에 위치한 조선 중기의 건축물로, 외관상으로는 2층이지만 내부가 하나로 트여 있는 것이 특징이다.
⑤ 마곡사 대웅보전: 충청남도 공주시에 위치한 조선 후기의 건축물로, 팔작 지붕과 중층으로 조성된 것이 특징이다.

IV. 조선 시대

기출 자료&선택지 퀴즈로 단원 마무리

기출 자료 퀴즈

기출 자료에 해당하는 주제를 골라 쓰세요.

| 영조 | 김정희 | 태종 | 성종 |
| 이황 | 정조 | 이익 | |

01 65회
- 질문: 『경국대전』에 대해 조사한 내용을 알려 줄래?
- 답변:
  - 이·호·예·병·형·공전의 육전 체제로 구성되었어.
  - 『경제육전』과 수교, 조례 등에서 영구히 준수해야 할 것들을 정리하여 엮었대.
  - 세조 때 편찬이 시작되어 이 왕 때 완성하여 반포했지.

[   ]

02 57회
이것은 마천목을 좌명공신에 봉한다는 녹권입니다. 마천목은 제2차 왕자의 난 당시 회안공 이방간과의 치열한 전투에서 (가) 이/가 승리할 수 있도록 앞장섰습니다. 이후 왕위에 오른 (가) 은/는 마천목을 3등 공신으로 책봉하였습니다.

[   ]

03 55회
이것은 이 왕이 농경을 장려하기 위해 세손과 더불어 친경(親耕)과 친잠(親蠶)을 거행하고 그 기쁨을 표현한 「경잠기의」입니다. 그는 균역법을 제정하여 백성의 군역 부담을 줄여주는 등 민생 안정에 많은 노력을 기울였습니다.

[   ]

04 57회
이 책은 (가) 이/가 학문과 사물의 이치를 논한 글과 제자들의 질문에 응답한 내용을 모아 엮은 『성호사설』입니다. (가) 은/는 노비 제도의 개혁, 서얼 차별 폐지 등 다양한 개혁안을 제시하였습니다.

[   ]

05 56회
이곳은 수원 화성 성역과 연계하여 축조된 축만제입니다. (가) 은/는 축만제 등의 수리 시설 축조와 둔전 경영을 통해 수원 화성의 수리, 장용영의 유지, 백성의 진휼을 위한 재원을 마련하였습니다.

[   ]

06 52회
이 자료는 (가) 이/가 지어 왕에게 바친 『성학십도』의 일부입니다. 그는 성리학에 대한 체계적 이해를 바탕으로 군주가 스스로 인격과 학문을 수양하기 위해 노력해야 함을 강조하였습니다.

[   ]

07 63회
이 작품은 (가) 의 세한도로, 완당이라는 그의 호가 도인(圖印)으로 찍혀 있습니다. 그는 제주도에서 유배 생활을 할 때 청에서 귀한 책을 구해다 준 제자 이상적에게 고마움의 표시로 이 그림을 그려 주었습니다.

[   ]

기출 자료 (가)~(다)를 일어난 순서대로 나열하세요.

08 49회
<주제: 임진왜란 때 수군의 활약>
(가) 옥포에서 26척의 적선을 격파하는 전과를 올렸어.
(나) 견내량에 머물던 왜군을 한산도 앞바다로 유인하여 학익진 전술을 펼쳐 물리쳤어.
(다) 10여 척의 배로 명량에서 대승을 거두었어.

[-   -   ]

기출 선택지 퀴즈

기출 선택지가 옳은 내용이면 O, 틀린 내용이면 X 표시하세요.

09 69회 승정원은 왕명 출납을 맡은 왕의 비서 기관이었다. [O | X]

10 64회 사간원은 옥당이라고 불리며 경연을 담당하였다. [O | X]

11 54회 무오사화 때 「조의제문」이 발단이 되어 김일손 등이 처형되었다. [O | X]

12 66회 기묘사화 때 폐비 윤씨 사사 사건의 전말이 알려져 김굉필 등이 처형되었다. [O | X]

13 62회 명종 때 외척 간의 대립으로 을사사화가 발생하였다. [O | X]

14 54회 임진왜란 때 권율이 행주산성에서 대승을 거두었다. [O | X]

15 61회 임술 농민 봉기는 삼정이정청이 설치되는 계기가 되었다. [O | X]

16 54회 균역법 시행에 따라 일부 부유한 양민에게 선무군관포를 징수하였다. [O | X]

17 69회 조선 후기에 덕대가 광산을 전문적으로 경영하였다. [O | X]

18 54회 유형원은 『우서』에서 사농공상의 직업적 평등과 전문화를 주장하였다. [O | X]

19 59회 조선 후기에는 인왕제색도 등 진경 산수화가 그려졌다. [O | X]

최빈출 다지선다 퀴즈

밑줄 그은 '왕' 재위 시기의 사실로 옳은 것을 모두 고르세요.

20 66회

> 이전에 주조한 활자가 크고 고르지 않았다. 이에 왕께서 경자년에 다시 주조하셨다. 그리하여 그 모양이 작고 바르게 되었으니, 이것으로 인쇄하지 않은 책이 없었다. 이를 경자자라고 하였다. 갑인년에 다시 『위선음즐(爲善陰騭)』의 글자 모양을 본떠 갑인자를 주조하니, 경자자에 비하여 조금 크고 활자 모양이 매우 좋았다.

① 이시애의 난을 진압하고 유향소를 폐지하였다. 70·49회
② 성현 등이 『악학궤범』을 편찬하였다. 73·69·66회
③ 계해약조가 체결되어 세견선의 입항이 허가되었다. 75·70·65·63·61회
④ 이종무가 대마도를 정벌하였다. 72·70·69·67·66회
⑤ 김종직 등 사림이 중앙 정계에 진출하기 시작하였다. 62회
⑥ 집현전을 계승한 홍문관이 설치되었다. 58·45회
⑦ 왕위 계승을 둘러싸고 왕자의 난이 발생하였다. 71·60회
⑧ 우리 풍토에 맞는 농법을 소개한 『농사직설』이 편찬되었다. 73·69·68·66회

정답
01 성종 02 태종 03 영조 04 이익 05 정조 06 이황 07 김정희
08 (가) 옥포 해전 - (나) 한산도 대첩 - (다) 명량 해전 09 O 10 X (홍문관)
11 O 12 X (갑자사화) 13 O 14 O 15 O 16 O 17 O 18 X (유수원)
19 O 20 ③, ④, ⑧ 세종 [① 세조, ②, ⑤, ⑥ 성종, ⑦ 태조, 정종]

근대 최신 기출 트렌드

시대별 출제 비중 *최근 3개년 기준(심화 76~63회)

- 근대는 최근 3개년 간 매 회 50문제 중 평균 6~7문제(약 13%)가 출제되었습니다.
- 흥선 대원군의 개혁과 개항 이후의 개화 정책은 빈출 주제입니다. 또한 최근에는 근대의 경제와 문화 분야에서도 자주 출제되니 꼼꼼히 학습하세요!

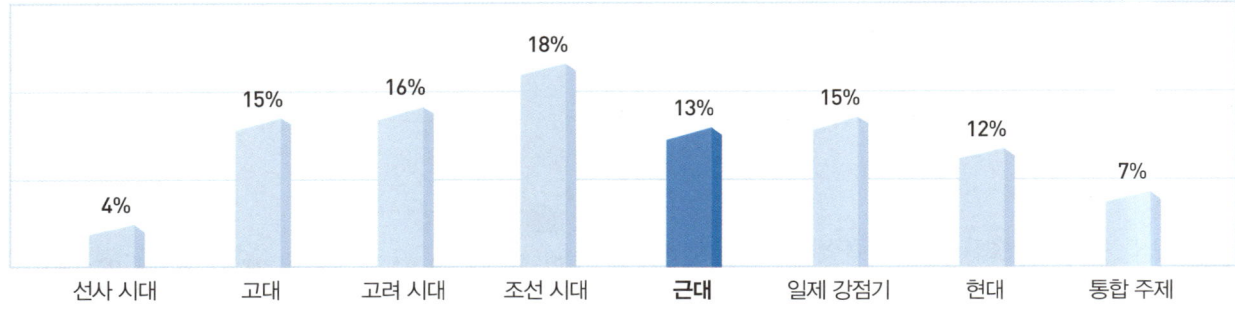

V. 근대

01 흥선 대원군의 개혁과 개항 이후의 정책
02 임오군란과 갑신정변
03 동학 농민 운동과 갑오·을미개혁
04 독립 협회와 대한 제국
05 국권 피탈 과정
06 근대의 경제와 문화

주제별 기출 트렌드

01 흥선 대원군의 개혁과 개항 이후의 정책
흥선 대원군 집권기에는 신미양요가 자주 출제돼요!
빈출 신미양요(11번)   킬러 두모포 수세 사건(15번)

02 임오군란과 갑신정변
갑신정변은 급진 개화파가 일으켰다는 사실을 기억해두면 문제 풀기가 쉬울 거예요!
빈출 갑신정변(5번)

03 동학 농민 운동과 갑오·을미개혁
동학 농민 운동은 전봉준, 갑오·을미개혁은 김홍집과 연결시켜 외워두세요!
빈출 동학 농민 운동의 전개 과정(4번), 제1차 갑오개혁(9번)
킬러 을미개혁(15번)

04 독립 협회와 대한 제국
독립 협회는 관민 공동회, 대한 제국은 지계 발급을 기억하세요!
빈출 독립 협회(2번), 광무개혁(8번)   킬러 박정양(5번)

05 국권 피탈 과정
제1차 한·일 협약과 애국 계몽 운동 단체인 신민회가 최근 자주 출제되니 꼼꼼히 학습하세요!
빈출 제1차 한·일 협약(3번), 신민회(17번)

06 근대의 경제와 문화
근대 신문으로 대한매일신보가 자주 출제되니 근대 신문들의 특징을 꼭 기억해두세요!
빈출 대한매일신보(14번)

01 흥선 대원군의 개혁과 개항 이후의 정책

01
35회 32번

(가)에 들어갈 내용으로 가장 적절한 것은? [2점]

> 시아버지 죽어 이미 상복 입었고
> 갓난아이 배냇물도 다 안 말랐는데
> 삼대의 이름이 군적에 모두 다 실렸으니
> 가서 억울함 호소해도 문지기는 호랑이요
> 이정(里正)은 호통치며 외양간 소 끌고 갔네.

 이 글은 군정의 문란으로 고통받는 백성의 삶을 표현한 애절양이란 시야.

 이러한 폐단을 해결하기 위해 흥선 대원군은 (가) .

① 양반에게도 군포를 징수하는 호포제를 실시했어.
② 전세를 1결당 4~6두로 고정하는 영정법을 실시했어.
③ 현직 관리에게만 과전을 지급하는 직전법을 시행했어.
④ 봄에 곡식을 빌려주고 가을에 갚도록 하는 의창을 설치했어.
⑤ 기금을 모아 그 이자로 빈민을 구제하는 제위보를 마련했어.

02
50회 29번

(가) 인물에 대한 설명으로 옳은 것은? [1점]

> 신(臣) 병창이 (가) 앞에 나아가 품의했더니, 이르기를 '성묘(聖廟) 동서무(東西廡)에 배향된 제현 및 충절과 대의가 매우 빛나 영원토록 높이 받들기에 합당한 47곳의 서원 외에는 모두 향사(享祀)를 중단하고 사액을 철폐하라'고 하였습니다. 지시를 받들어 이미 사액된 서원 중 앞으로 계속 보존할 곳 47개를 별단에 써서 들였습니다. 계하(啓下)*하시면 각 도에 알리겠습니다.
> — 『승정원일기』
>
> *계하(啓下): 국왕의 재가

① 종로와 전국 각지에 척화비를 건립하였다.
② 나선 정벌을 위하여 조총 부대를 파견하였다.
③ 각 궁방과 중앙 관서의 공노비를 해방하였다.
④ 도성을 방비하기 위하여 총융청을 설치하였다.
⑤ 통치 체제를 정비하기 위하여 『경국대전』을 편찬하였다.

03
55회 29번

밑줄 그은 '중건' 시기에 있었던 사실로 옳은 것을 <보기>에서 고른 것은? [2점]

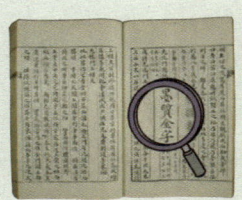 『경복궁 영건일기』는 한성부 주부 원세철이 경복궁 중건의 시작부터 끝날 때까지의 상황을 매일 기록한 것이다. 이 일기에 광화문 현판이 검은색 바탕에 금색 글자였음을 알려 주는 '묵질금자(墨質金字)'가 적혀 있어 광화문 현판의 옛 모습을 고증하는 근거가 되었다.

〈보기〉
ㄱ. 비변사가 설치되었다.
ㄴ. 사창제가 실시되었다.
ㄷ. 원납전이 징수되었다.
ㄹ. 『대전통편』이 편찬되었다.

① ㄱ, ㄴ   ② ㄱ, ㄷ   ③ ㄴ, ㄷ
④ ㄴ, ㄹ   ⑤ ㄷ, ㄹ

04
53회 29번

(가) 법전이 편찬된 시기에 볼 수 있는 모습으로 가장 적절한 것은? [3점]

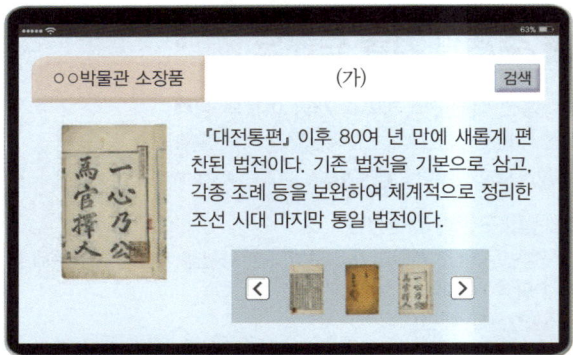

○○박물관 소장품 (가) 검색

『대전통편』 이후 80여 년 만에 새롭게 편찬된 법전이다. 기존 법전을 기본으로 삼고, 각종 조례 등을 보완하여 체계적으로 정리한 조선 시대 마지막 통일 법전이다.

① 『동의보감』을 집필하는 의관
② 만동묘 복구를 건의하는 유생
③ 훈민정음을 연구하는 집현전 학자
④ 계해약조의 초안을 작성하는 관리
⑤ 성균관에 탕평비 건립을 명하는 국왕

● 주제별 출제 비중
*최근 3개년 기준(심화 76~63회)

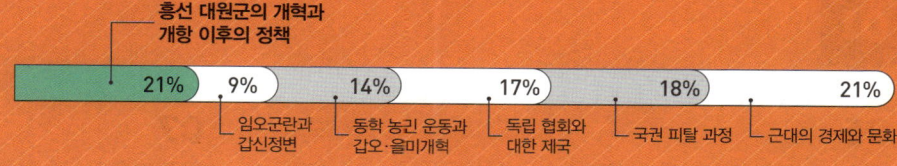

01 | 흥선 대원군의 정책 정답 ①

자료 분석
군정의 문란 + 흥선 대원군 → 호포제 → 흥선 대원군의 정책

흥선 대원군은 고종이 어린 나이로 즉위하자 왕의 아버지로서 실권을 장악하고, 삼정(전정·군정·환곡)의 문란을 바로 잡아 민생을 안정시키고자 하였다. 그중 군정의 문란을 해결하기 위해 신분의 구별 없이 집집마다 군포를 부과하는 호포제를 실시하여 군포 납부가 면제되었던 양반에게도 군포를 징수하였다.

정답 해설
① 흥선 대원군은 군정의 문란을 해결하기 위해 호포제를 실시하여 양반에게도 군포를 징수하였다.

오답 체크
② 인조(조선): 전세를 풍흉에 관계없이 토지 1결당 4~6두로 고정하는 영정법을 실시하였다.
③ 세조(조선): 현직 관리에게만 과전(토지)을 지급하는 직전법을 실시하였다.
④ 성종(고려): 백성에게 봄에 곡식을 빌려주고 가을에 갚도록 하는 의창을 설치하였다.
⑤ 광종(고려): 일정 기금을 만들어 그 이자로 빈민을 구제하는 기구인 제위보를 설치하였다.

02 | 흥선 대원군 정답 ①

자료 분석
47곳의 서원 외에는 모두 향사를 중단 + 철폐 → 흥선 대원군

흥선 대원군은 아들인 고종이 어린 나이에 즉위하자, 실권을 장악하고 왕권 강화 정책과 민생 안정 정책을 실시하였다. 우선 흥선 대원군은 비변사를 폐지하고 의정부의 기능을 강화하였으며, 삼군부를 부활시켰다. 또한 백성을 수탈하는 폐단을 자행하였던 서원을 전국에 47개만 남기고 나머지는 모두 향사(제사)를 중단시키고 철폐하였다.

정답 해설
① 흥선 대원군은 신미양요 이후 척화의 의지를 드러내고자 종로와 전국 각지에 척화비를 건립하였다.

오답 체크
② 효종: 청이 나선(러시아) 정벌을 위해 원병을 요청함에 따라 조총 부대를 파견하였다.
③ 순조: 궁방과 중앙 관서 소속의 공노비를 해방하여 모두 양민으로 삼도록 하였다.
④ 인조: 이괄의 난을 계기로 총융청을 설치하여 경기도 일대를 방어하도록 하였다.
⑤ 성종: 통치 체제를 정비하기 위하여 세조 때부터 편찬을 시작한 『경국대전』을 완성·반포하였다.

03 | 흥선 대원군 집권기의 사실 정답 ③

자료 분석
경복궁 중건 → 흥선 대원군 집권기

고종이 어린 나이에 즉위하면서, 고종의 아버지인 흥선 대원군이 정치적 실권을 장악하였다(흥선 대원군 집권기). 이 시기에 흥선 대원군은 임진왜란 중 소실된 경복궁을 중건하여 왕실의 권위를 회복하고자 하였다.

정답 해설
③ ㄴ. 흥선 대원군 집권기에 환곡의 폐단을 바로잡기 위해 사창제가 실시되었다.
  ㄷ. 흥선 대원군 집권기에 경복궁 중건을 위한 공사비를 마련하기 위해 기부금인 원납전이 강제로 징수되었다.

오답 체크
ㄱ. 중종: 외적의 침입에 대응하기 위한 임시 기구로 비변사가 처음 설치되었다.
ㄹ. 정조: 왕조의 통치 체제를 정비하기 위해 법전인 『대전통편』을 편찬하였다.

빈출 개념 | 흥선 대원군의 삼정 개혁

전정의 개혁	양전 사업을 실시하여 은결·누결을 색출하고 세금 징수
군정의 개혁	양반에게도 군포를 징수하는 호포제 실시
환곡의 개혁	향촌민들이 자치적으로 운영하는 사창제 실시

04 | 흥선 대원군 집권기의 사실 정답 ②

자료 분석
『대전통편』 이후 80여 년 만에 새롭게 편찬된 법전 + 조선 시대 마지막 통일 법전 → 『대전회통』 → 흥선 대원군 집권기

흥선 대원군은 고종이 어린 나이에 즉위하자 실권을 장악하였다(흥선 대원군 집권기). 이 시기에 그는 조선 후기 정조 때 편찬되었던 『대전통편』을 보완하여 조선 시대의 마지막 통일 법전인 『대전회통』을 편찬하였다.

정답 해설
② 흥선 대원군이 만동묘(명나라 황제인 신종과 의종을 제사 지내던 사당)를 철폐하자, 양반 유생들은 크게 반발하여 만동묘 복구를 건의하였다.

오답 체크
① 선조~광해군: 허준이 전통 한의학을 정리한 의학서인 『동의보감』을 집필하였다.
③ 세종: 집현전 학자들과 함께 훈민정음(한글)을 창제·반포하였다.
④ 세종: 3도 개항 이후 제한된 범위 내에서 일본의 무역을 허용한 계해약조를 체결하였다.
⑤ 영조: 붕당의 폐해를 경계하고자 성균관 입구에 탕평비를 건립하였다.

01 흥선 대원군의 개혁과 개항 이후의 정책

05   65회 29번
(가), (나) 사이의 시기에 있었던 사실로 옳은 것은?   [2점]

> (가) 대왕대비전이 전교하기를, "익성군이 이제 입궁하였으니, 흥선 대원군과 부대 부인의 봉작을 내리는 것을 오늘 중으로 거행하도록 하라."라고 하였다.
>
> (나) 종로에 비석을 세웠다. 그 비에서 이르기를, '서양 오랑캐가 침범하는데 싸우지 않으면 즉 화친하는 것이요, 화친을 주장함은 나라를 팔아먹는 것이다.'고 하였다.

① 영국이 거문도를 불법으로 점령하였다.
② 일본의 운요호가 영종도를 공격하였다.
③ 러시아가 용암포에 대한 조치를 요구하였다.
④ 독일 상인 오페르트가 남연군 묘 도굴을 시도하였다.
⑤ 미국이 조·미 수호 통상 조약 체결 후 푸트 공사를 파견하였다.

06   53회 30번
(가) 사건에 대한 설명으로 옳은 것은?   [2점]

□□신문
제△△호   ○○○○년 ○○월 ○○일

(가) 을/를 묘사한 희곡, '조선의 순교자들' 발굴

프랑스 선교사 베르뇌 주교의 순교를 사실적으로 다룬 '조선의 순교자들' 초판 원본이 공개되었다. 베르뇌 주교는 흥선 대원군 집권 시기 천주교 신자들이 탄압받은 (가) (으)로 새남터에서 처형되었으며, 그의 유해는 현재 절두산 성지에 봉안되어 있다.

베르뇌 주교

① 황사영 백서 사건의 원인이 되었다.
② 김기수가 수신사로 파견되는 결과를 가져왔다.
③ 정부가 청군의 출병을 요구하는 계기가 되었다.
④ 사태 수습을 위해 이용태가 안핵사로 파견되었다.
⑤ 로즈 제독 함대가 강화도를 침입하는 빌미가 되었다.

07   72회 31번
밑줄 그은 '사건' 이후에 전개된 사실로 옳은 것은?   [2점]

> 조선왕 전하께
> …… 9월 말에 평양의 대동강에서 좌초한 미국 상선에 승선한 사람들이 살해당했고 배가 불살라졌다는 고통스럽고 놀랄 만한 사건이 있었다고 들었습니다. 본 총병은 본국 수사제독의 위임으로 파견되어 상세히 조사하라는 명을 받았습니다. 과연 이러한 일이 있었는지, 사실인지 아닌지, 생존자가 몇 사람인지 등을 귀국에서 신속히 조사해 분명히 답해주시길 부탁드립니다.
> – 미국 군함 와추세트(Wachusett) 수사총병 슈펠트(Shufeldt)

① 홍경래가 난을 일으켰다.
② 임술 농민 봉기가 일어났다.
③ 황사영 백서 사건이 발생하였다.
④ 어재연이 광성보 전투에서 전사하였다.
⑤ 청의 요청으로 나선 정벌에 조총 부대를 파견하였다.

08   60회 31번
밑줄 그은 '이 사건'에 대한 설명으로 옳은 것은?   [1점]

사료로 보는 한국사

> 매우 가난하게 보이는 강화도에서 각하에게 보내드릴 만한 것은 아무것도 없습니다. 그러나 조선 임금이 소유하고 있지만 거처하지 않는 저택의 도서관에는 매우 중요한 서적이 많이 소장되어 있습니다. 세심하게 공들여 꾸며진 340권을 수집하였으며 기회가 되는 대로 프랑스로 보내겠습니다.
> – G. 로즈

[해설] 로즈 제독이 해군성 장관에게 보낸 서신의 일부이다. 프랑스군이 강화도를 침략한 이 사건 당시 외규장각 도서 등이 약탈되는 상황이 기록되어 있다.

① 청군의 개입으로 종결되었다.
② 제물포 조약의 체결로 이어졌다.
③ 오페르트 도굴 사건이 계기가 되었다.
④ 양헌수 부대가 정족산성에서 적군을 물리쳤다.
⑤ 영국 함대가 거문도를 점령하는 배경이 되었다.

05 | 고종 즉위와 척화비 건립 사이의 사실   정답 ④

자료 분석
> (가) 익성군(고종)이 이제 입궁함 + 흥선 대원군과 부대 부인의 봉작을 내림 → 고종 즉위(1863)
> (나) 종로에 비석을 세움 + 서양 오랑캐 + 화친을 주장함은 나라를 팔아먹는 것 → 척화비 건립(1871)

(가) 1863년에 철종이 사망하자 익선군(고종)이 입궁하여 왕으로 즉위하였고, 아버지인 흥선 대원군과 어머니에게 봉작이 내려졌다. 이후 어린 고종을 대신하여 흥선 대원군이 실권을 장악하였다.
(나) 신미양요 직후에 흥선 대원군은 서양 세력의 침범에 대한 척화 의지를 담아 종로와 전국 각지에 척화비를 건립하였다(1871).

정답 해설
④ 고종 즉위(1863) 이후인 1868년에 독일 상인 오페르트가 흥선 대원군의 아버지인 남연군의 유해를 미끼로 통상을 요구하기 위해 남연군 묘 도굴을 시도하였으나, 실패하였다.

오답 체크
① (나) 이후: 영국이 러시아의 남하를 견제하기 위해 1885년~1887년까지 거문도를 불법으로 점령하였다.
② (나) 이후: 1875년에 일본의 군함 운요호가 영종도를 공격하여 약탈을 저질렀으며, 이때 조선군이 경고 사격을 한 것을 구실로 강화도 조약이 체결(1876)되었다.
③ (나) 이후: 1903년에 러시아가 용암포 및 압록강 하구 일대를 불법으로 점령하고 조차지로 인정할 것을 요구하였다.
⑤ (나) 이후: 조·미 수호 통상 조약을 체결(1882)한 이듬해인 1883년에 미국이 푸트 공사를 파견하였고, 조선은 이에 대한 답례로 보빙사를 파견하였다.

06 | 병인박해   정답 ⑤

자료 분석
> 흥선 대원군 집권 시기 천주교 신자들이 탄압받음 → 병인박해

흥선 대원군은 러시아가 통상을 요구하자 선교사를 통해 프랑스 세력을 끌어들여 이를 견제하고자 하였다. 그러나 프랑스와의 교섭이 무산되자, 흥선 대원군은 천주교를 대대적으로 탄압하였다(병인박해). 병인박해로 베르뇌 주교 등의 프랑스 선교사와 수천 명의 천주교 신자들이 처형되었다.

정답 해설
⑤ 흥선 대원군 집권 시기에 로즈 제독이 이끄는 프랑스 함대가 병인박해를 구실로 강화도를 침입하였다(병인양요).

오답 체크
① 신유박해: 순조 때 발생한 천주교 박해로, 천주교 신자 황사영이 이를 계기로 외국 군대의 출병을 요청하는 백서를 작성하였다.
② 강화도 조약: 김기수가 제1차 수신사로 일본에 파견되는 결과를 가져왔다.
③ 조선 정부가 청군의 출병을 요구한 사건으로는 임오군란, 동학 농민 운동 등이 있다.
④ 고부 민란: 고부 군수 조병갑이 횡포를 부리자 농민들이 고부 관아를 점령한 사건으로, 사태 수습을 위해 이용태가 안핵사로 파견되었다.

07 | 제너럴셔먼호 사건 이후의 사실   정답 ④

자료 분석
> 평양의 대동강 + 좌초한 미국 상선 + 배가 불살라짐
> → 제너럴셔먼호 사건(1866)

제너럴셔먼호 사건은 1866년에 평양 군민들이 미국 상선 제너럴셔먼호를 불태워 침몰시킨 사건이다. 미국 상선 제너럴셔먼호가 대동강을 거슬러 올라와 조선에 통상을 요구하였으나, 이를 거부당하자 조선의 관리를 납치하고 민가를 약탈하였다. 이에 당시 평안도 관찰사였던 박규수와 평양 군민들이 제너럴셔먼호를 불태워 침몰시켰다.

정답 해설
④ 제너럴셔먼호 사건에 대한 책임을 추궁한다는 구실과 통상 수교를 목적으로 1871년에 로저스 제독이 이끄는 미국 함대가 강화도 초지진과 덕진진을 점령하고 광성보를 공격하였다. 이 과정에서 어재연이 광성보 전투에서 전사하였다(신미양요).

오답 체크
모두 제너럴셔먼호 사건(1866) 이전의 사실이다.
① 조선 순조 때인 1811년에 홍경래 등이 평안도 지역에 대한 부당한 차별 대우와 세도 정권의 수탈에 반발하여 난을 일으켰다.
② 조선 철종 때인 1862년에 경상 우병사 백낙신의 수탈에 반발하여 임술 농민 봉기가 일어났다.
③ 조선 순조 때인 1801년에 신유박해가 일어나자 천주교 신자 황사영이 북경 주재 주교에게 외국 군대의 출병을 요청하는 백서를 작성하다가 발각된 황사영 백서 사건이 일어났다.
⑤ 조선 효종 때 러시아의 남하를 계기로 청이 원병을 요청하자, 1654년과 1658년 두 차례에 걸쳐 조총 부대를 파견해 나선(러시아) 정벌에 참여하였다.

08 | 병인양요   정답 ④

자료 분석
> 프랑스군이 강화도를 침략 → 병인양요

병인양요는 흥선 대원군이 프랑스 선교사와 천주교 신자들을 처형한 병인박해를 빌미로 프랑스 로즈 제독의 함대가 통상을 요구하며 강화도를 침략한 사건이다. 프랑스군은 강화도를 공격하고 한성까지 진격하려 하였으나, 양헌수 부대가 정족산성에서 승리하며 프랑스군을 격퇴하였다. 이때 프랑스군은 퇴각하는 과정에서 강화도의 외규장각에 보관되어 있던 『의궤』를 비롯한 각종 문화재를 약탈하였다.

정답 해설
④ 병인양요 때 양헌수 부대가 정족산성에서 프랑스군을 물리쳤다.

오답 체크
① 임오군란, 갑신정변 등: 청군의 개입으로 종결되었다.
② 임오군란: 조선과 일본 사이에 제물포 조약이 체결되어 일본 공사관에 경비병 주둔이 허용되었다.
③ 오페르트 도굴 사건은 병인양요(1866) 이후인 1868년에 일어났다.
⑤ 갑신정변 이후 조선 정부가 러시아와 교섭을 시도하자, 영국이 러시아의 남하를 견제한다는 구실로 거문도를 불법으로 점령하였다(거문도 사건).

01 흥선 대원군의 개혁과 개항 이후의 정책

09   69회 29번
(가) 사건에 대한 설명으로 옳은 것은? [1점]

대한민국 방방곡곡 - 전등사
한국사 채널   조회수 82,461

전등사는 강화도 정족산성 안에 위치한 사찰로 대웅전, 약사전 등 많은 문화유산을 보유하고 있다. 사찰 내에는 『조선왕조실록』을 보관하였던 정족산 사고가 복원되어 있다. 뿐만 아니라 (가) 때 프랑스군을 물리친 양헌수 장군의 승전비도 있다.

① 운요호 사건을 빌미로 일어났다.
② 왕이 공산성으로 피란하는 계기가 되었다.
③ 전개 과정에서 외규장각 도서가 약탈당하였다.
④ 사태 수습을 위해 이용태가 안핵사로 파견되었다.
⑤ 황사영이 외국 군대의 출병을 요청하는 원인이 되었다.

10   70회 28번
(가), (나) 사이의 시기에 있었던 사실로 옳은 것은? [3점]

(가) 순무영에서 정족산성 수성장 양헌수가 보내온 보고에 의하면, "…… 우리 군사가 잠입한 사실을 적들이 알지 못하였습니다. 오늘 저들은 우리가 지키고 있는 성을 점령할 계책으로 그 우두머리가 말을 타고 나귀를 끌고 짐바리와 술과 음식을 가지고 동문과 남문으로 나누어 들어왔습니다. 이때 우리 군사들이 좌·우에 매복하였다가 일제히 총탄을 퍼부었습니다.……"라고 하였습니다.

(나) 4월 24일에 계속해서 올린 강화 진무사 정기원의 치계에, "미국 배가 다시 항구로 들어와서 광성진을 습격하여 함락하였는데, 중군 어재연이 힘껏 싸우다가 목숨을 바쳤고, 사망한 군사가 매우 많습니다. 적병은 초지포 부근에 주둔하였습니다. 장수 이렴이 밤을 이용하여 습격해서야 그들을 퇴각시켰습니다."라고 하였습니다.

① 일본 군함 운요호가 영종도를 공격하였다.
② 오페르트가 남연군 묘의 도굴을 시도하였다.
③ 마젠창과 묄렌도르프가 고문으로 파견되었다.
④ 영국군이 러시아를 견제하기 위해 거문도를 점령하였다.
⑤ 황사영이 외국 군대의 출병을 요청하는 백서를 작성하였다.

11 빈출   67회 29번
(가) 사건에 대한 설명으로 옳은 것은? [1점]

이 척화비는 자연석에 비문을 새긴 것이 특징입니다. 척화비는 제너럴셔먼호 사건을 구실로 일어난 (가) 이후 전국 각지에 세워졌습니다. 이를 통해 서양 세력과의 통상 수교를 거부한 역사의 한 장면을 엿볼 수 있습니다.

① 청군의 개입으로 종결되었다.
② 외규장각 도서가 약탈되는 결과를 가져왔다.
③ 에도 막부에 통신사가 파견되는 계기가 되었다.
④ 사태 수습을 위해 박규수가 안핵사로 파견되었다.
⑤ 전개 과정에서 어재연 부대가 광성보에서 항전하였다.

12   71회 28번
(가) 사건 이후에 일어난 사실로 옳은 것은? [1점]

3년 전 우리나라에서 전시한 어재연 장군의 수자기를 찍은 사진이야. 어재연 장군은 미군이 강화도를 침략한 (가) 당시 광성보에서 항전하였어.

맞아. 이 수자기는 그때 빼앗겼다가 많은 노력 끝에 대여 형식으로 들어와 실물을 볼 수 있었지. 안타깝게도 지금은 미국으로 다시 돌아가 언제 돌아올 수 있을지 모른다고 해.

① 『의궤』를 비롯한 외규장각 도서가 약탈당하였다.
② 홍경래 등이 난을 일으켜 정주성을 점령하였다.
③ 종로를 비롯한 전국 각지에 척화비가 건립되었다.
④ 제너럴셔먼호가 대동강 유역에서 통상을 요구하였다.
⑤ 황사영이 외국 군대의 출병을 요청하는 백서를 작성하였다.

09 | 병인양요
정답 ③

자료 분석
> 프랑스군을 물리친 양헌수 장군 → 병인양요
>
> 병인양요는 흥선 대원군이 프랑스 선교사들과 천주교도들을 처형한 병인박해를 구실로 프랑스 함대가 통상을 요구하며 강화도에 침입한 사건이다. 프랑스 군대는 강화도를 공격하고 한성까지 진격하려 하였으나 정족산성의 양헌수 부대에 의해 격퇴당하였다.

정답 해설
③ 병인양요 때 퇴각하던 프랑스군이 『의궤』를 포함한 외규장각 도서 등 조선의 각종 문화재를 약탈하였다.

오답 체크
① 강화도 조약: 일본이 일으킨 운요호 사건을 빌미로 강화도 연무당에서 조선 대표 신헌과 일본 대표 구로다가 만나 체결한 조약이다.
② 이괄의 난: 인조 때 이괄이 공신 책봉에 불만을 품고 난을 일으켜 도심을 점령하자, 인조가 도성을 떠나 공산성(공주)으로 피란하는 계기가 되었다.
④ 고부 민란: 고부 군수 조병갑이 횡포를 부리자 농민들이 고부 관아를 점령한 사건으로, 사태 수습을 위해 이용태가 안핵사로 파견되었다.
⑤ 신유박해: 순조 때 발생한 천주교 박해로, 천주교 신자인 황사영이 외국 군대의 출병을 요청하는 백서를 작성하는 원인이 되었다.

10 | 병인양요와 신미양요 사이의 사실
정답 ②

자료 분석
> (가) 정족산성 + 양헌수 → 병인양요(1866)
> (나) 미국 + 어재연 → 신미양요(1871)
>
> (가) 흥선 대원군이 프랑스 선교사들과 천주교도들을 처형한 병인박해를 구실로 프랑스 함대가 통상을 요구하며 강화도에 침입하였다(병인양요, 1866). 이때 양헌수 부대가 정족산성에서 승리하며 프랑스군을 격퇴하였다.
> (나) 미국이 평양 관민에 의해 미국 상선이 불태워졌던 제너럴셔먼호 사건(1866)을 구실로 조선과 통상 수교를 시도하기 위해 강화도에 침입하였다(신미양요, 1871). 이때 어재연 부대가 미군에 맞서 결사 항전하였다.

정답 해설
② 병인양요(1866) 이후 독일 상인 오페르트가 흥선 대원군의 아버지인 남연군의 유해를 미끼로 통상을 요구하기 위해 도굴을 시도하였으나, 실패하였다(오페르트 도굴 사건, 1868).

오답 체크
① (나) 이후: 1875년에 일본의 군함 운요호가 영종도를 공격하여 약탈을 저질렀으며, 이때 조선군이 경고 사격을 한 것을 구실로 강화도 조약이 체결(1876)되었다.
③ (나) 이후: 임오군란의 결과로 1882년에 마젠창과 묄렌도르프가 조선에 외교 고문으로 파견되었다.
④ (나) 이후: 영국군이 러시아의 남하를 견제하기 위해 1885년~1887년까지 거문도를 점령하였다.
⑤ (가) 이전: 1801년인 신유박해 때 천주교 신자 황사영이 외국 군대의 출병을 요청하는 백서를 작성하였으나 발각되었고, 천주교 탄압이 심화되었다.

11 | 신미양요
정답 ⑤

자료 분석
> 제너럴셔먼호 사건을 구실로 일어남 → 신미양요
>
> 신미양요(1871)는 평안도 관찰사 박규수와 평양 주민들에 의해 상선이 불타 침몰한 제너럴셔먼호 사건을 구실로 미국이 강화도에 침입한 사건이다. 로져스 제독이 이끄는 미국 함대는 제너럴셔먼호 사건에 대한 책임 추궁과 통상 수교를 목적으로 강화도를 공격하였다. 이때 어재연이 이끄는 부대가 미군에 맞서 결사적으로 항전하자 미군은 40여 일만에 퇴각하였다.

정답 해설
⑤ 신미양요 때 어재연 부대가 강화도 광성보에서 미군에 맞서 항전하였다.

오답 체크
① 구식 군인들의 주도로 일어난 임오군란(1882)은 청군에 의해 난이 진압되었으며, 급진 개화파가 일으킨 갑신정변(1884)은 일본의 배신과 청군의 개입으로 3일 만에 실패하였다.
② 병인양요: 프랑스군이 퇴각하는 과정에서 외규장각에 보관되어 있던 『의궤』를 비롯한 각종 문화재를 약탈하였다.
③ 왜란 이후 일본 에도 막부의 요청으로 선조 때인 1607년에서 순조 때인 1811년까지 12회에 걸쳐 통신사가 파견되었다.
④ 임술 농민 봉기: 사태 수습을 위하여 박규수가 안핵사로 파견되었다.

12 | 신미양요 이후의 사실
정답 ③

자료 분석
> 어재연 + 미군이 강화도를 침략함 → 신미양요(1871)
>
> 신미양요(1871)는 제너럴셔먼호 사건을 구실로 미국이 강화도에 침입한 사건이다. 로저스 제독이 이끄는 미국 함대는 제너럴셔먼호 사건에 대한 책임 추궁과 통상 수교를 목적으로 강화도 초지진과 덕진진을 점령하고 광성보를 공격하자, 어재연 부대가 미군에 맞서 결사 항전하였다.

정답 해설
③ 신미양요(1871) 이후 흥선 대원군에 의해 종로를 비롯한 전국 각지에 외세에 대한 척화 의지를 드러내는 척화비가 건립되었다.

오답 체크
① 1866년어 프랑스가 강화도를 점령한 병인양요가 발생하였고, 퇴각하는 프랑스군에 의해 『의궤』를 비롯한 외규장각 도서가 약탈당하였다.
② 순조 때인 1811년에 홍경래 등이 난을 일으켰으며, 정주성을 점령하였다.
④ 1866년에 미국 상선인 제너럴셔먼호가 대동강 유역에서 통상을 요구하였다.
⑤ 순조 때인 1801년에 신유박해 때 천주교 신자 황사영이 외국 군대의 출병을 요청하는 백서를 작성하여 전달하려다 발각되었다.

01 흥선 대원군의 개혁과 개항 이후의 정책

13
68회 30번

다음 대화가 오갔던 회담 결과 체결된 조약에 대한 설명으로 옳은 것은? [2점]

운요호가 작년에 귀국 경내를 통과하다가 포격을 받았으니, 귀국이 교린의 우의를 저버린 것입니다.

운요호는 국적과 이유를 밝히지 않고 곧장 우리가 수비하는 곳으로 진입해왔으니, 변방 수비병의 발포는 부득이한 것이었소.

일본 전권변리대신 구로다 기요타카 / 조선 접견대관 신헌

① 천주교 포교가 허용되었다.
② 갑신정변의 영향으로 체결되었다.
③ 일본 측의 해안 측량권이 인정되었다.
④ 통신사가 처음 파견되는 계기가 되었다.
⑤ 외국 상인의 내지 통상권을 최초로 규정하였다.

14
45회 31번

(가), (나) 조약에 대한 설명으로 옳은 것은? [2점]

(가) 제7관 일본국 인민은 본국의 현행 여러 화폐로 조선국 인민이 소유한 물품과 교환할 수 있으며, 조선국 인민은 그 교환한 일본국의 여러 화폐로 일본국에서 생산한 여러가지 상품을 살 수 있다.

(나) 제6칙 조선국 항구에 거주하는 일본 인민은 양미와 잡곡을 수출, 수입할 수 있다.

① (가) - 임오군란을 계기로 체결되었다.
② (가) - 최혜국 대우를 처음으로 규정하였다.
③ (나) - 『조선책략』의 영향으로 체결되었다.
④ (나) - 거중조정에 대한 내용을 포함하였다.
⑤ (가), (나) - 조·일 수호 조규의 후속 조치로 체결되었다.

15 킬러
68회 32번

해설사가 설명하는 사건이 발생한 시기를 연표에서 옳게 고른 것은? [3점]

조선 정부는 이곳에 해관을 설치하고 동래부 거류지의 일본 상인과 거래하는 조선 상인으로부터 세금을 징수하였습니다. 그러자 일본 상인이 조약 위반이라고 반발하였고, 결국 3개월 만에 수세가 중단되었습니다.

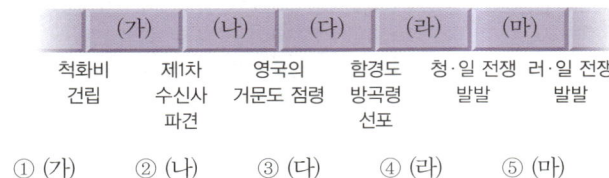

(가)	(나)	(다)	(라)	(마)
척화비 건립	제1차 수신사 파견	영국의 거문도 점령	함경도 방곡령 선포	청·일 전쟁 발발 / 러·일 전쟁 발발

① (가) ② (나) ③ (다) ④ (라) ⑤ (마)

16
74회 28번

다음 자료에 대한 탐구 활동으로 가장 적절한 것은? [2점]

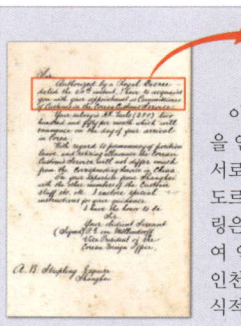

왕명에 따라 귀하가 조선 해관의 세무사로 임명되었음을 알려 드립니다.

이 자료는 조선 정부가 영국인 스트리플링을 인천 해관의 초대 세무사로 임명한다는 문서로 당시 통리교섭통상사무아문 협판 묄렌도르프가 왕명을 받아 발송하였다. 스트리플링은 임명을 받고 두 달 뒤 제물포로 입국하여 인천 해관 창설에 참여했다. 조선 정부는 인천 해관 창설을 통해 관세 부과 업무를 공식적으로 시작하였다.

① 한·일 의정서의 체결 과정을 파악한다.
② 미쓰야 협정이 끼친 영향을 조사한다.
③ 강화도 조약이 체결된 계기를 알아본다.
④ 조·미 수호 통상 조약의 내용을 분석한다.
⑤ 헤이그 특사가 파견되는 원인을 살펴본다.

13 | 강화도 조약 정답 ③

자료 분석
운요호 + 구로다 + 신헌 → 강화도 조약

강화도 조약은 조선과 일본 사이에 체결된 조약으로, 조·일 수호 조규로 불리기도 한다. 일본은 1875년에 운요호 사건을 일으키고 이를 구실로 조선 정부에 개항을 요구하였고, 이듬해인 1876년에 강화도 연무당에서 조선 대표 신헌과 일본 대표 구로다가 만나 강화도 조약을 체결하였다.

정답 해설
③ 강화도 조약은 조선과 일본이 맺은 최초의 근대적 조약으로, 조선 연해에서 일본 측의 해안 측량권이 인정되었다.

오답 체크
① 조·프 수호 통상 조약: 프랑스가 조선 내에서 천주교를 포교할 수 있는 근거가 되었다.
② 한성 조약·톈진 조약: 갑신정변의 결과로 조선과 일본 사이에 한성 조약이, 청과 일본 사이에 톈진 조약이 체결되었다.
④ 통신사란 용어는 조선 태종 때 처음 등장하였으며, 조선 세종 때 처음 통신사를 파견하였다.
⑤ 조·청 상민 수륙 무역 장정: 외국 상인의 내지 통상권을 최초로 규정하였다.

14 | 조·일 수호 조규 부록과 조·일 무역 규칙 정답 ⑤

자료 분석
(가) 일본국의 화폐로 일본국에서 생산한 여러 가지 상품을 살 수 있음 → 조·일 수호 조규 부록
(나) 일본 인민은 양미와 잡곡을 수출, 수입할 수 있음 → 조·일 무역 규칙

(가) 조·일 수호 조규 부록의 체결로 개항장에서 일본 화폐의 유통이 허용되었다.
(나) 조·일 무역 규칙(조·일 통상 장정)의 체결로 일본은 양미와 잡곡을 무제한으로 수출·수입하고, 상품을 무관세로 수출·수입할 수 있게 되었다.

정답 해설
⑤ 조·일 수호 조규 부록과 조·일 무역 규칙은 조·일 수호 조규(강화도 조약)의 후속 조치로 체결되었다.

오답 체크
① 임오군란의 결과 조선은 일본과 제물포 조약을, 청과 조·청 상민 수륙 무역 장정을 체결하였다.
②, ③, ④ 조·미 수호 통상 조약: 러시아를 막기 위해 조선이 미국과 연합해야 한다는 내용이 담긴 『조선책략』의 영향으로 체결되었다. 이 조약은 외국에 대한 최혜국 대우를 처음으로 규정하였고, 양국 중 한 나라가 제3국의 압박을 받을 경우 서로 돕는다는 거중조정에 대한 규정이 포함되었다.

15 | 두모포 수세 사건 오답률 70.5% 정답 ②

자료 분석
해관을 설치 + 세금을 징수함 + 조약 위반으로 반발 + 3개월 만에 수세가 중단됨 → 두모포 수세 사건(1878)

조선은 조·일 무역 규칙(조·일 통상 장정)에서 규정된 무관세 조항을 개선하고 관세권을 회복하기 위해 개항장인 부산 두모포에 해관을 설치하고 1878년 9월에 조선 상인으로부터 세금을 징수하였다. 이에 무역 거래 물품의 가격이 순식간에 급등하자 일본 상인들이 세금의 철폐를 요구하는 시위를 벌였다. 결국 무력을 동원한 일본의 강력한 항의로 3개월 만에 수세 부과가 중단되었고, 두모포 해관은 철폐되었다(두모포 수세 사건).

정답 해설
② 제1차 수신사 파견(1876) 이후 조선 정부는 조·일 무역 규칙(조·일 통상 장정, 1876)에서 규정된 무관세 조항을 개선하고 관세권을 회복하기 위해 개항장긴 부산 두모포에 해관을 설치하여 1878년에 세금을 부과·징수하도록 하였으나, 일본 상인의 거센 반발로 3개월 만에 중단되었다(두모포 수세 사건).

16 | 조·미 수호 통상 조약 정답 ④

자료 분석
인천 해관 + 관세 부과 업무를 공식적으로 시작하였음 → 조·미 수호 통상 조약

조·미 수호 통상 조약은 조선과 미국 사이에 체결된 조약으로, 조약에는 모든 수출입 상품에 대하여 관세를 부과한다는 조항이 있다. 이를 계기르 조선은 인천 해관을 설치하면서 관세 부과 업무를 공식적으로 시작하였다.

정답 해설
④ 조·미 수호 통상 조약은 조선과 미국 사이에 체결된 조약으로, 모든 수출입 상품에 대하여 관세를 부과해야 한다는 내용이 포함되어 있다. 또한 양국 중 한 나라가 위협을 받으면 서로 돕는다는 거중조정 조항 등을 규정하였다.

오답 체크
① 한·일 의정서는 러·일 전쟁 도중 일제가 강제로 체결한 조약으로, 조·미 수호 통상 조약과는 관련이 없다.
② 미쓰야 협정은 일제가 만주의 독립군 활동을 위축시키고자 만주의 군벌과 체결한 협정으로, 조·미 수호 통상 조약과는 관련이 없다.
③ 일본은 강화도 초지진과 영종도에서 조선군이 일본 군함 운요호에 경고 사격을 한 것을 구실로 조선과 강화도 조약을 체결하였다.
⑤ 고종은 을사늑약의 부당성을 알리고자 네덜란드 헤이그에서 열린 만국 평화 회의에 특사를 파견하였다.

빈출 개념 | 조·미 수호 통상 조약(1882)

배경	『조선책략』의 유포와 청의 알선
내용	• 거중조정 조항 포함 • 치외 법권과 최혜국 대우의 불평등 조항 포함 • 미국 수출입 상품에 낮은 비율의 관세 부과
성격	조선이 서양과 맺은 최초의 근대적 조약이자 불평등 조약

01 흥선 대원군의 개혁과 개항 이후의 정책

17
51회 30번

(가), (나) 조약에 대한 설명으로 옳은 것을 〈보기〉에서 고른 것은? [3점]

> (가) **제5관** 미국 상인과 상선이 조선에 와서 무역을 할 때 입출항하는 화물은 모두 세금을 바쳐야 하며, 세금을 거두는 권한은 조선이 자주적으로 행사한다.
>
> (나) **제37관** 조선국에서 가뭄과 홍수, 전쟁 등의 일로 국내에 양식이 부족할 것을 우려하여 일시 쌀 수출을 금지하려고 할 때에는 1개월 전에 지방관이 일본 영사관에 통지하고, 미리 그 기간을 항구에 있는 일본 상인들에게 전달하여 일률적으로 준수하는 데 편리하게 한다.

〈보기〉
ㄱ. (가) – 최혜국 대우 내용을 포함하였다.
ㄴ. (가) – 갑신정변의 영향으로 체결되었다.
ㄷ. (나) – 방곡령 시행에 대한 규정을 명시하였다.
ㄹ. (나) – 재정 고문을 두도록 하는 조항을 담고 있다.

① ㄱ, ㄴ   ② ㄱ, ㄷ   ③ ㄴ, ㄷ   ④ ㄴ, ㄹ   ⑤ ㄷ, ㄹ

18
50회 27번

(가), (나) 문서가 작성된 사이의 시기에 있었던 사실로 옳은 것은? [2점]

> (가) 저들이 비록 왜인이라고는 하나 실은 양적(洋賊)입니다. 화친이 한번 이루어지면 사학(邪學)의 서책과 천주의 초상이 교역하는 속에 섞여 들어오게 되고, 조금 지나면 전도사와 신도가 전수하여 사학이 온 나라에 두루 가득 차게 될 것입니다.
> – 지부복궐척화의소
>
> (나) 지금 조정에서는 어찌 백해무익한 일을 하여 러시아가 없는 마음을 먹게 하고, 미국이 의도하지 않았던 일을 만들어 오랑캐를 끌어들이려 하십니까? 저 황준헌이라는 자는 스스로 중국에서 태어났다고 하면서도, 일본을 위해 말하고 예수를 좋은 신이라 하며, 난적의 앞잡이가 되어 스스로 짐승과 같은 무리가 되었습니다. 고금천하에 어찌 이런 이치가 있겠습니까?
> – 영남 만인소

① 김기수가 수신사로 일본에 파견되었다.
② 영국이 거문도를 불법으로 점령하였다.
③ 평양 관민이 제너럴셔먼호를 불태웠다.
④ 거중조정 조항을 포함한 조약이 체결되었다.
⑤ 양헌수 부대가 정족산성에서 프랑스군을 격퇴하였다.

19
61회 32번

(가), (나) 조약 체결 사이의 시기에 있었던 사실로 옳은 것은? [3점]

> (가) **제1관** 조선국은 자주 국가로서 일본국과 평등한 권리를 보유한다. ……
> **제10관** 일본국 인민이 조선국 지정의 각 항구에 머무르는 동안 죄를 범한 것이 조선국 인민에게 관계되는 사건은 모두 일본국 관원이 심리하여 판결한다. ……
>
> (나) **제1관** 앞으로 대조선국 군주와 대미국 대통령 및 그 인민은 각각 모두 영원히 화평하고 우애 있게 지낸다. ……
> **제5관** …… 미국 상인과 상선이 조선에 와서 무역을 할 때 입출항 하는 화물은 모두 세금을 바쳐야 하며, 세금을 거두는 권한은 조선이 자주적으로 행사한다. ……

① 공·사 노비법이 혁파되었다.
② 통리기무아문이 설치되었다.
③ 한성 전기 회사가 설립되었다.
④ 건양이라는 독자적인 연호가 채택되었다.
⑤ 지방 행정 구역이 8도에서 23부로 개편되었다.

20
54회 32번

(가), (나) 사이의 시기에 있었던 사실로 옳은 것은? [3점]

> (가) 수신사 김기수가 나와 엎드리니 왕이 말하였다. "전선, 화륜과 농기계에 관하여 들은 것은 없는가? 저 나라에서 이 세 가지 일을 제일 급하게 힘쓰고 있다고 하는데, 그러하던가?" 김기수가 "과연 그러하였습니다."라고 아뢰었다.
>
> (나) 어윤중이 동래부 암행어사로 임명되어 왕에게서 받은 봉축된 서신을 열어보니, "일본 조정의 논의와 정국의 형세, 풍속·인물·교빙·통상 등의 대략을 염탐하는 것이 좋겠다. 그러니 너는 일본으로 건너가 크고 작은 일들을 보고 듣되 시간에 구애받지 말고 낱낱이 탐지해서 별도의 문서로 조용히 보고하라."라는 내용이었다.

① 미국에 보빙사가 파견되었다.
② 통리기무아문과 12사가 설치되었다.
③ 운요호가 강화도와 영종도를 무단 침입하였다.
④ 교원 양성을 위해 한성 사범 학교가 설립되었다.
⑤ 프랑스와 조약을 체결하여 천주교 포교가 허용되었다.

17 | 조·미 수호 통상 조약과 조·일 통상 장정 개정 정답 ②

자료 분석

> (가) 미국 상인과 상선이 조선에 와서 무역 + 모두 세금을 바쳐야 함
>   → 조·미 수호 통상 조약
> (나) 쌀 수출을 금지 + 1개월 전에 지방관이 일본 영사관에 통지함
>   → 방곡령 → 조·일 통상 장정 개정

- (가) 조·미 수호 통상 조약에는 미국의 수출입 상품에 대한 관세 부과 등이 규정되어 있었다.
- (나) 조·일 통상 장정 개정은 일본 상품에 대한 관세를 설정하였고, 쌀 수출을 금지하는 방곡령을 시행할 때는 1개월 전 지방관이 일본 영사관에 통지해야 함을 명시하였다.

정답 해설
② ㄱ. 조·미 수호 통상 조약은 제3국에 유리한 혜택을 부여했을 때 미국에도 동일한 혜택을 부여해야 한다는 최혜국 대우 내용을 포함하였다.
ㄷ. 조·일 통상 장정 개정은 곡물의 수출을 금지하는 방곡령 시행에 대한 규정을 명시하였다.

오답 체크
ㄴ. 한성 조약, 톈진 조약: 갑신정변의 결과 조선과 일본 사이에 한성 조약이, 청과 일본 사이에 톈진 조약이 체결되었다.
ㄹ. 제1차 한·일 협약: 재정 고문을 두도록 하는 조항을 담고 있어, 재정 고문으로 메가타가 부임하였다.

18 | 지부복궐척화의소와 영남 만인소 작성 사이의 사실 정답 ①

자료 분석

> (가) 지부복궐척화의소(1876)
> (나) 영남 만인소(1881)

- (가) 최익현은 왜(일본)는 양(서양)과 같다는 왜양 일체론을 주장한 지부복궐척화의소를 통해 개항에 반대하였으나(1876), 결국 조선은 일본과 강화도 조약을 체결하여 개항하였다.
- (나) 제2차 수신사로 일본에 다녀온 김홍집이 조선이 러시아를 막기 위해 미국과 연합해야 한다는 내용이 담긴 황준헌의 『조선책략』을 유포하였다. 이에 이만손과 영남 지역의 유생들이 영남 만인소를 올려 미국과의 수교에 반대하였다(1881).

정답 해설
① 일본과 강화도 조약을 체결한 직후인 1876년에 김기수가 제1차 수신사로 일본에 파견되어 각종 근대 제도와 문물을 시찰하였다.

오답 체크
② (나) 이후: 1885년에 영국이 러시아 견제를 위해 거문도를 불법 점령하였다.
③ (가) 이전: 1866년에 평양 관민이 통상을 요구하며 횡포를 부린 미국 상선 제너럴셔먼호를 불태웠다.
④ (나) 이후: 1882년에 거중조정 조항을 포함한 조·미 수호 통상 조약이 체결되었다.
⑤ (가) 이전: 1866년에 병인양요가 일어나자, 양헌수 부대가 정족산성에서 프랑스군을 격퇴하였다.

19 | 강화도 조약과 조·미 수호 통상 조약 사이의 사실 정답 ②

자료 분석

> (가) 조선국은 자주 국가로서 일본국과 평등함 → 강화도 조약(1876)
> (나) 대조선국 군주와 대미국 대통령 → 조·미 수호 통상 조약(1882)

- (가) 일본이 1875년에 운요호 사건을 일으키고 이를 구실로 조선 정부에 개항을 요구하였고, 1876년에 강화도 연무당에서 강화도 조약을 체결하였다.
- (나) 청이 조선에 대한 종주권을 확인하고 러시아와 일본을 견제하기 위해 조약 체결을 알선하였고, 조선은 1882년에 미국과 조·미 수호 통상 조약을 체결하였다.

정답 해설
② 강화도 조약 체결(1876) 이후인 1880년에 조선 정부는 개화 정책을 총괄하는 핵심 기구로 통리기무아문을 설치하였다.

오답 체크
① (나) 이후: 제1차 갑오개혁 때인 1894년에 신분제가 폐지되며 공·사 노비법이 혁파되었다.
③ (나) 이후: 1898년에 대한 제국 황실과 미국인 콜브란의 합작으로 한성 전기 회사가 설립되었다.
④ (나) 이후: 을미개혁 때인 1895년에 조선 정부는 '양력으로 세운다'는 뜻의 건양이라는 독자적인 연호를 제정하였다.
⑤ (나) 이후: 제2차 갑오개혁 때인 1895년에 지방 행정 구역이 8도에서 23부로 개편되었다.

20 | 제1차 수신사 파견과 조사 시찰단 파견 사이의 사실 정답 ②

자료 분석

> (가) 수신사 김기수 → 제1차 수신사 파견(1876)
> (나) 어윤중 + 암행어사 + 일본 → 조사 시찰단 파견(1881)

- (가) 조선은 1876년에 일본과 강화도 조약을 체결한 직후 김기수를 제1차 수신사로 일본에 파견하여 각종 근대 제도와 문물을 시찰하게 하였다.
- (나) 조선 내 개화 반대 여론으로 1881년에 어윤중 등은 암행어사 형태의 조사 시찰단으로 비밀리에 일본에 파견되어 개화 정책에 대한 정보를 얻고자 하였다.

정답 해설
② 제1차 수신사 파견(1876) 이후인 1880년에 개화 정책을 총괄하는 기구로 통리기무아문을 설치하였으며, 그 아래 12사를 두어 개화 관련 업무를 분담시켰다.

오답 체크
① (나) 이후: 1883년에 조·미 수호 통상 조약 체결과 미국의 공사 파견에 대한 답례로 미국에 보빙사가 파견되었다.
③ (가) 이전: 1875년에 일본의 군함 운요호가 강화도와 영종도를 무단 침입하였다.
④ (나) 이후: 1895년에 교원 양성을 위해 한성 사범 학교가 설립되었다.
⑤ (나) 이후: 1886년에 프랑스와 조·프 수호 통상 조약을 체결하여 천주교 포교가 허용되었다.

01 흥선 대원군의 개혁과 개항 이후의 정책

21
71회 29번

(가), (나) 조약 사이의 시기에 볼 수 있는 모습으로 가장 적절한 것은? [3점]

> (가) 부산항에서 일본국 인민이 통행할 수 있는 도로 이정(里程)은 부두로부터 기산하여 조선 이법(里法)으로 동서남북 직경 10리로 정한다. 동래부는 이정 밖에 있지만 특별히 왕래할 수 있다. 일본국 인민은 마음대로 통행하며 조선 토산물과 일본국 물품을 사고팔 수 있다.
>
> (나) 통상 지역에서 조선 이법 100리 이내, 혹은 장래 양국 관원이 서로 의논하여 정하는 경계 안에서 영국 인민은 여행 증명서 없이 마음대로 돌아다닐 수 있다. 여행 증명서를 지닌 영국 인민은 조선 각지를 돌아다니며 통상하거나, 각종 화물을 들여와 팔거나(단, 조선 정부가 불허한 서적·인쇄물 등은 제외), 일체 토산물을 구매할 수 있다.

① 거문도를 불법으로 점거하는 영국 군인
② 남연군 묘의 도굴을 시도하는 독일 상인
③ 부산 절영도의 조차를 요구하는 러시아 공사
④ 조·청 상민 수륙 무역 장정을 체결하는 청 관리
⑤ 톈진 조약에 따라 조선에서 철수하는 일본 군인

22
71회 32번

(가) 기구를 통해 추진된 정책으로 옳은 것은? [2점]

> 이곳은 기기창 건물 중 하나인 번사창입니다. 강화도 조약 체결 이후 정부는 국내외 정세에 대응하고 개화 정책을 총괄하기 위한 기구로 (가) 을/를 설치하였습니다. 이 기구의 건의로 청에 파견한 영선사 일행에 유학생을 포함시켜 근대 문물을 배워 오도록 하였습니다. 이러한 노력의 영향으로 설치된 근대적 무기 공장이 바로 기기창이었습니다.

① 별기군을 창설하였다.
② 원수부를 설치하였다.
③ 『대전통편』을 편찬하였다.
④ 신문지법을 공포하였다.
⑤ 서당 규칙을 제정하였다.

23
43회 35번

(가), (나) 사절단에 대한 설명으로 옳은 것은? [2점]

> 나는 (가) (으)로서 학생과 기술자를 인솔하여 청으로 가서 전기, 화학 등 선진 과학 기술을 배우게 하고, 우리나라와 미국과의 조약 체결에 관한 일을 이홍장과 협의하였습니다.

> 나는 미국 공사의 부임에 대한 답례와 양국의 친선을 위해 파견된 (나) 의 전권대신으로 홍영식, 서광범 등과 미국 대통령 아서를 접견하고 국서와 신임장을 제출하였습니다.

① (가) - 귀국할 때 『조선책략』을 가지고 들어왔다.
② (가) - 무기 제조 공장인 기기창 설립의 계기를 마련하였다.
③ (나) - 보고 들은 내용을 『해동제국기』로 남겼다.
④ (나) - 『해국도지』, 『영환지략』을 들여와 국내에 소개하였다.
⑤ (가), (나) - 암행어사 형태로 비밀리에 파견되었다.

24
68회 33번

(가) 사절단에 대한 설명으로 옳은 것은? [2점]

> 미국 공사의 부임에 대한 답례로 (가) 이/가 파견되었습니다. 8명의 조선 관리로 구성된 이들은 40여 일 동안 미국에 체류하면서 뉴욕의 전등 시설과 우체국, 보스턴 박람회 등을 시찰하였습니다.

① 에도 막부의 요청으로 파견되었다.
② 별기군(교련병대) 창설을 건의하였다.
③ 『조선책략』을 들여와 국내에 소개하였다.
④ 기기국에서 무기 제조 기술을 습득하고 돌아왔다.
⑤ 전권대신 민영익과 홍영식, 서광범 등으로 구성되었다.

21 | 조·일 수호 조규 부록과 조·영 수호 통상 조약 사이의 사실

정답 ④

자료 분석

(가) 이정 + 10리 → 조·일 수호 조규 부록(1876)
(나) 영국 → 조·영 수호 통상 조약(1883)

(가) 조·일 수호 조규 부록은 1876년에 조·일 수호 조규(강화도 조약)의 후속 조치로 체결된 조약이다. 이 조약에는 개항장에서 일본 화폐 유통 허용과 일본 상인의 활동 범위를 개항장 10리로 제한 등이 규정되어 있었다.
(나) 조·영 수호 통상 조약은 1883년에 미국에 이어 조선과 영국 사이에 체결된 조약이다.

정답 해설

④ 조·일 수호 조규 부록(1876) 체결 이후인 1882년에 조선과 청은 조·청 상민 수륙 무역 장정을 체결하였다.

오답 체크

① (나) 이후: 1885년~1887년에 영국이 러시아의 남하를 견제하기 위해 거문도를 불법으로 점령하였다.
② (가) 이전: 1868년에 독일 상인 오페르트가 조선과 통상을 시도하였으나 거절당하자, 남연군(흥선 대원군의 아버지)의 유해를 미끼로 통상을 요구하기 위해 도굴을 시도하였으나 실패하였다.
③ (나) 이후: 1897년에 러시아가 저탄소 설치를 명분으로 부산 절영도의 조차를 요구하였다.
⑤ (나) 이후: 갑신정변의 결과로 1885년에 청과 일본 사이에 톈진 조약이 체결되어 조선에서 청·일 군대가 모두 철수하였다.

22 | 통리기무아문

정답 ①

자료 분석

개화 정책을 총괄하기 위한 기구 → 통리기무아문

통리기무아문은 개항 이후 조선 정부가 개화 정책을 추진하기 위해 설치(1880)한 기구이다. 통리기무아문은 하부 조직으로 12사를 두어 외교, 통상, 군사 등 개화 관련 업무를 분담시켰다.

정답 해설

① 통리기무아문에서 조선 정부의 초기 개화 정책을 총괄하였는데, 이때 신식 군대인 별기군을 창설하였다.

오답 체크

② 광무개혁 때 황제의 군사권을 강화하기 위한 황제 직속 군사 기관인 원수부를 설치하였다.
③ 조선 정조는 통치 체제를 정비하기 위해 『경국대전』과 『속대전』 및 여러 법령을 통합한 법전인 『대전통편』을 편찬하였다.
④ 일제가 국권 피탈 과정에서 우리나라의 언론을 탄압·통제하기 위해 신문지법을 공포(1907)하였다.
⑤ 무단 통치 시기에 일제는 반일 교육과 민족 교육을 진행하는 서당의 설립과 활동을 억압하기 위해 서당 규칙을 제정(1918)하였다.

23 | 영선사와 보빙사

정답 ②

자료 분석

(가) 청으로 감 + 선진 과학 기술을 배우게 함 → 영선사
(나) 미국 공사의 부임에 대한 답례와 양국 간 친선을 위해 파견됨 → 보빙사

개항 이후 조선 정부는 개화 정책의 일환으로 일본, 청 등에 사절단을 파견하였다. 이에 청의 근대 과학 기술을 도입하기 위해 김윤식 등을 중심으로 청에 영선사를 파견하였다. 또한 조선 정부는 조·미 수호 통상 조약 체결과 미국의 공사 파견에 대한 답례로 전권대신 민영익을 중심으로 하여 미국에 보빙사를 파견하였다.

정답 해설

② 영선사는 청나라에 파견되어 청의 근대 무기 제조술을 습득하고 돌아와 무기 제조 공장인 기기창이 설립되는 계기를 마련하였다.

오답 체크

① 제2차 수신사: 김홍집이 귀국할 때 『조선책략』을 가지고 들어왔다.
③ 신숙주는 조선 세종 때 일본에 가서 보고 들은 내용을 성종 때 『해동제국기』로 남겼다.
④ 오경석은 역관으로 청에 왕래하면서 서양 정세와 문물에 관한 서적인 『해국도지』, 『영환지략』을 들여와 국내에 소개하였다.
⑤ 조사 시찰단: 개화 반대 여론으로 인해 암행어사 형태로 비밀리에 일본에 파견되었다.

24 | 보빙사

정답 ⑤

자료 분석

미국 공사의 부임에 대한 답례로 파견 → 보빙사

보빙사는 우리나라에서 최초로 서양에 파견된 사절단으로, 조·미 수호 통상 조약 체결과 미국의 주한 공사 부임에 대한 답례로 1883년 미국에 파견되었다.

정답 해설

⑤ 보빙사는 미국에 파견된 사절단으로, 전권대신 민영익과 부대신 홍영식, 서광범 등으로 구성되었다.

오답 체크

① 통신사: 임진왜란 이후 에도 막부의 요청으로 선조 때인 1607년부터 순조 때인 1811년까지 12회에 걸쳐 파견되었다.
② 별기군은 조선 정부의 개화 정책의 일환으로, 일본의 요청에 따라 1881년에 신식 군대로 창설되었다.
③ 제2차 수신사: 김홍집은 일본에 파견되었다가 돌아오면서 황준헌의 『조선책략』을 들여와 국내에 소개하였다.
④ 영선사: 청나라에 파견된 사절단으로, 기기국에서 무기 제조 기술을 습득하고 돌아와 우리나라 최초 근대식 무기 공장인 기기창의 설치를 주도하였다.

02 임오군란과 갑신정변

01 69회 30번
다음 자료에 나타난 사건의 영향으로 가장 적절한 것은? [2점]

> 이때 세금을 부과하는 직책의 신하들이 재물을 거두어들여 자기 배만 채우면서 각영(各營)에 소속된 군인들의 봉급은 몇 달 동안 나누어 주지 않았다. 그리하여 훈국(訓局)의 군사가 맨 먼저 난을 일으키고, 각영의 군사가 잇달아 일어났다. 이들은 이최응, 민겸호, 김보현, 민창식을 죽였고 또 중전을 시해하려 하였다. 중전은 장호원으로 피하였다.

① 강화도 조약이 체결되었다.
② 김기수가 수신사로 일본에 파견되었다.
③ 종로와 전국 각지에 척화비가 세워졌다.
④ 일본 공사관 경비 명목으로 일본군이 주둔하였다.
⑤ 통리기무아문을 설치하고 그 아래에 12사를 두었다.

02 65회 30번
(가)에 대한 설명으로 옳은 것은? [2점]

① 입헌 군주제 수립을 목표로 하였다.
② 조선 총독부의 방해와 탄압으로 실패하였다.
③ 우정총국 개국 축하연을 이용하여 일어났다.
④ 홍범 14조를 기본 개혁 방향으로 제시하였다.
⑤ 일본 공사관에 경비병이 주둔하는 계기가 되었다.

03 53회 31번
밑줄 그은 '이 사건'의 영향으로 옳은 것은? [2점]

> 사료로 보는 한국사
>
> 제1조
> 이하응을 보정성성(保定省城)으로 이송하여 청하도의 옛 관서에 거주시키도록 한다. …… 이하응에게 오가는 서신 일체는 밀봉할 수 없으며 간수 위원의 검열을 거쳐야 보낼 수 있다. 밀봉되었거나 한글로 된 서신은 위원이 반송한다.
>
> [해설] 청으로 끌려간 흥선 대원군(이하응)을 감시하기 위해 만들어진 규정의 일부이다. 개화 정책에 대한 불만과 구식 군인에 대한 차별 대우로 일어난 이 사건을 진압한 청은 그 책임을 물어 흥선 대원군을 납치해 갔다.

① 삼정이정청이 설치되었다.
② 어재연 부대가 광성보에서 항전하였다.
③ 종로와 전국 각지에 척화비가 세워졌다.
④ 조·청 상민 수륙 무역 장정이 체결되었다.
⑤ 일본 군함 운요호가 영종도를 공격하였다.

04 40회 32번
다음 상황이 나타난 배경에 대한 탐구 활동으로 가장 적절한 것은? [2점]

① 동양 척식 주식회사가 설립된 과정을 정리한다.
② 회사 설립을 신고제로 변경한 목적을 살펴본다.
③ 고종이 러시아 공사관으로 피신한 이유를 찾아본다.
④ 임오군란의 결과로 체결된 협정의 내용을 조사한다.
⑤ 구(舊) 백동화가 제일은행권으로 교환된 시기를 검색한다.

● 주제별 출제 비중
*최근 3개년 기준(심화 76~63회)

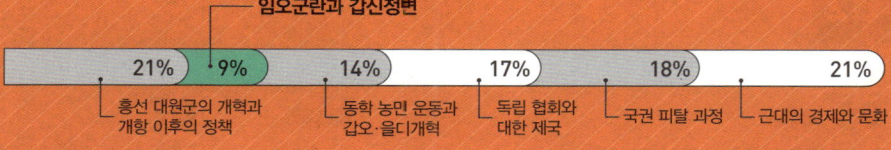

01 | 임오군란 정답 ④

자료 분석

각영에 소속된 군인들의 봉급은 몇 달 동안 나누어 주지 않음 + 중전을 시해하려 함 → 임오군란

임오군란은 신식 군대(별기군)와의 차별 대우와 개화 정책에 대한 구식 군인들의 불만이 폭발하면서 일어난 사건이다. 밀려 있던 급료로 지급된 쌀에 겨와 모래가 섞여 있자, 구식 군인들은 급료 지급을 담당한 선혜청을 습격하였고, 민겸호 등의 관련자들을 죽인 뒤 중전까지 시해하려 하였다. 이에 명성 황후는 궁궐을 빠져나가 장호원으로 피신하였다.

정답 해설

④ 임오군란의 결과 조선은 일본과 제물포 조약을 맺어 일본 공사관에 경비 명목으로 일본군이 주둔하는 것을 허용하였다.

오답 체크

① 운요호 사건: 일본 군함 운요호가 강화도 초지진과 영종도를 공격한 사건으로, 일본은 이를 빌미로 조선과 강화도 조약을 체결하였다.
② 강화도 조약: 김기수가 제1차 수신사로 일본에 파견되었다.
③ 신미양요 이후 흥선 대원군은 척화의 의지를 드러내고자 종로와 전국 각지에 척화비가 세워졌다.
⑤ 초기 개화 정책의 일환으로 개화 정책을 총괄하는 기구인 통리기무아문을 설치하고 그 아래에 12사를 두었다.

02 | 임오군란 정답 ⑤

자료 분석

구식 군인들에 대한 차별 대우로 발생함 → 임오군란

임오군란은 신식 군대(별기군)와의 차별 대우와 급료의 체불 등으로 구식 군인들의 불만이 폭발하면서 일어난 사건이다. 임오군란 당시 구식 군인들은 선혜청과 일본 공사관을 습격하였으나, 민씨 정권의 출병 요청을 받은 청군에 의해 진압되었다.

정답 해설

⑤ 임오군란의 결과, 조선은 일본과 제물포 조약을 맺어 일본 공사관에 경비병이 주둔하는 것을 허용하였다.

오답 체크

①, ③ 갑신정변: 근대적 우편 업무를 담당하는 기관인 우정총국 개국 축하연을 이용해 일어났으며, 입헌 군주제 수립을 목표로 하였다.
② 민립 대학 설립 운동: 1920년대 초반 이상재, 이승훈 등이 고등 교육 기관을 설립하기 위해 모금 활동을 전개했으나, 조선 총독부의 방해와 탄압, 자연재해 등으로 성과를 거두지 못하고 실패하였다.
④ 제2차 갑오개혁: 고종이 홍범 14조를 반포하여 기본 개혁 방향을 제시하였다.

03 | 임오군란 정답 ④

자료 분석

개화 정책에 대한 불만과 구식 군인에 대한 차별 대우로 일어남 → 임오군란

임오군란은 개화 정책에 대한 불만과 구식 군인에 대한 차별 대우로 일어난 사건이다. 난이 점차 거세지자 고종은 흥선 대원군에게 사태 수습을 맡겼고, 이에 흥선 대원군은 통리기무아문과 별기군을 폐지하는 등 개화 정책을 중단하였다. 그러나 민씨 세력의 요청을 받고 출병한 청군에 의해 난이 진압되었고, 청은 흥선 대원군에게 군란의 책임을 물어 청으로 납치하였다.

정답 해설

④ 임오군란의 영향으로 조·청 상민 수륙 무역 장정이 체결되어, 청나라 상인의 내지 진출이 가능해졌다.

오답 체크

① 임술 농민 봉기: 삼정의 문란을 해결하기 위한 기구로 삼정이정청이 설치되었다.
② 신미양요: 어재연 부대가 강화도 광성보에서 미군에 맞서 항전하였다.
③ 신미양요 이후 흥선 대원군은 척화의 의지를 드러내고자 종로와 전국 각지에 척화비를 건립하였다.
⑤ 운요호 사건: 일본 군함 운요호가 문호 개방을 요구하며, 강화도 초지진을 포격하고 영종도를 공격하여 약탈을 저질렀다.

04 | 조·청 상민 수륙 무역 장정 정답 ④

자료 분석

공주, 전주에 청 상인들이 물건을 팔러 옴 + 청 상인들에게 상권을 빼앗김 → 조·청 상민 수륙 무역 장정

조·청 상민 수륙 무역 장정은 임오군란의 결과로 조선과 청 사이에 체결된 조약이다. 이 조약으로 청 상인은 지방관의 허가를 받으면 내지에서도 통상을 할 수 있게 되었고, 이에 조선 상인들은 청 상인들에게 상권을 빼앗기게 되었다.

정답 해설

④ 임오군란의 결과 조·청 상민 수륙 무역 장정이 체결되면서 청 상인의 내지 진출이 가능해졌다.

오답 체크

① 일제는 1908년에 대한 제국의 토지와 자원을 수탈할 목적으로 동양 척식 주식회사를 설립하였다.
② 일제는 1920년에 회사령을 철폐하면서, 회사 설립을 허가제에서 신고제로 변경하여 일본 자본이 조선에 대거 유입될 수 있도록 하였다.
③ 명성 황후가 시해된 을미사변으로 신변의 위협을 느낀 고종은 러시아 공사관으로 피신하였다(아관 파천, 1896).
⑤ 1905년에 재정 고문 메가타의 주도로 화폐 정리 사업이 실시되어, 구 백동화가 제일은행권으로 교환되었다.

02 임오군란과 갑신정변

05 빈출   75회 28번
(가) 사건에 대한 설명으로 옳은 것은? [2점]

> 김옥균 등은 청이 우리 자주권을 침해하는 데 분노하여 일본 공사와 [(가)]을/를 일으켜 '일본당'으로 지목되었다. [(가)]이/가 실패하자 온 나라가 그를 역적이라 하였다. 나는 조정에 몸을 담고 있어 그를 토벌하여 죽여야 한다는 것 외에 다른 목소리를 낼 수 없었다. 그러나 김옥균과 나의 마음은 그 뜻이 다른 데 있는 것이 아니라 나라를 사랑하는 데서 나온 것이었다.
> – 『속음청사』

① 개혁 추진 기구로 교정청이 설치되었다.
② 전개 과정에서 홍범 14조가 반포되었다.
③ 통리기무아문이 신설되는 배경이 되었다.
④ 김기수가 수신사로 파견되는 결과를 가져왔다.
⑤ 청·일 간에 톈진 조약이 체결되는 계기가 되었다.

07   66회 29번
다음 사건 이후에 전개된 사실로 옳은 것은? [2점]

> 홍영식이 우정국에서 개업식을 명목으로 연회를 열어 세인들이 독립당이라고 칭하는 사람들과 각국 사관(使官) 등을 초대하였다. 연회가 끝날 무렵에 우정국 옆에서 불이 일어났다. …… 마침내 어젯밤의 사변에 따라 독립당이 정권을 획득하였다. 조보(朝報)에서는 새롭게 관리를 임명하겠다는 취지를 포고하였다. 박영효, 김옥균, 서광범은 승지가 되었고, 김옥균은 혜상공국 당상을 겸하였다.
> – 『조난기사』

① 한성 조약이 체결되었다.
② 신식 군대인 별기군이 창설되었다.
③ 김윤식이 청에 영선사로 파견되었다.
④ 일본 군함 운요호가 영종도를 공격하였다.
⑤ 개화 정책을 총괄하는 통리기무아문이 설치되었다.

06   73회 29번
다음 자료에 나타난 사건에 대한 설명으로 옳은 것은? [2점]

> 아, 고금 천하에 김옥균, 홍영식 등의 역적들처럼 극악하고 무도한 자들이 있었겠습니까? …… 처음에는 연회를 베풀어 사람들을 찔러 죽이고 끝에는 변고가 일어났다고 선언하고는 전하를 강박하여 처소를 옮기게 하였습니다. 일본 사람들을 끼고 병기를 휘둘러 재상들을 모두 죽여 궁궐에 피를 뿌리고 장상(將相)의 중직을 잠깐 동안에 차지하여 종묘사직을 위태롭게 하였습니다.

① 청군의 개입으로 3일 만에 실패하였다.
② 전개 과정에서 홍범 14조가 반포되었다.
③ 통리기무아문이 설치되는 계기가 되었다.
④ 조·일 통상 장정이 체결되는 결과를 초래하였다.
⑤ 구식 군인에 대한 차별 대우가 발단이 되어 일어났다.

08   55회 32번
다음 가상 대화의 상황이 나타난 시기를 연표에서 옳게 고른 것은? [2점]

① (가)   ② (나)   ③ (다)   ④ (라)   ⑤ (마)

05 | 갑신정변
정답 ⑤

자료 분석

> 김옥균 + 일본 공사 → 갑신정변
>
> 갑신정변은 김옥균, 박영효 등의 개화당이라 불리는 급진 개화파가 우정총국 개국 축하연을 이용해 일으킨 정변이다. 급진 개화파는 청의 내정 간섭과 민씨 일파의 견제로 개화 정책이 지연되고 입지가 축소되자, 일본 공사의 지원을 약속받고 정변을 단행하였다. 그러나 청군의 개입으로 3일 만에 실패하였다.

정답 해설
⑤ 갑신정변은 청·일 간에 조선에서 양국의 군대를 철수하고, 조선에 군대를 파병할 시 상대국에 미리 알릴 것에 합의한 톈진 조약이 체결되는 계기가 되었다.

오답 체크
① 동학 농민 운동: 동학 농민군과 조선 정부가 전주 화약을 체결한 이후, 동학 농민군이 제안한 폐정 개혁을 추진하기 위한 기구로 교정청이 설치되었다.
② 제2차 갑오개혁: 전개 과정에서 고종이 개혁의 기본 방향을 제시한 홍범 14조를 반포하였다.
③ 초기 개화 정책: 개화 정책을 총괄하는 기구인 통리기무아문과 12사가 신설되었다.
④ 초기 개화 정책: 김기수가 제1차 수신사로 일본에 파견되어 일본의 신식 기관과 근대 시설을 시찰하였다.

06 | 갑신정변
정답 ①

자료 분석

> 김옥균, 홍영식 + 연회를 베풀었음 → 갑신정변
>
> 갑신정변은 김옥균, 홍영식 등의 개화당이라 불리는 급진 개화파가 우정총국 개국 축하연을 이용해 일으킨 정변이다. 이들은 일본의 지원을 받아 정변을 단행하여 민씨 정권의 주요 인물들을 제거한 후 정권을 장악하였고, 근대적 개화 정책을 추진하기 위해 14개조 혁신 정강을 발표하였다.

정답 해설
① 갑신정변은 일본의 배신과 청군의 개입으로 3일 만에 실패하였고, 주동자였던 김옥균, 박영효 등은 일본으로 망명하였다.

오답 체크
② 제2차 갑오개혁: 고종이 개혁의 기본 방향을 제시한 홍범 14조를 반포하였다.
③ 1880년대에 개화 정책을 총괄하는 핵심 기구로 통리기무아문이 설치되었다.
④ 1876년에 양곡의 무제한 유출 허용과 일본 상품 무관세 등의 내용을 담은 조·일 통상 장정(조·일 무역 규칙)을 체결하였다.
⑤ 임오군란: 구식 군인에 대한 차별 대우가 발단이 되어 일어났다.

07 | 갑신정변 이후의 사실
정답 ①

자료 분석

> 우정국 + 독립당 + 정권을 획득함 → 갑신정변(1884)
>
> 갑신정변은 김옥균, 박영효 등의 독립당(개화당)이라 불리는 급진 개화파가 우정국 개국 축하연을 이용해 일으킨 정변이다. 급진 개화파는 청의 내정 간섭과 민씨 일파의 견제로 개화 정책이 지연되고 입지가 축소되자, 일본 공사의 지원을 약속 받고 정변을 단행하였다. 이에 급진 개화파는 민씨 정권의 주요 인물들을 제거한 후 개화당 정부를 수립하였다.

정답 해설
① 갑신정변의 결과 조선과 일본 사이에 한성 조약이 체결되어, 조선은 일본에 배상금을 지불하고 일본 공사관 신축 비용을 부담하였다.

오답 체크
② 1881년에 신식 군대인 별기군이 창설되어 근대적인 군사 훈련이 실시되었다.
③ 1881년에 김윤식 등이 근대 기술을 도입하기 위해 청에 영선사로 파견되었다.
④ 1875년에 일본 군함 운요호가 문호 개방을 요구하며 영종도를 공격하였다.
⑤ 1880년에 개화 정책을 총괄하는 통리기무아문을 설치하여 군국 기밀과 일반 정치를 총괄하도록 하였다.

빈출 개념 | 갑신정변(1884)

배경	• 국내: 청의 내정 간섭과 개화 정책의 지연 • 국외: 청·프 전쟁으로 조선에 주둔하던 청군 일부 철수, 일본 공사의 지원 약속
전개	급진 개화파가 우정총국 개국 축하연을 이용해 정변 단행 → 14개조 혁신 정강 발표 → 일본의 배신과 청군의 개입으로 3일 만에 종결
결과	• 한성 조약 체결(조선-일본): 조선이 일본에 배상금 지불, 공사관 신축 비용 부담 • 톈진 조약 체결(청-일본): 조선에서 청·일 군대 철수, 조선 파병 시 상대국에 미리 알림

08 | 거문도 사건
정답 ③

자료 분석

> 영국 + 러시아의 남진을 막는다는 구실 → 거문도 사건(1885)
>
> 갑신정변(1884) 이후 청의 내정 간섭이 심화된 상황에서 조선 정부는 청을 견제하기 위해 러시아와 교섭을 시도하였다. 이에 당시 러시아와 대립하고 있던 영국이 러시아의 남진을 견제한다는 구실로 조선 정부의 허락 없이 거문도를 불법으로 점령하였다(거문도 사건, 1885).

정답 해설
③ 갑신정변(1884) 이후 조선 정부가 러시아와 교섭을 시도하자, 영국이 러시아의 남진을 견제한다는 구실로 거문도를 1885년에 불법으로 점령하였다(거문도 사건).

03 동학 농민 운동과 갑오·을미개혁

01
65회 31번
(가), (나) 사이의 시기에 있었던 사실로 옳은 것은? [2점]

> (가) 복합 상소 이후에도 "물러나면 원하는 바를 시행할 것이다."라던 국왕의 약속과 달리 관리들의 침학이 날로 심해졌다. …… 최시형은 도탄에 빠진 교도들을 구하고 최제우의 억울함을 씻기 위해 보은 집회를 개최하였다.
>
> (나) 동학 농민군은 거짓으로 패한 것처럼 꾸며 황토현에 진을 쳤다. 관군은 밀고 들어가 그 아래에 진을 쳤다. …… 농민군이 삼면을 포위한 채 한쪽 모퉁이만 빼고 크게 함성을 지르며 압박하자 관군은 일시에 무너졌다.

① 논산으로 남접과 북접이 집결하였다.
② 개혁을 추진하기 위해 교정청이 설치되었다.
③ 일본이 군대를 동원하여 경복궁을 점령하였다.
④ 고부 농민들이 조병갑의 탐학에 맞서 만석보를 파괴하였다.
⑤ 공주 우금치에서 농민군이 관군과 일본군에게 패배하였다.

02
73회 31번
(가), (나) 사이의 시기에 있었던 사실로 옳은 것은? [2점]

> (가) 통문으로 장터에 모이라는 기별이 왔다. 저녁 먹은 후 여러 마을에서 징 소리며 나팔 소리, 고함 소리가 천지에 뒤끓더니 수천 명 군중들이 우리 마을 앞길로 몰려와 군수 조병갑을 죽인다며 소요를 일으켰다. 군중이 사방으로 포위하고 몰아갈 때 조병갑은 서울로 도망갔다.
>
> (나) 우두머리는 선화당을 점거하고 다른 동학 도당들은 나누어 사대문을 막으니 성 안의 백성과 아전, 군교 등이 미처 나오지 못하고 화염 속에 빠진 자가 많아 그 수를 알지 못하였습니다. 전주성이 삽시간에 함락된 것은 감영이나 전주부의 관속 무리 중 내응하는 자가 많았기 때문입니다.

① 남접과 북접이 논산에서 연합하였다.
② 최제우가 혹세무민의 죄로 처형되었다.
③ 일본이 군대를 동원하여 경복궁을 점령하였다.
④ 농민군이 황룡촌 전투에서 관군에 승리하였다.
⑤ 우금치에서 농민군이 관군과 일본군에 맞서 싸웠다.

03
67회 32번
다음 가상 뉴스에서 보도하는 사건 이후에 전개된 사실로 옳은 것은? [1점]

① 남접과 북접이 논산에서 연합하였다.
② 농민군이 황룡촌 전투에서 관군에 승리하였다.
③ 교조 신원을 요구하는 보은 집회가 개최되었다.
④ 사태 수습을 위해 안핵사 이용태가 파견되었다.
⑤ 전봉준이 농민을 이끌고 고부 관아를 습격하였다.

04 빈출
62회 32번
(가)에 들어갈 내용으로 옳은 것은? [2점]

① 교정청 설치
② 전봉준 체포
③ 13도 창의군 결성
④ 안핵사 이용태 파견
⑤ 남접과 북접의 연합

● 주제별 출제 비중
*최근 3개년 기준(심화 76~63회)

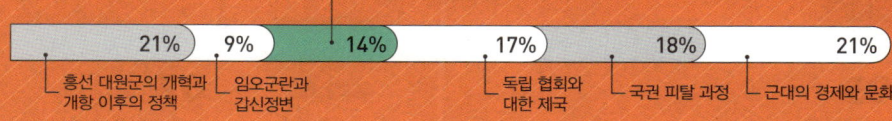

01 | 보은 집회와 황토현 전투 사이의 사실   정답 ④

자료 분석

(가) 최시형 + 보은 집회를 개최함 → 보은 집회(1893. 3.)
(나) 동학 농민군 + 황토현 → 황토현 전투(1894. 4.)

- (가) 1893년 3월 동학 교도들은 최시형(2대 교주)을 중심으로 혹세무민의 죄목으로 처형당한 교조 최제우의 신원과 포교 자유를 요구하는 보은 집회를 개최하였다.
- (나) 1894년 3월 전봉준을 중심으로 한 동학 농민군은 백산에서 4대 강령을 발표하며 봉기하였으며, 1894년 4월 황토현과 황룡촌에서 관군을 격파하였다.

정답 해설

④ 1894년 1월에 전봉준을 중심으로 한 고부 농민들이 군수 조병갑의 탐학에 맞서 고부 관아를 습격하고 축조된 만석보(저수지)를 파괴하였다(고부 민란).

오답 체크

① (나) 이후: 1894년 10월에 논산으로 전봉준의 남접과 손병희의 북접이 집결하였다.
② (나) 이후: 1894년 6월에 조선 정부에 의해 개혁을 추진하기 위한 기구로 교정청이 설치되었다.
③ (나) 이후: 1894년 6월에 일본이 철수하지 않고 군대를 동원하여 경복궁을 기습 점령하였다.
⑤ (나) 이후: 1894년 11월에 공주 우금치에서 동학 농민군이 신식 무기로 무장한 관군과 일본군에게 패배하였다.

02 | 고부 민란과 전주성 점령 사이의 사실   정답 ④

자료 분석

(가) 군수 조병갑을 죽인다며 소요를 일으킴 → 고부 민란(1894. 1.)
(나) 전주성이 삽시간에 함락 → 전주성 점령(1894. 4.)

- (가) 고부 군수 조병갑이 불필요한 만석보(저수지)를 쌓게 하는 등 횡포를 부리자, 전봉준과 농민들이 고부 관아를 습격한 후 만석보를 파괴하였다(고부 민란, 1894. 1.).
- (나) 전봉준의 주도로 백산에 집결한 동학 농민군은 4대 강령을 발표하고, 황토현·황룡촌 전투에서 승리하고 전주성까지 점령하였다 (1894. 4.).

정답 해설

④ 고부 민란(1894. 1.) 이후인 1894년 4월에 동학 농민군이 황룡촌 전투에서 관군에 승리하였다.

오답 체크

① (나) 이후: 1894년 10월에 전봉준의 남접과 손병희의 북접이 논산에서 연합하였다.
② (가) 이전: 1864년에 최제우가 혹세무민의 죄로 처형되었다.
③ (나) 이후: 1894년 6월에 일본이 철수하지 않고 군대를 동원하여 경복궁을 기습 점령하였다.
⑤ (나) 이후: 1894년 11월에 공주 우금치에서 동학 농민군이 신식 무기로 무장한 관군과 일본군에게 패배하였다.

03 | 전주 화약 체결 이후의 사실   정답 ①

자료 분석

전주 화약 체결(1894. 5.)

동학 농민 운동은 고부 민란을 수습하기 위해 파견된 이용태가 관련자들을 탄압한 것이 원인이 되어 일어났다. 전봉준의 주도로 백산에 집결한 동학 농민군은 4대 강령을 발표하고, 황토현·황룡촌 전투에서 승리하고 전주성까지 점령하였다. 이에 정부는 청·일 양국 군대의 철병과 폐정 개혁을 조건으로 동학 농민군과 전주 화약을 체결하였다.

정답 해설

① 2차 동학 농민 운동 때인 1894년 10월에 남접과 북접이 논산에서 연합하였다.

오답 체크

② 1894년 4월에 동학 농민군이 황룡촌 전투에서 관군에 승리하였다.
③ 1893년 3월에 보은에서 교조 최제우의 신원을 요구하는 집회가 개최되었다.
④ 1894년 2월에 고부 민란(1894. 1.)의 사태 수습을 위해 이용태가 안핵사로 임명되어 고부에 파견되었다.
⑤ 1894년 1월에 고부 군수 조병갑이 불필요한 만석보(저수지)를 쌓게 하는 등 횡포를 부리자, 전봉준이 농민을 이끌고 고부 관아를 습격하였다(고부 민란).

04 | 동학 농민 운동의 전개 과정   정답 ⑤

자료 분석

일본군의 경복궁 점령(1894. 6.) → (가) → 우금치 전투(1894. 11)

- 정부와 동학 농민군이 전주 화약을 체결하였으나, 일본군이 철군하지 않고 기습적으로 경복궁을 점령(1894. 6.)한 뒤 내정에 간섭하자 동학 농민군은 2차로 봉기하였다.
- 동학 농민군은 공주로 진격하였으나, 우금치에서 신식 무기로 무장한 일본군과 관군에게 패배(우금치 전투, 1894. 11.)하면서 동학 농민 운동은 실패로 끝났다.

정답 해설

⑤ 일본군이 경복궁을 점령(1894. 6.)한 이후인 1894년 10월에 전봉준의 남접과 손병희의 북접이 논산에 집결한 뒤 공주로 진격하였다.

오답 체크

① 1894년 6월 11일에 조선 정부는 개혁 추진 기구로 교정청을 설치하였다.
② 1894년 12월에 전봉준이 순창에서 체포되었다.
③ 정미의병 때인 1907년에 양주에서 의병 연합 부대인 13도 창의군이 결성되었다.
④ 1894년 2월에 조선 정부는 고부 민란의 수습을 위해 안핵사로 이용태를 파견하였다.

03 동학 농민 운동과 갑오·을미개혁   247

03 동학 농민 운동과 갑오·을미개혁

05   47회 34번
(가)에 들어갈 내용으로 가장 적절한 것은? [2점]

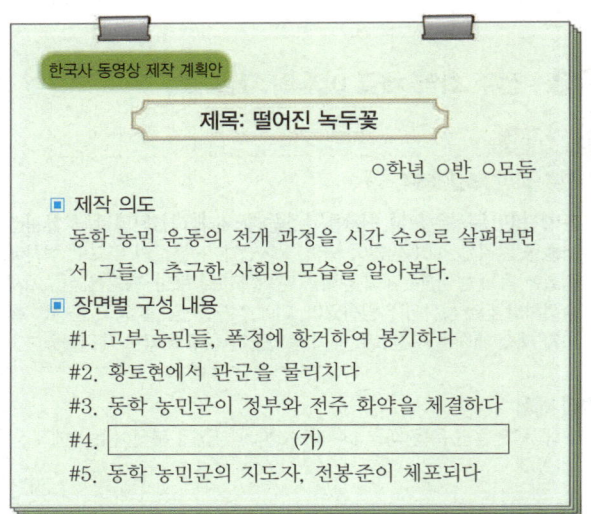

한국사 동영상 제작 계획안
제목: 떨어진 녹두꽃
○학년 ○반 ○모둠
■ 제작 의도
동학 농민 운동의 전개 과정을 시간 순으로 살펴보면서 그들이 추구한 사회의 모습을 알아본다.
■ 장면별 구성 내용
#1. 고부 농민들, 폭정에 항거하여 봉기하다
#2. 황토현에서 관군을 물리치다
#3. 동학 농민군이 정부와 전주 화약을 체결하다
#4.   (가)
#5. 동학 농민군의 지도자, 전봉준이 체포되다

① 최시형이 동학의 2대 교주가 되다
② 백산에서 집결하여 4대 강령을 발표하다
③ 우금치에서 관군과 일본군에 맞서 싸우다
④ 황룡촌 전투에서 장태를 이용하여 승리하다
⑤ 서울에서 교조 신원을 위한 복합 상소를 올리다

07   68회 31번
(가)~(다)를 일어난 순서대로 옳게 나열한 것은? [2점]

(가) 고부에서 민란이 다시 일어났다는 소문이 자자합니다. …… 장흥 부사 이용태를 고부군 안핵사로 임명하여 밤새 달려가 엄격히 조사하여 등급을 나누고 구별하여 보고하게 하소서.

(나) 전봉준은 무주 집강소에 다음과 같은 통문을 보냈다. "최근 일본이 경복궁을 침범하였다. 국왕이 욕을 당했으니, 우리들은 마땅히 달려가 목숨을 걸고 의로써 싸워야 한다."

(다) 청국의 간섭을 끊어버리고 우리 대조선국의 고유한 독립 기초를 굳건히 하였는데, 이번에 마관(馬關, 시모노세키) 조약으로 말미암아 세계에 드러나는 빛이 더욱 빛나게 되었다.

① (가) – (나) – (다)   ② (가) – (다) – (나)
③ (나) – (가) – (다)   ④ (나) – (다) – (가)
⑤ (다) – (나) – (가)

06   41회 33번
(가) 인물에 대한 설명으로 옳은 것은? [2점]

심문자: 재차 기포(起包)한 것을 일본 군사가 궁궐을 침범하였다고 한 까닭에 다시 일어났다 하니, 다시 일어난 후에는 일본 병사에게 무슨 행동을 하려 하였느냐.
진술자: 궁궐을 침범한 연유를 힐문하고자 하였다.
심문자: 그러면 일본 병사나 각국 사람이 경성에 머물고 있는 자를 내쫓으려 하였느냐.
진술자: 그런 것이 아니라 각국인은 다만 통상만 하는데 일본인은 병사를 거느리고 경성에 진을 치고 있으므로 우리나라 영토를 침략하는가 하고 의아해한 것이다.
– (가) 공초

① 을사늑약에 반대하여 의병을 일으켰다.
② 독립 협회를 창립하고 독립문을 세웠다.
③ 지부복궐척화의소를 올려 왜양 일체론을 주장하였다.
④ 13도 창의군을 지휘하여 서울 진공 작전을 전개하였다.
⑤ 보국안민을 기치로 우금치에서 일본군 및 관군과 맞서 싸웠다.

08   44회 36번
(가) 기구에 대한 설명으로 옳은 것은? [2점]

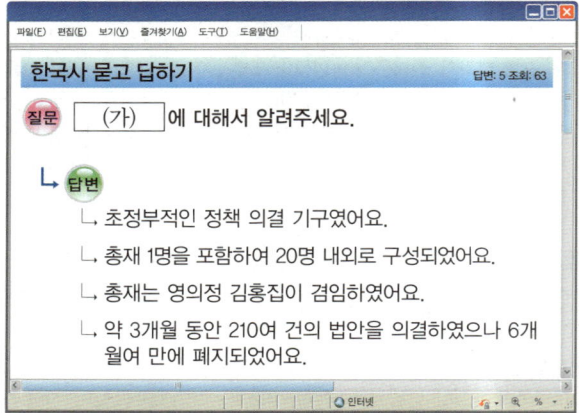

한국사 묻고 답하기
질문   (가) 에 대해서 알려주세요.
답변
ㄴ. 초정부적인 정책 의결 기구였어요.
ㄴ. 총재 1명을 포함하여 20명 내외로 구성되었어요.
ㄴ. 총재는 영의정 김홍집이 겸임하였어요.
ㄴ. 약 3개월 동안 210여 건의 법안을 의결하였으나 6개월여 만에 폐지되었어요.

① 공·사 노비법의 폐지를 결정하였다.
② 임술 농민 봉기를 계기로 설치되었다.
③ 조광조를 비롯한 사림의 건의로 혁파되었다.
④ 임진왜란을 거치면서 국정 최고 기구로 자리 잡았다.
⑤ 소속 부서로 교린사, 군무사, 통상사 등의 12사를 두었다.

05 | 전주 화약 체결과 전봉준 체포 사이의 사실   정답 ③

자료 분석
전주 화약 체결(1894. 5.) → (가) → 전봉준 체포(1894. 12.)
- 동학 농민 운동은 전봉준의 주도로 전개되었다. 관군을 상대로 황토현 전투에서 승리한 동학 농민군은 전주성까지 점령한 이후 정부와 전주 화약을 체결하였다(1894. 5.).
- 동학 농민군은 일본이 경복궁을 무력 점령하고 내정에 간섭하자, 2차 봉기를 일으켰다. 그러나 이는 전봉준 등 동학 농민군의 지도자들이 체포되면서 결국 실패로 끝났다(1894. 12.).

정답 해설
③ 동학 농민군이 정부와 전주 화약을 체결(1894. 5.)한 이후 일본이 경복궁을 무력 점령하고 내정에 간섭하였다. 이에 동학 농민군은 2차 봉기하였으나 우금치 전투(1894. 11.)에서 관군과 일본군에게 패배하였다.

오답 체크
① 1863년에 최시형이 교조 최제우의 뒤를 이어 동학의 2대 교주가 되었다.
② 1894년 3월에 동학 농민군이 백산에서 집결하여 4대 강령을 발표하였다.
④ 1894년 4월에 동학 농민군이 황룡촌 전투에서 관군에게 승리하였다.
⑤ 1893년에 동학교도들이 서울에서 교조 신원을 위한 복합 상소를 올렸다.

빈출 개념 | 동학 농민 운동의 전개 과정
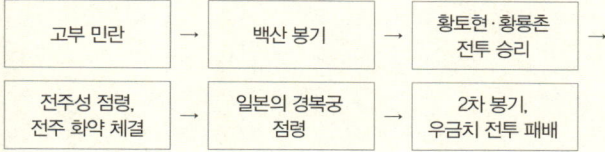

06 | 전봉준   정답 ⑤

자료 분석
재차 기포 + 일본 군사가 궁궐을 침범 → 2차 동학 농민 운동 → 전봉준

전봉준은 동학 농민 운동의 지도자로, 그가 이끈 동학 농민군은 폐정 개혁을 조건으로 조선 정부와 전주 화약을 체결한 뒤 자진 해산하였다. 그러나 일본이 경복궁을 점령하고 내정 간섭을 추진하자 전봉준은 보국안민의 기치 아래 다시 봉기하였다(2차 동학 농민 운동).

정답 해설
⑤ 전봉준은 동학 농민군을 이끌고 우금치에서 일본군 및 관군에 맞서 싸웠으나 패배하였다.

오답 체크
① 최익현, 신돌석 등: 을사늑약에 반대하여 을사의병을 일으켰다.
② 서재필 등: 독립 협회를 창립하고 청의 사신을 맞이하던 영은문이 있던 자리 부근에 독립문을 세웠다.
③ 최익현: 지부복궐척화의소를 올려 왜양 일체론을 주장하고 개항에 반대하였다.
④ 이인영, 허위 등: 정미의병 때 13도 창의군을 지휘하여 서울 진공 작전을 전개하였다.

07 | 동학 농민 운동의 전개 과정   정답 ①

자료 분석
(가) 고부 + 민란 + 이용태 + 안핵사로 임명함 → 고부 민란(1894. 1.)
(나) 전봉준 + 무주 집강소 + 일본이 경복궁을 침범 → 전봉준의 통문 발송(1894. 7.)
(다) 마관(馬關, 시모노세키) 조약 → 시모노세키 조약 체결(1895. 4.)

정답 해설
① 순서대로 나열하면 (가) 고부 민란(1894. 1.) – (나) 전봉준의 통문 발송(1894. 7.) – (다) 시모노세키 조약 체결(1895. 4.)이다.
(가) 고부 민란은 고부 군수 조병갑이 불필요한 만석보(저수지)를 쌓게 하는 등 횡포를 부리자, 전봉준이 농민을 이끌고 고부 관아를 습격한 사건이다(1894. 1.). 이를 수습하기 위해 안핵사로 파견된 이용태가 관련자들을 탄압한 것이 원인이 되어 제1차 동학 농민 운동이 일어났다.
(나) 전주 화약 체결 이후 조선에 들어온 일본군이 철군하지 않고 기습적으로 경복궁을 점령하자, 전봉준은 무주 집강소에 재궐기 통문을 발송하였다(1894. 7.). 이후 동학 농민군이 2차 봉기하였고, 남접과 북접 연합군이 결성되었다.
(다) 청·일 전쟁에서 패배한 청은 일본과 조선에 대한 청의 종주권 부인, 요동(랴오둥) 반도와 타이완을 일본에 할양, 배상금 지불 등의 내용을 담은 시모노세키 조약을 체결하였다(1895. 4.).

08 | 군국기무처   정답 ①

자료 분석
초정부적인 정책 의결 기구 + 총재는 영의정 김홍집이 겸임 → 군국기무처

군국기무처는 제1차 갑오개혁을 추진하였던 초정부적인 정책 의결 기구로, 영의정 김홍집이 총재를 겸임하였다. 군국기무처는 청의 연호를 폐지하고 개국 기원을 사용하였으며 왕실과 정부의 사무를 분리하는 등 국가 전반에 대한 개혁을 추진하였다.

정답 해설
① 군국기무처는 사회 개혁으로 공·사 노비법의 폐지를 결정하였다.

오답 체크
② 삼정이정청: 철종 때 임술 농민 봉기를 계기로 삼정의 문란을 해결하기 위하여 설치되었다.
③ 소격서: 중종 때 조광조를 비롯한 사림의 건의로 폐지되었다.
④ 비변사: 임진왜란을 거치면서 국정 최고 기구로 자리 잡았다.
⑤ 통리기무아문: 초기 개화 정책을 총괄한 핵심 기구로, 소속 부서로 12사를 두었다.

03 동학 농민 운동과 갑오·을미개혁

09 빈출
(가)에 들어갈 내용으로 적절한 것은? [2점]

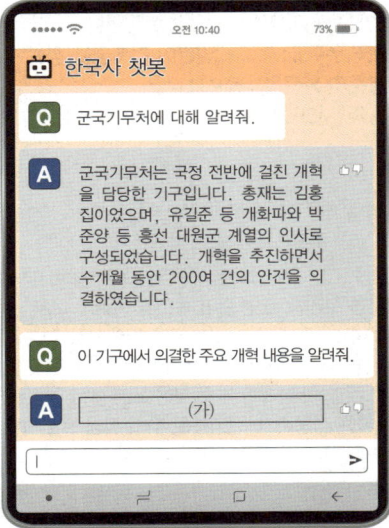

① 공·사 노비법을 혁파하였습니다.
② 5군영을 2영으로 통합하였습니다.
③ 건양이라는 연호를 제정하였습니다.
④ 한성 사범 학교 관제를 반포하였습니다.
⑤ 지계아문을 설치하여 지계를 발급하였습니다.

10
밑줄 그은 '개혁안'의 내용으로 옳은 것을 <보기>에서 고른 것은? [2점]

> 파리의 외무부 장관 아노토 각하께
>
> 전임 일본 공사는 국왕에게서 사실상 거의 모든 권력을 빼앗고, 개혁 위원회[군국기무처]가 내린 결정을 확인하는 권한만 남겨 놓았습니다. …… 이후 개혁 위원회[군국기무처]는 매우 혁신적인 개혁안을 발표했습니다. 그런데 일부 위원들이 몇몇 조치에 대해 시의적절하지 않다고 판단하더니 이에 대해 동의하기를 거부했습니다. …… 게다가 조선인들은 이 기구가 왕권을 빼앗고 일본에 매수되었다고 비난하면서, …… 어떤 지방에서는 왕권 수호를 위해 봉기했다고 합니다.
>
> 주 조선 공사 르페브르 올림

〈보기〉
ㄱ. 건양이라는 연호를 제정하였다.
ㄴ. 탁지아문으로 재정을 일원화하였다.
ㄷ. 양전 사업을 실시하여 지계를 발급하였다.
ㄹ. 조혼을 금지하고 과부의 재가를 허용하였다.

① ㄱ, ㄴ ② ㄱ, ㄷ ③ ㄴ, ㄷ ④ ㄴ, ㄹ ⑤ ㄷ, ㄹ

11
밑줄 그은 '개혁'의 내용으로 옳은 것은? [2점]

① 원수부를 설치하였다.
② 기기창을 설립하였다.
③ 공·사 노비법을 혁파하였다.
④ 태양력을 공식 채택하였다.
⑤ 한성 사범 학교 관제를 반포하였다.

12
밑줄 그은 '개혁'의 내용으로 옳은 것은? [3점]

① 통리기무아문과 12사를 설치하였다.
② 지방 행정 구역을 8도에서 23부로 개편하였다.
③ 청의 연호를 쓰지 않고 개국 기년을 사용하였다.
④ 공·사 노비법을 혁파하고 과부의 재가를 허용하였다.
⑤ 6조에서 8아문으로 개편하고 과거제를 폐지하였다.

09 | 제1차 갑오개혁 정답 ①

자료 분석

> 군국기무처 → 제1차 갑오개혁
>
> 제1차 갑오개혁은 일본이 경복궁을 강제로 점령하고 제1차 김홍집 내각을 수립하면서 추진되었다. 개혁 추진을 위한 기구로 군국기무처가 설치되었고, 김홍집이 총재를 겸임하였다.

정답 해설

① 제1차 갑오개혁 때 공·사 노비법을 혁파하여 신분 제도를 철폐하였다.

오답 체크

② 초기 개화 정책: 군제를 개편하여 기존의 5군영을 무위영과 장어영의 2영으로 통합하였다.
③ 을미개혁: '양력을 세운다'는 뜻의 건양이라는 연호를 제정하였다.
④ 제2차 갑오개혁: 교육 입국 조서에 따라 한성 사범 학교 관제가 반포되었다.
⑤ 광무개혁: 양전 사업을 실시하고 지계아문을 설치하여 근대적 토지 소유 증명서인 지계를 발급하였다.

10 | 제1차 갑오개혁 정답 ④

자료 분석

> 군국기무처 → 제1차 갑오개혁
>
> 제1차 갑오개혁은 일본이 경복궁을 강제로 점령하고 제1차 김홍집 내각을 수립하면서 추진되었다. 개혁 추진을 위한 기구로 군국기무처가 설치되었고, 김홍집이 총재를 겸임하였다. 한편 제1차 갑오개혁 때에는 청의 연호를 폐지하고 '개국' 기원을 사용하였고, 행정 조직을 6조에서 80아문으로 개편하였다.

정답 해설

④ ㄴ. 제1차 갑오개혁 때 탁지아문이 재정에 관한 모든 사무를 관할하도록 하여 재정을 일원화하였다.
   ㄹ. 제1차 갑오개혁 때 조혼, 연좌제 등과 같은 봉건적 악습을 금지하고 과부의 재가를 허용하였다.

오답 체크

ㄱ. 을미개혁: '양력으로 세운다'는 뜻의 건양이라는 연호를 제정하였다.
ㄷ. 광무개혁: 양전 사업을 실시하여, 이를 토대로 토지 소유자에게 근대적 토지 소유 증명서인 지계를 발급하였다.

빈출 개념 | 제1차 갑오개혁

배경	일본이 경복궁을 점령하고 김홍집 내각을 수립하여 조선에 내정 개혁 강요
내용	• 최고 결정 기구인 군국기무처 설치 • 청의 연호 폐지 및 '개국' 기원 사용 • 6조를 80아문으로 개편, 과거제 폐지 • 탁지아문으로 재정 일원화, 은 본위제 채택 • 공·사 노비법 혁파, 과부의 재가 허용, 연좌제 및 조혼 폐지

11 | 제2차 갑오개혁 정답 ⑤

자료 분석

> 김홍집과 박영효를 중심으로 구성된 내각 + 재판소를 설치함 → 제2차 갑오개혁
>
> 제2차 갑오개혁은 청·일 전쟁에서 승기를 잡은 일본에 의해 군국기무처가 폐지된 이후 실시되었다. 이때 구성된 김홍집·박영효 연립 내각은 지방 행정 구역을 8도에서 23부로 개편하고, 재판소를 설치하여 사법권을 독립시키는 등 여러 개혁 정책을 추진하였다.

정답 해설

⑤ 제2차 갑오개혁 때 반포된 교육 입국 조서에 따라 한성 사범 학교 관제가 반포되었다.

오답 체크

① 광무개혁: 황제의 군사권을 강화하기 위한 황제 직속 군사 기관인 원수부를 설치하였다.
② 초기 개화 정책: 근대식 무기 제조 공장인 기기창을 설립하였다.
③ 제1차 갑오개혁: 공·사 노비법을 혁파하여 신분 제도를 철폐하였다.
④ 을미개혁: 기존에 사용되던 음력 대신에 태양력을 공식 채택하였다.

빈출 개념 | 제2차 갑오개혁

배경	일본의 내정 간섭 및 군국기무처 폐지 → 김홍집·박영효 연립 내각 구성
내용	• 홍범 14조 반포 • 의정부를 내각으로 개편, 80아문을 7부로 개편 • 지방 행정 구역을 8도에서 23부로 개편 • 교육 입국 조서 반포 및 한성 사범 학교 관제 마련 • 고등·지방 재판소 설치를 통한 사법권 독립

12 | 제2차 갑오개혁 정답 ②

자료 분석

> 군국기무처가 폐지됨 + 김홍집과 박영효가 주도하는 내각 → 제2차 갑오개혁
>
> 제2차 갑오개혁은 일본에 의해 흥선 대원군이 축출되고 군국기무처가 폐지된 0 후에 실시되었다. 김홍집·박영효 연립 내각은 고종이 반포한 홍범 14조를 개혁의 기본 방향으로 삼아 본격적으로 개혁을 시행하였다. 이에 따라 의정부와 80아문을 내각과 7부로 개편하고, 고종이 반포한 교육 입국 조서에 따라 한성 사범 학교, 한성 외국어 학교 등의 근대식 학교를 설립하였다.

정답 해설

② 제2차 갑오개혁 때 지방 행정 구역을 8도에서 23부로 개편하였다.

오답 체크

① 초기 개화 정책: 개화 정책을 총괄하는 기구로 통리기무아문을 설치하였으며, 그 아래 12사를 두어 외교, 통상, 군사 등의 업무를 분담하게 하였다.
③ 제1차 갑오개혁: 청의 연호를 폐지하고 조선 건국을 기준으로 한 개국 기년을 사용하였다.
④ 제1차 갑오개혁: 공·사 노비법을 혁파하고 과부의 재가를 허용해 봉건적인 악습을 타파하였다.
⑤ 제1차 갑오개혁: 의정부 산하의 6조를 80아문으로 개편하여 행정권을 배분하고, 과거제를 폐지하여 신분의 구별 없이 인재를 등용하였다.

03 동학 농민 운동과 갑오·을미개혁

13
(가) 시기에 있었던 사실로 옳은 것은? [3점]

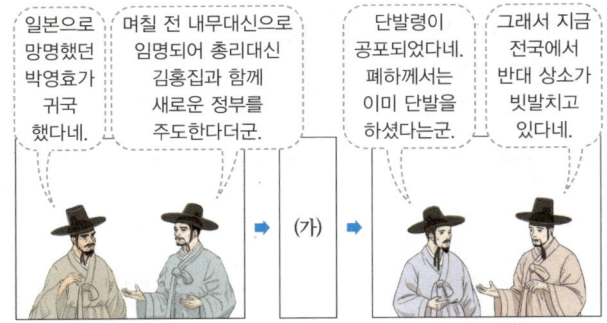

① 과거제가 폐지되었다.
② 호포제가 실시되었다.
③ 교정청이 설치되었다.
④ 5군영이 2영으로 통합되었다.
⑤ 교육 입국 조서가 반포되었다.

15 킬러
밑줄 그은 '개혁'의 내용으로 옳은 것은? [2점]

① 양전 사업을 실시하여 지계를 발급하였다.
② 지방 행정 구역을 8도에서 23부로 개편하였다.
③ 군제를 개편하여 친위대와 진위대를 설치하였다.
④ 공·사 노비법을 혁파하고 과부의 재가를 허용하였다.
⑤ 교육의 기본 방향을 제시한 교육 입국 조서를 반포하였다.

14
다음 사건 이후 추진된 개혁의 내용으로 옳은 것은? [2점]

> 일본군의 엄호 속에 사복 차림의 일본인들이 건청궁으로 침입하였다. 그들은 왕과 왕후의 처소로 달려가 몇몇은 왕과 왕태자의 측근들을 붙잡았고, 다른 자들은 왕후의 침실로 향하였다. 폭도들이 달려들자 궁내부 대신은 왕후를 보호하기 위해 두 팔을 벌려 앞을 가로막아 섰다. …… 의녀가 나서서 손수건으로 죽은 왕후의 얼굴을 덮어 주었다.

① 과거제를 폐지하였다.
② 태양력을 시행하였다.
③ 육영 공원을 설립하였다.
④ 공·사 노비법을 혁파하였다.
⑤ 통리기무아문을 설치하였다.

16
다음 상황의 배경으로 가장 적절한 것은? [2점]

> 근일에 의병을 일으킨 이들이 각처에 글을 보내어 말하기를, "정부에 변란이 자주 나고 각처에 도적이 일어나며 대군주 폐하께서 외국 공사관에 파천하여 환궁하실 기약이 없고 일본 사람들이 조선 인민을 어지럽게 하는 고로, 의병을 일으켜 서울에 올라와 궁궐을 지키고 대군주 폐하를 환궁하시게 한다."라고 하였다.

① 을미사변이 일어났다.
② 을사늑약이 체결되었다.
③ 용암포 사건이 발생하였다.
④ 헤이그에 특사가 파견되었다.
⑤ 대한 제국의 군대가 해산되었다.

13 | 김홍집·박영효의 연립 내각 성립과 을미개혁 사이의 사실
정답 ⑤

자료 분석

- 박영효 + 김홍집과 함께 새로운 정부를 주도
  → 김홍집·박영효의 연립 내각 성립(1894. 11.)
- 단발령이 공포 → 을미개혁(1895. 8.)

- 청·일 전쟁에서 승기를 잡은 일본에 의해 군국기무처가 폐지된 이후 제2차 갑오개혁이 실시되었다. 일본은 망명 중이던 박영효를 불러들여 김홍집·박영효 연립 내각을 구성(1894. 11.)하게 하였다.
- 일본은 을미사변을 일으키고 친일 내각을 수립하여 을미개혁을 추진(1895. 8.)하였는데, 이때는 상투를 자르고 머리카락을 짧게 자르는 단발령을 시행하였다.

정답 해설
⑤ 김홍집·박영효 연립 내각이 성립(1894. 11.)된 이후 고종이 반포한 홍범 14조를 개혁의 기본 방향으로 삼아 제2차 갑오개혁이 추진되었다. 이때 근대적 교육의 중요성을 강조하는 내용의 교육 입국 조서가 반포(1895. 2.)되어 한성 사범 학교, 한성 외국어 학교 등의 근대식 학교가 설립되었다.

오답 체크
모두 김홍집·박영효의 연립 내각(1894. 11.) 이전의 사실이다.
① 1894년 7월에 조선 정부는 군국기무처를 설치하여 과거제 폐지 등 제1차 갑오개혁을 실시하였다.
② 흥선 대원군 집권기인 1871년에 군역의 폐단을 시정하기 위해 양반에게도 군포를 부과하는 호포제가 실시되었다.
③ 1894년에 전주 화약이 체결된 후, 조선 정부에 의해 개혁 추진을 위한 기구로 교정청이 설치되었다.
④ 1881년에 개화 정책의 일환으로 조선 후기의 중앙군인 5군영이 2영(무위영, 장어영)으로 통합되었다.

14 | 을미개혁
정답 ②

자료 분석

일본인 + 건청궁 + 죽은 왕후 → 을미사변 → 을미개혁

을미개혁은 을미사변 이후 일본의 주도로 시행된 개혁이다. 조선 내에서 러시아의 영향력이 강해지자 위기감을 느낀 일본은 조선에 대한 영향력을 회복하기 위해 경복궁의 건청궁을 습격하여 친러 정책을 주도하던 명성 황후를 시해하였다(을미사변).

정답 해설
② 을미사변 이후 추진된 을미개혁으로 기존에 사용되던 음력 대신 태양력이 시행되었다.

오답 체크
① 제1차 갑오개혁: 과거제를 폐지하고 신분의 구별이 없는 새로운 관리 임용 제도를 실시하였다.
③ 초기 개화 정책: 정부가 최초의 근대식 관립 학교인 육영 공원을 설립하여 상류층 자제를 대상으로 외국어와 근대 학문을 교육하였다.
④ 제1차 갑오개혁: 공·사 노비법을 혁파하여 신분제를 폐지하였다.
⑤ 초기 개화 정책: 개화 정책을 총괄하는 핵심 기구로 통리기무아문을 설치하였다.

15 | 을미개혁 오답률 67.8%
정답 ③

자료 분석

태양력을 시행 + 연호는 건양 → 을미개혁

을미개혁은 일본이 명성 황후를 시해한 을미사변 이후 일본에 의해 수립된 김홍집 내각(제4차)의 주도 아래 추진되었다. 을미개혁 때는 태양력을 채택하면서 1896년 1월에 맞춰 '양력을 세운다'는 뜻의 건양이라는 연호를 제정하였다.

정답 해설
③ 을미개혁 때 군제를 개편하여 중앙에 친위대와 지방에 진위대를 설치하였다.

오답 체크
① 광무개혁: 양전 사업을 실시하여, 이를 토대로 토지 소유자에게 근대적 토지 소유 증명서인 지계를 발급하였다.
② 제2차 갑오개혁: 지방 행정 구역을 8도에서 23부로 개편하였다.
④ 제1차 갑오개혁: 공·사 노비법을 혁파하고 과부의 재가를 허용해 봉건적인 악습을 타파하였다.
⑤ 제2차 갑오개혁: 교육의 기본 방향을 제시한 교육 입국 조서를 반포하였다.

빈출 개념 | 을미개혁

배경	을미사변으로 조선 내의 영향력을 회복한 일본이 친일 내각(김홍집)을 수립하고 개혁 추진을 강요
내용	• '건양' 연호 제정 • 친위대(중앙)·진위대(지방) 설치 • 단발령 시행, 종두법 실시, 태양력 채택

16 | 아관 파천의 배경
정답 ①

자료 분석

대군주(고종) + 외국 공사관에 파천함 → 아관 파천(1896)

청·일 전쟁(1894) 이후 명성 황후는 일본의 압력에서 벗어나기 위해 러시아 세력과 손을 잡고 친러 내각을 수립하였다. 이에 위기를 느낀 일본은 경복궁에 자객을 보내 명성 황후를 시해하는 을미사변을 일으켰다(1895). 을미사변으로 신변의 위협을 느낀 고종은 자신의 거처를 러시아 공사관으로 옮기는 아관 파천을 단행하였다(1896).

정답 해설
① 을미사변(1895)으로 신변에 위협을 느낀 고종은 러시아 공사관으로 피신하는 아관 파천을 단행하였다(1896).

오답 체크
② 일본의 강요로 을사늑약(1905)이 체결되어 대한 제국의 외교권이 박탈되고 통감부가 설치되자, 조약 폐기와 친일 내각 타도를 요구하며 을사의병이 일어났다.
③ 러시아가 용암포 및 압록강 하구 일대를 불법 점령하고 조차를 요구한 사건(용암포 사건, 1903)이 발생하였는데, 이는 러시아와 일본의 대립을 격화시켜 러·일 전쟁의 계기가 되었다.
④ 고종은 을사늑약의 부당성을 세계에 알리기 위해 네덜란드 헤이그에서 열린 만국 평화 회의에 특사를 파견(1907)하였으나, 일본의 방해로 큰 성과를 거두지는 못하였다. 한편, 일본은 이를 구실로 고종을 강제 퇴위시켰다.
⑤ 한·일 신협약(정미 7조약)의 부속 밀약에 의해 대한 제국의 군대가 강제로 해산되었다.

04 독립 협회와 대한 제국

01
(가) 단체에 대한 설명으로 옳은 것은? [2점] 65회 36번

[(가)]의 주요 간부인 이상재, 정교 등이 러시아의 요구에 대해 정부가 어떻게 대처할 건지를 밝히라는 글이군.

듣기에 절영도에 러시아 사람이 석탄고를 건축하려고 땅을 청구한다고 하니 …… 러시아 사람의 요청대로 빌려줄 건지, 잠깐만 빌려줄 건지, 영영 줄 건지, 빌려줄 때에는 정부 회의를 거치는지, 홀로 결정하여 도장을 찍는지 ……

① 정우회 선언의 영향으로 결성되었다.
② 만세보를 발행하여 민족 의식을 고취하였다.
③ 중추원 개편을 통해 의회 설립을 추진하였다.
④ 어린이날을 제정하고 소년 운동을 전개하였다.
⑤ 태극 서관을 운영하여 계몽 서적 등을 보급하였다.

02 빈출
(가) 단체의 활동으로 옳은 것은? [2점] 71회 34번

독립문 주춧돌 놓는 예식을 독립 공원 부지에서 열었다. …… 회장 안경수 씨가 연설하기를, "[(가)]이/가 처음에 시작할 때 단지 회원이 네다섯 명이더니 오늘날 회원은 수천 명이다. 조선 인민들이 나라가 독립되는 것을 좋아하기에 심지어 궁벽한 시골에 사는 인민 중에서 독립문 세우는 데 돈을 보조하는 사람들이 있으며, 외국 사람 중에서도 돈 낸 사람들이 많이 있었다. 이것을 보면 조선 사람들도 오늘부터 조선에서 모든 일을 [(가)] 하듯이 시작하여 모두 합심하기를 바란다."라고 하였다.

① 고종 강제 퇴위 반대 운동을 전개하였다.
② 일제의 황무지 개간권 요구를 저지시켰다.
③ 중추원 개편을 통한 의회 설립을 추진하였다.
④ 대성 학교를 설립하여 민족 교육을 실시하였다.
⑤ 독립운동 자금 마련을 위해 독립 공채를 발행하였다.

03
(가)에 들어갈 내용으로 가장 적절한 것은? [2점] 63회 33번

한국사 동영상 제작 계획안
○○○○, 공론의 장을 열다
△학년 △반 △모둠

■ 제작 의도
지식인뿐 아니라 농민, 상인, 노동자 등 다양한 계층이 참여한 집회 등을 통해 공론의 장을 마련한 ○○○○의 활동을 살펴본다.

■ 장면별 구성 내용
#1. 독립문 건립을 위해 성금을 모으다
#2. 러시아의 절영도 조차 요구를 규탄하는 집회를 열다
#3. (가)
#4. 황국 협회의 습격으로 사망한 구두 수선공의 장례를 치르다

① 평양에 대성 학교를 설립하다
② 고종 강제 퇴위 반대 운동을 주도하다
③ 집강소를 중심으로 폐정 개혁안을 실천하다
④ 관민 공동회를 개최하여 헌의 6조를 결의하다
⑤ 개혁의 기본 방향을 제시한 홍범 14조를 반포하다

04
(가) 단체의 활동으로 옳은 것은? [2점] 43회 38번

11월 4일 밤, 조병식 등은 건의소청 및 도약소의 잡배들로 하여금 광화문 밖의 내국 조방 및 큰길가에 익명서를 붙이도록 하였다. …… 익명서는 "[(가)]이/가 11월 5일 본관에서 대회를 열고, 박정양을 대통령으로, 윤치호를 부통령으로, 이상재를 내부대신으로 …… 임명하여 나라의 체제를 공화 정치 체제로 바꾸려 한다."라고 꾸며서 폐하께 모함하고자 한 것이다.
– 『대한계년사』

① 일본의 황무지 개간권 요구를 저지하였다.
② 러시아의 절영도 조차 요구에 반대하였다.
③ 고종의 강제 퇴위 반대 운동을 전개하였다.
④ 계몽 서적 출판을 위해 태극 서관을 설립하였다.
⑤ 일본에게 진 빚을 갚자는 국채 보상 운동을 주도하였다.

● 주제별 출제 비중
*최근 3개년 기준(심화 76~63회)

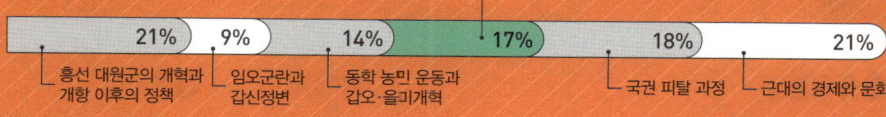

01 | 독립 협회   정답 ③

자료 분석

러시아 + 절영도 → 독립 협회

독립 협회는 종로 길거리에서 근대적인 민중 집회인 만민 공동회를 열어 러시아의 절영도 조차 요구 저지와 러시아 군사 교관 및 재정 고문의 철수 등을 요구하였다.

정답 해설
③ 독립 협회는 관민 공동회를 열어 헌의 6조를 결의하고, 중추원 개편을 통해 의회 설립을 추진하였다.

오답 체크
① 신간회: 비타협적 민족주의 세력과의 연대를 주장한 정우회 선언의 영향으로 결성되었다.
② 천도교: 기관지로 만세보를 발행하여 민족 계몽과 민족 의식을 고취하였다.
④ 천도교 소년회: 방정환 등이 중심이 되어 어린이날을 제정하고 소년 운동을 전개하였다.
⑤ 신민회: 신지식 보급과 민족 의식 고취를 위해 태극 서관을 운영하여 계몽 서적 등을 보급하였다.

02 | 독립 협회   정답 ③

자료 분석

독립문 → 독립 협회

독립 협회는 서재필, 이상재, 남궁억 등 신지식인이 중심이 되어 창립한 단체로, 자주 독립 국가 건설을 목표로 활동하였다. 이들은 독립 의식 고취를 위해 청 사신을 맞이하던 문인 영은문을 헐고 그 부근에 독립문을 건립하였다.

정답 해설
③ 독립 협회는 관민 공동회를 열어 헌의 6조를 결의하고, 중추원 개편을 통해 의회 설립을 추진하였다.

오답 체크
① 대한 자강회: 고종 강제 퇴위 반대 운동을 전개하다가 통감부에 의해 강제 해산되었다.
② 보안회: 일제의 황무지 개간권 요구를 저지하는 운동을 전개하여 일본의 요구를 철회시켰다.
④ 신민회: 평양에 대성 학교를 설립하여 민족 교육을 실시하였다.
⑤ 대한민국 임시 정부: 독립운동 자금을 마련하기 위해 중국과 미국 등 국외 거주 동포에게 독립 공채를 발행하였다.

03 | 독립 협회   정답 ④

자료 분석

다양한 계층이 참여한 집회 + 독립문 건립 + 러시아의 절영도 조차 요구를 규탄하는 집회 + 황국 협회의 습격 → 독립 협회

독립 협회는 독립 의식 고취를 위해 청 사신을 맞이하던 문인 영은문을 헐고 그 부근에 독립문을 건립하였으며, 만민 공동회를 열어 러시아의 절영도 조차 요구를 저지하는 등 이권 수호 운동을 전개하였다. 이후 독립 협회는 보수 세력으로부터 모함을 받아(익명서 사건) 고종의 해산 명령을 받게 되었고, 곧이어 보수 단체인 황국 협회의 습격으로 해산되었다.

정답 해설
④ 독립 협회는 관민 공동회를 개최하여 헌의 6조를 결의하고, 중추원 개편을 통한 의회 설립을 추진하였다.

오답 체크
① 신민회: 민족 교육을 위해 평양에 대성 학교를 설립하였다.
② 대한 자강회: 고종의 강제 퇴위 반대 운동을 주도하다가 통감부에 의해 강제 해산되었다.
③ 동학 농민군: 전주 화약 체결 이후 집강소를 중심으로 폐정 개혁안을 실천하였다.
⑤ 제2차 갑오개혁: 고종은 개혁의 기본 방향을 제시한 홍범 14조를 반포하였다.

04 | 독립 협회   정답 ②

자료 분석

익명서 + 박정양, 윤치호, 이상재 + 공화 정치 체제로 바꾸려한다고 모함 → 독립 협회

독립 협회는 서재필, 윤치호, 이상재 등 신지식인이 중심이 되어 창립한 단체이다. 독립 협회는 진보적인 박정양 내각이 수립되자 중추원 개편을 통한 의회 설립을 추진하였다. 그러나 보수 세력에 의해 독립 협회가 공화국을 수립하려 한다는 모함을 받아(익명서 사건), 결국 해산되었다.

정답 해설
② 독립 협회는 러시아가 부산 절영도의 조차(타국의 영토를 빌리는 행위)를 요구하자, 이에 반대하는 운동을 전개하였다.

오답 체크
① 보안회: 일본의 황무지 개간권 요구에 반대하는 운동을 전개해 일본의 요구를 저지시켰다.
③ 대한 자강회: 고종의 강제 퇴위 반대 운동을 전개하여 일본에 의해 해산되었다.
④ 신민회: 계몽 서적 출판을 위해 태극 서관을 설립하였다.
⑤ 국채 보상 기성회: 일본에게 진 빚을 갚아 경제적 주권을 회복하자는 국채 보상 운동을 주도하였다.

04 독립 협회와 대한 제국

04 독립 협회와 대한 제국

05 킬러 67회 34번
(가) 인물의 활동으로 옳은 것은? [3점]

> 초대 주미 공사인 (가) 은/는 미국 대통령에게 고종의 국서를 전달하는 등 외교 활동을 펼친 후 귀국하여 『미속습유』를 집필하였습니다. 그는 이 책에서 미국의 문물과 제도를 소개하였으며, 미국과의 외교 관계를 강조하였습니다.

① 샌프란시스코에서 흥사단을 창립하였다.
② 황준헌이 쓴 『조선책략』을 국내에 들여왔다.
③ 인재 양성을 위해 오산 학교를 설립하였다.
④ 국문 연구소를 설립하고 연구 위원으로 활동하였다.
⑤ 독립 협회의 제안을 받아들여 중추원 관제 개편을 추진하였다.

07 65회 34번
다음 상소가 작성된 이후의 사실로 옳은 것은? [1점]

> 러시아 공사관으로 거처를 옮기시고 해가 바뀌었습니다. 그곳 유리창과 분칠한 담장은 화려하지만 그을음 나는 석탄을 때는 전돌(甎堗)은 옥체를 보호하기에 적합하지 않은 듯합니다. …… 온 나라 신하들의 심정을 염두에 두시어 간하는 말을 따라 바로 환궁하여 끓어오르는 여론에 부응하시고 영원히 누릴 태평의 터전을 공고히 만드소서.

① 영선사가 파견되었다.
② 군국기무처가 설치되었다.
③ 대한국 국제가 반포되었다.
④ 제너럴셔먼호 사건이 일어났다.
⑤ 조·청 상민 수륙 무역 장정이 체결되었다.

06 45회 37번
(가), (나) 사이의 시기에 볼 수 있는 모습으로 가장 적절한 것은? [3점]

> (가) 천지에 고하는 제사를 지냈다. 왕태자가 배참하였다. 예를 마친 뒤 의정부 의정 심순택이 백관을 거느린 채 무릎을 꿇고 아뢰기를, "제례를 마쳤으므로 황제의 자리에 오르소서." 라고 하였다. …… 임금이 두 번 세 번 사양하다가 옥새를 받고 황제의 자리에 올랐다. - 『고종실록』
>
> (나) 이제 본소(本所)에서 대한국 국제(國制)를 잘 상의하고 확정하여 보고하라는 조칙을 받들어서, 감히 여러 사람들의 의견을 수집하고 공법(公法)을 참조하여 국제 1편을 정함으로써, 본국의 정치는 어떤 정치이고 본국의 군권은 어떤 군권인가를 밝히려 합니다. - 『고종실록』

① 영화 아리랑을 관람하는 교사
② 관민 공동회에서 연설하는 백정
③ 육영 공원에서 영어를 배우는 학생
④ 경부선 기차를 타고 부산으로 가는 기자
⑤ 근우회가 주최한 강연회에 참석하는 노동자

08 빈출 74회 30번
밑줄 그은 '개혁'의 내용으로 옳은 것은? [2점]

> 이 자료는 파리 만국 박람회 당시 한국관의 모습을 담은 채색 광고 엽서이다. 고종은 황제 즉위 후 구본신참을 내세운 개혁을 추진하면서, 박람회를 서구 문물을 받아들이고 우리나라를 세계에 소개하는 기회로 활용하고자 했다. 이후 1902년 고종은 박람회 관련 업무를 담당할 정부 기관으로 농상공부 산하에 임시 박람회 사무소를 개설하였다.

① 지계아문을 설치하여 지계를 발급하였다.
② 건양이라는 독자적인 연호를 채택하였다.
③ 박문국을 설치하고 한성순보를 발행하였다.
④ 근대식 무기 제조 공장인 기기창을 설립하였다.
⑤ 개혁의 방향을 제시한 홍범 14조를 반포하였다.

05 박정양 〈오답률 76.3%〉 정답 ⑤

자료 분석

초대 주미 공사 + 『미속습유』를 집필함 → 박정양

박정양은 조선 후기 문신이자 대한 제국 시기 관료로, 초대 주미 공사에 임명되어 미국 대통령에게 고종의 국서를 전달하는 등 외교 활동을 펼쳤다. 미국에서 귀국한 그는 초대 주미 공사로서 미국을 시찰·견문한 사항을 수록한 견문록인 『미속습유』를 집필하여 미국의 문물과 제도를 소개하였다.

정답 해설

⑤ 박정양은 대한 제국 시기에 의회 설립을 추진한 독립 협회의 제안을 받아들여 중추원 관제 개편을 추진하였다.

오답 체크

① 안창호: 미국으로 망명하여 샌프란시스코에서 재미 한인을 중심으로 흥사단을 창립하였다.
② 김홍집: 제2차 수신사로 일본에 갔다가 귀국할 때 황준헌의 『조선책략』을 가지고 들어와 국내에 소개하였다.
③ 이승훈: 인재 양성을 위해 정주에 오산 학교를 설립하여 민족 교육을 추진하였다.
④ 국문 연구소는 대한 제국 학부 내에 설립되었고, 주시경, 지석영 등이 연구 위원으로 활동하며 국문 연구에 힘썼다.

06 대한 제국 성립과 대한국 국제 반포 사이의 사실 정답 ②

자료 분석

(가) 황제의 자리에 오름 + 고종 → 대한 제국 성립(1897)
(나) 대한국 국제 → 대한국 국제 반포(1899)

(가) 고종은 러시아 공사관에서 경운궁(덕수궁)으로 환궁한 이후 환구단에서 천지에 제사를 지내고 황제의 자리에 올랐다. 이를 통해 대한 제국이 성립되었다(1897).
(나) 고종은 대한국 국제를 반포(1899)하여 대한 제국은 전제 정치 국가이며 황제권은 무한함을 확고히 하였다.

정답 해설

② 1898년에 독립 협회는 관민 공동회를 개최하여 헌의 6조를 결의하였다.

오답 체크

① (나) 이후: 1926년에 나운규가 제작한 영화 아리랑이 상영되었다.
③ (가) 이전: 1886년부터 1894년까지 육영 공원에서 상류층 자제를 대상으로 외국어와 근대 학문을 교육하였다.
④ (나) 이후: 1905년에 일본에 의해 경부선 기차가 개통되었다.
⑤ (나) 이후: 1927년에 근우회가 창립되어 여성의 계몽을 주장하고 강연회를 개최하였다.

07 아관 파천 이후의 사실 정답 ③

자료 분석

러시아 공사관으로 거처를 옮기고 해가 바뀌었음
→ 아관 파천(1896) 이듬해 → 1897년

을미사변으로 신변의 위협을 느낀 고종은 자신의 거처를 러시아 공사관으로 옮기는 아관 파천을 단행하였다(1896). 이후 고종은 1년 만에 경운궁(덕수궁)으로 환궁한 뒤, 연호를 광무로 고친 후 스스로 황제라 칭하고 환구단에서 황제 즉위식을 거행하며 국호를 '대한'으로 하는 대한 제국을 선포하였다(1897).

정답 해설

③ 아관 파천(1896) 이후 1899년에 고종은 대한국 국제를 반포하여 대한 제국이 전제 정치 국가이며, 황제권이 무한함을 강조하였다.

오답 체크

① 1881년에 근대 기술을 도입하기 위해 청나라에 영선사가 파견되었다.
② 1894년에 제1차 갑오개혁을 추진하는 최고 결정 기구로 군국기무처가 설치되었다.
④ 1866년에 평양 관민이 통상 수교를 요구하는 미국 상선 제너럴셔먼호를 불태우는 사건이 일어났다.
⑤ 1882년에 임오군란을 계기로 조·청 상민 수륙 무역 장정이 체결되었다.

08 광무개혁 정답 ①

자료 분석

고종 + 황제 즉위 + 구본신참을 내세움 → 광무개혁

광무개혁은 고종이 황제로 즉위하여 대한 제국을 선포한 이후 추진된 개혁으로, '옛 것을 근본으로 삼고 새 것을 참고한다'는 구본신참의 원칙 아래 황제권을 강화하기 위해 실시되었다.

정답 해설

① 광무개혁 때 근대적 토지 소유권 제도를 확립하고 국가 재정을 확충하기 위해 양전 사업을 실시하고, 지계아문을 설치하여 토지 소유자에게 지계를 발급하였다.

오답 체크

② 을미개혁: 태양력을 채택하면서 1896년 1월에 맞춰 '양력을 세운다'는 뜻의 건양이라는 독자적인 연호를 채택하였다.
③, ④ 초기 개화 정책: 출판 업무를 위해 박문국을 설치하고, 우리나라 최초의 근대 신문인 한성순보를 발행하였다. 또한 청에서 무기 제조 기술을 익히고 돌아온 영선사의 주도로 우리나라 최초의 근대식 무기 제조 공장인 기기창을 설립하였다.
⑤ 제2차 갑오개혁: 고종이 개혁의 방향을 제시한 홍범 14조를 반포하였다.

04 독립 협회와 대한 제국

09 68회 37번

밑줄 그은 '개혁'에 해당하는 내용으로 옳은 것을 <보기>에서 고른 것은? [2점]

【건축으로 보는 한국사】 석조전

고종은 황제로서의 권위와 근대 국가를 향한 의지를 보여주기 위해 서양의 신고전주의 양식으로 설계된 석조전 착공을 명하였다. 그러나 황제권 강화를 표방하며 개혁을 추진하던 고종은 석조전이 완공되기 전에 강제로 퇴위당하였다.

─〈보기〉─
ㄱ. 박문국을 설치하여 한성순보를 발행하였다.
ㄴ. 통리기무아문을 설치하여 개화 정책을 추진하였다.
ㄷ. 관립 상공 학교를 설립하여 실업 교육을 실시하였다.
ㄹ. 지계아문을 설치하여 토지 소유자에게 지계를 발급하였다.

① ㄱ, ㄴ ② ㄱ, ㄷ ③ ㄴ, ㄷ ④ ㄴ, ㄹ ⑤ ㄷ, ㄹ

---

11 60회 32번

(가) 시기에 있었던 사실로 옳지 않은 것은? [2점]

고종은 이곳 환구단에서 황제 즉위식을 거행하고, 경운궁에서 국호를 (가) (으)로 선포했습니다. 환구단은 일제에 의해 헐려버렸고 지금은 황궁우가 외로이 남아 있습니다.

① 대한국 국제를 반포하였다.
② 황제 직속의 원수부를 설치하였다.
③ 이범윤을 간도 관리사로 파견하였다.
④ 지계아문을 설립하여 지계를 발급하였다.
⑤ 통역관 양성을 목적으로 동문학을 설립하였다.

---

10 66회 35번

다음 관제가 반포된 이후의 사실로 옳은 것은? [2점]

〈원수부 관제〉

대황제 폐하는 대원수로서 군기(軍機)를 총람하고 육해군을 통령하며, 황태자 전하는 원수로서 육해군을 일률적으로 통솔한다. 이에 원수부를 설치한다.

제1조
원수부는 국방과 용병(用兵)과 군사에 관한 각 항의 명령을 관장하며 특별히 세운 권한을 가지고 군부와 경외(京外)의 각 부대를 지휘 감독한다.

① 지계아문이 설치되었다.
② 군국기무처가 창설되었다.
③ 5군영이 2영으로 통합되었다.
④ 한성 사범 학교가 설립되었다.
⑤ 건양이라는 연호가 제정되었다.

---

12 44회 31번

밑줄 그은 '이 관계'가 발급되던 시기에 있었던 사실로 옳은 것은? [2점]

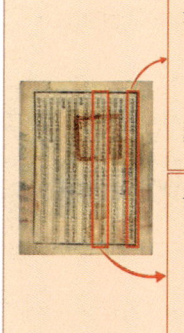

하나. 대한 제국 인민으로 전답을 가진 자는 이 관계(官契)*를 반드시 소유하되, 구계(舊契)는 무효로 하여 본 아문에 수납할 것

*관계(官契): 관청에서 증명한 문서

하나. 대한 제국 인민 외에는 전답 소유주가 될 권리가 없으니, 외국인에게 명의를 빌려주거나 사사로이 매매·저당·양도하는 자는 모두 최고형에 처하고 해당 전답은 원주인의 소유를 인정하여 일체 몰수할 것

① 이만손 등이 영남 만인소를 올렸다.
② 박문국에서 한성순보가 발행되었다.
③ 조선 형평사 창립 대회가 개최되었다.
④ 러시아가 용암포를 점령하고 조차를 요구하였다.
⑤ 제너럴셔먼호 사건을 구실로 미군이 강화도를 침략하였다.

09 | 광무개혁
정답 ⑤

자료 분석

고종 + 황제권 강화를 표방함 → 광무개혁

광무개혁은 고종이 황제로 즉위하며 성립된 대한 제국 시기에 추진된 개혁으로, '옛 것을 근본으로 삼고 새 것을 참고한다'는 구본신참의 원칙 아래 황제권을 강화하기 위해 실시되었다.

정답 해설

⑤ ㄷ. 광무개혁 때 관립 실업 학교인 상공 학교를 설립하여 실업 교육을 실시하였다.
ㄹ. 광무개혁 때 근대적 소유권 제도를 확립하기 위해 양전 사업을 실시하고, 지계아문을 설치하여 근대적 토지 소유 증명서인 지계를 발급하였다.

오답 체크

ㄱ. 초기 개화 정책: 출판 업무를 위해 박문국을 설치하고, 우리나라 최초의 근대 신문인 한성순보를 발행하였다.
ㄴ. 초기 개화 정책: 개화 정책을 총괄하는 핵심 기구로 통리기무아문을 설치하여 군국 기밀과 일반 정치를 총괄하도록 하였다.

빈출 개념 | 광무개혁

배경	대한 제국 선포 후 구본신참(옛 것을 근본으로 삼고 새것을 참고한다)의 원칙 아래 황제권 강화를 위해 실시
내용	• 대한국 국제 반포 • 양전 사업 실시 • 지계(근대적 토지 소유 증명서) 발급 • 원수부 설치 • 상공 학교 설립

10 | 원수부 관제 반포 이후의 사실
정답 ①

자료 분석

원수부 관제 → 원수부 관제 반포(1899)

고종은 황제의 군사권을 강화하기 위해 원수부 관제를 반포하고 황제 직속의 군 통수 기관인 원수부를 설치(1899)하였다.

정답 해설

① 원수부 관제 반포(1899) 이후인 1901년에 대한 제국은 지계아문을 설치하여 토지 소유자에게 근대적 토지 소유 증명서인 지계를 발급하였다.

오답 체크

② 1894년에 제1차 갑오개혁을 추진하는 최고 정책 결정 기구로 군국기무처가 창설되었다.
③ 1881년에 5군영이 무위영과 장어영의 2영으로 통합되었다.
④ 1895년에 교원 양성을 위해 한성 사범 학교가 설립되었다.
⑤ 1895년에 추진된 을미개혁 때 건양이라는 연호가 제정되었다.

11 | 대한 제국 시기의 사실
정답 ⑤

자료 분석

고종 + 환구단에서 황제 즉위식을 거행함 → 대한 제국 시기(1897~1910)

고종은 아관 파천으로 러시아 공사관에 있다가 1년 만에 경운궁(덕수궁)으로 환궁한 뒤, 스스로를 황제라 칭하고 황제 즉위식을 거행하며 대한 제국을 선포하였다(1897).

정답 해설

⑤ 대한 제국 수립 이전인 1883년에 외교 고문 묄렌도르프가 조선 정부의 지원을 받아 통역관을 양성하는 교육 기관인 동문학을 설립하였다.

오답 체크

① 대한 제국 시기에 대한국 국제가 반포(1899)되었다.
② 대한 제국 시기에 황제의 군사권을 강화하기 위해 황제 직속의 군 통수 기관인 원수부가 설치(1899)되었다.
③ 대한 제국 시기에 고종은 북간도의 교민을 보호하기 위해 이범윤을 간도 관리사로 임명하였다(1903).
④ 대한 제국 시기에 근대적 토지 소유권 제도를 확립하기 위해 양전 사업을 실시하였고 지계아문을 설치하여 토지 소유자에게 근대적 토지 소유 증명서인 지계를 발급하였다(1901~1904).

12 | 지계 발급 시기의 사실
정답 ④

자료 분석

대한 제국 + 전답을 가진 자는 '이 관계'를 반드시 소유함 → 지계 → 지계 발급 시기의 사실(1901~1904)

고종은 아관 파천 이후 경운궁(덕수궁)으로 환궁하여 연호를 '광무'로 고친 후 황제 즉위식을 거행하고 국호를 '대한 제국'으로 선포하였다. 이후 고종은 근대적인 토지 소유권 제도를 확립하기 위해 전국적인 양전 사업을 실시하고 지계아문을 설치(1901)하여 토지 소유권 증명서인 지계를 발급하였다(1901~1904).

정답 해설

④ 대한 제국에서 지계가 발급되던 시기(1901~1904)에 러시아가 압록강 하구의 용암포에 대한 조차를 요구한 용암포 사건(1903)이 발생하였다.

오답 체크

① 1881년에 이만손 등이 『조선책략』 유포와 정부의 개화 정책 추진에 반대하는 상소인 영남 만인소를 조정에 올렸다.
② 1883년부터 1884년까지 박문국에서 우리나라 최초의 근대 신문인 한성순보가 발행되었다.
③ 1923년에 백정에 대한 사회적 편견과 차별을 타파하기 위해 진주에서 조선 형평사 창립 대회가 개최되었다.
⑤ 1871년에 제너럴셔먼호 사건을 구실로 미군이 강화도를 침략한 신미양요가 발생하였다.

05 국권 피탈 과정

01 74회 35번
다음 상황이 나타난 시기를 연표에서 옳게 고른 것은? [3점]

> ○ 어제 러시아 공사 파블로프씨가 용천군 용암포 삼림회사의 편의를 위하여 전화와 전선을 추가로 가설할 뜻으로 외부(外部)에 조회하였으니, 외부에서 답 조회하기를 "해당 사안은 결코 인준하기 어려우니 귀 공사도 해당 회사에 훈칙하여 전신주 가설 사항은 절대 마음먹지 못하게 하라" 하였다더라.
> – 황성신문
>
> ○ 일본, 영국, 미국의 각 공사가 우리 정부에 의주의 개방을 권고하더니, 영국 공사가 다시 조회하기를 "의주는 육지로 연결되어 화물을 운반하기가 매우 어렵고, …… 용암포는 크고 작은 선박들이 지장 없이 왕래할 수 있으니 용암포를 개항하라"고 하였고, 일본 공사가 또 조회하기를 "용암포 개항이 합당하니 속히 타결하라" 하였다더라.
> – 황성신문

(가)	(나)	(다)	(라)	(마)
신미양요	갑신정변	청·일 전쟁 발발	아관파천	러·일 전쟁 발발	국권 피탈

① (가) ② (나) ③ (다) ④ (라) ⑤ (마)

02 75회 30번
밑줄 그은 '전쟁' 기간에 있었던 사실로 옳은 것은? [3점]

> 미국 잡지 '포퓰러 매거진'의 1912년 마지막 호에는 한반도를 둘러싼 대한 제국과 일본, 러시아 간의 암투를 다룬 첩보 소설(The cat and the king)이 실렸습니다. 베델, 민영환 등 당대 인물들이 등장하는 이 소설은 일제가 포츠머스 조약을 체결하여 전쟁을 끝내고 대한 제국의 외교권을 박탈하려 하는 등 긴박하게 전개되었던 당시 상황을 배경으로 하고 있습니다.

① 고종이 아관 파천을 단행하였다.
② 일본이 독도를 불법 편입하였다.
③ 러시아가 절영도 조차를 요구하였다.
④ 조·청 상민 수륙 무역 장정을 체결하였다.
⑤ 평양 관민이 대동강에 침입한 제너럴셔먼호를 불태웠다.

03 빈출 63회 34번
다음 기사를 활용한 탐구 활동으로 가장 적절한 것은? [3점]

해외 언론 보도로 본 민족 운동

> 오늘 나는 스티븐스를 쏘았다. 그는 대한 제국의 외교 고문에 임명되어 후한 대접을 받고 있음에도 일본의 이익을 위해 한국인에게 온갖 잔인한 일을 자행하였다. …… 나는 어떤 처벌에도 불만이 없으며, 조국의 자유를 위한 투쟁에 도움이 된다면 영광스럽게 죽을 것이다.

① 제1차 한·일 협약의 내용을 알아본다.
② 삼국 간섭이 발생한 원인을 분석한다.
③ 일제가 조작한 105인 사건의 영향을 파악한다.
④ 영국이 거문도를 불법 점령한 과정을 조사한다.
⑤ 고종이 러시아 공사관으로 피신한 이유를 찾아본다.

04 73회 34번
(가) 조약에 대한 설명으로 옳은 것은? [1점]

> 저는 지금 워싱턴에 있는 옛 주미대한제국 공사관 건물 앞에 나와 있습니다. 이곳은 1889년부터 외교 공관으로 사용되었으나, (가) 으로 외교권을 박탈당하여 그 기능을 상실하였습니다. 현재 이 건물을 대한민국 정부가 매입하여 전시관으로 활용하고 있습니다.

① 러·일 전쟁 중에 체결되었다.
② 최혜국 대우를 최초로 규정하였다.
③ 천주교 포교 허용의 근거가 되었다.
④ 통감부가 설치되는 결과를 초래하였다.
⑤ 스티븐스가 외교 고문으로 파견되는 배경이 되었다.

● 주제별 출제 비중

*최근 3개년 기준(심화 76~63회)

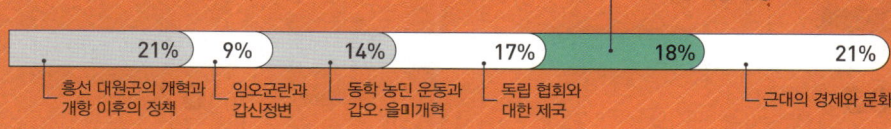

01 | 용암포 사건   정답 ④

자료 분석

러시아 + 용암포 → 용암포 사건(1903)

고종이 러시아 공사관으로 거처를 옮긴 아관 파천(1896) 이후, 러시아는 대한 제국 내에서 영향력을 확대하고 압록강 유역의 삼림 채벌권을 획득하는 등 이권을 침탈하였다. 이어 1903년에 러시아는 용암포 및 압록강 하구 일대를 불법 점령하고 대한 제국에 용암포의 조차를 요구하였다.

정답 해설

④ 아관 파천(1896) 이후 대한 제국 내에서 영향력을 확대한 러시아는 용암포 및 압록강 하구 일대를 불법 점령하고 대한 제국에 조차를 요구하였다(용암포 사건, 1903). 그러나 일본과 영국, 미국 등이 즉각 반발하여 용암포는 러시아의 조차지가 아닌 개항지가 되었다. 이로 인해 러시아와 일본 간의 대립이 격화하였으며, 이듬해 러·일 전쟁이 발발하였다(1904).

02 | 러·일 전쟁 기간의 사실   정답 ②

자료 분석

포츠머스 조약을 체결 → 러·일 전쟁(1904. 2.~1905. 9.)

러·일 전쟁은 한반도와 만주의 지배권을 두고 러시아와 일본 사이에 1904년 2월부터 1905년 9월까지 전개된 전쟁이다. 러·일 전쟁에서 승리한 일본은 러시아와 1905년 9월 포츠머스 조약을 체결하여, 일본이 대한 제국에서 정치·군사·경제상의 이익을 갖는다는 것을 인정받았다.

정답 해설

② 러·일 전쟁 중인 1905년 2월에 일본은 시마네 현 고시 제40호를 통해 일방적으로 독도를 시마네 현에 불법 편입하였다.

오답 체크

모두 러·일 전쟁(1904. 2.~1905. 9.) 이전의 사실이다.
① 1896년에 고종이 러시아 공사관으로 피신한 아관 파천을 단행하였다.
③ 1897년에 러시아가 저탄소 기지를 설치하기 위해 절영도 조차를 요구하였으나, 독립 협회의 반대로 저지되었다.
④ 1882년에 초기 개화 정책의 일환으로 조·청 상민 수륙 무역 장정을 체결하여 청 상인이 지방관의 허가를 받으면 내지에서도 상행위를 할 수 있게 되었다.
⑤ 1866년에 미국 상선 제너럴셔먼호가 평양에서 통상을 요구하며 횡포를 부리자, 평양 관민이 제너럴셔먼호를 불태워 침몰시켰다(제너럴셔먼호 사건).

03 | 제1차 한·일 협약   정답 ①

자료 분석

스티븐스 + 대한 제국의 외교 고문 → 제1차 한·일 협약

제1차 한·일 협약은 러·일 전쟁 중 승기를 잡은 일본이 대한 제국과 체결한 조약이다. 제1차 한·일 협약의 체결 결과 대한 제국의 정부 기관에 일본 정부가 추천하는 고문을 두게 하는 고문 정치가 실시되었다. 이에 따라 재정 고문으로 메가타가, 외교 고문으로는 스티븐스가 파견되었다. 한편 장인환과 전명운이 미국 샌프란시스코에서 대한 제국의 외교 고문으로 파견되었던 친일 인사인 미국인 스티븐스를 사살하였다.

정답 해설

① 제1차 한·일 협약의 결과로 일본 정부가 추천하는 고문을 두게 하는 고문 정치가 실시되었으며, 대한 제국에 재정 고문으로 메가타, 외교 고문으로 스티븐스가 파견되었다.

오답 체크

② 일본이 청·일 전쟁의 결과 체결된 시모노세키 조약으로 청으로부터 요동 반도를 받게 되자, 러시아, 프랑스, 독일이 일본에 요동 반도의 반환을 요구한 삼국 간섭이 발생하였다.
③ 일제가 조선 총독 암살 미수 사건을 조작하여 독립운동가들을 감옥에 가둔 105인 사건을 계기로 신민회가 해체되었다.
④ 영국이 러시아의 남하를 견제하기 위해 거문도를 불법 점령하였다.
⑤ 고종이 을미사변으로 신변의 위협을 느끼고 러시아 공사관으로 거처를 옮겼다(아관 파천).

04 | 을사늑약   정답 ④

자료 분석

외교권을 박탈당함 → 을사늑약

을사늑약(제2차 한·일 협약)은 1905년 11월에 이토 히로부미가 고종의 동의 없이 덕수궁 중명전에서 강제로 체결한 조약으로, 이로 인해 대한제국의 외교권이 박탈되었다.

정답 해설

④ 을사늑약의 체결 결과 대한 제국의 외교권이 박탈되었으며, 통감부가 설치되고 이토 히로부미가 초대 통감의 자리에 올랐다.

오답 체크

① 한·일 의정서, 제1차 한·일 협약: 각각 러·일 전쟁(1904. 2.~1905. 9.) 중인 1904년 2월과 1904년 8월에 체결되었다.
② 조·미 수호 통상 조약: 한 나라가 제3국에 부여하고 있는 가장 유리한 조건을 상대국에도 자동으로 부여하는 최혜국 대우를 최초로 규정하였다.
③ 조·프 수호 통상 조약: 천주교 포교를 허용하는 근거가 되었다.
⑤ 제1차 한·일 협약: 일본 정부가 추천한 스티븐스가 외교 고문으로 파견되는 배경이 되었다.

05 국권 피탈 과정

05
(가), (나) 사이의 시기에 있었던 사실로 옳은 것은? [2점] 67회 36번

(가) 두 달 전 체결된 협약에 따라 메가타가 탁지부의 재정 고문으로 온다는군. / 일본이 우리 정부의 재정권을 침해하려는 의도인 것 같네.

(나) 지난달 군대를 해산한다는 조칙이 발표된 이후 군인들의 반발이 계속되고 있다는군. / 들었네. 일부는 의병에 합류하여 일본에 저항하는 활동을 전개한다고 하네.

① 데라우치가 초대 총독으로 부임하였다.
② 13도 창의군이 서울 진공 작전을 전개하였다.
③ 기유각서를 통해 일제에 사법권을 박탈당하였다.
④ 상권 수호를 위해 황국 중앙 총상회가 조직되었다.
⑤ 헤이그에서 열린 만국 평화 회의에 특사가 파견되었다.

06
다음 글이 작성된 시기를 연표에서 옳게 고른 것은? [2점] 65회 32번

전보 제 ○○○호

발신인: 외무대신 하야시
수신인: 통감 이토

네덜란드에 파견된 전권대사 쓰즈키가 보낸 전보 내용임. 한국인 3명이 이곳에 머물면서 평화 회의의 위원 대우를 받고자 진력하고 있다고 함. 그들은 오늘 아침 러시아 수석 위원 넬리도프를 방문하려 했는데, 넬리도프는 네덜란드 정부로부터 평화 회의 위원으로 확인되지 않는 자는 만나지 않겠다고 함. 이들은 일본이 한국에 시행한 정책에 대해 항의서를 인쇄하여 각국 수석 위원(단, 영국 위원은 제외한 것으로 보임)에게도 보냈다고 함.

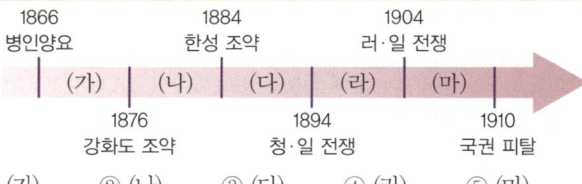

1866 병인양요 — (가) — 1876 강화도 조약 — (나) — 1884 한성 조약 — (다) — 1894 청·일 전쟁 — (라) — 1904 러·일 전쟁 — (마) — 1910 국권 피탈

① (가) ② (나) ③ (다) ④ (라) ⑤ (마)

07
다음 대화에 나타난 사건 이후의 사실로 옳은 것은? [3점] 69회 34번

며칠 전 황제 폐하께서 황태자 전하께 대리를 명하는 조칙을 내리셨다는 소식을 들었는가?

들었네. 그 다음 날 일본 군대의 삼엄한 경계 속에서 양위식이 거행되어 대리가 아니라 사실상 황제께서 퇴위당하신 셈이지.

① 신식 군대인 별기군이 창설되었다.
② 묄렌도르프가 외교 고문으로 파견되었다.
③ 초대 통감으로 이토 히로부미가 부임하였다.
④ 기유각서가 체결되어 사법권을 박탈당하였다.
⑤ 관민 공동회가 개최되어 헌의 6조를 결의하였다.

08
다음 조약이 체결된 이후의 사실로 옳은 것은? [3점] 35회 40번

제1조 한국 정부는 시정 개선에 관해 통감의 지도를 받을 것.
제2조 한국 정부의 법령 제정 및 중요한 행정상 처분은 미리 통감의 승인을 거칠 것.
⋮
제5조 한국 정부는 통감이 추천하는 일본인을 한국 관리에 임명할 것.

① 이만손 등이 영남 만인소를 올렸다.
② 최익현이 태인에서 의병을 일으켰다.
③ 독립 협회가 만민 공동회를 개최하였다.
④ 민영환이 조약 체결에 항거하여 순국하였다.
⑤ 13도 연합 의병이 서울 진공 작전을 전개하였다.

05 | 제1차 한·일 협약과 한·일 신협약 체결 사이의 사실   정답 ⑤

자료 분석

(가) 메가타 + 재정 고문 → 제1차 한·일 협약(1904. 8.)
(나) 군대를 해산한다는 조칙 → 한·일 신협약(정미 7조약, 1907. 7.)

(가) 제1차 한·일 협약은 러·일 전쟁에서 전세가 유리해진 일본과 체결한 조약으로, 재정 고문을 두도록 하는 조항을 담고 있다. 이에 따라 재정 고문으로 메가타가 부임하였다.
(나) 한·일 신협약은 고종의 뒤를 이어 즉위한 순종을 압박하여 체결한 조약으로, 일제는 부속 밀약을 통해 대한 제국의 군대를 강제로 해산하였다.

정답 해설

⑤ 고종은 을사늑약의 부당함을 알리기 위해 1907년 네덜란드 헤이그에서 열린 만국 평화 회의에 특사를 파견하였다.

오답 체크

① (나) 이후: 1910년 한·일 병합 조약의 결과 초대 총독으로 데라우치가 부임하였다.
② (나) 이후: 1908년 13도 창의군이 서울 진공 작전을 전개하였다.
③ (나) 이후: 1909년 일제의 강요로 조인된 기유각서로 일제에 대한 제국의 사법권을 박탈당하였다.
④ (가) 이전: 1898년 시전 상인들이 황국 중앙 총상회를 조직하고 외국 상인들의 상업 활동 중단을 요구하는 운동을 전개하였다.

빈출 개념 | 국권 피탈 과정에 체결된 조약

한·일 의정서(1904. 2.)	일본이 대한 제국의 군사적 요지와 시설 이용 가능
제1차 한·일 협약(1904. 8.)	외교, 재정 분야에서 고문 정치 실시
을사늑약(1905. 11.)	통감부 설치, 외교권 박탈
한·일 신협약(1907)	통감의 권한 강화, 부속 밀약 통해 차관 정치 실시 및 대한 제국 군대 강제 해산

06 | 헤이그 특사 파견 시기   정답 ⑤

자료 분석

네덜란드 + 한국인 3명 + 평화 회의 → 헤이그 특사 파견(1907)

일본은 을사늑약(제2차 한·일 협약, 1905)을 체결하여 대한 제국의 외교권을 박탈하였다. 이에 고종은 을사늑약의 부당성을 세계에 알리기 위해 한국인 3명(이상설, 이준, 이위종)을 네덜란드 헤이그에서 열린 만국 평화 회의에 특사로 파견하였다. 그러나 일본의 방해로 큰 성과를 거두지는 못하였고, 일본은 헤이그 특사 파견을 구실로 고종을 강제 퇴위시켰다.

정답 해설

⑤ 러·일 전쟁(1904) 이후 을사늑약으로 대한 제국의 외교권이 박탈되고 통감부가 설치되자, 1907년에 고종은 을사늑약의 부당함을 알리기 위해 네덜란드 헤이그에서 열린 만국 평화 회의에 특사를 파견하였다.

07 | 고종의 강제 퇴위 이후의 사실   정답 ④

자료 분석

양위식이 거행 + 황제께서 퇴위당하신 셈
→ 고종의 강제 퇴위(1907)

고종이 을사늑약의 부당성을 세계에 알리기 위해 네덜란드 헤이그에서 열린 만국 평화 회의에 이상설, 이준, 이위종을 특사로 파견하였다. 그러나 일본의 방해로 큰 성과를 거두지는 못하였고, 일본은 헤이그 특사 파견을 구실로 고종을 강제 퇴위시키고, 순종을 즉위시켰다(1907).

정답 해설

④ 고종의 강제 퇴위(1907) 이후인 1909년에 기유각서가 체결되어 대한 제국은 일제에 의해 사법권을 박탈당하였다.

오답 체크

① 1881년에 신식 군대인 별기군이 창설되어 근대적인 군사 훈련이 실시되었다.
② 1882년에 임오군란의 결과로 묄렌도르프가 외교 고문으로 파견되었다.
③ 1906년에 을사늑약의 체결 결과로 통감부가 설치되고 초대 통감으로 이토 히로부미가 부임하였다.
⑤ 1898년에 독립 협회가 관민 공동회를 개최하고 헌의 6조를 결의하였다.

08 | 한·일 신협약 이후의 사실   정답 ⑤

자료 분석

통감의 승인을 거침 + 일본인을 한국 관리에 임명
→ 한·일 신협약(1907)

일본은 헤이그 특사 파견을 구실로 고종을 강제 퇴위시키고, 순종을 압박하여 한·일 신협약을 강제로 체결하였다(1907). 한·일 신협약은 통감의 권한을 강화하는 것을 주요 내용으로 하였으며, 부속 밀약을 통해 정부의 주요 부서에 일본인 차관을 임명하고 대한 제국의 군대도 해산시켰다.

정답 해설

⑤ 한·일 신협약 체결(1907) 이후 일어난 정미의병 때 13도 연합 의병(창의군)이 서울 진공 작전을 전개하였다(1908).

오답 체크

① 1881년에 이만손 등이 영남 만인소를 통해 『조선책략』의 유포와 미국과의 통상 수교에 반대하였다.
② 1906년에 최익현이 을사늑약(1905)에 저항하며 태인 지역에서 의병장으로 활약하였다.
③ 1898년에 독립 협회가 만민 공동회를 개최하여 민권 신장을 추구하였다.
④ 1905년에 민영환이 을사늑약 체결에 항거하며 자결하였다.

빈출 개념 | 한·일 신협약(정미 7조약)

체결	일본이 고종을 강제 퇴위시킨 이후 순종의 동의 없이 체결
내용	• 통감의 권한 강화 • 부속 밀약을 통해 일본인 차관 파견, 대한 제국 군대 해산

05 국권 피탈 과정

09 58회 31번

다음 상황이 전개된 배경으로 옳은 것은? [2점]

> 박승환은 병대(兵隊)에 대한 해산 소식을 듣고 통곡하며 부하들에게 말하기를, "이제 국가가 망하였는데도 일본인 하나를 죽이지 못하였으니 죽어도 그 죄를 씻지 못할 것이다. 나는 차마 제군들이 병대를 떠나도록 놓아둘 수 없다. 차라리 내가 죽고 말겠다."라고 하면서 결국 자결하였다.

① 정미 7조약이 체결되었다.
② 일제가 105인 사건을 조작하였다.
③ 초대 총독으로 데라우치가 부임하였다.
④ 기유각서가 일제의 강압에 의해 조인되었다.
⑤ 일진회가 한·일 합방을 촉구하는 성명을 발표하였다.

10 74회 32번

다음 가상 대화 이후에 전개된 사실로 옳은 것은? [2점]

① 최익현이 태인에서 의병을 일으켰다.
② 일본이 독도를 불법적으로 편입하였다.
③ 스티븐스가 외교 고문으로 부임하였다.
④ 13도 창의군이 서울 진공 작전을 전개하였다.
⑤ 유인석이 이끄는 부대가 충주성을 점령하였다.

11 55회 35번

(가)~(다) 학생이 발표한 내용을 일어난 순서대로 옳게 나열한 것은? [2점]

① (가) - (나) - (다)
② (가) - (다) - (나)
③ (나) - (가) - (다)
④ (나) - (다) - (가)
⑤ (다) - (나) - (가)

12 75회 31번

(가) 인물에 대한 설명으로 옳은 것은? [3점]

① 고종의 밀지를 받아 독립 의군부를 조직하였다.
② 도쿄에서 일왕이 탄 마차를 향해 폭탄을 던졌다.
③ 을사늑약이 체결되자 태인에서 의병을 일으켰다.
④ 명동 성당 앞에서 이완용을 습격하여 중상을 입혔다.
⑤ 13도 창의군을 지휘하여 서울 진공 작전을 전개하였다.

09 대한 제국 군대 해산의 배경
정답 ①

자료 분석

병대(兵隊)에 대한 해산 소식 → 대한 제국 군대 해산

일본은 헤이그 특사 파견을 구실로 고종을 강제 퇴위시키고, 이후 즉위한 순종을 압박하여 정미 7조약(한·일 신협약, 1907) 체결을 강요하였다. 그리고 그 부속 밀약을 통해 대한 제국의 군대를 강제로 해산하였다(1907).

정답 해설

① 1907년에 일본의 강요로 정미 7조약(한·일 신협약)이 체결되었으며, 그 부속 밀약으로 대한 제국의 군대가 강제로 해산되었다.

오답 체크

② 일제는 민족 운동 지도자들을 탄압하기 위해 105인 사건을 조작하였고, 이로 인해 신민회가 와해하였다.
③ 한·일 병합 조약의 결과 초대 총독으로 데라우치가 부임하였다.
④ 일제의 강압으로 조인된 기유각서로 대한 제국의 사법권이 박탈되었다.
⑤ 친일 단체인 일진회는 1909년 한·일 합방을 촉구하는 성명서를 발표하였으며, 1년 뒤인 1910년에 일본에 의해 대한 제국의 국권이 피탈되었다.

10 한·일 신협약 이후의 사실
정답 ④

자료 분석

군대 해산 명령 → 한·일 신협약(1907)

일본은 헤이그 특사 파견을 구실로 고종을 강제 퇴위시키고 한·일 신협약을 체결하였다(1907). 또한 그 부속 밀약을 통해 대한 제국의 군대를 강제로 해산하였다.

정답 해설

④ 한·일 신협약 체결(1907) 이후인 1908년에 이인영을 총대장, 허위를 군사장으로 하는 전국 의병 연합 부대인 13도 창의군이 서울 진공 작전을 전개하였으나 실패하였다.

오답 체크

모두 한·일 신협약(1907) 이전의 사실이다.
① 1906년에 최익현이 을사늑약 체결에 반발하여 태인에서 의병을 일으켰다(을사의병).
② 1905년에 일본은 러시아와의 전쟁 중 독도를 시마네 현에 불법적으로 편입하였다.
③ 1904년에 제1차 한·일 협약의 결과로 스티븐스가 대한 제국의 외교 고문으로 부임하였다.
⑤ 1896년에 유인석이 을미사변과 단발령 시행에 반발하여 의병을 일으켰으며, 그가 이끄는 부대가 충주성을 점령하였다(을미의병).

11 항일 의병 운동
정답 ③

자료 분석

(가) 을사늑약 체결에 반대 + 최익현, 신돌석 → 을사의병(1905)
(나) 을미사변과 단발령 시행에 반발 + 유인석, 이소응 → 을미의병(1895)
(다) 13도 창의군 + 서울 진공 작전 → 정미의병(1907)

정답 해설

③ 순서대로 나열하면 (나) 을미의병(1895) – (가) 을사의병(1905) – (다) 정미의병(1907)이다.
(나) 일본이 을미사변을 일으켜 명성 황후를 시해하고 을미개혁으로 단발령이 내려지자, 이에 반발하여 유생 출신 유인석, 이소응 등이 을미의병을 일으켰다(1895).
(가) 일본의 강요로 을사늑약이 체결되어 대한 제국의 외교권이 박탈되고 통감부가 설치되자, 이에 반발하여 을사의병이 일어났다(1905). 이때 유생 의병장 최익현뿐만 아니라 신돌석과 같은 평민 출신 의병장도 크게 활약하였다.
(다) 고종 황제가 강제로 퇴위되고, 한·일 신협약의 부속 밀약에 따라 대한 제국의 군대가 해산되자, 이에 반발하여 정미의병이 일어났다(1907). 이때 이인영과 허위를 중심으로 의병 연합 부대인 13도 창의군이 결성되어 서울 진공 작전(1908)을 펼쳤으나 실패하였다.

12 최익현
정답 ③

자료 분석

지부복궐척화의소 + 왜양 일체론 → 최익현

최익현은 의정척사 운동의 대표적인 인물로, 지부복궐척화의소를 올려 일본과 서양의 실체는 다르지 않다는 왜양 일체론을 주장하며 강화도 조약을 체결하는 데 반대하였다.

정답 해설

③ 최익현은 일본에 의해 을사늑약이 강제로 체결되자 전북 태인에서 의병을 일으켜 을사의병을 주도하였다.

오답 체크

① 임병찬: 고종의 밀지를 받아 독립 의군부를 조직하였으며, 조선 총독부에 국권 반환 요구서를 제출하려 하였다.
② 이봉창: 한인 애국단원으로 활동하며 도쿄에서 일왕이 탄 마차를 향해 폭탄을 던졌으나 실패하였다.
④ 이재명: 명동 성당 앞에서 을사 5적 중 한 명인 이완용을 습격하여 중상을 입혔다.
⑤ 이인영 등: 정미의병 때 연합 의병 부대인 13도 창의군을 지휘하여 서울 진공 작전을 전개하였다.

빈출 개념 | 최익현의 활동

흥선 대원군 집권기	고종의 친정을 요구하는 계유상소 올림 → 흥선 대원군 하야
개항기	강화도 조약의 체결에 반대하며 지부복궐척화의소를 올림 (왜양 일체론 주장)
국권 피탈기	을사늑약에 반발하여 전라도 태인에서 의병을 일으킴

05 국권 피탈 과정

13 65회 33번
다음 의병 부대에 대한 설명으로 옳은 것은? [2점]

> 이인영을 총대장으로 추대하고, 허위를 군사장으로 삼아 …… 각 도에 격문을 전하니 전국에서 불철주야 달려온 지원자들이 만여 명이더라. 이에 서울로 진군하여 국권을 회복하고자 …… 먼저 이인영은 심복을 보내 각국 영사에게 진군의 이유를 상세히 알리며 도움을 요청하고, 각 도의 의병으로 하여금 일제히 진군하게 하였다.

① 「조선혁명선언」을 지침으로 삼았다.
② 이만손이 주도하여 영남 만인소를 올렸다.
③ 상덕태상회를 통하여 군자금을 모집하였다.
④ 일본에 국권 반환 요구서를 제출하고자 하였다.
⑤ 고종의 강제 퇴위와 군대 해산에 반발하여 결성되었다.

14 75회 33번
다음 자료를 작성한 인물에 대한 설명으로 옳은 것은? [1점]

> '동양 평화'와 '한국 독립'에 대한 문제는 이미 세계 모든 나라 사람들이 다 아는 사실이며 당연한 일로 굳게 믿었고, 한국과 청국 사람들의 마음에 깊게 새겨졌다. …… 만일 일본이 지금의 정책을 바꾸지 않고 이웃 나라들을 나날이 억누른다면, 차라리 다른 인종에게 망할지언정 같은 인종에게 욕을 당하지는 않겠다는 생각이 한국과 청국 사람들의 마음에서 용솟음칠 것이다. …… 동양 평화를 위한 의로운 싸움을 하얼빈에서 시작하고, 옳고 그름을 가리는 자리는 뤼순으로 정하였다.

① 샌프란시스코에서 흥사단을 창립하였다.
② 황준헌이 쓴 『조선책략』을 국내에 들여왔다.
③ 초대 통감이었던 이토 히로부미를 사살하였다.
④ 유만수 등과 함께 부민관 폭파 의거를 일으켰다.
⑤ 국권 피탈 과정을 정리한 『한국통사』를 저술하였다.

15 66회 33번
다음 자료를 활용한 탐구 활동으로 가장 적절한 것은? [2점]

> **각국 공관에 보내는 호소문**
> 지금 일본 공사가 우리 외부(外部)에 공문을 보내어 산림, 천택(川澤), 들판, 황무지에 대한 권리를 청구하였습니다. 우리나라 사람들은 이를 이용해 2~3년 걸러 윤작을 해야만 먹고 살 수 있습니다. 그런데 만일 이를 외국인에게 주어버린다면 전국의 강토를 모두 빼앗기게 되며 수많은 사람이 참혹한 빈곤에 빠져 구제할 수 없게 될 것입니다. 일본인들의 침략을 막고 우리 강토를 보전하도록 힘써 주십시오. 1904년 ○○월 ○○일

① 독립문의 건립 과정을 알아본다.
② 보안회의 활동 내용을 파악한다.
③ 조·일 통상 장정의 조항을 검토한다.
④ 화폐 정리 사업이 끼친 영향을 살펴본다.
⑤ 황국 중앙 총상회가 조직된 목적을 분석한다.

16 33회 38번
다음 취지서를 발표한 단체의 활동으로 옳은 것은? [2점]

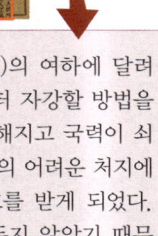

> 나라의 독립은 오직 자강(自强)의 여하에 달려 있을 뿐이다. 우리나라가 예전부터 자강할 방법을 배우지 않아 인민이 저절로 우매해지고 국력이 쇠퇴의 길로 나아가, 마침내 오늘날의 어려운 처지에 이르러 끝내는 다른 나라의 보호를 받게 되었다. 이는 모두 자강할 방법에 뜻을 두지 않았기 때문이다. 이러함에도 불구하고 완고함과 게으름으로 말미암아 자강의 방도에 힘쓸 생각을 하지 않으면 끝내는 멸망에 다다를 뿐이니 ……

① 고종의 강제 퇴위 반대 운동을 전개하였다.
② 중추원 개편을 통한 의회 설립을 추진하였다.
③ 가갸날을 제정하고 기관지인 『한글』을 발행하였다.
④ 일본의 토지 약탈을 막고자 농광 회사를 설립하였다.
⑤ 대성 학교와 오산 학교를 세워 민족 교육을 실시하였다.

13 | 13도 창의군   정답 ⑤

자료 분석

> 이인영을 총대장으로 추대 + 서울로 진군 → 13도 창의군
>
> 13도 창의군은 이인영을 총대장, 허위를 군사장으로 하는 전국 의병 연합 부대로, 이들은 각국 영사관에 13도 창의군을 국제법상의 교전 단체로 승인해 줄 것을 요구하였다. 또한 서울에 주둔한 일본군을 물리치기 위해 양주에 집결하여 서울 진공 작전(1908)을 전개하였으나, 결국 실패하였다.

정답 해설

⑤ 일본이 고종을 강제 퇴위시키고 대한 제국의 군대를 강제로 해산시킨 것이 원인이 되어 정미의병(1907)이 일어났다. 이때 이인영과 허위를 중심으로 의병 연합 부대인 13도 창의군이 결성되어 서울 진공 작전(1908)을 전개하였다.

오답 체크

① 의열단: 신채호가 저술한 『조선혁명선언』을 활동 지침으로 삼았다.
② 미국과의 외교를 주장하는 내용을 담은 『조선책략』이 유포되자, 이만손을 중심으로 한 영남 지역의 유생들이 개화 정책과 미국과의 수교를 반대하는 내용의 영남 만인소를 올렸다.
③ 대한 광복회: 대구에 설치한 비밀 연락 거점인 상덕태상회를 통하여 군자금을 모집하였다.
④ 독립 의군부: 조선 총독부와 일본 정부에 국권 반환 요구서를 제출하고자 하였다.

14 | 안중근   정답 ③

자료 분석

> 동양 평화 + 하얼빈 + 뤼순 → 안중근
>
> 안중근은 대한 제국 말에 활동한 독립운동가로, 만주 하얼빈역에서 초대 통감인 이토 히로부미를 사살하였다. 안중근은 이토 히로부미를 사살한 직후 뤼순 감옥에 수감되었으며 감옥에서 한·중·일 삼국의 협력과 평화를 구상한 『동양평화론』을 저술하던 중 순국하였다.

정답 해설

③ 안중근은 만주 하얼빈역에서 초대 통감이자 을사늑약 체결에 앞장선 인물인 이토 히로부미를 사살하였다.

오답 체크

① 안창호: 샌프란시스코에서 재미 한인을 중심으로 흥사단을 창립하여 실력 양성 운동과 독립운동을 전개하였다.
② 김홍집: 강화도 조약 체결 이후 제2차 수신사로 일본에 파견되었다가 황준헌이 쓴 『조선책략』을 국내에 들여왔다.
④ 조문기: 대한 애국 청년당의 단원으로, 유만수 등과 함께 부민관 폭파 의거를 일으켰다.
⑤ 박은식: 일본의 침략과 국권 피탈 과정을 서술한 역사서인 『한국통사』를 저술하였다.

15 | 황무지 개간권 요구 반대 운동   정답 ②

자료 분석

> 일본 + 황무지에 대한 권리를 청구 + 우리의 강토를 보전함 → 황무지 개간권 요구 반대 운동
>
> 일본은 러·일 전쟁 중 전세가 일본에 유리해지자, 국가와 황실 소유의 황무지에 대한 개간권을 요구하였다. 일본이 황무지 개간권을 구실로 토지를 약탈하려 하자, 송수만 등은 보안회를 조직하고 집회를 열어 반대 운동을 전개하여 일본의 황무지 개간권 요구를 철회시켰다.

정답 해설

② 일본이 황무지 개간권을 요구하자, 보안회는 반대 운동을 전개하여 일본의 요구를 저지하였다.

오답 체크

① 독립 협회는 독립 의식을 고취시키기 위해 청의 사신을 맞이하던 영은문을 헐고 그 자리에 독립문을 건립하였다.
③ 조선은 1883년에 곡물 수출을 금지하는 방곡령 시행에 대한 규정을 명시한 조·일 통상 장정 개정을 체결하였다. 이후 함경도와 황해도에서 방곡령을 선포하였으나, 일본은 방곡령 시행 1개월 전에 일본 영사관에 통보해야 한다는 방곡령 규정을 어겼다고 주장하며 조선에 방곡령 철폐와 배상금을 요구하였다.
④ 대한 제국의 재정 고문이었던 메가타가 주도한 화폐 정리 사업의 결과로 국내 상공업자들은 큰 타격을 입었고, 일본의 경제적 영향력이 강화되었다.
⑤ 시전 상인들은 외국인의 상권 침탈을 막고 국내 상인의 권익을 보호하기 위해 황국 중앙 총상회를 조직하고 상권 수호 운동을 전개하였다.

16 | 대한 자강회   정답 ①

자료 분석

> 나라의 독립은 오직 자강의 여하에 달려있음 → 대한 자강회
>
> 대한 자강회는 장지연 등이 조직한 애국 계몽 운동 단체로, 교육과 산업의 진흥을 통한 실력 양성(자강)을 목표로 삼아 활동하였다. 대한 자강회는 전국에 지회를 설치하였고, 교육 진흥·산업 개발의 필요성을 알리기 위해 월보를 간행하였으며 강연회 개최 등을 통해 국권 회복 운동을 전개하였다.

정답 해설

① 대한 자강회는 고종 강제 퇴위 반대 운동을 전개하다가 일본의 탄압을 받아 해산되었다.

오답 체크

② 독립 협회: 국왕의 자문 기구인 중추원 개편을 통해 의회의 설립을 추진하였다.
③ 조선어 연구회: 가갸날(한글날)을 제정하고, 기관지인 『한글』을 발행하였다.
④ 일부 민간 실업인과 관리들이 일본의 토지 약탈을 막기 위해 농광 회사를 설립하였다.
⑤ 신민회: 평양에 대성 학교를, 정주에 오산 학교를 세워 민족 교육을 실시하였다.

05 국권 피탈 과정

17 빈출
68회 36번

(가) 단체에 대한 설명으로 옳은 것은? [2점]

이 자료는 (가) 의 활동 목적이 잘 드러나 있는 통용 장정의 일부입니다. (가) 은/는 안창호와 양기탁 등이 중심이 된 비밀 결사로 태극 서관을 설립하여 회원들의 연락 장소로 사용하였습니다.

이 자료에 대해 말씀해 주시겠습니까?

본회의 목적은 ……
쇠퇴한 교육과 산업을 개량하고
사업을 유신시켜
유신된 국민이 통일 연합해서
유신이 된 자유 문명국을 성립시킨다.

① 복벽주의를 표방하였다.
② 13도 창의군을 결성하였다.
③ 일제의 황무지 개간권 요구를 저지하였다.
④ 근대 교육을 위해 배재 학당을 설립하였다.
⑤ 일제가 조작한 105인 사건으로 해체되었다.

19
75회 32번

㉠~㉤에 대한 설명으로 옳은 것은? [2점]

이준 연보

1859년 함경도 북청에서 출생
1895년 법관 양성소 졸업
1898년 ㉠ 독립 협회 가입
1904년 ㉡ 보안회 조직
　　　　일제의 압력으로 황해도 철도(鐵島)로 유배
1905년 ㉢ 헌정 연구회 조직
1906년 ㉣ 대한 자강회 조직
1907년 ㉤ 신민회 가입
　　　　네덜란드 헤이그 만국 평화 회의에 특사로 파견, 사망
1962년 건국훈장 대한민국장 추서

① ㉠ - 고종 강제 퇴위 반대 운동을 전개하였다.
② ㉡ - 일제의 황무지 개간권 요구를 저지시켰다.
③ ㉢ - 일제가 조작한 105인 사건으로 와해되었다.
④ ㉣ - 대성 학교를 설립하여 민족 교육을 실시하였다.
⑤ ㉤ - 조소앙의 삼균주의를 기초로 건국 강령을 발표하였다.

18
61회 36번

밑줄 그은 '이 단체'에 대한 설명으로 옳은 것은? [2점]

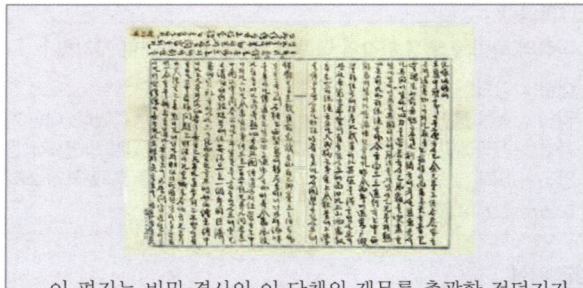

이 편지는 비밀 결사인 이 단체의 재무를 총괄한 전덕기가 안창호에게 보낸 것이다. 105인 사건으로 이 단체의 주요 회원인 양기탁, 이승훈 등이 형을 선고받은 사실과 대성 학교가 재정적으로 어려움을 겪고 있는 상황 등을 전하고 있다.

① 정우회 선언의 영향으로 결성되었다.
② 「조선혁명선언」을 활동 지침으로 삼았다.
③ 일제의 황무지 개간권 요구를 저지하였다.
④ 중추원 개편을 통해 의회 설립을 추진하였다.
⑤ 계몽 서적의 보급을 위해 태극 서관을 운영하였다.

20
47회 38번

다음 방송에서 소개하는 인물에 대한 설명으로 옳은 것은? [2점]

이곳은 도산 ○○○ 기념관입니다. 이 인물에 대해 알고 있는 사실을 올려 주세요.

대화창
- 신민회 결성을 주도했어요.
- 서북 학회를 조직했어요.
- 흥사단을 창설했어요.

① 국문 연구소의 위원으로서 국문 연구에 힘썼다.
② 대성 학교를 설립하여 민족 교육을 실시하였다.
③ 도쿄에서 일왕이 탄 마차를 향해 폭탄을 던졌다.
④ 『한국독립운동지혈사』에서 독립 투쟁을 서술하였다.
⑤ 13도 창의군을 이끌고 서울 진공 작전을 전개하였다.

17 | 신민회 정답 ⑤

자료 분석
안창호와 양기탁 등이 중심이 된 비밀 결사 + 태극 서관 → 신민회

신민회는 실력 양성을 통한 국권 회복과 공화 정치 체제의 국민 국가 건설을 목표로 삼은 근대의 애국 계몽 운동 단체로, 안창호, 양기탁 등이 비밀 결사의 형태로 조직하였다. 이들은 신지식 보급과 민족 의식 고취를 위해 서점인 태극 서관을 설립하였으며, 평양에 대성 학교, 정주에 오산 학교를 세워 민족 교육을 추진하였다.

정답 해설
⑤ 신민회는 일제가 민족 운동을 탄압하기 위해 조작한 105인 사건으로 신민회 인사 다수가 체포되면서 해체되었다.

오답 체크
① 독립 의군부: 일제 강점기에 임병찬이 고종의 밀지를 받아 조직한 비밀 결사 단체로, 복벽주의를 표방하며 의병 전쟁을 준비하였다.
② 정미의병: 총대장 이인영, 군사장 허위를 중심으로 13도 창의군을 결성하였다.
③ 보안회: 근대의 애국 계몽 운동 단체로, 경제적 구국 운동을 전개하여 일제의 황무지 개간권 요구를 저지하였다.
④ 개신교: 근대 교육을 위해 사립 학교인 배재 학당을 설립하였다.

18 | 신민회 정답 ⑤

자료 분석
비밀 결사 + 105인 사건 + 대성 학교 → 신민회

신민회는 실력 양성을 통한 국권 회복과 공화 정치 체제의 국민 국가 건설을 목표로 삼은 근대의 애국 계몽 운동 단체이다. 이승훈, 양기탁 등의 주도 아래 각계각층의 인사들이 참여하였으며, 통감부의 탄압을 피해 비밀 결사의 형태로 조직되었다. 이들은 평양에 대성 학교, 정주에 오산 학교를 세워 민족 교육을 추진하였다. 그러나 일제가 조작한 105인 사건으로 와해되었다.

정답 해설
⑤ 신민회는 계몽 서적의 보급을 위해 태극 서관을 운영하였다.

오답 체크
① 신간회: 사회주의 단체인 정우회가 민족주의 세력과의 연대를 주장한 정우회 선언의 영향으로 결성되었다.
② 의열단: 신채호가 작성한 「조선혁명선언」을 활동 지침으로 삼았다.
③ 보안회: 일제의 황무지 개간권 요구를 저지하기 위한 운동을 펼쳐 이를 철회시켰다.
④ 독립 협회: 중추원 개편을 통한 의회 설립 운동을 추진하였으나, 실패하고 강제 해산되었다.

빈출 개념 | 신민회

목표	• 실력 양성을 통한 국권 회복 • 공화 정치 체제의 근대 국가 수립
활동	• 오산 학교(정주)·대성 학교(평양) 설립, 태극 서관 운영 • 만주 삼원보에 신흥 강습소 설립 등
해산	일제가 조작한 105인 사건으로 와해

19 | 근대의 주요 단체 정답 ②

자료 분석
독립 협회 + 보안회 + 헌정 연구회 + 대한 자강회 + 신민회 → 근대의 주요 단체

근대에는 다양한 단체들이 많이 조직되었다. 자주 독립 국가 건설을 목표로 창립된 독립 협회를 시작으로 일본의 황무지 개간권 요구를 저지하기 위한 운동을 펼친 보안회가 설립되었다. 이후 국권 회복 운동을 전개한 헌정 연구회, 헌정 연구회를 확대·개편한 대한 자강회, 안창호, 양기탁 등을 지도부로 하여 조직된 비밀 결사 단체인 신민회 등이 대표적이다.

정답 해설
② 보안회는 일제의 황무지 개간권 요구에 반대하는 운동을 전개하여 일본의 요구를 철회시켰다.

오답 체크
① 대한 자강회: 애국 계몽 운동 단체로, 일제가 헤이그 특사 파견을 구실로 고종을 강제로 퇴위시키자 이에 반대하는 운동을 전개하다 보안법에 의해 해산되었다.
③, ④ 신민회: 비밀 결사로 조직된 애국 계몽 운동 단체로, 평양에 대성 학교를 설립하여 민족 교육을 실시하였다. 그러나 일제가 데라우치 총독 암살 사건을 조작하여 신민회 회원들과 독립운동가들을 체포한 105인 사건으로 와해되었다.
⑤ 대한민국 임시 정부: 3·1 운동 이후 조직적인 독립운동을 추진하고자 수립된 통합 임시 정부로, 조소앙의 삼균주의를 기초로 건국 강령을 발표하였다.

20 | 안창호 정답 ②

자료 분석
도산 + 신민회 + 흥사단 → 안창호

도산 안창호는 항일 민족 운동가로, 1907년에 양기탁 등과 함께 비밀 결사인 신민회를 조직하였다. 그러나 국권 피탈 이후 105인 사건으로 신민회가 해산되자 미국으로 건너가 1913년에 샌프란시스코에서 흥사단을 설립하고 인재 양성과 민족 교육에 힘썼다.

정답 해설
② 안창호는 평양에 대성 학교를 설립하고 민족 교육을 실시하였다.

오답 체크
① 주시경: 대한 제국 학부 내에 설치된 국문 연구소의 위원으로, 국문 연구에 힘썼다.
③ 이봉창: 한인 애국단의 단원으로, 일본 도쿄에서 일왕의 마차에 폭탄을 투척하였으나 처단에는 실패하였다.
④ 박은식: 민족주의 사학자로, 『한국독립운동지혈사』에서 갑신정변부터 3·1 운동까지의 역사를 서술하였다.
⑤ 이인영, 허위: 정미의병 때 13도 창의군의 총대장과 군사장으로, 서울 진공 작전을 전개하였다.

06 근대의 경제와 문화

01
73회 32번
다음 상황의 배경으로 가장 적절한 것은? [3점]

역사 신문
제△△호 ○○○○년 ○○월 ○○일

시전 상인, 외국 상인의 퇴거를 요구하다

며칠 전 시전 상인 수백 명이 가게 문을 닫고 외아문(통리교섭 통상사무아문) 앞에서 연좌시위를 시작하였다. 시전 상인들은 몇 해 전부터 외국 상인의 한성 침투로 인해 입는 피해가 크다는 점을 주장하며 퇴거를 요구하였다. 향후 정부가 이 문제를 어떻게 해결해 나갈 것인지 귀추가 주목된다.

① 동양 척식 주식회사가 설립되었다.
② 일제가 황무지 개간권을 요구하였다.
③ 조·청 상민 수륙 무역 장정이 체결되었다.
④ 메가타의 주도로 화폐 정리 사업이 시행되었다.
⑤ 회사 설립을 허가제로 하는 회사령이 공포되었다.

02
52회 34번
(가)~(마)에 들어갈 내용으로 옳지 않은 것은? [2점]

〈 청·일 전쟁 이후 열강이 침탈한 이권 〉

국가	사례
독일	(가)
일본	(나)
미국	(다)
러시아	(라)
프랑스	(마)

① (가) - 당현 금광 채굴권
② (나) - 경부선 철도 부설권
③ (다) - 운산 금광 채굴권
④ (라) - 울릉도 삼림 채벌권
⑤ (마) - 경인선 철도 부설권

03
71회 35번
밑줄 그은 '사업'에 대한 탐구 활동으로 가장 적절한 것은? [2점]

화폐로 보는 한국사

백동화(白銅貨)는 전환국에서 발행한 액면가 2전 5푼의 동전이다. 당시 재정 궁핍으로 본위 화폐인 은화는 거의 주조되지 않았고, 보조 화폐인 백동화가 주로 제조되어 사용되었다. 러·일 전쟁 중에 재정 고문으로 임명된 메가타 다네타로의 주도하에 전환국을 폐지하고 백동화와 엽전을 일본 제일은행권으로 교환하는 <u>사업</u>을 추진하면서, 백동화의 발행이 중단되었다.

① 군국기무처의 활동을 조사한다.
② 당오전이 발행된 배경을 파악한다.
③ 삼국 간섭이 발생한 원인을 분석한다.
④ 대한 광복회가 결성된 목적을 살펴본다.
⑤ 제1차 한·일 협약 체결의 영향을 알아본다.

04
57회 34번
다음 자료를 활용한 탐구 활동으로 가장 적절한 것은? [2점]

이달 20일, 함경도 관찰사로부터 보고를 받았는데, 그 내용은 다음과 같습니다.
"큰 수해를 당하여 조만간 여러 곡식의 피해가 클 듯한데, 콩 등은 더욱 심하여 모두 흉작이 될 것이라고 고하고 있으니, 궁핍하여 식량난을 겪을 것이 장차 불을 보듯 훤합니다. 도내(道內)의 쌀과 콩 등의 곡물에 대해서는 내년 가을걷이할 때까지를 기한으로 삼아 잠정적으로 유출을 금지하여 백성들의 식량 사정을 넉넉하게 하는 것이 마땅할까 합니다. 바라건대 통촉하시어 유출 금지 시행 1개월 전까지 일본 공사에게 알리시어, 일본의 상민들이 일체 준수하게 해주십시오."

① 화폐 정리 사업의 결과를 분석한다.
② 산미 증식 계획의 실상을 조사한다.
③ 조·일 통상 장정 체결의 영향을 살펴본다.
④ 토지 조사 사업의 추진 과정을 파악한다.
⑤ 양지아문과 지계아문을 설치한 목적을 알아본다.

● 주제별 출제 비중
*최근 3개년 기준(심화 76~63회)

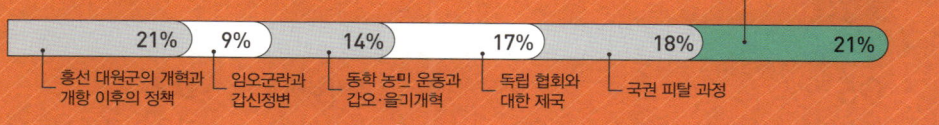

21%	9%	14%	17%	18%	21%
흥선 대원군의 개혁과 개항 이후의 정책	임오군란과 갑신정변	동학 농민 운동과 갑오·을미개혁	독립 협회와 대한 제국	국권 피탈 과정	근대의 경제와 문화

01 | 외국 상인의 한성 침투 배경 정답 ③

자료 분석
외국 상인의 한성 침투로 인해 입는 피해가 크다는 점을 주장 → 외국 상인의 한성 침투

외국 상인의 상권 침탈이 심화되자 한성(서울)의 시전 상인들은 철시(시장 등이 문을 닫고 영업을 하지 않음)를 통해 정부에 항거하였다. 이후 시전 상인들은 외국인의 상권 침탈을 막고 국내 상인의 권익을 보호하기 위해 황국 중앙 총상회를 조직하고 상권 수호 운동을 전개하였다.

정답 해설
③ 조·청 상민 수륙 무역 장정의 체결로 청나라 상인의 내지 통상이 확대되자, 최혜국 대우 조항에 따라 다른 나라 상인들도 내지 통상이 가능하게 되었다. 이로 인해 외국 상인의 활동 범위가 확대됨에 따라 한성의 시전 상인들은 큰 타격을 입게 되었다.

오답 체크
① 1908년에 대한 제국의 토지를 약탈하기 위해 동양 척식 주식회사가 설립되었다.
② 1904년에 일제가 황무지 개간권을 요구하였으나, 보안회가 이를 저지하는 운동을 전개하여 일제의 요구를 철회시켰다.
④ 1905년에 일본인 재정 고문인 메가타의 주도로 화폐 정리 사업이 시행되었다.
⑤ 1910년에 일제는 민족 자본의 성장을 억제하기 위해 회사 설립 시 총독의 허가를 받도록 하는 회사령이 공포되었다.

02 | 청·일 전쟁 이후 열강의 이권 침탈 정답 ⑤

자료 분석
청·일 전쟁 이후 열강이 침탈한 이권

고종이 러시아 공사관으로 피신한 아관 파천 이후 러시아가 조선의 이권을 차지하자, 독일, 미국 등 열강들은 최혜국 대우 조항을 근거로 이권 침탈을 본격화하였다.

정답 해설
⑤ 경인선 철도 부설권은 처음에 미국이 획득하였으나, 미국이 자국으로부터 자금 조달에 실패하자 일본에 넘어갔다.

오답 체크
① 독일은 당현 금광 채굴권을 획득하였다.
② 일본은 경부선 철도 부설권을 획득하였다.
③ 미국은 운산 금광 채굴권을 획득하였다.
④ 러시아는 울릉도 삼림 채벌권을 획득하였다.

03 | 화폐 정리 사업 정답 ⑤

자료 분석
메가타 다네타로 + 백동화 + 일본 제일은행권으로 교환 → 화폐 정리 사업

화폐 정리 사업은 대한 제국의 재정 고문에 취임한 메가타의 주도로 시행되었다. 메가타는 대한 제국에서 통용되던 백동화와 상평통보의 사용을 금지하고, 백동화는 상태에 따라 갑, 을, 병의 3등급으로 구분해 일본 제일은행권 화폐로 바꾸도록 하였다.

정답 해설
⑤ 화폐 정리 사업은 제1차 한·일 협약 체결의 결과 대한 제국의 재정 고문이 된 메가타의 주도로 시행되었다.

오답 체크
① 제1차 갑오개혁을 추진하는 최고 정책 결정 기구로 군국기무처가 설치되었다.
② 조선 정부는 재정난을 해결하기 위해 전환국을 설치하고 당오전을 발행하였다.
③ 일본이 청·일 전쟁의 결과 체결된 시모노세키 조약으로 청으로부터 요동 반도를 받게 되자, 러시아, 프랑스, 독일이 일본에 요동 반도의 반환을 요구한 삼국 간섭이 발생하였다.
④ 대한 광복회는 박상진 등이 의병 계열과 애국 계몽 계열을 통합하여 조직한 단체로, 공화 정체의 국민 국가 수립을 목표로 삼고 활동하였다.

04 | 방곡령 선포 정답 ③

자료 분석
쌀과 콩 등의 곡물 + 유출을 금지함 + 유출 금지 시행 1개월 전까지 일본 공사에게 알림 → 방곡령 선포

개항 이후 일본에 의한 조선의 곡물 유출이 심각해졌다. 조선은 미곡 반출을 막고자 조·일 통상 장정 개정(1883)에 따라 함경도와 황해도에서 방곡령을 선포하였다. 그러나 일본은 방곡령 시행 1개월 전 일본 영사관에 통보해야 한다는 방곡령 규정을 어겼다고 주장하며 조선에 방곡령 철회와 배상금을 요구하였다.

정답 해설
③ 조·일 통상 장정이 개정되면서 식량 공급이 어려울 때 지방관의 직권으로 곡물 유출을 금지할 수 있다는 방곡령 조항이 규정되었고, 이에 따라 함경도와 황해도에서 방곡령을 선포하였다.

오답 체크
① 일본이 실시한 화폐 정리 사업의 결과, 국내 상공업자들이 큰 타격을 입고 금융 기관이 위축되어 일본의 경제적 영향력이 커졌다.
② 일제는 1920년대 산미 증식 계획을 실시하여 쌀 생산량이 목표량에 미달하였음에도 쌀을 목표량만큼 일본으로 반출하였고, 이에 한국의 식량 사정은 더욱 악화하였다.
④ 일제는 1910년대 토지 조사 사업을 추진하며 정해진 기간 내에 서류를 갖추어 신고해야 토지의 소유권을 인정하는 기한부 신고제를 실시하였다.
⑤ 대한 제국은 근대적 토지 소유권 제도를 확립하기 위해 양지아문과 지계아문을 설치하였다.

06 근대의 경제와 문화

05
(가) 운동에 대한 설명으로 옳은 것은? [2점]

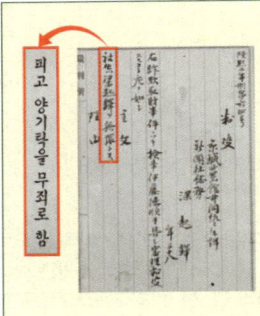

이 자료는 (가) 에 참여한 양기탁에 대한 판결문의 일부이다. 양기탁은 일본에서 들여온 차관을 갚기 위해 일어난 (가) 의 의연금을 횡령하였다는 이유로 기소되었다. 판결문에는 피고인 양기탁이 증거 불충분으로 무죄를 선고 받은 내용이 담겨 있다.

① 대한매일신보의 지원을 받아 확산되었다.
② 조선 총독부의 탄압과 방해로 실패하였다.
③ 백정에 대한 사회적 차별 철폐를 요구하였다.
④ 조선 민립 대학 기성회에서 모금 활동을 주도하였다.
⑤ 일본, 프랑스 등의 노동 단체로부터 격려 전문을 받았다.

07
다음 자료에 나타난 민족 운동에 대한 설명으로 옳은 것은? [1점]

거액의 외채 1,300만 원을 해마다 미루다가 갚지 못할 지경에 이른다면 나라를 보존하기 어려울 것이니, 나라를 보존하지 못하면, 아! 우리 동포는 장차 무엇에 의지하겠습니까? …… 근래에 신문을 접하니, 영남에서 시작하여 서울에 이르기까지 담배를 끊어 나라의 빚을 갚자는 논의가 시작되었고, 발기한 지 며칠이 되지 않아 의연금을 내는 자들이 날마다 이른다 하니, 우리 백성들이 임금에게 충성하고 나라를 사랑하는 마음을 통쾌하게 볼 수 있습니다.

① 조선 총독부의 탄압과 방해로 실패하였다.
② 대한매일신보 등의 지원을 받아 확산되었다.
③ 대한민국 임시 정부가 수립되는 계기가 되었다.
④ 백정에 대한 사회적 차별 철폐를 목적으로 하였다.
⑤ 조선 민립 대학 기성회에서 모금 활동을 전개하였다.

06
(가)에 들어갈 민족 운동에 대한 설명으로 옳은 것은? [2점]

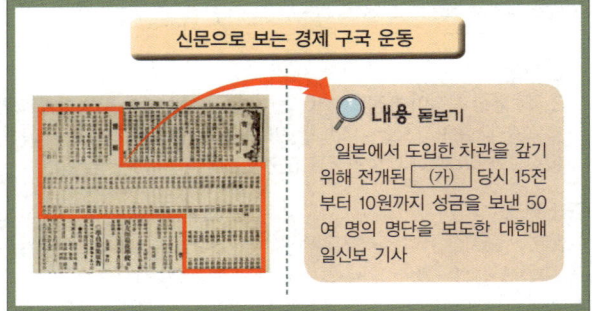

① 회사령 폐지에 영향을 받았다.
② 김광제 등의 발의로 시작되었다.
③ 색동회가 주도적인 역할을 하였다.
④ 민족주의 계열과 사회주의 계열이 함께 준비하였다.
⑤ 중국, 프랑스 등의 노동 단체로부터 격려 전문을 받았다.

08
(가)~(다)를 일어난 순서대로 옳게 나열한 것은? [3점]

① (가) - (나) - (다)   ② (가) - (다) - (나)
③ (나) - (가) - (다)   ④ (나) - (다) - (가)
⑤ (다) - (가) - (나)

05 | 국채 보상 운동   정답 ①

자료 분석

> 양기탁 + 일본에서 들여온 차관을 갚기 위해 일어남
> → 국채 보상 운동
>
> 국채 보상 운동은 일본의 강요로 도입된 차관(빌린 자금) 1,300만 원을 국민의 힘으로 갚아 일본의 경제적 예속에서 벗어나자는 운동으로, 1907년 대구에서 김광제와 서상돈 등의 발의로 시작되었다. 하지만 통감부가 국채 보상 기성회의 간사인 양기탁에게 의연금을 횡령했다는 혐의를 씌워 구속하는 등 탄압을 하면서 국채 보상 운동은 중단되었다.

정답 해설

① 국채 보상 운동은 대한매일신보 등 당시 민족 언론들의 지원을 받아 전국적으로 확산되었으나 통감부의 탄압으로 실패하였다.

오답 체크

②, ④ 민립 대학 설립 운동: 1920년대 초반 이상재, 이승훈 등의 주도로 서울에서 조선 민립 대학 기성회를 조직하여 대학 설립을 위한 모금 활동을 전개했으나, 조선 총독부의 방해와 탄압, 자연재해 등으로 성과를 거두지 못하고 실패하였다.
③ 형평 운동: 진주에서 결성된 조선 형평사를 중심으로 전개된 운동으로, 백정에 대한 사회적 차별 철폐를 요구하였다.
⑤ 원산 총파업: 원산에 위치한 석유 회사의 일본인 감독이 한국인 노동자를 폭행한 사건을 계기로 발생하였으며, 일본과 프랑스 등의 노동 단체로부터 격려 전문을 받았다.

06 | 국채 보상 운동   정답 ②

자료 분석

> 일본에서 도입한 차관을 갚기 위해 전개 + 대한매일신보
> → 국채 보상 운동
>
> 국채 보상 운동은 일본의 강요로 도입된 차관(빌린 자금)을 국민의 힘으로 갚아 일본의 경제적 예속에서 벗어나자는 운동으로, 대한매일신보 등 민족 언론이 적극적으로 참여하면서 전국으로 확산되었으나 통감부의 탄압으로 실패하였다.

정답 해설

② 국채 보상 운동은 1907년 대구에서 김광제 등의 발의로 시작되었다.

오답 체크

① 물산 장려 운동: 회사령 폐지로 일본 기업이 조선 내에 활발하게 진출함에 따라 시작되었다.
③ 소년 운동: 방정환이 중심이 되어 결성한 색동회가 주도적인 역할을 하였다.
④ 6·10 만세 운동: 민족주의 계열과 사회주의 계열이 함께 준비하였으며, 이후 민족 유일당 운동이 일어나는 계기가 되었다.
⑤ 원산 총파업: 원산에 위치한 석유 회사의 일본인 감독이 한국인 노동자를 폭행한 사건을 계기로 발생하였으며, 중국과 프랑스 등의 노동 단체로부터 격려 전문을 받았다.

07 | 국채 보상 운동   정답 ②

자료 분석

> 거액의 외채 1,300만 원 + 의연금 → 국채 보상 운동
>
> 국채 보상 운동은 일본의 강요로 도입된 차관(빌린 자금) 1,300만 원을 국민의 힘으로 갚아 일본의 경제적 예속에서 벗어나자는 운동이다. 이 때 많은 사람들이 금연·금주 등을 통해 의연금을 모금하였으며, 부녀자들은 패물을 보내기도 하였다.

정답 해설

② 국채 보상 운동에는 대한매일신보 등의 민족 언론의 지원을 받아 전국적으로 확산되었다.

오답 체크

①, ⑤ 민립 대학 설립 운동: 1920년대 초반 이상재, 이승훈 등의 주도로 서울에서 조선 민립 대학 기성회가 조직되어 대학 설립을 위한 모금 활동을 전개했으나, 조선 총독부의 방해와 탄압, 자연재해 등으로 성과를 거두지 못하고 실패하였다.
③ 3·1 운동: 상하이에 대한민국 임시 정부가 수립되는 계기가 되었다.
④ 형평 운동: 진주에서 결성된 조선 형평사를 중심으로 전개된 운동으로, 백정에 대한 사회적 차별 철폐를 목적으로 하였다.

빈출 개념 | 국채 보상 운동

배경	일본의 차관 강요로 외채 증가(총 1,300만 원)
전개	• 대구에서 서상돈, 김광제 등이 국민 대회 개최 • 서울에서 국채 보상 기성회 조직(양기탁) • 금주·금연을 통한 모금 활동 전개 • 대한매일신보 등 언론 기관의 후원으로 전국적으로 확산됨
결과	일진회와 통감부의 방해와 탄압으로 실패

08 | 일제의 경제 침탈에 대한 저항   정답 ①

자료 분석

> (가) 황국 중앙 총상회가 창립됨 → 1898년
> (나) 보안회가 조직됨 → 1904년
> (다) 대구 + 서상돈 + 국채 보상 운동이 시작됨 → 1907년

정답 해설

① 순서대로 나열하면 (가) 황국 중앙 총상회 창립(1898) - (나) 보안회 조직(1904) - (다) 국채 보상 운동(1907)이 된다.
(가) 황국 중앙 총상회는 서울의 시전 상인들이 상권을 수호하기 위해 1898년에 창립한 단체로, 외국 상인의 상권 침탈 저지를 요구하며 상권 수호 운동을 전개하였다.
(나) 보안회는 송수만 등이 1904년에 조직한 단체로, 일본의 황무지 개간권 요구에 반대하는 운동을 전개하여 일본의 요구를 철회시켰다.
(다) 국채 보상 운동은 1907년 대구에서 서상돈 등의 발의로 시작된 운동으로, 금주·금연 등을 통해 모금에 동참하였다. 이 운동은 대한매일신보 등 민족 언론이 적극적으로 참여하면서 전국적으로 확산되었으나, 통감부의 탄압으로 실패하였다.

06 근대의 경제와 문화

09 53회 32번

밑줄 그은 '이곳'이 운영되던 시기에 볼 수 있는 모습으로 가장 적절한 것은? [3점]

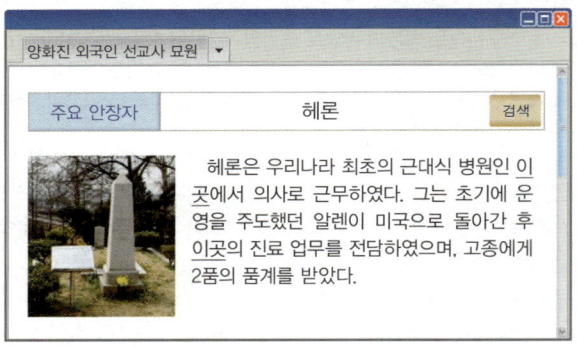

양화진 외국인 선교사 묘원
주요 안장자 헤론 검색

헤론은 우리나라 최초의 근대식 병원인 이곳에서 의사로 근무하였다. 그는 초기에 운영을 주도했던 알렌이 미국으로 돌아간 후 이곳의 진료 업무를 전담하였으며, 고종에게 2품의 품계를 받았다.

① 배재 학당에 입학하는 학생
② 영선사 일행으로 청에 가는 생도
③ 우정총국 개국 축하연에 참석하는 외교관
④ 연무당에서 일본과 조약을 체결하는 관리
⑤ 제너럴셔먼호의 통상 요구를 거부하는 평양 관민

10 73회 35번

다음 가상 대화가 이루어진 시기 이후에 볼 수 있는 모습으로 가장 적절한 것은? [2점]

"자네 들었는가? 며칠 전 한성 전기 회사에서 개통한 전차에 어린아이가 깔려 죽었다고 하네."
"나도 들었네. 사고를 보고 격분한 사람들이 전차를 전복시키고 불태웠다더군."

① 척화비를 세우기 위해 돌을 다듬는 석공
② 거문도를 불법 점령하고 있는 영국 군인
③ 연무당에서 일본과 조약을 체결하는 관리
④ 보빙사의 일원으로 미국에 파견되는 역관
⑤ 경부선 철도 개통식을 취재하는 신문 기자

11 70회 33번

⊙ 시기에 볼 수 있는 모습으로 가장 적절한 것은? [2점]

이것은 경인선 철도의 노선 계획도입니다. 경인선은 미국인 모스로부터 부설권을 사들인 일본에 의해 서울에서 인천을 잇는 철도로 개통되었습니다. 완공 후 ⊙서대문 정거장에서 철도 개통식이 열렸습니다. 이후 경부선, 경의선 철도가 차례로 개통되었습니다. 그 과정에서 많은 토지가 철도 부지로 수용되고 농민들이 공사에 강제로 동원되면서 많은 저항이 있었습니다.

① 학도 지원병을 독려하는 지식인
② 금난전권 폐지에 반대하는 시전 상인
③ 근우회가 주최하는 강연에 참여하는 여성
④ 두모포에서 무력시위를 벌이는 일본 군인
⑤ 근대 학문을 가르치는 한성 사범 학교 교사

12 74회 34번

다음 기사가 보도된 시기에 볼 수 있는 모습으로 가장 적절한 것은? [3점]

□□ 신문
제△△호 ○○○○년 ○○월 ○○일

정기 연락선 부산 입항, 경부선과 이어지다

시모노세키를 출발한 연락선 '잇키마루'가 어제 부산항에 도착하며 정기 운항을 시작했다. 승객 317명, 화물 300톤을 실을 수 있는 이 배를 통해 일본에서 들어온 여객과 물자는 곧바로 경부선을 이용해 내륙으로 향하게 된다. 올해 1월 경부선이 개통된 이후 8개월 만에 해로까지 연결되면서, 한성-부산-도쿄로 연결되는 교통망이 구축되었다. 두 달 뒤 '쓰시마마루'도 추가 투입될 예정이라, 머지않아 이 노선은 매일 운행될 것이다.

① 대한매일신보를 읽고 있는 청년
② 경성 제국 대학에 입학하는 학생
③ 원각사에서 은세계 공연을 보는 여성
④ 통리기무아문에서 개화 정책을 논의하는 관리
⑤ 어린이날 기념 행사에 참여하는 천도교 소년회 회원

09 | 광혜원 운영 시기의 모습 정답 ①

자료 분석

우리나라 최초의 근대식 병원 → 광혜원(1885)

광혜원은 우리나라 최초의 근대식 병원으로, 1885년에 조선 정부가 미국 선교사이자 의사였던 알렌의 건의를 받아들여 설립하였다. 광혜원은 같은 해 제중원으로 개칭되었으며, 이후 세브란스 병원으로 개편되었다.

정답 해설

① 광혜원이 운영되던 시기인 1885년에 미국 선교사인 아펜젤러가 근대식 교육 기관인 배재 학당을 설립하였다.

오답 체크

② 1881년에 근대 기술을 도입하기 위해 청에 영선사가 파견되어, 근대식 무기 제작 기술을 배우고 돌아왔다.
③ 1884년에 근대적 우편 업무 담당 기관인 우정총국의 개국 축하연이 개최되었으나, 급진 개화파가 이를 이용해 갑신정변을 일으켰다.
④ 1876년에 강화도 연무당에서 우리나라 최초의 근대적 조약인 강화도 조약이 체결되었다.
⑤ 1866년에 미국 상선 제너럴셔먼호가 평양에서 통상을 요구하며 횡포를 부리자, 평양 관민이 제너럴셔먼호를 불태워 침몰시켰다(제너럴셔먼호 사건).

10 | 전차 개통 이후의 사실 정답 ⑤

자료 분석

한성 전기 회사에서 개통한 전차 → 전차 개통(1899)

개항 이후 조선에는 교통·통신·전기 등 새로운 근대 문물이 도입되었다. 대한 제국이 수립된 이후에는 황실의 투자로 한성 전기 회사가 설립(1898)되었고, 1899년에는 한성 전기 회사가 서대문과 청량리를 잇는 전차를 최초로 개통하였다.

정답 해설

⑤ 전차 개통(1899) 이후인 1905년에 일본이 군사적 목적으로 서울과 부산을 연결하는 경부선을 개통하였다.

오답 체크

모두 전차 개통(1899) 이전의 사실이다.
① 1871년에 흥선 대원군은 서양 세력의 침범에 대한 척화 의지를 담아 종로와 전국 각지에 척화비를 건립하였다.
② 1885년부터 1887년까지 영국이 러시아를 견제하기 위해 거문도를 불법 점령하였다(거문도 사건).
③ 1876년에 강화도 연무당에서 조선 대표 신헌과 일본 대표 구로다가 만나 강화도 조약을 체결하였다.
④ 1883년에 조·미 수호 통상 조약의 체결(1882)과 미국 공사의 부임에 대한 답례로 미국에 보빙사라는 사절단을 파견하였다.

11 | 경인선 철도 개통식 시기의 모습 정답 ⑤

자료 분석

경인선 + 철도 개통식 → 경인선 철도 개통식(1900)

서울에서 인천을 연결하는 철도인 경인선은 처음에 미국이 부설권을 획득하였으나, 자금 조달에 실패하면서 일본으로 부설권이 넘어가 1899년에 노량진~인천 구간 운행을 시작하였다. 이후 1900년에 경인선 전 구간이 개통되고 전 구간의 개통식이 열렸다.

정답 해설

⑤ 한성 사범 학교는 교원 양성을 위해 1895년에 설립되어 1911년까지 운영된 학교로, 경인선 철도 개통식 시기에 볼 수 있는 모습이다.

오답 체크

① 1943년에 일제는 전쟁 수행에 필요한 병력을 채우기 위해 학도 지원병제를 제정하여 학생들도 전쟁에 동원하였다.
② 조선 정조 대인 1791년에 신해통공을 실시하여 육의전을 제외한 시전 상인의 금난전권을 폐지하였다.
③ 근우회는 1927년에 신간회의 자매 단체로 결성되었으며, 전국 순회 강연과 토론회 등을 개최하여 여성의 의식 향상을 위해 노력하였다.
④ 1878년에 부산 두모포에 해관을 설치하여 세금을 부과·징수하도록 하였으나, 일본이 무력을 동원하여 강력하게 항의하였고 수세 부과가 중단되고 두모포 해관이 철폐되었다.

12 | 경부선이 개통된 해에 볼 수 있는 모습 정답 ①

자료 분석

올해 1월 경부선이 개통됨 → 경부선 개통(1905)

대한 제국 시기에는 철도 부설권을 독점한 일본이 경인선(1899)·경부선(1905)·경의선(1906) 등의 철도를 차례대로 개통하였다. 이 가운데 경부선은 서울과 부산을 연결하는 철도로, 일본이 러·일 전쟁 중 대한 제국의 내륙으로 화물을 수송하는 등 군사적인 목적으로 개통하였다.

정답 해설

① 대한매일신보는 1904년에 양기탁과 영국인 기자 베델이 함께 창간한 신문으로, 1910년에 국권 피탈이 되기 전까지 발행되었다. 당시에는 외국인이 발행하는 신문의 경우 일본의 검열 대상이 아니었기 때문에 의병 운동에 호의적인 기사를 게재하는 등 적극적인 항일 논조를 드러냈다.

오답 체크

② 1924년에 일제는 한국인의 고등 교육 열기를 무마하기 위해 경성 제국 대학을 설립하였다.
③ 1908년에 이인직 등에 의해 우리나라 최초의 서양식 극장인 원각사가 설립되었으며, 은세계, 치악산 등의 신극이 공연되었다.
④ 1880년에 개화 정책을 논의하고 총괄하는 핵심 기구로 통리기무아문이 설치되었다.
⑤ 1923년에 방정환, 김기전 등이 주도한 천도교 소년회는 어린이날을 제정하고 어린이날 기념 행사를 개최하였으며, 잡지 『어린이』를 발간하는 등 소년 운동을 전개하였다.

06 근대의 경제와 문화

13 [67회 31번]
다음 검색창에 들어갈 신문에 대한 설명으로 옳은 것은? [2점]

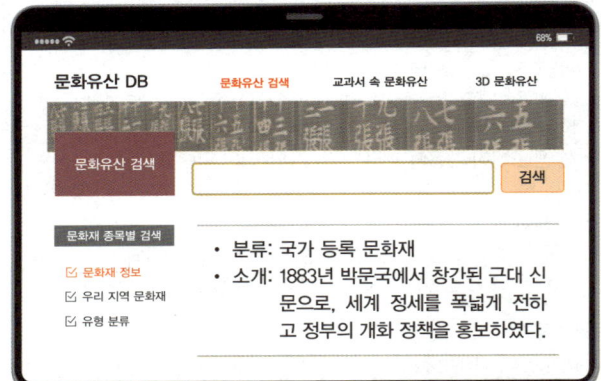

- 분류: 국가 등록 문화재
- 소개: 1883년 박문국에서 창간된 근대 신문으로, 세계 정세를 폭넓게 전하고 정부의 개화 정책을 홍보하였다.

① 여권통문을 처음 보도하였다.
② 국채 보상 운동의 확산에 기여하였다.
③ 의병 투쟁에 호의적인 기사를 게재하였다.
④ 외국인이 읽을 수 있도록 영문으로도 발행되었다.
⑤ 순 한문 신문으로 열흘마다 발행하는 것이 원칙이었다.

14 빈출 [71회 33번]
(가) 신문에 대한 설명으로 옳은 것은? [1점]

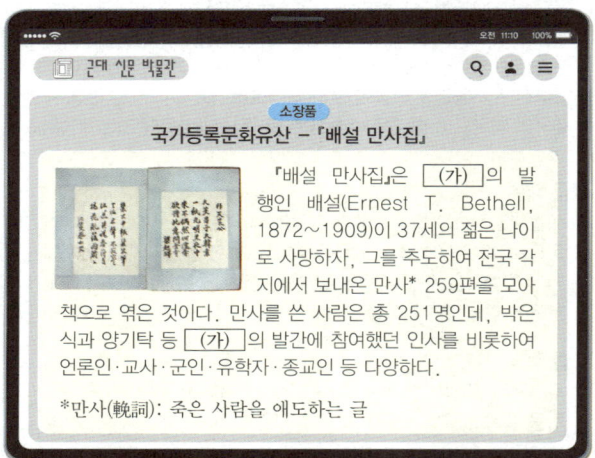

『배설 만사집』은 (가) 의 발행인 배설(Ernest T. Bethell, 1872~1909)이 37세의 젊은 나이로 사망하자, 그를 추도하여 전국 각지에서 보내온 만사* 259편을 모아 책으로 엮은 것이다. 만사를 쓴 사람은 총 251명인데, 박은식과 양기탁 등 (가) 의 발간에 참여했던 인사를 비롯하여 언론인·교사·군인·유학자·종교인 등 다양하다.

*만사(輓詞): 죽은 사람을 애도하는 글

① 박문국에서 발행하였다.
② 브나로드 운동을 주도하였다.
③ 여권통문을 처음 게재하였다.
④ 국채 보상 운동을 지원하였다.
⑤ 순 한글판으로 발행된 최초의 신문이었다.

15 [72회 29번]
(가)~(라)에 들어갈 내용으로 옳은 것을 <보기>에서 고른 것은? [2점]

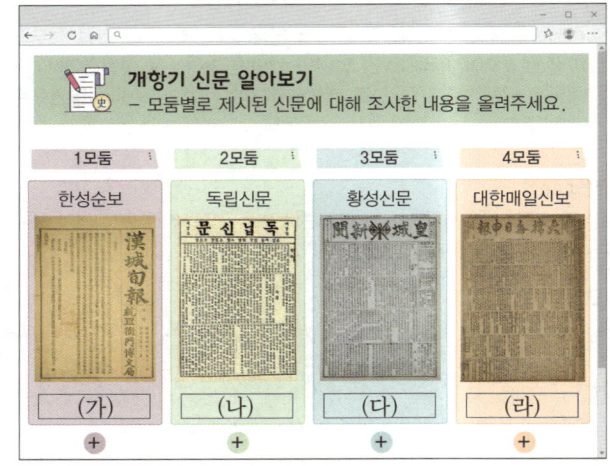

<보기>
ㄱ. (가) - 정부에서 발행한 순 한문 신문이었어요.
ㄴ. (나) - 서재필의 주도로 창간되었어요.
ㄷ. (다) - 일장기를 삭제한 손기정 사진이 실렸어요.
ㄹ. (라) - 상업 광고가 처음으로 게재되었어요.

① ㄱ, ㄴ ② ㄱ, ㄷ ③ ㄴ, ㄷ ④ ㄴ, ㄹ ⑤ ㄷ, ㄹ

16 [30회 37번]
다음 자료에 해당하는 교육 기관에 대한 설명으로 옳은 것은? [2점]

> 덕원 부사 정현석이 장계를 올립니다. 신이 다스리는 이곳 읍은 해안의 요충지에 있고 아울러 개항지가 되어 소중함이 다른 곳에 비할 바가 아닙니다. 개항지를 빈틈없이 운영해 나가는 방도는 인재를 선발하여 쓰는 데 달려있고, 인재 선발의 요체는 교육에 있습니다. 그러므로 학교를 설립하고자 합니다.
> — 『덕원부계록』

① 최초로 설립된 여성 교육 기관이다.
② 교원 양성을 목적으로 한 사범 학교이다.
③ 관민이 합심하여 만든 근대식 학교이다.
④ 교육 입국 조서 반포를 계기로 설립되었다.
⑤ 헐버트, 길모어 등 외국인 교사를 초빙하였다.

13 | 한성순보 정답 ⑤

자료 분석

> 1883년 박문국에서 창간됨 + 정부의 개화 정책을 홍보함
> → 한성순보
>
> 한성순보는 1883년에 박문국에서 창간한 우리나라 최초의 근대 신문으로, 정부의 개화 정책을 알리는 일종의 관보 역할을 담당하였다.

정답 해설
⑤ 한성순보는 순 한문 신문으로 박문국에서 열흘마다 발행하였다.

오답 체크
① 여권통문은 1898년에 발표된 한국 최초의 여성 인권 선언서로, 당시 황성신문과 독립신문이 보도하였다.
② 대한매일신보: 국채 보상 운동을 후원하여 국채 보상 운동이 전국적으로 확산되는 데 기여하였다.
③ 대한매일신보: 의병 투쟁에 호의적인 기사를 게재하였다.
④ 독립신문: 한글판과 함께 영문판으로도 발행되어 외국인도 읽을 수 있게 하였다.

빈출 개념 | 근대의 신문

한성순보	박문국에서 발행한 우리나라 최초의 근대 신문
독립신문	독립 협회에서 발행한 최초의 민간 신문
황성신문	을사늑약을 규탄한 장지연의 '시일야방성대곡' 게재
제국신문	순 한글로 발행되어 부녀자 및 일반 서민들에게 인기
대한매일신보	양기탁, 베델이 발행한 신문으로, 국채 보상 운동 지원

14 | 대한매일신보 정답 ④

자료 분석

> 배설(베델) + 박은식과 양기탁 → 대한매일신보
>
> 대한매일신보는 양기탁과 영국인 기자 베델(배설)이 1904년에 함께 창간한 신문으로, 많은 독자층을 보유하였다. 당시 외국인이 발행하는 신문의 경우 일본의 검열 대상이 아니었기 때문에 대한매일신보는 적극적인 항일 논조를 띨 수 있었다.

정답 해설
④ 대한매일신보는 국채 보상 운동을 지원하여 국채 보상 운동이 전국적으로 확산되는 데 기여하였다.

오답 체크
① 한성순보는 박문국에서 발행한 최초의 근대 신문으로 열흘마다 순 한문으로 발행하였다. 이후 박문국이 불에 타자 다시 지은 후, 일주일마다 국·한문 혼용체의 한성주보를 발행하였다.
② 동아일보: 농촌 계몽을 위해 귀향 학생들을 중심으로 전개된 농촌 계몽 운동인 브나로드 운동을 주도하였다.
③ 여권통문은 1898년에 발표된 한국 최초의 여성 인권 선언서로, 당시 황성신문과 독립신문이 게재하였다.
⑤ 독립신문: 순 한글판으로 발행된 최초의 신문으로 영문판도 함께 발행되어 외국인도 읽을 수 있게 하였다.

15 | 근대의 주요 신문 정답 ①

자료 분석

> 한성순보 + 독립신문 + 황성신문 + 대한매일신보
> → 근대의 주요 신문
>
> (가) 한성순보는 초기 개화 정책의 일환으로 박문국에서 발행한 우리나라 최초의 근대 신문이자 순 한문 신문으로, 10일에 한 번씩 간행되었다.
> (나) 독립신문은 서재필의 주도로 정부의 지원을 받아 창간한 우리나라 최초의 근대적 민간 신문으로, 한글판과 함께 영문판도 발행하였다.
> (다) 황성신문은 남궁억 등이 창간한 국·한문 혼용 신문으로, 을사늑약 체결 직후 장지연의 '시일야방성대곡'을 게재하였다.
> (라) 대한매일신보는 양기탁과 베델 등이 함께 창간한 신문으로 많은 독자층을 보유하였으며, 국채 보상 운동을 후원하여 운동이 전국적으로 확산되는 데 기여하였다.

정답 해설
① ㄱ. 한성순보는 정부에서 발행한 우리나라 최초의 근대 신문이자 순 한문 신문으로, 10일에 한 번씩 간행되었다.
ㄴ. 독립신문은 우리나라 최초의 민간 신문으로, 서재필의 주도로 창간되었다.

오답 체크
ㄷ. 동아일보, 조선중앙일보: 일제 강점기에 베를린 올림픽에서 우승한 손기정의 사진에서 일장기를 삭제하여 게재하였다.
ㄹ. 한성주보: 박문국에서 일주일에 한 번씩 발행된 신문으로, 최초로 상업 광고를 게재하였다.

16 | 원산 학사 정답 ③

자료 분석

> 덕원 부사 + 개항지 + 학교 설립 → 원산 학사
>
> 원산은 강화도 조약에 따라 최초로 개항된 곳으로, 개항과 동시에 일본 상인 거류지가 형성되어 일본 상인들의 상업 활동이 시작된 곳이었다. 이에 덕원·원산의 주민들은 일본 상인의 침투에 대응할 교육의 필요성을 느끼게 되어, 덕원 부사와 관민들이 합심하여 최초의 근대식 사립 학교인 원산 학사를 설립하였다.

정답 해설
③ 원산 학사는 덕원 부사와 덕원·원산 관민들이 합심하여 만든 최초의 근대식 사립 학교이다.

오답 체크
① 이화 학당: 선교사 스크랜튼에 의해 설립된 최초의 여성 교육 기관이다.
②, ④ 한성 사범 학교: 교원 양성을 목적으로 한 학교로, 근대식 교육의 중요성을 강조하는 교육 입국 조서의 반포를 계기로 설립되었다.
⑤ 육영 공원: 최초의 근대식 관립 학교로, 헐버트, 길모어 등 외국인 교사를 초빙하였다.

06 근대의 경제와 문화

17
67회 33번

다음 대화에 해당하는 교육 기관에 대한 설명으로 옳은 것은? [2점]

① 7재라는 전문 강좌가 개설되었다.
② 조선 총독부의 탄압으로 폐교되었다.
③ 교육 입국 조서에 근거하여 세워졌다.
④ 주요 건물로 대성전과 명륜당을 두었다.
⑤ 헐버트, 길모어 등이 교사로 초빙되었다.

18
65회 37번

(가)~(마)에 대한 설명으로 옳은 것은? [3점]

답사 계획서
- 주제: 근대 역사의 현장을 찾아서
- 기간: 2023년 ○○월 ○○일 10:00~16:00
- 경로: 기기창 → 제중원 터 → 박문국 터 → 중명전 → 원각사 터

(가) 기기창, (나) 제중원 터, (다) 박문국 터, (라) 중명전, (마) 원각사 터

① (가) - 우리나라 최초의 근대 신문이 간행되었다.
② (나) - 고종의 황제 즉위식이 거행된 장소이다.
③ (다) - 백동화가 주조되었다.
④ (라) - 을사늑약이 체결되었다.
⑤ (마) - 나운규의 아리랑이 처음 상영된 곳이다.

19
35회 39번

(가)에 들어갈 내용으로 옳은 것은? [1점]

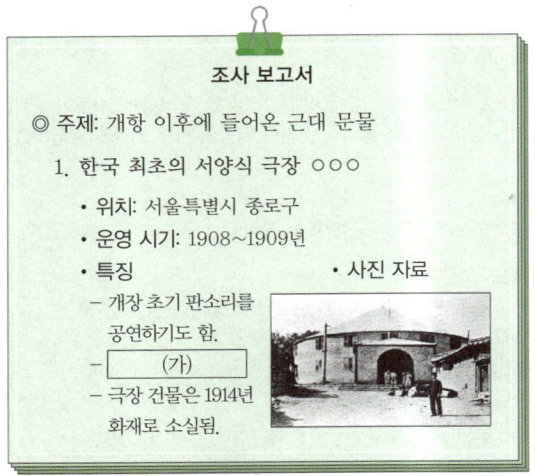

조사 보고서
◎ 주제: 개항 이후에 들어온 근대 문물
1. 한국 최초의 서양식 극장 ○○○
- 위치: 서울특별시 종로구
- 운영 시기: 1908~1909년
- 특징
  - 개장 초기 판소리를 공연하기도 함.
  - (가)
  - 극장 건물은 1914년 화재로 소실됨.

① 알렌의 건의로 만들어졌다.
② 나운규의 아리랑이 개봉되었다.
③ 신간회 창립 대회가 개최되었다.
④ 고종의 황제 즉위식이 거행되었다.
⑤ 은세계, 치악산 등의 신극이 공연되었다.

20
61회 34번

(가) 인물에 대한 설명으로 옳은 것은? [2점]

국어 연구에 앞장선 (가) 에 대해 알려주세요.

호는 한힌샘으로, 독립신문사의 교보원으로 활동하였습니다. 큰 보자기에 책을 넣고 다니며 학생들에게 국어를 가르쳐 '주보따리'라는 별명을 얻었습니다.

① 국문 연구소의 연구 위원으로 활동하였다.
② 조선어 학회 사건으로 구속되어 옥고를 치렀다.
③ 국권 피탈 과정을 정리한 『한국통사』를 집필하였다.
④ 세계 지리 교과서인 『사민필지』를 한글로 저술하였다.
⑤ 『여유당전서』를 간행하고 조선학 운동을 전개하였다.

17 육영 공원
정답 ⑤

자료 분석

관립 교육 기관 + 좌원 + 우원 → 육영 공원

개항 이후 근대 문물이 유입되자 서양식 교육의 필요성이 높아지면서 근대 교육 기관이 설립되었다. 그중 '영재를 기른다'는 뜻을 가진 육영 공원은 정부 주도로 설립된 근대식 관립 학교로, 좌원과 우원으로 구성되었다. 좌원에서는 양반 출신의 젊고 유능한 관리들을 선발하여 교육하고, 우원에서는 양반 자제 중 인재를 뽑아 교육하였다.

정답 해설
⑤ 육영 공원은 헐버트, 길모어 등 외국인 교사를 초빙하여 근대 학문을 가르쳤다.

오답 체크
① 국자감(국학): 고려 예종 때 관학을 진흥시키기 위해 7재라는 전문 강좌가 개설되었다.
② 조선 총독부가 설치(1910)되기 이전에 육영 공원이 폐교(1894)되었다.
③ 교육 입국 조서가 반포(1895)되기 이전에 육영 공원이 설립(1886)되었다.
④ 성균관, 향교: 조선의 관립 교육 기관으로, 주요 건물로 제사 공간인 대성전과 강의 공간인 명륜당을 두었다. 성균관은 한양(중앙)에 위치한 최고 교육 기관이고, 향교는 지방에 설립된 중등 교육 기관이다.

18 근대의 주요 건물
정답 ④

자료 분석

기기창 + 제중원 터 + 박문국 터 + 중명전 + 원각사 터 → 근대의 주요 건물

(가) 기기창은 우리나라 최초의 근대식 무기 제조 공장으로, 1883년에 청에서 무기 제조 기술을 익히고 돌아온 영선사의 주도로 설립되었다.
(나) 제중원(광혜원)은 우리나라 최초의 근대식 병원으로, 1885년에 미국 선교사이자 의사였던 알렌의 건의를 받아들여 설립되었다.
(다) 박문국은 우리나라 최초의 근대식 인쇄소로, 1883년에 신문 발행과 출판 업무를 위해 설립되었고 한성순보를 발행하였다.
(라) 중명전은 대한 제국 시기에 덕수궁 내에 황실 도서관으로 지어진 서양식 건물로, 1905년에 이곳에서 일본의 강요로 을사늑약이 체결되었다.
(마) 원각사는 우리나라 최초의 서양식 극장으로, 1908년에 이인직 등에 의해 설립되었으며 은세계, 치악산 등의 신극이 공연되었다.

정답 해설
④ 덕수궁 중명전에서는 고종의 비준 없이 일본에 의해 을사늑약(제2차 한·일 협약)이 체결되었다.

오답 체크
① 박문국: 우리나라 최초의 근대 신문인 한성순보가 간행되었다.
② 환구단: 고종의 황제 즉위식이 거행된 장소이다.
③ 전환국: 근대에 발행한 화폐인 백동화가 주조되었다.
⑤ 단성사: 1926년에 나운규의 아리랑이 처음 상영된 곳이다.

19 원각사
정답 ⑤

자료 분석

한국 최초의 서양식 극장 → 원각사

개항 이후에 근대 문물이 수용되면서 예술계에서는 큰 변화가 나타났다. 이에 1903년에는 이인직 등에 의해 우리나라 최초의 서양식 극장인 원각사가 설립되었다.

정답 해설
⑤ 원각사에서는 은세계, 치악산 등의 신극이 공연되었다.

오답 체크
① 광혜원: 우리나라 최초의 근대식 병원으로, 알렌의 건의로 만들어졌다.
② 단성사: 1929년에 나운규가 제작한 영화 아리랑이 개봉되었다.
③ 서울 기독교 청년 회관: 1927년에 신간회 창립 대회가 개최되었다.
④ 환구단: 고종이 황제 즉위식을 거행하였다.

20 주시경
정답 ①

자료 분석

국어 연구에 앞장섬 + 한힌샘 + 주보따리 → 주시경

주시경은 국어 학자로, 한글 보급을 위해 순우리말인 한힌샘이라는 호를 사용하였다. 그는 한·일 병합 이후 조선어 강습원에서 큰 보자기에 책을 꽂고 다니며 학생들에게 국어를 가르쳐 '주보따리'라는 별명을 얻었다. 주시경의 대표적인 저술로는 국어 문법서인 『국어문법』, 『말의 소리』 등이 있다.

정답 해설
① 주시경은 대한 제국의 학부 아래에 설립된 국문 연구소에서 연구 위원으로 활동하며 한글 연구를 체계화하였다.

오답 체크
② 이윤재, 최현배 등: 일제가 조선어 학회를 독립운동 단체로 간주하여 회원들을 탄압한 조선어 학회 사건으로 구속되어 옥고를 치렀다.
③ 박은식: 일본의 침략과 국권 피탈 과정을 서술한 역사서인 『한국통사』를 저술하였다.
④ 헐버트: 세계 지리 교과서인 『사민필지』를 한글로 저술하였다.
⑤ 정인보, 안재홍 등: 다산 정약용 서거 99주기를 맞이하여 『여유당전서』를 간행하고, 이를 계기로 조선학 운동을 전개하였다.

V. 근대

기출 자료&선택지 퀴즈로 단원 마무리

기출 자료 퀴즈

기출 자료에 해당하는 주제를 골라 쓰세요.

| 강화도 조약 | 국채 보상 운동 | 정미의병 | 조·미 수호 통상 |
| 동학 농민 운동 | 한·일 의정서 | 병인양요 | 제1차 갑오개혁 |

01 56회
양헌수가 은밀히 정족산 전등사로 가서 주둔하였다. …… 적장이 총에 맞아 말에서 떨어지고 서양인 10여 명이 죽었다. 달아나는 서양인들을 쫓아가니 그들은 동료의 시체를 옆에 끼고 급히 본진으로 도망갔다.
[   ]

02 51회
1. 문벌, 양반과 상인들의 등급을 없애고 귀천에 관계없이 인재를 선발하여 등용한다.
1. 공노비와 사노비에 관한 법을 일체 혁파하고 사람을 사고파는 일을 금지한다.
[   ]

03 61회
우리나라가 채무를 지고 우리 백성이 채노(債奴)가 된 것이 여러 해가 되었습니다. …… 대황제 폐하께서 진 외채가 1,300만 원이지만 채무를 청산할 방법이 없어 밤낮으로 걱정하시니, …… 우리 동포는 빨리 단체를 결성하여 열성적으로 의연금을 내어 채무를 상환하고 채노에서 벗어나, 머리는 대한의 하늘을 이고, 발은 대한의 땅을 밟도록 해 주시기를 눈물을 머금고 간절히 요구합니다.
[   ]

04 62회
청의 알선으로 서양과 맺은 최초의 조약이 체결된 장소에 새로운 표석이 설치되었습니다. 기존 한글 안내판에 영어와 중국어 안내문을 추가한 이번 표석 설치는 개항기 대외 관계와 관련한 중요한 장소를 외국인에게도 널리 알리는 기회가 될 것으로 보입니다.
[   ]

05 42회
제4조 …… 대한 제국 정부는 대일본 제국 정부의 행동이 용이하도록 충분한 편의를 제공한다. 대일본 제국 정부는 …… 군사 전략상 필요한 지점을 수시로 사용할 수 있다.
[   ]

06 59회
제1관 조선국은 자주국이며 일본국과 평등한 권리를 가진다.
제7관 조선국 연해를 일본국의 항해자가 자유롭게 측량하도록 허가한다.
[   ]

07 70회
경기도 구리 출신으로 명성 황후 시해 사건이 일어나자 '안사람 의병가'를 창작하여 여성의 의병 참여를 독려하는 데 앞장 섰다. 고종의 강제 퇴위와 군대 해산에 반발하여 일어난 (가) 당시 30여 명의 여성으로 의병대를 조직하여 최초의 여성 의병장으로 활약하였다.
[   ]

08 74회
- ○○○: 이 마을에서 전봉준 등이 고부 군수 조병갑의 횡포에 맞서 사발통문을 작성했어.
- □□□: 고부 농민 봉기를 시작으로 전개된 (가) 에 참여한 이들의 흔적을 찾아볼 수 있어.
[   ]

기출 자료 (가)~(다)를 일어난 순서대로 나열하세요.

09 57회
(가) 이완용 등의 역적을 처단하라는 상소를 올리고 임병찬 등과 태인에서 의병을 일으켰어요.
(나) 도끼를 들고 대궐 앞에 엎드려 개항에 반대하는 상소를 올렸어요.
(다) 일본의 간섭하에 추진된 개혁에 반발하여, 이를 주도한 박영효, 서광범 등을 처벌하라는 상소를 올렸어요.
[-   -   ]

기출 선택지 퀴즈

기출 선택지가 옳은 내용이면 O, 틀린 내용이면 X 표시하세요.

10 55회 흥선 대원군 집권기에 사창제가 실시되었다. [O | X]

11 67회 신미양요 때 한성근 부대가 광성보에서 항전하였다. [O | X]

12 59회 임오군란 때 왕비가 궁궐을 빠져 나와 장호원으로 피신하였다. [O | X]

13 56회 제1차 동학 농민 봉기 때 황토현에서 전라 감영군을 격파하였다. [O | X]

14 71회 광무개혁 때 양전 사업을 실시하고 지계를 발급하였다. [O | X]

15 61회 독립 협회는 만민 공동회를 열어 민권 신장을 추구하였다. [O | X]

16 70회 조·일 통상 장정 개정에서는 최혜국 대우를 처음으로 규정하였다. [O | X]

17 71회 1889년에 함경도 관찰사 조병식이 방곡령을 선포하였다. [O | X]

18 58회 1883년에 무기 제조 공장인 전환국이 설립되었다. [O | X]

19 64회 원산 학사는 덕원 지방의 관민들이 합심하여 설립하였다. [O | X]

최빈출 다지선다 퀴즈

(가) 신문에 대한 설명으로 옳은 것을 모두 고르세요.

20 64회

경천사지 십층 석탑에 대한 일본인의 약탈 행위에 관해 보도한 (가) 기사를 읽어 보았는가? 보도 내용을 접한 헐버트가 사건 현장을 방문하여 사진을 촬영하고 목격자 의견을 청취했다더군.

일본인의 이런 행위가 알려진 것은 양기탁과 베델이 창간한 (가) 의 노력 덕분이라고 하네.

① 박문국에서 발행하였다. 71회
② 상업 광고가 처음으로 게재되었다. 72·64회
③ 의병 투쟁에 호의적인 기사를 게재하였다. 67회
④ 정부에서 발행하는 순 한문 신문이었다. 72·67·64회
⑤ 순한글판으로 발행된 최초의 신문이었다. 71회
⑥ 국채 보상 운동을 적극적으로 후원하였다. 71·67·64회
⑦ 일장기를 삭제한 손기정 사진을 게재하였다. 72·64회

정답

01 병인양요 **02** 제1차 갑오개혁 **03** 국채 보상 운동 **04** 조·미 수호 통상 조약 **05** 한·일 의정서 **06** 강화도 조약 **07** 정미의병 **08** 동학 농민 운동 **09** (나) 지부복궐척화의소 - (다) 을미개혁 반대 상소 - (가) 을사의병 **10** O **11** X (어재연) **12** O **13** O **14** O **15** O **16** X (조·미 수호 통상 조약) **17** O **18** X (기기창) **19** O **20** ③, ⑥ 대한매일신보 [① 한성순보, 한성주보, ② 한성주보, ④ 한성순보, ⑤ 독립신문, ⑦ 동아일보, 조선중앙일보]

일제 강점기 최신 기출 트렌드

시대별 출제 비중 *최근 3개년 기준(심화 76~63회)

- 일제 강점기는 최근 3개년 간 매 회 50문제 중 평균 7~8문제(약 15%)가 출제되었습니다.
- 1920년대에 일어난 민족 운동이 빈출되고 있습니다. 또한 1910년대와 1930~1940년대 일제의 통치와 민족 운동 역시 꾸준히 출제되니 시기별 민족 운동을 꼼꼼하게 학습해두세요!

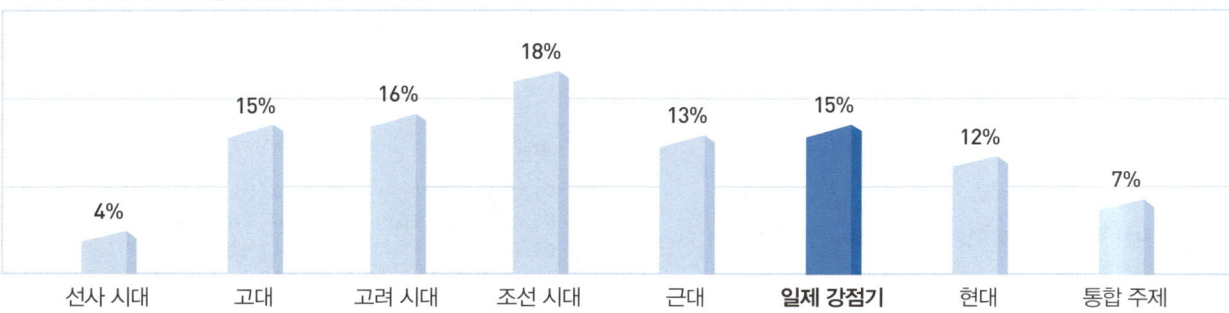

VI. 일제 강점기

01 1910년대 일제의 통치와 민족 운동

02 3·1 운동과 대한민국 임시 정부

03 1920년대 일제의 통치와 민족 운동

04 1930~1940년대 일제의 통치

05 1930~1940년대의 민족 운동

06 일제 강점기의 문화

주제별 기출 트렌드

01 1910년대 일제의 통치와 민족 운동
무단 통치 시기에 일제가 시행한 정책의 내용들이 자주 출제되고 있어요!
빈출 무단 통치 시기(1번, 2번)
킬러 무단 통치 시기(4번)

02 3·1 운동과 대한민국 임시 정부
3·1 운동과 대한민국 임시 정부 수립을 연결해서 기억해야 해요!
빈출 3·1 운동(6번), 대한민국 임시 정부(8번)
킬러 국민 대표 회의(11번)

03 1920년대 일제의 통치와 민족 운동
의열단의 활동과 물산 장려 운동의 내용을 기억해두세요!
빈출 의열단(4번), 물산 장려 운동(14번)

04 1930~1940년대 일제의 통치
일제가 중·일 전쟁 이후에 시행한 정책의 내용을 기억해두면 문제 풀기가 수월해줄 거예요!
빈출 민족 말살 통치 시기(2번, 3번)

05 1930~1940년대의 민족 운동
조선 혁명군은 양세봉, 한국 독립군은 지청천, 한국광복군은 대한민국 임시 정부로 기억해두면 문제 풀기가 쉬워져요!
빈출 조선 혁명군(3번), 한국 독립군(5번), 한국광복군(12번)

06 일제 강점기의 문화
일제 강점기에 새롭게 형성된 대중 문화의 양상을 파악해두세요!
빈출 일제 강점기의 사회 및 문화의 변화(16번)
킬러 일제 강점기의 대중 문화(15번)

01 1910년대 일제의 통치와 민족 운동

01 빈출   75회 34번
밑줄 그은 '시기'에 있었던 사실로 옳은 것은?   [2점]

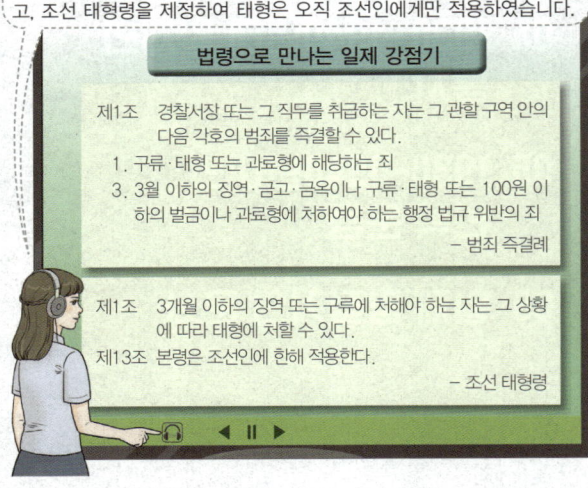

헌병이 일반 경찰 업무를 담당하던 시기에 일제는 범죄 즉결례를 제정하여 재판 없이 체포 또는 구금하고 벌금을 물리거나 태형에 처할 수 있게 하였습니다. 시행 이듬해 일제는 범죄 즉결례에 있는 태형 규정을 삭제하고, 조선 태형령을 제정하여 태형은 오직 조선인에게만 적용하였습니다.

법령으로 만나는 일제 강점기

제1조 경찰서장 또는 그 직무를 취급하는 자는 그 관할 구역 안의 다음 각호의 범죄를 즉결할 수 있다.
1. 구류·태형 또는 과료형에 해당하는 죄
3. 3월 이하의 징역·금고·금옥이나 구류·태형 또는 100원 이하의 벌금이나 과료형에 처하여야 하는 행정 법규 위반의 죄
- 범죄 즉결례

제1조 3개월 이하의 징역 또는 구류에 처해야 하는 자는 그 상황에 따라 태형에 처할 수 있다.
제13조 본령은 조선인에 한해 적용한다.
- 조선 태형령

① 미쓰야 협정이 체결되었다.
② 조선 사상범 예방 구금령이 제정되었다.
③ 박문국이 설치되어 한성순보를 발행하였다.
④ 황국 중앙 총상회가 상권 수호 운동을 주도하였다.
⑤ 회사 설립 시 총독의 허가를 받도록 하는 회사령이 시행되었다.

02 빈출   65회 38번
다음 판결이 내려진 시기에 있었던 사실로 옳은 것은?   [1점]

판결문
피 고 인: 박○○
주 문: 피고인을 태 90에 처한다.
이 유:
피고 박○○은 이○○가 '구한국의 국권 회복을 도모한다'고 각지를 돌아다니며 유세한 것에 찬동하였다. …… 법률에 비추어 보니 피고의 소행은 …… 태형에 처함이 타당하다고 인정하여 조선 태형령 제1조, 제4조에 준하여 처단해야 한다. 따라서 주문과 같이 판결한다.

① 원수부가 설치되었다.
② 신간회가 창립되었다.
③ 치안 유지법이 적용되었다.
④ 헌병 경찰제가 실시되었다.
⑤ 동양 척식 주식회사가 설립되었다.

03   73회 37번
밑줄 그은 '시기'에 시행된 일제의 정책으로 옳은 것은?   [1점]

이것은 어느 공립 보통학교의 졸업식 사진으로, 교원이 제복을 입고 칼을 차고 수업하던 당시 일제의 식민지 지배 정책을 잘 보여주고 있어.

맞아. 헌병이 일반 경찰 업무를 맡아 재판 없이 체포 또는 구금하고, 벌금을 물리거나 태형에 처하기도 했던 시기였지.

① 국가 총동원법을 공포하였다.
② 산미 증식 계획을 시행하였다.
③ 토지 조사 사업을 실시하였다.
④ 황국 신민 서사의 암송을 강요하였다.
⑤ 조선 사상범 예방 구금령을 제정하였다.

04 킬러   71회 38번
밑줄 그은 '시기'의 사회 모습으로 가장 적절한 것은?   [2점]

개성에서 청년 두 명이 웃통을 벗고 일하다가 순사에게 발견되어 태형에 처해졌다는 신문 기사입니다. 일제가 조선 태형령을 시행한 시기에는 기사의 내용처럼 사소한 사안에도 태형이라는 가혹한 형벌이 집행되었습니다.

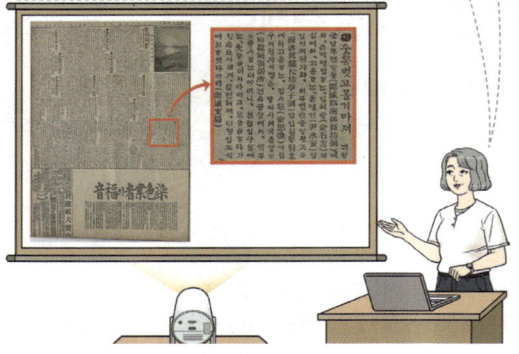

① 육영 공원에서 외국인 교사를 초빙하였다.
② 애국반이 편성되어 일상생활이 통제되었다.
③ 조선 형평사가 창립되어 형평 운동을 전개하였다.
④ 나운규가 제작한 아리랑이 단성사에서 개봉되었다.
⑤ 경복궁에서 조선 물산 공진회가 최초로 개최되었다.

● 주제별 출제 비중
*최근 3개년 기준(심화 76~63회)

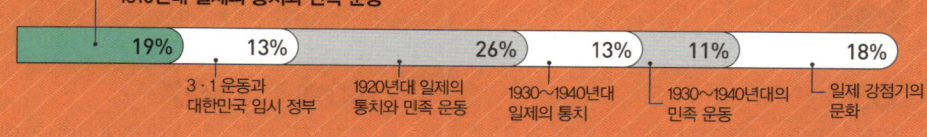

01 | 무단 통치 시기   정답 ⑤

자료 분석

헌병이 일반 경찰 업무를 담당 + 범죄 즉결례 + 조선 태형령 → 무단 통치 시기

무단 통치 시기는 일제가 무력을 이용하여 한국인을 통치한 시기이다. 무단 통치 시기에는 헌병이 일반 경찰의 업무를 담당하는 헌병 경찰제를 시행하였으며, 헌병 경찰은 범죄 즉결례를 통해 재판 없이 체포·구금하는 즉결 처분권을 행사하였다. 또한 일제는 한국인에게만 태형을 가하는 조선 태형령을 제정하였다.

정답 해설

⑤ 무단 통치 시기에는 민족 자본의 성장을 억제하기 위해 회사 설립 시 총독의 허가를 받도록 하는 회사령이 시행되었다.

오답 체크

① 문화 통치 시기: 일제와 만주 군벌 사이에 미쓰야 협정이 체결되어 만주에서 활동하는 독립운동가들에 대한 탄압이 심화되었다.
② 민족 말살 통치 시기: 독립운동을 탄압하기 위해 조선 사상범 예방 구금령이 제정되어 독립운동가들을 재판 없이 구금할 수 있었다.
③ 근대 개항기: 출판과 인쇄를 담당하는 박문국이 설치되어 최초의 근대 신문인 한성순보를 발행하였다.
④ 대한 제국 시기: 황국 중앙 총상회가 외국 상인의 상권 침탈에 저항하여 상권 수호 운동을 주도하였다.

02 | 무단 통치 시기   정답 ④

자료 분석

조선 태형령 → 무단 통치 시기

대한 제국을 병합한 일제는 1910년대에 강압적인 무단 통치를 실시하였다. 대표적으로 조선 태형령을 제정하여 한국인에 한하여 재판 없이 태형을 가할 수 있도록 하였고, 이를 통해 독립운동가들을 탄압하였다.

정답 해설

④ 무단 통치 시기에 일제는 강압적 통치를 목적으로 군인인 헌병이 일반 경찰의 역할을 수행하도록 한 헌병 경찰제를 실시하였다.

오답 체크

① 대한 제국 시기: 광무개혁의 일환으로 황제 직속의 군 통수 기관인 원수부가 설치되었다.
② 문화 통치 시기: 민족 협동 전선인 신간회가 창립되었다.
③ 문화~민족 말살 통치 시기: 일제에 의해 사회주의자를 탄압하기 위해 치안 유지법이 제정되었으며, 광복 때까지 적용되었다.
⑤ 대한 제국 시기: 대한 제국의 토지를 약탈하기 위해 동양 척식 주식회사가 설립되었다.

03 | 무단 통치 시기   정답 ③

자료 분석

교원이 제복을 입고 칼을 차고 수업을 함 + 헌병이 일반 경찰 업무를 맡음 → 무단 통치 시기

무단 통치 시기인 1910년대에 일제는 헌병 경찰제를 실시하여 헌병이 일반 경찰의 업무를 맡도록 하였으며, 헌병 경찰은 한국인에 한해 재판 없이 체포 또는 구금하거나 태형을 가하였다. 또한 관리는 물론 교원에게도 제복을 입히고 칼을 차게 하여 공포 분위기를 조성하였다.

정답 해설

③ 무단 통치 시기에 일제는 식민 통치에 필요한 재정을 확보하고 조선의 토지를 약탈하기 위하여 토지 조사 사업을 실시하였다.

오답 체크

① 민족 말살 통치 시기: 일제는 국가 총동원법을 공포하여 전쟁에 필요한 인적·물적 자원의 수탈을 강화하였다.
② 문화 통치 시기: 일제는 조선의 쌀 생산량을 늘려 일본의 쌀 부족 현상을 해결하기 위해 산미 증식 계획을 실시하였다.
④ 민족 말살 통치 시기: 일제는 한국인을 일본에 충성하는 백성으로 만들기 위해 황국 신민 서사의 암송을 강요하였다.
⑤ 민족 말살 통치 시기: 일제는 독립운동가를 재판 없이 구금할 수 있는 조선 사상범 예방 구금령을 제정하였다.

04 | 무단 통치 시기 오답률 74.8%   정답 ⑤

자료 분석

조선 태형령을 시행함 → 무단 통치 시기

무단 통치 시기인 1910년대에 일제는 한국인에 한하여 사소한 사안에도 재판 없이 태형을 가할 수 있는 조선 태형령을 제정하여 독립운동가를 탄압하였다.

정답 해설

⑤ 무단 통치 시기인 1915년에 일제는 식민 통치를 미화하고 그 실적을 선전하기 위해 경복궁에서 조선 물산 공진회를 최초로 개최하였다.

오답 체크

① 근대 개항기인 1886년부터 1894년까지 운영된 육영 공원은 최초의 근대식 관립 학교로, 헐버트, 길모어 등의 외국인 교사를 초빙하여 교육하였다.
② 민족 말살 통치 시기: 일제는 애국반을 편성하여 한국인의 일상생활을 감시하고 통제하였다.
③ 문화 통치 시기: 진주에서 조선 형평사가 창립되어 백정에 대한 사회적 차별 철폐를 목표로 한 형평 운동을 전개하였다.
④ 문화 통치 시기: 나운규가 감독·제작한 영화 아리랑이 단성사에서 개봉되었다.

01 1910년대 일제의 통치와 민족 운동 285

01 1910년대 일제의 통치와 민족 운동

05
36회 43번

다음 법령의 시행 결과로 옳지 않은 것은? [2점]

> 제1조 토지의 조사 및 측량은 이 영(令)에 의한다.
> ⋮
> 제4조 토지의 소유자는 조선 총독이 정하는 기간 내에 그 주소, 성명 또는 명칭 및 소유지의 소재, 지목, 자번호, 사표, 등급, 지적, 결수를 임시 토지 조사 국장에게 신고하여야 한다. 다만, 국유지는 보관 관청에서 임시 토지 조사 국장에게 통지하여야 한다.
> 제5조 토지의 소유자 또는 임차인, 기타 관리인은 조선 총독이 정하는 기간 내에 그 토지의 사방 경계에 표지판을 세우되, 민유지에는 지목 및 자번호와 소유자의 성명 또는 명칭을, 국유지에는 지목 및 자번호와 보관 관청명을 기재하여야 한다.

① 조선 총독부의 재정 수입이 증대되었다.
② 지계아문이 설치되어 지계가 발급되었다.
③ 일본에서 한국으로의 농업 이민이 증가하였다.
④ 만주와 연해주로 이주하는 농민들이 늘어났다.
⑤ 동양 척식 주식회사의 보유 토지가 확대되었다.

06
59회 35번

(가) 단체에 대한 설명으로 옳은 것은? [2점]

① 일본 도쿄에서 독립 선언서를 발표하였다.
② 일제가 제정한 치안 유지법으로 탄압받았다.
③ 서간도에 신흥 강습소를 세워 독립군을 양성하였다.
④ 독립운동 자금을 모으기 위해 독립 공채를 발행하였다.
⑤ 조선 총독에게 제출하기 위해 국권 반환 요구서를 작성하였다.

07
75회 37번

(가) 단체에 대한 설명으로 옳은 것은? [2점]

【우리 고장의 독립운동가】

일우(一宇) 김한종 (1883~1921)

충청남도 예산군 광시면 출생이다. 1915년 대구에서 박상진 등이 국권 회복을 위해 조직한 (가) 의 충청도 지부장으로, 군자금 모금과 친일 관리 처단을 주도하였다. 이후 일제에 체포되어 총사령 박상진과 함께 사형을 선고받고 대구 형무소에서 생을 마감하였다. 1963년에 건국훈장 독립장이 추서되었다.

① 군대식 조직을 갖춘 비밀 결사였다.
② 정우회 선언의 영향으로 결성되었다.
③ 「조선혁명선언」을 활동 지침으로 삼았다.
④ 중국군과 함께 영릉가 전투에서 큰 전과를 올렸다.
⑤ 만민 공동회를 열어 열강의 이권 침탈을 비판하였다.

08
61회 38번

(가) 단체에 대한 설명으로 옳은 것은? [2점]

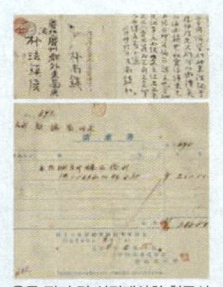

□□ 신문 제△△호 2022년 ○○월 ○○일

박상진 의사 유물, 국가등록문화재 등록

군자금 모금과 친일파 처단 등의 활동을 전개한 (가) 의 총사령 박상진 의사의 유물이 국가등록문화재로 등록되었다. 이 유물은 친일 부호 처단 사건으로 체포된 박상진의 옥중 상황과 (가) 의 비밀 연락 거점이었던 상덕태상회의 규모 등을 보여준다는 점에서 귀중한 가치를 지니고 있다.

옥중 편지 및 상덕태상회 청구서

① 고종 강제 퇴위 반대 운동을 전개하였다.
② 공화정체의 국민 국가 수립을 목표로 삼았다.
③ 파리 강화 회의에 독립 청원서를 제출하였다.
④ 미군과 연합하여 국내 진공 작전을 계획하였다.
⑤ 만민 공동회를 개최하여 민권 신장을 추구하였다.

05 | 토지 조사 사업
정답 ②

자료 분석

> 토지의 조사 및 측량 + 조선 총독이 정하는 기간 → 토지 조사 사업
>
> 일제는 무단 통치 시기인 1912년 토지 조사령을 공포하여 토지 조사 사업을 본격적으로 실시하였다. 조선 총독부는 이 법령에 따라 토지 소유자가 지정된 기간 내에 임시 토지 조사국에 보유 토지를 신고하게 하였으나, 신고 기간이 짧고 절차가 복잡하여 조선 내 많은 토지가 조선 총독부에 귀속되었다.

정답 해설
② 대한 제국이 실시한 광무개혁 때 지계아문이 설치되어 근대적 토지 소유 증명서인 지계가 발급되었다.

오답 체크
① 토지 조사 사업의 결과 지세의 부과 대상이 되는 토지의 양이 증가하여 조선 총독부의 재정 수입이 증대되었다.
③ 토지 조사 사업의 결과 약탈한 토지가 싼값에 일본인에게 팔아 넘겨져 일본에서 한국으로의 농업 이민이 증가하였다.
④ 토지 조사 사업의 결과 토지를 상실하고 만주와 연해주 등으로 이주하는 농민들이 늘어났다.
⑤ 토지 조사 사업의 결과 동양 척식 주식회사의 보유 토지가 확대되었다.

06 | 독립 의군부
정답 ⑤

자료 분석

> 임병찬 + 복벽주의 → 독립 의군부
>
> 독립 의군부는 1912년에 고종의 밀지를 받은 임병찬이 의병과 유생을 모아 조직한 국내 독립운동 단체로, 고종을 복위시켜 대한 제국을 회복해야 한다는 복벽주의를 내세웠다.

정답 해설
⑤ 독립 의군부는 국권 반환 요구서를 작성하여 조선 총독에게 제출하고자 하였다.

오답 체크
① 조선 청년 독립단: 일본 도쿄에서 유학생들을 중심으로 결성되었으며, 2·8 독립 선언서를 발표하였다.
② 조선어 학회: 일제가 독립운동 단체로 간주하여 치안 유지법을 적용해 회원들을 탄압하였다(조선어 학회 사건).
③ 신민회: 주요 인사들이 서간도에 신흥 강습소를 설립하여 독립군을 양성하였으며, 신흥 강습소는 이후 신흥 무관 학교로 개편되었다.
④ 대한민국 임시 정부: 독립운동 자금을 마련하기 위해 중국과 미국 등의 국외 거주 동포에게 독립 공채를 발행하였다.

빈출 개념 | 1910년대의 국내 독립운동 단체

독립 의군부	• 조직: 고종의 밀명에 따라 임병찬이 조직 • 특징: 복벽주의(왕정 복고)를 표방 • 활동: 조선 총독부와 일본 정부에 국권 반환 요구서를 전송하려다 실패
대한 광복회	• 조직: 박상진이 주도하여 조직 • 특징: 공화정체의 국민 국가 수립 목표, 독립 전쟁을 통한 국권 회복 • 활동: 군자금 모금, 친일파 처단, 국외 독립군 기지 건설

07 | 대한 광복회
정답 ①

자료 분석

> 대구 + 총사령 박상진 → 대한 광복회
>
> 대한 광복회는 공화정체의 국민 국가 수립을 목표로 삼은 독립운동 단체이다. 대한 광복회의 주요 활동은 주로 친일파를 처단하고 군자금을 모금하는 것이었는데, 일제에 의해 활동이 발각되어 박상진을 비롯한 주요 인물들이 체포되면서 와해되었다.

정답 해설
① 대한 광복회는 대구에서 박상진이 국권 회복을 위해 조직한 단체로, 군대식 조직을 갖춘 비밀 결사였다.

오답 체크
② 신간회: 사회주의와 비타협적 민족주의 세력이 연합한 단체로, 6·10 만세 운동 이후 사회주의 단체인 정우회가 비타협적 민족주의 세력과의 연대를 주장한 정우회 선언의 영향으로 결성되었다.
③ 의열단: 김원봉을 중심으로 조직된 무장 투쟁 단체로, 민중의 직접 혁명을 주장한 신채호의 「조선혁명선언」을 활동 지침으로 삼았다.
④ 조선 혁명군: 양세봉을 중심으로 한 조선 혁명당의 군사 조직으로, 중국군과 함께 영릉가 전투에서 큰 전과를 올렸다.
⑤ 독립 협회: 서재필을 중심으로 창립된 단체로, 만민 공동회를 열어 러시아의 절영도 조차 요구에 반대하는 등 열강의 이권 침탈을 비판하였다.

08 | 대한 광복회
정답 ②

자료 분석

> 군자금 모금과 친일파 처단 + 박상진 → 대한 광복회
>
> 대한 광복회는 1915년에 대구에서 조직된 국내 독립운동 단체로, 총사령 박상진이 이끌었다. 주로 독립군 양성을 위한 군자금을 모금하고, 친일파를 색출 및 처단하는 활동을 하였다. 또한 대구에 비밀 연락 거점인 상덕태상회를 설치하였다.

정답 해설
② 대한 광복회는 공화정체의 국민 국가 수립을 목표로 삼고 활동하였다.

오답 체크
① 대한 자강회: 근대의 애국 계몽 운동 단체로, 고종 강제 퇴위 반대 운동을 전개하다 해산되었다.
③ 대한민국 임시 정부: 제1차 세계 대전이 종결된 이후 열린 파리 강화 회의에 독립 청원서를 제출하였다.
④ 한국광복군: 미군과 연계하여 국내 진공 작전을 추진하였으나, 일본의 무조건 항복으로 실현하지 못했다.
⑤ 독립 협회: 근대적인 민중 집회인 만민 공동회를 열어 민권 신장을 추구하였다.

01 1910년대 일제의 통치와 민족 운동

09 73회 36번
(가) 지역에서 있었던 민족 운동에 대한 설명으로 옳은 것은? [2점]

이것은 (가) 에 세워진 신흥 강습소의 구성원이 만든 신흥 교우단의 기관지입니다. 이 기관지에는 군사, 교육, 역사 등 다양한 분야의 글이 게재되어 동포들의 민족의식을 고취하였습니다. 특히, 신흥 무관 학교의 전신인 신흥 강습소의 조직과 활동을 알려주는 내용이 많아 (가) 에서 전개된 독립운동을 연구하는 데 가치가 있습니다.

① 한인 자치 기구인 경학사를 조직하였다.
② 유학생을 중심으로 2·8 독립 선언서를 발표하였다.
③ 대조선 국민 군단을 조직하여 군사 훈련을 실시하였다.
④ 대한 광복군 정부를 수립하여 무장 투쟁을 준비하였다.
⑤ 독립군 비행사 양성을 위해 한인 비행 학교를 설립하였다.

10 61회 44번
(가) 지역에서 있었던 민족 운동으로 옳은 것은? [2점]

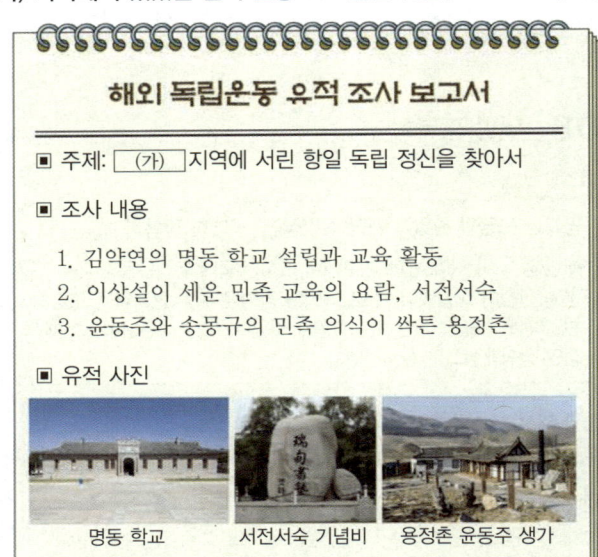

해외 독립운동 유적 조사 보고서
■ 주제: (가) 지역에 서린 항일 독립 정신을 찾아서
■ 조사 내용
 1. 김약연의 명동 학교 설립과 교육 활동
 2. 이상설이 세운 민족 교육의 요람, 서전서숙
 3. 윤동주와 송몽규의 민족 의식이 싹튼 용정촌
■ 유적 사진
 명동 학교 / 서전서숙 기념비 / 용정촌 윤동주 생가

① 권업회가 설립되어 권업신문을 발간하였다.
② 이봉창이 일왕의 행렬에 폭탄을 투척하였다.
③ 박용만의 주도로 대조선 국민 군단이 창설되었다.
④ 북로 군정서가 조직되어 독립 전쟁을 전개하였다.
⑤ 유학생들이 중심이 되어 2·8 독립 선언서를 발표하였다.

11 71회 36번
(가) 지역에서 일어난 민족 운동에 대한 설명으로 옳은 것은? [3점]

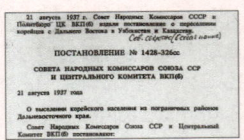

이 문서는 일제에 협력하는 것을 방지한다는 명분으로 (가) 의 한인들을 중앙아시아로 강제 이주 시키라는 명령서이다.

1937년에 소련 공산당 서기장 스탈린이 승인한 이 명령의 시행으로 블라디보스토크를 포함한 (가) 의 한인 10만 명 이상이 우즈베키스탄, 카자흐스탄 등지로 강제 이주당하였다.

① 권업회를 조직하고 신문을 발행하였다.
② 한인 자치 기구인 경학사를 설립하였다.
③ 유학생을 중심으로 2·8 독립 선언서를 발표하였다.
④ 독립군 양성을 위해 대조선 국민 군단을 결성하였다.
⑤ 서전서숙과 명동 학교를 설립하여 민족 교육을 실시하였다.

12 50회 35번
(가) 인물의 활동으로 옳은 것은? [2점]

해외 독립 운동 사적지 정보
중국 / 러시아 / 일본 / 아메리카 / 유럽
(가) 의 우수리스크 거주지
사적지 안내
• 사적지 종류: 건물
• 국가: 러시아
• 주소: 연해주 우수리스크시 볼르다르스코고 거리 38번지

이 건물은 연해주의 한인 사회에서 명망이 높았던 독립운동가 (가) 이/가 거주했던 곳이다. 그는 1909년 대동공보 사장으로 취임하였으며, 1911년에는 권업회를 조직하고 권업신문을 발간하였다. 1918년 제2회 전로 한족 대표 회의에서 이동휘와 함께 명예 회장으로 추대되었다. 1920년 일본군이 자행한 4월 참변으로 우수리스크에서 순국하였다.

① 안중근의 하얼빈 의거를 지원하였다.
② 숭무 학교를 설립하여 독립군을 양성하였다.
③ 의열단의 활동 지침인 「조선혁명선언」을 작성하였다.
④ 대조선 국민 군단을 조직하여 무장 투쟁을 준비하였다.
⑤ 신한청년당을 결성하고 파리 강화 회의에 참석하였다.

09 | 서간도 지역의 민족 운동 정답 ①

자료 분석

> 신흥 강습소 → 서간도
>
> 서간도(남만주)는 신민회의 주요 인사인 이회영, 이상룡 등이 삼원보를 개척하여 독립운동 기지로 삼은 지역이다. 서간도에는 신민회 인사들이 독립군 양성을 위해 설립한 신흥 강습소가 있었고, 이후 신흥 강습소는 신흥 무관 학교로 확대·개편되어 독립군 간부를 양성하는 데 큰 역할을 하였다.

정답 해설
① 서간도 지역에서는 이회영, 이동녕 등에 의해 인재 양성과 무장 항일 투쟁을 목적으로 한 한인 자치 기구인 경학사가 조직되었다.

오답 체크
② 일본 도쿄: 유학생들을 중심으로 결성된 조선 청년 독립단이 2·8 독립 선언서를 발표하였다.
③ 하와이: 박용만 등이 대조선 국민 군단을 결성하여 군사 훈련을 실시하였다.
④ 연해주: 이상설이 정통령, 이동휘가 부통령인 대한 광복군 정부를 세워 무장 투쟁을 준비하였다.
⑤ 미주: 캘리포니아에 한인 비행 학교를 세워 독립군 비행사를 양성하였다.

10 | 북간도 지역의 민족 운동 정답 ④

자료 분석

> 명동 학교 + 서전서숙 + 용정촌 → 북간도
>
> 북간도는 우리나라와 청의 경계 지대로, 국권 피탈 이후에는 일제의 감시를 피해 독립운동이 전개된 지역이다. 북간도로 이주한 동포들은 용정촌, 명동촌 등 한인 집단촌을 형성하였으며, 서전서숙과 명동 학교 등의 교육 기관을 설립하여 민족 교육을 실시하였다.

정답 해설
④ 북간도 지역에서는 대종교 신자들을 중심으로 조직된 중광단이 북로 군정서로 확대·개편되어 독립 전쟁을 전개하였다.

오답 체크
① 연해주: 의병 계열과 애국 계몽 운동 계열의 합작으로 권업회가 설립되어, 권업신문을 발간하였다.
② 일본: 한인 애국단원인 이봉창이 도쿄에서 일왕의 행렬에 폭탄을 투척하였으나 실패하였다.
③ 미주: 하와이에서 박용만의 주도로 군사 조직인 대조선 국민 군단이 창설되었다.
⑤ 일본: 도쿄의 유학생들을 중심으로 결성된 조선 청년 독립단이 2·8 독립 선언서를 발표하였다.

11 | 연해주 지역의 민족 운동 정답 ①

자료 분석

> 한인들을 중앙아시아로 강제 이주시킴 + 스탈린 → 연해주
>
> 연해주는 일제의 국권 침탈 이후 많은 한인들이 이주한 지역으로, 이 지역에서는 1937년에 소련의 스탈린이 한인을 우즈베키스탄, 카자흐스탄 등의 중앙아시아로 강제 이주시키기 전까지 독립운동이 지속되었다.

정답 해설
① 연해주 지역에서는 의병 계열과 애국 계몽 운동 계열이 합작하여 자치 기관인 권업회를 조직하고 권업신문을 발행하였다.

오답 체크
② 서간도: 한인 자치 기구인 경학사를 설립하였다.
③ 일본 도쿄: 유학생을 중심으로 결성된 조선 청년 독립단이 2·8 독립 선언서를 발표하였다.
④ 하와이: 박용만의 주도로 독립군 양성을 위해 대조선 국민 군단을 결성하였다.
⑤ 북간도: 교육 기관인 서전서숙과 명동 학교를 설립하여 민족 교육을 실시하였다.

빈출 개념 | 연해주의 독립운동 단체

성명회	유인석, 이상설 등이 조직
권업회	• 신한촌에 조직된 자치 기관 • 권업신문 발행
대한 광복군 정부	• 권업회를 중심으로 수립된 임시 정부 • 정통령에 이상설, 부통령에 이동휘 선임 • 대한민국 임시 정부 탄생의 계기 마련
대한 국민 의회	전로 한족 중앙 총회가 정부 형태로 개편된 단체

12 | 최재형 정답 ①

자료 분석

> 연해주 + 권업회를 조직 + 권업신문을 발간 → 최재형
>
> 최재형은 연해주 지역을 중심으로 활동한 독립운동가이다. 그는 연해주 지역의 자치 기관인 권업회 조직에 일조하여 초대 회장으로 선임되었으며, 권업신문을 발행하여 언론 활동을 전개하였다.

정답 해설
① 최재형은 안중근이 이토 히로부미를 사살한 하얼빈 의거를 지원하였다.

오답 체크
② 이근영 등: 멕시코에서 숭무 학교를 설립하여 독립군을 양성하고 독립운동을 지원하였다.
③ 신채호: 의열단의 활동 지침인 「조선혁명선언」을 작성하였으며, 이를 통해 민중의 직접 혁명을 강조하였다.
④ 박용만: 하와이에서 대조선 국민 군단을 조직하여 군사 훈련을 실시하고 무장 투쟁을 준비하였다.
⑤ 김규식: 상하이에서 신한청년당을 결성하고 독립 청원을 위해 파리 강화 회의에 대한민국 임시 정부의 대표 자격으로 참석하였다.

01 1910년대 일제의 통치와 민족 운동

13 49회 38번
(가) 인물에 대한 설명으로 옳은 것은? [2점]

> 연해주 우수리스크에 있는 (가) 의 유허비를 관리하기 위해 현지 교민들이 나섰습니다. 이 비에는 헤이그 특사로 파견되었던 (가) 이/가 연해주에서 성명회와 권업회를 조직하여 독립운동을 이끈 사실 등이 기록되어 있습니다.

연해주 교민들, (가) 유허비 지킴이로 나서

① 대한 광복군 정부 수립을 주도하였다.
② 이토 히로부미를 하얼빈에서 사살하였다.
③ 의열단을 조직하여 단장으로 활동하였다.
④ 숭무 학교를 설립하여 독립군을 양성하였다.
⑤ 일본의 침략 과정을 서술한 『한국통사』를 저술하였다.

15 49회 44번
다음 선언문이 발표된 시기를 연표에서 옳게 고른 것은? [3점]

> 이 선언문은 상하이에서 신규식, 신채호, 조소앙 등 14인의 명의로 발표된 대동 단결 선언으로 주권 재민 사상을 담고 있습니다.
>
> "융희 황제가 삼보(三寶)*를 포기한 경술년 8월 29일은, 우리 동지가 이를 계승한 날이니 …… 황제권 소멸의 때가 즉 민권 발생의 때요. 구한국 최후의 날은 즉 신한국 최초의 날이니……."
> *삼보: 토지, 인민, 정치

1910	1919	1923	1931	1941	1945
	(가)	(나)	(다)	(라)	(마)
국권 피탈	3·1 운동	국민 대표 회의 개최	한인 애국단 조직	대한민국 건국 강령 발표	8·15 광복

① (가) ② (나) ③ (다) ④ (라) ⑤ (마)

14 52회 43번
다음 검색창에 들어갈 인물의 활동으로 옳은 것은? [3점]

역사 인물 검색

검색 결과: 대한 제국 무관 출신으로 신민회 등에서 활동하다 일제에 체포되었다. 이후 만주와 연해주를 중심으로 민족 운동을 전개하였다. 사회주의 정당인 한인 사회당을 창당하였고, 대한민국 임시 정부의 국무총리를 역임하였다. 1995년 건국훈장 대통령장이 추서되었다.

① 대한 광복군 정부 수립을 주도하였다.
② 옌안에서 조선 독립 동맹을 결성하였다.
③ 민족 교육을 위해 서전서숙을 설립하였다.
④ 고종의 밀지를 받아 독립 의군부를 조직하였다.
⑤ 의열단의 활동 강령인 「조선혁명선언」을 작성하였다.

16 46회 35번
(가) 지역에서 전개된 민족 운동에 대한 설명으로 옳은 것은? [2점]

국외 민족 운동 유적지 답사 안내
우리 학회에서는 (가) 지역의 민족 운동을 조명하는 답사를 진행하고자 합니다. 관심 있는 분들의 많은 참여 바랍니다.

- 기간: 2020년 ○○월 ○○일 ~ ○○일
- 답사 코스
  다뉴바 애국선열 기념비 → 리들리 한인 이민 역사 기념각 → 장인환, 전명운 의거지 → 공립 협회 회관 터
- 주관: □□ 학회

① 신흥 강습소를 세워 독립군을 양성하였다.
② 해조신문을 발간하여 국권 회복에 힘썼다.
③ 서전서숙을 설립하여 민족 교육을 실시하였다.
④ 대한인 국민회를 중심으로 외교 활동을 펼쳤다.
⑤ 조선 독립 동맹을 결성하여 대일 항전을 준비하였다.

13 | 이상설 정답 ①

자료 분석

> 연해주 + 헤이그 특사 + 성명회와 권업회를 조직함 → 이상설
>
> 이상설은 독립운동가로, 1907년에 네덜란드에서 열린 헤이그 만국 평화 회의에 이준·이위종과 함께 특사로 파견되어 을사늑약의 부당성을 폭로하였다. 이후 연해주에서 독립운동 단체인 성명회와 권업회를 조직하였다.

정답 해설

① 이상설은 연해주에서 대한 광복군 정부의 수립을 주도하고 정통령으로 취임하였다.

오답 체크

② 안중근: 하얼빈에서 초대 통감인 이토 히로부미를 사살하였다.
③ 김원봉: 만주 길림(지린)에서 의열단을 조직하여 단장으로 활동하였다.
④ 이근영 등: 멕시코에서 숭무 학교를 설립하여 군사 훈련을 실시하고 독립군을 양성하였다.
⑤ 박은식: 일본의 침략 과정을 서술한 『한국통사』를 저술하여 민족주의 사학의 기초를 닦았다.

빈출 개념 | 이상설의 활동

- 북간도 용정에 서전서숙 설립
- 네덜란드 헤이그에서 열린 만국 평화 회의에 특사로 파견
- 연해주 블라디보스토크에서 성명회, 권업회 조직
- 대한 광복군 정부의 정통령에 선임

14 | 이동휘 정답 ①

자료 분석

> 신민회 + 대한민국 임시 정부의 국무총리를 역임 → 이동휘
>
> 이동휘는 대한 제국의 무관 출신으로, 안창호 등과 함께 신민회를 조직하여 활동하다 일제에 체포되었다. 이후 그는 러시아의 하바롭스크에서 사회주의 단체인 한인 사회당을 창당하였으며, 상하이에서 수립된 대한민국 임시 정부의 국무총리를 역임하기도 하였다.

정답 해설

① 이동휘는 연해주에서 대한 광복군 정부 수립을 주도하였으며, 대한 광복군 정부의 부통령으로 활동하였다.

오답 체크

② 김두봉 등: 옌안에서 사회주의자들을 중심으로 조선 독립 동맹을 결성하여 대일 항전을 준비하였다.
③ 이상설: 북간도에 항일 민족 교육 기관인 서전서숙을 설립하였다.
④ 임병찬: 고종의 밀지를 받아 비밀 결사 조직인 독립 의군부를 조직하였다.
⑤ 신채호: 의열단의 활동 강령으로 민중의 직접 혁명을 강조한 「조선혁명선언」을 작성하였다.

15 | 대동 단결 선언 정답 ①

자료 분석

> 상하이 + 대동 단결 선언 → 대동 단결 선언(1917)
>
> 대동 단결 선언은 1917년 상하이에서 신규식, 신채호, 조소앙 등이 임시 정부 수립에 관한 회의의 소집을 제창한 선언문이다. 이들은 대동 단결 선언을 통해 융희 황제(순종)가 주권을 포기한 것을 나라의 주권이 국민에게 계승(주권 재민)된 것으로 주장하였으며, 구한국 최후의 날이 곧 신한국 최초의 날임을 강조하였다.

정답 해설

① 대동 단결 선언은 국권 피탈(1910) 이후인 1917년 상하이에서 신규식, 신채호 등이 임시 정부의 수립을 위해 제창한 선언문이다.

빈출 개념 | 1910년대 상하이에서의 민족 운동

동제사	• 신규식, 박은식, 조소앙 등이 조직한 비밀 결사(1912) • 박달 학원 설립 등 청년 교육에 주력
대동 보국단	• 신규식, 박은식 등이 조직(1915) • 잡지 『진단』 발간
신한청년당	• 김규식, 여운형 등이 조직(1918), 『신한청년보』 발간 • 김규식을 파리 강화 회의에 파견

16 | 미주 지역의 민족 운동 정답 ④

자료 분석

> 장인환, 전명운 의거지 → 샌프란시스코 → 미주 지역
>
> 미주 지역은 1900년대 초부터 한국인들이 이주하기 시작하여 한인 사회를 형성한 지역이다. 1908년에 미주 지역 중 샌프란시스코에서 장인환과 전명운이 대한 제국의 외교 고문으로 파견되었던 친일 인사인 미국인 스티븐스를 사살하였다.

정답 해설

④ 미주 지역에서는 안창호 등이 설립한 단체인 대한인 국민회를 중심으로 외교 활동을 전개하였다.

오답 체크

① 서간도(남만주): 무장 독립 투쟁을 위해 신흥 강습소를 세워 독립군을 양성하였다.
② 연해주: 해조신문을 발간하여 민족 의식을 고취시키고 국권 회복에 힘썼다.
③ 북간도: 교육 기관인 서전서숙을 설립하여 민족 교육을 실시하였다.
⑤ 중국 화북 지역: 김두봉 등 사회주의자들이 조선 독립 동맹을 결성하여 대일 항전을 준비하였다.

01 1910년대 일제의 통치와 민족 운동

17 53회 38번
(가) 지역에서 있었던 민족 운동으로 옳은 것은? [2점]

이 사진은 1905년 (가) 의 유카탄반도로 계약 노동 이민자들을 수송했던 일포드호입니다. 주택 무료 임대, 높은 임금 등을 내건 모집 광고를 믿고 이 화물선을 탄 천여 명의 한국인들은 한 달 넘게 걸려 에네켄 농장에 도착했습니다. 이들은 광고와 달리 사실상 노예와 다름없는 생활을 하였습니다.

① 권업회의 기관지로 권업신문이 발간되었다.
② 독립군 양성을 위한 숭무 학교가 설립되었다.
③ 북로 군정서가 조직되어 무장 투쟁을 실시하였다.
④ 주권 재민을 천명한 대동 단결 선언서가 작성되었다.
⑤ 유학생들이 중심이 되어 2·8 독립 선언서를 발표하였다.

18 74회 33번
밑줄 그은 '이곳'에서 있었던 민족 운동으로 옳은 것은? [2점]

1/3: 첫 공식 이민. 백여 명의 이민자들이 대한제국이 발행한 여행권을 가슴에 품고 낯선 땅에 1903년 도착했다. 두려움과 희망이 함께했다.

2/3: 그들을 기다린 건 사탕수수 농장의 고된 노동이었다. 열악한 환경에서도 1905년까지 노동 이민으로 약 7,000명이 이곳에 이주해 묵묵히 뿌리를 내렸다.

3/3: 1910년, 일제의 국권 침탈로 그들은 돌아갈 곳도 보호받을 나라도 잃었다. 고된 환경 속에서도 그들은 한인 사회를 중심으로 스스로의 길을 만들어 갔다.

① 한인 자치 기구인 경학사를 설립하였다.
② 권업신문을 발간하여 민족 의식을 고취하였다.
③ 유학생을 중심으로 2·8 독립 선언을 발표하였다.
④ 신한청년당이 파리 강화 회의에 대표를 파견하였다.
⑤ 대조선 국민 군단을 결성하고 군사 훈련을 실시하였다.

19 67회 43번
밑줄 그은 '이 지역'에서 있었던 민족 운동으로 옳은 것은? [2점]

이것은 1923년 이 지역에서 발생한 지진 당시 희생된 조선인을 위로하기 위해 세운 추도비입니다. 지진이 일어나자 "조선인이 불을 질렀다", "조선인이 공격해 온다" 등의 유언비어가 퍼졌고, 이에 현혹된 사람들이 조직한 자경단 등에 의해 수많은 조선인이 학살되었습니다.

① 한인 자치 기구인 경학사를 설립하였다.
② 민족 교육을 위해 서전서숙을 건립하였다.
③ 유학생을 중심으로 2·8 독립 선언서를 발표하였다.
④ 대조선 국민 군단을 결성하여 군사 훈련을 실시하였다.
⑤ 대한 광복군 정부를 세워 무장 독립 투쟁을 준비하였다.

20 74회 41번
(가)~(마)에 들어갈 내용으로 적절하지 않은 것은? [2점]

■ 모둠별 과제 안내
일제 강점기 국외 동포들의 삶과 시련을 주제로 보고서를 작성한 후 제목과 함께 게시판에 올려주세요.
※ 과제 마감일은 5월 24일입니다.

번호	제목	첨부파일
1	1모둠 - 만주 (가)	
2	2모둠 - 일본 (나)	
3	3모둠 - 연해주 (다)	
4	4모둠 - 중앙아시아 (라)	
5	5모둠 - 미국 (마)	

① (가) - 일본군의 보복으로 간도 참변이 일어나다
② (나) - 관동 대지진 당시 자경단에게 학살당하다
③ (다) - 에네켄 농장에서 고된 노동에 시달리다
④ (라) - 소련 당국에 의해 강제로 이주되어 오다
⑤ (마) - 교민들을 중심으로 흥사단이 창립되다

17 | 멕시코 지역의 민족 운동 정답 ②

자료 분석
계약 노동 이민자 + 한 달 넘게 걸려 에네켄 농장에 도착 → 멕시코

19세기부터 해외로 이주하는 사람들이 크게 증가하였다. 그중 멕시코로의 이주는 계약 노동이라는 조건 하에 이루어졌으며, 화물선을 탄 한국인들은 한 달 넘게 걸려 에네켄 농장에 도착하였다. 이주한 한국인들은 계약에 따라 강제 노동을 해야 했기 때문에 사실상 노예와 다름 없는 생활을 하였다.

정답 해설
② 멕시코에는 독립군 양성을 위한 숭무 학교가 설립되었다.

오답 체크
① 연해주: 한인 자치 기관인 권업회가 조직되었으며, 기관지로 권업신문을 발행하였다.
③ 북간도: 중광단이 북로 군정서로 확대·개편되어 항일 무장 투쟁을 전개하였다.
④ 중국 상하이: 신규식, 조소앙 등이 주권 재민을 천명한 대동 단결 선언을 발표하였다.
⑤ 일본 도쿄: 유학생들을 중심으로 조선 청년 독립단이 결성되어 2·8 독립 선언서를 발표하였다.

18 | 하와이 지역의 민족 운동 정답 ⑤

자료 분석
첫 공식 이민 + 사탕수수 농장 → 하와이 지역의 민족 운동

하와이 지역은 대한 제국 시기인 1903년에 한인들이 최초의 이민선인 갤릭호를 타고 공식적으로 이주를 시작한 지역이다. 이주가 시작된 이래로 이민자들은 사탕수수 농장 등에서 종사하였으며, 국권 피탈 이후에는 활발한 독립운동을 전개하였다.

정답 해설
⑤ 하와이 지역에서는 박용만 등이 대조선 국민 군단을 조직하여 군사 훈련을 실시하는 등 무장 투쟁을 준비하였다.

오답 체크
① 서간도: 신민회는 서간도 삼원보에 한인 자치 기구인 경학사를 설립하였다.
② 연해주: 의병 계열과 애국 계몽 운동 계열의 합작으로 설립된 권업회는 권업신문을 발간하여 민족 의식을 고취하였다.
③ 일본 도쿄: 유학생을 중심으로 결성된 조선 청년 독립단이 2·8 독립 선언을 발표하였다.
④ 중국 상하이: 신한 청년당이 파리 강화 회의에 김규식을 대표로 파견하였으며, 이후 김규식은 대한민국 임시 정부의 대표 자격으로 독립 청원서를 제출하였다.

19 | 일본 지역의 민족 운동 정답 ③

자료 분석
1923년 + 지진 당시 희생된 조선인 → 관동 대학살 → 일본

19세기 말 일본 지역의 한인 이주자는 대개 유학생들이나 정치적 망명자들이었고, 국권 피탈 이후로는 일제의 경제적 수탈로 생활 터전을 상실한 농민들이 이주하여 산업 노동자로 취업하였다. 한편, 1923년에 일본 관동 지역에 대지진이 일어났는데, 당시 '조선인이 불을 질렀다', '조선인이 공격해온다' 등의 유언비어가 퍼졌고 이에 현혹된 일본인들이 자경단을 조직하여 한국인들을 무차별적으로 학살하였다(관동 대학살).

정답 해설
③ 일본 도쿄에서 유학생을 중심으로 조직된 조선 청년 독립단이 2·8 독립 선언서를 발표하였다.

오답 체크
① 서간도: 한인 자치 기구인 경학사를 설립하였다.
② 북간도: 민족 교육을 위해 서전서숙을 건립하였다.
④ 하와이: 박용만의 주도로 대조선 국민 군단을 결성하여 군사 훈련을 실시하였다.
⑤ 연해주: 대한 광복군 정부를 세워 무장 독립 투쟁을 준비하였다.

20 | 일제 강점기 국외 동포들의 삶과 시련 정답 ③

자료 분석
일제 강점기 국외 동포들의 삶과 시련

일제 강점기를 전후로 한국인들은 중국, 일본, 러시아, 미주 등 국외 지역으로 이주하여 그곳에서 한인촌과 한인 자치 기구를 세우는 등 삶의 터전을 가꾸었다. 또한 그들은 자치 기구를 통해 민족 계몽 운동 또는 독립운동에 힘썼으며, 독립운동 단체에 자금을 지원하기도 하였다.

정답 해설
③ 한국인들이 에네켄 농장에서 고된 노동에 시달린 것은 멕시코 지역이다. 연해주는 1930년대에 소련의 스탈린에 의해 중앙아시아로 강제 이주당하기 전까지 한인들이 한인 집단 거주지인 신한촌을 형성하고 한인 자치 기관인 권업회를 조직하여 활발하게 활동한 지역이다.

오답 체크
① 만주에서 일본군이 봉오동 전투, 청산리 전투 등에 대한 보복으로 간도의 한인촌을 습격하여 한인들을 학살하는 간도 참변이 일어났다.
② 일본 관동 지방에서 대지진이 일어나자, "조선인이 공격해 온다" 등의 유언비어가 퍼졌고, 이에 현혹된 일본인들은 자경단을 결성하여 한인들을 학살하였다(관동 대학살).
④ 중앙아시아는 연해주 지역에 머물고 있던 한인들이 소련의 스탈린에 의해 우즈베키스탄, 카자흐스탄 등지로 강제 이주당한 지역이다.
⑤ 미국 샌프란시스코에서는 안창호가 교민들을 중심으로 흥사단을 창립하였으며, 민족 의식을 심어주고자 하였다.

02 3·1 운동과 대한민국 임시 정부

01
다음 자료가 발표된 이후의 사실로 옳은 것은? [2점]

> 조선 청년 독립단은 우리 2천만 민족을 대표하여 정의와 자유를 쟁취한 세계 모든 나라 앞에 독립을 성취할 것을 선언한다. …… 우리 민족은 정당한 방법으로 우리 민족의 자유를 추구할 것이나, 만일 이번에 성공하지 못하면 우리 민족은 생존의 권리를 위하여 온갖 자유행동을 취하여 최후의 일인까지 자유를 위해 뜨거운 피를 흘릴 것이니, …… 일본이 만일 우리 민족의 정당한 요구에 불응한다면 우리는 일본에 대하여 영원의 혈전을 선포하노라.
> — 재일본 동경 조선 청년 독립단 대표 11인

① 박상진 등이 대한 광복회를 결성하였다.
② 황성신문에 시일야방성대곡이 게재되었다.
③ 독립 협회가 중심이 되어 독립문을 건립하였다.
④ 고종의 밀지를 받아 독립 의군부가 조직되었다.
⑤ 민족 대표 33인 명의의 독립 선언서가 발표되었다.

02
(가) 운동의 배경으로 가장 적절한 것은? [1점]

> 파리 강화 회의가 진행되던 프랑스에서는 일제 강점기 최대 규모의 독립운동이었던 (가) 와/과 관련된 내용이 보도된 바 있습니다. 이와 관련하여 "일본 당국이 가혹한 탄압을 하고 있으며 혁명의 희생자 수가 이미 상당하다."라고 보도하며 (가) 에 대해 '혁명'이라는 표현을 사용한 기사가 주목됩니다.

① 간도 참변으로 민간인이 학살되었다.
② 민영익을 대표로 한 보빙사가 파견되었다.
③ 대한 제국의 마지막 황제 순종이 서거하였다.
④ 언론사의 주도로 브나로드 운동이 전개되었다.
⑤ 미국 대통령 윌슨이 민족 자결주의를 제창하였다.

03
밑줄 그은 '시위 운동'의 배경으로 가장 적절한 것은? [1점]

> 수신: 육군 대신
> 발신: 조선 헌병대 사령관
>
> 오늘 1일 새벽 경성에서 조선 독립에 관한 선언서를 발견함. 위 선언서에는 천도교, 기독교 신도들의 서명이 있었는데, 이면에는 일본 및 조선의 학생들과 비밀리에 연락했을 가능성이 있어 수사 중. 오후 2시에 이르러 중학(中學) 정도의 학생 약 1,000명이 모이자, 민중이 이에 어울려 시내를 행진하고 시위 운동을 시작함. 지금 수배 중. 위 집단은 각 장소에서 한국 독립 만세를 외치나 난폭한 행동으로 나오지는 않아 매우 불온한 형세는 없음. 주모자를 체포하고 해산시킬 예정이고 선언서에 서명한 사람 대부분은 즉시 체포함.

① 간도 참변으로 민간인이 학살되었다.
② 상하이에서 국민 대표 회의가 개최되었다.
③ 언론사의 주도로 브나로드 운동이 전개되었다.
④ 조선 노동 총동맹과 조선 농민 총동맹이 결성되었다.
⑤ 도쿄 유학생들을 중심으로 2·8 독립 선언서가 발표되었다.

04
(가) 운동에 대한 설명으로 옳은 것은? [2점]

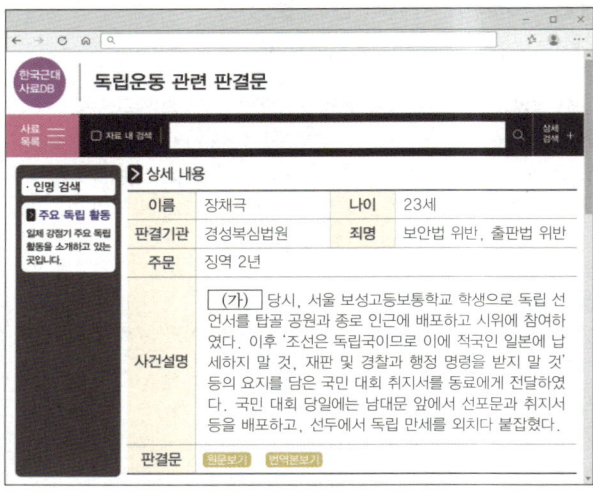

① 정우회 선언의 영향을 받았다.
② 통감부의 탄압과 방해로 중단되었다.
③ 순종의 인산일을 기회로 삼아 추진되었다.
④ 전개 과정에서 일제가 제암리 학살 등을 자행하였다.
⑤ 성진회와 각 학교 독서회에 의해 전국적으로 확산되었다.

● 주제별 출제 비중

*최근 3개년 기준(심화 76~63회)

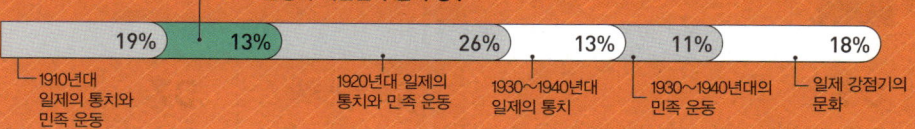

01 | 2·8 독립 선언서 발표 이후의 사실   정답 ⑤

자료 분석

> 조선 청년 독립단 + 재일본 동경 → 2·8 독립 선언서 발표(1919. 2.)
>
> 일본 도쿄(동경)에서 유학생들을 중심으로 결성된 조선 청년 독립단은 2·8 독립 선언서를 발표하였고(1919. 2.), 이는 국내에 큰 영향을 주었다. 이러한 상황에서 일제가 고종을 독살하였다는 고종 독살설이 퍼지면서 고종의 인산일(장례일) 즈음에 3·1 운동이 일어났다.

정답 해설

⑤ 2·8 독립 선언서가 발표(1919. 2.)된 이후 일어난 3·1 운동 때 민족 대표 33인 명의의 독립 선언서가 발표되었다(1919. 3.).

오답 체크

① 1915년에 박상진 등이 대구에서 공화정체의 국민 국가 수립을 목표로 대한 광복회를 결성하였다.
② 1905년에 을사늑약이 체결되자, 장지연이 황성신문에 을사늑약의 부당함을 알리는 논설인 시일야방성대곡을 게재하였다.
③ 1897년에 독립 협회가 영은문(청나라 사신을 맞이하던 곳) 자리 부근에 독립문을 건립하였다.
④ 1912년에 임병찬이 고종의 밀지를 받아 국내에서 독립 의군부를 조직하였다.

02 | 3·1 운동의 배경   정답 ⑤

자료 분석

> 일제 강점기 최대 규모의 독립운동 → 3·1 운동
>
> 3·1 운동은 일제 강점기 최대 규모의 독립운동으로, 서울을 시작으로 전국 및 해외까지 확산되었다. 그러나 시위가 전국으로 확산되는 과정에서 일제가 제암리 학살과 같은 가혹한 탄압을 자행하여 많은 희생자가 발생하였다. 3·1 운동의 결과 독립운동을 조직적으로 전개할 필요성이 대두되면서 대한민국 임시 정부가 수립되었으며, 일제는 문화 통치를 실시하였다.

정답 해설

⑤ 3·1 운동은 제1차 세계 대전 이후 미국 대통령 윌슨이 각 민족은 자신의 정치적 운명을 정할 권리가 있다는 민족 자결주의를 제창한 것을 배경으로 일어났다.

오답 체크

① 일본군이 봉오동 전투, 청산리 전투 등에서 패배하자 이에 대한 복수로 간도 참변을 일으켜 간도에 사는 한국인들을 학살한 간도 참변(1920)은 3·1 운동과 관련이 없다.
② 보빙사는 근대 개항기에 조·미 수호 통상 조약 이후 미국의 공사가 조선에 부임하자 이에 대한 답례로 전권대신 민영익을 대표로 하여 미국에 파견된 사절단으로, 3·1 운동과 관련이 없다.
③ 6·10 만세 운동: 대한 제국의 마지막 황제인 순종이 서거하자 순종의 인산일을 기회로 천도교 일부 세력과 사회주의 계열, 학생 단체가 대규모 시위를 계획하였으나, 천도교와 사회주의 계열의 계획은 사전에 발각되었고 학생 단체의 시위만 예정대로 진행되었다.
④ 1930년대에 동아일보가 주도하여 문맹 타파와 근검 절약, 미신 타파 등 농촌 계몽을 목표로 전개된 브나로드 운동은 3·1 운동과 관련이 없다.

03 | 3·1 운동의 배경   정답 ⑤

자료 분석

> 조선 독립에 관한 선언서 + 한국 독립 만세 → 3·1 운동
>
> 3·1 운동은 1919년 3월 1일 민족 대표들이 태화관에서 독립 선언서를 낭독한 것을 시작으로, 탑골 공원에 모인 시민들이 만세 운동을 전개하면서 전국적으로 확산되었다.

정답 해설

⑤ 일본 도쿄 유학생들을 중심으로 조선 청년 독립단이 결성되어 2·8 독립 선언서가 발표되었고, 이는 3·1 운동의 배경이 되었다.

오답 체크

① 1920년에 대한 독립군 등이 봉오동 전투에서 일본군을 격파하자, 일제는 이에 대한 보복으로 간도의 조선인들을 대대적으로 학살하는 간도 참변을 일으켰다.
② 1923년에 대한민국 임시 정부의 독립운동 방향을 논의하기 위해 상하이에서 국민 대표 회의가 개최되었다.
③ 1931년부터 1934년까지 동아일보를 중심으로 농촌 계몽 운동인 브나로드 운동이 전개되었다.
④ 1927년에 노동·농민 운동이 활발하게 전개되어, 조선 노동 총동맹과 조선 농민 총동맹이 결성되었다.

04 | 3·1 운동   정답 ④

자료 분석

> 독립 선언서 + 탑골 공원 + 독립 만세를 외침 → 3·1 운동
>
> 3·1 운동은 천도교·기독교·불교 등 종교계 인사들로 구성된 민족 대표들이 태화관에서 독립 선언서를 낭독한 것을 시작으로, 탑골 공원에 모여 있던 학생과 시민들이 독립 선언서를 배포하고 만세 시위를 전개하면서 전국으로 확산되었다.

정답 해설

④ 일제는 3·1 운동 당시 화성 제암리 주민들을 교회에 가둬놓고 불을 질러 학살한 제암리 학살 등을 자행하였다.

오답 체크

① 민족 유일당 운동: 비타협적 민족주의 세력과 사회주의 단체와의 연대를 주장한 정우회 선언의 영향을 받아 전개되었으며, 그 결과로 신간회가 결성되었다.
② 국채 보상 운동: 양기탁에게 모금액을 횡령했다는 혐의를 씌워 구속하는 등 통감부의 탄압과 방해로 중단되었다.
③ 6·10 만세 운동: 순종의 인산일을 기회로 삼아 추진되었으나 천도교 및 사회주의 세력의 계획은 일제에 의해 사전에 발각되어 진행되지 못하였고, 학생 단체의 시위만 예정대로 진행되었다.
⑤ 광주 학생 항일 운동: 비밀 결사 단체인 성진회와 각 학교 독서회에 의해 전국적으로 확산하였다.

02 3·1 운동과 대한민국 임시 정부

05
70회 35번
밑줄 그은 '운동'에 대한 설명으로 옳은 것은? [1점]

이 자료는 고종의 인산일을 계기로 시작된 만세 운동에서 불렀던 독립가 전단입니다. 당시에 우리 민족은 독립 선언서를 발표하고 대한 독립 만세를 외치며 전국 각지와 해외 곳곳에서 시위를 이어 나갔습니다.

터졌구나 터졌구나
조선 독립성
십 년을 참고 참아
이제 터졌네
삼천리의 금수강산
이천만 민족
살았구나 살았구나
이 한 소리에

① 통감부의 방해와 탄압으로 중단되었다.
② 천도교 소년회가 창립된 후 본격화되었다.
③ 일제가 이른바 문화 통치를 실시하는 배경이 되었다.
④ 성진회와 각 학교 독서회에 의해 전국으로 확산되었다.
⑤ 시위를 준비하는 과정에서 사회주의자들이 대거 검거되었다.

06 빈출
72회 36번
(가) 운동에 대한 설명으로 옳은 것은? [1점]

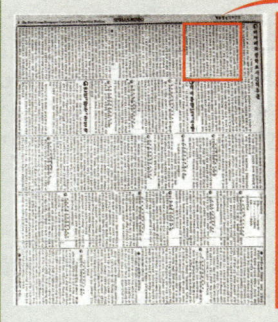

언론 보도로 본 만세 기념일

3월 1일에 배화 여학교 학생 일동은 학교 동산에 올라가서 우리 독립 선언 기념을 경축하기 위하여 만세를 부르고, 배재 학교 생도 일동은 3월 1일에 일제히 결석하고 3월 2일에 등교하여 갑자기 그 학교 마당에서 만세를 불렀으니 …… 저와 같은 불미한 행동을 허락한 까닭으로 그 학교 교장들은 파직하고 심하면 그 학교를 폐쇄할 지경에 이르겠다더라.

[해설] 이 자료는 신한민보 1920년 4월 20일자에 실린 기사이다. 민족 최대의 독립 운동이었던 (가) 의 1주년 무렵 배화 여학교와 배재 학교 학생들이 만세 운동을 전개하여 학교가 폐쇄될 위기에 처했다는 내용이 담겨 있다.

① 통감부의 방해와 탄압으로 중단되었다.
② 러시아의 절영도 조차 요구를 저지하였다.
③ 순종의 인산일을 기회로 삼아 추진되었다.
④ 대한민국 임시 정부 수립의 계기가 되었다.
⑤ 성진회와 각 학교 독서회에 의해 전국적으로 확산되었다.

07
68회 35번
다음 자료에 나타난 민족 운동에 대한 설명으로 옳지 <u>않은</u> 것은? [2점]

한국인들이 독립 선언을 하다
- 집회에 참가한 수천 명 체포 -

일본 당국은 고종의 장례식을 계기로 문제가 발생할 것으로 예상하고 많은 헌병을 서울로 집결시켰다. …… 전국의 모든 도시와 마을에서 독립을 위한 행진과 시위가 일어났다. 일본 측은 당황했지만 곧 재정비하여 강력하고 신속한 진압에 나섰다. 그 결과 수천 명의 시위대가 체포되었지만 일본 측 보고서에는 수백 명으로 기록되어 있다.

① 중국의 5·4 운동에 영향을 주었다.
② 대한민국 임시 정부 수립의 계기가 되었다.
③ 신간회에서 진상 조사단을 파견하여 지원하였다.
④ 국외로도 확산되어 필라델피아에서 한인 자유 대회가 열렸다.
⑤ 평화적 만세 운동에서 무력 투쟁 사례가 늘어나기 시작하였다.

08 빈출
74회 37번
(가)에 대한 설명으로 옳은 것은? [1점]

저희 모둠에서는 이번 체험 학습 답사지로 백산 상회 설립자 안희제를 기념하는 백산 기념관을 선정하였습니다. 백산 상회는 백산 무역 주식회사로 개편된 이후 (가) 의 연통제 조직을 통해 독립운동 자금을 조달하였으며, 독립신문 보급 등의 역할도 담당하였습니다.

① 고종 강제 퇴위 반대 운동을 전개하였다.
② 일제의 황무지 개간권 요구를 저지하였다.
③ 영은문이 있던 자리 부근에 독립문을 건립하였다.
④ 독립운동 자금 마련을 위해 독립 공채를 발행하였다.
⑤ 조선 총독부에 국권 반환 요구서를 제출하려 하였다.

05 | 3·1 운동 정답 ③

자료 분석
고종의 인산일 + 대한 독립 만세 → 3·1 운동
3·1 운동은 고종의 인산일(장례일)을 계기로 시작된 만세 운동이다. 종교계 인사들로 구성된 민족 대표들은 1919년 3월 1일에 태화관에서 민족 대표 33인의 명의로 된 독립 선언서를 발표하였다. 또한 탑골 공원에서는 학생과 시민들이 모여 독립 선언서를 낭독한 후 '대한 독립 만세'를 외치며 만세 운동을 전개하였다.

정답 해설
③ 1919년에 3·1 운동이 전국적으로 전개되면서 식민 통치에 대한 불만이 표출되자, 일제는 이를 무마하고자 문화 통치를 실시하였다.

오답 체크
① 국채 보상 운동: 통감부가 국채 보상 기성회의 간사인 양기탁에게 모금액을 횡령했다는 혐의를 씌워 구속하는 등 탄압을 하면서 중단되었다.
② 소년 운동: 방정환을 비롯한 천도교 세력은 천도교 소년회를 창립하고 어린이날을 제정하는 등의 본격적인 소년 운동을 전개하였다.
④ 광주 학생 항일 운동: 비밀 결사 단체인 성진회와 각 학교 독서회에 의해 전국적으로 확산되었다.
⑤ 6·10 만세 운동: 시위를 준비하는 과정에서 사회주의자들이 대거 검거되었으나, 학생 단체의 시위는 예정대로 진행되어 서울에서 만세 시위가 전개되었다.

06 | 3·1 운동 정답 ④

자료 분석
3월 1일 + 만세를 부르고 + 민족 최대의 독립 운동 → 3·1 운동
3·1 운동은 무단 통치 시기에 일제의 강력한 탄압에 반발하여 일어난 독립 만세 운동으로, 시민들과 학생들은 탑골 공원에 모여 독립 선언서를 낭독하고 '대한 독립 만세'를 외치며 시위를 전개하였다.

정답 해설
④ 3·1 운동 이후 체계적인 독립운동의 필요성이 대두되자 상하이에서 대한민국 임시 정부가 수립되게 되었다.

오답 체크
① 국채 보상 운동: 통감부가 국채 보상 기성회의 간사인 양기탁에게 모금액을 횡령했다는 혐의를 씌워 구속하는 등 탄압을 하면서 중단되었다.
② 이권 수호 운동: 아관 파천 이후 열강의 경제 침탈이 본격화되자, 독립 협회가 이권 수호 운동을 전개하여 러시아의 절영도 조차 요구를 저지하였다.
③ 6·10 만세 운동: 사회주의 세력과 천도교 일부 세력, 학생 단체들이 연합하여 순종의 인산일을 기회로 삼아 추진되었다.
⑤ 광주 학생 항일 운동: 한·일 학생 간의 충돌로 일어났으며, 성진회와 각 학교 독서회에 의해 전국적으로 확산되었다.

07 | 3·1 운동 정답 ③

자료 분석
고종의 장례식 + 독립 → 3·1 운동
3·1 운동은 고종의 인산일(장례일)을 계기로 많은 사람들이 서울에 모일 것을 예측하여 계획된 만세 운동이다. 3·1 운동은 당시 미국 대통령 윌슨이 각 민족의 문제는 민족 스스로 결정해야 한다는 주장(민족 자결주의)과 일본에서 한국 유학생들이 발표한 2·8 독립 선언의 영향을 받아 일어났다.

정답 해설
③ 광주 학생 항일 운동이 일어나자, 신간회에서 진상 조사단을 파견하여 지원하였다.

오답 체크
① 3·1 운동은 중국의 5·4 운동 등 해외의 반제국주의 민족 운동에 영향을 주었다.
② 3·1 운동에서 조직적인 독립운동의 필요성이 대두되었으며, 이는 대한민국 임시 정부가 수립되는 계기가 되었다.
④ 3·1 운동은 국외로도 확산되어 만주와 연해주, 일본 등에서 만세 시위가 전개되었으며, 미국 필라델피아에서는 한인 자유 대회가 열렸다.
⑤ 3·1 운동은 농민들의 참여로 시위가 농촌까지 확산되었으며, 점차 평화적 만세 운동에서 무력 투쟁으로 바뀌게 되었다.

08 | 대한민국 임시 정부 정답 ④

자료 분석
연통제 + 백산 상회 → 대한민국 임시 정부
대한민국 임시 정부는 3·1 운동 이후 체계적인 독립운동의 필요성이 대두됨에 따라 상하이에서 수립되었다. 대한민국 임시 정부는 국내와의 연락을 담당하는 교통부의 하부 조직인 교통국과 국내 비밀 행정 조직인 연통제를 두었는데, 이때 안희제가 설립한 백산 상회가 연통제를 통해 독립운동 자금을 조달하였다.

정답 해설
④ 대한민국 임시 정부는 독립운동 자금 마련을 위해 중국과 미국 등의 국외 거주 동포에게 독립 공채를 발행하였다.

오답 체크
① 대한 자강회: 고종의 강제 퇴위 반대 운동을 전개하였다가 통감부에 의해 강제 해산되었다.
② 보안회: 일제의 황무지 개간권 요구를 철회하기 위한 운동을 펼쳐 이를 저지하였다.
③ 독립 협회: 독립 의식을 고취시키기 위해 청의 사신을 맞이하던 영은문을 헐고 그 자리에 독립문을 건립하였다.
⑤ 독립 의군부: 조선 총독부와 일본 정부에 국권 반환 요구서를 제출하려 하였으며, 대규모 의병 전쟁을 준비하였다.

02 3·1 운동과 대한민국 임시 정부

09 65회 41번
(가) 정부의 활동에 대한 설명으로 옳은 것은? [2점]

> 도내 관공서의 조선인 관리·기타 조선인 부호 등에게 빈번하게 불온 문서를 배부하는 자가 있어서 수사한 결과 이○○의 소행으로 판명되어 그의 체포에 노력하고 있다. …… 그는 (가) 의 교통부 차장과 재무부 총장 등으로부터 여러 가지 명령을 받았다. 조선에 돌아가서 인쇄물을 뿌리는 등 인심을 교란하는 동시에 (가) 이/가 발행한 독립 공채를 판매하는 한편, 조선 내부와의 연락 및 기타 기관을 충분히 갖추게 하는 것 등이었다. - 「고등 경찰 요사」

① 무장 투쟁을 위해 중광단을 결성하였다.
② 민족 교육을 위해 서전서숙을 설립하였다.
③ 독립군 양성을 위해 신흥 강습소를 세웠다.
④ 외교 활동을 위해 구미 위원부를 설치하였다.
⑤ 농촌 계몽을 위해 브나로드 운동을 전개하였다.

11 킬러 68회 38번
밑줄 그은 '회의'에 대한 설명으로 옳은 것은? [3점]

> 본 회의는 2천만 민중의 공의(公意)를 지키는 국민적 대회합으로서, 최고의 권위에 의해 국민의 완전한 통일을 견고하게 하며 광복 대업의 근본 방침을 수립하고, 이로써 우리 민족의 자유를 만회하고 독립을 완성하기를 기도하며 이에 선언하노라. 삼일 운동으로써 우리 민족의 정신적 통일은 이미 표명되었다. …… 본 대표들은 국민이 위탁한 사명을 받아 국민적 대단결을 힘써 도모하며, 독립 전도의 대방책을 확립하여 통일적 기관 하에서 대업을 기성(期成)하려 한다.

① 창조파와 개조파가 대립하였다.
② 대일 선전 성명서를 공표하였다.
③ 삼균주의를 기초로 하는 건국 강령을 발표하였다.
④ 파리 강화 회의에 김규식을 파견할 것을 결정하였다.
⑤ 지청천을 사령관으로 하는 한국광복군을 조직하였다.

10 39회 38번
(가)에 대한 설명으로 옳지 않은 것은? [2점]

이달의 독립운동가
윤현진 尹顯振
(1892~1921)

경상남도 양산 출신으로 어린 시절 한학과 신학문을 배웠다. 3·1 운동 직후 상하이로 망명하여 (가) 에 참여하였고, 재무차장을 맡아 재정 문제 해결에 주력하였다. 국내에서의 군사 및 선전 활동을 위해 의용단을 조직하였으며, 안창호와 함께 (가) 운영에 힘쓰다 과로로 젊은 나이에 순국하였다.

① 구미 위원부를 설치하여 외교 활동을 추진하였다.
② 한인 애국단을 조직하여 의열 투쟁을 전개하였다.
③ 이륭양행에 교통국을 설치하여 국내와 연락을 취하였다.
④ 임시 사료 편찬회를 두어 『한·일관계사료집』을 간행하였다.
⑤ 태극 서관을 설립하여 조선 광문회에서 발간한 서적을 보급하였다.

12 46회 41번
다음 공보가 발표된 이후 대한민국 임시 정부의 활동으로 옳은 것은? [2점]

> **대한민국 임시 정부 공보 제42호**
> ● 3월 18일 임시 의정원에서 임시 정부 대통령 이승만 각하를 임시 헌법 제21조 제14항에 의하여 탄핵하고 심판에 회부하다.
> ● 3월 23일 임시 의정원에서 임시 정부 대통령 이승만 각하를 심판, 면직하다.
> ● 3월 23일 임시 의정원에서 박은식 각하를 임시 헌법 제12조에 의하여 임시 정부 대통령으로 선거하다.

① 삼균주의에 바탕을 둔 건국 강령을 발표하였다.
② 무장 투쟁을 위해 육군 주만 참의부를 조직하였다.
③ 독립군 비행사 양성을 위해 한인 비행 학교를 설립하였다.
④ 국민 대표 회의를 개최하여 독립운동의 방향을 논의하였다.
⑤ 파리 강화 회의에 대표단을 파견하여 외교 활동을 전개하였다.

09 | 대한민국 임시 정부 정답 ④

자료 분석
교통부 + 독립 공채 → 대한민국 임시 정부

대한민국 임시 정부는 3·1 운동 이후 상하이에 수립된 통합 임시 정부이다. 대한민국 임시 정부는 국내외의 연락을 담당하는 교통부의 하부 조직인 교통국과 국내 비밀 행정 조직인 연통제를 두었으며, 독립 공채를 발행해 독립운동 자금을 마련하였다.

정답 해설
④ 대한민국 임시 정부는 외교 활동을 위해 미국 워싱턴에 구미 위원부를 설치하였다.

오답 체크
① 대종교: 무장 투쟁을 위해 북간도에 독립운동 단체인 중광단을 결성하였다.
② 이상설: 북간도에 민족 교육을 위해 서전서숙을 설립하였다.
③ 신민회: 주요 인사들이 독립군 양성을 위해 서간도에 신흥 강습소를 세웠으며, 신흥 강습소는 이후 신흥 무관 학교로 개편되었다.
⑤ 동아일보: 1930년대에 문맹 타파와 근검절약, 미신 타파 등 농촌 계몽을 위해 브나로드 운동을 전개하였다.

빈출 개념 | 대한민국 임시 정부의 초기 활동

비밀 연락망 조직 및 군자금 모금	• 연통제(국내 비밀 행정 조직)와 교통국(통신 기관, 이륭양행에 설치) 운영 • 독립 공채 발행
외교 활동	파리 위원부(프랑스), 구미 위원부(미국) 설치
문화 활동	• 독립신문(기관지) 간행 • 임시 사료 편찬회에서 『한·일관계사료집』 간행 • 미국에 한인 비행 학교 건설

10 | 대한민국 임시 정부 정답 ⑤

자료 분석
3·1 운동 직후 상하이 → 대한민국 임시 정부

대한민국 임시 정부는 1919년에 일어난 3·1 운동 직후 조직적인 독립운동의 필요성이 대두되면서 상하이에 수립된 통합 임시 정부로, 윤현진·안창호 등이 활동하였다.

정답 해설
⑤ 신민회는 태극 서관을 설립하여 조선 광문회에서 발간한 서적을 보급하였다.

오답 체크
① 대한민국 임시 정부는 미국 워싱턴에 구미 위원부를 설치하여 외교 활동을 추진하였다.
② 대한민국 임시 정부는 국민 대표 회의 이후 활동이 침체되자, 김구의 주도로 한인 애국단을 조직하여 의열 투쟁을 전개하였다.
③ 대한민국 임시 정부는 중국 단둥에 위치한 이륭양행(무역 선박 회사)에 교통국을 설치하여 국내와 연락을 취하였다.
④ 대한민국 임시 정부는 임시 사료 편찬 위원회를 두고 『한·일관계사료집』을 간행하였다.

11 | 국민 대표 회의 오답률 75.3% 정답 ①

자료 분석
국민적 대화합 + 삼일 운동 + 통일적 기관 하에서 대업을 기성하려 함 → 국민 대표 회의(1923)

국민 대표 회의는 일제의 탄압으로 비밀 연락망인 연통제와 교통국이 발각되고, 이승만의 위임 통치 청원이 알려지면서 내부의 갈등이 커지자, 독립운동의 새로운 활로와 방향을 모색하기 위해 박은식 등의 주도로 1923년에 상하이에서 개최되었다.

정답 해설
① 국민 대표 회의는 임시 정부의 방향을 두고 임시 정부를 해산하고 새 정부를 만들자는 창조파와 임시 정부를 그대로 두고 개편하자는 개조파의 대립으로 결렬되었다.

오답 체크
② 대한민국 임시 정부는 1941년에 태평양 전쟁이 일어나자, 대일 선전 성명서를 공표하였다.
③ 대한민국 임시 정부는 1941년에 조소앙의 삼균주의를 기초로 하는 건국 강령을 발표하였다.
④ 신한청년당은 1919년에 파리 강화 회의에 김규식을 파견할 것을 결정하였다.
⑤ 대한민국 임시 정부는 1940년에 충칭에서 지청천을 사령관으로 하는 한국광복군을 조직하였다.

12 | 이승만 탄핵 이후 대한민국 임시 정부의 활동 정답 ①

자료 분석
임시 정부 대통령 이승만 + 탄핵 → 이승만 탄핵(1925)

대한민국 임시 정부는 대통령 이승만이 미국 정부에 국제 연맹의 한반도 위임 통치를 청원한 사실이 알려지며 갈등이 심해지자, 독립운동의 방향을 논의하기 위해 국민 대표 회의를 개최하였다. 그러나 회의가 성과 없이 결렬되고 독립운동가들이 이탈하자, 임시 정부는 이승만을 탄핵하고 박은식을 제2대 대통령으로 추대하였다(1925).

정답 해설
① 대한민국 임시 정부는 이승만이 대통령에서 탄핵(1925)된 이후인 1941년에 조소앙의 삼균주의에 바탕을 둔 건국 강령을 발표하였다.

오답 체크
② 대한민국 임시 정부는 1923년에 무장 투쟁을 위해 남만주에 육군 주만 참의부를 조직하였다.
③ 대한민국 임시 정부는 1920년에 독립군 비행사 양성을 위해 한인 비행 학교(윌로우스 비행 학교)를 설립하였다.
④ 대한민극 임시 정부는 1923년에 국민 대표 회의를 개최하여 독립운동의 방향을 논의하였다.
⑤ 대한민국 임시 정부는 1919년에 파리 강화 회의에 대표단을 파견하여 외교 활동을 전개하였다.

03 1920년대 일제의 통치와 민족 운동

01
31회 40번

일제가 다음 대책을 마련한 배경으로 옳은 것은? [1점]

> 생각건대, 장래의 운동은 작년 봄 행해진 만세 소요 같은 어린애 장난 같은 것은 아닐 것이고, 근저(根底) 있고 실력 있는 조직적 운동일 것이라는 점을 오늘날 미리 깨닫지 않으면 안 된다. …… 우리들은 어떠한 방책으로 이 경향을 이용하여, 오히려 일선 병합(日鮮併合)의 대정신, 대이상인 일선 동화(日鮮同化)로 돌아오게 할 수 있을까? 그렇지만 이 방책은 다른 것이 아니다. 위력을 동반한 문화 운동 이것뿐이다.
> – 사이토 마코토

① 광주 학생 항일 운동이 일어났다.
② 3·1 운동이 전국적으로 전개되었다.
③ 순종의 인산일을 기회로 만세 운동이 전개되었다.
④ 민족 유일당 운동의 일환으로 신간회가 결성되었다.
⑤ 정인보, 안재홍 등을 중심으로 조선학 운동이 전개되었다.

02
42회 40번

다음 대책이 발표된 이후 일제가 시행한 정책으로 옳은 것은? [1점]

> 1. 친일 단체 조직의 필요
> …… 암암리에 조선인 중 …… 친일 인물을 물색케 하고, 그 인물로 하여금 …… 각기 계급 및 사정에 따라 각종의 친일적 단체를 만들게 한 후, 그에게 상당한 편의와 원조를 제공하여 충분히 활동토록 할 것.
>
> 1. 농촌 지도
> …… 조선 내 각 면에 ○재회 등을 조직하고 면장을 그 회장에 추대하고 여기에 간사 및 평의원 등을 두어 유지(有志)가 단체의 주도권을 잡고, 그 단체에는 국유 임야의 일부를 불하하거나 입회를 허가하는 등 당국의 양해 하에 각종 편의를 제공할 것.
> – 「사이토 마코토 문서」

① 한국인에 한해 적용되는 조선 태형령이 공포되었다.
② 사회주의 운동을 탄압하기 위한 치안 유지법이 마련되었다.
③ 기한 내에 토지를 신고하게 하는 토지 조사령이 제정되었다.
④ 헌병대 사령관이 치안을 총괄하는 경무총감부가 신설되었다.
⑤ 회사 설립 시 총독의 허가를 얻도록 하는 회사령이 발표되었다.

03
68회 39번

밑줄 그은 '이 계획'에 대한 설명으로 옳은 것은? [1점]

① 독립 협회 결성의 계기가 되었다.
② 국채 보상 운동의 배경이 되었다.
③ 재정 고문 메가타의 주도로 시행되었다.
④ 토지 조사 사업이 시행되는 배경이 되었다.
⑤ 일본의 쌀 부족 현상을 해결하기 위해 시행되었다.

04 빈출
74회 38번

밑줄 그은 '이 단체'에 대한 설명으로 옳은 것은? [2점]

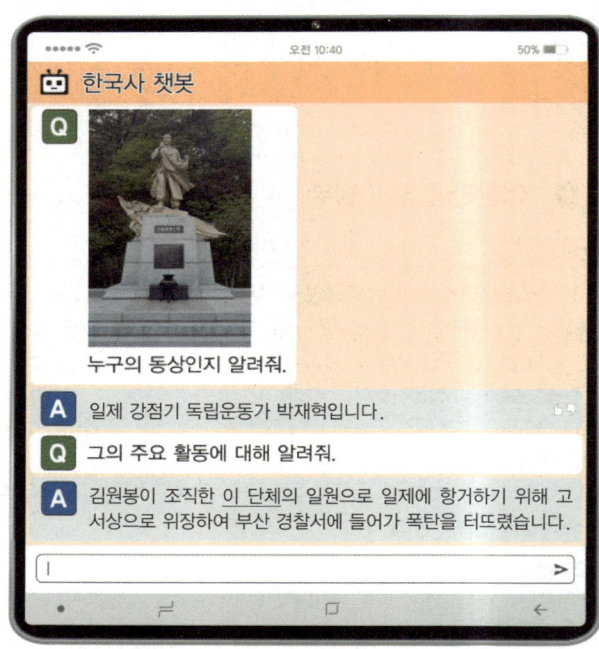

① 원산 노동자 총파업을 지원하였다.
② 신흥 강습소를 세워 독립군을 양성하였다.
③ 김익상, 김상옥 등이 단원으로 활동하였다.
④ 상덕태상회를 통하여 군자금을 모집하였다.
⑤ 도쿄에서 일어난 이봉창 의거를 계획하였다.

● 주제별 출제 비중
*최근 3개년 기준(심화 76~63회)

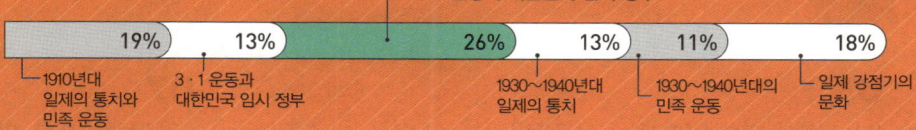

01 | 문화 통치의 배경   정답 ②

자료 분석
작년 봄 행해진 만세 소요 + 사이토 마코토 → 문화 통치

3·1 운동 이후 일제는 무력으로 한국인의 독립운동을 막을 수 없다고 판단하였다. 이에 새로 부임한 사이토 마코토 총독은 통치 방식을 문화 통치로 바꾸고 우리 민족을 분열시키기 위한 정책을 추진하였다.

정답 해설
② 문화 통치는 전국적으로 전개된 3·1 운동(1919)을 계기로 실시되었다.

오답 체크
① 한·일 학생 간의 충돌로 광주 학생 항일 운동이 일어났다(1929).
③ 6·10 만세 운동은 순종의 인산일을 계기로 전개되었다(1926).
④ 6·10 만세 운동을 계기로 시작된 민족 유일당 운동의 일환으로 신간회가 결성되었다(1927).
⑤ 정인보, 안재홍 등이 우리 민족의 문화를 연구하는 조선학 운동을 전개하였다(1934).

02 | 문화 통치 시기   정답 ②

자료 분석
친일 인물 + 친일적 단체 → 문화 통치 시기

문화 통치 시기에 일제는 지식인과 자본가들을 포섭하여 친일 세력을 양성하였다. 지방에는 한국인의 정치 참여를 위해 도 평의회와 부·면 협의회를 설치하였으나, 실제로 한국인은 의결권이 없어 자문 기구에 불과하였다.

정답 해설
② 문화 통치 시기인 1925년에 일제는 사회주의 운동을 탄압하기 위한 치안 유지법을 제정하고, 이를 독립운동가 탄압에 이용하였다.

오답 체크
① 무단 통치 시기: 일제는 한국인에 한해 재판 없이 태형을 가할 수 있는 조선 태형령을 공포하였다.
③ 무단 통치 시기: 일제는 토지 조사 사업을 시행하면서 기한 내에 토지를 신고하게 하는 토지 조사령을 제정하였다.
④ 무단 통치 시기: 일제는 헌병대 사령관이 치안을 총괄하는 경무총감부를 신설하였다.
⑤ 무단 통치 시기: 일제는 한국인의 기업 활동을 억제하기 위해 회사 설립 시 총독의 허가를 얻도록 하는 회사령을 발표하였다.

빈출 개념 | 문화 통치 시기 일제의 정책과 실상

	정책	실상
총독	문관 출신 총독 임명 가능	문관 출신 총독이 임명되지 않음
경찰 제도	보통 경찰 제도 실시	경찰 인원 및 예산 증가, 치안 유지법으로 탄압 강화
교육	대학 설립 가능해짐	초등 교육과 기술 교육 강조
언론	언론·출판·집회·결사의 자유	검열, 삭제, 정간, 폐간 자행

03 | 산미 증식 계획   정답 ⑤

자료 분석
수리 조합비 부담이 커짐 + 만주에서 들여온 잡곡만 먹음 → 산미 증식 계획

산미 증식 계획은 일제가 자국의 식량 부족 문제를 해결하기 위해 한국의 쌀 생산량을 늘리고자 한 정책이다. 한편 산미 증식 계획의 결과 국내에서는 오히려 식량 부족 문제가 심해져 만주에서 잡곡을 수입해야 했으며, 수리 시설 개선을 위한 수리 조합비와 비료 대금 등이 소작농에게 전가되면서 농민의 생활이 점차 궁핍해졌다.

정답 해설
⑤ 산미 증식 계획은 일제가 조선의 쌀 생산량을 늘려 일본의 쌀 부족 현상을 해결하기 위해 시행한 정책으로, 실제 쌀 생산량이 목표에 미달하였음에도 목표량만큼 일본으로 반출하였다.

오답 체크
① 독립 협회는 아관 파천 이후 열강의 침탈이 심해지자, 근대적 자주 독립 국가의 건설을 목표로 창립된 단체이다.
② 국채 보상 운동은 일제의 강요로 도입된 차관(빌린 자금) 1,300만 원을 국민의 힘으로 갚아 일본의 경제적 예속을 벗어나기 위해 대구에서 시작된 운동이다.
③ 화폐 정리 사업: 대한 제국의 재정 고문이었던 메가타의 주도로 시행되었다.
④ 토지 조사 사업은 산미 증식 계획(1920~1934)이 실시되기 이전인 1910년대에 시행되었다.

04 | 의열단   정답 ③

자료 분석
박재혁 + 김원봉이 조직함 → 의열단

의열단은 만주 지린(길림)에서 김원봉이 조직한 의열 단체로, 신채호가 민중의 직접 혁명을 강조하는 등 의열단의 목표와 활동 방향을 제시한 「조선혁명선언」을 행동 강령으로 삼았다. 의열단은 식민 통치 기관의 파괴와 일제의 주요 요인 암살을 목표로 하였는데, 이에 따라 단원인 박재혁은 부산 경찰서에 폭탄을 투척하였다.

정답 해설
③ 의열단은 김원봉이 조직한 무장 투쟁 단체로, 김익상, 김상옥 등이 단원으로 활동하였으며, 각각 조선 총독부와 종로 경찰서에 폭탄을 투척하는 등의 의거를 벌였다.

오답 체크
① 신간회: 원산에 위치한 석유 회사의 일본인 감독이 한국인 노동자를 폭행한 사건을 계기로 원산 노동자 총파업이 발생하자 이를 지원하였다.
② 신민회: 서간도를 개척하고 그곳에 신흥 강습소를 세워 독립군을 양성하였으며, 신흥 강습소는 이후 신흥 무관 학교로 개편되었다.
④ 대한 광복회: 대구의 비밀 연락 거점인 상덕태상회를 통하여 군자금을 모집하였다.
⑤ 한인 애국단: 도쿄에서 일왕의 마차에 폭탄을 투척한 이봉창 의거를 계획하였다.

03 1920년대 일제의 통치와 민족 운동

05　67회 37번
(가) 단체에 대한 설명으로 옳은 것은? [2점]

판결문
피고: 오복영 외 1인
주문: 피고 두 명을 각 징역 7년에 처한다.
이유
제1. 피고 오복영은 이전부터 조선 독립을 희망하고 있었다.
1. 대정 11년(1922) 11월 중 김상옥, 안홍한 등이 조선 독립 자금 강탈을 목적으로 권총, 불온문서 등을 가지고 조선에 오는 것을 알고 천진에서 여비 40원을 조달함으로써 동인 등으로 하여금 조선으로 들어오게 하고
2. 대정 12년(1923) 8월 초순 (가) 단원으로 활약할 목적으로 피고 이영주의 권유에 의해 동 단에 가입하고
3. 이어서 피고 이영주와 함께 (가) 단장 김원봉 및 단원 유우근의 지휘 하에 피고 두 명은 조선 내 관리를 암살하고 주요 관아, 공서를 폭파함으로 민심의 동요를 초래하고 ……

① 일제의 황무지 개간권 요구를 저지하였다.
② 일제가 조작한 105인 사건으로 큰 타격을 입었다.
③ 단원인 나석주가 동양 척식 주식회사에 폭탄을 던졌다.
④ 조선 총독부에 국권 반환 요구서를 제출하고자 하였다.
⑤ 이륭양행에 교통국을 설치하여 국내와 연락을 취하였다.

06　66회 41번
(가) 단체에 대한 설명으로 옳은 것은? [2점]

□□신문
제△△호　1924년 ○○월 ○○일

이중교 폭탄 사건 주역은 (가) 의 김지섭
9월 1일 대지진 때 일어난 조선인 학살이 도화선

금년 1월 5일 오후 7시에 동경 궁성 이중교 앞에서 일어난 폭탄 투척 사건은 전 일본을 경악하게 만든 대사건이었다. 당국은 이 사건에 대한 신문 게재 일체를 금지하였고, 동경 지방 재판소의 검사와 예심 판사가 수사를 진행하였다. 이번에 예심이 결정되고 당국의 보도 금지가 해제되었기에, 피고 김지섭 외 4명은 전부 유죄로 공판에 회부되었음을 보도한다. 김지섭은 조선 독립을 위해 (가) 의 단장 김원봉과 함께 과격한 방법을 강구하였고, 이를 일본에서 실행하기로 하였다고 한다.

① 김구가 상하이에서 조직하였다.
② 비밀 행정 조직인 연통제를 운영하였다.
③ 「조선혁명선언」을 활동 지침으로 삼았다.
④ 신흥 무관 학교를 세워 무장 투쟁을 준비하였다.
⑤ 조선 총독부에 국권 반환 요구서를 제출하려 하였다.

07　43회 43번
(가) 단체에 대한 설명으로 옳은 것은? [2점]

김창숙은 동년 음력 3월 중순에 상하이에 도착하여 본래부터 친분이 있는 (가) 의 간부 김원봉, 유우근, 한봉근 등을 만나 여러 가지로 의논하였다. …… (가) 의 단원인 나석주를 조선에 잠입시켜 동양 척식 주식회사, 조선 식산 은행 등에 폭탄을 던지고 권총을 난사하여 인명을 살상케 하였다는 것인데, 김창숙은 나석주가 조선에 건너가서 암살할 자로 영남의 부호 장모, 하모, 권모 등을 지적한 일까지 있었다고 한다.

① 태평양 전쟁 발발 이후에 조직되었다.
② 고종의 밀지를 받아 결성된 비밀 단체였다.
③ 만민 공동회를 열어 민권 신장을 추구하였다.
④ 일제가 조작한 105인 사건으로 큰 타격을 입었다.
⑤ 단원 일부가 황푸 군관 학교에 입학해 군사 훈련을 받았다.

08　43회 41번
(가) 인물에 대한 설명으로 옳은 것은? [2점]

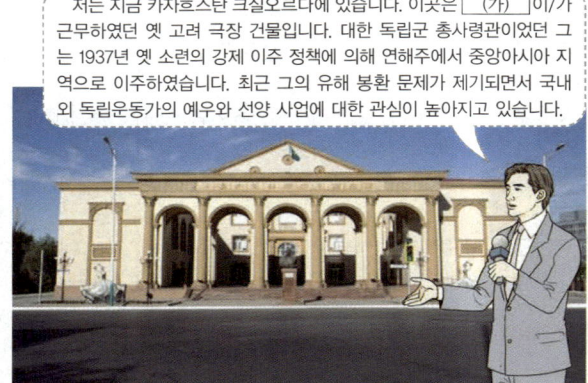

저는 지금 카자흐스탄 크질오르다에 있습니다. 이곳은 (가) 이/가 근무하였던 옛 고려 극장 건물입니다. 대한 독립군 총사령관이었던 그는 1937년 옛 소련의 강제 이주 정책에 의해 연해주에서 중앙아시아 지역으로 이주하였습니다. 최근 그의 유해 봉환 문제가 제기되면서 국내외 독립운동가의 예우와 선양 사업에 대한 관심이 높아지고 있습니다.

① 양기탁 등과 함께 신민회를 조직하였다.
② 광복에 대비하여 조선 건국 동맹을 결성하였다.
③ 봉오동 전투에서 일본군을 상대로 승리를 거두었다.
④ 독립군을 양성하기 위하여 신흥 강습소를 설립하였다.
⑤ 독립 투쟁 과정을 정리한 『한국독립운동지혈사』를 저술하였다.

05 | 의열단　　　　　　　　　　　　정답 ③

자료 분석

> 김상옥 + 단장 김원봉 → 의열단
>
> 의열단은 단장 김원봉을 중심으로 일제의 주요 요인 암살과 조선 총독부, 경찰서, 동양 척식 주식회사 등 일제의 주요 식민 통치 기관에 폭탄을 투척하여 파괴하는 것을 목표로 활동하였다. 그중 단원 김상옥은 종로 경찰서에 폭탄을 투척하는 의거를 일으켰다.

정답 해설

③ 의열단 단원인 나석주는 동양 척식 주식회사와 조선 식산 은행에 폭탄을 투척하였다.

오답 체크

① 보안회: 일제의 황무지 개간권 요구를 저지하는 운동을 전개하여 일본의 요구를 철회시켰다.
② 신민회: 일제가 데라우치 총독 암살 사건을 조작하여 독립운동가들을 잡아들인 105인 사건으로 해체되었다.
④ 독립 의군부: 임병찬이 조직한 단체로, 국권 반환 요구서를 작성하여 조선 총독부에 제출하려 하였다.
⑤ 대한민국 임시 정부: 영국인이 설립한 무역 선박 회사인 이륭양행에 국내와의 연락을 취하기 위한 통신 기관인 교통국을 설치하였다.

06 | 의열단　　　　　　　　　　　　정답 ③

자료 분석

> 이중교 폭탄 사건 + 김지섭 + 단장 김원봉 → 의열단
>
> 의열단은 단장 김원봉이 이끈 의열 단체로, 단원 김지섭은 일본의 동경(도쿄) 궁성 정문 앞 이중교에 폭탄을 투척하는 의거를 일으켰다.

정답 해설

③ 의열단은 민중의 직접 혁명을 주장하는 신채호의 「조선혁명선언」을 활동 지침으로 삼았다.

오답 체크

① 한인 애국단: 김구가 침체된 임시 정부에 활기를 불어넣고자 상하이에서 조직하였다.
② 대한민국 임시 정부: 독립운동 자금을 모으기 위한 국내 비밀 행정 조직인 연통제를 운영하였다.
④ 신민회의 주요 인사들이 서간도에 신흥 강습소를 설립하여 독립군을 양성하였으며, 이후 신흥 강습소는 신흥 무관 학교로 개편되었다.
⑤ 독립 의군부: 조선 총독부에 국권 반환 요구서를 제출하려 하였다.

07 | 의열단　　　　　　　　　　　　정답 ⑤

자료 분석

> 김원봉 + 나석주 → 의열단
>
> 의열단은 김원봉, 윤세주 등이 중심이 되어 조직한 단체로, 단원 나석주가 동양 척식 주식회사와 조선 식산 은행 등의 식민 통치 기관에 폭탄을 투척하였다.

정답 해설

⑤ 의열단은 개별적인 의거 활동의 한계를 느낀 후 조직적인 항일 무장 투쟁으로 활동 방향을 바꾸었다. 이에 단원 중 일부가 중국의 황푸 군관 학교에 입학하여 군사 훈련을 받기도 하였다.

오답 체크

① 의열단은 태평양 전쟁(1941)이 발발하기 이전인 1919년에 조직되었다.
② 독립 의군부: 임병찬이 고종의 밀지를 받아 국내에서 결성하였다.
③ 독립 협회: 근대적 민중 집회인 만민 공동회를 개최하여 민권 신장을 추구하였다.
④ 신민회: 일제가 조작한 105인 사건으로 큰 타격을 입고 와해되었다.

빈출 개념 | 의열단

조직	김원봉, 윤세주 등이 만주 길림(지린)에서 조직
목적	식민 통치 기관 파괴, 일제의 요인 암살
활동 지침	신채호의 「조선혁명선언」
단원 및 의거	• 김상옥: 종로 경찰서 폭탄 투척 • 나석주: 동양 척식 주식회사, 조선 식산 은행 폭탄 투척 • 박재혁: 부산 경찰서 폭탄 투척 • 김익상: 조선 총독부 폭탄 투척

08 | 홍범도　　　　　　　　　　　　정답 ③

자료 분석

> 대한 독립군 총사령관 + 중앙아시아 지역으로 이주 → 홍범도
>
> 홍범도는 만주에서 조직된 대한 독립군의 총사령관으로 활동하였다. 이후 대한 독립 군단의 부총재가 되어 만주 지역의 독립군을 이끌고 러시아 자유시로 이동하였으나, 자유시 참변을 겪은 후 연해주에 정착하였다. 그러나 홍범도는 1937년 소련의 강제 이주 정책에 의해 중앙아시아 지역으로 강제 이주되었으며, 그곳에서 생을 마감하였다.

정답 해설

③ 홍범도가 이끈 대한 독립군은 봉오동 전투에서 일본군을 상대로 큰 승리를 거두었다.

오답 체크

① 안창호 등: 양기탁 등과 비밀 결사 단체인 신민회를 조직하였다.
② 여운형: 광복에 대비하여 비밀리에 조선 건국 동맹을 결성하였다.
④ 이동녕·이회영 등: 독립군을 양성하기 위하여 서간도 지역에 신흥 강습소를 설립하였다.
⑤ 박은식: 독립 투쟁 과정을 정리한 역사서인 『한국독립운동지혈사』를 저술하였다.

03 1920년대 일제의 통치와 민족 운동

09 52회 44번
(가), (나) 사이의 시기에 있었던 사실로 옳지 않은 것은? [2점]

> (가) 북간도에 주둔한 아군 7백 명은 북로 사령부 소재지인 봉오동을 향해 행군하다가 적군 3백 명을 발견하였다. 아군을 지휘하는 홍범도, 최진동 두 장군은 즉시 적을 공격하여 120여 명을 살상하고 도주하는 적을 추격하였다. - 독립신문
>
> (나) 조선 혁명군 총사령 양세봉, 참모장 김학규 등은 병력을 이끌고 중국 의용군과 합세하였다. …… 아군은 승세를 몰아 적들을 30여 리 정도 추격한 끝에 영릉가성을 점령하였다. - 『광복』

① 자유시 참변 이후 3부가 조직되었다.
② 일본군의 보복으로 간도 참변이 발생하였다.
③ 독립군 연합 부대가 청산리에서 큰 승리를 거두었다.
④ 일제가 독립군을 탄압하고자 미쓰야 협정을 체결하였다.
⑤ 스탈린에 의해 많은 한인이 중앙아시아로 강제 이주되었다.

11 56회 40번
(가)~(다) 학생이 발표한 내용을 일어난 순서대로 옳게 나열한 것은? [3점]

① (가) - (나) - (다)
② (가) - (다) - (나)
③ (나) - (가) - (다)
④ (나) - (다) - (가)
⑤ (다) - (나) - (가)

10 72회 37번
(가) 부대에 대한 설명으로 옳은 것은? [3점]

① 영릉가에서 일본군에 승리를 거두었다.
② 미국과 연계하여 국내 진공 작전을 계획하였다.
③ 중국 팔로군과 함께 호가장 전투에서 활약하였다.
④ 동북 항일 연군으로 개편되어 유격전을 전개하였다.
⑤ 중광단을 중심으로 조직되어 항일 독립 전쟁에 참여하였다.

12 70회 38번
(가)~(다)를 일어난 순서대로 옳게 나열한 것은? [2점]

주제: 1920년대 국외 민족 운동의 시련

(가) 일본군이 독립군에 대한 보복으로 간도 지역의 한인을 학살한 간도 참변이 발생하였어요.
(나) 독립군의 통합 과정에서 많은 희생자가 발생한 자유시 참변이 일어났어요.
(다) 만주에서 활동하는 독립군 색출을 위해 조선 총독부가 만주 군벌과 미쓰야 협정을 체결하였어요.

① (가) - (나) - (다)   ② (가) - (다) - (나)
③ (나) - (가) - (다)   ④ (나) - (다) - (가)
⑤ (다) - (가) - (나)

09 | 봉오동 전투와 영릉가 전투 사이의 사실 정답 ⑤

자료 분석
- (가) 봉오동 + 홍범도 → 봉오동 전투(1920. 6.)
- (나) 조선 혁명군 총사령 양세봉 + 영릉가 → 영릉가 전투(1932)
- (가) 3·1 운동(1919) 이후 만주 지역에서 본격적인 무장 독립 투쟁이 전개되었으며, 이때 홍범도를 중심으로 한 대한 독립군은 봉오동 전투(1920. 6.)에서 일본군에 승리하였다.
- (나) 일제가 만주 사변(1931)을 일으키고 만주국을 수립하여 그 일대를 장악하자, 양세봉을 총사령관으로 한 조선 혁명군은 중국 의용군과 연합하여 영릉가 전투에서 일본군에 승리하였다(1932).

정답 해설
⑤ 영릉가 전투(1932) 이후인 1937년에 소련의 스탈린에 의해 많은 한인이 중앙아시아로 강제 이주되었다.

오답 체크
① 자유시 참변(1921) 이후 만주로 돌아온 독립군이 조직을 재정비하여 참의부, 정의부, 신민부의 3부가 성립되었다(1923~1925).
② 일제는 봉오동 등에서 패배한 것에 대한 보복으로 1920년 10월에 간도의 조선인들을 대대적으로 학살하는 간도 참변을 일으켰다.
③ 봉오동 전투 이후 김좌진의 북로 군정서와 홍범도의 대한 독립군 등의 연합 부대는 청산리 전투(1920. 10.)에서 일본군에 대승을 거두었다.
④ 일제는 1925년에 독립군을 탄압하기 위해 만주 군벌과 미쓰야 협정을 체결하였다.

10 | 북로 군정서 정답 ⑤

자료 분석
청산리 전투 + 김좌진, 이범석 등이 이끌었음 → 북로 군정서

북로 군정서는 김좌진을 총사령관으로 조직된 부대로, 김규식, 이범석 등이 지도부로 활동하였다. 북로 군정서는 1920년에 홍범도의 대한 독립군 등 여러 독립군 부대와 연합하여 청산리 전투에서 일본군을 격퇴하였다.

정답 해설
⑤ 북로 군정서는 대종교가 설립한 중광단을 중심으로 북간도에서 조직된 부대로, 항일 독립 전쟁에 참여하였다.

오답 체크
① 조선 혁명군: 양세봉을 총사령관으로 한 조선 혁명당의 군사 조직으로, 중국군과 연합하여 영릉가 전투에서 일본군에게 승리하였다.
② 한국광복군: 미국 전략 정보국(OSS)과 연계하여 국내 정진군을 편성하고 국내 진공 작전을 계획하였다.
③ 조선 의용대 화북 지대: 조선 의용대의 일부 세력이 중국 화북 지역으로 이동하여 결성한 조직으로, 중국 팔로군과 연합하여 호가장 전투에서 활약하였다.
④ 동북 인민 혁명군: 만주 지역의 중국 공산당과 항일 세력이 결합하여 조직한 무장 부대로, 이후 동북 항일 연군으로 개편되어 유격전을 전개하였다.

11 | 1920년대 만주 지역의 독립운동 정답 ④

자료 분석
- (가) 참의부, 정의부, 신민부 등 3부가 성립 → 3부의 성립 (1923~1925)
- (나) 대한 독립군 + 봉오동 → 봉오동 전투(1920. 6.)
- (다) 북로 군정서 + 청산리 일대 → 청산리 전투(1920. 10.)

정답 해설
④ 순서대로 나열하면 (나) 봉오동 전투(1920. 6.) – (다) 청산리 전투(1920. 10.) – (가) 3부의 성립(1923~1925)이다.
- (나) 국외 독립군 부대들이 활발한 국내 진입 작전을 감행하자, 일제는 병력을 동원하여 이들을 공격하였다. 이때 홍범도가 이끄는 대한 독립군 등이 봉오동을 급습한 일본군을 상대로 큰 승리를 거두었다(봉오동 전투, 1920. 6.).
- (다) 봉오동에서 크게 패한 일본군이 보복을 위해 만주에 대규모 군대를 투입하자, 김좌진의 북로 군정서와 홍범도의 대한 독립군 등이 연합하여 청산리 일대에서 일본군을 격퇴하였다(청산리 전투, 1920. 10.).
- (가) 봉오동·청산리 전투 등에서 패배한 일제가 독립군 근거지를 소탕한다는 명분으로 간도 참변을 일으키자, 독립군들은 간도를 탈출하여 러시아의 자유시로 이동하였다. 이후 자유시 참변을 겪고 다시 만주로 돌아온 독립군은 조직을 재정비하여 참의부·정의부·신민부의 3부를 성립하였다(1923~1925).

빈출 개념 | 1920년대 만주 지역의 독립운동

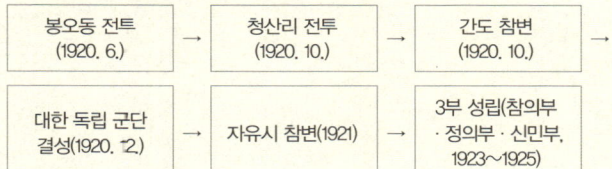

12 | 1920년대 국외 민족 운동의 시련 정답 ①

자료 분석
- (가) 간도 참변이 발생함 → 1920년
- (나) 자유시 참변이 일어남 → 1921년
- (다) 미쓰야 협정을 체결함 → 1925년

정답 해설
① 순서대로 나열하면 (가) 간도 참변(1920) – (나) 자유시 참변(1921) – (다) 미쓰야 협정 체결(1925)이다.
- (가) 3·1 운동 이후 만주 지역에서 본격적으로 무장 독립 투쟁이 전개되었다. 이후 봉오동 전투와 청산리 전투에서 패배한 일제가 보복을 위해 간도의 한인 촌락을 습격하여 조선인들을 대대적으로 학살한 간도 참변이 일어났다(1920).
- (나) 간도 참변 이후 독립군 부대들은 대한 독립 군단을 조직하고 일제의 탄압을 피해 러시아의 자유시로 이동하였다. 그러나 독립군 내부의 지휘권 다툼이 발생하였고 러시아 적색군이 무장 해제를 요구하면서 수많은 독립군들이 희생된 자유시 참변이 일어났다(1921).
- (다) 자유시 참변 이후 일제는 독립군의 활동을 위축시키기 위해 중국의 만주 군벌 장작림과 미쓰야 협정을 체결하였다(1925).

03 1920년대 일제의 통치와 민족 운동

13
71회 39번

(가), (나)가 공포된 시기의 사이에 있었던 사실로 옳은 것은? [2점]

> (가) 회사령 폐지에 관한 건
> 　회사령은 폐지한다.
> 　- 부칙
> 　1. 이 영은 공포일로부터 시행한다.
> 　2. 구령에 의하여 설립한 회사로 이 영 시행 당시 존재하는 것은 조선 민사령에 의하여 설립한 것으로 본다.
>
> (나) 조선 총독부 농촌 진흥 위원회 규정
> 　제1조 조선의 농산 어촌 진흥에 관한 방침, 시설 및 통제에 관한 중요 사항을 심의하기 위하여 조선 총독부에 조선 총독부 농촌 진흥 위원회를 둔다.
> 　제3조 위원장은 조선 총독부 정무총감으로 한다.

① 함경도에서 방곡령이 선포되었다.
② 조선 물산 장려회가 평양에서 창립되었다.
③ 황국 중앙 총상회의 상권 수호 운동이 전개되었다.
④ 유상 매수, 유상 분배를 규정한 농지 개혁법이 제정되었다.
⑤ 국가 총동원법을 제정하여 인력과 물자를 강제 동원하였다.

14 빈출
73회 44번

밑줄 그은 '운동'에 대한 설명으로 옳은 것은? [2점]

선생님께서 참여하신 운동은 '조선 사람 조선 것'이라는 구호를 내세웠다는 점에서 사실상 독립 운동이 아니냐고 일제 경찰이 심문할 때 어떻게 대응하셨나요?

조선 물산의 생산과 소비를 장려하는 운동에 조선인이 참여하는 것은 당연한 일이 아닌가. 오사카 사람이 오사카의 물산을 장려하는 것도 문제 삼을 것이냐고 반문하니 주의만 주고 가더군요.

① 조선 노동 총동맹을 중심으로 전개되었다.
② 보국안민, 제폭구민 등이 구호로 사용되었다.
③ 조선 관세령 폐지 등을 배경으로 확산하였다.
④ 황국 중앙 총상회가 설립되는 결과를 가져왔다.
⑤ 일본 제일은행권 화폐가 유통되는 계기가 되었다.

15
65회 40번

다음 법령이 발표된 이후에 있었던 사실로 옳은 것은? [3점]

> 제1조 조선에서의 교육은 본령에 의한다.
> 제2조 국어[일본어]를 상용(常用)하는 자의 보통 교육은 소학교령, 중학교령 및 고등 여학교령에 의한다.
> 제3조 국어[일본어]를 상용하지 않는 자에게 보통 교육을 하는 학교는 보통학교, 고등 보통학교 및 여자 고등 보통학교로 한다.
> 제5조 보통학교의 수업 연한은 6년으로 한다. …… 보통학교에 입학할 수 있는 자는 연령 6세 이상으로 한다.

① 서당 규칙이 제정되었다.
② 2·8 독립 선언이 발표되었다.
③ 조선어 연구회가 결성되었다.
④ 조선 여자 교육회가 조직되었다.
⑤ 조선 민립 대학 설립 기성회가 창립되었다.

16
75회 35번

다음 기사가 보도된 시기에 볼 수 있는 모습으로 가장 적절한 것은? [2점]

> □□신문
> 제△△호　　　　　○○○○년 ○○월
>
> [사설] 대홍수의 재난에서 조선의 형제들을 구하라
>
>
> ▲ 침수된 용산 일대
>
> 대홍수로 중부 지방에 엄청난 피해가 발생하였다. 7월 18일에는 용산과 뚝섬 일대가 완전 침수되었고 이틀날은 광주군 선리 주민 292명이 물에 빠져 죽었다. 경부선은 10일간 불통이었다. 그럼에도 총독부는 이와 같은 홍수 피해에 무성의하게 대처하고 있다. 재작년 일본에서 관동 대지진이 일어났을 때 조선인들이 박해를 받았음에도 불구하고 우리 조선의 형제들은 능력껏 구제의 손길을 뻗쳤다. 그러나 지금 조선에서 홍수 피해로 각지에서 재난이 일어나고 있는데도 총독부와 일본인 거류민들은 모른 척하고 있다. 조선인이여! 조선인을 구하라. 재난을 당한 형제와 같이 울며 아프며 살 길을 구하라.

① 영선사 일행으로 청에 가는 생도
② 경성 제국 대학에서 공부하는 학생
③ 국채 보상 운동의 모금에 참여하는 상인
④ 육영 공원에서 영어를 가르치는 미국인 교사
⑤ 전차 개통식에 참여하는 한성 전기 회사 직원

13 | 회사령 폐지와 농촌 진흥 운동 사이의 사실 정답 ②

자료 분석

(가) 회사령 폐지 → 1920년 4월
(나) 조선 총독부 농촌 진흥 위원회 → 농촌 진흥 운동 → 1932년

(가) 1920년 4월에 일제는 일본 자본의 원활한 조선 침투를 위해 회사 설립 시 총독의 허가를 받도록 하는 회사령을 폐지하였다.
(나) 1932년에 조선 총독부의 주도로 조선 농촌의 자력 갱생을 도모하는 농촌 진흥 운동이 전개되었다.

정답 해설

② 회사령 폐지(1920. 4.) 이후 일본 기업이 조선으로 침투하여 국내 기업이 타격을 입자, 1920년 8월에 조선 물산 장려회가 평양에서 창립되었다.

오답 체크

① (가) 이전: 1889년에 함경도 관찰사 조병식이 조·일 통상 장정 개정에 따라 방곡령을 선포하였다.
③ (가) 이전: 1898년에 시전 상인을 중심으로 황국 중앙 총상회가 조직되어 상권 수호 운동을 전개하였다.
④ (나) 이후: 1949년에 제헌 국회가 유상 매수, 유상 분배를 규정한 농지 개혁법을 제정하였다.
⑤ (나) 이후: 1938년에 일제는 국가 총동원법을 제정하여 전쟁에 필요한 인력과 물자를 강제 동원하였다.

14 | 물산 장려 운동 정답 ③

자료 분석

'조선 사람 조선 것' + 조선 물산의 생산과 소비를 장려 → 물산 장려 운동

물산 장려 운동은 평양에서 조만식을 중심으로 전개된 운동이다. 조선인 기업이 만든 상품의 사용을 장려하여 민족 기업을 육성하여 민족 경제의 자립을 이루는 것을 목표로 전개하였고, '내 살림 내 것으로', '조선 사람 조선 것' 등의 구호를 내세웠다. 그러나 사회주의 계열의 운동가들은 물산 장려 운동을 유산 계급인 자본가의 이익만을 위한 운동이라고 비판을 하기도 하였다.

정답 해설

③ 물산 장려 운동은 회사령 폐지로 일본의 자본이 유입되고, 조선 관세령 폐지로 일본 상품에 대한 관세 철폐 움직임이 나타나자 확산하였다.

오답 체크

① 노동 운동: 일제 강점기에 서울에서 조직된 노동 운동 단체인 조선 노동 총동맹을 중심으로 전개되었다.
② 동학 농민 운동: 고부 농민 봉기를 계기로 전개되었으며, 보국안민(나랏일을 돕고 백성을 편안하게 한다), 제폭구민(폭정을 제거하고 백성을 구한다) 등이 구호로 사용되었다.
④ 상권 수호 운동: 대한 제국 시기에 시전 상인들이 황국 중앙 총상회를 조직하고 외국 상인들의 상업 활동 중단을 요구하였다.
⑤ 화폐 정리 사업: 일본 제일은행권을 본위 화폐(기준이 되는 화폐)로 지정하여 조선 화폐인 구 백동화를 등급에 따라 제일은행권으로 교환하도록 해, 일본 제일은행권 화폐가 유통되는 계기가 되었다.

15 | 제2차 조선 교육령 발표 이후의 사실 정답 ⑤

자료 분석

보통학교의 수업 연한은 6년으로 함 → 제2차 조선 교육령(1922)

일제는 1922년에 제2차 조선 교육령을 제정하여 식민지 교육 방침을 수정하였다. 이에 따라 한국인이 다니는 보통학교의 수업 연한이 6년이 되었으며, 고등 교육을 허용해 대학 설립이 가능하게 되었다. 한편, 일제는 한국인의 고등 교육에 대한 열망을 무마하기 위해 1924년에 경성 제국 대학을 설립하였다.

정답 해설

⑤ 제2차 조선 교육령 발표(1922) 이후 1923년에 이상재 등이 조선 민립 대학 설립 기성회를 창립하고, 일제의 식민지 차별 교육에 대항하기 위해 민립 대학 설립 운동을 전개하였다.

오답 체크

① 1918년에 일제는 서당 규칙을 제정하여 반일적인 서당의 설립과 서당의 교육 활동을 억압하였다.
② 일본 도쿄 유학생들을 중심으로 결성된 조선 청년 독립단은 1919년에 2·8 독립 선언을 발표하였다.
③ 1921년에 국어 연구 단체인 조선어 연구회가 결성되었다.
④ 1920년에 차미리사에 의해 여성 계몽 교육 단체인 조선 여자 교육회가 조직되었다.

16 | 문화 통치 시기 정답 ②

자료 분석

재작년 관동 대지진이 일어남 → 문화 통치 시기

문화 통치 시기에는 일본 관동 지방에서 대지진이 일어났는데, 이때 '조선인이 폭동을 일으켰다.'는 유언비어가 퍼져, 이에 현혹된 일본인들이 자경단을 조직하여 한국인을 무차별적으로 학살하였다.

정답 해설

② 문화 통치 시기에 일제는 민립 대학 설립 운동을 방해하고, 한국인의 고등 교육 열기를 무마하기 위해 경성 제국 대학을 설립하였다.

오답 체크

① 근대 개항기: 청의 근대 기술을 시찰하기 위한 사절단인 영선사가 파견되었으며, 영선사는 귀국 후 근대 무기 제조 공장인 기기창을 설립하는 데 기여하였다.
③ 대한 제국 시기: 국채 보상 운동이 대한매일신보의 지원으로 전국으로 확산되자 곳곳에서 의연금을 모금하였다.
④ 근대 개항기: 육영 공원은 외국인 교사를 초빙하여 상류층 자제에게 영어와 근대 학문을 가르쳤다.
⑤ 대한 제국 시기: 한성 전기 회사에서 서대문 ~ 청량리까지 운행되는 전차를 최초로 개통하였다.

03 1920년대 일제의 통치와 민족 운동

17 71회 40번
다음 자료가 발표된 시기를 연표에서 옳게 고른 것은? [2점]

> 대학을 세운다는 일은 극히 거창하여 여간 몇 사람의 힘으로는 도저히 성취할 바가 아니므로 금일까지 실지의 운동이 일어나지 못하였던 것이라. 그러나 일이 거창하고 어렵다고 시작을 아니하면 언제까지든지 조선 사람의 대학이라는 것은 생겨볼 수가 없다. 그러므로 이번에 조선 전도의 다수한 유지를 망라하여 민중적 운동으로 될 수 있는 대로 많은 사람의 힘을 합하여 민립 대학 한 곳을 세워 보고자 이상재, 이승훈 등의 주창으로 수일 전에 민립 대학 기성 준비회를 조직하고 집행위원을 선정하였는데, 장차 각 부·군에서 다수한 발기인의 참가를 구하여 경성에서 발기회를 열고 실행 방법을 결정할 터이다.

1895	1911	1919	1924	1938	1942
(가)	(나)	(다)	(라)	(마)	
한성 사범 학교 설립	제1차 조선 교육령	3·1 운동	경성 제국 대학 개교	제3차 조선 교육령	조선어 학회 사건

① (가) ② (나) ③ (다) ④ (라) ⑤ (마)

18 37회 39번
(가), (나) 사건에 대한 설명으로 옳은 것은? [2점]

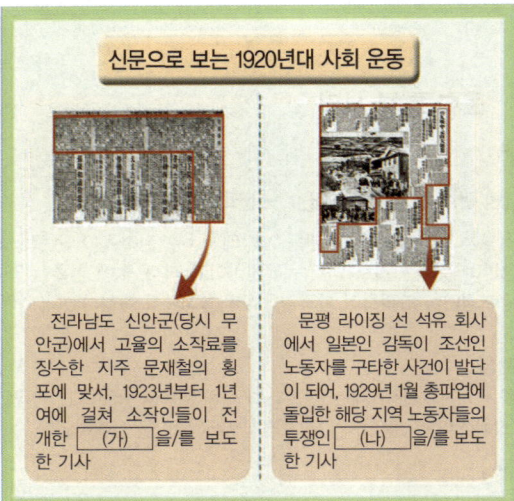

신문으로 보는 1920년대 사회 운동
- 전라남도 신안군(당시 무안군)에서 고율의 소작료를 징수한 지주 문재철의 횡포에 맞서, 1923년부터 1년여에 걸쳐 소작인들이 전개한 (가)을/를 보도한 기사
- 문평 라이징 선 석유 회사에서 일본인 감독이 조선인 노동자를 구타한 사건이 발단이 되어, 1929년 1월 총파업에 돌입한 해당 지역 노동자들의 투쟁인 (나)을/를 보도한 기사

① (가) - 중국의 5·4 운동에 영향을 주었다.
② (가) - 혁명적 농민 조합을 중심으로 펼쳐졌다.
③ (나) - 대한민국 임시 정부 수립의 계기가 되었다.
④ (나) - 일본, 프랑스 등지의 노동 단체들로부터 격려 전문을 받았다.
⑤ (가), (나) - 일제가 이른바 문화 통치를 실시하는 배경이 되었다.

19 75회 40번
교사의 질문에 대한 학생의 답변으로 가장 적절한 것은? [3점]

> 이 자료는 전라남도 신안군(당시 무안군)의 한 섬에서 발생한 사건의 결과로, 소작인회 대표와 지주 문재철 사이에 맺어진 화해 조건입니다. 소작인들은 고율의 소작료를 징수하는 지주에게 1년여에 걸쳐 저항하여 소작료를 낮추는 성과를 거두었습니다. 이 사건 이후의 사실에 대해 말해 볼까요?

1. 소작료를 4할로 하고, 1할은 농업 장려금으로 할 것
2. 농업 장려금은 소작인회에서 관리할 것
3. 소작인회에 지주도 참여할 것
4. 미납한 소작료는 3개년을 기한으로 분납할 것
5. 파괴하여 철거한 문태현의 비석을 복구할 것
6. 현재 조사 중인 형사 피고 사건은 양방에서 취하할 것
7. 지주가 소작인회에 기본금 2천 원을 기증할 것

① 양전 사업이 실시되어 지계가 발급되었어요.
② 함경도와 황해도에서 방곡령이 선포되었어요.
③ 전국 단위 조직인 조선 농민 총동맹이 결성되었어요.
④ 일본의 토지 침탈에 맞서 농광 회사가 설립되었어요.
⑤ 기한 내에 소유지를 신고하게 하는 토지 조사령을 제정하였어요.

20 73회 38번
(가) 단체에 대한 설명으로 옳은 것은? [2점]

> 한 나라 한 사회나 한 집안의 장래를 맡은 사람은 누구인가. 곧 그 집안이나 그 사회나 그 나라의 아들과 손자일 것이다. …… (가) 은/는 어린이를 위한 부모의 도움이 두터워지기를 바라는 마음에서 5월 1일 오늘을 기회로 삼아 '어린이의 날'이라고 이름하고, 소년 회원이 거리마다 늘어서서 "항상 10년 후의 조선을 생각하십시오."라고 쓴 인쇄물을 배포하며 취지를 선전했다. 이러한 일은 조선 소년 운동의 처음이며, 다른 사회에서도 많이 응원하여 노력하기를 바란다.

① 한글 맞춤법 통일안을 제정하였다.
② 기관지로 『진단학보』를 발행하였다.
③ 오산 학교를 설립하여 인재를 양성하였다.
④ 김기전, 방정환 등이 주축이 되어 활동하였다.
⑤ 여성 교육의 중요성을 강조한 여권통문을 발표하였다.

17 | 민립 대학 설립 운동 정답 ③

자료 분석

> 이상재, 이승훈 + 민립 대학 기성 준비회를 조직함
> → 민립 대학 설립 운동(1922)
>
> 3·1 운동 이후 1922년에 일제가 제2차 조선 교육령을 제정하여 식민 교육 방침을 수정하였다. 이로 인해 한국인이 다니는 보통학교의 수업 연한이 일본과 동일하게 6년이 되었으며, 고등 교육을 허용해 대학 설립이 가능해지게 되었다. 이에 이상재, 이승훈 등의 주도로 1922년에 조선 민립 대학 기성 준비회를 조직하여 '한민족 1천만이 한 사람이 1원씩'이라는 구호를 내걸고 민립 대학 설립 운동을 전개하였다.

정답 해설

③ 3·1 운동(1919) 이후 일제가 제2차 조선 교육령을 통해 조선인의 대학 설립을 허용하자, 1922년에 이상재 등이 조선 민립 대학 기성 준비회를 창립하고, 일제의 식민지 차별 교육에 대항하기 위해 민립 대학 설립 운동을 전개하였다. 이에 일제는 민립 대학 설립 운동을 저지하고, 여론을 무마하기 위해 1924년에 경성 제국 대학을 설립하였다.

빈출 개념 | 민립 대학 설립 운동

배경	• 제2차 조선 교육령으로 한국인의 대학 설립이 가능해짐 • 한국인 본위의 고등 교육 기관 설립의 필요성 대두
전개	• 이상재, 이승훈 등이 조선 민립 대학 설립 기성회 조직 • '한민족 1천만이 한 사람이 1원씩'이라는 구호로 모금 운동 전개
결과	일제는 한국인의 고등 교육 요구 열기를 무마하고, 대학 설립에 대한 여론을 무마하기 위해 경성 제국 대학을 설립(1924)

18 | 암태도 소작 쟁의와 원산 총파업 정답 ④

자료 분석

> (가) 고율의 소작료를 징수한 지주 문재철 → 암태도 소작 쟁의(1923)
> (나) 일본인 감독이 조선인 노동자를 구타 + 총파업 → 원산 총파업(1929)
>
> (가) 암태도 소작 쟁의(1923)는 지주 문재철이 과도하게 소작료를 징수하자 암태도의 농민들이 지주와 그를 비호하는 일본 경찰에 맞서 소작 쟁의를 전개한 사건으로, 소작료를 낮추는 성과를 거두었다.
> (나) 원산 총파업(1929)은 원산에 위치한 일본 석유 회사의 일본인 감독이 한국인 노동자를 구타한 사건을 계기로 발생하였다.

정답 해설

④ 원산 총파업은 일본, 프랑스 등 외국의 노동 단체로부터 지지와 격려 전문을 받았다.

오답 체크

①, ③ 3·1 운동: 중국의 반제국주의 운동인 5·4 운동에 영향을 주었으며, 상하이에 대한민국 임시 정부가 수립되는 계기가 되었다.
② 사회주의와 연계된 혁명적 농민 조합은 1930년대 이후에 조직되었다.
⑤ 암태도 소작 쟁의(1923)와 원산 총파업(1929) 모두 문화 통치 시기인 1920년대에 발생하였다.

19 | 암태도 소작 쟁의 이후의 사실 정답 ③

자료 분석

> 신안군 + 지주 문재철 → 암태도 소작 쟁의
>
> 문화 통치 시기에는 전국적으로 소작농이 지주를 대상으로 소작료 인하 등 소작 조건의 개선을 요구하는 소작 쟁의가 전개되었다. 그 중 암태도 소작 쟁의는 신안군 암태도의 소작인들이 고율의 소작료를 징수한 지주 문재철을 상대로 소작 쟁의를 전개한 사건으로, 1년간의 저항 끝에 소작료를 낮추는 데 성공하였다.

정답 해설

③ 문화 통치 시기에 일어난 암태도 소작 쟁의 이후 전국 단위로 농민 운동을 조직적으로 전개하고자 조선 농민 총동맹이 결성되었다.

오답 체크

① 대한 제국 시기: 양전 사업이 실시되어 토지 소유자에게 근대적 토지 소유 증명서인 지계가 발급되었다.
② 근대 개항기: 조·일 통상 장정 개정에 따라 함경도와 황해도에서 곡물의 수출을 금지하는 방곡령이 선포되었다.
④ 대한 제국 시기: 일제가 황무지 개간권을 요구한 것을 계기로 관리와 민간인이 일본의 토지 침탈에 맞서 농광 회사를 설립하였다.
⑤ 무단 통치 시기: 일제가 식민 통치의 재정을 확보하고 토지를 약탈하기 위해 기한 내에 소유지를 신고하게 하는 토지 조사령을 제정하였다.

20 | 천도교 소년회 정답 ④

자료 분석

> 어린이의 날 + 소년 운동 → 천도교 소년회
>
> 천도교 소년회는 일제가 어린이를 노동력 수탈의 대상으로 간주하여 아동 노동자의 수가 증가하자, 아이들을 하나의 인격체로 대하자는 소년 운동을 전개하였다. 이에 5월 1일을 '어린이날'로 제정하였으며, 잡지 『어린이』를 발간하였다.

정답 해설

④ 천도교 소년회는 김기전, 방정환 등이 주축이 되어 활동하였다.

오답 체크

① 조선어 학회: 잡지 『한글』을 발행하고 한글 맞춤법 통일안을 제정하는 등 한글 연구에 힘썼다.
② 진단 학회: 실증주의 사학에 기반하여 우리 역사를 연구하기 위해 조직된 단체로, 기관지로 『진단학보』를 발행하였다.
③ 신민회: 민족 교육을 위해 정주에 오산 학교를 설립하여 인재를 양성하였다.
⑤ 서울 북촌의 양반 부인들이 최초의 여성 권리 선언문인 여권통문을 발표하고, 곧이어 찬양회를 조직하였다.

03 1920년대 일제의 통치와 민족 운동

21 47회 42번
다음 자료에 나타난 사회 운동에 대한 설명으로 옳은 것은? [2점]

> **어린 동무들에게**
> • 돋는 해와 지는 해를 반드시 보기로 합시다.
> • 어른에게는 물론이고 당신들끼리도 서로 존대하기로 합시다.
> • 뒷간이나 담벽에 글씨를 쓰거나 그림 같은 것을 그리지 말기로 합시다.
> • 길가에서 떼를 지어 놀거나 유리 같은 것을 버리지 말기로 합시다.
> • 꽃이나 풀을 꺾지 말고, 동물을 사랑하기로 합시다.
> • 전차나 기차에서는 어른에게 자리를 사양하기로 합시다.
> • 입은 꼭 다물고 몸은 바르게 가지기로 합시다.
> — 1923년 5월 1일 어린이날 기념 선전문

① 통감부의 탄압으로 중단되었다.
② 김광제, 서상돈 등이 주도하였다.
③ 서당 규칙을 제정하는 계기가 되었다.
④ 천도교 세력이 중심이 되어 추진하였다.
⑤ 평양에서 시작하여 전국으로 확산되었다.

22 68회 41번
다음 가상 일기의 밑줄 그은 '운동'에 대한 설명으로 옳은 것은? [1점]

> 1925년 ○○월 ○○일
> 우리 백정들은 신분제가 폐지되었음에도 끊임없이 차별받았다. 다 같은 조선 민족인데 왜 우리를 핍박하는 걸까? 우리는 저울처럼 평등한 세상을 만들기 위해 몇 해 전부터 운동을 벌이고 있지만 사람들의 인식을 바꾸기는 쉽지 않을 것 같다. 얼마 전 예천에서는 '백정을 핍박하는 것은 죄가 아니다.'라고 말하는 사람도 있다고 하니 우리는 언제쯤 평등한 대우를 받을 수 있을까?

① 조선 형평사의 주도로 전개되었다.
② 대한매일신보의 지원을 받아 확대되었다.
③ 평양에서 시작하여 전국적으로 확산되었다.
④ 순종의 인산일을 기한 대규모 시위를 계획하였다.
⑤ 라이징 선 석유 회사의 한국인 구타 사건을 계기로 시작되었다.

23 71회 41번
(가) 사건 이후에 전개된 사실로 옳은 것은? [3점]

> **<탐구 활동 보고서>**
> ○학년 ○○반 이름: ○○○
> ◉ 주제: (가) 에 대한 국외 반응
> ◉ 탐구 목적
> 라이징 선 석유 주식회사의 문평 공장에서 일본인 감독이 조선인 노동자를 구타한 일이 발단이 되어 일어난 일제 강점기 최대 규모의 노동 운동에 대한 국외 반응을 당시 자료를 통해 살펴본다.
> ◉ 자료 및 해설

> 이것은 재일본노총에서 (가) 을/를 조사하기 위해 변호사를 파견한다는 당시 신문 기사이다. 기사에 보도된 일본의 조선인 노동 단체뿐 아니라 중국 지역의 여러 노동 단체도 격려와 후원을 하였다.

① 동양 척식 주식회사가 설립되었다.
② 강주룡이 을밀대 지붕에서 고공농성을 벌였다.
③ 황실의 지원을 받아 대한 천일 은행이 창립되었다.
④ 전국 단위의 조직인 조선 노농 총동맹이 조직되었다.
⑤ 고율의 소작료에 반발하여 암태도 소작 쟁의가 발생하였다.

24 49회 40번
(가) 민족 운동에 대한 설명으로 옳은 것은? [2점]

> • 대한 독립운동가여 단결하라!
> • 일체 납세를 거부하자!
> • 일본 물자를 배척하자!
> • 언론·출판·집회의 자유를!
> • 보통 교육은 의무 교육으로!
> • 교육 용어는 조선어로!

이것은 순종의 인산일에 일어난 (가) 당시 장례 행렬에 모인 사람들에게 뿌려진 격문의 일부입니다.

① 대구에서 시작되어 전국으로 확산되었다.
② 대한민국 임시 정부 수립에 영향을 주었다.
③ 민족주의 진영과 사회주의 진영이 함께 준비하였다.
④ 일제가 이른바 문화 통치를 실시하는 배경이 되었다.
⑤ 신간회 중앙 본부가 진상 조사단을 파견하여 지원하였다.

21 | 소년 운동
정답 ④

자료 분석

> 어린 동무들 + 어린이날 → 소년 운동
>
> 일제 강점기에는 어린이의 지위가 매우 열악하여 노동력 수탈의 대상으로 간주되었는데, 특히 1920년대부터 아동 노동자의 수가 증가하였다. 이에 방정환, 김기전 등을 중심으로 한 천도교 소년회는 어린이를 하나의 인격체로 대하자는 소년 운동을 전개하였다. 이를 위해 어린이날을 제정하고, 잡지 『어린이』를 발간하였다.

정답 해설
④ 소년 운동은 천도교 소년회의 방정환 등을 중심으로 추진된 사회 운동이다.

오답 체크
① 국채 보상 운동: 통감부가 국채 보상 기성회의 간사인 양기탁에게 모금액 횡령의 혐의를 씌워 구속하며 운동을 탄압하자 중단되었다.
② 국채 보상 운동: 대구에서 김광제, 서상돈 등이 국민의 힘으로 국채를 상환하자는 구호를 내걸고 운동을 주도하였다.
③ 1910년대에 개량 서당을 통해 민족 교육이 확대되자, 일제는 서당 규칙을 제정하여 서당 설립을 허가제로 바꾸었다(1918).
⑤ 물산 장려 운동: 평양에서 조만식 등을 중심으로 시작하여 전국으로 확산되었다.

22 | 형평 운동
정답 ①

자료 분석

> 백정들은 신분제가 폐지되었음에도 끊임없이 차별받음 + 저울처럼 평등한 세상 → 형평 운동
>
> 형평 운동은 일제 강점기에 백정들이 사용하던 저울처럼 평등한 사회를 만들겠다는 의미를 담아 전개된 운동으로, 백정에 대한 사회적 차별 철폐 등을 목표로 하였다.

정답 해설
① 형평 운동은 진주에서 이학찬 등을 중심으로 조선 형평사를 창립하고, '공평은 사회의 근본이요, 애정은 인류의 본량'이라는 취지 아래 전개되었다.

오답 체크
② 국채 보상 운동: 대구에서 처음 시작되었으며, 대한매일신보의 지원을 받아 전국적으로 확대되었다.
③ 물산 장려 운동: 평양에서 조만식 등을 중심으로 시작되어 전국적으로 확산되었다.
④ 6·10 만세 운동: 순종의 인산일을 기하여 대규모 시위를 계획하고 추진되었으나, 천도교 및 사회주의 세력의 계획은 사전에 발각되어 학생 단체의 시위만 예정대로 진행되었다.
⑤ 원산 총파업: 원산에 위치한 라이징 선 석유 회사의 일본인 감독이 한국인 구타 사건을 계기로 발생하였다.

빈출 개념 | 형평 운동

배경	제1차 갑오개혁 때 법적으로 신분 제도 폐지 → 백정에 대한 사회적 차별 지속
목표	백정에 대한 사회적 차별 철폐, 모욕적 칭호 폐지 등
주도 단체	조선 형평사(진주에서 이학찬을 중심으로 조직)

23 | 원산 총파업 이후의 사실
정답 ②

자료 분석

> 라이징 선 석유 주식회사 + 일본인 감독이 조선인 노동자를 구타한 일 → 원산 총파업(1929)
>
> 1929년에 발생한 원산 총파업은 원산에 위치한 라이징 선 석유 주식회사의 일본인 감독이 조선인 노동자를 구타한 것이 계기가 되어 일어났다. 이때 일본, 프랑스 등지의 노동 단체로부터 격려 전문을 받기도 하였다.

정답 해설
② 원산 총파업(1929) 이후인 1931년에 평양 평원 고무 공장 노동자였던 강주룡이 임금 삭감에 저항하여 을밀대 지붕에서 고공농성을 벌였다.

오답 체크
모두 원산 총파업(1929) 이전의 사실이다.
① 1908년에 대한 제국의 토지를 약탈하기 위해 동양 척식 주식회사가 설립되었다.
③ 1899년에 대한 제국 황실의 지원을 받아 민족계 은행인 대한 천일 은행이 창립되었다.
④ 1924년에 서울에서 전국 단위의 조직인 조선 노농 총동맹이 조직되었다.
⑤ 1923년에 신안군 암태도에서 고율의 소작료를 징수한 지주 문재철의 횡포에 맞서 암태도 소작 쟁의를 전개하였다.

24 | 6·10 만세 운동
정답 ③

자료 분석

> 순종의 인산일에 일어남 → 6·10 만세 운동
>
> 6·10 만세 운동은 순종의 인산일을 기회로 삼아 천도교 중심의 민족주의 진영, 사회주의 진영과 학생 단체가 연합하여 준비한 민족 운동이다. 그러나 민족주의 및 사회주의 진영의 만세 운동 계획이 사전에 발각되어 학생 단체를 중심으로 서울에서 만세 시위가 전개되었다.

정답 해설
③ 6·10 만세 운동은 천도교 계열의 민족주의 진영과 사회주의 진영이 함께 준비하였다.

오답 체크
① 국채 보상 운동: 일본의 강요로 도입된 차관을 갚기 위해 대구에서 시작되어 전국으로 확산되었다.
②, ④ 3·1 운동: 대한민국 임시 정부 수립에 영향을 주었으며, 일제의 통치 방식이 무단 통치에서 문화 통치로 바뀌는 계기가 되었다.
⑤ 광주 학생 항일 운동: 신간회 중앙 본부에서 지원을 위해 진상 조사단을 파견하였다.

빈출 개념 | 6·10 만세 운동

계획	천도교 계열, 사회주의 계열, 학생 단체가 연합하여 순종의 인산일에 대규모 시위 계획
전개	사회주의와 천도교 연합의 계획이 사전에 발각 → 학생 단체를 중심으로 서울에서 만세 시위 전개
의의	민족주의와 사회주의 계열의 연대 가능성 발견 → 민족 유일당 운동 일환으로 신간회 결성

03 1920년대 일제의 통치와 민족 운동

25   57회 42번
다음 자료에 나타난 사건의 영향으로 적절한 것은?   [2점]

> **판결문**
>
> 피고인: 이선호 외 10명
> 주 문: 피고인들을 각 징역 1년에 처한다.
> 이 유
>   피고인들은 이왕(李王) 전하 국장 의식을 거행할 즈음, 이를 봉송하기 위하여 지방에서 다수 조선인이 경성부로 모이는 기회를 이용하여 조선 독립운동을 선동하는 불온 문서를 비밀에 인쇄하여 국장 당일 군중 가운데 살포하여 조선 독립 만세를 소리 높여 외쳐 조선 독립의 희망을 달성하고자 기도하였다.

① 13도 창의군이 서울 진공 작전을 전개하였다.
② 복벽주의를 내세운 독립 의군부가 조직되었다.
③ 김광제 등의 발의로 국채 보상 운동이 일어났다.
④ 통상 수교 거부 의지를 담은 척화비가 건립되었다.
⑤ 민족 유일당 운동의 일환으로 신간회가 창립되었다.

26   69회 37번
(가)~(다)를 발표된 순서대로 옳게 나열한 것은?   [3점]

> (가) 우리들 민중의 통곡과 복상이 결코 이척[순종]의 죽음에 있지 않다는 것을 민중 각자의 마음속에 그것을 명백히 말해주고 있다. 우리들의 비애와 통렬한 애도는 경술년 8월 29일 이래 쌓이고 쌓인 슬픔이다. …… 금일의 통곡·복상의 충성과 의분을 돌려 우리들의 해방 투쟁에 바치자!
>
> (나) 조선 민족의 정치적 의식이 발달함에 따라 민족적 중심 단결을 요구하는 시기를 맞이하여 민족주의를 표방한 신간회가 발기인의 연명으로 3개 조의 강령을 발표하였다. ……
> 1. 우리는 정치적·경제적 각성을 촉진함
> 1. 우리는 단결을 공고히 함
> 1. 우리는 기회주의를 일체 부인함
>
> (다) 우리 2천만 생령(生靈)을 사랑하고 조국을 사랑하는 광주 학생 남녀 수십 명이 중상을 입었다. 고뇌하는 청년 학생 2백 명이 불법으로 철창 속에 갇혀 있다. …… 우리들은 광주 학생의 석방을 요구하는 동시에 참을 수 없는 피눈물로 시위 대열에 나가는 것이다.

① (가) – (나) – (다)
② (가) – (다) – (나)
③ (나) – (가) – (다)
④ (나) – (다) – (가)
⑤ (다) – (나) – (가)

27   50회 36번
(가) 단체의 활동으로 옳은 것은?   [1점]

> [역사 다큐멘터리 기획안]
>
> **(가), 좌우가 힘을 합쳐 창립하다**
>
> ■ 기획 의도
>   일제 강점기 최대 규모의 사회 단체인 (가) 에 대한 다큐멘터리를 제작하여 그 역사적 의미를 살펴본다.
>
> ■ 장면별 구성 내용
> – 정우회 선언을 작성하는 장면
> – 이상재가 회장으로 추대되는 장면
> – 전국 주요 도시에 지회가 설립되는 장면
> – 순회 강연단을 조직하고 농민 운동을 지원하는 장면

① 평양에 자기 회사를 설립하였다.
② 2·8 독립 선언서를 작성하여 발표하였다.
③ 제국신문을 발행하여 민중 계몽에 힘썼다.
④ 어린이날을 제정하고 잡지 『어린이』를 간행하였다.
⑤ 광주 학생 항일 운동에 진상 조사단을 파견하였다.

28   64회 37번
(가) 단체에 대한 설명으로 옳은 것은?   [2점]

> **역사 신문**
> 제△△호   ○○○○년 ○○월 ○○일
>
> **민중 대회 개최 모의로 지도부 대거 체포**
>
>   허헌, 홍명희 등 (가) 의 지도부는 광주 학생 항일 운동을 전국적 시위 운동으로 확산시키기 위한 민중 대회 개최를 추진하다가 경찰에 체포되었다. 이 단체는 사건 진상 조사 보고를 위한 유인물 배포 및 연설회 개최를 계획하고, 각 지회에 행동 지침을 내리는 등 시위 확산을 도모하였다.

① 암태도 소작 쟁의를 지원하였다.
② 민족 협동 전선으로 결성되었다.
③ 부민관 폭파 사건을 주도하였다.
④ 「조선혁명선언」을 활동 지침으로 하였다.
⑤ 어린이날을 제정하고 잡지 『어린이』를 간행하였다.

25 | 6·10 만세 운동
정답 ⑤

자료 분석
이왕(李王) 전하 국장 의식 + 조선 독립 만세를 소리 높여 외침 → 6·10 만세 운동

6·10 만세 운동은 국권 피탈 이후 대한 제국의 황제에서 이왕(李王)으로 격하된 순종의 인산일(장례일)에 일어난 민족 운동이다. 6·10 만세 운동은 준비 과정에서 민족주의 계열인 천도교와 사회주의 계열의 단체가 연대함으로써, 이후 민족 유일당 운동이 전개되는 계기를 마련하였다.

정답 해설
⑤ 6·10 만세 운동을 통해 민족주의 계열과 사회주의 계열의 연대 가능성이 확인되어 민족 유일당 운동이 전개되었으며, 그 일환으로 신간회가 창립되었다.

오답 체크
① 정미의병: 총대장 이인영, 군사장 허위를 중심으로 결성된 13도 창의군이 서울 진공 작전을 전개하였다.
② 1912년에 국내에서 임병찬이 군주정으로의 회복을 목표로 하는 복벽주의를 내세우며 독립 의군부를 조직하였다.
③ 국채 보상 운동: 대구에서 김광제 등의 발의로 시작된 민족 운동으로, 일본으로부터 빌린 국채를 갚아 경제적 주권을 회복하고자 하였다.
④ 신미양요 이후 흥선 대원군은 전국 각지에 서양 열강에 대한 통상 수교 거부 의지를 담은 척화비를 건립하였다.

26 | 1920년대 국내의 독립운동
정답 ①

자료 분석
(가) 이척[순종]의 죽음 → 6·10 만세 운동(1926)
(나) 신간회 + 3개 조 강령 발표 → 신간회 창립(1927)
(다) 광주 학생의 석방을 요구 → 광주 학생 항일 운동(1929)

정답 해설
① 순서대로 나열하면 (가) 6·10 만세 운동(1926) – (나) 신간회 창립(1927) – (다) 광주 학생 항일 운동(1929)이다.
(가) 순종의 인산일(장례일)을 기회로 삼아 민족주의 계열(천도교)과 사회주의 계열, 학생 단체는 함께 만세 운동을 준비하였다. 그러나 일제에 의해 계획 일부가 사전에 발각되어 학생 단체만 예정대로 서울에서 6·10 만세 시위를 전개하였다(1926). 6·10 만세 운동의 전개 과정에서는 민족주의 계열과 사회주의 계열의 연대 가능성이 제기되었다.
(나) 6·10 만세 운동 이후 전개된 민족 유일당 운동의 일환으로 사회주의 세력과 비타협적 민족주의 세력이 결합하여 이상재를 회장으로 추대하고 신간회를 결성하였다(1927). 신간회는 정치적·경제적 각성, 민족 대단결, 기회주의자 부인을 강령으로 삼았다.
(다) 한·일 학생 간의 충돌 사건을 당시 일본 경찰이 편파적으로 수사한 것이 발단이 되어 광주 학생 항일 운동이 일어났다(1929). 이에 분노한 한국 학생들은 검거자 탈환과 식민지 차별 교육 철폐, 조선인 본위의 교육 제도 확립 등을 요구하며 대규모 시위를 전개하였다.

27 | 신간회
정답 ⑤

자료 분석
좌우가 힘을 합침 + 일제 강점기 최대 규모의 사회 단체 → 신간회

신간회는 일제 강점기 최대 규모의 사회 단체로, 6·10 만세 운동 이후 전개된 민족 유일당 운동의 일환으로 창립되었다. 6·10 만세 운동 이후 사회주의 계열(좌)과 민족주의(우) 계열의 연대 가능성이 확인되자, 사회주의 계열인 정우회는 비타협적 민족주의 세력과의 연대를 주장하였다(정우회 선언). 이로써 사회주의 세력과 비타협적 민족주의 세력이 결합하여 이상재를 회장으로 추대하고 신간회를 창립하였다.

정답 해설
⑤ 신간회는 광주 학생 항일 운동에 진상 조사단을 파견하고 대대적인 민중 대회 개최를 계획하였다.

오답 체크
① 신민회: 평양에 자기 회사를 세워 민족 산업을 육성하였다.
② 조선 청년 독립단: 일본 도쿄에서 2·8 독립 선언서를 작성하여 발표하였다.
③ 이종일 등은 대한 제국 시기에 순 한글로 제국신문을 발행하여 민중 계몽에 힘썼다.
④ 천도교 소년회: 어린이날을 제정하고 아동 문학과 동요 등을 실은 잡지 『어린이』를 간행하였다.

28 | 신간회
정답 ②

자료 분석
광주 학생 항일 운동 + 확산시키기 위한 민중 대회 개최를 추진함 → 신간회

신간회는 6·10 만세 운동 이후 전개된 민족 협동 전선의 결과 1927년에 사회주의 세력과 비타협적 민족주의 세력이 결합하여 결성된 사회 단체이다. 신간회는 1929년에 광주 학생 항일 운동이 발생하자 진상 조사단을 파견하였고, 이를 전국적 시위 운동으로 확산시키기 위한 민중 대회 개최를 추진하였으나 일제의 방해로 실패하였다.

정답 해설
② 신간회는 사회주의 세력과 비타협적 민족주의 세력이 연합하여 민족 협동 전선으로 결성되었다(1927).

오답 체크
① 암태도 소작 쟁의는 신안군 암태도의 소작인들이 고율의 소작료를 징수한 지주 문재철의 횡포에 맞서 전개한 소작 쟁의(1923)로, 신간회와 관련이 없다.
③ 대한 애국 청년당: 경성 부민관 폭파 사건을 주도하였다.
④ 의열단: 신채호가 작성한 「조선혁명선언」을 활동 지침으로 하였다.
⑤ 천도교 소년회: 어린이들의 처우를 개선하기 위해 어린이날을 제정하고 잡지 『어린이』를 간행하는 등 소년 운동을 전개하였다.

03 1920년대 일제의 통치와 민족 운동

29   56회 43번

(가) 단체에 대한 설명으로 옳은 것은? [2점]

[이달의 독립운동가]
민족 독립과 여성 해방을 꿈꾼
박차정(朴次貞)
(1910~1944)

부산 동래 출신. 1927년 신간회의 자매 단체로 결성된 (가) 의 중앙 집행 위원으로 활동하였다. 광주 학생 항일 운동에 동조하여 서울에서 시위를 주도하였다가 불구속으로 나온 후 중국으로 망명하였다. 1938년 조선 의용대의 부녀 복무 단장이 되어 남편 김원봉과 함께 무장 투쟁을 활발히 전개하였다. 이듬해 쿤룬산 전투에서 부상을 당해 후유증으로 순국하였다.

① 상하이에서 대동 단결 선언을 발표하였다.
② 일제의 황무지 개간권 요구를 저지하였다.
③ 여성 교육을 위해 배화 학당을 설립하였다.
④ 조선 여성의 단결과 지위 향상을 목표로 하였다.
⑤ 『어린이』 등의 잡지를 발간하여 소년 운동을 주도하였다.

30   62회 37번

(가), (나) 사이의 시기에 있었던 사실로 옳은 것은? [2점]

(가) 조선 사회 운동 단체인 정우회는 며칠 전 선언서를 발표하였다. 선언에서 민족주의적 세력과 과도기적 동맹자적 관계를 구축해야 한다고 밝히고 타협과 항쟁을 분리시켜 사회 운동 본래의 사명을 잊지 말자는 것을 말하였다.

(나) 조선 민족 운동의 중추 기관이 되려는 사명을 띠고 창립되었던 신간회가 비로소 첫 번째 전체 대회를 개최하였다. 그러나 간신히 열리는 전체 대회에서 해소 문제 토의를 최대 의제로 하게 된 것은 조선의 현 상황이 아니고서는 보기 어려운 기현상이다.

① 광주 학생 항일 운동이 일어났다.
② 임병찬이 독립 의군부를 조직하였다.
③ 독립군이 봉오동에서 큰 승리를 거두었다.
④ 도쿄 유학생들이 2·8 독립 선언서를 발표하였다.
⑤ 조선 민족 전선 연맹 산하에 조선 의용대가 창설되었다.

31   73회 40번

밑줄 그은 '사건'에 대한 설명으로 옳은 것은? [2점]

□□ 신문
제△△호   1929년 ○○월 ○○일

신간회, 최고 간부를 광주로 특파하다

지난 3일 전남 광주에서 일어난 고등보통학교 학생 대 중학생의 충돌 사건에 대하여 신간회 본부에서는 지난 5일 중앙 상무 집행위원회의 결의로 장성, 송정, 광주 세 지회에 긴급 조사를 지시하며 사태의 진전을 주시하고 있다. 지난 8일 밤에는 신간회 주요 간부들이 긴급 상의한 결과, 사건 내용을 철저히 조사하는 동시에 구금된 학생들의 석방을 교섭하기 위하여 신간회 중앙집행위원장 허헌 씨와 서기장 황상규 씨, 회계장 김병로 씨 등 최고 간부를 광주까지 특파하였다고 한다.

① 순종의 인산일을 기회로 삼아 일어났다.
② 조선어 학회가 해산되는 결과를 가져왔다.
③ 정우회 선언을 발표하는 데 영향을 주었다.
④ 전국적인 시위와 동맹 휴학으로 확산하였다.
⑤ 일제가 이른바 문화 통치를 실시하는 계기가 되었다.

32   67회 38번

밑줄 그은 '이 운동'에 대한 설명으로 옳은 것을 <보기>에서 고른 것은? [1점]

이것은 1929년 11월 한·일 학생 간의 충돌을 계기로 시작된 이 운동을 기념하는 탑입니다. 당시 민족 차별에 분노한 광주 지역 학생들이 대규모 시위를 전개하였고, 전국의 많은 학교가 동맹 휴학으로 동참하였습니다. 이 기념탑은 학생들의 단결된 의지를 타오르는 횃불로 형상화한 것입니다.

─── <보기> ───
ㄱ. 조선인 본위의 교육 제도 확립 등을 요구하였다.
ㄴ. 대한매일신보의 후원 속에 전국으로 확산하였다.
ㄷ. 신간회에서 진상 조사단을 파견하여 지원하였다.
ㄹ. 일제가 이른바 문화 통치를 실시하는 배경이 되었다.

① ㄱ, ㄴ   ② ㄱ, ㄷ   ③ ㄴ, ㄷ   ④ ㄴ, ㄹ   ⑤ ㄷ, ㄹ

29 | 근우회
정답 ④

자료 분석

> 신간회의 자매 단체로 결성됨 → 근우회
>
> 근우회는 일제 강점기에 결성된 신간회의 자매 단체로, 박차정 등이 지도부로 활약하였다. 이 단체는 국내외에 60여 개의 지회를 설치하고 기관지인 『근우』를 발행하였으며, 전국 순회 강연과 토론회 등을 개최하여 여성의 의식 향상을 위해 노력하였다.

정답 해설

④ 근우회는 조선 여성의 단결과 지위 향상을 목표로 여성 운동을 전개하였다.

오답 체크

① 신규식, 박은식 등이 상하이에서 임시 정부의 수립을 주장한 대동 단결 선언을 발표하였다.
② 보안회: 대한 제국 시기에 일제의 황무지 개간권 요구를 저지하는 운동을 전개하여 일본의 요구를 철회시켰다.
③ 대한 제국 시기에 선교사 캠벨이 여성 교육을 위해 한성에 초·중등 과정의 사립 학교인 배화 학당을 설립하였다.
⑤ 천도교 소년회: 일제 강점기에 방정환 등이 중심이 되어 어린이날을 제정하고, 잡지 『어린이』를 발간하여 소년 운동을 주도하였다.

30 | 정우회 선언과 신간회 해소 사이의 사실
정답 ①

자료 분석

> (가) 정우회 + 민족주의적 세력과 동맹자적 관계를 구축해야 함 → 정우회 선언(1926)
> (나) 신간회 + 해소 문제 → 신간회 해소(1931)
>
> (가) 6·10 만세 운동 이후 사회주의 계열과 민족주의 계열의 연대 가능성이 확인되자, 사회주의 계열인 정우회는 비타협적 민족주의 세력과의 연대를 주장한 정우회 선언을 발표하였다(1926).
> (나) 신간회 결성 이후 1931년에 코민테른이 민족주의 계열과의 연합을 중단하는 노선으로 바꾸자, 사회주의 계열이 이탈하면서 신간회는 해소되었다.

정답 해설

① 정우회 선언(1926) 이후인 1929년에 한·일 학생 간의 충돌을 계기로 광주 학생 항일 운동이 일어났다.

오답 체크

② (가) 이전: 1912년에 임병찬이 고종의 밀지를 받아 복벽주의를 표방하는 독립 의군부를 조직하였다.
③ (가) 이전: 1920년에 홍범도가 이끄는 대한 독립군을 중심으로 대한 국민회군 등이 연합하여 봉오동에서 일본군에게 큰 승리를 거두었다(봉오동 전투).
④ (가) 이전: 도쿄 유학생들이 조선 청년 독립단을 결성하고 1919년에 2·8 독립 선언서를 발표하였다.
⑤ (나) 이후: 1938년에 김원봉에 의해 조선 민족 전선 연맹 산하에 조선 의용대가 창설되었다.

31 | 광주 학생 항일 운동
정답 ④

자료 분석

> 신간회 + 광주 + 구금된 학생들의 석방 → 광주 학생 항일 운동
>
> 광주 학생 항일 운동은 광주에서 나주로 가는 통학 열차 안에서 발생한 한·일 학생 간의 충돌을 계기로 일어난 운동이다. 당시 일본 경찰이 편파적으로 수사하자, 한국 학생들은 검거자 탈환과 식민지 차별 교육 철폐, 조선인 본위의 교육 제도 확립 등을 요구하며 시위를 전개하였다. 시위가 전국적으로 확산되자, 신간회는 진상 조사단을 파견하여 이를 지원하였으며, 나아가 민중 대회 개최를 계획하였으나 일제에 의해 실패하였다.

정답 해설

④ 광주 학생 운동은 3·1 운동 이후에 일어난 최대 규모의 민족 운동으로, 전국 각지에서 동맹 휴학이 일어나게 되는 도화선이 되었다.

오답 체크

① 6·10 만세 운동: 대한 제국의 마지막 황제인 순종이 서거하자 순종의 인산일을 기회로 삼아 일어났다.
② 조선어 학회 사건: 일제가 독립운동 단체로 간주하고 치안 유지법을 적용하여 조선어 학회 회원들을 구속함으로써 학회가 해산되었다.
③ 6·10 만세 운동: 사회주의 계열과 민족주의의 연대 가능성을 확인하게 되자, 정우회는 비타협적 민족주의 세력과의 연대를 주장한 정우회 선언을 발표하였다.
⑤ 3·1 운동: 조선인들의 식민 통치에 대한 반발을 실감한 일제가 이른바 문화 통치를 실시하는 계기가 되었다.

32 | 광주 학생 항일 운동
정답 ②

자료 분석

> 한·일 학생 간의 충돌 + 광주 → 광주 학생 항일 운동
>
> 광주 학생 항일 운동은 한·일 학생 간의 충돌을 일본 경찰이 편파적으로 수사한 것이 발단이 되어 일어난 운동이다. 분노한 학생들은 대규모 시위를 전개하였고, 전국의 많은 학교가 동맹 휴학으로 동참하였다.

정답 해설

② ㄱ. 광주 학생 항일 운동은 조선인 본위의 교육 제도 확립 등을 요구하였다.
ㄷ. 신간회는 광주 학생 항일 운동에 진상 조사단을 파견하고 대대적인 민중 대회 개최를 계획하였다.

오답 체크

ㄴ. 국채 보상 운동: 대구에서 처음 시작되었으며, 대한매일신보의 후원을 받아 전국적으로 확산되었다.
ㄹ. 3·1 운동: 조선인들의 식민 통치에 대한 반발을 실감한 일제가 이른바 문화 통치를 실시하는 계기가 되었다.

04 1930~1940년대 일제의 통치

01 75회 44번
밑줄 그은 '이 시기'에 시행된 일제의 정책으로 옳은 것은? [1점]

① 언론을 통제하기 위하여 신문지법을 제정하였다.
② 애국반을 조직하여 한국인의 생활을 통제하였다.
③ 경복궁에서 최초로 조선 물산 공진회를 개최하였다.
④ 재정 고문 메가타의 주도 아래 화폐 정리 사업을 실시하였다.
⑤ 보통학교의 수업 연한을 4년으로 규정한 제1차 조선 교육령을 시행하였다.

02 빈출 70회 40번
밑줄 그은 '이 시기'에 시행된 일제의 정책으로 옳은 것은? [1점]

① 회사령을 공포하였다.
② 치안 유지법을 제정하였다.
③ 헌병 경찰제를 실시하였다.
④ 경성 제국 대학을 설립하였다.
⑤ 조선 사상범 예방 구금령을 시행하였다.

03 빈출 74회 43번
밑줄 그은 '시기'에 있었던 사실로 옳은 것은? [1점]

① 조선 태형령이 반포되었다.
② 조선 노농 총동맹이 결성되었다.
③ 임시 토지 조사국이 설립되었다.
④ 황국 신민 서사 암송이 강요되었다.
⑤ 조선 민립 대학 기성회가 창립되었다.

04 65회 42번
밑줄 그은 '시기'에 있었던 사실로 옳은 것은? [2점]

① 원산 총파업이 발생하였다.
② 미쓰야 협정이 체결되었다.
③ 조선 형평사가 결성되었다.
④ 국가 총동원법이 시행되었다.
⑤ 임시 토지 조사국이 설립되었다.

● 주제별 출제 비중
*최근 3개년 기준(심화 76~63회)

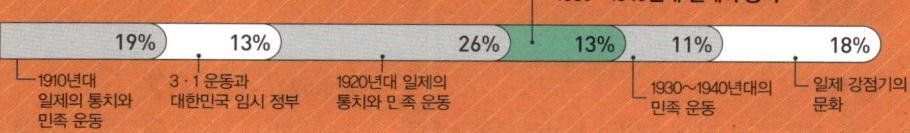

01 | 민족 말살 통치 시기   정답 ②

자료 분석

중·일 전쟁을 일으키고 침략 전쟁을 확대하던 시기
→ 민족 말살 통치 시기

민족 말살 통치 시기에 일제는 중·일 전쟁을 일으키고 침략 전쟁을 확대하였다. 이에 전쟁에 필요한 모든 자원을 확보하기 위해 국가 총동원법을 시행하였으며, 금속류 회수령을 실시하여 각종 놋그릇과 생활용품들을 공출하였다.

정답 해설

② 민족 말살 통치 시기에 일제는 애국반을 조직하여 10호 단위로 한국인의 생활을 감시하고 통제하였다.

오답 체크

① 대한 제국 시기: 일제는 우리나라의 언론을 통제하기 위하여 신문지법을 제정하였는데, 신문을 발행함에 있어 관청의 허가를 받도록 하였다.
③ 무단 통치 시기: 일제는 식민지 통치를 미화하기 위해 경복궁에서 조선 물산 공진회를 최초로 개최하였다.
④ 대한 제국 시기: 재정 고문 메가타의 주도 아래 대한 제국의 화폐를 일본 제일은행권으로 통일하는 화폐 정리 사업을 실시하였다.
⑤ 무단 통치 시기: 일제는 식민지 교육 방침을 규정하기 위해 보통학교의 수업 연한을 4년으로 규정한 제1차 조선 교육령을 시행하였다.

02 | 민족 말살 통치 시기   정답 ⑤

자료 분석

중·일 전쟁 이후 일제가 침략 전쟁을 확대 → 민족 말살 통치 시기

민족 말살 통치 시기에 일제는 중·일 전쟁과 태평양 전쟁(대동아 전쟁)을 일으키며 침략 전쟁을 확대하였다. 또한 내선일체(일본과 조선은 하나라는 주장)를 강조하며 소학교의 명칭을 '황국 신민의 학교'라는 뜻의 국민학교로 고쳤다.

정답 해설

⑤ 민족 말살 통치 시기에 일제는 독립운동을 탄압하기 위해 조선 사상범 예방 구금령을 시행하였다.

오답 체크

① 무단 통치 시기: 일제는 민족 자본의 성장을 억제하기 위하여 회사 설립 시 총독의 허가를 받도록 하는 회사령을 공포하였다.
② 문화 통치 시기: 일제는 사회주의자를 탄압하기 위한 치안 유지법을 제정하였으며, 이 법으로 많은 독립 운동가가 처벌받았다.
③ 무단 통치 시기: 일제는 강압적 통치를 목적으로 군인인 헌병이 일반 경찰의 역할을 수행하는 헌병 경찰제를 실시하였다.
④ 문화 통치 시기: 일제는 한국인의 고등 교육 열기를 무마하기 위해 경성 제국 대학을 설립하였다.

03 | 민족 말살 통치 시기   정답 ④

자료 분석

조선어 학회 + 치안 유지법 위반 혐의로 대거 투옥
→ 조선어 학회 사건 → 민족 말살 통치 시기

민족 말살 통치 시기에는 조선어 학회가 『우리말 큰사전(조선말 큰사전)』 편찬을 시도하였으나, 일제가 치안 유지법 위반 혐의로 조선어 학회 회원들을 투옥함으로써 학회가 해산되어 사전이 편찬되지 못한 조선어 학회 사건이 일어났다.

정답 해설

④ 민족 말살 통치 시기에 일제는 한국인을 일본에 충성하는 백성으로 만들기 위해 황국 신민 서사 암송을 강요하였다.

오답 체크

① 무단 통치 시기: 일제는 한국인에 한하여 재판 없이 태형을 가할 수 있는 조선 태형령이 반포되었다.
② 문화 통치 시기: 서울에서 전국 단위의 조직인 조선 노농 총동맹이 결성되었다.
③ 무단 통치 시기: 토지 조사 사업을 실시하기 위한 관청으로 임시 토지 조사국이 설립되었다.
⑤ 문화 통치 시기: 제2차 조선 교육령의 제정으로 대학 설립이 가능해지자, 조선 민립 대학 기성회가 창립되어 민립 대학 설립 운동을 전개하였다.

04 | 민족 말살 통치 시기   정답 ④

자료 분석

강제 동원 + 황국 신민 서사 → 민족 말살 통치 시기

민족 말살 통치 시기에 일제는 경제 공황으로 인한 경제난을 극복하기 위해 중·일 전쟁을 일으키는 등 침략 전쟁을 확대하였으며, 전쟁 수행을 위해 육군 특별 지원병제, 국민 징용령, 여자 정신 근로령 등을 제정하여 젊은 여성들과 청년들을 강제로 동원하였다. 또한 내선일체를 강조하며 일본에 충성하는 백성으로 만들기 위해 황국 신민 서사 암송을 강요하였다.

정답 해설

④ 민족 말살 통치 시기에 일제는 인적·물적 수탈을 강화하기 위해 국가 총동원법을 시행하였다.

오답 체크

① 문화 통치 시기: 석유 회사의 일본인 감독이 조선인 노동자를 폭행한 사건이 계기가 되어 원산 총파업이 발생하였다.
② 문화 통치 시기: 일제가 독립군의 활동을 위축시키기 위해 중국의 만주 군벌과 미쓰야 협정을 체결하였다.
③ 문화 통치 시기: 백정에 대한 차별 철폐를 위해 진주에서 이학찬을 중심으로 조선 형평사가 결성되었다.
⑤ 무단 통치 시기: 일제는 토지 조사 사업을 실시하기 위한 관청으로 임시 토지 조사국을 설립하였다.

04 1930~1940년대 일제의 통치

05
밑줄 그은 '이 시기'에 있었던 사실로 옳은 것은? [1점]

문학으로 만나는 한국사

"이제 곧 창씨개명이 문제가 아닌 날이 닥칠 겁니다. 그때는 사느냐 죽느냐, 이 문제가 턱에 걸려서 아무것도 뵈지 않을걸요. 아 왜 거년(去年) 칠월에 국가 총동원법 제4조라고 허면서, 국민 징용령이 안 떨어졌습니까? 일본 본토는 그렇다 치고, 조선, 대만, 사할린, 남양 군도에까지 그 징용령이 시행되고 있는 판에, 징병령인들 떨어지지 않겠습니까? 지금 지원병 제도는 장차 징병 문제를 결정하려는 시험으로 해 보는 것이라고 허드구만요."

이기채는 가슴이 까닭 없이 덜컥 내려앉는다.
- 『혼불』

[해설] 이 작품에는 일제가 국가 총동원법을 제정하고 노동력 수탈을 위해 국민 징용령 등을 시행하던 이 시기 우리 민족의 삶이 잘 표현되어 있다.

① 조선 태형령이 공포되었다.
② 헌병 경찰 제도가 실시되었다.
③ 경성 제국 대학이 설립되었다.
④ 조선 농민 총동맹이 조직되었다.
⑤ 황국 신민 서사 암송이 강요되었다.

06
교사의 질문에 대한 학생의 답변으로 가장 적절한 것은? [1점]

지도는 목포와 여수 일대의 일본군 방어 시설을 표시한 것입니다. 일본군은 아시아·태평양 전쟁 말기 연합군의 상륙을 저지하기 위해 한반도 남서 해안 지역에 대규모 군사 방어 시설을 구축했습니다. 이 시기에 있었던 사실에 대해 말해볼까요?

① 고종의 밀지를 받아 독립 의군부가 결성되었어요.
② 만주 군벌과 일제가 미쓰야 협정을 체결하였어요.
③ 여자 정신 근로령으로 여성들이 강제 동원되었어요.
④ 상하이에서 주권 재민을 천명한 대동 단결 선언이 발표되었어요.
⑤ 독립운동의 방략을 논의하고자 국민 대표 회의가 개최되었어요.

07
밑줄 그은 '시기'에 볼 수 있는 모습으로 적절한 것은? [2점]

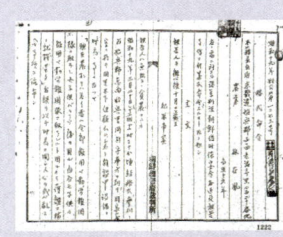

이 자료는 태평양 전쟁 발발 후 일제의 전시 동원 체제가 강화된 시기의 판결문이다. 판결문에는 피고인 임○○이 이웃 주민과의 잡담에서 "자식이 징용되거나 근로 보국대에 가지 않도록 취직시킨다." 등의 발언을 하여 민심을 어지럽혔다는 이유로 징역형을 선고한다는 내용이 담겨 있다.

① 국가 보안법 철폐를 요구하는 학생
② 몸뻬 착용을 권장하는 애국반 반장
③ 경부선 철도 개통식을 구경하는 청년
④ 형평사 창립 대회 개최를 취재하는 기자
⑤ 헌병 경찰에게 끌려가 태형을 당하는 농민

08
밑줄 그은 '시기'에 볼 수 있는 모습으로 옳은 것은? [2점]

사진 속 만삭의 임산부가 바로 저입니다. 일제는 중·일 전쟁 이후 침략 전쟁을 확대하던 시기에 많은 여성을 전쟁터로 끌고 가 일본군 '위안부'로 삼았습니다. 저는 가까스로 연합군에 의해 구출되었지만 그곳에서 죽임을 당한 여성도 참 많았지요.

① 태형을 집행하는 헌병 경찰
② 원산 총파업에 동참하는 노동자
③ 회사령을 공포하는 총독부 관리
④ 신사 참배에 강제 동원되는 학생
⑤ 암태도 소작 쟁의에 참여하는 농민

05 | 민족 말살 통치 시기 정답 ⑤

자료 분석
창씨개명 + 국가 총동원법 → 민족 말살 통치 시기

민족 말살 통치 시기에 일제는 전쟁에 필요한 인적·물적 수탈을 강화하기 위해 국가 총동원법을 제정하였다. 이에 한국인을 전쟁에 동원하기 위해 한국인들을 일왕에게 충성하는 백성으로 동화시키고자 황국 신민화 정책을 실시하고, 한국인의 성과 이름을 일본식으로 바꾸는 창씨개명을 강요하였다.

정답 해설
⑤ 민족 말살 통치 시기에 일제는 일왕에게 충성을 맹세하는 내용의 황국 신민 서사의 암송을 강요하였다.

오답 체크
① **무단 통치 시기**: 일제는 한국인에 한하여 재판 없이 태형을 가할 수 있는 조선 태형령을 공포하였다.
② **무단 통치 시기**: 일제는 강압적 통치를 목적으로 군인인 헌병이 일반 경찰의 역할을 수행하는 헌병 경찰 제도를 시행하였다.
③ **문화 통치 시기**: 일제는 한국인의 고등 교육 요구 열기를 무마하기 위해 경성 제국 대학을 설립하였다.
④ **문화 통치 시기**: 조선 농민 총동맹이 조직되어 생존권과 관련된 투쟁을 벌였다.

06 | 민족 말살 통치 시기 정답 ③

자료 분석
아시아·태평양 전쟁 말기 → 민족 말살 통치 시기

민족 말살 통치 시기에 일제는 중·일 전쟁과 태평양 전쟁을 일으키며 침략 전쟁을 확대하였고, 물적·인적 수탈을 강화하기 위해 국가 총동원법을 제정하였다. 이후 육군 특별 지원병제, 국민 징용령 등을 제정하여 한국인을 전쟁과 공사, 광산에 동원하였다.

정답 해설
③ 민족 말살 통치 시기에 일제는 여자 정신 근로령을 공포하여 일본 군수 공장 등에 여성 인력을 강제 동원하였다.

오답 체크
① **무단 통치 시기**: 임병찬이 고종의 밀지를 받아 독립 의군부를 결성하였다.
② **문화 통치 시기**: 일제가 독립군의 활동을 위축시키고자 만주 군벌 장작림(장쭤린)과 미쓰야 협정을 체결하였다.
④ **무단 통치 시기**: 상하이에서 신규식 등이 임시 정부 수립의 필요성과 주권 재민을 천명한 대동 단결 선언을 발표하였다.
⑤ **문화 통치 시기**: 대한민국 임시 정부의 독립운동의 방략을 논의하기 위해 상하이에서 국민 대표 회의가 개최되었다.

07 | 민족 말살 통치(전시 동원 체제) 시기 정답 ②

자료 분석
태평양 전쟁 발발 후 일제의 전시 동원 체제가 강화됨 → 민족 말살 통치(전시 동원 체제) 시기(1941~1945)

민족 말살 통치 시기에 일제는 태평양 전쟁을 일으켰으며, 이후 전시 동원 체제를 강화하였다. 한국인을 강제 동원하여 도로·철도 등을 건설하는 데 투입시켰고, 여성들에게 작업복의 일종인 몸뻬 바지의 착용을 강요하였다. 또한 인적 자원 수탈을 강화하여 학도 지원병제, 징병제 등을 통해 한국인을 전쟁에 직접 동원하기도 하였다.

정답 해설
② 민족 말살 통치 시기에 일제는 여성에게 작업복인 일명 '몸뻬' 바지의 착용을 권장하였다.

오답 체크
① **대한민국 정부 수립 이후**: 반국가 활동 규제를 목적으로 국가 보안법이 제정되었으며, 이후 여러 번 개정되어 현재까지 존속하고 있다.
③ **국권 피탈 이전**: 러·일 전쟁 중 일본에 의해 군사적 목적으로 경부선이 개통되었다.
④ **문화 통치 시기**: 진주에서 이학찬을 중심으로 조선 형평사가 창립되어, 백정에 대한 사회적 차별 철폐를 목적으로 형평 운동을 전개하였다.
⑤ **무단 통치 시기**: 헌병 경찰 제도가 시행되었으며, 한국인에 한해 재판 없이 태형을 가할 수 있는 조선 태형령이 제정되었다.

08 | 민족 말살 통치 시기 정답 ④

자료 분석
중·일 전쟁 이후 + 일본군 '위안부' → 민족 말살 통치 시기

민족 말살 통치 시기에 일제는 경제 공황으로 인한 경제난을 극복하기 위해 중·일 전쟁을 일으키는 등 침략 전쟁을 확대하였다. 이에 일제는 인적 수탈을 강화하기 위해 육군 특별 지원병제, 국민 징용령 등을 제정하였다. 이뿐만 아니라 여자 정신 근로령을 제정하여 여성들을 군수 공장에 강제로 동원하였으며, 젊은 여성들을 일본군 '위안부'로 강제 동원하였다.

정답 해설
④ 민족 말살 통치 시기에 일제는 전국에 일본의 신을 모신 신사를 세우고 한국인으로 하여금 강제 참배하게 하였다.

오답 체크
① **무단 통치 시기**: 일제는 한국인에 한하여 재판 없이 태형을 가할 수 있는 조선 태형령을 제정하고, 헌병 경찰이 이를 집행하였다.
② **문화 통치 시기**: 원산의 석유 회사에서 일본인 감독이 한국인 노동자를 구타한 사건을 계기로 일어난 원산 총파업에 노동자들이 동참하게 하였다.
③ **무단 통치 시기**: 일제는 민족 자본의 성장을 억제하기 위하여 회사 설립 시 총독의 허가를 받아야 하는 회사령을 공포하였다.
⑤ **문화 통치 시기**: 신안군 암태도에서 고율의 소작료를 징수한 지주 문재철의 횡포에 맞서 농민들이 소작 쟁의에 참여하였다.

04 1930~1940년대 일제의 통치

09
밑줄 그은 '시기'의 일제 정책으로 옳은 것은? [1점]

부평 공원 내에 있는 이 동상은 일제의 무기 공장인 조병창 등에 강제 동원된 노동자의 모습을 형상화한 작품입니다. 중·일 전쟁 이후 침략 전쟁을 확대하던 시기에 일제는 한국인을 탄광, 군수 공장 등으로 끌고 가 혹사시켰습니다.

① 치안 유지법을 공포하였다.
② 토지 조사령을 제정하였다.
③ 헌병 경찰 제도를 실시하였다.
④ 식량 배급 및 미곡 공출제를 시행하였다.
⑤ 보통학교의 수업 연한을 4년으로 정하였다.

11
밑줄 그은 '시기'에 볼 수 있는 모습으로 적절하지 않은 것은? [2점]

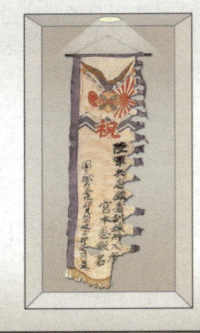

장행기

장행기는 지원병 형식으로 끌려가는 청년을 환송하기 위해 국민 총력 조선 연맹 지부에서 만들어 준 깃발이다. 이 장행기의 주인공은 일제가 중·일 전쟁을 일으키고 침략을 확대하던 시기에 지원병으로 끌려가 전사하였다. 장행기에는 창씨개명한 그의 일본식 이름이 적혀 있다.

① 국방헌금 모금에 적극 협력하는 부호
② 황국 신민 서사 암송을 강요받는 학생
③ 원각사에서 연극 은세계를 공연하는 배우
④ 내선일체에 협력하자는 논설을 쓰는 언론인
⑤ 국민 징용령에 의해 강제로 동원되는 노동자

10
밑줄 그은 '시기'에 시행된 일제의 정책으로 옳은 것은? [2점]

□□ 신문

제△△호 ○○○○년 ○○월 ○○일

나가사키에 원폭 희생자 위령비 세워져

재일본 대한민국 민단 주도로 나가사키에 위령비가 세워졌다. 국민 징용령이 공포된 이후의 시기에 노동자 등으로 끌려갔다가 원폭으로 희생된 한국인을 추모하는 이 비의 건립은 강제 동원과 전쟁의 참상을 기억하려는 노력의 일환으로 평가된다.

① 애국반을 조직하여 한국인의 생활을 통제하였다.
② 강압적 통치를 목적으로 헌병 경찰 제도를 실시하였다.
③ 사회주의자를 탄압하기 위한 치안 유지법을 제정하였다.
④ 회사 설립 시 총독의 허가를 받도록 하는 회사령을 공포하였다.
⑤ 근대적 토지 소유권 확립을 명분으로 토지 조사 사업을 시행하였다.

12
다음 법령이 제정된 이후에 일어난 사실로 옳은 것은? [2점]

제1조 ① 치안 유지법의 죄를 범하여 형에 처하여진 자가 집행을 종료하여 석방되는 경우에 석방 후 다시 동법의 죄를 범할 우려가 현저한 때에는 재판소는 검사의 청구에 의하여 본인을 예방 구금에 부친다는 취지를 명할 수 있다.
② …… 조선 사상범 보호 관찰령에 의하여 보호 관찰에 부쳐져 있는 경우에 보호 관찰을 하여도 동법의 죄를 범할 위험을 방지하기 곤란하고 재범의 우려가 현저하게 있는 때에도 전항과 같다.

① 민족 유일당 운동의 일환으로 신간회가 창립되었다.
② 조선어 학회 사건으로 최현배, 이극로 등이 투옥되었다.
③ 순종의 인산일을 기회로 삼아 6·10 만세 운동이 일어났다.
④ 사회주의 세력의 활동 방향을 밝힌 정우회 선언이 발표되었다.
⑤ 윤봉길이 훙커우 공원에서 폭탄을 던져 일제 요인을 살상하였다.

09 | 민족 말살 통치 시기   정답 ④

자료 분석

중·일 전쟁 이후 침략 전쟁을 확대하던 시기
→ 민족 말살 통치 시기

민족 말살 통치 시기에 일제는 중·일 전쟁과 태평양 전쟁을 일으키며 침략 전쟁을 확대하였다. 이에 전쟁에 필요한 물적 자원을 수탈하기 위해 식량 배급을 실시하였고, 미곡 공출제를 시행하여 군량을 마련하였다.

정답 해설

④ 민족 말살 통치 시기에 일제는 식량 배급 및 미곡 공출제를 실시하여 식량을 통제하였다.

오답 체크

① 문화 통치 시기: 일제는 사회주의자를 탄압하기 위한 치안 유지법을 공포하였으며, 이 법으로 많은 독립운동가가 처벌받았다.
② 무단 통치 시기: 일제는 토지 조사령을 제정하여 토지 조사 사업을 본격적으로 실시하였다.
③ 무단 통치 시기: 일제는 강압적 통치를 목적으로 군인인 헌병이 일반 경찰의 역할을 수행하는 헌병 경찰 제도를 실시하였다.
⑤ 무단 통치 시기: 일제는 제1차 조선 교육령을 제정하여 보통학교의 수업 연한을 4년으로 정하였다.

10 | 민족 말살 통치 시기   정답 ①

자료 분석

국민 징용령이 공포 → 민족 말살 통치 시기

민족 말살 통치 시기에 일제는 국민 징용령을 제정하여 우리 민족을 군수품 생산을 위한 공장, 광산 등에 강제로 동원하였다.

정답 해설

① 민족 말살 통치 시기에 일제는 10호(戶) 단위로 애국반을 조직하여 한국인의 생활을 감시하고 통제하였다.

오답 체크

② 무단 통치 시기: 일제는 강압적 통치를 목적으로 군인인 헌병이 일반 경찰의 역할을 수행하는 헌병 경찰 제도를 실시하였다.
③ 문화 통치 시기: 일제는 사회주의자를 탄압하기 위한 치안 유지법을 제정하였으며, 이 법으로 많은 독립운동가가 처벌받았다.
④ 무단 통치 시기: 일제는 민족 자본의 성장을 억제하기 위해 회사 설립 시 총독의 허가를 받도록 하는 회사령을 공포하였다.
⑤ 무단 통치 시기: 일제는 근대적 토지 소유권 확립을 명분으로 토지 조사 사업을 시행하여 조선의 토지를 약탈하였다.

11 | 민족 말살 통치 시기   정답 ③

자료 분석

일제가 중·일 전쟁을 일으키고 침략을 확대하던 시기 + 창씨개명
→ 민족 말살 통치 시기

민족 말살 통치 시기에 일제는 중·일 전쟁을 일으켜 대륙 침략을 본격적으로 시작하였다. 또한 조선 민사령을 개정하고 한국인의 성과 이름을 일본식으로 바꾸는 창씨개명(일본식 이름으로 바꿈)을 강요하였다.

정답 해설

③ 대한 제국 시기에 이인직 등에 의해 우리나라 최초의 서양식 극장인 원각사가 설립되었으며, 은세계, 치악산 등의 신극이 공연되었다.

오답 체크

① 민족 말살 통치 시기에 일부 부호들은 침략 전쟁을 수행하기 위한 국방헌금 모금에 적극 협력하였다.
② 민족 말살 통치 시기에 일제는 황국 신민 서사 암송을 강요하여 한국인의 민족 정체성을 말살하고자 하였다.
④ 민족 말살 통치 시기에 일제는 내선일체(일본과 조선은 하나라는 주장)를 강조하였다.
⑤ 민족 말살 통치 시기에 일제는 전쟁이 필요한 인력 동원을 위해 국민 징용령, 징병제 등을 실시하였으며, 여자 정신 근로령을 통해 여성들을 군수 공장에 강제로 동원하고 젊은 여성을 일본군 '위안부'로 강제 동원하였다.

12 | 조선 사상범 예방 구금령 제정 이후의 사실   정답 ②

자료 분석

동법의 죄를 범할 우려가 현저한 자 + 예방 구금
→ 조선 사상범 예방 구금령(1941)

조선 사상범 예방 구금령은 일제에 저항할 가능성이 있다고 판단되는 대상들을 감시·구금하기 위해 제정된 법령이다(1941). 이를 통해 일제는 치안 유지법을 위반한 독립운동가나 조선 사상범 보호 관찰령에 의해 보호 관찰을 받고 있던 독립운동가가 다시 같은 죄를 범할 우려가 있다고 판단되면 이들을 재판 없이 구금하였다.

정답 해설

② 일제는 1942년에 조선어 학회를 독립운동 단체로 간주하여 최현배, 이극로 등 회원들을 체포·투옥하였다(조선어 학회 사건).

오답 체크

① 1927년에 민족 유일당 운동의 일환으로 신간회가 창립되었다.
③ 1926년에 순종의 인산일을 기회로 삼아 6·10 만세 운동이 일어났다.
④ 1926년에 비타협적 민족주의와의 연대를 주장하며 사회주의 세력의 활동 방향을 밝힌 정우회 선언이 발표되었다.
⑤ 1932년에 한인 애국단 소속의 윤봉길이 훙커우 공원에서 폭탄을 던져 일제 요인을 살상하였다.

05 1930~1940년대의 민족 운동

01
48회 42번

(가), (나) 사이의 시기에 있었던 사실로 옳은 것은? [3점]

> (가) 동북 3성의 군벌 장작림(張作霖)과 일본과의 협정이 성립되어 독립운동하는 한국인은 잡히는 대로 왜에게 넘겨졌다. 심지어 중국 백성들은 한국인 한 명의 머리를 베어 왜놈 영사관에 가서 몇 십 원 내지 3, 4원씩 받고 팔기도 했다.
>
> (나) 나와 공근은 상해의 프랑스 조계를 떠나 기차역으로 가서 그날로 가흥(嘉興)으로 피신하였다. 그곳은 박찬익 형이 은주부와 저보성 제씨(諸氏)에게 주선하여 며칠 전에 엄항섭 군의 가족과 김의한 일가, 석오 이동녕 선생이 벌써 이사하였던 곳이다. — 『백범일지』

① 일본군의 보복으로 간도 참변이 발생하였다.
② 한국광복군이 국내 진공 작전을 준비하였다.
③ 한인 애국단이 조직되어 의거 활동을 전개하였다.
④ 일본의 토지 침탈을 막고자 농광 회사가 설립되었다.
⑤ 삼균주의에 입각한 대한민국 건국 강령이 발표되었다.

02
73회 42번

(가) 단체의 활동으로 옳은 것은? [2점]

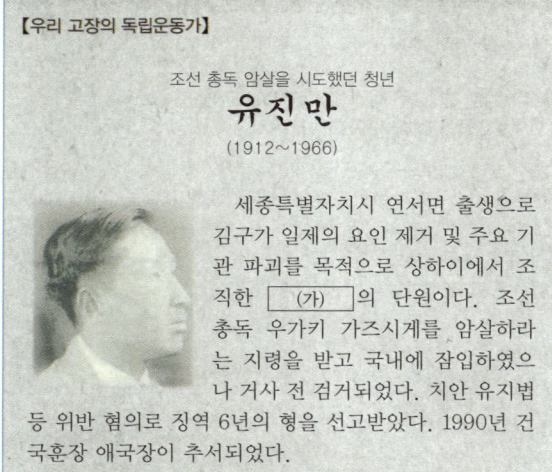

【우리 고장의 독립운동가】
조선 총독 암살을 시도했던 청년
유진만
(1912~1966)

세종특별자치시 연서면 출생으로 김구가 일제의 요인 제거 및 주요 기관 파괴를 목적으로 상하이에서 조직한 (가) 의 단원이다. 조선 총독 우가키 가즈시게를 암살하라는 지령을 받고 국내에 잠입하였으나 거사 전 검거되었다. 치안 유지법 등 위반 혐의로 징역 6년의 형을 선고받았다. 1990년 건국훈장 애국장이 추서되었다.

① 일제가 조작한 105인 사건으로 와해되었다.
② 파리 강화 회의에 독립 청원서를 제출하였다.
③ 단원인 윤봉길이 훙커우 공원 의거를 실행하였다.
④ 신채호가 작성한 「조선혁명선언」을 지침으로 삼았다.
⑤ 군사 훈련을 위해 조선 혁명 간부 학교를 설립하였다.

03 빈출
63회 36번

(가) 부대에 대한 설명으로 옳은 것은? [2점]

주제: (가) 의 무장 독립 투쟁

- 국민부 산하 군사 조직으로 편성되었다가 이후 여러 부대를 통합하며 재편되었습니다.
- 총사령에 양세봉, 참모장에 김학규가 임명되어 부대를 이끌었습니다.
- 만주 사변 이후 중국 의용군과 함께 남만주 일대에서 항일 투쟁을 벌였습니다.

① 간도 참변 이후 자유시로 이동하였다.
② 영릉가 전투에서 일본군과 싸워 크게 승리하였다.
③ 조선 독립 동맹 산하의 군사 조직으로 개편되었다.
④ 영국군의 요청으로 인도·미얀마 전선에 투입되었다.
⑤ 중국 국민당 정부의 지원을 받아 우한에서 창설되었다.

04
54회 45번

(가) 단체에 대한 설명으로 옳은 것은? [2점]

> (가) 의 총사령 양세봉, 참모장 김학규 등은 일부 병력을 이끌고 중국 의용군 부대와 합세하였다. 일본군과 만주군이 신빈현성의 고지대를 거점으로 삼아 먼저 공격했으나 아군이 응전하여 이를 탈취하였다. 아군은 승세를 몰아 적들을 추격한 끝에 당일 오후 3시경 영릉가성을 점령하였다. 5일간의 격렬한 전투에서 한·중 연합군은 신빈현 일대 여러 곳을 점령하는 등 커다란 수확을 거두었다.

① 흥경성 전투에서 승리하였다.
② 자유시 참변 이후 세력이 약화되었다.
③ 중국 팔로군에 편제되어 항일 전선에 참여하였다.
④ 영국군의 요청으로 인도·미얀마 전선에서 활동하였다.
⑤ 북만주 지역에서 활동한 한국 독립당의 산하 부대였다.

● 주제별 출제 비중
*최근 3개년 기준(심화 76~63회)

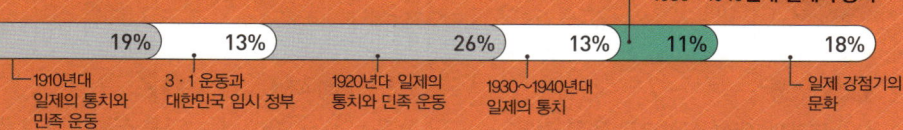

01 | 미쓰야 협정과 임시 정부의 청사 이동 사이의 사실   정답 ③

자료 분석

(가) 동북 3성의 군벌 장작림과 일본과의 협정 → 미쓰야 협정(1925)
(나) 상해(상하이)의 프랑스 조계를 떠남 → 임시 정부의 청사 이동(1932)

- (가) 일제는 중국의 만주 군벌 장작림과 미쓰야 협정을 체결하였다 (1925). 이에 따라 중국인들이 독립운동을 하는 한국인을 체포하여 일제에 넘기면서 독립군의 활동이 크게 위축되었다.
- (나) 대한민국 임시 정부는 한인 애국단의 의거 활동으로 인해 일제의 탄압이 심해지자, 상하이를 떠나 청사를 이동하게 되었다(1932).

정답 해설
③ 김구의 주도 아래 상하이에서 한인 애국단이 조직(1931)되어 의거 활동을 전개하였다.

오답 체크
① (가) 이전: 봉오동·청산리 전투에 대한 일본군의 보복으로 1920년에 간도의 한인들이 학살되는 간도 참변이 발생하였다.
② (나) 이후: 한국광복군이 미국 전략 정보국(OSS)과 연계하여 1945년에 국내 진공 작전을 준비하였다.
④ (가) 이전: 일본의 토지 침탈을 막고자 1904년에 일부 민간인과 관리들이 농광 회사를 설립하였다.
⑤ (나) 이후: 1941년에 충칭에서 조소앙의 삼균주의에 입각한 대한민국 건국 강령이 발표되었다.

02 | 한인 애국단   정답 ③

자료 분석

김구가 일제의 요인 제거 및 주요 기관 파괴를 목적으로 상하이에서 조직함 → 한인 애국단

한인 애국단은 김구가 일제의 요인들을 제거하는 의거 활동을 통해 침체된 대한민국 임시 정부를 활성화시키기 위해 상하이에서 조직한 단체이다. 주요 단원으로 윤봉길, 이봉창, 유진만 등이 있으며, 유진만은 조선 총독 우가키 가즈시게를 암살하기 위해 국내에 잠입하였으나 거사 전 검거되었다.

정답 해설
③ 윤봉길은 한인 애국단 소속으로, 상하이 훙커우 공원에서 열린 일왕 탄생 축하 겸 상하이 점령 축하식에서 단상에 폭탄을 던져 일본 장군과 고관들을 살상하였다.

오답 체크
① 신민회: 일제가 데라우치 총독 암살 모의 사건을 조작하여 신민회 회원들을 감옥에 가둔 105인 사건을 계기로 해체되었다.
② 대한민국 임시 정부: 제1차 세계 대전이 종결된 이후 열린 파리 강화 회의에 독립 청원서를 제출하였다.
④ 의열단: 민중의 직접 혁명을 주장하는 신채호의 「조선혁명선언」을 활동 지침으로 삼았다.
⑤ 의열단: 중국 국민당 정부의 지원을 받아 조선 혁명 간부 학교를 설립하고 군사 교육을 실시하였다.

03 | 조선 혁명군   정답 ②

자료 분석

총사령에 양세봉 → 조선 혁명군

조선 혁명군은 1930년대 초에 남만주 일대에서 총사령관 양세봉을 중심으로 활동한 조선 혁명당 산하의 군사 조직이다. 조선 혁명군은 일제가 만주 사변을 일으켜 만주국을 수립하자, 중국 의용군과 연합하여 영릉가, 흥경성 전투에서 일본군을 상대로 크게 승리하였다.

정답 해설
② 조선 혁명군은 중국 의용군과 연합하여 영릉가 전투에서 일본군에게 크게 승리하였다.

오답 체크
① 대한 독립 군단: 간도 참변 이후 일제의 탄압을 피해 러시아의 자유시로 이동하였다.
③ 조선 의용대 화북 지대: 조선 독립 동맹 산하의 군사 조직인 조선 의용군으로 개편되었으며, 중국 팔로군과 연합하여 항일 전선에 참가하였다.
④ 한국광복군: 대한민국 임시 정부의 산하 부대로, 영국군의 요청으로 연합군의 일원이 되어 인도·미얀마 전선에 투입되기도 하였다.
⑤ 조선 의용대: 조선 민족 전선 연맹의 산하 부대로, 중국 국민당 정부의 지원을 받아 우한에서 창설되었다.

04 | 조선 혁명군   정답 ①

자료 분석

총사령 양세봉 + 영릉가성을 점령 → 조선 혁명군

조선 혁명군은 양세봉을 총사령관으로 한 조선 혁명당의 군사 조직으로, 1930년대 초반 남만주 일대에서 중국군과 연합하여 영릉가 전투에서 일본군을 상대로 크게 승리하였다.

정답 해설
① 조선 혁명군은 중국군과 연합하여 흥경성 전투에서 일본군에 승리하였다.

오답 체크
② 대한 독립 군단: 러시아 자유시에서 무장 해제를 요구하는 러시아 적색군에 의해 독립군들이 희생된 자유시 참변 이후 세력이 약화되었다.
③ 조선 의용군: 조선 독립 동맹의 산하 부대로, 중국 팔로군에 편제되어 항일 전선에 참여하였다.
④ 한국광복군: 대한민국 임시 정부의 산하 부대로, 영국군의 요청으로 인도·미얀마 전선에서 활동하였다.
⑤ 한국 독립군: 총사령관 지청천이 이끈 한국 독립당의 산하 부대로, 북만주 지역에서 활동하며 쌍성보·대전자령 전투 등에서 승리하였다.

빈출 개념 | 조선 혁명군

결성	총사령관 양세봉을 중심으로 한 조선 혁명당의 군사 조직으로 결성
활동	남만주 일대에서 중국군과 한·중 연합 작전을 전개 → 영릉가·흥경성 전투 등에서 일본군을 상대로 승리

05 1930~1940년대의 민족 운동

05 1930~1940년대의 민족 운동

05 빈출   74회 42번
(가) 부대에 대한 설명으로 옳은 것은? [2점]

【우리 고장의 독립운동가】

이름에 조국의 광복을 담다
오광선
(1896~1967)

경기도 용인특례시 처인구 원삼면 출생으로 본명은 성묵이다. 1915년 중국으로 망명한 후 '조선의 광복'이라는 뜻의 광선(光鮮)으로 개명하였다. 1920년 대한 독립 군단 중대장으로 독립군을 지휘하였다. 만주사변이 일어나자 (가) 의 총사령관 지청천 등과 함께 중국군과 연합하여 1933년 대전자령에서 일본군을 상대로 대승을 거두는 데 중요한 역할을 하였다. 1962년 건국훈장 독립장을 받았다.

① 봉오동 전투에서 일본군을 크게 격파하였다.
② 미국과 연계하여 국내 진공 작전을 계획하였다.
③ 중국 의용군과 연합하여 영릉가 전투에서 승리하였다.
④ 조선 민족 전선 연맹 산하의 군사 조직으로 결성되었다.
⑤ 한국 독립당의 군사 조직으로 북만주 지역에서 활약하였다.

06   62회 39번
(가), (나) 인물에 대한 설명으로 옳은 것은? [3점]

① (가) - 조선 혁명 간부 학교를 설립하였다.
② (가) - 대한 광복회를 조직하여 친일파를 처단하였다.
③ (나) - 대전자령 전투에서 일본군에 대승을 거두었다.
④ (나) - 중광단을 중심으로 북로 군정서를 조직하였다.
⑤ (가), (나) - 황푸 군관 학교에 입학하여 군사 훈련을 받았다.

07   44회 38번
다음 상황 이후에 전개된 사실로 옳은 것은? [3점]

> 개별적인 의거 활동에 한계를 느낀 김원봉을 비롯한 단원들은 황푸 군관 학교에 입교하여 군사 훈련을 받은 후 새로운 활동 방향을 모색하였다. 이러한 움직임은 '통일적 총지휘 기관의 확립'을 촉구하는 '대독립당 촉성회에 대한 선언'을 선포하는 등 민족 협동 전선의 제창으로 나타났다. 이를 위해 먼저 정기 대표 회의에서 한·중 합작으로 군관 학교를 설립하여 '통일적 총지휘 기관'의 전위 투사를 양성하기로 결정하고, 조선 혁명 간부 학교를 설립하였다.

① 민족 혁명당이 결성되었다.
②「조선혁명선언」이 작성되었다.
③ 한국 독립 유일당 북경 촉성회가 창립되었다.
④ 고종의 밀지를 받아 독립 의군부가 조직되었다.
⑤ 한성, 상하이, 연해주 지역의 임시 정부가 통합되었다.

08   73회 43번
(가) 부대에 대한 설명으로 옳은 것은? [3점]

> 우리들은 군사 통일에 대한 구체적 의견으로 (가) 와/과 한국광복군을 합병하여 조선 민족 혁명군으로 편성하자는 방안을 제출하였다. …… 그러나 대한민국 임시 정부와 한국광복군 측에서는 우리들의 주장을 종래 찬성하지 아니하였고, 결국 본대는 한국광복군 제1지대로 개편하게 되었다. …… (가) 은/는 1938년 10월 10일 우한(武漢)에서 성립된 이래로 김원봉 대장의 정확한 영도 하에서 가장 우수한 수백 청년 간부의 희생적 분투와 노력에 의하여 모든 험로와 난관을 충파하면서 전진하여 왔으며 또 이런 과정을 통하여 과거 43개월간 광영한 역사를 창조하였다. …… 본대 전체 동지는 한국광복군을 확대 발전시키기 위해 노력할 것을 언명한다.

① 동북 항일 연군으로 개편되어 유격전을 전개하였다.
② 간도 참변 이후 조직을 정비하고 자유시로 이동하였다.
③ 쌍성보, 대전자령 전투 등에서 일본군을 크게 물리쳤다.
④ 조선 민족 전선 연맹 산하의 군사 조직으로 결성되었다.
⑤ 홍범도 부대와 연합하여 청산리에서 일본군과 교전하였다.

05 | 한국 독립군
정답 ⑤

자료 분석
> 총사령관 지청천 + 대전자령에서 일본군을 상대로 대승을 거둠 → 한국 독립군
>
> 한국 독립군은 한국 독립당 산하의 군사 조직으로, 지청천을 총사령관으로 하였다. 한국 독립군은 북만주 일대에서 활약하였으며, 중국군과 연합하여 쌍성보 전투와 대전자령 전투 등에서 일본군을 상대로 승리를 거두었다.

정답 해설
⑤ 한국 독립군은 한국 독립당의 군사 조직으로, 지청천을 총사령관으로 하였으며 북만주 지역에서 활약하였다.

오답 체크
① 대한 독립군: 대한 국민회군 등과 연합하여 봉오동 전투에서 일본군을 크게 격파하였다.
② 한국광복군: 대한민국 임시 정부의 군사 조직으로, 미군과 연계하여 국내 진공 작전을 계획하였으나 일본의 패망으로 실행하지 못하였다.
③ 조선 혁명군: 양세봉을 총사령관으로 한 조선 혁명당의 군사 조직으로, 중국 의용군과 연합하여 영릉가·흥경성 전투에서 일본군에게 승리하였다.
④ 조선 의용대: 조선 민족 전선 연맹의 군사 조직으로, 중국 관내에서 결성된 최초의 한인 무장 부대였다.

06 | 양세봉과 지청천
정답 ③

자료 분석
> (가) 조선 혁명군 총사령관 → 양세봉
> (나) 한국 독립군 총사령관 → 지청천
>
> (가) 양세봉은 조선 혁명당의 산하의 독립군 부대인 조선 혁명군의 총사령관으로, 남만주 일대에서 중국 의용군과 연합하여 영릉가, 흥경성 전투에서 일본군에 크게 승리하였다.
> (나) 지청천은 한국 독립당 산하의 독립군 부대인 한국 독립군의 총사령관으로, 북만주 일대에서 중국 호로군 등과 연합하여 쌍성보, 대전자령 전투 등에서 일본군을 상대로 큰 승리를 거두었다. 이후 그는 1940년에 결성된 한국광복군의 총사령관으로 활동하였다.

정답 해설
③ 지청천은 한국 독립군을 이끌고 대전자령 전투에서 일본군에 대승을 거두었다.

오답 체크
①, ⑤ 김원봉: 중국의 황푸 군관 학교에 입학하여 군사 훈련을 받은 후, 중국 국민당 정부의 지원을 받아 조선 혁명 간부 학교를 설립하였다.
② 박상진: 대구에서 대한 광복회를 조직하여 친일파를 처단하였다.
④ 김좌진: 대종교 계열의 중광단을 중심으로 북간도 지역에서 북로 군정서를 조직하였다.

07 | 조선 혁명 간부 학교 설립 이후의 사실
정답 ①

자료 분석
> 조선 혁명 간부 학교를 설립(1932)
>
> 김원봉이 조직한 의열단은 일제의 주요 요인 사살 및 식민 통치 기관 파괴를 목표로 삼고 의열 투쟁을 전개하였다. 그러나 개별 투쟁의 한계를 느끼고 단원 일부가 황푸 군관 학교에 입교하여 군사, 정치 교육을 받은 후 조선 혁명 간부 학교를 설립(1932)하였다.

정답 해설
① 조선 혁명 간부 학교가 설립(1932)된 이후인 1935년에 의열단을 중심으로 민족 혁명당이 결성되었다.

오답 체크
② 1923년에 신채호가 의열단의 단장인 김원봉의 요청으로 의열단의 활동 지침인 「조선혁명선언」을 작성하였다.
③ 중국 관내의 독립운동 단체들이 민족 유일당 건설을 주장함에 따라 1926년에 한국 독립 유일당 북경 촉성회가 창립되었다.
④ 1912년에 임병찬이 고종의 밀지를 받아 국내에서 복벽주의를 표방하는 독립 의군부를 조직하였다.
⑤ 1919년에 한성, 상하이, 연해주 지역의 임시 정부가 통합되어 상하이에 대한민국 임시 정부가 수립되었다.

08 | 조선 의용대
정답 ④

자료 분석
> 한국광복군 + 우한에서 성립 + 김원봉 → 조선 의용대
>
> 조선 의용대는 중국 관내에서 결성된 최초의 한인 무장 조직으로, 중국군과 연합하여 정보 수집, 포로 신문 등의 대일 항전을 전개하였다. 이후 조선 의용대의 일부 세력은 화북 지역으로 이동하여 조선 의용대 화북 지대를 결성하였으며, 김원봉을 비롯한 대원 일부는 한국광복군에 합류하였다.

정답 해설
④ 조선 의용대는 김원봉 등이 중심이 되어 중국 국민당 정부의 지원을 받아 우한에서 조선 민족 전선 연맹 산하의 군사 조직으로 결성되었다.

오답 체크
① 동북 인민 혁명군: 만주 지역의 중국 공산당과 항일 세력이 결합하여 조직한 무장 부대로, 이후 동북 항일 연군으로 개편되어 유격전을 펼쳤다.
② 대한 독립 군단: 간도 참변 이후 조직을 정비하고 자유시로 이동하였다.
③ 한국 독립군: 지청천을 중심으로 한 한국 독립당의 군사 조직으로, 쌍성보·대전자령 전투에서 일본군을 격퇴하였다.
⑤ 북로 군정서 등: 대한 국민회군 및 홍범도의 대한 독립군과 연합하여 청산리에서 일본군과 교전해 승리를 거두었다.

05 1930~1940년대의 민족 운동

09   65회 43번
(가)에 대한 설명으로 옳은 것은? [2점]

전자 사료관
○ 표시된 인물이 김원봉
자료는 (가) 의 창립 1주년을 기념하며 계림에서 촬영된 사진이다. 중국 국민당 정부의 지원을 받아 김원봉 등을 중심으로 창설된 (가) 은/는 중국 관내(關內)에서 만들어진 최초의 한인 무장 부대이다.

① 자유시 참변으로 시련을 겪었다.
② 대원 일부가 한국광복군에 합류하였다.
③ 쌍성보 전투에서 한·중 연합 작전을 전개하였다.
④ 독립군 양성 기관인 한인 소년병 학교를 설립하였다.
⑤ 홍범도 부대와 연합하여 청산리에서 일본군과 교전하였다.

10   47회 45번
다음 선언문 발표 이후 일어난 사실로 옳은 것은? [3점]

한국 국민당, 조선 혁명당, 한국 독립당은 각각 자기 당을 해소(解消)하고 새로 한국 독립당을 창립하였음을 중외(中外) 각계에 정중히 선언한다.
동지 동포들! 우리 3당이 1당을 조직하게 된 최대 이유는 다음과 같다. 첫째, 원래 3당의 당의(黨義), 당강(黨綱), 당책(黨策)으로든지 독립운동의 의식으로든지 역사적 혁명 노선으로든지 3당 서로가 1당을 세울 만한 통일적 가능성을 충족하게 내포하였던 것이다. 둘째, 수 3년 내로 3당 통일의 예비 행동이 점차로 성숙되었던 것이다. …… 마침내 우리 민족 해방 운동의 역사적 임무를 달성하려면 각계각층의 협력 합작을 통하여 비로소 총동원될 것은 누구도 부인하지 못할 명확한 결론이므로, 가까운 장래에 각방(各方)의 정성 단결이 확립되어야 우리의 광복 대업이 속히 이루어질 것으로 믿는다.

① 김규식이 파리 강화 회의에 대표로 파견되었다.
② 참의부, 신민부, 정의부가 만주 지역에 성립되었다.
③ 윤봉길이 상하이 훙커우 공원에서 의거를 일으켰다.
④ 삼균주의에 입각한 대한민국 건국 강령이 발표되었다.
⑤ 독립운동의 방략을 논의하기 위한 국민 대표 회의가 개최되었다.

11   70회 41번
밑줄 그은 '나'에 대한 설명으로 옳은 것은? [3점]

나는 1913년 상하이 망명 후 동제사에 참여하였소. 1917년에는 대동 단결 선언을 작성했다오. 여기에서 나는 주권이 국민에게 있음을 밝혔는데, 이것이 공화정을 지향하는 정치 사상으로 평가 받고 있다오. 1930년에는 안창호 등과 함께 한국 독립당을 창당하였소. 이후 대한민국 임시 정부 건국 강령 초안도 작성하였다오.

대동 단결의 선언

① 「조선혁명선언」을 작성하였다.
② 『한국독립운동지혈사』를 저술하였다.
③ 극동 인민 대표 대회에서 의장단으로 선출되었다.
④ 헤이그에서 열린 만국 평화 회의에 특사로 파견되었다.
⑤ 새로운 국가 건설을 위한 이념으로 삼균주의를 주장하였다.

12 빈출   71회 43번
(가) 부대에 대한 설명으로 옳은 것은? [2점]

사진으로 보는 독립운동사

[해설] 이 사진은 충칭에서 열린 대한민국 임시 정부의 (가) 총사령부 성립 전례식' 기념 사진 중 하나이다. 사진에는 대한민국 임시 정부 주석 김구와 함께 이 부대의 총사령관인 지청천이 '광복 조국'이 쓰인 기를 들고 있는 모습이 보인다. (가) 은/는 영국군의 요청으로 인도, 미얀마 전선에서 작전을 펼치는 등 활발한 활동을 전개하였다.

① 자유시 참변으로 세력이 약화되었다.
② 영릉가에서 일본군에 승리를 거두었다.
③ 봉오동 전투에서 일본군을 크게 물리쳤다.
④ 미군과 연계하여 국내 진공 작전을 준비하였다.
⑤ 쌍성보 전투에서 한·중 연합 작전을 전개하였다.

09 | 조선 의용대
정답 ②

자료 분석
중국 국민당 정부의 지원 + 중국 관내(關內)에서 만들어진 최초의 한인 무장 부대 → 조선 의용대

조선 의용대는 김원봉이 윤세주 등과 중국 한구(한커우)에서 중국 국민당의 지원을 받아 조직한 군사 조직이다. 이는 중국 관내에서 결성된 최초의 한인 무장 조직으로, 중국군과 연합하여 정보 수집, 포로 심문 등의 대일 항전을 전개하였다.

정답 해설
② 김원봉이 이끄는 조선 의용대 대원 일부가 한국광복군에 합류하였다.

오답 체크
① 대한 독립 군단: 러시아 자유시에서 무장 해제를 요구하는 러시아 적색군에 의해 독립군들이 희생된 자유시 참변으로 시련을 겪었다.
③ 한국 독립군: 쌍성보 전투에서 중국군과 연합하여 일본군을 상대로 승리하였다.
④ 박용만의 주도로 미국 네브래스카주에 독립군 양성 기관인 한인 소년병 학교를 설립하였다.
⑤ 북로 군정서: 홍범도 부대인 대한 독립군 등과 연합하여 청산리에서 일본군과 교전하여 승리하였다.

빈출 개념 | 조선 의용대

결성	김원봉이 중국 우한에서 조선 민족 전선 연맹의 군사 조직으로 결성
활동	정보 수집, 포로 심문, 후방 교란 등을 담당
분화	• 일부 병력이 화북 지방으로 이동 → 조선 의용대 화북 지대 결성 • 남은 세력은 김원봉의 지휘 아래 한국광복군에 합류

10 | 한국 독립당 창립 선언 발표 이후의 사실
정답 ④

자료 분석
새로 한국 독립당을 창립 → 한국 독립당 창립 선언(1940)

한국 독립당은 민족주의 계열의 독립운동 역량을 모으기 위해 창당한 정당으로, 한국 국민당(김구), 한국 독립당(조소앙), 조선 혁명당(지청천)의 해소 후 새롭게 창립되었다(1940).

정답 해설
④ 대한민국 임시 정부는 1941년에 조소앙의 삼균주의에 입각하여 대한민국 건국 강령을 발표하였다.

오답 체크
① 김규식은 1919년에 파리 강화 회의에 대한민국 임시 정부의 대표로 파견되었다.
② 1923년에서 1925년까지 만주 지역에 참의부, 신민부, 정의부가 성립되었다.
③ 한인 애국단의 단원인 윤봉길은 1932년에 상하이 훙커우 공원에서 폭탄을 투척하여 일본 고위 군관들을 처단하였다.
⑤ 1923년에 대한민국 임시 정부의 독립운동 방향을 논의하기 위한 국민 대표 회의가 개최되었다.

11 | 조소앙
정답 ⑤

자료 분석
대한민국 임시 정부 건국 강령 초안 작성 → 조소앙

조소앙은 국권 피탈 이후 중국으로 이동하여 동제사에 참여하는 등 독립운동을 전가하였다. 1917년에는 신규식 등과 대동 단결 선언을 발표하였으며, 1930년에는 이동녕, 김구, 안창호 등의 민족주의 계열 인사들과 함께 한국 독립당 결성에 참여하였다. 이후 조소앙은 대한민국 임시 정부의 건국 강령의 초안을 작성하기도 하였다.

정답 해설
⑤ 조소앙은 새로운 국가 건설을 위한 이념으로 삼균주의를 주장하여 정치·경제·교육의 균등을 강조하였다.

오답 체크
① 신채호: 의열단의 활동 지침으로 민중의 직접 혁명을 주장하는 내용의 「조선혁명선언」을 작성하였다.
② 박은식: 독립 투쟁 과정을 정리한 역사서인 『한국독립운동지혈사』를 저술하였다.
③ 김규식, 여운형: 러시아 모스크바에서 코민테른 주도로 열린 극동 인민 대표 대회에서 의장단으로 선출되었다.
④ 이준, 이위종, 이상설: 네덜란드 헤이그에서 열린 만국 평화 회의에 특사로 파견되어 을사늑약의 부당성을 폭로하였다.

12 | 한국광복군
정답 ④

자료 분석
총사령관 지청천 + 영국군의 요청으로 인도, 미얀마 전선에서 작전을 펼침 → 한국광복군

한국광복군은 충칭에서 창설된 대한민국 임시 정부 산하의 부대로, 지청천을 총사령관으로 하였다. 태평양 전쟁이 일어나자 대한민국 임시 정부는 대일 선전 포고를 하였고, 한국광복군은 연합군의 일원으로 전쟁에 참여하여 미얀마·인도 전선에서 영국군과 연합 작전을 수행하였다.

정답 해설
④ 한국광복군은 대한민국 임시 정부의 산하 부대로, 미군과 연계하여 국내 진공 작전을 준비하였으나 실행에 옮기지는 못하였다.

오답 체크
① 대한 독립 군단: 러시아 자유시에서 무장 해제를 요구하는 러시아 적색군에 의해 독립군들이 희생된 자유시 참변 이후 세력이 약화되었다.
② 조선 혁명군: 양세봉을 총사령관으로 한 조선 혁명당의 군사 조직으로, 중국군과 연합하여 영릉가 전투에서 일본군에게 승리하였다.
③ 대한 독립군 등: 봉오동 전투에서 일본군을 크게 물리쳤다.
⑤ 한국 독립군: 북만주 일대에서 중국군과 연합 작전을 수행하여, 쌍성보 전투 등에서 일본군을 상대로 승리를 거두었다.

05 1930~1940년대의 민족 운동

13 75회 43번

(가) 부대에 대한 설명으로 옳은 것은? [2점]

> **사료로 만나는 여성 독립운동사**
>
> 이중 삼중의 억압에 눌려 신음하던 자매들이여! 어서 빨리 일어나 이 민족 해방 운동의 뜨거운 용광로로 뛰어오라. …… 어둠 속에서 비추는 새벽빛 같은 (가) 의 자유를 쟁취하려는 봉화는 붉고 맑게 빛난다. 이미 모인 혁명 동지들은 뜨거운 손길을 내밀고 열정에 넘쳐 속히 달려옴을 기다리고 있다. 오라!
>
> [해설] 이 사료는 『광복』에 실린 지복영의 글 중 일부이다. 그녀는 1940년 9월, 충칭에서 자신의 아버지 지청천을 총사령으로 하는 (가) 이/가 창설될 때 오광심, 김정숙, 조순옥 등과 함께 참여하였다. 그녀는 대원 모집, 선전 활동 등을 이어오다 광복을 맞이하였다.

① 청산리에서 일본군에 맞서 승리를 거두었다.
② 미국과 연계하여 국내 진공 작전을 준비하였다.
③ 동북 항일 연군으로 개편되어 유격전을 전개하였다.
④ 쌍성보, 대전자령 전투 등에서 일본군에 승리하였다.
⑤ 중국 관내(關內)에서 결성된 최초의 한인 무장 부대였다.

14 62회 41번

(가) 정부에 대한 설명으로 옳은 것은? [2점]

이것은 (가) 요인들의 가족이 중심이 되어 조직한 한국 혁명 여성 동맹의 창립 기념 사진입니다. 이 단체는 충칭에서 대일 선전 성명서를 발표한 (가) 의 독립운동을 지원하고 교육 활동 등에 주력하였습니다.

① 좌·우 합작 7원칙을 발표하였다.
② 한인 자치 기관인 경학사를 조직하였다.
③ 「조선혁명선언」을 활동 지침으로 삼았다.
④ 한글 맞춤법 통일안과 표준어를 제정하였다.
⑤ 삼균주의를 기초로 한 건국 강령을 선포하였다.

15 55회 45번

밑줄 그은 '시기'에 있었던 사실로 옳은 것은? [3점]

이것은 대한민국 임시 정부가 대일 선전 포고를 하고 연합군의 활동에 참여하던 시기에 창설된 한인 경위대의 사진입니다. 이 부대는 재미 한족 연합 위원회가 조직하였으며, 캘리포니아 주 정부의 인가를 받아 미주 한인들의 대일 전선 동참을 위해 활동하였습니다.

① 한국 독립군이 쌍성보 전투에서 승리하였다.
② 중국 군벌과 일제 사이에 미쓰야 협정이 체결되었다.
③ 독립운동의 방략을 논의하고자 국민 대표 회의가 개최되었다.
④ 사회주의 세력의 활동 방향을 밝힌 정우회 선언이 발표되었다.
⑤ 일제가 조선 사상범 예방 구금령으로 독립운동을 탄압하였다.

16 37회 44번

(가) 부대에 대한 설명으로 옳은 것은? [2점]

> 중국 대륙을 누빈 여성 독립군
>
> **이달의 독립운동가**
>
> **오광심** 吳光心
> 1910. 3. 15.~1976. 4. 7.
>
> 평안북도 선천 출신으로 남만주에서 교직 생활을 하다가, 1931년 만주 사변이 일어나자 교직을 그만두고 독립운동에 투신하였다. 특히, 1940년 9월 17일에 충칭에서 대한민국 임시 정부 산하의 (가) 이/가 창설될 때, 김정숙·지복영 등과 함께 참여하였다. 또한 기관지인 『광복』의 간행 업무를 담당하고 병사 모집과 선전·파괴 활동을 전개하는 등 독립 투쟁에 큰 업적을 남겼다.

① 자유시 참변으로 큰 타격을 입었다.
② 미국과 연계하여 국내 진공 작전을 계획하였다.
③ 신흥 무관 학교를 설립하여 독립군을 양성하였다.
④ 중국 관내(關內)에서 결성된 최초의 한인 무장 부대였다.
⑤ 중국 호로군과 연합 작전을 통해 항일 전쟁을 전개하였다.

13 | 한국광복군
정답 ②

자료 분석

> 충칭 + 지청천을 총사령으로 함 → 한국광복군
>
> 한국광복군은 충칭에서 창설된 대한민국 임시 정부의 부대로, 지청천을 총사령으로 하고 있다. 일제가 태평양 전쟁을 일으키자, 대한민국 임시 정부가 대일 선전 포고를 하였으며, 이에 따라 한국광복군은 연합군의 일원으로 참전하여 인도·미얀마 전선에 투입되었다.

정답 해설
② 한국광복군은 미국과 연계하여 국내 진공 작전을 준비하였으나, 일본의 무조건 항복으로 실현하지 못하였다.

오답 체크
① 북로 군정서 등: 김좌진을 총사령으로 하고 있는 부대로, 청산리에서 대한 독립군 등과 함께 일본군에 맞서 승리를 거두었다.
③ 동북 인민 혁명군: 만주 지역의 중국 공산당과 항일 세력이 결합하여 조직된 무장 부대로, 동북 항일 연군으로 개편되어 유격전을 전개하였다.
④ 한국 독립군: 한국 독립당 산하의 부대로, 쌍성보, 대전자령 전투 등에서 일본군에 승리하였다.
⑤ 조선 의용대: 중국 국민당의 지원을 받아 창설된 조선 민족 전선 연맹의 산하 부대로, 중국 관내(關內)에서 결성된 최초의 한인 무장 부대였다.

빈출 개념 | 한국광복군

결성	충칭에서 지청천을 총사령관으로 한 대한민국 임시 정부의 산하 부대로 결성
활동	• 연합군의 일원으로 인도·미얀마 전선 투입 • 미국과 연계하여 국내 진공 작전 계획하였으나 일본의 항복으로 무산

14 | 대한민국 임시 정부
정답 ⑤

자료 분석

> 충칭에서 대일 선전 성명서를 발표함 → 대한민국 임시 정부
>
> 대한민국 임시 정부는 1940년에 중국 국민당 정부가 있는 충칭에 정착한 후, 1941년에 정치·경제·교육 각 분야의 균등을 통한 개인과 민족, 국가의 균등을 이루자는 새로운 국가 건설의 이념을 주장한 조소앙의 삼균주의를 기초로 하는 건국 강령을 선포하였다.

정답 해설
⑤ 대한민국 임시 정부는 조소앙의 삼균주의를 기초로 한 대한민국 건국 강령을 선포하였다.

오답 체크
① 좌·우 합작 위원회: 여운형과 김규식 등의 주도로 조직된 단체로, 좌·우 합작 7원칙을 합의하였다.
② 이회영, 이동녕 등: 서간도 삼원보에 한인 자치 기관인 경학사를 조직하였다.
③ 의열단: 민중의 직접 혁명을 주장하는 신채호의 「조선혁명선언」을 활동 지침으로 삼았다.
④ 조선어 학회: 국어 연구를 전개하여 한글 맞춤법 통일안과 표준어를 제정하였다.

15 | 한국광복군 활동 시기의 사실
정답 ⑤

자료 분석

> 대일 선전 포고 + 연합군의 활동에 참여 → 한국광복군(1940)
>
> 한국광복군은 1940년에 충칭에서 창설된 대한민국 임시 정부 산하의 부대이다. 태평양 전쟁이 일어나자 대한민국 임시 정부는 대일 선전 포고(1941)를 하였고, 한국광복군은 연합군의 일원으로 전쟁에 참여하여 미얀마·인도 전선에서 영국군과 연합 작전을 수행하였다.

정답 해설
⑤ 한국광복군이 연합군의 활동에 참여하던 시기인 1941년에 일제가 조선 사상범 예방 구금령을 제정하여 독립운동을 탄압하였다.

오답 체크
① 1932년에 지청천의 한국 독립군이 쌍성보에서 중국군과 연합하여 일본군을 상대로 승리하였다.
② 1925년에 일제가 만주 독립군의 활동을 위축시키기 위해 만주 지역의 중국 군벌과 미쓰야 협정을 체결하였다.
③ 1923년에 대한민국 임시 정부의 독립운동 방략을 논의하기 위한 국민 대표 회의가 개최되었다.
④ 1926년에 사회주의 계열인 정우회가 비타협적 민족주의 세력과의 연대를 주장한 정우회 선언을 발표하였다.

16 | 한국광복군
정답 ②

자료 분석

> 대한민국 임시 정부 산하의 부대 → 한국광복군
>
> 한국광복군은 1940년에 창설된 대한민국 임시 정부 산하의 부대이다. 이 부대에는 오광심, 김정숙, 지복영 등의 여성 독립군들도 참여하였는데, 기관지인 『광복』의 간행 업무와 병사 모집, 선전·파괴 활동 등을 전개하였다.

정답 해설
② 한국광복군은 미국과 연계하여 국내 진공 작전을 계획하였으나, 일제의 패망으로 실현하지는 못하였다.

오답 체크
① 대한 독립 군단: 서일을 총재로 하였으며, 자유시 참변으로 큰 타격을 입었다.
③ 신흥 무관 학교는 만주 삼원보에 설립된 독립군 양성 학교인 신흥 강습소가 개편된 것으로, 신민회 간부들에 의해 조직되었다.
④ 조선 의용대: 김원봉이 결성하였으며, 중국 관내에서 결성된 최초의 한인 무장 부대였다.
⑤ 한국 독립군: 지청천을 총사령관으로 하였으며, 북만주에서 중국 호로군 등과 연합 작전을 통해 항일 전쟁을 전개하였다.

06 일제 강점기의 문화

01
55회 38번
다음 인물에 대한 설명으로 옳은 것은? [2점]

이달의 역사 인물

혼이 보존되면 국가는 부활할 것이다
○○○ (1859~1925)

국혼을 강조하며 민족 의식을 고취한 역사학자이자 독립운동가이다. 일찍부터 민족 교육의 중요성을 인식하여 서우학회에서 애국 계몽 운동을 펼쳤으며, 국권 피탈 과정을 정리한 『한국통사』를 저술하였다. 1925년에는 대한민국 임시 정부 제2대 대통령에 취임하였다. 정부에서는 그의 공훈을 기리어 건국훈장 대통령장을 추서하였다.

① 진단 학회를 창립하고 『진단학보』를 발행하였다.
② 『여유당전서』를 간행하고 조선학 운동을 전개하였다.
③ 헤이그에서 열린 만국 평화 회의에 특사로 파견되었다.
④ 평양에서 조선 물산 장려회 발기인 대회를 개최하였다.
⑤ 실천적인 유교 정신을 강조하는 「유교구신론」을 저술하였다.

02
41회 40번
다음 글을 쓴 인물의 활동으로 옳은 것은? [2점]

대륙의 원기는 동으로는 바다로 뻗어 백두산으로 솟았고, 북으로는 요동 평야를 열었으며, 남으로는 한반도를 이루었다. …… 저들이 일찍이 우리를 스승으로 섬겨 왔는데, 이제는 우리를 노예로 삼았구나. …… 옛사람이 이르기를 나라는 멸할 수 있으나 역사는 멸할 수 없다고 하였다. 나라는 형체이고 역사는 정신이다. 이제 한국의 형체는 허물어졌으나 정신만을 홀로 보존하는 것이 어찌 불가능하겠는가.
태백광노(太白狂奴) 지음

① 진단 학회를 창립하고 『진단학보』를 발행하였다.
② 『여유당전서』를 간행하고 조선학 운동을 주도하였다.
③ 『한국독립운동지혈사』에서 독립 투쟁 과정을 정리하였다.
④ 「독사신론」을 저술하여 민족주의 사관의 기초를 마련하였다.
⑤ 『조선사회경제사』에서 식민 사학의 정체성 이론을 반박하였다.

03
60회 35번
밑줄 그은 '나'의 활동으로 옳은 것은? [2점]

나는 일제 침략에 맞서 민족 의식을 고취하기 위해 국난을 극복한 영웅의 전기인 『이순신전』과 『을지문덕전』을 집필하였습니다. 또 『조선상고사』에서는 역사를 아(我)와 비아(非我)의 투쟁으로 정의하였습니다.

① 『여유당전서』를 간행하고 조선학 운동을 주도하였다.
② 유교의 개혁을 주장하는 「유교구신론」을 제창하였다.
③ 조선사 편수회에 들어가 『조선사』 편찬에 참여하였다.
④ 『조선사회경제사』에서 식민 사학의 정체성론을 반박하였다.
⑤ 민중의 직접 혁명을 주장한 「조선혁명선언」을 작성하였다.

04
74회 39번
(가) 인물에 대한 설명으로 옳은 것은? [2점]

사료로 보는 한국사

조선사 연구는 과거 역사적, 사회적 발전의 변동 과정을 구체적이고 현실적으로 구명함과 동시에 실천적 동향을 이론화하는 것을 임무로 삼아야 한다. 그것을 위해서는 인류 사회의 일반적 운동 법칙인 사적 변증법으로 그 민족 생활의 계급적 관계와 더불어 사회 체제의 역사적 변동을 구체적으로 분석하고 다시 그 법칙성을 일반적으로 추상화하는 것에 의해서만 가능하다.

[해설] 이 사료는 (가) 이/가 저술한 『조선사회경제사』의 일부입니다. 그는 이 책에서 한국사가 세계사의 보편적인 발전 법칙에 따라 발전하였다는 주장을 펼치며 한국 고대 경제사를 원시 씨족 사회, 원시 부족 국가의 제형태, 노예 국가 시대로 체계화하여 서술하였습니다.

① 조선불교유신론을 주장하였다.
② 식민 사학의 정체성론을 반박하였다.
③ 조선사 편수회에 들어가 『조선사』 편찬에 참여하였다.
④ 진단 학회를 설립하여 실증주의 사학을 발전시켰다.
⑤ 민족을 역사 서술의 중심에 둔 「독사신론」을 집필하였다.

● 주제별 출제 비중
*최근 3개년 기준(심화 76~63회)

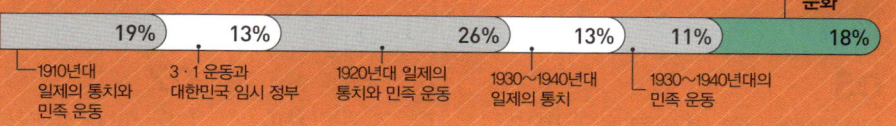

01 | 박은식   정답 ⑤

자료 분석
국혼을 강조함 + 『한국통사』를 저술함 → 박은식

박은식은 국혼을 강조하며 민족 의식을 고취한 역사학자이자 독립운동가로, 『한국통사』를 저술하여 나라는 '형체', 역사는 '정신'이라 표현하며 민족주의 사학의 기초를 닦았다. 한편 박은식은 1925년 대한민국 임시 정부의 제2대 대통령으로 취임하기도 하였다.

정답 해설
⑤ 박은식은 실천적인 유교 정신을 강조한 논문인 「유교구신론」을 저술하였다.

오답 체크
① 이병도, 손진태 등: 실증주의 사학에 기반한 진단 학회를 창립하고 『진단 학보』를 발행하였다.
② 정인보, 안재홍 등: 다산 정약용 서거 99주기를 맞이하여 『여유당전서』를 간행하고, 이를 계기로 조선학 운동을 전개하였다.
③ 이상설, 이준, 이위종: 고종의 명에 따라 네덜란드 헤이그에서 열린 만국 평화 회의에 특사로 파견되어 을사늑약의 무효와 일제의 침략적 행위를 알리고자 하였다.
④ 조만식: 평양에서 조선 물산 장려회 발기인 대회를 개최하여 토산품 애용을 통한 경제적 실력 양성을 추구하였다.

02 | 박은식   정답 ③

자료 분석
나라는 형체이고 역사는 정신 → 박은식

박은식은 일제 강점기의 대표적인 민족주의 사학자이다. 그는 자신의 대표적인 저서인 『한국통사』에서 나라는 '형(形)'이요, 역사는 '정신(神)'임을 강조하고 민족 정신인 국혼을 지킬 것을 주장하며 민족의 독립 의식을 고취시켰다.

정답 해설
③ 박은식은 『한국독립운동지혈사』에서 갑신정변부터 3·1 운동까지의 독립 투쟁 과정을 정리하였다.

오답 체크
① 이병도, 손진태 등: 실증주의 사학에 기반한 진단 학회를 창립하고 『진단 학보』를 발행하였다.
② 정인보, 안재홍 등: 다산 정약용 서거 99주기를 맞이하여 『여유당전서』를 간행하고 조선학 운동을 주도하였다.
④ 신채호: 「독사신론」을 저술하여 민족을 역사 서술의 중심에 두는 민족주의 사관의 기초를 마련하였다.
⑤ 백남운: 『조선사회경제사』에서 한국사가 세계사적인 역사 법칙에 따라 발전했음을 주장하며, 식민 사학의 정체성 이론을 반박하였다.

03 | 신채호   정답 ⑤

자료 분석
『이순신전』 고 · 『을지문덕전』 + 『조선상고사』 → 신채호

신채호는 일제의 식민 사학에 맞서 우리 민족의 주체적인 역사를 강조한 민족주의 사학자로, 『이순신전』, 『을지문덕전』 등 외국의 침략에 대항하여 승리한 우리나라 영웅들의 전기를 저술·보급하여 민족 의식을 고취시켰다. 또한 『조선상고사』를 통해 역사를 '아(我)'와 '비아(非我)'의 투쟁으로 정의하였다.

정답 해설
⑤ 신채호는 의열단장 김원봉의 부탁을 받고, 의열단의 활동 지침인 「조선 혁명선언」을 작성하여 민중의 직접 혁명을 주장하였다.

오답 체크
① 정인보, 안재홍 등: 정약용 서거 99주기를 맞아 『여유당전서』를 간행하고, 이를 계기로 조선학 운동을 전개하였다.
② 박은식: 민족주의 사학자로, 개량과 혁신을 통한 유교의 개혁을 주장하는 「유교구신론」을 제창하였다.
③ 이병도: 실증주의 사학자로, 조선사 편수회에 들어가 식민 사관을 토대로 한국사를 왜곡한 『조선사』 편찬에 참여하였다.
④ 백남운: 사회 경제 사학자로, 『조선사회경제사』에서 일제의 식민 사관인 정체성론을 반박하였다.

04 | 백남운   정답 ②

자료 분석
『조선사회경제사』 → 백남운

백남운은 일제 강점기의 역사학자로, 사회주의 사상에 기초한 역사관인 유물 사관에 입각하여 『조선사회경제사』를 저술하였다. 특히 백남운은 그의 저서를 통해 한국사가 세계사적인 일원론적 역사 법칙에 따라 발전해 왔음을 입증하였다.

정답 해설
② 백남운은 『조선사회경제사』에서 한국사가 세계사의 보편적인 발전 법칙에 따라 발전했음을 입증하며, 이 과정에서 식민 사학의 정체성론을 반박하였다.

오답 체크
① 한용운: 불교 개혁을 위해 조선불교유신론을 주장하였다.
③ 이병도: 조선사 편수회에 들어가 식민 사관을 토대로 한국사를 왜곡한 『조선사』 편찬에 참여하였다.
④ 이병도, 손진태 등: 진단 학회를 설립하여 실증주의 사학을 발전시켰으며, 『진단학보』를 발행하였다.
⑤ 신채호: 민족을 역사 서술의 중심에 둔 「독사신론」을 집필하여 민족주의 사관의 기초를 마련하였다.

06 일제 강점기의 문화

05
(가) 단체에 대한 설명으로 옳은 것은? [3점]

① 최초로 한글에 띄어쓰기를 도입하였다.
② 국어 문법서인 『대한문전』을 편찬하였다.
③ 태극 서관을 설립하여 서적을 보급하였다.
④ 『조선말(우리말) 큰사전』 편찬을 추진하였다.
⑤ 국문 연구소를 두어 한글을 체계적으로 연구하였다.

06
(가)에 들어갈 내용으로 가장 적절한 것은? [3점]

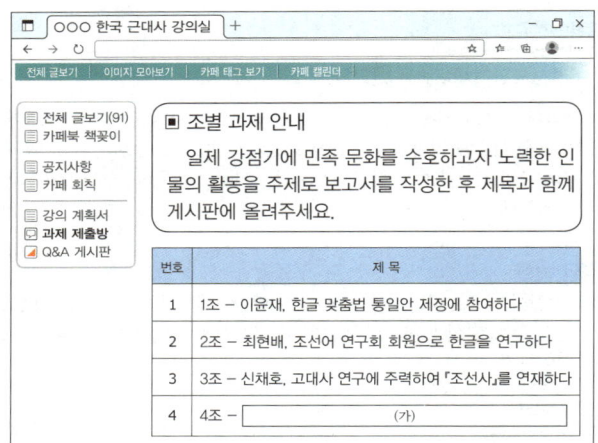

① 정인보, 민족의 얼을 강조하고 조선학 운동을 전개하다
② 장지연, 황성신문에 시일야방성대곡이라는 논설을 싣다
③ 유길준, 『서유견문』을 집필하여 서양 근대 문명을 소개하다
④ 최익현, 지부복궐척화의소를 올려 왜양 일체론을 주장하다
⑤ 신헌, 강화도 조약 체결의 전말을 기록한 『심행일기』를 남기다

07
(가)~(마)에 들어갈 내용으로 옳은 것은? [2점]

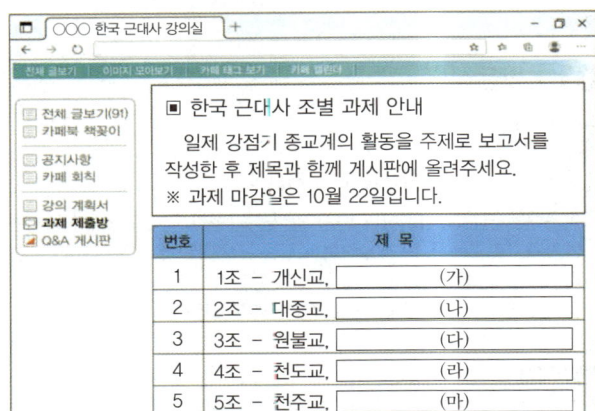

① (가) – 단군 숭배 사상을 통해 민족 의식을 높이다
② (나) – 의민단을 조직하여 무장 투쟁을 전개하다
③ (다) – 간척 사업을 진행하고 새 생활 운동을 펼치다
④ (라) – 배재 학당을 세워 신학문 보급에 기여하다
⑤ (마) – 어린이날을 제정하고 소년 운동을 추진하다

08
(가) 종교에 대한 설명으로 옳은 것은? [2점]

기획 전시
방정환이 꿈꾼 어린이를 위한 나라
우리 박물관에서는 『어린이』 창간 100주년을 기념하는 특별전을 준비하였습니다. 동학을 계승한 종교인 (가) 계열의 방정환 등이 어린이들에게 다양한 읽을거리를 제공하기 위해 발간한 잡지 『어린이』의 전시와 함께 여러 체험 행사를 준비하였으니 많은 관심 바랍니다.
• 기간: 2023. ○○. ○○.~ ○○. ○○.
• 장소: △△ 박물관 특별 전시실
• 전시 자료 소개

▲ 『어린이』 제7권 제3호   ▲ 『어린이』 제9권 제1호

① 한용운 등이 사찰령 폐지를 주장하였다.
② 만세보를 발행하여 민중 계몽에 앞장섰다.
③ 박중빈을 중심으로 새 생활 운동을 펼쳤다.
④ 배재 학당을 세워 신학문을 보급하고자 힘썼다.
⑤ 의민단을 조직하여 항일 무장 투쟁을 전개하였다.

05 | 조선어 학회 정답 ④

자료 분석

> 잡지『한글』+ 한글 맞춤법 통일안 → 조선어 학회

조선어 학회는 일제 강점기에 활동한 국어 연구 단체로, 조선어 연구회가 재편된 단체이다. 조선어 학회는 잡지『한글』을 발행하여 국어 연구 결과를 발표하였으며, 한글날을 기존 10월 28일에서 한글 창제일인 10월 9일로 변경하였다.

정답 해설
④ 조선어 학회는 『조선말(우리말) 큰사전』 편찬을 추진하였으나, 일제가 치안 유지법을 위반하였다는 이유로 학회원들을 구속하여 편찬에 실패하였다(조선어 학회 사건).

오답 체크
① 독립 협회: 독립신문에 띄어쓰기를 활용하면서 최초로 한글에 띄어쓰기를 도입하였다.
② 유길준: 우리나라 최초의 국어 문법서인 『대한문전』을 편찬하였다.
③ 신민회: 신지식 보급과 민족 의식 고취를 위해 태극 서관을 설립하여 서적을 보급하였다.
⑤ 대한 제국의 학부: 국문 연구소를 두어 주시경 등의 국어 학자가 한글을 체계적으로 연구하였다.

06 | 민족 문화 수호를 위한 노력 정답 ①

자료 분석

> 일제 강점기에 민족 문화를 수호하고자 노력함
> → 민족 문화 수호를 위한 노력

일제 강점기에는 우리의 말과 역사 등 민족 문화를 수호하기 위한 활동들이 전개되었다. 역사 연구에서는 민족주의 사학자 신채호가 고대사 연구에 주력하여 『조선사』 등을 저술하였고, 국어 연구에서는 이윤재, 최현배 등이 조선어 연구회를 계승한 조선어 학회를 조직하여 한글 맞춤법 통일안을 제정하였다.

정답 해설
① 일제 강점기에 정인보는 민족 문화를 수호하기 위해 민족의 '얼'을 강조하였으며, 문일평, 안재홍 등과 함께 조선학 운동을 전개하였다.

오답 체크
② 대한 제국 시기에 을사늑약이 체결되자 장지연은 황성신문에 논설 시일야방성대곡을 게재해 을사늑약을 규탄하였다.
③ 근대 개항기에 유길준은 미국을 유학하며 느낀 것들을 기록한 기행문인 『서유견문』을 국·한문 혼용체로 집필하여, 서양의 근대 문명을 소개하였다.
④ 근대 개항기에 최익현은 개항에 반대하는 상소인 지부복궐척화의소를 올려, 왜(일본)는 양(서양)과 같다는 왜양 일체론을 주장하였다.
⑤ 근대 개항기에 신헌은 조선 측 대표로 일본과 강화도 조약을 체결하였으며, 강화도 조약 체결의 전말을 기록한 『심행일기』를 저술하였다.

07 | 일제 강점기 종교계의 활동 정답 ③

자료 분석

> 일제 강점기 종교계의 활동

일제 강점기에는 종교계에서 다양한 활동을 전개하였다. 대종교는 중광단을, 천주교는 의민단을 조직하여 항일 무장 투쟁을 전개하였다. 개신교는 일제어 맞서 1930년대에 신사 참배 거부 운동을 벌였다. 또한 천도교는 어린이날을 제정하고 아동 잡지인 『어린이』를 창간하는 등 소년 운동을 전개하였고, 원불교는 저축 운동, 허례허식 폐지, 금주·단연 등 새 생활 운동을 전개하였다.

정답 해설
③ 원불교는 박중빈을 중심으로 간척 사업을 추진하고 허례허식 폐지, 금주·단연 등의 새 생활 운동을 전개하였다.

오답 체크
① 대종교: 나철이 창시한 종교로, 단군 숭배 사상을 통해 민족 의식을 고취하였다.
② 천주교: 일저 강점기에 만주에서 항일 무장 단체인 의민단을 조직하여 무장 투쟁을 전개하였다.
④ 개신교: 배저 학당 등의 사립 학교를 설립하여 신학문 보급에 기여하였다.
⑤ 천도교: 천도교 소년회를 중심으로 어린이날을 제정하고 잡지『어린이』를 발간하는 등 소년 운동을 전개하였다.

08 | 천도교 정답 ②

자료 분석

> 『어린이』 창간 + 동학을 계승함 + 방정환 → 천도교

천도교는 동학의 제3대 교주였던 손병희가 동학을 계승하여 발전시킨 종교이다. 1920년대에는 천도교 소속의 방정환, 김기전 등이 천도교 소년회를 조직해 어린이날을 제정하고 아동 잡지인 『어린이』를 창간하는 등 소년 운동을 전개하였다.

정답 해설
② 천도교는 기관지로 만세보를 발행하여 민중 계몽에 힘썼다.

오답 체크
① 불교: 한용운의 주도로 조선 불교 유신회를 조직하여 사찰령 폐지 운동을 추진하였다.
③ 원불교: 박중빈을 중심으로 새 생활 운동을 펼쳐 남녀 평등과 허례허식 폐지 등을 주장하였다.
④ 개신교: 사립 학교인 배재 학당을 세워 신학문 보급에 기여하였다.
⑤ 천주교: 의민단을 조직하여 항일 무장 투쟁을 전개하였다.

빈출 개념 | 일제 강점기의 종교 활동

천도교	소년 운동 전개(방정환), 잡지『개벽』,『신여성』 간행
천주교	잡지『경향』 간행, 의민단 조직
대종교	중광단 조직(이후 북로 군정서로 개편)
원불교	박중빈을 중심으로 새 생활 운동 전개
불교	한용운 주도의 조선 불교 유신회에서 사찰령 폐지 운동 전개
개신교	사립 학교 설립을 통한 신학문 보급, 신사 참배 거부 운동

06 일제 강점기의 문화

09
(가) 종교에 대한 설명으로 옳은 것은? [2점]

- 지난 개천절을 기회로 하여 독립운동을 계획했다는 이유로 (가) 간부 7명이 동대문 경찰서에 체포되었다는 기사가 실렸구나.
- (가) 은/는 나철이 만주에서 단군 신앙을 기반으로 창시한 종교인데, 민족의식을 고취할 뿐만 아니라 독립운동도 전개하고 있네요.

① 『개벽』, 『신여성』 등의 잡지를 발간하였다.
② 한용운 등이 사찰령 폐지를 주장하였다.
③ 박중빈을 중심으로 새 생활 운동을 펼쳤다.
④ 김창숙의 주도로 파리 장서 운동을 전개하였다.
⑤ 무장 투쟁을 전개하기 위해 중광단을 조직하였다.

10
(가) 인물에 대한 설명으로 옳은 것은? [2점]

이곳 심우장은 (가) 이/가 조선 총독부를 마주하지 않겠다며 북향으로 지었다고 합니다. 「님의 침묵」 등을 지은 (가) 은/는 일제의 탄압에도 굴하지 않다가 광복 직전 이곳에서 돌아가셨습니다.

① 『우리말 큰사전』 편찬 사업을 추진하였다.
② 유교 개혁을 주장하는 「유교구신론」을 제창하였다.
③ 월간지 『유심』을 발간하여 불교 개혁 운동에 힘썼다.
④ 진단 학회를 설립하여 실증주의 사학을 발전시켰다.
⑤ 「독사신론」을 저술하여 민족주의 사학의 기반을 마련하였다.

11
밑줄 그은 '시기'에 볼 수 있는 모습으로 가장 적절한 것은? [3점]

- 아리랑 아리랑 아라리오 ~~ 아리랑 고개로 넘어간다 ~~ 나를 버리고 가시는 임은 ~~ 십 리도 못가서 발병 난다 ~~ ♪
- 이 노래가 영화 음악으로도 쓰였다는 것을 알고 있었어?
- 나운규가 감독과 주연을 모두 맡았네.
- 이 영화가 처음 제작 발표된 시기의 민족적 애환을 잘 표현하였다는 평가를 받고 있어.

① 관민 공동회에서 연설하는 백정
② 교육 입국 조서를 발표하는 관리
③ 원각사에서 은세계 공연을 보는 관객
④ 전차 개통식에 참여하는 한성 전기 회사 직원
⑤ 카프(KAPF)를 형성하여 활동하는 신경향파 작가

12
(가)에 들어갈 내용으로 적절한 것은? [2점]

자료로 보는 한국 영화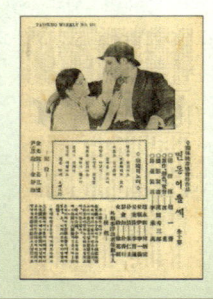

이 자료는 일제 강점기에 발행된 극장 홍보지로, 심훈이 감독한 무성 영화 먼동이 틀 때를 소개한 것이다. 이 영화는 나운규의 아리랑에 이어 한국 영화 초기 명작으로 평가받기도 한다. 이외에도 심훈은 다수의 시나리오와 영화 평론을 집필하였으며, (가)

① 「별 헤는 밤」, 「참회록」 등의 시를 남겼다.
② 국문 연구소의 연구위원으로 활동하였다.
③ 근대극 형식을 도입한 토월회를 조직하였다.
④ 실천적인 유교 정신을 강조하는 「유교구신론」을 저술하였다.
⑤ 브나로드 운동을 소재로 한 소설 『상록수』를 신문에 연재하였다.

09 | 대종교   정답 ⑤

자료 분석
나철 + 단군 신앙을 기반으로 창시함 → 대종교

대종교는 나철이 단군 신앙을 기반으로 창시한 종교이다. 나철은 대종교 창시 전 을사오적을 처단하기 위해 자신회를 결성하였으며, 이후 1909년에 대종교를 창시하였다. 국권 피탈 이후 대종교는 북간도로 교단을 옮겨 항일 무장 단체인 중광단을 결성하였으며, 중광단은 북로 군정서로 개편되어 청산리 전투 등에 참여하였다.

정답 해설
⑤ 대종교는 무장 투쟁을 전개하기 위해 북간도에 독립 운동 단체인 중광단을 조직하였다.

오답 체크
① 천도교: 일제 강점기에 『개벽』, 『신여성』 등의 잡지를 발간하여 민족 의식을 높이는 데 기여하였다.
② 불교: 일제 강점기에 한용운 등이 조선 불교 유신회를 조직하여 사찰령 폐지를 주장하였다.
③ 원불교: 일제 강점기에 박중빈을 중심으로 저축 운동, 허례허식 폐지, 금주·단연 등 새 생활 운동을 전개하였다.
④ 유교: 김창숙의 주도로 3·1 운동에 호응하기 위해 파리 장서 운동을 전개하였다.

10 | 한용운   정답 ③

자료 분석
「님의 침묵」 등을 지음 → 한용운

한용운은 일제 강점기에 활동한 승려이자 독립운동가이다. 그는 일제가 한국 불교를 억압하고자 사찰령을 제정하자, 조선 불교 유신회를 조직하여 사찰령 폐지 운동을 전개하였다. 한편 그는 「님의 침묵」 등의 문학 작품을 발표한 시인이기도 하였으며, 조선 총독부가 위치하던 남쪽을 등진 곳에 북향으로 심우장이라는 이름의 집을 짓고 여생을 보냈다.

정답 해설
③ 한용운은 불교 월간지인 『유심』을 발간하여 불교에 대한 계몽과 근대적 해설을 제시하는 등 불교 개혁 운동에 힘썼다.

오답 체크
① 이극로, 최현배 등: 조선어 학회 회원으로, 『우리말 큰사전』, 『조선말 큰사전』 편찬을 시도하였으나 일제의 탄압으로 완성하지 못하였다.
② 박은식: 유교의 개량과 혁신을 주장한 「유교구신론」을 제창하였다.
④ 이병도, 손진태 등: 진단 학회를 설립하여 역사적 사실을 실증적·객관적 사실에 근거하여 연구하는 실증주의 사학을 발전시켰다.
⑤ 신채호: 「독사신론」을 통해 민족을 역사 서술의 중심에 두는 민족주의 사학의 기반을 마련하였다.

11 | 영화 아리랑 발표 시기의 모습   정답 ⑤

자료 분석
나운규가 감독과 주연 + 아리랑 → 영화 아리랑(일제 강점기, 1926)

아리랑은 일제 강점기에 나운규가 식민 지배를 받던 우리 민족의 비애를 표현하여 제작한 영화로, 단성사에서 처음 개봉하였다.

정답 해설
⑤ 카프(KAPF)는 일제 강점기인 1920~1930년대에 신경향파 작가들이 형성하여 활동한 문예 운동 단체로, 식민지 현실 고발과 계급 의식 고취를 강조하였다.

오답 체크
① 대한 제국 시기: 관민 공동회는 독립 협회가 개최한 집회로, 이때 백정 출신의 박성춘이 개막 연설을 진행하였다.
② 근대 개항기: 제2차 갑오개혁 때 교육의 기본 방향을 제시한 교육 입국 조서가 반포되었다.
③ 대한 제국 시기: 원각사는 우리나라 최초의 서양식 극장으로, 은세계 등의 신극이 공연되었다.
④ 대한 제국 시기: 전차는 한성 전기 회사에 의해 처음 개통되었으며, 서대문에서 청량리까지 운행되었다.

12 | 심훈   정답 ⑤

자료 분석
심훈

심훈은 영화인, 소설가이자 시인으로 나운규의 아리랑에 이어 한국 영화 초기의 명작으로 평가받는 '먼동이 틀 때'를 발표하였다. 또한 독립선언일(3·1절)을 맞이하여 대표적인 저항시인 「그날이 오면」을 발표하였다.

정답 해설
⑤ 심훈은 브나로드 운동을 소재로 한 장편 소설 『상록수』를 동아일보에 연재하였으며, 『상록수』에서 농촌 계몽 운동에 참여하는 지식인들의 모습과 당시 농촌의 실상을 그려냈다.

오답 체크
① 윤동주: 일제 강점기에 활동한 민족 문학가이자 저항 시인으로, 「별 헤는 밤」, 「참회록」 등의 시를 남겼다.
② 주시경 등: 한글 연구를 목적으로 학부 아래에 설립된 국문 연구소의 연구원으로 활동하였다.
③ 박승희, 김기진 등: 일본 도쿄의 유학생들이 근대극 형식을 도입한 모임인 토월회를 조직하였다.
④ 박은식: 실천적인 유교 정신을 강조한 논문인 「유교구신론」을 저술하였다.

06 일제 강점기의 문화

13   66회 40번
(가) 인물에 대한 설명으로 옳은 것은? [3점]

> **문학으로 보는 한국사**
> 내 고장 칠월은
> 청포도가 익어가는 시절
> 이 마을 전설이 주저리주저리 열리고
> 먼 데 하늘이 꿈꾸며 알알이 들어와 박혀
> 하늘 밑 푸른 바다가 가슴을 열고
> 흰 돛단배가 곱게 밀려서 오면
> 내가 바라는 손님은 고달픈 몸으로
> 청포(靑袍)를 입고 찾아온다고 했으니
> 내 그를 맞아 이 포도를 따 먹으면
> 두 손은 함뿍 적셔도 좋으련
> 아이야, 우리 식탁엔 은쟁반에
> 하이얀 모시 수건을 마련해 두렴
>
> [해설] 이 시는 독립 운동가이자 문학가인 (가) 의 「청포도」이다. 그는 이 시를 비롯한 다양한 작품에서 식민지 현실에 맞서 꺾이지 않는 민족 의식을 표현하였다.
> 그의 본명은 이원록으로 안동에서 태어났고, 1927년 장진홍의 조선은행 대구 지점 폭탄 의거에 연루되어 투옥되었다. 이후에도 그는 중국을 오가며 독립운동에 힘쓰다가 1943년 체포되어 이듬해 베이징의 일본 감옥에서 생을 마감하였다.

① 소설 『상록수』를 신문에 연재하였다.
② 「광야」, 「절정」 등의 저항시를 발표하였다.
③ 타이완에서 일본 육군 대장을 저격하였다.
④ 삼균주의를 바탕으로 한 건국 강령을 만들었다.
⑤ 『여유당전서』를 간행하고 조선학 운동을 전개하였다.

14   57회 44번
(가) 인물의 활동으로 옳은 것은? [3점]

> 도시샤 대학에 있는 이 시비는 민족 문학가인 (가) 을/를 기리기 위해 세워졌습니다. 비석에는 '죽는 날까지 하늘을 우러러'로 시작되는 그의 작품인 「서시」가 새겨져 있습니다. 북간도 출신인 그는 일본 유학 중 치안 유지법 위반 혐의로 체포되어 옥중에서 순국하였습니다.

① 『조선상고사』를 저술하였다.
② 소설 『상록수』를 신문에 연재하였다.
③ 저항시 「광야」, 「절정」 등을 발표하였다.
④ 영화 아리랑의 제작과 감독을 맡았다.
⑤ 「별 헤는 밤」, 「참회록」 등의 시를 남겼다.

15 킬러   73회 41번
(가)~(마)에 들어갈 내용으로 적절하지 않은 것은? [3점]

> **일제 강점기 대중 문화 탐구 안내**
>
> 일제 강점기에는 매체의 발달과 함께 대중 문화가 유행하였습니다. 이 시기 대중 문화는 다양한 측면에서 식민지 조선인의 일상에 영향을 미쳤습니다. 그러나 일제는 식민 지배를 합리화하기 위한 선전 도구로 대중 문화를 이용하기도 하였습니다.
>
> 모둠별로 담당한 주제를 탐구하여 보고서로 제출하세요.
> ※ 과제 마감일은 2월 16일입니다.
>
> | 모둠 | 문화 영역 | 주제 |
> |---|---|---|
> | 1 | 가요 | (가) |
> | 2 | 영화 | (나) |
> | 3 | 방송 | (다) |
> | 4 | 소비 | (라) |
> | 5 | 잡지 | (마) |

① (가) - 아침 이슬, 건전 가요에서 금지곡으로 지정되다
② (나) - 병정님, 조선인에 대한 징병제 실시를 미화하다
③ (다) - 경성 방송국, 우리말 방송을 검열하여 송출하다
④ (라) - 미쓰코시 백화점, 자본주의적 소비 문화가 이식되다
⑤ (마) - 『신여성』, 여권 신장 등의 내용으로 여성을 계몽하다

16 빈출   71회 42번
(가)에 들어갈 내용으로 가장 적절한 것은? [1점]

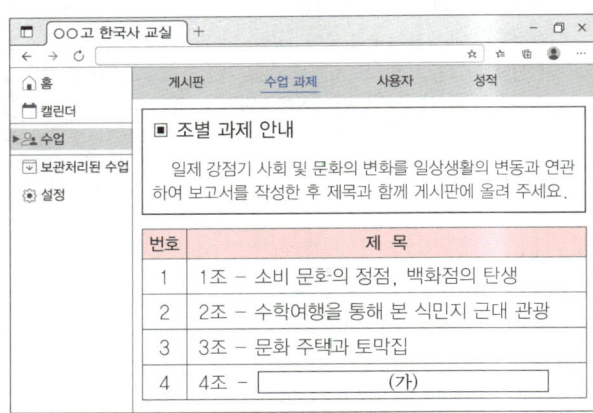

① 서양식 의료의 수용, 광혜원
② 근대적 우편 제도의 시작, 우정총국
③ 전시 통제 체제 속에서 강요된 여성복, 몸뻬
④ 근면, 자조, 협동을 기치로 내세운 새마을 운동
⑤ 상품 광고의 새로운 장을 연 컬러텔레비전 방송

13 | 이육사 정답 ②

자료 분석

「청포도」 + 조선은행 대구 지점 폭탄 의거 → 이육사

이육사(본명은 이원록)는 일제 강점기의 대표적인 저항 시인이다. 그는 독립운동 단체인 의열단에 가입하였고, 이후 장진홍의 조선은행 대구 지점 폭탄 의거에 연루되어 3년 형을 받고 대구 형무소에 투옥되었다. 수감 당시 그의 수인(囚人, 교도소에 구금된 사람)번호가 264번이어서, 호를 '육사(陸史)'로 지었다고 전해진다.

정답 해설

② 이육사는 일제 강점기의 저항 시인으로, 「광야」, 「절정」 등의 저항시를 발표하여 항일 정신을 드러냈다.

오답 체크

① 심훈: 일제 강점기에 활동한 저항 문학가로, 동아일보에 브나로드 운동을 배경으로 한 소설 『상록수』를 연재하였다.
③ 조명하: 타이완에서 당시 일본 육군 대장이었던 구니노미야를 저격하였다.
④ 조소앙: 삼균주의를 바탕으로 한 대한민국 임시 정부의 건국 강령을 만들었다.
⑤ 정인보, 안재홍 등: 다산 정약용 서거 99주기를 맞이하여 『여유당전서』를 간행하고, 이를 계기로 조선학 운동을 전개하였다.

14 | 윤동주 정답 ⑤

자료 분석

「서시」 → 윤동주

윤동주는 일제 강점기의 민족 문학가이자 저항 시인이다. 북간도 명동촌 출신의 그는 연희 전문 학교에 진학하며 민족 현실에 눈뜨게 되어 민족 현실에 대한 고뇌를 담아낸 시들을 창작하였다. 이후 일본 유학 중 치안 유지법을 위반하였다는 혐의로 체포되어 후쿠오카 형무소에서 생을 마쳤다.

정답 해설

⑤ 윤동주는 일제 강점기에 활동한 민족 문학가이자 저항 시인으로, 「별 헤는 밤」, 「참회록」 등의 시를 남겼다.

오답 체크

① 신채호: 일제 강점기에 활동한 민족주의 사학자로, 역사를 '아(나)와 비아(나 밖의 모든 것)의 투쟁'으로 정의한 『조선상고사』를 저술하였다.
② 심훈: 일제 강점기에 활동한 저항 문학가로, 동아일보에 브나로드 운동을 배경으로 한 소설인 『상록수』를 연재하였다.
③ 이육사: 일제 강점기에 활동한 저항 문학가로, 저항시인 「광야」, 「절정」 등을 발표하였다.
④ 나운규: 영화 아리랑의 제작과 감독을 맡아 식민 지배를 받던 한국인의 고통스러운 삶을 표현하였다.

빈출 개념 | 일제 강점기의 대표 문학 작품

이육사	「광야」, 「절정」, 「청포도」 등
심훈	『상록수』, 「그날이 오면」 등
윤동주	「서시」, 「별 헤는 밤」, 「참회록」 등

15 | 일제 강점기의 대중 문화 오답률 74.5% 정답 ①

자료 분석

일제 강점기 대중 문화

일제 강점기에는 매체의 발달과 함께 대중 문화가 유행하여 우리 일상에 영향을 주었으며, 일제는 영화, 방송 등 대중 매체를 활용하여 식민 지배를 선전하고 합리화하였다.

정답 해설

① 아침 이슬이 건전 가요에서 금지곡으로 지정된 것은 박정희 정부 시기이다. 한편 일제 강점기에는 사의 찬미, 목포의 눈물 등과 같은 대중가요가 발매되었다.

오답 체크

② 일제 강점기에는 조선인에 대한 징병제 실시를 미화하기 위한 영화인 '병정님'을 제작하였다.
③ 일제 강점기에 일본은 일본의 식민지 체제에 한국인을 순응하게 하기 위한 교화의 수단으로 우리나라 최초의 방송국인 경성 방송국을 세웠으며, 사전 검열을 거쳐 우리말 방송과 일본말 방송을 송출하였다.
④ 일제 강점기에는 서울 명동에 일본의 미쓰코시 백화점, 종로에 화신 백화점 등이 설립되었다.
⑤ 일제 강점기에는 여성의 사회 진출과 여권 신장, 의식 계발 등을 다룬 잡지 『신여성』 등이 발간되었다.

16 | 일제 강점기 사회 및 문화의 변화 정답 ③

자료 분석

일제 강점기 사회 및 문화의 변화

일제 강점기에는 사회 및 문화적 변화가 이루어져 일상생활에 영향을 주었다. 일제 강점기에 서울 명동에는 일본의 미쓰코시 백화점, 종로에는 화신 백화점이 설립되었다. 또한 도시에 사람이 몰리면서 이전에 볼 수 없었던 상류층의 문화 주택, 중류층의 개량 한옥, 중·하류층의 영단 주택 등이 등장하였다.

정답 해설

③ 민족 말살 통치 시기에 전시 동원 체제가 강화되면서 일제는 여성에게 작업복인 일명 '몸뻬' 바지의 착용을 강요하였다.

오답 체크

① 근대 개항기에 알렌의 건의로 우리나라 최초의 서양식 국립 병원인 광혜원이 설립되었다.
② 근대 개항기에 근대적 우편 사무를 관장하는 우정총국이 처음 설치되었으나, 같은 해 일어난 갑신정변으로 폐지되었다.
④ 박정희 정부 시기에 근면, 자조, 협동을 기치로 내세운 새마을 운동이 추진되었다.
⑤ 전두환 정부 시기에 컬러텔레비전 방송이 처음으로 시행되었다.

VI. 일제 강점기

기출 자료&선택지 퀴즈로 단원 마무리

기출 자료 퀴즈

기출 자료에 해당하는 주제를 골라 쓰세요.

| 6·10 만세 운동 | 백남운 | 대한민국 임시 정부 | 조선어 학회 |
| 한국광복군 | 형평 운동 | 회사령 | 한국 독립군 |

01 66회
회사를 설립할 때 조선 총독의 허가를 받도록 하는 법령이 제정되었다. 이후 한인의 회사는 큰 영향을 받아 손해가 적지 않기에 실업계의 원성이 자자하다. …… 그중에 일본인의 회사가 3분의 2 이상이고, 몇 개 되지 않는 한인의 회사는 상업 경쟁에 밀리고 회사 세납에 몰려 도무지 유지하기가 어렵다고 한다.

[ ]

02 57회
피고인들은 이왕(李王) 전하 국장 의식을 거행할 즈음, 이를 봉송하기 위하여 지방에서 다수 조선인이 경성부로 모이는 기회를 이용하여 조선 독립운동을 선동하는 불온 문서를 비밀리에 인쇄하여 국장 당일 군중 가운데 살포하여 조선 독립 만세를 소리 높여 외쳐 조선 독립의 희망을 달성하고자 기도하였다.

[ ]

03 67회
대전자령은 태평령이라고도 하는데, 일본군이 서남부의 왕청현 쪽으로 가려면 반드시 지나가야 하는 지점이었다. …… 이 전투에 (가) 의 주력 부대 500여 명, 차이시잉(柴世榮)이 거느리는 중국 의용군인 길림구국군 2,000여 명이 참가하였다. - 『청천 장군의 혁명 투쟁사』

[ ]

04 63회
이것은 (가) 을/를 주도한 단체의 제7회 전국 대회 포스터입니다. '모히라! 자유 평등의 기치하에로'라는 문구가 있으며, '경성 천도교 기념관'에서 개최된다고 알리고 있습니다. 진주에서 시작된 (가) 은/는 '공평은 사회의 근본이요, 애정은 인류의 본량(本良)'이라는 구호 아래 전개되었습니다.

[ ]

05 57회
이 전시관은 국권 피탈 이후 국외에서 전개된 독립운동을 주제로 구성되어 있습니다. 특히 3·1 운동의 영향으로 수립된 (가) 의 활동에 대한 자료가 전시되어 있습니다.

[ ]

06 69회
제1지대는 총사령에게 직속되어 이(지)청천 장군이 통할한다. …… (가) 의 총사령부는 충칭에 설치하기로 결정하였다.

[ ]

07 63회
- 우리말을 힘써 모으다
  - 학생들을 통해 시골말, 놀이말, 속담 등 수집
- 최현배, 이극로 등 다수의 회원이 검거되다
  - 사전 편찬 활동 등을 치안 유지법으로 탄압
- 『조선말 큰사전』 편찬 작업을 재개하다
  - 서울역 창고에서 일제에 압수되었던 원고 발견

[ ]

08 69회
저는 우리 역사의 전개 과정을 세계사의 보편적인 발전 법칙에 따라 네 단계로 나누어 파악하였습니다. 이 책에서는 그 중 원시 씨족 사회와 삼국 정립기의 노예제 사회에 대해 서술하였습니다.

[ ]

다음 기출 자료를 순서대로 나열하세요.

09 58회
<자료로 보는 대한민국 임시 정부>
(가) 국무령에 이상룡이 취임하다.
(나) 대일 선전(宣戰) 성명서를 발표하다.
(다) 창사에서 광저우로 청사를 이전하다.

[- -]

기출 선택지 퀴즈

기출 선택지가 옳은 내용이면 O, 틀린 내용이면 X 표시하세요.

10 73회 무단 통치 시기에 회사 설립 시 총독의 허가를 받도록 하는 회사령이 공포되었다. [O | X]

11 75회 북간도에서는 중광단을 결성하여 항일 투쟁을 전개하였다. [O | X]

12 66회 대한민국 임시 정부는 독립군 비행사 육성을 위해 신흥 무관 학교를 세웠다. [O | X]

13 67회 나석주가 조선 총독부에 폭탄을 투척하였다. [O | X]

14 55회 민족 말살 통치 시기에 노동력 동원을 위해 국민 징용령을 시행하였다. [O | X]

15 51회 한국 독립군은 흥경성에서 일본군을 격퇴하였다. [O | X]

16 55회 일제는 쌀 수탈을 목적으로 하는 산미 증식 계획을 실시하였다. [O | X]

17 62회 제1차 조선 교육령에서는 보통학교의 수업 연한을 6년으로 정하였다. [O | X]

18 67회 민족 말살 통치 시기에 경성 제국 대학이 설립되었다. [O | X]

19 72회 동아일보가 일장기를 삭제한 손기정 사진을 게재하였다. [O | X]

최빈출 다지선다 퀴즈

밑줄 그은 '이 시기'에 대한 설명으로 옳은 것을 모두 고르세요.

20 70회

① 미쓰야 협정이 체결되었다. 75·73·66회
② 조선 태형령이 반포되었다. 74·70·67회
③ 애국반이 편성되어 일상 생활이 통제되었다. 75·71·70·60회
④ 헌병 경찰 제도가 실시되었다. 70·67·65·62회
⑤ 황국 신민 서사 암송이 강요되었다. 74·73·71·70·67회
⑥ 산미 증식 계획을 시행하였다. 73·70회
⑦ 조선 사상범 예방 구금령이 제정되었다. 75·73·70·66·64회
⑧ 경복궁에서 최초로 조선 물산 공진회가 개최되었다. 75·71회

정답

01 회사령 **02** 6·10 만세 운동 **03** 한국 독립군 **04** 형평 운동
05 대한민국 임시 정부 **06** 한국광복군 **07** 조선어 학회 **08** 백남운
09 (가) 이상룡 국무령 취임 - (다) 광저우 청사로 이전 - (나) 대일 선전 성명서 발표
10 O **11** O **12** X (한인 비행 학교) **13** X (김익상) **14** O **15** X (조선 혁명군)
16 O **17** X (제2차 조선 교육령) **18** X (문화 통치 시기) **19** O
20 ②, ④, ⑧ 무단 통치 시기 [①, ⑥ 문화 통치 시기 ③, ⑤, ⑦ 민족 말살 통치 시기]

현대 최신 기출 트렌드

 시대별 출제 비중 *최근 3개년 기준(심화 76~63회)

- 현대는 최근 3개년 간 매 회 50문제 중 평균 5~6문제(약 12%)가 출제되었습니다.
- 박정희 정부~노무현 정부 시기 각 정부별 정책을 자세하게 알아야 풀 수 있는 문제가 최근 자주 출제되고 있습니다.

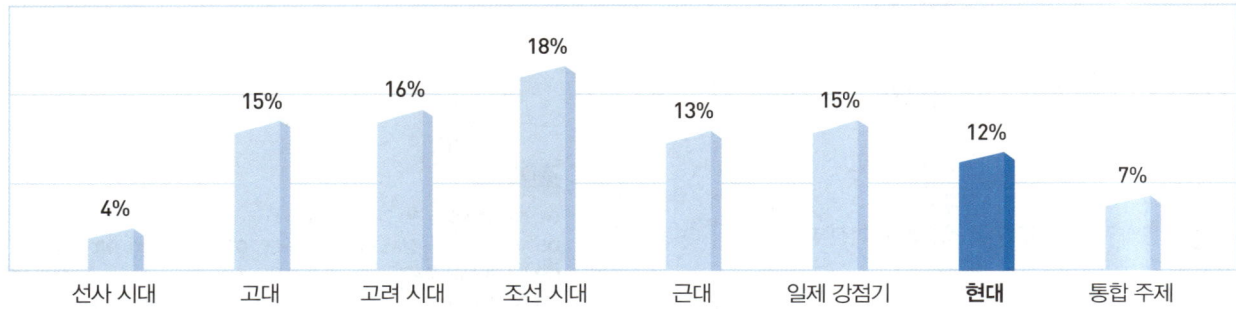

VII. 현대

01 대한민국 정부 수립 과정

02 이승만 정부~장면 내각

03 박정희 정부

04 전두환 정부~노무현 정부

05 남북의 통일 논의

주제별 기출 트렌드

01 대한민국 정부 수립 과정
여운형과 제주 4·3 사건이 최근 자주 출제되고 있어요!
빈출 제주 4·3 사건(8번), 김구와 여운형(12번)

02 이승만 정부~장면 내각
6·25 전쟁과 4·19 혁명의 전개 과정이 최빈출 포인트예요!
빈출 6·25 전쟁(5번), 4·19 혁명(11번)

03 박정희 정부
박정희 정부는 3·1 민주 구국 선언과 경제 개발 5개년 계획, 수출액 100억 달러 달성 등이 키워드로 자주 출제됩니다!
빈출 박정희 정부(6번), 박정희 정부 시기의 경제 상황(15번)
킬러 박정희 정부(7번)

04 전두환 정부~노무현 정부
6월 민주 항쟁의 결과로 대통령 직선제가 시행되었다는 사실을 기억해두면 문제 풀기가 쉬울 거예요!
빈출 전두환 정부(3번), 6월 민주 항쟁(6번)
킬러 김영삼 정부(9번), 노무현 정부(14번)

05 남북의 통일 논의
김대중 정부와 노무현 정부의 통일 정책을 꼭 알아두세요!
빈출 김대중 정부의 통일 노력(7번), 노무현 정부의 통일 노력(13번)

01 대한민국 정부 수립 과정

01
61회 45번

밑줄 그은 '군정청'이 있었던 시기의 사실로 옳은 것은? [2점]

□□ 신문
제△△호 ○○○○년 ○○월 ○○일

서윤복 선수 환영회, 중앙청 광장에서 개최

중앙청 관사에 모인 환영 인파

제51회 보스턴 세계 마라톤 대회에서 세계 신기록을 세우며 우승한 서윤복 선수의 환영회가 중앙청 광장에서 열렸다. 하지 중장, 헬믹 준장 등 군정청의 주요 인사와 김규식, 여운형, 안재홍 등 정계 인사를 비롯한 수많은 군중이 참석하여, 우리 민족의 의기를 세계에 과시한 서윤복 선수의 우승을 함께 기뻐하였다.

① 한·미 상호 방위 조약이 체결되었다.
② 제1차 경제 개발 5개년 계획이 추진되었다.
③ 반민족 행위 특별 조사 위원회가 설치되었다.
④ 신한공사가 설립되어 귀속 재산을 관리하였다.
⑤ 국가 보안법 개정안을 통과시킨 보안법 파동이 일어났다.

02
57회 46번

(가), (나) 사이의 시기에 있었던 사실로 옳은 것은? [2점]

(가) 본관(本官)은 본관에게 부여된 태평양 미국 육군 최고 지휘관의 권한을 가지고 조선 북위 38도 이남의 지역과 주민에 대하여 군정을 설립함. 따라서 점령에 관한 조건을 다음과 같이 포고함.
제1조 조선 북위 38도 이남의 지역과 동 주민에 대한 모든 행정권은 당분간 본관의 권한하에서 시행함.

(나) 대한민국 임시 정부는 28일 김구와 김규식의 명의로 '4개국 원수에게 보내는 결의문'을 채택하고, 각계 대표 70여 명으로 신탁 통치 반대 국민 총동원 위원회를 결성하였다. 여기서 강력한 반대 투쟁을 결의하고 김구·김규식 등 9인을 위원회의 '장정위원'으로 선정하였다.

① 카이로 선언이 발표되었다.
② 조선 건국 동맹이 결성되었다.
③ 모스크바 삼국 외상 회의가 개최되었다.
④ 좌·우 합작 위원회에서 좌·우 합작 7원칙을 합의하였다.
⑤ 유엔 총회에서 인구 비례에 따른 남북한 총선거를 결의하였다.

03
60회 41번

(가), (나) 사이의 시기에 있었던 사실로 옳은 것은? [2점]

(가)
□□ 일보
제△△호 ○○○○년 ○○월 ○○일

하지 중장, 특별 성명 발표

오늘 오전 조선 주둔 미군 최고사령관 하지 중장은 미·소 공동 위원회 무기 휴회에 관한 중대 성명서를 발표하였다. 이는 덕수궁 석조전에서의 역사적인 개막 이후 49일 만의 일이다.

(나)
□□ 일보
제△△호 ○○○○년 ○○월 ○○일

제2차 미·소 공동 위원회 개막

미·소 공동 위원회는 제1차 회의가 무기 휴회된 지 1년 16일 만인 오늘 오후 2시 정각에 시내 덕수궁 석조전에서 고대하던 제2차 회의의 역사적 막을 열었다.

① 여수·순천 10·19 사건이 일어났다.
② 모스크바 삼국 외상 회의가 개최되었다.
③ 반민족 행위 특별 조사 위원회가 출범하였다.
④ 좌·우 합작 위원회가 좌·우 합작 7원칙을 발표하였다.
⑤ 유엔 총회에서 인구 비례에 의한 남북 총선거가 의결되었다.

04
64회 42번

(가) 시기에 있었던 사실로 옳은 것은? [2점]

① 여수·순천 10·19 사건이 발생하였다.
② 유엔 한국 임시 위원단이 서울에 도착하였다.
③ 송진우, 김성수 등이 한국 민주당을 창당하였다.
④ 여운형 등의 주도로 좌·우 합작 위원회가 발족되었다.
⑤ 조선 건국 준비 위원회에서 조선 인민 공화국을 선포하였다.

● 주제별 출제 비중
*최근 3개년 기준(심화 76~63회)

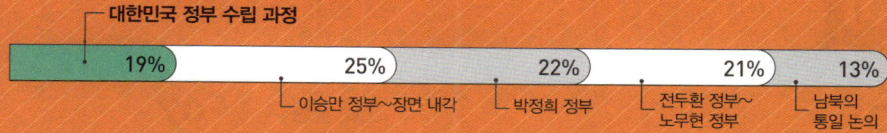

01 | 미 군정기의 사실 정답 ④

자료 분석
하지 중장 + 군정청 → 미 군정

미 군정기는 1945년 9월부터 1948년 8월 15일 대한민국 정부가 수립되기까지 실시한 군사 통치 시기이다. 광복 이후 하지 중장의 지휘 아래 남한에 주둔한 미군은 통치 기관으로 군정청을 설치하고 직접 통치 방식으로 남한을 통치하였다.

정답 해설
④ 미 군정기에 미군은 신한공사를 설립하여 일제가 남기고 간 귀속 재산을 관리하였다.

오답 체크
① 이승만 정부: 대한민국과 미국이 서로의 군사적 안전을 보장하는 내용의 한·미 상호 방위 조약을 체결하였다.
② 박정희 정부: 경공업 육성, 자립 경제 구축, 소비재 수출 산업 육성을 내세운 제1차 경제 개발 5개년 계획이 추진되었다.
③ 이승만 정부: 일제의 잔재 청산을 위해 친일파를 조사·구속하는 반민족 행위 특별 조사 위원회가 설치되었다.
⑤ 이승만 정부: 반공 태세 강화, 언론 통제를 내용으로 하는 국가 보안법 개정안을 여당인 자유당 단독으로 통과시킨 보안법 파동이 일어났다.

02 | 1945년의 한반도 정세 정답 ③

자료 분석
(가) 조선 북위 38도 이남의 지역과 주민에 대하여 군정을 설립
→ 1945년 9월
(나) 신탁 통치 반대 국민 총동원 위원회 결성 → 1945년 12월

(가) 광복(1945. 8. 15.) 직후인 1945년 9월 미국이 태평양 미국 육군 총사령부 포고 제1호를 발표하며, 미군이 한반도 이남을 통치하였다.
(나) 김구, 김규식 등 대한민국 임시 정부의 요인들은 한반도에 대한 최고 5년의 신탁 통치 결의에 반발하여, 1945년 12월 신탁 통치 반대 국민 총동원 위원회를 결성하였다.

정답 해설
③ 1945년 12월에 열린 모스크바 삼국 외상 회의에서 한반도에 대한 신탁 통치가 결의되자, 이에 반대하여 신탁 통치 반대 국민 총동원 위원회가 결성되었다.

오답 체크
① (가) 이전: 1943년 12월에 미국·영국·중국의 정상이 적당한 시기에 한국을 독립시킬 것을 약속한 카이로 선언이 발표되었다.
② (가) 이전: 1944년 8월에 여운형 등이 광복에 대비하기 위해 조선 건국 동맹을 결성하였다.
④ (나) 이후: 여운형과 김규식 등이 조직한 좌·우 합작 위원회가 1946년 10월 좌·우 합작 7원칙에 합의하였다.
⑤ (나) 이후: 1947년 11월 유엔 총회가 인구 비례에 따른 남북한 총선거 실시를 결의하였다.

03 | 제1차 미·소 공위와 제2차 미·소 공위 사이의 사실 정답 ④

자료 분석
(가) 미·소 공동 위원회 무기 휴회 → 1946년 5월
(나) 제2차 미·소 공동 위원회 개막 → 1947년 5월

미국과 소련은 모스크바 삼국 외상 회의 결정 사항의 구체적 실행 방안을 마련하기 위해 제1차 미·소 공동 위원회를 개최하였으나, 참여할 단체의 범위를 두고 의견이 대립하여 무기 휴회에 들어가게 되었다(1946. 5.). 이후 한국 문제 처리가 지연되는 데 따른 압력이 높아지면서 미국과 소련은 미·소 공동 위원회의 재개를 위해 노력하였고, 장기간 교섭 끝에 제2차 미·소 공동 위원회가 개막하였다(1947. 5.).

정답 해설
④ 제1차 미·소 공동 위원회 휴회(1946. 5.) 이후, 여운형과 김규식이 좌·우 합작 위원회를 조직하고, 임시 민주 정부 수립, 신탁 통치 문제 해결, 토지 개혁 등을 주요 내용으로 한 좌·우 합작 7원칙을 발표하였다(1946. 10.).

오답 체크
① (나) 이후: 1948년 10월에 제주 4·3 사건 진압을 위해 파견 예정이었던 여수 주둔 국군 부대가 출동 명령을 거부하고 봉기한 여수·순천 10·19 사건이 일어났다.
② (가) 이전: 1945년 12월에 미국, 영국, 소련의 외무 장관이 모스크바에서 한반도 문제에 대해 협의한 모스크바 삼국 외상 회의가 개최되었다.
③ (나) 이후: 1948년 10월에 친일파 청산을 위한 반민족 행위 특별 조사 위원회가 설치되었다.
⑤ (나) 이후: 한반도 문제가 유엔에 이관되고, 1947년 11월에 유엔 총회에서 인구 비례에 따른 남북한 총선거가 결의되었다.

04 | 정읍 발언과 제2차 미·소 공동 위원회 사이의 사실 정답 ④

자료 분석
• 정읍 + 이승만 + 단독 정부 수립 → 이승만의 정읍 발언(1946. 6.)
• 소련 + 제1차 미·소 공동 위원회 때와 같음 + 미국
→ 제2차 미·소 공동 위원회(1947. 5.)

• 제1차 미·소 공동 위원회가 결렬된 이후 민심이 동요하자, 이승만이 정읍에서 남한만의 단독 정부 수립을 주장하였다(정읍 발언, 1946. 6.).
• 좌·우 합작 운동이 실패한 이후 미국과 소련의 장기간 교섭 끝에 제2차 미·스 공동 위원회가 재개(1947. 5.)되었으나, 여전히 서로 이견을 좁히지 못한 채 결렬되었다.

정답 해설
④ 1946년 7월에 여운형과 김규식의 주도로 좌·우 합작 위원회가 발족되었다.

오답 체크
① 1948년 10월에 여수·순천 10·19 사건이 발생하였다.
② 1948년 1월에 유엔 총회가 남북한 총선거 실시, 유엔 한국 임시 위원단 파견을 결의함(1947. 11.)에 따라 유엔 한국 임시 위원단이 서울에 도착하였다.
③ 1945년 9월에 송진우, 김성수 등의 우익 세력이 한국 민주당을 창당하였다.
⑤ 1945년 9월에 조선 건국 준비 위원회에서 조선 인민 공화국을 선포하였다.

01 대한민국 정부 수립 과정 343

01 대한민국 정부 수립 과정

05
75회 45번
다음 성명이 발표된 이후의 사실로 옳은 것은? [3점]

> 지금 이때 나의 단일한 염원은 3천만 동포와 손을 잡고 통일된 조국, 독립된 조국의 달성을 위하여 공동 분투하는 것뿐이다. 이 육신을 조국이 요구한다면 당장에라도 제단에 바치겠다. 나는 통일된 조국을 건설하려다가 38선을 베고 쓰러질지언정 일신에 구차한 안일을 취하여 단독 정부를 세우는 데는 협력하지 아니하겠다. 나는 내 생전에 38선 이북에 가고 싶다. 그쪽 동포들도 제 집을 찾아가는 것을 보고서 죽고 싶다. 궂은 날을 당할 때마다 38선을 싸고 도는 원귀의 곡성이 내 귀에 들리는 것도 같았다. 고요한 밤에 홀로 앉으면 남북에서 헐벗고 굶주리는 동포들의 원망스런 용모가 내 앞에 나타나는 것도 같았다.

① 모스크바 3국 외상 회의가 개최되었다.
② 송진우, 김성수 등이 한국 민주당을 창당하였다.
③ 좌·우 합작 위원회에서 좌우 합작 7원칙을 발표하였다.
④ 우리나라 최초의 보통 선거인 5·10 총선거가 실시되었다.
⑤ 여운형이 중심이 되어 조선 건국 준비 위원회를 조직하였다.

06
73회 46번
다음 상황이 나타난 시기를 연표에서 옳게 고른 것은? [2점]

> 미·소 공동 위원회를 속개시킴으로써 국제적으로 약속된 조선 민주주의 임시 정부 수립을 촉진하려는 좌·우 합작 운동은 김규식의 입원과 여운형의 피습 사건으로 말미암아 합작의 앞날이 우려되는 상황이었다. 그러나 최근 김규식이 퇴원하고 여운형의 치료도 순조로워, 22일 오후 7시 시내 모처에서 김규식, 여운형 두 사람을 비롯한 좌·우 대표가 참석한 가운데 정식으로 예비 회담이 개최되었다.

(가)	(나)	(다)	(라)	(마)
8·15 광복	모스크바 3국 외상 회의	5·10 총선거 실시	대한민국 정부 수립	6·25 전쟁 발발	한·미 상호 방위 조약 체결

① (가) ② (나) ③ (다) ④ (라) ⑤ (마)

07
46회 47번
다음 결의문이 채택된 시기를 연표에서 옳게 고른 것은? [2점]

> 총회가 당면하고 있는 한국 문제는 근본적으로 한국민 자체의 문제이며 그 자유와 독립에 관련된 문제이므로 …… 총회는 한국 대표가 한국 주재 군정 당국에 의하여 지명된 자가 아니라 한국민에 의하여 실제로 정당하게 선출된 자라는 것을 감시하기 위하여, 조속히 유엔 한국 임시 위원단을 설치하여 한국에 주재케 하고, 이 위원단에게 한국 전체를 여행·감시·협의할 수 있는 권한을 부여할 것을 결의한다.

1945. 8.	1945. 12.	1946. 3.	1946. 10.	1947. 5.	1948. 8.
	(가)	(나)	(다)	(라)	(마)	
8·15 광복	모스크바 3국 외상 회의 개최	제1차 미·소 공동 위원회 개최	좌·우 합작 7원칙 발표	제2차 미·소 공동 위원회 개최	대한민국 정부 수립

① (가) ② (나) ③ (다) ④ (라) ⑤ (마)

08 빈출
74회 44번
(가) 사건에 대한 설명으로 가장 적절한 것은? [2점]

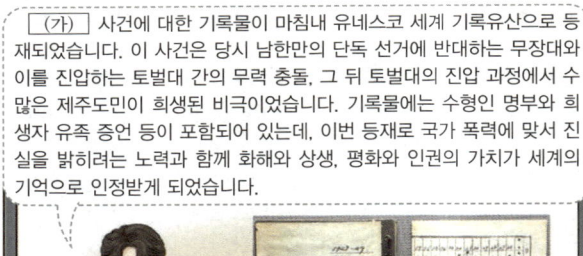

> (가) 사건에 대한 기록물이 마침내 유네스코 세계 기록유산으로 등재되었습니다. 이 사건은 당시 남한만의 단독 선거에 반대하는 무장대와 이를 진압하는 토벌대 간의 무력 충돌, 그 뒤 토벌대의 진압 과정에서 수많은 제주도민이 희생된 비극이었습니다. 기록물에는 수형인 명부와 희생자 유족 증언 등이 포함되어 있는데, 이번 등재로 국가 폭력에 맞서 진실을 밝히려는 노력과 함께 화해와 상생, 평화와 인권의 가치가 세계의 기억으로 인정받게 되었습니다.

14,673건의 (가) 기록물, 세계 기록유산 등재

① 대통령이 하야하는 결과를 이끌어냈다.
② 호헌 철폐와 독재 타도 등의 구호를 내세웠다.
③ 통일 주체 국민회의가 구성되는 배경이 되었다.
④ 6·3 시위의 전개와 비상 계엄이 선포되는 계기가 되었다.
⑤ 진상 규명 및 희생자 명예 회복에 관한 특별법이 제정되었다.

05 | 김구의 '삼천만 동포에게 읍고함' 발표 이후의 사실 정답 ④

자료 분석

3천만 동포 + 단독 정부를 세우는 데는 협력하지 아니함
→ 김구의 '삼천만 동포에게 읍고함'(1948. 2.)

남북이 분단될 위기에 처하자 김구는 '삼천만 동포에게 읍고함'을 발표(1948. 2.)하여 남한만의 단독 정부를 세우는 데 반대하였다. 이후 김구는 김규식과 함께 평양으로 건너가 남북 협상에 참여(1948. 4.)하였으며, 남한만의 단독 선거 및 단독 정부 수립을 반대한 남북 조선 제 정당 및 사회 단체 공동 성명서를 발표하였다.

정답 해설
④ 김구의 '삼천만 동포에게 읍고함'이 발표(1948. 2.)된 이후인 1948년 5월에 우리나라 최초의 보통 선거인 5·10 총선거가 실시되었다.

오답 체크
모두 김구의 '삼천만 동포에게 읍고함' 발표(1948. 2.) 이전의 사실이다.
① 1945년에 모스크바 3국 외상 회의가 개최되었으며, 그 결과 한국을 최고 5년 동안 신탁 통치하고, 미·소 공동 위원회를 설치할 것에 합의하였다.
② 1945년 광복 직후 송진우, 김성수 등 우익 세력이 한국 민주당을 창당하였다.
③ 1946년에 좌·우 합작 위원회에서 임시 민주 정부 수립, 토지 개혁 실시 등을 내용으로 한 좌·우 합작 7원칙을 발표하였다.
⑤ 1945년 광복 직후에 여운형이 중심이 되어 조선 건국 준비 위원회를 조직하였다. 조선 건국 준비 위원회는 광복 이후 한반도 내 치안을 단속하였으며, 조선 인민 공화국을 수립하였다.

06 | 좌·우 합작 위원회 정답 ②

자료 분석

좌·우 합작 운동 + 김규식 + 여운형 → 좌·우 합작 위원회

1945년 12월에 광복 이후의 한반도 문제를 논의하기 위해 모스크바 3국 외상 회의가 개최되었다. 이후 1946년 3월에 모스크바 3국 외상 회의 결정 사항의 구체적 실행 방안을 마련하기 위해 제1차 미·소 공동 위원회가 개최되었으나, 참여 단체를 두고 의견이 대립하여 1946년 5월에 무기 휴회에 들어가게 되었다. 좌·우 세력의 대립이 격화하는 가운데 미 군정의 후원을 받아 좌·우 합작 운동이 시작되었으며, 우익 대표 김규식, 좌익 대표 여운형 등이 좌·우 합작 위원회를 조직하였다.

정답 해설
② 모스크바 3국 외상 회의(1945. 12.) 이후 미 군정의 후원을 받아 좌·우 합작 운동이 시작되었다. 1946년 7월에 우익 대표 김규식, 안재홍 등과 좌익 대표 여운형 등이 정례 회의를 위한 두 차례 예비 회담을 거친 뒤, 좌·우 합작 위원회를 발족하였다.

07 | 유엔 총회의 남북한 총선거 결의안 채택 정답 ⑤

자료 분석

총회 + 유엔 한국 임시 위원단 설치
→ 유엔 총회의 남북한 총선거 결의안 채택(1947. 11.)

1947년 5월에 개최된 제2차 미·소 공동 위원회가 의견 대립으로 완전히 결렬되자, 미국은 한반도 문제를 유엔으로 이관하였다(1947. 9.). 이에 유엔 총회는 남북한 총선거 결의문을 채택(1947. 11.)하고 총선거 실시를 위해 유엔 한국 임시 위원단을 파견하였다.

정답 해설
⑤ 1947년 5월에 개최된 제2차 미·소 공동 위원회의 완전 결렬 이후 유엔 총회는 인구 비례에 의한 남북한 총선거 결의문을 채택(1947. 11.)하고, 선거를 관리·감독하기 위해 유엔 한국 임시 위원단을 설치하여 한국에 파견하였다.

08 | 제주 4·3 사건 정답 ⑤

자료 분석

유네스코 세계 기록유산에 등재 + 남한만의 단독 선거 반대 + 제주도민이 희생 → 제주 4·3 사건

제주 4·3 사건은 1948년에 좌익 세력 중심의 무장대가 남한 단독 선거 반대와 미군 철수를 주장하며 봉기하자, 군과 경찰 및 우익 단체로 구성된 토벌대가 대규모 진압 작전을 벌이는 과정에서 무고한 제주도민이 희생된 사건이다. 이로 인해 제주도에서는 5·10 총선거가 정상적으로 치러지지 못하였고, 정부 수립 이후에도 무차별적인 진압이 이루어져 수많은 주민들이 희생되었다. 한편 제주 4·3 사건 기록물은 2025년에 세계 유네스코 세계 기록유산으로 등재되었다.

정답 해설
⑤ 김대중 정부 때 제주 4·3 사건 진상 규명 및 희생자들의 명예 회복에 관한 특별법이 제정되었다.

오답 체크
① 4·19 혁명: 이승만 대통령이 하야하고 장면 내각이 출범하는 결과를 이끌어냈다.
② 6월 민주 항쟁: 시민과 학생들이 호헌 철폐와 독재 타도 등의 구호를 내세우며 시위를 전개하였다.
③ 제7차 개헌: 통일 주체 국민회의가 구성되는 배경이 되었으며, 이후 통일 주체 국민회의에서 박정희가 다시 대통령으로 당선되었다.
④ 박정희 정부 시기에 굴욕적인 한·일 국교 정상화를 추진하자 이에 반대하여 6·3 시위가 전개되었으며, 이는 비상 계엄이 선포되는 계기가 되었다.

빈출 개념 | 제주 4·3 사건

배경	남한만의 단독 선거에 반대하여 좌익 세력이 봉기
전개	• 미 군정청이 경찰과 우익 단체를 동원하여 강경 진압 • 진압 과정에서 수만 명의 무고한 제주도민들이 희생당함
결과	• 제주도에서 5·10 총선거가 정상적으로 치러지지 못함 • 2000년에 제주 4·3 사건 진상 규명 및 희생자 명예 회복에 관한 특별법이 제정됨

01 대한민국 정부 수립 과정

09 70회 42번
다음 편지가 작성된 시기를 연표에서 옳게 고른 것은? [2점]

> 친애하는 메논 박사
> 남북 지도자 회담에 관하여 귀하와 귀 위원단에게 우리의 의견과 각서를 이미 제출한 바이오니와 우리는 가급적 우리 양인의 명의로 남에서 이에 찬동하는 제 정당의 대표 회담을 소집하여 이미 제출한 바에 제1차 보조를 하겠습니다. 이 회의에서 남쪽이 대표를 선출하면 북쪽에 연락할 인원과 방법에 대한 것을 결정하겠습니다. 귀 위원단이 이에 대하여 원만하고 적극적인 협조를 직접 간접으로 하여 주시면 대단히 감사하겠으며 우리 양방의 노력으로 하여금 우리가 공동으로 목적하는 바를 이루어지기를 믿습니다. 끝으로 우리의 심각한 경의를 표합니다.
>
> 김구, 김규식

(가)	(나)	(다)	(라)	(마)
8·15 광복	모스크바 3국 외상 회의	이승만 정읍 발언	좌·우 합작 7원칙 발표	유엔 총회 남북한 총선거 결정	제헌 국회 구성

① (가) ② (나) ③ (다) ④ (라) ⑤ (마)

10 69회 39번
(가), (나) 법령이 발표된 사이의 시기에 있었던 사실로 옳은 것은? [3점]

> (가) 제1조 신한공사를 조선 정부에서 독립한 기관으로써 창립함. 공사는 군정장관 또는 그의 수임자가 후임자를 임명할 때까지 10명의 직무를 집행하는 취체 역이 관리함.
> 제4조 …… 동양 척식 주식회사가 소유하던 조선 내 법인의 일본인 재산은 전부 신한공사에 귀속됨.
>
> (나) 제4조 본법 시행에 관한 사무는 농림부 장관이 관장한다.
> 제12조 농지의 분배는 농지의 종목, 등급 및 농가의 능력 등에 기준한 점수제에 의거하되 1가당 총경영 면적 3정보를 초과하지 못한다.
> 제13조 분배받은 농지에 대한 상환액 및 상환 방법은 다음에 의한다.
>   1. 상환액은 해당 농지의 주 생산물 생산량의 12할 5푼을 5년간 납입케 한다.

① 조선 건국 동맹이 결성되었다.
② 한·미 상호 방위 조약이 체결되었다.
③ 조선 사상범 예방 구금령이 공포되었다.
④ 5·10 총선거로 제헌 국회가 구성되었다.
⑤ 정부에 비판적인 경향신문이 폐간되었다.

11 71회 47번
밑줄 그은 '총선거'에 대한 설명으로 옳은 것은? [1점]

[해설] 이것은 유엔 한국 임시 위원단의 감시 하에 우리나라 최초로 실시된 총선거에 출마한 장면 후보자의 선거 공보이다. 후보자의 사진, 약력, 선거 구호 등이 보이고, 특히 자세한 투표 안내가 눈에 띈다.

① 5·16 군사 정변 이후에 실시되었다.
② 제헌 국회의원을 선출하기 위해 시행되었다.
③ 통일 주체 국민회의 대의원이 투표에 참여하였다.
④ 민의원, 참의원으로 구성된 양원제 국회가 탄생하였다.
⑤ 신한 민주당이 창당 한 달 만에 제1 야당이 되는 결과를 가져왔다.

12 빈출 63회 40번
(가), (나) 인물에 대한 설명으로 옳은 것을 <보기>에서 고른 것은? [2점]

독립과 통일 정부 수립을 열망한 인물

(가)
- 생몰: 1876년~1949년
- 호: 백범
- 대한민국 임시 정부 주석 역임
- 남북 협상 참여
- 서울 경교장에서 피살

(나)
- 생몰: 1886년~1947년
- 호: 몽양
- 신한청년당 결성
- 좌·우 합작 위원회 조직
- 서울 혜화동에서 피살

<보기>
ㄱ. (가) – 상하이에서 한인 애국단을 조직하였다.
ㄴ. (가) – 조선 혁명 간부 학교를 세워 독립군을 양성하였다.
ㄷ. (나) – 조선 건국 준비 위원회의 활동을 주도하였다.
ㄹ. (나) – 미국에서 귀국하여 독립 촉성 중앙 협의회를 이끌었다.

① ㄱ, ㄴ ② ㄱ, ㄷ ③ ㄴ, ㄷ ④ ㄴ, ㄹ ⑤ ㄷ, ㄹ

09 | 남북 협상
정답 ⑤

자료 분석
남북 지도자 회담 + 김구, 김규식 → 남북 협상(1948. 4.)

미국이 한반도 문제를 유엔에 이관하였고, 이에 유엔 총회에서 인구 비례에 따른 남북한 총선거 실시를 결의(1947. 11.)하고, 선거를 감시·관리하기 위한 유엔 한국 임시 위원단을 남북에 파견하였다. 그러나 소련이 유엔 한국 임시 위원단의 북한 입국을 거부하자, 1948년 2월에 유엔 소총회에서 유엔 한국 임시 위원단의 접근이 가능한 남한만의 단독 총선거를 결의하였다. 이에 분단을 우려한 김구와 김규식이 북측에 남북 협상을 제의하였으며, 같은 해 4월 평양에서 북측의 김일성, 김두봉과 함께 회의를 개최하고, 남한의 단독 선거와 정부 수립 반대, 미·소 군대의 철수 등을 담은 남북 조선 제 정당 및 사회 단체 공동 성명서를 발표하였다. 그러나 결국 남한만의 단독 선거인 5·10 총선거가 실시되어 제헌 국회가 구성되었다.

정답 해설
⑤ 유엔 총회에서 남북한 총선거가 결정(1947. 11.)된 이후, 분단을 우려한 김구와 김규식은 1948년 4월 북측에 남북 협상을 제의했다. 이에 따라 평양에서 남북 지도자 회의가 개최되었고, 남북 조선 제 정당 및 사회 단체 공동 성명서가 발표되었다.

10 | 신한공사 창립과 농지 개혁법 발표 사이의 사실
정답 ④

자료 분석
(가) 신한공사를 창립 → 신한공사 창립(1946. 3.)
(나) 농지 + 면적 3정보를 초과하지 못함 → 농지 개혁법 발표(1949. 6.)

(가) 미군은 1946년 3월에 일제가 남기고 간 귀속 재산을 관리하기 위해 토지 관리 회사인 신한공사를 창립하였다.
(나) 5·10 총선거에 의해 2년 임기의 제헌 국회가 구성되었고, 선출된 제헌 국회의원들은 1949년 6월에 유상 매수·유상 분배의 원칙으로 하는 농지 개혁법을 발표하였다.

정답 해설
④ 1948년에 우리나라 최초의 보통 선거인 5·10 총선거에 의해 2년 임기의 제헌 국회가 구성되었다.

오답 체크
① (가) 이전: 1944년 8월에 여운형 등이 광복에 대비하기 위해 조선 건국 동맹을 결성하였다.
② (나) 이후: 1953년 10월에 대한민국과 미국이 서로의 군사적 안전을 보장하는 한·미 상호 방위 조약을 체결하였다.
③ (가) 이전: 1941년 2월에 일제는 독립운동을 탄압하기 위해 조선 사상범 예방 구금령을 공포하였다.
⑤ (나) 이후: 1959년 4월에 이승만 정부는 언론 통제를 위해 정부에 비판적인 경향신문을 폐간하였다.

11 | 5·10 총선거
정답 ②

자료 분석
우리나라 최초로 실시된 총선거 → 5·10 총선거

5·10 총선거는 우리나라 최초로 실시된 총선거로, 만 21세 이상의 모든 국민에게 투표권을 부여한 우리나라 최초의 보통 선거이자, 직접·평등·비밀·보통 원칙에 따른 민주 선거였다. 이때 제주 4·3 사건으로 제주도 일부 지역에서 5·10 총선거가 제대로 실시되지 못해 무효 처리된 선거구가 있었으며, 1년 뒤에야 정상적으로 실시할 수 있었다. 한편 당시 통일 정부 수립을 주장하며 남북 협상에 참여했던 김구, 김규식 등은 5·10 총선거에 불참하였다.

정답 해설
② 5·10 총선거는 임기 2년의 제헌 국회의원을 선출하기 위해 시행되었다.

오답 체크
① 5·16 군사 정변은 1961년에 박정희 등 군부 세력이 정변을 일으킨 사건으로, 5·10 총선거 이후에 발생하였다.
③ 통일 주체 국민회의는 박정희 정부가 유신 헌법을 제정함에 따라 설치된 기관으로, 5·10 총선거 이후에 설치되었다.
④ 1960년에 내각 책임제와 국회 양원제를 주요 내용으로 하는 제3차 개헌안에 따라 민의원, 참의원으로 구성된 양원제 국회가 탄생하였다.
⑤ 1985년에 신한 민주당이 창당되었으며, 창당 한 달 만에 실시된 제12대 국회의원 선거에서 제1 야당이 되는 결과를 가져왔다.

12 | 김구와 여운형
정답 ②

자료 분석
(가) 백범 + 대한민국 임시 정부 주석 역임 → 김구
(나) 몽양 + 신한청년당 결성 + 좌·우 합작 위원회 조직 → 여운형

(가) 백범 김구는 침체된 임시 정부에 활기를 불어넣고자 상하이에서 한인 애국단을 조직하였으며, 충칭에서 임시 정부의 주석을 역임하였다. 그는 광복 이후인 1948년에 남한만의 단독 정부 수립에 반대하며 김규식과 함께 남북 협상에 참여하였다.
(나) 몽양 여운형은 상하이에서 청년 동포들을 규합하여 신한청년당을 결성하였다. 이후 일제가 패망할 조짐을 보이자 조선 건국 동맹을 결성하고, 이를 바탕으로 광복 직후 조선 건국 준비 위원회를 조직하였다. 그는 광복 이후 좌·우 세력의 대립이 격화되는 상황에서 김규식과 함께 좌·우 합작 위원회를 조직하여 좌·우 합작 운동을 전개하였다.

정답 해설
② ㄱ. 김구는 침체된 임시 정부에 활기를 불어넣고자 상하이에서 한인 애국단을 조직하였다.
ㄷ. 여운형은 광복 직후 조선 건국 준비 위원회를 결성하였으며, 조선 인민 공화국을 수립하고 전국에 인민 위원회를 조직하였다.

오답 체크
ㄴ. 김원봉: 중국 국민당 정부의 지원 아래 조선 혁명 간부 학교를 세워 독립군을 양성하였다.
ㄹ. 이승만: 광복 이후 미국에서 귀국하여 독립 촉성 중앙 협의회를 이끌었다.

01 대한민국 정부 수립 과정 347

02 이승만 정부~장면 내각

01   63회 41번
밑줄 그은 '국회'에 대한 설명으로 옳지 않은 것은?   [3점]

> 이 우표는 우리나라 최초로 실시된 총선거를 기념하기 위해 발행되었습니다. 보통·직접·평등·비밀 선거 원칙에 따라 치른 이 선거를 통해 구성된 국회에서 활동한 의원의 임기는 2년이었습니다.

① 반민족 행위 처벌법을 제정하였다.
② 의원들의 선거로 대통령을 선출하였다.
③ 민의원과 참의원의 양원제로 운영되었다.
④ 일부 지역의 국회의원이 선출되지 못한 채 출범하였다.
⑤ 일제가 남긴 재산 처리를 위한 귀속 재산 처리법을 만들었다.

02   73회 47번
(가)에 들어갈 주제로 가장 적절한 것은?   [2점]

2025년 연속 기획 강좌
헌법으로 보는 한국 현대사

우리 학회에서는 헌법의 변천에 따른 민주주의 발전의 역사를 살펴보는 강좌를 마련하였습니다. 이번 달에는 '제헌 헌법'에 대한 강의를 준비하였으니 많은 관심과 참여 바랍니다.

■ 강의 주제 ■
[제1강] 헌법 전문, 3·1운동의 정신을 담다
[제2강] 민주 공화국의 명문화로 주권 재민의 원칙을 다시 천명하다
[제3강] (가)
[제4강] 농민에게 농지를 분배하는 경자유전의 실현을 추구하다

■ 일시: 2025년 ○○월 매주 토요일 15:00~17:00
■ 장소: □□ 학회 회의실

① 양원제 국회와 내각 책임제 정부를 구성하다
② 반민족 행위자를 처벌할 수 있는 근거를 마련하다
③ 국민의 직접 선거로 5년 단임제 대통령을 선출하다
④ 초대 대통령의 중임 제한 철폐, 장기 집권 체제를 강화하다
⑤ 긴급 조치, 대통령이 국민의 기본권을 제한할 수 있게 하다

03   68회 42번
교사의 질문에 대한 학생의 답변으로 적절하지 않은 것은?   [2점]

> 이 우표는 6·25 전쟁이 발발하고 북한군에 점령당했던 서울을 되찾은 것을 기념해 만들어졌습니다. 9월 28일 서울 수복 이후에 벌어진 상황에 대해 말해 볼까요?

① 반공 포로가 석방되었어요.
② 한·미 상호 방위 조약이 체결되었어요.
③ 흥남에서 대규모 철수가 이루어졌어요.
④ 유엔군이 인천 상륙 작전을 전개하였어요.
⑤ 비상 계엄이 선포된 가운데 발췌 개헌안이 통과되었어요.

04   65회 46번
밑줄 그은 '이 전쟁' 중에 있었던 사실로 옳은 것은?   [1점]

사료로 보는 한국사

피하는 것은 죽는 것이요, 다 같이 일어나는 것은 사는 길이니 비록 중국군 2백만 명이 들어오기로서니 우리 2천만 명이 일어나면 한 놈도 살아나갈 수 없이 만들 수 있을 것이다. …… 각 도시나 촌락에서 모든 인민들은 쌀을 타다가 밥을 지어 주먹밥이라도 만들면 실어다가 전선에서 싸우는 사람들을 먹여야 하며, 또 장년들은 참호라도 파며 한편으로 결사대를 조직하여 적의 진지를 뚫고 적군 속에 들어가 백방으로 싸워야만 될 것이다.

[해설] 중국군의 개입으로 이 전쟁의 전세가 불리해진 상황에서 국민의 항전 의지를 독려하는 대통령의 담화문이다.

① 애치슨 라인이 발표되었다.
② 부산이 임시 수도로 정해졌다.
③ 한·미 상호 방위 조약이 맺어졌다.
④ 푸에블로호 나포 사건이 발생하였다.
⑤ 국가 보위 비상 대책 위원회가 설치되었다.

● 주제별 출제 비중
*최근 3개년 기준(심화 76~63회)

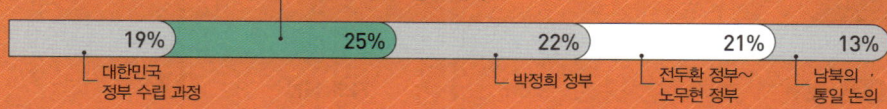

01 | 제헌 국회   정답 ③

자료 분석

> 우리나라 최초로 실시된 총선거 + 의원의 임기는 2년 → 제헌 국회
>
> 제헌 국회는 1948년에 우리나라 최초의 보통 선거인 5·10 총선거에 의해 구성된 2년 임기의 국회로, 제주 4·3 사건으로 인해 제주도만 국회의원이 선출되지 못한 채 출범하였다. 제헌 국회는 4년 임기의 대통령 중심제, 국회의 간접 선거에 의한 대통령 선출 등을 담은 제헌 헌법을 공포하였다.

정답 해설

③ 제3차 개헌안에 따라 선출된 제5대 국회는 민의원과 참의원의 양원제로 운영되었다.

오답 체크

① 제헌 국회는 일제의 잔재를 청산하기 위해 반민족 행위 처벌법을 제정하였다.
② 제헌 국회는 제헌 헌법을 공포하고 의원들의 간접 선거로 대통령을 선출하였다.
④ 제헌 국회는 제주 4·3 사건으로 인해 일부 지역의 국회의원이 선출되지 못한 채 출범하였다.
⑤ 제헌 국회는 일제가 남긴 재산 처리를 위한 귀속 재산 처리법을 만들었다.

02 | 제헌 헌법   정답 ②

자료 분석

> 제헌 헌법
>
> 제헌 헌법은 제헌 국회에서 공포한 대한민국 최초의 헌법이다. 제헌 헌법 전문에는 대한민국의 건립과 헌법의 제정이 3·1 운동의 정신에 힘입고 있다는 점을 밝히고 있으며, 제헌 헌법의 주요 내용으로는 국호를 대한민국으로 하고 민주 공화국인 점, 농지는 농민에게 분배하며 분배의 방법, 소유권의 내용과 한계는 법률로 정한다는 점 등이 있다.

정답 해설

② 제헌 헌법은 제헌 국회에서 공포한 대한민국 최초의 헌법으로, 101조에 반민족 행위를 처벌하는 특별법을 제정할 수 있다고 규정하여 반민족 행위자를 처벌할 수 있는 근거를 마련하였다.

오답 체크

① 제3차 개헌안: 양원제 국회와 내각 책임제 정부를 구성하였다.
③ 제9차 개헌안(현행 헌법): 국민의 직접 선거로 5년 단임의 대통령이 선출되었다.
④ 제2차 개헌안(사사오입 개헌): 개헌 당시의 대통령인 초대 대통령 이승만의 중임 제한을 철폐하여 장기 집권 체제를 강화하였다.
⑤ 제7차 개헌안(유신 헌법): 대통령에게 긴급 조치권을 부여하여 국민의 기본권을 제한할 수 있게 하였다.

03 | 서울 수복 이후의 사실   정답 ④

자료 분석

> 서울 수복 이후 → 1950년 9월 28일
>
> 6·25 전쟁은 1950년 6월 북한이 남한을 기습 남침하면서 시작되었다. 전쟁 시작 후 3일 만에 서울이 함락되자, 국군과 유엔군은 북한군에 밀려 낙동강어 방어선을 구축하였다. 이러한 상황에서 국군은 맥아더 장군의 지휘 아래 인천 상륙 작전을 성공시켜 서울을 수복(1950. 9.)하고, 압록강까지 진격하였다.

정답 해설

④ 1950년 9월 15일 국군과 유엔군이 맥아더 장군의 지휘 하에 인천 상륙 작전을 전개한 후 10여 일 만에 서울을 수복하였다.

오답 체크

① 1953년 6월에 정전에 반대하던 이승만 정부가 포로 수용소의 반공 포로를 석방하였다.
② 1953년 10월에 대한민국과 미국이 서로의 군사적 안전을 보장하는 한·미 상호 방위 조약을 체결하였다.
③ 중국군의 참전으로 전세가 역전되자 1950년 12월에 흥남에서 대규모 철수가 이루어졌다.
⑤ 1952년에 이승만 정부는 임시 수도인 부산에서 비상 계엄을 선포하고 발췌 개헌안을 통과시켰다.

04 | 6·25 전쟁   정답 ②

자료 분석

> 중국군의 개입 + 전세가 불리해진 상황 → 6·25 전쟁(1950. 6.~1953. 7.)
>
> 6·25 전쟁은 1950년 6월 25일 북한이 남한을 기습 침략하면서 시작되었다. 3일 만에 서울이 함락되자 정부는 부산으로 피난하였고, 국군과 유엔군은 낙동강 방어선을 구축하였다. 이후 인천 상륙 작전을 성공(1950. 9.)시켜 압록강까지 진격하였다. 그러나 중국군의 개입으로 전세가 역전되자, 국군과 유엔군은 서울을 빼앗기고 남쪽으로 다시 후퇴하다가(1·4 후퇴, 1951. 1. 4.) 다시 서울을 탈환하였다.

정답 해설

② 6·25 전쟁(1950. 6.~1953. 7.) 중인 1950년 8월에 이승만 정부는 부산을 임시 수도로 정했다.

오답 체크

① 6·25 전쟁 이전인 1950년 1월에 미국의 극동 방위선에서 한반도와 대만을 제외한다는 내용의 애치슨 라인이 발표되었다.
③ 6·25 전쟁 이후인 1953년 10월에 대한민국과 미국이 서로의 군사적 안전을 보장하는 한·미 상호 방위 조약을 체결하였다.
④ 6·25 전쟁 이후인 1968년에 미국의 푸에블로호가 동해 원산 앞바다에서 북한으로 나포(납치)되는 사건이 발생하였다.
⑤ 6·25 전쟁 이후인 1980년에 5·18 민주화 운동을 무력으로 진압한 신군부 세력은 국가 보위 비상 대책 위원회를 설치하였다.

02 이승만 정부~장면 내각

05 빈출   74회 45번
밑줄 그은 '이 전쟁' 중에 있었던 사실로 옳은 것은? [2점]

> 사진은 이 전쟁 당시 부산의 천막 교실 중 하나입니다. 임시 수도였던 부산에는 서울을 비롯한 각지의 학교가 피란해 와 천막 교실에서 수업이 진행되었습니다. 힘든 생활 중에서도 배움이 멈추지 않았다는 사실을 기억해 주세요.

① 발췌 개헌안이 통과되었다.
② 삼청 교육대가 설치되었다.
③ 한·미 상호 방위 조약이 체결되었다.
④ 여수·순천 10·19 사건이 일어났다.
⑤ 국가 보위 비상 대책 위원회가 구성되었다.

06   44회 47번
다음 상황 이후에 전개된 사실로 옳은 것은? [2점]

> 5월 26일, 부산에서 국회의원 통근 버스가 헌병대로 강제 연행되어 탑승한 야당 의원 50여 명이 구금당하는 사태가 벌어졌다. 내각 책임제를 추진하던 주동 의원들이 체포되었으며, 국제 공산당 사건 혐의로 10여 명의 국회의원이 구속되었다.

① 북한의 전면적인 남침으로 6·25 전쟁이 발발하였다.
② 경찰이 반민족 행위 특별 조사 위원회를 습격하였다.
③ 정·부통령 직접 선거를 주 내용으로 하는 개헌이 이루어졌다.
④ 전조선 정당 사회 단체 지도자 협의회가 성명서를 발표하였다.
⑤ 일제가 남긴 재산 처리를 위한 귀속 재산 처리법이 처음 제정되었다.

07   60회 42번
다음 사건이 일어난 시기를 연표에서 옳게 고른 것은? [2점]

> 이날 본회의는 하오 8시 정각에 개의되어 전원 위원회의 '발췌 조항 전원 합의' 보고를 접수한 후 김종순 의원의 각 조항 설명이 있은 다음, 질의도 대체 토의도 아무 것도 없이 …… 표결은 기립 표결로 작정하여 재석 166인 중 163표로써 실로 역사적인 결정을 보았다. 표결이 끝나자 신익희 임시 의장은 정중 침통한 태도로써 "본 헌법 개정안은 헌법 제98조 제3항에 의하여 결정된 것을 선포한다."고 최후의 봉을 힘있게 3타 하였으며 그 음성은 몹시도 떨렸다.

1948	1953	1959	1964	1976	1987
(가)	(나)	(다)	(라)	(마)	
5·10 총선거	정전 협정 체결	경향신문 폐간	6·3 시위	3·1 민주 구국 선언	6·29 민주화 선언

① (가) ② (나) ③ (다) ④ (라) ⑤ (마)

08   67회 45번
밑줄 그은 '개헌안'의 시행 결과로 옳은 것은? [2점]

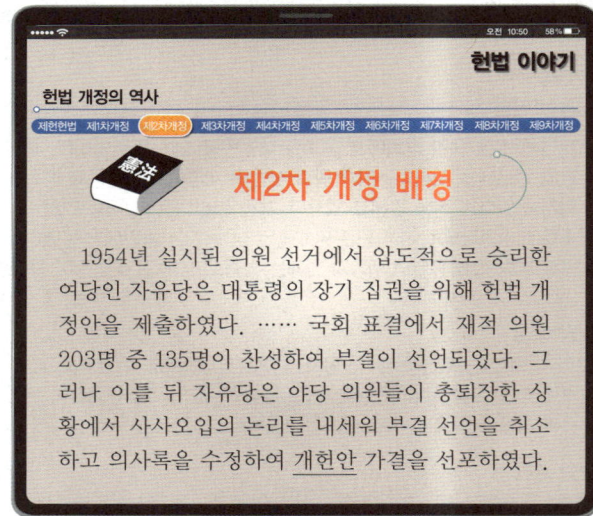

제2차 개정 배경

1954년 실시된 의원 선거에서 압도적으로 승리한 여당인 자유당은 대통령의 장기 집권을 위해 헌법 개정안을 제출하였다. …… 국회 표결에서 재적 의원 203명 중 135명이 찬성하여 부결이 선언되었다. 그러나 이틀 뒤 자유당은 야당 의원들이 총퇴장한 상황에서 사사오입의 논리를 내세워 부결 선언을 취소하고 의사록을 수정하여 개헌안 가결을 선포하였다.

① 통일 주체 국민회의에서 대통령이 선출되었다.
② 5년 단임의 대통령이 직선제에 의해 선출되었다.
③ 대통령이 국회의원의 3분의 1을 추천하게 되었다.
④ 국회에서 간접 선거 방식으로 대통령이 선출되었다.
⑤ 개헌 당시의 대통령에 한하여 중임 제한이 철폐되었다.

05 | 6·25 전쟁
정답 ①

자료 분석
> 임시 수도 + 부산 → 6·25 전쟁(1950. 6.~1953. 7.)
>
> 6·25 전쟁 발발 이후 3일 만에 서울이 함락되자 정부는 부산으로 이전하고, 그곳을 임시 수도로 정하였다. 이에 따라 중앙에 있던 행정·경제 등 관련 기관들도 부산으로 옮겼으며, 국군과 유엔군은 부산을 거점으로 낙동강 방어선을 구축하였다. 이러한 상황에서 국군은 맥아더 장군의 지휘 아래 인천 상륙 작전을 성공시켜 서울을 수복하였다. 이후 전세가 역전되어 서울에서 철수(1·4 후퇴)하여 다시 부산으로 돌아왔다. 소련의 제의로 정전 회담이 시작된 이후 1953년 7월에 정전 협정이 체결되면서 전쟁이 정전 상태로 마무리되자, 8월 15일에 정부가 공식적으로 수도를 서울로 이전하였다.

정답 해설
① 6·25 전쟁(1950. 6.~1953. 7.) 중인 1952년에 이승만 정부는 임시 수도 부산에서 비상 계엄을 선포하고 발췌 개헌안(제1차 개헌안)을 통과시켰다.

오답 체크
②, ⑤ 6·25 전쟁 이후인 1980년에 전두환을 중심으로 한 신군부에 의해 국가 보위 비상 대책 위원회가 구성되었다. 이후 국가 보위 비상 대책 위원회는 사회 정화를 명분으로 삼청 교육대를 설치하였다.

③ 6·25 전쟁 이후인 1953년 10월에 대한민국과 미국이 서로의 군사적 안전을 보장하는 한·미 상호 방위 조약을 체결하였다.

④ 6·25 전쟁 이전인 1948년에 제주 4·3 사건 진압을 위해 파견 예정이었던 여수 주둔 부대가 출동 명령을 거부하고 봉기한 여수·순천 10·19 사건이 일어났다.

06 | 부산 정치 파동 이후의 사실
정답 ③

자료 분석
> 부산 + 내각 책임제를 추진하던 주동 의원들이 체포됨
> → 부산 정치 파동(1952)
>
> 이승만 정부는 대통령 간선제로는 재선이 어렵다고 판단하자, 직선제 개헌안을 제출하였으나 부결되었다. 한편 야당에서는 내각 책임제 개헌안을 제출하며 정부와 대립하였다. 이에 이승만 정부는 6·25 전쟁 중인 1952년 5월에 임시 수도 부산에서 계엄령을 선포하고, 직선제 개헌안에 반대하고 내각 책임제를 추진하는 의원들을 국제 공산당의 자금을 받았다는 혐의로 구속하였다(부산 정치 파동).

정답 해설
③ 부산 정치 파동(1952. 5.) 이후 이승만 정부는 정·부통령 직접 선거를 주요 내용으로 하는 발췌 개헌을 통과시켰다(1952. 7.).

오답 체크
① 1950년 6월에 북한의 전면적인 남침으로 6·25 전쟁이 발발하였다.

② 1949년에 경찰이 반민족 행위 특별 조사 위원회를 습격하였으며 이후 반민특위가 해체되었다.

④ 1948년에 남북 협상을 통해 전조선 정당 사회 단체 지도자 협의회가 성명서를 발표하였다.

⑤ 1949년에 일제가 남긴 재산을 처리하기 위해 귀속 재산 처리법이 제정되었다.

07 | 발췌 개헌
정답 ①

자료 분석
> 발췌 조항 전원 합의 → 발췌 개헌(1952)
>
> 1948년의 5·10 총선거 이후 이승만 정부는 임시 수도 부산에서 계엄령을 선포한 뒤, 국회의원을 협박하여 발췌 개헌안을 통과시켰고, 제2대 대통령 선거에서 이승만이 당선되었다. 한편, 발췌 개헌안은 대통령 직선제를 골자로 하는 여당 측의 개헌안과, 내각 책임제를 골자로 하는 야당 측의 개헌안을 발췌 및 절충시켰다고 하여 '발췌 개헌'이라 하지만, 사실상 이승만의 대통령 재선을 위해 단행된 개헌이었다.

정답 해설
① 5·10 총선거(1948) 이후 수립된 이승만 정부는 6·25 전쟁 도중인 1952년에 임시 수도 부산에서 계엄령을 선포한 뒤, 대통령 직선제를 중심으로 한 여당 측의 개헌안과 내각 책임제를 중심으로 하는 야당 측의 개헌안을 발췌 및 절충하여 통과시켰다(발췌 개헌).

08 | 사사오입 개헌안(제2차 개헌안)
정답 ⑤

자료 분석
> 1954년 + 사·사오입의 논리를 내세움
> → 사사오입 개헌안(제2차 개헌안, 1954)
>
> 이승만 정부 때 여당인 자유당은 장기 집권을 위해 개헌 당시의 대통령에 한해 중임 제한을 철폐한다는 내용의 개헌안을 제출하였다. 이 개헌안은 개헌 의석 수인 국회 재적 의원의 2/3를 넘지 못하고 부결되었다. 그러나 자유당은 사사오입(반올림)의 논리를 적용시켜 개헌안을 통과시켰다(사사오입 개헌, 제2차 개헌).

정답 해설
⑤ 사사오입 개헌안(제2차 개헌안)의 시행 결과, 개헌 당시의 대통령(이승만)에 한하여 중임 제한이 철폐되었다.

오답 체크
① 제7차 개헌안(유신 헌법): 통일 주체 국민회의에서 대통령이 선출되었다.

② 제9차 개헌안(현행 헌법): 5년 단임의 대통령이 직선제에 의해 선출되었다.

③ 제7차 개헌안(유신 헌법): 대통령이 국회의원의 3분의 1을 추천하게 되었다.

④ 제헌 헌법: 5·10 총선거의 실시로 수립된 제헌 국회에서 제정된 헌법으로, 제헌 헌법 제정 결과 국회에서 간접 선거 방식으로 대통령이 선출되었다.

빈출 개념 | 이승만 정부 시기의 개헌

1차 개헌 (발췌 개헌, 1952)	• 배경: 간선제로 재선이 어렵다고 판단한 이승만 정부의 직선제 개헌 추진 • 결과: 대통령 직선제로 개헌
2차 개헌 (사사오입 개헌, 1954)	• 배경: 6·25 전쟁 이후 이승만의 장기 집권 추진 • 결과: 개헌 당시의 대통령에 한하여 중임 제한 규정 철폐

02 이승만 정부~장면 내각

09 59회 45번

밑줄 그은 '이 사건'이 일어난 시기를 연표에서 옳게 고른 것은? [3점]

> 1. 이 사건은 검찰이 아무런 증거도 없이 공소 사실도 특정하지 못한 채 조봉암 등 진보당 간부들에 대해 국가 변란 혐의로 기소를 하였고 ……
> ⋮
> 5. 이 사건은 정권에 위협이 되는 야당 정치인을 제거하려는 의도에서 표적 수사에 나서 극형인 사형에 처한 것으로 민주국가에서 있어서는 안 될 비인도적, 반인권적 인권 유린이자 정치 탄압 사건이다.
> 6. 국가는 …… 피해자와 유가족에게 총체적으로 사과하고 화해를 이루는 등 적절한 조치를 취하여야 하며, 명예를 회복시키기 위해 형사소송법이 정한 바에 따라 재심 등 상응한 조치를 취하는 것이 필요하다.
> — 「진실·화해를 위한 과거사 정리 위원회 조사보고서」

1948	1954	1960	1965	1969	1974
(가)	(나)	(다)	(라)	(마)	
대한민국 정부 수립	사사오입 개헌	4·19 혁명	한·일 기본 조약	3선 개헌	인민 혁명당 재건위 사건

① (가) ② (나) ③ (다) ④ (라) ⑤ (마)

10 53회 47번

다음 뉴스가 보도된 정부 시기의 사실로 옳지 않은 것은? [3점]

> 독립운동가이자 유학자인 김창숙 선생이 오늘 기자 회견을 열었습니다. 회견에서 선생은 자유당이 강도적으로 통과시킨 보안법은 무효이며, 과거 부산 정치 파동 때와 같이 반독재 구국 범국민 투쟁을 전개해야 한다며 여생을 민주주의를 위하여 바치겠다는 결의를 표명하였습니다.

① 평화 통일론을 주장한 진보당의 조봉암을 제거하였다.
② 인민 혁명당 재건위 사건을 조작해 관련자를 탄압하였다.
③ 정부에 비판적인 경향신문을 폐간하는 등 언론을 통제하였다.
④ 여당 부통령 후보 당선을 위해 3·15 부정 선거를 자행하였다.
⑤ 반민 특위를 이끌던 국회의원들에게 간첩 혐의를 씌워 체포하였다.

11 빈출 74회 46번

(가)에 들어갈 민주화 운동에 대한 설명으로 옳은 것은? [2점]

> 이것은 2·28 민주 운동을 기념하는 탑입니다. 이 운동은 이승만 독재 정권이 선거를 앞두고 야당 부통령 후보 연설에 참석하는 것을 막기 위해 일요일 등교 조치를 내리자, 이에 반발한 대구 지역의 고등학생들이 시위에 나서며 시작되었습니다. 2·28 민주 운동은 이후 대전의 3·8 민주 의거, 마산의 3·15 의거와 함께 (가) 의 도화선이 되었습니다.

① 시위 도중 대학생 이한열이 희생되었다.
② 시민군이 조직되어 계엄군에 저항하였다.
③ 허정 과도 정부가 출범하는 계기가 되었다.
④ 5년 단임의 대통령 직선제 개헌을 이끌어냈다.
⑤ 야당 총재의 국회의원직 제명으로 촉발되었다.

12 66회 49번

다음 민주화 운동에 대한 설명으로 옳은 것은? [1점]

> ○○○○년 ○○월 ○○일
> 학생 대표의 연설이 끝나자 우리는 단단하게 스크럼을 짜고 교문 밖으로 행진했다. 3·15 부정 선거에 대한 분노와 얼마 전 마산에서 일어난 규탄 대회에서 김주열 군이 최루탄에 눈 부분을 맞고 마산 앞바다에 죽은 채 떠올랐다는 소문이 파다하게 퍼져있던 터였다. …… 시위대의 물결이 경무대로 향했다. 그때 귀청을 뚫을 듯한 총소리가 연발로 들렸다. 얼마나 지났을까. 총소리가 멈춘 후 고개를 들고 주위를 둘러보다가 벌떡 일어나고 말았다. 같은 반 친구가 바지가 찢어진 채 피를 흘리며 쓰러져 있었다. 나는 정신 없이 달려가 그를 안았다. 그러나 그는 이미 사지를 축 늘어뜨린 채 힘이 없었다.

① 시민군이 조직되어 계엄군에 저항하였다.
② 당시 대통령이 하야하는 결과를 가져왔다.
③ 호헌 철폐, 독재 타도 등의 구호를 내세웠다.
④ 3선 개헌 반대 범국민 투쟁 위원회가 주도하였다.
⑤ 장기 독재를 비판하는 3·1 민주 구국 선언이 발표되었다.

09 | 진보당 사건 정답 ②

자료 분석

> 조봉암 등 진보당 간부 + 국가 변란 혐의로 기소
> → 진보당 사건(1958)
>
> 이승만 정부는 사사오입 개헌(1954) 이후 실시된 제3대 정·부통령 선거(1956)에서 무소속으로 대통령 후보에 출마한 조봉암의 선전에 위기감을 느꼈다. 이후 조봉암이 진보당을 창당하자, 이승만 정부는 조봉암과 진보당 간부들을 북한의 주장과 유사한 평화 통일 방안을 주장하였다는 국가 변란 혐의로 기소한 뒤, 이들을 제거하였다(진보당 사건, 1958).

정답 해설

② 사사오입 개헌(1954) 이후, 이승만 정부는 진보당 사건(1958)을 일으켜 조봉암을 제거하였다.

빈출 개념 | 이승만 정부의 장기 집권 추진

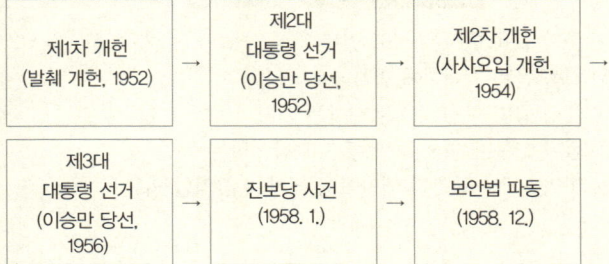

10 | 이승만 정부 정답 ②

자료 분석

> 자유당 + 강도적으로 통과시킨 보안법 + 부산 정치 파동
> → 이승만 정부
>
> 이승만 정부는 간선제로는 재선이 어렵다고 판단하여 자유당을 창당하고 직선제 개헌을 추진하였다. 이를 위해 1952년에 부산 정치 파동을 일으켜 임시 수도 부산에 계엄령을 선포하고, 개헌에 반대하는 국회 의원들을 체포하여 1차 개헌(발췌 개헌)에 성공하였다. 이후 2차 개헌(사사오입 개헌)을 통해 3선까지 성공한 이승만은 국가 보안법을 개정하여 반공 태세를 강화하고 반대 세력을 탄압하였다.

정답 해설

② 박정희 정부는 유신 반대 운동을 탄압하기 위해 인민 혁명당 재건위 사건을 조작하여 관련자를 탄압하였다.

오답 체크

① 이승만 정부는 진보당 사건을 일으켜 평화 통일론을 주장한 진보당의 조봉암을 간첩 혐의로 제거하였다.
③ 이승만 정부는 언론 통제를 위해 정부에 비판적인 경향신문을 폐간하였다.
④ 이승만 정부는 여당 부통령 후보 이기붕을 당선시키기 위해 3·15 부정 선거를 자행하였다.
⑤ 이승만 정부는 국회 프락치 사건을 일으켜 반민 특위를 이끌던 국회의원들을 간첩 혐의로 체포하였다.

11 | 4·19 혁명 정답 ③

자료 분석

> 2·28 민주 운동 + 마산의 3·15 의거 → 4·19 혁명
>
> 4·19 혁명은 이승만 정부 때 3·15 부정 선거에 항거하여 일어난 민주화 운동이다. 1960년에 3·15 선거를 앞두고 이승만 정부가 야당 부통령 후보 연설이 참석하는 것을 막기 위해 일요일 등교 조치를 내리자, 대구의 학생들이 반발하여 시위를 전개하고 '학생을 정치 도구화하지 말 것', '학원에 자유를 줄 것' 등을 요구하였다(대구 2·28 민주 운동). 이후 3·15 부정 선거에 반발하여 마산에서 3·15 의거가 일어났다.

정답 해설

③ 4·19 혁명은 이승만 대통령이 하야하고 허정 과도 정부가 출범되는 계기가 되었다.

오답 체크

①, ④ 6월 민주 항쟁: 시위 도중 대학생 이한열이 경찰이 쏜 최루탄에 맞아 숨지자 시위가 전국적으로 확산되었고, 이에 여당의 대통령 후보였던 노태우가 6·29 선언을 통해 대통령 직선제 도입을 약속함으로써 5년 단임의 대통령 직선제 개헌을 이끌어냈다.
② 5·18 민주화 운동: 신군부가 군대를 투입하여 학생과 시민을 무차별 진압하자, 시민군이 조직되어 계엄군에 저항하였다.
⑤ 부·마 민주 항쟁: 유신 체제에 비판적이었던 야당 총재 김영삼의 국회의원직 제명으로 촉발되었다.

12 | 4·19 혁명 정답 ②

자료 분석

> 3·15 부정 선거 + 김주열 → 4·19 혁명
>
> 4·19 혁명은 이승만 정부 때 3·15 부정 선거에 반발하여 일어난 민주화 운동이다. 여당이었던 자유당이 부정 선거를 자행하자, 이에 맞서 마산을 중심으로 학생들의 시위가 전개되었다(3·15 의거). 이후 시위 도중 실종되었던 김주열의 시신이 마산 앞바다에서 발견되면서 시위가 전국적으로 확산되었다. 이승만 정부는 계엄령을 선포하고 시민들에게 총격을 가했으나 시위는 점점 거세졌고, 대학 교수단이 이승만의 퇴진을 요구하는 시국 선언문을 발표하였다.

정답 해설

② 4·19 혁명은 당시 대통령이었던 이승만이 하야하는 결과를 가져왔다.

오답 체크

① 5·18 민주화 운동: 신군부가 군대를 투입하여 학생과 시민을 무차별 진압하자, 시민 군이 조직되어 계엄군에 저항하였다.
③ 6월 민주 항쟁: 호헌 철폐, 독재 타도 등의 구호를 내세워 시위를 전개하였다.
④ 3선 개헌 반대 운동: 야당인 신민당과 재야 인사들이 3선 개헌 반대 범국민 투쟁 위원회를 조직하여 박정희 정부의 3선 개헌에 반대하였다.
⑤ 유신 체제 반대 운동: 김대중·윤보선 등의 재야 인사들이 박정희 정부의 장기 독재를 비판하는 3·1 민주 구국 선언을 발표하였다.

02 이승만 정부~장면 내각

13 (가) 민주화 운동에 대한 설명으로 옳은 것은? [2점]

이것은 1959년 이승만의 84세 생일을 기념하는 '대통령 탄신 경축식' 사진입니다. 이러한 행사는 1949년부터 진행되었습니다. 이승만 대통령의 장기 독재는 3·15 부정 선거에 항거하며 일어난 (가) (으)로 결국 종말을 고했습니다.

① 긴급 조치 철폐를 요구하였다.
② 장면 내각이 출범하는 배경이 되었다.
③ 전남 도청에서 시민군이 계엄군에 맞서 싸웠다.
④ 민주화를 위한 개헌 청원 100만인 서명 운동이 전개되었다.
⑤ 5년 단임의 대통령 직선제 개헌이 이루어지는 계기가 되었다.

14 밑줄 그은 '개헌안'이 발표된 이후의 사실로 옳은 것은? [3점]

이번에 여야 합의로 내각 책임제 개헌안이 통과되었군.
이 개헌안에 따라 허정 과도 정부가 총선을 실시하면 정국에 많은 변화가 있을 것 같네.

① 반민족 행위 처벌법이 제정되었다.
② 제2차 미·소 공동 위원회가 결렬되었다.
③ 국회가 민의원과 참의원의 양원제로 운영되었다.
④ 평화 통일론을 주장한 진보당의 조봉암이 구속되었다.
⑤ 유상 매수, 유상 분배 원칙의 농지 개혁법이 제정되었다.

15 다음 성명을 발표한 정부 시기에 볼 수 있는 모습으로 적절한 것은? [2점]

내각 책임제 속에서 행정부에 맡겨진 책무를 유감없이 수행하기 위해 무엇보다 먼저 행정부 내의 기강 확립에 주안점을 두지 않아서는 안 될 것입니다. …… 부정 선거 원흉의 처단은 이미 공소 제기와 구형을 한 터이므로 법원의 엄정한 판결이 있을 것을 기대하는 바입니다.

① 국민 교육 헌장을 읽고 있는 학생
② 서울 올림픽 대회에 참가하는 선수
③ 개성 공단 착공식을 취재하는 기자
④ 함평 고구마 피해 보상 투쟁에 참여하는 농민
⑤ 민의원에서 통과된 법안을 심의하는 참의원 의원

16 (가), (나) 발표 사이의 시기에 있었던 사실로 옳은 것은? [2점]

(가) 첫째는 국민이 원한다면 대통령직을 사임할 것이며, 둘째는 지난번 정·부통령 선거에 많은 부정이 있었다고 하니, 선거를 다시 하도록 지시하였고, 셋째는 선거로 인연한 모든 불미스러운 것을 없애게 하기 위해서, 이미 이기붕 의장이 공직에서 완전히 물러나겠다고 결정한 것이다.

(나) 1. 반공을 국시의 제일 의(義)로 삼고 지금까지 형식적이고 구호에만 그친 반공 태세를 재정비 강화한다.
2. 유엔 헌장을 준수하고 국제 협약을 충실히 이행할 것이며 미국을 위시한 자유 우방과의 유대를 더욱 공고히 한다.
……
6. 이와 같은 우리의 과업이 성취되면 참신하고 양심적인 정치인들에게 언제든지 정권을 이양하고 우리들 본연의 임무에 복귀할 준비를 갖춘다.

① 조봉암을 중심으로 진보당이 창당되었다.
② 국가 보위 비상 대책 위원회가 설치되었다.
③ 의원 내각제를 골자로 하는 개헌이 이루어졌다.
④ 유상 매수, 유상 분배를 규정한 농지 개혁법이 제정되었다.
⑤ 긴급 조치 철폐를 요구하는 3·1 민주 구국 선언이 발표되었다.

13 | 4·19 혁명 정답 ②

자료 분석
3·15 부정 선거에 항거하며 일어남 → 4·19 혁명

4·19 혁명은 이승만 정부 때 3·15 부정 선거에 항거하여 일어난 민주화 운동이다. 마산을 중심으로 부정 선거를 규탄한 시위가 먼저 전개되었으며(3·15 의거), 당시 실종되었던 김주열이 시신으로 발견되자 시위가 전국으로 확산되었다. 이후 이승만 정부는 계엄령을 선포하고 시민들에게 총격을 가했으나 시위는 점점 거세졌고, 대학 교수단이 이승만의 퇴진을 요구하는 시국 선언문을 발표하였다. 이에 결국 이승만이 대통령직에서 하야하게 되었다.

정답 해설
② 4·19 혁명은 이승만 정부의 3·15 부정 선거를 규탄한 민주화 운동으로, 이승만이 대통령직에서 하야하고 장면 내각이 출범하는 계기가 되었다.

오답 체크
① 유신 체제 반대 운동: 윤보선, 김대중 등 재야 인사들이 3·1 민주 구국 선언을 통해 긴급 조치 철폐 등을 요구하며 박정희 정부의 독재에 저항하였다.
③ 5·18 민주화 운동: 일부 시민들이 자발적으로 시민군을 조직하고 전남 도청에서 계엄군에 맞서 싸웠다.
④ 유신 체제 반대 운동: 장준하 등을 중심으로 민주화를 위한 개헌 청원 100만인 서명 운동이 전개되었다.
⑤ 6월 민주 항쟁: 5년 단임의 대통령 직선제 개헌(제9차 개헌)이 이루어지는 계기가 되었다.

14 | 제3차 개헌안 발표 이후의 사실 정답 ③

자료 분석
내각 책임제 + 허정 과도 정부가 총선을 실시함 → 제3차 개헌안(1960)

제3차 개헌안은 1960년 4·19 혁명으로 이승만이 하야하고 허정 과도 정부가 수립된 상황에서 단행되었다. 내각 책임제와 국회 양원제를 주요 내용으로 한 제3차 개헌안에 따라 실시된 제5대 총선거에서 야당이었던 민주당이 승리하였다. 이후 국회에서 대통령으로 선출된 윤보선이 장면을 국무총리로 지명하여 장면 내각이 수립되었다.

정답 해설
③ 제3차 개헌안의 결과 국회 양원제가 규정되었고, 이후 실시된 총선을 통해 국회가 민의원과 참의원의 양원제로 운영되었다.

오답 체크
① 1948년에 친일파 청산을 위한 반민족 행위 처벌법이 제정되었다.
② 1947년에 제2차 미·소 공동 위원회가 결렬되었고, 한반도 문제가 유엔으로 이관되었다.
④ 1958년에 평화 통일론을 주장한 진보당의 조봉암이 북한의 간첩과 내통하였다는 혐의로 구속되었다(진보당 사건).
⑤ 1949년에 유상 매수, 유상 분배 원칙의 농지 개혁법이 제정되었다.

15 | 장면 내각 정답 ⑤

자료 분석
내각 책임제 + 부정 선거 원흉의 처단 → 장면 내각

4·19 혁명(1960)으로 이승만이 대통령직에서 하야하고 허정 과도 정부가 수립된 상황에서 제3차 개헌이 단행되었다. 내각 책임제와 국회 양원제를 주요 내용으로 한 제3차 개헌안에 따라 실시된 제5대 총선거에서 야당이었던 민주당이 승리하였고, 국회가 민의원과 참의원의 양원제로 운영되었다. 이후 국회에서 대통령으로 선출된 윤보선이 장면을 국무총리로 지명하여 장면 내각이 수립되었다.

정답 해설
⑤ 장면 내각 때 내각 책임제와 국회 양원제를 주요 내용으로 하는 제3차 개헌안에 따라 민의원, 참의원의 양원제 국회가 출범하였다.

오답 체크
① 박정희 정부: 1968년에 대한민국 교육의 지표를 제시한 국민 교육 헌장을 선포하였다.
② 노태우 정부: 1988년에 서울 올림픽 대회를 개최하여 국민의 일체감을 증대시키고 대한민국의 국제적 지위를 향상시켰다.
③ 노무현 정부: 2003년에 김대중 정부 때 합의된 개성 공단을 착공하였다.
④ 박정희 정부: 1976년~1978년에 전남 함평군 농민들이 정부를 상대로 고구마 피해 보상 운동을 전개하였다.

16 | 이승만 하야와 5·16 군사 정변 사이의 사실 정답 ③

자료 분석
(가) 대통령직을 사임 + 정·부통령 선거에서 많은 부정 → 이승만 하야(1960)
(나) 반공을 국시의 제일 의로 삼음 → 5·16 군사 정변(1961)

(가) 이승만 정부의 장기 집권을 위해 실시된 3·15 부정 선거로 1960년에 4·19 혁명이 일어났다. 그 결과 대통령 이승만이 하야하였다.
(나) 장면 내각에서 사회 혼란이 계속되자, 박정희 등 군부 세력은 정변을 일으킨 후 반공을 국시로 내건 혁명 공약을 발표하였다(5·16 군사 정변, 1961).

정답 해설
③ 4·19 혁명으로 대통령 이승만이 하야한 후 의원 내각제를 주요 내용으로 하는 제3차 개헌이 이루어졌다.

오답 체크
① (가) 이전: 이승만 정부 시기인 1956년에 조봉암이 평화 통일론 등을 내세우며 진보당을 창당하였다.
② (나) 이후: 1980년 5·18 민주화 운동을 무력으로 진압한 신군부 세력이 국가 보위 비상 대책 위원회를 설치하였다.
④ (가) 이전: 이승만 정부 시기인 1949년에 제헌 국회가 유상 매수, 유상 분배를 규정한 농지 개혁법을 제정하였다.
⑤ (나) 이후: 박정희 정부 시기인 1976년에 재야 인사와 야당 지도자들이 긴급 조치 철폐 등을 요구하는 3·1 민주 구국 선언을 발표하였다.

03 박정희 정부

01
49회 47번

(가), (나) 사이의 시기에 있었던 사실로 옳은 것을 〈보기〉에서 고른 것은? [2점]

(가) 국군 장교가 위원으로 선출되었으며, 3권을 장악하고 국회의 권한을 행사하는 최고 통치 기구인 국가 재건 최고 회의가 출범하였다.
(나) 국민의 직접 선거로 대의원이 선출되었으며, 통일 정책을 최종 결정하고 대통령 선거권 등을 행사하는 통일 주체 국민회의가 발족하였다.

〈보기〉
ㄱ. 장기 집권을 위한 3선 개헌안이 통과되었다.
ㄴ. 제2차 석유 파동으로 경제 불황이 심화되었다.
ㄷ. 베트남 파병에 관한 브라운 각서가 체결되었다.
ㄹ. 대통령 긴급 명령으로 금융 실명제가 실시되었다.

① ㄱ, ㄴ ② ㄱ, ㄷ ③ ㄴ, ㄷ ④ ㄴ, ㄹ ⑤ ㄷ, ㄹ

02
40회 45번

다음 자료가 작성된 이후에 일어난 사실로 옳은 것은? [2점]

1. 무상 원조에 대해 한국 측은 3억 5천만 달러, 일본 측은 2억 5천만 달러를 주장한 바 3억 달러를 10년에 걸쳐 공여하는 조건으로 양측 수뇌에게 건의함.
2. 유상 원조(해외 경제 협력 기금)에 대해 한국 측은 2억 5천만 달러, 일본 측은 1억 달러를 주장한 바 2억 달러를 10년 간에 걸쳐 이자율 3.5%로 제공하기로 양측 수뇌에게 건의함.
3. 수출입 은행 차관에 대해 한국 측은 별개 취급을 희망하고 일본 측은 1억 달러 이상을 프로젝트에 따라 늘릴 수 있도록 하자고 주장한 바 양측 합의에 따라 국교 정상화 이전이라도 협력하도록 추진할 것을 양측 수뇌에게 건의함.

① 반민족 행위 특별 조사 위원회가 구성되었다.
② 6·3 시위가 전개되고 비상 계엄령이 선포되었다.
③ 평화 통일론을 주장한 진보당의 조봉암이 구속되었다.
④ 유엔 한국 재건단의 지원으로 문경 시멘트 공장이 건설되었다.
⑤ 일제가 남긴 재산 처리를 위하여 귀속 재산 처리법이 제정되었다.

03
61회 47번

다음 대화에 나타난 사건 이후의 사실로 옳은 것은? [3점]

① 내각 책임제 형태의 정부가 출범하였다.
② 정부에 비판적이던 경향신문이 폐간되었다.
③ 최고 통치 기구인 국가 재건 최고 회의가 구성되었다.
④ 평화 통일론을 주장한 진보당의 조봉암과 간부들이 구속되었다.
⑤ 국회 해산, 헌법의 일부 효력 정지를 담은 10월 유신이 선포되었다.

04
55회 48번

밑줄 그은 '선거' 이후의 사실로 옳은 것은? [3점]

① 정부 형태가 내각 책임제로 바뀌었다.
② 평화 통일을 주장한 진보당의 조봉암이 처형되었다.
③ 대통령의 3선 연임을 허용하는 개헌안이 통과되었다.
④ 한·일 국교 정상화에 반대하는 6·3 시위가 전개되었다.
⑤ 국회 해산과 헌법의 일부 효력 정지를 담은 유신이 선포되었다.

● 주제별 출제 비중
*최근 3개년 기준(심화 76~63회)

대한민국 정부 수립 과정	이승만 정부~장면 내각	박정희 정부	전두환 정부~노무현 정부	남북의 통일 논의
19%	25%	22%	21%	13%

01 | 국가 재건 최고 회의와 통일 주체 국민회의 사이의 사실 정답 ②

자료 분석

(가) 국가 재건 최고 회의가 출범 → 1961년
(나) 통일 주체 국민회의가 발족 → 1972년

(가) 박정희를 중심으로 한 군부 세력은 5·16 군사 정변을 일으킨 후 국가 최고 통치 기관으로 국가 재건 최고 회의를 출범시켰다(1961). 이후 박정희는 직선제로 치러진 제5대 대통령 선거에서 당선되었다.
(나) 박정희 정부 시기인 1972년에는 유신 헌법(제7차 개헌)을 제정함에 따라 간접 선거로 대통령을 선출하는 통일 주체 국민회의가 발족하였다.

정답 해설

② ㄱ. 박정희 정부 시기인 1969년에 3선 개헌안이 통과되었다. 이로써 대통령의 3선 연임이 허용되어 장기 집권이 가능하게 되었으며, 이에 따라 치러진 제7대 대선에서 박정희가 대통령에 당선되었다.
ㄷ. 박정희 정부 시기인 1966년에 미국과 베트남 파병에 관한 브라운 각서를 체결하여 미국으로부터 경제 발전을 위한 원조를 받았다.

오답 체크

ㄴ. (나) 이후: 박정희 정부 말기인 1978년에 제2차 석유 파동이 시작되었으며, 석유 파동의 영향으로 경제 불황이 심화되었다.
ㄹ. (나) 이후: 김영삼 정부 시기인 1993년에 대통령의 긴급 명령으로 모든 금융 거래 시 실제 본인 이름을 사용하는 금융 실명제가 실시되었다.

02 | 한·일 회담 이후의 사실 정답 ②

자료 분석

한국 + 일본 + 무상·유상 원조 + 국교 정상화
→ 김종필·오히라 비밀 메모 → 한·일 회담(1962)

박정희 정부는 경제 개발을 위한 자본 도입을 목적으로 한·일 국교의 정상화를 추진하였다. 이에 1962년에 중앙정보부장 김종필과 일본 외상 오히라가 한·일 회담을 진행하여 일본이 한국에 제공할 원조 및 차관의 대략적 금액을 비밀 메모로 남겼다.

정답 해설

② 1964년에 야당과 학생들을 중심으로 굴욕적인 한·일 국교 정상화에 반대한 6·3 시위가 전개되자, 박정희 정부는 비상 계엄령을 선포하여 무력으로 진압하였다.

오답 체크

① 1948년에 반민족 행위 처벌법에 따라 반민족 행위 특별 조사 위원회가 구성되었다.
③ 1958년에 평화 통일론을 주장한 진보당의 조봉암이 간첩 혐의로 구속되었다.
④ 1957년에 유엔 한국 재건단의 지원으로 문경 시멘트 공장이 준공되었다.
⑤ 1949년에 일제가 남긴 재산 처리를 위하여 귀속 재산 처리법이 제정되었다.

03 | 3선 개헌 이후의 사실 정답 ⑤

자료 분석

3선 개헌을 추진 → 3선 개헌(1969)

박정희 정부 시기인 1969년에 대통령의 3선 연임을 허용하는 개헌을 추진하려 하자, 야당인 신민당과 재야 인사들이 3선 개헌 반대 범국민 투쟁 위원회를 조직하여 3선 개헌을 반대하였다. 그러나 결국 개헌안이 통과되었고, 이에 따라 치러진 제7대 대선에서 박정희가 대통령에 당선되었다.

정답 해설

⑤ 3선 개헌(1969) 이후 박정희 정부는 국회 해산, 헌법의 일부 효력 정지 등을 담은 10월 유신을 선포하고 전국에 비상 계엄령을 선포하였다(1972).

오답 체크

① 1960년에 4·19 혁명으로 인해 제3차 개헌이 이루어져 내각 책임제 형태의 장면 내각이 출범하였다.
② 1959년에 정부에 비판적이던 경향신문이 강제 폐간되었다.
③ 1961년에 5·16 군사 정변이 일어나 장면 내각이 붕괴되었고, 정변 세력에 의해 최고 통치 기구인 국가 재건 최고 회의가 구성되었다.
④ 1958년에 평화 통일론을 주장한 진보당의 조봉암과 간부들이 간첩 혐의로 구속되는 진보당 사건이 일어났다.

04 | 제7대 대통령 선거 이후의 사실 정답 ⑤

자료 분석

김대중 + 박정희 후보가 영구 집권하는 총통 시대가 옴
→ 제7대 대통령 선거(1971)

1971년에 실시된 제7대 대통령 선거는 3선 개헌으로 대통령 선거에 출마할 수 있게 된 박정희와 김대중 후보가 경쟁하였다. 이때 김대중은 박정희의 영구 집권을 견제하기 위해 정권 교체를 호소하였으나, 결국 박정희가 제7대 대통령에 당선되었다.

정답 해설

⑤ 제7대 대통령 선거(1971) 이후인 1972년에 국회 해산과 헌법의 일부 효력 정지를 담은 10월 유신이 선포되었다.

오답 체크

① 제3차 개헌: 1960년에 일어난 4·19 혁명의 결과 허정 과도 정부가 수립되고 제3차 개헌이 단행되어 정부의 형태가 내각 책임제로 바뀌었다.
② 진보당 사건: 1958년에 이승만 정부가 평화 통일을 주장한 진보당의 조봉암을 간첩과 내통했다는 혐의로 구속하였고, 이듬해인 1959년에 조봉암이 처형되었다.
③ 3선 개헌: 1969년에 박정희 정부에 의해 대통령의 3선 연임을 허용하는 개헌안이 통과되었다.
④ 6·3 시위: 1964년에 국민들이 박정희 정부의 굴욕적인 한·일 국교 정상화에 반대하는 시위를 전개하였다.

03 박정희 정부

03 박정희 정부

05
밑줄 그은 '현행 헌법'에 대한 설명으로 옳은 것은? [3점]
60회 44번

> 오늘의 헌법은 그 개정의 발의권이 사실상 대통령에게만 속해 있는 것이다. 이에 우리 국민은 이와 같이 헌법 개정 발의권으로부터의 소외를 극복하고 우리들의 천부의 권리를 제시하는 방법으로 대통령에게 현행 헌법의 개정을 요구하는 100만인 청원 운동을 전개하는 바이다.

장준하

① 내각 책임제를 채택하였다.
② 대통령의 연임을 3회로 제한하였다.
③ 대통령에게 국회 해산권을 부여하였다.
④ 대통령의 임기를 7년 단임제로 정하였다.
⑤ 국회를 참의원과 민의원의 양원제로 규정하였다.

06 빈출
(가) 정부 시기에 있었던 사실로 옳은 것은? [2점]
75회 47번

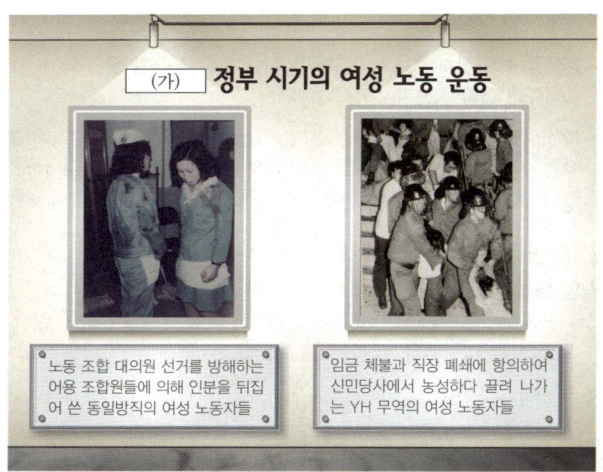

(가) 정부 시기의 여성 노동 운동
- 노동 조합 대의원 선거를 방해하는 어용 조합원들에 의해 인분을 뒤집어 쓴 동일방직의 여성 노동자들
- 임금 체불과 직장 폐쇄에 항의하여 신민당사에서 농성하다 끌려 나가는 YH 무역의 여성 노동자들

① 부천 경찰서 성 고문 사건이 발생하였다.
② 정부에 비판적인 경향신문이 폐간되었다.
③ 최저 임금 결정을 위한 최저 임금 위원회가 설치되었다.
④ 자치 단체장까지 선출하는 지방 자치제가 전면 시행되었다.
⑤ 긴급 조치 철폐 등을 요구하는 3·1 민주 구국 선언이 발표 되었다.

07 킬러
(가) 정부 시기에 있었던 사실로 옳은 것은? [2점]
67회 49번

> (가) 정부의 민주화 운동 탄압 사례 중의 하나로 알려진 전국 민주 청년 학생 총연맹 사건의 관련 기록물이 세상에 나왔습니다. 국가기록원은 사건이 발생한 지 40여 년 만에 관련 인물 180명의 재판 기록과 수사 기록을 공개했습니다.

'민청학련 사건' 기록물, 세상 밖으로

① 정부에 비판적인 경향신문이 폐간되었다.
② 국민의 요구에 굴복하여 대통령이 하야하였다.
③ 민주화 시위 도중 대학생 강경대가 희생되었다.
④ 장기 독재에 저항하는 3·1 민주 구국 선언이 발표되었다.
⑤ 기존의 헌법을 유지하는 4·13 호헌 조치가 선언되었다.

08
(가) 헌법이 시행된 시기의 사실로 옳은 것은? [2점]
69회 45번

> 사진은 인민 혁명당 재건위 사건 재판 당시의 모습입니다. 이 사건은 (가) 헌법에 의거하여 발동한 긴급 조치 제4호 등으로 정부에 비판적인 인물들을 반국가 세력으로 몰아 처벌한 것입니다. 당시 사형을 당한 8명은 2007년에 열린 재심 공판에서 무죄를 선고 받았습니다.

① 김주열이 최루탄을 맞고 사망하였다.
② 부천 경찰서 성고문 사건이 발생하였다.
③ 개헌 청원 백만인 서명 운동이 전개되었다.
④ 국민 보도 연맹원에 대한 학살이 자행되었다.
⑤ 민주화 시위 도중 대학생 강경대가 희생되었다.

05 | 유신 헌법
정답 ③

자료 분석
헌법의 개정을 요구하는 100만인 청원 운동 + 장준하
→ 유신 체제 반대 운동 → 유신 헌법

유신 헌법은 박정희 정부 시기인 1972년에 제정된 헌법으로, 대통령에게 헌법상 국민의 자유와 권리를 잠정적으로 정지할 수 있는 권리인 긴급 조치권 등을 부여하여 대통령의 권한을 강화하였다. 이에 장준하 등을 중심으로 민주 회복을 위한 개헌 청원 100만인 서명 운동이 전개되었으나, 정부는 긴급 조치를 발동하여 장준하 등 주동 인물을 구속하여 이를 탄압하였다.

정답 해설
③ 유신 헌법에서는 대통령의 권한을 강화하여 대통령에게 국회 해산권과 대통령이 국회의원의 1/3을 추천할 수 있는 권리를 부여하였다.

오답 체크
① 제1차 개헌안(발췌 개헌안), 제3차 개헌안: 대통령은 형식적 권한을 가지고, 국회의원이 내각을 구성해 실질적인 행정을 담당하는 내각 책임제를 채택하였다.
② 제6차 개헌안(3선 개헌안): 대통령의 3선 연임을 허용하였으며, 이를 최대 3회로 제한하였다.
④ 제8차 개헌안: 선거인단에 의한 대통령 간선제를 채택하고, 대통령의 임기를 7년 단임제로 정하였다.
⑤ 제1~3차 개헌안: 국회를 참의원과 민의원의 양원제로 규정하였다. 한편, 참의원과 민의원의 양원제는 제1차 개헌안부터 규정되었으나 시행되지 않다가, 제3차 개헌안 시행 시기에만 실제로 구성되었다.

06 | 박정희 정부
정답 ⑤

자료 분석
YH 무역의 여성 노동자들 → 박정희 정부

박정희 정부 시기 노동자들은 노동 조합을 조직하여 낮은 임금과 열악한 노동 환경의 개선을 요구하였으나, 정부·회사 측에 의해 탄압당하였다. 그중 동일 방직의 여성 노동자들이 노동조합 대의원 선거를 준비하자, 이에 자신의 이익을 위해 회사 측과 결합한 어용 노동조합원들이 인분을 뒤집어 씌운 사건이 발생하였다. 또한 YH 무역의 여성 노동자들이 임금 체불과 부당한 폐업 조치에 항의하며 신민당사에서 농성하였는데, 그 과정에서 노동자가 사망하는 YH 무역 사건이 발생하였다.

정답 해설
⑤ 박정희 정부 시기에는 재야 인사와 야당 지도자들이 긴급 조치 철폐 등을 요구하는 3·1 민주 구국 선언을 발표하였다.

오답 체크
① 전두환 정부: 노동 현장 위장 취업 혐의로 체포된 서울대학생 권인숙이 부천 경찰서에서 성 고문을 당한 사건이 발생하였다.
② 이승만 정부: 정부에 비판적인 경향신문이 폐간되는 등 언론이 통제되었다.
③ 전두환 정부: 최저 임금 결정을 위한 최저 임금 위원회가 설치되어 최저 임금 및 최저 임금 적용 사업의 종류별 구분에 관한 심의를 하였다.
④ 김영삼 정부: 1995년에 자치 단체장까지 선출하는 선거를 시행하여 지방 자치제가 전면 시행되었다.

07 | 박정희 정부 오답률 74.1%
정답 ④

자료 분석
민청학련 사건 → 박정희 정부

박정희 정부는 긴급 조치를 잇달아 발표하여 유신 반대 세력을 탄압하였는데, 대표적으로 민청학련 사건(1974)이 있다. 이는 당시 유신 헌법 철폐와 개헌을 요구하던 전국 민주 청년 학생 총연맹 관련자들을 정부를 전복하기 위해 민중 봉기를 꾸미려고 했다는 혐의로 구속·기소한 사건이다.

정답 해설
④ 박정희 정부 시기에 긴급 조치 철폐, 민주 인사 석방, 박정희 정권 퇴진 등을 요구하며 장기 독재에 저항한 3·1 민주 구국 선언이 발표되었다.

오답 체크
① 이승만 정부: 정부에 비판적인 경향신문을 강제 폐간하는 등 언론을 통제하였다.
② 이승만 정부: 3·15 부정 선거가 계기가 되어 일어난 4·19 혁명의 결과, 이승만 대통령이 하야하였다.
③ 노태우 정부: 명지대학교 앞 민주화 시위 도중 대학생 강경대가 백골단의 무차별 폭행에 희생되었다.
⑤ 전두환 정부: 국민들이 대통령 직선제 개헌을 요구하였지만, 정부는 기존의 현행 헌법을 유지하는 4·13 호헌 조치를 선언하였다.

08 | 유신 헌법 시행 시기의 사실
정답 ③

자료 분석
인민 혁명당 재건위 사건 + 긴급 조치
→ 유신 헌법 시행 시기(박정희 정부, 1972~1979)

박정희 정부는 1972년 10월 유신을 단행하고, 대통령에게 국회 해산권과 긴급 조치권을 부여한 유신 헌법을 선포하였다. 한편 박정희 정부는 유신 반대 세력을 탄압하기 위해 당시 인민 혁명당이 국가 전복을 계획하였다는 내용의 인민 혁명당 재건위 사건을 발표하고, 긴급 조치에 따라 영장 없이 관련자들을 체포하였다. 관련자 8명에게는 사형 선고가 내려졌고, 1975년 4월 8일 판결이 내려진 후 불과 20시간 만에 사형이 집행되었다.

정답 해설
③ 유신 헌법 시행 시기에 장준하 등을 중심으로 민주 회복을 위한 개헌 청원 백만인 서명 운동이 전개되었다.

오답 체크
① 이승만 정부: 3·15 부정 선거를 규탄하는 시위에 참가한 학생 김주열이 최루탄을 맞고 사망하였다.
② 전두환 정부: 노동 현장에 위장 취업하였다가 체포된 서울대학생 권인숙이 부천 경찰서에서 성고문을 당하는 사건이 발생하였다.
④ 이승만 정부: 6·25 전쟁 때 위장으로 전향한 좌익 세력이 전쟁을 기회로 반정부 활동을 벌일지 모른다는 불안감으로 인해 전국에서 조직적으로 국민 보도 연맹원에 대한 학살이 자행되었다.
⑤ 노태우 정부: 명지대학교 앞 민주화 시위 도중 대학생 강경대가 백골단의 무차별 독행에 희생되었다.

03 박정희 정부

09 71회 49번
(가) 민주화 운동에 대한 설명으로 옳은 것은? [2점]

- 하계 답사 안내 -

우리 문화원에서는 부산과 마산 지역의 시민과 학생들이 일으킨 (가) 의 의미를 조명하는 답사를 준비하였습니다. YH 무역 사건, 야당 총재의 국회의원직 제명 등 일련의 사건으로 당시 정부에 대한 민심 이반이 가속화하는 가운데 일어난 (가) 의 유적지를 둘러보면서 민주주의의 소중함을 되새기는 기회가 되길 바랍니다.

◆ 기간: 2024년 ○월 ○○일 ~ ○월 ○○일
◆ 답사 일정
 • 1일차: 부산대 10·16 기념관 – 국제 시장 – 부산 양서 협동조합 터
 • 2일차: 경남대 교내 기념석 – 서항 공원 – 창동 사거리
◆ 주요 답사지

10·16 기념관

서항 공원 내 기념물

◆ 주관: △△ 문화원

① 유신 체제 붕괴의 배경이 되었다.
② 시민군을 조직하여 계엄군에 대항하였다.
③ 시위 도중 김주열이 최루탄을 맞고 사망하였다.
④ 직선제 개헌을 약속한 6·29 선언을 이끌어냈다.
⑤ 대통령이 하야하여 미국으로 망명하는 결과를 가져왔다.

11 31회 47번
다음 문서를 접수한 정부 시기의 경제 상황으로 옳은 것은? [2점]

대한민국 외무부 장관 귀하
귀하는 한국 정부가 월남 정부로부터 월남에 대한 한국 전투 부대 증파에 관한 요청을 접수하였다고 본인에게 통고하였습니다. 귀하는 또한 한국 정부가 헌법 절차에 따라 국회의 승인을 얻는 대로 1개 연대 전투 부대를 4월에, 1개 사단 병력을 7월에 각각 도착하게 하는 방식으로, 월남 정부에서 요청받은 원조를 월남 정부에 제공하기로 결정하였다고 진술하였습니다.
……
군사 협조
(1) 한국에 있는 한국군의 현대화 계획을 위하여 앞으로 수년에 걸쳐 상당량의 장비를 제공한다.
(2) 월남에 파견되는 추가 병력에 필요한 장비를 제공하는 한편, 파월 추가 병력에 따르는 모든 추가적 원화 경비를 부담한다.
……

① 제1차 경제 개발 5개년 계획이 추진되었다.
② 경제 협력 개발 기구(OECD)에 가입하였다.
③ 칠레와 자유 무역 협정(FTA)이 체결되었다.
④ 유상 매수, 유상 분배를 규정한 농지 개혁법이 제정되었다.
⑤ 금융 거래의 투명성을 확보하고자 금융 실명제가 실시되었다.

10 73회 49번
(가) 정부 시기에 볼 수 있는 모습으로 가장 적절한 것은? [2점]

이것은 통일 주체 국민회의에서 대통령을 선출하도록 헌법을 개정한 (가) 정부의 홍보물입니다. "우리 모두 불굴의 투지와 굳은 단결로써 조국의 안정과 번영, 그리고 평화 통일을 위해 전진합시다."라는 문구 등으로 헌법을 미화하였습니다.

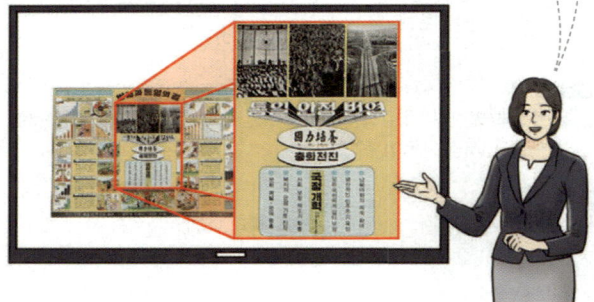

① 거리에서 장발과 미니스커트를 단속하는 경찰
② 교복 자율화 조치로 사복을 입고 등교하는 학생
③ 금융 실명제에 따라 신분증 제시를 요구하는 은행원
④ 칠레와의 자유 무역 협정(FTA) 비준을 보도하는 기자
⑤ 전국 민주 노동 조합 총연맹 창립 대회에 참가하는 노동자

12 63회 45번
다음 뉴스의 사건이 있었던 정부 시기의 사실로 옳은 것은? [3점]

오늘 오후 2시경 서울 평화 시장에 서 있었던 노동자들의 시위 도중 재단사 전태일 씨가 분신하는 사건이 발생하였습니다. 전 씨는 "근로 기준법을 지켜라!", "우리는 기계가 아니다!"라고 절규하며 열악한 노동 환경 개선을 요구하였습니다.

① 함평 고구마 피해 보상 운동이 전개되었다.
② 저유가·저금리·저달러의 3저 호황이 있었다.
③ 미국과의 자유 무역 협정(FTA)이 체결되었다.
④ 경제 협력 개발 기구(OECD)의 회원국이 되었다.
⑤ 최저 임금 결정을 위한 최저 임금 위원회가 설치되었다.

09 | 부·마 민주 항쟁 정답 ①

자료 분석

> 부산과 마산 + 야당 총재의 국회의원직 제명 → 부·마 민주 항쟁
>
> 부·마 민주 항쟁은 박정희 정부 때인 유신 체제 시기에 부산과 마산 지역의 시민들과 학생들이 일으킨 민주화 운동이다. 당시 유신 체제를 비판한 야당 총재 김영삼의 국회의원직이 제명되자, 김영삼의 정치적 본거지인 부산을 시작으로 마산 지역까지 유신 체제 반대 시위가 확대되었다.

정답 해설

① 부·마 민주 항쟁은 야당 총재인 김영삼의 국회의원직 제명을 계기로 일어난 민주화 운동으로, 유신 체제가 붕괴되는 배경이 되었다.

오답 체크

② 5·18 민주화 운동: 신군부가 군대를 투입하여 학생과 시민을 무차별 진압하자, 자발적으로 시민군을 조직하여 계엄군에 대항하였다.
③ 4·19 혁명: 마산 시위(3·15 의거)에서 김주열이 최루탄을 맞고 사망하였다.
④ 6월 민주 항쟁: 5년 단임의 대통령 직선제 개헌(제9차 개헌)을 약속한 6·29 선언을 이끌어냈다.
⑤ 4·19 혁명: 이승만 대통령이 하야하여 미국으로 망명하는 결과를 가져왔다.

빈출 개념 | 유신 체제 붕괴 과정

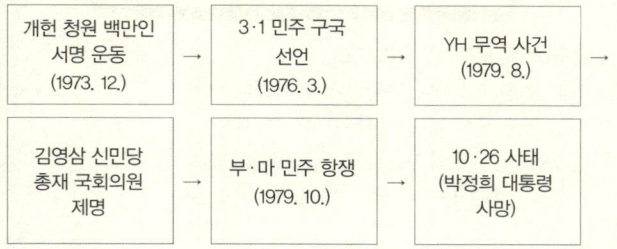

10 | 박정희 정부 정답 ①

자료 분석

> 통일 주체 국민회의에서 대통령을 선출하도록 헌법을 개정함
> → 유신 헌법 → 박정희 정부
>
> 박정희 정부는 1972년에 10월 유신을 단행하고, 대통령에게 국회 해산권과 긴급 조치권 등을 부여한 유신 헌법을 선포하였다. 유신 헌법에 의해 헌법 기관인 통일 주체 국민회의가 설치되었고, 이곳에서 대통령을 간접 선거로 선출하였다.

정답 해설

① 박정희 정부 시기에는 경범죄처벌법을 개정하여 장발, 주정, 과다 노출 등에 관해 구체적인 단속 기준을 정한 뒤 젊은이들의 장발과 미니스커트 착용을 대대적으로 단속하였다.

오답 체크

② 전두환 정부: 유화 정책이 실시되어 중고등학생들이 교복을 입지 않고 자유복을 입을 수 있는 교복 자율화 조치가 시행되었다.
③ 김영삼 정부: 대통령 긴급 명령으로 모든 금융 거래 시 실제 명의를 사용하는 금융 실명제가 시행되었다.
④ 노무현 정부: 칠레와 자유 무역 협정(FTA)을 체결하였다.
⑤ 김영삼 정부: 전국 노동 조합의 연합 단체인 전국 민주 노동 조합 총연맹이 창립되었다.

11 | 박정희 정부 시기의 경제 상황 정답 ①

자료 분석

> 월남에 대한 한국 전투 부대 증파 + 월남에 파견되는 병력에 필요한 장비 제공 + 경비 부담 → 브라운 각서 → 박정희 정부
>
> 박정희 정부는 경제 개발에 필요한 자본을 확보하기 위해 외화를 끌어들이고자 하였다. 이에 미국의 요청으로 베트남전 참전을 결정하였고, 이후 미국과 브라운 각서를 체결하여 한국군의 추가 파병에 대한 대가로 미국으로부터 한국군의 현대화 및 경제 발전을 위한 원조를 제공받기로 합의하였다.

정답 해설

① 박정희 정부 시기에 경공업 중심의 제1차 경제 개발 5개년 계획이 추진되었다.

오답 체크

② 김영삼 정부: 시장 개방 정책을 추진하여 경제 협력 개발 기구(OECD)에 가입하였다.
③ 노무현 정부: 칠레와 자유 무역 협정(FTA)을 체결하여 시장을 개방하였다.
④ 이승만 정부: 유상 매수, 유상 분배를 원칙으로 한 농지 개혁법이 제정되었다.
⑤ 김영삼 정부: 금융 거래의 투명성을 확보하고자 모든 금융 거래 시 실제 명의를 사용하는 금융 실명제가 실시되었다.

12 | 박정희 정부 정답 ①

자료 분석

> 평화 시장 + 전태일 씨가 분신하는 사건 → 전태일 분신 사건
> → 박정희 정부
>
> 박정희 정부 시기에는 경제 개발 계획에 따른 산업화가 진행됨에 따라 노동자 수가 크게 증가하였다. 그러나 정부가 수출 경쟁력을 확보하기 위해 저임금 정책을 유지하고, 노동 운동을 강력하게 억압하면서 근로 기준법이 제대로 지켜지지 않았다. 이에 1970년에 동대문 평화 시장 재단사로 일하던 전태일이 노동자들의 열악한 근무 환경 실태를 고발하고 근로 기준법의 준수를 주장하며 분신하는 사건이 발생하였다.

정답 해설

① 박정희 정부 시기인 1976년~1978년에 전남 함평군 농민들이 정부를 상대로 고구마 피해 보상 운동을 전개하였다.

오답 체크

② 전두환 정부: 1980년대 중반 이후 전 세계적으로 나타난 저유가·저금리·저달러의 3저 호황을 맞이하였다.
③ 노무현 정부: 한·미 자유 무역 협정(FTA)이 체결되었다.
④ 김영삼 정부: 시장 개방 정책을 추진하여 경제 협력 개발 기구(OECD)의 회원국이 되었다.
⑤ 전두환 정부: 최저 임금 결정을 위한 최저 임금 위원회가 설치되었다.

03 박정희 정부

13
66회 46번

다음 뉴스가 보도된 정부 시기의 경제 상황으로 옳은 것은?

[2점]

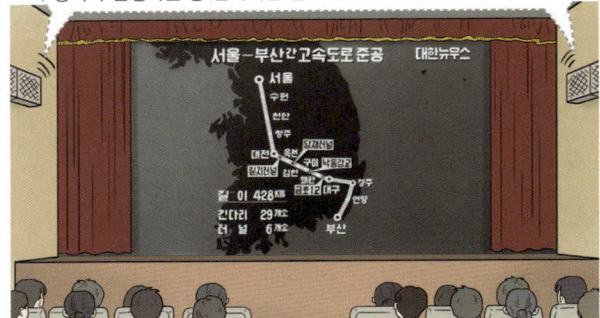

서울-부산 간 고속도로 준공식이 대구에서 열렸습니다. 대전-대구 구간을 마지막으로 경부 고속도로가 완공되면서 서울에서 부산까지의 이동 시간이 4시간 30분 정도로 줄어들게 되었습니다. 하지만 2년 5개월여의 단기간에 고속도로를 완공하면서 다수의 사상자가 발생하는 등 안타까운 일도 있었습니다.

① 제2차 경제 개발 5개년 계획이 추진되었다.
② 미국의 경제 원조로 삼백 산업이 발달하였다.
③ 귀속 재산 처리를 위해 신한공사가 설립되었다.
④ 대통령 긴급 명령으로 금융 실명제가 실시되었다.
⑤ 최저 임금 결정을 위한 최저 임금 위원회가 설치되었다.

15 빈출
68회 45번

다음 사건이 있었던 정부 시기의 경제 상황으로 옳은 것은?

[3점]

YH 무역 여성 노동자들은 일방적인 폐업에 항의하며 신민당 당사에서 농성 시위를 벌이다 경찰에 의해 강제 해산되었다. 그 과정에서 노동자 김경숙이 사망하였다. 이 사진은 현장에 남아 있던 머리띠와 신발들이다. 머리띠에는 '안되면 죽음이다'라는 글귀가 쓰여 있다.

① 금융 실명제가 실시되었다.
② 연간 수출액 100억 달러가 달성되었다.
③ 개성 공단에서 의류 생산이 시작되었다.
④ 칠레와 자유 무역 협정(FTA)을 체결하였다.
⑤ 저금리, 저유가, 저달러의 3저 호황이 있었다.

14
62회 45번

다음 정부 시기에 볼 수 있는 모습으로 가장 적절한 것은?

[2점]

① 최저 임금법 제정으로 최저 임금을 심의하는 위원
② 금융 실명제에 따라 신분증 제시를 요구하는 은행원
③ 한·칠레 자유 무역 협정(FTA)의 비준을 보도하는 기자
④ 전국 민주 노동 조합 총연맹 창립 대회에 참가하는 노동자
⑤ 정부의 도시 정책에 반발해 시위를 하는 광주 대단지 이주민

16
48회 46번

다음 기념사를 발표한 정부 시기에 있었던 사실로 옳은 것은?

[2점]

오늘 국민 교육 헌장 선포 1주년에 즈음하여, 나는 온 국민과 더불어 뜻깊은 이날을 경축하면서 헌장 이념의 구현을 위한 우리들의 결의를 새로이 하게 된 것을 매우 기쁘게 생각하는 바입니다. 국민 교육 헌장은 우리 민족이 지녀야 할 시대적 사명감과 윤리관을 정립한 역사적 장전이며, 조국 근대화의 물량적 성장을 보완, 촉진시켜 나갈 정신적 지표이며, 국가의 백년대계를 기약하는 국민 교육의 실천 지침인 것입니다.

① 국민학교라는 명칭을 초등학교로 변경하였다.
② 과외 전면 금지와 대학 졸업 정원제를 시행하였다.
③ 문맹국민 완전퇴치 5개년 계획을 수립하여 추진하였다.
④ 미국에서 시행되고 있던 6-3-3 학제를 처음 도입하였다.
⑤ 중학교 입시 제도를 폐지하고 무시험 추첨제를 실시하였다.

13 | 박정희 정부 시기의 경제 상황 정답 ①

자료 분석

서울 – 부산 간 고속도로 준공식 → 박정희 정부

박정희 정부 시기에 서울과 인천을 잇는 경인 고속도로에 이어 서울과 부산을 잇는 경부 고속도로가 개통되었다. 경부 고속도로는 우리나라에서 가장 긴 고속 국도로, 제2차 경제 개발 5개년 계획 시행 시기에 건설되었다.

정답 해설

① 박정희 정부 시기인 1967년에 공업화 추진, 과학 기술의 발전 등을 목표로 한 제2차 경제 개발 5개년 계획이 추진되었다.

오답 체크

② 이승만 정부: 미국의 경제 원조로 제분·제당·면방직의 삼백 산업이 발달하였다.
③ 미 군정기: 일본인의 소유였던 귀속 재산 처리를 위해 신한공사가 설립되었다.
④ 김영삼 정부: 대통령 긴급 명령으로 금융 거래에서 당사자의 실명 사용을 의무화한 금융 실명제가 실시되었다.
⑤ 전두환 정부: 최저 임금 결정을 위한 최저 임금 위원회가 설치되었다.

14 | 박정희 정부 정답 ⑤

자료 분석

포항 제철소 착공 + 100억 불 수출 달성 → 박정희 정부

박정희 정부 시기에는 포항 종합 제철 공장이 준공되는 등 대규모 중화학 공업 단지가 육성되었다. 이때 국제 석유 가격의 상승으로 발생한 제1차 석유 파동으로 인한 위기가 있었으나, 경제 불황을 극복하기 위해 중동에 건설 사업을 확대하여 극복하였다. 이러한 중화학 공업의 성장으로 1977년에 수출 100억 달러를 달성하는 성과를 거두었다.

정답 해설

⑤ 박정희 정부 시기에 서울 도시화 과정에서 기반 시설을 갖추지 않은 채 10만여 명의 주민들을 경기도 광주로 강제 이주시키자, 이에 반발하여 주민들이 시위를 벌인 광주 대단지 사건이 발생하였다.

오답 체크

① 전두환 정부: 최저 임금을 근로자에게 지불하도록 법적으로 보장한 최저 임금법이 제정되었다.
② 김영삼 정부: 대통령 긴급 명령으로 모든 금융 거래 시 실제 명의를 사용하는 금융 실명제가 시행되었다.
③ 노무현 정부: 칠레와 자유 무역 협정(FTA)을 체결하였다.
④ 김영삼 정부: 전국 노동 조합의 연합 단체인 전국 민주 노동 조합 총연맹이 창립되었다.

15 | 박정희 정부 시기의 경제 상황 정답 ②

자료 분석

YH 무역 여성 노동자들 + 신민당사에서 농성 시위를 벌임 → YH 무역 사건 → 박정희 정부

박정희 정부 시기에 가발 생산 업체인 YH 무역의 여성 노동자들이 부당한 폐업 조치에 반발하여 신민당사에서 농성하는 사건이 일어났다. 이때 무장 경찰의 폭력적인 진압으로 여성 노동자가 사망하자(YH 무역 사건, 1979. 8.), 신민당 총재 김영삼은 강하게 정부를 비판하였다. 이에 정부가 유신 체제에 비판적이었던 김영삼을 국회의원직에서 제명하자, 부산·마산의 학생들과 시민들은 유신 체제에 반대하는 시위를 전개하였다(부·마 민주 항쟁, 1979. 10.).

정답 해설

② 박정희 정부 시기에 중화학 공업의 성장을 통해 처음으로 연간 수출액 100억 달러가 달성되었다.

오답 체크

① 김영삼 정부: 모든 금융 거래 시 실제 본인의 이름을 사용하도록 한 금융 실명제가 실시되었다.
③, ④ 노무현 정부: 칠레와 자유 무역 협정(FTA)을 체결하였고, 김대중 정부 때 협의된 개성 공단이 건설되어 의류 생산이 시작되었다.
⑤ 전두환 정부: 저금리, 저유가, 저달러의 3저 호황으로 물가가 안정되고 수출이 증가하였다.

16 | 박정희 정부 정답 ⑤

자료 분석

국민 교육 헌장 → 박정희 정부

박정희 정부는 반공 교육과 효율적인 국민 통제를 위해 민족 주체성 확립과 새로운 민족 문화 창조, 민주주의 발전 등의 내용을 담은 국민 교육 헌장을 선포하였다.

정답 해설

⑤ 박정희 정부 때 중학교 입시 제도를 폐지하고 무시험 추첨제를 실시하였다.

오답 체크

① 김영삼 정부: 역사 바로 세우기 운동의 하나로 국민학교라는 명칭을 초등학교로 변경하였다.
② 신군부 집권기: 신군부 세력이 설치한 국가 보위 비상 대책 위원회에서 과외 전면 금지와 대학 졸업 정원제를 시행하였다.
③ 이승만 정부: 문맹국민 완전퇴치 5개년 계획을 세워 추진하였다.
④ 미 군정기: 미국에서 시행되고 있던 6-3-3 학제가 처음 도입되었다.

빈출 개념 | 박정희 정부 시기의 교육 정책

국민 교육 헌장	• 우리 교육이 지향해야 할 이념과 목표를 제시 • 민족 주체성 확립과 새로운 민족 문화 창조, 반공 민주주의 정신 강조
중학교 무시험 추첨제	입시 경쟁 과열을 막기 위해 중학교 입시 제도를 폐지하고 무시험 추첨제를 실시함
고교 평준화 정책	교육의 평등성을 보장하기 위해 고교 평준화 정책을 시행함

04 전두환 정부~노무현 정부

01
73회 48번

다음 자료에 나타난 민주화 운동에 대한 설명으로 옳은 것은? [1점]

> 우리는 왜 총을 들 수밖에 없었는가? 그 대답은 너무나 간단합니다. 너무나 무자비한 만행을 더 이상 보고 있을 수만 없어서 너도나도 총을 들고 나섰던 것입니다. …… 계엄 당국은 공수 부대를 대량으로 투입하여 시내 곳곳에서 학생, 젊은이들에게 무차별 살상을 자행하였으니 …… 너무나 경악스러운 또 하나의 사실은 20일 밤부터 계엄 당국은 발포 명령을 내려 무차별 발포를 시작했다는 것입니다. 이 고장을 지키고자 이 자리에 모이신 민주 시민 여러분! 그런 상황에 우리가 할 수 있는 일은 무엇이겠습니까?

① 4·13 호헌 조치 철폐를 요구하였다.
② 시민군을 조직하여 계엄군에 대항하였다.
③ 시위 도중 김주열이 최루탄을 맞고 사망하였다.
④ 직선제 개헌을 약속한 6·29 민주화 선언을 이끌어냈다.
⑤ 국민의 요구에 굴복하여 대통령이 하야하는 결과를 가져왔다.

02
69회 49번

(가) 민주화 운동에 대한 설명으로 옳은 것은? [1점]

이곳은 옛 전남도청 본관으로 (가) 당시 시민군이 계엄군에 항쟁한 장소입니다. 정부는 본관을 포함한 옛 전남도청을 복원하여 (가) 의 의미를 기억하고 추모하는 공간으로 되살리겠다고 하였습니다. 건물 내부에는 당시 상황을 알 수 있는 실물 또는 가상 콘텐츠 공간 등이 조성될 예정입니다.

① 3·1 민주 구국 선언을 발표하였다.
② 시위 도중 대학생 이한열이 희생되었다.
③ 호헌 철폐, 독재 타도 등의 구호를 외쳤다.
④ 허정 과도 정부가 출범하는 계기가 되었다.
⑤ 관련 기록물이 유네스코 세계 기록유산으로 등재되었다.

03 빈출
72회 49번

다음 뉴스가 보도된 정부 시기의 사실로 옳은 것은? [2점]

> 문교부가 중고등학생의 교복과 두발을 자율화하겠다고 발표한 데 이어, 오늘부터 야간 통행 금지 해제가 본격 적용되었습니다. 시민들은 새벽 거리를 활보하며 37년 만에 되찾은 24시간의 자유를 만끽하게 되었습니다.

① 서울 올림픽 대회가 개최되었다.
② 보도 지침으로 언론이 통제되었다.
③ 삼풍 백화점 붕괴 사고가 일어났다.
④ 양성 평등의 실현을 위해 호주제가 폐지되었다.
⑤ 사회 통합을 위한 다문화 가족 지원법이 시행되었다.

04
41회 47번

다음 기사 내용이 보도된 정부 시기의 사실로 옳은 것을 〈보기〉에서 고른 것은? [2점]

□□신문
제△△호　　　　　　　　　　○○○○년 ○○월 ○○일

야간 통행 금지 해제

오는 1월 5일 24시를 기하여, 지난 37년간 지속되어 온 야간 통행 금지가 전국적으로 해제될 예정이다. 다만 국방상 중요한 전방 지역과 후방 해안 도서 지역은 대상에서 제외되었다.
이번 야간 통행 금지의 해제로 국민 생활의 편익이 증진되고 관광과 경제 활동이 활성화될 전망이다.

〈보기〉
ㄱ. 한국 프로 야구가 6개 구단으로 출범하였다.
ㄴ. 언론의 통폐합이 강제로 단행되고 언론 기본법이 제정되었다.
ㄷ. 허례허식을 없애기 위해 법령으로 가정 의례 준칙이 제정되었다.
ㄹ. 재건 국민 운동 본부를 중심으로 혼·분식 장려 운동이 전개되었다.

① ㄱ, ㄴ　② ㄱ, ㄷ　③ ㄴ, ㄷ　④ ㄴ, ㄹ　⑤ ㄷ, ㄹ

● 주제별 출제 비중

*최근 3개년 기준(심화 76~63회)

대한민국 정부 수립 과정	이승만 정부~장면 내각	박정희 정부	전두환 정부~노무현 정부	남북의 통일 논의
19%	25%	22%	21%	13%

01 | 5·18 민주화 운동 정답 ②

자료 분석

계엄 당국 + 공수 부대 → 5·18 민주화 운동

5·18 민주화 운동은 전두환 등의 신군부 세력이 쿠데타를 일으켜 권력을 장악한 후 비상 계엄을 확대하고 공수 부대를 투입하여 저항하는 시민들을 무력으로 진압하자, 이에 반발하여 일어났다.

정답 해설

② 5·18 민주화 운동 때 광주의 시민들은 자발적으로 시민군을 조직하여 시위를 진압하는 계엄군에 대항하였다.

오답 체크

①, ④ 6월 민주 항쟁: 전두환 정부의 4·13 호헌 조치 철폐를 요구하며 시위를 전개하였으며, 그 결과 직선제 개헌을 약속한 6·29 민주화 선언을 이끌어냈다.
③ 4·19 혁명: 마산 시위(3·15 의거)에서 학생 김주열이 최루탄을 맞고 사망하였다.
⑤ 4·19 혁명: 국민의 요구에 굴복하여 이승만 대통령이 하야하는 결과를 가져왔다.

02 | 5·18 민주화 운동 정답 ⑤

자료 분석

시민군 + 계엄군 → 5·18 민주화 운동

5·18 민주화 운동은 전두환 등의 신군부 세력이 쿠데타를 일으켜 권력을 장악한 후 비상 계엄을 확대하고 저항하는 시민들을 무력으로 진압하자, 이에 반발하여 일어났다. 광주의 시민들이 시위를 전개하자 계엄군은 학생과 시민을 무차별 공격하였다. 이에 일부 시민들이 맞서 자발적으로 시민군을 조직하여 대항하였으나, 계엄군에 의해 무력으로 진압당하였다.

정답 해설

⑤ 5·18 민주화 운동의 관련 기록물은 2011년에 유네스코 세계 기록유산으로 등재되었다.

오답 체크

① 유신 체제 반대 운동: 윤보선, 김대중 등 재야 인사들이 긴급 조치 철폐 등을 요구하는 3·1 민주 구국 선언을 발표하였다.
② 6월 민주 항쟁: 시위 도중 대학생 이한열이 경찰이 쏜 최루탄에 희생되는 사건이 발생하였다.
③ 6월 민주 항쟁: 전두환 정부의 4·13 호헌 조치에 반발하여 일어난 시위로, 호헌 철폐, 독재 타도 등의 구호를 내세워 시위를 전개하였다.
④ 4·19 혁명: 이승만 정부의 3·15 부정 선거를 규탄한 시위로, 이승만이 하야하고 허정 과도 정부가 출범하는 계기가 되었다.

03 | 전두환 정부 정답 ②

자료 분석

야간 통행 금지 해제 → 전두환 정부

전두환 정부 시기에는 국민의 정치적 관심을 다른 곳으로 돌리기 위한 유화 정책이 실시되어 중고등 학생의 교복과 두발 자율화가 실시되었고, 야간 통행 금지가 해제되었다.

정답 해설

② 전두환 정부 시기에 독재 체제를 강화하기 위해 언론 통제 보도 지침을 언론사에 보내 신문과 방송 기사를 통제하였다.

오답 체크

① 노태우 정부: 서울 올림픽을 개최하여 국민의 일체감을 증대시키고 대한민국의 국제적 지위를 향상시켰다.
③ 김영삼 정부: 삼풍 백화점 붕괴 사고가 일어나서 수많은 사람들이 다치거나 죽었다.
④ 노무현 정부: 양성 평등의 실현을 위해 남성을 중심으로 가족 구성원들의 신분 변동을 기록하는 제도인 호주제를 폐지하였다.
⑤ 이명박 정부: 결혼 이민자와 이주 노동자 및 그 자녀들로 구성되는 다문화 가족이 사회 구성원으로 통합될 수 있도록 돕는 다문화 가족 지원법이 시행되었다.

04 | 전두환 정부 정답 ①

자료 분석

야간 통행 금지 해제 → 전두환 정부

5·18 민주화 운동을 진압한 이후 정식으로 출범한 전두환 정부는 국민의 정치적 관심을 다른 데로 돌리기 위한 유화 정책을 실시하였다. 이에 치안 유지 등을 명목으로 시행되어 오던 야간 통행 금지를 해제하였다.

정답 해설

① ㄱ. 전두환 정부 때 유화 정책의 일환으로 한국 프로 야구가 6개의 구단으로 출범하였다.
ㄴ. 전두환 정부 때 언론을 통제하기 위해 언론 매체의 통폐합을 강제로 단행하고 언론 기본법을 제정하였다.

오답 체크

ㄷ. 박정희 정부: 허례허식을 없애기 위한 법령으로 가정 의례 준칙이 제정되었다.
ㄹ. 박정희 정부: 쌀 소비를 줄이기 위해 재건 국민 운동 본부를 중심으로 혼·분식 장려 운동이 전개되었다.

빈출 개념 | 전두환 정부의 정책

독재 정치	언론 통폐합, 언론 기본법 제정 등
유화 정책	프로 야구단·축구단 창단, 중학교 의무 교육, 야간 통행 금지 해제 등

04 전두환 정부~노무현 정부

05
밑줄 그은 '정부' 시기에 있었던 사실로 옳은 것은? [2점]

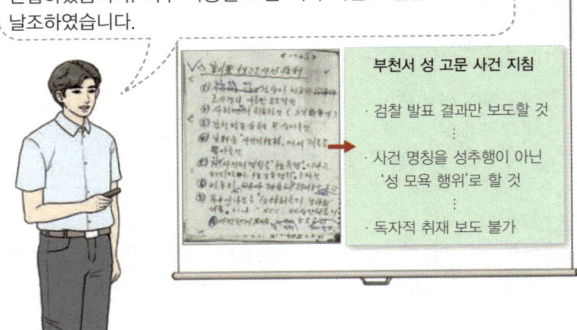

이것은 부천 경찰서에서 자행된 여성 노동자에 대한 성고문 사건을 축소, 은폐하기 위해 내린 정부의 보도 지침 내용입니다. 당시 정부는 언론의 보도 방향을 통제하고, 민주화 운동을 탄압하였습니다. 이후 박종철 고문 치사 사건도 단순 쇼크사로 날조하였습니다.

부천서 성 고문 사건 지침
· 검찰 발표 결과만 보도할 것
· 사건 명칭을 성추행이 아닌 '성 모욕 행위'로 할 것
· 독자적 취재 보도 불가

① 야당 총재가 국회의원직에서 제명되었다.
② 5년 단임의 대통령 직선제 개헌이 이루어졌다.
③ 국가 재건 최고 회의를 기반으로 군정이 실시되었다.
④ 평화 통일론을 내세우던 진보당의 조봉암이 처형되었다.
⑤ 긴급 조치 철폐 등을 포함한 3·1 민주 구국 선언이 발표되었다.

06 빈출
밑줄 그은 '민주화 운동'에 대한 설명으로 옳은 것은? [1점]

사진 속 쓰러진 인물이 대학교 정문에서 시위 도중 경찰이 쏜 최루탄에 피격된 이한열이지?

맞아. 이 사건은 호헌 철폐와 독재 타도를 외친 민주화 운동이 확산하는 데 영향을 주었어.

① 유신 체제 붕괴의 배경이 되었다.
② 당시 대통령이 하야하는 결과를 가져왔다.
③ 5년 단임의 대통령 직선제 개헌을 이끌어냈다.
④ 시위 과정에서 시민군이 자발적으로 조직되었다.
⑤ 굴욕적인 한·일 국교 정상화에 반대하여 일어났다.

07
(가) 민주화 운동에 대한 설명으로 옳은 것은? [1점]

(가) 의 현장을 찾아서
일시: 매주 토요일, 10:00
참가 대상: 시민 누구나

명동 성당 - 박종철 고문 은폐·조작 발표 장소
향린 교회 - 민주 헌법 쟁취 국민운동 본부 발기인 대회 개최지
성공회 성당 - 6·10 국민 대회가 시작된 곳

① 신군부의 비상 계엄 확대가 원인이 되어 일어났다.
② 관련 기록물이 유네스코 세계 기록유산으로 등재되었다.
③ 3·15 부정 선거에 항의하며 시위대가 경무대로 행진하였다.
④ 3·1 민주 구국 선언을 통해 긴급 조치 철폐 등을 요구하였다.
⑤ 호헌 철폐와 독재 타도 등의 구호를 내세운 시위가 확산되었다.

08
다음 기사가 보도된 정부 시기의 사실로 옳은 것은? [3점]

□□신문
제△△호 ○○○○년 ○○월 ○○일

제24회 서울 올림픽 개회식이 열리다

제24회 서울 올림픽 개회식이 어제 잠실 올림픽 주경기장에서 성공적으로 열렸다. 개회식 마지막 행사에서는 주제곡 '손에 손잡고'가 울려 퍼지는 가운데 서울 올림픽 마스코트인 호돌이를 비롯하여 이전 올림픽의 마스코트들이 함께 춤추는 장면이 연출되어 동·서 화합의 의미를 더했다. 12년 만에 동·서 양 진영이 함께 모인 이번 대회에서는 160개국의 선수 8,000여 명이 참가하여 과거 어느 대회보다 수준 높은 경기가 펼쳐질 것으로 예상된다.

① 국민 교육 헌장이 발표되었다.
② 3당 합당으로 민주 자유당이 창당되었다.
③ 군 내부의 사조직인 하나회가 해체되었다.
④ 사회 정화를 명분으로 삼청 교육대가 설치되었다.
⑤ 외환 위기 극복을 위한 금 모으기 운동이 전개되었다.

05 | 전두환 정부
정답 ②

자료 분석
박종철 고문 치사 사건 + 날조 → 전두환 정부

전두환 정부 시기에 직선제 개헌 요구 운동 과정에서 서울대학교 학생인 박종철이 경찰의 고문으로 사망하는 사건이 발생하였다. 정부는 이 사건을 축소·은폐하여 단순 쇼크사인 것처럼 날조하였으나, 의혹이 제기되자 물고문 사실을 인정하였다.

정답 해설
② 전두환 정부 시기에는 당시 여당 대통령 후보였던 노태우가 6·29 선언을 통해 직선제로 개헌할 것을 약속하였고, 5년 단임의 대통령 직선제 개헌이 이루어졌다.

오답 체크
① 박정희 정부: 유신 체제에 비판적이었던 야당 총재 김영삼이 국회의원직에서 제명되었다.
③ 박정희 군부 시기: 군부 세력에 의해 국가 재건 최고 회의를 기반으로 한 군정이 실시되었다.
④ 이승만 정부: 평화 통일론을 내세우던 진보당의 조봉암이 간첩 혐의로 처형되었다.
⑤ 박정희 정부: 윤보선, 김대중 등에 의해 긴급 조치 철폐와 대통령의 퇴진 등을 포함한 3·1 민주 구국 선언이 발표되었다.

06 | 6월 민주 항쟁
정답 ③

자료 분석
이한열 + 호헌 철폐와 독재 타도를 외침 → 6월 민주 항쟁

6월 민주 항쟁은 대통령의 직선제 개헌 요구를 묵살하고 간선제를 유지하겠다는 4·13 호헌 조치에 반발하여 일어난 민주화 운동이다. 시민과 학생들은 호헌 철폐와 독재 타도를 구호로 내세워 운동을 전개하였는데, 이 과정에서 대학생 이한열이 경찰이 쏜 최루탄에 피격되는 사건이 발생하였다. 이 사건을 계기로 민주화 운동이 전국으로 확산되었다.

정답 해설
③ 6월 민주 항쟁이 전국적으로 확산되자 당시 여당 대통령 후보였던 노태우가 대통령 직선제로의 개헌을 약속한 6·29 선언을 발표하였고, 이후 5년 단임의 대통령 직선제 개헌이 이루어졌다.

오답 체크
① 부·마 민주 항쟁: 신민당 총재인 김영삼이 국회의원직에서 제명되자 부산·마산에서 전개된 유신 체제 반대 시위로, 유신 체제 붕괴의 배경이 되었다.
② 4·19 혁명: 3·15 부정 선거에 항거하며 일어난 민주화 운동으로, 당시 대통령인 이승만이 하야하는 결과를 가져왔다.
④ 5·18 민주화 운동: 신군부가 비상 계엄을 전국으로 확대하자 이에 반발하여 일어난 민주화 운동으로, 시위 과정에서 계엄군이 투입되자 시민군이 자발적으로 조직되었다.
⑤ 6·3 시위: 굴욕적인 한·일 국교 정상화에 반대하여 일어난 운동으로, 정부가 비상 계엄령을 선포하여 무력으로 진압하였다.

07 | 6월 민주 항쟁
정답 ⑤

자료 분석
박종철 고문 은폐·조작 + 6·10 국민 대회 → 6월 민주 항쟁

6월 민주 항쟁은 국민들의 대통령 직선제 개헌 요구를 묵살하고 간선제를 유지하겠다는 전두환 정부의 4·13 호헌 조치에 반발하여 일어났다. 호헌 조치 발표 이후 전두환 정부가 경찰의 고문으로 박종철이 사망한 사건을 은폐·조작하였다는 정황이 발표되며 국민들의 분노가 폭발하였다. 이에 민주 헌법 쟁취 국민운동 본부가 결성되어 전국적인 민주화 운동이 전개되었으며, 그 결과 당시 여당 대통령 후보였던 노태우가 6·29 선언을 통해 직선제로 개헌할 것을 약속하며 5년 단임의 대통령 직선제 개헌이 이루어졌다.

정답 해설
⑤ 6월 민주 항쟁은 전두환 정부의 4·13 호헌 조치에 반발하여 일어난 민주화 운동으로, 호헌 철폐와 독재 타도 등을 구호로 내세웠다.

오답 체크
① 5·18 민주화 운동: 신군부가 비상 계엄을 전국으로 확대하자 광주 지역의 학생과 시민들이 계엄령 철폐 등을 요구하며 민주화 운동을 전개하였다.
② 4·19 혁명, 5·18 민주화 운동: 관련 기록물이 2023년과 2011년에 유네스코 세계 기록유산으로 등재되었다.
③ 4·19 혁명: 3·15 부정 선거에 항의하는 시위대가 이승만과의 면담을 요구하며 경무대(청와대의 옛 이름)로 행진하였다.
④ 유신 체제 반대 운동: 재야 인사와 야당 지도자들이 긴급 조치 철폐 등을 요구하는 3·1 민주 구국 선언을 발표하였다.

08 | 노태우 정부
정답 ②

자료 분석
서울 올림픽 개회식 → 노태우 정부

노태우 정부는 1988년에 실시된 제13대 국회의원 선거 결과 야당의 의석수가 여당보다 많은 여소야대 정국이 형성되자, 이를 극복하기 위해 민주 정의당의 노태우, 통일 민주당의 김영삼, 신민주 공화당의 김종필이 3당 합당을 발표하고 민주 자유당이라는 거대 여당을 창당하였다. 이후 서울 올림픽을 개최하여 국민의 일체감을 증대시키고 대한민국의 국제적 지위를 향상시켰다.

정답 해설
② 노태우 정부 때 야당의 의석수가 여당보다 많은 이른바 여소야대의 국정을 극복하기 위해 3당 합당을 단행하였으며, 그 결과 민주 자유당이 창당되었다.

오답 체크
① 박정희 정부: 국민 교육 헌장을 발표하여 교육의 지표를 제시하였다.
③ 김영삼 정부: 육군 사관 학교 출신 장교들이 만든 군 내부의 비공식 사조직인 하나회가 해체되었다.
④ 신군부 집권기: 전두환을 중심으로 한 신군부는 국가 보위 비상 대책 위원회를 구성하고 삼청 교육대를 설치하여 사회 정화 명목으로 가혹 행위를 자행하였다.
⑤ 김대중 정부: 외환 위기 극복을 위한 시민들의 금 모으기 운동이 전개되어 국제 통화 기금(IMF)의 지원 자금을 조기 상환하였다.

04 전두환 정부~노무현 정부

09 킬러   75회 49번

다음 기사 내용이 보도된 정부 시기에 있었던 사실로 옳은 것은? [3점]

> □□신문
> 제△△호   ○○○○년 ○○월 ○○일
>
> **군대 내 사조직 '하나회' 청산 매듭**
>
> 어제 단행된 군 장성 정기 인사를 통해 하나회 회원으로 알려진 중장급 이상 장성 전원이 보직 해임되었다. 이번 인사는 문민 정부 출범 직후인 지난해 3월 8일 육군 참모총장과 기무사령관을 전격적으로 예편 조치함으로써 시작된 군대 내 사조직 청산 작업을 마무리한 것이다. 군 내부에서도 이번 하나회 완전 제거가 군이 정치적 중립을 확보하고 안정과 결속을 다지는 계기가 될 것으로 기대하고 있다.

① 칠레와의 자유 무역 협정(FTA)이 체결되었다.
② 처음으로 연간 수출액 100억 달러가 달성되었다.
③ 서울과 평양에서 7·4 남북 공동 성명이 발표되었다.
④ 북방 외교를 추진하여 사회주의 국가인 소련과 수교하였다.
⑤ 거창 사건 등 관련자의 명예 회복에 관한 특별 조치법이 제정되었다.

10   70회 46번

(가) 시기에 있었던 사실로 옳은 것은? [1점]

오늘 내린 긴급 재정 경제 명령은 명실상부한 금융 실명제에 대한 국민의 열망을 반영하고 있습니다. → (가) → 정부는 금융 외환 시장의 어려움을 극복하기 위해 국제 통화 기금에 유동성 조절 자금 지원을 요청하였습니다.

① 처음으로 수출액 100억 달러를 달성하였다.
② 미국과 자유 무역 협정(FTA)을 체결하였다.
③ 저유가·저금리·저달러의 3저 호황이 있었다.
④ 경제 협력 개발 기구(OECD) 회원국이 되었다.
⑤ 원조 물자를 가공하는 삼백 산업이 발달하였다.

11   61회 49번

다음 연설이 있었던 정부 시기의 경제 상황으로 옳은 것은? [2점]

> 오늘 우리나라는 OECD 회원국이 되게 되었습니다. …… 한국은 수많은 어려움이 있었음에도 시장 경제 체제의 장점을 살리는 경제 개발 전략을 추진해 왔습니다. 이를 통해 폐허 속에서 한 세대 만에 세계 10위권의 경제 규모를 가진 나라로 성장하였습니다.

① 처음으로 수출액 100억 달러가 달성되었다.
② 대통령 긴급 명령으로 금융 실명제가 실시되었다.
③ 개성 공단 건설을 통해 남북 간 경제 교류가 이루어졌다.
④ 한국과 미국 사이에 자유 무역 협정(FTA)이 체결되었다.
⑤ 경제적 취약 계층을 위한 국민 기초 생활 보장법이 시행되었다.

12   55회 50번

다음 연설문을 발표한 정부 시기에 있었던 사실로 옳은 것은? [2점]

> 지난 5년 동안 우리 국민은 세계가 놀라워하는 업적을 이룩해 냈습니다. 외환 위기를 맞이하자 우리 국민은 '금 모으기'를 전개하여 전 세계를 감동시켰습니다. …… 금융, 기업, 공공, 노사의 4대 개혁을 고통과 희생을 감내하면서 지지하고 적극 협력함으로써 우리 경제는 3년을 앞당겨 IMF 관리 체제에서 벗어날 수 있었습니다. …… 고용 보험, 산재 보험, 건강 보험, 국민연금 등 4대 보험의 틀을 갖추고 국민 기초 생활 보장법을 시행한 것을 비롯해 선진국 수준의 복지 체제를 완비했습니다.

① G20 서울 정상 회의가 개최되었다.
② 미국과의 자유 무역 협정(FTA)이 체결되었다.
③ 금융 실명제가 대통령 긴급 명령으로 실시되었다.
④ 8·3 조치로 사채 동결 등의 특혜가 기업에게 제공되었다.
⑤ 남북 경제 교류 증진을 위한 경의선 복원 공사가 시작되었다.

09 | 김영삼 정부 오답률 68.9% 정답 ⑤

자료 분석
'하나회' 청산 + 문민 정부 → 김영삼 정부

김영삼 정부는 군부 출신 대통령 시대를 끝내고 민간 정치인이 대통령으로 당선되면서 세워진 문민 정부로, 군대 내 육군 사관 학교 출신 장교들이 만든 사조직인 하나회를 제거하여 군부 독재를 완전히 청산하고자 하였다.

정답 해설
⑤ 김영삼 정부 시기에는 6·25 전쟁 당시 경남 거창에서 국군에 의해 민간인이 집단으로 학살당한 사건인 거창 사건 등 관련자의 명예 회복에 관한 특별 조치법이 제정되었고, 이후 희생자들의 명예 회복과 위령 사업 등이 추진되었다.

오답 체크
① 노무현 정부: 시장 개방 정책을 추진하여 칠레와의 자유 무역 협정(FTA)이 체결되었다.
② 박정희 정부: 경제 분야에서 중화학 공업이 성장하여 처음으로 연간 수출액 100억 달러가 달성되었다.
③ 박정희 정부: 서울과 평양에서 한반도의 통일은 자주·평화·민족 대단결의 원칙에 따라 이루어져야 한다는 7·4 남북 공동 성명이 발표되었다.
④ 노태우 정부: 북방 외교를 추진하여 사회주의 국가인 소련 및 중국 등과 수교하였다.

10 | 금융 실명제 실시와 국제 통화 기금 자금 지원 요청 사이의 사실 정답 ④

자료 분석
- 금융 실명제 → 금융 실명제 실시(1993)
- 국제 통화 기금에 유동성 조절 자금 지원 요청 → 국제 통화 기금(IMF) 자금 지원 요청(1997)

김영삼 정부는 탈세와 부정부패를 차단하기 위해 대통령 긴급 명령으로 금융 거래에 실제 명의를 사용하는 금융 실명제를 실시하였다(1993). 그러나 급격한 시장 개방 정책과 국제 경제의 악화, 외환 보유고 부족 등으로 임기 말에 외환 위기를 맞이하였고, 결국 국제 통화 기금(IMF)에 유동성 조절 자금 지원을 요청하였다(1997).

정답 해설
④ 김영삼 대통령 때인 1996년에 시장 개방 정책을 추진하기 위하여 경제 협력 개발 기구(OECD)에 가입하여 회원국이 되었다.

오답 체크
① 박정희 정부: 중화학 공업의 성장을 통해 처음으로 수출액 100억 달러를 달성하였다(1977).
② 노무현 정부: 미국과 한·미 자유 무역 협정(FTA)을 체결하여 시장을 개방하였다.
③ 전두환 정부: 1980년대 중반 이후 전 세계적으로 나타난 저유가·저금리·저달러의 3저 호황으로 한국 경제가 고도 성장하였다.
⑤ 이승만 정부: 미국의 경제 원조 물자(밀가루·설탕·면직물)를 가공하는 삼백 산업이 발달하였다.

11 | 김영삼 정부 정답 ②

자료 분석
OECD 회원국이 됨 → 김영삼 정부

김영삼 정부는 경제의 성장과 함께 선진국 대열에 합류하고자 1996년에 경제 협력 개발 기구(OECD)에 회원국으로 가입하여 시장 개방 정책을 추진하였다. 또한 모든 금융 거래를 실제 본인의 이름으로 하도록 하는 금융 실명제를 실시하였다.

정답 해설
② 김영삼 정부 시기에 대통령 긴급 명령으로 모든 금융 거래 시 실제 명의를 사용하는 금융 실명제가 실시되었다.

오답 체크
① 박정희 정부: 중화학 공업의 성장을 통해 처음으로 수출액 100억 달러가 달성되었다.
③ 노무현 정부: 김대중 정부 때 협의된 개성 공단이 건설되어, 이를 통해 남북간의 경제 교류가 활성화되었다.
④ 노무현 정부: 미국과 자유 무역 협정(FTA)을 체결하여 시장을 개방하였다.
⑤ 김대중 정부: 생활이 어려운 국민들의 최저 생활을 보호하기 위해 국민 기초 생활 보장법이 제정·시행되었다.

빈출 개념 | 김영삼 정부

금융 실명제 실시	모든 금융 거래를 실제 본인의 이름으로 하도록 함
역사 바로 세우기 운동	조선 총독부 건물 철거, 국민학교를 초등학교로 개칭, 전직 대통령 전두환과 노태우 구속 등
OECD 가입	시장 개방을 위해 경제 협력 개발 기구(OECD)에 가입
외환 위기	국제 경제의 악화와 외환 부족으로 IMF(국제 통화 기금)에 지원 요청

12 | 김대중 정부 정답 ⑤

자료 분석
금 모으기 + IMF 관리 체제에서 벗어남 → 김대중 정부

김대중 정부는 외환 위기가 발생한 상황에서 출범하여, 이를 극복하기 위해 노사정 위원회를 설치하는 등 경제·사회 개혁에 힘썼다. 또한 국민들은 금 모으기 운동을 전개하였고, 그 결과 국제 통화 기금(IMF)의 지원 자금을 조기에 상환하였다.

정답 해설
⑤ 김대중 정부 시기에 남북 경제 교류 증진을 위해 서울과 신의주를 잇는 경의선 복원 공사가 시작되었다.

오답 체크
① 이명박 정부: 서울에서 세계 20개국을 회원으로 하는 경제 협의 기구인 G20 정상 회의를 개최하였다.
② 노무현 정부: 미국과의 한·미 자유 무역 협정(FTA)이 체결되어 시장이 개방되었다.
③ 김영삼 정부: 모든 금융 거래 시 실제 본인의 이름을 사용하도록 한 금융 실명제를 실시하였다.
④ 박정희 정부: 8·3 조치를 통해 부도 위기에 직면한 대기업에게 사채 동결 등의 특혜를 제공하였다.

04 전두환 정부~노무현 정부

13
다음 기사가 보도된 정부 시기의 사실로 옳은 것은? [2점]

□□ 신문

제17회 FIFA 한·일 월드컵 개막식이 열리다

제17회 FIFA 한·일 월드컵 개막식이 어제 저녁 서울 월드컵 경기장에서 성공적으로 열렸다. 오후 7시 25분부터 취타대 등을 앞세운 32개 참가국 입장이 끝난 뒤 진행된 개막 행사는 환영·소통·어울림·나눔으로 구성되었다. 이후 세계 평화와 인류 화합의 새 시대가 열리고 한·일 양국 간 우호 친선의 21세기가 열리기를 기원하는 대통령의 개막 선언으로 화려하게 마무리되었다.

① 중앙 정보부가 창설되었다.
② 국가 인권 위원회가 출범하였다.
③ 세계 무역 기구(WTO)에 가입하였다.
④ G20 정상 회의를 서울에서 개최하였다.
⑤ 37년 만에 야간 통행 금지가 해제되었다.

15
밑줄 그은 '정부' 시기에 있었던 사실로 옳은 것은? [3점]

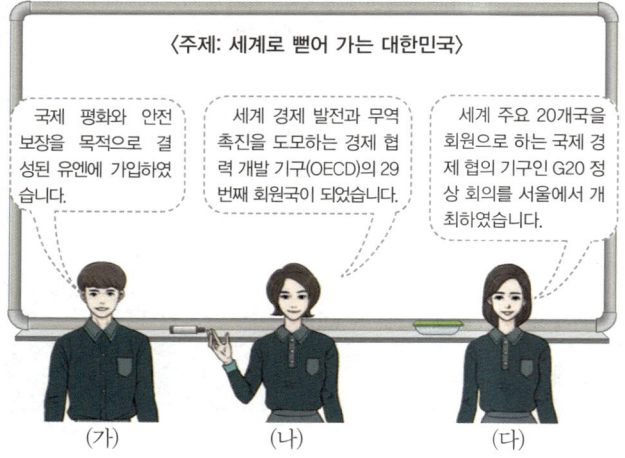

① 평창 동계 올림픽이 개최되었다.
② 전국 민주 노동 조합 총연맹이 창립되었다.
③ 헝가리와 상주 대표부 설치 협정을 체결하였다.
④ 진실·화해를 위한 과거사 정리 기본법이 제정되었다.
⑤ 중학교 입시 제도가 폐지되고 무시험 추첨제가 실시되었다.

14 킬러
다음 뉴스가 보도된 정부 시기에 있었던 사실로 옳은 것은? [3점]

① 서울 올림픽 대회가 개최되었다.
② 국가 인권 위원회가 설립되었다.
③ 전국 민주 노동조합 총연맹이 창립되었다.
④ 중국과 자유 무역 협정(FTA)이 체결되었다.
⑤ 친일 반민족 행위 진상 규명 위원회가 출범하였다.

16
(가)~(다) 학생이 발표한 내용을 일어난 순서대로 옳게 나열한 것은? [1점]

〈주제: 세계로 뻗어 가는 대한민국〉

(가) 국제 평화와 안전 보장을 목적으로 결성된 유엔에 가입하였습니다.

(나) 세계 경제 발전과 무역 촉진을 도모하는 경제 협력 개발 기구(OECD)의 29번째 회원국이 되었습니다.

(다) 세계 주요 20개국을 회원으로 하는 국제 경제 협의 기구인 G20 정상 회의를 서울에서 개최하였습니다.

① (가) - (나) - (다)
② (가) - (다) - (나)
③ (나) - (가) - (다)
④ (나) - (다) - (가)
⑤ (다) - (가) - (나)

13 | 김대중 정부
정답 ②

자료 분석
한·일 월드컵 → 김대중 정부
김대중 정부는 외환 위기가 발생한 상황에서 출범하여 이를 극복하기 위해 대통령 직속 자문 기구인 노사정 위원회를 설치하고, 국민들은 금 모으기 운동을 전개하여 외환 위기를 극복하였다. 한편 김대중 정부 시기인 2002년에는 한·일 월드컵이 개최되었다.

정답 해설
② 김대중 정부 시기에 사회적 약자와 소수자를 보호하기 위해 국가 인권 위원회가 출범하였다.

오답 체크
① 박정희 정부: 국가 안전 보장과 관련된 업무를 수행하기 위한 기구로 중앙 정보부가 창설되었다.
③ 김영삼 정부: 무역 자유화를 통한 전 세계적인 경제 발전을 목적으로 하는 국제 기구인 세계 무역 기구(WTO)에 가입하였다.
④ 이명박 정부: 서울에서 세계 20개국을 회원으로 하는 경제 협의 기구인 G20 정상 회의를 개최하였다.
⑤ 전두환 정부: 유화 정책을 실시하여 37년 만에 야간 통행 금지가 해제되었다.

빈출 개념 | 김대중 정부

외환 위기 극복	노사정 위원회 구성, 금 모으기 운동 등으로 IMF 관리 체제 극복
남북 관계 개선	• 햇볕 정책(대북 화해 협력 정책) 실시, 금강산 관광 사업 실시 • 최초로 남북 정상 회담 실현 → 6·15 남북 공동 선언 발표
기타	국민 기초 생활 보장 제도 시행, 국가 인권 위원회 설립 등

14 | 노무현 정부 오답률 81.9%
정답 ⑤

자료 분석
대통령 탄핵 소추 심판 청구에 대해 기각 → 노무현 정부
노무현 정부 시기에는 정부 출범 약 1년 만에 헌정 사상 최초로 야당에 의해 대통령 탄핵안이 가결되었다. 이에 노무현 대통령의 직무가 정지되었으나, 약 두 달 뒤 헌법 재판소가 탄핵 소추안에 대해 기각을 결정하며 대통령직에 복귀하였다.

정답 해설
⑤ 노무현 정부 시기에 과거사 청산을 위해 친일 반민족 행위 진상 규명 위원회가 출범하였다.

오답 체크
① 노태우 정부: 1988년에 서울 올림픽을 개최하여 국민의 일체감을 증대시키고 대한민국의 국제적 지위를 향상시켰다.
② 김대중 정부: 2001년에 사회적 약자와 소수자를 보호하기 위해 국가 인권 위원회를 설치하였다.
③ 김영삼 정부: 1995년에 전국 민주 노동 조합 총연맹이 창립되었다.
④ 박근혜 정부: 2015년에 중국과 자유 무역 협정(FTA)을 체결하여 무역 시장을 확대하였다.

15 | 노무현 정부
정답 ④

자료 분석
호주제 폐지 → 노무현 정부
노무현 정부는 양성 평등의 실현을 위해 남성(호주)을 중심으로 가족 구성원들의 출생·혼인·사망 등의 신분 변동을 기록하는 제도인 호주제를 폐지하였다. 또한 노무현 정부는 국토의 균형 발전을 위해 행정 복합 도시 건설을 시작으로 세종 특별자치시를 만들었으며, 전염병 연구 및 관리 등을 위한 질병 관리 본부를 출범시켰다.

정답 해설
④ 노무현 정부 시기에 진실·화해를 위한 과거사 정리 기본법이 제정되었고, 진실·화해를 위한 과거사 정리 위원회가 출범하였다.

오답 체크
① 문재인 정부: 평창 동계 올림픽이 개최되었으며, 남북 단일팀이 참가하였다.
② 김영삼 정부: 노동자의 권익을 도모하기 위한 전국 민주 노동 조합 총연맹(민주노총)이 창립되었다.
③ 노태우 정부: 적극적인 북방 외교 정책을 추진하여 헝가리와 외교 관계를 수립하였고, 헝가리와 상주 대표부(대사관) 설치 협정을 체결하였다.
⑤ 박정희 정부: 중등 교육의 기회를 확대하기 위해 중학교 입시 제도를 폐지하고 무시험 추첨제를 실시하였다.

빈출 개념 | 노무현 정부

사회	• KTX 개통(2004) • 호주제 폐지(2005) • 질병 관리 본부 출범(2004) • 진실·화해를 위한 과거사 정리 위원회 출범(2005)
경제	• 한·칠레 FTA 체결(2004) • 한·미 FTA 체결(2007)

16 | 대한민국 각 정부의 정책
정답 ①

자료 분석
(가) 유엔에 가입함 → 노태우 정부
(나) 경제 협력 개발 기구(OECD)의 회원국이 됨 → 김영삼 정부
(다) G20 정상 회의를 서울에서 개최함 → 이명박 정부

정답 해설
① 순서대로 나열하면 (가) 노태우 정부 – (나) 김영삼 정부 – (다) 이명박 정부 시기의 정책이다.

(가) 노태우 정부는 적극적인 북방 외교의 추진 결과 국제 평화와 안전 보장을 목적으로 북한과 함께 유엔에 가입하였다.
(나) 김영삼 정부는 세계화를 내세운 시장 개방 정책을 추진하여 경제 협력 개발 기구(OECD)에 가입하였다.
(다) 이명박 정부는 서울에서 세계 20개국을 회원으로 하는 경제 협의 기구인 G20 정상 회의를 개최하였다.

05 남북의 통일 논의

01
50회 50번

다음 기사의 사건이 일어난 정부 시기의 통일 정책으로 옳은 것은? [2점]

□□신문
제△△호   ○○○○년 ○○월 ○○일

광주 대단지 주민 5만여 명, 대규모 시위

지난 10일, 경기도 광주시 중부면 광주 대단지에서 5만여 명의 주민들이 차량을 탈취하여 대규모 시위를 벌였다. 이번 시위는 서울 도심을 정비하기 위하여 10만여 명의 주민들을 경기도 광주로 이주시키는 과정에서 발생하였다. 서울시가 처음 내건 이주 조건과 달리, 상하수도나 교통 등 기반 시설이 갖추어지지 않은 채 강제로 이주시켰기 때문이다. 시위 과정에서 관공서와 주유소 등이 불에 탔고, 주민과 경찰 다수가 부상을 입었으며, 일부 주민들이 구속되었다.

① 남북한이 유엔에 동시 가입하였다.
② 10·4 남북 공동 선언을 발표하였다.
③ 남북한이 한반도 비핵화 공동 선언에 서명하였다.
④ 남북 조절 위원회를 설치하여 통일 방안을 논의하였다.
⑤ 남북한의 교류 협력을 위한 개성 공업 지구 건설에 착수하였다.

02
66회 50번

(가), (나) 사이의 시기에 있었던 사실로 옳은 것은? [3점]

(가) 남북 간의 제반 문제를 개선, 해결하며 나라의 통일 문제를 다루는 남북 조절 위원회가 정식으로 발족하였다. 남북 조절 위원회는 판문점에 공동 사무국을 두기로 하였으며, 회의는 서울과 평양에서 번갈아 진행하기로 하였다.

(나) 서울에서 열린 제5차 남북 고위급 회담에서 남북 사이의 화해와 불가침 및 교류·협력 등을 주요 내용으로 하는 남북 기본 합의서를 채택하였다. 특히 이번 합의서에서는 분단 이후 처음으로 남북 양측의 국호를 사용하였다.

① 금강산 육로 관광이 시작되었다.
② 6·15 남북 공동 선언이 발표되었다.
③ 평창 동계 올림픽에 남북 단일팀이 참가하였다.
④ 남북 경제 협력을 위한 개성 공업 지구가 조성되었다.
⑤ 남북 이산가족 고향 방문단의 교환 방문이 최초로 성사되었다.

03
60회 48번

다음 뉴스가 보도된 정부 시기에 있었던 사실로 옳은 것은? [3점]

대통령은 오늘 남북 고위급 회담 타결 상황을 보고받고, 내일 북한 대표단을 접견하기로 했습니다. 청와대 고위 관계자는 남북 사이의 화해와 불가침 및 교류 협력에 관한 합의서 채택에 완전히 합의한 것은 남북 관계에 큰 진전을 이룬 것이라고 평가했습니다.

대통령, 내일 북한 대표단 접견

① 제2차 남북 정상 회담이 개최되었다.
② 경제 협력 개발 기구(OECD)에 가입하였다.
③ 남북 조절 위원회가 설치되어 통일 방안이 논의되었다.
④ 북방 외교를 추진하여 중국 등 사회주의 국가들과 수교하였다.
⑤ 남북한의 교류 협력을 위한 개성 공업 지구 건설에 합의하였다.

04
70회 43번

다음 연설문을 발표한 정부의 통일 노력으로 옳은 것은? [2점]

제5차 남북 고위급 회담에서 서명된 합의서는 남과 북이 오랜 단절과 대립을 청산하여 상호 신뢰를 바탕으로 이 땅에, 평화의 질서를 구축하고 교류 협력을 통해 민족의 화해와 공동 번영을 이루어가기 위해 필요한 조처들을 망라하고 있습니다. …… 석 달 전 남북한의 유엔 동시 가입과 이에 이은 이번 합의서의 서명은 한반도 문제 해결과 민족 통일을 향한 여정에 획기적인 이정표를 세운 것입니다. …… 나는 올해 안에 한반도의 비핵화를 실현하는 합의를 이루고 밝아오는 새해와 함께 남과 북이 평화와 협력, 평화와 공동 번영의 새로운 시대를 힘차게 열게 되기를 바랍니다.

① 판문점에서 남북 정상 회담을 개최하였다.
② 남북 이산가족의 고향 방문을 최초로 성사시켰다.
③ 민족 자존과 통일 번영을 위한 7·7 선언을 발표하였다.
④ 7·4 남북 공동 성명을 실천하기 위해 남북 조절 위원회를 구성하였다.
⑤ 남북 관계 발전과 평화 번영을 위한 10·4 남북 정상 선언에 서명하였다.

● 주제별 출제 비중
*최근 3개년 기준(심화 76~63회)

대한민국 정부 수립 과정	이승만 정부~장면 내각	박정희 정부	전두환 정부~노무현 정부	남북의 통일 논의
19%	25%	22%	21%	13%

01 | 박정희 정부의 통일 정책   정답 ④

자료 분석
광주 대단지 + 대규모 시위 → 광주 대단지 사건 → 박정희 정부

박정희 정부는 서울 도심 정비를 위해 10만여 명의 주민을 경기도 광주로 이주시켰다. 그러나 정부가 기반 시설도 갖추지 않은 채 주민들을 강제 이주시키자, 광주 대단지의 주민들은 주거 및 생활 대책을 위한 대규모 시위를 벌였다(광주 대단지 사건).

정답 해설
④ 박정희 정부는 7·4 남북 공동 성명의 합의 사항을 추진하기 위해 남북 조절 위원회를 설치하여 통일 방안을 논의하였다.

오답 체크
① 노태우 정부: 남북한이 유엔에 동시 가입하였다.
② 노무현 정부: 제2차 남북 정상 회담의 결과 10·4 남북 공동(정상) 선언을 채택하였다.
③ 노태우 정부: 평화 통일의 기반을 다지기 위해 남북한이 한반도 비핵화 공동 선언에 서명하였다.
⑤ 노무현 정부: 김대중 정부 때 합의한 개성 공업 지구 건설에 착수하였다.

02 | 남북 조절 위원회 설치와 남북 기본 합의서 채택 사이의 사실   정답 ⑤

자료 분석
(가) 남북 조절 위원회가 정식으로 발족함
→ 남북 조절 위원회 설치(1972, 박정희 정부)
(나) 남북 기본 합의서를 채택함
→ 남북 기본 합의서 채택(1991, 노태우 정부)

(가) 박정희 정부 시기에는 자주·평화·민족 대단결의 통일 원칙을 명시한 7·4 남북 공동 성명을 발표하였고, 이에 따라 통일 문제 협의 기구로 남북 조절 위원회를 구성하였다(1972).
(나) 노태우 정부 시기에는 남북 기본 합의서를 채택하여 상호 불가침, 교류·협력 확대 등에 합의하였다(1991).

정답 해설
⑤ 전두환 정부 때인 1985년에 남북 이산가족 고향 방문단과 남북 예술 공연단 교환을 최초로 성사시켰다.

오답 체크
① 김대중 정부 때 금강산 해로 관광이 시작된 뒤, 노무현 정부 때인 2003년에 금강산 육로 관광이 시작되었다.
② 김대중 정부 때인 2000년에 남북 정상 회담을 처음으로 개최하고, 6·15 남북 공동 선언을 발표하였다.
③ 문재인 정부 때인 2018년에 평창 동계 올림픽에 남북 단일팀이 참가하였다.
④ 노무현 정부 때인 2004년에 김대중 정부 때 남북 경제 협력을 위해 추진하기로 합의한 개성 공업 지구가 조성되었다.

03 | 노태우 정부 시기의 사실   정답 ④

자료 분석
남북 사이의 화해와 불가침 및 교류 협력에 관한 합의서
→ 남북 기본 합의서 → 노태우 정부

노태우 정부는 북한과 적극적인 대화를 시도하여 남북 고위급 회담을 개최하였고, 그 결과 남북한이 유엔에 동시 가입하였다. 나아가 남북 기본 합의서를 채택하여 남북 간 상호 체제 인정, 상호 불가침, 교류·협력 확대 등에 합의하는 성과를 냈다.

정답 해설
④ 노태우 정부는 적극적인 북방 외교를 추진하여 소련, 중국 등 사회주의 국가들과 외교 관계를 수립하였다.

오답 체크
① 노무현 정부: 제2차 남북 정상 회담이 개최되고, 10·4 남북 정상(공동) 선언이 발표되었다.
② 김영삼 정부: 시장 개방 정책을 추진하여 경제 협력 개발 기구(OECD)에 가입하였다.
③ 박정희 정부: 7·4 남북 공동 성명을 실천하기 위해 남북 조절 위원회가 구성되어 통일 방안이 논의되었다.
⑤ 김대중 정부: 남북한 교류 협력을 위한 개성 공업 지구(개성 공단) 건설에 합의하였다.

04 | 노태우 정부의 통일 노력   정답 ③

자료 분석
남북한의 유엔 동시 가입 → 노태우 정부의 통일 노력

노태우 정부는 북한과 적극적인 대화를 시도하여 남북 고위급 회담을 개최하였고, 그 결과 남북한이 동시에 유엔에 가입하였다. 나아가 노태우 정부는 남북 기본 합의서를 채택하여 남북 간 상호 체제 인정, 상호 불가침, 교류·협력 확대 등에 합의하는 성과를 냈다. 또한 평화 통일의 기반을 다지기 위해 한반도 비핵화 공동 선언에 서명하였다.

정답 해설
③ 노태우 정부는 민족 자존과 통일 번영을 위해 통일 외교 정책의 기본 방향을 담은 대통령 특별 선언인 7·7 선언을 발표하였다.

오답 체크
① 문재인 정부: 2018년에 북한과 판문점에서 제3차 남북 정상 회담을 개최하였다.
② 전두환 정부: 최초의 남북 이산가족의 고향 방문과 남북 예술단 교환이 이루어졌다.
④ 박정희 정부: 7·4 남북 공동 성명의 합의 사항을 추진하고 통일 문제를 해결할 목적으로 남북 조절 위원회를 구성하였다.
⑤ 노무현 정부: 제2차 남북 정상 회담의 결과 남북 관계 발전과 평화 번영을 위한 10·4 남북 정상(공동) 선언에 서명하였다.

05 남북의 통일 논의

05
63회 50번

다음 선언을 발표한 정부의 통일 노력으로 옳은 것은? [3점]

> 나는 오늘 온 겨레의 염원인 조국의 평화적 통일을 실현해 나가기 위한 새 공화국의 정책을 밝히려 합니다. 우리 민족이 남북 분단의 고통을 겪어온 지 반세기가 가까워 옵니다. 민족 자존과 통일 번영의 새 시대를 열어갈 것임을 약속하면서 다음과 같은 정책을 추진해 나갈 것을 내외에 선언합니다.
> ……
> 셋째, 남북 간 교역의 문호를 개방하고 남북 간 교역을 민족 내부 교역으로 간주한다.
> ……
> 여섯째, 한반도의 평화를 정착시킬 여건을 조성하기 위하여 북한이 미국, 일본 등 우리 우방과의 관계를 개선하는 데 협조할 용의가 있으며 또한 우리는 소련, 중국을 비롯한 사회주의 국가들과의 관계 개선을 추구한다.

① 남북 조절 위원회를 구성하였다.
② 개성 공업 지구 건설에 합의하였다.
③ 10·4 남북 정상 선언을 발표하였다.
④ 남북한이 국제 연합(UN)에 동시 가입하였다.
⑤ 남북 이산가족 고향 방문을 최초로 실현하였다.

06
56회 50번

다음 연설이 있었던 정부 시기의 통일 노력으로 옳은 것은? [2점]

> 나는 3년 전 이 자리에서 서울 올림픽의 감명을 전했습니다. …… 며칠 전 남북한이 다른 의석으로 유엔에 가입한 것은 가슴 아픈 일이지만 통일을 위해 거쳐야 할 중간 단계입니다. 남북한의 두 의석이 하나로 되는 데는 오랜 시간이 걸리지 않을 것으로 믿습니다.

① 남북 정상 회담을 처음으로 개최하였다.
② 한반도 비핵화 공동 선언을 채택하였다.
③ 개성 공단 조성 사업을 추진하기로 하였다.
④ 남북 조절 위원회를 운영하기로 합의하였다.
⑤ 남북 간 이산가족 상봉을 최초로 실현하였다.

07 빈출
71회 50번

다음 연설이 있었던 정부의 통일 노력으로 옳은 것은? [2점]

> 노벨 위원회가 긍정적으로 평가해 준 최근의 남북 관계에 대해 몇 말씀드리겠습니다. 저는 지난 6월에 북한의 김정일 국방위원장과 역사적인 남북 정상 회담을 가졌습니다. …… 우리의 일관되고 성의 있는 자세와 노르웨이를 비롯한 전 세계 모든 나라의 햇볕 정책에 대한 지지는 북한의 태도를 바꾸게 만들었습니다.

① 남북 기본 합의서를 교환하였다.
② 7·4 남북 공동 성명을 발표하였다.
③ 6·15 남북 공동 선언을 채택하였다.
④ 한반도 비핵화 공동 선언에 합의하였다.
⑤ 남북 이산가족 고향 방문단의 교환을 최초로 실현하였다.

08
65회 50번

다음 뉴스가 보도된 정부 시기의 통일 정책으로 옳은 것은? [2점]

> 대통령은 오늘 도쿄에서 오부치 일본 총리와 21세기 새로운 한·일 파트너십 공동 선언에 합의하였습니다. 이 공동 선언문에는 일본이 과거 한때 식민지 지배로 인하여 한국 국민에게 다대한 손해와 고통을 안겨주었다는 역사적 사실을 겸허히 받아들이면서, 이에 대한 통절한 반성과 마음으로부터 사죄라는 표현이 명문화되어 있습니다.

대통령, 일본 국회 연설에서 일본 대중 문화 단계적 개방 약속

① 남북 조절 위원회를 구성하였다.
② 6·15 남북 공동 선언을 채택하였다.
③ 한반도 비핵화 공동 선언에 합의하였다.
④ 판문점에서 남북 정상 회담을 개최하였다.
⑤ 남북 이산가족 고향 방문을 최초로 실현하였다.

05 | 노태우 정부 시기의 통일 노력   정답 ④

자료 분석

민족 자존과 통일 번영 + 소련, 중국을 비롯한 사회주의 국가들과의 관계 개선을 추구 → 7·7 선언 → 노태우 정부

노태우 정부는 남북 교류 및 공산권 외교 정책의 기본 방향을 담은 7·7 선언을 발표하였다. 이 선언은 이산가족 상봉 추진, 남북 교역 문호 개방, 남북 간의 대결 외교 종결, 사회주의 국가와 한국과의 관계 개선을 위한 상호 협조 등을 주요 내용으로 담고 있다. 이에 따라 중국·소련 등 사회주의 국가와 북한을 대상으로 적극적인 북방 외교를 추진하였다.

정답 해설

④ 노태우 정부는 적극적인 북방 외교를 추진하였고, 그 결과 국제 평화와 안전 보장을 목적으로 남북한이 국제 연합(UN)에 동시 가입하였다.

오답 체크

① 박정희 정부: 7·4 남북 공동 성명의 합의 사항을 추진하기 위해 남북 조절 위원회를 설치하여 통일 방안을 논의하였다.
② 김대중 정부: 남북 간의 경제 협력 활성화를 위해 개성 공업 지구 건설에 합의하였다.
③ 노무현 정부: 제2차 남북 정상 회담의 결과 10·4 남북 정상(공동) 선언을 발표하였다.
⑤ 전두환 정부: 남북 이산가족 고향 방문을 최초로 실현하였으며, 예술 공연단을 교환하여 공연하였다.

06 | 노태우 정부의 통일 노력   정답 ②

자료 분석

서울 올림픽 + 남북한 + 유엔에 가입 → 노태우 정부

노태우 정부는 서울 올림픽을 개최하여 국민의 일체감을 증대시키고 대한민국의 국제적인 지위를 향상시켰다. 또한 중국·소련 등 사회주의 국가와 북한을 대상으로 적극적인 북방 외교 정책을 추진하였고, 그 결과 남북한이 동시에 유엔에 가입하였다.

정답 해설

② 노태우 정부는 핵 전쟁의 위험을 제거하고 평화 통일의 기반을 다지기 위해 한반도 비핵화 공동 선언을 채택하였다.

오답 체크

① 김대중 정부: 남북 정상 회담을 처음으로 개최하고, 6·15 남북 공동 선언을 발표하였다.
③ 김대중 정부: 남북 간의 경제 협력 활성화를 위해 개성 공단 조성 사업을 추진하기로 하였다.
④ 박정희 정부: 7·4 남북 공동 성명의 합의 사항을 추진하고 통일 문제를 해결할 목적으로 남북 조절 위원회를 설치·운영하기로 합의하였다.
⑤ 전두환 정부: 남북 간 이산가족 상봉을 최초로 실현하였으며, 예술 공연단을 교환하여 공연하였다.

07 | 김대중 정부의 통일 노력   정답 ③

자료 분석

남북 정상 회담 + 햇볕 정책 → 김대중 정부

김대중 정부는 대북 화해 협력 정책인 햇볕 정책을 추진하여 남북 관계를 개선하고자 하였다. 햇볕 정책의 결과 김대중 대통령이 2000년 6월 13일 평양을 방문하며, 최초로 제1차 남북 정상 회담이 개최되었다.

정답 해설

③ 김대중 정부는 최초의 남북 정상 회담을 개최하고, 통일 문제의 자주적 해결 등에 합의한 6·15 남북 공동 선언을 채택하였다.

오답 체크

① 노태우 정부: 남북 고위급 회담에서 남북 사이의 화해와 불가침 및 교류·협력에 합의한 남북 기본 합의서를 교환하였다.
② 박정희 정부: 자주·평화·민족 대단결의 통일 원칙을 명시한 7·4 남북 공동 성명을 발표하였다.
④ 노태우 정부: 평화 통일의 기반을 다지기 위해 한반도 비핵화 공동 선언에 합의하였다.
⑤ 전두환 정부: 최초로 남북 이산가족 고향 방문단과 남북 예술단 교환을 실현하였다.

08 | 김대중 정부 시기의 통일 정책   정답 ②

자료 분석

오부치 일본 총리 + 한·일 파트너십 공동 선언에 합의함 → 김대중 정부

김대중 대통령은 1998년에 일본 도쿄를 방문하여 오부치 총리와 한·일 양국 간 불행한 역사를 극복하고 미래 지향적인 관계를 발전시키기 위해 과거사 인식을 포함한 11개 항의 '21세기의 새로운 한·일 파트너십 공동 선언'을 발표하였다.

정답 해설

② 김대중 정부는 남북 교류와 경제 협력 활성화 등에 합의하는 내용을 담은 6·15 남북 공동 선언을 채택하였다.

오답 체크

① 박정희 정부: 7·4 남북 공동 성명의 합의 사항을 추진하기 위해 남북 조절 위원회를 설치하여 통일 방안을 논의하였다.
③ 노태우 정부: 평화 통일의 기반을 다지기 위해 한반도 비핵화 공동 선언에 합의하였다.
④ 문재인 정부: 2018년에 북한과 판문점에서 제3차 남북 정상 회담을 개최하였다.
⑤ 전두환 정부: 최초의 남북 이산가족 고향 방문과 남북 예술 공연단 교환을 실현하였다.

05 남북의 통일 논의

09 64회 48번
다음 연설문을 발표한 정부의 통일 노력으로 옳은 것은? [2점]

> 저는 김정일 국방위원장과 분단 55년 만에 처음 정상 회담을 가졌습니다. 세 차례에 걸친 회담을 통해 우리 두 사람은 민족의 장래와 통일을 생각하는 마음과 열정에 큰 차이가 없으며, 이를 추진하는 방법에 공통점이 많다는 것을 확인했습니다. …… 남북이 열과 성을 모아, 이번의 정상 회담을 성공적으로 마쳐 온 세계를 깜짝 놀라게 했습니다. 남과 북의 화해와 협력을 향한 새 출발에 온 세계가 축복해 주고 있습니다. 불가능해 보였던 남북 정상 회담을 이뤄냈듯이 남과 북이 마음과 정성을 다한다면 통일의 날도 반드시 오리라 저는 확신합니다.

① 남북 교류 협력을 위한 개성 공업 지구 조성에 합의하였다.
② 평화 통일 외교 정책에 관한 6·23 특별 성명을 발표하였다.
③ 남북 사이의 화해와 불가침 및 교류·협력에 관한 합의서를 채택하였다.
④ 남북 관계 발전과 평화 번영을 위한 10·4 남북 정상 선언에 서명하였다.
⑤ 7·4 남북 공동 성명을 실천하기 위해 남북 조절 위원회를 구성하였다.

10 68회 43번
(가) 정부의 통일 정책에 대한 설명으로 옳은 것은? [1점]

① 남북 기본 합의서에 서명하였다.
② 남북한이 유엔에 동시 가입하였다.
③ 7·4 남북 공동 성명을 발표하였다.
④ 6·15 남북 공동 선언을 채택하였다.
⑤ 남북 이산가족 고향 방문을 최초로 실현하였다.

11 62회 47번
(가), (나) 사이의 시기에 있었던 사실로 옳은 것은? [2점]

> (가) 2. 남과 북은 나라의 통일을 위한 남측의 연합제 안과 북측의 낮은 단계의 연방제 안이 서로 공통성이 있다고 인정하고, 앞으로 이 방향에서 통일을 지향시켜 나가기로 하였다.
> – 「6·15 남북 공동 선언」

> (나) 4. 남과 북은 현 정전 체제를 종식시키고 항구적인 평화 체제를 구축해 나가야 한다는 데 인식을 같이하고 직접 관련된 3자 또는 4자 정상들이 한반도 지역에서 만나 종전을 선언하는 문제를 추진하기 위해 협력해 나가기로 하였다.
> – 「10·4 남북 정상 선언」

① 남북 조절 위원회가 구성되었다.
② 7·4 남북 공동 성명이 발표되었다.
③ 개성 공업 지구 건설이 착공되었다.
④ 남북한 비핵화 공동 선언이 채택되었다.
⑤ 남북 이산가족 고향 방문단의 교환 방문이 최초로 성사되었다.

12 67회 50번
다음 연설이 있었던 정부의 통일 노력으로 옳은 것은? [2점]

> 진작부터 꼭 한 번 와 보고 싶었습니다. 참여 정부 와서 첫 삽을 떴기 때문에 …… 지금 개성 공단이 매출액의 증가 속도, 그리고 근로자의 증가 속도 같은 것이 눈부시지요. …… 경제적으로 공단이 성공하고, 그것이 남북 관계에서 평화에 대한 믿음을 우리가 가질 수 있게 만드는 것이거든요. 또 함께 번영해 갈 수 있는 가능성에 대해서 우리가 믿음을 갖게 되는 것이기 때문에 이것이 선순환되면 앞으로 정말 좋은 결과가 있을 것입니다.

① 남북한이 국제 연합(UN)에 동시 가입하였다.
② 민족 자존과 통일 번영을 위한 7·7 선언을 발표하였다.
③ 남북 이산가족 고향 방문단의 교환 방문을 최초로 성사시켰다.
④ 7·4 남북 공동 성명 실천을 위해 남북 조절 위원회를 구성하였다.
⑤ 남북 관계 발전과 평화 번영을 위한 10·4 남북 정상 선언을 발표하였다.

09 김대중 정부의 통일 노력   정답 ①

자료 분석

> 분단 55년 만에 처음 정상 회담을 가짐 → 김대중 정부

김대중 정부는 대북 화해 협력 정책인 햇볕 정책을 추진하여 남북 관계를 개선하고자 하였다. 햇볕 정책의 결과 김대중 대통령이 2000년 6월 13일 평양을 방문하였고, 분단 55년 만에 최초로 남북 정상 회담이 개최되었다. 또한 이 회담에서 남북한 정상은 남북한 통일 방안의 유사성을 인정하고 남북 교류와 경제 협력 활성화 등에 합의하는 6·15 남북 공동 선언을 채택하였다.

정답 해설

① 김대중 정부는 제1차 남북 정상 회담을 개최하여 6·15 남북 공동 선언을 발표하였고, 그에 따라 남북 교류 협력을 위한 개성 공업 지구 조성에 합의하였다.

오답 체크

② **박정희 정부**: 평화 통일 외교 정책에 관한 6·23 특별 성명을 발표하였다.
③ **노태우 정부**: 남북 사이의 화해와 불가침 및 교류·협력에 관한 합의서(남북 기본 합의서)를 채택하였다.
④ **노무현 정부**: 제2차 남북 정상 회담을 개최하고 남북 관계 발전과 평화 번영을 위한 10·4 남북 정상(공동) 선언에 서명하였다.
⑤ **박정희 정부**: 7·4 남북 공동 성명의 합의 사항을 실천하기 위해 남북 간의 정치적 협의 기구로 남북 조절 위원회를 구성하였다.

10 김대중 정부의 통일 노력   정답 ④

자료 분석

> 최초의 남북 정상 회담 성사 + 노벨 평화상 수상 + 2002 한·일 월드컵 4강 진출 → 김대중 정부

김대중 정부는 대북 화해 협력 정책인 햇볕 정책을 추진하여 남북 관계를 개선하고자 하였다. 햇볕 정책의 결과 김대중 대통령이 2000년 6월 13일 평양을 방문하며, 최초로 제1차 남북 정상 회담이 성사되었다. 또한 북한과의 평화와 화해를 위해 노력한 공로를 인정받아 2000년에 노벨 평화상을 수상하였다. 이 밖에도 김대중 정부 시기인 2002년에 한·일 월드컵이 개최되었으며, 한국이 4강에 진출하였다.

정답 해설

④ 김대중 정부는 통일 문제의 자주적 해결 등에 합의한 6·15 남북 공동 선언을 채택하였다.

오답 체크

① **노태우 정부**: 남북 고위급 회담에서 상호 불가침, 교류·협력 확대 등의 내용을 담은 남북 기본 합의서에 서명하였다.
② **노태우 정부**: 북한과 적극적으로 대화를 시도하여 관계의 진전을 이루었고, 그 결과 남북한이 유엔에 동시 가입하였다.
③ **박정희 정부**: 자주·평화·민족 대단결의 원칙에 합의한 7·4 남북 공동 성명을 발표하였다.
⑤ **전두환 정부**: 최초의 남북 이산가족 고향 방문과 남북 예술 공연단 교환을 실현하였다.

11 6·15 남북 공동 선언과 10·4 남북 정상 선언 사이의 사실   정답 ③

자료 분석

> (가) 6·15 남북 공동 선언(2000)
> (나) 10·4 남북 정상 선언(2007)

(가) 김대중 정부 시기에 제1차 남북 정상 회담이 개최되었고, 그 결과 남북한 통일 방안의 유사성을 인정하고, 남북 교류 활성화 등에 합의한 6·15 남북 공동 선언이 발표되었다(2000).
(나) 노무현 정부 시기에 제2차 남북 정상 회담이 개최되었고, 6·15 남북 공동 선언을 적극 구현하고 한반도의 평화 및 핵 문제 해결 등에 합의한 10·4 남북 공동(정상) 선언이 채택되었다(2007).

정답 해설

③ 6·15 남북 공동 선언(2000) 이후인 2003년에 개성 공업 지구 건설이 착공되었다.

오답 체크

①, ② **박정희 정부** 때인 1972년에 자주·평화·민족 대단결의 원칙에 합의한 7·4 남북 공동 성명이 발표되었고, 이를 실천하기 위해 남북 조절 위원회를 구성하였다.
④ **노태우 정부** 때인 1991년에 핵 전쟁의 위험을 제거하고, 평화 통일의 기반을 다지기 위해 한반도 비핵화 공동 선언을 채택하였다.
⑤ **전두환 정부** 때인 1985년에 남북 이산가족 교환 방문이 성사되어 최초의 이산가족 고향 방문과 예술 공연단 교환을 실현하였다.

12 노무현 정부의 통일 노력   정답 ⑤

자료 분석

> 개성 공단의 첫 삽을 떴음 → 노무현 정부

노무현 정부는 김대중 정부의 대북 정책인 햇볕 정책을 계승·발전하여 평화 통일 정책을 추진하였다. 이에 따라 김대중 정부 때 북한과 합의하였던 개성 공단이 착공되었으며, 남북 간의 교류와 협력을 위해 경의선 철도를 시험 운행하기도 하였다. 또한, 제2차 남북 정상 회담 당시 남한의 대통령으로 처음 개성 공단에 방문하여 연설하였다.

정답 해설

⑤ 노무현 정부 시기에 제2차 남북 정상 회담을 개최하여 10·4 남북 정상(공동) 선언을 발표하였다.

오답 체크

① **노태우 정부**: 북한과 적극적으로 대화를 시도하여 관계의 진전을 이루었고, 그 결과 남북한이 유엔에 동시 가입하였다.
② **노태우 정부**: 민족 자존과 통일 번영을 위해 통일 외교 정책의 기본 방향을 담은 대통령 특별 선언인 7·7 선언을 발표하였다.
③ **전두환 정부**: 남북 이산가족 고향 방문을 성사시켜 최초의 이산가족 고향 방문과 예술 공연단 교환을 실현하였다.
④ **박정희 정부**: 자주·평화·민족 대단결의 원칙에 합의한 7·4 남북 공동 성명을 실천하기 위해 남북 조절 위원회를 구성하였다.

05 남북의 통일 논의

13 빈출
74회 49번

다음 연설문을 발표한 정부 시기의 통일 노력으로 옳은 것은?
[2점]

> 6·15 공동 선언은 한반도의 운명을 바꾸어 놓은 역사적 전환점이었습니다. …… 남북 당국 간 회담이 100여 차례 이상 열리고, 인적·물적 교류도 크게 늘어났습니다. …… 참여 정부는 햇볕 정책과 6·15 정신을 계승, 발전시킨 '평화 번영 정책'을 추진해 나가고 있습니다. 이대로 가면 한반도에 화해와 협력의 질서가 구축되고, 평화와 번영의 새로운 동북아 시대가 열리게 될 것입니다. 무엇보다 중요한 것은 남북 간 신뢰 구축입니다. 각 분야의 교류와 협력을 활성화시키고, 북핵 문제를 평화적으로 해결해 나가야 합니다.

① 판문점에서 남북 정상 회담을 개최하였다.
② 남북한이 국제 연합(UN)에 동시 가입하였다.
③ 남북 이산가족의 고향 방문을 최초로 성사시켰다.
④ 평화 통일 외교 정책에 관한 6·23 특별 성명을 발표하였다.
⑤ 남북 간 경제 교류 활성화를 위한 개성 공단 착공식을 열었다.

14
57회 50번

(가) 정부의 통일 노력으로 옳은 것은? [2점]

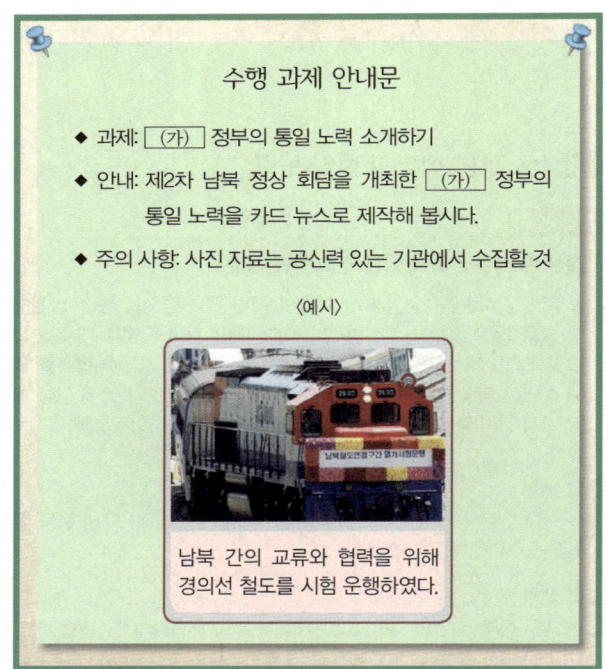

수행 과제 안내문
◆ 과제: (가) 정부의 통일 노력 소개하기
◆ 안내: 제2차 남북 정상 회담을 개최한 (가) 정부의 통일 노력을 카드 뉴스로 제작해 봅시다.
◆ 주의 사항: 사진 자료는 공신력 있는 기관에서 수집할 것

〈예시〉
남북 간의 교류와 협력을 위해 경의선 철도를 시험 운행하였다.

① 남북 기본 합의서를 채택하였다.
② 남북한이 유엔에 동시 가입하였다.
③ 10·4 남북 공동 선언을 발표하였다.
④ 남북 조절 위원회를 운영하기로 합의하였다.
⑤ 남북 이산가족 고향 방문단의 교환 방문을 최초로 성사하였다.

15
73회 50번

(가), (나) 사이의 시기에 있었던 사실로 옳은 것은? [3점]

> (가) 1. 남과 북은 6·15 공동 선언을 고수하고 적극 구현해 나간다.
> ⋮
> 3. 남과 북은 군사적 적대 관계를 종식하고 한반도에서 긴장 완화와 평화를 보장하기 위해 긴밀히 협력하기로 하였다.
> – 「10.4 남북 정상 선언」

> (나) 1. 남과 북은 남북 관계의 전면적이며 획기적인 개선과 발전을 이룩하여 공동 번영과 자주 통일의 미래를 앞당겨 나갈 것이다.
> ⋮
> 3. 남과 북은 항구적이며 공고한 평화 체제를 구축하기 위해 적극 협력해 나갈 것이다.
> – 「한반도의 평화와 번영, 통일을 위한 판문점 선언」

① 7·4 남북 공동 성명이 발표되었다.
② 개성 공업 지구 조성이 합의되었다.
③ 남북한이 국제 연합(UN)에 동시 가입하였다.
④ 남북 이산가족 고향 방문단의 교환이 최초로 실현되었다.
⑤ 평창 동계 올림픽 개막식에서 남북 선수단이 공동 입장하였다.

16
54회 50번

(가)~(다) 학생이 발표한 내용을 일어난 순서대로 옳게 나열한 것은? [2점]

주제: 역대 정부의 통일 노력

(가) 민족자존과 통일 번영을 위한 7·7 선언을 발표하였습니다.
(나) 남북 이산가족 상봉 행사를 처음으로 열었습니다.
(다) 남북 교류 협력을 위한 개성 공단 조성에 합의하였습니다.

① (가) – (나) – (다)
② (가) – (다) – (나)
③ (나) – (가) – (다)
④ (나) – (다) – (가)
⑤ (다) – (가) – (나)

13 | 노무현 정부의 통일 노력   정답 ⑤

자료 분석

> 햇볕 정책과 6·15 정신을 계승 → 노무현 정부
>
> 노무현 정부는 김대중 정부의 대북 정책인 햇볕 정책을 계승·발전시킨 평화 번영 정책을 추진하였다. 이에 따라 평양에서 제2차 남북 정상 회담을 개최하고, 6·15 남북 공동 선언의 적극 구현과 남북 경제 협력 사업의 활성화 등의 내용을 담은 10·4 남북 정상(공동) 선언을 발표하였다.

정답 해설

⑤ 노무현 정부는 남북 간 경제 교류 활성화를 위해 김대중 정부 때 합의된 개성 공단을 착공하였다.

오답 체크

① 문재인 정부: 북한과 판문점에서 제3차 남북 정상 회담을 개최하였다.
② 노태우 정부: 북한과 적극적으로 대화를 시도하여 관계의 진전을 이루었고, 그 결과 남북한이 국제 연합(UN)에 동시 가입하였다.
③ 전두환 정부: 남북 이산가족의 고향 방문을 최초로 성사시켜 최초의 이산가족 고향 방문과 예술 공연단 교환을 실현하였다.
④ 박정희 정부: 평화 통일 외교 정책에 관한 6·23 특별 성명을 발표하여, 남북 유엔 동시 가입을 제안하고 남한이 모든 국가에 대해 문호를 개방할 것을 선언하였다.

14 | 노무현 정부의 통일 노력   정답 ③

자료 분석

> 제2차 남북 정상 회담 → 노무현 정부
>
> 노무현 정부는 김대중 정부의 대북 정책인 햇볕 정책을 계승·발전한 통일 정책을 추진하였다. 이에 따라 김대중 정부 때 북한과 합의하였던 개성 공단 건설 사업을 실현시켰으며, 남북 간의 교류와 협력을 위해 경의선 철도를 시험 운행하기도 하였다. 또한 2007년 10월에는 제2차 남북 정상 회담을 개최하였다.

정답 해설

③ 노무현 정부는 제2차 남북 정상 회담을 개최하고 6·15 남북 공동 선언의 적극 구현 등을 내용으로 하는 10·4 남북 공동(정상) 선언을 발표하였다.

오답 체크

① 노태우 정부: 남북 고위급 회담에서 상호 불가침, 교류·협력 확대 등의 내용을 담은 남북 기본 합의서를 채택하였다.
② 노태우 정부: 적극적인 북방 외교 정책의 결과, 남북한이 유엔에 동시 가입하였다.
④ 박정희 정부: 7·4 남북 공동 성명의 합의 사항을 추진하고 통일 문제를 해결할 목적으로 북한과 남북 조절 위원회 운영에 합의하였다.
⑤ 전두환 정부: 남북 이산가족 고향 방문과 남북 예술 공연단 교환을 최초로 성사시켰다.

빈출 개념 | 노무현 정부의 통일 노력

개성 공단 건설	남북 간 경제 교류 활성화를 위해 김대중 정부 때 합의되었던 개성 공단을 건설
제2차 남북 정상 회담	10·4 남북 공동 선언 발표 → 6·15 남북 공동 선언의 적극 구현, 한반도의 평화 및 핵 문제 해결, 남북 경제 협력 사업의 활성화 등에 합의

15 | 10·4 남북 정상 선언과 4·27 판문점 선언 사이의 사실   정답 ③

자료 분석

> (가) 10·4 남북 정상 선언 → 2007년 10월
> (나) 한반도의 평화와 번영, 통일을 위한 판문점 선언
>   → 4·27 판문점 선언 → 2018년 4월
>
> (가) 노무현 정부 시기인 2007년에 제2차 남북 정상 회담이 개최되었고, 6·15 남북 공동 선언의 적극 구현과 한반도의 평화 및 핵 문제 해결 및 남북 경제 협력 사업의 활성화 등을 합의한 10·4 남북 정상(공동) 선언을 발표하였다.
> (나) 문재인 정부 시기인 2018년 4월에 북한 비핵화 이행 및 남북 관계 개선과 교류로 한반도의 평화 분위기를 고조시키기 위해 남북 정상이 합의한 한반도의 평화와 번영, 통일을 위한 판문점 선언(4·27 판문점 선언)을 발표하였다.

정답 해설

⑤ 10·4 남북 정상 선언(2007. 10.)이 발표된 이후인 2018년 2월에 열린 평창 동계 올림픽 개막식에서 가장 마지막 순서로 남북 선수단이 공동으로 입장하였다.

오답 체크

모두 10·4 남북 정상 선언(2007. 10.)이 발표되기 이전의 사실이다.

① 박정희 정부 때인 1972년에 자주·평화·민족 대단결의 원칙에 합의한 7·4 남북 공동 성명이 발표되었다.
② 김대중 정부 때인 2000년에 개성 공업 지구 조성이 합의되었다.
③ 노태우 정부 때인 1991년에 남북한이 국제 연합(UN)에 동시 가입하였다.
④ 전두환 정부 때인 1985년에 남북 이산가족 고향 방문단의 교환이 성사되어 최초의 이산가족 고향 방문과 예술 공연단 교환을 실현하였다.

16 | 역대 정부의 통일 노력   정답 ③

자료 분석

> (가) 민족 자존과 통일 번영을 위한 7·7 선언 → 노태우 정부
> (나) 남북 이산가족 상봉 행사를 처음으로 엶 → 전두환 정부
> (다) 개성 공단 조성에 합의 → 김대중 정부

정답 해설

③ 순서대로 나열하면 (나) 전두환 정부 – (가) 노태우 정부 – (다) 김대중 정부의 통일 노력이다.

(나) 전두환 정부는 남북 이산가족 고향 방문을 성사시켜 처음으로 이산가족 상봉이 실현되었다.
(가) 노태우 정부는 통일 외교 정책의 기본 방향을 담은 대통령 특별 선언인 7·7 선언을 발표하였다.
(다) 김대중 정부는 제1차 남북 정상 회담을 개최하고 6·15 남북 공동 선언을 발표하였다. 그 결과 남북한 경제 협력 사업의 일환으로 개성 공단 조성에 합의하였다.

VII. 현대

기출 자료&선택지 퀴즈로 단원 마무리

기출 자료 퀴즈

기출 자료에 해당하는 주제를 골라 쓰세요.

| 6·25 전쟁 | 김대중 정부 | 6월 민주 항쟁 | 노태우 정부 |
| 김영삼 정부 | 제주 4·3 사건 | 박정희 정부 | 5·18 민주화 운동 |

01 72회
이곳 제주도에서 일어난 (가) 은/는 남한만의 단독 선거에 반대하는 무장대와 이를 진압하는 토벌대 간의 무력 충돌, 그 뒤 토벌대의 진압 과정에서 수많은 제주도민이 희생된 사건으로, 6·25 전쟁이 끝나고 나서야 종결되었습니다.

[   ]

02 62회
국민 보도 연맹 사건은 우리 현대사의 커다란 비극입니다. 좌우 대립의 혼란 속에서 수많은 사람들이 국민 보도 연맹에 가입되었고, 전쟁의 와중에 영문도 모른 채 끌려가 죽임을 당했습니다. 그리고 그 유가족들은 연좌제의 굴레에서 고통받으며 억울하다는 말 한마디 못한 채 수십 년을 지내야만 했습니다.

[   ]

03 59회
들으라! 우리는 유신 헌법의 잔인한 폭력성을, 합법을 가장한 유신 헌법의 모든 부조리와 악을 고발한다. 우리는 유신 헌법의 비민주적 허위성을 고발한다. …… 이 정권이 끝날 때까지 후퇴치 못하고 이 민족을 끝까지 못살게 군다면 자유와 평등과 정의를 뜨겁게 외치는 이 땅의 모든 시민의 준엄한 피의 심판을 면치 못하리라.

[   ]

04 62회
이 곡은 (가) 기념식에서 제창하는 노래입니다. (가) 당시 계엄군에 맞서 시민군으로 활동하다 희생된 윤상원과 광주에서 야학을 운영하다 사망한 박기순의 영혼 결혼식에 헌정된 노래입니다. 여러 나라에서 민주화를 염원하는 사람들이 이 곡을 함께 부르고 있습니다.

[   ]

05 49회
민주 헌법 쟁취 국민 운동 본부는 "국민 합의를 배신한 4·13 호헌 조치는 무효임을 전 국민의 이름으로 선언한다."라고 발표하면서 민주 헌법 쟁취를 통한 민주 정부 수립 의지를 밝혔다.

[   ]

06 56회
헌법 제76조 제1항의 규정에 의거하여 「금융실명거래 및 비밀보장에 관한 대통령 긴급재정경제명령」을 반포합니다. …… 금융 실명제 없이는 건강한 민주주의도, 활력이 넘치는 자본주의도 꽃피울 수가 없습니다.

[   ]

07 74회
오늘 정부는 외환 위기 당시 국제 통화 기금(IMF)으로부터 빌린 돈을 모두 갚았다고 밝혔다. 구제 금융을 신청한 지 3년 8개월 만에 전액 조기 상환하게 된 것이다. 이에 따라 우리나라는 앞으로 정책 수립 과정에서 IMF의 간섭을 받지 않아도 되며, 회원국이면 누구나 해마다 진행하는 연례 협의만 하면 된다.

[   ]

08 51회
9월 27일부터 30일까지 (가) 대통령이 대한민국 대통령으로는 최초로 중국을 공식 방문하였다. 베이징에서 진행된 회담에서 양국 정상은 지난달 성사된 한중 수교의 의의를 높이 평가하면서 우호 협력 관계를 발전시키자고 하였다.

[   ]

기출 자료 (가)~(라)를 일어난 순서대로 나열하세요.

09 40회
(가) 제69조 대통령의 계속 재임은 3기에 한한다.
(나) 제39조 대통령은 통일 주체 국민회의에서 토론 없이 무기명 투표로 선거한다.
(다) 제39조 대통령은 대통령 선거인단에서 무기명 투표로 선거한다.
(라) 제70조 대통령의 임기는 5년으로 하며, 중임할 수 없다.

[-   -   -   ]

기출 선택지 퀴즈

기출 선택지가 옳은 내용이면 O, 틀린 내용이면 X 표시하세요.

10 (69회) 여운형은 일제의 패망과 광복에 대비하여 조선 건국 동맹을 결성하였다. [O | X]

11 (70회) 제헌 국회에 의해 반민족 행위 특별 조사 위원회가 출범하였다. [O | X]

12 (67회) 발췌 개헌으로 개헌 당시의 대통령에 한하여 중임 제한이 철폐되었다. [O | X]

13 (60회) 부·마 민주 항쟁은 유신 체제가 붕괴되는 결과를 가져왔다. [O | X]

14 (63회) 전두환 정부 때 프로 야구가 6개 구단으로 출범되었다. [O | X]

15 (69회) 5·18 민주화 운동 때 시위 도중 대학생 이한열이 희생되었다. [O | X]

16 (71회) 노태우 정부는 남북한 간 최초의 공식 합의서인 남북 기본 합의서를 교환하였다. [O | X]

17 (70회) 김영삼 정부 때 전국 민주 노동 조합 총연맹이 창립되었다. [O | X]

18 (50회) 김대중 정부 때 노인 장기 요양 보험법이 제정되었다. [O | X]

19 (70회) 노무현 정부 때 진실·화해를 위한 과거사 정리 기본법이 제정되었다. [O | X]

최빈출 다지선다 퀴즈

다음 (가) 민주화 운동에 대한 설명으로 옳은 것을 모두 고르세요.

20 (60회)

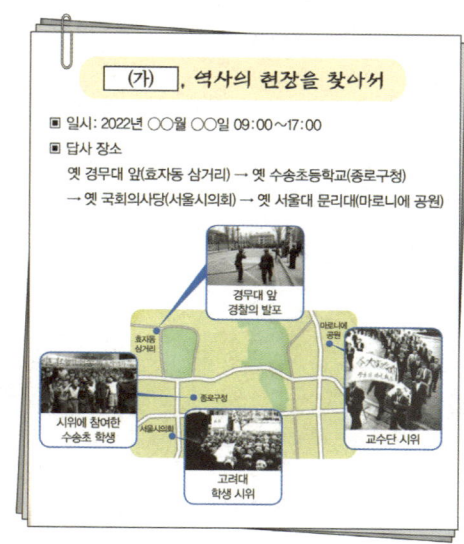

① 시민군이 조직되어 계엄군에 저항하였다. 74·73·71회
② 당시 대통령이 하야하는 결과를 가져왔다. 75·74·73회
③ 허정 과도 정부가 출범하는 계기가 되었다. 74·72·69회
④ 호헌 철폐, 독재 타도 등의 구호를 내세웠다. 74·69·66회
⑤ 3선 개헌 반대 범국민 투쟁 위원회가 주도하였다. 72·66회
⑥ 신군부의 비상 계엄 확대와 무력 진압에 저항하였다. 62·60회
⑦ 관련 기록물이 유네스코 세계 기록유산으로 등재되었다. 69·63·61회
⑧ 굴욕적인 한·일 국교 정상화에 반대하였다. 75·72·64회

정답

01 제주 4·3 사건 **02** 6·25 전쟁 **03** 박정희 정부 **04** 5·18 민주화 운동 **05** 6월 민주 항쟁 **06** 김영삼 정부 **07** 김대중 정부 **08** 노태우 정부 **09** (가) 6차 개헌안(3선 개헌안) - (나) 7차 개헌안(유신 헌법) - (다) 8차 개헌안 - (라) 9차 개헌안(현행 헌법) **10** O **11** O **12** X (사사오입 개헌) **13** O **14** O **15** X (6월 민주 항쟁) **16** O **17** O **18** X (노무현 정부) **19** O **20** ②, ③, ⑦ 4·19 혁명 [①, ⑥ 5·18 민주화 운동, ④ 6월 민주 항쟁, ⑤ 3선 개헌 반대 투쟁, ⑧ 6·3 시위]

통합 주제 최신 기출 트렌드

 시대별 출제 비중 * 최근 3개년 기준(심화 76~63회)
- 통합 주제는 최근 3개년 간 매 회 50문제 중 평균 3~4문제(약 7%)가 출제되었습니다.
- 지역의 역사적 사실을 묻는 문제가 반드시 한 문제씩 출제되고 있으니, 기출된 지역의 역사적 사실을 꼼꼼히 학습해 두세요!

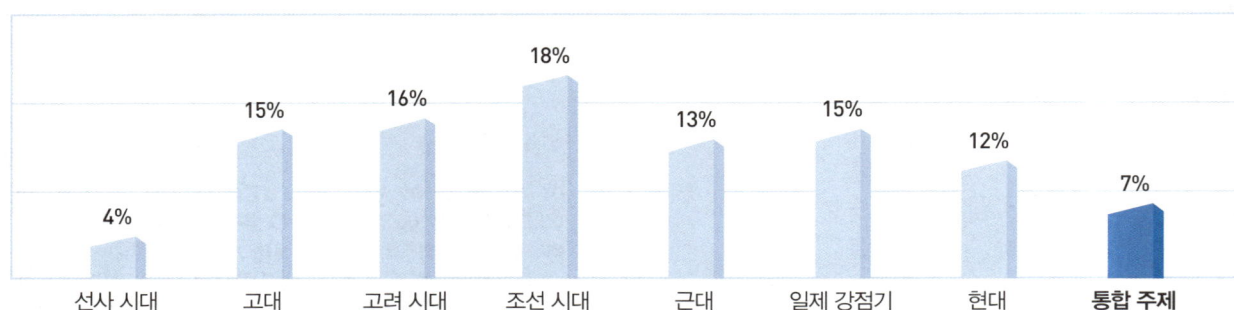

선사 시대	고대	고려 시대	조선 시대	근대	일제 강점기	현대	통합 주제
4%	15%	16%	18%	13%	15%	12%	7%

Ⅷ. 통합 주제

01 지역사
02 문화유산
03 시대 통합 유형
04 세시 풍속

주제별 기출 트렌드

01 지역사
개성, 전주, 안동이 빈출 포인트이니, 해당 지역의 역사적 사실은 꼭 기억해두세요!
`빈출` 개성(1번) `킬러` 전주(3번)

02 문화유산
조선 시대에 사용되었던 궁궐의 특징을 구분하여 알아두세요!

`빈출` 종묘(1번) `킬러` 창덕궁(5번)

03 시대 통합 유형
우리나라의 주요 역사서에 대한 특징과 편찬 순서를 꼼꼼히 학습하고, 신유형 문제를 익혀보세요.
`빈출` 우리나라의 주요 역사서(28번)

04 세시 풍속
각 세시 풍속의 날짜와 특징을 알아두세요!
`빈출` 단오(3번)

01 지역사

01 빈출
68회 29번

다음 특별전에서 볼 수 있는 도시의 역사에 대한 설명으로 적절하지 <u>않은</u> 것은? [2점]

① 고려 태조 왕건이 도읍으로 삼았다.
② 원의 영향을 받은 경천사지 십층 석탑이 축조되었다.
③ 조선 후기 송상이 근거지로 삼아 전국적으로 활동하였다.
④ 일제 강점기 강주룡이 을밀대 지붕 위에서 고공농성을 하였다.
⑤ 북위 38도선 분할 이후 남한에 속했다가 정전 협정으로 북한 지역이 되었다.

02
66회 48번

(가)에 들어갈 내용으로 가장 적절한 것은? [2점]

① 율곡 이이가 태어난 오죽헌을 추천해요.
② 무령왕릉이 있는 송산리 고분군을 추천해요.
③ 어재연 부대가 항전했던 광성보에 가 보세요.
④ 팔만대장경판이 보관된 해인사를 방문해 보세요.
⑤ 삼별초가 활동한 항파두리 항몽 유적에 가 보세요.

03 킬러
60회 26번

다음 지역에 대한 탐구 활동으로 옳은 것은? [2점]

① 장용영의 외영이 설치된 위치를 파악한다.
② 홍경래가 난을 일으켜 점령한 지역을 알아본다.
③ 인조가 피신하여 청군과 항전을 벌인 곳을 찾아본다.
④ 태조의 어진을 모신 경기전이 건립된 장소를 조사한다.
⑤ 유계춘이 백낙신의 수탈에 맞서 봉기한 지역을 검색한다.

04
70회 50번

(가), (나) 지역에서 있었던 사실로 옳은 것을 <보기>에서 고른 것은? [2점]

〈보기〉
ㄱ. (가) - 김광제 등을 중심으로 국채 보상 운동이 시작되었다.
ㄴ. (가) - YH 무역 노동자들이 폐업에 항의하며 농성을 벌였다.
ㄷ. (나) - 한·일 학생 간의 충돌을 계기로 민족 운동이 일어났다.
ㄹ. (나) - 3·15 부정 선거를 규탄한 김주열의 시신이 발견되었다.

① ㄱ, ㄴ ② ㄱ, ㄷ ③ ㄴ, ㄷ ④ ㄴ, ㄹ ⑤ ㄷ, ㄹ

● 주제별 출제 비중
*최근 3개년 기준(심화 76~63회)

지역사 32% | 문화유산 13% | 시대 통합 유형 54% | 세시 풍속 1%

01 | 개성
정답 ④

자료 분석

송악 → 개성

개성은 현재 북한에 속한 특별시로, 송악, 개주 등으로 불리기도 하였다. 개성은 신라 진흥왕 때 신라의 영토가 되면서 처음 송악으로 개칭되었으며, 이후 고려 태조 왕건이 송악을 수도로 삼으면서 개주, 개경 등으로 불리게 되었다.

정답 해설

④ 평양은 일제 강점기 때 여성 노동자 강주룡이 임금 삭감에 저항하여 을밀대 지붕에서 고공농성을 전개한 지역이다.

오답 체크

① 개성은 고려 태조 왕건이 도읍으로 삼았던 지역이다.
② 개성에는 고려 후기 충렬왕 때 원의 영향을 받은 개성 경천사지 십층 석탑이 축조되었다.
③ 개성은 조선 후기에 사상 중 하나인 송상이 근거를 두고 활동한 지역으로, 이들은 전국 각지에 송방이라는 지점을 설치하고 청나라에 인삼을 판매하였다.
⑤ 개성은 광복 때 북위 38도선 분할로 남한에 속한 지역이었으나, 6·25 전쟁의 정전 협정으로 북한 지역이 되었다.

02 | 강릉
정답 ①

자료 분석

경포대 → 강릉

강릉은 강원특별자치도에 속한 시로, 조선 전기의 성리학자인 율곡 이이가 태어난 집인 오죽헌, 경포호 북쪽 언덕에 있는 누각인 경포대가 위치해 있다. 또한 이 지역에는 조선 왕족의 후손이 지은 한옥이자, 양반의 주거 생활을 볼 수 있는 선교장이 위치해 있는데, 선교장은 예전 경포호가 지금보다 넓은 면적으로 조성되어 있을 때 배를 타고 건너 다니던 배다리 마을(선교리)에 위치하여 붙여진 이름이다. 한편, 경포대 내부에는 조선 후기 숙종이 경포대의 수려한 경관과 관련해 직접 지은 시인 '어제시'와 율곡 이이가 10세에 지었다는 경포대부를 비롯해 많은 명사의 글이 게시되어 있다.

정답 해설

① 강릉은 조선 전기의 성리학자인 율곡 이이가 태어난 집인 오죽헌이 위치한 지역이다.

오답 체크

② 공주: 백제 무령왕과 왕비의 무덤인 무령왕릉이 포함된 송산리 고분군이 있는 지역이다.
③ 강화도: 신미양요 때 어재연 부대가 미군에게 항전한 광성보가 있는 지역이다.
④ 합천: 고려 시대에 제작된 팔만대장경판이 보관된 절인 해인사가 위치한 지역이다.
⑤ 제주도: 삼별초의 마지막 근거지인 항파두리 항몽 유적이 있는 지역이다.

03 | 전주 오답률 74.9%
정답 ④

자료 분석

후백제 + 전라 감영 + 전동 성당 → 전주

전라북도 전주는 신라 하대에 호족 세력인 견훤이 후백제를 건국하고 도읍으로 정한 지역으로, 전주의 동고산성에서는 '전주성'이 적힌 수막새(기와) 등 후백제와 관련된 유물이 출토되었다. 또한 조선 시대에는 각 도의 관찰사가 거처하는 감영을 두었는데, 전주에 전라도의 감영(전라 감영)이 있었다. 한편 전라 감영이 있던 전주의 전동은 조선 후기 천주교 박해 순교지가 되었으며, 일제 강점기에 이곳에 전동 성당이 건립되기도 하였다.

정답 해설

④ 전주에는 조선 태조 이성계의 어진(왕의 초상화)을 모신 경기전이 설치되었다.

오답 체크

① 수원: 조선 후기 정조 때 화성에 국왕의 친위 부대인 장용영의 외영이 설치되었다.
② 정주: 조선 후기 순조 때 홍경래가 난을 일으켜 청천강 이북을 대부분 점령하기도 하였으나, 관군에 의해 진압되었다(홍경래의 난).
③ 남한산성은 조선 후기 인조가 병자호란 당시 피신하여 청과 항전한 곳으로, 경기도 광주·성남·하남시 일대에 위치하고 있다.
⑤ 진주: 조선 후기 철종 때 유계춘 등이 경상 우병사 백낙신의 수탈에 맞서 봉기하였다(임술 농민 봉기).

04 | 대구와 광주
정답 ②

자료 분석

(가) 달구벌 + 2·28 민주 운동 → 대구
(나) 5·18 민주화 운동이 일어남 → 광주

(가) 대구에서는 3월 15일 선거를 앞둔 1960년 2월 28일에 학생들이 자유당 정권의 독재에 항거해 민주화 운동이 전개되었다.
(나) 광주에서는 신군부의 권력 장악과 계엄령 확대에 반발한 5·18 민주화 운동이 일어났다.

정답 해설

② ㄱ. 대구는 근대에 김광제 등을 중심으로 국민의 성금을 모아 국채를 갚고 경제적 주권을 회복하자는 국채 보상 운동이 시작된 지역이다.
ㄷ. 광주에서는 한·일 학생 간의 충돌을 계기로 광주 학생 항일 운동이 일어난 지역이다.

오답 체크

ㄴ. 서울: YH 무역 노동자들이 폐업에 항의하며 신민당 중앙당사에서 농성을 벌였다.
ㄹ. 마산: 3·15 부정 선거를 규탄한 시위 도중 실종되었던 김주열의 시신이 마산 앞바다에서 발견되었다.

01 지역사

05
71회 18번

(가) 지역에서 있었던 사실로 옳은 것은? [3점]

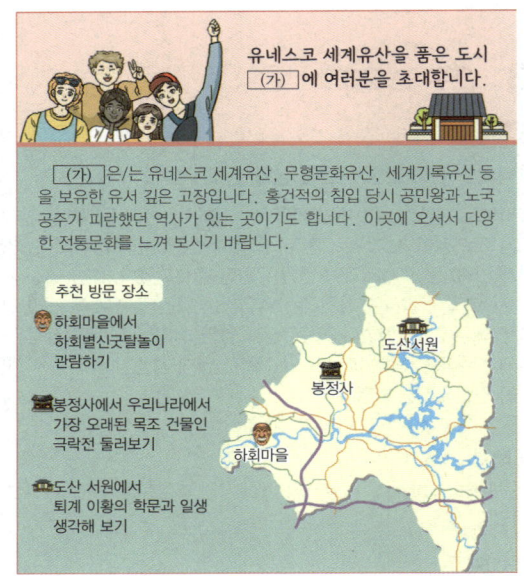

① 왕건이 고창 전투에서 견훤에게 승리하였다.
② 묘청이 반란을 일으키고 국호를 대위라 하였다.
③ 흥덕사에서 금속 활자본인 『직지심체요절』이 간행되었다.
④ 정중부를 비롯한 무신들이 보현원에서 정변을 일으켰다.
⑤ 이성계를 중심으로 한 고려군이 황산에서 왜구를 격퇴하였다.

06
72회 50번

(가) 지역을 지도에서 옳게 찾은 것은? [1점]

① ㉠ ② ㉡ ③ ㉢ ④ ㉣ ⑤ ㉤

07
71회 45번

다음 안내에 따라 학생이 발표한 내용으로 가장 적절한 것은? [3점]

> 학생 여러분, 이번 시간에는 우리 고장의 유적과 기념물을 조사해서 발표하는 활동을 하겠습니다. 우리 고장은 금강 중류에 위치한 유서 깊은 도시입니다. 남한에서 최초로 발굴된 구석기 유적이 있어 선사 시대부터 우리 고장에 사람이 살았던 것을 알 수 있습니다. 또한 삼국이 상호 경쟁하던 시기에는 백제의 수도로서 백제 중흥을 위한 노력이 전개되었던 곳으로 백제 고분을 통해 당시의 문화를 엿볼 수 있습니다. 고려 시대에는 최승로의 건의에 따라 설치된 12목 중의 하나였고, 이후 조선 시대에도 감영이 있어 지역의 중심지 역할을 하였습니다. 그리고 근대에는 동학 농민군이 관군과 일본군에 맞서 치열한 전투를 전개하는 등 외세를 물리치기 위한 민족 운동이 펼쳐지기도 하였습니다.
> 그럼, 모둠별로 우리 고장의 다양한 유적과 기념물에 대해 조사한 후 알게 된 내용을 발표해 봅시다.

① 갑 - 수양개 유적을 조사하여 우리 고장에 살던 구석기인들이 다양한 기법으로 석기를 제작했음을 알 수 있었습니다.
② 을 - 송산리 고분군의 벽돌무덤을 조사하여 무령왕이 중국 남조, 왜 등과 활발하게 교류했음을 알 수 있었습니다.
③ 병 - 만인의총을 조사하여 정유재란 당시 우리 고장의 백성들이 조·명 연합군과 함께 결사 항전했음을 알 수 있었습니다.
④ 정 - 만석보 유지비를 조사하여 우리 고장 농민들이 군수 조병갑의 수탈에 저항하여 봉기했음을 알 수 있었습니다.
⑤ 무 - 아우내 3·1 운동 독립 사적지를 조사하여 유관순이 우리 고장에서 만세 시위를 주도했음을 알 수 있었습니다.

08
69회 25번

(가) 지역에서 있었던 사실로 옳은 것은? [2점]

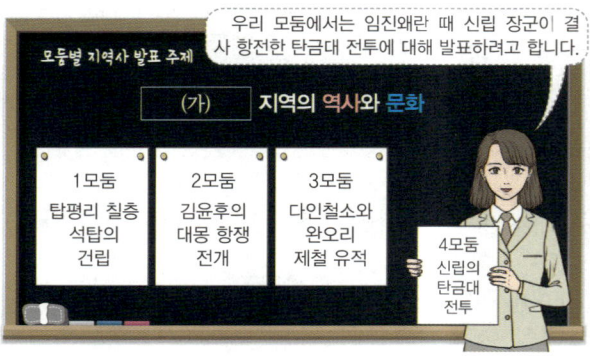

① 제1차 미·소 공동 위원회가 개최되었다.
② 명 신종을 기리는 만동묘가 건립되었다.
③ 강주룡이 을밀대 지붕에서 고공농성을 벌였다.
④ 고구려비가 남한 지역에서 유일하게 발견되었다.
⑤ 박재혁이 경찰서에서 폭탄을 터뜨리는 의거를 일으켰다.

05 안동 정답 ①

자료 분석

홍건적의 침입 당시 공민왕과 노국 공주가 피란 + 봉정사 → 안동

경상북도 안동은 고려 공민왕 때 홍건적의 2차 침입으로 수도 개경이 함락되면서, 왕이 노국 공주와 함께 피난을 간 지역이다. 또한 고려의 대표적 문화유산으로 현존하는 가장 오래된 목조 건축물인 봉정사 극락전과, 조선 전기의 대표적인 유학자인 퇴계 이황을 기리기 위한 도산 서원이 있다.

정답 해설

① 안동은 고려 태조 왕건이 고창 전투에서 견훤에게 승리한 지역이다.

오답 체크

② 평양: 묘청이 국호를 대위라 하여 난을 일으킨 지역이다.
③ 청주: 흥덕사에서 현존하는 가장 오래된 금속 활자본인 『직지심체요절』이 간행된 지역이다.
④ 경기도 장단: 정중부·이의방·이고 등의 무신들이 보현원에서 문신들을 제거하고 권력을 장악한 사건인 무신 정변이 일어난 지역이다.
⑤ 남원: 고려 우왕 때 이성계를 중심으로 한 고려군이 황산에서 적장 아지발도를 사살하는 등 왜구를 격퇴한 지역이다.

06 창녕 정답 ③

자료 분석

우포늪 + 신라 진흥왕 척경비 → 창녕

창녕은 국내 최대 규모의 천연 늪인 우포늪이 있는 지역이며, 가야 시대의 고분군인 창녕 교동과 송현동 고분군이 있는 곳이다. 또한 이곳에는 신라 진흥왕이 비화가야를 정복하고 창녕 지역을 순수하고 세운 척경비인 창녕 순수비가 세워져 있다.

정답 해설

③ 창녕은 천연 보호 구역인 우포늪이 있는 지역으로, 신라 진흥왕 척경비인 창녕 순수비가 위치해 있다.

오답 체크

① 충주: 임진왜란 때 신립이 항전한 탄금대 전투가 일어난 지역이다.
② 안동: 고려 공민왕이 홍건적의 침입으로 피난한 지역이다.
④ 전주: 견훤이 후백제의 도읍으로 삼은 지역이다.
⑤ 강화: 근대에 프랑스, 미국 등 서양 열강이 침입한 곳이며, 강화도 조약이 체결된 지역이다.

07 공주 정답 ②

자료 분석

남한에서 최초로 발굴된 구석기 유적(공주 석장리 유적) + 백제의 수도로서 백제 중흥을 위한 노력이 전개됨 → 공주

공주는 광복 이후 남한에서 최초로 발굴된 구석기 시대 유적인 석장리 유적이 위치한 지역이다. 또한 백제 문주왕 때 한성(서울)에서 천도하여, 백제 성왕 때 사비(부여)로 천도하기 이전까지 백제의 수도였던 곳이다.

정답 해설

② 공주는 중국 남조의 영향을 받아 벽돌무덤 형태로 조성된 백제의 고분인 무령왕릉이 포함된 송산리 고분군이 위치한 지역이다.

오답 체크

① 단양: 구석기 시대의 대표적 유적지인 수양개 유적이 위치한 지역이다.
③ 남원: 정유재란 때 남원성에서 목숨을 잃은 사람들의 합동 묘인 만인의총이 있는 지역이다.
④ 정읍: 고부 군수 조병갑이 기존의 보를 허물고 새로운 보를 쌓아 물세를 거두려고 한 만석보가 위치한 지역이다.
⑤ 천안: 아우내 장터에서 유관순 열사가 직접 만든 태극기를 나눠주며 독립 만세 운동을 주도한 지역이다.

08 충주 정답 ④

자료 분석

김윤후의 대몽 항쟁 전개 + 신립의 탄금대 전투 → 충주

충청북도 충주는 삼국 시대부터 교통의 요지였던 지역으로, 통일 신라 석탑 중 규모가 가장 크고 높은 충주 탑평리 칠층 석탑이 위치해 있다. 또한 고려 시대에는 김윤후가 충주성에서 관노들과 함께 몽골군의 침입에 항전하기도 하였다. 이 밖에도 조선 시대에 발발한 임진왜란 때 신립이 배수의 진을 치고 왜군에 항전한 탄금대가 위치해 있다.

정답 해설

④ 충주에서는 남한 지역에서 유일하게 고구려가 한강 유역에 진출하였음을 보여주는 충주 고구려비가 발견되었다.

오답 체크

① 서울: 광복 이후 덕수궁 석조전에서 제1차 미·소 공동 위원회가 개최된 지역이다.
② 괴산: 임진왜란 때 조선을 도와준 명나라의 신종을 기리는 사당인 만동묘가 건립된 지역이다.
③ 평양: 일제 강점기에 여성 노동자 강주룡이 임금 삭감에 저항하여 을밀대 지붕에서 고공농성을 벌인 지역이다.
⑤ 부산: 일제 강점기에 활동한 의열단의 단원 박재혁이 경찰서에 폭탄을 투척한 지역이다.

01 지역사

09
51회 29번

(가)~(마)에서 일어난 사실로 옳지 않은 것은? [2점]

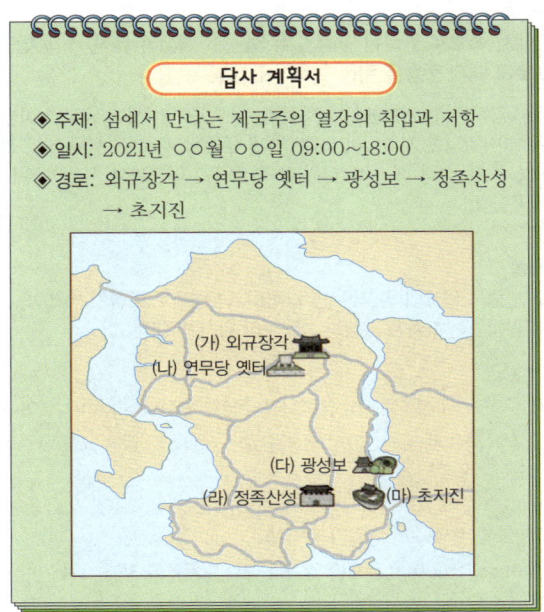

① (가) – 프랑스군이 『의궤』를 약탈하였다.
② (나) – 조·일 수호 조규가 체결되었다.
③ (다) – 어재연 부대가 결사 항전하였다.
④ (라) – 양헌수 부대가 적군을 물리쳤다.
⑤ (마) – 영국군이 불법으로 점령하였다.

10
58회 50번

(가) 섬에 대한 설명으로 옳지 않은 것은? [1점]

1946년 1월에 작성된 연합국 최고 사령부 문서에는 제주도, 울릉도, (가) 이/가 우리 영토로 표시되어 있습니다. (가) 은/는 우리나라 동쪽 끝에 있는 섬입니다.

① 안용복이 일본에 건너가 우리 영토임을 주장하였다.
② 영국군이 러시아를 견제하기 위해 불법 점령하였다.
③ 러·일 전쟁 때 일본이 불법으로 자국 영토로 편입하였다.
④ 대한 제국이 칙령을 통해 울릉 군수가 관할하도록 하였다.
⑤ 1877년 태정관 문서에 일본과는 무관한 지역임이 명시되었다.

11
75회 50번

(가) 지역에 대한 탐구 활동으로 가장 적절한 것은? [2점]

① 원종과 애노가 봉기한 곳을 검색한다.
② 외규장각 도서의 약탈 과정을 조사한다.
③ 강주룡이 고공시위를 전개한 장소를 알아본다.
④ 김만덕이 흉년에 굶주린 백성을 구제한 기록을 살펴본다.
⑤ 러시아의 남하를 견제한다는 구실로 영국군이 점령한 지역을 찾아본다.

12
45회 17번

(가)~(마)에 대한 설명으로 옳은 것은? [2점]

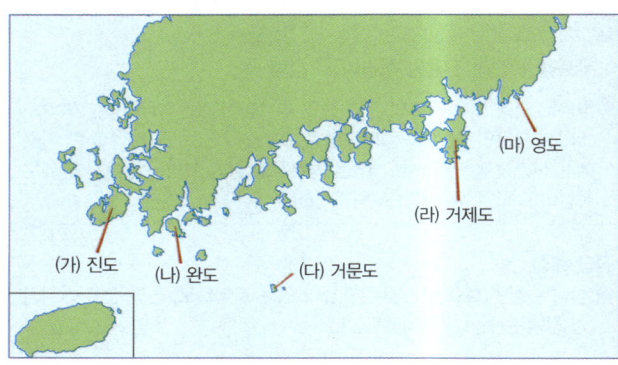

① (가) – 영국이 러시아의 남하를 구실로 불법 점령하였다.
② (나) – 통일 신라 때 장보고가 청해진을 설치하였다.
③ (다) – 6·25 전쟁 때 포로 수용소가 설치되었다.
④ (라) – 러시아가 저탄소 설치를 명분으로 조차를 요구하였다.
⑤ (마) – 삼별초가 용장성을 쌓고 몽골에 대항하였다.

09 강화도   정답 ⑤

자료 분석

> 외규장각 + 광성보 + 정족산성 + 초지진 → 강화도
>
> 강화도는 근대에 프랑스, 미국 등 서양 열강이 침입한 지역으로, 조선은 이곳에서 열강의 침입을 막아내었다. 그러나 이후 조선은 강화도에서 일본과 최초의 근대적 조약이자 불평등 조약인 강화도 조약을 체결하며 개항하였다.

정답 해설

⑤ 영국군이 러시아의 남하를 견제하기 위해 불법으로 점령한 섬은 거문도이다.

오답 체크

① 외규장각: 병인양요 때 프랑스군이 퇴각하는 과정에서 『의궤』를 비롯한 각종 문화재를 약탈하였다.
② 연무당 옛터: 연무당에서 조선 대표 신헌과 일본 대표 구로다 사이에 조·일 수호 조규(강화도 조약)가 체결되었다.
③ 광성보: 신미양요 때 어재연 부대가 미군에 맞서 결사 항전하였다.
④ 정족산성: 병인양요 때 양헌수 부대가 프랑스군을 격퇴하였다.

10 독도   정답 ②

자료 분석

> 우리나라 동쪽 끝에 있는 섬 → 독도
>
> 독도는 우리나라 동쪽 끝에 있는 섬으로, 러·일 전쟁 중인 1905년에 일본은 불법으로 독도를 자국 영토로 편입하였는데, 해방 이후 연합국 최고 사령부가 울릉도와 독도, 제주도가 일본 영토에서 제외된다고 발표함으로써 독도는 명백한 우리 영토로 인정받게 되었다.

정답 해설

② 영국군이 러시아의 남하를 견제하기 위해 불법으로 점령한 섬은 거문도이다.

오답 체크

① 조선 숙종 때 안용복이 일본으로 건너가 독도가 우리나라 영토임을 확인받고 돌아왔다.
③ 일본은 러·일 전쟁 중 독도를 불법으로 자국의 영토에 편입시켰다.
④ 대한 제국은 칙령 제41호를 반포하여 울릉도를 군으로 승격시키고 울릉 군수가 독도를 관할함을 명시하였다.
⑤ 1877년에 일본 최고 행정 기구인 태정관이 독도와 울릉도가 자국(일본)과는 무관한 지역임을 문서(태정관 문서)를 통해 명시하였다.

빈출 개념 | 독도의 역사

고대	신라 지증왕 때 우산국(울릉도)과 부속 도서(독도)를 복속시킴
조선 시대	• 『세종실록』「지리지」에 우리나라 영토로 기재됨 • 숙종 때 안용복이 일본에 건너가 우리 영토임을 확인받고 옴
근대	• 대한 제국 칙령 제41호를 통해 울릉도를 군으로 승격시키고, 울릉 군수가 독도를 관할하도록 함 • 러·일 전쟁 중 일본이 불법적으로 독도를 시마네 현에 편입시킴

11 제주도   정답 ④

자료 분석

> 4·3 + 알뜨르 비행장 → 제주도
>
> 제주도는 일제 강점기에 일제가 주민들을 강제 동원하여 건설한 군사 시설인 알뜨르 비행장이 있다. 또한 제주도에서는 광복 이후 남한만의 단독 선거에 반대하는 봉기가 일어났는데, 이를 토벌대가 진압하는 과정에서 무고한 주민들이 희생된 4·3 사건이 발생하였다.

정답 해설

④ 제주도는 조선 후기 정조 때 상인 김만덕이 흉년에 굶주린 백성을 구제한 지역이다.

오답 체크

① 상주: 신라 하대에 가혹한 수탈에 맞서 원종과 애노가 봉기를 일으켰다.
② 강화도: 병인양요 때 프랑스군은 퇴각하는 과정에서 『의궤』를 비롯한 외규장각 도서를 약탈하였다.
③ 평양: 고무 공장 노동자인 강주룡이 임금 삭감에 반대하여 을밀대 지붕에서 고공시위를 전개하였다.
⑤ 거문도: 갑신정변 이후 영국군이 러시아의 남하를 견제한다는 구실로 점령하였다.

12 주요 섬의 역사적 사실   정답 ②

자료 분석

> 진도 + 완도 + 거문도 + 거제도 + 영도 → 주요 섬의 역사적 사실
>
> (가) 진도는 고려 시대에 삼별초가 용장성을 쌓고 대몽 항쟁을 전개한 섬이다.
> (나) 완도는 통일 신라 때 장보고가 해군·무역 기지인 청해진을 설치하고 해상 무역을 전개한 섬이다.
> (다) 거문도는 근대에 영국이 러시아의 남하를 구실로 불법 점령한 섬이다.
> (라) 거제도는 6·25 전쟁 때 포로들의 수용소가 설치된 섬이다.
> (마) 영도(절영도)는 근대에 러시아가 저탄소 설치를 명분으로 조차를 요구한 섬이다.

정답 해설

② 완도는 통일 신라 때 장보고가 청해진을 설치해 해상 무역을 전개한 섬이다.

오답 체크

① 거문도: 근대에 영국이 러시아의 남하를 견제하고자 불법 점령한 섬이다.
③ 거제도: 6·25 전쟁 때 포로 수용소가 설치된 섬이다.
④ 영도(절영도): 근대에 러시아가 저탄소 설치를 명분으로 조차를 요구한 섬이다.
⑤ 진도: 고려 시대에 삼별초가 용장성을 쌓고 몽골에 대항한 섬이다.

02 문화유산

01 빈출　　　　　　　　　　　　　　74회 19번
(가)에 해당하는 문화유산으로 옳은 것은?　　[2점]

□□신문　　제△△호　　2025년 ○○월 ○○일

조선 왕실의 신위 제자리로, 155년 만에 재현된 환안제

[(가)]의 보수 공사가 완료됨에 따라, 창덕궁 옛 선원전에 임시 봉안되었던 조선 왕과 왕비, 대한제국 황제와 황후의 신위 49위를 [(가)](으)로 다시 모셔오는 환안제가 155년 만에 재현되었다. 이번 의례에는 내외국인으로 구성된 시민 행렬단도 함께 참여하여 그 의미를 더했다. 환안제와 더불어 앞으로 전시와 체험 프로그램을 비롯해 다채로운 행사가 이어질 예정이다.

① 　② 　③
④ 　⑤

02　　　　　　　　　　　　　　68회 27번
(가) 문화유산에 대한 설명으로 옳은 것은?　　[1점]

이 건물은 [(가)]의 정전입니다. [(가)]은/는 태조 이성계가 개경에 처음 세웠는데, 도읍을 한양으로 옮긴 후 지금의 위치에 건립하였습니다. 사직과 더불어 왕조 국가를 표현하는 상징이었습니다.

① 경내에 조선 총독부 청사가 세워졌다.
② 역대 국왕과 왕비의 신주가 모셔져 있다.
③ 대성전과 명륜당을 중심으로 구성되어 있다.
④ 일제 강점기에 창경원으로 격하되기도 하였다.
⑤ 토지와 곡식의 신에게 제사를 지내는 공간이다.

03　　　　　　　　　　　　　　44회 26번
(가)~(마)에 대한 설명으로 옳은 것은?　　[3점]

전철로 떠나는 도심 속 문화유산 탐방
(가) 사직단 — 경복궁역
(다) 문묘 — 혜화역
(마) 선농단 — 제기동역
(나) 종묘 — 종로3가역
(라) 동관왕묘 — 동묘앞역

① (가) – 역대 국왕과 왕비의 신주를 모신 곳이다.
② (나) – 촉의 장수인 관우를 제사지내는 사당이다.
③ (다) – 흥선 대원군이 집권한 시기에 혁파되었다.
④ (라) – 대성전과 명륜당을 중심으로 구성되어 있다.
⑤ (마) – 국왕이 신농, 후직에게 풍년을 기원하던 곳이다.

04　　　　　　　　　　　　　　66회 27번
(가) 궁궐에 대한 설명으로 옳은 것은?　　[3점]

[(가)] 복원 기공식 대통령 연설문

임진왜란 때 [(가)]은/는 불길 속에 휩싸여 흥선 대원군이 그 당시의 국력을 기울여 중건할 때까지 270년의 오랜 세월 동안 폐허로 남아 있었습니다. 일제는 1910년 우리나라를 병탄한 뒤 우리 역사의 맥을 끊기 위해 350여 채에 이르던 전각 대부분을 헐어내고 옮겼습니다. 국권의 상징이던 근정전을 가로막아 총독부 건물을 세웠습니다. 이제 우리가 궁을 복원하려는 것은 남에 의해 훼손된 민족사에 대한 긍지를 회복하기 위한 것입니다.

① 일제에 의해 동물원 등이 설치되었다.
② 제1차 미·소 공동 위원회가 개최되었다.
③ 도성 내 서쪽에 있어 서궐이라고 불렸다.
④ 조선 물산 공진회 개최 장소로 이용되었다.
⑤ 태종이 도읍을 한양으로 다시 옮기며 건립하였다.

● 주제별 출제 비중
*최근 3개년 기준(심화 76~63회)

지역사 32% | 문화유산 13% | 시대 통합 유형 54% | 세시 풍속 1%

01 | 종묘
정답 ①

자료 분석

조선 왕실 신위 제자리로 → 종묘

종묘는 조선의 역대 국왕과 왕비의 신주를 모시고 제사를 지내는 조선 왕조의 사당이다. 종묘는 왕과 왕비의 신위를 모신 정전과 영녕전, 제사를 준비하는 전사청 등으로 이루어져 있으며, 1995년에 유네스코 세계 문화유산으로 등재되었다. 이후 2025년에 종묘 보수 공사가 완료됨에 따라 창덕궁 옛 선원전에 봉안되었던 역대 국왕과 왕비의 신위 49위를 다시 종묘의 정전으로 모셔오는 환안제가 재현되었다.

정답 해설

① 종묘는 조선의 역대 국왕과 왕비의 신주를 모시고 제사를 지내는 조선 왕조의 사당으로, 정전과 영녕전, 전사청 등으로 이루어져 있다.

오답 체크

② 경복궁 향원정: 고종 때 경복궁 내에 있는 연못(향원지) 가운데 세워진 정자로, 육각형 모양에 누각(다락처럼 높이 지은 다층 건물)으로 지어진 것이 특징이다.
③ 덕수궁 정관헌: 대한 제국 시기 궁궐 내에 지어진 최초의 서양식 건물로, 서양식 기둥에 전통식 지붕을 올린 독특한 양식이 특징이다.
④ 창덕궁 주합루: 창덕궁 후원에 지어진 건물로, 팔작지붕에 2층 누각으로 지어진 것이 특징이다. 1층은 왕실 도서관이자 학문 연구 기관인 규장각으로 사용되었다.
⑤ 환구단 황궁우: 대한 제국의 고종 황제가 하늘에 제사를 지내던 환구단의 부속 건물로, 팔각형 모양에 3층으로 지어진 것이 특징이다.

02 | 종묘
정답 ②

자료 분석

태조 이성계 + 한양 + 사직과 더불어 왕조 국가를 표현하는 상징 → 종묘

종묘는 조선의 역대 국왕과 왕비의 신주를 모시고 제사를 지내는 조선 왕조의 사당으로, 사직단과 함께 왕조 국가를 표현하는 상징적인 역할을 하였다. 태조 이성계는 한양으로 천도하면서 경복궁의 동쪽에 왕실의 정통성을 확립하기 위해 종묘를 건설하였다.

정답 해설

② 종묘의 정전에는 조선의 역대 국왕과 왕비의 신주가 모셔져 있다.

오답 체크

① 경복궁: 일제에 의해 경내에 조선 총독부 청사가 세워졌는데, 이는 김영삼 정부 때 철거되었다.
③ 성균관, 향교: 조선의 관립 교육 기관으로, 제사 공간인 대성전과 강의 공간인 명륜당을 중심으로 구성되어 있다. 성균관은 한양(중앙)에 위치한 최고 교육 기관이고, 향교는 지방에 설립된 중등 교육 기관이다.
④ 창경궁: 일제 강점기에 동물원과 식물원이 설치되었으며, 명칭이 창경원으로 격하되기도 하였다.
⑤ 사직단: 토지와 곡식의 신에게 풍요를 기원하는 제사를 지내는 공간이다.

03 | 서울의 문화유산
정답 ⑤

자료 분석

사직단 + 종묘 + 문묘 + 동관왕묘 + 선농단 → 서울의 문화유산

(가) 사직단은 토지를 관장하는 사신과 곡식을 주관하는 직신에게 제사를 지내던 제단이다.
(나) 종묘는 조선의 역대 왕과 왕비의 신주를 모시고 제사를 지내던 사당으로, 유네스코 세계유산에 등재되었다.
(다) 문묘는 공자와 여러 성현들의 위패를 모시고 제사를 지내던 곳으로, 중앙의 성균관과 지방의 향교에 설치되었다.
(라) 동관왕묘는 중국 촉나라 장수 관우의 제사를 지내던 곳으로 임진왜란이 끝난 조선 선조 때 세워졌다.
(마) 선농단은 조선 시대 국왕이 농사 짓는 법을 가르쳤다고 전해지는 신농, 후직에게 풍년을 기원하던 곳이다.

정답 해설

⑤ 선농단은 조선 시대 국왕이 농사와 관계된 신농, 후직에게 풍년을 기원하던 곳이다.

오답 체크

① 종묘: 조선의 역대 국왕과 왕비의 신주를 모시고 제사를 지내던 조선 왕조의 사당이다.
② 동관왕묘: 중국 촉나라의 장수인 관우를 제사 지내던 사당이다.
③ 만동묘: 명나라의 황제인 신종과 의종의 제사를 지내던 곳으로, 흥선 대원군에 의해 혁파되었다.
④ 성균관, 향교: 대성전과 명륜당 등의 건물로 구성되어 있다.

04 | 경복궁
정답 ④

자료 분석

임진왜란 때 불길 속에 휩싸임 + 흥선 대원군이 중건함 → 경복궁

경복궁은 태조 이성계 때 한양으로 천도하면서 창건된 궁궐로, 조선 시대에 국왕이 거처하며 집무를 보던 정궁으로 사용되다가 임진왜란 때 화재로 소실되었고, 흥선 대원군 때 왕실의 권위를 회복하기 위해 중건되었다. 주요 건물로는 신하들의 조회를 실시한 근정전, 연회 장소로 사용된 경회루, 정문인 광화문 등이 있다.

정답 해설

④ 경복궁은 일제 강점기에 일제가 식민 통치를 미화하고 그 실적을 선전하기 위한 조선 물산 공진회 개최 장소로 이용되었다.

오답 체크

① 창경궁: 일제에 의해 동물원과 식물원이 설치되었으며, 명칭이 창경원으로 격하되었다.
② 덕수궁: 광복 이후 석조전에서 제1차 미·소 공동 위원회가 개최되었다.
③ 경희궁: 조선 후기 광해군 때 창건된 궁궐로, 도성 내 서쪽에 있어 서궐이라고 불렸다.
⑤ 창덕궁: 조선 전기 태종이 도읍을 한양으로 다시 옮기며 건립하였다.

02 문화유산

05 킬러
(가) 궁궐에 대한 설명으로 옳은 것은? [3점] 64회 18번

① 일제에 의해 동물원 등이 설치되었다.
② 도성 내 서쪽에 있어 서궐이라고 불렸다.
③ 인목 대비가 광해군에 의해 유폐된 장소이다.
④ 정도전이 궁궐과 주요 전각의 명칭을 정하였다.
⑤ 태종이 도읍을 한양으로 다시 옮기며 건립하였다.

06
(가) 궁궐에 대한 설명으로 옳은 것은? [3점] 70회 31번

① 제1차 미·소 공동 위원회가 개최되었다.
② 도성 내 서쪽에 있어 서궐이라고 불렸다.
③ 일제에 의해 창경원으로 격하되기도 하였다.
④ 정도전이 궁궐과 주요 전각의 명칭을 정하였다.
⑤ 태종이 도읍을 한양으로 다시 옮기며 건립하였다.

07
밑줄 그은 '이 성곽'에 대한 설명으로 옳지 않은 것은? [2점] 62회 24번

이 성곽은 한성부 도심의 경계를 표시하고 외부의 침입을 방어하기 위해 축조되었습니다. 총 둘레는 약 18km로 4대문과 4소문 및 암문, 수문, 여장, 옹성 등의 시설을 갖추고 있습니다.

① 개국 초기 정도전 등이 설계하였다.
② 도성조축도감이 축조를 관장하였다.
③ 후금의 침입에 맞서 정봉수가 항전한 곳이다.
④ 조선 시대 축성 기술의 변화 과정이 잘 나타나 있다.
⑤ 일제 강점기 도시 정비 계획을 구실로 크게 훼손되었다.

08
(가)~(마)에 대한 설명으로 옳지 않은 것은? [2점] 60회 22번

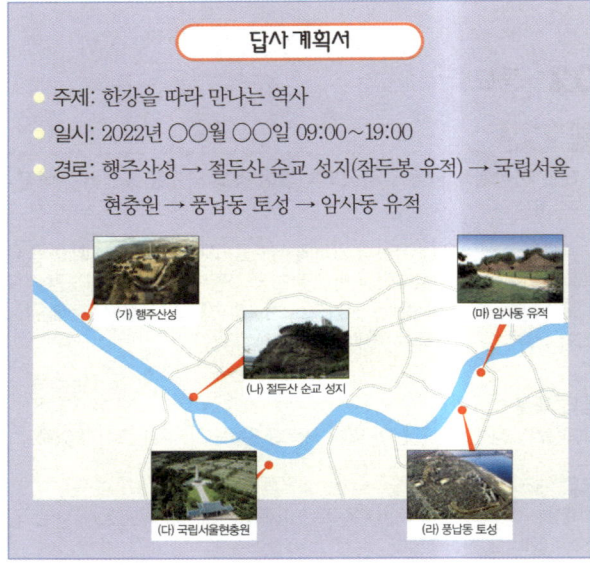

① (가) – 정봉수가 후금군을 맞아 큰 전과를 거둔 곳이다.
② (나) – 병인박해 때 많은 천주교 신자가 처형된 장소이다.
③ (다) – 6·25 전쟁 이후 조성된 국군 묘지에서 시작되었다.
④ (라) – 판축 기법을 활용하여 성벽을 쌓은 백제 토성이다.
⑤ (마) – 갈돌과 갈판 등이 출토된 신석기 시대 유적이다.

05 | 창덕궁 오답률 80.6%
정답 ⑤

자료 분석

> 유네스코 세계 유산에 등재된 조선의 궁궐 + 돈화문 → 창덕궁
>
> 창덕궁은 조선 전기 태종 때 만들어졌으며, 임진왜란 때 불에 탄 것을 광해군 때 중건하여 이때부터 왕이 거주하는 정궁의 역할을 하였다. 주요 건물로는 나라의 각종 행사가 이루어졌던 인정전, 정문인 돈화문 등이 있으며, 자연과 건축물이 조화롭게 배치된 후원이 있는 것이 특징이다. 한편 창덕궁은 1997년에 유네스코 세계 문화유산으로 등재되었다.

정답 해설

⑤ 창덕궁은 태종이 도읍을 한양으로 다시 옮기며 건립하였다.

오답 체크

① 창경궁: 일제 강점기에 일제에 의해 동물원, 식물원 등이 설치되었고, 명칭이 창경원으로 격하되었다.
② 경희궁: 조선 후기 광해군 때 창건된 궁궐로, 도성 내 서쪽에 있어 서궐이라고 불렸다.
③ 덕수궁: 인목 대비(선조의 계비)가 광해군에 의해 폐위되어 유폐된 장소이다.
④ 경복궁: 조선의 정궁으로, 조선 왕조 개창을 주도한 정도전이 경복궁이라는 궁궐의 명칭과 근정전 등 주요 전각의 명칭을 정하였다.

06 | 덕수궁
정답 ①

자료 분석

> 러시아 공사관에서 거처를 옮김 + 중명전 → 덕수궁
>
> 덕수궁은 조선 시대의 궁궐로, 아관 파천을 단행하여 러시아 공사관에서 머물던 고종이 약 1년여 뒤에 환궁한 곳이다. 이후 덕수궁 중명전에서는 일제의 강압 속에서 을사늑약이 강제로 체결되었다.

정답 해설

① 덕수궁 석조전에서는 광복 이후 한국의 통치 문제를 둘러싸고 두 차례의 미·소 공동 위원회가 개최되기도 하였다.

오답 체크

② 경희궁: 조선 후기 광해군 때 창건된 궁궐로, 도성 내 서쪽에 있어 서궐이라고 불렸다.
③ 창경궁: 일제 강점기에 일제에 의해 동물원, 식물원 등이 설치되었고, 명칭이 창경원으로 격하되기도 하였다.
④ 경복궁: 조선의 정궁으로, 조선 왕조를 설계한 정도전이 궁궐과 근정전 등 주요 전각의 명칭을 정하였다.
⑤ 창덕궁: 조선 전기 태종이 도읍을 한양으로 다시 옮기며 건립하였다.

빈출 개념 | 조선의 궁궐

경복궁	조선의 정궁, 태조 때 창건, 정도전이 이름을 지음
창덕궁	태종 때 창건, 동궐로 불림
창경궁	일제 시대에 창경원으로 격하됨
경희궁	광해군 때 창건, 서궐로 불림
덕수궁	대한 제국의 정궁, 고종이 러시아 공사관에서 환궁한 곳

07 | 한양 도성
정답 ③

자료 분석

> 한성부 도심의 경계를 표시함 → 한양 도성
>
> 한양 도성은 서울의 주위를 에워싸고 있는 조선 시대의 도성으로, 조선 태조 때 정도전 등이 설계하였으며 도성조축도감이 성곽의 축조를 관장하였다. 한양 도성의 총 둘레는 약 18km이며, 4대문(흥인지문, 돈의문, 숭례문, 숙정문)과 4소문 및 암문, 수문, 여장, 옹성 등의 방어 시설을 갖추고 있다.

정답 해설

③ 조선 후기 인조 때 정묘호란이 일어나자, 정봉수가 후금의 침입에 맞서 의병을 이끌고 항전한 곳은 평안북도의 용골산성이다.

오답 체크

① 한양 도성은 개국 초기 조선 태조 때 정도전 등이 설계하였다.
② 한양 도성을 쌓기 위하여 설치한 임시 관아인 도성조축도감이 성곽의 축조를 관장하였다.
④ 한양 도성은 조선 태조 때 축조된 이후 세종, 숙종 때 보수하고 신축하였으며, 축조 당법과 돌의 모양이 달라 세 시기의 성벽이 쉽게 구분되어, 이를 통해 조선 시대 축성 기술의 변화 과정을 볼 수 있다.
⑤ 한양 도성은 일제 강점기에 도시 정비 계획을 구실로 성문과 성벽이 크게 훼손되어 현재는 일부만 남아 있다.

08 | 한강 유역의 문화유산
정답 ①

자료 분석

> 한강을 따라 만나는 역사 → 한강 유역의 문화유산
>
> 한강 유역에는 여러 시대의 문화유산이 많이 남아 있는데, 대표적으로 신석기 시대의 서울 암사동 유적, 고대 백제의 풍납동 토성, 조선 시대의 행주산성, 절두산 순교 성지, 현대의 국립 서울 현충원 등이 있다.

정답 해설

① 조선 인조 때 정묘호란이 일어나자 정봉수가 후금군을 맞아 큰 전과를 거둔 곳은 평안북도에 있는 용골산성이다. 행주산성은 조선 선조 때 일어난 임진왜란 당시 권율이 왜군을 상대로 대승을 거둔 곳으로, 경기도 고양시에 위치하고 있다.

오답 체크

② 절두산 순교 성지는 조선 고종 때 흥선 대원군의 주도로 일어난 병인박해 당시 수많은 천주교 신자가 처형된 장소이다.
③ 국립 서울 현충원은 애국 지사와 국가 유공자들을 안장한 국립 묘지로, 6·25 전쟁 0 후 조성된 국군 묘지에서 시작되었다.
④ 풍납동 토성은 틀을 만들고 내부에 토양을 얇게 부어 다지는 판축 기법을 활용하여 성벽을 쌓은 백제의 토성이다.
⑤ 서울 암사동 유적은 집터, 갈돌과 갈판, 빗살무늬 토기 등이 출토된 신석기 시대의 유적이다.

02 문화유산

09
73회 24번
(가)~(마)에서 있었던 사실로 옳은 것은? [1점]

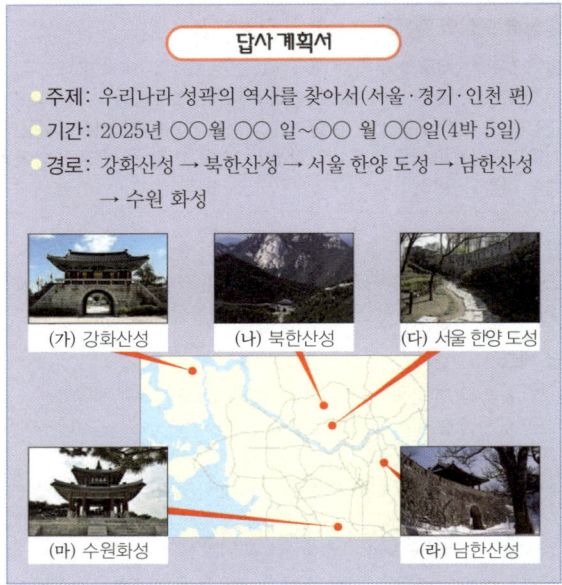

① (가) - 정봉수가 후금의 침입에 맞서 싸웠다.
② (나) - 김준룡이 근왕병을 이끌고 적장을 사살하였다.
③ (다) - 신립이 배수의 진을 치고 전투를 벌였다.
④ (라) - 병자호란 때 인조가 피란하여 항전하였다.
⑤ (마) - 임진왜란 때 권율이 일본군을 크게 물리쳤다.

10
33회 40번
(가)~(마) 문화유산에 대한 설명으로 옳지 않은 것은? [2점]

① (가) - 일제에 의해 동물원 등이 설치되었다.
② (나) - 일제 강점기 조선 총독부 청사로 이용되었다.
③ (다) - 을미사변 이후 고종이 피신하였다.
④ (라) - 제1차 미·소 공동 위원회가 개최되었다.
⑤ (마) - 6월 민주 항쟁 당시 시위대가 농성하였다.

11
70회 22번
(가)~(마)에 대한 설명으로 적절하지 않은 것은? [3점]

① (가) - 오층 목조탑 내부에 부처의 일생을 그린 팔상도가 있다.
② (나) - 배흘림 기둥에 주심포 양식으로 축조된 무량수전이 있다.
③ (다) - 현존하는 우리나라 최고(最古)의 목조 건물인 극락전이 있다.
④ (라) - 팔만대장경판을 보관하고 있는 장경판전이 있다.
⑤ (마) - 『무구정광대다라니경』이 발견된 삼층 석탑이 있다.

12
71회 30번
(가)에 대한 설명으로 옳은 것은? [2점]

① 처용 설화를 바탕으로 하였다.
② 종묘에서 행하는 제향 의식이다.
③ 부처의 영취산 설법 모습을 재현하였다.
④ 창과 아니리, 너름새 등으로 구성되었다.
⑤ 양반, 파계승 등을 풍자하는 내용이 담겨 있다.

09 | 우리나라의 성곽   정답 ④

자료 분석
우리나라의 성곽
- (가) 강화산성은 고려가 몽골의 침입에 대항하여 강화도로 천도한 시기에 조성된 산성으로, 병자호란 때 파괴되었으나 숙종 때 성을 보수하여 다시 지어진 문화유산이다.
- (나) 북한산성은 한양 도성을 방어하기 위해 북한산 일대에 축조한 조선 시대의 산성이다.
- (다) 서울 한양 도성은 서울 주위를 에워싸고 있는 조선 시대의 도성으로, 조선 태조 때 정도전 등이 설계하였으며 도성조축도감이 성곽의 축조를 관장하였다.
- (라) 남한산성은 조선 시대 수도 한양을 지키던 성곽으로, 청이 병자호란을 일으키자 강화도로 피난을 가지 못한 인조가 피란하여 청군에 저항한 곳이다.
- (마) 수원 화성은 정조 때 상업적 기능과 군사적 기능을 동시에 수행할 수 있도록 건설한 성곽으로, 정약용이 『기기도설』을 참고하여 제작한 거중기를 이용해 축조되었다.

정답 해설
④ 남한산성은 병자호란 당시 강화도로 피난하지 못한 인조가 피란하여 청군에 항전한 곳이다.

오답 체크
① 용골산성: 정묘호란 때 정봉수가 후금의 침입에 맞서 싸웠던 곳이다.
② 광교산: 병자호란 때 김준룡이 남한산성으로 진군하던 중 근왕병을 이끌고 적장을 사살한 곳이다.
③ 탄금대: 임진왜란 때 신립이 배수의 진을 치고 왜와 전투를 벌였던 곳이다.
⑤ 행주 산성: 임진왜란 때 권율이 왜군을 격퇴한 행주 대첩이 일어난 곳이다.

10 | 서울의 건축물   정답 ②

자료 분석
서울의 건축물
서울에는 근·현대의 역사와 연관된 건축물이 많이 남아 있는데, 대표적으로 구 러시아 공사관, 덕수궁 석조전, 명동 성당 등이 있다.

정답 해설
② 서울 도서관은 일제 강점기에 조선 총독부 청사로 이용되지 않았다.

오답 체크
① 창경궁: 일제에 의해 동물원 등이 설치되었으며, 명칭도 창경원으로 격하되었다.
③ 구 러시아 공사관: 을미사변 이후 신변의 위험을 느낀 고종이 피신한 곳이다.
④ 덕수궁 석조전: 광복 이후 제1차 미·소 공동 위원회가 개최된 곳이다.
⑤ 명동 성당: 전두환 정부 시기에 일어난 6월 민주 항쟁 당시 시위대가 농성을 벌인 곳이다.

11 | 유네스코가 주목한 사찰   정답 ⑤

자료 분석
유네스코가 주목한 사찰
우리나라에는 유네스코로 지정되었거나, 유네스코로 지정된 문화유산을 보관하고 있는 사찰들이 있다. 대표적으로 해인사는 유네스코 세계 기록유산인 팔만대장경을 보관하고 있으며, 보은 법주사, 영주 부석사, 안동 봉정사 등은 2018년에 유네스코 세계 문화유산으로 등재된 '산사, 한국의 산지 승원'의 사찰들이다.

정답 해설
⑤ 세계 최고(最古)의 목판 인쇄물인 『무구정광대다라니경』은 경주 불국사 안에 있는 불국사 삼층 석탑(석가탑)에서 발견되었다. 순천 선암사는 전라남도 순천시에 위치한 사찰로, 2018년에 유네스코 세계 문화유산으로 등재된 '산사, 한국의 산지 승원' 중 하나이다.

오답 체크
① 보은 법주사는 충청북도 보은군에 위치한 사찰로, 우리나라에 현존하는 유일한 조선 시대 목탑인 팔상전이 있으며, 내부 벽면에 부처의 일생을 8장면으로 구분한 팔상도가 그려져 있다.
② 영주 부석사는 경상북도 영주시에 위치한 사찰로, 배흘림 기둥에 주심포 양식으로 축조된 고려 시대의 목조 건물인 무량수전이 위치해 있다.
③ 안동 봉정사는 경상북도 안동시에 위치한 사찰로, 현존하는 우리나라 최고(最古)의 목조 건물이자 주심포 양식으로 지어진 극락전이 있다.
④ 합천 해인사는 경상남도 합천군에 위치한 사찰로, 팔만대장경을 보관하기 위해 지은 조선 시대의 건축물인 장경판전이 위치해 있다.

12 | 처용무   정답 ①

자료 분석
궁중 무용 + 사람 형상의 가면을 쓰고 추는 춤 + 악귀를 물리침 → 처용무
처용무는 궁중 무용의 하나로, 궁중 연례에서 악귀를 몰아내고 평온을 기원하거나 음력 섣달 그믐날(12월 29·30일경) 악귀를 쫓는 의식인 나례에서 복을 구하며 춘 춤이다. 처용무는 궁중 무용으로는 유일하게 사람 형상의 가면을 쓰고 오방을 상징하는 흰색·파란색·검은색·붉은색·노란색의 의상을 입고 춤을 추었다. 한편 처용무는 2009년에 유네스코 인류 무형문화유산으로 등재되었다.

정답 해설
① 처용무는 신라 헌강왕 때의 처용 설화를 바탕으로 하였다.

오답 체크
② 종묘 제례악: 종묘에서 행하는 제향 의식 때 연주하는 음악으로, 2001년에 유네스코 인류 무형문화유산으로 지정되었다.
③ 영산재: 부처가 인도의 영취산에서 설법하던 모습을 재현한 것으로, 2009년에 유네스코 인류 무형문화유산으로 지정되었다.
④ 판소리: 한 명의 소리꾼이 북장단에 맞추어 노래로 이야기를 엮어나가는 극음악으로 창과 아니리, 너름새 등으로 구성되었다. 한편 판소리는 2003년에 유네스코 인류 무형문화유산으로 지정되었다.
⑤ 탈춤: 탈을 쓰고 춤추며 놀이하는 일종의 가면극으로, 양반, 파계승 등을 풍자하는 내용이 담겨 있다.

02 문화유산

13 73회 19번

(가)~(마)에 대한 설명으로 옳지 <u>않은</u> 것은? [3점]

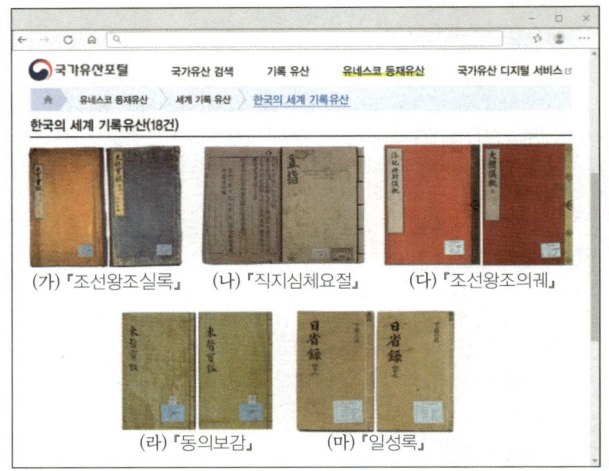

① (가) – 「사초」와 『시정기』 등을 종합하여 편찬하였다.
② (나) – 청주 흥덕사에서 금속 활자본으로 간행되었다.
③ (다) – 병인양요 당시 일부가 프랑스군에게 약탈되었다.
④ (라) – 허준이 우리나라와 중국의 의서를 망라하여 집대성하였다.
⑤ (마) – 국왕의 비서 기관에서 발행한 관보이다.

14 62회 48번

(가) 문화유산에 대한 설명으로 옳은 것을 <보기>에서 고른 것은? [2점]

저는 지금 파리에서 열린 한지 공예 특별전에 나와 있습니다. 이 작품은 영조와 정순 왕후의 혼례식 행렬을 1,100여 점의 닥종이 인형으로 재현한 것입니다. 조선 시대 왕실이나 국가의 큰 행사가 있을 때 일체의 관련 사실을 글과 그림으로 기록한 책인 (가) 을/를 바탕으로 제작되었습니다.

〈보기〉
ㄱ. 「사초」와 『시정기』를 바탕으로 편찬되었다.
ㄴ. 연대순으로 기록하는 편년체로 구성되었다.
ㄷ. 왕의 열람을 위한 어람용이 따로 제작되었다.
ㄹ. 병인양요 당시 일부가 프랑스군에게 약탈되었다.

① ㄱ, ㄴ ② ㄱ, ㄷ ③ ㄴ, ㄷ ④ ㄴ, ㄹ ⑤ ㄷ, ㄹ

15 68회 49번

(가)~(마)의 설명과 사진을 연결한 것으로 옳지 <u>않은</u> 것은? [3점]

(가) 태토와 유약이 모두 백색이고 1,200도 이상에서 구워 만든 자기다. 영국 여왕 엘리자베스 2세가 이 자기 중 하나를 보면서 '세상에서 제일 아름다운 그릇'이라는 찬사를 보냈다.

(나) 철분이 약간 함유된 태토에 유약을 입혀 고온에서 구워낸 자기다. 송 사신 서긍은 "푸른 빛깔을 고려인은 비색(翡色)이라 하는데 근래에 들어 빛깔이 더욱 좋아졌다."고 하였다.

(다) 회색 태토 위에 백토로 표면을 분장한 뒤에 유약을 입혀 구운 자기다. 고유섭이 회청색을 띠는 사기라는 의미로 '분장회청사기(분청사기)'라 하였다.

(라) 초벌 구이한 백자 위에 코발트로 그림 그린 후 유약을 발라 구운 자기다. 코발트는 수입산 안료였기에 예종은 관찰사를 통해 백성들이 회회청(코발트)을 구해오도록 독려할 정도였다.

(마) 표면에 무늬를 파고 백토와 자토를 그 자리에 넣어 초벌 구이한 후 유약을 발라 구워낸 자기다. 최순우는 "고려 사람들은 비색의 기에 영롱한 수를 놓은 방법을 궁리해 냈다."고 하였다.

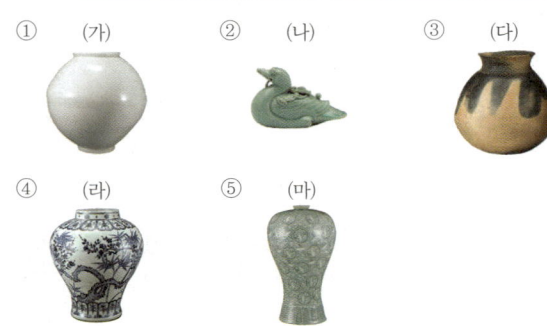

① (가) ② (나) ③ (다) ④ (라) ⑤ (마)

16 56회 06번

다음 특별전에 전시될 자료로 적절하지 <u>않은</u> 것은? [1점]

우리 선조들은 하늘의 움직임이 세상의 이치와 연결된다고 생각해 천문 현상을 면밀히 관측하였습니다. 덕흥리 고분의 별자리 벽화는 이러한 측면을 잘 보여줍니다.

①  거중기
②  금동 천문도
③  혼천의
④  『칠정산』 「내편」
⑤  천상열차분야지도

13 | 한국의 세계 기록유산 정답 ⑤

자료 분석

한국의 세계 기록유산
유네스코 세계 기록유산은 역사적으로 보존할 만한 가치가 있는 기록물을 지정하는 것으로, 대표적인 한국의 세계 기록유산은 『조선왕조실록』, 『직지심체요절』, 『의궤』 등이 있다.

정답 해설
⑤ 조선 시대에 조정의 소식을 알린 관보로, 일종의 신문 역할을 하였으며 국왕의 비서 기관인 승정원에서 발행한 것은 「조보」이다. 『일성록』은 조선 국왕들의 동정과 국정을 기록한 일기로, 영조 재위 시기에 세손이었던 정조가 쓴 일기에서 유래되었다.

오답 체크
① 『조선왕조실록』은 태조부터 철종까지의 통치 내용을 「사초」, 「시정기」 등을 바탕으로 기록한 역사서이다.
② 『직지심체요절』은 고려 말 우왕 때 청주 흥덕사에서 간행된 현존하는 가장 오래된 금속 활자본으로, 현재 프랑스 국립 도서관에 보관되어 있다.
③ 『의궤』는 조선 왕실의 중요 행사(결혼, 장례, 연회 등)를 글과 그림으로 기록한 의례서로, 병인양요 당시 일부가 프랑스군에 의해 약탈당하였다.
④ 『동의보감』은 광해군 때 허준이 저술한 백과사전식 의서로, 우리나라와 중국의 의서를 모아 전통 한의학을 집대성하였다.

14 | 『의궤』 정답 ⑤

자료 분석

조선 시대 왕실이나 국가의 큰 행사가 있을 때 + 글과 그림으로 기록한 책 → 『의궤』

『의궤』는 조선 시대에 왕실이나 국가에 큰 행사(결혼, 장례, 연회 등)가 있을 때 이와 관련된 일체의 관련 사실을 글과 그림으로 기록한 의례서로, 왕이 열람하는 어람용 1권과 보관 목적의 분상용 10권 이내로 제작하였다. 한편 주요 『의궤』로는 『화성성역의궤』, 『원행을묘정리의궤』 등이 있다.

정답 해설
⑤ ㄷ. 『의궤』는 보관 목적을 위한 분상용 외에, 왕이 열람하는 어람용이 따로 제작되었다.
ㄹ. 『의궤』는 병인양요 당시 일부가 프랑스군에게 약탈되었으며, 이는 2011년에 영구 임대의 방식으로 모두 반환되었다.

오답 체크
ㄱ, ㄴ. 『조선왕조실록』: 태조~철종까지의 통치 내용을 「사초」, 「시정기」 등을 바탕으로 기록한 역사서로, 사실을 연대순으로 기록하는 편년체로 구성되었다.

15 | 우리나라의 도자기 정답 ③

자료 분석

(가) 태토와 유약이 모두 백색 + 자기 → 백자(조선)
(나) 푸른 빛깔 + 비색 → 청자(고려)
(다) 회색 태토 + 회청색 + 분장회청사기(분청사기)
 → 분청사기(조선)
(라) 코발트로 그림 그린 후 유약을 발라 구운 자기
 → 청화 백자(조선)
(마) 표면에 무늬를 팜 + 고려 + 비색 → 상감 청자(고려)

정답 해설
③ 가지무늬 토기는 청동기 시대의 민무늬 토기 형식 중 하나이다.

오답 체크
① 백자는 백토로 만든 형태 위에 무색 투명한 유약을 입혀 구워낸 도자기로, 주로 조선 전기에 많이 제작되었으며 백자 달항아리가 대표적이다.
② 청자는 철분이 조금 섞인 백토로 만든 형태 위에 약간의 철분이 들어간 유약을 입혀 구워낸 도자기로, 고려 시대에 많이 제작되었으며 청자 오리 모양 연적이 대표적이다.
④ 청화 백자는 백자 위에 청색(코발트) 안료로 무늬를 그리고 그 위에 유약을 입혀 구워낸 도자기로, 조선 후기에 유행하였으며 백자 청화 매죽문 항아리가 대표적이다.
⑤ 상감 청자는 자기의 표면을 파내고 그 자리를 백토나 흑토 등으로 메워 무늬를 내는 고려의 독자적인 상감 기법으로 제작되었으며 청자 상감 운학문 매병이 대표적이다.

16 | 천문 문화유산 정답 ①

자료 분석

천문 → 천문 문화유산
천문은 하늘의 움직임을 관찰하고 측정하는 것으로, 예로부터 왕들은 자신을 하늘과 연결하여 왕권을 강화하였다. 또한 기후를 예측하여 농업에 활용하기 위해 천문학을 강조하였다. 이러한 사실은 삼국 시대 고구려의 덕흥리 고분, 오회분 등의 고분에 그려진 별자리 벽화와 신라의 천문 관측 시설인 경주 첨성대를 통해 알 수 있다.

정답 해설
① 거중기는 조선 후기에 정약용이 무거운 물체를 들어 올리기 위해 제작한 기구로, 수원 화성 축조에 사용되었다.

오답 체크
② 금동 천문도: 동제 원판에 별자리를 새긴 천문도로 조선 후기에 만들어졌다.
③ 혼천의: 천체의 운행과 위치를 측정하는 천문 관측 기구로 조선 세종 때 처음 만들어져 조선 후기까지 제작되었다.
④ 『칠정산』「내편」: 조선 세종 때 한양을 기준으로 만들어진 역법서이다.
⑤ 천상열차분야지도: 조선 태조 때 별자리의 모습을 돌에 새긴 천문도이다.

03 시대 통합 유형

01
62회 11번
(가)에 대한 역대 왕조의 대응으로 옳은 것은? [2점]

> 함길도 도절제사 김종서에게 전지하기를, "동북 지역의 경계는 공험진(公嶮鎭)으로 삼았다는 말이 전하여 온 지가 오래다. 그러나 정확하게 어느 곳에 있는지 알지 못한다. …… 고려사에 이르기를, '윤관이 공험진에 비를 세워 경계를 삼았다.'고 하였다. 지금 듣건대 선춘점(先春岾)에 윤관이 세운 비가 있다 하는데, 공험진이 선춘점의 어느 쪽에 있는가. 그 비문을 사람을 시켜 찾아볼 수 있겠는가. …… 윤관이 [(가)]을/를 쫓고 9성을 설치하였는데, 그 성이 지금 어느 성이며, 공험진의 어느 쪽에 있는가. 거리는 얼마나 되는가. 듣고 본 것을 아울러 써서 아뢰라."라고 하였다.

① 신라 문무왕 때 「청방인문표」를 보내어 인질의 석방을 요구하였다.
② 고려 우왕 때 나세, 심덕부 등이 진포에서 크게 물리쳤다.
③ 고려 창왕 때 박위를 파견하여 근거지를 토벌하였다.
④ 조선 태종 때 경성과 경원에 무역소를 설치하여 회유하였다.
⑤ 조선 광해군 때 기유약조를 체결하여 무역을 재개하였다.

02
60회 49번
(가)~(마)에 들어갈 내용으로 옳지 않은 것은? [2점]

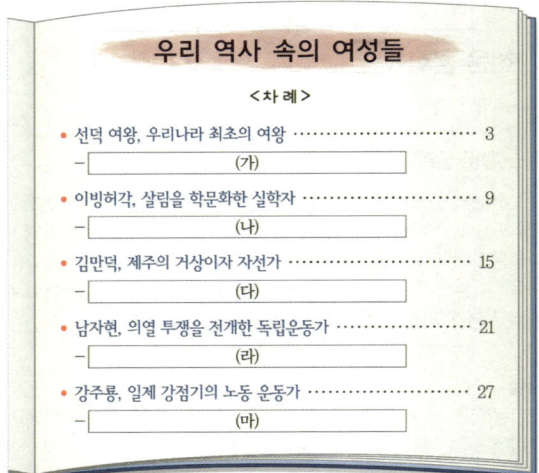

① (가) – 첨성대와 황룡사 구층 목탑을 세우다
② (나) – 가정 생활의 지혜를 담은 『규합총서』를 저술하다
③ (다) – 재산을 기부하여 흉년에 굶주린 백성들을 구제하다
④ (라) – 한국광복군의 기관지 『광복』을 발행하다
⑤ (마) – 임금 삭감에 저항하여 을밀대 지붕에서 농성하다

03
64회 49번
(가)~(마)에 들어갈 내용으로 옳지 않은 것은? [3점]

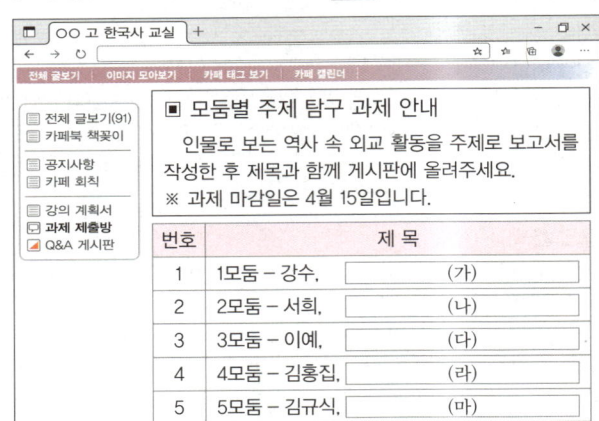

① (가) – 외교 문서 작성에 능하여 「청방인문표」를 짓다
② (나) – 외교 담판을 통해 강동 6주를 확보하다
③ (다) – 일본에 파견되어 계해약조 체결에 기여하다
④ (라) – 보빙사의 전권대신으로 미국에 파견되다
⑤ (마) – 파리 강화 회의에 독립 청원서를 제출하다

04
70회 48번
㉠~㉤에 대한 설명으로 적절하지 않은 것은? [2점]

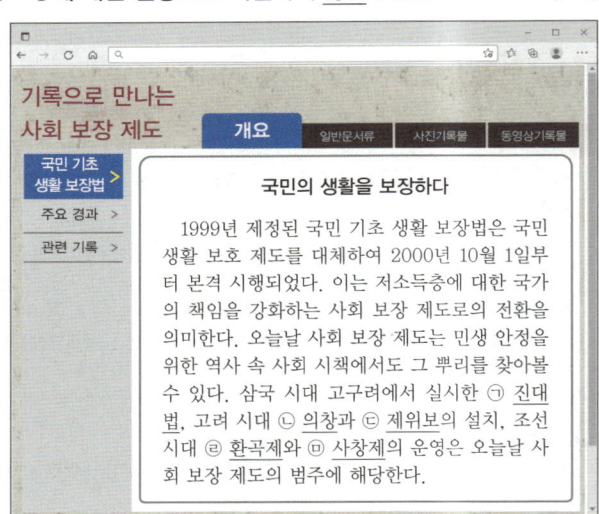

① ㉠ – 고국천왕이 시행하였다.
② ㉡ – 성종이 흑창을 확대 개편하여 설치하였다.
③ ㉢ – 기금을 모아 그 이자로 빈민을 구휼하였다.
④ ㉣ – 세도 정치기에 농민을 수탈하는 수단으로 변질되었다.
⑤ ㉤ – 구제도감을 두어 백성을 구호하였다.

● 주제별 출제 비중
*최근 3개년 기준(심화 76~63회)

32% 지역사 | 13% 문화유산 | 시대 통합 유형 54% | 1% 세시 풍속

01 | 여진에 대한 역대 왕조의 대응   정답 ④

자료 분석

김종서 + 윤관 + 9성을 설치함 → 여진

여진은 우리나라와 연관이 깊은 나라로, 고려 숙종 때 여진 정벌을 위해 특수 부대인 별무반을 조직하였으며, 예종 때 윤관이 별무반을 이끌고 여진을 정벌하여 동북 9성을 축조하였다. 이후 조선은 여진과의 관계에 있어 회유책과 강경책을 펼쳤는데, 태종 때 여진을 회유하기 위해 경성과 경원에 무역소를 설치하고 교역을 허용하였으며, 세종 때 국경 지역에 최윤덕과 김종서를 파견해 여진을 몰아내고, 4군 6진을 설치하여 북방 영토를 확장하기도 하였다.

정답 해설

④ 조선 태종 때 경성과 경원에 무역소를 설치하여 여진을 회유하고, 무역을 허용하였다.

오답 체크

① 당: 신라 문무왕 때 당에 「청방인문표」를 보내어 인질로 잡혀 있던 김인문의 석방을 요구하였다.
② 일본: 고려 우왕 때 왜구가 침입하자, 나세, 심덕부, 최무선 등이 진포에서 이를 크게 물리쳤다(진포 대첩).
③ 일본: 고려 창왕 때 박위를 파견하여 왜구의 근거지인 쓰시마 섬을 토벌하였다.
⑤ 일본: 조선 광해군 때 일본과 기유약조를 체결하여 임진왜란 이후 중단된 일본과의 무역을 재개하였다.

02 | 우리 역사 속의 여성들   정답 ④

자료 분석

우리 역사 속의 여성들

우리 역사에는 각 시대별로 활약한 여성들이 여럿 있다. 고대~조선 시대에는 높게는 왕으로, 그 밖에는 실학자, 상인 등으로 활동하였고, 근대~현대에는 주로 독립운동가, 노동 운동가 등으로 활약하였다.

정답 해설

④ 한국광복군의 기관지인 『광복』을 발행하는 등의 활동을 통해 독립운동을 선전한 여성 독립운동가는 오광심이다. 남자현은 만주에서 활약한 여성 독립운동가로, 조선 총독이었던 사이토 마코토의 암살을 계획하였으나 실패하였다.

오답 체크

① 선덕 여왕은 우리나라(신라) 최초의 여왕으로, 첨성대, 황룡사 구층 목탑을 건립하는 등의 업적을 남겼다.
② 이빙허각은 조선 후기의 여성 실학자로, 가정 생활의 지혜를 담은 백과사전식 서적인 『규합총서』를 저술하였다.
③ 김만덕은 조선 후기 제주의 거상이자 자선가로, 객주를 운영하면서 유통업을 통해 막대한 부를 이루었고, 자신의 재산을 기부하여 흉년에 굶주린 제주도민을 구제하였다.
⑤ 강주룡은 일제 강점기의 여성 노동자로, 임금 삭감에 반대하여 평양 을밀대 지붕에서 고공농성을 벌였다.

03 | 시대별 인물들의 외교 활동   정답 ④

자료 분석

인물로 보는 역사 속 외교 활동

우리 역사에는 각 시대별로 외교에서 활약한 인물들이 여럿 존재하였다. 고대~근대에는 유학자 또는 관리들이 활동하였고, 일제 강점기와 현대에는 독립운동가이자 정치인 등이 활약하였다.

정답 해설

④ 민영익은 보빙사의 전권대신으로 미국에 파견되었다. 한편, 김홍집은 제2차 수신사로 일본에 파견된 인물이다.

오답 체크

① 강수는 신라 중대의 6두품 출신 유학자로, 당나라에 갇혀 있는 김인문의 석방을 요청하는 「청방인문표」를 작성하는 등 외교 문서 작성에 능하였다. 또한 그는 설총, 최치원과 함께 신라의 3대 문장가로 꼽히기도 한다.
② 서희는 고려의 문신으로, 고려 성종 때 거란이 고려를 1차 침입하자 거란의 장수 소손녕과 외교 담판을 통해 압록강 하류 동쪽 지역의 강동 6주 지역을 획득하였다.
③ 이예는 조선 전기의 문신으로, 조선 세종 때 수십 차례 일본에 파견되어 잡혀간 포로를 찾아오기 위해 노력하였다. 또한 일본과 제한된 무역을 허용하는 계해약조 체결에도 크게 기여하였다.
⑤ 김규식은 일제 강점기와 현대에 활동한 독립운동가이자 정치인으로, 신한청년당 소속으로 파리 강화 회의에 한국 대표로 파견되어 독립 청원서를 제출하였다.

04 | 시대별 사회 보장 제도   정답 ⑤

자료 분석

사회 보장 제도 → 시대별 사회 보장 제도

우리 역사에는 각 시대별로 안정적인 삶을 사는데 위험이 되는 요소에 대해 사회적으로 보장하는 제도가 있었다. 대표적으로 고구려의 진대법, 고려의 의창과 제위보, 조선 시대의 환곡제와 사창제 등이 있다.

정답 해설

⑤ 고려 예종 때 구제도감을 설치하여 전염병 퇴치, 병자 치료 등 백성을 구호하게 하였다.

오답 체크

① 고구려 고국천왕 때 을파소의 건의로 춘궁기에 백성에게 곡식을 빌려 주었다가 추수기에 갚도록 하는 구휼 제도인 진대법을 실시하였다.
② 고려 성종은 태조 왕건 때 설치된 흑창을 의창으로 확대·개편하여 운영하였다.
③ 고려 광종은 일정 기금을 모아 그 이자로 빈민을 구제하는 제위보를 설치하였다.
④ 조선 후기에 환곡제는 지방 관청의 재정을 마련하기 위해 부당하게 비싼 이자를 받는 고리대로 변질되어 농민들을 수탈하는 수단이 되었다.

03 시대 통합 유형

05
75회 38번
(가)~(라)를 발표된 순서대로 옳게 나열한 것은? [3점]

(가) 제1조 대한국은 세계 만국에 공인된 자주독립 제국이다.
  제2조 대한 제국의 정치는 만세에 걸쳐 불변할 전제 정치이다.
  제3조 대한국 대황제는 무한한 군권(君權)을 누린다.
(나) 중추원은 아래에 열거한 사항을 심사하고 회의하여 결정하는 곳으로 할 것이다.
  1. 법률, 칙령의 제정, 폐지, 개정에 관한 사항
  6. …… 중추원 의관의 절반은 정부에서 나라에 공로가 있는 사람을 추천하고, 그 절반은 인민 협회 중에서 27세 이상으로 정치·법률·학식에 통달한 자를 투표해서 선거할 것이다.
(다) 제1조 대한민국은 민주 공화국이다.
  제2조 대한민국의 주권은 국민에게 있고 모든 권력은 국민으로부터 나온다.
  제102조 이 헌법을 제정한 국회는 이 헌법에 의한 국회로서의 권한을 행하며 그 의원의 임기는 국회 개회일로부터 2년으로 한다.
(라) 융희 황제가 삼보(三寶)를 포기한 8월 29일은 즉 우리 동지가 삼보를 계승한 8월 29일이니 그 사이 순간도 멈춘 적이 없다. 우리 동지는 완전한 상속자이니 저 황제권이 소멸한 시점은 즉 민권이 발생한 시점이오, 옛 한국의 마지막 1일은 즉 신한국 최초의 1일이다.

① (가) - (나) - (다) - (라)
② (가) - (나) - (라) - (다)
③ (나) - (가) - (라) - (다)
④ (나) - (다) - (가) - (라)
⑤ (다) - (라) - (나) - (가)

06
68회 14번
㉠에 대한 답으로 옳지 않은 것은? [2점]

① 고구려 무용총에 별자리를 그린 벽화가 있어.
② 『삼국사기』에 일식, 월식에 관한 많은 관측 기록이 있어.
③ 충선왕은 서운관에서 천체 운행을 관측하도록 했어.
④ 선조 때는 날아가서 폭발하는 비격진천뢰가 개발되었어.
⑤ 홍대용이 『의산문답』을 통해 지전설과 무한 우주론을 주장했어.

07
74회 50번
㉠~㉤에 대한 설명으로 적절하지 않은 것은? [3점]

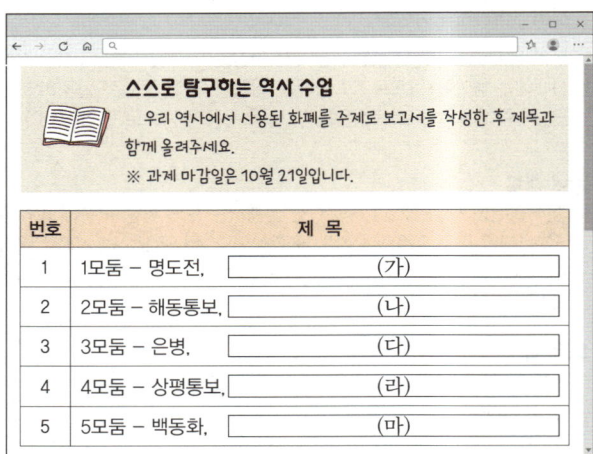

① ㉠ - 원성왕 재위 시기에 시행되었다.
② ㉡ - 쌍기의 건의를 수용하여 실시하였다.
③ ㉢ - 식년시, 알성시, 증광시 등으로 운영되었다.
④ ㉣ - 중종 때 조광조를 비롯한 사림들이 실시를 주장하였다.
⑤ ㉤ - 대한 제국 수립 이후 개혁의 일환으로 처음 단행되었다.

08
67회 46번
(가)~(마)에 들어갈 내용으로 적절하지 않은 것은? [1점]

스스로 탐구하는 역사 수업
우리 역사에서 사용된 화폐를 주제로 보고서를 작성한 후 제목과 함께 올려주세요.
※ 과제 마감일은 10월 21일입니다.

번호	제 목	
1	1모둠 - 명도전,	(가)
2	2모둠 - 해동통보,	(나)
3	3모둠 - 은병,	(다)
4	4모둠 - 상평통보,	(라)
5	5모둠 - 백동화,	(마)

① (가) - 중국 연과의 교류 관계를 보여주다
② (나) - 의천의 건의로 화폐가 주조되다
③ (다) - 경복궁 중건을 위해 제작되다
④ (라) - 법화로 발행되어 전국적으로 유통되다
⑤ (마) - 전환국에서 화폐가 발행되다

05 | 근현대 정치 체제 논의의 변화
정답 ③

자료 분석
(가) 대한 제국 + 대황제는 무한한 군권을 누림
→ 대한국 국제(1899)
(나) 중추원 → 중추원 관제(1898)
(다) 대한민국 + 의원의 임기는 국회 개회일로부터 2년
→ 제헌 헌법(1948)
(라) 황제권이 소멸한 시점은 즉 민권이 발생한 시점
→ 대동 단결 선언(1917)

정답 해설
③ 순서대로 나열하면 (나) 중추원 관제(1898) – (가) 대한국 국제(1899) – (라) 대동 단결 선언(1917) – (다) 제헌 헌법(1948)이다.
(나) 독립 협회는 중추원 관제를 반포(1898)하고, 중추원 개편을 통한 의회 설립 운동을 추진하였다.
(가) 고종은 대한 제국을 선포한 이후 대한국 국제를 반포(1899)하여 대한 제국이 전제 정치 국가임이며, 황제권이 무한함을 강조하였다.
(라) 일제 강점기에 신규식, 박은식 등은 대동 단결 선언을 발표(1917)하여 순종의 황제권이 소멸한 시점이 민권이 발생한 시점으로, 국민에게 주권이 있음을 주장하였다.
(다) 우리나라 최초의 국회인 제헌 국회는 우리나라가 민주 공화국임을 명시한 제헌 헌법을 제정(1948)하였다.

06 | 우리나라의 천문 관련 사례
정답 ④

자료 분석
천문에 관련한 또 다른 사례
우리 민족은 고대부터 천문 현상을 관측하고 기록하였다. 이를 알 수 있는 사례들이 많이 남아 있으며 조선 태조 때 고구려의 천문도를 바탕으로 별자리의 모습을 돌에 새긴 천상열차분야지도, 세종 때 한양을 기준으로 천체 운동을 정확하게 계산한 역법서인 『칠정산』, 천문 관측 기구인 혼천의(혼의), 간의 등이 있다.

정답 해설
④ 조선 선조 때 날아가서 폭발하는 포탄의 일종인 비격진천뢰가 개발되었다.

오답 체크
① 고구려 무용총에는 해, 달, 북두칠성 등을 그린 별자리를 그린 벽화가 남아 있다.
② 『삼국사기』에 삼국의 일식과 월식, 혜성의 출현, 기상 이변 등 천문 관측 기록이 남아 있다.
③ 고려 충선왕 때 고려의 천문 관측 기구인 사천대를 서운관으로 개칭하였으며, 천체 운행을 관측하도록 하였다.
⑤ 홍대용은 『의산문답』을 통해 지구가 자전한다는 지전설과 지구가 우주의 중심이 아니라는 무한 우주론을 주장하였다.

07 | 시대별 관리 선발 방식
정답 ⑤

자료 분석
역사 속 관리 선발 방식 → 시대별 관리 선발 방식
우리나라는 고대부터 다양한 방식을 통해 국가를 운영할 관리를 선발해왔는데, 통일 신라의 독서삼품과, 고려 시대의 과거, 조선 시대의 현량과, 근대의 선거조례 등이 있다.

정답 해설
⑤ 선거 조례는 제1차 갑오개혁 때 과거가 폐지된 이후 제정된 관리 선발 제도로, 대한 제국이 수립되기 이전에 처음 단행되었다. 이 제도는 유교 경전의 학문적 지식이나 문장력 평가 대신, 근대적 실무 역량을 갖춘 인재를 선발하기 위해 실시되었다.

오답 체크
① 통일 신라 원성왕 때 독서삼품과를 마련하여 유교 경전의 이해 수준을 평가하고, 이를 바탕으로 관리를 선발하였다.
② 고려 광종 때 후주 출신 쌍기의 건의로 과거가 도입되어 시험을 통해 인재를 등용하였으며, 제술과·명경과·잡과·승과 등이 시행되었다.
③ 조선 시대의 과거는 문과·무과·잡과로 구성되었는데, 그중 문과는 3년마다 정기적으로 시행되는 식년시와 국가 행사가 있을 때 시행되었던 알성시·증광시 등으로 운영되었다.
④ 조선 시대 중종 때 조광조를 비롯한 사림의 건의로 일종의 추천 제도인 현량과가 실시되었으며, 이를 통해 신진 사림이 조정에 진출하였다.

08 | 우리나라의 화폐
정답 ③

자료 분석
우리 역사에서 사용된 화폐 → 우리나라의 화폐
화폐는 상품의 교환, 유통을 원활하게 하기 위해 사용되는 매개물로, 우리 역사에서는 여러 시대를 거치며 명도전, 건원중보, 상평통보, 당백전 등 다양한 화폐가 사용되었다.

정답 해설
③ 흥선 대원군 집권기에 경복궁 중건을 위해 제작된 고액 화폐는 당백전이다. 은병은 고려 시대에 제작된 고액 화폐로, 우리나라 토지의 모양을 본떠 만들었으며 활구라고도 불리었다.

오답 체크
① 철기 시대에는 중국 화폐인 명도전, 반량전 등을 이용하여 중국과 교역하였다.
② 고려 시대에는 숙종 때 승려 의천의 건의로 화폐 주조 기관인 주전도감을 설치하고 고액 화폐인 은병(활구)과 동전인 해동통보, 삼한통보 등을 주조하였다.
④ 조선 시대에는 상업이 발달하여 화폐 사용의 필요성이 높아지자 숙종 때 상평통보가 법화로 채택·발행되어 전국적으로 유통되었다.
⑤ 근대에는 화폐 주조를 담당하는 관청인 전환국을 설치하고 백동화를 주조하였다.

03 시대 통합 유형

[09~10] 다음을 읽고 물음에 답하시오. 신유형

(가) 여덟째는 적금서당이다. 왕 6년에 보덕국 사람들로 당을 만들었다. 금장의 색은 적흑이다. 아홉째는 청금서당이다. …… 금장의 색은 청백이다.

(나) 응양군, 1령(領)으로 군에는 정3품 상장군 1인과 종3품의 대장군 1인을 두었으며, …… 정8품의 산원 3인, 정9품의 위 20인, 대정은 40인을 두었다.

(다) 무위영, 절목계하본(節目啓下本)에 의하여 남청 1명을 훈련도감의 예에 따라 문신으로 추천하여 군색종사관으로 칭하고 …… 중군은 포장·장어영 중군을 거친 자로 추천하여 금군별장이라 칭한다.

(라) 별대와 정초군의 군병을 합하여 한 영(營)의 제도를 만들어 본영은 금위영이라 칭하고, 군병은 금위별대라 칭한다.

09   69회 47번

(가)~(라) 군사 조직을 만들어진 순서대로 옳게 나열한 것은? [3점]

① (가) – (나) – (다) – (라)
② (가) – (나) – (라) – (다)
③ (나) – (가) – (라) – (다)
④ (나) – (다) – (가) – (라)
⑤ (다) – (라) – (나) – (가)

10   69회 48번

밑줄 그은 '왕'의 업적으로 옳은 것은? [2점]

① 김흠돌의 난을 진압하였다.
② 병부와 상대등을 설치하였다.
③ 나선 정벌에 조총 부대를 파견하였다.
④ 『정계』와 『계백료서』를 지어 관리의 규범을 제시하였다.
⑤ 쌍성총관부를 공격하여 철령 이북의 땅을 수복하였다.

[11~12] 다음 자료를 읽고 물음에 답하시오. 신유형

(가) 살리타이가 처인성을 공격하였다. 적을 피해 성에 와 있던 한 승려가 살리타이를 쏘아 죽였다. 국가에서 그 전공을 칭찬하여 상장군 벼슬을 주었다. 승려가 전공을 다른 사람에게 돌리며 말하기를, "전투할 때 나는 활과 화살이 없었으니, 어찌 감히 공 없이 무거운 상을 받겠습니까."라고 하고, 굳게 사양하며 받지 않았다.

(나) [우리 부대가] 대군(大軍)과 연합하여 평양을 포위하였다. 보장왕이 먼저 연남산 등을 보내 영공에게 항복을 청하였다. 이에 영공은 보장왕과 왕자 복남·덕남 및 대신 등 20여만 명을 끌고 본국으로 돌아갔다. 각간 김인문과 대아찬 조주는 영공을 따라 돌아갔다.

(다) 비국(備局)에서 아뢰기를, "적병이 두 차례나 용골산성을 공격해 왔지만 정봉수는 홀로 고립된 성을 지키면서 충성과 용맹을 더욱 떨쳤습니다. …… 죽음을 두려워하지 않는 용사를 더 모집하여 육로로 혹은 배편으로 달려가서 기세(氣勢)를 돕게 하소서. 용골산성이 비록 포위에서 풀렸으나 이 일은 그만둘 수 없을 듯합니다."라고 하니, 왕이 따랐다.

(라) 부사 송상현은 왜적이 바다를 건넜다는 소식을 듣고 지역 주민과 군사 그리고 이웃 고을의 군사를 모두 불러 모아 성에 들어가 지켰다. …… 성이 포위당하자 상현이 성의 남문에 올라가 전투를 독려하였으나 한나절 만에 성이 함락되었다. 상현은 갑옷 위에 조복(朝服)*을 입고 의자에 앉아 움직이지 않았다. 적이 모여들어 생포하려고 하자 상현이 발로 걷어차면서 항거하다가 마침내 해를 입었다.

*조복(朝服): 관원이 조정에 나아가 하례할 때 입던 예복

11   63회 47번

(가)~(라) 전투를 일어난 순서대로 옳게 나열한 것은? [2점]

① (가) – (나) – (다) – (라)
② (가) – (나) – (라) – (다)
③ (나) – (가) – (라) – (다)
④ (나) – (다) – (가) – (라)
⑤ (다) – (라) – (나) – (가)

12   63회 48번

(라) 전투가 벌어진 지역에서 있었던 사실로 옳은 것은? [2점]

① 내상이 무역 활동을 전개하였다.
② 안승이 왕으로 봉해진 보덕국이 세워졌다.
③ 지역 차별에 반발하여 홍경래가 봉기하였다.
④ 만적을 비롯한 노비들이 신분 해방을 도모하였다.
⑤ 지주 문재철의 횡포에 맞서 소작 쟁의가 일어났다.

09 | 시대별 군사 조직　　　　　　　　　정답 ②

자료 분석
- (가) 아홉째는 청금서당 → 9서당(통일 신라)
- (나) 응양군 → 2군(고려)
- (다) 무위영 + 장어영 → 2영(조선 고종)
- (라) 금위영이라 칭함 → 금위영(조선 숙종)

정답 해설
② 순서대로 나열하면 (가) 9서당(통일 신라) – (나) 2군(고려) – (라) 금위영(조선 숙종) – (다) 2영(조선 고종)이다.
- (가) 통일 신라는 신문왕 때 민족 융합 정책의 일환으로 백제, 보덕국인(고구려 유민), 말갈인 등을 포함하여 중앙군인 9서당을 편성하였다.
- (나) 고려는 중앙군으로 국왕의 친위 부대인 2군(응양군, 용호군)과 수도와 국방의 방어를 담당하는 6위로 구성되었다.
- (라) 조선 숙종은 병조 산하에 두었던 정초군과 훈련도감의 별대를 통합하여 국왕의 호위와 수도 방어의 역할을 담당하는 금위영을 설치하였다.
- (다) 조선 고종 때 초기 개화 정책의 일환으로 군제를 개편하여 기존의 5군영을 궁궐 수비를 담당하는 무위영과 수도 방위를 담당하는 장어영의 2영으로 통합하였다.

10 | 통일 신라 신문왕　　　　　　　　　정답 ①

자료 분석

아홉째는 청금서당 → 9서당 → 통일 신라 신문왕

통일 신라 신문왕은 중앙군으로 고구려, 백제, 말갈인을 포함시킨 9서당을 두었으며, 지방군으로는 9주에 1정씩 배치하고 북쪽 국경 지대인 한주에 1정을 더 둔 10정을 설치하여 군사 제도를 정비하였다.

정답 해설
① 통일 신라 신문왕은 즉위 초에 장인인 김흠돌이 일으킨 난을 진압하고 진골 귀족들을 숙청하여 왕권을 강화하였다.

오답 체크
② 신라 법흥왕: 군사 업무를 담당하는 관청인 병부와 귀족들의 대표인 상대등을 설치하였다.
③ 조선 효종: 청이 나선(러시아) 정벌을 위해 원병을 요청함에 따라 조총 부대를 파견하였다.
④ 고려 태조 왕건: 『정계』와 『계백료서』를 지어 관리들이 지켜야 할 규범을 제시하였다.
⑤ 고려 공민왕: 유인우, 이자춘 등이 쌍성총관부를 공격하여 철령 이북의 땅을 무력으로 수복하였다.

빈출 개념 | 신문왕의 업적

왕권 강화	김흠돌의 모역 사건을 계기로 귀족 세력을 숙청하고 왕권을 강화함
체제 정비	• 중앙: 집사부 이하 14관부 완성 • 지방: 9주 5소경 체제 완비 • 군사: 9서당 10정 편성 • 교육: 국학을 설치하여 유학 교육 실시 • 토지 제도 개편: 관료전을 지급하고 녹읍 폐지

11 | 외적의 침입에 대한 우리나라의 항쟁　　정답 ③

자료 분석
- (가) 살리타이가 처인성을 공격 + 승려가 살리타이를 쏘아 죽임 → 처인성 전투(고려 고종)
- (나) 평양을 포위 + 보장왕 + 항복을 청함 → 고구려 멸망(고구려 보장왕)
- (다) 용골산성을 공격 + 정봉수 → 정묘호란(조선 인조)
- (라) 부사 송상현 + 왜적 → 임진왜란(조선 선조)

정답 해설
③ 순서대로 나열하면 (나) 고구려 멸망(고구려 보장왕) – (가) 처인성 전투(고려 고종) – (라) 임진왜란(조선 선조) – (다) 정묘호란(조선 인조)이 된다.
- (나) 고구려는 수나라의 뒤를 이어 건국된 당나라와의 계속된 전쟁으로 국력이 약해졌다. 이에 백제를 멸망시킨 나·당 연합군에 의해 평양성이 포위되었고, 결국 보장왕이 항복하면서 멸망하였다.
- (가) 고려 고종 때 몽골이 고려의 강화 천도를 구실로 2차 침입하자, 승려인 김윤후가 처인성(현재 용인)에서 몽골 장수 살리타이(살리타)를 사살하였다.
- (라) 조선 선조 때 왜군이 부산에 침입하자, 동래부의 부사 송상현이 동래성 전투에서 항전하였으나 패배하였다(임진왜란).
- (다) 조선 인조 때 후금이 인조반정으로 폐위된 광해군을 위해 보복한다는 명분으로 조선을 침략하였고, 이때 정봉수가 용골산성에서 항전하였다(정묘호란).

12 | 부산(동래)　　　　　　　　　　　　정답 ①

자료 분석

전투가 벌어진 지역 + 부사 송상현 → 동래성 전투 → 부산(동래)

부산(동래)은 임진왜란 때 동래부의 부사 송상현이 왜군에게 항전한 동래성 전투가 일어난 지역이다. 또한 조선 후기에 초량 왜관에서 대일 무역을 전개한 사상인 내상들이 이곳을 중심으로 활발하게 활동하였다. 이 밖에도 1876년에 일본과 맺은 강화도 조약으로 개항되었으며, 이에 따라 부산에는 조계(거류지)가 설정되어 외국인이 자유롭게 거주하며 통상할 수 있게 되었다.

정답 해설
① 부산은 조선 후기에 초량 왜관에서 대일 무역을 전개한 사상인 내상이 활동했던 지역이다.

오답 체크
② 익산: 고구려 부흥 운동이 전개되었던 지역으로, 신라 문무왕이 당을 견제하기 위해 안승을 왕으로 봉하고 보덕국을 세웠다.
③ 평안도: 조선 후기에 홍경래 등이 세도 정치기의 수탈과 지역 차별에 반발하여 봉기하였다.
④ 개경: 고려 시대에 최충헌의 사노비였던 만적을 비롯한 노비들이 신분 해방을 주장하며 반란을 도모하였다.
⑤ 암태도: 신안에 위치한 섬으로, 일제 강점기에 지주 문재철이 고액의 소작료를 받으려 하자 농민들이 이에 반발하여 소작 쟁의를 전개하였다.

03 시대 통합 유형

[13~14] 다음 자료를 읽고 물음에 답하시오. 〔신유형〕

(가) 처음으로 독서삼품을 정하여 관리를 선발하였다. 『춘추좌씨전』, 『예기』, 『문선』을 읽고 그 뜻에 능통하면서 아울러 『논어』와 『효경』에 밝은 자를 상품(上品)으로, 『곡례』와 『논어』, 『효경』을 읽은 자를 중품(中品)으로, 『곡례』와 『효경』을 읽은 자를 하품(下品)으로 하였다.

(나) 쌍기가 의견을 올리니 처음으로 ㉠이 제도를 마련하여 시행하였다. 시·부·송 및 시무책으로 시험하여 진사를 뽑았으며, 겸하여 명경업·의업·복업 등도 뽑았다.

(다) 조광조가 아뢰기를, "중앙에서는 홍문관·육경·대간, 지방에서는 감사와 수령이 천거한 사람들을 대궐에 모아 시험을 치르면 많은 인재를 얻을 수 있을 것입니다. ㉡이 제도는 한(漢)에서 시행한 현량방정과의 뜻을 이은 것입니다."라고 하였다.

(라) 제4조 의정부 및 각 부 판임관을 임명할 시에는 각기 관하 학도 및 외국 유학생 졸업자 중에서 시험을 거쳐 해당 주무 장관이 전권으로 임명한다. 단, 졸업자가 없을 시에는 문필과 산술이 있고 시무에 통달한 자로 시험을 거쳐서 임명한다.

13 〔62회 49번〕

(가)~(라)를 활용한 탐구 활동으로 적절한 것을 〈보기〉에서 고른 것은? [2점]

〈보기〉
ㄱ. (가) - 최승로의 시무 28조를 받아들여 달라진 제도를 살펴본다.
ㄴ. (나) - 광종이 왕권 강화를 위해 추진한 정책에 대해 알아본다.
ㄷ. (다) - 중종 때 사림파 언관들이 제기한 주장을 조사해 본다.
ㄹ. (라) - 임술 농민 봉기를 수습하기 위한 정부의 대책을 파악한다.

① ㄱ, ㄴ ② ㄱ, ㄷ ③ ㄴ, ㄷ ④ ㄴ, ㄹ ⑤ ㄷ, ㄹ

14 〔62회 50번〕

밑줄 그은 ㉠, ㉡에 대한 설명으로 옳은 것은? [3점]

① ㉠ - 역분전이 제정되는 결과를 가져왔다.
② ㉠ - 지공거와 합격자 사이에 좌주와 문생 관계가 형성되었다.
③ ㉡ - 제술과, 명경과, 잡과, 승과로 구성되었다.
④ ㉡ - 성균관에서 보는 관시, 한성부에서 보는 한성시, 각 지방에서 보는 향시로 나뉘었다.
⑤ ㉠, ㉡ - 홍범 14조 반포를 계기로 시행되었다.

[15~16] 다음 자료를 읽고 물음에 답하시오. 〔신유형〕

(가) 만적 등 6명이 북산에서 나무하다가 공·사 노비를 불러 모아 모의하기를, "국가에서 경인년·계사년 이후로 높은 벼슬이 천한 노비에게서 많이 나왔으니, 장수와 재상이 어찌 종자가 있으랴. …… 그 주인을 죽이고 노비 문서를 불태워 삼한에서 천인을 없애면 모두 공경 장상이 될 수 있을 것이다."라고 하였다.

(나) 왕 7년, 노비를 안검하여 그 시비를 분별하도록 명하자, 노비로 주인을 배반한 자가 매우 많아지고 윗사람을 능멸하는 풍조가 크게 행해졌다. 사람들이 모두 탄식하고 원망하였다. 대목 왕후가 이를 간절히 간언하였으나 왕은 받아들이지 않았다.

(다) 1. 문벌, 양반과 상인들의 등급을 없애고 귀천에 관계없이 인재를 선발하여 등용한다.
1. 과부가 재가하는 것은 귀천을 막론하고 자신의 의사대로 하게 한다.
1. 공노비와 사노비에 관한 법을 일체 혁파하고 사람을 사고파는 일을 금지한다.

(라) "임금이 백성을 대할 때는 귀천이 없고 내외 없이 고루 균등하게 적자(赤子)로 여겨야 하는데, 노(奴)와 비(婢)라고 하여 구분하는 것이 어찌 똑같이 동포로 여기는 뜻이겠는가. 내노비 36,974명과 시노비 29,093명을 모두 양민으로 삼도록 하라. 그리고 승정원으로 하여금 노비 문서를 거두어 돈화문 밖에서 불태우도록 하라."

15 〔67회 47번〕

(가)~(라)를 일어난 순서대로 옳게 나열한 것은? [3점]

① (가) - (나) - (다) - (라)
② (가) - (나) - (라) - (다)
③ (나) - (가) - (라) - (다)
④ (나) - (다) - (가) - (라)
⑤ (다) - (라) - (나) - (가)

16 〔67회 48번〕

(가)~(라)를 활용한 탐구 활동으로 적절한 것을 〈보기〉에서 고른 것은? [2점]

〈보기〉
ㄱ. (가) - 무신 집권기에 발생한 하층민의 봉기에 대해 알아본다.
ㄴ. (나) - 호족의 경제적 기반을 약화시킨 제도를 살펴본다.
ㄷ. (다) - 균역법이 시행되는 배경을 파악한다.
ㄹ. (라) - 삼정이정청이 설치된 계기를 조사한다.

① ㄱ, ㄴ ② ㄱ, ㄷ ③ ㄴ, ㄷ ④ ㄴ, ㄹ ⑤ ㄷ, ㄹ

13 | 우리나라의 관리 등용 제도   정답 ③

자료 분석
- (가) 독서삼품을 정함 → 독서삼품과(통일 신라)
- (나) 쌍기 + 명경업·의업·복업 → 과거제(고려)
- (다) 조광조 + 천거 + 현량방정과 → 현량과(조선)
- (라) 외국 유학생 졸업자 중에서 시험을 거침
  → 갑오개혁의 선거 조례(근대)

정답 해설
③ ㄴ. 고려 광종은 왕권 강화를 위해 중국 후주 출신 쌍기의 건의를 받아들여 과거제를 시행하였다.
ㄷ. 조선 중종 때 조광조 등의 사림파 언관들은 일종의 천거 제도인 현량과 실시를 주장하였다.

오답 체크
ㄱ. 고려 성종은 최승로의 시무 28조를 받아들여 유교 정치 이념을 바탕으로 통치 체제를 정비하였다.
ㄹ. 조선 철종 때 임술 농민 봉기가 일어나자 정부는 이를 수습하기 위해 삼정이정청을 설치하였다.

14 | 고려의 과거제와 조선의 현량과   정답 ②

자료 분석
- ㉠ 쌍기 + 명경업·의업·복업 → 과거제(고려)
- ㉡ 조광조 + 천거 + 현량방정과 → 현량과(조선)

정답 해설
② 고려 시대에는 과거제를 통해 시험관인 지공거와 합격자 사이에 좌주와 문생 관계가 형성되어, 관직 생활에 영향을 주기도 하였다.

오답 체크
① 고려 태조 왕건의 삼국 통일 이후, 역분전이 제정되어 신하들에게 인품과 공로를 기준으로 토지가 지급되었다.
③ 고려의 과거제: 논술 시험인 제술과, 유교 경전의 이해 정도를 평가하는 명경과, 기술관을 등용하는 잡과, 승려를 대상으로 시행하는 승과로 구성되었다.
④ 조선의 문과(대과): 성균관에서 보는 관시, 한성부에서 보는 한성시, 각 지방에서 보는 향시로 나누어 선발하였다.
⑤ 제2차 갑오개혁 때 고종이 홍범 14조를 반포하였다.

빈출 개념 | 고려 시대의 관리 등용 제도

과거 제도	자격	법적으로 양인 이상이면 누구나 응시 가능함
	종류	· 문과: 제술과, 명경과로 구성 · 무과: 거의 시행되지 않음 · 잡과: 기술학을 시험하여 기술관을 등용함 · 승과: 승려를 대상으로 시행됨
	특징	지방 향리들이 중앙 관직으로 진출하는 통로 역할을 함
음서 제도	의미	과거를 거치지 않고 관리가 되어 지위를 세습하는 제도
	대상	공신과 종실의 자손, 5품 이상 문무 관리의 자손, 사위, 조카, 외손자 등

15 | 노비 관련 역사적 사실   정답 ③

자료 분석
- (가) 만적 + 노비 문서를 불태움
  → 만적의 난(1198, 고려 최충헌 집권기)
- (나) 노비를 안검 + 그 시비를 분별 → 노비안검법(956, 고려 광종)
- (다) 공노비와 사노비에 관한 법 + 혁파
  → 공·사 노비제 혁파(1894, 제1차 갑오개혁)
- (라) 내노비 + 시노비 + 양민으로 삼도록 함
  → 공노비 해방(1801, 조선 순조)

정답 해설
③ 순서대로 나열하면 (나) 노비안검법 실시(956, 고려 광종) - (가) 만적의 난(1198, 고려 최충헌 집권기) - (라) 공노비 해방(1801, 조선 순조) - (다) 공·사 노비제 혁파(1894, 제1차 갑오개혁)이다.
- (나) 고려 광종 때 호족의 기반을 약화시키고 왕권 강화를 위해 노비안검법을 실시하였다.
- (가) 고려 최충헌 집권기에 최충헌의 사노비인 만적이 신분 차별에 항거하려 했으나 거사 전에 발각되었다.
- (라) 조선 순조 때 내수사를 비롯한 궁방과 중앙 관서 소속의 공노비를 해방하여 양인으로 삼도록 하였다.
- (다) 제1차 갑오개혁 때 공·사노비 제도를 혁파하여 신분 제도를 철폐하였다.

16 | 고려 시대~근대의 노비 관련 사건과 제도   정답 ①

자료 분석
- (가) 만적 + 노비 문서를 불태움 → 만적의 난
- (나) 노비를 안검 + 그 시비를 분별 → 노비안검법
- (다) 공노비와 사노비에 관한 법 + 혁파
  → 공·사 노비제 혁파(제1차 갑오개혁)
- (라) 내노비 + 시노비 + 양민으로 삼도록 함 → 공노비 해방

정답 해설
① ㄱ. 만적의 난은 고려 최충헌 집권기에 노비 만적이 중심이 되어 신분 해방을 주장하며 일으킨 봉기이다.
ㄴ. 고려 광종 때 노비안검법의 실시로 억울하게 노비가 된 자를 해방시켜 호족의 경제적·군사적 기반을 약화시키고, 국가 재정을 확충하였다.

오답 체크
ㄷ. 균역법은 조선 후기 영조 때 시행된 것으로, 군포의 폐단으로 백성들의 부담이 커지자, 군포 부담을 2필에서 1필로 줄여주었다.
ㄹ. 삼정이정청은 조선 후기 철종 때 임술 농민 봉기를 수습하기 위해 안핵사로 파견되었던 박규수의 건의에 따라 삼정의 문란을 해결하기 위한 기구로 설치되었다.

03 시대 통합 유형

[17~18] 다음을 읽고 물음에 답하시오. 〔신유형〕

(가) ㉠왕은 5월에 교서를 내려 문무 관료들에게 토지를 차등 있게 주었다. …… 봄 정월에 중앙과 지방 관리들의 녹읍을 폐지하고 해마다 조를 차등 있게 주고 이를 일정한 법으로 삼았다.

(나) 처음으로 직관(職官)·산관(散官)의 각 품의 전시과를 제정하였는데, 관품의 높고 낮은 것은 논하지 않고 다만 인품만 가지고 전시과의 등급을 결정하였다.

(다) 도평의사사에서 글을 올려 과전을 지급하는 법을 정할 것을 청하니, 그 의견을 따랐다. 경기는 사방의 근본이므로 마땅히 과전을 설치하여 사대부를 우대하여야 한다. 무릇 수도에 거주하며 왕실을 지키는 자는 현직, 산직(散職)을 불문하고 각각 과(科)에 따라 받게 한다.

(라) 만약 그 자신이 죽고 그 아내에게 미치게 되면 수신전이라 일컬었고, 부부가 다 죽고 그 아들에게 전해지면 휼양전이라 일컬었으며, 만약 그 아들이 관직에 제수되더라도 그대로 그 전지를 주고는 과전이라 일컬었는데, …… ㉡왕께서 이를 없애고, 현직 관리에게 주어 직전(職田)이라 하였던 것입니다.

17 〔72회 47번〕
(가)~(라)를 일어난 순서대로 옳게 나열한 것은? [3점]

① (가) - (나) - (다) - (라)
② (가) - (나) - (라) - (다)
③ (나) - (가) - (라) - (다)
④ (나) - (다) - (가) - (라)
⑤ (다) - (라) - (나) - (가)

18 〔72회 48번〕
㉠, ㉡ 왕에 대한 설명으로 옳은 것을 <보기>에서 고른 것은? [2점]

〈보기〉
ㄱ. ㉠ - 병부를 처음으로 설치하였다.
ㄴ. ㉠ - 전국에 9주 5소경을 설치하였다.
ㄷ. ㉡ - 6조 직계제를 시행하였다.
ㄹ. ㉡ - 초계문신제를 실시하였다.

① ㄱ, ㄴ ② ㄱ, ㄷ ③ ㄴ, ㄷ ④ ㄴ, ㄹ ⑤ ㄷ, ㄹ

19 〔58회 46번〕
㉠~㉤에 대한 학생들의 의견으로 적절하지 않은 것은? [2점]

🔍 **역사 돋보기 — 역사 속 왕의 호칭**

왕이 세상을 떠난 뒤 그 이름을 높여 부르는 호칭을 묘호라고 한다. 원칙적으로 나라를 세운 왕은 '조'를, 그 나머지는 '종'을 붙였다.

우리나라 역사에서 처음으로 묘호를 쓴 왕은 신라의 ㉠태종 무열왕이다. 고려 시대는 ㉡태조만 조의 묘호가 붙여졌지만, 조선 시대에는 다양한 이유로 ㉢정조처럼 조를 붙인 왕이 여럿 있었다.

그러나 고려 후기에는 ㉣충렬왕처럼 조, 종을 붙이지 못한 왕들이 있었으며, 조선 시대에는 연산군, ㉤광해군처럼 묘호를 받지 못하고 군으로 격하되어 불린 경우도 있었다.

① 갑: ㉠ - 백제를 멸망시키고 통일의 기초를 마련했어요.
② 을: ㉡ - 고려 건국의 위업을 이루었어요.
③ 병: ㉢ - 탕평책 등 여러 개혁으로 통치 체제를 재정비했어요.
④ 정: ㉣ - 원 황실의 부마가 되었어요.
⑤ 무: ㉤ - 중종반정으로 폐위되었어요.

20 〔61회 15번〕
(가)~(라) 승려에 대한 설명으로 옳은 것은? [3점]

○ (가) 은/는 화엄 사상의 요지를 정리한 『화엄일승법계도』를 저술하였다. 또한 부석사를 비롯한 여러 사원을 건립하였고, 현세의 고난에서 구제받고자 하는 관음 신앙을 강조하였다.

○ (나) 은/는 귀법사의 주지로서, 왕명에 따라 민중을 교화하고 불법을 널리 펴기 위해 노력하였다. 또한 향가인 「보현십원가」 11수를 지어 화엄 사상을 대중에게 전파하였다.

○ (다) 은/는 문종의 아들로 태어나 11세에 출가하였다. 31세에 송으로 건너가 고승들과 불법을 토론하고 불교 서적을 수집하여 귀국하였다. 국청사를 중심으로 천태종을 창시하였으며, 교선 통합을 사상적으로 뒷받침하기 위해 교관겸수를 제창하였다.

○ (라) 은/는 12세에 출가하였다. 수행상의 제약을 넘어서기 위해서는 천태의 교리에 의지해야 한다는 깨달음을 얻었다. 법화 신앙을 바탕으로 강진 만덕사에서 백련 결사를 결성하였다.

① (가) - 심성의 도야를 강조한 유·불 일치설을 주장하였다.
② (나) - 정혜쌍수와 돈오점수를 수행 방법으로 제시하였다.
③ (다) - 불교 경전에 대한 주석서를 모아 교장을 편찬하였다.
④ (라) - 9산 선문 중 하나인 가지산문을 개창하였다.
⑤ (가)~(라) - 승과에 합격하고 왕사에 임명되었다.

17 | 시대별 토지 제도   정답 ①

자료 분석

- (가) 문무 관료들에게 토지를 차등 있게 줌 + 녹읍을 폐지
  → 관료전 지급 및 녹읍 폐지(통일 신라 신문왕)
- (나) 처음으로 + 전시과를 제정 → 시정 전시과(고려 경종)
- (다) 경기 + 과전을 설치 → 과전법(고려 공양왕)
- (라) 현직 관리 + 직전 → 직전법(조선 세조)

정답 해설

① 순서대로 나열하면 (가) 관료전 지급 및 녹읍 폐지(통일 신라 신문왕) – (나) 시정 전시과(고려 경종) – (다) 과전법(고려 공양왕) – (라) 직전법(조선 세조)이다.

- (가) 통일 신라 신문왕 때 문무 관료들에게 봉급의 개념으로 관료전을 지급하고, 귀족들의 경제적 기반이었던 녹읍을 폐지하였다.
- (나) 고려 경종 때 처음으로 전시과 제도를 제정하여 전·현직 관리에게 인품과 관등을 기준으로 전지와 시지를 지급하였다.
- (다) 고려 말 공양왕 때 조준 등 신진 사대부들의 주도로 경기 지역에 한하여 수조권을 지급하는 과전법이 제정되었다.
- (라) 조선 세조 때 과전법 체제 하에서 관리에게 지급할 토지가 부족해지자, 현직 관리에게만 토지의 수조권을 지급하는 직전법을 제정하였다.

18 | 통일 신라 신문왕과 조선 세조   정답 ③

자료 분석

- ㉠ 문무 관료들에게 토지를 차등 있게 줌 + 녹읍을 폐지
  → 통일 신라 신문왕
- ㉡ 현직 관리에게 줌 + 직전이라 함 → 조선 세조

정답 해설

③ ㄴ. 통일 신라 신문왕은 삼국 통일 이후 늘어난 영토를 효율적으로 관리하기 위해 전국을 9개의 주로 나누었다. 또한 특별 행정 구역인 5소경을 설치하여 9주 5소경의 지방 행정 제도를 완비하였다.
ㄷ. 조선 세조는 즉위 후 왕권을 강화하기 위해 태종 때 실시한 6조 직계제를 다시 시행하였다.

오답 체크

- ㄱ. 신라 법흥왕: 군사 업무를 담당하는 중앙 부서로 병부를 처음으로 설치하여 군사권을 장악하였다.
- ㄹ. 조선 정조: 인재 양성을 위해 초계문신제를 시행하여 젊고 유능한 문신들을 재교육하였다.

19 | 역대 왕들의 활동   정답 ⑤

자료 분석

태종 무열왕 + 태조 + 정조 + 충렬왕 + 광해군 → 역대 왕들의 활동

우리나라 역대 왕들에게는 왕이 죽은 후 활동과 업적에 따라 왕의 이름을 높여 부르는 호칭인 묘호가 붙여졌다.

정답 해설

⑤ 무오사화, 갑자사화 등 두 차례의 사화를 일으키고, 폭정을 일삼다가 중종반정으로 폐위된 왕은 연산군이다. 광해군은 인목 대비를 폐위하고 영창 대군을 죽인 폐모살제를 이유로 인조반정이 일어나 폐위되었다.

오답 체크

① 신라 태종 무열왕은 신하들의 추대를 받아 진골 출신으로는 처음 왕위에 올랐다. 이후 그는 백제를 멸망시키고 삼국 통일의 기초를 마련하였다.
② 고려 태조 왕건은 공포 정치를 일삼던 후고구려의 궁예를 몰아내고 왕위에 올라 고려를 건국하고 후삼국을 통일하였다.
③ 조선 정조는 즉위 후 각 붕당의 주장이 옳은지 그른지를 명백히 가리고자 하는 강력한 탕평책을 실시하였으며, 법전인 『대전통편』을 편찬하는 등 통치 체제를 재정비하였다.
④ 고려 충렬왕은 원의 제국 대장 공주와 혼인하여 원 황실의 부마(사위)가 되었다. 이때부터 고려는 왕실 호칭이 격하되어 왕의 시호 앞에 '충성할 충(忠)'자를 사용해야 했으며, 폐하를 전하로, 태자를 세자로 고쳐 불렀다.

20 | 신라~고려의 승려   정답 ③

자료 분석

- (가) 『화엄일승법계도』 + 부석사 → 의상(신라)
- (나) 귀법사의 주지 + 「보현십원가」 → 균여(고려)
- (다) 천태종을 창시함 + 교관겸수 → 의천(고려)
- (라) 법화 신앙 + 강진 만덕사에서 백련 결사를 결성함
  → 요세(고려)

- (가) 의상은 신라의 승려로, 영주 부석사, 양양 낙산사 등을 창건하고 화엄 사상을 정리한 『화엄일승법계도』를 저술하였다.
- (나) 균여는 고려의 승려로, 광종 때 귀법사의 주지를 역임하였으며, 향가인 「보현십원가」 11수를 지어 불교 교리를 전파하였다.
- (다) 의천은 고려의 승려로, 국청사에서 해동 천태종을 개창하였으며, 이론의 연마와 실천을 함께 강조하는 교관겸수를 주장하였다.
- (라) 요세는 고려의 승려로, 참회를 강조하는 법화 신앙을 중심으로 강진 만덕사에서 백련 결사를 주도하였다.

정답 해설

③ 의천은 현종 때 제작된 초조대장경을 보완하기 위해 불교 경전에 대한 주석서를 모아 교장(속장경)을 편찬하였다.

오답 체크

① 혜심(고려): 심성의 도야를 강조하며 유교와 불교의 뜻이 일치한다는 이론인 유·불 일치설을 주장하였다.
② 지눌(고려): 선정과 지혜를 함께 닦아야 한다는 정혜쌍수와 깨달은 후에도 꾸준히 수행해야 한다는 돈오점수를 수행 방법으로 제시하였다.
④ 체징(신라): 선종 사원인 9산 선문 중 하나인 가지산문을 개창하였다.
⑤ 승과와 왕사 제도는 고려 시대에 처음 실시되었다.

03 시대 통합 유형

[21~22] 다음 자료를 읽고 물음에 답하시오. 〔신유형〕

(가) 고대 여러 나라들도 역시 각각 사관(史官)을 두어 일을 기록하였습니다. 그러므로 맹자께서 이르시기를, "진(晉)의 승(乘)과 초(楚)의 도올(檮杌)과 노(魯)의 춘추(春秋)는 모두 한 가지다."라고 하셨습니다. 생각건대 우리 해동(海東) 삼국도 역사가 길고 오래되어 마땅히 그 사실이 책으로 기록되어야 하므로 폐하께서 이 늙은 신하에게 명하시어 편집하도록 하셨습니다. …… 신의 학술이 이처럼 부족하고 얕으며, 옛말과 지나간 일은 그처럼 아득하고 희미합니다. 그러므로 온 정신과 힘을 다 쏟아부어 겨우 ⊙책을 만들었습니다. 그러나 보잘것없기에 스스로 부끄러울 따름입니다.

(나) 고려가 끝내 발해사를 편찬하지 않아 토문강 북쪽과 압록강 서쪽이 누구의 땅인지 알 수 없게 되었다. 여진을 책망하려 하여도 할 말이 없고, 거란을 책망하려 하여도 할 말이 없다. 고려가 약한 나라가 된 것은 발해의 땅을 차지하지 못하였기 때문이니, 탄식할 수밖에 없다. …… 내가 내규장각 관리로 있으면서 비밀스런 책[秘書]을 꽤 많이 읽었으므로 발해에 관한 일을 차례로 편찬하여, 「군고(君考)」・「신고(臣考)」・「지리고(地理考)」・「직관고(職官考)」・「의장고(儀章考)」・「물산고(物産考)」・「국어고(國語考)」・「국서고(國書考)」・「속국고(屬國考)」 등 9편으로 구성된 ⓒ책을 만들었다.

(다) 역사란 무엇인가? 인류 사회의 아(我)와 비아(非我)의 투쟁이 시간부터 발전하며 공간부터 확대하는 정신적 활동 상태의 기록이니, 세계사라 하면 세계 인류가 그리되어 온 상태의 기록이며, 조선 역사라 하면 조선 민족이 그리되어 온 상태의 기록인 것이다. 무엇을 '아'라 하며 무엇을 '비아'라 하는가? …… 무릇 주체적 위치에 선 자를 '아'라 하고, 그 외에는 '비아'라 하는데, 이를테면 조선 사람은 조선을 '아'라 하고, 영국・미국・프랑스・러시아 등을 '비아'라 하지만, 그들은 각기 제 나라를 '아'라 하고 조선은 '비아'라 하며, …… 그러므로 역사는 '아'와 '비아'의 투쟁의 기록인 것이다.

21   66회 30번

(가)~(다)를 작성한 인물에 대해 탐구한 내용으로 가장 적절한 것은? [3점]

① (가) - 만권당에서 원의 학자들과 교유하였으며, 성리학의 보급에 기여하였다.
② (가) - 『칠대실록』의 편찬에 참여하였으며, 문헌공도를 만들어 사학을 진흥시켰다.
③ (나) - 금석학을 연구하여 북한산비가 진흥왕 순수비임을 고증하였다.
④ (다) - 『한국통사』를 저술하였고, 대한민국 임시 정부의 제2대 대통령을 역임하였다.
⑤ (다) - 대한매일신보의 주필로 활동하였으며, 폭력을 통한 민중의 직접 혁명을 주장하였다.

22   66회 31번

밑줄 그은 ⊙, ⓒ에 해당하는 역사서에 대한 설명으로 옳은 것은? [2점]

① ⊙ - 불교사를 중심으로 고대의 민간 설화를 수록하였다.
② ⊙ - 본기, 연표, 잡지, 열전 등으로 구성된 기전체 사서이다.
③ ⓒ - 「사초」와 『시정기』 등을 바탕으로 편찬하였다.
④ ⓒ - 고구려 건국 시조의 일대기를 서사시로 표현하였다.
⑤ ⊙, ⓒ - 우리 역사의 시작을 단군 조선으로 삼았다.

23   65회 26번

(가)~(라)를 일어난 순서대로 옳게 나열한 것은? [3점]

(가) 좌의정 박은이 상왕(上王)에게 아뢰기를, "이제 왜구가 중국에 들어가 도적질하고 본도로 돌아오는 것이 곧 이때이므로 마땅히 이종무 등으로 대마도에 나가 적이 섬에 돌아오기를 기다렸다가 맞아서 치게 되면 적을 파함에 틀림없을 것이니, 진멸(殄滅)시킬 기회를 잃지 마소서."라고 하니, 상왕이 옳게 여겼다.

(나) 김방경이 중군을 거느리게 하고 흔도와 홍다구와 더불어 일본을 정벌하게 하였다. 일기도(一岐島)에 이르러 천여 명을 죽이고 길을 나누어 진격하였다. 왜인들이 달아나는데 쓰러진 시체가 마치 삼대와 같았다. 날이 저물어 이내 공격을 늦추었는데 마침 밤에 태풍이 크게 불어서 전함들이 많이 부서졌다.

(다) 왜구가 배 5백 척을 이끌고 진포 입구에 들어와서는 큰 밧줄로 배를 서로 잡아매고 병사를 나누어 지키다가, 해안에 상륙하여 여러 고을로 흩어져 들어가 불을 지르고 노략질을 자행하였다. …… 나세, 심덕부, 최무선 등이 진포에 이르러, 최무선이 만든 화포를 처음으로 사용하여 그 배들을 불태웠다.

(라) 왜장이 군사 수만 명을 모두 동원하여 진주성을 포위하였는데 성안의 군사는 3천여 명이었다. 진주 목사 김시민이 여러 성첩을 나누어 지키게 하였다. …… 10여 일 동안 4~5차례 큰 전투를 벌이면서 안팎에서 힘껏 싸웠으므로 적이 먼저 도망하였다.

① (가) - (나) - (다) - (라)
② (가) - (다) - (나) - (라)
③ (나) - (가) - (라) - (다)
④ (나) - (다) - (가) - (라)
⑤ (다) - (라) - (나) - (가)

21 | 김부식, 유득공, 신채호   정답 ⑤

자료 분석
- (가) 해동 삼국도 역사가 길고 오래됨 + 책으로 기록되어야 함 → 『삼국사기』 → 김부식
- (나) 발해에 관한 일을 차례로 편찬 → 『발해고』 → 유득공
- (다) 아와 비아의 투쟁 → 『조선상고사』 → 신채호

정답 해설
⑤ 신채호는 대한매일신보의 주필로 활동하였으며, 폭력을 통한 민중의 직접 혁명을 주장하는 「조선혁명선언」을 집필하였다.

오답 체크
① 이제현: 만권당에서 원의 학자들과 교유하였으며, 고려로 귀국하여 성리학의 보급에 기여하였다.
② 최충: 역사서인 『칠대실록』의 편찬에 참여하였으며, 문헌공도(9재 학당)를 만들어 사학을 진흥시켰다.
③ 김정희: 금석학을 연구하여 『금석과안록』에서 북한산비가 진흥왕 순수비임을 고증하였다.
④ 박은식: 민족 정신인 국혼을 강조한 『한국통사』를 저술하였고, 대한민국 임시 정부의 제2대 대통령을 역임하였다.

빈출 개념 | 시대별 주요 역사학자

고려 시대	김부식	• 묘청의 난을 진압 • 인종의 명으로 『삼국사기』를 편찬
	이제현	• 충선왕이 연경에 세운 만권당에서 원의 학자들과 교유 • 역사서인 『사략』을 저술
조선 시대	유득공	• 『발해고』를 저술하고, 남북국이라는 용어를 처음 사용
	김정희	• 『금석과안록』에서 북한산비와 황초령비가 신라 진흥왕 순수비임을 처음 고증 • 제주도 유배 중에 세한도를 그림
근대~일제 강점기	박은식	• 민족 정신으로 '혼' 강조 • 『유교구신론』, 『한국통사』, 『한국독립운동지혈사』 등을 저술 • 대한민국 임시 정부의 제2대 대통령을 역임
	신채호	• 역사를 '아(我)'와 '비아(非我)'의 투쟁으로 규정 • 『독사신론』, 『이순신전』, 『을지문덕전』, 『조선상고사』 등을 저술 • 의열단의 활동 지침인 「조선혁명선언」을 작성

22 | 『삼국사기』와 『발해고』   정답 ②

자료 분석
- ㉠ 해동 삼국도 역사가 길고 오래됨 + 책으로 기록되어야 함 → 『삼국사기』
- ㉡ 발해에 관한 일을 차례로 편찬함 → 『발해고』

정답 해설
② 『삼국사기』는 역사를 본기, 연표, 잡지, 열전 등 여러 항목으로 나누어 구성한 기전체 사서이다.

오답 체크
① 『삼국유사』: 고려 충렬왕 때 일연이 쓴 역사서로, 불교사를 중심으로 단군 신화와 고대의 민간 설화를 수록하였다.
③ 『조선왕조실록』: 조선 왕조의 역사서로, 「사초」와 「시정기」 등을 바탕으로 실록청에서 편찬되었다.
④ 『동명왕편』: 고려 시대에 이규보가 고구려 건국 시조인 동명왕(주몽)의 일대기를 서사시로 표현하였다.
⑤ 『삼국유사』, 『제왕운기』 등: 우리 역사의 시작을 단군 조선으로 삼았다.

23 | 일본(왜)과의 주요 전투   정답 ④

자료 분석
- (가) 왜구 + 이종무 + 대마도 → 대마도 정벌(조선 세종)
- (나) 김방경 + 일본을 정벌함 + 태풍이 크게 불었음 → 일본 원정(고려 충렬왕)
- (다) 왜구 + 진포 + 최무선 → 진포 대첩(고려 우왕)
- (라) 왜장 + 진주성을 포위 + 진주 목사 김시민 → 진주 대첩(조선 선조)

정답 해설
④ 순서대로 나열하면 (나) 일본 원정(고려 충렬왕) - (다) 진포 대첩(고려 우왕) - (가) 대마도 정벌(조선 세종) - (라) 진주 대첩(조선 선조)이다.
(나) 고려 충렬왕 때 원은 두 차례의 일본 원정을 단행하였다. 1차 원정에서 고려의 김방경은 원의 군대와 함께 일본 규슈 침략에 나섰으나 일본 막부의 저항과 태풍으로 실패하였다. 이후 원은 개경에 정동행성을 설치하고 2차 원정을 추진하였으나 역시 태풍으로 인해 실패하였다.
(다) 고려 우왕 때 왜구가 진포에 침입하자, 나세, 심덕부, 최무선 등이 화포를 이용해 침입한 왜구를 물리쳤다.
(가) 조선 세종 때 이종무를 파견하여 왜구의 근거지인 대마도(쓰시마 섬)를 정벌하도록 하였다.
(라) 조선 선조 때 진주 목사 김시민이 진주성에서 왜군을 상대로 크게 승리하였다.

03 시대 통합 유형

[24~25] 다음 자료를 읽고 물음에 답하시오. **신유형**

(가) 제6도 심통성정도(心統性情圖) 중에서 하도(下圖)는 이(理)와 기(氣)를 합하여 말한 것이니, …… 예를 들면 사단(四端)의 정은 이가 발하고 기가 따르니, 본래 순선(純善)하여 악이 없으나, 반드시 이의 발함이 온전하게 이루어지기 전에 기에 가려진 연후에야 선하지 않게 됩니다. 칠정(七情)은 기가 발하고 이가 그것에 타는 것이니, 역시 선하지 않음이 없으나, 만약 기가 발하는 것이 절도에 맞지 않으면 그 이를 멸하게 되어 악이 됩니다.

(나) 유·불·도 삼교(三敎)는 각자 업(業)으로 삼아 수행하는 바가 있으니, 섞어서 하나로 할 수는 없습니다. 부처의 가르침을 행하는 것은 수신(修身)의 근본이요, 유교의 가르침을 행하는 것은 나라를 다스리는 근원이니, 수신은 다음 생을 위한 바탕이 되고, 나라를 다스리는 것은 곧 오늘 날에 힘쓸 일입니다. 오늘날은 지극히 가깝고 다음 생은 지극히 먼 것인데, 가까운 것을 버리고 먼 것을 구한다면 이는 잘못된 것이 아니겠습니까.

(다) 저 불씨(佛氏)는 사람이 사악한지 정의로운지 올바른지 그른지를 가리지 않고 말하기를, "우리 부처에게 오는 자는 화를 면하고 복을 얻을 수 있다."라고 한다. 이것은 비록 열 가지의 큰 죄악을 지은 사람일지라도 부처에게 귀의하면 화를 면하게 되고, 아무리 도가 높은 선비일지라도 부처에게 귀의하지 않으면 화를 면할 수 없다는 말이다. 가령 그 말이 거짓이 아니라 할지라도 모두 사사로운 마음에서 나온 것이요. 올바른 도리가 아니므로 징계해야 할 것이다.

(라) 유교계에 3대 문제가 있는지라. 그 문제에 관해 개량하고 구신(求新)하지 않으면 우리 유교는 결코 흥왕할 수 없으리라. …… 소위 3대 문제는 무엇인가. 하나는 유교파의 정신이 오로지 제왕 측에 있고 인민 사회에 보급할 정신이 부족한 것이다. 하나는 열국을 돌아다니면서 천하를 바꾸려는 주의를 따르지 않고, "내가 학생을 구하는 것이 아니라, 학생이 나를 찾아야 한다."라는 주의를 고수한 것이다. 하나는 우리 한국의 유가는 간단하고 절실한 가르침을 요구하지 않고 지리하고 한만(汗漫)한 공부만 해 온 것이다.

24 57회 35번
(가)~(라)를 작성된 순서대로 옳게 나열한 것은? [2점]

① (가) - (나) - (다) - (라)
② (가) - (나) - (라) - (다)
③ (나) - (가) - (라) - (다)
④ (나) - (다) - (가) - (라)
⑤ (다) - (라) - (나) - (가)

25 57회 36번
(가)~(라)를 작성한 인물에 대해 탐구한 내용으로 적절한 것을 <보기>에서 고른 것은? [3점]

〈보기〉
ㄱ. (가) - 자유롭고 독창적으로 경서를 해석해 사서(四書)에 대한 주자의 해석을 반박하고, 노장 사상 등을 도입해 유학의 실리적 측면을 강화하려고 하였다.
ㄴ. (나) - 『예기(禮記)』 중 월령(月令)에 근거하여 불교 행사를 줄이고 정사를 행하도록 촉구하며 불교적 관행에 젖은 군주를 유교적 규범을 실천하는 군주로 변화시키고자 하였다.
ㄷ. (다) - 기대승과의 논쟁을 통해 성리학의 이해를 심화하였으며, 그의 사상은 제자에 의해 일본으로 전해져 일본 유학의 발전에 영향을 주었다.
ㄹ. (라) - 양명학을 통해서 기존의 유학을 개선하려 하였고, 실학의 실천 정신을 받아들여 구국 운동을 실행하는 데 관심을 기울였다.

① ㄱ, ㄴ ② ㄱ, ㄷ ③ ㄴ, ㄷ ④ ㄴ, ㄹ ⑤ ㄷ, ㄹ

26 64회 43번
(가)~(라) 지방 통치 체제에 대한 설명으로 옳은 것을 <보기>에서 고른 것은? [3점]

(가) 완산주를 다시 설치하고 용원을 총관으로 삼았다. 거열주를 빼서 청주(菁洲)를 두니 처음으로 9주가 되었다. 대아찬 복세를 총관으로 삼았다.

(나) 현종 초에 절도사를 폐지하고, 5도호와 75도 안무사를 두었으나, 얼마 후 안무사를 폐지하고, 4도호와 8목을 두었다. 그 이후로 5도·양계를 정하니, 양광·경상·전라·교주·서해·동계·북계가 그것이다.

(다) 각 도 각 고을의 이름을 고쳤다. …… 드디어 완산을 다시 '전주'라고 칭하고, 계림을 다시 '경주'라고 칭하고, 서북면을 '평안도'로 하고, 동북면을 '영길도'로 하였으니, 평양·안주·영흥·길주가 계수관이기 때문이다.

(라) 전국을 23부의 행정 구역으로 나누어 아래에 열거하는 각 부를 둔다. …… 앞 조항 외에는 종래의 목, 부, 군, 현의 명칭과 부윤, 목사, 부수, 군수, 서윤, 판관, 현령, 현감의 관명을 다 없애고 읍의 명칭을 군이라고 하며 읍 장관의 관명을 군수라고 한다.

〈보기〉
ㄱ. (가) - 신문왕 재위 시기에 정비되었다.
ㄴ. (나) - 지방 장관으로 욕살, 처려근지 등이 있었다.
ㄷ. (다) - 도에는 관찰사가 임명되어 수령을 감독하였다.
ㄹ. (라) - 광무개혁의 일환으로 실시되었다.

① ㄱ, ㄴ ② ㄱ, ㄷ ③ ㄴ, ㄷ ④ ㄴ, ㄹ ⑤ ㄷ, ㄹ

24 | 주요 유학 관련 저술의 순서　　　정답 ④

자료 분석

- (가) 제6도 심통성정도 + 사단 + 칠정 → 『성학십도』(조선 선조)
- (나) 부처의 가르침을 행하는 것은 수신의 근본 + 유교의 가르침을 행하는 것은 나라를 다스리는 근원
  → 시무 28조(최승로, 고려 성종)
- (다) 불씨 + 올바른 도리가 아니므로 징계해야 함
  → 『불씨잡변』(조선 태조)
- (라) 유교계에 3대 문제 + 개량하고 구신
  → 「유교구신론」(대한 제국 시기)

정답 해설

④ 순서대로 나열하면 (나) 시무 28조(고려 성종) - (다) 『불씨잡변』(조선 태조) - (가) 『성학십도』(조선 선조) - (라) 「유교구신론」(대한 제국 시기)이다.

(나) 시무 28조는 고려 성종 때 최승로가 국왕에게 유교를 국가의 통치 이념으로 삼을 것을 건의한 글이다. 이때 최승로는 부처의 가르침을 행하는 것은 개인의 수신(修身)을 행하는 근본이 되고, 유교의 가르침을 행하는 것은 나라를 다스리는 근원이라고 주장하였다.

(다) 『불씨잡변』은 조선 태조 때 정도전이 유학의 입장에서 불교를 비판하고자 쓴 저술이다. 그는 『불씨잡변』에서 부처를 불씨(佛氏)라고 낮춰 부르며, 부처의 교리가 올바른 도리가 아니기 때문에 불교를 배척해야 한다고 주장하였다.

(가) 『성학십도』는 조선 선조 때 이황이 선조에게 바친 것으로, 군주가 지켜야 할 성리학의 10가지 도를 도식을 활용하여 집약적으로 제시하였다. 그중 제6도에 해당하는 심통성정도에서는 인간의 본성에서 우러나오는 마음인 사단(四端)과 인간의 본성이 사물을 만나 표현되는 감정인 칠정(七情)을 설명하였다.

(라) 「유교구신론」은 대한 제국 시기에 박은식이 저술한 논문으로, 유교계의 3대 문제를 지적하며 유교를 개량하고 새롭게 해야 한다는 주장을 담고 있다.

25 | 고려 시대~근대의 여러 유학자　　　정답 ④

자료 분석

- (가) 『성학십도』→ 이황
- (나) 시무 28조 → 최승로
- (다) 『불씨잡변』→ 정도전
- (라) 「유교구신론」→ 박은식

정답 해설

④ ㄴ. 최승로는 시무 28조에서 연등회·팔관회 등의 불교 행사를 줄여 민생 안정을 추구하고, 불교에 치중하던 군주(국왕)를 유교적 통치 이념을 따르는 군주로 변화시키고자 하였다.

ㄹ. 박은식은 지행합일을 강조하는 양명학과 실천 정신을 강조하는 실학을 통해 기존 유학이 지닌 문제를 개선하고자 하였으며, 이를 통해 구국 운동을 실행하고자 하였다.

오답 체크

ㄱ. 박세당: 조선 후기의 학자로, 자신의 저술인 『사변록』에서 자유롭고 독창적으로 유교 경전을 해석해 유교 경전에 대한 주자의 해석을 반박하였다.

ㄷ. 이황: 기대승과의 사단칠정(四端七情)에 대한 논쟁을 통해 성리학의 이해를 심화하였으며, 제자에 의해 그의 사상과 학문이 일본에 전해지며 일본 유학의 발전에 영향을 끼쳤다.

26 | 시대별 지방 통치 체제　　　정답 ②

자료 분석

- (가) 처음으로 9주가 됨 → 통일 신라
- (나) 5도·양계 → 고려 시대
- (다) 평안도 + 계수관 → 조선 시대
- (라) 전국을 23부의 행정 구역으로 나눔 → 제2차 갑오개혁

정답 해설

② ㄱ. 통일 신라 신문왕 재위 시기에 지방 통치 체제가 9주 5소경으로 정비되었다.

ㄷ. 조선 시대에 각 도에는 지방관으로 관찰사가 임명되어 관할 군현의 수령을 감독하였다.

오답 체크

ㄴ. 고구려: 지방 장관으로 욕살, 처려근지 등이 있었다.

ㄹ. 광무개혁이 아닌 제2차 갑오개혁 때 전국 8도를 23부로 개편하였다.

03 시대 통합 유형

[27~28] 다음 자료를 읽고 물음에 답하시오. 〈신유형〉

(가) 우리 해동의 삼국도 역사가 오래되었으니 마땅히 책을 써야 합니다. 그러므로 폐하께서 이 늙은 신하에게 편찬하도록 하셨습니다. 폐하께서 이르시기를, "삼국은 중국과 통교하였으므로『후한서』나『신당서』에 모두 삼국의 열전이 있지만, 상세히 실리지 않았다. 우리의 옛 기록은 빠진 사실이 많아 후세에 교훈을 주기 어렵다. 그러므로 뛰어난 역사서를 완성하여 물려주고 싶다."라고 하셨습니다.

(나) 삼가 삼국 이후의 여러 역사서를 모으고 중국의 역사서에서 가려내어 연도에 따라 사실을 기록하였습니다. 범례는『자치통감』에 의거하였고,『자치통감강목』의 취지에 따라 번잡한 것은 줄이고 요령만 남겨두도록 힘썼습니다. 삼국이 서로 대치한 때는 삼국기라고 하였고, 신라가 통합한 시대는 신라기라고 하였으며, 고려 시대는 고려기라 하였고, 삼한 이전은 외기라고 하였습니다.

(다) 옛 성인은 예악으로 나라를 일으켰고 인의로 가르침을 폈으니 괴력난신은 말하지 않았다. 그러나 제왕이 일어날 때는 반드시 보통 사람과 다른 점이 있었고, 그러한 후에야 제왕의 지위를 얻고 대업을 이루었다. …… 그러므로 삼국의 시조가 모두 신이한 데서 나왔다고 해서 무엇이 괴이하다고 하겠는가. 이것이 책 첫머리에「기이」편이 실린 까닭이다.

(라) 옛날에 고씨가 북쪽에 살면서 고구려라 하였고, 부여씨가 서남쪽에 살면서 백제라 하였으며, 박·석·김씨가 동남쪽에 살면서 신라라고 하였으니, 이것이 삼국이다. 그러니 마땅히 삼국사가 있어야 할 것이다. …… 부여씨가 망하고 고씨가 망하니 김씨가 그 남쪽 땅을 차지하고 대씨가 그 북쪽 땅을 차지하여 발해라 하였다. 이것을 남북국이라 한다. 그러니 마땅히 남북국사가 있어야 한다.

27 61회 29번
(가)~(라) 역사서를 편찬한 순서대로 옳게 나열한 것은? [3점]

① (가) - (나) - (다) - (라)
② (가) - (다) - (나) - (라)
③ (나) - (가) - (라) - (다)
④ (나) - (다) - (가) - (라)
⑤ (다) - (라) - (나) - (가)

28 빈출 61회 30번
(가)~(라) 역사서에 대한 설명으로 옳은 것을 〈보기〉에서 고른 것은? [2점]

〈보기〉
ㄱ. (가) - 유교 사관에 입각하여 기전체 형식으로 저술하였다.
ㄴ. (나) -「사초」와『시정기』를 바탕으로 실록청에서 편찬하였다.
ㄷ. (다) - 불교사를 중심으로 민간 설화 등을 수록하였다.
ㄹ. (라) - 고조선부터 고려까지의 역사를 편년체로 정리하였다.

① ㄱ, ㄴ ② ㄱ, ㄷ ③ ㄴ, ㄷ ④ ㄴ, ㄹ ⑤ ㄷ, ㄹ

29 60회 27번
(가)~(라) 교육 기관에 대한 설명으로 옳은 것만을 〈보기〉에서 고른 것은? [3점]

(가) 학생의 재학 연한은 9년으로 하되 우둔하여 깨우치지 못하는 자는 퇴학시키고, 재주와 기량이 있으나 아직 미숙한 자는 9년이 넘더라도 재학을 허락하였다. 관등이 대나마, 나마에 이르면 졸업하였다.

(나) 7재를 두었는데,『주역』을 공부하는 여택재,『상서』를 공부하는 대빙재,『모시(毛詩)』를 공부하는 경덕재,『주례』를 공부하는 구인재,『대례(戴禮)』를 공부하는 복응재,『춘추』를 공부하는 양정재,『무학』을 공부하는 강예재이다.

(다) 입학생은 생원·진사인 상재생과 유학(幼學) 중에서 선발된 기재생으로 구분되었다. 이들은 동재와 서재에 기숙하면서 공부하였으며, 아침·저녁 식당에 들어가 서명하면 원점 1점을 얻었다. 원점 300점을 얻으면 관시(館試)에 응시할 수 있었다.

(라) 좌원과 우원을 두었는데, 좌원에는 젊은 현직 관리를, 우원에는 관직에 나아가지 않은 명문가 자제들을 입학시켰다. 외국인 3명을 교사로 초빙하였으며, 학생들은 졸업할 때까지 공원(公院)에서 학습에 전념하도록 하였다.

〈보기〉
ㄱ. (가) - 신문왕이 인재 양성을 위해 설치하였다.
ㄴ. (나) - 전국의 부·목·군·현에 하나씩 설립되었다.
ㄷ. (다) - 공자 등 성현을 기리는 석전대제를 거행하였다.
ㄹ. (라) - 교육 입국 조서 반포를 계기로 세워졌다.

① ㄱ, ㄴ ② ㄱ, ㄷ ③ ㄴ, ㄷ ④ ㄴ, ㄹ ⑤ ㄷ, ㄹ

27 | 우리나라 주요 역사서 편찬 순서 정답 ②

자료 분석

- (가) 삼국 + 옛 기록은 빠진 것이 많음 → 『삼국사기』 → 고려 인종
- (나) 삼국 이후의 역사서를 모음 + 『자치통감』에 의거함 → 『동국통감』 → 조선 성종
- (다) 삼국의 시조가 모두 신이한 데서 나옴 + 「기이」편 → 『삼국유사』 → 고려 충렬왕
- (라) 대씨 + 발해 + 남북국 → 『발해고』 → 조선 정조

정답 해설

② 순서대로 나열하면 (가) 『삼국사기』(고려 인종) - (다) 『삼국유사』(고려 충렬왕) - (나) 『동국통감』(조선 성종) - (라) 『발해고』(조선 정조)이다.
(가) 『삼국사기』는 고려 인종 때 왕명으로 김부식이 편찬한 역사서로, 현존하는 우리나라 최고(最古)의 역사서이다.
(다) 『삼국유사』는 고려 충렬왕 때 일연이 저술한 역사서로, 「기이」편에 단군의 건국 이야기와 삼국의 건국 신화 등을 수록하였다.
(나) 『동국통감』은 조선 성종 때 서거정이 고조선부터 고려까지의 역사를 편년체 형식으로 편찬한 역사서이다. 『동국통감』에는 삼국의 역사를 삼국기, 통일 신라는 신라기, 고려 시대는 고려기, 삼한 이전은 외기로 정리되어 있다.
(라) 『발해고』는 조선 정조 때 유득공이 저술한 발해의 역사서로, 통일 신라와 발해를 묶어 남북국이라는 용어를 처음으로 사용하였다.

빈출 개념 | 시대별 주요 역사서

역사서	저자(시대)	내용
『삼국사기』	김부식 (고려 인종)	• 현존하는 우리나라 최고(最古)의 역사서 • 기전체 형식
『동명왕편』	이규보 (고려 명종)	• 『동국이상국집』에 수록 • 고구려 동명왕(주몽)의 일대기를 서사시 형태로 서술
『삼국유사』	일연 (고려 충렬왕)	• 불교사를 중심으로 민간 설화 등을 수록 • 단군 신화 수록
『제왕운기』	이승휴 (고려 충렬왕)	• 고조선의 건국 이야기 수록 • 발해사를 우리 역사에 포함시킴
『고려사』	김종서·정인지 등 (조선 세종~문종)	• 조선 건국의 정통성 강조 • 기전체 형식
『동국통감』	서거정 등 (조선 성종)	• 단군 조선부터 고려의 역사를 정리 • 편년체 형식
『연려실기술』	이긍익 (조선 후기)	• 조선 왕조의 역사를 객관적으로 서술 • 기사본말체 형식
『발해고』	유득공 (조선 정조)	• 남북국 시대 용어 처음 사용

28 | 우리나라의 주요 역사서 정답 ②

자료 분석

- (가) 삼국 + 옛 기록은 빠진 것이 많음 → 『삼국사기』(김부식)
- (나) 삼국 이후의 역사서를 모음 + 『자치통감』에 의거함 → 『동국통감』(서거정 등)
- (다) 삼국의 시조가 모두 신이한 데서 나옴 + 「기이」편 → 『삼국유사』(일연)
- (라) 대씨 + 발해 + 남북국 → 『발해고』(유득공)

정답 해설

② ㄱ. 『삼국사기』는 유교적 합리주의 사관에 기초하였으며, 역사를 본기, 열전 등 여러 항목으로 나누어 서술하는 기전체 형식으로 저술되었다.
ㄷ. 『삼국유사』는 일연이 불교사를 중심으로 고대의 민간 설화, 삼국의 건국 신화 등을 수록한 역사서이다.

오답 체크

ㄴ. 『조선왕조실록』: 「사초」, 『시정기』, 『승정원일기』 등을 바탕으로 실록청에서 편찬하였다.
ㄹ. 『동국통감』: 고조선부터 고려까지의 역사를 편년체 형식으로 정리하여 편찬하였다.

29 | 우리나라의 교육 기관 정답 ②

자료 분석

- (가) 대나마, 나마(신라의 관등)에 이르면 졸업함 → 국학(통일 신라)
- (나) 7재 → 국자감(고려)
- (다) 생원·진사 + 동재와 서재에 기숙함 → 성균관(조선)
- (라) 좌원과 우원을 둠 + 외국인 3명을 교사로 초빙 → 육영 공원(근대)

(가) 국학은 통일 신라 신문왕 때 설립된 국립 교육 기관으로, 이곳에서는 귀족 자제를 대상으로 유학 교육을 실시하였다. 국학은 9년을 기한으로 운영하였으며, 대나마나 나마의 관등에 이르면 졸업하게 하였다.
(나) 국자감은 고려 성종 때 설립된 국립 교육 기관으로, 예종 때는 사학 융성으로 관학이 위축되자 관학의 진흥을 위해 국자감 내에 7재를 설치하여 운영하였다.
(다) 성균관은 조선 시대 최고의 학부이자 고등 교육 기관으로, 소과에 합격한 생원·진사와, 유생 중 선발된 인원이 입학할 수 있었다.
(라) 육영 공원은 1886년에 설립된 최초의 근대식 관립 학교로, 좌원과 우원으로 나누고, 미국인 헐버트, 길모어 등을 교사로 초빙하여 외국어와 근대 학문을 가르쳤다.

정답 해설

② ㄱ. 국학은 통일 신라 신문왕이 인재 양성을 위해 설치한 교육 기관으로, 귀족의 자제를 대상으로 유학 교육을 실시하였다.
ㄷ. 성균관의 대성전에서는 공자를 비롯한 성현들을 기리는 제사 의식인 석전대제를 거행하였다.

오답 체크

ㄴ. 향교: 조선의 관립 교육 기관으로, 전국의 부·목·군·현에 하나씩 설립되었다.
ㄹ. 한성 사범 학교: 제2차 갑오개혁 때 고종이 교육 입국 조서를 반포한 것을 근거로 설립되었다.

04 세시 풍속

01
58회 48번
다음 세시 풍속에 대한 탐구 활동으로 가장 적절한 것은? [2점]

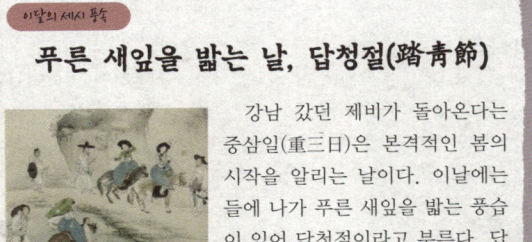

> **이달의 세시 풍속**
> **푸른 새잎을 밟는 날, 답청절(踏青節)**
>
> 강남 갔던 제비가 돌아온다는 중삼일(重三日)은 본격적인 봄의 시작을 알리는 날이다. 이날에는 들에 나가 푸른 새잎을 밟는 풍습이 있어 답청절이라고 부른다. 답청의 풍습은 신윤복의 〈연소답청(年少踏青)〉에 잘 나타나 있다.
>
> ◆ 날짜: 음력 3월 3일
> ◆ 음식: 화전, 쑥떡
> ◆ 풍속: 노랑나비 날리기, 활쏘기

① 칠석날의 전설을 검색한다.
② 한식날의 의미를 파악한다.
③ 삼짇날의 유래를 알아본다.
④ 동짓날에 먹는 음식을 조사한다.
⑤ 단오날에 즐기는 민속놀이를 찾아본다.

02
35회 20번
(가)에 행해지던 풍습으로 가장 적절한 것은? [1점]

> **우리 나라의 세시 풍속**
> **조상에 제사 지내고 성묘하는 날, (가)**
>
> 1. 문헌 자료
>   병조에서 아뢰기를, "동지로부터 105일이 지나면, 세찬 바람과 심한 비가 있으니 (가) (이)라 부른다고 합니다. …… 원컨대, 지금부터 (가) 에는 밤낮으로 불과 연기를 일절 금지하고, 관리들이 순찰하게 하옵소서."라고 하였다.
>   – 「세종실록」
>
> 2. 관련 행사
>   '손 없는 날' 또는 '귀신이 꼼짝 않는 날'로 여겨 산소에 손을 대도 탈이 없다고 한다. 그래서 산소에 잔디를 새로 입히는 개사초(改莎草)를 하거나, 비석 또는 상석을 세우거나 이장을 하였다.

① 진달래꽃으로 화전 부치기
② 새알심을 넣어 팥죽 만들기
③ 창포를 삶은 물로 머리 감기
④ 불을 사용하지 않고 찬 음식 먹기
⑤ 부스럼을 예방하기 위한 부럼 깨기

03 빈출
56회 34번
(가)에 들어갈 세시 풍속으로 옳은 것은? [1점]

> (가) 에 대해 검색해 줘.
>
> **검색 결과입니다.**
>
> 1. 개관
>   음력 5월 5일로 수릿날이라고도 한다. 1년 중 양기가 가장 왕성한 날이라 여겼다. 무더위를 잘 견딘다는 의미로 왕이 이날 신하들에게 부채를 선물하였다는 기록이 있다.
>
> 2. 관련 풍속
>   • 씨름, 그네뛰기
>   • 수리취떡 만들어 먹기
>   • 창포물에 머리 감기

① 한식 ② 백중 ③ 추석
④ 단오 ⑤ 정월 대보름

04
33회 13번
(가)에 들어갈 세시 풍속에 대한 설명으로 옳지 않은 것은? [2점]

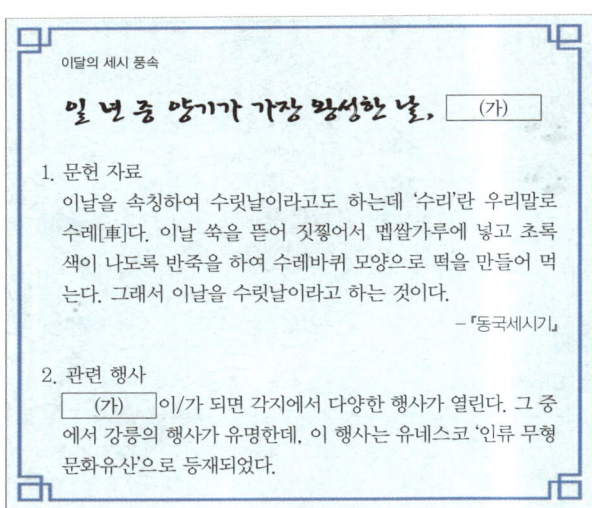

> **이달의 세시 풍속**
> **일 년 중 양기가 가장 왕성한 날, (가)**
>
> 1. 문헌 자료
>   이날을 속칭하여 수릿날이라고도 하는데 '수리'란 우리말로 수레[車]다. 이날 쑥을 뜯어 짓찧어서 멥쌀가루에 넣고 초록색이 나도록 반죽을 하여 수레바퀴 모양으로 떡을 만들어 먹는다. 그래서 이날을 수릿날이라고 하는 것이다.
>   – 「동국세시기」
>
> 2. 관련 행사
>   (가) 이/가 되면 각지에서 다양한 행사가 열린다. 그 중에서 강릉의 행사가 유명한데, 이 행사는 유네스코 '인류 무형 문화유산'으로 등재되었다.

① 앵두로 화채를 만들어 먹었다.
② 창포를 삶은 물로 머리를 감았다.
③ 들판에 쥐불을 놓으며 풍년을 기원했다.
④ 그네뛰기, 씨름 등의 민속놀이를 즐겼다.
⑤ 임금이 신하들에게 부채를 나누어 주었다.

● 주제별 출제 비중
*최근 3개년 기준(심화 76~63회)

32% 지역사 | 13% 문화유산 | 54% 시대 통합 유형 | 1% 세시 풍속

01 | 삼짇날 정답 ③

자료 분석

> 답청절 + 강남 갔던 제비가 돌아옴 + 음력 3월 3일 → 삼짇날
>
> 삼짇날은 음력 3월 3일로 '강남 갔던 제비가 돌아오는 날'이라고도 하며, 새봄을 맞아 들판에 나가 봄을 즐기기 때문에 답청절이라고도 한다. 삼짇날에는 진달래꽃을 뜯어 화전을 만들어 먹거나, 각시풀을 나뭇가지에 묶어 인형처럼 가지고 노는 풀각시 놀이 등 봄을 즐기는 놀이를 행하였다.

정답 해설

③ 삼짇날은 음력 3월 3일로, 강남 갔던 제비가 오는 날이라고 하며, 들에 나가 푸른 새잎을 밟는 풍습이 있어 답청절로도 불린다.

오답 체크

① 칠석: 음력 7월 7일로 견우와 직녀가 만나는 날이며, 옷과 책을 햇볕에 말리고 직녀성에 바느질 솜씨가 좋아지기를 비는 풍습이 있었다.
② 한식: 양력 4월 5·6일경이자 동지부터 105일째 되는 날로, 불을 피우지 않고 찬 음식을 먹는 풍습이 있었다.
④ 동지: 양력 12월 22·23일경이자 1년 중 가장 밤이 길고 낮이 짧은 날로, 귀신을 쫓기 위해 새알심이 들어간 팥죽을 먹었다.
⑤ 단오: 음력 5월 5일로, 1년 중 양기가 가장 왕성한 날로 여겨졌으며, 씨름·널뛰기·그네뛰기 등을 즐겼다.

02 | 한식 정답 ④

자료 분석

> 동지로부터 105일 + 밤낮으로 불과 연기를 일절 금지 → 한식
>
> 한식은 동지로부터 105일이 되는 날인 양력 4월 5·6일경으로, 불의 사용을 금지하며 찬 음식을 먹는 고대 중국의 풍습에서 시작되었다. 이에 이날에는 밤낮으로 불과 연기를 일절 금지하고 찬 음식을 먹었으며, '손 없는 날' 또는 '귀신이 꼼짝 않는 날'로 여겨지기도 하였다.

정답 해설

④ 한식은 양력 4월 5·6일경으로, 불의 사용을 금지하고 찬 음식을 먹는 풍습이 있다.

오답 체크

① 삼짇날: 음력 3월 3일로, 진달래꽃을 뜯어 화전을 만들어 먹었다.
② 동지: 양력 12월 22·23일경으로, 새알심을 넣어 팥죽을 만들어 먹는 풍습이 있다.
③ 단오: 음력 5월 5일로, 창포를 삶은 물로 머리를 감는 풍습이 있다.
⑤ 정월 대보름: 음력 1월 15일로, 부스럼을 예방하기 위해 땅콩이나 잣, 호두 등의 부럼을 자기 나이 수대로 깨물어 먹는 풍습이 있다.

03 | 단오 정답 ④

자료 분석

> 음력 5월 5일 + 수릿날 + 1년 중 양기가 가장 왕성한 날 → 단오
>
> 단오는 음력 5월 5일로, 수릿날이라고도 불렸으며, 1년 중 양기가 가장 왕성한 날로 여겨졌다. 단오에는 임금이 신하들에게 무더위를 잘 견디라는 의미로 부채인 단오선을 선물하였다는 기록이 있다. 이 밖에도 씨름, 그네뛰기 등을 즐겼으며, 여자들은 창포 삶은 물로 머리를 감는 풍습이 있었다.

정답 해설

④ 단오는 음력 5월 5일로, 수릿날이라고도 불렸으며 1년 중 양기가 가장 왕성한 날로 여겨졌다.

오답 체크

① 한식: 양력 4월 5·6일경으로, 동지부터 105일째 되는 날이며 불을 피우지 않고 찬 음식을 먹는 풍습이 있었다.
② 백중: 음력 7월 15일로, 머슴날이라고도 불렸으며 동네 머슴들을 하루 쉬게 하고 돈을 주어 즐기게 하는 풍습이 있었다.
③ 추석: 음력 8월 15일로, 한가위라고도 불렸으며 송편을 만들어 먹고 강강술래 등을 즐기는 풍습이 있었다.
⑤ 정월 대보름: 음력 1월 15일로 부럼 깨기·쥐불놀이·달집 태우기 등을 하였으며, 귀밝이술과 오곡밥 등을 먹는 풍습이 있었다.

04 | 단오 정답 ③

자료 분석

> 수릿날 + 수레바퀴 모양의 떡 → 단오
>
> 단오는 음력 5월 5일로, 수릿날이라고도 한다. 단오에는 산에서 자라는 수리취나 쑥으로 만든 떡을 먹었는데, 떡의 모양이 마치 수레바퀴와 같다고 하여 수릿날이라는 명칭이 생겨났다.

정답 해설

③ 정월 대보름은 음력 1월 15일로, 들판에 쥐불을 놓으며 풍년을 기원했다.

오답 체크

① 단오에는 앵두로 화채를 만들어 먹었다.
② 단오에 여자들은 액운을 쫓기 위해 창포 삶은 물로 머리를 감았다.
④ 단오에는 그네뛰기, 씨름 등의 민속놀이를 즐겼다.
⑤ 단오에는 임금이 신하들에게 부채(단오선)를 나누어 주었다.

빈출 개념 | 단오

날짜	음력 5월 5일
특징	• 1년 중 양기가 가장 왕성한 날 • 수릿날, 중오절, 천중절 등으로 불림
풍속	• 씨름·널뛰기·그네뛰기·석전 등을 즐김 • 수리취떡(수레바퀴 모양의 떡)이나 앵두로 만든 화채를 먹음 • 임금은 신하들에게 부채(단오선) 선물 • 강릉 단오제(유네스코 인류 무형 문화유산 등재)

04 세시 풍속

05　45회 30번
(가)에 들어갈 세시 풍속으로 옳은 것은? [2점]

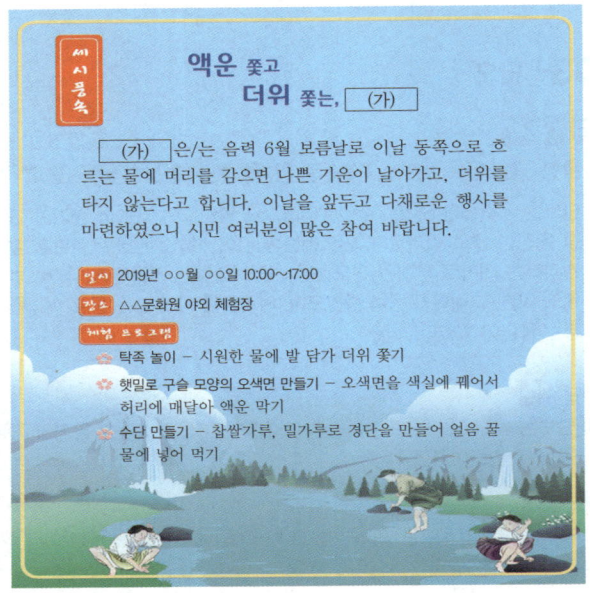

세시 풍속
액운 쫓고 더위 쫓는, (가)

(가)은/는 음력 6월 보름날로 이날 동쪽으로 흐르는 물에 머리를 감으면 나쁜 기운이 날아가고, 더위를 타지 않는다고 합니다. 이날을 앞두고 다채로운 행사를 마련하였으니 시민 여러분의 많은 참여 바랍니다.

■ 일시: 2019년 ○○월 ○○일 10:00~17:00
■ 장소: △△문화원 야외 체험장
■ 체험 프로그램
　● 탁족 놀이 – 시원한 물에 발 담가 더위 쫓기
　● 햇밀로 구슬 모양의 오색면 만들기 – 오색면을 색실에 꿰어서 허리에 매달아 액운 막기
　● 수단 만들기 – 찹쌀가루, 밀가루로 경단을 만들어 얼음 꿀 물에 넣어 먹기

① 동지　② 한식　③ 칠석　④ 유두　⑤ 삼짇날

06　60회 50번
밑줄 그은 '이날'에 해당하는 세시 풍속으로 옳은 것은? [1점]

이곳은 남원 광한루원의 오작교입니다. 조선 시대 남원 부사 장의국이 헤어져 있던 견우와 직녀가 오작교에서 만난다는 전설을 형상화하여 만들었습니다. 음력 7월 7일인 이날에는 여인들이 별을 보며 바느질 솜씨가 좋아지기를 비는 풍속이 있었습니다.

① 단오　② 칠석　③ 백중　④ 동지　⑤ 한식

07　37회 23번
(가)에 들어갈 세시 풍속으로 옳은 것은? [1점]

세시 풍속 체험 프로그램

(가)은/는 24절기 중 열아홉 번째 절기로, 이날부터 겨울이 시작된다는 의미를 담고 있습니다. 이날을 맞이하여 다채로운 행사를 준비하였으니, 시민 여러분의 많은 참여 바랍니다.

1. 일시: 2017년 ○○월 ○○일 11:00~17:00
2. 장소: △△문화원 앞마당
3. 체험 프로그램
　■ 겨울을 나기 위한 김장 담그기
　■ 어르신의 보양을 위한 치계미(雉鷄米) 만들기

△△문화원

① 단오　② 입동　③ 칠석　④ 대보름　⑤ 한가위

08　34회 20번
(가)와 관련된 세시 음식으로 가장 적절한 것은? [1점]

우리나라의 세시 풍속
일 년 중 밤이 가장 긴 날, (가)

1. 개관
　이날은 태양의 부활이라는 의미를 지니고 있어서 민간에서 '작은설' 혹은 '아세(亞歲)'라고 불렀다. 또 이날은 날씨가 춥고 밤이 길어 호랑이가 교미한다고 하여 '호랑이 장가가는 날'이라고도 하였다.

2. 문헌 자료
　관상감에서는 임금에게 (새해) 달력을 올린다. 그러면 임금은 백관에게 황색 표지 달력과 백색 표지 달력에 '동문지보(同文之寶)'를 찍어 하사하였다.
– 『동국세시기』

① 송편　② 팥죽　③ 화전　④ 오곡밥　⑤ 수리취떡

05 | 유두
정답 ④

자료 분석

> 음력 6월 보름날 + 동쪽으로 흐르는 물에 머리를 감음 → 유두
>
> 유두는 음력 6월 15일로, 이날에는 양기가 가장 왕성한 곳인 동쪽으로 흐르는 물에 머리를 감고 몸을 씻은 뒤, 서늘하게 하루를 지냈다. 이렇게 하면 나쁜 기운을 쫓아 여름에 질병을 물리치고 더위를 타지 않는다고 한다.

정답 해설

④ 유두는 음력 6월 15일로, 이날에는 동쪽으로 흐르는 물에 머리를 감아 나쁜 기운을 쫓았다.

오답 체크

① 동지: 양력 12월 22·23일경으로, 1년 중 밤이 가장 긴 날이다.
② 한식: 양력 4월 5·6일경으로, 동지로부터 105일째 되는 날이다.
③ 칠석: 음력 7월 7일로, 견우와 직녀가 만나는 날이다.
⑤ 삼짇날: 음력 3월 3일로, 강남 갔던 제비가 돌아온 날이라고도 불린다.

06 | 칠석
정답 ②

자료 분석

> 견우와 직녀가 오작교에서 만남 + 음력 7월 7일 → 칠석
>
> 칠석은 음력 7월 7일로, 헤어져 있던 견우와 직녀가 1년에 한 번 까마귀와 까치들이 만들어준 오작교에서 만나는 날이기도 하다. 이날에는 옷과 책을 햇볕에 말리고 직녀성에 바느질 솜씨가 좋아지기를 비는 풍속이 있었다. 또한 칠석 음식으로 밀전병을 만들어 먹고, 칠석 놀이라 하여 술과 안주를 갖추어 가무로 밤이 깊도록 놀기도 하였다.

정답 해설

② 칠석은 음력 7월 7일로, 이날에는 옷과 책을 햇볕에 말리며 직녀성에 바느질 솜씨가 좋아지기를 비는 풍속이 있었다.

오답 체크

① 단오: 음력 5월 5일로, 수레바퀴 모양의 수리취떡이나 앵두로 화채를 만들어 먹는 풍속이 있었다.
③ 백중: 음력 7월 15일로, 동네 머슴들을 하루 쉬게 하고 돈을 주어 즐기게 하는 풍속이 있었다.
④ 동지: 양력 12월 22·23일경으로, 귀신을 쫓기 위해 새알심이 들어간 팥죽을 먹고 집 안 곳곳에 팥죽을 뿌리는 풍속이 있었다.
⑤ 한식: 양력 4월 5·6일경으로, 불을 피우지 않고 찬 음식을 먹는 풍속이 있었다.

07 | 입동
정답 ②

자료 분석

> 이날부터 겨울이 시작된다는 의미 + 겨울을 나기 위한 김장 담그기 + 치계미 만들기 → 입동
>
> 입동은 24절기 중 열아홉 번째 절기로, 겨울이 시작된다는 의미를 갖고 있다. 입동은 양력 11월 7·8일경으로, 이때 수확한 무와 배추로 김장을 담그고 겨울 내 소에게 먹일 볏짚을 모았다. 또한 본격적인 겨울에 앞서 마을 노인들의 보양을 위해 음식을 대접하는 치계미라는 풍습이 있었다.

정답 해설

② 입동은 겨울이 시작된다는 의미를 가진 절기로, 이때는 김장을 담그고 어르신들의 보양을 위한 치계미를 만드는 등 겨울을 나기 위한 준비를 하였다.

오답 체크

① 단오: 음력 5월 5일로 수릿날이나 중오절 등으로 불리며, 창포를 삶은 물에 머리를 감는 풍습 등이 있다.
③ 칠석: 음력 7월 7일 견우와 직녀가 만나는 날로, 의복과 서적 말리기·시짓기·칠석제 등의 풍습이 있다.
④ 대보름: 음력 1월 15일로, 1년 동안의 건강을 기원하며 오곡밥을 지어 먹거나 땅콩, 잣, 호두 등의 부럼을 자기 나이대로 깨물어 먹었다.
⑤ 한가위: 음력 8월 15일로 추석이라고도 불렸으며, 한 해 수확한 곡식과 과일로 차례를 지내고 송편을 만들어 먹는 풍습이 있다. 이때에는 줄다리기·씨름·강강술래 등을 즐겼다.

08 | 동지
정답 ②

자료 분석

> 일 년 중 밤이 가장 긴 날 → 동지
>
> 동지는 양력 12월 22·23일경으로, 1년 중 밤이 가장 길고 낮이 가장 짧은 날이다. 이날에는 귀신을 쫓기 위해 새알심을 넣은 팥죽을 끓여 먹었으며, '호랑이 장가가는 날'이라고도 하였다.

정답 해설

② 동지는 양력 12월 22·23일경으로, 새알심을 넣어 팥죽을 만들어 먹는 풍습이 있다.

오답 체크

① 추석: 음력 8월 15일로, 새로 수확한 곡식과 과일로 차례를 지내고, 송편을 만들어 먹었다.
③ 삼짇날: 음력 3월 3일로, 진달래꽃을 뜯어 화전을 만들어 먹었다.
④ 정월 대보름: 음력 1월 15일로, 귀밝이술과 오곡밥 등을 만들어 먹었다.
⑤ 단오: 음력 5월 5일로, 수레바퀴 모양의 수리취떡을 만들어 먹었다.

빈출 개념 | 동지

날짜	양력 12월 22·23일경
특징	• 1년 중 밤이 가장 길고 낮이 가장 짧은 날 • 작은 설이라고도 불림 • '호랑이 장가가는 날'이라고도 불림
풍속	귀신을 쫓기 위해 새알심이 들어간 팥죽을 먹고, 집 안 곳곳에 팥죽을 뿌림

VIII. 통합 주제

기출 자료&선택지 퀴즈로 단원 마무리

기출 자료 퀴즈

기출 자료에 해당하는 주제를 골라 쓰세요.

경복궁	안동	창덕궁	충주
『직지심체요절』	제주도	『삼국사기』	

01 59회
역사를 품은 섬, (가)
다크 투어를 떠나볼까요?
- 항파두리 항몽 유적
- 알뜨르 비행장 비행기 격납고
- 송악산 해안 동굴 진지
- 셋알 오름 일제 고사포 진지

[   ]

02 59회
이것은 1872년에 제작된 우리 고장의 지방도입니다. 임진왜란 때 신립 장군이 왜군과 맞서 싸우다 투신한 장소인 탄금대와 임경업 장군의 충절을 기리기 위해 세운 충렬사 등이 표시되어 있습니다.

[   ]

03 45회
이 글은 왕명을 받들어 역사서 편찬을 주도한 인물이 왕에게 올린 「진삼국사표」입니다. 이 글과 함께 올린 역사서에 대해 발표해 볼까요?
신라, 고구려, 백제가 기틀을 잡고 세 세력이 서로 대립하면서 …… 삼가, 본기 28권, 연표 3권, 지(志) 9권, 열전 10권을 찬술하였습니다. 여기에 표문(表文)을 붙여 성상께 올립니다.
- 「진삼국사표(進三國史表)」

[   ]

04 60회
대왕대비가 전교하였다. "(가) 은/는 우리 왕조에서 수도를 세울 때 맨 처음 지은 정궁이다. …… 그러나 불행하게도 전란에 의해 불타버린 후 미처 다시 짓지 못하여 오랫동안 뜻있는 선비들의 개탄을 자아내었다. …… 이 궁궐을 다시 지어 중흥의 큰 업적을 이루려면 여러 대신과 함께 의논해보지 않을 수 없다."
- 『고종실록』

[   ]

05 64회
(가) 지역의 역사와 문화
- 1모둠: 고창 전투와 후삼국 통일 과정
- 2모둠: 봉정사 극락전과 고려 후기 불교 건축물
- 3모둠: 도산 서원과 퇴계 이황의 성리학
- 4모둠: 임청각과 이상룡의 독립운동

[   ]

06 54회
국외 소재 우리 문화유산을 찾기 위해 헌신한 박병선 박사를 조명하는 다큐멘터리가 방영될 예정입니다. 그녀는 청주 흥덕사에서 금속 활자로 간행된 (가) 을/를 프랑스 국립 도서관에서 발견하였습니다.

[   ]

07 53회
조선의 역대 왕들이 가장 많이 머문 궁궐, (가)
연경당(접견실) - 부용정과 부용지(정원과 연못) - 후원 입구
인정전(정전) - 돈화문(정문)

[   ]

기출 선택지 퀴즈

기출 선택지가 옳은 내용이면 O, 틀린 내용이면 X 표시하세요.

08 52회 서울은 강우규가 사이토 총독에게 폭탄을 투척하는 의거를 일으킨 지역이다. [O | X]

09 63회 원산에서 만적을 비롯한 노비들이 신분 해방을 도모하였다. [O | X]

10 71회 안동에서 묘청이 반란을 일으키고 국호를 대위라 하였다. [O | X]

11 75회 제주도에서 김만덕이 흉년에 굶주린 백성을 구제하였다. [O | X]

12 68회 종묘는 조선의 역대 왕과 왕비의 신주를 모시고 제사를 지내던 사당이다. [O | X]

13 60회 남한산성은 정묘호란 때 인조가 피난한 곳이다. [O | X]

14 60회 창덕궁 후원에 왕실 도서관인 규장각이 있었다. [O | X]

15 35회 한식에는 부스럼 예방을 위한 부럼 깨기를 하였다. [O | X]

16 30회 동지에는 팥죽을 쑤어 먹고 문에 뿌리는 풍습이 있었다. [O | X]

17 51회 『일성록』은 정조가 세손 시절부터 쓴 일기에서 유래하였다. [O | X]

18 73회 『조선왕조실록』은 「사초」와 『시정기』 등을 종합하여 편찬하였다. [O | X]

19 67회 한국의 서원은 좌수와 별감을 두고 운영하였다. [O | X]

최빈출 다지선다 퀴즈

다음 지역에서 있었던 사실로 옳은 것을 모두 고르세요.

20 52회

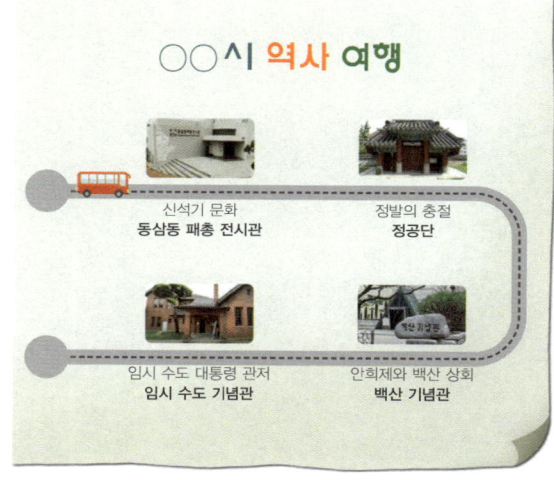

① 아우내 장터에서 독립 만세 운동이 일어났다. 71·50회
② 동학 농민군이 정부와 화약을 체결한 장소이다. 65·52회
③ 김광제 등의 발의로 국채 보상 운동이 일어났다. 70·58회
④ 강주룡이 을밀대 지붕에서 고공농성을 벌였다. 75·69·68회
⑤ 내상이 무역 활동을 전개하였다. 63회
⑥ 공민왕이 홍건적의 침입 때 피란하였다. 64회
⑦ 박재혁이 경찰서에 폭탄을 투척하는 의거를 일으켰다. 69·59회
⑧ 망이·망소이가 난을 일으켰다. 68·67·66회

정답

01 제주도 02 충주 03 『삼국사기』 04 경복궁 05 안동 06 『직지심체요절』
07 창덕궁 08 O 09 X (개성) 10 X (평양) 11 O 12 O 13 X (병자호란)
14 O 15 X (정월 대보름) 16 O 17 O 18 O 19 X (유향소)
20 ⑤, ⑦ 부산 [① 천안, ② 전주, ③ 대구, ④ 평양, ⑥ 안동, ⑧ 공주]

FINAL 실력 점검 기출문제
제76회 (2025년 10월 시행)

시험 시작 전 문제지를 넘기면 부정행위로 간주됩니다.

- 자신이 선택한 종류의 문제지인지 확인하십시오.
- 답안지에 성명과 수험번호를 쓰고, 수험번호와 답은 컴퓨터용 사인펜으로 표시란에 정확히 표시하십시오.
- 시험 시간은 10시 20분부터 11시 40분까지 80분입니다.

※ 응시자 유의사항을 수험표에서 다시 한 번 확인하시기 바랍니다.

해커스한국사

심화 FINAL 실력 점검 기출문제(제76회) 문제지

1. 밑줄 그은 '이 시대'의 생활 모습으로 옳은 것은? [1점]

해설
연천 전곡리에서 출토된 이 주먹도끼는 찍개, 찌르개와 함께 이 시대를 대표하는 유물입니다. 양면을 가공한 날카로운 날이 특징으로, 동아시아에는 찍개 문화만 존재하였다는 기존 학설을 뒤집는 증거가 되었습니다.

① 민무늬 토기에 식량을 저장하였다.
② 가락바퀴를 이용하여 실을 만들었다.
③ 명도전, 반량전 등 화폐를 사용하였다.
④ 철제 농기구를 사용하여 농사를 지었다.
⑤ 주로 동굴이나 강가의 막집에 거주하였다.

2. 다음 검색창에 들어갈 국가에 대한 설명으로 가장 적절한 것은? [2점]

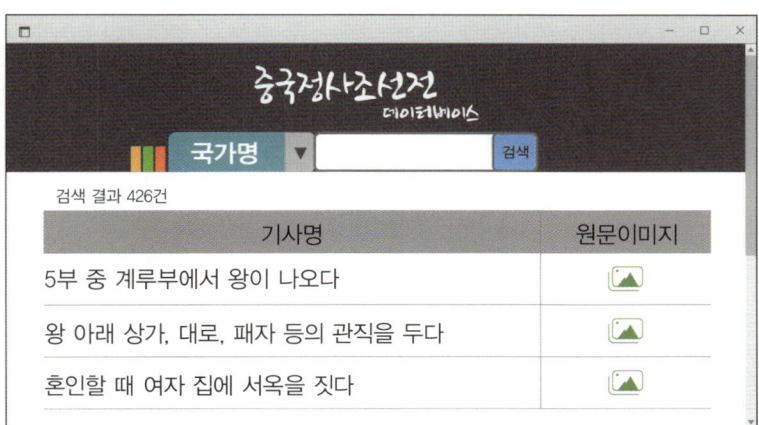

- 5부 중 계루부에서 왕이 나오다
- 왕 아래 상가, 대로, 패자 등의 관직을 두다
- 혼인할 때 여자 집에 서옥을 짓다

① 신성 구역인 소도가 존재하였다.
② 10월에 동맹이라는 제천 행사를 열었다.
③ 읍락 간의 경계를 중시하는 책화가 있었다.
④ 사회 질서 유지를 위해 범금 8조를 두었다.
⑤ 화백 회의에서 국가의 중대사를 결정하였다.

3. (가)~(다)를 일어난 순서대로 옳게 나열한 것은? [2점]

(가) 고구려왕 거련이 직접 군사를 거느리고 백제를 공격하였다. 백제왕 경이 문주를 신라에 보내 도움을 요청하였다. …… 신라군이 도착하기 전에 백제가 고구려에 함락되었고 경 또한 살해되었다.

(나) 백제왕이 태자와 함께 정예군 3만 명을 거느리고 고구려에 침입하여 평양성을 공격하였다. 고구려왕 사유가 힘을 다해 싸워 이를 막았으나 날아오는 화살에 맞아 죽었다.

(다) 백제왕 명농이 가야와 함께 와서 관산성을 공격하였다. …… 신라군이 맞서 싸웠는데 삼년산군의 고간 도도가 급습하여 백제왕을 죽였다.

① (가) - (나) - (다) ② (가) - (다) - (나)
③ (나) - (가) - (다) ④ (나) - (다) - (가)
⑤ (다) - (가) - (나)

4. (가) 국가의 문화유산으로 옳은 것은? [1점]

입체 퍼즐로 만드는 우리 문화유산

금동 대향로
부여 능산리에서 발견된 금동 대향로는 (가) 를 대표하는 문화유산으로 국보로 지정되어 있습니다. 용이 받치고 있는 연꽃 형태의 몸체 위에 산봉우리로 둘러싸인 반원형의 뚜껑이 있고, 그 꼭대기에는 봉황이 자리 잡고 있습니다. 불교와 도교 요소가 복합적으로 표현된 걸작입니다.

①  ②  ③
④  ⑤

5. (가) 국가의 경제 상황으로 가장 적절한 것은? [2점]

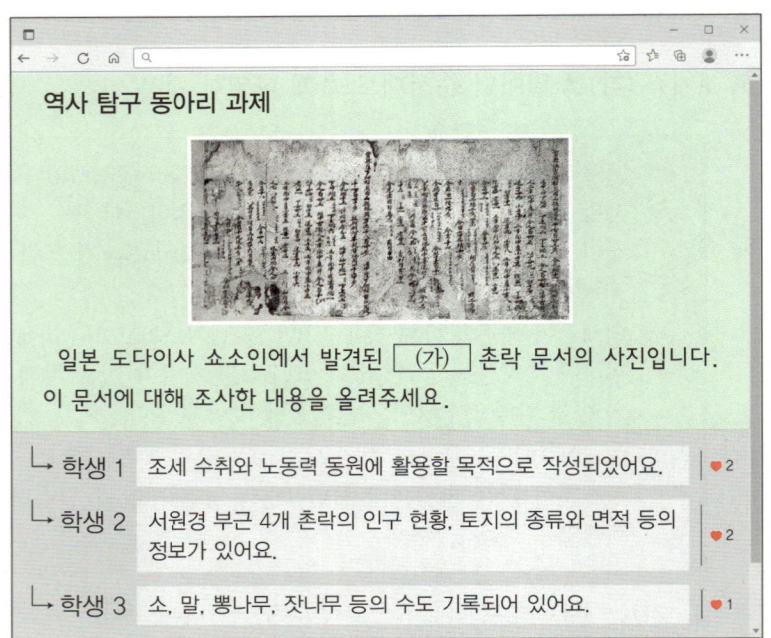

① 경성과 경원에 무역소를 두었다.
② 솔빈부의 말을 특산품으로 수출하였다.
③ 서적점, 다점 등의 관영 상점을 운영하였다.
④ 청해진을 중심으로 해상 무역이 번성하였다.
⑤ 특수 행정 구역인 소에서 여러 물품을 생산하였다.

6. 다음 대화에 나타난 왕에 대한 설명으로 옳은 것은? [2점]

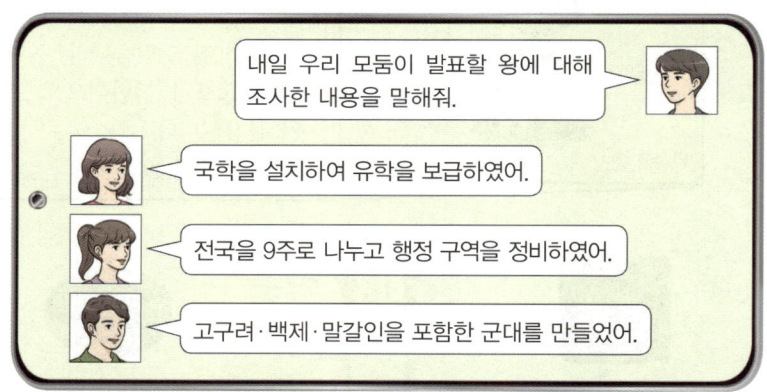

① 병부를 설치하고 율령을 반포하였다.
② 관료전을 지급하고 녹읍을 폐지하였다.
③ 화랑도를 국가적인 조직으로 개편하였다.
④ 관리 선발을 위해 독서삼품과를 시행하였다.
⑤ 국호를 마진으로 바꾸고 도읍을 철원으로 옮겼다.

7. 다음 자료에 해당하는 인물에 대한 설명으로 옳은 것은? [2점]

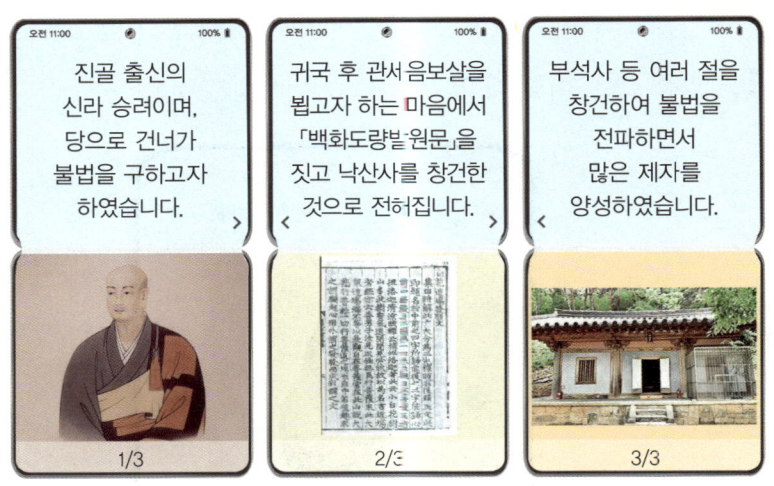

①『보현십원가』를 지었다.
② 세속 5계를 제시하였다.
③『대승기신론소』를 저술하였다.
④『화엄일승법계도』를 작성하였다.
⑤『신편제종교장총록』을 편찬하였다.

8. (가) 국가에 대한 설명으로 옳은 것은? [2점]

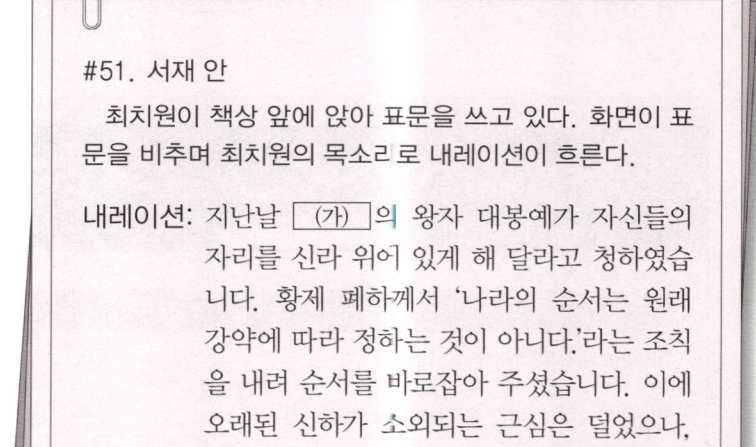

① 역사서인『유기』와『신집』을 편찬하였다.
② 내신좌평, 내두좌평 등 6좌평이 있었다.
③ 5경 15부 62주의 지방 행정 제도를 갖추었다.
④ 도병마사에서 변경의 군사 문제 등을 논의하였다.
⑤ 골품에 따라 관등 승진, 일상생활 등을 엄격히 제한하였다.

FINAL 실력 점검 기출문제(제76회)

9. (가) 시기에 있었던 사실로 옳은 것은? [3점]

① 비담과 염종의 난이 진압되었다.
② 김헌창이 웅천주에서 반란을 일으켰다.
③ 연개소문이 정변을 일으켜 권력을 잡았다.
④ 만적을 비롯한 노비들이 반란을 모의하였다.
⑤ 김춘추가 당으로 건너가 군사적 지원을 요청하였다.

10. 다음 상황 이후에 전개된 사실로 옳은 것은? [2점]

> 견훤이 금산사에 있은 지 3개월 만에 막내아들 능예, 딸 쇠복, 총애하는 첩 고비 등과 더불어 금성으로 달아나 사람을 보내 왕에게 만나기를 청하였다. 왕이 기뻐하여 유금필, 왕만세 등을 보내 그를 위로하고 맞아오도록 하였다. 견훤이 도착하자, 두터운 예로써 대접하였다.

① 신숭겸이 공산 전투에서 전사하였다.
② 신검의 군대가 일리천 전투에서 패배하였다.
③ 궁예가 군대를 보내 나주 일대를 점령하였다.
④ 김선평, 권행 등이 고창 전투에서 활약하였다.
⑤ 경애왕이 후백제군의 왕경 습격으로 사망하였다.

11. 다음 장면에 등장하는 왕에 대한 설명으로 옳은 것은? [2점]

> 짐은 일찍이 유학에 깊은 관심을 가져 청연각과 보문각을 설립하고, 학사를 두어 경전을 강론하게 하였다. 이번엔 양현고를 두어 선비를 양성하게 하라.

① 국자감에 7재라는 전문 강좌를 개설하였다.
② 지방 12목에 경학 박사를 처음 파견하였다.
③ 서적포를 설치하여 출판을 담당하게 하였다.
④ 대도에 만권당을 세워 중국 학자와 교유하였다.
⑤ 외국어 교육과 통역을 관장하는 통문관을 설치하였다.

12. (가) 인물에 대한 설명으로 옳은 것은? [3점]

한국사 탐구 보고서

■ 주제 : 인물로 보는 무신 정권
■ 방법: 문헌 조사, 인터넷 검색 등
■ 조사 내용

인물	내용
정중부	보현원에서 이의방 등과 정변을 일으킴
이의민	조위총의 난을 진압하여 상장군이 됨
최충헌	봉사 10조를 올려 시정 개혁을 요구함
(가)	야별초를 좌·우별초로 나누어 편성함

① 원종을 폐위하고 안경공 창을 즉위시켰다.
② 9재 학당을 설립하여 유교 교육에 힘썼다.
③ 인사·행정 담당 기구로 정방을 설치하였다.
④ 전민변정도감의 책임자로서 개혁을 이끌었다.
⑤ 오월에 사신을 보내고 검교태보의 직을 받았다.

13. (가) 국가의 경제 상황으로 가장 적절한 것은? [2점]

> 황비창천 명 거울은 (가) 에서 사용했던 것으로 풍랑이 몰아치는 바다 위에 배 한 척이 돛을 펴고 나아가는 모습이 표현되어 있습니다. 이 거울에 묘사된 배를 토대로 오른쪽 사진과 같이 당시 무역선의 모습을 유추하였습니다. (가) 시대 사람들은 송, 일본뿐만 아니라 동남아시아, 아라비아 상인들과도 교역을 하였습니다.

홍비창천* 명(銘) 거울   무역선
*황비창천: 밝게 빛나는 창성한 하늘

① 초량 왜관을 통해 일본과 무역하였다.
② 덕대가 광산을 전문적으로 경영하였다.
③ 당항성, 영암이 국제 무역항으로 번성하였다.
④ 거란도, 영주도를 통해 주변국과 교역하였다.
⑤ 주전도감을 설치하여 해동통보를 발행하였다.

FINAL 실력 점검 기출문제(제76회)

14. (가)~(다)를 일어난 순서대로 옳게 나열한 것은? [2점]

> (가) 이자겸과 척준경이 군사를 동원하여 궁궐을 침범하고 불태웠다. 왕을 위협하여 남궁(南宮)으로 거처를 옮기게 하고, 안보린·최탁 등 17인을 죽였다. 이외에도 죽인 군사가 헤아릴 수 없을 정도였다.
>
> (나) 왕규가 광주원군을 [왕으로] 세우고자 하였는데, 일찍이 밤에 왕이 깊이 잠든 것을 엿보고 자신의 일당을 침소에 잠입시켜 대역죄를 행하려고 하였다. 왕이 그것을 알아차리고 한주먹으로 쳐 죽인 후 좌우 시종들에게 끌어내게 하였다.
>
> (다) 강조의 군사들이 들어오자, 왕이 어쩔 수 없음을 깨닫고 태후와 함께 목 놓아 울며 법왕사로 갔다. 잠시 후 황보유의 등이 대량원군을 왕위에 올렸다. 강조는 왕을 폐위시켜 양국공으로 삼고, 군사를 보내 김치양 부자와 유행간 등 7인을 죽였다.

① (가) – (나) – (다) ② (가) – (다) – (나)
③ (나) – (가) – (다) ④ (나) – (다) – (가)
⑤ (다) – (가) – (나)

15. (가) 지역의 탐구 활동으로 가장 적절한 것은? [3점]

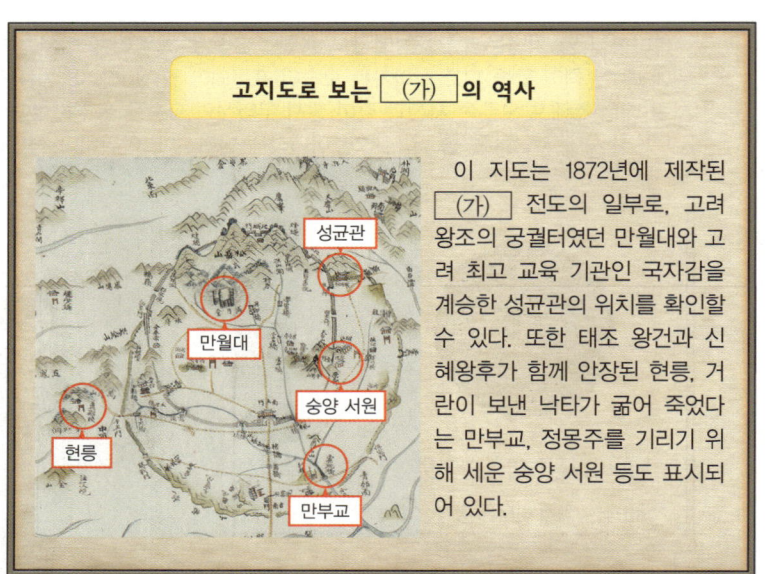

① 몽골의 사신 저고여가 피살된 곳을 조사한다.
② 서희가 외교 담판을 통해 획득한 곳을 찾아본다.
③ 강감찬이 건의하여 건설된 성곽이 있는 곳을 검색한다.
④ 김보당이 무신 정권에 저항하여 봉기한 곳을 파악한다.
⑤ 최무선이 화포를 이용하여 왜구를 물리친 곳을 알아본다.

16. (가)에 대한 고려의 대응으로 옳은 것은? [2점]

① 강화도로 도읍을 옮겨 항전하였다.
② 광군을 조직하여 침입에 대비하였다.
③ 삼수병으로 구성된 훈련도감을 신설하였다.
④ 별무반을 편성하고 동북 9성을 축조하였다.
⑤ 철령위 설치에 반발하여 요동 정벌을 추진하였다.

17. 다음 특별전에 전시될 문화유산으로 가장 적절한 것은? [1점]

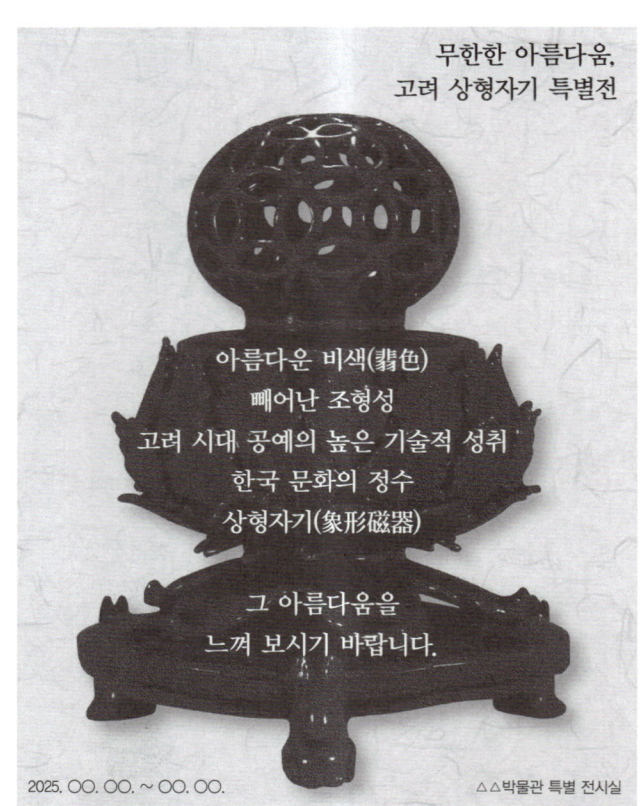

 ① 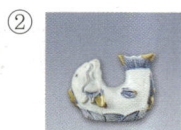 ②  ③

 ④  ⑤

FINAL 실력 점검 기출문제(제76회)

18. 다음 가상 뉴스 이후에 있었던 사실로 옳은 것은? [1점]

① 쌍기의 건의로 과거제가 도입되었다.
② 빈민 구제를 위해 흑창이 설립되었다.
③ 매를 기르고 훈련시키는 응방이 설치되었다.
④ 의천이 국청사를 중심으로 천태종을 개창하였다.
⑤ 망이·망소이가 가혹한 수탈에 저항하여 봉기하였다.

19. 다음 가상 대화에 등장하는 왕의 재위 시기에 있었던 사실로 옳은 것은? [3점]

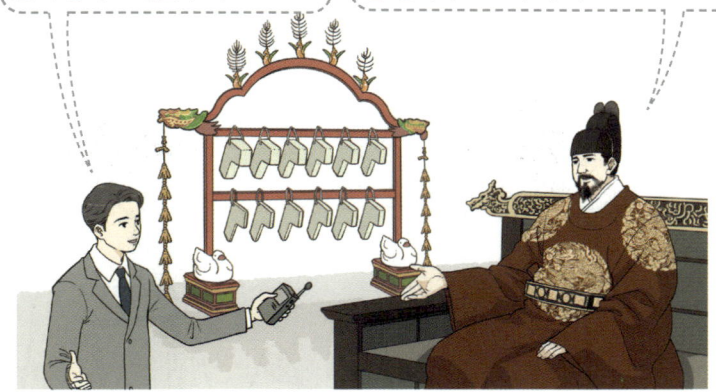

① 훈련 교범인 『무예도보통지』가 간행되었다.
② 전통 한의학을 정리한 『동의보감』이 저술되었다.
③ 음악 이론 등을 집대성한 『악학궤범』이 완성되었다.
④ 유교 윤리의 보급을 위해 『삼강행실도』가 편찬되었다.
⑤ 군정, 재정의 내용을 정리한 『만기요람』이 만들어졌다.

20. (가) 왕의 재위 시기에 있었던 사실로 옳은 것은? [2점]

① 유자광의 고변으로 남이가 처형되었다.
② 기사환국으로 송시열이 죽임을 당하였다.
③ 외척 간의 권력 다툼으로 윤임이 제거되었다.
④ 위훈 삭제를 주장한 조광조 일파가 축출되었다.
⑤ 「조의제문」이 발단이 되어 김일손 등이 피해를 입었다.

21. 밑줄 그은 '전쟁' 중에 있었던 사실로 옳은 것은? [2점]

이치(梨峙)는 금산에서 전주로 넘어가는 길목에 위치한 요충지이다. 이곳에서 전라 절제사 권율과 동복 현감 황진이 이끄는 관군은 치열한 전투 끝에 적의 진격을 저지하였다. 그 결과 전라도의 곡창 지대와 조선 수군의 배후를 지키는 데 기여하여 <u>전쟁</u> 초기 적군의 전략에 타격을 입혔다.

① 정문부가 북관 대첩을 이끌었다.
② 정봉수가 용골산성에서 항쟁하였다.
③ 최윤덕이 이만주 부대를 정벌하였다.
④ 강홍립이 사르후 전투에 참전하였다.
⑤ 김준룡이 광교산 전투에서 항전하였다.

FINAL 실력 점검 기출문제(제76회)

22. (가)에 대한 설명으로 옳은 것은? [2점]

이것은 옥당이라고도 불린 (가) 에 걸려있던 현판으로, '십팔학사들의 서책이 있는 관부'라는 뜻의 글이 있습니다. 이 관청이 궁중의 도서를 관리하고 문한(文翰)과 왕의 자문을 담당하였기에 당나라 황제를 보좌했던 십팔학사의 고사에 빗대어 표현한 것입니다.

① 수도의 행정과 치안을 담당하였다.
② 사헌부, 사간원과 함께 3사로 불렸다.
③ 대사성, 좨주, 직강 등의 관직이 있었다.
④ 왕명 출납을 맡은 왕의 비서 기관이었다.
⑤ 『사초』와 『시정기』를 바탕으로 실록을 편찬하였다.

23. (가)에 대한 탐구 활동으로 가장 적절한 것은? [1점]

서울에 있는 간사한 무리가 경주인(京主人)이라고 하며 각 도의 공물을 방납하면서 그 값을 두 배에서 수십 배까지 징수하였다. …… 영의정 김육이 (가) 을/를 충청도에서 먼저 시험할 것을 청하였다. 왕이 여러 차례 신하들에게 의견을 물었으나 서로 엇갈렸다. 이때에 왕이 다시 김육 등 여러 신하들을 불러 그것이 편리한지 여부에 대한 의견들을 듣고 비로소 호서(湖西)에 먼저 행하기로 정하였다.

① 전시과에서 전지 지급 기준의 변화를 찾아본다.
② 일부 상류층에게 선무군관포를 거둔 목적을 알아본다.
③ 과전 지급 대상을 현직 관리로 제한한 까닭을 검색한다.
④ 풍흉에 관계없이 전세 부담액을 고정한 이유를 분석한다.
⑤ 관청에 물품을 조달하는 공인이 등장한 배경을 조사한다.

24. 밑줄 그은 '이 인물'에 대한 설명으로 옳은 것은? [2점]

- 이 인물이 저술한 『곽우록』에 대해 말해보자.
- 곽우는 벼슬이 없는 자의 걱정이란 뜻이래.
- 이 책에는 영업전을 설정하고 그 매매를 금지하는 한전론에 대한 내용 등이 담겨 있어.

① 『의산문답』에서 무한 우주론을 주장하였다.
② 『북학의』에서 절약보다 적절한 소비를 권장하였다.
③ 『열하일기』에서 수레와 선박의 필요성을 서술하였다.
④ 『성호사설』에서 나라를 망치는 여섯 가지 좀을 제시하였다.
⑤ 『우서』에서 사농공상의 직업적 평등과 전문화를 강조하였다.

25. 다음 자료에 등장하는 왕에 대한 설명으로 옳은 것은? [2점]

○ 개천이 점점 막혀 …… 장마 때마다 범람할까 근심하게 되었다. 왕이 이르기를 …… 이에 준천사(濬川司)를 설치하여 병조판서와 한성부 판윤, 삼군문의 대장으로 하여금 준천 당상을 겸하도록 하고 도청, 낭청 각 1인을 두었다. 매년 개천 바닥을 파서 물이 넘치지 않도록 하였다.

○ 국초에 신문고를 설치하여 억울함을 지닌 백성들로 하여금 북을 쳐서 알리도록 하였는데, 그 법이 폐해진 지 이미 오래 되었다. 왕이 …… 마침내 복구하도록 명하였다. 북을 울리는 자가 있으면 …… 해당 관청에서 아뢰도록 하였다.

① 나선 정벌에 조총 부대를 파견하였다.
② 통치 규범을 재정비한 『속대전』을 편찬하였다.
③ 청과 국경을 정한 백두산 정계비를 건립하였다.
④ 문신을 재교육하기 위한 초계문신제를 시행하였다.
⑤ 한성 방어를 위하여 총융청과 수어청을 창설하였다.

26. 다음 가상 대화가 이루어진 시기에 볼 수 있는 모습으로 적절하지 않은 것은? [2점]

- 지난달에 대왕대비께서 사학(邪學)에 대한 단속을 강화하라고 하교하셨다는군.
- 이승훈이 잡혀가고 정약종도 죄인으로 몰려 죽었다고 하네. 우리 교인들에 대한 탄압이 점점 심해지고 있군.

① 상평통보로 물건을 거래하는 객주
② 인삼 무역으로 크게 수익을 본 송상
③ 주자소에서 계미자를 주조하는 장인
④ 고추, 담배 등의 상품 작물을 재배하는 농민
⑤ 저잣거리에서 한글 소설을 읽어주는 전기수

FINAL 실력 점검 기출문제(제76회)

27. (가)에 해당하는 작품으로 옳은 것은? [1점]

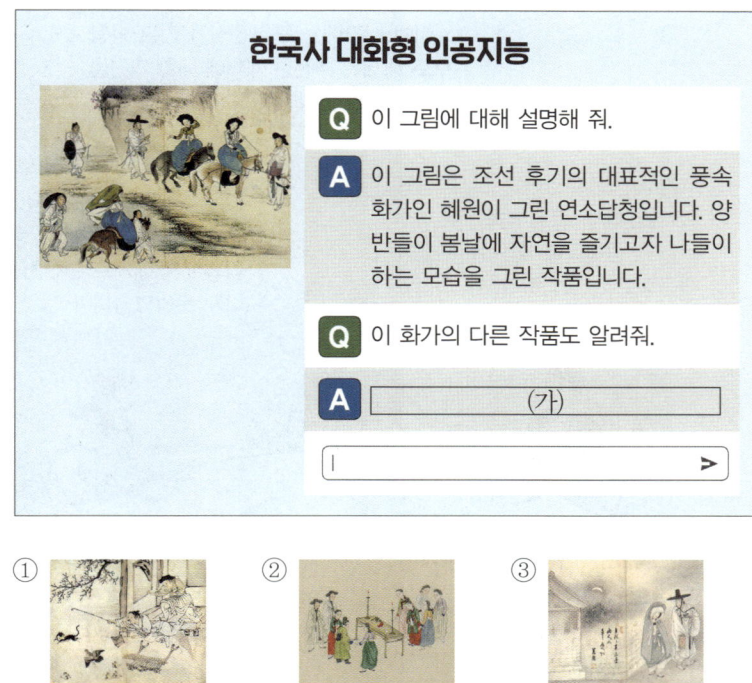

① ② ③ ④ ⑤

28. 다음 상소가 올려진 시기를 연표에서 옳게 고른 것은? [3점]

전 호조 참판 최익현 아룁니다. …… 다행히 성상의 뜻이 척화에 있는 데 힘입어 기정진과 이항로가 상소를 하여 강화가 불가함을 말하자 전하께서 그 말을 받아들여 주셨습니다. 이런 연유로 10년 동안에는 양적들이 우리를 탐내었으나 감히 그 뜻을 펴지 못하였습니다. …… 옛날의 왜인들은 이웃 나라였으나 지금의 왜인들은 도적들이니, 강화할 수 없습니다. 왜인들이 양적들의 앞잡이가 되었기 때문입니다.

(가)	(나)	(다)	(라)	(마)
고종 즉위	신미 양요	갑신 정변	을미 사변	러·일 전쟁 발발	국권 피탈

① (가)　② (나)　③ (다)
④ (라)　⑤ (마)

29. 밑줄 그은 '중건' 시기에 있었던 사실로 옳은 것은? [2점]

> 사료로 보는 한국사
>
> 대원위께서 분부하신 내용, "지금 영건할 때에 이른바 원납전은 실로 힘닿는 대로 내어 공역을 도와야 하는 것인데, …… 모두 가난하지 않은 자들인데 아직 한푼도 바친 바가 없으니 또한 무슨 까닭인가. …… 여전히 책임을 면하려고 둘러대기만 하면서, 면제되는지 한 번 시험해 보려는 계책을 펴니 매우 통탄스럽다. 모두 일일이 불러서 그 이유를 따져 묻고, 상세히 회답하여 죄를 심리하고 처리하는 바탕이 되도록 하라." - 『영건일감』
>
> [해설] 이 사료는 경복궁 중건을 주관한 영건도감에서 평안도에 보낸 공문의 내용을 요약한 것이다. 당시 이 중건에 필요한 비용을 마련하기 위해 원납전을 내게 하였는데, 백성들은 이를 '원해서 납부하는 돈'이 아니라 '원망하며 납부하는 돈'이라고 불렀다.

① 청·일 전쟁이 발발하였다.
② 삼정이정청이 설치되었다.
③ 영국이 거문도를 불법으로 점령하였다.
④ 김기수가 수신사로 일본에 파견되었다.
⑤ 한성근 부대가 문수산성에서 항전하였다.

30. 밑줄 그은 '이 장정'에 대한 설명으로 옳은 것은? [2점]

① 임오군란을 계기로 체결되었다.
② 거중 조정의 조항을 포함하였다.
③ 방곡령을 선포할 수 있는 조건을 명시하였다.
④ 부산항과 원산항이 개항되는 결과를 가져왔다.
⑤ 외국인을 재정 고문으로 두도록 하는 조항을 담고 있다.

FINAL 실력 점검 기출문제(제76회)

31. (가) 운동에 대한 설명으로 옳은 것은? [1점]

특별 전시

(가), 기록으로 되살아나다

부패한 지배층과 외세의 침략에 맞서 새로운 세상을 꿈꾸며 봉기했던 (가) 관련 기록물이 세계 기록 유산으로 등재된 것을 기념하여 특별전을 개최합니다. 많은 관람 부탁드립니다.

• 기간: 2025. ○○. ○○. ~ ○○. ○○.
• 장소: △△ 박물관 특별 전시실
• 주요 전시 자료

▲「전봉준 공초」 ▲「갑오군정실기」 ▲ 사발통문

① 일본의 황무지 개간권 요구를 저지하였다.
② 조선 총독부의 방해와 탄압으로 중단되었다.
③ 집강소를 중심으로 폐정 개혁안을 실천하였다.
④ 이른바 남한 대토벌 작전으로 큰 피해를 입었다.
⑤ 상황 수습을 위해 박규수가 안핵사로 파견되었다.

---

32. (가) 단체의 활동으로 옳은 것은? [2점]

역사 신문

제△△호   1897년 ○○월 ○○일

독립관에서 토론의 장이 열리다

지난 일요일 오후 독립관에서 (가) 의 첫 토론회가 '조선의 급선무는 인민의 교육이다.'라는 주제로 개최되었다. 이날 토론회에는 찬반 양측의 열띤 논의가 있었고, 법부대신 한규설 등 정부 고위 인사들도 참석해 교육 문제에 대한 다양한 의견을 제시하였다. 다음 토론회에서는 '도로를 개선하는 것이 위생을 위한 최고의 방법'이라는 주제로 (가) 의 위원 이상재 씨를 포함한 4인이 열띤 토론을 벌일 예정이다.

① 고종 강제 퇴위 반대 운동을 주도하였다.
② 만세보를 발행하여 민족 의식을 고취하였다.
③ 파리 강화 회의에 독립 청원서를 제출하였다.
④ 관민 공동회를 개최하여 헌의 6조를 결의하였다.
⑤ 계몽 서적을 보급하기 위해 태극 서관을 운영하였다.

---

33. 밑줄 그은 '개혁'의 내용으로 옳은 것은? [2점]

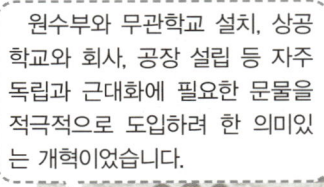

이번 시간에는 구본신참을 기본 방향으로 내세워 추진한 개혁에 대한 의견을 들어보고자 합니다.

원수부와 무관학교 설치, 상공학교와 회사, 공장 설립 등 자주 독립과 근대화에 필요한 문물을 적극적으로 도입하려 한 의미있는 개혁이었습니다.

하지만 체제 변화를 부르지 않는 근대적 문물 수용의 확대뿐이었습니다. 일본 등 열강의 간섭에서도 완전히 벗어나지 못하였습니다.

① 개혁을 추진하기 위해 군국기무처를 두었다.
② 행정 기구를 6조에서 8아문으로 개편하였다.
③ 근대식 무기 제조 공장인 기기창을 설립하였다.
④ 토지 소유권을 확인해 주는 지계를 발급하였다.
⑤ 개혁의 방향을 제시한 홍범 14조를 반포하였다.

---

34. (가)~(라)에 들어갈 내용으로 옳은 것을 <보기>에서 고른 것은? [3점]

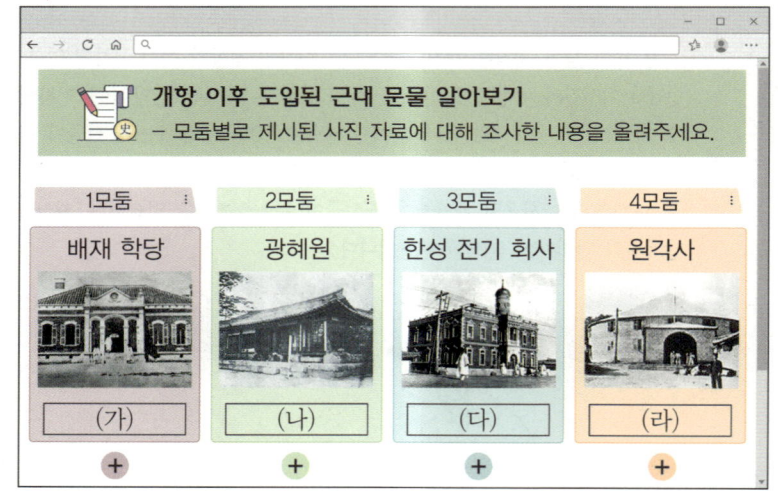

개항 이후 도입된 근대 문물 알아보기
- 모둠별로 제시된 사진 자료에 대해 조사한 내용을 올려주세요.

1모둠	2모둠	3모둠	4모둠
배재 학당	광혜원	한성 전기 회사	원각사
(가)	(나)	(다)	(라)

<보기>
ㄱ. (가) - 교육 입국 조서에 근거하여 설립되었어요.
ㄴ. (나) - 알렌의 건의로 세워진 최초의 서양식 병원이었어요.
ㄷ. (다) - 서대문과 청량리 사이를 오가는 전차를 운영하였어요.
ㄹ. (라) - 나운규가 제작한 영화 아리랑을 상영하였어요.

① ㄱ, ㄴ   ② ㄱ, ㄷ   ③ ㄴ, ㄷ
④ ㄴ, ㄹ   ⑤ ㄷ, ㄹ

FINAL 실력 점검 기출문제(제76회)

35. (가)에 들어갈 내용으로 가장 적절한 것은? [2점]

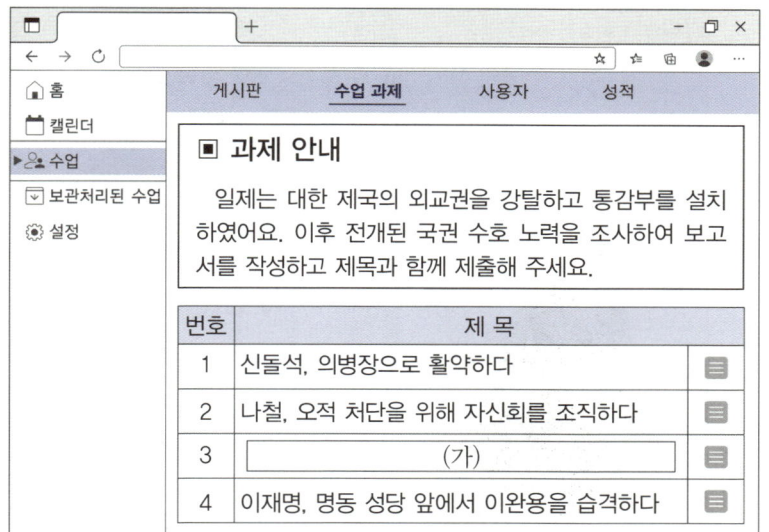

① 김홍집, 『조선책략』을 가져오다
② 김옥균, 개화당 정부를 수립하다
③ 김윤식, 영선사로 청에 다녀오다
④ 유길준, 조선 중립화론을 건의하다
⑤ 이상설, 고종의 특사로 헤이그에 가다

36. 밑줄 그은 '이 시기'에 볼 수 있는 모습으로 가장 적절한 것은? [1점]

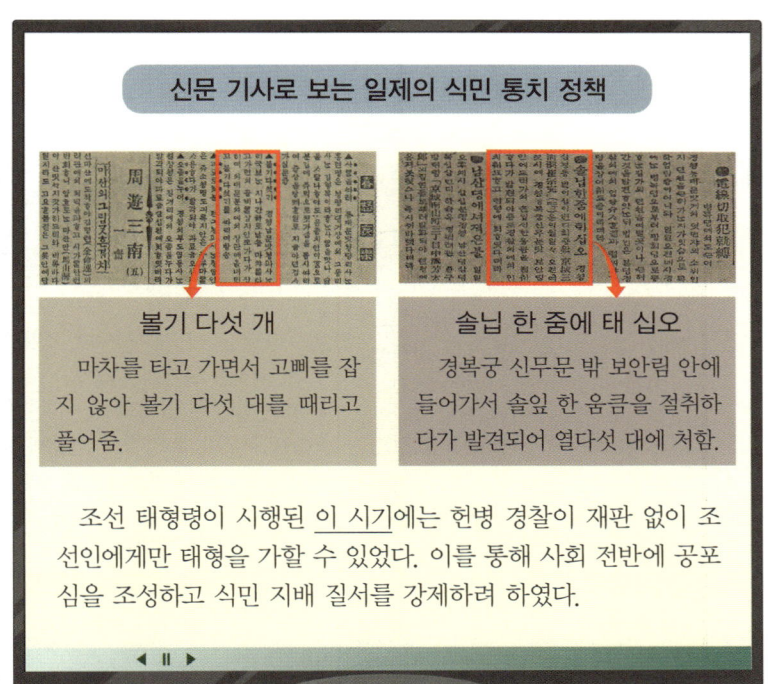

① 암태도 소작 쟁의에 참여하는 농민
② 제복을 입고 칼을 찬 채 수업하는 교사
③ 잡지 『어린이』에 실을 원고를 작성하는 작가
④ 토월회에서 연극 공연을 준비하고 있는 배우
⑤ 경성 고무 여자 직공 조합의 파업을 취재하는 기자

37. 다음 법령이 발표된 이후의 사실로 옳은 것은? [3점]

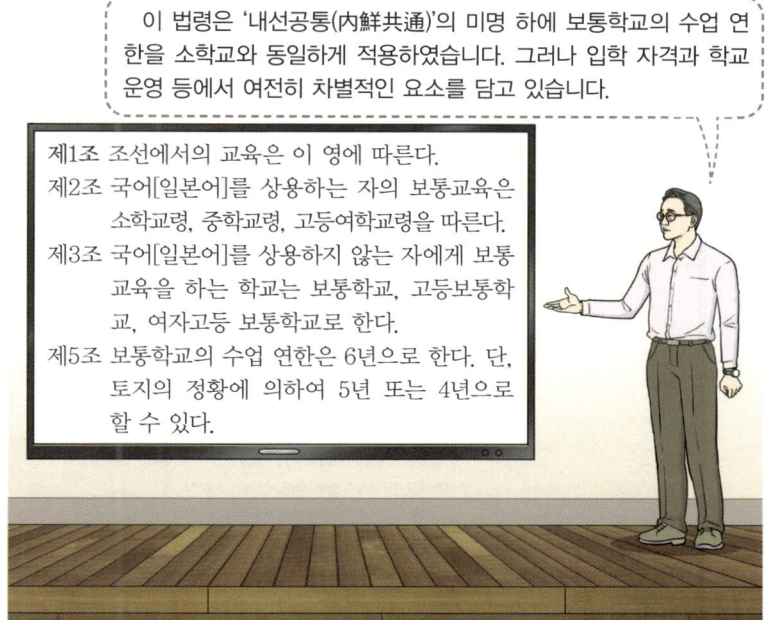

① 국권 회복을 위해 해조신문이 창간되었다.
② 평양 숭의 여학교에서 송죽회가 결성되었다.
③ 메가타의 주도로 화폐 정리 사업이 실시되었다.
④ 회사 설립을 허가제로 하는 회사령이 공포되었다.
⑤ 조선 민립 대학 기성회 창립을 위한 총회가 개최되었다.

38. (가) 단체에 대한 설명으로 옳은 것은? [2점]

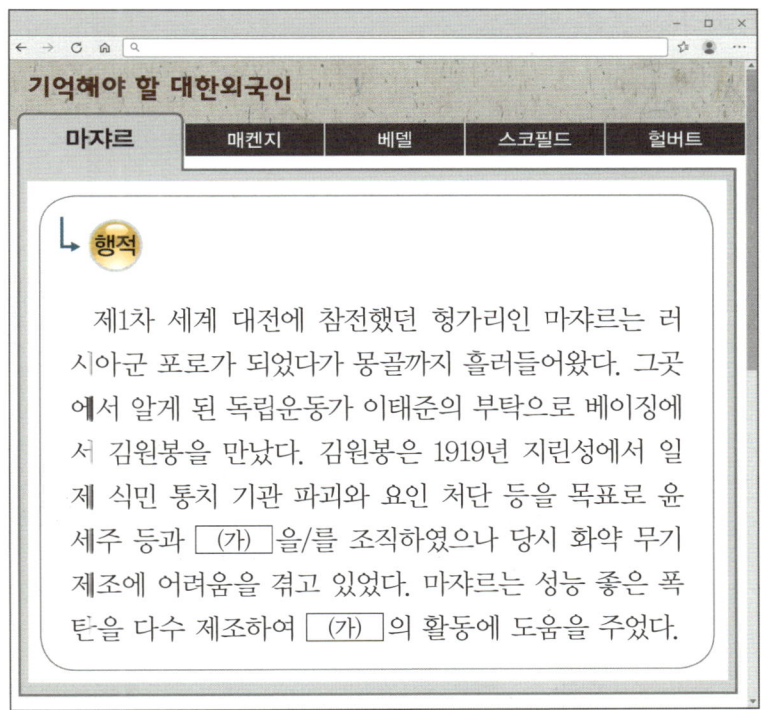

① 신흥 강습소를 세워 독립군을 양성하였다.
② 구미 위원부를 설치하여 외교 활동을 전개하였다.
③ 단원인 이봉창이 일왕 행렬에 폭탄을 투척하였다.
④ 「조선혁명선언」을 통해 이념과 활동 방침을 밝혔다.
⑤ 조선 총독부에 국권 반환 요구서를 제출하고자 하였다.

FINAL 실력 점검 기출문제(제76회)

39. 밑줄 그은 '이 운동'에 대한 설명으로 옳은 것은? [2점]

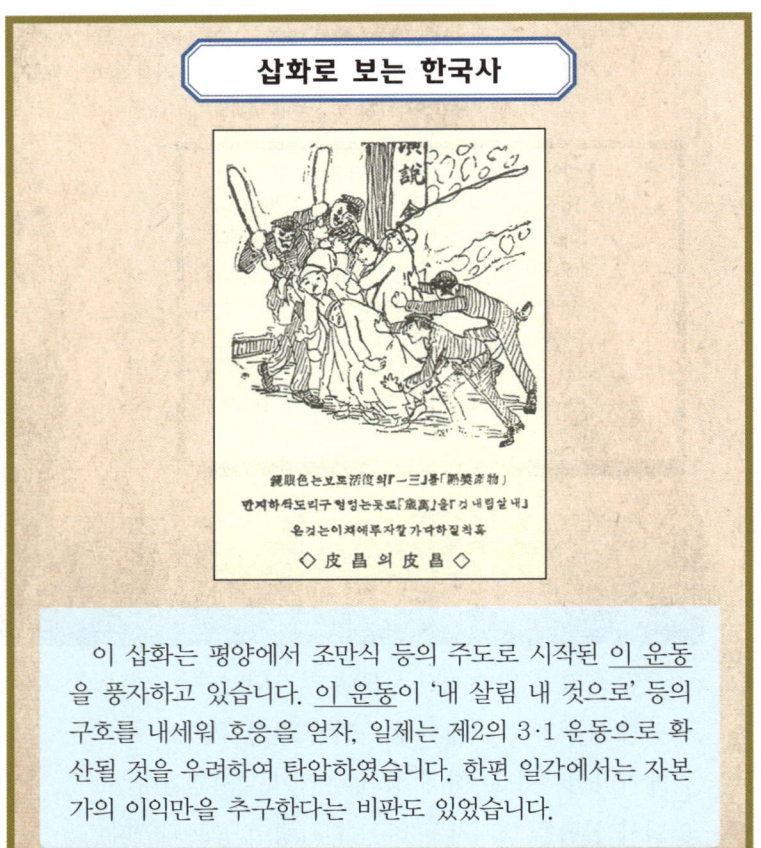

삽화로 보는 한국사

이 삽화는 평양에서 조만식 등의 주도로 시작된 이 운동을 풍자하고 있습니다. 이 운동이 '내 살림 내 것으로' 등의 구호를 내세워 호응을 얻자, 일제는 제2의 3·1 운동으로 확산될 것을 우려하여 탄압하였습니다. 한편 일각에서는 자본가의 이익만을 추구한다는 비판도 있었습니다.

① 대한매일신보의 후원을 받아 확산되었다.
② 순종의 인산일을 기회로 삼아 추진하였다.
③ 자작회, 토산 애용 부인회 등이 활동하였다.
④ 신간회가 진상 조사단을 파견하여 지원하였다.
⑤ 강주룡이 을밀대 지붕에서 고공농성을 벌였다.

40. (가) 단체에 대한 설명으로 옳은 것은? [2점]

나는 1927년에 결성된 여성 운동 단체 (가) 의 집행 위원으로 강령과 규약 작성에 참여한 박신우입니다. 이 강령에서 조선 여성의 공고한 단결과 정치·경제·사회 등 전반적인 이익 옹호가 이 단체의 목표임을 분명히 하였습니다.

① 『개벽』, 『신여성』 등의 잡지를 발행하였다.
② 여성 교육을 위해 이화 학당을 설립하였다.
③ 좌·우를 아우르는 민족 협동 전선으로 결성되었다.
④ 조선학 운동을 전개하여 『여유당전서』를 간행하였다.
⑤ 최초의 여성 권리 선언문인 여권통문을 발표하였다.

41. (가)에 대한 설명으로 옳지 않은 것은? [2점]

【이달의 독립운동가】

하늘에서 땅에서 독립운동을 펼쳐나간

이상정·권기옥 부부

▲ 권기옥과 이상정

이상정과 권기옥은 중국에서 독립운동을 하던 중 부부의 연을 맺고, 함께 독립운동에 헌신하였다.

중국군에서 활동하던 이상정은 (가) 의 한국광복군 창설에 기여하였고, 외무부 외교 연구 위원으로도 활동하였다.

한국 최초의 여성 비행사였던 권기옥은 대한민국 애국 부인회를 재조직하였고, 다른 한국인 비행사들과 함께 충칭에서 한국광복군 비행대 설립을 계획하던 중 해방을 맞았다.

이러한 공적을 인정하여 1977년 건국훈장 독립장을 각각 추서 및 수여하였다.

① 한인 자치 기관인 경학사를 조직하였다.
② 자금 마련을 위해 독립 공채를 발행하였다.
③ 삼균주의를 기초로 하는 건국 강령을 발표하였다.
④ 육군 주만 참의부를 편성하여 무장 투쟁을 펼쳤다.
⑤ 임시 사료 편찬회를 두어 『한·일 관계 사료집』을 간행하였다.

42. 다음 일기가 작성된 이후의 사실로 옳은 것은? [1점]

7월 13일 (화)
경성은 뉴스를 듣기에는 참으로 빠르다. …… 중·일은 전쟁을 하게 되었다. …… 아아, 슬프다. 조선에서도 만약 이러한 때 영웅 한 사람이 있었더라면 회복할 가망이 많은데, 나는 아직 지위가 그렇지 않아 가슴만 태운다. 피만 끓는다. 영웅이여 일어서라 일어서라. 우리 조선은 영원히 죽었는가.

10월 8일 (금)
조회할 때 일본인들이 조선인의 심장을 자기들의 심장으로 하려는 일본의 계략에서, 총독 미나미지로가 소위 황국 신민의 서사인지 뭔지를 만들어서 각 학생에게 암송하도록 하였다. 그래서 나도 그것을 읽었다. 그러나 우리 조선 혼은 영원히 변하지 않을 것이다.

① 미쓰야 협정이 체결되었다.
② 치안 유지법이 제정되었다.
③ 조선사 편수회가 조직되었다.
④ 여자 정신 근로령이 공포되었다.
⑤ 동양 척식 주식회사가 설립되었다.

FINAL 실력 점검 기출문제(제76회)

43. (가)에 들어갈 주제로 적절하지 않은 것은? [2점]

〈2025년 시민 강좌〉

일제 강점기, 새로운 문화와 일상

우리 도서관에서는 일제 강점기 새로운 문화의 유입과 일상생활의 변화를 주제로 강의를 준비하였습니다. 많은 관심과 참여 바랍니다.

● 일시: 2025. ○○. ○○. 13:00 ~ 17:00
● 장소: △△ 도서관 다목적실

◈ 강의 주제 ◈

[제1강] 백화점, 자본주의적 소비 문화의 공간
[제2강] 끽다점, 도시 사교 문화의 확산
[제3강] (가)
[제4강] 문화 주택, 새로운 주택 양식의 수용

① 몸뻬, 전시 체제의 의생활
② 라디오 방송, 연예 오락의 유행
③ 경평 축구 대회, 스포츠의 대중화
④ 새마을 운동, 농촌의 생활 환경 개선
⑤ 모던 걸, 전통적 여성상을 탈피한 신여성의 등장

44. (가)에 대한 설명으로 옳은 것은? [3점]

휘문중학 운동장에서 (가) 의 수반인 여운형 씨가 5천여 군중 앞에서 해방의 제일성을 힘차게 외쳤다. "조선 민족 해방의 날은 왔다. …… 어제 15일 아침 8시에 엔도 조선 총독부 정무총감의 초청을 받아 …… 나는 다섯 가지 요구를 제안하여 무조건 승낙을 받았다. 1. 전 조선 각지에 구속되어 있는 정치, 경제범을 즉시 해방하라 …… 4. 민족 해방의 모든 원동력이 되는 학생 훈련과 청년 조직에 대하여 간섭하지 말라 …… 이것으로 우리 민족 해방의 첫걸음을 내딛게 되었으니 우리가 지난날에 아프고 쓰렸던 것은 이 자리에서 모두 잊어버리자. ……"

① 신한공사를 설립하였다.
② 좌·우 합작 7원칙을 제시하였다.
③ 한인 국방 경위대를 창설하였다.
④ 남북 협상 공동 성명서를 발표하였다.
⑤ 조선 인민 공화국 수립이 선포된 후 해산하였다.

45. 밑줄 그은 '이 사건'에 대한 설명으로 옳은 것은? [1점]

이 비석에는 이 사건을 소재로 한 현기영의 소설 『순이삼촌』의 주요 내용이 새겨져 있습니다. 이곳 제주에서는 남한만의 단독 선거에 반대하는 세력을 진압한다는 명분으로 토벌대에 의해 수많은 주민들이 희생당했습니다. 비석을 세우지 않고 눕혀놓은 것은 이 비극을 표현하기 위함입니다.

① 향토 예비군 창설의 계기가 되었다.
② 조봉암이 간첩 혐의를 받아 사형되었다.
③ 유엔군이 한반도에 파병되는 원인이 되었다.
④ 허정 과도 정부가 구성되는 결과를 가져왔다.
⑤ 진상 규명과 희생자 명예 회복을 위한 특별법이 제정되었다.

46. (가)~(마)에 대한 탐구 활동으로 적절하지 않은 것은? [3점]

답사 계획서

● 주제: 내포 지역의 문화유산을 찾아서
● 기간: 2025. ○○. ○○. ~ ○○. ○○.
● 경로: 남연군 묘 → 윤봉길 생가 → 수덕사 → 임존성 → 추사 고택

(가) 남연군 묘
(나) 윤봉길 생가
(다) 수덕사 대웅전
(라) 임존성
(마) 추사 고택

① (가) - 오페르트 도굴 미수 사건에 대해 찾아본다.
② (나) - 한인 애국단의 활동을 조사한다.
③ (다) - 고려 시대 건축물의 공포 양식을 알아본다.
④ (라) - 백제 부흥 운동에 대해 파악한다.
⑤ (마) - 이황과 사단칠정 논쟁을 한 인물을 검색한다.

12 FINAL 실력 점검 기출문제(제76회)

47. (가)~(다) 학생이 발표한 내용을 일어난 순서대로 옳게 나열한 것은? [2점]

주제: 우리나라 헌법 개정의 역사

(가) 대통령과 부통령의 임기는 4년으로 하며, 1회로 규정한 중임 횟수를 개헌 당시 대통령에게만 적용하지 않는다는 부칙을 달았어요.

(나) 대통령이 통일 주체 국민 회의의 의장이 되고, 국회의원 정수의 3분의 1을 추천하도록 개정된 헌법이 만들어 졌어요.

(다) 대통령은 국민의 보통·평등·직접·비밀 선거에 의하여 선출하고 대통령의 임기는 5년으로 하며, 중임할 수 없도록 했어요.

① (가) - (나) - (다)
② (가) - (다) - (나)
③ (나) - (가) - (다)
④ (나) - (다) - (가)
⑤ (다) - (가) - (나)

48. 밑줄 그은 '정부' 시기에 볼 수 있는 모습으로 가장 적절한 것은? [2점]

이것은 서울에 최초로 설정된 개발 제한 구역을 표시한 지도입니다. 경부 고속국도를 준공하는 등 경제 발전에 힘쓰던 당시 정부는 도시의 무질서한 확산을 방지하고 도시 주변의 자연환경을 보전하기 위해 처음으로 개발 제한 구역을 설정하였습니다.

① 서울 지하철 1호선 개통식을 취재하는 기자
② 반민족 행위 처벌법을 통과시키는 국회의원
③ 한·중 자유 무역 협정(FTA)에 서명하는 장관
④ 금융 실명제 실시로 신분증을 요구하는 은행 직원
⑤ 외환 위기 극복을 위한 금 모으기 운동에 동참하는 시민

49. 다음 뉴스가 보도된 정부 시기의 통일 노력으로 옳은 것은? [2점]

하계 올림픽을 성공적으로 마친 대통령은 오늘 한국 국가 원수로서 처음으로 헝가리를 방문하였습니다. 헝가리는 우리 정부의 북방 정책에 대한 지지와 협력 의사를 함께 표명하였습니다. 이것은 정부가 발표한 7·7 선언의 성과로 평가되고 있습니다.

① 남북 조절 위원회가 구성되었다.
② 남북한이 유엔에 동시 가입하였다.
③ 금강산 해로 관광 사업이 시작되었다.
④ 개성에 남북 경제 협력 협의 사무소가 설치되었다.
⑤ 최초로 남북 이산가족 고향 방문단 교환이 이루어졌다.

50. (가)~(마)에 대한 설명으로 옳지 않은 것은? [3점]

역사 돋보기 | 우리나라의 연호(年號)

연호는 군주가 자기의 치세 연차(年次)에 붙이는 칭호이다. 중국에서 시작되었으며 그 영향으로 우리나라, 일본, 베트남 등에서도 사용되었다. 연호는 원칙적으로 황제만 사용 가능하고, 제후 왕은 독자적인 연호를 쓸 수 없었다.

우리나라에서 최초로 확인되는 연호는 고구려 (가) 의 영락이다. 신라도 (나) 이 건원이라는 연호를, 뒤를 이은 진흥왕은 개국·태창·홍제 등의 연호를 사용하였다.

발해 고왕은 연호를 천통으로 했으며, (다) 은/는 인안, 문왕은 대흥, 선왕은 건흥이라는 연호를 사용하였다.

고려 태조는 천수를 사용하고, (라) 은/는 광덕·준풍을 연호로 삼았다.

조선은 고종 대에 개국기년(開國紀年)을 공문서에 사용하다가 건양, 광무로 연호를 정하였다. 그 뒤를 이은 (마) 은/는 융희라는 연호를 사용하였다.

① (가) - 군대를 보내 신라에 침입한 왜를 격퇴하였다.
② (나) - 금관가야를 복속하여 영토를 확대하였다.
③ (다) - 장문휴를 보내 당의 산둥 반도를 공격하였다.
④ (라) - 노비안검법을 시행하여 호족 세력을 견제하였다.
⑤ (마) - 전제 군주제를 명문화한 대한국 국제를 반포하였다.

FINAL 실력 점검 기출문제
정답 및 빠른 해설

● 정답

문번	정답	배점	문번	정답	배점	문번	정답	배점	문번	정답	배점	문번	정답	배점
1	⑤	1	11	①	2	21	①	2	31	③	1	41	①	2
2	②	2	12	③	3	22	②	2	32	④	2	42	④	1
3	③	2	13	⑤	2	23	⑤	1	33	②	2	43	④	2
4	①	1	14	④	2	24	④	2	34	③	3	44	⑤	3
5	④	2	15	③	3	25	②	2	35	⑤	2	45	⑤	1
6	②	2	16	①	2	26	②	2	36	②	1	46	③	3
7	④	2	17	①	1	27	③	1	37	⑤	3	47	①	2
8	③	2	18	③	1	28	②	3	38	④	2	48	①	2
9	②	2	19	④	3	29	⑤	2	39	③	2	49	②	2
10	②	2	20	⑤	2	30	①	2	40	③	2	50	⑤	3

● 빠른 해설

01 구석기 시대   정답 ⑤
제시된 자료에서 연천 전곡리, 주먹도끼를 통해 구석기 시대임을 알 수 있다.
⑤ 구석기 시대에는 이동 생활을 하여 주로 동굴이나 강가의 막집에 거주하였다.

02 고구려   정답 ②
제시된 자료에서 계루부, 서옥을 통해 고구려임을 알 수 있다.
② 고구려는 매년 10월에 동맹이라는 제천 행사를 열어 하늘에 제사를 지냈다.

03 삼국의 주요 전투   정답 ③
(가) 고구려 장수왕(거련)이 수도를 국내성에서 평양으로 옮기고 백제를 공격하여 수도인 한성을 함락시키고 백제 개로왕(경)을 전사시켰다(475).
(나) 백제 근초고왕은 황해도 지역을 놓고 고구려와 대결하면서 고구려의 평양성을 공격하여 고국원왕을 전사시켰다(371).
(다) 백제 성왕은 진흥왕의 배신으로 한강 하류 지역을 빼앗기게 되자, 신라의 관산성을 공격하였으나 이 과정에서 전사하였다(554).
③ 순서대로 나열하면 (나) 백제 근초고왕의 평양성 공격(371) – (가) 고구려 장수왕의 한성 함락(475) – (다) 관산성 전투(554)이다.

04 백제의 문화유산   정답 ①
제시된 자료의 부여 능산리에서 발견된 금동대향로를 통해 백제임을 알 수 있다.
① 산수무늬 벽돌은 백제의 대표적인 문화유산으로, 자연과 더불어 살고자 하는 도교의 사상이 표현된 것이 특징이다.

05 통일 신라의 경제 상황   정답 ④
제시된 자료에서 촌락 문서, 조세 수취와 노동력 동원에 활용할 목적으로 작성되었다는 것, 서원경을 통해 통일 신라임을 알 수 있다.
④ 통일 신라는 장보고가 완도에 설치한 청해진을 중심으로 당·일본과의 해상 무역이 번성하였다.

06 신문왕   정답 ②
제시된 자료에서 국학을 설치하고 전국을 9주로 나누었다는 것을 통해 통일 신라 신문왕임을 알 수 있다.
② 신문왕은 관료들에게 봉급의 개념으로 관료전을 지급하고 귀족들의 경제적 기반이었던 녹읍을 폐지하였다.

07 의상   정답 ④
제시된 자료에서 신라 승려, 낙산사를 창건, 부석사를 통해 의상임을 알 수 있다.
④ 의상은 「화엄일승법계도」를 작성하여 화엄 사상의 주요 내용을 간결한 시로 정리하였다.

08 발해   정답 ③
제시된 자료에서 왕자 대봉예가 자신들의 자리를 신라 위에 있게 해 달라고 청하였다는 것을 통해 쟁장 사건을 일으킨 발해임을 알 수 있다.
③ 발해는 선왕 때 고구려의 옛 영토를 대부분 회복하고 5경 15부 62주의 지방 행정 조직을 갖추었다.

09 신라 하대의 사실   정답 ②
• 선왕의 시호를 혜공이라고 하겠다는 것을 통해 선덕왕 때임을 알 수 있다.
• 사벌주, 원종을 통해 원종과 애노의 난이 일어난 진성 여왕 때임을 알 수 있다.
② 선덕왕 사후 김주원이 왕으로 추대되었으나, 당시 상대등이었던 김경신(원성왕)이 왕위 다툼 끝에 즉위하였다. 이후 헌덕왕 때 웅천주(공주) 도독 김헌창이 아버지 김주원이 왕위를 계승하지 못한 데에 불만을 품고 난(822)을 일으켰으나, 실패하였다.

10 견훤의 고려 귀부 이후의 사실   정답 ②
제시된 자료에서 견훤, 금산사, 금성에 달이나 사람을 보내 왕을 만나기로 청했다는 것을 통해 견훤의 고려 귀부(935)임을 알 수 있다.
② 견훤이 고려에 귀부한 이후인 936년에 신검이 이끄는 후백제군이 일리천 전투에서 고려군에게 패배하였고, 결국 후백제가 멸망하면서 고려가 후삼국을 통일하였다.

11 고려 예종   정답 ①
제시된 자료에서 청연각과 보문각을 설립하였다는 것과 양현고를 두었다는 것을 통해 고려 예종임을 알 수 있다.
① 예종은 관학 진흥을 위해 국자감에 7재라는 전문 강좌를 개설하여 운영하였다.

12 최우   정답 ③
제시된 자료에서 야별초를 좌·우별초로 나누어 편성하였다는 것을 통해 최우임을 알 수 있다.
③ 최우는 자신의 집에 인사 행정 담당 기구로 정방을 설치하고 인사권을 장악하였다.

13 고려의 경제 상황   정답 ⑤
제시된 자료에서 송, 일본뿐만 아니라 동남아시아, 아라비아 상인들과도 교역하였다는 것을 통해 고려임을 알 수 있다.
⑤ 고려는 화폐 주조 관청인 주전도감을 설치하여 해동통보를 발행하였다.

14 고려 시대 반란의 전개 과정   정답 ④
(가) 고려 인종 때 이자겸이 권력을 장악하자, 인종은 이자겸을 제거하고자 하였다. 이를 알게 된 이자겸은 척준경과 함께 난을 일으켜 왕을 위협하고 반대파를 제거하였다(이자겸의 난, 1126).
(나) 혜종 때 강력한 호족 출신이었던 왕규는 혜종을 죽이고 자신의 외손자인 광주원군을 왕으로 세우고자 하였으나 실패하였다(왕규의 난, 945).
(다) 고려 목종의 모후인 천추 태후와 김치양이 왕위를 엿보자, 서북면 도순검사 강조가 정변을 일으켜 김치양 일파를 제거하고 목종을 폐위시킨 뒤 현종을 옹립하였다(강조의 정변, 1009).
④ 순서대로 나열하면 (나) 왕규의 난(945) – (다) 강조의 정변(1009) – (가) 이자겸의 난(1126)이다.

15 개성   정답 ③
제시된 자료에서 만월대를 통해 개성임을 알 수 있다.
③ 개성은 고려의 수도로 개경 또는 송악으로 불리기도 하였으며, 고려 현종 때는 강감찬의 건의로 거란의 침입에 대비하기 위해 나성을 축조하였다.

16 몽골에 대한 고려의 대응   정답 ①
제시된 자료에서 방호별감 김윤후, 충주산성을 통해 몽골임을 알 수 있다.
① 고려는 당시 최고 집권자였던 최우에 의해 강화도로 도읍을 옮겨 몽골에 항전하였다.

17 고려의 문화유산   정답 ①
① 청자 어룡형 주전자는 고려 시대의 청자 주전자로, 용의 머리와 물고기의 몸을 가진 기이한 동물을 형상화한 대표적인 상형자기이다.

18 원 간섭기 이후의 사실   정답 ③
제시된 자료에서 원의 황녀와 혼인하신 국왕, 겁령구를 통해 고려 시대의 원 간섭기임을 알 수 있다.
③ 원 간섭기에는 매를 기르고 훈련시키는 기관인 응방이 설치되었다.

19 세종 재위 시기의 사실 정답 ④
제시된 자료에서 박연, 궁중 음악인 아악을 정비해보고자 한다는 것을 통해 세종임을 알 수 있다.
④ 세종 때 유교 윤리의 보급을 위해 윤리서인 『삼강행실도』가 편찬되었다.

20 연산군 재위 시기의 사실 정답 ⑤
제시된 자료에서 폐비 윤씨 사사 사건을 빌미로 신하들을 숙청하였다는 것을 통해 연산군임을 알 수 있다.
⑤ 연산군 때 김일손의 스승인 김종직이 쓴 「조의제문」이 발단이 되어 김일손 등이 피해를 입은 무오사화가 발생하였다.

21 임진왜란 정답 ①
제시된 자료에서 전라 절제사 권율, 조선 수군을 통해 임진왜란임을 알 수 있다.
① 임진왜란 때 의병이었던 정문부가 북관 대첩을 승리로 이끌었으며, 함경도 북부 지역을 수복하였다.

22 홍문관 정답 ②
제시된 자료에서 옥당, 왕의 자문을 담당하였다는 것을 통해 홍문관임을 알 수 있다.
② 홍문관은 조선 시대에 왕의 자문을 담당한 기구로, 사헌부, 사간원과 함께 3사로 불리며 언론 기능을 수행하였다.

23 대동법 정답 ⑤
제시된 자료에서 공물을 방납, 김육, 충청도에서 먼저 시험할 것을 통해 대동법임을 알 수 있다.
⑤ 대동법의 시행 결과 관청에서 필요한 물품을 구입하여 조달하는 상인인 공인이 등장하였다.

24 이익 정답 ④
제시된 자료에서 『곽우록』, 영업전을 통해 이익임을 알 수 있다.
④ 이익은 『성호사설』에서 6좀론을 제시하였는데, 나라를 망치는 여섯 가지 폐단으로 노비 제도·과거 제도·양반 문벌 제도·미신·승려·게으름을 지적하였다.

25 영조 정답 ②
제시된 자료에서 준천사를 설치하고, 신문고를 설치하였다는 것을 통해 영조임을 알 수 있다.
② 영조는 통치 규범을 재정비하기 위해 『경국대전』 이후의 법령을 모아 정리한 법전인 『속대전』을 편찬하였다.

26 조선 후기의 모습 정답 ③
제시된 자료에서 이승훈이 잡혀가고 정약종도 죄인으로 몰려 죽였다는 것을 통해 신유박해가 일어난 조선 후기임을 알 수 있다.
③ 조선 전기인 태종 때 활자 주조 관청인 주자소가 설치되었으며, 주자소에서 활자인 계미자가 주조되었다.

27 신윤복의 작품 정답 ③
제시된 자료에서 조선 후기의 대표적인 풍속 화가인 혜원과 연소답청을 통해 신윤복임을 알 수 있다.
③ 월하정인은 조선 후기의 풍속 화가인 신윤복의 작품으로, 달빛 속에서 두 연인이 남몰래 만나 사랑을 속삭이는 장면을 생동감 있게 묘사하였다.

28 지부복궐척화의소 작성 시기 정답 ②
제시된 자료에서 최익현, 왜인들이 양적의 앞잡이가 되었다는 것을 통해 지부복궐척화의소(1876)임을 알 수 있다.
② 신미양요(1871) 이후 1876년에 조선이 일본과 강화도 조약을 체결하려 하자 최익현이 개항에 반대하는 상소인 지부복궐척화의소를 올려 왜(일본)는 양(서양)과 같다는 왜양 일체론을 주장하였다.

29 경복궁 중건 시기의 사실 정답 ⑤
제시된 자료에서 경복궁 중건을 통해 1865년~1867년임을 알 수 있다.
⑤ 경복궁 중건 시기인 1866년에 프랑스군이 강화도를 침입하자(병인양요), 한성근 부대가 문수산성에서 항전하였다.

30 조·청 상민 수륙 무역 장정 정답 ①
제시된 자료에서 청 상인이 양화진과 한성에 점포를 열 수 있게 되었다는 내용을 통해 조·청 상민 수륙 무역 장정임을 알 수 있다.
① 조·청 상민 수륙 무역 장정은 임오군란을 계기로 체결되었으며, 청 상인은 지방관의 허가를 받으면 조선의 내지에서도 통상을 할 수 있게 되었다.

31 동학 농민 운동 정답 ③
제시된 자료에서 전봉준 공초, 사발통문을 통해 동학 농민 운동임을 알 수 있다.
③ 동학 농민 운동 때 조선 정부와 동학 농민군 사이에 맺어진 전주 화약의 결과, 동학 농민군은 집강소를 설치하여 폐정 개혁안을 실천하였다.

32 독립 협회 정답 ④
제시된 자료에서 독립관, 정부 고위 인사들도 참석을 통해 독립 협회임을 알 수 있다.
④ 독립 협회는 관민 공동회를 열어 헌의 6조를 결의하고, 중추원 개편을 통해 의회 설립을 추진하였다.

33 광무개혁 정답 ④
제시된 자료에서 구본신참, 원수부를 통해 광무개혁임을 알 수 있다.
④ 광무개혁 때 전국적으로 토지를 조사하는 양전 사업을 실시하고, 이를 바탕으로 근대적 토지 소유권을 확인해 주는 지계를 발급하였다.

34 근대의 문물 정답 ③
ㄴ. 광혜원은 알렌의 건의로 세워진 최초의 서양식 국립 병원으로, 이후 제중원으로 개칭되었다.
ㄷ. 한성 전기 회사는 대한 제국 황실과 미국인 콜브란의 합작으로 설립된 회사로, 서대문에서 청량리까지 오가는 전차를 운영하였다.

35 을사늑약 이후 전개된 국권 수호 노력 정답 ⑤
제시된 자료에서 대한 제국의 외교권을 강탈하고 통감부를 설치하였다는 내용을 통해 을사늑약(1905)임을 알 수 있다.
⑤ 을사늑약 체결된 이후인 1907년에 고종은 을사늑약의 부당함을 세계에 알리기 위해 이상설, 이준, 이위종을 네덜란드 헤이그에서 열린 만국 평화 회의에 특사로 파견하였다.

36 무단 통치 시기 정답 ②
제시된 자료에서 조선 태형령이 시행되었다는 것을 통해 무단 통치 시기임을 알 수 있다.
② 무단 통치 시기에 일제는 교사에게도 제복을 입히고 칼을 차게 하여 공포 분위기를 조성하였다.

37 제2차 조선 교육령 발표 이후의 사실 정답 ⑤
제시된 자료에서 보통학교의 수업 연한은 6년으로 한다는 내용을 통해 제2차 조선 교육령(1922)임을 알 수 있다.
⑤ 제2차 조선 교육령 발표로 고등 교육을 위한 대학 설립이 가능하게 되자 이상재 등을 중심으로 조선 민립 대학 기성회 창립을 위한 총회가 개최(1923)되었다.

38 의열단 정답 ④
제시된 자료에서 김원봉, 일제 식민 통치 기관 파괴와 요인 처단 등을 목표로 하였다는 내용을 통해 의열단임을 알 수 있다.
④ 의열단은 신채호가 저술한 「조선혁명선언」을 통해 이념과 활동 방침을 밝혔다.

39 물산 장려 운동 정답 ③
제시된 자료에서 평양에서 조만식 등의 주도로 시작되었다는 내용을 통해 물산 장려 운동임을 알 수 있다.
③ 물산 장려 운동은 조선 물산 장려회를 중심으로 자작회, 토산 애용 부인회 등 다양한 단체들이 활동하였다.

40 근우회 정답 ③
제시된 자료에서 1927년에 결성된 여성 운동 단체를 통해 근우회임을 알 수 있다.
③ 근우회는 민족 유일당 운동의 결과로, 좌·우를 아우르는 여성 단체들의 민족 협동 전선으로 결성되었다.

41 대한민국 임시 정부 정답 ①
제시된 자료에서 한국광복군, 충칭을 통해 대한민국 임시 정부임을 알 수 있다.
① 서간도에 설치된 한인 자치 기구인 경학사는 신민회 간부들에 의해 조직되었다.

42 황국 신민 서사 제정 이후의 사실 정답 ④
제시된 자료에서 황국 신민의 서사인지 뭔지를 만들어서 각 학생에게 암송하도록 하였다는 내용을 통해 1937년임을 알 수 있다.
④ 황국 신민 서사 제정(1937) 이후인 1944년에 일제는 여자 정신 근로령을 공포하여 일본 군수 공장 등에 여성 인력을 강제로 동원하였다.

43 일제 강점기의 문화 정답 ④
④ 농촌 근대화를 표방하며 농촌 생활 환경 개선을 하고자 새마을 운동이 전개된 것은 박정희 정부 시기의 사실이다.

44 조선 건국 준비 위원회 정답 ⑤
제시된 자료에서 여운형, 15일 아침 8시에 엔도 조선 총독부 정무총감을 통해 조선 건국 준비 위원회임을 알 수 있다.
⑤ 조선 건국 준비 위원회는 여운형이 조직한 단체로, 조선 인민 공화국 수립이 선포된 이후 해산되었다.

45 제주 4·3 사건 정답 ⑤
제시된 자료에서 제주에서 남한만의 단독 선거에 반대하는 세력을 진압한다는 명분으로 수많은 주민들이 희생당했다는 내용을 통해 제주 4·3 사건임을 알 수 있다.
⑤ 김대중 정부 때 제주 4·3 사건 희생자들의 진상 규명과 명예 회복을 위한 특별법이 제정되었다.

46 예산 지역의 문화유산 정답 ⑤
제시된 자료에서 내포, 수덕사 대웅전을 통해 예산임을 알 수 있다.
⑤ 이황과 사단칠정 논쟁을 전개한 인물은 기대승이다. 한편 추사 고택은 추사체라는 서체로 이름을 날린 김정희가 태어나고 어린 시절을 보냈던 곳이다.

47 우리나라 헌법 개정의 역사 정답 ①
(가) 제2차 개헌안(사사오입 개헌안)은 이승만 정부 때 실시한 개헌으로, 개헌 당시의 대통령에 한하여 중임 제한을 철폐한다는 내용을 담고 있다.
(나) 제7차 개헌안(유신 헌법)은 박정희 정부 때 실시한 개헌으로, 대통령이 통일 주체 국민회의의 의장이 되고, 국회의원 3분의 1을 추천한다는 내용을 담고 있다.
(다) 제9차 개헌안(현행 헌법)은 전두환 정부 때 실시한 개헌으로, 5년 단임의 대통령이 직선제에 의해 선출된다는 내용을 담고 있다.
① 순서대로 나열하면 (가) 제2차 개헌안 - (나) 제7차 개헌안 - (다) 제9차 개헌안이다.

48 박정희 정부 시기의 모습 정답 ①
제시된 자료에서 경부 고속국도 준공을 통해 박정희 정부 임을 알 수 있다.
① 박정희 정부 시기인 1974년에 서울역과 청량리역을 잇는 서울 지하철 1호선이 개통되었다.

49 노태우 정부의 통일 노력 정답 ②
제시된 자료에서 하계 올림픽을 성공적으로 마쳤다는 것과 7·7 선언을 통해 노태우 정부임을 알 수 있다.
② 노태우 정부는 북한과 적극적으로 대화를 시도하여 관계의 진전을 이루었고, 그 결과 남북한이 유엔에 동시 가입하였다.

50 역대 국왕의 업적 정답 ⑤
(가)는 광개토 대왕, (나)는 법흥왕, (다)는 발해 무왕, (라)는 광종, (마)는 순종이다.
⑤ 전제 군주제를 명문화한 대한국 국제를 반포한 것은 고종이다.

해커스한국사 단기 합격생이 말하는
한능검 합격의 비밀!

한달 만에 노베이스에서 1급 따기!

교재는 개념만 나와있지 않고 **바로 뒷장에 해당 개념에 관한 문제들이 나와있어서** 공부하기 편했습니다.
시대별로 기출문제를 정리해 푸니까 머릿속에 정리되는 느낌이 들더라구요.
선생님께서 강의 중간중간에 암기꿀팁 같은 거 알려주셔서 시험볼 때까지 절대 까먹지 않았습니다.

선*진 (icecr****012)

박*규 (vp****76)

꼼꼼하고 꽉찬 개념 정리 덕에 수월하게 공부했습니다!

무료로 볼 수 있는 인강이어도 꼼꼼하고 꽉찬 개념 정리 덕에 수월하게 공부했습니다!
특히 후반부에 출제예상 부분과 빈출, 지역과 문화재를 정리를 잘해주셔서 두 번이나 보고 제대로
외워가려 했습니다. 덕분에 다소 어려웠던 출제 난이도였음에도 좋은 성적으로 합격할 수 있었습니다.

이동할 때도 편리하게 한국사 공부!

해커스 교재가 가장 맘에 든 이유는 매 **기출 주제마다 초성 키워드가 있어서** 암기에 도움이 된다는 것과
문제풀이를 하고 나서 **오답 클리어를 보면** 오답에 대해 정확하고 짧은 설명으로 암기에 도움을 주고자
노력한 게 보인다는 겁니다. 또 해커스 사이트를 통해 **빈출 키워드와 문화유산 사진 등을** 다운받아서
스마트폰에 저장하고 지하철로 이동할 때 공부하니 더욱 편리하게 공부할 수도 있었어요!

김*철 (mc****3)

김*경 (ga****13)

노베이스도 거뜬히 합격했어요!

저 같은 경우는 문화재를 외우는 게 너무 어려워서 포기를 해야 하나 싶었는데 울며 겨자 먹기로
하루에 한 번씩 미니북과 빈출 문화재 퀴즈만 보면서 외웠습니다. 결과는 성공 ㅎㅎ!!
57회 문화재 파트 문제 다 정답! 많은 수험생들을 합격으로 이끌어주셔서 너무 감사합니다.
노베이스였던 저한테 도움이 많이 됐어요!

한국사 단기합격의 모든 것, 해커스한국사   history.Hackers.com

2026 대비 최신개정판

해커스 한국사능력검정시험 심화 [1·2·3급]
시대별 기출문제집

개정 4판 1쇄 발행 2025년 11월 7일

지은이	해커스 한국사연구소
펴낸곳	㈜챔프스터디
펴낸이	챔프스터디 출판팀

주소	서울특별시 서초구 강남대로61길 23 ㈜챔프스터디
고객센터	02-537-5000
교재 관련 문의	publishing@hackers.com
	해커스한국사 사이트(history.Hackers.com) 교재 Q&A 게시판
동영상강의	history.Hackers.com

ISBN	978-89-6965-682-7 (13910)
Serial Number	04-01-01

저작권자 ⓒ 2025, 챔프스터디

이 책의 모든 내용, 이미지, 디자인, 편집 형태에 대한 저작권은 저자에게 있습니다.
서면에 의한 저자와 출판사의 허락 없이 내용의 일부 혹은 전부를 인용, 발췌하거나 복제, 배포할 수 없습니다.

한국사능력검정시험 1위,
해커스한국사
history.Hackers.com

해커스 한국사

· QR로 골라서 편하게 풀고 약점 보완하는 **추가 기출문제 및 성적 분석 서비스**
· 완벽한 기출문제 풀이로 개념 잡고 실전 대비하는 **기출문제 무료 해설특강**
· 사료 제시형 문제에 완벽 대비하는 **기출 사료 모음집**
· 헷갈리는 내용을 확실하게 잡아주는 **폰 안에 쏙! 혼동 포인트 30**

주간동아 선정 2022 올해의 교육 브랜드 파워 온·오프라인 한국사능력검정시험 부문 1위